Hermanni Vulteii JC. Jurisprudentiae romanae a` Justiniano compositae libri II

ne incertus, dixerim ferè etiam nullus. Sed cognitio quidem, ut habeatur, prior eſt: uſus verò cognitionem illam excipit, at in applicando cognitio eſt uſu poſterior. Quò reſpexerunt Juriſconſulti, cùm dixerunt ex facto jus ſumi [1], hoc eſt, tùm demum, quid juris ſit, aut de jure Juriſconſultum reſpondere, ſi de eo, quod factum eſſe dicitur, & de cujus jure quæritur, legitimè appareat. Tum enim id, quod in generali juris cognitione ſive idea eſt, ad ſpeciem accommodatur, & jus quod cognitione & natura ſua eſt generale, in uſu & ex accidenti fit ſpeciale. Quod cùm in omnibus ſcientiis & diſciplinis, ut ab initio dictũ eſt, illas docentibus & diſcentibus ſit obviũ, tùm verò in ea arte, quę eſt de jure & æquitate, eſt maniſeſtiſſimum. Ut enim finẽ juriſprudentiæ propoſitum ſine cognitione quis aſſequatur, fieri nequit: ut verò quis juriſprudentiæ cognitionẽ habeat, nec tamen iſtam ad finem arti illi propoſitum accommodet, vix eſt ut is Juriſconſulti nomen mereatur [2]. Natura ubi finem ſuum aſſecuta eſt, perfecta eſſe dicitur: ita juriſprudentia tum demum perfecta fuerit in eo, ſi quæ in illius cognitione ſunt poſita ad communem Reip. utilitatem, ſive publicè id fiat, ſive privatim, referat. Juriſprudentiæ enim finis eſt æquitas, & juſtitiæ in communi vitæ ſocietate conſervatio, quem illi, qui ſolis ſibi ſapiunt, non attingunt. Atq; hæc juriſprudentiã revera nobis conſtituunt unicam: tametſi ex eo, quòd eſſent, atq; etiámnũ ſint, qui uſu neglecto cognitionem præferant, & viciſſim qui cognitione poſtpoſita uſum ſectentur (neutri

1) l. ſi ex plagis 52. § in clivo ff. ad L. Aq. l. 1. § Divus, ff ad leg. Corn. de ſic. l. eum quem, 79. § 1. ff. de jud.

2) Cic 1. de orat. ICtum his verbis in perſona Antonii definit: Si quæreretur, inquit, quiſnam Juriſconſultus verè nominaretur, cum dicerem, qui Legũ & conſuetudinis ejus, qua privati in civitate uterentur, & ad re-

tri sanè felices satis, aut Jurisconsultorum nomine digni) factum sit, ut jurisprudentia illorum theorica, cujus studiosi Theorici dicuntur, horum practica, ex qua practicorum & pragmaticorum appellatio, (quamvis illa magis sit eorũ, qui cognitionẽ & usum simul conjunxerunt) appellata fuerit. Verùm illi sibi solis fortasse profuerint, quamvis ne hoc quidem satis plenè: hi non sibi, sed aliis, atq; aliis etiã illis casu magis, quàm judicio. Quorum autem studium in utraq; illa est, hi demum sunt & dicuntur revera Jurisconsulti, Theoricorum an pragmaticorum qualitatem illis addas, nihil interest. Tam enim æquitas & justitia, ex earum rerum numero sunt, quę referuntur ad aliud, ut eleganter docuit Aristoteles [3], & post eum Ulpianus noster [4], Ulpianumq; secutus Justinianus Imperator [5], jurisprudentiam nõ sola justi atq; injusti scientia definiens, sed prętere a ei notitiam rerum divinarũ atq; humanarum tribuens: multoq; accuratius Ulpianus idem alibi [6] affirmans, Jurisconsultos non solùm boni & æqui notitiam profiteri, verùm etiam licitum ab illicito discernere, ęquum ab iniquo separare, veramq; Philosophiam, id est, quæ cùm publicè, tùm privatim humanæ societati commoda afferat, non simulatam, hoc est, quæ in nuda & sola contemplatione consistat, atq; rerum inanium & subtilium magis quàm utiliũ disputationes persequatur, affectare. Hanc ob causam ars juris sive æqui, non tam juris scientiæ, quæ rerum est universalium, & in contemplatione posita, quàm jurisprudentię, quę rerum est singularium, & in usu agen-

spondendũ, & ad agendum, & ad cavendum peritus esset

3) lib. 5. Eth ad Nicomach. c. 1.

4) in l. justitia, 10. ff. de just. & jur.

5) in pr. Inst de just. & jur

6) in pr. l. 1. ff de just. & jur

agendoq; consistens, nomen sortita est, utpote quòd actiones magis singulares respiciat, quàm rerum universalium cognitionem, quæ in se quidem hominis, in quo est, animum perficiat, aliis verò sit inutilis. Atq; inde etiam illud est, ut qui artem illam profitentur, præterquã quòd appellantur juris autores [7], juris conditores [8], juris interpretes [9], juris interpretatores [10], jurisperiti [11], (in quibus tamen appellationibus usus etiam aliquis, quamvis non ille, quem nos desideramus, inest) dicantur etiã Jurisconsulti [12], jurisprudentes [13], viri prudentes [14], & absolutè prudentes [15]. Unde tam à cognitione, quàm ab usu juris rectè definimus Jurisconsultum virum bonum, legum atq; morum ad respondendum atq; interpretandum peritum [16]. Interpretari enim cognitionis magis est, respondere usus: quibus duobus capitibus omne omninò Jurisconsulti officium absolvitur. Ita duæ nobis studii juris partes constituuntur, quarum prior ad juris cognitionem pertinet, posterior ad ejusdem usum: ex qua utraq; simul conjuncta studium illud totum conflatur, ut si alterutra illa sola sit, studium de quo agimus, imperfectum esse exinde liquidò appareat. Porrò juris cognitio ex juris historia repetenda est: historia autẽ illa bona sui parte arte est comprehensa: ars verò præcepta continet, de cujus difficultate conquestio vetus quidem est, sed si artem ipsam intuearis, minus vera, si homines qui artẽ illam tractarunt non artificiosè, verissima. Quod enim natura sua erat facilè, id vitio hominum factũ est difficile, qua de re dicendi locus erit alius.

Præ-

7) l.2.§.post originem, ff. de orig.jur.l.3.ff.si pars her.pet.l.38.ff.de act.emt.§17.ff.de jur.patr. itẽ simpliciter autores l.1.§.2.ff. de usufr.acc. l.138.ff. de V.O.

8) l.2.C.de comm.serv. manum.

9) l.fin.C.de curat. furios.

10) §.3.const. Justinian.C. confirm.

11) d.§.post originem.

12) l.10.ff.de grad & affin.

13) §.responsa, Inst. de I.N.G & C.

14) l.1.ff.de legib.

15) §.4.const. de concept. ff & in rubr. ff de orig.ju. & in l.2 § his legib ff.eod. §.1.Inst. de codic. l.31.ff. de vulg. & pup.substit. Cuj.7.obs 25.

16) Cujac. in parat. ff de orig.jur.

Præcepta artis juris ſcripta partim ſunt, partim non ſcripta. Scripta illis libris continentur, quos vulgò Corpus juris vocamus, & quòd in libros illos multa atq; varia relata ſint, quæ ſi per ſe conſiderentur, ſint tanquam membra, ſi cōjunctim, corpus conſtituant ex diverſis illis membris tanquam compoſitum. His additæ ſunt poſtea Conſtitutiones Imperii Rom. in Comitiis pro occaſione, neceſſitate ita poſtulāte, promulgatæ. Atq; hæc præcepta ita artis ſunt propriè. Non ſcripta in conſuetudinibus & æquitate conſiſtunt, quæ minus propriè, & non niſi ſignificatione latiori artis nomine comprehenduntur. *Libri* juris non fuerūt omni tempore uniuſmodi. Fuerunt enim alii ante Juſtiniani Imp. tempora, alii à Juſtiniano compoſiti, alii deniq; poſt eos vel ab Imperatoribus Juſtiniano poſterioribus, vel à Pontificibus Rom. confecti. In hoc tamen priores illi omnes ab Imperatoribus facti conveniunt, ut ſint de jure civili, poſteriores verò à Pontificibus facti de jure Canonico. Ex quo duplices juris libri profecti ſunt, juris nimirum Civilis, & juris Canonici, de quibus utriſq; ſigillatim nunc dicendū eſt. Libris juris *Civilis* continetur jus Civile, id eſt, jus illud, quo civitas Romana vel aliquando uſa eſt, vel etiámnum utitur [17]. Cujus capita multa ſunt, partim ab ipſo populo Romano primùm inventa & introducta, partim à natura dictata, à Romanis autē approbata, informata, & ad uſum Reipub. Romanæ accommodata. Intelligitur autem civitas Romana, non, quæ mœnibus, ſed quę ejus Imperio contineatur, quæ ab initio fuit anguſtior

17) §. ſed iu quidem, Inſt de iur. nat. gent. & civil

gustior [18], mox & successu temporis, Deo ita ordinante, amplior, ut universum ferè terrarum orbem, atq; in hoc etiam Germaniam, complecteretur. Ejus juris originem & progressum Pomponius [19], vel, ut nonnullis videtur, Tribonianus sub nomine Pomponii attigit magis quàm exposuit. Quod omne ex triplici illo Imperii Romani statu, qui dum illud stetit, fuit, dijudicandum esse arbitror, quorum primus fuit regius, alter popularis, & tertius Cæsareus, sive Imperatorius. *Regius* status annis duravit 244. [20] sub regibus septem, de cujus jure etsi nihil in libris nostris extet, hoc tamen ex prin. l. 2. ff. de orig. jur. apparet, initiò ad arbitrium Romuli regis primi, à quo urbs ortum suum habuit, omnia gubernata, & postmodum tam ab ipso Romulo, quàm ipsum insequentibus regibus leges latas fuisse, quas Sext. Papirius in librum quendam retulerit, ex quo jus illud jus civile *Papirianum*, nimirum non ab autore ejus, sed à collectore dictũ fuerit. Cum regibus exactis exactæ etiam sunt leges ipsorum, annisq; viginti Romani iterũ incerto & non scripto jure usi sunt, quæ res cùm simultates & discordias maximas, attestante id Dionysio Halicarnasseo, ceterisq; antiquitatum Romanarum scriptoribus excitaret, decretum factum est, de Decemviris in Græciam ablegandis, inde & maximè Athenis atq; Lacedæmone [21], quarũ urbium Respublicæ omnium opinione virorum & prudentia & fortitudine, eo tempore erant florentissimæ, petitum jura atq; leges, quæ statui rei Romanę viderentur esse convenientissimę. Hęc jura

atq;

[18] Halicar. ...avius & alii ...erum Romanarum ...criptores.

[19] in sæpe dicta l. 2 ff. de orig. jur.

[20] alii scribunt annis 245.

[21] §. & non inelegantes, Instit. de jur. nat. gent. & civil.

atq; has leges indeallatas Decemviri decē tabulis concluserunt, quibus de isto jure, quod Romani ipsi constituissent, additę sunt duæ aliæ, atq; ita factæ 12. quę *Secundum* quidem jus civile post Papirian. illud constituunt, verùm ex numero illo, atq; adeò ex accidenti peculiari voce dicebantur *Leges 12. tabularum*, & distinctionis causa interpretationes & disputationes Jurisconsultorū ad tabulas illas factæ speciali nominę *jus civile* appellabātur [22], quod ita videtur fuisse quasi *Tertium*. *Accesserunt* ad eas temporis successu Senatusconsulta, plebiscita, & magistratuum edicta, quibus quod legi 12. tabularum deerat supplebatur, aut quid emendabatur, ad æquitatem flectebatur, quæ & ipsa omnia juris civilis appellatione generaliori continebantur. Ex his pleraq; pro occasione nascebantur, & rursus interibant. Edicta autem magistratuum, prout ipsi erant annui, ita annua erant [23]. Qua in re cùm multum libidini partim, partim invidię hominum tribueretur, lege Cornelia facta illa sunt perpetua, quæ Hadriani Imperatoris, qui imperare cepit anno Christi 119. jussu & Senatus autoritate à Salvio Juliano JC. in ordinem digesta & composita sunt [24], unde Edicti perpetui nomen, non ad annum, ut ante, sed perpetuò valituri, quod postea interpretati sunt, & Commentariis suis, quos elegantissimos fuisse reliquiæ illæ in Digesta sua à Justiniano relatæ satis arguunt, illustrarunt Papinianus, Ulpianus, Paulus, Gajus, Scævola, aliiq; qui post ea tempora vixerunt Jurisconsulti. *Fuerunt* autem ante tempora illa, & quidem mox circa ini-

22) d.l.2. §. deinde.

23) in pr. Inst. de perpet. & temp. act. Bud. in l.2. ff. de stat. hom. Alciat. 3. dispunct. 17. in Verrin. legem vocat annuam.

24) l.2. §. sed quia divinæ, C. de vet. jur. enucl. l. pen. C. de cond. ind. Eutrop. in vita Adriani, Nic. Bello 1. supput. 9. in fin.

initium status popularis in Imperatorium commutati, inter juris interpretes ingentes de quibusdam juris articulis controversiæ, quarum vestigia etiámnum in libris juris extant. Contro-
25) de quib. in fin. d. l. 2. Ant. Cont. 1. lect. 12. versiis illis, ex quibus sectæ postea enatæ sunt [25], occasioné dedit, & à cæteris Jurisconsultis quasi divortium fecit Antistius Labeo, cùm eousq; præceptorum suorum vestigiis discipuli institissent. Labeo enim ille ingenio & doctrina fretus multa innovare cepit, Capito autem ipsius coætaneus in iis, quæ à præceptoribus didicerat, perstitit, uterq; autem Offilii fuit discipulus. Capitoni successit Masurius Sabinius, huic C. Cassius Longinus, à quo Cassiani nomen habent, atq; huic iterum Cœl. Sabinus, à quo Sabiniani: Labeoni verò, à quo Labeoniani dicuntur, successit Nerva pater, qui C. Julio Cæsari familiaris fuit, huic Proculus, à quo Proculiani, & Proculo Pegasus, à quo Pegasiani appellantur. Hæ sectæ, etsi ad Jurisconsultos posteriores, ex quorum Commentariis Digesta nostra compilata sunt, propagatæ sint, videntur tamen pleriq; ex illis, & præsertim quò fuerunt ab autoribus sectarum remotiores, neutri ex professo adhæsisse, sed veritatem potius, quantum ejus fieri potuit, sectati, sive ea à partibus esset Sabinianorum, sive à partibus Proculianorum, de controversiis accuratissimè, ut ex reliquiis ipsorum apparet, disputantes. Ex quo factum est, ut cùm antiquiores illi de jure libros complures scripsissent, recentiores etiam non paucos, ut numerus librorum tempore Justiniani ad duo millia, & versuum trecenties decē millia

lia excreverit [26], ut cùm jurisprudentia mole sua ruinam minitari videretur, Justinianus inde occasionem acceperit perficiendi istud, quod Pompejus M. & C. Julius Cæsar sibi de jure in artem redigendo proposuisse scribuntur [27], & jus universũ, cujus sua ætate usus esset, in corpus quoddam certum redegerit, quod Digesta seu Pandectas appellari voluit, quarum Epitome sunt illæ, quæ vocantur Juris Institutiones, quibus accessit Codex, & demum Novellæ. Ita jus civile à Justiniano Imperatore compositũ hodie constat voluminibus quatuor. *Justinianus* in consortiũ imperii ab avunculo suo Justino seniore adoptatus Cal. April. anno post natum Christum 527. cùm eo imperat mensibus quatuor. Justinus enim quarto mense pòst exacto, nimirum Cal. Augusti diem suum obiit, & imperium soli Justiniano reliquit. *Sequenti* anno, qui fuit annus Christi 528. Idib. Febr. Codicem fieri mandavit, non quidem illum, quo nunc utimur, sed alium quem ipsus postea abolevit. Duplex enim à Justiniano Codex factus est: unus & ille prior confirmatus 7. Id. April. anno 529. [28]. alter & ille posterior 17. Cal. Decembr. anno 534. Occasionem tam huic, quàm illi cõficiendo dederunt tres illi Codices ante Justinianum facti, in quibus Imperatorum anteriorũ Constitutiones, quæ tum erant in usu, descriptæ erant, nimirum Gregorianus, Hermogenianus & Theodosianus. Et Gregorianus quidem ita à nomine studiosi, qui eas collegerat, ut quibusdam videtur, dictus, continebat Constitutiones Imperatorum ab Adriano ad Valeria-

26) §. 1. Constit. omnem, & §. piissimas, const. dedit.

27) Cic. in orat. Bald. in proleg. Inst. § Cornelium.

28) quidam putant hoc factum esse anno 531. nisi error sit in transpositione notæ numeri.

lerianum & Galienum: Hermogenianus verò itidem ab ejusdem editionis autore complectebatur constitutiones Claudii, Aureliani, Probi, Cari, Carini, & innumeras Diocletiani & Maximiani: & deniq; Theodosianus, à sublimiori videlicet Theodosio Imperatore ipso, cujus autoritate conditus erat, appellatus, habeat Constitutiones inde à Constantino M. usq; ad Theodosium latas [29]. De his tribus Codicibus Theodosianus extat integer [30], Gregoriani & Hermogeniani fragmẽta quædam, illius tamen, quàm hujus plura, tametsi quantum ad usum forensem attinet, jactura illorum Codicum, meo quidem judicio, tanti facienda non fuerat, cùm Justinianus ex tribus illis unum Codicem componi curaverit, in quem nõ istæ tantùm Constitutiones, quæ illis libris continebantur, atq; tum adhuc usurpabantur, verùm etiam aliæ, tam a Theodosio ipso post editionem sui Codicis, quàm aliis ipsum sequentibus Imperatoribus usq; ad Justinianum latę referrentur, de quo Codice accipiendæ sunt duæ illæ Constitutiones, quæ sine judicio aliquo, ut arbitror, in Codice nostro extant, quarũ una est, *De novo Codice faciendo*, & altera, *De Justinianeo Codice confirmando*, cujus Codicis usus fuit non admodum longævus, nimirum ex 16. die Cal. Maji, anni 529. usq; ad 4. diem Cal. Jan. anni 534. quo tempore Codex posterior editus est, de quo mox dicam, ubi de Institutionibus & Digestis pauca prius attigero. Tam enim Institutionum, quàm Digestorum editio præcessit editionem Codicis illius posterioris, quod ad Antinomiarum quarundam

con-

29) Cuiac. in proleg. para. Codicis.

30) quem in lucem primus protulit Io. Sichard. an. 1528. auxit Io. Tilius anno 1549. elegantiorem fecit Cuiac. anno 1566.

conciliationem cumprimis diligenter observandum est. Inter eos igitur juris libros Justinianeos, quibus utimur, primo loco collocandæ sunt *Institutiones* juris. Institutiones illas, an instituta appelles nihil interest,& est illa disputatio hominum curiosè otiosorum. Just.sanè utraq; appellatione usus est. Instituta enim dixit in Constitutione sua ad Senatum magnum, de confirm. D.§. sed cum oportebat, atq; eodem modo Theophilus. Institutiones idem Justinianus appellavit in constit.omnem, in prin.& §.1.& in §.sæpiùs,& in const.tanta,§.omnem,quæ appellatio etiam in usu quàm illa est frequentior. Justinianus illas rectè descripsit,quòd nihil sint aliud,quàm mediocris quædam introductio in jura [31], & juris initia, [32], & prima legum cunabula [33], & prima legum fundamēta aut elementa [34]. Mandatum quidem de componendis Digestis eo quod fuit de Institutionibus conscribendis, prius fuit, & in Institutionibus aliquibus locis Digest. fit mentio, ita ut illæ sese ad latiores Digest. libros referant: verùm cùm Institutiones in publicum sint editæ 11. Cal. Decembr. anno à nato Christo [35] 533. & Digesta 17. Cal. Jan. anni ejusdem,atq; ita illæ prius hæc posterius facta sint publica, primo loco rectissimè illæ collocabuntur,præsertim quòd primo etiam loco tyronibus juris proponendæ & ediscendæ sint. Est tamen utrorumq; dies,ex quo valeant,idem, nimirum dies 3. Cal.Jan.anni prædicti 533. Utra autem priori loco composita sint, non videtur usquequaque esse expeditum. Referunt se quidem Institutiones interdum ad Dige-

31) d.§.sed cū oportebat.
32) §.his igitur, Inst.de just.&jur.
33) §. sed non usq;, Inst.de leg.
34) d.constit. tanta,§.11.
35) alii anno 535.

sta [36], ut exinde videantur Institutiones compositione esse posteriores: sed ex eo id necessariò non consequitur, cùm absurdum non sit, relationem etiã fieri ad id, quod nondum extat quidem, extiturum tamen est, & speratur: quòd hic fortasse non ineptè quis dixerit, cùm relationes illæ fiant in genere, quæ in specie fortè factæ fuissent, si Digesta jam tum descripta extitissent. Justinianus sanè uno loco [37] disertè affirmasse videtur, Institutiones post Digesta esse compositas, quod cujusmodi sit, pluribus explicare operę pretium est. Cæterùm Institutiones quatuor libris absolvuntur, quorum singuli suos habent titulos sive capita, tituli verò suos paragraphos. Est autem titulus nihil aliud, nisi index rei subjectæ: idem & Rubrica dicitur [38], quòd titulus plerunq; cocco aut minio scriptusruberet [39], quem scribendi morẽ antiquum esse ex aliis etiam autoribus [40] didicimus. Rubro opponitur nigrum. Nigrum autem dicimus id ipsum, quod titulo subjectũ, plenius id quod titulus promittit, exponit. Paragraphum Gręci intellexerunt notam quandam margini adscriptam, qua sententia præcedens distinguatur à subsequẽti, cujus signum hujusmodi §. Jurisconsultis usitatũ est, à nonnullis, paucioribus tamen, etiam θέμα vocatur, ex cujus vocabuli litera initiali θ signum illud § profectum esse valde est verosimile, dixerim fermè certum: & quamvis trecenties decem millia versuum apud Justinianum quidam [41] interpretẽtur de lineis, rectiùs tamen versus ibi accipiendos esse, quos paragraphos dicimus, existimaverim [42]. *Post* Institutiones sequun-

36) ut in §. æquè, Inst. de act. §. alioqui Instit. de except. §. fin. Inst. de publ. jud.

37) §. cumq; hoc Deo, in Const. Inst. præfixa.

38) l. 2. §. fi. ff. de interdict.

39) Cuiac. in parat. ff. de just. & iur.

40) Ovid. sæpè in libris Tristium, Iuvenal. Satyr. 10. Pers. Sat. 5. Quint. lib. 12. c. 3. Servius in 10. Eclog. Vergilii.

41) Anton. Contius I. lect. 8.

42) quod & Duar. sentire videtur 2. disp anniv. 4.

quuntur *Digesta* seu *Pandectæ*, uno mense post Institutiones editę, & post easdem proximè discendæ, quæ Digesta quidem Latino & Jurisconsultis usitato vocabulo dicta sunt, quòd in ea collectum & digestum sit undiq; quod ad jus pertineat. Sunt enim leges in ea relatæ ex Jurisconsultorum non antiquissimorũ illorum, sed eorum potissimùm qui ad Edictum perpetuum scripserunt, & alia ingenii sui monumenta de jure literis prodiderunt, copiosissimis Commentariis variis decerpta, & suo quęq; loco pro arbitrio & judicio compilatorum collocata. Pandectę autem vocabulo Gręco, quòd in se recęperint omnes decisiones ac disputationes legitimas, nomine fortassis ampliori quàm vero. Hæc vulgò duplici f minusculo, hoc modo ff notari solent, vel ob eam causam, ut Alciatus [43] existimavit, eumq; secutus Corsus [44], quod Græci, qui hoc corpus collegerunt Pandectas litera Græca Π, quæ est initialis vocis Pandectarum, notarent, eiq; circumflexum seu virgulam supraponerent, hac forma π̃, quæ apud Latinos postea ob similitudinẽ in ff transierit, vel, ut Catellianus Cotta scribit [45], quod literæ istæ geminatæ denotent, illas factas, id est, perfectas esse, vel quod duplici pp aut dd, scribi solitæ fuerint, quod per imperitos amanuenses in duplex ff depravatum fuerit [46], vel ex aliis causis, quas refert Ferrand. Adduensis [47]. Hodie pro cujusq; arbitrio vel Græca litera π̃, vel Latina majuscula D, quarum scripturarum utravis mihi rectior videtur, vel duplici ff notantur, & quocunq; illud modo fiat, ad rem nihil interest. Sunt autem Di-

43) 3. dispũct. 16.
44) 5. indag. 15. n. 6.
45) in memoralib suis in verb. Pandectas.
46) VValth. 2. miscell. 4.
47) li. 1. expl. c. 1.

gesta divisa à Justiniano in partes septẽ, & libros quinquaginta, libri etiam pleriq; omnes distincti suis titulis, tituli legibus, leges denique paragraphis, atq; hi etiam interdum, si sint prolixiores, suis versiculis. Tempore Bulgari & Azonis, ut videtur, cepta sunt dividi in partes tres, in Digestũ vetus, in Digestum infortiatum, & in Digestum novum. Et vetus quidem inde ab initio derivatur usq; ad titulum Digestorum 3. lib. 24. qui est *soluto matrimonio:* inde Infortiatum dicitur usq; ad tit. 1. lib. 39. qui est *de operis novi nunciatione:* atque hinc Novum usq; ad finem, distinctione ut vocabulis, ita re ipsa etiam nova atq; barbara. Quidam

48) VValth. in misc. 5.

[48] usus causa distinctionẽ hanc factam arbitrantur, sed rationem usus non exprimunt, & cur ita potius quàm aliter, & cur hæc illo, illa hoc nomine potius appelletur. Ex ratione docendi Digesta istis temporibus in Italiæ Gymnasiis eam distinctionem originem sumsisse facilè crediderim: at verò cujusmodi illa fuerit, nõ est tam expeditum, presertim cùm ab antiqua illa docendi ratione [49] hodie in ipsa etiã Italia recesserint. Vetus autem prius dici, quod cæteras præcedat, novum quod sequatur, infortiatum quod inter vetus & novum sit intermedium, & utriq; quasi infercitum probabile est [50]. Pandectas tertio loco sequitur *Codex* Justinianéus novus editus 16. Cal. Decembr. anno Christi 534. [51], qui ex die 4. Cal. Jan. ejusdem anni authoritatem accepit priori illo Codice Justinianéo sublato, qui in scribendo litera majuscula C notari solet. Is libros habet 12. ad exemplum, ut Harmenopulo videtur, legis 12. tab. singuli

49) de qua Azo in sum. in procem. §. modus in legendo, Ioan. And. in prooem. lib. 6. in gl. verb. Doctoribus, & Host. in sum. de magist.

50) aliter Corasc. 7. misc. 22

51) alii 536.

guli ſuos habent titulos, tituli leges, leges paragraphos. Leges autem illæ nõ ſunt ut in Digeſtis ex interpretum Commentariis collectæ, ſed ex Imperatorum conſtitutionibus, qui cùm multò ſint interpretibus digniores, volumen etiam hoc ſpecialiter & κατ' ἐξοχὴν Codex appellatur. Poſtremò, dum novæ indies controverſiæ, ut fit, ex negotiorum varietate emergerent, neq; earũ deciſio ex voluminibus ſuperioribus ſatis commodè fieri poſſet, poſt Inſtitutionum, Digeſtorum & Codicis volumina compoſita Juſtinianus conſtitutiones quaſdam novas emiſit, non tamen omnes uno eodemq; tempore, ſed ſucceſſivè, neceſſitate ita poſtulante, omni iſto tempore, quo imperavit, annis nimirum 38. quæ & ipſæ poſtea in volumen unum collectæ ſunt, illas ſolas, non ut Codex diverſorum Imperatorũ, complectens, quòd appellatione τ̃ νεαρῶν, ſive *Novellarum* nimirum conſtitutionũ ſortitum eſt, eò quòd conſtitutiones in illud relatæ noviſſimè poſt Cod. Juſtiniani repetitæ prælectionis eſſent promulgatæ, & notam habet volumen illud literæ majuſculæ N. vel Nov. Latini id in partes novem diviſerunt, parteſq; Collationes appellarunt. Quot autem ſint Novellæ iſtæ numero, nõ eſt omninò certum, atq; de eo neq; Græcis, neq; Latinis ſatis liquidò cõſtitiſſe exiſtimo. Antiquiores 98. duntaxat agnoviſſe videntur, poſteriorũ quidam 165. alii 168. Diſcrepantiam illam capitulorum diverſitas feciſſe videtur. Ejuſdem enim conſtitutionis capitula ſæpè plura ſunt, quæ à recentioribus poſtea in peculiares conſtitutiones divulſæ eſſe videntur. Novellis conjunguntur 13. edicta Justiniani, quæ non ad certum aliquem populum aut gentē scripta sunt, sed in genere promulgata. Sed & alias duas Constitutiones Julianus antecessor retulit ab eodem Justiniano compositas, quarum prior sanctio est pragmatica, varia continens capitula, posterior est *de adscriptitiis & colonis*. Atq; Justinianus ejusq; de jure libri hactenus sanè Imperatores Justinianū sequentes etiam ipsi Constitutiones fecerunt, quarū ut illis temporibus, quibus fiebant, aliqua fuerit autoritas, hodie tamen in foro est nulla, in scholis perquàm exigua, ut earum cognitio nō videatur tantoperè esse necessaria. Has ex parte collegit doctissimus Enimundus Bonæfidius in librum 1. qui est de jure Orientali, elegantia, prudentia & gravitate cum constitutionibus Justiniani & Imperatorum anteriorum nequaquam conferendas. Scholę enim in Græcia à Justiniano constitutæ Corpus illud juris Justinianéi colere ceperant, magnaq; voce profiteri, unde elegantissima Græcorum interpretum scripta prodibant, de quibus hodie ferè nihil, nisi quod posteriores quasi ex naufragio conservarunt, extare reperitur. Verùm mox & annis vix quadraginta à Justiniani morte elapsis cum dignitate Imperii Romani, deficientibus videlicet Germanis, Hispanis, Gallis, aliisq; Occidentis populis, legum etiam studium atq; disciplina labi cepit, ut in Occidente quidem nulla earum amplius haberetur ratio, in Oriente etiā non admodū magna. Hinc cum tempore *Leonis* Imp. cognomento Philosophi, libri juris Justinianei

vix-

vixdum essent noti, exemplo Justiniani ipse Pandectas collegit novas voluminibus sex, & libris sexaginta distinctas, quas mox insecutæ sunt ejusdem Constitutiones Novellæ 113. quæ etsi de jure Justinianéo nonnulla corrigant, eóusq; tamen earũ autoritas non processit, ut jus Justinianéum aboleverint, adeò, ut ne ipsius quidem Leonis tempore custoditæ fuerint, nisi fortasse in rebus illis, de quibus antea jure nihil erat constitutũ [52]. *Post* hunc verò Leonem & alii Imperatores leges promulgarunt, de quibus plenius Gothofredus in suo Corpore juris ad initium Novellarũ Leonis, & quas Harmenopulus Thessalonicæ judex primarius simul complexus, in Epitomen conjecit, quę extat etiámnum. *Interea* in Italia longè latéq; grassabantur Hunni, Vandali, Langobardi, & Gotthi, qui in eam invexerunt jura sua & peculiaria, quorum pars ea, quæ de feudis est, non fuit postrema, quæ etsi in Corpus juris Justinianei relata sit, & vim legis obtineat, Justiniano tamẽ fuit incognita, nec unquam legis nomen accepit, sed in nuda consuetudinũ appellatione constitit. Etsi verò Carolus M. regnum Longobardorum, postea quam stetisset annis 203. evertit, juris tamen antiqui, id est, Justinianei, quod in partibus Occidentalibus jam omninò exoleverat, in usum revocandi rationem inire non potúit, vel quòd rerum aliarum curæ ipsum avocarent, vel quòd & ipsi ipsiusq; consiliariis de jure illo nihil constaret: ex quo factum est, ut jus illud Justinianeum, quod nunc profitemur, in Occidente ad tempora usq; Lotharii Imp. qui è domo fuit Saxonica, &

52) quod exemplis confirmat Cuja. 17. obs. 31.

imperavit circa annum Christi 1125. latuerit, atq; omninò incognitum fuerit. Hujus Lotharii tempore anno Christi 1137. claruit Irnerius JCtus, qui Authenticas Codici Justinianeo ex Novellis inserfit, qui singulari Dei providentia atq; beneficio libros legum Romanarũ, eversa Melfitana civitate Apuliæ, in bibliotheca à Pisanis repertos evulgavit, atq; ita jura Justinianea Occidẽti quasi postliminio restituit, ad nos usq; continuata, quæ homines ingeniosi & istis & hisce temporibus commentariis suis certatim, quàm benè nunc non disputo, illustrare & interpretari conati sunt, qui mole sua nunc iterum eò usq; excreverunt, ut novo Justiniano in iis recidendis opus esse videatur, & quidem tantò magis, quantò veterum illorum JCtorum commentarii, hisce qui pòst successerunt verborum elegantia & rerum pondere atq; gravitate præstantiores fuerunt. Interim verò etiam Constitutiones in Comitiis promulgatæ, hisce ut Novellæ quædam accesserunt, quæ omninò cum illis sunt cõjungendæ. *Atq;* ita se habent libri juris civilis, supersunt qui sunt de jure Canonico. Quemadmodum autẽ illud à populo Romano, atq; Impp. est cõstitutum, eorundemq; autoritate confirmatum, & verò illi ipsi juris civilis libri, qui nomine Corporis juris civilis appellantur, à Justiniano Imp. aut certè jussu ipsius collecti sunt, ita jus Canonicum multò post tempore in suum etiam quoddam Corpus collectũ est. Sanè fuit ab initio Pontificum Romanorum authoritas in Romano Imperio prorsus nulla: posteaquam Constantinus Imperator Christianam

fidem

fidem amplexus est, cepit esse aliqua, sed in iis potissimùm rebus atq; negotiis, quæ ad Ecclesiam ejusq; administrationem pertinerent, in secularibus autem, ut ego quidem opinor, nulla, nisi fortasse per Imperatorũ conniventiam, usq; ad tempora Phocæ Imperatoris, qui sedi Romanæ magnam concessit potestatem, ut jam non amplius spiritualibus duntaxat, ut vocant, sive Ecclesiasticis, sed secularibus etiã dominari inciperet. Unde sicut ab Imperatoribus factæ antea erant & promulgatæ Constitutiones multæ, ita ipsi suas etiam Constitutiones illorum exemplo emiserunt, quę nõ minus atq; illæ, imò interdùm etiam plus in locis istis, quibus aliqua ipsorum erat autoritas, valuerunt. Quæ decreta & constitutiones postea in Corpus collectæ, ex eo quod à Pontificibus robur suum haberent, jus *Pontificium* dictę sunt, quemadmodum illud Cæsareum: Canonicum autem synecdochicè, à parte nimirum illius Corporis altera, in quam Canones sunt relati. Ejus verò juris volumina sunt duo: unũ est Decreti: alterum Decretalium, quorũ illud hoc est antiquius. Cùm enim dispersi circumferrentur sanctorum olim patrum, aliorumq; Pontificum, vel publicè in Synodis, vel privatim factę decisiones, quæ Canones dicebantur ex eo quòd essent ceu regulæ certæ sequendæ, atque ex illis pro rerum, temporum, personarum & locorum diversitate quædam essent variæ, neq; inter sese admodum consentirent, atq; inde incertum esset, utra ex regulis sibi contrariis potius esset sequenda, *Gratianus* quidam S. Proculi Monachus apud Bononiam,

niam, illas, (motus fortasse libris de jure civili à Justiniano compositis, atque ante annos non ita multos plus minus quatuordecim ab Irnerio JC. Occidenti, ut dixi, restitutis) in unum volumen circa annum Christi 1151. tempore Eugenii III. Pontificis, qui illud sibi postea oblatum confirmavit, imperante in Occidente Conrado III. congessit, quod volumen una voce *Decretum* dicitur, quoniam in eo decreta, id est, definitiones atq; decisiones Synodorum vel patrum vel Pontificum continerentur. Decreti hujus partes sunt tres: *Prima* continet pugnantium decretorum distinctiones, hoc est, conciliationes distinctionibus adhibitis factas, centum & unam, quarum singulæ suos habẽt Canones, & Canones pleriq; paragraphos, & hi rursus suos versiculos: *Altera* pars obtinuit *Causarum* nomẽ, quæ numero sunt 36. atq; ita dictæ, quòd argumenta sint, ex quibus eliciuntur quæstiones, unde de rebus disputatur [53]: habent causæ quæstiones suas, & quęstiones rursus suos Canones, qui paragraphos & versiculos: *Tertia* pars decreti est de consecratione, quę absolvitur distinctionibus quinq;, & hæ suis Canonibus. Decretorum volumen secutum est volumen *Decretalium*. Decretales autem dicuntur subaudiendo Epistolas. Decretalis verò Epistola est constitutio Pontificis ad consultationem alicujus facta. Cęterùm integrum Decretalium volumen non est uno tempore editum, atq; ex eo in tres partes dividi potest, quarum *prima* ea est, quæ in specie Decretalium appellationem retinuit, & composita est à quodam Raimundo Capella-

53) ut colligitur ex dist. 101. & princ. causæ, 1. q. 1.

pellano Gregorii IX. Pontificis, qui eandē confirmavit circa annum Christi 1231. tempore Friderici II. Imperatoris, complectiturq; hæc pars libros quinq;, ex quibus allegantur capitula & rubricæ, sub quibus capitula, quæ allegantur, collocata sunt, quin & interdum capitulorum paragraphi, atq; horum versiculi, notata ea parte vulgò præpositione *extra*, sed, mea quidem sententia, vitiosè, tametsi nunc quidem usus ita receperit. *Altera* pars dicitur liber *Sextus*, vel simpliciter Sextus, eò quòd proximè sequatur libros Decretalium Gregorii quinq;, atq; istis sit additus, ut liber in numero istarum Decretalium sextus. Hic liber sextus itidem libros quinq; continet, atque eosdem fermè titulos sive rubricas, nisi quòd in sexti hujus libri libris quinq; suppleti sint à Bonifacio VIII. defectus casuum emergentium, in libris Gregorianis nō comprehensorum, ut ita liber sextus se ad Gregorianos illos quinq; habeat, sicut Novellę Justiniani ad Codicem. Ex his libris libri sexti, cùm capitulum citatur, additur non rubrica tantùm, cui capitulum illud subest, verùm etiam nomen Sexti, ad differentiam librorum quinq; Decretalium præcedentium. *Tertia* pars est Constitutionum à Johanne XXII. Pontifice editarum, quæ iterum partibus duabus distingui potest, quarū prior dicitur *Clementinæ*, eò quòd in eas relatæ sint constitutiones Clementis V. Pontif. ab ipso quidem conceptæ anno 1306. sed promulgatæ demum à prædicto Johanne XXII. die 25. Octobr. anno 1318. Ludovico V. in Occidente imperante. Hæ nomine non canonum, aut capi-

capitulorum, ut superiora decreta & constitutiones superiores, sed Clementinarum allegari solent, notatæ in scribendo hoc modo, Cl. vel Clement. addita rubrica sive titulo, cui Clementina, quæ allegatur, subjecta est: posterior verò dicitur *Extravagantes*, eò quòd Decretales in illam relatæ, & à Johanne XXII. editæ, extra librorum juris Canonici textum sint frequentatę, haud aliter atq; nonnullæ Imperatorum Constitutiones consuetudinibus feudalibus additæ. Has ut Clementinas Extravagantium nomine appellamus: crediderim olim his allegatis nomine capitulorum ad differentiam cæterarum decretalium additã fuisse in notando volumine, præpositionem *extra*, quæ postea primę decretalium parti adscripta sit. Atq; his voluminibus libri Corporis juris Canonici absolvuntur, de quibus Decretum se habet, ut in Corpore juris civilis Digesta: Decretales ut Codex, quoad partem primam: quoad cæteras duas ut Novellæ. Sed & post Justinianum Imperatores, qui fuerunt, suas etiam constitutiones ediderunt, ita & Pontifices qui fuerunt post Johannem XXII. suas decretales Epistolas, quarum summa, atq; earum etiam quæ post Gregorium IX. promulgatę sunt usq; ad Sixtum V. nunc Pontificẽ, Lugduni ante biennium prodiit, quin & Gregorius XIII. nonnullis decretis & decretalibus juris manus admovit. Deerant Institutiones juri Canonico, ut non volumina singula juris Canonici responderẽt singulis voluminibus juris civilis. Ne tamẽ quid deesset, Paulus IV. Pont. qui pontificatum iniit die 10. Cal. Jun. anno à nato to Christo 1555. ad earum compositioné animum adjecisse scribitur. Mandavit enim Johan. Paulo Lancelloto JC. Perusino, ut Institutiones juris Canonici componeret: tametsi verò essent illæ compositæ, atq; Pontifici etiam exhibitæ, ab eodem tamen confirmatæ non sunt, editæ nihilominus, sed autoritate privata, ante paucos annos Corpori juris Canonici, jussu Gregorii XIII. editi, tandem additæ. Idem post Lancellotum, ut ego quidem puto, tentavit M. Antonius Cucchus. Verùm ut jus civile, ita & hoc Canonicum suos invenit interpretes, & fortasse etiam nec numero pauciores, nec autoritate inferiores, inter quos cùm de quæstionibus incidentibus controversiæ moverentur, & alii in hanc, alii in illam inclinarent, sententiæ numerari ceptæ sunt, atq; ex illis *communes opiniones*, quas vocant, constitutæ. Quorum auté præ reliquis opera egregiè sit præstita, judicare perquàm est difficile, & fortasse etiam nimis ambitiosum, nec hominis est candidi judicare de scriptis aliorum, quæ non legerit nec cognoverit. Vetus est illud & valde scitum, verissimum tamen

——— *non omnia possumus omnes.*

& ejusdem Poëtæ illud:

Hic labor, hoc opus est, pauci quos æquus amavit,
Iupiter, aut ardens evexit ad æthera virtus
Diis geniti potuere.

Quin alii aliis ingenio vel judicio, aut certè utroque præstantiores fuerint, dubium non est, sed ut in omnibus rebus aliis, ita in hisce etiam interpretationibus

——— *nihil est ex omni parte beatum.*

Sunt

Sunt in illis bona, sunt mala, sunt mediocria, πολλὰ μὲν ἐσθλὰ μεμιγμένα, πολλὰ δὲ λυγρά. Sed de interpretibus juris sermo fortasse nobis erit suo loco & tempore plenior. *Sanè* sunt his libris juris Civilis & Canonici omnia juris præcepta, quæ quidem scripta sint, conclusa, in artem quidem redacta, sed, ut liberè loquar, non satis artificiosè. Cùm enim, quod ad jus civile attinet, in Digestis componendis Compilatores 18. quibus id negotii à Justiniano demandatum erat, Edicti perpetui ordinem sequuti fuerint, in Codice quinq; illi constitutionum collectores constitutiones ex serie annorum Christi, & successionis Imperatorum collocarint, (quod idem ferè etiam in constitutionibus Pontificum observatum est) in Institutionibus autem aliquantò propius tres illi Institutionũ compositores, Tribonianus nimirum, Theophilus & Dorotheus ad methodum legitimam accesserint, neq; tamẽ illam etiam undequaq; custodiverint, inde factũ est, ut methodus artis juris proximis temporibus cepta sit desiderari aliquantò accuratior, ut Wesembecius de Institutionibus quodam loco [54], scribere veritus non fuerit in hæc verba: *Laudent, qui volunt*, inquiens, *quantum volent hos elementarios libellos: mihi, ut verum dicam, nec materies nec methodus, si qua tamen adhibita, neq; in aliis collectorum operis placet, nec puto difficile fore, aliquid melius ex his, quæ supersunt, reliquiis adornare: tantum abest, ut de absolutis & pulcerrimis & copiosissimis Jurisconsultorum commentariis non potuerint elegantiora componi.* Hæc ille: verè an falsò res ipsa

54) ad §. 2. Instit. de testa. ord.

ipsa docet. Non tamē desunt, qui methodum Justinianeam mordicus tenendam existiment. Piè quidem illi, sed nescio an etiā satis rectè. Docent quidem illi, qua methodo Justinianus usus sit, & quomodo titulos collocaverit, quod illorum studium tantum abest, ut improbem, ut etiam valde probem & laudem: verùm inquirere simul in id debuerint, & an eo modo tituli collocari ex arte debuerint, & an non methodo aliqua rectiori Compilatores uti potuerint, atq; ea omni studio investigāda est à nobis etiámnum. Qua de re cogitavi sæpiùs, atq; cùm ad docendū jura primùm accessi, quod factum est sub initium anni 1582. Ideam quandam dispositionis publicè proposui, quæ cùm typis postea esset divulgata, cogitare cepi ea de re aliquantò accuratius, nullius profectò invitatione aut admonitione, cùm aliorum cogitationes fortasse ipso etiā facto anteverterim, & quòd existimarem, ea quæ in Idea erant proposita, examinanda & proponenda esse aliquantò plenius, id est, quod in libris hisce duobus Jurisprudentiæ Romanæ hoc tempore facere constitui. Fecisse autem me, nunquam affirmavero: id tamen feci, ut cogitandi & meditandi homines ingeniosi occasioné ex illis habituri sint ampliorem, quamvis in illis jus duntaxat Justinianéum persequi mihi animus fuerit, de jure Canonico, item de interpretationibus, nisi in his quæ ad processum spectant judiciarium, nihil omninò attigerim.

Quod ad præcepta non scripta attinet, quę erat pars præceptorum altera, ex quibus juris cognitionem petendam esse diximus, sunt illa posita in *Consuetudinibus*, & in *Æquitate*. *Consuetudines* sunt jura moribus longo usu cõfirmatis recepta, de quibus meministis pro ratione Scholæ nostrę à me dictum esse satis, cùm interpretarer §. sine scripto, Inst. de jur. nat. gent. & civ. Ad has, quamvis significatione valde larga, refero statuta & jura municipalia, pacta item sive jura gentilitia, quę etsi verè consuetudines non sint, tamen cùm ad leges & constitutiones Principum vel Pontificũ collata ob causam sui efficientem, & illorũ generalem observatiam videantur minus angusta esse, ad consuetudines rectiùs referuntur. Sanè sunt consuetudines singularum provinciarũ non rarò generales, sed ut sint, quę uniformiter per omnes Imperii Romani provincias, atq; adeò Imperium universum custodiantur, sunt profectò istæ paucissimæ, imò dixerim ferè nullæ. Atq; hinc cùm jus civile & Canonicum scriptum regulariter teneat omnes ac singulos Imperio Romano subjectos, consuetudines, statuta & jura municipalia tenent aliquos, & tamẽ etiam omnes atq; singulos provinciæ illi, in qua consuetudines, statuta & jura ista municipalia recepta sunt subjectos, vel corpori alicui additos. Unde & illud est, ut cùm jus civile & Canonicum JCto cuivis cognoscendum sit, consuetudines tamen, statuta & jura municipalia non cuivis (quippe quod esset infinitum) omni tamẽ illi ejus loci consuetudines, statuta & jura municipalia, in quo ipse versatur, & jus exercet. *Æquitas* omninò ex natura petitur, quæ quamprimùm ubi scribitur æquitas esse desinit, finit,& lex ſive jus eſſe incipit, ex quo jure ſcripto æquitas iterum deducitur, & ad factum incidens accommodatur, ut quod eſt inter univerſale & particulare, idem eſſe videatur inter jus ſcriptum & æquitatem. De hac JCti admonent, in omni, maximè autem in jure ęquitatis rationem habendam eſſe [55], qua de re plenius me dixiſſe ad §. juriſprudentia, Inſt. de jur. nat. gen. & civ. memoria tenetis. Cùm enim omnia jure definiri non potuerint, & verò quæ definita ſunt, ſint ejuſmodi, ut circumſtantiæ variæ & diverſæ illa etiam varia & diverſa faciant: æquitas illa demum eſt, quæ jus ſummum non patitur fieri injuriam, ſed jus & factum inter ſeſe quaſi contemperat, quod niſi à JCto attendatur, ſub autoritate juris ſcientiæ ſæpè pernitiosè errabitur, ut apud Paulum voluit Celſus filius [56]. Sed ex natura illa, ut dixi, petenda eſt, & hominis prudentia, quam tamen oportet eſſe nõ abſolutè, ſed ita arbitrariam, ut arbitrium ſit viri boni, id eſt, quod vir bonus arbitraturus eſſet æquum eſſe, juri & legibus, quantum ejus fieri poteſt, quàm proximè accedens, atq; ab illis minimum deflectens. *Unde* juris cognitio petenda & accipienda ſit, expoſitum eſt: ſequitur ut videamus quomodo quaq; ratione cognitio illa inde peti debeat. Etſi verò ſint qui arbitrentur ad juriſprudentiæ cognitionẽ aſſequendam omniũ artium, ſingularumq; Philoſophiæ partium cognitione opus eſſe pefectiori, quàm ut in JCto perfecto, cujus Ideam potius quis deſcripſerit, quàm ipſum fecerit, ego etiam deſiderem: tamen cùm informandus nobis ſit JCtus, non qui fingatur,

55) l. in omnibus, 90. ff. de reg. jur. l. placuit, C. de jud. l. 4. ff. de eo quod cert. loco, quod multoties à Juriſconſultis factum eſſe exemplis confirmat Pet. Fab. in d. l. in omnib.

56) l ſi ſervũ 91. §. ſequitur, D. de V. O.

tur, sed verè fieri etiam possit, diversum ego ab illis sentio. Sanè optandum esset, & ætatem illam esse omnium, & ea singulorum ingenia, quin & res singulorũ atq; commoda ita ferre, ut exacta omnium Philosophiæ partium doctrina ad Jurisprudentiam discendam afferri posset: verùm cùm Deus uni homini omnia largitus nõ sit in hac vitę imbecillitate, qua *Pluribus intentus minor est ad singula sensus*, optandũ illud potius quàm sperandum fuerit. Quid autem de modo cognitionis illius, de qua quærimus, assequendæ sentiam, hujusmodi est. Sunt quædam in homine ipso, quædam extra ipsum, quæ ad assequendã juris cognitionem faciant. In homine ipso primũ omnium requiro *preces* ad Deum ardentes & assiduas, à quo ceu fonte omnis cognitionis uberrimo, omnes alii cognitionis rivuli in creaturis promanant. Per me enim, ait filius Dei apud Salomo-
57) Prov 8. nem[57], est, quòd reges regnant, & consiliarii decernunt justa. Deinde requiro hominem ingeniosum, id est, ejusmodi, cui naturalis quædam insit ad jura discenda inclinatio atque propensio. Nam si uspiam, hic certè verissimè dicitur:

Tu nihil invita dices faciésve Minerva.

Hæc verò propensio & inclinatio cùm non sit omniũ eadem, & verò interdum etiam deficiat, interdum augeatur, prout Deo visum fuerit, mirum nõ est, si ut in aliis, ita in hac etiã scientia alii aliis cognitione præstent, & eruditiores, majoresq; JCti, adde etiam feliciores, evadant. Tertiò requiro diligentẽ librorum, qui de jure conscripti sunt, *lectionem*, lectionis *repetitionem*, repeti-

tæ

tæ *meditationem* : quin & præceptorum non scriptorum *inquisitionem*. Unde vulgatū illud, quod in juris studioso nonnulli desiderāt, videlicet caput ferreum, quod sit laborum patiens, culum plumbeum, hominē nimirum assiduum, & crumenam auream. Verùm sine hac multi etiā egregiam in jure operam præstiterunt, & multò feliciorem, quàm illi, quibus ista suppetiit: at verò sine illis, nemo unquam. *Extra* hominem posita est ratio docendi discendique jura, quæ ex natura relatorum mihi videtur esse eadem. In hac quędam sunt juris ipsius, quædam sine quibus jus satis commodè doceri discive nequit. Quod ad jus ipsum attinet, de vera ejus docendi discendiq; ratione plurimi scripserunt, adeò tamē variè & sententiis inter sese dissidentibus, ut quem aut quid ex illis potissimùm sequatur, etiam in jure exercitato, nedum tyroni videre sit perquàm difficile. Prout enim quisq; à natura institutus, melius etiā à disciplina informatus, ita juris studium hoc vel illo modo instituendum esse existimavit. Mirum autem videri posset, tam longè recessisse ferè omnes ab ea ratione, quam præscripsit Justinianus ipse const. incip. omnem, scripta ad antecessores, quæ est hujusmodi: Tempus discendo juri Justinianus tribui vult annorum quinq;. *Primo anno* juri operā daturus ex sententia Justiniani, audiat magistri voce libros Institutionum, idq; primis sex illius anni mensibus: sex verò postremis, audiat quatuor priores Digestorum libros, quæ τὰ πρῶτα vocantur, & prima Digestorum parte continentur, cujus anni auditores dicuntur Justinianei novi. *Secundo anno* libros ſeptem eos proximè inſequentes, qui ſecunda Digeſtorum parte concluduntur, aut ſi temporis viciſſitudo id patiatur, libros octo, qui ſunt in parte tertia, ſeptem illis proximè dictis libris in annum tertium rejectis, hisq; addat libros Digeſtorũ 23, 26, 28, & 30, cujus anni auditores Edictales appellantur, ab Edicto, quod eo anno ad id diſcendum accedant. *Tertio anno* vel libros 8. vel libros 7. antedictos, quibus addantur libri Digeſtorum 20. & 21. cujus anni auditores Papinianiſtæ vocantur, quòd illo ad ſubliminora & ſubtiliora juris præcepta diſcenda veniant. *Quarto anno* diſcantur libri Digeſtorũ 24. 25. 27. 29. 31. 32. 33. 34. 35. 36. cujus anni auditores nominantur Λύται, fortaſſe quòd ſolvendis juris quæſtionibus nunc facti ſint idonei. *Quinto & poſtremo anno* Juſtinianus à ſtudioſis privato ſtudio vult legi reliquos libros quatuordecim, quę ſexta & ſeptima Digeſtorum parte continentur, quibus addant lectionẽ Codicis, etſi quidem eo tempore, quo Juſtinianus hæc ſcribebat, antiqui, hodie tamen ejus, qui in locum iſtius ſucceſſit novi, cui Novellæ poſtmodum additæ ſuperaddi debent. Atq; hujus anni auditores Prolytæ dicuntur, vel quòd Lytis doctiores ſint, vel à pręfinita ſtudiorũ lege ſoluti, quinquennio nimirum à Juſtiniano præfinito nunc elapſo. Hanc jura diſcendi methodum elegantiſſimã, adeoq; ſervandam eſſe exiſtimavit ingenioſiſſimus ille Antonius Contius [58]. Sed vix eſt, ut quiſquam eam ſequatur hodie, atq; in ſtudiis hodie non obſervari eſt ibid. gl. in verb. legere. Eſt ſanè quinquennii etiám-

58) 1. lect. 11.

etiámnum usus aliquis, in eo nimirum, ut ad gradum, quem vocant, Doctoratus aut Licentiæ in jure non admittatur, nisi qui quinquenniũ illud suum integrum compleverit: at in cæteris nullus. Recténe factũ, quòd ab ea methodo recessum sit, accuratius examinare mihi nunc nõ est integrum [59]: illud quæsiverit aliquis non immeritò, utrum methodus illa Justinianea justa sit atq; legitima. Mihi sanè non videtur, ut tanti nõ sit, ab ea recessum esse. Rationem enim docendæ discendæq; jurisprudentiæ ex temporis spacio æstimat, quod in omni arte vitiosum est, quæ id totum ex se ipsa suisq; præceptis repetit. Et verò ut hoc vel illo anno, hæc vel illa juris pars doceatur & discatur, nondum tamẽ expedita est ratio partis vel illius, hoc vel illo anno docendæ discendæq;. Ut mihi quidem Constitutio illa Justiniani aliud nihil velle videatur, quàm ostendere, quot annis cursus studii juris absolvi possit & debeat, nõ qua ratione, quáve methodo docendũ illud sit aut discendum, quod ipsum etiã etsi proponere fortasse Justinianus voluerit, aliud tamen voluisse, aliud fecisse ipsum respondebimus. Sed ut fuerit illa docendi & discendi juris ratio, non tamen illa est omni sui parte absoluta & perfecta, ut aliis meliorem & veriorem inquirere non liceat, his temporibus inprimis, quibus non est Imperii Romani omninò eadem, quæ fuit tempore Justiniani facies, alia etiam Scholarum ratio, quin & nõ prorsus eadẽ juris disciplina, ob jus Canonicũ, quod civili supervenit, & tam hujus quàm illius infinitos interpretũ Commentarios. Ut non malè illi,

59) Iac. de Raven. quem refert Alber. de Ros. in d. const. §. quib. si se imbuerint, tradit, quòd modernus modus studendi jura sit melior.

qui postea rationem inquisiverunt, atq; etiámnum inquirunt, ipsius juris docendi discendique ab illa aliam, tametsi non omnes uniusmodi. Fuerunt enim qui commentarentur in leges & Constitutiones, quorum ratio à methodo abest longius. Horum opera etsi Justiniano adversari videatur, quòd ipse in Corpus juris à se compositũ Commentarios fieri nollet, paratitla duntaxat, id est, summas rerũ fieri concederet [60], mihi tamen hęc tempora intuenti non videtur reprehendenda, sed quodammodò etiam ex causis supradictis necessaria, modò rei illi modus aliquis adhibeatur, & commentandi scribendiq; illud cacoëthes cohibeatur. Fuerunt verò etiam qui methodum inquirerent diligentius, quorum ipsorum etiam opera valde est commendanda: sed plerisq; illis defuit illud unicum, ut de legitima & artificiosa præceptorum juris dispositione, quæ omniũ prima esse debuerat, nõ cogitarent, quæ si præcessisset, in tot illi partes non abiissent, neq; tot orationibus, tractatibus, cynosuris, & nescio quibus aliis epistolis de studio juris rectè instituendo illis opus fuisset. Ars enim sui & docendi & discendi ipsa est methodus, & qui aliã præter legitimam pręceptorum dispositionem artis methodum inquirunt, næ illi egregiè falluntur, omneq; studiũ suum in re nõ necessaria frustrà collocant. Quod illis, si non intellexerunt, condonandum est: si viderunt, reprehendendi, quòd studii juris rationẽ profiterentur, & tamen eam vixdum attingerent. Sed cùm res illa omnis difficultatis esset plenissima, studiosè illi hos scopulos evitare voluisse videntur.

60) in const. de concept. ff. §. nostram autem, & in const. de cõfirm. ff. §. hoc autem, & in const. incip. Deus dedit, §. illud autem.

dentur. Quare juris præceptis artificiosè dispositis, nihil video, quod ad rationẽ docendi discendiq; juris desiderari possit amplius: quibus lectio librorum juris civilis & Canonici si accedat, uberem illi præbebunt ad præcepta ita disposita commentariũ, ut aliis non tam videatur fortasse opus esse, tametsi & illi, ut libri juris rectiùs intelligantur, non sint usquequaq; abjiciendi. Verùm cùm ejusmodi preceptorum juris dispositio hactenus non prodierit, quę vel ipsis suis autoribus, vel mihi aut aliis etiam omni ex parte satisfaciat, nec id à me nunc præstitum esse affirmem: (sunt enim in hisce duobus jurisprudentiæ libris nõ pauca, quę lima indigẽt accuratiori) nolim quidem libellos illos Lagi, Pacii, Althusii, aliorumq; JC. ea de re conscriptos abjici: suaserim tamẽ juris tyroni, ut cùm ad discendum jus accedit, ipse quidem præceptores viva voce docentes, non solùm audiat, verùm ipse etiam textum Institutionum juris sine ullo commentario cursim perlegat, eum perlectum ab initio, commentario tum aliquo, nimirum Mynsingeri, vel Wesembecii, vel Hotomanni adhibito, repetat, quod utrumq; semianno ab homine mediocriter saltem diligenti facile fieri potest. Institutionibus ita didicitis accedat ad lectionem textus Digestorum eo ordine, quo tituli & leges illis subjectæ collocatæ sunt, ita tamen ut ante cujusq; tituli lectionem præmittat paratitla Cujacii & Wesembecii. Idem postea faciat in Codice, eodem modo adhibitis Cujacii in eundem Paratitlis, quo opere à Cujacio nullũ, ut puto, factum est elegantius & absolutius: sequantur, Novellæ, quibus conjungatur Cujacii in easdem expositio. Ad hanc verò lectionem librorum juris civilis plurimũ profuerit addidisse eruditissimam illam Dn. Julii Pacii, JCti præstantissimi, Synopsin juris civilis ante biennium editam, jus Canonicum studiosus percurrat duntaxat, initio facto ab Institutionibus Lancelloti, quas excipiat decretũ, tum decretales: & postremo loco feudorũ consuetudines cognoscat. Neque est, ut studiosum in cursu lectionis remoretur lex aliqua vel capitulum difficilius. Ut enim omnia protinus intelligantur, fieri nequit: & verò JCtis exercitatissimis etiam sępenumerò multa non sunt satis obvia. Legantur nihilominus: semper enim hærebit aliquid, ut tantò facilius post cursoriam illam librorum juris lectionẽ ad difficiliores & usitatiores juris titulos rediri, eorumq; doctrinæ cognosci possint accuratius. Interim verò singulis diebus, una atq; altera lex ex titulo *de verb. signif.* & titulo *de reg. jur.* memoriæ mandari, quin & Lexicon aliquod, ut est Brissonii, vel Hotomanni, vel Prateji, vel Schardii addi, & in hoc singulis diebus binæ aut plures paginæ perlegi possent. Cogitabit autem studiosus juris interim privato pleraque studio addiscenda esse: quò pertinent collationes, & cùm dormitũ itur, eorum quę de die lecta sunt, & audita, meditationes & repetitiones. Hæc ita ad jus ipsum pertinent. *Sine* quibus autem jus satis commodè disci nequit, omnes sunt philosophiæ partes, cumprimis autem Ethica, quæ juris quædam principia proponit, tum verò potissimùm Logica, & in hac

ea,

ea, quæ ad disserendi rationem spectat, & deinde rerum Rom. historia. Et cùm cęterarum qualemqualem cognitionem desiderem, Dialecticæ & historiæ cognitionem desidero accuratam. Atq; Dialectica quidē huc afferenda est, aut certè adhuc addiscenda. Historiæ autē generalis studium itidem huc afferendum, cujusmodi hodie esse potest Chronici Carionis, à Philippo Melanchthone, & Casparo Peucero expositi: specialis verò historia rerum & antiquitatum Romanarum ex Dionysio Halicarnasseo, Dione, T. Livio, quin & ex Syntagmate historiæ Augustalis, quod opera & studio doctissimi viri Friderici Sylburgii, amici & civis mei apud Wechelos typographos prodiit, petenda est. His & Caroli Sigonii, aliorumq; historicorum recentiorum accedant historię. Interim cum his aliarum etiam gentium historiæ conjungi possunt, Græcorum verò potissimùm, atq; in his Plutarchi Parallela.

Atq; de cognitione juris hactenus. Sed cùm jus cognoscamus, ut eo utamur, & Reip. cùm publicè, tùm privatim prosimus, de *usu* nunc paucis aliquid attingendum est. Ut verò in cognitione juris ingenio, ita in ejus usu judicio potissimùm hominis proximè post invocationē nominis divini opus est, quod à Logica informatum rectè, rectè juris præcepta in genere cognita accommodabit ad speciem. Tempore Justiniani Imp. de quibus causis scriptis legibus non utebantur, id custodiebant, quod moribus & consuetudine introductum erat, & si qua in re hoc deficeret, tunc quod proximū & consequens ei erat, si ne id quidem

dem apparebat, tunc jus quo urbs Romana utebatur, servari oportebat [61]. Neq; id mirum, siquidem cõsuetudines utentium moribus recipiuntur, quæ tanti momenti non erant, ut legem authoritate publica latam tollerent [62]. Posteaquam verò jus Pontificum Imperium Romanum invasit, quin & forma Reip. Romanę nonnihil à priori illa immutata, ab usu illius temporis recessum est, ut consuetudines, statuta & jura municipalia legibus scriptis hodie præferantur, nisi legibus illa expresse sint antiquata: si nulla sint, tum demum ad jus civile & Pontificium reditur: sed utrumq; in suo foro autoritatem habet parem, illud in seculari, hoc in Ecclesiastico, tametsi tam ex hoc quàm ex illo utrumq; forum non rarò aliquid mutuetur. Definita enim legibus non Canonibus in foro Pontificio non rejiciuntur, sicut & in foro civili Canones sequi judices non dedignantur, si quid legibus decisum non sit, aut decidi nequeat. Causarum tamen spiritualium, earumq; quæ æternam salutem concernant, ratio hæc est, ut si dispositio juris Canonici reperiatur contraria esse dispositioni juris civilis, in foro etiam politico legibus neglectis amplectamur Canones juri naturali & divinis literis cõsentaneos.

61) l. de quibus, 32. ff. de leg.

62) l. 2. C. quæ sit long. consuet.

Quin & processum forensem juri Canonico maxima & potissima sui parte acceptum ferimus. Cæterùm usus juris aliquis est in docendo, sed is minus proprius: Proprius potissimùm est in *judicando & advocando*, quæ duo à se invicem quidem distinguuntur, ita tamen sunt affecta, ut qui novit unum, noverit etiam alterum. Utrumq; autem

tem illud *Experientiam* requirit, quæ partim ex cognitione juris accipitur, partim quotidianis actionibus comparatur. Ex cognitione, inquam, juris, quod pertineat ad causarum decisionem, quod judex maximè respicit, vel ad earum disceptationẽ, quò maximè advocatus. Utrumq; quidem illud ex libris juris, sed illud ex scriptis potissimùm, hoc ex scriptis etiam, sed magna sui parte ex observationibus. Hinc libri isti de usu forensi conscripti, hinc Practicæ forenses, hinc responsa, hinc observationes sive decisiones curiarum diversarum. In Practicis Speculator primas obtinet, & post eum Maranta: sed hic illo est compendiosior, in multis etiam nervosior, ut usum cognitioni adjuncturus, meo quidem judicio, rectiùs fecerit, si ab hoc auspicatus fuerit. In responsis, quę & Consilia vocant, recentiores solidiores sunt & perspicaciores. Comparationem verò inter illos instituere aliquantò odiosius. In observationibus apud nos primas obtinẽt Mynsingeri, Gailii, Wurmseri, & Hart. Hartmanni ab Eppingen, cùm illæ decisiones habeant Cameræ Imperialis: cæteræ verò sint Parlamentorum, Rotarum & Curiarum aliarum. Sed sunt hæc disquisitionis aliquantò altioris, quàm ut pluribus iis immorari debeam, & memor principiorum juris interpretationem, quæ cognitionem maximè respicit, in his libris tractari, studiosè ea prætermitto, eorumq; tractationem pleniorem in alium locum rejicio.

INDEX

INDEX CAPITUM LIBRI I.

ubi numerus prior caput, posterior paginam significat.

De

CAPITA LIBRI II.

ex

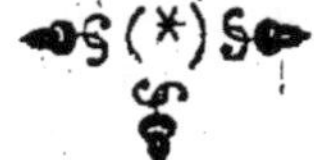

HERMANNI VULTEII JC.

JURISPRUDENTIÆ ROMANÆ A JUSTINIANO compositæ.

LIBER I.

Qui est DE JURE ABSOLUTO.

Jurisprudentiæ Romanæ definitio & fontes. CAP. I.

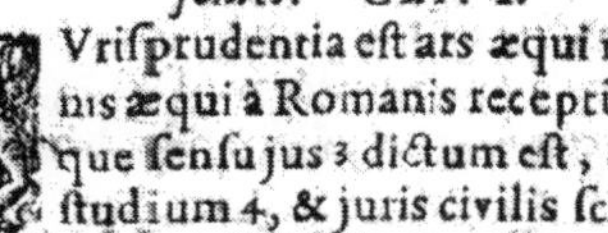Vrisprudentia est ars æqui[1]: at Romanis æqui à Romanis recepti[2]. Eodemque sensu jus[3] dictum est, & legitimũ studium[4], & juris civilis scientia[5], & legitima scientia[6], & legitimum opus[7].

Æquitas, autem est duorum pluriumve, inter quos res aliqua est, proportio.

a Quæ desumitur ex jure naturali vel civili[8]

Jus naturale est jus apud omnes populos peræque custoditum[9]: idemque commune dicitur[10].

Hoc si ab ipsa sit natura, jus naturale in specie dicitur, quod primævũ seu primarium aliis est[11].

Si ratio naturalis constituerit, dicitur jus Gentium[12], aliis jus Secundarium.

Civile est jus illud, quod quæque Ciuitas sibi ipsi jus constituit, non aliis, aut paucioribus saltem commune[13]: idemq; propriũ appellatur[14].

A Quod

1 *l.1. in princ. D. de iustit. & iure.* Eodẽ sensu sed pluribus verbis definitur in §. 1. *Inst. eod.* & in *l. 10. D. eod.* quod sit divinarum atque humanarum rerum notitia, iusti atque iniusti scientia. 2. *§. Sed ius quidem civile, Inst. de iure nat. gent. & civil.* 3. 3 *d.l.1.* 4 *in constit. omnẽ in fine.* 5 *l. 2. §. iuris civilis. D. de origine iur.* 6 *in proœm. Inst. §. igitur post libros, & in Const. omnem.* 7 *in fin. d. proœmij. & in d. Const. omnẽ, quam qui profitentur, iustitiæ Sacerdotes dicuntur, l.1. §. 1. D. de iustit. & iure.* a De iustitia & iure. *I. Digest. I. Inst.* I. De jure naturali, gentium & civili. *I. Inst. II.* 8 *§. ult. Inst. de iust. & iure. d.l.1. §. 1.* 9 *§. 1. Inst. de iure nat. gen. & civil. d.l.1. §. ult.* 10 *d. §. 1. l. omnes populi* 9. *D. de iust. & iure.* 11 *in prin. Inst. de iur. nat. gent. & civil.* 12 *d. §. 1. §. singulorum. Inst. de rer. divis.* 13 *d. §. 1. l. ius civile.* 6. *l. omnes populi.* 9. *D. de iust. & iure,* 14 *d. §. 1. & d. l. omnes populi.*

Quod Romanis est jus peculariter à Romanis cônstitutum [15].

Ex hoc utroque jure uniuersa jurisprudentia Romana conflata est: ex jure quidem naturali, nô omni, sed eo duntaxat quod Romani approbarût, atque informatum civitati suæ accommodarunt: ex jure verò civili Romanorum omni, nisi id abrogatum sit, vel qua sui parte immutatum [16].

Hinc est, ut una appellatione jus illud quod ex utroque isto conflatum Romanorum factum, est proprium, dicatur jus civile Romanorum [17].

Ex eodem fit, ut quod juris est gentium, quandoque dicatur juris esse civilis; juris quidem gentium inventione & origine, juris autem civilis approbatione, confirmatione & informatione.

At à Romanis inventa & profecta ea demum sunt, quæ propriè & magis specialiter dicuntur juris civilis [18].

a De lege. CAP. II.

HOc jus Romanum ita factum est Lege aut Moribus [1].

Lex est sanctio seu jussum eius qui juris condendi habet autoritatem

Quæ autoritas est supremæ potestatis, vel à suprema illa potestatis inferioris.

Potestas suprema eam autoritatem habet ex seipsa, quæ regibus exactis ab initio fuit uniuersi populi [2]: postea verò quam uni & in vnum [3] populus omne imperium omnemque potestatem suam concessit, unius, qui princeps dicebatur [4].

Ab universo populo jus sane tum Lex erat, ita in specie quæ est præceptum æqui à populo Romano Senatorio magistratu interrogante constitutum [5].

b A Prin-

15 *d. §. sed ius qdē.*
16 *§. ult. Inst. de iust. & iure. l. 1. §. 1. D. eod.*
17 *d. §. sed ius quidem.*
18 *Cuiac. ad l. 6. D. de pact. & alij alibi. Exemplum est in tutela, quæ iuris naturalis esse dicitur in §. penult. Inst. de Attil. tutore, & iuris civilis in §. 1. Inst. de tutel. & in l. 1. D. eod.*

a De legibus I. D. IV. C. XIV. de origine iuris I. Dig. II. de veteri iure enuclean. 1. *Cod. XVII.*

1 *l. pen. D. de legib. d. l. omnes populi d. §. ius autem civile. Dion. Halicarn. lib. 2. Antiq. Roman.* ἐν ἐθισμοῖς τε καὶ νόμοις.

2 *l. 2. D. de origin. iur. Dion. Halicarn. Livius & alij rerum Romanarū scriptores.* 3 *anno ab urbe R. cōdita 244 secundum Halicar. secundum quosdam an. 243. sed Halicarn. annum interregni, qui fuit à morte Romuli, vna computavit.*

4 *rei Roma. dominus. Brech. ad l. princeps, 23. D. de verbor. sign. Lipsi. in pr. comm. ad Tacit. Theoph. principem definit qui potestatem imperandi à populo accepit.* 5 *§. lex est. Inst. de iure nat. gent. & civ.* b De constit. princ. *I. Digest. IV.*

b A principe vero, constitutio, quæ est p æceptum æqui a principe Romano constitutum [6].

Constitutio a diuersis constituendi modis diversa sortitur nomina. Est enim illa Edictum vel Decretum.

Edictum est Constitutio, circa determinationem personæ, causæ aliusve circumstāt æ facta 7.

Decretum est Constitutio sub determinatione quidem personæ, causæ, aliusve circumstantiæ facta, quæ tamen in aliis consimilibus valeat & locum habeat [8].

c Huiusmodi sunt Rescripta Imperatorum ad Epistolas: subscriptiones libellorum supplicum: Decreta, quæ causæ cognitione ē in se continēt [9]: Mandata [10], quæ præcepta sunt sive monita certis personis a principe data [11]: Pragmaticæ Sanctiones, quæ fiunt de consilii sententia solenniter suggestione aliena, precibusve [12]: & pragmaticæ annotationes, quæ minus solenniter [13]. Eodemque referri possunt orationes, quæ a candidatis jussu Imperatorum in Senatu recitabantur ad persuadendum Senatui, ut ipse, quod vellent, firmaret [14].

6 *§. sed & quod princip. Inst. de iure natu. gent. & civ. Hinc cōstitutio principalis l. 2. §. novissime. D. de orig. iur. principalia decreta, l. omnes, C. de præscript. 30. vel 40. ann.* 7. *Ita Theoph. in d. §. Sed & quod princ. Edictum definit quod sit quicquid princeps proprio motu statuit ad honestatē & utilitatē subditorum. Exempla edictorū sunt in l. Edictū. 8. D. de quæst. l. Edicto 13. ff. de iur. fisc. l. Divus Claudius. 15. D. Ad leg. Cornel. de fals. rubr. C. de Edicto D. Adrian. toll. Cuiusmodi sunt edicta illa Iustiniani tredecim in corpore iuris ad finē posita. Eiusmodi sunt etiam constitutiones illæ imperatoriæ. quas Enim. Bonafid. IC. collegit, & in lib. 1. de iure Orientali retulit.* 8 *Vide Cujacium in parat. Codic. tales sunt fere omnes Constitutiones Codicis* c De diuersis rescriptis & pragmaticis sanctionibus I C. XXIII. 9. *Quæ Theoph. definit quod sint sententia principis inter duas partes. de quarum ipse causa cognoscit pronunciata. l. fin. C. de legib. 10. l. præses 3. l. observandum 19. D. de offic. præsid. l. Divi fratres 27. §. ult. D. de pœn. l. aliud fraus est. 131. in fine, D. de verbor. signif. Brisson. in verb. Mandata, libro 11. de verbor. signif.* 11 *Vide Cuia in parat. C. de Mandat. princ.* 12 *l. ult. C. de proxim. Sacr. Scrin. l. ult. C. de diuers. rescript. & pragm. sanction. l. iubemus, 10. C. de Sacros. Eccles. l. ult. C. si contra ius vel utilit. public.* 13 *l. Quicquid. C. de vectig. & commiss.* 14 *quas orationes patrum sive Senatusconsultum statim sequebatur l. oratione. 16. D. de nupt. l. Item veniunt 20. §. præter D. de petit. hæred. l. 1. C. eod. unde fit ut aliquid dicatur oratione cautum quod alibi dicitur esse ex Senatusconsulto quod explicat Cui. ad l. 8. D. de transact. & Brisson. lib. 1. antiq. c. 16. Exempla orationum eiusmodi sunt in l. 1. & 2. D. de feri. l. 2. D. de fugit. l. cum hi. 8. D. de Transact. l. cum hic status 32. D. de dona. int. vir. & uxor. l. oratio. D. de sponsal. l. 1. §. 1. D. ne de statu defunct. l. oratio. 4. D. si liber. ingen. esse dic. l. post rem iud. 56. D. de re iud. l. ult. C. de testam. manum. l. 2. C. de Curat. fur.*

Vtraque illa & lex & Constitutio 15. Generalis est, vel Singularis.

Generalis est, qua omnes imperio subjecti tenentur: quæ natura est omnis Legis & constitutionis 16.

Singularis, quæ singulis personis, vel causis singulis concessa est 17, diciturq; privilegium 18.

Inferior potestas juris condendi autoritatem non habet, nisi quatenus a potestate suprema ea concessa est.

d Quæ a populo universo concessa erat olim Senatui: unde Senatusconsultum promanavit, quod est præceptum æqui a Senatu factum 19.

Tribuno plebis, ex quo plebiscitum, quod est præceptum æqui a plebe Romana rogante Tribuno plebis constitutum 20.

Et denique magistratus, in urbe quidem prætori 21, item Ædili 22, ab hoc Ædilitium, ab illo Prætoriũ, vtrumq; honorarium jus dictum est 23: in provinciis autem proconsuli & præsidi: & tam ab his quam ab illis jus constitutum Edictum dicebatur: sed illud Vrbanum sive Vrbicum, hoc Provinciale 24.

Censores etiam Edicta proposuisse historia testis est 25: sed Jurisprudentia Justinianea exemplum non habet.

Ab imperatoribus ea autoritas concessa erat Præfectis Prætorio, & Jurisconsultis.

Ab illis jus constitutum formæ dicuntur, item τύποι & ἐπαρχικά 26.

Ab

15 *ita lex & Constitutio coniungitur in l. cum Sponsus 12 §. si res talis. D. de pub. in rem actione.*
16 *l. iura. 3. & seqq. D. de legibus l. 2. & 3. C. de legib.*
17 *l. ius singulare, 16. D. de legi. nisi qs hanc legem accipere malit de iure natura generali, sed quod in casu proposito propter utilitatem singulare fiat contra tenorem rationis, de quo alias. Cui. 15. obs. 8. disputat, legem singularẽ & privilegium non esse idem.*
18 *quod si sit cõtra ius cõmune, in dubio censetur esse personale glo. in ca. tua De his quæ fiunt a prælat. sine consens. capit. Alexan. consil. 86. vol. 1. Ias. cõsil. 89. col. 2. vers. in primis moveor, vol. 3. Curt. iun. cõs. 60. n. 10.* d De Senatuscõsultis I. Cod. XVI.
19 *§. Senat. est. Inst. de iur. nat. gent. & civil. l. non ambigitur, 9. D. de legib.* 20 *§. plebiscitum. Inst. de iure nat. gent. & civil.* 21. *§. prætorum quoq;. Inst. de iur. nat. gent. & civil.* 22 *Ædiles de paucis iura dixisse scribit Carol. Sigon. lib. 1. de iudic. c. 7. in fine. vide Cuiac. lib. 8. observat. c. 38.* 23 *d. §. prætorum. l. 7. D. de iust. & iure. l. 2. §. eodem tempore. D. de orig. iur. l. 3. C. de condi. indebl. 3. C. unde legitimi. l. si sorori. 14. C. de iure delib. l. 3. C. com. de success.* 24 *Cic. lib. 6. Epist. ad Att. 1. & in Verrinis.* 25. *Livius lib. 40. & 43. Zonar. lib. 2.* 26 *Cuia. in parat. D. de officio præfect. prat.*

Ab his Responsa prudentum, quæ sunt sententiæ & opiniones eorum, quibus de jure respondere permissum erat 27.

Et generaliter lex omnis autoritate publica est: vtilitate publica interdum privata.

Hinc jus publicum aliud dictum est, aliud privatum 28.

Publicum est, quod ad statum rei Romanæ spectat; Privatum, quod ad singulorum utilitatem pertinet.

Ita quidem principaliter, cum alias id quod publice utile est, utile etiam sit privatim, & vicissim 29.

Juris publici sunt, Sacrorum constitutio; legum descriptio: magistratuum creatio: deliberatio de rebus ad Rempublicam pertinentibus; jus belli inferendi & finiendi: præmiorum & pœnarum irrogatio: denique legum & actionum executio 30. Cætera quæ in communi hominum societate versantur privata sunt.

Ceterum legum sensus non tam est in verbis quam in earum mente, vi ac potestate 31.

De qua cum dubitatur, interpretatio ad Imperatorem pertinet 32.

Alias mens & vis legis in ratione ejus posita, quæ ex eo dicitur Anima legis.

Ex qua cum omnia scribi & definiri legibus nō potuerint, bona occasio est 33, cetera quæ tendūt ad eandem utilitatem, vel interpretatione, vel jurisdictione suppleri, vt qui illi præest, ad similia procedat, atque ita jus dicat.

Non tamen omnium, quæ constituta sunt, ratio reddi potest; adeoq; de ea nonnunquam minus solicite inquirendum 34.

Imo & contra juris rationem quædam recipiuntur, quæ ad consequentias producenda non sunt 35.

27 §. Responsa prudentum. Instit. de iure nat. gent. & civil. l. 2. §. ult. D. de origine iur. vide lib. 1. C. Theod. tit. 3. & rubr. C. de iure veter. enucl.

28 l. 1. §. 1. D. de iust. & iure. §. ult. Inst. eod.

29 Dionys. Halicarn. libr. 2. antiq. Roman. ubi de legib. à Romulo latis agit.

30 l. 1. §. 1. D. de iust. & iure. Bodin. in tabul. iuris universi, & lib. 1. de Republ.

31 l. Scire leges. 17. D. de legib. l. nō dubium est C. eod.

32 l. & ideo. 11. D. de legib. l. 1. l. leges & seqq. C. de legib.

33 l. 10. & seqq. D. de legib.

34 l. non omnium 20. & seq. D. de legib. Cuiac. lib. 8. observat. cap. 11. exemplum ponit in l. Liberum. 9. D. de relig. & sumt. fun.

35 L. Quod vero. 14. D. de legib. l. in omnibus. 68. D. de regis. iur.

Tum vero novum non est ut priores leges ad posteriores trahantur[36].

Nec facile mutanda sunt, quæ interpretationem certam semper habuerunt[37].

Multo minus quæ salubriter introducta sunt duriori interpretatione ad severitatem producenda[38].

Cum primis vero beneficium Imperatoris quam plenissime interpretari debemus[39].

a De moribus, Cap. III.

Mores sunt jus sine sanctione tacito populi consensu genitum: eodemque sensu consuetudo dicta est[1].

Quæ pro lege non immerito custoditur[2]: si inveterata sit[3] & diuturna[4], & longe[5].

Cuiusmodi[6] est si ratio aliqua eius inducenda fuerit: si decennio præscripta: si tacito consensu populi approbata: si deniqueactibus minimum duobus, judiciales sint an extrajudiciales, nihil interest, confirmata.

Adeo ut ex ea etiam lex interpretanda sit[7].

Ejus vis omnis olim erat in causis, de quibus scriptis legibus non utimur: hodie juri etiam scripto prævalet[8].

Jurisprudentiæ descriptio, & de homine absoluto considerato, Cap. IV.

Iurisprudentiæ Romanæ partes duæ sunt, prior est de jure absoluto, posterior de jure relato[1].

Jus absolutum est jus illud cujus cognitio aliud non præsupponit.

Cuius partes duæ sunt, Homo[2] & Rex.

Homo est animal politicum, societatis communis vitæ capax.

Cuius

36 *l. Non est novũ, 26. D. de legib.*

37 *l. minime sunt 23. D. de legib.*

38 *l. nulla iuris. 25. D. de legib. l. quod favore, C. eod. exemplum est in l. quamvis 6. D. de pignor. actione.*

39 *l. pen. D. de constit. princ. l. 32. & seqq. D. de legib.*

a Quæ sit longa consuetudo. 8. C. 53.

1 *§. sine scripto, Institut. de iure natural. gent. & civil.*

2 *l. si fundus 6. D de evict. l. 3. §. ult. D. de testib.*

3 *d. l. 32.*

4 *l. diuturna, 33. D. de legib.*

5 *in d. rubr. C. quæ sit longa consuetudo & in l. sed & ea, 35. D. de legib.*

6 *d. l. sed & ea.*

7 *l. si de interpret. 37. & seq. D. de legib.*

8 *d. l. 32. in prin. l. 1. in pr. D. de usur.*

1 *tres constituit Caius in l. 1. D. de stat. homin. & post eum Iusti. in §. ultim. Institu. de iur. nat. gent. & civil. quæ ad διχοτομίαν ita revocari possunt.*

2 *Caius & Iustin. in dd. locis personam vocant, sed hominis appellatio generalior à Iurisconsulto non est aliena.*

Cujus consideratio in jure duplex est, Absoluta & Relata.

Absoluta est hominis in seipso.

Ex qua homo ita est in specie homo, vel persona.

Homo in specie ita dictus est homo habens caput naturale.

Qui distinguitur ex sexu, & ex adjunctis.

Ex Sexu est mas vel fœmina: & qui inter utrunque illum est Hermaphroditus[3] nec mas nec fœmina, ejus tamen sexus æstimandus, qui in eo prævalet.

Atq; is vere ejusmodi est, vel ficte.

Vere, nunc natus.

Ficte, qui adhuc est in utero[4].

Venter enim recte homo non dicitur[5].

Quamvis in utero existens, quoties de commodo ejus quæritur pro nato habetur[6].

Mas autem & fœmina jure ut plurimum utuntur eodem: nonnunquam diverso, & tum unus alio jure meliori vel deteriori[7].

Mas rursus perfectus est vel imperfectus.

Perfectus est is, cui ad naturam nihil desit.

Imperfectus cui desit, qui Spado dicitur[8].

Qui ita Castratus est, vel Spado in specie[9]: uterq; vero ejusmodi natura vel facto hominis.

Castratus est Spado, qui generare omnino nequit[10], necessaria ad generandum corporis parte deficiente.

Spado specialiter is est, qui vicio aliquo corporis impeditus generare non potest: eo remoto potest[11].

3 l. quæritur. 10. D. de stat. hom. l. repetundarum, 15. in fine, D. de testib. l. sed est quæsitum. 6. in fine, D. de liber. & posthum. Plin. lib. 11. ca. 49. VVesenbec. in paratit. D. de stat. homi. nume. 3. Bald. in l. quoties, nu. 19. & seqq. C. de suis & legit. her.

4 Cui. ad l. 2. circa med. D. de excus. tutor.

5 l. in Falcidia. 9. in fine D. de leg. Falcid.

6 l. qui in utero 7. & l. qui in utero 26. D. de stat. hom. Cuia. ad d. l. 2. citra med.

7 l. 9. D. de statu hom. Dec. in l. 2. D. de reg. iur. Spec. in titu. de procura. §. 1. cuius multa exempla in iure sunt hinc inde.

8 Spadonum enim appellatio generalis est, ut ostendit Brisson. de V. S. lib. 17. per l. Spadonum, 128. D. de V. S. ubi Forner. l. si serv. 39. §. ult. D. de iure doti.

9 Ita castratus à Spadone distinguitur in §. sed & illud. Inst. de adopt. Pomponius 6. §. ult. & l. seq. D. de ædil. edict. d. l. sed est quæsitum. l. Alumnos. 14. in fine. D. de manum. vindict. 10. d. §. sed & illud, & dd. loc. 11. l. 2. §. 1. & l. Arrogato, 40. in fine D. de adopt. ad l. sed est quæsitum.

Cujusmodi sunt Thlasiæ [12], qui fractos habent testiculos: Thlibiæ [13], qui attritos.

EX ADJUNCTIS homo distinguitur, quæ insunt ipsi, vel extrinsecus accedunt.

Adjuncta quæ ipsi insunt, sunt Ætas & Valetudo.

ÆTAS minor est vel major [14].

Ætas minor est, hominis intra annum ætatis vicesimumquintum [15].

Quæ rursus prima est, vel secunda [16].

Prima pueritia dicitur, secunda vero dicitur adolescentia [17].

Prima ætas [18], quæ & puerilis ætas vocatur [19], continetur annis a primo ortu maris, quatuordecim, à primo ortu fœminæ duodecim [20].

Tam vero hæc quam ille interim impubes est [21].

Atq; inde ætas hæc pupillaris est [22].

Impubes autem rursus Infans est, vel infante major [23].

Infans est impubes annis septem minor [24].

Infante major est impubes intra annum septimum & duodecimum, si fœmina sit, vel annum septimum & decimum quartum si mas sit.

Sed hic iterum infanti propior, vel propior puberi [25]: ille exinde ab anno septimo usq; ad decimum, si fœmina sit, ad duodecimum si mas sit, utrinque completum: hic ab undecimo, vel decimotertio, distinctione superiori adhibita [26].

Secunda

12 d.l. Spadonum.
13 l. hi quoq; 5. D. ad leg. Corn. de Sicar.
14 l. non est incognitum. C. quibus non obyc. long. tem. præscript.
15 l. ult. C. si maior fact. alien. l. 2. D. qui petant tutor.
16 l. fina. §. ubi autem. & §. sin autē. C. de bon. quæ liber. Nov. 72. & 155. l. sancimus in curat. C. de episco. audien.
17 Cui. ad d. l. 2.
18 l. penu. C. de impuber. & al. substitut. l. iniquum. C. de accusat.
19 d. §. ubi autem
20 §. 1. Insti. quibus mo. tutel. fen. l. à qua ætate, 5. D. qui test. fac. poss. l. ult. C. quand. tut. esse desinat.
21 infinitis iuris nostri lœtis.
22 l. Æmilius, 38. de minor. l. quæro, 32. §. fin. D. de testament. tutel. l. ait Divus. 16. ff. de iure fisci. l. si tutores, C. de testament. tutel. l. penult. C. quand. ex facto tutor. l. si prædium. C. de præd. min. l. 1. C. de Carbon. edicto, & multis locis aliis. 23 §. pupillus. Instit. de inutil. stipul. ubi Theop. & alij. 24 l. 1. §. sufficit. D. de administ. tut. l. in sponsa. 14. D. de sponsal. l. si infanti, C. de iure deliber. Harmenop. lib. 6. Epitom. tit. 6. Cui. de præscr. & term. c. 25. 25 Petr. Fab. ad l. 5. D. de reg. iur. 26 l. pupillum, 111. D. de regul. iur. ubi Revard. l. Excipiuntur, 14. D. de Senat. Sillan. l. heredib. 13. §. 1. D. de dolo malo, l. 4. §. de dolo. D. de except. doli mali. l. non tantum 17. D. de excus. tut.

Secunda ætas 27 quæ & pubes ætas dicitur 28; ab ætate prima completa in annum usq; est vicesimum quintum.

Atque sic ex impubere fit pubes, qui & Adolescens, ut plurimum vero Minor ita quidem specialius appellatur.

Pubertas autem plena est, vel non prorsus plena.

Plena in mare est anno ineunte decimooctavo, in fœmina anno decimoquinto 30.

Non plena pubertas est intra annum decimum quartum & decimumoctavum; item intra annum duodecimum & decimumquintum.

Alimentis relictis ad pubertatem usq; pubertas de plena intelligitur ex constitutione Adriani imperatoris 31.

Ætas major est hominis nati annos viginti-quinq; Eademq; robusta 33 dicitur, & iusta 34, & legitima 35.

Quæ perfecta est, vel provecta, quæ & prollixa 36.

Illa juventus est 37, ab anno vicesimoquinto usq; ad annum quadragesimum sextum: hæc Senectus dicitur inde usq; ad mortem hominis 38.

Ex venia principis masculus major est ex anno vicesimo, fœmina ex anno decimooctavo 39.

Ceterum ætas illa major in casibus nonnullis amplior, nimirum triginta 40, quadraginta 41, quinquaginta 42, sexaginta vel septuaginta 43 annorum desideratur.

27 d.l.fin.§.sin autem.C.de bon.quæ liber.dict.nov.72.& 155.
28 l.Cohæredi.41.§.pen.D.de vulg.& pupill.subst.l.tutor.C.arbi.tutel.
30 §.minorem.Institut.de adoptio.l.Arrogato,40,§.1.D.eod.§.ultim.Institut. Qui & ex quib.cau.Paul.lib.5.sentent.titu.4.§.ult.l.quidam,57.D.de re iud.l.1.§.pueritiam D.de postuland.nov.115.Cui.ad d.l.2.
31 l.Mela,14.D.de alim.legat,
32 l.minoribus C.de his qb.ut indig.
33 l.si maritus,15.§.lex Iulia D.ad leg.Iul.de adult.
34 l.2.de vac.& excus.mun.
35 ex l.Lætoria.ita dicitur in l.ex duob 27 D.de neg.gest.l.quæro,32.in fi.D.de testam.tut,l.1.D.de Curat.fur.l.1.D.de fidei.tutor.l.Aurelio 20.§.fi D.de liber.lega,l.si fideiuss.41.ff.de fideiuss.l.ult.D.de app.l.ult.C.de his qui ven.ætat.impet.l.1.C.si adv.rem iud.& infinitis locis aliis.36.Cui.ad d.l.2.37 Quod adolescentiam sequatur iuventus,& iuventutem senectus,patet ex l.Non aliter.69.in fi.D.de leg.3.38.Cui.ad d.l.2.39.l.2.C.de his qui veni.ætat.quæ ætas in l.1.C.eod.dicitur firma ætas proxima legitimæ.Ex nov.Leonis 28.etiam sine venia,quod hodie usurpatur in viris illustriorib.40 Vlpin.in fragm tit.1.§.eadem lege.Nov.123.& 137.41 l.nulla.C.de Episc.& Cler.d.Novel.123.42.l.libert.D.de oper.libert.l.32.C.de decurio.l.3.C.qui prof.se exc.Nov.6.43 l.3.§.quamvis.§.cura.D.de muner.& hon.l.3.D de iur immun.l.si ultra.C.de dec urion.l.1.C.qui ætat.se excus.

Valetudo [44] animi est vel corporis, quo hômo sanus est vtroq; vel eorum alterutro.

Non sanus animo est mente captus & prodigus.

Mente captus est qui mente caret quomodocunque [45].

Atque hic rursus demens est vel furiosus [46].

Demens est homo mentis errore ductus ea captus non usquequaque [47].

Furiosus est homo mentis captus ex omni parte, ut cum rabie, & furore evidenti feratur [48].

Qui furor continuus est, sine intermissione durans [49], vel habet intervalla quibus remittitur [50].

Prodigus, est cui bonorum suorum administratione interdictum est [51], alias bona sua inutiliter profundens, eorumque expendendorum modum aut finem ignorans [52].

Corpore sanus non est, qui morbo vitiove aliquo corporis laborat [53], eoque vel Sontico, id est qui hominem ad quamcunq; rem negociumque gerendum reddit inhabilem [54]: vel non Sontico, qui perpetuus interdum est, interdum temporalis [55].

Quo pertinent Muti, Surdi, Cæci, sive nati ita sint sive facti.

CAP.

44 *Ita valetudinis mentio fit in l. quaritur, 14 §. puerperam, D. de ad. Edict.*

45 *Vigl. in §. item furiosi, Inst. quibus non est permiss. fac. test. l. si cum dotem 22. §. maritus. D. sol. mat.*

48 *l. 2. D. de inoff. testam. l. diem proferre. 27. §. coram. D. de recept. l. tam dementis. C. de Epis. audient. ita & furor à dementia separatur in l. observare. 6. D. de Curat. fur l. Nec mandante, 8. §. 1. D. de tut. & Curat. dat. l. ult. §. 1. C. de administ. tut.*

47 *Cic. 3 Tusc qu.*

48 *ideoq́ dicitur non habere sensum. l. si cum dotem 22. §. si maritus D sol. matrim. nec voluntatem. l. qui servum 47. D. de acquir. her. l fur. 40. D de reg. iur adeo ut absentis, dormientis, & ignorantis loco habeatur, l. 2. §. fur. D. de iure codic. § furiosus. Inst. de inut. stip. l si à furioso 24. D. de obl. & act. l. 1. §. 1. D. de acq. vel amit. poss.* 49 *l. Divus Marcus 14. de off. præsid. l. cum prætor 12. §. iudicem, D. de iud. & hic simpliciter ab omni & publico & privato negocio gerendo remotus est. Hot. 4. obs. 6,* 50 *l. si cum dotem 12. §. si maritus, D. sol. matr. l. qui testa. 20. §. Ne furiosus D. qui testam. fac. poss. l. furiosum, C. eo. §. fur. Inst. eo. vid. Hot. 4. obser. 6.* 51 *l. is cui lege 18. qui testa fac. poss. l. Iulian. 10. D. de cur. fur. l certe. 9 § sed et si D. si cert petat. l. is cui bonis, 6. D. de verb. oblig. l. mutum 5. D. de acq. vel omit. hered l cui bonis. 3. D. de Novat l. ex castr. 18. §. Itaq́ & § servos D. de cast pecul.* 52 *l. 1. de cur. fur. ideoq́ furioso comparatur in l. his qui 13. D. de tut. & curat.* 53 *l. nostram. C. de test. l. fin C. de infant. expos. l. Non solum, 10. in fi. D. de excus.* 54 *l. morbus 113. D. de verb. sign. l. 2. §. si quis iudicio, D. si quis cautio. l. quæsitum, 60. D. de re iud. l. ob quæ. 4. §. illud. & l. ult. D. de ædil. edict.* 55 *l. unica. C. qui morbo.*

a *De statu hominis ex jure gentium.*

C A P. V.

EXtrinsecus homini accedit status & factum.

Status est hominis conditio in qua vivit.

Qui ex jure gentium ita est, vel ex jure civili.

Status hominis ex jure gentium proprie Status dicitur, qui libertatis est vel servitutis 1.

Libertas est status hominis, quo facultatem faciendi jure habet, quod velit 2.

Ex hoc homines liberi dicuntur, quomodo omnes ab initio nati sunt 3.

Postea vero quam Servitus genus humanum invasit, alij ita nati, alij facti.

Hinc liberorum hominum ingenui quidam sunt, quidam Libertini 4.

b Ingenuus est homo liber ex matre libera, dum in utero fuit, quocunque tempore, natus 5.

Atque is ita natus est vere vel ficte.

Vere, qui omni jure est ingenuus.

Ficte, qui ingenuus est jure civili duntaxat, nimirum jure gentium per hoc suppleto.

Ingenuus enim etiam is, de quo sententia lata est, quod ingenuus sit, quamvis ingenuus revera non fuerit 6.

Ingenuorum conditio omnium est optima, quippe qui & cives Romani sint inde usque à nativitate, & communionem juris à Romanis recepti indistincte habeant.

Unde fit ut per eminentiam quandam liberorum hominum appellatione nulli alij intelligantur interdum, nisi qui ingenui sunt 7.

c Liber-

a De statu hominum 1. *Dig.* 5. 1. *Inst.* 3. 1 *l.* 5. *D. de stat. ho. in pr. Inst. de iur. pers. l. Rogo* 12. *D. de fide. lib. Cai. li.* 1. *Inst. tit.* 1.

2 *l.* 4. *D. de stat. ho.* §. 1. *Inst. de iur. pers.*

3. *l.* 4. *D. de iust. & iure in prin. Inst. de libert. Novel.* 74. *c.* 1. *& iure naturali omnes homines aequales esse affirmat l. quod attinet* 32. *D. de reg. iur. person.* 5. *in pr. D. de statu homin.*

b De ingenuis, 1. *Instit.* 4.

5 *in prin. Instit. de ingen. l.* 5. §. *ingenui. & seq. D. de statu homin. l. quod ex libert. C. de oper. libert. Cai d. titu.* 1. *Unde ingenuitas & libertinitas, l. nō distinguemus,* 32. §. *de liberali. D. de recept. arbitr.*

6 *l. ingenuum* 25. *D. de statu homin. l. pen. D. de collus. detegenda. & mox plura.*

7 §. *sed postquam. Instit. de Liberti. l.* 4. *D. de iust. & iure. l. cum pacto.* 46. *D. de liber. caus.*

[c] Libertini, qui iidem & Liberti dicuntur 8. sunt homines liberi ita manumissione justa facti 9.

[d] Manumissio enim libertatis datio est 10.

Quæ fit a lege vel ab homine.

[e] A lege, inquam, sola citra voluntatem hominis, imo quandoq. etiam homine, nimirum domino invito.

Id vero ex causis a lege sive jure expressis, cujusmodi sunt, si quis servus reum criminis indicaverit 11, si Servus domini cædem indicaverit 12, si Servus monetarios detulerit 13, si raptorem virginis 14, si desertorem militiæ prodiderit 15, si mulierē [f] quæ cum Servo suo rem habeat, detulerit & crimen probaverit 16.

[g] Ab homine manumissio fit, Vere vel non vere. Vere, nempe a Domino 17 servi qui manumittitur lege approbante.

Et a Domino uno, vel a pluribus:

A pluribus iterum [h] privatis, vel [i] ab universitate.

[k] Manumissio enim contra jus facta, ut maxime eam Dominus velit, nulla est 18.

Et lege Ælia Sent a 19 & [l] lege Furia Caninia vaga ista manumittendi licentia coercebatur: cui tamen utrique legi postmodum Imperatorum constitutionibus ex parte vel omnino derogatum est.

Manumissione is qui Dominus fuerat fit patronus servi manumissi nunc liberti fact. 21.

Patro-

7 §. sed postquam. Instit. de Libertin. l. 4. D. de iust. & iure. l. cum pacto, 40. D. de liber. caus.

c De Libertinis 1. Institut. 5.

8 hinc inde in legi. Baldum. VVesem. & alii ad tit. Instit. de libert. Libertinos absolute intelligi de statu, libertos relate ad patronum: per l. fin. D. si lib. ingen. esse dic. quæ distinctio in legib. tam accurate nō servatur.

9 in pr. 4. Instit. de liber. l. 6. D. de statu homin. l. Homo liber. 21. D. eo. l. ingenui. C. de ingen. manum.

d Dig. De manumissionib & seq. tit. usq; ad finē lib. 40. C. lib. 7. à pr. usq; ad tit. 25.

10 d. l. 4. D. de iust. & iure. Ravar. c. 7. de autoritat. prudent. Vacon. à Vacun. declar. 86.

e Qui sine manumiss. ad liber. perven & 40. Dig. 8. pro quib. causis servi pro premio accipiunt libertatem, 7. C. 13. 11 lex Cornelia. §. fin. D. de iniur. 12. ex Senatusc. Sillan. l. 3. §. si ex stipulatu; & §. is quoq;. D. ad Sillan. l. 1. C. pro quib. caus. servi: 13. l. 2. C. p quib. caus. servi. 14 l. 3. C. eod. 15 l. 4. C. eod. f De Mulier. quæ se propr. serv. iunxer, 9. C. 11. 16 l. un. C. eod. 17 §. servi Inst. de liber. g De his quia nō domino manumittuntur, 7. Cod. 10. h De communi servo manumisso 7. Co. 7. i De libertis universitatis, 9. 28. Dig. 3. & 7. C. 9. k Qui & à quib. manū. libert nō fiūt, & ad leg. Æl. Sent. 40 D. 9. Qui & ex quib. caus. 1. Inst. 6. Qui manumittere nō possunt 7. C. 11. Qui non possunt ad libertatē pervenire, 7. C. 12. 18. in pr. Inst. qui & ex quib. caus. manu. nō possunt. 19 de cuius capitib. agitur ti. supr. l. De lege Fusia Caninia tollēda, 1. Inst. VII. 7. C. III. 21 hinc inde legib.

Patronus est qui servum ex servitute justa manumisit.

m Vnde jus patronatus, sicut ante jus dominij sive potestatis dominicæ.

n Id jus patronatus in duobus est, in operis liberorum, & in bonis ipsorum.

Operæ sunt officia patrono a liberto in gratiæ & remunerationis locum pro beneficio manumissionis 22, præstanda 23.

Quæ duplices sunt, Fabriles, quæ & Artificiales, vel Officiales quæ & Obsequiales appellantur 24.

Fabriles sunt operæ ab artifice liberti profectæ.

Officiales sunt operæ in officio obsequiove personæ positæ: quo pertinet reverentia patrono debita.

Ius patronatus in bonis quod est, spectatur in successione patroni eiusq; liberorum in bona liberti 25.

Ceterum manumissio fit inter vivos vel mortis causa 26.

Inter vivos, actu nimirum aliquo qui mortis causa vel intuitu non expetitur: eoq; publico vel privato 27.

Publico, puta vindicta, censu & postea ex Impp. Constitutionibus in Sacrosanctis Ecclesiis.

o Manumissio vindicta facta, est manumissio impositione festucæ facta servo apud magistratum, qui legis actionem habet.

Olim quidem cum solennitate certa, & adhibito lictore & verbis solennibus: jure novo omnibus istis valere jussis 28.

Adhuc

m De iure patronatus, titul. XIV. lib. XXXVII. Digest. tit. IV. lib. 6. Cod.

n De operis libertorum titul. 1. lib. 38. Dig. ti. 3. lib. 6. C. & de bonis libert. tit. 2. lib. 38. Dig. & tit. 3. lib. 6. Cod.

22 l. 4. D. de iust. & iure. Inst. de lib.

23 l. cum patronus. 22. D. de oper. liber. l. 1. D. eod. dicuntur esse officium diurnum, nimirum sine quo libertas data non esset, ut ait l. in liberto 77. D. de solut.

24 l. Fabriles, 6. & l. opera. 9. D. de oper. libe. l. si in sorte 26 §. Libertus, D. de condict. indeb. l. 6. Co. de oper. liber.

25 quod per eminentiam ius patronatus appellari notavit Cui. in parat. C. de bon. lib. per l. quod ex libert. C. de op. liber. & l. Libertus 14. D. de tut. & cur. dat. Hoc vero ius varium fuit, & multiplex, ut apparet ex tit. Instit. de succ. lib. & Ulp. frag. tit. 29. atq; explicavit Cui. supradict. loc. 26 §. Multis autem, Inst. de Libert. ita Cui. etiam distribuit in parat. C. de vindicta, & apud consilium manum. 27 hanc distributionem innuit VVes. in Comm. Inst. de Libert. d. §. multis autem nu. 4. o De manumissis vindicta 40. D. 2. 7. C. 1. 28. Cuiac. in paratit. C. de vindict. in fine.

Adhuc tamen apud magiſtratum tam eum qui tribunali præſit [29], veluti prætorem [30] aut Conſulem [31] in urbe & in provinciis apud præſidem [32] aut proconſulem [33]; quam eum qui tribunal non habet, qualis eſt magiſtratus muncipalis [34].

Eaq; valet etiam de plano facta ſine conſilio [35], modo is qui manumittit annis 20 major ſit, & qui manumittitur annis 30.

Alioquin enim conſilio opus eſt, & cauſæ manumittendi probatione, qua ſemel probata de veritate ejus poſtea fruſtra quæritur [36].

Manumiſſio cenſu fiebat olim, ſi luſtrali cenſu Romæ juſſu dominorum ſervi inter cives Romanos cenſum profitebantur [37].

p In locum eius ſucceſſit manumiſſio in Eccleſiis facta quoquomodo, teſte populo & ſignatore Epiſcopo [38].

Privato actu veluti inter amicos aut per epiſtolam [39], item per adoptionem ſervi, aut per filij nominationem [40].

q Mortis cauſa manumiſſio fit, nimirum teſtamento, vel qua alia voluntate ultima.

Teſtamento nempe directo, vel per fideicommiſſum, idemq; Codicillis teſtamento confirmatis: alia autem quavis ultima voluntate per fideicommiſſum duntaxat [41].

Hinc Libertas directa eſt, vel fideicōmiſſaria [42].

Directa eſt [43], qua quis teſtatore defuncto ſine ullo hominis alterius facto liber eſt.

Quæ

29 *l.fin.C.eod.*
30 *l.1.D.de offic. prator.*
31 *l.unic.D.de offic.Conſul.l.ſi rogatus,20.in fine D.de manum.vind.*
32 *l.2.D.de offic. præſid.*
33 *l.2.in fin.D.de off.proconſ.*
35 *l.non eſt neceſſe, 7.D.eod.*
36 *l.Iuſta.9.D.eod.l.1.C.eod.*
37 *Vlpian.in frag. tit.1.*

p De his qui in Eccleſiis manumittuntur 1.C.13

38 *Dd.in d.§.multis autem: eaq; qualiſcunq; etiam ſit, ſufficit ſervis cuiuſcunq; ſint ætatis per l.2.C.Commun.de manumiſſ.*
39 *d.§.multis autem.*
40 *§.fin.Inſt.de adopt.annotantur etiam l.unic.C.de Latin.libert.tollēd. l.Nemini.C.de Epiſcop.aud.l.4.C.de præpoſ.ſacr.cub.lib.12.l.2.C.de præſcr.longi temp.pro libert. Novel.5.& Novel.89.in princ.ubi ait Iuſtin.ſibi ſtudium eſſe* πολλȣς εἰς τὴν ἐλευθερίαν ἀγαγεῖν ἐκ τῆς ἔμπροσθεν δȣλείας.

q De manumiſſ. teſtamento,40.D.47.C.2.

41 *Balduin.in d.§.multis autem.num.8.tex.eſt in l.Libertates 43.D.de manumiſſ.teſtam.*
42 *§.Qui autem,Inſtit.de ſingu.reb.per fideicommiſſ.relict.l.fin.§.2.C.de petit.her.l.cum teſtamento.C.de teſtam.manum.Vlp.fragm.titu.1.§.libertas.*
43 *l.Ex his verbis C.fin.de teſtament.milit. in princip.Inſtit.qui teſtament.tut.dar.poſſ.Vlp.in fragmen.titul.1.§.qui teſtament.*

Quæ fit expressa testatoris voluntate, vel præsumpta, ut fit in ea quam servus consequitur ob necem domini detectam 44.

Idque pure, qui protinus à morte testatoris liber est; vel in diem aut sub conditione, qui statu liber dicitur.

r Statuliber enim est manumissus testamento aut codicillis confirmatis directo in diem vel sub conditione 45.

Tam vero hic si dies vel conditio libertatis extet, quam ille Orcinus libertus dicitur, quasi libertus testatoris ad orcum dimissi 46.

Patronum namq; vivum nullum habet, ideoq; nullius libertus esse dicitur 47.

s Fideicomissaria 48 libertas est, quæ testatoris jussu datur ab herede, vel ab eo cujus fidei, ut servum manumittat, commissum est.

Quam qui accipit Libertus fit ejus à quo manumittitur 49.

Eo tamen, cujus fideicommissum est, quem manumittat latitante vel absente, atque adeo in manumittendo moram faciente, Prætor causa cognita libertatem deberi pronunciat, & liber esse jussus ex eo fit Libertus Orcinus ex Senatusconsulto Rubriano, si servus defuncti fuerit; si servus ejus, qui rogatus est, ex Senatusconsulto Junciano: quibus postea accessit, Constitutio Justiniani 50.

Et minori quidem mora fit ex die qua peti potuit: majori ex die, quo petita est 51.

44 *l. qui ob necem 5. D. qui sine manumiss. ad libert. perven.*

r De statu liberis 40. *D. 7. Vlpian. in fragm. titul. 2.*

45 *ita definit Vlpian. d. titul. 2. in princ. l. qui libertatis, 69. D. de Evict.*

46 *Vlpian. d. tit. 2. §. is qui directo. l. cum quasi, 30. §. quærendum, D. de statu liberis. l. 3. §. plane. D. de legit. tut. d. §. qui autem ex fideicommiss. l. quo socij, 8. D. de hered. instit. l. Dominus. 22. D. de pecul. legato. l. un. §. sed etsi sub condit. C. de Latin. liber. tol. & passim. hinc à Theophilo* χαρωνιακὸς *vocatur.*

47 *si necem, 4. D. de bonis libert.*

s De fideicommissariis libertatibus. 40. D. 5. & 7. C. 4. 48 *l. qui fideicommissaria, C. de fideicommiss. l. mater. C. de oper. libert. ubi fideicommissa appellantur, ut etiam in l. si legato, 11. D. de manumiss. testam.* 49 *Vlpian. in fragment. titu. 2. §. is qui directo. d. §. qui autem ex fideicommiss. & alibi sæpius.* 50 *per l. 15. C. de fideicommiss. libert. & notavit ibid. Cuiac. in parati.* 51 *l. cum vero, 26. §. apparet, D. de fideicommissar. libert.*

Et rursus servus proprius directo vel per fideicommissum manumitti potest: Alienus non nisi per fideicommissum 52.

t Ut autem datur, ita etiam adimitur libertas data.

u Ceterum Libertus jura ingenuitatis interdum consequebatur, interdum ingenuitatem ipsam: hic eo ingenuus fiebat, ille non item.

Jura ingenuitatis consequebantur 53, impetrato ab Imp. jure aureorum annulorum, quibus ad ingenuitatem nihil deerat, nisi quod juri patronatus adhuc subjecti essent: quod ex concessione juris aureorum annulorum patrono inviro non adimebatur 54.

Ipsam autem ingenuitatem consequebantur liberti natalium restitutione, quæ à principe fiebat patrono consentiente, atq; adeo jura patronatus remittente 55.

Justinianus autem Imperator post hæc voluit, ut manumissus omnis protinus a manumissione sine ulla circuitione ingenuus fieret, salvo jure patronatus, nisi id patronus in manumissione nominatim remiserit 56.

Ita libertus ex novissimo jure Justiniani omnis est ingenuus, & omnis est Ciuis Romanus, cum jure antiquo cives non fierent nisi vindicta, testamento, censu, aut ea quæ in sacrosanctis fiebat Ecclesiis, manumissione 57.

Inter amicos enim manumissi, vel per Epistolam, vel adhibitione mensæ, Latini Juniani dicebantur.

Qui autem ob facinus aliquod admissum publice cæsi erant, aut in quorum facie vel corpore nota aliqua igne aut ferro impressa fuerat, ut deleri nō posset, postea vero manumittebantur, Dedititiorum numero atque loco erant & habebantur 58.

x Justi-

52 *l. libertates, 16. D. de fideicomm. libert. §. Libertas, Inst. de singul. reb. per fideic. relict.*

t De ademtione libertatis titu. 6. lib. 40. D. *Vlp. in frag. tit. 3.*

u De iure aureorum annulorū, *tit. 10. lib. 40. D.* & De natalibus restituendis 6. *Cod. 8. 40. D. 11.*

53 *plerunq; autem dabantur libertinis ditioribus, Arnob. lib. 4. vide l. 4. D. de iure aureor. annulor.*

54 *sed si hac lege, 10. §. sed si ius. D. de in ius voc. l. etiamsi ius, 3. in pr. D. de bonis liber. l. penul. & ult. D. de iure aureor. annul.*

55 *d. §. sed si ius, d. l. etiamsi §. plane. l. 3. & l. ult. D. de natal. restituend. l. 6. C. de suis & legiti. libert. ex causa tamen etiam interdū patrono nō consentiente, ut videtur colligi ex l. 2. §. fin. D. de natal. restituend.*

56 *Novel. 78.*

57 *§. libertinorum, Instit. de libertin. l. pen. & ult. C. de bon. lib.*

58 *Vlp. in frag. tit. 1. §. Dedititiorum.*

[x] Justinianus Imp. utraq; illa Latina & Deditia sublata, manumissos omnes cives Romanos esse voluit [59].

Non vere manumittuntur homines liberi [60], sed imaginarie alii, alii errore.

[y] Imaginarie manumittitur è patria potestate emancipandus, deducto eo prius in statum servilem imaginarium.

[z] Errore autem juris vel facti.

Juris, si manumissus errore juris pro servo sit habitus, ut puta captus bello civili [61], infans expositus [62], quem educator retinet ut servum ob sumptus educationis.

Facti errore, si liber seruiat, cum putaret se servum esse [63].

Inter utrunq; errorem medius est is qui se liberum esse non ignorat, servit tamen alteri sive scienti sive ignoranti.

Hinc vulgatum illud, Natalibus non officere manumissionem [64].

Porro libertas iterum ita est Naturalis vel civilis [65].

Naturalis est libertas omnibus omnino hominibus, quorum epitheton est, quod liberi sint, communis, sive cives sunt Romani, sive peregrini [66]. Eademque nuda [67] Libertas dicitur & imperfecta [68].

Civilis est libertas, quæ jure Quiritium duntaxat competit. Eademque legitima [69], & Romana [70], & Vera [71] libertas appellatur.

Quæ Civium Romanorum propria [72], est de qua accipiendum est illud, eos tantum juris civilis communionem habere, qui liberi sint.

Atque hic Status libertatis est: sequitur status.

B

x De Dedititia libertate tollenda *tit. 5. lib. 7. C. &* De latina libertate tollenda 7. *C. 6.*

59 d. Nov. 78. c. fi. ex quo interpretanda est, l. in orbe, 17. D. de statu hom.

60 l. 2. D. de offic. proconf.

y Si à parente quis manumissus sit. 37 *D. 12.*

z De ingenuis manumissis 7. *C. 14.*

61 l. si quis, 21. §. fi. D. de capt. & postlimin. reverf.

62 l. 2. C. de ingen. manumiss. l. 3. C. de infan. expos.

63 §. fin. Inst. de libert.

64 quod multis exemplis declaratur sub tit. C. de ingen. manum.

65 Duaren. libr. 1. disp. c. 9. Gov. lib. 2 Lectio. cap. 11. Cui. lib. 3. obs. c. 10. & in expos. Nov. 22.

66 l. un. in prin. C. de Senat. Clau. toll.

67 l. un. C. de mulier. quæ se propr. serv. iunx.

68 l. un. in princ. C. de Lat. libert. toll.

69 l. unic. §. 1. C. de comm. servo. manum. 70. l. un. §. similiq; modo, C. de Latin. libert. toll. 71 l. un. §. similiq; modo si dominus, C. eod. 72 de qua doctissimi viri accipiunt, l. 5. D. de extraord. cogni. in qua affirmatur deportatione libertatem amitti.

tus ſeruitutis, qui à jure gentiũ originẽ accepit [73].

Servitus eſt ſtatus hominis, quo alieno dominio ſubjicitur [74].

Ex quo Servi & ſervæ ſive ancillæ dicuntur, qui ſunt in mancipio alterius [75]: iidemque ſunt Mancipia [76]. In quorum vero mancipio ſunt, Domini ipſorum appellantur.

Qui juris quidem naturalis cõmunionem habent, at à jure civili omnino ſunt excluſi [77].

Quo fit ut in Repub. Romana facta & actiones ipſorum ex dominorum perſonis, nõ ex ipſis æſtimentur [78].

Et omne quod acquirunt, Domino acquirãt, non ſibi [79].

Eorumq; conditionem meliorem quidem efficere poſſint, at non deteriorem [79].

Atq; dominis in ipſos vitæ neciſq; poteſtas ſit, olim vaga & infinita, poſtea limitata [80].

Poſteaquam vero Servitus jure gentium introducta eſt, Servus aliquis naſcitur vel ſit [81].

Naſcitur ex ancilla, ſeu Serva, ejuſque eſt, cujus ancilla eſt, ex qua natus eſt [82].

Natus tamen ex ancilla, cujus manumiſſioni ab herede mora facta eſt, ingenuus naſcitur, non Servus [83].

Fit Servus jure gentium vel jure Civili [84].

a Jure gentium captivitate in bello juſto non civili [85].

Quæ

73 §. ius autẽ gentium, Inſtit de iure nat gen. & civ. § 2. Inſt. de iu. perſ. §. 1. Inſt. de lib l. 4 D. de iuſti. & iur l. 4. §. 1. D. de ſtatu homi. l ſi id quod 44. D. d cond indeb.
74 § 1 Inſt. de iure perſon l 4. §. 1. D. de ſtatu hom.
75 ſparſim in li. iu.
76 §. ſervi. Inſt de iure perſon. d l. 4. §. 1. in rubr. tit. 56. & 57. lib. 4. C. & de mancip. ſive ſervo Chriſtiano eſt tit. 10 lib. 1 C. Tempore Caroli Magni ſervitutes paulatim cœperunt deficere, ita ut Bodin. lib. 1 de Rep cap. 5. ſeribat, circa annum Chriſti 1200 fere p̃ univerſum mundũ ſervitutem deſiiſſe
77 l. quod attinet 32 ubi gloſſ Petr. Fab. & alij id exẽplis demonſtrant, D. de R. I. l nullo modo. 7. C. ad leg. Corn. de falſ qui teſta. 20 § ſervus quoq; D. qui teſtamentũ fac. poſſ l 1. D de iure delib. l 3 D. de cap min 78. in prin Inſt. de ſtipul. ſervor. id multis confirmat Pet. Fab ad l. 22 32. & 107. D. de R. I. l. non minus 31 D. de her. inſt Bredero. in theſ ſentent verb Servus, quia Servitus morti aſſimulatur, l. ſervitutẽ, 209. D de R I. l intercidit, 59 in fine D de cond & demon l. cum hic ſtatus 32. § ſi donator, D de condit & demonſtr. Nov. 22 79 §. in poteſtate Inſt de his qui ſui vel alien. iur. ſunt §. item vobis. Inſt per quas perſo acquir in prin. Inſt per quas perſon. oblig. 79 l. melior. 133 & ibi. Pet. Fab D. de reg. iur idẽ in l. 10 D eo l Bona fide 27. D ad Velleia l pen D depoſiti 80 d § in poteſtate vide Bod. d c 5. li 1. de repu. adde l qui ſervũ. 96 de V. O l quid ergo. 53. §. ſi heres D de leg 1 81. § Servi autẽ. Inſt de iure perſ. l 5 § 1. D de ſtatu ho 82 d § Servi aũt & d l 5 § 1 83 l 4 C. de fideic li Cut. li 18. obſ. 20. 84 d. §. Servi aũt d l 5. §. 1. 85 ſervi aũt. l. 19. §. a piratis, D. de capt. & poſtlim.

Quæ tamen servitus non omnino plena aut certa est[86], sed in suspenso vel pendente manet [87], ob fictionem juris, quod est postliminii vel legis Corneliæ.

Postliminium est jus amissæ rei ab extraneo recipiendæ & in pristinum statum restituendæ inter nos, ac liberos populos regesque moribus atque legibus constitutum[88].

Quod jus in ea fictione est, ut qui ab hostibus captus est, sed vel ultro ab hostibus dimissus, vel fuga elapsus, vel militum virtute recuperatus[89], reversus ea mente, ut maneat[90], intelligatur retro in civitate fuisse, id est, nunquam ab hostibus captus fuisse[91].

Fictio autem legis Corneliæ est, qua captivus apud hostes defunctus, eo momento fingitur in civitate defunctus quo captus est[92].

Ita postliminium ad captivos sed ab hostibus reversos: lex Cornelia ad captivos, sed apud hostes defunctos pertinet.

Atque adeo illud tempus captivitatis & reditus conjungit: hæc tempus captivitatis & mortis, intermedio tempore, atque si nunquam extitisset, habito.

Ab hostibus autem, redemti ære alterius protinus liberi fiunt, sed pro liberis ante non habentur, quam precium sui solverint redemtori, aut ei quinquennio servierint.

Jure civili servus fit vel venditione sui ipsius, si quis ad precium participandum[94], vel ad actum gerendum[95] sese venundari passus sit major annis XXV sciens interim emtore conditionem ejus igno-

a De captivis & postliminio reversis, 49 D 15. 8 C 57.

86 *Vide Cujac. in paratit. C. de postlim. revers.*

87 *l 1. § si pendeat, D. ad Senatuscons. Macedon. l si is qui. 15 D. de usucapio. § si ab hostib. Inst. quibus modis jus patr. pot. solvat in incerto, ut ait l. in bello, 12. D. de captiv. & postlim. revers. unde suspensi juris in l penult. in fine. D. de suis & legitim. & spes postliminij l. propter spem, 32. D. fam. ercisc.*

88 *l. postlim. 19. D. de capt. & postlim. revers.*

89 *l. nihil interest. 26. D de captivis & postlim revers. l. illa institutio, 32. §. 1. D. de hered instituend.*

90 *l 1 § final. D. eod & d. l. nihil interest.*

91 *d. l. 5. §. 1. dict. l. in bello, §. cetera, l Retro.*

92 *l pater, 10 l in omnibus 18 D de captivis & postlim revers l. 1. §. 1. D. ad Senat Macedon l pen D de suis & legitim.* 94 *d § servi autem d. l 5 §. 1. D de statu homin § 1 Institut. de Capit. diminut.* 95 *l si quis, 6. § irritum, D. de injust. irrito rupt. testament.*

rante[96]: vel damnatione in metallum[97]: vel libertus ob ingratitudinem suam in patronum cõmissam[98]: vel Connubio ex Senatusconsulto Claudiano mulier libera, si se servo alieno nolente domino junxisset, quod tamen Justinianus postea sustulit[99].

Usucapio[100], mutatio nominis[101] convent o[102], vẽditio[103], in dotem datio[104], & similia, servum quem non faciunt.

Est autem Servitus justa quædam, quædam injusta[105].

Illa veræ servitutis est: hæc putativæ, atq; ita imaginariæ vel erroneæ.

Ex hac quis servit duntaxat: ex illa servus quis est, etsi facto ipso non serviat[106].

Alias inter Servos differentia nulla est: ordo tamen ex diversis ipsorum ministeriis & curis, ex quibus erant Actores, Atrienses, dispensatores, fornacarii, balneatores, mediastini, villici, atque si sunt ejusmodi alia[107].

a De Ordinibus. CAP. VI.

STatum quem homo habet ex jure civili, appello ordinem.

Ordo est status hominis, conditionem ejus in communi hominum societate significans.

Ex quo homo Civis dicitur vel peregrinus.

Civis est homo liber sub imperii tutela constitutus[1].

Eju-

96 l. liberis 7. § si quis sciens. l. qui sciens, 33 D de liberal caus. l. Licinius, 4. D. quib. ad liber. procla. non licet.

97 qui servi pœnæ dicũtur, d § 1. Inst. de cap dimin. quam pœnam sustulit Iustin Novel. 32. §. illud.

98 d. §. 1. Inst. de cap. diminut.

99 l 1. C. de SC. Claudian. tollend.

100 l. conventio, 37. D. de liberal. caus.

101 in pr. Instit. de libert l. 6. D. de his qui sui vel alien. iur. sunt.

105 in pr. Instit de libert. l 6 D. de his qui sui vel ali. iur. sunt.

106 §. fin. Instit de inge l 2. D. de capt. & postlim. revers.

107 Vide Briss. lib 17. de verb signif. ver. servorum.

a Ordinis appellatio in iure aliquanto strictius capitur pro ordine decurionum vel civitatis l. 3. & l. 6. § 1 D. quod c[uiu]sque univ[e]rsit. l. final D ad munic[i]p l 1. § sed et si præses, D. quando appelland [s]i[t]. l [n]unc D nihil innov appellation. l 1. D de magistra. conveni[end]. l final. D. de ve[te]r[a]n sed hoc loco generalius accipi subiecta declarabit. quemadmodum accipitur in rubr. 8. libr. 12. C. a l [re]petit[a] et liber 12. C. 1. Bodin libr. 1. de Republ. 6.

Ejusmodi aliquis est cum dignitate aliqua, vel sine dignitate.

[b] Et rursus cum dignitate imperiosa, vel imperii experte.

b De dignitatibus, 12. C. 1.

Imperiosam dignitatem princeps [2] habet, & post principem magistratus.

2 Sive unus sit sive plures. Plures enim illi unius loco habentur.

[c] Principis dignitas summa est, ex quo etiam princeps, quasi præcipuus, vel primum caput Reipublicæ, cujus princeps est.

c vt dignitatum ordo servetur. 12. C. 1.

Eam proxime excipit Magistratuum dignitas.

Inter hos prima est Senatus, altera Equestris, & tertia Perfectissimatus.

Rursus Senatoriæ dignitatis gradus erant tres [3], Supremus nimirum Illustrium, secundus Spectabilium, & tertius Clarissimorum. Illustres sunt, qui sententiæ in Senatu dicendæ jus habent; inter quos quidam sunt Superillustres, nimirum Patricii, Consules, & Consulares.

3 l. fin. D. de Senator. et si Tribonianus videtur manum admovisse.

[d] In Senatu autem præfectus urbi vir illustris considet super omnes, primusq; dicit sententiam, si Cassiodoro credimus, post eum ordine Patricii, Consules, consulares, præfecti prætorio, magistri militum, præpositus sacri cubiculi, Quæstores palatii, magistri officiorum, Comites rerum privatarum, Comites sacrarum largitionum, Comites domesticorum, Principes agentium in rebus, & Comites, alias præfectorum sedes ante universos prima est, post eos Senatorum [4].

d De præfectis prætorio sive urbis & magistris militum in dignitatibus exæquandis, titul. 4. lib. 12. C.

4 l. fin. C. de præfect. præt. Orient.

Horum illustrium Theodosius & Valentinianus Impp. quinque gradus fecerunt [5], ut primus esset eorum, qui vere illustrem dignitatem gesserunt; secundus vacantium præsentium in Comitatu principis; tertius vacantium absentium: quartus honorariorum præsentium, & quintus honorariorum absentium.

5 l. ult. C. ut dignit. ordo servet. ubi videndus Cuiac.

Illustratus dignitatem seu gradum [6] sequitur digni-

6 ita appellatur in l. properandum §. sin autem utraque. C. de iud.

dignitas aspectabilium, qua illustratum fuisse superiorem, ostendit l. præcipimus, 32. C. de appell.

Quo titulo ornantur [7] Proconsules, & legati ipsorum, Comes Orientis, Præfectus Augustalis [8] Vicarius, Duces [9], Tribuni, Magistri scriniorū [10], Comites sacri consistorii [11], Comites domorū [12], Comites Scholarum [13], Comites militares [14], Castrensis, Tribunus notariorum, & Silentiarii, domesticorum & protectorum primicerius. l. 2. C. de domest. & protect.

Postrema est Clarissimatus dignitas, quam spectabilitate inferiorem fuisse discimus ex l. peculiari. C. de proxim. sacrorum scrinior. ideoq; & à spectabilibus [15] & illustribus [16] distinguitur.

Sunt autem clarissimi Senatores omnes qui honore Senatorio decorati sunt, quem habent prætores, præsides [17], principes, agentium in rebus [18], moderatores sive rectores provinciarum [19], præfectus annonæ, præfectus vigilum, præpositi laborum [20], magistri census [21], proximi sacrorum scriniorum [22], Silentiarij sacri palatij [22], decemprimi [14], advocati quoq; post depositum advocationis officium clarissimis adnumerantur [25].

b Post Senatoriam dignitatem est dignitas equestris, de qua est titul. XXXI. libri XII. Codicis, vbi expresse vult Imp. Valentinianus, Equites Romanos secundum gradum post Clarissimatus dignitatem obtinere.

Atq; ex hoc ordine Senatores legi solebant: Universus enim populus Romanus tribuebatur in Patricios & Plebeios: & illi in Senatum lecti Senatores dicebantur: non lecti, Equites.

c Perfectissimatus dignitas sequitur Equestrē, quæ sub Imperatoribus demum introducta esse vide-

7 l. præcepit, §. illud etiam, l. final. C. de Canon. largition. ti. lib. 10. l. unic. C. de ratiocin. oper. publ. l. unica. C. ut omnes iudices. l. præcipimus. l. Raptores. C. de Episc. & cler.

8 l. quinq; & l. si quos, C. de decur. libro 10.

9 l. si quando C. de app. l. nemo de his, C. de offi. milit. iud.

10 l. unic. C. de magist. scrin.

11 l. 1. C. de Comit. consistorian.

12 l. fin. C. ubi causa fiscal.

13 l. 1. C. de privil. schol.

14 l. fin. C. de decurio. lib. 10. l. omnimodo, in fine, C. de inoffic. testa. l. laudabilem. C. de advoc. divers. iud.

15 l. unica. C. ut omnes iudices. l. uni. C. de annon. & cap.

16 l. 1. C. ubi Senat. vel clariss.

17 l. unic. C. ut omnes iudices l. 2. C. de delatorib. li. 10.

18 l. ult. C. de pri. agent. in rebus. quāvis l. 3. C. eo. iis adjiciat dignitatē proconsularē, quæ est spectabilitas.

19 l. præcepit C. de Canone larg. tit. l. iubemus ad ser. §. fi. C. de Episc. & cler. d. l. Raptores. 20. l. un. C. de præpos. lab. l. un. C. Theo. eo. 21 l. fi. C. de iure emphy. 22. l. 5. C. de pxim. sac. scrin. 23. l. fi. C. de excus. tut. 24 l. 2. C. de dom. & prote. 25 l. 1. C. de adv. div. ind. b De equestri dignitate *li. 12. C. tit.* 31. c De perfectissimatus *dign.* 12. C. 32.

videtur, quā consequebantur hi, qui judicio principis, vel ad præsidatum provinciæ, vel aliam administrationem promoti fuissent[23]. Neque enim omnes præsides fuerunt Clarissimi, sed quidam Perfectissimi tantum, prout prouinciæ dignitas, in quam mittebantur, exigebat.

Ejusmodi sunt Præses Arabiæ[42], & Dalmatiæ, magister census[25], primicerii scriniorum[26], & olim Duces[27].

Dignitatem imperii expertem qui habent, sunt personæ interdum publicæ, ut Pontifices & Sacerdotes[28], item Milites qui sunt armati in bello armato, vel togati aut Palatini domi, ut Assessores, Consiliarij principum, Advocati Curiati, Curiarum & Scholarum professores, interdum privatæ, & hæ dicuntur Nobiles.

Nobilis est civis Reipublicæ suæ ex voluntate principis illustrior.

Cui addita sunt privilegia, insignia & arma, ex quibus eum aliis præstare appareat: quæ res à virtute originem sumsit, nunc per sanguinem fere & successionem gentilitiam continuatur[29].

Civis sine dignitate est vel cum certo vitæ genere, vel sine eo.

Id vero vitæ genus est ex instituto publico vel privato.

Prioris generis sunt Scribæ, Tabelliones, Apparitores, Actuarii, Cohortales, Lictores, & Accensi.

Posterioris sunt Theologi, Jurisconsulti, Oratores, Medici, Scholastici, qui sunt Philosophi, Mathematici, Rhetores, Historici, Poetæ, & Grammatici: item Agricolæ, Mercatores, Opifices & Operarii.

Sine certo vitæ genere qui agit generis appellationem retinet, ut sit plebejus.

Peregrinus est, qui cum liber sit, civis tamen Romanus non est[30].

23 *l.un. C. de perfectiss. dign.*

24 *l.4. C. Theo. de pœn.*

25 *l. Orphanotrophos. C. de Episc. & cler.*

26 *l. Scriniis. C. de palat. sacr. largitio. l.7. C. The. de priv. eor. qui in sac. pal. mil.*

27 *teste Marcellino lib.12.*

28 *Pontifices iudicare ac decernere possunt, non imperare. Bodin. in metho. histor. Hinc audientiam habent, non iurisdictionem, ut in rubr. C. de Episcop. audient.*

29 *Quo pertinet illud Tulli Hostilij apud Dion. Halicarn. libr. 3. in oratione ad Albanos.* οὐ γὰρ ἐν ἄλλῳ τινὶ τὴν ἀνθρωπίνην εὐγένειαν ὑπάρχειν νομίζομεν, ἀλλ' ἐν ἀρετῇ.

30 *l. sed etsi, 6. §. solemus, D. de hered. instit. vide Brisson. lib.1. Antiq. Rom. cap.13.*

Eum à cive hoc modo potissimum distinguũt, quod civis vel patriç imperiis acquiescat, vel alieno sese imperio subiiciat & accipiatur, peregrinus autem nec originis imperio acquiescat, nec sese aliis dediderit, aut cum se dedidisset, repulsus est [31].

31 *Bodin. in method. historica.*

Ceteri fœderati sunt aut hostes aut neutri.

Id vero totum positum est non in diversitate loci, sed in diversitate juris, quo alio atque alio hic vel ille utitur, atque simul diversitate Reipublicç, cuius jure uterque suæ nititur.

Fœderati [32] enim ita peregrini sunt, ut cum illis sit ex fœdere communio. Hostes [33] autem sunt peregrini, cum quibus bellum justum est, nempe quibus vel populus Romanus bellum publice decrevit, vel ipsi populo Romano.

32 *l. Non dubito, 7. D. de capti. & postlim. revers.*
33 *Hostes, 24. D. de captiv. & postlim reverss. l. Hostes 118. D. de V. S.*

Ceteri latrunculi vel prædones appellantur.

De Facto. CAP. VII.

ALterum hominis adjunctum extrinsecum est factum.

Factum autem est hominis opus externo aliquo actu declaratum.

Quod spectatur tum in seipso, tum in circumstantiis.

In seipso, quatenus nimirum absolutum est vel relatum.

Factum absolutum est, quod ita cum fit, existit, ut post se non expectet aliud.

Relatum est, quod ita fit, ut ex eo sequatur aliud.

Utrunque purum est, vel Conditionale [1].

Purum est simpliciter perfectum nulla conditione suspensum, cujus effectus præsto fit.

Quod ejusmodi est vere vel quodammodo.

Vere purum est, quod nullam habet vel diei vel conditionis adjectionem.

Quodammodo purum est, quod conditione quidem

1 *§. Heres. Instit. de hered. instit. l. etsi 8. D. de autorita. tut. § omnis. Inst. de V. O. l. creditores, 30. l. cedere, 213. D de V. S. cum infinitis aliis.*

quidem vacat, sed adjectam habet diem, ex qua ipsum effectum habeat, vel modum sub quo effectum sortiatur [2].

Conditionale est, factum conditione aliqua suspensum.

Conditio est causa, rem, quæ agitur, ita suspendens, ut antequam illa existat, neq; ipsum factum neq; effectus ejus extitisse videatur [3].

Etsi enim factum ipsum quo ad naturale est, existat, effectu tamen juris non censetur existere, nisi conditione impleta [4].

Quod si tamen per eum, cujus interest, steterit, quo minus impleatur, pro impleta habebitur [5].

Conditionale factum simplex est vel mixtum.

Simplex est, quod conditionem habet unicam, aut si plures, omnes tamen ejusdem generis.

Conditio illa est Casualis, vel Potestativa [6].

Casualis est, quæ ex eventu dependet extra facientis voluntatem [7].

Potestativa est, quæ in arbitrium ipsius facientis confertur [8].

Mixtum factum conditionale est conceptum sub conditione & casuali & potestativa.

Utrunque vero illud conjunctum est, vel disjunctum [9].

Conjunctum est, cujus conditiones plures sunt simul junctæ, quod pro perfecto non habetur, nisi conditionibus simul omnibus impletis [10].

Disiunctum est, cujus conditiones plures sunt, sed

2 d.l. Cedere diem.
3 Cui.in parat. D. de conditio. & demonstrat. Cont. 1. Lectio.4. facit, l. si quis sub conditione. 8. D. si quis omiss. caus. testam. l. uxorem 41. §. eius heres. D. de legat. 3.
4 d.l. cedere. Hinc conditiones in præsens vel præteritum tempus relata non vere conditiones dicuntur l. hæc conditio 10. §. fina. D. de condit. institut. l. cōditio 100. l. si ita 120. D. de V. O. l. eas causas 80. D. de condit. & demonst. l. cum præsens 37. & seqq. D. de reb. credit. si cert. petet. §. conditiones. Inst. de V. O.
5 l. cum pupillus, 78. in princ. D. de condit. & demonstrat. l. uter. 23. in fine, D. de heredib. instituend. l. si fundum. 92. §. 1. D. de leg. 1. l. 3. D. de condit. institut. l. 3. de statu liber. l. in iure civili, 161. D. de R. I. *6 l. unic. §. sin autem. C. de Caduc. tollend. l. cum pupillus, 73. D. de condit. & demonstrat. Connan. libro quarto, cap. 17.* *7. quæ inde dicitur in eventum collata d. l. cum pupillus, & in casu consistens, l. si filius. 33. §. 1. D. de fideicom. libert.* *8. quæ inde dicitur in potestate esse facientis, d. l. cum pupillus. l. ult. D. de condi. instit. l. 4. D. de hered. institu. & in arbitrium collata, l. is qui heres. 13. D. de acquir. vel omit. her. & in arbitrio esse, l. 1. §. sciendum, D. de suis & legit. l. 1. §. sub conditione, D. si quis omiss. cau. test.* *9 l. si heredi, 5. D. de cond. inst. §. impossibilis, Inst. de here. instit. l. sæpe, 53. D. de V. S. l. Hæc verba, 124. D. eo.*
10 d. l. si heredi. d. §. Impossibilis.

sed separatæ vel alternatæ, quarum vnam ad facti perfectionem impleri sufficit [11].

Tam vero hoc quam illud, atque adeo omne factum conditionale conditionem habet possibilem vel impossibilem [12].

Conditio possibilis est, quæ impleri potest natura & jure [13].

Impossibilis est, quæ impleri nequit vel per naturam [14], vel quod jus obstet, etsi per naturam impleri possit.

Illi similis est conditio præstitu difficilis [15]: huic conditio perplexitatem in se continens [16].

In circumstantiis factum spectatur, potissimum hominis facientis, & faciendi occasionis.

Facientis nimirum quod fit à volente, quæ non volente [17].

Volens facit, qui id quod facit, facit deliberato.

Idque sponte sua, atque ita ex proposito, vel mandato alterius, atque ita metu vel coactus.

Voluntatem namque coactam voluntatem etiam esse Jurisconsultus respondit [18].

Velle autem omnis potest, qui natura aut jure non impeditur.

Natura impeditur infans & furiosus [19] ob defectum animi: Surdus & Mutus simul ob vitium corporis.

Lege impeditur prodigus [20], item Impubes [21], nimirum solus, quod ad effectum juris attinet, verumtamen quod illi deest autoritate tutoris supletur.

Ceterum de voluntate apparet tacite vel expresse [22].

Tacite

11 *d.l. cum pupillus. d.l. si here. d. §. Impoßibilis. l. in eo. 119. §. ubi verba. D. de reg. iur. l. cum illud. 25. D. quand. dies legat.*

12. *Paul. 3. senten. 4. §. conditionum. l. cum in secundo, 16. in fine. D. de iniust. irrit. rupt.*

15 *Paul. d. §. conditionum.*

13 *l. fina. in fine, D. quæ senten. sine appellat. non recip.*

14 *l. 9. 14. 15. D. de condit. institut. & hinc inde.*

15 *Cic. in partit. l. suus. 4. §. puto. D. de hered. institut. l. si familiæ 55. D. famil. ercisc. Cuiac. in l. si stipuler. & §. fina. D. de V. O. Hinc cõsensus principis cum difficulter impetretur pro impoßibili habetur ut notat Iason in l. cum servus, §. fin. nume. 8. not. 5. & ibid. Zas. nume. 6. & Dd. communiter Digest. de legat. 1.*

16 *notat Barto. in l. si Titius, 16. D. de condit.*

17 *vide Menoch. lib. 2. arbitrar. iud. quæst. casu 496.*

18 *l. si mulier. 21. §. ultim. C. de eo quod met. caus. l. si patre, 22. D. de ritu rupt.*

19 *l. furiosi, 40. D. de R. I. l. si tibi, 8. §. unius. D. de option. vel elect. legat.*

20 *d. l. furiosi.*

21. *l. 4. & l. pupillus, 189. D. de R. I. l. fina. D. de iur. & fact. ignor.*

22 *l. recusari, 95. D. de acquir. vel omit. hered.*

Tacite[23], si quid fiat, ex quo voluntas per discursum colligatur per aliud, puta per nuncium vel per Epistolam.

Expresse, si quid fiat ita ut ipse faciens desuper voluntatem suam declaret, puta verbis vel nutu[24].

Hinc si quid fiat aliquo sciente, alio interim faciente, is qui scivit & cum impedire posset, non impedivit, ipse fecisse existimatur[25].

Hinc etiam qui facienti opem tulit aut auxilium præstitit, ipse fecisse existimatur[26].

Hinc etiam quod quis per alium facit, ipse facere intelligitur[27].

Est tamen cum factum voluntas sequitur, nimirum si quid factum sit ab alio, quod quis postea comprobet.

Quæ voluntas Ratihabitio dicitur[28], quæ actum quidem tempore sequitur, sed jure retrotrahitur ad ipsum tempus facti.

Non volens facit, qui id quod facit non facit deliberato.

Quod fit vel præter voluntatem facientis, vel contra voluntatem ipsius.

Præter voluntatem quod fit, ejus causa est in faciente vel extra illum.

In faciente est ignorantia & Error.

a Ignorantia est duplex, facti vel juris[29].

Ignorantia facti est ejus quod fit aut factum est ignorantia[30].

Quæ rursus facti est proprii vel alieni.

Ignorantia facti proprii est, cum quis ignorat quid faciat aut fecerit.

Ignorantia facti alieni est, cum quis ignorat, quid fiat aut factum sit ab alio.

Ignorantia juris est, nescire quid juri sit consentaneum.

Quæ juris est naturalis vel Civilis[31].

Igno-

23 hunc voluntas interdum ex scientia & patientia inducitur, l. 7. §. interdum. D. ad Macedon. & qui tacet consentire atq; velle videtur, si præsens sit & contradicere possit. l. 2. §. voluntatem, D. solu. matrim.

24 qua de re videndus est Mascar. de probat. conclus. 1415. vol. 3.

25 passim in legib.

26 l. sæpe, 53. in fi. D. de V. S. §. aliquando autẽ. Instit. de oblig. quæ ex delicto.

27 c. qui per aliũ. de R. I. in 6. l. Hoc iure 152. l. is damnum 169. D. eod.

28 l. 4. & 5. C. de pign. act. l. fin. C. ad Macedon.

a De iuris & facti ignorantia, *D. li. 12. tit. 6. & C. lib. 1. tit. 18.*

29 in rub. & l. 1. D. de iur. & fact. igno. l. liberorum, 11. §. notatur etiam, D. de his qui notant. infam. l. si fideiussor, 29. §. non male, D. Mandati.

30 hoc declaratur exemplis in l. 1. D. de iur. & fact. igno.

31 l. Regula. 91. D. de R. I.

Ignorantia facti proprii intolerabilis est, adeóque non præsumitur [32]: quæ facti est alieni, est probabilis [33], & præsumitur [34]: hinc illa non excusat, nisi de damno ignorantis vitando agatur [35] hæc excusat, nisi fortasse affectata sit [36].

Ignorantia juris naturalis nemini patrocinatur: ignorantia juris civilis in lucro captando nihil prodest, in damno vitando nihil obest [37].

Atque ita accipiendum est, quod ignorantia facti excusare, ignorantia juris non excusare dicitur [38].

Succurritur [39] tamen etiam vigintiquinque annis minoribus [40], mulieribus [41], item & militibus jura ignorantibus [42], & rusticis [43], quamvis non aliter, nisi cum jura sunt civilia, & peritiores consulendi facultatem non habuerint [44].

Error [45] est cum factum quidem aut jus non ignoratur, sed de alterutrius vel utriusque qualitate non constat [46].

Erranti similis in multis est is qui dubitat, in quibusdam ignoranti.

Extra facientem causa est casus fortuitus, qui est casus improvisus, quem nullum humanum cõsilium providere [47] aut evitare [48] potuit. Idem & fatum

32 l. quanquam 7. D. ad Senatusconf. Velleia. l. sed addes, 19. §. 1. D. Locati. l. plurimum. 3. D. de iur. & facti ignorãt. l. si quis maior, C. de rescind. vendit. glo. in l. Item fullo, in verb. Ignarus, D. Locati. gl. in l. cum falsum, in verb. debet. D. de acquiren. vel amit. hered.
33 l. fi. D. pro suo.
34 de quo plene Mascard. de proba. concl. 879. vol. 2.
35 l. error. 8. & seq. D. de iur. & fact. ignor.
36 l. Nec supina 6. & seqq. D. eod.
37 passim sub titu. D. & C. de iur. & fact. igno.
38 d. l. Regula.
39 d. l. Regula.
40 l. fin. C. de iur. & fact. ignor. l. penult. C. de minor. l. 2. C. si aduers. solut.
41 d. l. error. & d. l. Regula
42 in princ. Institut. de milit. testam. l. 1. D. eod. l. fina. C. de iure deliberan.
43 l. si quis id, 7. §. doli. D. de iurisdict. om. iud. l. 2. D. de in ius vocand.
44 d. l. Regula, §. sed iuris. l. bonorum, 10. in fine, D. de bon. possess. l. 2. in fine, D. quis ordo in bonor. possess. servet.
45 Errantis voluntatem nullam esse est text. in l. sed hoc ita, 20. D. de aqu. & aqu. pluv. arcend. l. in omnibus, 57. D. de obligation. & action.
46 Error videtur ab ignorantia in legibus ita distingui, ut hæc sit facti, illa autem iuris, l. 2. D. de iur. & facti ignor. l. si fur. 32. §. 1. D. de usucapionibus l. 2. §. si à pupillo, D. pro emtore. veruntamen cum error etiam sit facti, l. 1. D. sed et si iure, D. de aqu. quotid. & ignorantia etiam sit iuris l. 4. D. de iur. & facti ignoran. ignorantiam ab errore qualitate magis quam re ipsa distinguere malui.
47 l. 2. §. si eo tempore, D. de admi. rer. ad civit. pertinent. l. quæ fortuitis, C. de pignor. action.
45 l. in reb. 18. D. commod. l. 1. §. Et ille quidem. D. de O. & A. l. in iudicio, C. de locat. l. ex conducto. 15. §. Servius, D. locat.

& fatum[49] appellatur, & damnum fatale[50], & fortuna[51], & Casus major[52], & vis major[53], quæ Θεῖα βία Jurisconsulto est[54].

Huiusmodi est mors[55], incendium[56], ruina[57], naufragium[58], prædonum hostiumve incursus[59], piratarum insidiæ[60], vis aquarum[61], insolita ventorum magnitudo[62], labes[63], & ejusmodi alia.

Veruntamen, quod con[t]emplatione unius ád casum fortuitum pertinet, alterius contemplatione interdum refertur ad factum voluntarium: quod omne diuerso respectu intelligendum est.

Huic casui fortuito opponitur quivis casus præter illum alius[64].

Contra voluntatem fit, quod fit aliquo invito, sive ipse id faciat, sive ab ipso alius.

Tam vero volens, quam non volens in bona fide esse dicitur, vel in mala, unde bonæ fidei est vel malæ fidei[65].

Bona fides est illæsa conscientia circa factum, ipsum, qui bonam fidem habet, contingens.

Mala fides est conscientia læsa ejus qui factum suum novit juri sive æquitati non esse consentaneum.

Atque in mala fide culpa maxime spectatur, quamvis illius etiam qui in bona fide est, culpa nonnunquam argui possit.

Est

49 *l. verum, 11. §. item non, D. de minor. l. utiq;, 16. D. de rei vindicat.*

50 *l. si ut certo. 5. §. quod vero. D. commod.*

51 *l. 1. §. si magistratus, D. de magistrat. conven. l. 1. C. de commod.*

52 *l. veluti. 7. D. de edendo.*

53 *l. 3. §. ait prætor, in fine. D. Nautæ caup. stabu. l. si cũ. 13. in fi. & l. qui ratio. 30. in fine. D. de pig. act. l. Opus. 36. D. locati. l. si gratuitam, 17. §. si cũ mihi, D. de præscri. verb. l. 1. C. de commod. l. 1. C. de Loca.*

54 *Gaio in l. si merces, 25 §. vis maior D. Locat. & Vlpian. vis divina. l. fluminum 24. §. Servius, D. de dam. infect. & vis magna, l. 2. D. de peric. & commo. rei ven.*

55 *l. in rebus 18. D. commod. §. item is. Inst. quib. mod. re contrah. oblig. l. videamus, 11. §. 1. D. Locati, l. 1. §. 1. de O. & A. l. Contractus, 23. D. de R. I.* 56 *d. l. utiq; l. interdum. 36. D. de iudic. l. Contractus. 23. D. de R. I. l. in reb. 18. D. commod.* 57 *d. l. 1. § 1. d. l. 18. l. si ut certo 5. §. quod vero, D. commod.* 58 *d. l. 1. §. 1. l. 3. §. 1. D. Naut. caup. stabu. inter causas, 6. §. non omnia, D. Manda. d. §. item quis, & d. l. in rebus.* 59 *d. l. 1. §. 1. d. l. Contractus ed. l. inter causas, §. non omnia. d. l. 18. d. §. 1. item is. l. perinde, 34. D. Loc. l. Contractum. d. l. inter causas, §. non omnia. d. l. 18. d. §. 1. item is. l. perinde, 34. D. Locati. l. si res 50. de adm. tut. l. 1. l. Dominũ, C. de Loc. l. 1. C. de com. l. quæ fortuitis, C. de pigno act.* 60 *d. l. 18.* 61 *d. l. Cõtractus, l. si in venditione 10. in fi. D. de peric. & comm. rei vend.* 62 *l. Fluminum, 24. §. servius. D. de damno infect. d. l. ex conducto. §. Seruius.* 63 *d. l. ex conducto. §. Servius. & l. fi. D. Locati.* 64 *l. 1. §. & ille quidem, D. de O. & A.* 65 *l. 1. C. de resc. vend. l. 1. C. de longi tem. præsc. l. 3. in fi. D. pro soc. tum infinitis locis aliis in quib. bona & mala fides opponuntur, & mala fides significat fraudem, astutiã & calliditatem. Briss. Pratei. Scharl. & alij in Lexic. in verb. Bona fides, & mala fides, qui ad hunc locum consulendi sunt.*

Est autem culpa negligentia hominis qua quid fit, quod fieri non debuit, & rursus quid non fit, quod fieri debuit[66].

Quæ duplex est, Malitiæ una, altera imprudentiæ[67]: illa proprio vocabulo dolus[68] dicitur, hoc specialem appellationem generis nomine retento accipit.

Dolus est culpa malitiosa alterius decipiendi causa adhibita[69].

Huic fraus inest[70], & bona fides opponitur[71], nec unquam committitur nisi à sciente & volente.

Culpa in specie est culpa desidiosa cum imprudentia seu imperitia coniuncta[72].

Quæ duplex est: Lata & Levis[73].

Lata[74] culpa est summa[75] & dissoluta[76] negligentia atq; ignorantia[77], cum quis non intelligit, quod intelligunt omnes[78].

In hac culpa is est, qui vel omittit quod nullus sanæ mentis omissurus erat, vel facit, quod nemo facturus erat, idque per ignorantiam quodammodo, quia sic faciendum vel nō faciendum putabat, & rem melius non intelligebat[79].

Hæc

66 Cui. lib 19 obs. c.24. Marc. Anto. Delr. ad d. l. contractus. in prin.

67 l. si servum. 91. §.1. de V.O. Delrio in d. l. contractus. in prin. ubi hanc distributionem probat ex Æmil. Probo in vita Alcibiadis.

68 Est quidem dolus alius bonus alius malus, de qua doli distinctione est, l.1. §. non fuit, D de dolo mal. sed hoc loco pro dolo malo accipitur, ut plerunq; fit, si simpliciter doli fiat mentio, nisi subiecta materia aliud suadeat.

69 d. l.1. §. dolum, l.7. § sed si fraudādi, D. de pact. Pau. 1. sent. 8. Hinc fallacia & dolus coniungitur, l. rei, 45. l Merito, 51. D pro socio, item dolus & calliditas, l. consilij, 46. D. de R.I. & dolus dicitur callidum consilium, l sed et si, 7 §. prætor ait, D de publici in rem actione 70. d. l.7. §. sed si fraudandi interpretamur quibusdam locis dolum, l. si culpa, 63. D. de rei vind. l. Impuberib 7. § si fraus, D de suspect. tut quinimo aliquando dolus & fraus cōiunguntur, l.3. in fi. D. pro socio l parent. 5 in fi D. de obseq. parent. l. si procurator. Veruntamē cū fraus sine dolo esse possit, Cui ad d § sed si defraudandi fraus & dolus eadem nō sunt, sed distinguuntur quodammodo ut causa & effectus, siquidem fraus damnum illud est, quod ex dolo proficiscatur, tametsi ex eventu etiam fraus esse possit ut maxime dolus non adsit. 71 l 3 in fi D pro socio. l & hæc distinctio 35. D locati, cum infinitis aliis quæ notavit Briss lib 2 de V.S. verb. Bona fides alius. 72 l socius, 72. D. pro soc. 73 ita Delr ad d l contractus, per l cū res, 47 §. culpa autem, D. de lega. 1. veteres quinq; species constituerunt, quos ibi Delrio refutat, & Gothofr. ad l quod Nerva, 32 D. depositi. 74 ita vulgo dicitur, sed alibi etiam culpa latior. d l. quod Nerva comparativo usurpato propositivo, ut ibid. Zas. & alij notarunt, dicitur etiam lata negligentia in l. tutor, 7. § competet, D de adm tut d l. Impuberib. § si fraus, & magna culpa, l. magna, 226 D de verb. sig. 75 l.1. §. quia enim. D. de act & oblig. 76 l si fideiuss. 29. D. Mandat. 77 l cum sex. 55, D de ædi. edict. 78 l. Lata, 223. D. de verb sign. Cui. 7. obs. 8. 79 l si servum, 91. D. de verbor. oblig.

Hæc in contractibus dolo æquiparatur, eique est proxima, quod si effectum spectes verissimum est [89].

Cum enim culpa lata esse possit, ubi malitia nulla sit, dolus ipsa revera non est, nisi ex præsumtione.

In delictis autem etiam effectu à dolo distinguitur [81].

Culpa levis est, qua quis non ad eum modum, quem hominum natura desiderat, diligens sit [82].

Hæc neque dolo neque casui fortuito proxima est: atque inde frequenter sine ulla adjectione alia simpliciter culpa dicitur, & in dubio cum culpæ fit mentio in legibus, ea de culpa levi accipienda est [83].

Huic culpæ custodia opponitur & diligentia.

Dolus quidem magis & minus non recipit, sed magis & minus recipit custodia & diligentia.

Unde quot sunt diligentiæ gradus, totidem sunt etiam gradus culpæ [84].

Gradus autem diligentiæ duo sunt, Summus & Medius. Etsi enim tertius etiam, nempe infimus, poni posse videatur, tamen quoniam is diligentiæ est minimæ & pene nullius, quæ opponitur culpæ latæ, inde est, ut nusquam in legibus infimus ille gradus diligentiæ nomen mereatur, multo minus ut nomen aliquod habeat proprium.

Summus diligentiæ gradus est vehementissima & exactissima diligentia, & veluti Curiositas; cui opponitur culpæ levissima [85].

Medius gradus est diligentiæ exactæ, ejus nimirum, quæ opponitur culpæ levi [86].

Sed medius diligentiæ gradus proprie custodia dicitur, summus generis nomen retinet, & sicut

80 d. §. si fraus, l. si fortuito 11. D. de ruin. incend. naufr. l. Mulier, 22. §. sed enim, D. ad S. C. Trebell. l. 1. §. culpa, D. si is qui testament. liber esse iuss. l. 1. §. lata culpa, D. si mens. fals. mod. dixer.

81 l. in lege Corn. 7. D. ad le. Corn. de Sicar. l. 1. iuncta l. dolo malo, 3. cum l. seq. D. de servo corrupt. l. in furti actione. 50. in fine. Dig. de furt. quod valde eleganter explicuit Delr. in dicta l. contractus.

82 d. l. contractus. d. l. quod Nerva.

83 l. in venditionem, 8. §. de tempore, & l. seq. §. est præterea, D. de rebus autori. iud. poss. l. si servus. iud. poss. l. si servus. 108. §. cum quid. D. de legat. 1. l. si filiofam. 25. §. Maritum, D. solut. matr. cum similibus. Sed hoc ita procedere ait Delrio, si subiecta materia aliud non suadeat, ut in l. Imperitia. 174. D. de R. I. & §. Imperitia. Inst. ad l. Aquil. 84 Delr. ad l. contractus. 85 l. nec supina, 6. D. de iur. & facti ign. l. in lege. 44 D. ad l. Aquil. l. 1. § 1. D. de O. & A. 16. § fi. Inst. quib. mo. re cōtr. obl.

sicut bona fides opponitur dolo, ita diligētia culpæ leuissimæ[87], qua non caret is, qui non facit, quod facturus fuit optimus quisque ac diligentissimus paterfamilias, ut non sufficiat eam diligentiam adhibere, quam in rebus suis adhibet, si alius diligentius custodire potuerit : custodia autem opponitur culpæ levi[88].

In Circumstantiis factum spectatur, potissimum temporis & loci[89].

Temporis videlicet quo quid factum sit & quanto.

Quo tempore quid factum sit si quæratur, spectatur noctu ac interdiu factum sit[90].

Quanto tempore quid factum sit, mensura ejus in considerationem venit.

Ea autem finita est vel infinita.

Finita est momenti[91] vel intervali.

Mensura intervalli multiplex est, sed omnis illa est horæ, diei, mensis & anni.

Hora est pars diei quota; naturalis quidem diei pars duodecima, civilis autem pars vicesima quarta[92].

Dies enim naturalis vel civilis est, Naturalis est lux quæ constat horis XII quocunque tempore: cui nox opponitur itidem horarum duodecim : sed vtraque iam lux quam nox augmentum & diminu-

87 l. qui iniuria, 53. §. qui alienis, D. de furt. vide Petr. Fab. ad d. l. Contractus, adeo ut quotiescunq; diligentia ab aliquo requiritur, is levissimam culpā præstare debeat, ad quod Delr. allegat d. l. contractus, l. si ut certo 5. §. nunc videndum l. in rebus, 17. D. commod. l. 2. §. custodiam, & l. seq. D. de pericul. & commod. rei ven. l. cum res, 47. §. culpa, D. de legat. 1. nisi forte ex adiunctis appareat levem tantum culpam excludi, ut in l. Magistratus 6. D. de admin. rer. ad civit. pertin. vel nisi materia subiecta aliud postulet, vt in l. 1. D. de tutel. & ratio. distrah. & in §. fi. Insti. quib. mo. re contrah. obl.

88 Quod manifestum est non ex illis duntaxat locis quibus custodia & diligentia simul coniungūtur, ut apud Paul. 2. sent. 4. §. Servus, d. §. Nunc videndū, verū etiam cum sibi invicem opponūtur, ut in d. l. cum res §. pen. ubi mētio fit primū Culpæ, quæ dolo est proxima, hoc est culpæ latæ: mox culpæ levis: & tum demū diligentiæ, quam cum nominat I.C. perinde est atq; si culpæ levissimæ mentionē iniecisset, ut manifestum inde sit plus esse in diligentia quā in custodia. Inde enim est ut diligentia interdū dicatur custodia plena, l. 2. §. custodiā, D. de peric. & comm. rei ven. & custodia diligens, d. l. si ut certo, §. custodiā, quasi custodia illa quæ propria custodia dicitur non sit omnib. suis gradib. & numeris perfecte diligens, sed illa demum perfecta sit, quæ opponitur culpæ levissimæ.

89 potissimū dico, plures n. enumerat Satur. in l. aut facta, 16. §. 1. D. de pœn. siquidem in dictis facta ad imponendā pœnā examinanda sunt accuratius. *90 Hinc distinctio illa furis nocturni & diurni d. l. aut facta, §. tēpus.* *91 l. placet, 79. D. de acq. vel amit. here. l. 3. C. de offi. comit. rer. privat. vide Cui. in tract. de præscr. & term. c. 1 & de materia temporis per discursum totius illius tractatus.* *92 vide Cui. in d. tr. c. 2.*

minutionem recipit augescente vel decrescente lumine aut tenebris.

Ita media diei pars horarum sex erat, major horarum septem primarum : major pars noctu horarum octo aut septem supremarum.

Civilis dies est horarum XXIV à media nocte ad insequentem mediam noctem [93].

Dies alias ex usu juris fastus est vel nefastus.

Fastus is erat quo coram magistratu pro tribunali sed inte agendi potestas erat.

Nefastus contra, qui & feriatus.

In iure mentio fit diei unius [94] : bidui [95] : tridui [96] : quinque [97] : septem [98] : novem [99] : decem [100] : quindecim [1] : viginti [2] : triginta [3] : quadraginta [4] : quinquaginta [5] : sexaginta [6] : centum dierum [7].

93 l. more, 8. D. de ferys. Cuiac. 15. observ. c. 32.

94 l. 1. D. si quis caution. Cuiac. in d. tr. c. 3.

95 Novel. 95. l. inter illam, 217 in fi. D. de verb. sign. l. 1. C. de erogat. milit. ann. l. 1. C. de tract. & stat. l. Ædiles, 38. §. vendendi, D. de adil. edict. l. 1. §. Biduũ, D. quan. appell. sit, l. eos §. sin autem. C. de appell.

96 l. 1. D. de glande leg. l. Iulianus 9. §. Glans, D. ad exhibend. l. si. C. de errore aduoc. l. fin. C. de iud.

97 l. 1. C. de tract. & stat.

98 l. 1. C. de venat. ferar. l. 1. C. de tract. & stat. l. omnes, C. de feri.

99 Nov. 115. & 133.

100 l. 69. D. de Iudic. l. properandum. §. & siquidem, C. de iud. l. fina. C. de delat. l. Promissor, 21. §. 1. D. de const. pecun. l. fin. §. & cum antea. C. de tempor. appell. l. penult. C. de recept. arbitr. Nov. 23. & 53. & 119.

1 l. penult. C. de testib. l. omnes, l. Actus, C. de feri.

2 Nov. 53. & 96. & 120. l. 1. §. fina. C. ut omnes iud. tam civil. quam milit. l. fina. C. de procu. l. 1. D. de fugitiv.

3 l. 3. §. fina. D. de accusation. l. aut privatim, 10. §. Triginta, D. ad Turpil. l. 3. C. de abolition. l. Imperatores, 7. in fine, D. de publican. & vectig. l. in contractibus. C. de non nume. pecun. l. iudicibus. C. de appellat. Nov. 126. l. penult. & ult. Qui mitt. poss. § capite. Instit. de lege Aquil. l. fina. D. de tutor. & curat. dat. l. fin. C. de iure deliber. l. 2. C. de exhib. reis. l. si vindicari, C. de pœn. l. fina. C. de delator. l. 1. D. de liber. agn. l. fina. C. de exact. trib. l. fin. C. de erogat. milit. ann. Nov 17. l. penult. C. de custod. reor.

4 l. quadraginta, l. provinciarum. C. de feri.

5 l. 1. C. ut omnes iud. l. 3. C. de assessor. Nov. 8. 95. 128. & 161. l. 13. D. de excus. tutor l. 6. C. eodem §. qui autem, Instit. eod.

6 l. 6. C. ad l. Iul. de adulter. l. Aufertur 46. §. qui compensationem, D. de iure fisci. l. si venditor, 28. D. de ædi. edict. l. tutor. 7. §. usura. D. de admi. tut. Novel. 72. l. ubi lex, 101. D. de R. I. l. publicas, l. omnes. C. de feri l. 3. C. de iure emphyt. l. in fraudem. 45. § fiscalibus, D. de iure fisci. l. 2. C. de secun. nupt. l. non tantum, C. de legat. l. fina. C. de fideicom. libert. l. 1 C. de tempor. appellat. l. penult. C. de fideicom. l. 3. & fina. C. ad l. Iuliam de adulter. l. prospexit, 12. §. Sextius, D. qui & quib. manumissi. Novell. 66. & 82. & 83. & 96. l. final. C. de iur. deliber. l. 1. C. de nat. liber.

7 l. 2. C. qui admit. l. 3. D. unde cognat. l. 1. §. si intra. D. de success. edict. Vlpian. in fragm. tit, 22. l. si Titio, 32. § 1. D. quand. dies legat. l. tertia, §. etsi heredes, D. de minor.

Ex diebus poſtea menſes fiunt: hinc menſes tres[8]: quatuor[9]: quinque[10]: ſex[11]: ſeptem[12]: octo[13]: novem[14] & vndecim[15].

Ex menſibus vero anni: hinc anni unus[16]: duo[17]. tres[18]: quatuor[19]: quinque[20]: ſeptem[21]: octo

8 l,1.C.de dilat. l. fin.C.de iur. delib. l.fin.C.de ædifi.privat. Novel.100.& 115.& 123.& 119. 9 l.cum duob. 52. §.10.D.pro ſocio.l. 4.C.de ædif.privat.l.in conſiliarius,C.de aſſeſ.l.quinquaginta,38. D. de excuſ.tut. 2.& 3.C.de uſur.rei iud.l.fi.C.ſi pendente appell.Nov.68.& 123. & 124. 10 l. fin.C.de privil.Schol. 11 l.fin.C.de Cenſi.& cenſit.l.locorum,C.de omni agro deſert. l.ſciendum.19.§.fina.D.de ædil.edict.d.l.ſi venditor,eo.l.ſi tutor 15.D.de adm.tu. l.1.C.ut omnes iud.Nov.6.& 59.l.Non tantum,17.de excuſ.tut.Nov.131.& 129. l.1.C.de dilat.l.ſancimus.C.de fideiuſſ.l.fi.C.de iur.fiſc.l.5.§. Imperator, D. ut in poſſeſſ.legat.l.certa,C.eo.l.fi.C.de commerc.Nov. 101.l.pen.§.fi.C.de inoff.teſta.l.ſi collectaneus,13.D.de manum.vind.l.1.§.accuſationem,D.ad Turpil.l.ob commiſſa,C.eod.l.ſi appellationem,C.de appel.l.obſiſtere,C.de ann. & trib. l.ſi legatum,5. D.de op.publ. 12 l. ſeptimo,12.D.de ſtat.hom. 13 Nov.69.vide Cui.in d.tr.c. 19. 14 Cuia.modo citato loco. 15 Cui.eod. 16 l.ait lex.21.D.ad leg.Aquil.quod dicitur,38.D.de teſt.mil.l.fi.C.de dote caut.l.5.C.de Cenſ.& cenſit.l. 10.C.de legit. hered.l.2.§.ſi mater, D. ad Tertyl.Nov. 123.l.1.D.de ſucceſ.edict.l.Sacrilegij,6. D.ad leg.Iul.pecul.l.1.& 2.D.de requi.vel abl.dam.l.pen.& ult.C. qui mil. non poſſ.l.reus,7.de mun. & hon.l.2.C.de naufr.Nov.1.6. de actionibus annalibus & alijs quibuſdam,vide Cui.in d.tr.c.20. 17 l.Libertas.17.§.fi.D.de manu.teſta.l. quæro.54.§.1.& l.cum domin.56.D.Locati.l.fi. C.ut intra cert.temp.crim.quæſt. term.l.fi.C.de dolo l.ſi mulier perfecta,C.ad Vellei.l.in contractib.C.de non nu.pec.l. 2.C.de ſponſal.l.fi.C.de iure dom.impetr.l.filius.7.Paulus 8.§.8.l.Vicarius,13.D. de legatio.l.3.C.eo.l.2.C.de mun.& hon.non cont. Nov.134.l.1. C. de ſent. præfect. prætor.l.7.C.de om.agr.deſert. l.fi. C.de bon.autori.iud.poßid.l.2.C.de term. mot. vide Cui.in d.tr.c.21. 18 l. unic.C.de uſuc.transform.l.2.C.de iure emphy. l.1.C. de fideicom.l.4.C.de vectig.& com.l.pen.C.de patr.poteſt.l.4. D. de incend. ruin. naufr.l.properandum,C.de iud.l.pen.C.de apoch.publ.l.fina.C.de repud.hered. l.1. C.de ſent.adverſ.fiſc.lat.Nov.22.Cui.22. 19 l.1.C.de quadrien.præſcript.l.fin.C. de tempor.in integr.reſtit.l.fi.C.de repud.her.l.fi.C.de bon.autor.iud.poßid.l.2.C.de commeat.l.uxor.C.de repud. 20 l.2.C.in quib.cauſ.in integr.reſtit.neceß. non eſt. l.contra,C.de inoffi.teſt.l.fin.C.de poſtlim.& redemt.ab hoſtib.l.conſenſu,§.hæc niſi, C.de repud.Nov.22.l.1.§.accuſationem,D.ad Turp.l.miles.11.§.adulterij, D. ad l. Iul.de adult.l.7.D.ad l. Iul.pecul. l.in cognitione 13.D.de Sen.Sila.Rub. D.de ſtatu defunct.poſt quinque.l.penult.C.de præpoſ.ſacr.cubic.l.1.C.de contra. iud.l. 4.§.1.D.ad l.Cornel.de Sicar.l.nemo.C.de Epiſcop.audient.Nov.112.l.2.C.de vectig.& commiſſ.l. 2. C. de apoſtat. Nov.131.l.1.§.quod dictum,D. de ſeparation. Novel.100.l.fina.C.ſi maior fact.alien.ratam hab.§.fin.Inſtit.de uſucap.l.fina.C. ſi adverſ.fiſc.l.neque C.de reſtit.milit.l.2.C.de muner.& honor.non cont.l.fina.C.de advoca.diverſ.iud.Nov.22.l.milites,13.§.fina.D.de re milit. 21 l.3.C.qui admit.l.ſi infanti,C.de iure delib.l.1. D.de adminiſtr.tut.l.14. D.de ſponſal.

octo [22] : decem [23] : duodecim [24] : quatuordecim [25] : quindecim [26] : sedecim [27] : septemdecim [28] : octodecim [29] : viginti [30] : vigintiquinque [31] : triginta [32] : quadraginta [33] : quinquaginta [34] : sexaginta [35] : septuaginta [36] : & centum [37].

Extra hoc tempus si quid est aliud, infinitum est [38].

Sed est tempus omne utile vel continuum [39].

Utile est dierum quibus experiundi sui juris potestas

22 Nov. 123. 23 l. un. C. de usucapio. transforma. Nov. 119. l. penult. C. de servit. & aqua. l. fin. C. si maior fact. ali. rat. habue. Novel. 100. l. sancimus. C. de testament. l. fina. D. de abige. l. fine, 23. D. de pœn. l. 2. C. de Insol. l. 1. D. de nundin. l. in omnibus, 13. in fine, D. de diversi. tempor. præscript. Nov. 117. 24 l. secunda, C. quand. tut. vel curat. esse desin. l. 5. D. qui testamen. fac. poss. §. 1. Institut. de nupt. l. 2. D. de vulg. substitut. Novel. 119. 25 modo dd. loc. 26 l. 2. C. de operib. publ. Nov. 123. l. si quis argentum, § sin autem, C. de donatio. 27. l. 2. in princip. D. de vacatio. mun. 28 Cuia. d. tra. cap. 27. 29 Cuia. d. cap. 27. 30. §. penult. Instit. de iure person. l. 1. D. de serv. export. l. cum lege. 41. D. de recept. qui arbitr. l. querela. C. ad leg. Cornel. de fals. l. 1. C. de excus. veter. l. 3. de iis qui non impl. stip. fac. sol. l. 1. C. de profess. l. 2. C. de longi temp. præscript. quæ pro lib. opp. l. in testimonium, 28. & l. 3. §. lege. D. de testib. 31 l. 1. D. de minor. l. Regula, 7. D. de iur. & fact. ignor. l. 2. C. eodem, l. si maritus, 15. §. lex. D. ad leg. Iul. de adulter. l. non tantum, 11. D. de decurion. l. ad rempubl. 8. D. de muner. & honorib. l. secunda, §. 1. D. de vacat. mun. l. 2. C. qui prof. se exc. l. fina. D. de legitim. tutor. Nov. 123. Cuiac. in d. tract. cap. 29. 32 Nov. 120. l. penult. C. in quibus caus. cess. longi tempor. præscript. l. hereditatis, C. de petit. heredit. l. licet. C. de iure deliber. l. fina. C. fin. regund. l. 1. §. adhæc, C. de annal. except. Vlpia. in fragm. titu. 1. §. eadem lege, vide Cuian. in d. tract. cap. 30. 33 l. cum nouissimi. C. de præscript. triginta vel quadraginta annor. l. si cohortalis, C. de cohortal. l. iustas, C. de iure fisci. l. final. C. de fundo patrimon. l. fina. C. de fund. rei privat. Novel. 131. & 111. Cuiac. in d. tract. cap. 31. 34 l. 1. C de aleat. l. 13, C. de decurion. l. tertia. C. qui prof. se exc. l. Liberta. 35. D. de oper. libert. l. si maior, C. de legit. hered. 35 l. penult. C. de nupt. l. fina. C. de longi tempor. præscript. quæ pro lib. 36 l. prima. C. qui ætat. se exc. l. 3. §. quamvis, & §. cura, D. de mun. & hon. l. si ultra, C. de decurio. l. tertia, D. de iure immunit. 37 l. an usufructus, 56. D. de usufruct. l. fina. C. de sacrosanct. Eccles. 38 l. tamen, 21. §. final. Dig. de recept. arbitr. l. quinta Dig. de interrogat. in iure facien. l. nulla, 70. Dig. pro soci. §. adeo Instit. de locat. l. ab hostibus. 15. §. fina. Dig. ex quibus caus. maior. l. nam posteaquam, 9. §. si is qui, Digest. de iureiuran. l. Aliam. 29. D. de novation. l. fina. D. de fideiuss. tut. de his vero omnibus explicate Cuiacius in sæpedicto tractatu de præscription. & termin. 39 ita tempus utile & continuum sibi invicem opponuntur, in l. quinquennium 31. D. ad l. Iul. de adulter. l. 1. §. si mulier, D. de liber. agnosc.

potestas est : in quod non computantur dies nefasti [40].

Continuum est series dierum continua sine ulla ipsorum distinctione [41].

Hinc annus continuus est constans ex diebus CCCLXV. civilibus continuis : Vtilis constans ex diebus CCCLXV. non continuis civilibus, sed utilibus [42].

Quo fit ut annuus utilis unus in se habeat sæpenumero annos continuos complures, diebus nimirum ad illum requisitis ex plurium annorum continuorum serie collectis.

In loco attenditur in publico quid factum sit, vel privato [43]. & rursus in publico divino vel profano.

Hinc publice quædam fiunt, quædam privatim: & rursus quædam clam, quædam manifesto.

Ceterum factorum ea natura est, ut personis sive hominibus à quibus proficiscuntur, cohæreant, nec ab illis separentur : tametsi jus ex illis quæsitum, alterius etiam, quam illius qui fecit, esse possit.

Ita factum servi ipsi cohæret: jus exinde resultans domini est, non servi [44].

De Personis. CAP. VIII.

ATq; eiusmodi quidem est hominis absolute considerati species una, sequitur altera ex qua homo dicitur Persona.

Persona

40 l.3.in fine, D.de accusation. l. quod autem, 6.in fine. D. quæ in fraud. credi. l. aut privatim, 10. §.fin. D.ad Turpil. l.cum sex. 55. D.de ædilit. edict. Hinc dies utiles quidam sessionũ dies dicuntur, quidam simpliciter utiles. Dies sessionũ sunt illi, quibus prætor, pro tribunali sederit & postulationib. responsum dederit, l.2. D. quis ordo in bo. possessoru. l.5. §. satisfactionis D. ut in poss. legat. sedere enim dicitur prætor seu magistratus, cũ pro tribunali iuris dicendi causa sedet, l.2. §. confestim, D. ad Tertyll. l.7. D. de in integ. rest. simpliciter utiles sunt, quicunq; dies quibus prætor sui copiã in publico vel adeuntibus se fecerit, d.l.2. §. fina. Institut. de bon. poss.

41 l. Genero, 8. D. de his qui not. in fam. l. nunquam, 31. §.1. D. de usucap. l.2. de collus. deteg. l. si usussru. 6. D. de usufruct. leg. l. Debitrix, 24. D. ad Velleian. l. quinquaginta, 38. D. de excus. tut. §. excusare, Institu. eodem l.1. C. de quadr. præscript. l. fina. C. de tempor. in integ. restitut. 42 l. prima, Dig. quand. act. de pecul. l. prima. Dig. de in rem ven. l. tertia, §. Hæc actio, D. vi bonor. rapt. l. filius, 28. §. si quis eo, Digest. de libert. & postum. l. prima, Digest. uti possidet. 43 d.l. aut facta, §. locus, §. Atrox. Inst. de act. 44 §. sed cum factum, Inst. de stipul. serv. l. qui heredi. 44. D. de condit. & demonst.

Persona autem est homo habens caput civile [1].

Quod positum est in tribus, in libertate, in civitate, in familia [2].

A libertate persona libera dicitur [3], à civitate civis, de qua utraq; superioribus capitibus expositum est, à familia autem Agnata.

Familiæ appellatio cum varia sit [4], ea voce hic intelligimus certum quoddam corpus hominum agnationis necessitudine inter se divinctorum.

1 cui opponitur naturale, quod etiam servi habent, quod exinde dicitur servile. l. 3. in fine, D. de capite minut. de quo accipiẽdum est quoties mentio fit servi capitis. Vulgatum autẽ illud, quo dicitur, Noxam caput sequi, intelligitur in genere de capite naturali, cuiusmodi etiam animantia cetera habent. 2 Quod satis colligitur ex triplici capitis diminutione, de qua capite sequenti dicetur. 3 sicut à servitute persona servilis, l. in personã, 22. D. de regul. iur. ubi Petr. Fab. annotavit personæ nomen Iurisconsult. eo loco ut & Constant. Imp. in l. 1. §. 1. C. si per vim vel alio modo, non civili sed vulgari loquendi genere posuisse. Constare enim iure civili servum nullum esse, personam servum non habere, sed esse ἀπρόσωπον ex legibus allegans ad id Theoph. in princip. Instit. de stipul. servor. & Cassiodor. libr. 6. variar. form. 8. unde pro capite nimirum acquirendo servus dare dicitur, qui dat pro libertate consequẽda, l. eo tempore, 50. in fine, D. de pecul. & quod Iulian. in l. servus, 10. D. pro emt. dicit pro capite, id Paulo in l. 4. §. de illo, D. de usuc. dicitur pro libertate. & eidẽ Iuliano, in l. qui ob pactionem, 9. D. pro emtore, ob pactionem libertatis. Vnde fit ut servis tribuatur rectius commune nomen hominis, quam nomen personæ, l. instructum, 185. & l. in lege, 203. D. de V. S. & alias sæpe. 4 Familiæ significationes varias notavit Vlpian. lib. XLVI. ad edictum, relatas in l. pronunciatio, 195. §. familiæ, D. de verborum signif. quæ ad duo capita rediguntur, ad personas nimirum & ad res. Ad personas quidem magis proprie, non tamen omnino eodem modo. Interdum enim familia personarũ est singularium d. §. familiæ, versic. ad personas autem: interdũ universitatis vel corporis alicuius, d. §. familiæ. versic. familiæ. Et tunc iterum duobus modis, uno generalissime, qua significatione omnes illæ personæ, quæ ab eiusdem genitoris supremi sanguine proficiscuntur, continentur, d. §. familiæ, versi. Item appellatur. qua ratione omnium omnino hominum familia est eadem si ad Adamum primam omnium originem referantur. Altero specialius, quo familia corpus est plurium personarum, nõ ad supremum sive ultimum genitorem, sed ad propiorem aliquem relatarum. Quæ ita communis est familia, vel propria: divers. familiæ, communis est familia omnium agnatorum illorũ, qui sub unius potestate fuerunt, quo mortuo singuli suas habent familias proprias, quæ ad mortuum comparatæ sunt quodammodo communes, id est ex eadem domo & gente proditæ. Quam significationem interpretes omnes male confuderunt cum significatione familiæ generalissima, quam tamen utranq; Vlpianum distinxisse textus sæpedicti §. familiæ, evidẽter arguit. Propria est familia, cuius princeps unus est, quem ex eo patremfamilias dicimus, quique in domo dominium habet. Patrem familias autẽ non æstimamus ex familia, sed ex iure familiæ habendæ. Vn-

Quod corpus commune est vel proprium[5].

Commune, est agnatorum plurium inter se communem quidem agnationis stipitem & originem habentium, sed in quo sint capita plura, quæ vicissim familias proprias habeant, quæ ex eadem domo & genere proditæ sint[6].

Proprium, est familiæ, cujus caput & princeps vnus est, ceteros, si qui sunt ejusdem familiæ, in potestate sua habens, qui Paterfamilias dicitur, qui recte etiam hoc nomine appellatur, etsi filium non habeat, imo quamvis pupillus sit[7].

Qui vero in potestate habentur, filiifamilias sunt & filiæ familias.

Tam vero hi quam ille in familia caput habent, sed paterfamilias ita, ut ipse etiam sit familiæ princeps[8].

Fœmina familiæ suæ caput est, ejus nimirum, in quam matrimonio adsciscitur, liberos in ea pariendo, per quos familia conservetur, sed eadem etiam familiæ suæ finis est, nimirum ejus, in qua est nata, quæ in ipsa perit[9].

Per mares enim familiæ conservantur, in qua ipsi nati sunt: per fœminas non æque, quippe ex quibus progeniti paternam familiam conservent, non maternam[10].

Habet tamen fœmina, quandiu in potestate patris est, familiam, atque ita caput in familia patris

de paterfa. interdũ habet subiectos, suæ potestati alios, qui tum familia ipsius contineri dicuntur, interdum ipso quidem facto non habet, habet tamẽ ius habendi, quod & ipsum familiam denotat. Atque hoc modo servi recte dicũtur familia contineri, quemadmodũ & homines liberi, qui bona fide serviunt, sicut ego interpretor l. detestatio, 40. §. familia, D. de V.S. & l. Ædiles, 25. §. familia, D. de ædil. edict. l. 2. §. Hæc actio, D. vi bonor. rapt. l. 1. §. familia, D. de vi & vi armat. quamvis interim, non negem filiosfamilias etiam appellatione familia contineri, l. quod si nolit. 31. §. Idem Padius. D. de ædilit. edict. d. l. pronũciatio, §. servitutum. Ad res refertur minus proprie, & primum quidem ad servorum corpus d. §. servitutum, l. Vrbana, 166. D. de V.S. deinde etiam ad ceteras res & bona, l. nam quod 14. in fine, D. de Senatuscons. Trebell. l. statuliber, 88. D. ad l. Falcid. l. fin. C. de V.S. d. l. pronunciat. §. fam. quo pertinet illud legis XII. tab. Agnatus proximus familiam habeto, & formula illa erciscundæ familiæ, l. 1. D. de fam. excisc. §. quadam, Instit. de actio. & familiæ emtio. Vlpian. in frag. titu. 20.

5 *d. §. familia.* 6 *dicto §. familia.* 7 *dicto §. familia.* 8 *l. familiæ, 196. D. de V.S. Vlpian. in fragm. tit. 4.* 9 *dicta l. pronunciatio, in fine.* 10 *d. l. familiæ. § fœminarum.*

patris sui, sit maxime matrimonio alij familiæ juncta sit.

At cum ea potestate liberatur, ipsa jam Materfamilias est [11], nisi fortasse in aliam conijciatur, ut ita materfamilias sit & dicatur non familiæ eius, in qua matrimonio est adscita, sed familiæ eius, in qua nata est, quippe quod potestate in qua erat, liberata sit.

Sunt autem tria hæc capita ita inter sese affecta, ut libertas quidem esse possit sine civitate & familia, civitas sine familia quidem, sed non sine libertate, familia vero non nisi utraq; illa & libertas & civitas una cum ipsa sit.

Ita fit ut Peregrinus liber quidem sit libertate naturali, familiam tamen non habeat, eo ipso quod civis non est, sed Peregrinus.

Ceterum quemadmodum is qui liber non est, servus est, & is qui civis non est liber tamen Peregrinus est, ita qui Agnatus non est, est extraneus.

Tametsi si conferatur ad cognationem, extraneus non sit, sed propinquus sive cognatus.

Qua ex re mutuus quidam inter homines respectus exoritur, de quo hoc loco dicendum est.

Sunt enim homines sibi necessarij seu propinqui, vel extranei [12].

Necessarii [13] seu propinqui ex necessitudine seu propinquitate, qua sibi invicem sunt devincti.

Hæc necessitudo est quædam hominum inter se relatio, ex sanguine, vel ex nuptiis proveniens.

Quæ ex sanguine necessitudo est, dicitur in genere Cognatio: quæ ex nuptiis est, dicitur affinitas [14].

11 *l.4. Dig. de his qui sui vel alieni iur. sunt, l. nupta, 30.§.1.l.Titia.34. D.sol.mat.l.1.§.1. D. ad Senatusconsult. Tertyllian. eodemq́ pertinet, d.l. pronūciatio, §. familiæ, verb. matremfam. quicquid ibi scribat Forner. & ante eū Cui. ad l. in suis, D. de liber. & posth. Hinc virgo etiam materfamilias dicitur, ut scribit Tertullia. in lib. de virgin. veland. De virgin. veland. De ea quæ in manū mariti convenisset, & ex eo materfamilias diceretur, in iure unicus videtur esse locus in l. 1. D. de Concubin. Alias non natales neque nuptias sed bonos mores matrēfamilias facere dicitur in l. pronunciatum 46. in fine. Dig. de verborum signif. l. 3. in fi. D. de liber. exhiben. vide Cui. 3. obsc. 18. Connan. lib. 8. c. 3.*

12 *l. cum antiquioribus, in prin. C. de iure delib.* 13 *l. 1. in fi. D. de eo qui pro tutor. l. magis puto. 5. §. inprimis, C. de reb. eor. qui sub tutel. vel qui dicūtur necessariæ personæ l. 1. D. in ius vocati ut eant, l. pen. D. quand. app. sit. l. sed et si. 21. D. solut. matr. l. quamvis, 38. D. ad leg. Iul. de adult. l. data iam, C. de donat.* 14 *l. fina. D. de instit. & iure, l. Hæc autem, §. 1. D. quib. ex caus. in poss. eat.*

Cognatio in genere [15] est necessitudo [16] hominum quos ab eodem stipite communi descendentes sanguis cō iunxit natura vel legis fictione [17].

Quæ duplex est naturalis vel civilis [18].

Naturalis est, quam sola natura novit, non etiam lex.

Eaq; ex sola fœmina æstimatur [19].

Et est duplex: unam lex ita non novit, ut [20] tamen permittat, quæ est in [a] cognatione servili, & in cognatione concubinaria. Alteram ita non novit ut etiam damnet, quæ est inter vulgo quæsitos [21], aliosq; illegitimos.

Cujus effectus in natura sunt & honestate naturali, nulli in jure civili [22].

Civilis cognatio est, quam lex & novit & approbat.

Quæ itidem est duplex: civilis & naturalis simul, vel civilis tantum [23].

Civilis & naturalis simul est cognatio sanguinis legitimis nuptiis conciliata [24].

Quæ rursus est cognatio specialis & Agnatio [25].

Cognatio specialis est cognatio per fœminam, cuju modi est inter consobrinos [26].

Agnatio [27] est cognatio per marem ex eadem familia,

15 *generalissime. accipitur in l.3. D. de iustit. & iure, quam ab hac aliam esse arguit ibi vox Quandam.*

16 *l. si filium, C. de liber. causa, l.1. C. unde legit. quam personarum coniunctionem vocat Alexand. Impera. in l.1. C. ubi pupill. educar. deb. & sanguinis necessitudinem Gordian. in l. pietatis, C. de susp. tutor. atque Diocleti. & Maxim. in l. 2. C. de adoption.*

17 *Ita fere Hot. in Lexic. verb. cognatio. unde dicta sit tradit Modest. in l. 4. §.1. D. de gra. & affin. & Vlpian. in l. prima, D. unde cogn.*

18 *dicta l.4. §. cognationis, l. nec ei 17. §. 1. D. de adoptionib.*

19 *dicta l. 4. §. cognationis, versic. & quidem.* 20 *§. illud certum est, Instit. de nupt. l. Adoptivus, 14. §. 1. D. de rit. nup. l.1. §. pertinet autem, D. unde cognati. l. fina. §. illud certum, C. de bon. libert. l. 4. D. de in ius voc.* a De cognatione servili, 3. *Instit.* 7. 21 *l.2. D. unde cognat. d. §. Cognationis, versic. & quidem, §. Vulgo quæsitos, Institut. de success. cognat.* 22 *l. Iurisconsf. 10. §. Non parcimus, D. de grad. & affin. dicta l. Adoptivus, §. primo.* 23 *d. §. cognationis.* 24 *d. §. cognationis. versic. utroque iure.* 25 *de cuius utriusque differentia vide l. penulti. Dig. unde legit. & dicta l. Iurisconsf. §. inter agnatos. §. primo, Instit. de legit. agnat. tutel.* 26 *d. l. Iurisconsf. § cognati. dicto §. 1. Instit. de legit. agnat. tut.* 27 *quam nomen esse iuris civilis text. est in d. l. Iuris. & in d. §. fin. Instit. de legit. agnat. tut. l. si qua mihi, 22. in fine. D. de rit. nupt.*

famili..., cuiusmodi est inter patrueles [29].

Quæ in doctrina de tutelis strictior est, ut sit per marem & inter mares tantum [30].

Constitutio autem Justiniani novella CXVIII. distinctionem illam cognationis & agnationis in successionibus & in tutelis sustulit, non etiam in causis aliis [31].

Quamvis ius sanguinis sit cognationis & proximitatis magis, ius vero consanguinitatis sit agnationis [32].

Civilis cognatio tãtum, vel, ut loquitur Modestinus, Cognatio civilis per se, quę & legitima dicitur [33], est ea quæ legibus duntaxat per adoptionẽ cõstituitur, quasi sãguine juris fictione copulata.

Quæ est inter adoptantem & adoptatum, & deinceps inter adoptatum & adoptantis agnatos, atq; adeo juris potius quam sanguinis communione constituta [34].

Etsi vero natura cognatos omnes, præter adoptatos, æquales fecit, jus tamen eos fecit diversos, non tamen in matre, quæ semper certa est, utpote quam natura demonstrat [35], sed in patre, quem non natura metimur, sed jure, adeoq; eum esse dicimus quem jus demonstret [36].

Ex jure n. fit ut legitimi alii sint, alii illegit. [37].

Legitimi sunt sive justi [38], quos jus cognatos esse & nominari voluit.

Atque hoc vel jus solum, quod accidit in adoptatis, vel una cum jure natura, quod fit protinus cum quis nascitur ex nuptiis, vel post intervallum ex legitimatione.

Hos & lex & natura novit, quamvis diversimode, illos lex tantum.

Ex quo fit, ut quandoque adoptati natis ex nuptiis oppositi dicantur legitimi, nati ex nuptiis simpliciter naturales, quod comparatione quadem fieri sciendum est [39].

29 §.1. Inst. de legit. agn. success. l. sunt autem, 6. D. de legit. tutel.
30 hinc inde sub ti. D. & C. de legi. tut.
31 ubi Cui. in fin.
32 d. §. vulgo quæsitos, & l. si Spurius. 4 D. unde cognati. Ita ius sanguinis & cognationis sibi invicem opponuntur in l. qui in adoptionem, 23. D. de adopt.
33 d l. 4. §. cognationis.
34 d. l. qui in adoptionẽ l. 1. §. cognationem, D. unde cognati, d. l. 4. §. pe. D. de gradib. & affini.
35 l. quia semper, 5. D. de in ius voc. l. 19. & 24. D. de statu homin. Vlp. in frag. tit. 14.
36 l. vulgo concepit, 23. D. de statu ho. d. l. quia semper.
37 l. 1. C. de natur. liber. ubi legitimi opponuntur naturalibus.
38 ita vocantur in l. quiq; 4. in fin. D. de in ius voc. l. septimo, 12. D. de statu homin. l. Imperialis. §. final. C. de nupt.
39 §. 1. Inst. de legi. agna. succes. §. minus, Inst. de hered.

Tam vero horum quam illorum pater iustus est & legitimus.

Illegitimi sunt inter se cognati ex coitu legibus improbato.

Quos ita natura quidem novit, non etiã lex 40.

Et improbato quidem, sed tamen permisso, vel improbato, ita ut etiam damnato.

Ex priori sunt Naturales.

Qui sunt ex Concubinatu vel ex Contubernio, de quibus infra.

Ex illo nati specialiter naturales dicuntur 41, ex hoc generalius 42.

Ex utrovis nati si cum legitimis comparentur patrem non habere intelliguntur, ad alios collati, de quibus mox dicetur, patrem habent., atque cum etiam certum, qui pater Naturalis vocatur, utpote cui non quidem nomen patris denegetur, sed jus & nomen, id est, nomen justi patris 43.

Atque inde quam proxime inter illegitimos accedunt ad legitimos, & cum collati ad illegitimos sequentes, legitimi esse videantur, sunt inter hos & illos quasi intermedii.

Ex posteriori sunt nati ex scortatione vel stupro & ex adulterio vel incestu.

Ex scortatione nati dicũtur spurii 44, item vulgo concepti 45, eo quod scortatio committatur in mere.

quæ ab intest. deferunt. l. fin. D. de his qui sui vel alien. iur. sunt. l. 5. D. de in ius voc. l. si pater 29. D. de adopt. l. non potest, 31. D. eo. Gaius lib. 2. Instit. c. 8. l. 1. §. suos, & §. ult. D. de suis & legit. l. 1. D. de bon. possess. contra tab. l. si filium, 5. D. de gradib. & affi.

40 d. l. 4. §. Cognationis, D. de gradib. & affin.

41 de quib. est titu. C. de natu. lib. l. 6. & Nov. quib. mod. naturæ effic. legitim.

42 Ex libero & ancilla natum naturalem esse docet lib. 5. D. de præscr. verb. & l. precia, 63. D. ad leg. Falcid. de natis ex contubernio non quidem textus aliquis expressus est, quo dicatur naturales, verum cum ratio id suadeat, Cuiacio assentiri non possum qui eos naturales esse negat in parat. C. de natura. libr. textus n. quos ad hoc allegat, id nõ volunt. In suo igitur genere naturales sunt, sed collati ad natos ex Cõcubina spurii, propter effectus, l. ex liber. C. de suis & legiti. l. divi 25. D. de captivis & postlim. revers. *43 l. Legẽ, C. de natural. liber. quam etsi Cui. in paratit. eo loco accipiat de natural. ex concubinatu, nihil tamen impedit quo minus ad natos etiã ex Contubernio accommodetur.* *44 l. vulgo concepti 23. D. de statu hom. §. si adversus. Inst. de nupt. d. l. si spurius. D. unde cognati, l. si suspecta, 29. §. 1. D. de inoffi. test. l. si qua illustris, C. ad Orsic. de his etiam accepio l. 3. §. spurios. & l. 6. D. de decurio. ut curiales quidem legi possint, se tamen ipsos curiæ non offerre, sæpe tamen spuriorum appellatio generalius capitur. Gaius lib. 1. Inst. ti. 4. d. l. divi, sicut & nati ex servo & libera muliere, l. 3. D. soluto matr. spurii dicuntur.* *45 d. l. vulgo concepti, dicuntur etiam vulgo quæsiti, l. cum legitime, 19. D. de statu ho. l. 4. in fi. D. de in ius voc. l. patrona, 18. D.*

meretricem, id est fœminam, corpus suum cuivis promiscue & vulgo prostituentem: hinc etiam Nothi [46] peculiare nomen non habent.

Ex stupro nati, hodie fortasse non inepte Naturales.

Ex adulterio adulterini sunt, ex incestu incestuosi, quibus jure civili ne alimenta quidem debentur.

[b] *Porro* cognatio omnis distinguitur [47] lineis [48] sive limitibus [49], lineæ vero gradibus, quorum cognitio ad quid conducat Paulus Jurisconſ. retulit [50].

Linea est collectio personarum ad eundem stipitem relatarum.

Quæ duplex est: recta & transversa [51].

Recta, quæ & directus limes dicitur [52], est inter parētes & liberos, eadem etiam ordo dicitur d.l.1.

Quæ iterum ex eo duplex est, superior & inferior [53].

Superior parentum est: inferior liberorum [54].

Hinc parentes ad liberos collati Ascendentes, liberi ad parentes collati Descendentes appellantur.

Appellationem autem parentum habet Pater, Mater: Avus, avia: proavus, proavia: abavus, abavia, atavus, atavia, tritavus, tritavia. Qui supra hos sunt communi voce omnes Majores dicuntur [56].

Appel-

de bō. liber. l. si quis. 5. §. ergo & matrē. D. de liber. agnos. l. 1. §. sed & vulgo. D. ad SC. Tertull. l. 1. in fine, D. ad municip. sed & hac appellatio quibusdam locis ad alios quam ad natos ex scortatione trahi videtur.

46 *Huius vocis in libris iuris Iustinianei mentio non fit, quod sciam, præterquam in Nov.* περὶ νόθων quæ est 99. ubi τῶν νόθων, & τῶν φυσικῶν *appellatio promiscua est, eoq; pertinet definitio Nothorū à Cuiacio tradita. 5. obs. 6. quod nothi sint qui ex concubina domi sine nuptiis uxoris loco retenta quam Græci* παλλακὴν *vocant, nascuntur, sed Haloan. Nothos voluit esse spurios, quem reprehendit Cui. in expos. Nov. 12. p. 2. & hodie nullos esse Nothos quia nulli sint naturales, scribit idem Cui. in fin. d. obser. 6. non recte, ut alias dicam.* b De gradibus & affinibus. 38. *D.* 10. 3. *Inst.* 6. 47 *vide lib. 1. 2. 3. & 10. D. de gradibus & affinibus. Hotom. in lib. de gradib. Bezam in tract. de repud. & divort.* 48 *l. Stemmata. 9. D. de gradib. & affinib.* 49 *d. l. Stemmata.* 50 *in d. l. Iurisconsul. in princ. & præter usus ab illo relatos etiam ob matrimonia l. fina. D. de rit u nupt. & ob ius retractus sive* προτιμήσεως *Nov. Roman. 3. constit. Friderici de iure* προτιμήσεως, *3. Harmen. 3.* 51 *d. l. 9. & 10. Nov. 118.* 52 *d. l. 9.* 53 *d. l. 19. & 10.* 54 *d. l. 1.* 55 *d. Nov. 118.* 56 *l. 4. D. de in ius voc. d. l. 10. §. parentes, quæ tamen non propterea quod. Maiores sunt parentes esse negantur. d. l. 4. §. parentem l. 1. §. Generaliter, D. de leg. præstat, sed parentes sunt qui ut illi peculiari appellatione non sunt insigniti.*

Appellationem liberorum habent Filius, filia: Nepos, neptis: pronepos, proneptis: Abnepos, abneptis: Atnepos, atneptis: Trinepos, trineptis. Qui infra hos sunt itidem communi voce omnes posteri dicuntur[57], vel posteriores[58], interdum etiam Minores[59].

Transversa linea est inter fratres, sorores, ceterosque cognatos[60]. Ita dicta ex eo, quod cum de cognatione aliquorum est quæstio, primum omnium in linea recta quærendus est stipes proximus utriq;, & ab hoc communi stipite transversim eundum, & quasi ad latus, unde & Collateralis lineæ & Collateralium cognatorum appellatio originem traxit, ut ita intelligatur, quænam inter utrunque illum sit cognationis ratio.

Atque hoc quidem in genere ex lineis intelligi potest, sed in specie ex gradibus, quibus lineæ illæ rursus distinguuntur[61].

Quemadmodum enim scalæ gradus[62] plures sunt, ex quorum uno in alterum ordine suo nullo relicto intermedio devenitur, ita & lineæ gradus sunt plures, ex quibus transitus fiat de alio in aliũ.

Atq; inter parentes quidem & liberos scala sive linea ad cognoscendum gradum unica sufficit, eaque recta: inter ceteros autem præter rectam requiritur etiam transversa.[63]

Siquidem in recta communis stipes quærendus est, cui uterq; is, de cujus cognatione quæritur, in linea recta subsit, cum alias uterque ille inter se collatus nõ sit in linea recta, sed in linea trãsversa.

Ita linea transversa quasi appensa & affixa est lineæ rectæ in communi stipite seu parente, haud secus atque si scalæ directo stanti summa sui parte in transversum affixa esset alia, in quam non nisi decursis gradibus omnibus deveniri posset.

Recta enim linea illa est quæ transversam conjungit.

57 l. quod his verbis, in fine, D. de legat. 3. l. 1. & l. 4. D. de iure immunit. §. fin. Inst. qui testam. tut. dari. poss.

58 d. l. 10. §. parentes.

59 Servi. in Virgil. 8. Æneid.

60 d. l. 1. 9. & 10.

61 Vnde etiam ipsi gradus dicuntur superiores & transversi, d. l. 10. §. Nã quoties, nempe ex linea sive ordine superiori, inferiori & transverso. Descriptionem graduum antiquam retulit Cuiac. 6. obser. 40.

62 d. l. 10. §. Gradus.

63 d. l. 10. §. nam quoties.

Hinc

Hinc si, exempli causa, quæratur de cognatione inter me & patrui mei, hoc est, patris mei fratris filium, qui mihi patruelis est, sane uterq; communem habemus stipitem seu parentẽ proximũ, per quẽ conjuncti sumus, cui uterq; sumus in linea recta descendenti. Is autem est Avus, per quẽ cognati sumus, non immediate, sed per utriusque nostrum patrẽ, eamq; ob causam primum sese offert usus lineæ rectæ, vt dicam me genitum ex patre meo, patrem meum genitum ex avo meo: quod idem etiam patruelis meus de se dicet. Verum cum ratio cognationis, quæ inter utrunque nostrum est, nondũ sit cognita, sed eius duntaxat, quæ utrique nostrum est cum auo, avus utrique nostrũ in linea recta communis est, à quo utrinque transversim & ad latus excurrendum, & per communem hunc avum eundum, ut distantiam & rationem cognationis inveniamus.

At vero jure civili[64] ad effectum inveniendæ & cognoscendæ rationis cognationis tam in linea transversa, quam in linea recta, prodita est regula unica, eaq; certissima, qua dicuntur tot esse gradus cognationis, quot sũt generationes: vel ut alii efferunt, Tot esse gradus quot sunt personæ stipite dempto.

Ita linea recta à gradu primo incipit, transversa à gradu secundo[65].

In recta, puta filius generatur à patre una generatione, qua vnus gradus fit, quo in cognatione filius distat à patre, inter nepotem & avum generationes duæ sunt, atque adeo gradus duo.

In

64 d.l.1. & d.l.10. Iure Civili, in qua, eademq; locum habet in linea recta de iure Canonico, quo tamen, quoad lineam transversam, regula in graduum investigatione a regula iuris civilis est alia, C. ad sedem, 35 q.5. ius enim Canonicum lineam trãsversam facit duplicem, Æqualem & Inæqualem. Æqualis est earum personarum, quæ iisdem gradibus à communi stipite distant, de qua dicitur, quod quo gradu personæ distant à cõmuni stipite, eo etiam distent ipsæ à se invicem. Ex quo à patrueli meo iure illo disto gradibus duobus, cum uterq; distemus ab avo communi stipite duobus gradibus, cum alias iure civili à patrueli meo distem gradu quarto. Linea inæqualis est eorum, qui non æqualiter à communi stipite distant, sed eorum, de quorum cognatione quæritur, unus communi stipiti propior est, alter ab eo remotior: de qua dicitur, quod quo gradu remotior distat à communi stipite, eo distent etiam à se invicem, de quibus quæritur. Ita fit ut ego & nepos patrui mei, qui iure civili distamus gradu quinto, iure Canonico dicamur distare gradu tertio, siquidem nepos patrui mei à communi stipite distat gradibus tribus.

65 d.l.1. d.l.10. Iure Canonico etiam transversa linea à gradu primo incipit.

In transversa, puta, si quæram quot gradibus distem à fratre meo, communis noster stipes proximus est pater, qui me genuit, atque idem genuit fratrem meum, quod cum duabus generationibus factum sit, à fratre meo disto gradu secundo [66]. Sic si de patrueli meo quæratur, quot gradibus à me distet, dicam patrem meũ genuisse me, quæ generatio una est; avum meum genuisse patrem meum, quæ est generatio altera. Avus autem hic stipes communis est proximus, qui itidem genuit patruum meum, quæ generatio respectu mei tertia est, & patruus meus genuit patruelem meum, quæ generatio quarta est, atque adeo in quarto [67] cognationis gradu patruelis meus à me distare dicetur.

Idem judicium ex eadem regula de ceteris omnibus capiendum est: specialius autem illa proposuit Paulus JC. in l. 10. D. de gradib. & affinib. & Cajus 9.1. & D. eo d.

Hæc de necessitudine cognationis: sequitur necessitudo affinitatis, quæ ex eo ita dicta est, quod duæ cognationes diversæ ea copulantur, & una ad alterius cognationis fines accedit: [68].

Affinitas est necessitudo ex nuptiis cõtracta [69].

Hæc inter maritum duntaxat est & cognatos uxoris, item inter uxorem & cognatos mariti, non etiam inter cognatos mariti & uxoris [70].

Minus proprie conciliatur etiam sponsalibus [71], quinimo & Contuberniis [72], quo casu factum magis quam jus demonstramus.

Nullis autem jure civili affinitas definita est lineis, multo minus gradibus [73].

Est

66 Iure Canon. gradu primo, si quidem sumus in linea æquali, & uterque à patre uno gradu distamus.

67 Iure Canonico gradu secundo, cum uterque in linea æquali à communi stipite distemus gradu secundo.

68 d. l. 4. §. sed quoniam, D. de gradibus & affin.

69 d. §. sed quoniã.

70 d. §. sed quoniã. hodie infinita fere ex usu est hac appellatio.

71 l. quod Servius, 8. D. de condi. caus. dat.

72 d. l. Adoptivus §. 1. ius Canonicum ex coitu etiam illegitimo affinitatem conciliari voluit, c. discretione, c. pen. de eo qui consang. uxor. suæ, quod negat ius civile, d. l. 4. §. sciendum.

73 d. l. 4. §. gradus autem. Iure Canonico tria affinitatũ genera constituuntur, de quib. Ioan. And. in c. Non debet. De consang. primum est quod sit p carnalem copulam viri & mulieris inter consanguineos mulieris & virum, itẽ inter consanguineos viri & mulierem. In quo genere circa computationẽ graduum affinitatis prodita est hæc regula, eo gradu affinitatis à se invicẽ distant vir & consanguineus uxoris, quo gradu distat consanguineus ille ab uxore istius sua cõsanguinea. Ita cõsobrini mei uxor qui iure pontificio à me gradu distat secũdo, à me in primo affinitatis genere distat gradu secundo affinitatũ. Secundũ genus est, cũ illi psona, q̃ primo affini-

Est tamen inter affines etiam quidam parentum & liberorum instar, sicut & fratrum sororumq; inter se respectus[74].

Parentum quidem, cujusmodi est, Socer, socru: Vitricus, Noverca: Prosocer, prosocrus: liberorũ, cuiusmodi est Gener, Nurus[75]; privignus, privigna progener, pronurus.

Fratrum vero & sororum, cujusmodi est Levir mariti frater: Glos mariti soror: Sororius sororis maritus: fratria fratris uxor[76].

Extranei sunt à nobis alieni, non necessarii cognatione vel affinitate[77].

Ita quidem simpliciter: sed secundum quid & pro ratione materiæ subjectæ Extranei quandoq; dicuntur etiam illi, qui alias sunt necessarij.

Quomodo Extraneus in doctrina de dotibus intelligitur omnis ille, qui non est paterfamilias virilis sexus, & qui nõ habet filium in potestate[78].

Quomodo Extraneus est filius qui in potestate patris non est.

Quomodo in jure retractus qui non est proximus, aut in proximi locum successit Extraneus est[79].

Quomodo in testamento inter liberos facto omnis ille Extraneus est, qui non est inter liberos[80].

Quomodo Extraneus heres est, qui non est in potestate testatoris[81].

tatis genere mihi coniuncta erat, copulatur matrimonio persona extranea. quo casu hæc mihi affinis fit in genere secundo affinitatis, puta uxor, quam mortua sorore mea sororius duxit, affinis mihi est genere secundo, ea de propinquis, 55 q. 3. Tertium affinitatis genus est, cum persona, quæ secundo affinitatis genere mihi coniuncta est, alij personæ copulatur, puta si mortuo sororio meo uxor eius secunda nubat alij c. porro, 35. q. 3.

74 §. *affinitatis. Inst. de nupt. d. l. 4. §. Hos itaq.*

75 *l. 3. §. item Pomponius, D. de postulando, d. l. 4. §. & quidem.*

76 *d. §. & quidem.*

76 *l. Extraneo, 6. D. de ventr. in poss. mitten. l. cum in antiquioribus. in prin. C. de iure deliber.*

78 *l. uni. §. Accedit vers. Extraneum. C. de rei uxor. actione. l. fina. §. similí quoque, C. de iure doti.*

De acquisitione capitis, eiusdemq; diminutione.

CAP. IX.

CAput autem illud jure acquiritur, idemque jure amittitur.

Utrumq;

79 *l. dudum. C. de contrah. emt.* 80 *l. Hac consultissima. 21. §. ex imperfecto, C. de test.* 81 §. *ceteri. Inst. de hered. qualit. & differ. Gaius lib. 2. Inst. tit. 3.*

Utrumque natura vel facto hominis.

Et libertas quidem acquiritur iis modis, quibus in superioribus dictum est, sive ingenua sit, sive libertina.

[a] Civitas vero acquiritur origine, vel receptione in civitatem.

Origine civis est is, qui civis nascitur ex utroq; parente vel saltem patre [1], ejus civitatis in qua pater civis sit.

Quod non ex domicilio patris æstimatur, sed ex naturali ejus origine [2].

Receptione in civitatem civis fit is, qui se recipi petit, & simul in civitatem & jus civium recipitur.

Et acquisitio illa est civitatis Romanæ, vel præter eam cujusvis alterius, imperio tamen Romano subjectæ [3].

Qui civitatem Romanam acquirit, is in iure nostro civis proprie est, qui aliam præter illam, Municeps est, qui idem & civis municipalis [4].

Unde municeps nunc dicitur suæ cujusque civitatis civis [5]: cum municeps non esset alius, nisi muneris particeps in civitatem receptus, ut munera nobiscum faceret [6].

Quem nativitas facit [7], vel factum, & factum manumissionis vel adoptionis.

Cum utroq; & cive Romano & municipe participat incola [8], qui est quasi civis loci illius in quo domicilium habet, aliunde ortus, atq; adeo alius reipublicæ civis [9].

Atque hic receptitius semper est [10], civis Originarius vel receptitius.

Domicilium autem incola non nuda contestatione constituit, nec solius domus emtione, sed re & facto [11].

Nec absurdum est, quem plurium locorum incolam esse, tametsi id sit difficile [12].

a Ad municipalem li. 50. D. tit. 7.

1 *l. 1. D. ad municip. & passim sub eo titulo.*

2 *l. Assumptio. 6. § Filius, D. ad muni.*

3 *Civitas Romana ab aliis distinguitur, quod hæ ad illã comparatæ privatorum loco habeantur, l. eum, 16. in fi. D. de V.S.*

4 *sub tit. D. ad municip.*

5 *d. l. 1.*

6 *d. l. 1. l. munus, 18. in fine.*

7 *d. l. 1. l. municipes 228. D. de V.S.*

8 *l. Incola. 29. D. ad munic. l. 6. in fine d. fin. §. huiusmodi, D. de muner. & hon.*

9 *l. scire oportet, 35. D. ad municip.*

10 *l. pupillus. 239. §. fin. D. de V.S.*

11 *l. Domiciliũ, 20*

12 *d. l. assumtio, §. viris. l. Labeo, 5. l. eius qui. 27. §. Celsus, D. ad municip.*

Et

Et fieri potest, vt idem sit Reipubl. alicuius civis qui alio loci sit Incola[13].

Quod cum fit, natus ex eo civitatem, ex[14] qua ipse originem ducit, non domicilium sequitur.

Familia autem eo modo constituitur, qui capite superiori est expositus.

[b] *Caeterum* caput quod quis habet, cum amittit, capite minui dicitur, & ex eo capitis est diminutio, quae definitur status quem quis in libertate, civitate & familia habet mutatio[15].

Quae vniuersalis est vel particularis[16].

Universalis est totius capitis diminutio, quae contingit amissa libertate, quę ex eo maxime capitis diminutio appellatur[17].

Libertate enim amissa in consequenti & civitas & familia, quam quis habuit, amittitur.

Quae tot modis contingit, quod supra dictum est, quem iure civili servum fieri.

Qui enim servus nascitur, cum sine capite nascatur, capite minui non potest[18]: sed is tum demũ caput habere incipit, cum manumittitur, nempe caput libertatis, quod manumissione datur, non protinus, etiam caput civitatis, aut familiae[19].

Particularis capitis diminutio est, cum aliquo capite amisso, aliud nihilominus salvum remanet.

Quae est civitatis vel familiae.

Quae civitatis est, minor capitis diminutio dicitur[20], interdum etiam magna[21]: minor quidẽ si conferatur ad maximam, qua omne caput amittitur, magna vero si conferatur ad eam qua vnicum duntaxat, nimirum familiae caput mutatur: atque cum inter vtranque illam sit intermedia, media nonnunquam dicitur[22].

13 d.l. Incola.

14 d.l. assumptio, §. Filius.

b De capitis diminutione, tit. 16. *lib. 1. Inst. & titu. 5. lib. 4. Dig.*

15. in pri. Instit. de cap. dimin. l. 1. D. eo. l. 2. D. de in int. rest. Paul. 1. [illegible] 7.

16. hoc est id. in quod Iustinianus in pr. Instit. eod. dicit, eam tribus modis accidere, & ante eũ Paul. in l. fin. D. de capit. minut. nimirum ex triplici illo capite, de quo supra. Dichotomiam hanc seruauit Iurisc. in l. 1. §. si filius, D. de suis & legit. sed verbis aliis vt dicat vnam magnam esse, alteram minorem, vt magnae species rursus duae sint, maxima & media, d. §. si filius l. 1. §. capitis. D. ad S. C. Tertyll. l. 1. D. de vsufr. le. ita Robe. li. 3. sen. cap. 9. interpretatur magnam capitis diminutionem, apud Calistratum in l. 5. D. de var. & extraord. de media, qua de re egi plenius lib. 1. discept. Schol. ca. 8. 17. §. 1. Instit de cap. dimin. 18. §. Servus Inst. eod. l. 3. in fin. D. eod. 19. d. §. Servus l. 4. D. eod. 20. §. Minor 21. vt notatum est supra sub num. 16. 22. d. §. Minor d. l. final.

Ut autem maxima capitis diminutione is qui liber erat, servus efficitur, ita media ille ex cive fit peregrinus.

Quod contingit pœna aquæ & ignis interdictione[23], in cuius locum nunc successit Deportatio[24].

Deportatio est insulæ annotatio, in qua manendum est ei qui in illam deportatus est[25].

Deportatus speciali quidem jure civitatis non fruitur, iure tamen gentium vtitur[26].

Secus atq; relegatus, qui civitatem atq; omnia quæ civitati sunt consequentia retinet[27].

Præter deportatos illi qui deficiunt, civitatem amittunt: deficiunt autem qui à Romanis desistūt & in hostium numerum se conferunt[28].

Hi etiam quos senatus hostes judicavit civitatem amittunt, atq; adeo capite minuuntur[29].

Qua familiæ est, minima capitis diminutio appellatur, quæ salva libertate & civitate mutari potest[30].

Hoc caput solum mutatur potius quam vt amittatur[31], & in meliorem plerunque fit statum quam deteriorem, aut si non meliorem, certe eundem.

Atq; adeo hæc capitis diminutio vt plurimum est voluntaria: illæ sunt necessariæ, quippe quæ pœnam contineant, hæc plerunq; beneficium.

Solius

23 l.5.in princ. D. eod.d.§.Minor. 24 c.2. §.constat. D.de pœnis. l. Gallus, 29.§.& quid si tantum, D. de liber.& postum.l. 2. D.de public.iud. l. peculatus.3.D. ad l.Iul.pecul.l.edicto 13.D.de bon.posses. atq; ita in iure civili quibus aqua & igni interdictum est, accipiendi sunt pro deportatis, vt in l.liber homo, 59.§. si heres, D.de hered. institut.l. qui dolo, 10.in fin.D ad leg. Iul.de vi pub.l fin. D. de legat. quod autem deportati ab his quibus aqua & igni interdictum est, in l.1.§. hi quibus, D.de leg 3.d.§ minor. l. res vxoris. 24.C.de don.inter vir.& vxor. distingui videntur, in eo iuris antiqui vestigia animadvertimus, de quo in disцept.meis Scholast.d.c.8. 25 Hinc deportati ἀπόλιδες dicuntur, l.sunt quidam 17. §.1.D.de pœn.l.1 § hi quib.D.de leg.3 & ad peregrinitatem redigi, l sed si, 10 D. sed si per pœnam, D de in ius voc 26 d.l sunt quidam, §. 1. l. deportatus, 15. D.de interd.& releg Hinc mortui loco habentur, l actione 65.§ publicatione, D pro socio. l 1.§ quidam, D de bon poss.contra tab.d.l.edicto, non tamen per omnia, vt indicat l.ex facto, D.ad Senat.Treb.l sed si mors, 13.§ 1 D.de don.int vir.& vxor. l. intercedit.59 §.1.D, de condit.& demonst & explic.Cui.ad l.121.D. de V.O. 27 l Relegat.14.§ 1.D.de interd & releg. 28 d.l amissione, §.1.l.postlim.19 §.fil.D.de capt. & postlim revers. 29 d.l amiss.§.1. 30 d.l amiss.§.fin.§.minima, Inst. de cap diminut. 31 l si D.de capt.minut. quamvis in l.6 D.eod.dicitur, quod hac minutio privata hominis & familiæ eius iura, non civitatis amittit, nisi forte legendum sit adimit. 32 l.3.D de capt.minut.d.§.minima.

Solius enim familiæ mutatio fit vel tum, cum is qui sui juris est, in alienam potestatem, aut qui alieni juris est, ex eo in illud, ejusdem tamen generis conjicitur, vel cum is qui alieni juris est, emancipatione fit juris sui, tametsi hodie ex constitutione Justiniani[33] solenni illa mancipatione antiquata, emancipatione familia non mutetur, sed retineatur.

Is vero qui per accessionem dignitatis[34], vel morte patris sui, patria potestate liberatur, capite non minuitur.

Dignitatis namq; accessio auget potius caput quam vt minuat: & mors patris nõ filium qui jam familiæ caput esse incipit, sed patrem è familia tollit.

In tantum autem dignitatis causa à causa capitis separata est in doctrina de capitis minutione, vt per capitis minutionem illam, quæ fit civitate salva, jura publica non intervertantur, sed integra maneãt, & vicissim dignitate mutata caput quod vis nihilominus salvum & integrum manere possit[35].

Isa fit vt qui liber est persona sit, qui civis est persona sit, qui in familia est persona sit, sed omnium optimo jure censeatur persona illa quæ tria hæc capita simul habet conjuncta.

33 l. fina. C. de emancip. liber.

34 §. quibus autem, Inst. de cap. dimin.

35 d. l. amißione, §. nunc respiciendum, & l. sequenti.

36 *Ita peregrinus persona quidem est si libertatem naturalem spectes: quoad cetera vero persona non est. At cum libertatis naturalis exigua in iure habeatur ratio, vix est vt Peregrinus, qui iuris civilis communionem non habet, pro persona habendus sit, cum eam libertatem, qua iure Quiritium competit non habeat. Iurisconsulti enim vix alterius libertatis quam civilis rationem habuisse videntur, cum libertas naturalis potius esse videatur naturalis quam civilis capitis. Vix, inquam. quin enim alterius etiam rationem habuerint dubium non est, cum qui libertatem naturalem amittit protinus Servus fiat, quod non fit amißione civilis libertatis, qua civitate tamen amissa simul amittitur. Ex quo apparet, quam in eo ipso capite libertatis, in quo civis Romanus & Peregrinus conveniunt, à se invicem distent. Cum enim civis ita naturalem habeat libertatem, vt simul etiam habeat civilem, Peregrinus naturalem tantum habet, civilem nullam. & licet Peregrinus eo ipso quod liber est persona sit, tamen cum cive Romano collatus persona non est, cum æstimemus personam ex capite civili.*

De homine relate considerato.

CAP. X.

HUiusmodi est hominis absolute considerati doctrina, quæ in iure Justinianeo aliquanto angustior, & ad id iuris præceptum, vt quisque honeste vivat, potissimum accommodata.

Verum cum iustitia, à qua ius nomen habet [1], à Philosophis [2] eiusmodi virtus esse dicatur, quæ ad alium potius hominem, quam ad seipsum referatur, atque adeo ius quidem ita quemvis honeste vivere velit, vt tamen simul hominem, velit esse πωλιτικὸν ζῶον [3]. & ad vitam degendam omnino necesse sit, vt non homo tantum quis sit, sed etiam ciuis sociusq, Reipublicæ, duo alia homini à jure præcepta sunt proposita, vnum vt neminem lædat, & alterum vt suum cuique tribuat [4].

Hinc exoritur altera illa & potior hominis consideratio, quæ relata est, hominis nimirum non in seipso, sed in communione iuris civilis & conversatione cum aliis in humana vita & societate existentis [5].

Quod est hominis caput civile habentis, atque adeo personæ.

Sed relatio ista in iure spectatur, quod est inter homines duos minimum, quin & plures.

Hinc illa apud Jurisconsultos de iure personarum dispectio.

Est autem ius personarũ, ius illud quod de personis est constitutũ, ita vt personas ipsas attingat, & quę inter ipsos mutuo sit relatio in suum cuiq; tribuendo ostendat.

Hoc ius in duobus summis capitibus est positum in *potestate* & *obligatione* [6].

Quorum illud vinculum est personarum interse ipsas, sine vlla rerum admixtione: hoc ita quidem inter personas est, vt tamẽ res sive facta plerumq;

1 *l.1.in princ. D. de iust. & iure.*

2 *Arist. lib. 1. Nimagh. c. 1.*

3 *Arist. lib. 1. Politic. c. 2.*

4 *§. iuris pracepta Instit. de iust. & iure.*

5 *propter hanc recte intelligendam omnis illa superior fuit disquisitio de homine absolute cõsiderato: atq; in hac vniuersum ius quod absolutum sit absoluitur, imo hominum causa omne ius constitutum esse ait Hermoge. l. 1. D. de stat. hom.*

6. *in potestate vulgo absoluut ius personarum, idemque videtur fecisse Iustinianus in institutionib. veram obligationem etiam ad ius personarum referendam esse sensi alias & adhuc sentio, atq; hoc ita esse suo loc. demonstravi.*

plerunque sint quasi medium, quo homo homini coniungatur, atq; inter ipsos mutuus quidam respectus exoriatur; quod tamen ad ipsam obligationis substantiam & perfectionem nihil, aut certe parum momenti habet.

De potestate Ecclesiastica.

CAP. XI.

POtestas est jus personæ in personam quo vna præest, altera subest [1].

Hæc publica est, vel privata [2].

Publica potestas est concordi suffragio à pluribus in vnum vel plures collata ad reipublicæ statum tuendum [3].

Hic status in rebus est divinis vel profanis, quæ vt à se invicem distinctæ sunt, ita qui has vel illas curant, à se invicem sunt distincti, vt singula commodius expediantur.

Hinc potestas publica Ecclesiastica est, alia Politica [4].

a *Ecclesiastica* est potestas, curam habēs sacrorū & religionis sine vllo imperio vel iurisdictione [5].

Cura hæc partim in doctrina Ecclesiæ est, ritibusq; & ceremoniis ad eam pertinentibus: partim in personis doctrinam illam tradentibus, & ritus administrantibus,

1 Potestatis verba Paul. IC. videtur retulisse tā ad res, quam ad homines. in l. potestatis. 215. D. de VS, sed in rebus quidem appellatio illa minus est propria, cuiusmodi est illa ex lege Atinia de re furtiva in potestatem domini reversa, d. l. 215. l. 4. D. de vsuca, Agel. Noct. Attic. lib. 17. c. 1. & illa quæ est in noxa deditione d. l. 215. l. quoties. 21. §. in potestate, D. de noxal. act. atq; adeo omnis illa, quæ nihil aliud nisi facultatem faciendi aut nō fac. designat, quæ in cōst. nonullis Cod. Theod. vocatur pontificiū, l. 1. C. Th. de bo. mater. l. 13. C. Theod. de heret. l. 2. Cod. Theod. de apostat. vide Spiegel. Briss. & Schard. in Lexic. Coras. li. 1. misc. 10. At vero potestas inter homines est proprie, tametsi illa etiam quæ in servos, est, & exinde potestas dominica in legib. appellatur, si ad eā quæ est inter personas cōferatur, minus propria esse videatur. Est n. potestas illa dom, nihil aliud nisi dominiū quod dominus habet in servū, haud secus atq; in res alias dominio suo subiectas: sed cū quoad effectū acquirendi eadē serme sit cū potestate patria, atq; iure antiquissimo etiam quod vitā & necem, non minus illa potestas ad similitudinē huius est atq; dicitur, atq; hæc, idioq; potestatis verbū communiter accipiendū esse de filio & servo respondit IC. in l. 1. § potestatis, D. de trib. act. & non ad liberos tantū, sed ad servos etiā trahi in l. 3. §. verbū, D. de don. int. vir. & vxo. vbi voce Trahi *innui videtur, vocabulū potestatis maxime proprium esse potestatis publicæ, atq; inde ad potestatem privatam proportione quadam trahi. 2 hæc distributio colligitur ex d. l. 215. & ex l. 1. C. si rector provinc. & hinc inde ex legib. 3 Lagus in methodo sua, sub rub. divisio potestat. 4. Lagus iam d. loco, a De qua in D. & Inst. nisi forte in Instit. summum duob. aut trib. loc. C. autem initium ab hac sumitur vsq; ad tit. 14. li. 1. & quædam Nov. 5. Cui. in parat. C. de Epis. aud.*

b De summa trinitate, *lib.1.C.tit.1.lib.6.C.Theod.tit.1.*

b *Doctrina* Ecclesiæ est de *Deo* vno in tribus personis, quæ sunt Pater, Filius & Spiritus sanctus.

Et de filij persona vna, quæ est Iesus Christus & duabus constat naturis, divina & humana, vt idem sit & dicatur *Deus* verus & verus homo, salva cujusque naturæ proprietate: personæ vnitate non soluta, nec naturis earumve proprietatibus confusis.

Et de officio Christi mediatoris, qui pro peccatis mundi in cruce satisfecit, & apud Patrem pro nobis intercedit, cuius solius merito fide apprehenso, Spiritu sancto efficaciter in electis operante, eosque sanctificante, ipsi salvi fiant.

6 *l.final.C.de summa trinit. & sunt alia in C.Theo.sub rubr.* De his qui de religione contendunt. *lib.16.tit.4.*

7 *per discursum sub tit.C. de sacros. Eccles.*

De hac doctrina, quæ fundamentum est fidei Orthodoxæ, contendere, id est, eam in dubium revocare, Imperatores Christiani constitutionibus suis vetuerunt 6.

Ritus vero & Ceremoniæ quædam necessariæ sunt, quædam indifferentes 7.

Necessariæ sunt Sacramentum Baptismi, & Sacramentum Cœnæ Dominicæ, quæ verbo promissionis sunt additæ; Ecclesiæ vniuersæ & singulis in ea communes.

Indifferentes illæ sunt, quæ vt sint, omitti tamen possunt: semel tamen introductæ, facile mutandæ non sunt, nisi summa aliqua necessitate postulante, aut evidenti vtilitate vrgente.

Harum finis est, vt omnia fiant ordine & decenter.

Ordo autem ille in omni Ecclesia visibili non est idem: neq; vero idem esse omnino potest, variantibus cum circumstantiis temporum, locorum & personarum: sed est singularis cuiq; Ecclesiæ sive cœtui singularis.

Hinc necessariæ sunt immutabiles in substantia sua; indifferẽtes mutabiles sunt: illæ à solo *Deo*

auto-

autore profectæ, hæ ab hominibus institutæ, illæ doctrinæ magis sunt eiusq; quasi appendices, hæ magis ordinis.

c *Persona* Ecclesiasticæ sunt quibus rerum divinarum commissa est cura in iis rite recteque tractandis.

Quas jus civile attingit potius, quam tractat: jus autem pontificium de illis plurima.

Justinianus eos qui in rebus ad religionem doctrinamq; Ecclesiæ pertinentibus versantur, Clericos appellat, qui sunt ministri divini muneris, Christianæ legis, orthodoxæ fidei, divino cultui ministeria religionis impendentes [8].

Inter hos summum locum obtinet Episcopi [9], id est, antistites, qui clericis & laicis præsunt, & qui populum Christianum religionis doctrinæ insinuatione moderantur [10].

Quibus proprie sacerdotum nomen tribuitur, quod alias ceteris etiam clericis ab ipsis inferioribus, imo omnibus Christianis commune est [11].

Episcopis proximi sunt Presbyteri: post hos Diaconi, & hypodiaconi, Lectores, Cantores, Exorcistæ & Ostiarij [12].

Pias causas tractant Orphanotrophi, qui parentibus atque substantiis destitutos minores sustentant atque educant [13].

Brephotrophi, qui sunt alumni infantium [14].

Ptochotrophi, alũni pauperũ & mendicorũ [15].

Xenodochi, qui advenas ægrotos, inopes, debiles, invalidos necessarium victum sibi parare nequeuntes hospitio excipiunt [16].

Nosocomi, quibus curæ sunt valetudinarij.

Gerontoconi, quibus curæ sunt senes.

Hæ omnes personæ religiosæ sunt sive Ecclesiasticæ, variisque utuntur privilegiis, de quibus late tractant Constitutiones Impp. sub titul. C. de Episcop. & Cleric.

c De Episcopis & Clericis *lib. 1. C. tit. 3. lib. 16. C. Th. tit. 2.*

8 *Cui. in parat. C. de Episc. & cler. l. 2. C. Th. eod.*

9 *atq; inde in rub. C. de Episc. & cler. præponuntur clericis.*

10 *l. 6. C. de Episc. audient. Cui. in parat. C. de Episc. & cler.*

11 *l. quisquis, l. cum qui. C. de Episc. & cler. l. quicunq;, C. de hæret.*

12 *l. presbyteros. C. de Episc. & cler. plene de his Duar. lib. 1. de sacr. Eccle. min. c. 12. & seqq.*

13 *l. Orphanotrophos, C. de Episc. & cler. l. omnia privilegia. C. de sacros. Eccl.*

14 *l. illud l. sancimus, C. de sacros. Eccles.*

15 *iam dd loc.*

16 *l. sancimus, l. si quis, C. de Episc. & cler.*

d Clericorum potestas Audientia dicitur, quam habent Episcopi duntaxat & Presbyteri in clericos & monachos in causa religionis vel in negocio Ecclesiastico, non in alios neq; in aliis causis, nisi inter consentientes.

Ceteroqui potestas clericorum est in ipsorum iure, in cura & in reverentia [17].

In jure, veluti, vt his in consilium adhibitis defensores civitatum [18] & Sitonæ [19] & tutores vel curatores minorum [20] aut furiosorum [21] constituantur; vt querela non numeratæ pecuniæ vel dotis absente magistratu [22], & quælibet alia præscriptionum interruptio [23] vel contestatio [24] apud eos instituatur.

In cura veluti, disciplina Ecclesiæ & monachorum [25], & illud inter cetera, ne aleæ & spectaculis sint dediti [26] & ne per vim vel vsurpationē aliquā eripiant judicatos, addictosq; supplicio [27]. Ad eorundem curam pertinent pauperes, captivi [28], infantes expositi [29], custodiæ [30], meritoriæ puellæ lenonum [31] injuria captæ & oppressæ [32], & inspectio operum publicorum rationumq; civilium [33], & pleraque alia officia pia atque sancta.

In reverentia, puta, ne ab eorum sententia possit appellari [34].

Hæc omnia, sicuti & cetera clericorum privilegia denegata sunt his omnibus, qui illis sunt adversi [35].

Adversi autem clericis sunt vel illi, qui doctrinam Ecclesiæ nunquam sunt amplexi, vel aliquādoquidem eam amplexi sunt, sed postmodum defecerunt. Qui nunquam amplexi sunt, sunt Pagani vel Judæi.

e Pagani, qui & gentiles, sunt simulachrorum fictorum & Dæmonum cultores, à *DEI* civitate prorsus alieni [36]. Inde pagani dicti, quod ex agrestium

d De Episcopali audientia *lib.1. C.tit.4. in C. Theo. & tit. vlt. li.16.* de Episcopali iudicio.

17 *hoc ostendit rubr. C. de Episc. aud. vbi Cuia. in parati.*

18 *l. Archigerontes l. iubemus, C. eod.*

19 *l.1. l. Elect. C. eo.*

20 *l. sancimus in curationibus, C. eod. §. sed hoc iure, Inst. de Attil. tutor.*

21 *l. de creationibus. & seq. C. eod.*

22 *l. si præsens. C. eod.*

23 *l. sancimus, vt si C. eod.*

24 *l. differentes, C. eod.*

25 *l. Monasteria, C. de Episc. & cler.*

26 *l. quæ de alea. l. certissime. C. eod.*

27 *l. addictos, C. eo.*

28 *l. Christianos, C. eod.*

29 *l. Nemini, C. eod.*

30 *l. iudices. l. Neminem, l. privatos, C. eod.*

31 *l. si lenones. C. eo. l.6. C. de spectaculis, lib.11. C. eod.*

32 *l. neq; servum. l. sacram. C. eod.*

33 *l. de his. C. eod.*

34 *l. Episcopale. C. eod.*

35 *l.1. C. de hær.*

e De paganis *lib.1. tit.11. & li.16. C. Th. tit.10. & 1. Eclog.1.c.3.*

36 *Cui. in par. C. h. t.*

ſtium locorum compitis & pagis collecti ſint [37].

His ex conſtitution. Imp. capitale ſupplicium eſt propoſitũ [38], ipſorumq; ſecta atq; Ceremoniæ omnimodo legibus prohibitæ [39].

f Iudæi ſunt, qui ceremoniis in veteri teſtamento inſtitutis & Meſſiam venturum reſpicientibus, etiamnum utuntur, non credentes Meſſiam illis ſignificatam in carnem veniſſe, ſed eundem etiamnum expectantes, atque adeo novum teſtamentum reſpuentes.

Horum ceremoniæ permiſſæ ſunt, non approbatæ, neque eorum ſecta prohibita vnquam [40].

Quin potius diebus Sabbatinis, aliisque feſtivitatibus, quibus ipſi cultus ſui reverentiam habent, eos moleſtandos non eſſe conſtitutione Theodoſii & Honorii Impp. cautum eſt [41].

Et quamvis circuncidentes Chriſtianum mancipium bonorum proſcriptione, & perpetuo exilio puniantur [42], inter ipſos tamen circunciſio permittitur [43].

Sed & neceſſitates, id eſt, munera civilia obire coguntur, atque adeo in decurionum ordinem recte leguntur [44].

Qui à doctrina Eccleſiæ defecerunt, generis ſunt duplicis.

g Quidam enim omnino & in totum ab ea defecerunt, qui dicuntur Apoſtatæ: qui ob id definiuntur, quod ſint, qui à Chriſtiana religione penitus deſciſcunt ad ſectam aliam vel atheiſmũ [45].

Horum crimen cum perditi ſint, pœnitentia non aboletur [46]: in viuos perpetua & publica eſt accuſatio: poſt mortem eorum inſtituta intra quinquennium accuſatione, damnatur eorum memoria [47]: eorum facultates dominio fiſci vindicantur [48]: in ſtatum peregrinitatis rediguntur, amittuntque jus ciuitatis Romanæ, omniaq; cetera quæ illi ſunt conſequentia [49].

37 *Ita Cuia. iam d. loc. Gotho. in notis h. t. putat ob contẽptum ita vocatur, quaſi diuerſos à Chriſtianis Chriſto militatibus & Chriſtianis ignobiliores.*

38 *l. 1. C. eod.*

39 *per diſcurſum hoc tit.*

f De Iudæis & cœlicolis *li. 1. C. tit. 9. lib. 16. C. Th. tit. 8. Nov. 137. 1. Eclog. 1. c. 11.*

40 *Cui. in parat. C. eod. & apparet ex eodem per diſcurſum.*

41 *l. die Sabbat. C. eod.*

42 *l. Iudæi, C. de Iudæis l. 1. C. ne Chriſtian. mancip. hæret.*

43 *l. circuncidere, 11. D. ad Corn. de Sicar.*

44 *l. 3. §. fin. D. de decur. l. ſpadonem, 15 §. iam autem D. de excuſ. tut. l. iuſſio l. fi. C. de Iudæis & cœlicol.*

g De Apoſtatis *lib. 1. C. titul. 7. & lib. 16. C. Th. tit. 7.*

45 *l. Apoſtatarũ C. eod.*

46 *l. 3. C. eod.*

47 *l. 2. C. eod.*

48 *l. 1. C. eod.*

49 *d. l. 3.*

g De hæreticis. *lib.1.C.ti.5 lib 16. C.Th.ti.5.Nov.45 & 109.*

Quidam vero à doctrina Ecclesiæ non quidem omnino, sed tamen circa eam errant.

Qui hæretici sunt vel Schismatici.

50 *l.2.C.in fine, C. eod.*

g Hæretici sunt, qui in fundamento aliquo doctrinæ Christianæ errant, eundemq; errorem pertinaciter propugnant [50].

51 *in C.Theod. Samaritani coniunguntur Iudæis & Cælicolis.*

Horum nomenclatura, varia supplicia, conventicula prohibita, recensentur in l. Arriani, C. de hæret.

52 *vide Cui ic. in parat C de hæretic Manich. & Samarit.*

Omnium vero famosissimos fuisse apparet ex rubr. C. de hæret. Manichæos & Samaritanos [51], quamvis Samaritani ad eos rectius referantur, qui doctrinam Ecclesiæ nunquam agnoverunt, cum secta illorum ex Judaismo & Paganismo mixta sit.

53 *quorum inauditum nomen esse dicunt Impp. in l. Cælicolarum, C de Iudæis, vbi videndus Goth in notis, & Cui. in parat.*

Manichæismus ex Judaismo & Christianismo conflatus est [52].

Cœlicolæ corpora cœlestia adorant, cetera, vt videtur, Christiani [53].

h Ne sanctũ baptisma iteretur *lib.1.C.tit. 6. & li. 16.C.Th.tit.6*

h Quibus vicini sunt Donatistæ, Novatiani, Eunomiani, atque hodie Anabaptistæ, qui ab Orthodoxis baptizatos rebaptizant, id auferentes quod geminabant.

i In C.Th. de hereticis *l.1. hæreticis adiunguntur Schismatici.*

i Schismatici dicuntur qui fundamentum sanæ doctrinæ retinentes, in applicatione, vel rebus indifferentibus errant, eoque sese ab Ecclesiæ communione sejungunt.

Hi si in schismate perstant tractu temporis plerunque fiunt hæretici: sed dum schismatici sunt, jure vtuntur aliquantulum meliori, quam vel hæretici, vel Iudæi, vel Pagani.

54 *l 1. C. de hæret.*

k Ne Christianũ mancipium, *&c. lib 1.C.tit 10 & lib.16.C. Th titu 9.*

l Nemini licere signum salvatoris, &c. *lib.1.C titu.8.1.Eclog 1.c.15*

Sunt autem hisce omnibus privilegia, alias clericis & templis, imo etiam Laicis concessa, denegata [54], nominatim vero illud [k], ne ipsis Christianum mancipium habere liceat.

l *Postremo* in ceremoniis non necessariis eam Impp. expresse vetuerunt, qua signum, id est, crux 55 salvatoris Christi humi, vel in silice vel in marmore sculpitur aut pingitur.

a De potestate Politica vbi de Iurisdictione & de Principe, Cap. XII.

Potestas Politica est potestas cum jurisdictione in subditos.

Jurisdictio autem est potestas [1] politica [2] statuendi aliquid de negocio civili vel criminali [2]: judiciale sit an extra judiciale nihil interest.

Quæ duplex est, Jurisdictio simplex & Imperium [3].

Juris-

55 *quæ venerabilis dicitur in l. decernimus, C. de Episc. & cler. cur autem signum dicatur vide Goth. in notis ad Nov. 92.*

a De Iurisdictione *lib. 2. D. ti. 1. & lib. 3. C. tit. 13.*

1 *Quod in l. potestatis, 215. D. de V. S. potestatis verbū in persona magistratuum imperiū significare aicitur. Synecdoche partis* *est. Neque enim imperium duntaxat sed & iurisdictio potestas est. Synecdoche inde est, quod exercitiū potestatis in imperio magis in oculos incurrat, quā in iurisdictione: & quia magis in imperio mero quam in mixto, inde esse puto vt Imperium merū appelletur potestas, l. 3. D. de iurisdict. l. 3. Digest. de officio præsid. At vero pro imperio etiam mixto sive iurisdictione, quæ iure magistratus competat, accipi ostendit inter alias l. 3. D. de offic. prætor. l. 3. D. ne vis fiat ei. nec rarum est, vt potestas & magistratus coniungantur, l. qui furere, 20. D. de statu homin: l. eum qui, 13. §. 1. D. de iurisdict. l. 1. D. quod quisque iur. l. 3. D. ad l. Iul. maiest. quin imo in l. 1. D. eodem, magistratus, imperium potestasve, quæ vtrum* ὁμωνυμικῶς *an vero* ἐν τῷ παραλλήλῳ *sint posita nunc non disputo. Sane multis in legibus potestatem interpretamur Metonymice pro eo qui in potestate sit, vt loquitur dicta l. eum qui. §. 1. vt in l. fideiussor. 26. D. de pignor. & hypoth. l. quid sit 17. §. penult. Dig. de ædilit. edict. l. fina. C. de offic. iudic. milit. l. Magisteriæ, C. de iurisdict. l. fina. C. vbi quis de curiali, l. fina. C. vbi Senatuscons. vel clariss. & in multis aliis legibus Codicis.* 2 *Ecclesiastici iurisdictionem non habent, sed audientiam, hoc est, notionem, vide Cuiac. in paratit. C. de Episcop. audient.* 2 *Gov. libro secundo de iurisdict. circa finem prin. Sane accipitur iurisdictio interdum pro ipso edicto prætoris, vt in l. divus, 31. Dig. ad l. Corne. de Sicar. l. secunda, C. de condit. insert. l. si filia, 20. D. fam. ercisc. l. postquam, 5. §. Imperator, D. vt legat. servand. caus. l. inter, 36. D. de admin. tut. l. secunda, in fine. D. de extraordin. cognit. l. 2. C. de bonis autor. iud. possid. l. 1. C. vbi in rem act. l. 7. D. de iurisdict. l. quamvis, 11. D. de in ius voc. l. maior. C. de pignor. l. secunda, C. de in int. rest. interdum pro exercitio ipsius edicti, l. 5. §. 1. D. vt legat. servan. caus. sciendum, 68. D. de ædil. edict. l. nam vt ait, 31. D. de legi. l. sed etsi. 26. D. ex quib. caus. maior. l. 1. D. si quis ius dic. l. 2. C. quæ res pig. obl. poss. l. si res, 57. in fi. D. de leg. 1. sed cū vtraq; illa significatio effectus magis sit iurisdictionis, quam iurisdictio ipsa, hac definitione nō continetur.* 3 *d. l. 3. D. de iurisdict. vt vulgo existimant. Ego puto in illa lege imperium tantum distribui & definiri, non etiam iurisdictionem simplicem: eam aūt iurisdictionē, cuius ibi fit mentio, iurisdictionem esse quæ insit imperio,*

Jurisdictio simplex est, jurisdictio in causæ cognitione posita, cum potestate juris dicendi de privatis [4].

Quæ cognitio ad magistratum principaliter pertinet [5], vt vel ipse decernat, vel judicem det, qui de causa cognoscat.

Judicis vero dati cognitio Notio magis proprie dicitur [6], cui jurisdictio sit consequens: magistratus cognitio jurisdictio est, quæ notionem in se habet, ita vt jurisdictio notionem antecedat.

Imperium est jurisdictio in coercitione posita [7].

Quod duplex est, merum & mistum [8].

Merum imperium est imperium coercitionem habens graviorem & atrociorem [9].

Cuius genera sunt varia, prout facinora sunt varia, in quibus exercetur [10].

In

quod ex eo mixtum dicitur. Iurisdictionem tamen in genere ita distribuendam esse ex sequentib. liquido apparet 4 *Ad quam exequendam si iussione aliqua opus sit, fit imperium, quod etsi mixtum dicatur ex vtraq; illa & iurisdictione & imperio, distingui tamen nihilominus debet, id quod iurisdictionis est, ab eo quod est imperij, puta iudicem dare, iurisdictionis est simplicis, si datus iudex esse nolit, cogitur, quia coactio non iurisdictione, sed imperio expeditur.* 5 *Magistratus enim cognoscit eo ipso quod magistratus est, iudex eo quod iudex datus est, & iudicandi potestatem accepit. Etsi vero iudex ipse ius non dicat revera, quippe quod ante dictũ sit à magistratu qui ipsum dedit, ius tamẽ quod est audita causa declarat, haud aliter atq; is qui habet imperiũ merũ ius non dicit, sed quod ante constitutum est legib. publicis declarat.* 6 *Notionis vocabulum generale est & speciale, l. Notionem 99. D. de V. S ibidem species eius poni videntur cognitio & iurisdictio. quarum illa notio est de facto, hæc notio de iure. Sed & illa notio simpliciter dicitur, quam habet non magistratus tantum. l 3. §. 1. D. de libe. exhib. l. 1. §. initio, D. de off præf. vrb. l. pen D. de calum. sed etiam iudex à magistratu datus, atq; ea vtriq; communis est. Hæc vero etiam iurisdictio, quam magistratus habet solus, non etiam iudex, dicitur tamen quandoq; notio magistratus iurisdictio, l. 3. D. iudicat. solvi, iunct. l. 5. D de postul l 1 D. ne vis fiat ei, iuncta l. 7. de damno inf. l. ait prætor. 5. in pr. D. de re iudicata l 1. in fi de prætor stip. l 1. C. si mancip ita venier. & vicissim quæ iurisdictio est, id est de iure disceptatio dicitur notio, l. 8. D. de transact. l fin D. de O. & A l 6. C quom. & quand. iud.* 7 *Gov ad l 3. D de iurisdict.* 8 *d. l. 3.* 9 *d. l. 3. l. fin. De eo cui mand. est iurisd. Zonar.* ἄκρατον ἐξουσίαν *Græci ad d l. 3.* τὸ κράτος ἄκρατον ἤτοι καθαρὸν, *id est imperium immixtum sive purum, nimirum à iurisdictione simplici, Vlpian. in d. l 3. merum imperium esse dicit habere gladij potestatem ad animadvertendum in facinorosos homines. Sed Synecdoche* gladii *supplenda est ex eodẽ Vlpian. in l. nemo potest. 70. D. de R. I. his verbis,* vel cuius alterius coercitionis, *vtputa in metallum dandi, quæ potestas additur potestati gladij ab eodem Vlp. in l. illicitas, 6. §, qui vniversas, D. de offic. præsid.* 10 *Gov. ad d. l. 3.*

In quibus notio quidem etiam de facto versatur, sed iurisdictio nulla, eo quod lex in illis ius dicit, non magistratus [11]. magistratus autem ius quod est declarat, eo ipso quod de facto cognosc t & pronunciat [12].

Atque hinc Merum dicitur, quod ab omni iurisdictione simplici separatum sit, neque cum ea quidquam habeat commune [13].

Mistum imperium est imperium coercitionem habens cum iurisdictione, puta iubere caueri prætoria stipulatione, in possessionem mittere, & in integrum restituere, iubere possidere, bonorum possessionem dare [14].

Secundo Jurisdictio iterum duplex est: voluntaria vna, altera contentiosa [15].

Voluntaria est illa, quæ agentium consensu explicatur apud eum, qui iurisdictioni præest.

Hæc extra iudicium exercetur, sæpe vero in iure, puta in emancipationibus, in manumissionibus, in adoptionibus & actionibus similibus.

Et jurisdictionis est simplicis, non etiam imperii.

Contentiosa est, quæ in nolentes etiam vi imperii exercetur.

Quæ explicatur interdum sine causæ cognitione extra iudicium, vt fit in interruptionibus, in cautionibus, in missionibus in possessionem, & similibus: interdum cum causæ cognitione, atque hoc vel sententia vel decreto. Sententia quidem in iudicio, decreto autem extra iudicium, vt puta in excusationibus, in dilationibus, in alimentis, in tutelis & curationibus, in bonorum possessionibus & similibus [16].

Tertio Jurisdictio alia propria, alia non propria [17].

Propria Jurisdictio [18] est, quæ jure suo proprio alicui competit.

Quæ

11 *l. ordine, 15. D. ad munic. l. 1. §. D. ad SC. Turp.*

12 *l. pen. D. de calumn. & hinc inde sub titulis qui ad iudicia publica pertinent.*

13 *Gou. ad d. l. 3.*

14 *d. l. 3. & in l. 1. ff. de iurisd.*

15 *l. 2. ff. de off. procons. gl. in l. 1. verb. consilium, ff. de off. consul. & in l. 1. D. de off. præt. addunt nonnulli speciem tertiam statutariam ad l. 1. C. de emancipat. liber.*

16 *vide Bodin. in method. iuris Briss. de V. S. lib. 9. verb. Iurisdictio autem alia.*

17 *hac distributio colligitur ex rub. ff. de eo cui mand. est iurisd. Vide decretales de offic. ordin. & de offic. delegat. Speculat. de iurisd. iud.*

18 *Quæ etiam ordinaria dicitur iam dd. loc.*

Quæ duplex est, lege soluta, vel legitima[19].

Lege soluta est quæ jure majestatis competit, & est principis propria.

Princeps est potestas summam in Republica autoritatem & imperium obtinens[20], superioritatem vocant, frequentius majestatem.

Hæc si vnius est, is qui eam habet, principis appellationem retinet[21]: si plurium est, vel paucorum, qui Optimates dicuntur; vel vniuersorum, & est populus[22].

Justiniani autem tempore erat vnus, quem definio quod sit, qui vnus & solus summum in repub. Romana habeat imperium[23].

Hoc imperium est, potestas absoluta & perpetua ad reipubl. Romanæ vtilitatem pertinens[24].

Absoluta est, quod à superiori nullo dependeat, nisi à Deo, sed ipsa suprema sit, leges dans, nullas accipiens.

Perpetua est, non quod perpetua semper sit, sed quod eo animo detur & accipiatur, vt apud principem sit, dum vivit perpetuo.

Principis hujus solius est pro arbitrio suo leges condere[25], eas interpretari[26], pro arbitrio abolere[27], bella indicere ac finire[28], creare magistratus summos[29], habere potestatem vitæ atque necis, & denique ad ipsum à ceteris magistratibus sit provocatio[30].

Hinc dicitur princeps legibus solutus esse[31], tametsi

19 Bodin. in metho. iur. & lib. 1. de Rep. c. ult.

20 Quæ maiestas publica dicitur in l. 3. D. ad l. Iul. maiest. & maiestas imperatoria, in pr. constit. præfixæ Institu.

21 dicitur item Imperator, vt videre est in titulis imperatoris Iustiniani & alibi apud historicos, κατ᾽ ἐξοχὴν, quod ipse rei Romanæ Dominus sit & imperium habeat.

22 Arist. 1. Polit.

23 Iustinian. in proœmijs librorum iuris. Hodie ex vsu vulgi principis appellatio tribuitur etiam aliis quam Imperatori, sed id fit metaphorice, propterea quod in suo quisque territorio idem quis ius habere dicatur, quod habet Imperator in toto imperio Romano, ad quam rem multa allegavit And. Gail. lib. 1. de pac. pub. obs. 6. nu. 10. Cacheran. decis. 88. nu. 17. & decis. 139. num. 5.

24 Bodin. lib. 1. de Rep. c. 8.

25 In constitut. Instit. præfixa. & const. omnem in constit. tanta, t. t. 1. C. de iure veter. enucl. l. fin. C. de legib. l. si quando. C. de inoff. testam.

26 l. & ideo, 11. D. de legib. l. 1. l. leges, & seq. C. eod.

27 passim in iure extant exempla iuris immutati vel aboliti.

28 in supradict. const. l. 1. C. vt armor. vsus. Novel. 85.

29 l. 1. D. ad leg. Iul. de ambitu.

30 de his omnibus copiose Bodin. lib. 1. de Repub. c. 10.

31 l. princeps, 31. D. de legib. qua de re multa Gotho. in notis ad Nov. 150. in fi. cuius tamen interpretatio, quod princeps legib. solutus sit, nō quod sit solutus, sed quod solutus esse videatur, displicet, cum ea interpretatione admissa, nihil tam sit certi, quod eludi nequeat. Displicet etiam interpretatio Cuiacij quam affert 15. obs. 30. quod accipienda sit, d. l. princeps, non de legibus omnibus, sed tametsi digna vox sit regnantis majestate legibus sese alligatum profiteri [32].

Jus autem naturale ipsi cum ceteris, etiam his qui ipsi subsunt, commune est, eodemque æque cum illis jure vtitur [33].

Hinc jus ad tertij iniuriam & detrimentum princeps immutare nec debet nec potest [34], nisi publica vrgente necessitate, aut evidenti aliqua ratione suadenti [35].

Hinc princeps contractus, quos iniit, servare tenetur, eodemq; in illis vtitur jure quo privati [36].

Atque hactenus juridictio principis lege soluta est, quæ inter ceteras jurisdictiones omnes patet latissime [37].

Jurisdictiones enim magistratuum à principe sunt & constituuntur, atq; ad solum illum respiciunt & referuntur [38].

Nam prout princeps cujusque magistratus officium esse vult, ita est; princeps autem imperium habet ex jure illo quo princeps est [39], quod initio communi omnium eorum, qui vitæ degendæ,

de caducariis tantum. Loquitur enim Lex illa indistincte, & vt mens illa fuerit Vlpiani, non tamen tam spectandum est quid senserit Vlpianus, quam quid Iustinianus, qui caducarias leges non ab Imperatoribus tantum, sed ab aliis etiam removit; vt illis omnes non princeps tantum, sed & alij soluti essent, vt diserte textus sunt in constit. Digestis præfixis. An de pœnariis tantum legibus accipienda sit, vt acceperint Græci, dispiciendi locus erat alius, sicut etiam de verbo legis illius intellectu.

32 l. ex imperfecto, 23. Dig. de legat. 3. l. digna vox. C. de legib. Paul lib. 4. senten. in l. 5. §. 5. *33 l. filius, 15. D. de cond. instit. l. 1. C. si advers. vendi. l. 1. C. de præd. & al. reb. min. Dd. in l. fi. C. de const. prin. VVes. ad §. fin. Inst. quib. mod. testam. infirm. Cravet. de antiq. temp. p. 1. §. 1. num. 46.* *34 l. fi. D. qui test fac. possunt, l. pen. D. de here. instit. l. 2. & 3. C. ne fisc. vel respubl. Nov. 89. c. 11.* *35 ad hanc rem pertinentia vide apud Cravet. supradict. loco num. 49. Gabriel. lib. 3. commun. concl. sub ti. de iure quæs. non tollen. concl. 1. & 2. Menoch. de arbit. iud. quæst. lib. 1. q. 48. Myns. Resp. 21. & obs. 97. cent. 5. Gail. 2. obs. pract. 56. 57. 58. & 142. num. 12. Diaz. Regu. 582. Duen. Reg. 534. qui infinitos allegant.* *36 l. in facto, 60. in fi. D. de condit. & demonst. l. 2. D. de aliment. leg. l. fiscus 6. D. de iure fisci. Canon. in c. 1. de probat. Zas. in l. 2. §. eodem tempore anni, D. de orig. iur. Cacher. decis. 90. num. 7. & decis. 139. n. 11. & 12, quod adeo verum esse dicunt, vt ne de plenitudine quidem potestatis contraveniri possit, Zas. consil. 10. n. 5. vol. 2. Myns. Resp. 24. nu. 19. Cravet. de antiq. temp. p. 1. §. 1. n. 17. præter hæc vide l. donationes quas. C. de dona. int. vir. & vx. Gail. 2. obs. pract. 55. nu. 6.* *37 Ex quo omnia dicuntur esse principis l. 3. Cod. de quadrien. præscr. l. deprecatio, 9. D. de lege Rhod. vide Cui. 15. obs. 30. & Hoto. Illustr. quæst. 1.* *38 l. 1. & t. t. 1. D. ad leg. Iuliam de ambitu. Nov. 15. Cacher. decis. 30. n. 6.* *39 ex lege regia, §. sed & quod. Inst. de iure nat. gen. civil. l. 1. D. de const. prin. l. vn. C. de iur. veter. enucl.*

gendæ causa societatem contraxerunt, constitutum est.

Omnis igitur jurisdictio principis est, sed illa ex qua princeps est, ipsius sola est: jurisdictio autem quædam communicatur etiam aliis [40], atque ea non vni omnis, sed pars quædam eius huic, alia alteri.

Ex quo fit, vt princeps semper vnus sit τῷ λόγῳ sive ratione: interdum vero etiam numero: magistratus autem complures sint non ratione duntaxat, sed numero etiam [41].

a De Magistratibus.

Cap. XIII.

Legitima iurisdictio est [1], quam quis habet jure magistratus, quem gerit, quo jure, qui id habet, magistratus dicitur [2].

Magistratus est persona publica partem habens jurisdictionis [3].

Qui Romanus est vel municipalis [4].

Romanus est magistratus, qui jurisdictioni ad jus Romanum conformatæ præest.

Qui rursus Urbanus est, vel provincialis [5].

Urbanus est magistratus qui in ipsa urbe Romæ Constantinopoli iurisdictioni præest [6]. Qui iterum est Maior vel Minor [7].

Maior

40 non privatiue sed cumulative, qua de re videndus Mynsing. obser. 99. Cent. 6.

41 unde hoc sit vide li. 1. disiept. meavum Scholast. c. 1.

a De origine iuris, *lib. 1. C. tit. 2. & eiusdem lib. 1. ti. 9. vsq. ad finem, & libro 1. C. d. tit. 26. usque ad finem eiusdem libri.*

1 ad legem vel voluntatem principis quæ instar legis est conformata, non vt superior illa legib. soluta.

2 l. Cui præcipua. 57. vbi Gothofr. in not. D. de V. S.

3 Cuia. in parat. magistratum definit personam publicam quæ iurisdictioni præsit.

4 Hæc distributio tot locis comprobatur, quot locis mentio fit magistratus municipalis, vt in l. quemadmodum, 29. §. magistratui, D. ad l. 3. D. de tutor. l. propter magistratum, 23. D. de excus. & curat. dat. 5. legem Aquil. quemadmodum in quibus de legibus magistratum aliter interpretari non possumus quam municipalem, vt in l. cum alicui, 26. l. Ex facto, 30. D. de neg. gest. l. Imperator, 11. & l. quid ergo. 13. D. ad municip. & in rub. D. & C. de magistr. conven. atq. ita minores magistratus interpretãtur nonnulli in l. nec magistratib. 32. in fine, D. de iniur. 5 hæc distributio colligitur ex l. 3. §. 1. D. quod met. caus. l. aliud. 131. in fine, D. de V. S. vbi Vrbanus provinciali oppositus κατ᾽ ἐξοχὴν magistratus dicitur, siquidẽ provincialis vicẽ vrbani repræsentaret in provincia, Briss. de V. S. li. 11. verb. magistratus porro. 6 l. 2. D. de origine iur. l. cum prætor, 12. §. 1. D. de iud. 7 Hoto. Briss. & Schard. in Lexicis. In Codice mentio fit magistratus magni l. fina. C. de cust. reor. & maioris in l. non minus, C. de assessor. & maximi, in l. fin. §. hac igitur, C. de Episco. aud. l. fi. C. de mand. princ. vbi & medij quidam nominantur: vide Bodin. lib. 3. de Rep.

Maior est magistratus jurisdictionem habens, & imperium; idque in vocando aut salem reprehendendo minimum [8].

Qui Ordinarius est, vel Extraordinarius [9].

Ordinarius est magistratus cujus jurisdictio lege aut voluntate principis certa est ac definita [10].

Hic varius fuit ac multiplex pro temporum & formarum reip. Romanæ diversitate & ipse diversimode immutatus [11].

Quamvis ex jure Justinianeo magistratus ordinarius quidam ex statu populari fuit retentus, tametsi non omnino modo eodem, quidam ab Imperatoribus Romanis nove institutus [12].

Retentus est ex statu populari Senatus & prætor [13].

b *Senatus* est magistratus [14] major consilij publici causa constitutus [15]: in quo qui sunt Senatores dicuntur ab ætate vel honore [16].

Sunt autem Senatores, qui in Senatu sententiam dicebant [17].

Apud veteres quidem nulla fuit Senatus jurisdictio, nisi extraordinaria in conjurationibus adversus rempublicam, & in criminibus aliis statum publicum concernentibus, aut in casibus his, in qui-

8 *l. 2. D. de in ius voc. l. sed et si 26. §. 1. D. quibus caus. maior.*

9 *l. 2. §. & hæc omnia, Digest. de in ius vocan, Hoto. in Lexico, verb. magistratuum alij, & in commen. oratio. pro lege Manilia.*

10 *Hot. locis iam dictis.*

11 *Quod attingit, l. 2. D. de orig. iur. plenius autem tractant historia.*

12 *Quod historia iuris & Romana satis ostendunt.*

13 *Vtrunque fuisse ante statum Casareum docet l. 2. D. de orig. iur. Dionys. Halic. in antiq. Rom. & aliorum qui de rebus Romanis scripserunt historias.*

b. De Senatoribus, 1. *D. 9.* 14 *Senatum non esse magistratum sed nomen ordinis tradit Coras. ad l. 1. D. de Senator. idem confirmavit multis Carol. Sig. lib. 2. de antiquo iure civil. Roma. cap. 6. Et sane ita est si antiqua Reipub. Romanæ tempora intueamur. At sub Imperatoribus, potissimum vero Nerone, qui ordo erat, magistratus esse cepit, cuiusmodi etiam fuit tempore Iustiniani, quod Corasius ad d. l. 1. nu. 1. non diffitetur, asserens Senatum magistratum esse significatione larga. Res quidem immutata erat, sed nomē ob invidiam declinandam ipsi relinquebatur, ex quo etiānum in C. Iustin. mentionem fieri videmus Senatorij ordinis, l. Exemplo. C. de decurion. & senatoria dignitatis, l. nemo, C. de dignitat. libro duodecimo, l. si in possessione, C. ubi causa stat. agi debeat.* 15 *Cuiac. in paratit. D. de Senator. unde etiam anima civitatis dicitur ab Appio Claudio apud Dion. Halicarn. lib. 5. antiq. Roman. & corporis humani veluti venter ab Agrip. Mene. apud eundem Halicar. libro sexto.* 16 *Græcis γερουσία vide Halicarnass. libro secundo, antiquit. Roman.* 17 *l. fina. in fine. D. de Senat. ubi VVes. in commen. olim Senatores alij erant ab his qui ius sententiæ dicendæ habebant, teste Livio lib. 23. Agell. lib. 3. c. 18. Festo, c. 17. vide Cui. in rub. C. de dign. lib. 12.*

in quibus populus cognitionem habens eam ad Senatum remittebat.

Alias ad Senatum referebatur de legibus, comitiis, bello, pace, provinciis, ærario, vectigalibus aliisque ad statum reipub. pertinentibus, de quibus cum ipse decreverat, populus quod à Senatu ita decretum erat jubebat [18].

At vero Nero Imperator Senatus autoritatem paulatim imminuere cogitans, & post eum Adrianus Imperator Senatus jurisdictionem ordinariam tribuit [19], vt ad Senatum appellaretur, vt ipse de causis cognosceret, non tanquam judex datus, sed vt jurisdictionis ordinariæ, atque ad eum de jure privato referretur, puta de hereditatibus [20], de intercessionibus [21], de fideicommissis [22] & aliis.

c Caput Senatus sunt consules [23], qui vt olim [24], ita sub Imperatoribus etiam duo creabantur [25] Cal. Januar. annis singulis [26].

Quarum ab initio regia ferme fuit potestas, quippe qui domi jus reddendo, & foris bella administrando Reipub. clavum tenerent [27].

Verum vt Senatui vniverso, ita & consulibus Imperatores postea certas atque definitas Reipubl. partes administrandas pro arbitrio concedebant, quarum pleræque in jure privato versantur.

Nam etsi Imperatorum etiam tempore, sicut ante illos, Senatum adhuc vocarent, & reipublicæ consulerent, Ulpianus tamen, aut potius Justinianus suo se tempori accommodans, ea duntaxat,

18 *Dion. Halic. lib. 2. antiquita. Roma. & hinc inde apud rerum Romanarum scriptores Bodin. li. 3. de Repub. c. 1.*

19 *Bodin. lib. 3. de Repub. cap. 1. & in method. hist. atque ita sub Impp. Senatus non tam Senatus fuit, quam conventus Senatorum, vt ait Cuiac. ad d. l. 2. §. populo. D. de orig. iur.*

20 *l. item veniunt, 20. §. præter hæc, D. de hered. petit.*

21 *l. 2. C. ad Senat. Vellei.*

22 *l. 1. D. ad Senat. Trebell.*

c De consulibus *lib. 1. D. tit. 10. & lib. 12. C. titu. 3. & Nov. Iustin. 105. & Novell. Leon. 94. de formula consulatus vide Cassiod. lib. 6. c. 1.*

23 *ita tamen vt Senatus esset observator & moderator consularis potestatis Halicarn. lib. 7. antiqu. vnde & consules ὕπατοι Græcis.* 24 *Livius, Pomp. Lætus Fenestella, Halicarn. & ad summum omnes qui res Romanas descripserunt.* 25 *l. ille à quo, 13. §. & tempestivum, D. ad Senatusc. Trebell. & quidem ab Imperatoribus non vt olim à populo, l. quidam, 57. D. de re iudic. d. Novell. 105. cap. 1. in prin.* 26 *l. publicis, 36. D. de cond. & demonstr.* 27 *Halicarn. lib. 7. antiq. & passim historici alij.*

duntaxat, quæ jurisdictionis sunt voluntariæ ipsis tribuere videtur, quippe quod affirmet officium consulis esse consilium præbere manumittere volentibus [28].

Verum in hisce etiam officium ipsorum est [29], vt judices seu arbitros in causis quibusdam dent, vt tutores dent [30], vt pignora capiant [31], vt in possessionem mittant, vt in integrum restituant, vt cognoscant de præjudiciis; de fideicommissis [32], de alimentis [33], de pollicationibus (quæ alias erant prætorum) & denique delicta coercerent, sine tamen relegatione [34].

Constitutum vero etiam est, vt consulum ordinarij alij essent, alij honorarij [35].

Præfectum autem vrbi & consiliarios principis consulibus præferri, atque adeo autoritatem ipsorum jam tum valde imminutam ex Novel. Just. 62. liquido constat [36].

d *Prætor* ab initio dicebatur magistratus omnis major, eo quod jure & exercitu præiret [37], adeo vt consules etiam eo nomine appellarentur [38]. Verum cum Consules, qui jura reddebant, continuis bellis evocarentur, anno ab V. C. 368. vel vt alij malunt 388. vel secundum alios 398. magistratus creatus est, qui perpetuo in vrbe esset & jus diceret, cui hoc nomen Prætoris factum est proprium [39].

Hic prætor magistratus major est de causis privatorum jus dicens [40].

28 l. vnic. D. de offic. consul. l. 20. D. de manumiss. vind.

29 l. si cui, 50. D. de cond. & demonst. l. 1. §. si quis, D. de appellat.

30 §. sed ex his. Instit. de Attili. tuto. l. Tutores, 39. §. Tutores, D. de admin. tut.

31 d. l. quidam.

32 in pr. Inst. de fideicommiss. interdi. Vlpian. in frag. tit. 25.

33 l. 3. D. de alim.

34 Cuiac. in parat. D. de off. consul.

35 l. fi. C. de decur. l. 3. C. de consul. l. fi. C. vbi Sena. Nov. 62. & 81.

36 Cui videtur in eo cōtraria esse Novel. 105. in qua cōsulatus dicitur sequi dignitatem Imperatorum.

d De officio prætorum, *lib. 1. D. ti. 14. & lib. 1. C. ti. 39. Et ti. 2. lib. 12. C. & in specie. Nov. 13. 25. 26. 29. & 104.* 37 *l. 7. §. 1. D. de iust. & iur. Nov. 25. vide Contium lib. 2. Lectio. c. 19. prætoris tamen appellatione Ædilis etiam videtur accipiendus esse apud Paul. 3. senten. 15. §. Forum.* 38 *Consulibus hoc nomen primis impositum Livius testatur, lib. 3, & historici ceteri, tametsi ante consules Romæ vsui habitum existimet Iustin. Nov. 29.* 39 *l. 2. D. de orig. iur. vide Lips. ad lib. 1. Annal. 7.* 40 *quod omnia edicta à prætore annuatim proposita evidenter arguunt, vnde à Gohofredo inter fragmenta XII. Tabul. relatum.* IURIS *disceptator qui privata iudicet, iudicarive iubeat prætor esto, ex Cicerone de legibus.*

Quod jus tribus verbis, Dandi, Dicendi, & Addicendi vulgo definiunt [41].

Dandi, nimirum judices, recuperatores, arbitros, judicia, actiones, exceptiones, & bonorum possessiones.

Dicendi, nimirum jus, quod constituebat, vnde Edicta ipsius promanarunt, custodiebat, supplebat, emendabat, cujus exempla sunt potissima in restitutionibus in integrum, in bonorum interdictionibus, in manumissionibus & in emancipationibus: dicebat etiam mulctam, & viam in vindiciarum litibus, atque sententiam in causis, de quibus ipse cognovisset.

Addicendi, nimirum in cessionibus, in bonis controversis, in vindiciis, & in executionibus sententiarum ab ipso vel à judice pedaneo, quem dedit, latarum.

De criminibus autem aliisque causis publicis jurisdictionem aliquam prætoris fuisse, non reperio [42].

Erat vero ab initio prætor vnus: multitudine peregrinorum & negociorum in vrbe accrescente, neque vno sufficiente omnibus, creatus est alter, atque vterque à distinctione jurisdictionis distinctus etiam est nomine, vt prior ille Urbanus, posterior Peregrinus diceretur [43].

Urbanus in vrbe inter cives jus reddebat [44]: atque is vt dignitate alterum anteibat, ita maior appellabatur [45].

Peregrinus in vrbe inter peregrinum vtrunque vel peregrinum vnum, alterum civem jus reddebat, ipse civis semper, peregrinus nunquam, qui & minor vocabatur.

Ad exemplum eorum qui de privatis causis jus dicebant, postea à Cornelio Sylla constituti sunt prætores quatuor, quorum singuli præessent singulis quæstionibus publicis ab ipso constitutis,

nempe

41 Connan. lib. 7. Comment. c. 9. Hot. in Lexic. verb. Do, & passim. idq; autore Festo. in quibus vniuersum fere ius occupatum est, & per discursum ad hunc locum annotari possunt. Attingit hæc Turneb. lib. 16. Advers. c. vlt. & lib. 30. c. 35.

42 Atq; inde nulla sunt prætorum Edicta de causis publicis: Introdicta tamen reddidit de rebus sacris, religiosis ac publicis, l. 1. in fi. D. de interdict.

43 d. l. 2. §. cumq; consules, D. de orig. iur. Hinc distinctio edicti Vrbani & provincialis. & ad hoc quidem Caius scripsit, ad illud vero plerique, ICti alij. Vrbani mentio fit in l. 1. D. de reb. cor. peregrini in l. si quis 6. §. penult. D. de dolo. De vtriusque officio Labeo separatim scripsit.

44 d. l. 2. §. cumq; consules.

45 de quo Cæl. Rhodigin. lib. 12. lect. antiq. c. 8.

nempe quæstioni de falsis, quæstioni de parricidiis, quæstioni de Sicariis & Veneficis, & quæstioni de Injuriis[46].

Urbani prętoris jurisdictio sub Imperatoribus in ceteris quibusdam ejus partibus in alios diffusa est, de quibus tres tempore adhuc Justiniani extitisse reperio, quorum vnus est prætor fideicommissarius, alter prætor tutelaris & tertius de causis liberalibus.

Fideicommissarius prætor à Claudio Imp. institutus cognoscebat de fideicommissis quomodocunq; relictis[47].

Tutelaris à M. Antonino Philos. Imper. creatus[48] tutelaribus causis & cognitionibus præsidebat[49].

Tertius ille cognoscebat de libertatibus & causis ad eam pertinentibus[50].

Verum vt consulum, ita & prætorum, qui absente consule Senatus convocandi jus habebant, autoritas paulatim sub Impp. imminui cepit, cognitione rerum privatarum, quæ alias ad prætorum jurisdictionem pertinebant, ad Senatum translata, & certo judicum numero, quibus causæ cognitiones à magistratibus committerentur, constituto[51] atque jure non amplius ex annuo Edicto prætoris, quod prætor suo quisque anno proposuisset, sed ex perpetuo edicto autoritate Adriani Imp. à Salvio Juliano Jurisc. composito, reddito.

Ita vt officium prætorum maxime esset postea in onerosis causis, & ad jurisdictionem potius voluntariam quam contentiosam pertinentibus in fabricis operibusque publicis[52], in manumissionibus, in emancipationibus, in adoptionibus in decretis circa alienationem rerum minoris interponendis[53].

46 *d. l. 2. §. capta deinde, atq; etiamnum de his in libris iuris supersunt leges ab autore Cornelia dicta. Sed Lipsius hoc impugnat ad li. 1. Annal. Taciti.*

47 *d. l. 2. §. Capta, l. si non lex 83. D. de hered. inst. l. si quis. 29. D. de vsu & vsufruct. leg. l. si libertus, 41. in fin. D. de bon. libert. l. Licinius 4. in fi. Dig. quib. ad libert. proclam. lic. l. 2. C. qui pot. in pign.*

48 *vt testatur Capitolinus, Cœl. Rhodigin. lib. 25. antiq. lect. c. 30.*

49 *l. 1. C. de tutor. vel curator. illust. l. 3. & 4. C. Theod. de tutor. de cuius officio librum scripserat Vlpianus, vt apparet ex l. si duas 6. §. Vlpianus, D. de excusation.*

50 *l. 3. §. 1. & l. 5. D. de liberal. caus. l. 1. C. si mancip. ita venier. Nov. 13.*

51 *l. 5 C. de pedan. iud. Nov. 82.*

52 *l. 13. C. Th. de præfect. & quæst.*

53 *l. fi. C. de præd. & alien. minor.*

e *Magistratus* ab Imperatoribus Romanis institutus est paganus vel militaris [54]: vterque generali voce Comes dictus, eo quod sacrum comitatum observaret aut ex eo prodiret [55].

Paganus [56] est magistratus jurisdictionem habens in homines paganos circa negocia domesticum imperii statum concernentia [57].

Qui duplex est: Alius quidem curam habens negociorum ad statum imperii pertinentium: Alius vero curam habens negociorum ad bona Imperatoris seu principis pertinentium [58].

Prioris ordinis duo sunt, præfectus prætorio, & præfectus vrbi.

f *Præfectus* prætorio est, cui princeps summam rerum judiciorumque commisit [59]: ad similitudinem magistri militum dictatori in statu populari olim additi, institutus [60].

Hic plenissimum post principem imperium habere, ejusque potestas reliquorum magistratuum potestatem omnem complecti dicitur [61].

Solebant autem legi ex equitibus Romanis vsque ad Alexandrum Imp. qui primus eos ex Senatoribus esse voluit [62].

Præfectus prætorio alius est in partibus Orientis, alius in partibus Occidentis [63].

g Ille ante Constantium Imp. creatus fuit duplex; vnius Orientis, alter Illyrici.

Orien-

e De officio diversorum iudicum. 48. *lib. 1. C.* 54 *divisio hac probatur, ex tit. 44. & 45. lib. 1. C.* 55 *Cui. in para. D. de offic. comit. sacrar. largit. vbi addit sub Imperatoribus nomen præfecti, quod videbatur esse nimis magnificũ, mutatũ esse in nomen comitis, quæ appellatio postea porrecta sit ad omnes qui cui negocio præpositi essent. Alias comites veterib. erant & dicebantur qui magistratus in provincias euntes comitabantur, & in officio eorum erant; vt accipiuntur in l. Senatusconsulto, 16. D. de offi. præsid. l. sed ades 19. in fi. D. Locati. l. administrantes, 41. §. eorum, D. de excusat. l. in comites, 5. D. ad leg. Iul. repetund. l. si quis. 6. §. si quos comitum, D. de pœn. l. 1. §. sed et si Comites, D. de extraord. cognit. ita videtur appellatio huc translata esse.* 56 *Civilis appellatur in C. tit. 44. lib. 1.* 57 *Cui. in parat. C. de officio civil. iudicum.* 58 *Hæc distributio colligitur ex variis titulis lib. 1. Codicis, ex quibus apparet quod civilis magistratus officia ad alterutrum horum capitum referantur.* f De officio præfecti pretorio, *titu. 11. lib. 1. D. & tit. 26. & 27. lib. 1. C. vide Caßiod. de formula præf. præt. lib. 6. ca. 5.* 59 *Cuia. in parat. D. hoc titulo. per l. quilibet. C. de decurion.* 60 *l. vn. D. eodem. dicta l. 2. §. populo inde.* 61 *Ammian. Marcellin. Caßiodo. li. 6. 8. & 11. Zosimus in historiis, l. ne quis, C. de decur.* 62 *Lamprid. in Alexand. & Commodo, Capitol. in Pertinace. & Sueton. in Tito. cap. 6.* 63 *prout Imperium divisum erat in Orientale & Occidentale.* g De officio præfectorum prætorio orientis & Illyrici, *tit. 26. lib. 1. C.*

Orientis præfecti tempore Justiniani fuerunt duo [64], & sub eorum cura diœceses quinque: Oriens, Ægyptus, Asia, Pontica & Thracia [65].

Sub cura præfecti prætorio Illyrici fuerunt diœceses duæ, Macedonia & Dacia.

Est autem Diœcesis provinciarum quædam vniuersitas, quarum provinciarum, quælibet habebat suum præsidem.

Oriens provincias habebat quinq; , Ægyptus sex, Asia decem, Pontica decem, Thracia sex, Macedonia sex, & Dacia quinque.

Occidentis præfectus prætorio itidem alius fuit per Italiam, alius per Gallias [66].

In his præfecti prætorio, quisq; suo loco, Edicta proponebant, ex quibus jus redderent, quæ typi dicuntur, item formæ, quas Imperatores vim legum obtinere voluerunt [67].

De eo qui per Gallias fuit, quarum duæ fuerunt Diœceses, Hispania & Britannia, quarum illa septem, hæc quinque provinciis concludebantur, in libris juris Justinianei non memini me legere.

De eo vero qui fuit per Italiam est Novel. Justiniani 69. & 70. cuius ante Vandalos à Justiniano devictos fuerunt diœceses tres; Italia quæ septendecim, Illyricum quæ sedecim, & Africa quæ septem provinciis concludebatur.

Justinianus autem peculiarem constituit præfectum prætorio Africæ, de quo est titu. C de off. præfect. prætor. Africæ.

[h] A sententiis ipsorum non appellatur [68], neque restitutio in integrum petitur nisi ab ipsis [69], & summatim ad jurisdictionem ipsorum pertinent omnia tam publica quam privata, & tam criminalia quam civilia, in quibus omnibus si volent, vel ipsi cognoscendi vel alios judices dandi potestatem habeant.

64 l. Raptores, C. de Episc. & cler.

65 Cui. in parat. C. eod. Briss. de V. S. li. 14. Sigonius lib. 4. de imper. Occident. vbi meminit quomodo Constantinus M. vtrunq; imperium distribuerit.

66 Briss. iam d. lo.

67 l. 2. C. de præf. prat. Orient. l. si fideiussor, C. de fidei. Cui. in parat. D. de offic. præfecti prætor.

h De sententiis præfectorum. *prætorio. tit. 43. li. 7. C.*

68 l. vn. D. de offi. præf. præt. l. vn. C. de sentent. præf. præt. l. 4. C. de precib. Imp. offerendis.

69 iam dd. ll.

i Præfectus vrbi est magistratus, cui princeps vrbis terminorumque ejus curam commisit 70: primum ab Augusto Imper. institutus 71.

Cuius officium 72 in eo potissimum 73 est, vt vrbem custodiat, & omnia crimina audiat, quæ vel in ipsa vrbe vel intra centesimum lapidem admittebantur, vltra quem jurisdictio est præfecti prætorio 74.

Ad vrbis custodiam pertinent cura annonæ: cura excubiarum: cura corporatorum, veluti pistorum, suariorum, pecuariorum: cura thermarum: cura rerum venalium: cura spectaculorũ 75.

De delictis vero cognoscit ipse, vel quem ipse cognoscere jusserit, eademque punit: atque curat non tantum vt de iis cognoscatur & pœna sumatur, verum etiam vt præcaueantur.

Adiri etiam in causis ciuilibus & pecuniariis potest 76, vtpote ex interdictis, item ex causis tutelaribus 77.

k *Magistratus* ad quem pertinet *cura bonorum* Imperatoris duplex est, prout bona principis dicuntur esse fiscalia vel Patrimonialia 78. Unus est comes sacrarum largitionum, alter Comes patrimonij principis.

l Comes sacrarum largitionum est is, cui gubernandi committuntur thesauri majestatis imperatoriæ: similis præfecto ærario; qui fuit sub populo 79.

Hic præest substantiæ fiscali, quæ ita est principis, vt videatur magis esse principatus ipsius, cum transeat in successorem imperij, etsi successor aut heres imperatoris non sit 80.

m Bona

i De officio præfecti vrbi, *tit. 12. lib. 1. D. & titu. 28. lib. 1. C. vide formu. præf. vrbi apud Cassiad. lib. 6. c. 4.*

70. Cui. in parat. D.

71 Sueton. in Augusto, & Victor Aurel. Tranquil. in vita Augusti c. 37.

72 quod valde auctum est Epistola Severi & Commodi ad Fabium Cilonem, cuius mentio fit in l. 1. D. de offic. præf. vrbi. & in l. 6. §. 1. D. de interd. & releg. & in l. 1. § in quib. D. de legat. 3.

73 vide Cui. in parat. C. eod.

74 l. fin. D. eod.

75 vide t. 1. D. & C. eo per discursum

76 l. 2. D. eod.

77 l. Titius, 4. §. Roma, D. 5. de excusationib.

k De quæstoribus, magistris officiorũ, & comitibus sacrarũ largitionum & rei priuatæ, 12. *C. 6.*

78 l. fi. C. vbi Senatusc. vel clariss. l. 3. §. pen. & l. fiscus, 6. D. de iure fisci. l. 1. §. 2. D. de calumn. l. 1. C. de pœn. iud. mal. l. fi. D. qui potio. in pig. l. οἱ ἐπίτροποι. 49. D. Locati. l. 2. & 3. C. de quadr. præscr. l De officio comitis sacrarum largitionum, *tit. 32. lib. 1. C. 79 Cui. in parat. C. eod. 80 qua de causa patrimonium fisci dicitur, l. 2. §. 2. D. ne quid in loco pub. l. pacta conventa, 72. §. 1. D. de contrah. emt. l. 56. D. de legat. 2.* m De officio comitis rerum privatarum, *tit. 33. lib. 1. C. &* de officio comitis sacri patrimonij, *ti. 34. li. 1. C. qui tamen à plerisque exemplarib. abest.*

m Bona principis patrimonialia [81] sunt bona ipsius principis propria, quorum privata alia dicuntur, alia *Sacra* [82]; vnde magistratus ille duplex, alius rerum privatarum, alius sacri patrimonii Comes.

Ille patrimonium principis & res ipsius privatas curat, bona vacantia occupat, & per rationalium procuratorum & præpositorum per provincias constitutorum curam, privatam principis gubernat substantiam [83].

Hic autem est veluti procurator genus judex aulici apparatus & epulatum, cui commissæ sunt apothecæ & enthecæ aulicæ [84].

n *Militaris* magistratus est, cujus jurisdictio est inter milites, aut inter paganum actorem & militem Reum [85].

Qui est Magister militum, & Magister officiorum.

o Magister militum à Constantino Imp primum institutus eandem in Duces vel Comites militares, vel inter paganum actorem & militem Reum habet jurisdictionem, quam præfectus prætorio habet in paganos, vel inter militem actorem & paganum reum.

Cum enim ad præfectum prætorio primitus pertineret administratio domestica & militaris, hæc quæ militaris est, ab ipso tandem ablata, & magistratui ad eam nove constituto demandata est [86].

p Magister officiorum regis disciplinam morum in palatio, Senatores in consilium adducit, curam gerit cursus publici; denique sub ejus cura & jurisdictione sunt Fabricæ armorum & fabricenses, & limites ac limitanei milites, atque scholares omnes [87].

81 vnde dicuntur bona sive res Cæsaris, l. cum servus, 39. §. fi. D. de legat. 1. l. 3. C. de quad. præscr. item res privata, & privata principis substantia & res dominica, itemque patrimoniales l. pen. & vlt. C. de fun. patrim. vide Hot. illust. qu. 1.

82 ita distincta hæc leguntur in edicto Iustin. 4. & 8. & sepe apud Cassiodorum, quod attente observandum esse monet Cuiac. in paratit. C. de offic. Comitis sacri palatii.

83 hæc ita colliguntur ex formula comitivæ, qua legitur apud Cassiod. li. 6 cap. 8. Brisson. de verb. sign. 3. verb. Comitum. De comite rerum privatarum vide l. fin. C. de assess. l. si quis, C. vbi caus. fisc. l. 1. C. de advoc. divers. iudic. l. 3. de bonis vacant. l. neminem. C. de decuri. cũ simil.

84 Cass. lib. 6. c. 9. Cui. in para. C. eod.

n De officio militarium iudicũ tit. 43. l. 1. C.

o De officio magistri militum, *tit. 29. lib. 1. Cod.*

86 Cui. in para. C. eod.

p De officio magistri officiorum, *tit. 31. lib. 1. C.*

87 Cuiac. in parat. C. eod.

Extraordinarius magistratus major est, cujus jurisdictio certa aliqua lege definita non est, sed necessitate postulante creatus, eadem cessante & ipse desinit.

Ejusmodi olim fuit Dictator, Interrex, Tribuni & Tribuni plebis, quorum in republ. Justinianea vsus amplius non fuit [88].

Veruntamen Justiniani etiam tempore, si necessitas vrgebat, magistratibus ordinariis negocia committi solebant, vt ea extra ordinem, quoniam alias jurisdictionis ipsorum non erant, expedirent [89].

Ita jurisdictionem ordinariam lex definiebat, extraordinariam voluntas principis.

Magistratus vrbanus *Minor* est magistratus jurisdictionem in vrbe habens sine imperio [90].

Cujusmodi tres in Justinianeis libris reperiri existimo, quæstorem, præfectum annonæ præfectum vigilum.

Quæstoris appellationem [91] ad eos proprie pertinere arbitrantur, qui ærario præsunt, à quærendis, id est, exigendis pecuniis & ærario inferendis dicti [92]: sed translata postea est etiam ad alios, quibus æque vt illis ab initio in Senatum ingressus non erat [93].

Horum genera observavi apud Justinianum quatuor.

q Unum est eorum quæstorum, qui candidati principis dicuntur, quorum munus ab initio fuit, vt orationes Cæsarem, epistolas, libellos principis in Senatu recitarent, quas Senatusconsulta subsequebatur [94].

Quorum autoritas postmodum crevit, vt jam orationes non tantum recitarent, sed etiam compone-

88 *l.2.D.de origin. iur. Sic dictatoribus opponuntur* νόμιμοι ἀρχαὶ, *id est legitimi magistratus, sive statuti & ordinarij apud Dionys. Halicarn. lib. 10. antiq. Roman. Cui. ad d.l. ita statuit, sub regibus nullos fuisse magistratus legitimos, sub Decem viris legib. scribundis nullos: postea legitimos factos esse, qui sub Imp. manserũt quidem, sed valde debiles.*

89 *l.1.in fin. D. de pœnis.*

90 *ita minorem magistratum interpretantur in l. 2. D.de in ius voc. l. 12.D.de iud. d.l. 26.D. ex quib.cau. maior. l.32.D.de iniur. vide Brisso. de V.S.lib.11. ver. magistratus Romæ.*

91 *Quam antiquissimam esse & ante omnes pene magistratus ait Vlpian. in l.vn.D de offic.quæstoris.*

92 *d.l.vn.§.1.l.2. §.deinde cum ærariũ, D.de origi. iur.*

93 *Cui. in para. D. & C.de offi. quæst. Epitome Livii lib.15. dicit quæstorum numerum ampliatum esse vt essent octo, quod factum anno Vrb: 688.* q. De officio Quæstoris, *tit.13.li.1.D. & ti 30.li.1.C.* De adiutorib. quæstoris, *Nov.35.* 94 *d.l.vn.§.2. & in fi. Briss. lib. 1. antiq. lect. c. 17. Tac. l.16. Ann.*

ponerent, leges tractarent, petitionibus precibusque subscriberent, & cum præfectis prætorio sacris judicis præsiderent [95].

Hi sunt quæstores illi, de quibus est rubrica Digest. & Cod. de officio quæstoris, & Novel. Justin. XXXV. in qua dicuntur quæstores palatii.

r Alterum genus quæstorum est eorum de quibus agit Novell. Justin. LXXX. ab inquirendo dictum, propterea quod quæstores illi destinati essent coercendis hominibus ociosis, inertibus, peregrinis, vagantibus, cujuscunque sint conditionis.

Tertium genus erat quæstorum parricidii coercitioni criminum capitalium deputatorum, quorum mentionem etiam facit lex XII. tabul. [96].

Quarum genus ad magistratus provinciales pertinet, de quibus mox.

Verum genus secundum & tertium ad maiores vrbanos magis pertinet, primum huius loci proprium est.

s *Præfectus* annonæ & præfectus vigilum dicuntur etiam magistratus extraordinarii [97], eo quod extra ordinem ad cognitionem eorum spectent, quæ alioqui ordinarie ad præfectum vrbi, cui vterq; subest & additus est, pertinent, ipsis quidem de causis ad officium ipsorum pertinentibus cognoscentibus, sed non pronunciantibus.

Ad officium præfecti annonæ [98] pertinebat, vt annona vrbi præpararetur, & vbi vis paucis copia redundaret, ponderetque iusto & mundicie debita venderetur, ideoq; examini eius mēsores, fru-

95 Cui. in para. C. eod. & Cassiod. in libris variarum passim, Ita qui quæsto. olim hodie Cancellarius est, vt putant Cui. in parat. Goth. ad Novel. 35. VVes. in paratit. D. eod. Balduin. in præfat. Instit.

r De Quæstore, *Nov.* 80. De mendicantibus validis, *titul.* 25. *li.* 12. *Cod.*

86 d. l. 2. §. & quia,

s De officio præfecti annonæ, *ti.* 48. *aliis* 44. *lib.* 1. C. de officio præfecti vigilum, *titul.* 15. *lib.* 1. *C. vtriusque etiam sit simul mentio in l. administrantes, 41. §. 1. D. de excus. & Nov. 13.*

97 d. l. 2. §. & hæc omnia. l. si in aliam 7. in fin. D. de offic. procons. quod Pomponius in d. §. & hæc omnia, hoc dicit magistratus non esse, id rectissime Cui. ibid. interpretatur non esse magistratus statutos & legitimos: vt tamen omnino sint extraordinarij, vt illi de quibus paulo ante non crediderim, qua de re dicendi locus, DEO favente, erit alius: nunc sufficiat hos tam in Digestis, quem in Cod. inter magistratus ordinarios relatos esse. 99 Vlpianus vocat præfectum propter ministerium annonæ. lib. 1. §. sed ex contrario, D. de exercit. action. vbi præsides etiam tametsi sint ordinarij extraordinem cognoscere dicuntur.

frumentarii, navicularii, pistores & suarii erant subjecti 99.

Hinc de pertinentibus ad vtilitatem annonæ publicæ cognoscit tam criminaliter 1 quam civiliter 2.

Præfecto vigilum vrbis excubiæ commissæ sunt, & vigilum cohortes, ne quid per noctem in vrbe delinquatur, neve quod in ea incendium exoriatur 3.

Vigiles autem sunt milites qui ipsi obsequuntur 4.

De criminibus graviorem animadversionem requirentibus cognoscit, puniendos autem ad præfectum vrbi remittit 5.

t *Magistratus* provincialis est magistratus qui jurisdictioni in provinciis imperio Romano subjectis præest. Unde & præses voce generali dicitur 6.

Id præesse in administratione provinciarũ maxime est positum, quæ vt eo facilius fieret, voluerunt Imperatores u vt nulli patriæ suæ administratio sine speciali permissu principis permitteretur x, & ne is qui in aliquo erat officio, administrationis tempore donũ vel munus acciperet, vel quid, nisi victus quotidiani causa, aut permittente principe, emeret, domumve extrueret y, vt post administrationem depositam quinquaginta dies in civitatibus aut certis locis permanerent, & in publico copiam sui facerent, vt ita cuilibet volenti cum ipsis civiliter vel criminaliter experiundi facultas esset.

Magistratus provincialis popularis est vel Imperatorius 7.

Popu-

99 *Nov. 88. Cuia. in parat. C. eod. diligenter hæc explicavit.*

1 *l. 13. D. de accusation. l. final. D. de lege Iul. de annona.*

2 *l. final. D. quod cum eo. d. l. 1. §. est autem.*

3 *l. 3. D. eod.*

4 *Cuiac. hoc comprobat in parat. C. eod.*

5 *l. fin. D. eod.*

t De præsidibus. *Novell. 8. quæ inscribitur, vt iudices sine quoquo suffragio fiant.*

6 *l. 1. D. de offic. præsid. atq; ita qui Bithyniæ proconsul dicitur, li. 10. Epist. Plinij. is præses appellatur in leg. 3. §. spurios, D. de decurion. & qui procõsul Cretæ in l. 14. D. ad Turpill. is à Gellio dicitur præses lib. 2. noct. Attic. cap. 2. Præsidum nomina numerantur Nov. 8. & in Notit. Imperij Romani.*

u Vt nulli patriæ suæ administratio sine speciali permissu principis permittatur *tit. 41. lib. 1. C.*

x De contractibus iudicum vel eorum *&c. tit. 53. lib. 1. Cod.* y Vt omnes iudices tam civiles quam militares, *&c. tit. 49. lib. 1. C. & Nov. 95.* 7 *prout provinciæ erant distributæ, vide Dion. lib. 53. Strabonem lib. vlt. Tranq. in Augusto. ante Imperatores provinciæ erant consulares & prætoriæ, Cic. Phil. 2. VVesemb. in parat. D. de off. Procons.*

Popularis est Proconsul atque ejus legatus.

z Proconsul est magistratus provincialis quem Senatus in populi provincias cum imperio consulari earum administrandarum causa mittebat [8].

Cujusmodi provinciæ erant Bœtica, Achaia, Creta & Macedonia [9].

Mittebatur autem è Senatorum numero.

Omnium rerum provincialium, tam militarium, quam domesticarum [10] cura proconsulis erat, habentis jurisdictionem omnem, atque adeo omnium, qui in vrbe jus dicunt partibus fungentis [11].

Sane jurisdictionem voluntariam passim expedire non prohibebatur simulatque vrbem egressus esset [12]: at contentiosam non ante, quam provinciam ingressus esset exercere poterat: Ita proconsul vrbe exiens accipit, ingrediens deponit [13].

Proconsuli addebatur à Senatu [14] *Legatus*, aliquando vnus, si ipse esset prætorius, interdum tres si esset consularis [15].

Legatus autem dicebatur is cui proconsul vices suas in administratione provinciæ mandabat, cum negociis omnibus ipse non sufficeret [16].

Mandabat proconsul legato suo jurisdictionē omnem, imperio mero excepto [17], tametsi extraordinem quandoque ipsi cognitionem criminum committeret [18].

Mandabat autem non nisi provinciam ingressus [19]: eoque facto Legatus jurisdictionem dicebatur habere propriam, & quidem jure suo [20], si quidem

z De officio proconsulis & legati *tit.16.lib.1. D. tit.35.lib.1.C.* De procōsule Cappadociæ *Nov.30.* De proconsule Palęstinę. *Nov.103. Quid à præside proconsul differat, vide Cuiac.20. observat.37. De Novellano tamen illo vtroq; proconsule, videndum an non fuerit Imperatorius, & ita præses proprie.*

8 *Cui.in parat. D. & C.eod.*

9 *quod probat Brisson.de V. S. lib.14. verb.procōsulis per l.2.D.de his qui sui vel alieni iur.l.meminisse,10. in fin. D.de off.proconsf. l.14.D.ad Turpil. l.3.§.idem Hadrian. D.de testibus.quarum duas posteriores à Tiberio in curam suam translatas, Claudius populo reddidit, autore Sueto. in ipsius vita cap 25.*

10 *ita enim Augustum ordinasse Suet.& Strabo scribunt.* 11 *l.si in aliam,7.§.fi.D. de offic.proconsf.* 12 *l.2.D.eod.* 13 *l.fin.D.eod.vide Cui.in expos.Nov.93.* 14 *ita in Gordiani Capitolinus,& in Probo Vopiscus,vel pbatus à principe.Cui.in par.D.eo.* 15 *Dio lib.53.plerunq; vero dabantur plures,vt probat Cui.in para.D.eo.per l.2.D. quis à quo appell. quod approbat P.Fab.ad l.70.D.de R.I.* 16 *l.obs.4 final. D. eod.* 17 *l.si quid erit 11. D.de offic.proconsf.* 18 *l.solent, 16. D.eod.l.1. Cod.eod.* 19 *d.l.observ.§.fin.& l.sequ.* 20 *l. Legati, 13. D.eod l.penult. Dig. de offic. eius cui. alioqui non haberent assessores,l.si quis,6.§.penult.D. de pœn. nec à legato ad proconsulem vt ad alium iretur, l.2.Dig. quis à quo appell.l.solent, 6.§.sicut*

quidem legatum eum fecerat Senatus, non proconsul [21].

Quod autem tutoris dationem habet, id habet ex oratione D. Marci [22]: judicis dationem ex lege [23].

Magistratus provincialis *Imperatorius* est, quem Imperator seu princeps in provincia sibi reservata instituit, vt provinciæ præesset.

Qui duplex est: Alius enim res provinciæ administrabat, alius res fisci.

Qui res provinciæ administrabat, rursus erat duplex: Alius enim præerat provinciis pluribus, alius vni.

Prioris generis duo sunt, Præses & Vicarius.

[a] Præses, qui & Legatus Cæsaris dicitur [22], est, quem princeps in aliquas è suis provinciis cum imperio eius gubernandæ causa mittit [23].

Hic in provinciis, quarum præses est, ab Imperatore proximum locum obtinet [24]: sicut in vrbe præfectus prætorio, ideoq; omnium vrbanorum magistratuum vice & officio fungebatur [25], atque adeo à præside ad Imperatorem protinus iri solebat: sed tempore Justiniani subjectus erat præfecto prætorio [26], ad quem à præside, & ab hoc ad Imperatorem ibatur [26].

Hinc tempore Justiniani edictorum proponendorum, quæ provincialia appellabantur, vt ante, jus non habebat.

Jus damnandi in metallum, & adimendi vitam gladio præses habuit: adimendi vitam securi, aut telo, aut laqueo jus, jus item deportandi vel confiscandi non habuit [27].

Cetera quæ ad præsidis officium pertinebant, satis luculenter sub tit. Digest. de offic. præsid. sunt exposita, quæ in hunc locum repetenda sunt.

In

autem, D. de offic. proconf.

21 *l. sepe, 8. D. de offic. præsid.*

22 *l. 1, D. de tutor. dat.*

23 *l. cum prætor. 12 D. de iudic.*

a De officio præsidis, *tit. 18. lib. 1.* De provinciarum præsidibus, *Nov. 61.*

22 *l. 1. & l. pen. D. de offic. præsid. l. diem, 4. D. de offic. assessor. l. sed addes, 19. §. final. D. de Locat. l. non est omnino, 7. in fin. D. de manum. vind. l. hos accusare, 12. D. de accus. ita Aquitaniæ legatum accipiũt in l. milites, 12. D. de custod. reor. & legatum Numidiæ atq; Ciliciæ in l. 3. D. de testib. l. nam secundum, 7. D. de leg. præst. l. 2. in fin. D. de iure immun. & legatum Lugdunensem in l. spadonem, 15. §. fin. D. de excusat.*

23 *l. præses, 4. l. Illicitas, 5. §. qui vniversas, D. eod.*

24 *d. l. præses.*

25 *l. ex omnib. 10. & seq. D. eod.*

26 *l. 3. C. de præfec. prætor. Orient. l. ne quis C. de decur. l. fin. C. ad leg. Iul. repetund. VVesem. in parat. D. eod.*

27 *Cui. in parat. D. de offic. præfect. & in expos. Novell. 8.*

In Codice de officio præsidis titulus nullus est, forte quod tum, cum componeretur, jurisdictio ipsius magna sui parte imminuta esset [b]: solum Orientis præsidem, qui dicitur Comes Orientis, eo quod totus Oriens, qui ex quindecim provinciis constabat, ei regendus commissus esset, jurisdictionem pristinam retinuisse existimo, ex q o peculiarem etiam in Codice rubricam meruit.

[c] *Vicarius* est magistratus provincialis, qui pro præfecto prætorio mittitur in tractum vel diœcesin aliquam, aliquot in se continentem provincias [28].

Hic cum præfecto prætorio potestatem habet parem, quam accepit non à præfecto prætorio, sed à principe, vt videatur non absimilis esse legato proconsulis, si proconsulem comparemus cum præfecto prætorio [29].

Fortasse etiam præsidis & vicarii officiis sub Justiniano confusis.

Posterioris generis magistratus tres invenio, præfectum Augustalem, juridicum Alexandriæ & Rectorem provinciæ.

[d] *Præfectus* Augustalis ab Augusto Imp. primum constitutus est, vt regeret Ægyptum in provinciam redactam [30], ex quo etiam vocatur præfectus Ægypti [31].

Cuius

b De Comite Orientis, *tit. 36. lib. 1. C. de cuius etiam officio aliqua attinguntur in l. præcepit. C. de Canon. largit. ti. li. 10.*
c De officio Vicarii, *t. 33. lib. 1. D*
28 *Cui. in parat. C. eo. Gothofr. in notis suis ad hunc titulũ. Alias Vicarius in genere est, qui vicẽ alius gerit, vt in l. secundũ. 4. §. lega. l. Vicarius, 13. coniuncta, l. Filius, 7. D. de lega. l. vni. C. vt omnes iudic. sed ita ad speciem in iure accommodatur hæc appellatio, vt in d. ti. de off. vicar. & in d. l. præcepit. In præfectura prætoriana Orientis tres fuisse vicarios ostendit l. fi. C. de divers. off. li. 12. sed ex illis vicariũ diœceseos Asianæ. & vicariũ diœceseos Ponticæ abrogavit, & vtrunq; in unica provinciæ, nempe Galatiæ Pacatianæ administrationem cõmutavit Iust. Nov. 6. & 20. in Occidente itidẽ erant tres. vnus vrbis Romæ, de quo Cassiod. 4. varia. 41. alter vicarius Africæ. quẽ Iust. in propriã præfecturam prætorianã transmutavit, & tertius Hispaniarum, cuius mentio fit in inscriptione l. fi. C. quor. bon. & in inscript. l. si à sponso, C. de donat. ante nupt. Hæc ita collegit Brisson. de V. S. lib. 19. verb. Vicarij. Dignitatis vicariæ mentio fit in l. vnic. C. de comit. qui provin. reg. li. 12. l. vnic. C. de profess. lib. 12.*
29 *l. 1. D. de legat. 3. lt. 6. de modo mulct.*
d De officio præfecti Augustalis, *ti. 17. li. 1. D. tit. 37. li. 1. C.*
30 *Tacit. li. 12. Annal. Dion. li. 52. Arrian. li. 3. de expedit. Alexand.*
31 *l. vn. D. eod. l. qui mittuntur. 35. §. præfectus, D. ex quib. caus. minor. l. 1. §. qui in rationibus. D. ad leg. Cornel. de fals. lib. 1. Cod. de postul. alias præfectus Augustalis in rubr. D. & C. eod. l. petitionem, C. de adv. oc. divers. indic.*

Cuius potestas potestati proconsulari omnino par erat & æqualis [32].

e *Iuridicus* [33] Alexandriæ dicitur, cui sub præfecto Augustali jus dicendi potestas in vrbe Alexandrina mandata est.

Hic Alexandrinorum judex erat ordinarius ab Augusto Imp. ipso datus, cum alias in provinciarum administratione judices darentur à præside vel vicario, qui erant Extraordinarii.

f *Rector* provinciæ est sub cura præsidis aut vicarii, & alias vocatur judex ordinarius, qui exactionibus tributorum, & negociis civilibus [34], militaribusque occupatur, habetque jus mulctæ dicendæ.

g Magistratus provincialis, qui *res fisci* administrabat, dicitur procurator Cæsaris [35], vel Rationalis [36], vel procurator domus [37], item procurator rei Dominicę [38], atque is est, cui princeps ea, quæ ad fiscum suum in provincia pertinent exigendi, deque illis jus dicendi potestatem dedit [39].

Hic judicandi potestate accepta de pecuniariis, quæ inter fiscum & privatos movebantur, controversiis cognoscebat [40].

De criminalibus nulla erat ipsius cognitio ordinaria [41], multo minus deportandi [42], vel relegandi, vel alterius pœnę inferendæ, aut etiam mulctæ dicendæ jus habebat [43], tametsi finita pœnæ quæstione vel crimine morte criminosi extincto apud

l. vnic. C. de ratioc. ope. publ. l. addictos C. de appell. l. fin. C. de modo mulct. l. 3. §. illud. C. de Canon. largit lib. 10. l. fin. C. de legat. lib. 10. l. 3. C. de navicul. lib. 11. & absolute Augustalis l. præcipimus, C. de appell. Nov. 23. & 26.

32 *Cui. in paratit. D. eod.*

e De officio iuridici Alexandrię *tit. 20. lib. 1. D. & tit. vlt. lib. 1. C.*

33 *Iuridicus in genere est qui ius in loco aliquo reddit. l. Thais. 41. §. Lucia, D. de fideicommiss. libert. καὶ ἐξοχὴν dici cepit de illo qui esset Alexandriæ.*

f De officio rectoris provincię *tit. 40. l. 1. Cod. vide an non huc pertineat Nov. 24.* De præside Pisidiæ, *& Nov. 25.* De prætore Lycaoniæ, *& Nov. 26.* De prætore Thraciæ, *& Nov. 27.* De Comite Isauriæ, *& Nov. 28.* De moderatore Hellenoponti, *& Nov. 29.* De prætore Paphlagoniæ, *& Nov. 31.* De descriptione quatuor præsidum Armeniæ, *& Nov. 104.* De prætore Siciliæ. 34 *l. 2. §. final. D. de iud.* g De officio procuratoris Cæsaris vel rationalis. *titul. 19. lib. 1. D.* 35 *in rubr. D. eod.* 36 *l. ad fiscum, C. vbi causa fisc.* 37 *l. cum aliquid, C. vbi causa fisc.* 38 *l. super creandis, C. de iure fisci.* 39 *Cui. in parat. D. eod.* 40 *l. cum hi, 8. §. Transactiones. D. de transact. l. si heredum, C. eo. l. 2. C. si advers. fisc. l. nec quicquam 7. D. de offic. procons. l. fin. C. de advoc. fisci. l. 2. C. ne vxor pro marito, l. 3. C. de conv. fisci debitor.* 41 *Briss. lib. 3. antiq. sel. 18. per l. 4. C. ad leg. Fab. de plag. l. 2. C. de pœn.* 42 *l. fin. Dig. eod.* 43 *l. 2. & 3. Cod. de modo mulct.*

apud procuratorem reliqua de bonis criminosi disceptatio peragebatur[44].

Sed nec de causis status cognoscebat, in quibus de ingenuitate quærebatur[45]: at libertinitatis & servitutis causæ apud ipsum agebantur[46].

Plane poterat locare atq; addicere fisci prædia[47], debita fiscalia exigere[48], jubere item servos fisci delatas hereditates adire[49], non tamen sine autoritate principis, eoque non consulto transigere[50].

Ceterum adversus procuratorum suorum sententiam solus princeps in integrum restituere poterat[51].

h Quæstoris *Exercitus* meminit Novel. Justin. XLI.

i *Hæc* de magistratu Romano, sequitur *Municipalis*.

Municipalis magistratus est, qui jurisdictioni præest in municipiis[52].

Municipia autem loca sunt, quæ à municipibus inhabitantur[53].

k Municipes vero sunt cives Romani suo jure, suisque legibus[54] vtentes, muneris tamen honorarii cum populo Romano participes[55], à quo munere capessendo dicti videntur[56], cujusmodi quondam fuerunt Fundani, Formiani, Cumani, Tusculani.

44 *li.1. & 2. C. vbi caus. fisc.*
45 *l.2. Cod. vbi de caus. stat. l. si pater. C. ne de statu defu.*
46 *l. iamdudum, C. vbi caus. stat.*
47 *l.3. §. divi, l. fin. D. de iure fisci. l. 4. C. vbi caus. fisc.*
48 *l. Moschis. 47. §.1. D. de iure fisci. l. fin. D. de interrogat. in iure faciend.*
49 *l.1. D. eod. l. aufertur, 46. §. penul. D. de iure fisci, l. si quis mihi, §. 2. D. de acquir. vel omit. hered.*
50 *d. l.1. l. nulli. C. de transact.*
51 *l.1. C. vbi & apud quem in integ. restit.*
h De Quæstoribus, id est, præfectis insularum, *Novell.* 41.
i De Magistratibus municipalibus, *t.* 56. *li.* 1. *C.* & ad municipalē *tit.* 1. *lib.* 50. *D.*

 Quem-

52 *Vnde magistratus etiam municipij dicitur in l. fina. C. de iud. sed frequentius magistratus municipalis, l. magistratibus, D. de iurisdict. l. pen. §.1. D. de fugit. l. si quis, 12. §. final. D. de religios. l. quemadmodum, 29. §. magistratus, D. ad leg. Aquil.*
53 *l. de die, 8. §. tutor. D. qui satisd. cog. vide Gell. lib. 16. Noct. Attic. 13. Crinit. lib. 7. cap. 6. Turneb. lib. advers. 11. Coras. lib. 3. misc. cap. 6.* f De municipibus & originariis, *titul. 38. lib. 10. Cod.* 54 *Vnde lex municipalis, l.3. §. plane, D. quod vi aut clam, l.3. §. Divus, D. de sepulcr. viol. & de eadem plerique interpretantur rubr. D. ad municipal. l. magistratus, 25. D. eod.* 55 *l. munus, 18. & l. municipes, 228. D. de V. S. l.1. D. ad municip.* 56 *d. l. munus.*

Quemadmodũ vero illi proprio jure utebantur, ita proprios habebant ex corpore suo magistratus, istis qui urbani erant correspondentes 57 nihilominus magistratus agnoscentes superiores a populo vel imperatore missos.

Nam qui Romæ Senatus erat, in municipiis erat curia [58], qui Romæ Senatores, in municipiis Curiales, qui Romæ Consules, in municipiis Duumviri, qui denique Romæ Tribuni plebis erant, in municipiis defensores dicebantur.

Curia est cujusque civitatis certum corpus eorum, qui administrationi rerum sive pecuniæ ad civitatem pertinentium præessent, non à populo Romano missi, sed in municipiis electi.

k Membra corporis illius in id consilii publici causa conscripti Curiales [59] inde dicti sunt, sed frequentius Decuriones [60], quod nomen ex eo fortasse remansit, quod initio cum coloniæ deducerentur, decima pars eorum, qui deducebantur, consilii publici causa [61] conscribi solita sit [62].

Decuriones sunt curiæ municipalis Senatores [63].

l Horum nomina in albo & tabula publica, prout lege municipali præcipiebatur, describi oportebat: unde Album hic definitur matricula decurionum [64].

Ex his magistratus in civitatibus creabantur, neque aliis, quam qui ex ordine decurionum essent,

57 *d. l. magistratus.*

58 *l. 3. D. quod cuiusq. vniuersitat. l. si quis 38. §. iudices D. de pœnis. Vide Forner. lib. 1. select. 12. & l. 2. select. 20.*

k De decurionibus & filiis eorum, *tit. 2. lib. 50. D. tit. 31. lib. 10. C. Nov. 38.*

59 *vt qui curiis adscripti essent, l. pen. C. de exactor. tribu. lib. 10. l. pen. C. de hered. decur. & infinitis locis aliis.*

60 *quos Curia municipalis Senatores appellat. l. omnes iudices, C. de decurionib. lib. 10.*

61 *Ex quo* βουλευταὶ *dicuntur, Nov. 45. 38. & 70. Plin. lib. 19. Epist. ad Traian.*

62 *l. pupil. 239. §. decuriones, D. de V. S.*

63 *d. l. omnes iudices, Hinc minor Senatus docebatur decurionum collegium, quod probat Forner. lib. 1. select. 12. Novel. Maior. 1. in pr. & C. Th. de decur. & Caßiod. lib. 2. Var. Epist. 18. & li. 6. Epist. 3. & lib. 9. Epist. 2.* l De albo scribendo *tit. 3. lib. 50. D.* 64 *Album proprie erat tabula dealbata, in qua prætores edicta sua actionesq. & interdicta proponebant, l. 2. §. eod. D. de orig. iur. l. 7. & 9. D. de iurisd. vbi de albo corrupto, vt & in §. penul. Inst. de act. & hinc inde in libris iuris. Sed translata est hæc appellatio postea etiam ad alia, & in primis ad hanc decurionum descriptionem, vt in rubr. D de albo scrib. l. Herennius, 10. D. de decur. Hinc illa ex albi ordine vocari. l. fin. §. Camelasia, D. de muner. & honor. albo eximi, l. 3. C. de decur. vocatur etiam album curiæ, l. Nominationem, C. de decur. & album Senatorum. apud Tac. li. 4. est matricula Senatorum vrbis Romæ, quod Dio vocat* λεύκωμα τῶν βουλευόντων: *Briss. de verb. sign. li. 1. verb. album, Gothofr. ad rub. D. eod.*

ſent, honores municipiorum mandabantur, & per eoſdem civitatum munera explicabantur.[65]

Tractabant enim pecuniam publicam, erogãdam decernebant[66], annona vti civitati ſupereſſet providebant[67], curatoreſq; frumenti, olei comparandi, vel operum publicorum aut alterius negocii reip. cauſa[69], nec non legatos & Syndicos & tutores periculo ſuo conſtituebant, tributa quoq; cenſus[69], legata reipubl. relicta eorum vigilantia ac ſolicitudine exigebantur[70], omniumque in vniuerſum quæ civitatis adminiſtrationem reſpicerent eis onus imponebatur vnde [m] decretorum ab ordine faciendorum in jure mentio.

Adeo vero curiæ nexibus erant obſtricti vt eis interdiceretur militia[71], & vectigalium publicorum aliarumq; quarumlibet rerum conductione procurationeque[72], ne videlicet alienorum negociorum cura ſuo munere avocarentur.

Ob hæc onera curiam fugere olim ſolebant[73], tametſi tanquam honoratiores præ ceteris colerentur, & à plebeiis in pœnarum irrogatione ſepararentur[74].

Neque enim poterant fuſtibus aut quæſtioni ſubiici[75], neque in metallum vel opus metalli damnari, vel furcæ figi, vel ad beſtias aut in opus publicum dari, neque vivi exuri[76].

Qui honores non ipſis tantum, ſed ipſorum etiam liberis[77], & parentibus habebantur.

Ad hæc à muneribus extraordinariis immunes[78], & ne curiæ civium inopia deſererentur, conſtitutum eſt vti naturales liberi curiæ ob latio-

65 *l. Honor. 7. §. penult. D. de decur.*

66 *l. 2. §. 1.*

67 *l. non debere, 8. D. ad munic. l. decuriones, 5. D. de adminiſtr. rer. ad civit. pert.*

68 *d. l. 2. §. 1. & 2. l. ex facto, 30. D. de neg. geſt.*

69 *l. Libertus. 17. §. exigendi, D. ad munic.*

70 *l. fin. §. Imperatores, D. ad municip.*

m De decretis ab ordine faciendi. ti. 9. lib. 50. D.

71 *l. ne quis officialium, l. quamvis, l. ſi quis decurio, C. de decurion.*

72 *l. 2 §. 1. D. de adminiſtrat. rerum ad civitat. perti. l. decurion. 4. Spuriis, 6. §. decurion. D. de decur. l. curiales. C. de locat.*

73 Novell. 89.

74 *Briſſon. lib. 4. Select. antiquitat. cap. 13.*

75 *l. Decuriones, Cod. ex quibus cauſ. infam. irrog. l. decuriones, Cod. de quæſt.* 76 *l. Moris 9. §. iſta fere l. divus, 15. l. capitalium, 28. §. & generaliter. D. de pœn. l. decurionem. Cod. eodem, l. decuriones, C. de quæſt. l. 1. D. quando appelland. ſit.* 77 *l. ſi matrem, l. decurionum. Cod. de pœnis. l. 3. D. de veter. l. Divo. Cod. de quæſt. libr. 2. §. 2. D. de decurion.* 78 *l. Curiales, Cod. de decurion.*

latione legitimi fierent, suorumque heredum jura nanciscerentur 79.

Ex decurionibus 80 creabantur *duum Viri* 81, qui nullum habebant imperium, habebant 82 tamen jurisdictionem ad certam usque quantitatem 83, quam tamen pœnali aliquo judicio defendere nequeant 84, habebant etiam pignoris capionem 85, & in servos castigationem 86, quin & tutoris atq; curatoris dationem 87, atque aliquando legis actionem 88.

n *Defensores* plebis 89 erant qui plebem defendebant contra injurias & iniquas rogationes Curialium 90, qui sicut in urbe, ita in municipiis etiam ex plebe creabantur decreto civitatis 91 inviti quamvis & jurati.

Jurisdictionem habebant in causis pecuniariis 92 olim usq; ad aureos L. 93, hodie ad CCC. simulque rei judicatæ executionem 94.

De levioribus criminibus cognoscere poterant 95, majoribus ad præsidem remittendis, ad quem etiam ab ipsis appellatur 96.

Atque ad eorum curam pertinet persecutio servorum fugitivorum Reipublicæ 97.

Ut

79 idq; à Theodosio Imp. l. si quis, l. quoniam. C. de natur. liber. §. quibus connumerari, Inst. de hereditat. quæ ab intestat. defer. Nov. 89.

80 d. l. honores. §. is qui.

81 l. item eorum, 6. §. 1. D. quod cujusq; universitat. nomin. l. unic. D. si quis ius dicenti non obtemper. & infinitis locis aliis, munus ipsum duum viratus dicitur, l. 1. D. de albo scrib. l. 1. C. de temp. app. l. 3. C. quand. prov. non est necesse, l. si ad magistratum, C. de decurion. item Duum virilitas, l. 1. Cod. de natur. liber. eoq; qui functi sunt Duumvirales dicuntur l. 1. D. de albo scrib. ut qui consulatu consulares. 82 l. ea quæ 26. D. ad municip. de municipalibus enim interpretantur l. 32. D. de iniur. 83. 84 l. unic. D. si quis ius dicent. non obtemp. 85 l. quemadmodum 29. §. magistratus. D. ad leg. Aquil. l. dies, 4. D. de damno inf. l. 3. §. 1. D. de rebus eorum. 86 l. magistratibus 12. D. de iurisdict. l. si privatus, §. 1. D. qui & à quibus manumiss. l. item apud 15. §. unde quærit, & l. sed si unius, 17. §. servus, D. de iniur. 87 l. 3. D. de tutor. & cur. dat. 88 l. final. C. de vindict. liber. Paul 2. sent. 25. §. pen. Robert. 1. animad. 21. n De defensorib. civitatum, *tit. 55. lib. 1. C. Nov. 15. 89 ita nominantur in l. un. C. de offic. iuril. Alexan. sed frequentius defensores civitatum, ut in civitatis rub. l. privil. §. id vers, D. de sacros. Ecclesl. l. pen. in f. C. de infan. expos. l. si quis. C. de Fabr. li. 11. item defensores disciplinæ. l. per omnes, C. de defens. civ. l. adversus, C. de usu. item absolute defensores l. defensores C. eo. l. fi. C. de iure Emph. item defensores locorũ, li. 3. C. eo. sunt & defensores Rerump. qui alias Syndici dicuntur, qui magistratus non sunt. ita accipiuntur in l. 1. §. tutor. D. quand. app. sit. l. 1. §. 1. l. fi. §. defensores, D. de mun. & hon. l. ab his onerib. 10. in fi. D. de vacat. mun. 90 d. l. 3. l. 4. l. iubemus, C. eo. 91 l. 2. defensores, ita C. eod. Nov. 15. c. 1. 92 d. l. 3. 93 l. 1. C. eod. 94 Nov. 15. c. 3. 95 l. per omnes, C. eo. 96 d. l. d. 1. & h. defens. civit. C. eod.*

Ut mirum non sit defensoribus prehensionem in jure concessam esse[98].

De jurisdictione voluntaria tutoris vel curatoris dationem habent[99], atque apud eosdem præscriptionis interruptio fieri potest.

[a] *De Iurisdictione non propria.*

Cap. XIV.

Jurisdictio non propria est jurisdictio quam quis habet ab alio quam à lege vel principe.

Alius autem ille magistratus est, vel homo privatus.

Hinc jurisdictio non propria mandata est vel prorogata.

Mandata[1] jurisdictio est, quam quis habet nomine non suo, sed alieno[2].

Quæ non mãdatur nisi ab eo qui eam habet[3].

Nemo autem est, qui eam ex seipso habeat privatim, sed quicunq; eam habet, eam habet vi magistratus: quem accepit publice & gerit.

Non igitur magistratum ipsum magistratus mandat, sed jurisdictionem ejusq; exercitum, quod vi magistratus accepit, ejusque vt magistratus factum est proprium[4].

Unde generaliter definiendum est, magistratum omnem jurisdictionem, quam ex eo quod magistratus est habet, mandare posse, & è contrario quam vi magistratus non habet, mandare non posse[5].

97 *d. l.1. l.mancipia, C. de servis fugit.*

98 *l. neminem volumus, C. de Episc. audient. Nov.15. vbi plenius Cui.*

99 *Nos autem, Inst. de Attil. tut. l. sancimus in curationibus. C. de Episc. aud.*

100 *l.2. C. de ann. except.*

a De officio eius cui mandata est iurisdictio, *titul. 21 lib.1. D. huc refero tit.50. lib.1. C.* De officio eius qui vicem alicuius iudicis vel præsidis obtinet, *quicquid nonnulli de eo sentiant.*

1 *ita vocatur in l. & quia 6. D. de iurisd. eadem delegata dicitur, sed in canonibus potissimum & apud pragmaticos.*

2 *l.1. §. qui mandatam, D. de offic. eius cui mandat. hinc non pro suo imperio is cui mandata est, agere dicitur, quoties eius partibus fungitur, sed pro eo cuius mandato ius dicit. l. etsi 3. D. eod. & fungi vice eius qui mandavit, non sua, l. solet, 16. D. de iurisd. l.1. §.1. D. qui à quo appell.* 3 *l.2. D. eod.* 4 *Magistratus enim ipse à lege est: iurisdictio à magistratu, & ei quasi consequens, lib.1. §. damus, D. de tutor. dativ.* 5 *t. titu. D. de offic. eius cui mandat. est, l. solet 16. & seq. D. de iurisd.*

Itaque cum nullus magiſtratus merum imperium habeat ex vi magiſtratus, quem gerit, ſed quicunque illud habet, habeat ſpecialiter à lege, Senatuſconſulto vel conſtitutione principis tributum, illud mandari nequit, vt generaliter iuriſdictione mandata imperium merum non cenſeatur mandatum eſſe [6].

Sed imperium mixtum & juriſdictionem ſimplicem recte mandari illi conſequens eſt [7].

Cui autem juriſdictio mandatur, proprii nihil habet, ſed quicquid agit, id omne vice mandantis agit, atque adeo ab ipſo ad mandantem recurritur [8].

Et mandatur non magiſtratui tantum [9], ſed etiam ei qui in magiſtratu non eſt [10].

Cæterum frequentiſſimum erat juriſdictionem mandari, quippe quod magiſtratus multitudine negociorum publicorum, quin etiam cauſarum aliarum ad juriſdictionem ſuam pertinentium ita obruerentur, vt ſoli ipſi omnibus ſufficere non poſſent [11].

Et vero tam partem, quam totam & omnem non niſi ſuam, hoc eſt, ex magiſtratu quem gerit ſibi competentem [12].

Proinde cum mandatarius proprii nihil habeat, ipſe viciſſim alii quod in mandatum accepit mandare non poteſt [13].

Hinc veriſſimum eſt, eum qui mandatam habet juriſdictionem proprie magiſtratum non eſſe, ſed vi juriſdictionis ſibi mandatæ, atq; adeo alienæ ea facere, quæ alioqui magiſtratus mandans, niſi mandaſſet, facturus fuerat.

Ita prætor cum dat judicem, dat quidem eum ex vi magiſtratus ſui quem gerit, nimirum præturæ, veruntamen judex datus non eſt magiſtratus ipſe, ſed exercendo partem juriſdictionis prætoriæ, quæ in cognitione & definitione cauſæ con-

tro-

6 l.1.D.l.eo. l.eum hi 7.§.ſed nec D.de träſact.l muto, 6.§ tutor.D.de tutel. l. 4.& 6. D. de offic. proconſ.l. nemo poteſt, 71.D, de R. I.l. 2.C.de pedan.iud. tametſi iure Cano. ea quæ olim mandari non poterant, hodie recte mandentur.gl.in ea. quod ſidem, de offic.ordinar.quod moribus receptum eſſe affirmát Alber. & Decius in d.l.1. & Cagnol.in d.l. nemo poteſt.

7 l.1.in fin, & l.fin. D.eod.

8 d.l.1.§.1.& d.l.3.

9 Exemplum eſt apud Liviũ li. 24. in prætore vrbano mandante iuriſdictionem ſuam peregrino.

10 l.final.D.eod.

11 Quod demonſtravi lib.1.diſcept. mear.Scholaſt.c.1.

12 d.l.ſolet.16.& l.ſeq.

13 d.l.fin.

troversæ est posita, prætoris partibus fungitur [14]. 14 d.l.3. in fini

Quod igitur inter jus & factum est, inter causam & effectum, id interesse videtur inter jurisdictionem propriam & jurisdictionem mandatam, quippe quod hęc illius sit quasi effectus, illa causa sit huius, atque adeo jurisdictio mandata in exercitio jurisdictionis propriæ sit posita, vt ex mandantis persona non mandatarii cuncta æstimentur, & propria deficiente eam quæ mandata est, deficere necesse sit.

Solus proconsul jurisdictionem suam legato suo ita mandat, vt legatus eam videatur habere propriam [15], sed in illo & hoc peculiare est, vt proconsul etsi provinciam ingressus nondum esset, mandare tamen posset legato jurisdictionem, si legatus in provinciam mature venturus, ipse vero in itinere moram facturus erat [16].

15 de quo capite superiori dictum est.

16 l. aliquando, 5. D. de offi. procons.

His omnibus consequens est, vt vnus & idem jurisdictionem habere possit, & propriam & mandatam, ille autem non nisi magistratus: propriam quidem ex magistratu suo, mandatam ex alieno, & illam quidem semper, quandiu magistratus est, hanc vero non nisi quatenus mandatum est, & ex illa simul & jus & exercitium juris, ex hac exercitium tantum, jure interim in mandante residente [17].

17 De his plenius & accuratius li. 2. discept. mearum Scholast. cap. 1.

Jurisdictio *Prorogata* est jurisdictionis quā magistratus habet ad rem vel causam etiam alium, quam quæ jurisdictionis illius sit, ab illis inter quos res vel causa ista est, extensio.

Nam vt princeps magistratui extra jurisdictionem suam aliquid committat, id minus proprie prorogatum esse dicitur, siquidem & omnino privato committere potuisset.

Prorogatio autem hæc non fit, nisi illi qui in magistratu sit, nunquam privato: nunquam vero à magistratu, sed semper à privatis in magistratum sive judicem illum consentientibus[18].

De subditis[1], *ubi simul de Muneribus*.

CAP. XV.

SUbditus est qui jurisdictioni subest, & in quo[2] illa exercetur sive à principe ipso sive à magistratu.

Præter principem autem omnes omnino qui illi subsunt Subditi sunt[2]: at princeps subest nemini, nisi *Deo* & naturæ[3].

Sed inter subditos etiam differentia est, quod alii sint cum jurisdictione, alii sine ea[4].

Cum jurisdictione magistratus sunt, de quibus in superioribus, inter quos ipsos etiam ordo est, ut alii aliis sint superiores & inferiores[5].

Magistratus non minus atq; subditi, qui sine jurisdictione sunt, principi obtemperare debent: sed superiores non nisi principi, inferiores & principi & superioribus.

Cæteri simpliciter subditi dicuntur, qui & principi sine distinctione, & magistratibus secundum jurisdictionis modum parent.

Subditum vero potissimum facit Origo[7], quin & a domicilium, in quo quis fortunarum suarum ordinem constituit[8].

Subditis Propria quædam sunt, quædam Communia.

Propria sunt bona & jura singulorum de quibus infra loco commodiore.

b Communia sunt *Munera* ad utilitatem Reipubl. Romanæ vel civitatum obeunda.

Hinc munus officium[9] est ad corporis alicuius conser-

18 *l. si convenerit. 8. D. de iurisd. l. inter convenientes. 18. D. ad munici- pal. l. 1. & 2. & l. de qua re, 74. §. 1. D. de iud.*

1 *vide plenißime hac de re differentem Iohann. Bodinum lib. 1. de Repu. cap. 6.*

2 *Sive id fiat contemplatione personæ ipsius, sive bonorum vel rerum personæ.*

3 *quippè quod eo ipso princeps est & dicitur, quod alium se in terris superiorem non agnoscit.*

4 *quod docuit caput 13.*

5 *Vide Bodin. lib. 3. de Republ. per discursum.*

5 *Bodin. lib. 3. de Republi. cap. 4. 5. & 6.*

7 *l. 1. & 6. D. ad munic. l. cives. C. de incol. l. 10.*

a De incolis & ubi quis domicilium habere videtur, *titul.* 39. *lib.* 10. *C.*

8 *l. 3. & seqq. D. ad municip. Hinc Dd. tradunt subditum quem dici altero de duobus modis, naturaliter & per accidens illo modo dicunt quem esse subditum ratione originis, hoc ratione domicilij vel servitij vel alia de causa, Bal. in l. nec causas, C. de appell. Panorm. in cap. cum olim. de re iudic. Socin. iun. cons. 36. n. 8. vol. 3. Menoch. cons. 331. n. 79. l. 4.* b De muneribus & honorib. *tit. 4. lib. 50. D. tit. 40. lib. 10. C.* 9 *l. Munus, 18. D. de V. S.*

conſervationem pertinens, neceſſario obeundum lege, more, imperiove ejus qui jubendi habet poteſtatem [10].

Quod duplex eſt, Munus in ſpecie ita dictum, & honor [11].

Munus in ſpecie eſt munus oneroſum dignitatis expers [12].

Quod iterum publicum eſt vel privatum [13].

Munus publicum [14], quod idem & civile [15] interdum dicitur, eſt munus Reipublicæ, vtilitatem & commodum eiusq; adminiſtrationem principaliter concernens.

Idq; Perſonale eſt, vel Patrimoniale [16].

Perſonale [17] munus eſt, quod corporis labore, & cum animi ſolicitudine & vigilantia obitur [18].

Hoc perſonas contingit, non ipſorum bona.

c Patrimoniale eſt munus, quod ſumptu atque erogatione expeditur [19].

Hoc poſſeſſoribus patrimoniorum indi itur, nulla perſonæ quæ ipſa poſſideat ratione habita, quæ ſi patrimonium non habeat, munere patrimoniali oneranda non ſit [20].

Vtrunq; illud militare eſt vel civile.

Militare eſt munus militię cauſa conſtitutum.

Eſtq; militiæ togatæ vel arma æ.

Militiæ togatæ munus eſt, quod præſtatur magiſtratibus, vel his qui in jure coram magiſtratu agunt.

Magiſtratus munus præſtatur ad commodius juriſdictionem ipſorum exequendam.

Qui hoc præſtant Apparitores dicuntur, qui

10 l. Munus, 214. D. de V. S.

11 Separātur enim hæc duo à ſe invicē in rub. D. eo. l. 2. D. de veteran. l. vn. C. de infam. l. 3. C. ne vxor pro marit. l. 1. C. de mun. & hon. non contin.

12 l. Honor. 14. §. 1. D. eod.

13 d. l. Honor. §. 1.

14 d. l. Honor. §. 1. l. fi. in prin. & in §. hæc omnia. D. eo. l. 2. C. de his qui ſpon.

15 d. l. fina. §. Hæc omnia in rubric. C. quemad. civilia, mun. indic. l. 1. C. de excuſat. mun. & paſſim, l. 2. D. de R. l. vtraq; appellatio coniungitur, ſed pro eadem accipit ibid. Pet. Fab. Cōtra Ravardus putat vt verbis ita reipſa diſtingui debere. Dicitur etiam vnus civile. l. obſervare, 6. in fi. D. de curat. furioſ. l. Veteranis. C. quand. prov. non eſt neceſſ. ſpecialius etiam munus municipale, l. 2. §. ſi quis municipalis, D. ſi quis caution. l. Lucius, 21. §. idem reſpondit conſtante, D. ad munici.

16 l. 1. in pr. l. fi. in prin. l. Reſcripto, 6. §. ſciendum eſt, D. eo.

17 Quod etiā appellatur corporale, l. 3. §. corporalia, D. de mun. & hon. l. nec protoſtaſia. C. de mun. patrimon.

18 l. 1. §. & generaliter. d. l. fin. § perſonalia.

c De muneribus patrimoniorum, *tit. 41. lib. 10. C.*

19 d. l. fin. §. patrimoniorum, d. l. Reſcripto, l. 2. & l. penult. C. eod.

20 d. l. 1. & d. l. honor. §. viarum, & d. l. Reſcripto, l. cui muneris, 12. D. eod. l. pen. D. de veteran.

sunt officiales, qui magistratibus officii causa præsto sunt[21].

Quod officium est in tractandis chartis vel in ministrando.

[d] In tractandis chartis erant numerarii, actuarii, chartularii, adjutores scrinarii & similes.

[e] In ceteris ministeriis occupabantur alii, qui magis in specie dicuntur Apparitores. Tot autem fere genera sunt Apparitorum, quot sunt magistratuum: & ejusdem magistratus apparitores sæpenumero complures.

[f] Coram magistratu, alterius desiderium explicat advocatus.

Militiæ *Armatæ* munus est, quod magistratibus militaribus, & potissimum in militia ipsa versantibus præstatur.

[g] Quo pertinet omnis illa de re militari & de [h] Veteranis eorundemq; privilegiis disputatio.

Hæc vero ita maxime personalia sunt, sed patrimoniale non minus ad utranq; illam militiam pertinet, ut nimirum illa conservetur, hæc vero tanto rectius geratur & administretur.

[i] Quo pertinent ea quæ magistratibus ipsorumque apparitoribus ad sustentationem ipsorum à provincialibus potissimum penduntur, & in usus bellicos erogantur.

Civile munus est, quod status Reip. tuendæ & conservandæ causa præstatur.

Cedit autem commodo principis vel civitatum.

Principis commodo tam personæ, quam ipsarum possessiones.

k Et

21 *vide Hoto. Briss. Pratei. Schard. & alios in Lexic.*

d De numerariis & actuariis, &c. *tit.* 50. *lib.* 12. *C.* De primicerio, &c. *tit.* 7. *lib.* 12. *C.*

e De apparitoribus, prefectorio *tit.* 53. *li.* 12. *C.* & *in sequentes tituli omnes usq; ad ti.* 60.

f De aduocatis diversorum iudiciorum *tit.* 7. *li.* 2. *C.* & De aduocatis diversorum iudicum *ti.* 8. *l.* 2. *C.* De lucris advocatorum *t.* 92. *lib.* 12. *C.*

g De re militari *tit.* 16. *lib.* 40. *D.* & *tit.* 36. *lib.* 12. *C.* De comitib. rei militaris *ti.* 12. *li.* 12. *C.* Qui militare possunt, vel non *titul.* 34. *libro* 12. *C.* Negociatores ne militent, *tit.* 35. *lib.* 12. *C.* De cómeatu, *tit.* 42. *lib.* 12. *C.* De Tyronibus, *tit.* 43. *lib.* 12. *C.* & *duobus titulis sequentibus.* De primipilo, *titu.* 63. *lib.* 12. *C.*

h De veteranis, *tit.* 18. *lib.* 49. *D.* & *tit.* 47. *lib.* 12. *C.* De filiis officialium & militarium qui in bello moriuntur, *tit.* 48. *lib.* 12. *C.*

i Ne comitibus rei militaris, &c. *tit.* 47. *lib.* 1. *C.* De annonis & capit. administrantium, *tit.* 52. *lib.* 1. *C.* De rogatione militaris annonæ *tit.* 38. *lib.* 12. *C.* *usq; ad tit.* 43. De cursu publico, *tit.* 51. *lib.* 12. *C.* & *ti. seq.* De tractoriis & de executorib. & exactorib. *titu.* 61. *lib.* 12. *C.* Publicæ lætitiæ vel consulum nunciatores, &c. *tit.* 64. *lib.* 12. *C.*

k Et personæ quidem in ministrando principi strictius & quasi à latere.

Possessiones vero in censitione.

l Hinc census, qui est singulorum capitum seu agrorum in publicam tabulam relata descriptio[22].

Qui maxime contingit civitates seu municipia, & illa vel omnia, vel ex illis quædam, modo principis imperio subjecta sint.

Civitatum commodo cedit illud quod ad commodum municipii pertinet[23].

Quod à nullo præstatur alio quam municipe, siquidem personale sit; vel possessore patrimonij, siquidem patrimoniale sit[24].

Tametsi patrimoniale istud non sit semper vniusmodi, quippe quod possessoribus quoddam iniungatur, sive municipes sint, sive non: quoddam non nisi municipibus & incolis[25].

Et patrimoniale quidem indicitur indistincte tam magistratui municipali quam qui ipsi subest: personale autem magistratui vt plurimum.

Etsi vero vtriusque species compluris sint, & ferme infinitæ, maxime tamen ex muneribus personalibus nobilia sunt illa, quæ peculiares titulos in libris juris meruerant, nempe munus legationis, munus administrationis rerum ad civitatem pertinentium, & munus curatoris operum publicorum.

m *Legatio* est munus legati: legatus autem is est, qui publice à municipio vel provincia mittitur ad expediendum negocium publicum[26].

Habet

k De præpositis sacri cubiculi. &c. *tit.* 5. *lib.* 12. *C.* De magistris scriniorum, *ti.* 9. *lib.* 12. *C.* De comitibus cõsistorianis, *tit.* 10. *lib.* 12. *C.* De comitibus & tribunis scholarum, *tit.* 11. *lib.* 12. *C.* De comitibus & Archiatris sacri Pal. *tit.* 13. *lib.* 10. *C. & inde vsque ad tit.* 32. *quævis ex illis nonnulli meliorem ordinem desiderent, & fortasse potius ad caput de ordinibus quam ad hoc plerique referendi, de quo alias.*

l De censibus, *titu.* 15. *lib* 50. *C. vide an non omnes tituli libr.* 11. *C. à* 48. *vsque ad finem, huc referendi sint.*

22 *l.* 2. §. *post deinde, D. de origine iur.*

23 *de quo potissimum ea quæ de muneribus & honoribus in libris iuris.*

24 *dicta l.* 1. *d. l.* 6. *d. l. fin.*

25 *dicta l.* 6. §. *final.* m De legationibus, *tit.* 7. *lib.* 50. *D. & tit.* 63. *lib.* 10. *C.*

26 *l.* 2. §. 1. *D. de iud. l. legatis* 8. *D. ex quibus cauſ. maior. cuius viaticum legatiuum dicitur l. fin.* §. *legati, D. de mun. & honor. l.* 2. §. *fin. D. de legation.*

Habet legatus ob id onus sua privilegia, veluti, vt si Romæ conveniatur, vel in comitatu principis, etiamsi ibi contraxerit ante legationem, vel extra provinciam suam, jus habeat revocandi domum [27]: vt quandiu legationis officio Romæ funguntur, nulla propria actione conveniri possint [28], nisi ex eo delicto [29]. vt legatione perfunctis biennii vacatio concedatur [30].

n *Administratio* rerum ad civitatem pertinentiũ est administratio rerũ vel pecuniarũ civitatis.

Quæ administratio in plures solet dividi, cum vnus omni non sufficiat.

o Inter hos administratores valde nobilis est is qui *Curator* operum publicorum dicitur, atq; est ille, quem Respub. constituit in hoc vt curaret opus aliquod publicum fieri.

Sive id faciendum sit civitatis ipsius impensis & sumptibus, sive P ex pollicitatione alterius.

Ceterum sunt munera ista omnia demum *Ordinaria* vel Extraordinaria [31].

Ordinaria sunt, quæ lege, veluti Senatusconsulto, constitutioneve principis, item consuetudine vel lege municipali injunguntur [32].

Extraordinaria quę extra ordinem necessitate ita postulante inducuntur, cujusmodi hodie in imperio videntur esse collectæ [33], & mixta [34] magis sunt; quod personis quidem principaliter, veruntamẽ propter res & possessiones indicantur [35].

Nisi forte quis ad illa patrimonialia collectas referre malit, quæ ob res quidem inducuntur, non tamen nisi municipibus [36].

Privatum munus est, cujus præstatio ad commodum privatorum principaliter pertinet, ex consequenti tamen etiam ad rem publicam, cujusmodi est tutela, cura, & similia.

Quod ita privatum ex eo est, vt in specie dicatur quandoq; publicum vel quasi publicum [37].

Omnia

29 *l.2.§.legatis, l. si quis, 8. D. de iud.*
28 *l.3. l. Paulus, 8. l. si absenti, 11. D. eo.*
29 *l. Legatus 10. D. eod. l. non alias, 24. §.1. D. de iud.*
30 *l. filius. 7. in fi. d. l. Paulus, §.1. D. eod. l.3. C. eod.*
n De administratione rerum ad civitatem pertinentium, *tit 8. lib. 50. D.*
o De operib. publicis, *tit. 10. lib. 50. D. tit. 12. lib. 8. C.*
p De pollicitationibus, *titu. 12. lib. 50. D.*
31 *l. vn. C. de vacat. mun. l.2. §. Itaque, l. omnes, §. privilegiis, C. de Episc. & cler.*
32 *Briss. lib. 11. de V. S. verb. munerum etiam.*
33 *Gail. 2. obs. prac. 52. nu. 9. & 10.*
34 *de mixtis muneribus vide l. fi. in pr. D. de muner. & hon.*
35 *Gail. d. obser. 52. num. 9.*
36 *de quibus in sæpe dict. l. Rescripto in fine.*
37 *d. l. fi. §.1. D. de mu. §.1. Inst. de excus. tut. l.1. C. Quod cum eo. vide Pet. Fab. ad l.2. D. de R. I. sed disputationem illam nunc non examino.*

Omnia vero illa munera necessaria sunt obeunda illi, cui imponuntur[38]: nisi is immunitatem habeat, eaq; uti velit.

q *Immunitas* est vacatio à munere sive jus muneris non suscipiendi, nisi velit.

Quod quidem habent excusatione, quidam jure ipso.

r Excusatione quidem illi, quibus ex causa aliqua munus detrectare concessum est, sed ita, si causam illam proponant & deducant loco competenti & tempore oportuno[39].

Cujusmodi causæ sunt s ætas: t morbus: u numerus liberorum: x professio artium liberalium.

Atque à personalibus immunitatem tribuunt, non etiam à realibus sive patrimonialibus: neque tamen ex causis illis omnibus eodem modo[40].

y Artificum item ratio haberi solet z, athletarum, medicorum & a veteranorum.

b Mulierum item in his quorum is sexus capax esse non potest.

c Filiifamilias excusationem ex patria potestate non habent, pro quibus etiam parentes tenentur d, atque sæpe de periculo successorum parentis tractatu.

e Non obstat heredi nominati si ante acceptionem muneris defunctus sit nominatus.

f Neque libertinis ad hæc conditio sua g, neq; infamibus turpitudo sua patrocinatur.

h Tametsi nonnulla sint munera etiam personalia

38 *l. Munus, 114. D. de V. S.*
q De his qui sponte publica munera subeũt, *tit. 43. lib. 10. C.* de vacatione publici muneris, *titu. 45. lib. 10. C.*
r De vacatione & excusatione munerum, *tit. 5. lib. 50. D.* De excusationibus munerum *tit. 47. lib. 10.*
39 *l. 1. & passim. D. eod. §. qui autem vult. Instit. de excusat. tuto.*
s Qui ætate se excusant, *tit. 49. lib. 10. C.*
t Qui morbo se excusant, *tit. 50. lib. 10. C.*
u De his qui numero liberorũ, *tit. 51. lib. 10. C.*
x De professoribus & medicis, *tit. 52. lib. 10. Cod.*
40 *de quo consulendi sunt isti tituli, per discursum.* y De excusationibus artificum, *titu. 64. lib. 10. Cod* z De Athletis, *tit. 53. lib. 10. C.* a De his qui non impletis stipendiis sacramẽto soluti sunt, *tit. 54. lib. 10. C. & tit. 55. lib. eodem.* b De mulieribus in quo loco munera, &c. *tit. 62. lib. 10. C.* c De filiusfamilias & quemadmodum, &c. *tit 60 lib. 10. Cod.* d De periculo successorum parentis, *titu. 61. lib. 10. Cod.* e Si post creationem quis decesserit, *titu. 68. lib. 10. Cod.* f De Libertinis, *titu. 56. lib. 10. Cod.* g De infamibus, *titu. 57. lib. 10. Cod.* h De quibus muneribus vel præstationibus nemini, &c. *titu. 48. lib. 10. Cod.*

nalia, à quibus ne ob excusationem quidem alias etiam legitimam concedatur.

[i] Nominatus si potiorem nominaverit, excusationem habebit, si id peregerit.

[k] Nominato itidem nominatio non nocet si ex odio & inimicitia sese nominatum docuerit.

[l] Injuste autem nominatus à nominatoribus sumtus in excusationem sui, atque probationem huius factos, à nominatoribus recuperabit.

[m] *Ipso iure* immunes sunt, qui vt à muneribus liberi sint, excusatione vlla vel allegatione opus non habent, forte [n] quod indulgentiam habeant principis vel natura ita comparati sint, vt munera expedire ipsis non sit possibile.

Honor est administratio Reipub. cum dignitatis gradu sive cum sumtu sive sine erogatione contingens [41].

Quo in genere Decurionatus est Duum viratus, & vt nonnullis videtur Ædilitas, & ceteræ dignitates [42] magistratuum tam vrbanorum quam provincialium, atq; etiam municipalium.

Ad quem honorem aspirare nonnullis omnino interdicitur, quibusdam, vtpote [o] Reis postulatis [43], in Pexilium datis, ab ordine motis & ejusmodi aliis non nisi sub certo modo, vbi inter cetera de honore qui habetur retinendo, atque de novo etiam adipiscendo.

i De potioribus ad munera nominandis, *ti.* 65. *lib.* 10. *C. Paul.* 2. *sent.* 28. *l.* 7. *D. de decurion.*

k Si propter inimicitias creatio facta sit, *titu.* 66. *lib.* 10. *C.*

l De sumtuū recuperatione, *tit.* 67. *lib.* 10. *C.*

m De iure immunitatis, *tit.* 6. *lib.* 50. *D.* De immunitate nemini concedenda. *tit.* 25. *lib.* 10. *C.*

n De his qui à principe vacationem acceperunt, *tit.* 44. *lib.* 10. *C.*

41 *l honor.* 14. *in pr. D. de mune. & honor.*

42 *Briss. lib.* 8. *de V.S. verb. honor.*

o De reis postulatis, *tit.* 58. *lib.* 10. *C.*

43 *l. Reus,* 7. *D. de mun. & hon.*

p De his qui in exilium dati vel ab ordine moti sunt. *tit.* 59. *lib.* 10. *C.*

a *De potestate privata, & primum de potestate mariti in vxorem.* CAP. XVI.

T*Alis* est apud Justinianum potestas publica: privata autem est singulorum in singulos [1].

Hæc duplex est, Una est inter personas affectione naturali sibi conjunctas, altera inter personas judicio hominis aut legis inter sese conjunctas.

a De his qui sui vel alieni iuris sunt, *titu.* 8. *lib.* 1. *Inst. tit.* 6. *lib* 1. *D.*

1 *Lagus in methodo.*

Illam

Illam Domesticam voco, hanc Administratoriam [2].

Domestica potestas est, quam habet caput & princeps familiæ in personas ad eam familiam pertinentes [3].

Quæ rursus est duplex, Maritalis vna, altera patria [4].

Maritalis potestas est, quam maritus habet in vxorem [5].

Quæ in duobus consistit, in concubitu, & in operis seu servitiis marito præstandis [6].

In Concubitu quidem, eo quod vxor inter ceteras ob eam etiam causam ducitur, vt soboles ex ea suscipiatur [7], & quod hi qui ex vxore procreantur, in patris sui, aut in ejus, in cujus potestate pater est, potestate nascuntur [8].

In operis autem seu servitiis non promiscue quibusvis, sed obsequialibus duntaxat [9], & iis quę ad reverentiam debitam pertinent [10].

Quod ad cetera, præter hæc, si vxor, cum nupsit, juris sui fuit, vtique sui etiam juris manebit, adeoque sicut maritus Paterfamilias est, ita ipsa Materfamilias [11].

Si ducta alieni juris fuerit, & potestati patriæ subjecta, ab ea per matrimonium, quod inivit, nō liberatur, cum in potestatē quidem mariti veniat, quod ad ea, quę supra dicta sunt, in potestate vero

2 *Lagus in methodo.*

3 *Quæ potestas familiæ vocatur in l. vbi aviarum C. de suis & legit.*

4 *Servi quidem etiã domestici sunt, l. præsenti, §. sane si servus, C. de his qui ad Eccles. confug. & furta à servis commissa domino domestica dicuntur, l. perspiciendum, 11. §. furta, D. de pæn. atq; sunt itidem in potestate dominorũ suorum, l. potestatis, 215. D. de V.S. quæ ab eo vulgo potestas dominica dicitur: Sed cum de personis hic sermo sit, cuiusmodi servi non sunt, & vero etiam potestatis vocabulum quoties de servis dicitur, pro dominio accipiendũ sit, vt docet d. l. 215. in quo servi aliud non sunt, quam res alia domini quævis, merito ab hoc potestatem illam dominicam removemus.* 5 *De qua accurate disserentem vide Bodin. lib. 1. de Repub. cap. 5 paucissima apud Iustinianum, aut fere nulla.* 6 *Accurs. in l. si vxorem. C. de condit. incert. & in §. 1. Inst. de Senat. Tertyll. ex l. sicut. 48. D. de oper. libert.* 7 *l. si vicinis, C. de nupt. Demosth. in Neæram. Athenæ. lib. 13. Cic. in Topi. Fest. in verb. quæret. Nam à spe sobolis & nomine matris mox adipiscendo & matrimonium & matremfamilias dici, & in familia mancipioq; viri eam esse, & in locum heredis sui venire scribit Gell. li. 18. c. 6.* 8 *de quo capite sequenti.* 9. *Ios. Lud. decis. Perus. 28. n. 10. Peck. in tract. de coniug. testa. lib. 5. c. 10. nu. 5. Ioh. Lud. in repet. rub. D. de donat. int. vir. & vx. §. 62. vers. sed quod potius.* 10 *l. vnic. §. cum autem in exactione, C. de rei vxor. act.* 11 *Hinc à marito Domina videtur dici in l. vxorem, 41. D. de lega. 3. l. pater 38. §. Iulius, D. eod. l. Titia, 19. §. qui marito, D. de annu. legat. l. fin. §. vxorem, D. de auro & argent. leg Vide Cui. 3. obs. 18. Forner. 1. select. 11.*

vero patria maneat, quo ad ea quæ illi sunt consequentia[12].

Habet vero potestas maritalis & sibi quædam consequentia, utpote castigationem uxoris modicam, uxoris defensionem[13], ut uxor maritum sequatur[14], ut privilegiis mariti utatur atque adeo honore ejus fulgeat[15], & ejus generis alia, quæ privilegia retinet etiam marito mortuo, quandiu vidua permanserit & honeste vixerit[16].

a *De potestate patria.* CAP. XVII.

Potestas patria est jus, quod pater habet in liberos[1].

Ex qua is qui filius est, filiusfamilias dicitur, quæ filia, filiafamilias[2].

Filius autem vel filia non est, nisi patrem habens: at pater liberos in potestate habens paterfamilias dicitur, non quidem ex eo, sed quod familiæ suæ sit Dominus[3].

Nam & qui filium non habet, imo qui ne per ætatem quidem habere potest, paterfamilias tamen esse potest, si sui juris sit[4].

Ita non si paterfamilias est, protinus pater etiam fuerit: patris siquidem vox naturam arguit, ad quem refertur filius, patrisfamilias autem appellatio

12 d.l.si.uxorem. l. 1.§.1.D. de liber. exhib.l.1.§.fin.l.cũ qui,18. §.si nupta. D.de iniur.l.2.§. Quod si in patr.l. quoties,29.D.solu. mat.l.3.l. si ut proponis.C.de dona.int. vir.& ux.l.filium, l.licet,C. de collat. quod tamen esse cõtra naturam & legem Dei putat Bodin.lib.1.de Repub. cap.3.

13 l.2. D. de iniur. §. patitur autem, Inst.eod.

14 l.cum quædam, 19.D.de iurisdi.l. exigere,65. Dig. de iud.l.ea quæ 32. & l.fin.§.item rescripserunt. mulierem, Dig.ad municipal. l.quicunq̃, C.de re milit.ita ut uxor de eadẽ patria esse censeatur, de qua est maritus, Dd.in l. cives, C. de incol. & uxor teneatur sequi maritum quocunq̃ vadit, Men.li.2.de arbit. iud. quæst. casu 469.num.4.& seq. etiam bannitum & vagabundum, Gail.2.de pace publ.10.n.18.quod tamen antiquis Romanorum moribus contrarium esse historia Coriolani apud Halic. arguit. 15 *l.Fœmina.8.D.de Senat.l.mulieres.C.de dign.lib.12.l.cum te,& l.fin.C.de nupt.l.fi.C.de incol.lib.10.Unde est ut maritus nobilis nobilitet uxorem rusticam, & maritus ignobilis uxorem nobilem faciat ignobilem. Dd. in l. fin.D.de V.S. & passim in consiliis, quam in lecturis, & maritus legitime natus uxorem illegitime natam legitimam, Gail.1.de pace pub.6.n.22.* 16 *d.l.mulieres,l.fi.C.de incol.l.cum te. C. de nupt.* a De patria potestate, *tit.9.lib.1.Instit.& tit.47.lib.8.C.* 1 *idem Nexus paternus dicitur, l.cum oportet.§.cum autem, C.de bon.quæ lib.& potestatis patria vinculum l.pactum, C.de pact.conven.& simpliciter vinculum potestatis. l.sive, C.de dona. dicuntur etiam sacra patris, l.fi.§.fin vero. C.ad Tertyll.l.fi.in pr.C.de cura.furios.l.fin.§.fin. C. de inoff. & absolute sacra, l.in coniunctione, Cod.de usuf.* 2 *Passim in legibus.* 3 *De quo supra c.8.* 4 *supra d.c.8.*

pellatio ex jure est: filiifamilias vero in vtroque tam jure quam natura est posita.

Jus potestatis patriæ in duobus potissimum spectatur, nimirum in personis ipsis, & in rebus à personis acquisitis.

In personis nimirum inter quas est, & quid illę sibi invicem præstare teneantur.

Est autem inter patrem & filium, patrem inquam, qui sui juris sit, sive primi gradus sit sive vlterioris [5].

Nam fit non raro vt pater & filius sit in potestate vterq; & quidem eiusdem.

Quandiu enim filius in potestate est, etiamsi ipse filios genuerit, in potestate tamen illos nō habet, cum ipse in potestate adhuc sit [6], sed tum demum in potestate illos habere incipit, si ipse morte ejus in cuius potestate est, liberetur [7].

Mater vero in potestate sua liberos non habet [8], nisi id à principe specialiter impetraverit [9].

Multo minus avus & ceteri parētes materni [10].

Nati enim non matris sed patris familiam sequuntur [11].

Atq; inde etiam potestas hæc dicitur patria.

Filius autem in potestate patris est, non nisi qui idem sit legitimus [12].

Spurii enim, & multo magis ex illicito & jure prohibito coitu nati, cum in familia nullius sint, aut patrem monstrare nequeant, natura vel lege non sunt in cujusquam potestate patria [13].

Ceterum non filii duntaxat, sed etiam nepotes & vlteriores si sint parētes plures sint, in potestate patria esse possunt, si parētes plures sint inter quos supremus ceteros in potestate habeat, quo defuncto in eius, qui ipsum proxime insequitur, potestatem inferiores recidere dicuntur [14].

Omnes autem qui legitimi sunt liberi in potestate sunt patria, nisi ab ea sint liberati seu exemti:

5 *l. nam civium 4. in fine. D. de his qui sui vel alie. iur. sint §. fi. Instit. de patr. potest.*

6 *l. qui in servitute, 118. D. de R. I. l. acquiruntur. 10. §. 1. D. de acquir. rer. dom. l. si maritus. C. de patr. potest.*

7 *l. Nepotes, 5. D. de his qui sui vel alien. iur. sunt in pr. Inst. quib. mod. ius patr. potest. solu.*

8 *§. Fœmina. Inst. de adopt. §. ceteri. Instit. de here. qualit. & differ. l. mulierem. C. de adopt.*

9 *d. §. Fœmina.*

10 *in fin. Instit. de patr. potest.*

11 *de quo supra c. 8.*

12 *l. 3. & l. 6. D. de his qui sui vel alie. iur. sunt.*

13 *d. l. 6.*

14 *l. 4. D. de his qui sui iuris & passim.*

liberati vero vel exemti, filij quidem manent, sed filijfamilias esse desinunt, & protinus patresfamilias fiunt, aut certe in potestatem alterius cõjciuntur, ita vt filijfamilias quidem maneant, sed familiæ ejus in quam per adoptionem forte conjecti sunt, non ejus ex qua exieruat.

Quod sibi invicem præstare tenentur, qui huic potestatis vinculo innexi sunt, id omne continetur ex parte quidem parentum pietate & affectione paterna, ex parte vero liberorum reuerentia & obsequio [15].

Quod ad parentes attinet, ex vi potestatis patriæ vitæ atque necis in liberos ipsis potestas fuit [16], quam tamen sine justa causa eos exercere potuisse haud opinor [17], siquidẽ non in atrocitate, vt Jurisc. ait, sed in pietate patria potestas consistit [18].

Sive autem hoc postmodum expressa aliqua constitutione sit abolitum [19], sive, vt nonnulli volunt [20], in desuetudinem abierit, id constitutionibus Impp. confirmatum est, vt pater filium castigandum offerre possit judici dicturo ex ipsius præscripto sententiam [21], & deinde b vt tempore necessitatis famis filium possit vendere, citra tamen libertatis præiudicium [22].

Filiusfam. in iudicio suo nomine esse non potest sine consensu & autoritate patris [23].

Inter filiumfamilias & patrem famil as lis esse non potest [24], nisi de bonis castrensibus & quasi castrensibus [25], in quibus hoc singulare est, vt filiusfamilias habeatur pro patrefamilias [26].

Quemadmodum & in causis publicis nulla habetur potestatis patriæ ratio [27].

Filiusfamilias sine consensu patris, in cuius est potestate, matrimoniũ contrahere non potest [28], liberis alioqui ex matrimonio ejusmodi procreatis futuris illegitimis & injustis [29].

Solis parentibus liberos in potestate sua haben-

tibus

15 *l. filia, C. de patr. pot l. congruentius, in fi C. eod.*
16 *l. in suis, 11. in fi. D. de liber. & postum. l fi. C. de patr. potest. vide Bodi. li. 1. de Repub. c. 4.*
17 *per l. patri, 20. & seqq. D. ad leg. Iul. de adul.*
18 *l. Divus, 5. D. ad le. Pomp. de parrici.*
19 *l. 1. C. de emen. propinq. l. vnic. C. de his qui patr. vel libert*
20 *Bodin. d. c. 4.*
21 *l. Inauditum 2. D. ad leg. Cor de Sicar. l. si filius, C. de patr. potest.*
b De patrib. qui filios suos distraxerunt, *ti. 45. lib 4. C.*
22 *l fi. C. de emen. propinq.*
23 *l. filiusf. 9. D de O. & A.*
24 *l. si à me fuerit, 11, D, de iud l. actiones. 7. D. de O. & A. l. ne cum, 16. D de furt.*
25 *l lis nulla, 4. §. de iud.*
26 *l. 2. D. ad Maced l. miles, 4. D. de castr. pecul.*
27 *l filiusf. 9. D de his qui sui vel alie. iur.*
28 *in pr. Inst. de nu. l. filiusf. munic. 25. & l filiusf. 35. D. de rit. nupt.*
29 *l. Paulus, 11.*

tibus concessum est, vt liberis suis substituere possint pupillariter.

Testamento tutores dare non potest aliis quam is qui liberos in potestate habet, atque his etiam duntaxat, non aliis[31].

Habent vero hoc *liberi* legitimi, vt siquidem filij sint, patris familiam sequantur[32], omnisq; dignitatis, quæ familiæ connexa est[33], sint participes; sin autem filiæ sint, tandiu iis gaudeant, quam diu in familia manent[34], siquidem in alienam familiam assumtæ mariti conditionem sequuntur[35]: Quæ autem juris sunt naturalis, ex matris persona æstimanda veniunt: quo pertinet quod partus ventrem sequi dicitur, quod in liberis illegitimis indistincte verum est, in legitimis autem cum distinctione eorum quæ juris naturalis sunt & juris civilis[36].

[c] *Jus* patriæ potestatis in rebus à filiofamilias acquisitis in eo spectatur, vt omne quod filiusfa. acquirit, acquirat patri in cujus est potestate[37], exceptis peculiis castrensibus & quasi castrensib. omni jure[38], adventitiis etiam quod ad proprietatem jure novo[39].

Rerum autem appellatione intelligo non res tantum corporales, sed etiam incorporales, & in his obligationes, & dominia & possessiones, vt ex omnes a filio acquisitæ non ipsius sint, sed patris in cujus est potestate[40].

Ceterum est hoc jus potestatis patriæ civium Romanorum proprium[41].

Etsi enim origine & inventione juris sit naturalis[42], forma tamen & qualitate sua juris civilis est vt Justinianus non quidem negaverit potestatem patriam aliis etiam gentibus comunem esse.

G 2 sed

Dig. de statu homi.
30 *in pr. Inst. de pupil. substit.*
31 *§. permissum. Inst. de tutel. l. 1. D. de testa. tut. l. 2. D. de vulg. & pupill.*
32 *l. cum legitimæ, 19. D. de stat. hom.*
33 *l. si Senator. C. de dignit. & alib.*
34 *l. 1. C. de dign. l. pronunciatio, 195. in fi. D. de V. S.*
35 *per ea quæ dicta sunt capite proxime præcedenti.*
36 *l. Lex naturæ, 24. D. de stat. hom.*
c Per quas personas cuiq; acquiritur, *tit. 9. lib. 2. Inst.*
37 *l. placet, 79. D. de acquir. vel omit. hered. §. 1. Insti. per quas person. cuique acqu. l. 7. D de pac. dot. l. 1. §. nō solum, Dig. depos. in prin. Inst. per quas perso. oblig. acquir.*
38 *d. §. 1. Instit. per quas perso. cuiq. acquir. & l. cum oportet, §. cum autē, C. de bon. quæ liber.*
39 *d. l. cum oportet & l. 1. & l. 2. C. de bon. matern.*
40 *quod singulæ ferme librorū iuris pagina ostendunt.*

41 *§. 1. Inst. de patr. potest. Contra disputat Bodin. lib. 1. de Repub. c. 4. sed vir doctiss. Iustiniani mentem assecutus non est. Neq; Cuia. Iustinianum in notis suis posterioribus recte interpretatus est. Hoc autem omne cuiusmodi sit, plenius ad institutiones Iustinianeas, Deo dante, expediemus.* 42 *ita Acc. interpretatur* naturam *in d. l. Ne eum, 16. D. de furt.*

sed negaverit communem esse talem potestatem, qualis in Republ. Romana recepta est.

d De obsequiis parentib. & patronis, præstandis, ti.15 li.37. D. 43 l.1.9.& 10.D. de obseq.parent. & patron.præst.l.3.& 4.C.de patr. potest. l.parentes,6. D. de in ius voc.l.si filius, 8. D.de probat.l, si quis,5.§.à milite. D. de agnosc. liber. l.in coniunctione, C.de nupt.

d Sane est jus illud, quod natura dedit vtrique parenti, tam matri quam patri ab hoc longe diversum; quamvis idem in pietate & obsequiis consistat nullo jure civili mutabile 43.

Sed jure matris in natura relicto, legum latores in patre id quidem non omnino sustulerunt, effecerunt tamen vt quæ naturalis erat simul facta sit civilis, & nomen patriæ potestatis accesserit.

Quod enim jure naturæ erat vagum & infinitum, de jure civili factum est certum & finitum, ita vt sicut ceterarum rerum acquirendarum modi certi sunt, ita etiam potestas patria acquiratur non promiscue ex arbitrio hominum, sed ex juris ciuilis præscripto.

44 l.non nudis. C. de probat. Ambros. ad Sisin. Liberos, inquit, suscipimus natura vel electione.

Modos autem eius acquirendæ illius partim natura designavit, partim lex 44.

Natura, inquam, à lege comprobata, vel in societatem legis ascita, quod fit nuptiis:

Lex vero sola adoptione vel legitimatione.

Nuptiarum antecedentia. CAP. XVIII.

1 in prin. Inst.de patr.potest.l.4. D. de his qui sui vel alien.iur.sunt.

PRimus itaque ac potissimus potestatis patriæ constituendæ modus sunt Nuptiæ, sive matrimonium 1.

Sed non protinus vbi primus sermo de matrimonio placuit, matrimonium est, aut ad illud pervenitur.

Sunt enim quæ antecedant, sunt quæ sequantur, sunt denique quæ vtrovis modo se habeant: & vero sunt quæ ad constituendum illud pertineant, sunt quæ ad dissolvendum.

a De sponsalib. tit.1.lib.23. D. & ti.1.lib.5.C.

a Matrimonium constituendum antecedunt Sponsalia & munera.

Sponsa-

Sponsalia sunt mentio & repromisso futurarum nuptiarum [2].

A spondendo ita dicta, ritu nimirum illo antiquo stipulandi conjugem, quod maris erat, & promittendi seu despondendi, quod fœminæ erat, aut qui loco illius est parentis [3].

Ex quo etiam sponsi sponsæq; appellatio originem sumsit [4].

At hodie conventione quavis honesta ad matrimonium directa ineuntur, adeoque non stipulatione duntaxat, vt olim, sed nudo etiam pacto matrimonialem consensum inducente perficiuntur [5].

Non tamen promiscue quorumvis, sed eorum tantum quibus id à jure concessum est, nec prohibiti reperiuntur [6].

Ubi illud generaliter tenendum, vt inter quos sponsalia esse nequeunt, inter eos multos minus possint esse nuptiæ, quamvis sponsalia consistere possint, vt tamen nuptiæ nondum recte fiant [7].

Quod facit, vt tametsi sponsalia & nuptiæ reipsa distincta sunt, & tam hæ quam illa habeant quædam sibi propria, sint tamen vtrisq; non pauca communia.

Quæ in duobus potissimum videntur esse posita, nimirum in personis sponsalia vel nuptias contrahentibus, & in modo contrahendi.

Utrunque autem illud ex legum præceptis æstimandum est, quæ & naturalia in sponsalibus vel nuptiis observanda complectuntur, vtpote quæ à legibus sint approbata, & ad rempub. Romanam accommodata [8].

In personis id regulare est, vt sponsalia & nuptias contrahere possint omnes, qui jure vel lege contrahere prohibiti non sunt.

Prohibuit autem lex ob naturalem aliquam rationem,

2 *l.1.D.eo. hinc nuptiarum spes dicuntur, l. si puella, 6.D.eod. l. si uxor, 13.§.Divi, D. ad leg. Iul. de adulter.*
3 *l.2.D.eod.*
4 *l.3.D.eod.*
5 *l.4. l. sponsalia 11.D.eod.*
6 *in prin. Instit. de nupt.*
7 *l. oratio.16. D. eod.*
8 *in d. pr. Inst. de nupt.*

tionem,atq; ita lex & natura simul, vel ob rationem aliquam civilem,atque ita lex sola.

Lege & natura simul prohibentur,quos vel necessitudo conjunxit, vel impedit defectus aliquis animi aut corporis.

Et necessitudo tam cognationis, quam affinitatis.

In linea recta cognationis sponsalia & nuptiæ prohibita sunt in infinitum [9].

Quod adeo verum est,vt neque ij qui per adoptionem, atq; ita civili duntaxat jure parentum liberorumq; loco sibi esse ceperint, sponsalia cōtrahere aut matrimonio jungi possint, etiāsi vinculum adoptionis sit dissolutum, atq; ita nec natura nec jure amplius sint cognati [10].

In linea transversa inter eos qui sibi invicem sunt loco parentum & liberorum, sponsalia itidem & nuptiæ sunt prohibitæ, veluti inter patruum & neptem ex fratre, inter avunculum & neptem ex sorore, inter amitam & nepotem ex fratre,inter materteram & nepotem ex sorore,atque ita deinceps [11].

Quod idem in cognatis est ex adoptione [12].

In ceteris gradus secundus & tertius prohibitionem habet [13].

De quarto textus juris & exempla docuerunt me dubitandum non esse quin jungi possint eo sibi cognati, vt sunt consobrini [14]

Quod tamen pro Imperatorum libidine variatum est [15].

Inter eos,qui vltra gradum quartum sunt,manifesti juris est & sponsalia & nuptias esse [16].

9 §.Ergo nō omnes, Inst.de nupt.l.Nuptiæ.53. D.de rit. nupt.l.neminı,C.de nupt.

10 §.Et hæc adeo. Inst.de nup.l.quinetiam,55.l.Adoptivus,14.D.de ritu nupt.l.qui non adopti.23.in fi. D. de adoption.

11 §.item amitam. Inst.de nupt. l. per adoptionem,17. §. Amitām, D.de ritu nupt. l. nemini. C.de nupt.

12 §.Sed si qua. Institu.de nupt.l. per adoptionem, 17.D. de rit nupt. quamdiu nimirum durat adoptio.d.l. per adoptionem.

13 §.inter eas,Inst. de nupt.d.l.neminı,l.fin.C. de incest. nupt.

14 § duorum,Inst. de nupt,l.Lucius, 78.§.filiam,D. ad Sena.Trebell,l.3. l. non solum,§.1.D. de rit.nupt.l 2.C.de instit.& subst.it exempla vetuli in cōmen.Inst.d.§. duorum.

15 Theodosius enim Imp. nuptias has vetuit,vt constat ex Pollucu lib.4.Onomast.c.4.Ambr lib.8. Epist.66 August.lib.15.de civitate Dei c.16.contra Arcadius & Honorius constitutione Theodosii abrogata permiserunt,l.celebrandu. C. de nupt. sed Theodosii constitutionem antiquatā Arcadij & Honorij reduxerunt Imperatores recentiores,quibus conciliorum Ecclesiasticorum Canones accesserunt, vt ex concilio Romano quod imperante Leone sub Gregorio III.Pontif. Romano celebratum est,patet. 10.) fratrum vero,Inst.de nupt.

Quod

Quod ad affinitatis necessitudinem attinet, cum inter cognatos mariti & vxoris affinitas non sit, frustra quæratur an jungi illi possint, siquidem quin possint, dubium non est, nisi aliud sit quod obstet[17].

Unde est vt frater fratris sui vxoris sororem in matrimonio habere possit, quemadmodum & mariti filius ex vxore alia novercæ suæ filiam ex marito alio[18].

Inter affines vero qui parentum liberorumque loco sibi invicem sunt, sponsalia aut nuptiæ non sunt, atq; ne affinitate quidem alterutrius conjugum morte extincta[19].

Ita Socer & nurus, Socrus & gener, vitricus & privigna, noverca & privignus, aliique vlteriores jungi non possunt[20].

Quin etiam qui sibi invicem sunt loco fratrum & sororum, vt levir mariti frater[21].

Qui extra hos sunt affines ob affinitatem prohibitionem non habent.

Atq; cum hæ prohibitiones in natura ipsa sint positæ, cuius communionem habent etiam alii quam cives Romani, inter illos etiam alios eadem prohibitio custodienda est.

Hinc serviles quoq; cognationes impedimento sunt nuptiis, id est, conjunctio servorum, quæ non nuptiæ sed contubernium dicitur, prohibita est in illis necessitudinibus, in quibus prohibita essent, si essent liberi[22].

Impedimentum *animi* in his est qui non intelligunt quid agatur, cuiusmodi sunt infantes[23] & furiosi[24].

Corporis, in his qui ob vitium aliquod corporis

 apparens

17 §. affinitatis, Instit. de nupt.

18 Mariti tamen, Instit. de nupt. l. generali, 34. §. inter privignos D. de rit. nupt. l. Titia. 134. D. de V. O.

19 l. vxore, 15. D. de rit. nup. unde etiam ab earum quæ in parentũ concubinatu fuerint cõiunctione abstinendum esse constitutum est, l. liberi, C. de nup. d. §. affinitatis.

20 l. Adoptivum. 14. §. nunc videamus. l. Arist. 40. D. de rit. nup. l. qa parentis, 16. D. de cõdict. sine causa, vbi dicitur inter huiusmodi personas iure gentium incestum committi, vt etiam apparet ex l. si adulterium, 38. Dig. ad l. Iul. de adult. d. §. affinitatis.

21 d. l. nemini, l. fratris. l. fi. C. de incest. nupt. l. 1. & 3. C. Th. eo. adeo vt si coniux superstes defuncta fratrem aut sororẽ duxisset, Zeno nuptias illas incestarum nuptiarũ pœnis subiacere voluerit, l. licet, C. de incest. nupt.

22 §. illud certum. Inst. de nupt. d. l. adoptivus. §. serviles, & seq. l. 1. §. 1. D. vnde cognati. 23 l. in sponsalibus. 14. D. de sponsal. 24 l. furor, 8. D. de sponsal. l. oratione, 16. in fi. D. de ritu nupt. l. patre furioso, 8. de his qui sui vel alien. Paul. 2. sent. 19. §. 4.

apparens ad procreandam sobolem inepti sunt [25].

Sed possunt tam hi quam illi impedimento remoto recte sponsalia & nuptias contrahere [26], infantibus exceptis quorum ad septimum vsque annum nec sponsalia sunt nec nuptiæ, qui vltra sunt sponsalia quidem recte inibunt, sed nuptiæ non sunt neque esse intelliguntur, etiam si sponsa in domum sponsi deducta sit, priusquam sponsus decimumquartum, sponsa vero duodecimum annum compleverit.

In sponsalibus enim contrahendis ætas contrahentium definita non est, sicut in matrimoniis, ideoque à primordio ætatis sponsalia effici possunt, si modo id fieri ab vtraque parte intelligatur [27].

Lege sola prohibentur quidam omnino, quidam quodam modo.

Prioris generis sunt omnes illi qui juris civilis nullam habent communionem, qui sunt Peregrini & servi.

Soli enim cives Romani connubium habent, id est, jus vxoris ducendæ, vt exinde acquiratur potestas patria [28].

Sane quin inter peregrinos etiam sit matrimonium, dubium non est, sed eiusmodi inter ipsos non est, cujusmodi inter cives Romanos [29].

Inter illos enim injustum est, quippe secundum jus Romanum non contractum, inter hos justum: vtrunq; quidem si naturam spectes effectu idem, sed quod ad jus civile diversum.

Servi autem cum ancillis jungi possunt [30], sed conjunctio ista in jure non matrimonii, sed Contubernii appellationem habet [31], quod idem cum matrimonio in his quæ jus naturæ concernunt, eandem habet rationem.

Ita

25 *l. in tauſis, C. de repudiis: l. si servâ. 39. §. 1. D. de iure dotium.*

26 *l. quæsitum, 6. D. de sponsal.*

27 *l. in sponsal. 14. D. de sponsal. quod ad legũ Papiæ præmia attinet, ea demum sponsalia probari admittiq; Augustus voluit, quibus biennio post iusta ac legitima nuptia accedere possēt, vt proinde minores natu decem annor. virgines frustra spōsæ haberentur, quod probat Briss. in tr. de rit. nupt. non longe à principio.*

28 *in pr. Instit. de nupt.*

29 *Vlp. in frag. tit. 5. Boet. in comm. ad Topi. Cic. Senec. lib. 4. de benefi. Macro. 1. Saturn. 6.*

30 *non cum liberis, l. si neget. 7. D. de agnosc. liber. l. Proculus 67. D. de iur. dot, l. 3. C. de incest. nupt. Vlp. in frag. ti. 5. §. cum servis.*

31 *d. l. adoptiuus, §. seruiles, l. cum ancillis, C. de incest. nupt. hodie tamen quantũ ad nuptias attinet, nulla est differētia inter nuptias liberorum & servorum, cap. 1. de coniug. servo.*

Ita conjunctio naturæ est[32], nuptiæ sive matrimonium juris civilis.

Prohibentur *quodammodo* alii ob honestatem, alii ob causam specialem.

Ob honestatem, quibus sponsalia vel nuptias contrahere non quidem est expresse prohibitũ, contrahere tamẽ illa minus videtur esse honestũ.

Unde etsi ea, quæ post divortium ex alio filiam procreavit, privigna tua non sit, & sponsa patris tui nouerca tua non sit, item etsi sponsa filij tui nurus tua non sit, rectius tamen & jure eos facturos Jurisconsulti existimaverunt, qui ab huiusmodi nuptiis abstinuerint[33].

In conjunctionibus enim non tantum id quod licet, sed etiam quod honestum est, spectandum est[34].

Causa specialis est vna inæqualitatis, altera officii seu administrationis.

Inæqualitatis, quæ ex dignitate est, vel ex ætate: ex dignitate[35], quæ fit ve vir Senatorii ordinis eiusque liberi vetentur ducere libertinam aut vilem mulierem, patrona eiusve filia nubere liberto[36], quod constitutione Justin. Nov. LXXVIII sublatum est[37].

Ex ætate, improbatæ sunt nimirum nuptiæ illæ quas vir Sexagenarius cum vxore quinquagenaria contraheret: quod idem constitutione Justiniani sublatum est, quæ est l. pen. C. de nup.

Officii seu administrationis, eiusque publicæ vel quasi publicæ.

32 *l.1.§. pen. D. de iust. & iure.*

33 *§. si uxor tua, Inst. de nuptiis, l. si qua mihi 12. §. si uxor mea, D. de ritu nupt.*

34 *l. Nõ omne, 134. l. semper, 197. D. de R. I. l. semper, 42. D. de ritu nupt.*

35 *Quæ prohibitio maxima sui parte est ex leg. Iulia de maritandis ordinib.*

36 *l. Qui Senator, 44. l. oratione, 16. D. de ritu nupt. l. si rogatus 20. §. 1. D. de manumiss. vindict. cui multa sunt consequentia, quorum exempla videnda sunt in l. à Divo, 58. D. de ritu nupt. l. concubina, 17. D. rer. amor, l. si uxor, 13. §. si ea. D. ad l. Iul. de adult. tamen donationes inter ipsos factæ non valent, haud aliter atq; inter coniuges, ne res ipsorum loco sint meliori quam eorũ q iustas nuptias cõtrahũt, l. 3. §. videamus, D. de don. int. vir. & ux. l. 2. D. de his quæ ut indig. senatore autem dignitat. m amittente vxor esse incipit, l. si quis in senatorio, 27. D. de ritu nupt. quia & iusta est si princeps permittat, l. si Senatori. 31. D. eod. & nupta non Senatori, qui Senator postea fiat, vxor manet, l. fi. C. de nup. senatoris certe filia quæ artem ludicram vel corpore quæstũ fecerit, aut iudicio damnata sit libertino impune nubit, l. Senatoris, 47. D. de ritu nup. indignos aũt huiusmodi nuptiis libertinos haberi; licet se patrono homini ingenuo arrogandos dederint, scribit Marcell in l. sciendum, 32. D. de ritu nup. cuius ratio est in l. fi. D. de st. tu hom. l. cum eum, C. de ad [illegible] t.* 37 *Quæ relata est ab Irner. in Authent. sed novo iure C. de nuptiis.*

b Ob publicam administrationem præsidi seu magistratui provinciali, vtputa procuratori Cæsaris, præfecto cohortis aut equitum, tribuno & omnibus qui aliquod in provincia officium gerũt, vxorem ex eadem provincia oriundam, vel ibi vbi administrant domicilium habentem ducere non licet 38.

Quod jus Gratianus, Valentinianus & Theodosius Impp. postea ad officialium liberos, propinquos, Comites, consiliarios & domesticos porrexerunt 39.

Verum sponsalia contrahere ipsis interdictum non est, ita tamen vt ex voluntate desponsatæ depẽdeat, vtrũ officio deposito ea velit esse rata nec ne, modo si rata ea esse nolit, arrhas restituat 40.

Veterem autem sponsam, id est, eam quam quis sibi ante adeptum officium desponsavit, ducere illis non est prohibitum 41.

Licet tamen provincialibus in provinciis conditiones quærere filiabus suis, eas in matrimonium collocare & dotes constituere 42.

c Ob quasi administrationem publicam prohibetur tutor ejusve filij pupillam sibi desponsare aut in vxorem ducere 43, nisi rationibus à tutore redditis, temporeque intra quod pupilla restitutionem in integrum impetrare potuit, effluxo 44, aut nisi à patre desponsa destinatave vel testamento nominata sit 45.

Filiam autem tutoris pupillo recte nubere juris est expediti 46.

Sane ex Senatusconsulto facto ad orationem D. Antonini & Commodi omnes rationibus reddendis obnoxii ante redditas illas à matrimonio eius cui reddere illas necesse habent, arcentur 47.

Non

b Si quacunque præditus potestate, vel ad eum pertinentes ad suppositarum, *& tit. 7. lib. 5. C.*

38 *l. si quis officiũ, 38. l. præfectus, 63. D. de ritu nupt. d. l. si concubina, D. rer. amot.*

39 *l. 1. Cod si rector provinc.*

40 *d. l. si quis officium, l. eos, qui, 65 §. final. D. de ritu nupt. l. et si contra, C. de nuptiis.*

41 *d. l. si quis officium.*

42 *d. l. si quis officium, in fin.*

c De interdicto matrimonio inter pupillam & tutorẽ. t. 6. li. 5. C.

43 *Ex S Cto quod M. Antonini & Commodi orationẽ subsecutum est l. Senatusc. 59. l. libertum, 64. §. 1. D. de ritu nup. l. tutor, 15. D. de sponsal. l. qui pupill. 7. D. ad leg. Iul. de adult. ratio est in l. libertum, §. 1. l. si tutor. C. de interd. matrimon l. non solum. 67. §. 1. D. de ritu nupt.*

44 *l. Quanquam 62. D. de ritu nupt.*

45 *l. tutor, 36. l. Nõ est matrimoniũ, 66 D. de ritu nupt.* 46 *d. l. libertum, in fin. l. curatorem, C. de interdict. matrim.* 47 *de quibus Brisson. in tr. de iure connub.*

Non tantum igitur tutores adolescentumve curatores, sed & curatores ventri bonisque dari sub prohibitione illa continentur.

Hi quoque qui tutores quidem non sunt, periculo tamen tutelæ suo nomine obstringuntur, à pupillarum nuptiis arcentur, quales sunt qui falsis allegationibus à tutela se excusaverint 48.

Idemque & in honorariorum tutorum persona servandum est 49.

Heredes quoq; tutorum, quamvis extranei, eodem pertinent 50.

Ac vel jus, qui tutor curatorve datus non iuste provocaverit, heres quandoque victus prohibiti esse putantur 51.

Is tamen cum tutor curatorve non sit, negocia pro tutore curatoreve administrat, prohibitus non est 52.

Ac ne fidejussores quidem nominatoresve tutorum aut qui eos dederunt, magistratus.

Quod de filiis tutorum curatorumve dicitur, idem de nepotibus ipsorum dicendum est 53.

Nihil autem interest filii sui juris sint, an in patris, tutoris vel curatoris potestate sint 54.

Naturales etiam liberi, licet in adoptionem dati & in alienam familiam translati sint, Senatusconsulto tamen comprehenduntur 55.

Adoptivi vero tandiu, quoad de potestate dimittantur 56.

Ad Senatusconsultum libertum quoq; pertinere placuit, qui filio suo naturali, quem in servitute susceperat, postea manumisso pupillam suam in matrimonio collocat 57.

Quod si avus tutelam gesserit neptis ex filio emancipato natæ, nepti ex altero filio eam recte collocabit 58.

Sed etsi filiusfamilias tutor puellæ vel curator sit, patri ejus; patrive, qui in ejusdem potestate

patr.s

48 *l. si quis tutor, 60. D. de ritu nup.*

49 *d. l. Non solum, §. 1.*

50 *d. l. liberum, §. 1.*

51 *d. l. si quis tutor, § final.*

52 *l. fin. C. de interd. matrim.*

53 *d. l. Senatusconsulto.*

54 *d. l. non est matrimonium.*

55 *d. l. si quis tutor, §. quamvis, & §. naturales.*

56 *arg. l. quinetiam, 55. D. eod.*

57 *libertinum, C. de interd. matrim.*

58 *d. l. Non solum, §. 1*

patris est, pupillam non recte nuptum dabit[59].

Inter raptorem & raptam vt matrimonium non sit, facit enormitas flagitii[60].

[d] At vero sola lege prohibiti, officio magistratus ad sponsalia vel matrimonium ineundum admitti possunt, siquidem quod lege positum est, idem lege tolli potest; quod autem naturam habet, id est immutabile.

Ceteris etiam sine permissione speciali id concessum est; nonnullis etiam olim prohibitis, sed postea Imperatorum constitutionibus permissis, cujusmodi est matrimonium cum alumna.

Modus sponsalia & nuptias contrahendi apud Romanos pro temporum varietate fuit varius[61].

Eo tamen legum latores semper respexerunt, vt essent libera, n c vlla necessitate astricta[62].

Itaq; consensu ad eam rem opus est[63].

Consensus autem ille explicatur pacto vel stipulatione, non vt olim, stipulatione tantum[64].

Hinc sponsalia sicut nuptiæ consensu contrahentium fieri dicuntur[65].

Contrahentes illi sunt, quorum interest sponsalia fieri vel nuptias[66].

Interest autem cum primis viri & fœminæ matrimonio sibi invicem jungendorum, sive illi juris sint sui, sive alieni, h. e. in potestate patria[67].

His enim aut alterutro eorum non consentiente nihil actum intelligitur, vt maxime parentes consentiant vel alteruter illorum[68], nisi fortasse postea ab his quorum causa princi, aliter agitur, consensus iste ratus habeatur.

Hinc filiofamilias dissentiente sponsalia nomine eius fieri non possunt[69].

Et filiafamilias sicut in nuptiis ita & in sponsalibus consentire debet[70], quæ eo ipso quod non evidenter dissentit aut patris voluntati repugnat, consentire intelligitur,

59 *d.l.Non solum, §. sed etsi filiusfa.*
60 *l.vn. C.de rapt. virg.*
d Si nuptiæ ex rescripto petantur. ti. 8. *lib*. 5. C.
61 *de quibus late Briss. & Hotom. in tract. de ritu nupt. hinc rub. Digestor. de ritu nupt.*
62 *l. non cogitur*, 21. *& seq. l. in vitã*, 28, D. *de ritu nupt. l. nec filium, l. neq; ab initio, C. de nup. l. Titia.* 134, *D. de V.O. l. Heres meus*, 79. *in fi. D. de cond. & demonst.*
63 *l. sufficit.* 4. *& l. sponsalia.* 11. *D. de spons. l.* 2. *D. de ritu nupt.*
64 *d.l. sufficit, l. in spõsalibus.* 7. *D. d. l.* 2.
65 *d. l. sponsalia.*
66 *d.l. in sponsa li. §. in sponsalib. & d. l.* 2.
97 *d.l. sponsalia. l. filiofam.* 13. *D. de sponsalib.*
68 *d.l. in sponsalib. in fi. d. l. filiofamil.*
69 *d.l. filiofam.*
70 *d. l. sponsalia, in fine.*
71 *d.l. in sponsalib. in fin. l. sed quæ*, 12. *D. de sponsal.*

A patre

A patre tamen dissentiendi licentia filiæfamilias non conceditur, nisi indignum moribus vel turpem sponsum ei pater eligat [72].

Deinde interest etiam eorum in quorum vterq; vel alteruter jungendorum est potestate [73].

Ubi distinguitur inter liberos qui juris sunt sui & alieni [74].

Qui enim sui juris sunt suo solo consensu sponsalia ineunt, neque ad ea parentum consensus desideratur [75].

Ubi iterum ius aliud est marium, aliud fœminarum [76].

Filius enim sui juris, etiamsi annis viginti quinque minor sit, injussu patris nuptias contrahere potest, filia non item [77].

Quinimo si morte patris filia minor annis vigintiquinq; sui juris effecta sit, matris consensum & propinquorum exigimus, propter sexus imbecillitatem, quod primum quidem in pupillis obtinuit [78], mox etiam in viduis [79], deinde in virginibus puberibus [80].

Quod si ejusmodi casu inter tutorem, matrem & propinquos de electione futuri mariti non conveniat, ad arbitrium magistratus deveniendum est [81].

Libri qui juris sunt alieni, hoc est, in potestate patria, injussu eius in cuius potestate sunt, nuptias non recte contrahunt [82].

Quod in filiof. sine distinctione ætatis verum est: in filiafamilias ita si ante annum ætatis vigesimumquintum non nubat [83].

Adeo vero consensus parentum in quorum potestate sunt necessarius est, vt si vxorem ducturus aut nuptura avum habeat & patrem, atq; pater in avi potestate adhuc sit, non avi tantum sed etiam patris cōsensus requiratur, si modo cōstet aut verosimile sit eum in potestatem patris recasurum [84].

72 d.l. sed quæ, in fine.

73 l. 2. D. de ritu nupt.

74 de qua distinctione accurate Cuiac. 3. obs. 5. & Contius, 1. Lectio. 4. & Hot quæst. illust. 9. & Coras. 1. Misc. 17.

75 l. Filius, 25.

76 arg. l. in coniunctione, C. de nupt. Nov. 115. cap. 3. §. si alien.

77 d.l. in coniunctione, l. Viduæ. C. de nupt.

78 l. 1. C. de nupt.

79 d.l. viduæ.

80 d.l. in coniunctione.

81 d.l. 1. l. 3. D. de admin tut.

82 in prin. Inst. de nupt.

83 d. Nov. 115. §. si alicui.

84 l. 3. l. oratione. 16. §. 1. D. de ritu nupt.

Quinimo

Quinimo nec miles filiusfamilias sine patris voluntate id faciet [85].

Si tamen pater vel avus furore laboret, alterutrius consensus sufficit [86].

Is plane cuius pater ab hostibus captus est, si pater intra triennium non revertatur, vxorem ducere potest [87], modo si ita pater absit, vt vbi gentium aut locorum sit ignoretur, idq; in liberis vtriusq; sexus receptum est, vt post triennium nuptias absq; eius autoritate contrahant [88].

Sed etsi ante triennium nuptias contraxerint, dummodo eam vxorem filius duxerit, vel filia huiusmodi viro nupserit, vt certum sit patrem, si adesset, ejus conditionem non repudiaturum, nuptiæ valebunt [89].

Jussum exigimus, hoc est, voluntatem seu consensum patris, qui vel præcedat, vel in ipsa cōventione interponatur [90], nec sufficiat ratihabitio [91].

Taciturnitas tamen patris scientis quid agatur sufficit, eaq; jussum imitatur [92].

Nisi jussus ille accedat nuptiæ injustæ sunt, injusti liberi, nec cui invito heres agnascatur suus [93].

Verumtamen propter vtilitatem publicam [94]. sine cōsensu parentum contractas & consummatas non dissolvi æquius est: nec ex dissolutione matrimonia bene concordantia turbentur [95].

Furor autem parentis matrimonio filiæfamilias non obstat, etiamsi parēs consentire nequeaut; quod à Justiniano Imp. similiter postea ad filiumfamilias porrectum [96].

Ita igitur nuptiæ consistere non possunt nisi consentiant omnes, id est, qui coeunt, quorumq; in potestate sunt [97]: atque eorundem consensus in sponsalibus exigitur, quorum in nuptiis desideratur [98].

Ceterum consensus ille ex omni quidem parte fit in hoc, vt sint spōsalia sive nuptiæ inter marem & fœmi-

85 *l. filiusfamilias, D. de ritu nupt. ratio est in l. 1. D. de obsequ.*

86 *l. si nepos. 9. D. de ritu nupt.*

87 *d. l. si nepos. §. captiv. & postlim.*

88 *l. si ita, 10. D. de ritu nupt.*

89 *l. si filius eius, D. de ritu nupt.*

90 *in pr. Instit. de nupt.*

91 *l. si vt proponis.*

92 *d. l. si vt proponis.*

93 *l. Paulus, 11. D. de statu hom.*

94 *d. l. in bello, §. medio.*

95 *Paul. 2. sent. 19. l. 2. §. fin. D. de exhib. lib.*

96 *§. 1. Inst. de nup. l. si furiosi, C. eod. l. tam dementis. C. de Episc. audient.*

97 *l. 2. D. de ritu nupt.*

98 *d. l. in sponsalib. §. 1.*

& fœminam jungendos: ita tamen vt patris consensus quem filio aut filiæ accommodat, assensus magis esse videatur, quam consensus.

Coeuntium consensus propriè est, qui inter præsentes quidem illos explicatur pacto vel stipulatione: inter absentes non nisi pacto.

Utrunq; vero illud sive pactum sive stipulatio cum fœmina est ipsa, si sui juris sit; cum patre eius, si adhuc in potestate sit.

Eius autem in cuius potestate mas est, consensus nec pacto nec stipulatione explicatur, sed assensu eo quo dictum est.

Rursus stipulatione explicatur eorum duntaxat qui coeunt, pacto autem vel inter ipsos vel per alios ipsorum nomine.

Atque alios illos vel negocium matrimoniale tractantes, cuiusmodi sunt procuratores, quo casu necesse est eos quos negocium contingit, scire id tractari, aut si id nesciant, postea ratum habere [99]: vel nunciantes, quod fit viva voce nuncii aut literis per epistolam [1]. 99 l.4.& 5.D. de sponsal. 1 l.fin.D.eod.

Plerunque autem conditiones nuptiarum sive sponsaliorum per interpositas personas expediri solent [2]. 2 d.l.fin.

Quas personas proxenetas vocamus; ita quidem in specie vt sint intercessores seu conciliatores sponsalium sive nuptiarum [3], cum alias in genere sint cuiusvis negocii quod tractatur conciliatores [4]. 3 in const. finali, C. de sponsalib. quam Cuiac. restituit, lib. 11. obs. c.18. 4 l.2. D. de proxenet. & in lexicis passim.

His à sponsis præmia dari solent; quæ ob id proxeneta appellatur [5], quibus ex constitutione quadam modus est impositus vt ne plus vicesima parte dotis & donationis propter nuptias proxeneta nuptiarum cavere sibi possit; ita tamen nisi vicesima, excedat X. liberas auri, vt tum non amplius sibi caveat, quam liberas X. etiam si dos vel donatio propter nuptias sit amplissima [6]. 5 ita dicuntur in rubr. C. de sponsal. 6 in supradicta constitutoine.

Hinc

Hinc constat non præsentem præsenti tantũ, sed absentem etiam absenti, desponderi posse 7, quod in sponsalibus distinctionem non admittit 8, in nuptiis illam de qua mox c pite sequenti.

Sponsalia fiunt ob nuptias 9.

Constitutis autem illis solent dari *munera* sive dona 10.

e Quæ sunt duplicia: Aliæ enim sunt arrhæ sponsalitiæ, alia sunt sponsalitia.

Arrhæ sunt munera à sponso s ponsæ data in argumentum & firmitatem spo nsaliorum contractorum. Quæ arrhæ dicuntur spo nsalitiæ 11, interdum sponsalitia 12, ad differentiam arrharum in aliis contractibus dari solitarum.

Erant autem plerunq; annuli 13, sed & res quãdoq; aliæ, modici tamen vt plurimum precij.

Dabantur sponsæ à sponso, non vicissim sponso à sponsa.

Nuptiis s ecutis sponso reddebantur: iis non secutis sponsus illas amittebat, siquidem per ipsum stetisset, quo minus matrimonium impleretur, si per sponsam ipsa in duplum tenebatur 14.

Sponsalitia 15 sunt munera quæ dat sponsus aut socer vel socrus sponsæ vel socero, aut contra sponsa sponso.

Hæc apud eum qui accepit remanent, sive secutæ sint nuptiæ sive non sint secutæ, nisi aliud convenerit, adeoque mortuo eo cui data sunt, danti non redduntur.

Sin autem contemplatione matrimonij futuri data sint, idque non subsequatur, redduntur donatori si osculum non intervenerit: si osculum intervenerit, non redduntur data sponsæ à sponso, sed redduntur tantum data sponso à sponsa ex parte dimidia 16.

Postremo sponsalia & munera ita nuptias antecedere dicuntur, vt tamen necessario non antecedant,

7 d.l.4.§.fin.
8 l.fin. D. de spons.
9 l.si puellæ 6.D. de spons.l.vxor. 13. §.Divus, D.ad leg. Iul.de adult.
10 in rubr. Cod. de sponsal.
e Si rector provinciæ vel ad eum pertinentes sponsalia dederint, ti.2.lib. 5.C.
11 l.si quis offic.38. D.de ritu nupt.in rub.C.de sponsal. l. si legib.C. de Episc. aud.
12 l.1.C.si nupt. ex rescript.pet.l. fi. C. de ingen. manum.
13 l.2.§.is qui, D. de act.emt.l.5.§. item si institor. D. de institor. act.
14 l.Arris,& l. Mulier. C. de sponsal.
15 quorum mentio fit in rubr. C.de donat.ante nupt. & in l.3.C.eod.
16 l.si à sponso C.de donat.ante nupt.

recedant, cum nuptiæ fieri possunt, vt maxime nec sponsalia vlla fiant, aut vlla munera detur[17].

a De nuptiis. CAP. XIX.

NUptiæ sunt maris & fœminæ conjunctio, individuam vitæ consuetudinem continens[1].

Eædem & matrimonium[2] & conjugiũ dicuntur.

Quæ legitimæ sunt vel illegitimæ[3].

Legitimæ nuptiæ, quæ & justæ[4] sunt nuptiæ secundũ legum Romanarũ præcepta cõtractæ[5].

Præcepta hæc versantur potissimum circa personas & circa ritus.

Et de illis quidem quæ de personis sunt, expositum est capite superiori.

Initium autem earum est à consensu, ex quo nuptiis consensus non cõcubitus facere dicitur[6].

Qui consensus vt nuptiæ sint, debet esse justus ac legitimus, atq; tum nuptias facit, si fœmina deducta etiam sit in domum[7], & habeatur affectione maritali[8].

Alias enim consensus sponsalia quidem faciet, sed non nuptias[9].

Ritus multi erãt ac varij[10], nimirum in diebus quibus nuptię celebrarentur[11], in vestitu & ornatu sponsæ, in deductione sponsæ in domum sponsi, in flammeo, in facibus, in colo comta cum fuso & stamine in tribus assibus, in fonibus ædium ornandis floribus & frontibus, in janujs vngendis, in transiliendo limine januæ, in traditione clavium,

17 l. quæsitum. 9. D. de sponsal. l. cum status. 31. §. si quis sponsal. D. de don. int. vir. & vxor. d. l. Artis. d. l. Mulier.

a De nuptiis, tit. 10. lib. 1. Instit. tit. 4. lib. 1. C. Novel. 2. 19. 139. 154. & 157. in D. rubrica est concepta, De ritu nuptiarum. titu. 2. lib. 23.

1 §. 1. Inst. de pat. pot. l. 1. D. de rit. nu. l. 1. §. ius naturale. D. 1. de iure natur. gent. & civ. l. adversus. C. de crimin. expil. hæred.

2 d. §. 1. & d. §. ius naturale à matre, non quod iam esset, sed quod fore speraretur.

3 l. si vxor. 13. §. plane. D. ad leg. Iuliam de adult. l. lex naturæ, 24. Dig. de statu ho. l. de iure. 37. §. fi. D. ad mun.

4 in pr. Instit. de nupt.

5 in d. princ.

6 l. Nuptias. 30. D. de R. I. l. cui fuerit, 15. D. de cond. & demonst. l. sponsalia, 11. D. de spons. Nov. 74. c. 4. & Nov. 22. 7 l. mulierem. 5. in fi. D. de ritu nupt. l. pen. D. de do. int. vir. & vxor. l. cum in re C. de don. ante nupt. l. pen. C. de incest. nupt. Hotom. 4. obs. 20. Briss. 1. select. antiq. 18. 8 l. cum hic status, 32. §. si mulier. D. de don. int. vir. & vxo. l. pen. C. de repud. l. donat. 31. D. de donatio l. cum tab. 16. §. 1. D. de his quib. v. indig. hinc concubina sola animi destinatione æstimatur, l. pen. D. de concub. 9 l. 4. D. de spons. 10 De quib. peculiarem tractat. edidit Briss. & Hot. 11 neq; enim omnes justi habebantur. Mensis Maius totus existimabatur infaustus, vt testatur Plut. ἐν αἰτίοις & Ovid. l. 5. Fastor. & Calendar. novarum dies posterus teste Sext. Pomp. lib. 12. item postriduanus post Nonas & Idus, quemadmodum & Nonæ & Idus ipsæ, vt refert Macrob. Saturn. 15.

vium, in pelle lanata, in aqua & igni, in cœna nuptiali, in tibia, in thalassione, in nucib. spargendis, in lecto toga strato, in priapo, & ejusmodi aliis, quos partim in desuetudinem abiisse, partim ab Imperatoribus Christianis sublatos esse arbitror.

Ducitur vxor non nisi præsens, sed absens etiã ducit, nimirum per alium [12]. Sponsalia vtroq; absente fieri possunt pacto [13]: apud veteres, cum stipulatione tantum peragerentur, non nisi inter præsentes [14].

Atq; ex his nuptiis ita secundum præcepta legum contractis vxor dicebatur justa [15], & ex ea nati liberi justi & legitimi, atque in patris potestate [16].

Cetero quin vsu habebantur, quæ injustæ erant [17], multo vero magis quæ habebantur ex nuptiis non justis.

Hinc nuptiæ injustæ sive illegitimæ sunt illæ quæ non fiunt secundum leges Romanas [18].

Quæ vt justæ sint jure gentiũ vel eo jure quod extra Rempubl. Romanam alibi receptum est, Romanis tamen justæ non sunt, quippe quibus justum nihil sit nisi quod legibus ipsorum sit conveniens.

Atq; adeo effectum justarum nuptiarum & in primis potestatis patriç acq trendç nõ habent [19].

Hinc matrimonium quidem dicuntur illæ, sed cum adjectione hac quod sit qualecunq; [20].

Ejusmodi matrimonium est inter eos qui sine parentum, in quorum potestate sunt, consensu matrimonium contraxerunt [21].

Ejusmodi etiam illa est, quæ ducta est vno, vel aliquibus juris Romani circa nuptias observandis præceptis non observatis.

Modo præceptum illud non sit tale, quod si negligatur in jus naturæ sive gentiũ impingatur [22].

b Hinc

12 d. l. mulierem, & seq. Paul. 2. sent. 19. §. 5.
13 l. fin. D. de spons.
14 argu. l. 1. D. de V. O.
15 ad l. si vxor, §. plane. vide Alc. 4. Paradox. 7. & Viglium, in pr. Inst. de ordinand. testam.
16 §. fin. Inst. de patr. potest.
17 de quib. Agell. 3. Noct. Attic. 2. & 17. cap. 6.
18 arg. pr. Instit. de nupt.
19 arg. §. 2 Inst. de patr. potest. & pr. Inst. de nupt. l. Paulus, 11. de stat. hom.
20 d. l. si vxor. §. Divi.
21 atq; eam iniustam dici in d. l. si vxor. §. 1. pleriq; volunt, ita vt Cui. 2. obs. 5. scribat hoc esse proprium exemplũ vxoris iniustæ, tametsi 6. obser. 16. iniustam ibi interpretatur eam quæ non sit accepta igni & aqua.
22 §. Si adversus, Inst. de nupt. l. 3. D. de iure dotium l. 4. §. Hoc itaq;, D. de grad. lib. 1. D. vnde vir & vxor. l. si qs incesti, C. de incest. nupt.

b Hinc incestarum nuptiarum appellatio [23].

Sunt autem nuptiæ incestæ factæ inter necessarios jure prohibente [24].

Et jure quidem gentium vel civili [25].

Hinc incestarum nuptiarum Nefariæ aliæ, aliæ Incestæ in specie [26].

Nefariæ sunt incestæ jure gentium [27], cujusmodi sunt inter parentes & liberos in infinitũ [27], inter fratres & sorores [29], & ex affinibus inter vitricum & privignam aut privignæ filiam, inter privignum & novercam [30], inter socerum & nurum, inter generum & socrum [31].

Incestæ in specie sunt incestæ jure civili [32], veluti cum sororis filia [33] vel nepte, cum amita vel matertera, cum amita magna, hodie & cum fratris filia vel nepte [34], & ex affinibus cum vxore fratris, & cum sorore vxoris.

Sane à peregrinis contractæ non sunt nullæ,

H 2 sunt

b De incestis & inutilibus nuptiis, tit. 5. lib. 5. C. Nov. 12.

23 l. Sororis, 39. in fine, D. de ritu nup. l. si adulterium, 38. §. Nonnunquam, D. ad leg. Iul. de adul. Vlpian. in frag. tit. 5. Gaius 1. Insti. 5. videtur tamen appellatio nuptiarum inutilium, quæ ab effectu sumitur, d. §. si adversus, & d. l. si quis incesti, esse aliquanto generalior. Rectius fortasse ab eodem effectu nullæ, cum factum merum & nudum denotent, non etiam ius. 24 *Hæc definitio tot locis comprobatur, quot locis incestus fit mentio. Tametsi nuptiæ etiam cum virgine Vestali contractæ dicerentur incestæ, cuiusmodi Heliogabalum admisisse testantur Xiphil. & Lamprid. in eius vita. Idem hodie de moniali asserunt ex iure Canonico.* 25 *l. final. D. de condict. sine caus. l. si adulterium cum incestu, 38. D. ad leg. Iuliam de adulter.* 26 *ita distribuit Cuiacius in paratit. Cod. de incest. nupt. quamvis Accursium & Harmenop. differentiam facientes inter nefarias & incestas nuptias reprehendat in exposit. Novell. 22. per text. illius Novell. & §. Ergo. Institut. de nupt. addens nuptias naturæ contrarias promiscue appellari incestas, nefarias, damnatas, uno facinore notato variis appellationibus.* 27 *Incestus iure gentium mentio fit, l. final. D. de ritu nupt. l. final. D. de condict. sine caus. d. l. si adulterium cum incestu. §. quare. Alibi moribus d. l. sororis, in fine. l. libertinam, 8. D. de ritu nupt. ubi ius moribus inductum opponitur iure inducto legibus.* 28 *d. l. final. D. de ritu nupt.* 29 *adeo ut ne vulgo quidem quæsitam uxorem dicere liceat, l. nihil, 54. l. Adoptivus, 14. §. 2. D. de ritu nupt.* 30 *adeo ut prope nefaria dicatur coniunctio, si filius ducat eam quæ in concubinatu patris fuit, l. 1. §. penult. D. de concubinat.* 31 *d. l. final. de condict. sine caus. l. final. D. ad leg. Iuliam de adulteriis.* 32 *quæ legibus incestæ dicuntur, d. l. libertinam, & sola iuris nostri observatione, d. l. si adulter. cum incest. §. Quare, & §. incestum autem.* 33 *adeo ut qui eam habet loco concubinæ, nihilominus incestum committere dicatur, l. etiamsi 56. Dig. de ritu nupt.* 34 *Hæ nuptiæ collatæ cum nefariis non videntur incestæ esse, & ob effectum pœna quæ in his non tam est stricta atque in illis, d. §. Quare, d. §. incestum, Cuiac. ad d. Novell. 22. & ad l. auxilium, verb. atrocioribus, D. de minoribus.*

sunt tamen injustæ, atq; ex illis etiam vxor est injusta nonnulla [35].

Porro duas eodem tempore vxores habere non licet, diverso & eo quod fuit ante matrimonio dissoluto licet [36].

In tantum vt nec antiqua nec nova jura concedant, vt qui vxorem habet, simul etiam habeat concubinam [37].

Hinc nuptiarum primæ aliæ sunt; aliæ illis posteriores [38].

Primæ sunt ejus, qui cum in matrimonio nunquam fuerit, nunc in matrimonio est.

Quæ omni jure probatæ sunt, si secundum præcepta legum factæ sint.

c Posteriores nuptiæ sunt primas solutas sequentes, sive secundæ sint, sive tertiæ, sive quartæ, & sic deinceps.

Quæ permissæ magis videntur quam probatę, quibusdam etiam reprehensionem habentibus, aliis immaturitatis, aliis intemperantiæ [39].

Immaturitatis quidem illæ quas facit fœmina intra annum luctus.

Quæ ad marem non pertinet, vt qui fœminam non lugeat, & vxorem secundam ducere possit, statim sive morte sive repudio matrimonium solutum sit [40].

Luctus fœminæ potissimum in continentia est: olim etiam in habitu, non hodie [41].

Olim luctui peragendo menses decem erant præstituti [42]: quot mensibus constabat annus Romul. [43]: primi imperatores luctus tempus duobus mensibus auctum anno, qui Julianus est definiere [44].

Ratio non in incerto tantū vteri, confusione vel sanguinis, sed etiam in memoria & reverentia defuncti

---

35 *imo etiam iust si concessum sit, Vlpian. in frag. titu. 5. §. Connubium habent, l. vni. §. sed & si quis, C. de Latin. libert. toll.*

36 *§. affinitatis Institu. de nupt. l. 1. in fin. l. quid ergo, 12. §. si quis, D. de his qui notant. infam. l. eum qui, C. ad l. Iuliam de adult. l. ea quæ. C. de don. ante nupt.*

37 *l. fin. in fin. D. de divort. l. 1. C. de Concubin. l. final. C. comm. de manum, Nov. 18. cap. 5. & Nov. 89. c. 12. §. 5.*

38 *Quæ distinctio tot locis comprobatur, quod fit mentio secundarum nuptiarum.*

c De secundis nuptiis, *titul. 9. lib. 5. Cod. Novell. 22.*

39 *Cui. in parat. C. eod.*

40 *l. consensu, C. de repud.*

41 *l. decreto, C. ex quib. caus. infam. irrog.*

42 *Harmenop. lib. 4. ti. 6. Plutarch. in Numa. Ovid. lib. 1. & 3. Fastor.*

43 *Macrob. 2. Satur. 12. de quo anno ICtos & Senecam Epist. LXV. accipit Brissonius.*

44 *l. 1. C. Th. de secund. nupt. Apulei. libr. 8. de anno aureo.*

functi mariti posita est[45].

Sane inter vivos matrimonio soluto propter turbationem sanguinis annum abstinere nuptiis mulier debet: partu maturius edito, maturius etiam ipsi nubere licebit[46].

Intemperantiæ vero reprehensionem habent illæ, quas quis facit existentibus liberis ex nuptiis superioribus: quæ tam ad marem, quam ad fœminam spectat.

[d] Utraque autem pœnis coercetur, de quibus sub titulis D. & C. ex quibus caus. infam. irrog. ut C. de secund. nupt. & tit. seq. Novel. 22.

De dote & donatione propter nuptias.

Cap. XX.

HÆc ita matrimonium constituunt, sed sunt quæ constituto accedant, ita tamen ut salva ipsius constantia etiam abesse possint [1], ipsa non sint, nisi matrimonium sit [2].

In his autem potissima sunt dos & donatio propter nuptias.

[a] *Dos* est jus in re marito constitutum ad sustinenda onera matrimonij [3].

Constituit illam vel mulier ipsa, vel nomine mulieris alius [4].

Mulier ipsa, nempe quæ sui juris est: alius nomine mulieris, sive ea juris sui sit sive alieni.

Et alius ille pater est mulieris vel à patre extraneus [4].

Hinc Dos ab alio quam à muliere constituta profectitia alia est, alia adventitia [5].

Profectitia est dos constituta à patre vel parente fœminæ paterno virilis sexus de bonis vel facto ejus [6].

Nec distinguitur fœmina sui juris sit an alieni, quia

45 *Cuiac. in expos. d. Nov. 22. p. 2. & 9. obs. 32.*

46 *l. si constante, C. de repud.*

d Si secundo nupserit mulier cui maritus usumfructum, &c. ti. 10. lib. 5. C.

1 *l. fi. C. de don. ante nupt. l. fin. C. de rep.*

2 *d. l. fin. C. de don. int. vir. & uxorem. l. 3. D. de iure dot.*

a De iure dotiũ, ti. 3. lib. 23. D. t. 12. lib. 5. C. Novel. 97.

3 *l. dotis fructum, 7 D. eod. l. pro onerib. C. eo. l. si quis pro uxore, 21. §. si uxor. D. de dona. int. vir. & uxor.*

4 *Vlp. in frag. ti. 6.*

4 *l. dotem, 35. D. de iure dotium.*

5 *Vlp. in frag. ti. 6. §. Dos autem.*

6 *l. Profectitias, 5. l. pater filiæ. 81. D. eo. l. 2. §. 1. D. solut. matr. l. Avia. C. de iure dot. l. uni. §. accedit ei. C. de rei uxor. act. l. filia, C. de collat. dicitur etiam dos à patre profecta. l. 2. §. 1. l. si ab hostib. 10. D. solut. matrim. l. 4. C. eod. item dos communis, l. si cum dotem, 22. §. 1. D. eod.*

quia non potestatis jus, sed parentum nomen dotem facit profectitiam, si modo parens ut parens dederit[7].

Dotare autem officium paternum est[8], ad quod pater magistratus officio, si detrectet, cogi possit[9].

Adventitia dos est constituta ab extraneo[10].

Extraneum accipimus quemvis alium dotem constituentem, præter patrem vel parentem virilis sexus animo parentis dantem[11].

Unde Ulpianus scribit parentem virilis sexus dotem constituentem non ut parentem sed ut debitorem filiæ, dotem facere adventitiam[12].

Quod idem est in matre[12] parentibusve maternis, sive ut parentes sive ut non parentes constituerint.

Multo vero magis in propinquis tam paternis quam maternis, atque etiam prorsus extraneis.

Dotem igitur fœminæ constituere potest quivis, cuiuscunque is demum sexus sit aut conditionis[13].

Etiam minor annis vigintiquinque, si modo hic dotem constituat moderate, non effuse[14].

Sed extraneus ad dotem constituendam nullo modo tenetur, sed omne quicquid ejus facit ex liberalitate proficiscitur.

Ita dos adventitia voluntaria est, omni ferme casu profectitia necessaria plerunq; interdum etiam voluntaria.

Vtraq; illa interdum est dos vera; interdum putativa[15].

Dos vera est quæ accedit matrimonio iusto & legitimo.

Puta-

7 d. l. profectitia, §. si pater non quasi, & §. si pater pro filia.
8 l. fi. C. de dote promiss. l. Mulier. 22. §. penul. D. ad Trebellia. adeo ut etiã avus paternus teneatur, l. Avus, 33. D. de pact. l. dote, 9. D. de collat. bon. & frater ex eodem patre l. cum plures, 12. §. pen. D. de admin. tutel. non mater, l. neque mater. C. de iure dot. excipitur pater ære alieno obrutus, l. Has in factum, 14. & l. fi. §. 1. D. quæ in fraud. cred. aut si filia habeat unde dotetur, d. l. mulier, §. 22. aut si filia nubat ignominiose, l. 3. §. 5. D. de contr. tut.
9 l. capite 19. D. de ritu nupt.
10 Vlp. in frag. ti. 6. d. l. profectitia, §. si pater, l. uni. §. Et ut plenius, C. de rei uxor. act. l. 4. Cod. de collat.
11 d. l. un. §. accedit ei.
12 in d. l. profectitia §. si pater nõ quasi.
12 l. neq; mater. C. eod.

13 l. promittendo, 41. D. de iure dotium. 14 l. un. C. si advers. dotem. l. mulier. C. de iure dot. 15 Hæc distinctio non verbis quidem, attamen reipsa in legibus est. gl. in l. dotale, verb. præstaretur, D. de fundo dot. l. fin. D. de cond. caus. dat. l. cum dotem, 23. §. fi. D. sol. matrim.

Putativa contra quæ accidit injusto & illegitimo.

Dos autem esse putatur magis quam vt sit, idq; ob privilegia quæ de jure ad repetendam illam non minus concessa sunt quam ad repetendam veram [16].

Quæ nuptiis nullis accedit, & ipsa nulla est, adeo vt ne dos quidem putetur, multo minus vt dos sit [17].

Dos jus in re est illa, qualis sit corporalis, an incorporalis, mobilis an immobilis, præsens an futura, modo sit ejusmodi, quæ in commercio sit aut esse possit, nihil interest [18].

Quanta etiam dos esse debeat, nulla lege est definitum.

Adeo vt fœmina bona sua etiam vniuersa in dotem dare possit [19].

A jure illo res in qua illud est constitutum, *dotalis* dicitur [b], vnde fundi dotalis appellatio, cujus alienationem voluntariam lex Julia vxore invita inhibuit, illa etiam consentiente obligationem [20].

Quod verum est in fundo dotali inæstimati dato, quippe quod lex Julia ad fundum æstimato datum non pertineat [21].

Constituitur dos vltima voluntate vel inter vivos.

Ultima voluntate, puta testamento, codicillis aut ejusmodi alia.

Inter vivos, consensu, qui solus est, vel cum facto conjunctus.

Cum facto, inquam, traditionis ex quo dos dicitur numerata, item data vel tradita.

Solus consensus est in pacto legitimo vel in stipulatione.

Hinc dos promissa dicitur, [c] quæ ejusmodi est

16 *d. l. si cum dotem, §. fin. l. 2. in fine D. de privil. credit. l. si extraneus, 6. D. de condict. caus. dat.*

17 *§. si adversus, Inst. de nuptiis, l. si quis incest. Cod. de incest. nupt. l. dotis 3. D. de iure dot.*

18 *lib. 1. Cod. de dot. promiss. l. cum post. 69. §. Gener. D. de iure dot. l. si serva. 39. Digest. eod.*

19 *l. Mulier. 72. D. eod. l. nulla. Cod. eod. etiam immobilia, l. Titia, 62. D. eo. minor tamen si dederit restitui potest, l. si ex causa. 9. §. in dotis, D. de minor. lib. 1. Cod. si advers. dot. & mulier decepta, l. iure, 6. in fin. l. si res, 12. §. 1. D. eod. sed à liberis etiam matrimonij prioris dos vt inofficiosa argui potest. toto titul. C. de inoffic. dotib.*

b De fundo dotali, *titu. 5. lib. 23. D. & titul. 23. libr. 5. C.*

20 *§. 1. Inst. quibus alien. non licet.*

21 *l. quod si fundus. 11. D. de fundo dotali.*

c De dotis promissione vel nuda pollicitatione, *tit. 11. lib. 5. C.*

est simpliciter & absolute, [d] vel sub cautione instrumenti dotalis, quæ dos dicitur cauta.

[e] Atq; huc pertinent pacta quę ob id quod sunt de dote *dotalia pacta* appellantur, & scriptutæ de iis confectæ instrumenta dotalia, non quod in scripturam ea redigi necesse sit, sed quod plerunque scribi soleant [22].

Sunt autem quædam de illis vtilia, quædam inutilia, quæ distinguuntur & describuntur sub tit. D.g. de pact. dotal. & sub tit. Cod. de pact. convent. tam super dote.

Pacta etiam dotem faciunt certam vel incertam [22].

Certa est cum apparet quid, quale & quantum sit id, in quos dos constituitur.

Incerta cum de eo non apparet, quæ nisi in arbitrium boni viri expresse collata sit, ad id tamen reducendum est [23].

Ubi facultates dotem constituentis, personæ & ejusmodi circumstantiæ aliæ in considerationem veniunt, vt dos quæ ab initio incerta erat, certa fiat [24].

[f] Hinc pacta dotalia ad duo potissimum capita referuntur, quippe quę sint partim de dotis quantitate, partim de modo dotis constituendæ.

Et de quātitate vt certa sit, aut si est incerta ad certitudinem aliquam redigatur, idq; potissimum ob dotis repetitionem, vt mulieribus dotes suæ sint salvæ [25].

[g] De modo, nimirum ob lucrum dotis, aliarumque circumstantiarum, quæ in disquisitionem veniunt, matrimonio quomodocunque dissoluto: itemque ob æstimationem rerum in dotem datarum.

Inde dos datur *Æstimato* vel *inæstimato* [26].

Æstimato, nimirum rerum dotalium precio designato [27].

d De dote cauta & non numerata. tit. 15. *lib.* 5. C. Nov. 100.

e De pactis dotalibus, *tit.* 4. *lib.* 23. *D. & titul.* 14. *lib.* 5. C.

22 *l. cum circa. C. eod.*

22 *l. si cum ea. & de dot. promiss. d. l. cum post. §. Gener.*

23 *d. l. si cum ea. in fin. l. in personam,* 22. §. 1. *D. de R. I. l. si societatem,* 6. *D. pro socio. l. Hæc vēditio,* 7. *D. de contrah. emt. l.* 1. *D. de legat.* 2.

24 *d. l. cum post. §. Gener. & seq. l. quæro.* 60. *D. eod.*

f De æqualitate dotis, &c. *Nov.* 97.

25 *l.* 2. *D. eod. l.* 1. *D. sol. mat. l. pater,* 71. *D. de evicti on. l. interest,* 18. *D. de rebus autorit. iud. possid.*

g Neque virum quod ex dote est, neq; mulierem, *&c. Nov.* 98.

26 *l. plerunque,* 10. *& seqq. D. eo. l. quoties, l. in rebus, Cod. eod.*

27 *§. plerunq. §. si ante.*

Quod

Quod maxime in eum finem fit, vt dos periculo mariti sit, cum alias periculum rei dotalis ad fœminam spectet, si dos data sit non æstimato [28].

Inæstimato datur cum precium rei in dotem datæ non designatur.

Et de dote quidem æstimato data dubium non est, quin ea sit in pleno mariti dominio.

Si autem quæratur de dote æstimata, jus in re constitutum à re ipsa distinguendum est, vt rei quidem ipsius domina sit mulier, juris vero dominus sit maritus [29].

Alias quoad commoda & emolumenta rei dotalis extra controversiam est maritum pro domino haberi, non distinguendo qualiscunque etiam dos sit [30].

In hoc enim dos marito constituitur vt subserviat matrimonij oneribus, quæ soli marito incumbunt [31].

Quam ob causam etiam si maritus cum vxore contemplatione dotis concurrat, maritus vxore jus habet fortius, nisi matrimonio soluto vxor dotem repetat [32].

Matrimonio enim soluto dos esse desinit, & jus marito in re constitutum abscedit, atque res quæ dotalis erat, dotalis esse desinit, vt tum non marito duntaxat qui fuit in agendo, præferatur, sed actionem etiam ad rem illam à marito repetendam habeat.

Atque ex eo quod dos ob onera matrimonij constituitur; potest quidem de ea ante etiam matrimonium conventio iniri [33], quin etiam ante matrimonium res tradi [34]; verum promissa ex die nuptiarum, non ante eum debetur: tradita autem [35] ante dotalis non est, quam nuptiæ sint insecutæ.

Quam ob causam fructus ante nuptiarum diem à sponso percepti vel restituuntur, vel in do-

28 *d. l. plerunq. & seqq. l. ex conventione. C. de pact. l. cum dotē. C. de iur dot. l. vnic. §. cumq ex stipulatu. C. de rei vx. act. l. si constante, 24. §. sive autem. Dig. solut. matr.*

29 *l. quamvis. 75 l. dotis 7. §. si res. D. eod. d. l. in reb. C. eo. respondit. Digest. ad municip. l. dotale, 13. §. dotale, D. de fundo dotali. l. si prædium, C. de iure dot.*

30 *d. l. dotis, in pr. & passim.*

31 *l. pro onerib. C. eod. & passim. l. cū pater. 11. D. de pact. dotal.*

32 *d. l. in rebus, l. de his, C. eod. l. interdū 49. D. de furt.*

33 *d. l. plerunq. §. si ante, l. in dotalib. 17. l. promittendo. 41. D. eo. & passim.*

34 *l. dotis 7. §. si res in dote. & ll. seqq. & passim sub ti. D. eo. l. si ante nuptias, 6. D. sol. mat.*

35 *d. l. dotis, §. si res in dote, & passim sub tit. D. eod. l. vn §. exactio. C. de rei vxor. act.*

tem computantur, quo casu dos illa intelligitur fieri amplior[36].

36 d.l.dotis,7.§.1. l.si proprietati 4.& passim sub ti.D.eo.

Atq; ita quidem dos est à fœmina: *donatio* autem *propter* nuptias est à viro, quasi dos viri, illa quasi donatio propter nuptias fœminæ.

h De donationib.ante nuptias vel propter nuptias, tit.3.lib.5.C.Nov.119.

Donatio propter nuptias, quæ olim donatio ante nuptias dicebatur[37], Græcis ἀντιφέρνη, est contractus quo sponsæ hypotheca constituitur in securitatem dotis recuperandæ.

37 vt in rubr.C.eo. l.quoniam.C.de inoff.testa. Sed Iustinian. primus eam donationem propter nuptias dici voluit, §.est & aliud. Institu.de don. l.cum multa,C.de dam. ante nupt.

Quæ iisdem in rebus, in quibus dos constitui potest, & vero etiam forma eadem: vnde iisdem vtraque passibus ambulare dicitur, potissimum in eo, vt pares sint & æquales, hoc est, vt quantitatis sint ejusdem, & iisdem fiant conditionibus, & vt constante matrimonio simul augeri possint[38], quod augmentum in dote Dotarium dici existimant.

38 Novell 79.

Donatio autem propter nuptias fit non tam ob onera matrimonij, sicuti dos, quam ob securitatem, vt fœmina de dote sua eo sit certior, eoque nec dos nec donatio propter nuptias insinuatione indigebat: si quingentos aureos excederet, quod in dote verum est perpetuo[39], item etiam in donatione propter nuptias vsq; ad Justiniani Novel. CXXVII. qua introductum est, vt donationes propter nuptias si excedant, quingentos aureos ex parte mariti sine insinuatione non, parent ei æquale lucrum ex dote in casum mortis vxoris vel iniusti repudij.

39 l.fin.C. de iure dot.

Ex hac propter nuptias donatione vel aliis mariti bonis, quicquid soluto matrimonio morte mariti vxor lucratur, Dotalitium dicitur.

Potest vero mulier præter dotem habere etiam bona alia, quæ ob id quod præter dotem ad maritum afferuntur Paraphernalia dicuntur[40], in quibus maritus jus vllum non habet[41].

40 l.si ego.9.§.ceterum,D.de iure dot.l.si.C.de pact. convent.l.pen.D. ad leg Falcid.l.donationes,31.§.species,D.de dona.l.de his qua.C.de dona. int.vir.& vxor.

41 l.hac lege,l.hereditas.l.fina.C.de pact.conv.d.l.de his qua.

De

De sponsaliorum vel matrimonii dissolutione.

Cap. XXI.

Sponsalia sive matrimonia sicut jure constituuntur, ita non nisi jure dissolvuntur[1].

Quod fit morte vel inter vivos.

Et morte naturali[2], alterutrius.

Nuptiis contractis & perfectis matrimonium non dissolvi deportatione juris textibus comprobatur[2], quod de jure gentium accipiendum videtur, quippe quod nuptiæ quatenus jure Quiritium consistunt, & quod ad ejus juris effectus matrimonium non esse non male quis tentaverit[3].

Quod autem ad sponsalia attinet, deportatione illa simpliciter dissolvi juris rationi magis est consentaneum.

At vero civitate cum libertate amissa indistincte & sponsalia & nuptias dirimi dubium non est[4].

Tametsi captivorum uxores eo solo adhuc videantur nuptarum locum retinere, quod alii temere nubere non possint, quandiu certum est, maritum apud hostes adhuc vivere. si vero illud incertum sit, non nisi post quinquennium a tempore captivitatis elapsum[5].

Vnus casus est, quo matrimonium captivitate non dissolvitur, si nimirum matrimonium cum liberta contractum sit, idque propter patroni reverentiam[6].

Inter vivos sponsalia & matrimonia dissolvuntur *repudiis*.

a Repudia sunt sponsalium vel matrimonij aliter quam morte facta dissolutio.

Quæ in sponsalibus proprie dicuntur Repudia[7], in matrimoniis Divortia, quæ vxoris sint siue nuptæ.

Tam

1 l. Nihil tam naturale 35. & l. omnia, 100. D. de R. I. cum simil.
2 l. sed si maritus, 14. §. sed si morte, D. qui & à quib.
2 l. sed si mors, 13. D. de don. int. vir. & vxor. l. res vxoriæ. C. eod. l. 1. C. de repudiis. Nov. 22. c. 8. & 13.
3 ex l. si quis sic. 56. D. sol. matr. atque hoc ita tẽtat in Cui. in expos. Nov. 22.
4 d. l. si quis sic. l. 1. D. de divortiis l. in bello, 12 §. sed captivi. & postli. d. Nov. 22. cap. 7. & Nov. 117. c. 12.
5 l. vxores. 6. D. de divort. Nov. 22.
6 l. in eo iure, 45. §. fi. D. de ritu nupt.
a De repudiis tit. 17. lib. 5. C.
7 l. 2. D. de divort. l. sed si maritus. 14. §. sive autem. D. qui & à quibus.

Tam vero hæc quam illa fiunt vtriusque conjugis voluntate, vel alterutrius tantum, altero etiam invito.

Utrovis modo non ficte & simulate, sed vere, neque calore iracundiæ, sed præmeditato [8], atque adeo testato coram septem civibus Romanis puberibus [9].

Quod nisi ita fiat, jurgium potius est quam divortium [10]; & vt alibi Jurisc. loquitur fribusculum [11].

Sponsaliorum autem dissolutio facilior est quam nuptiarum, quod favor liberorum suadere videtur.

Unde fit, vt ex quibus causis matrimonia dissolvi possunt, ex iisdem & quidem multo magis dissolvi possint sponsalia, non etiam vicissim ex quibus causis sponsalia, ex iisdem etiam matrimonium.

b *Divortium* est repudiatio conjugis.

Dictum ita à diversitate mentium, vel quod in diversas partes eant, qui divertunt & matrimonium distrahunt [12].

Quod fit consensu mutuo conjugis vtriusque vel alterutrius duntaxat.

Utrobiq; tamen cum consensu eorum in quorum sunt potestate conjuges,

Mutuo quidem consensu, quod divortium bona gratia fieri dicebatur [14], id est, dulciter sine querela & libello repudii [15], quod divortium Novellis constitutionibus improbatum est [16].

Alterutrius autem voluntate, eaque mariti vel vxoris, atq; illa ex causa aliqua vel sine causa.

Ex causa nimirum criminis, non tamen cujusvis, ed ejus quod lege expressum est.

Cum enim causæ illæ olim arbitratiæ essent, & in judicantium disquisitione positæ, hodie sunt illæ definitæ [17].

Primus

8 *l. 3. in pr. l. si pœnituit, 7. D. de divor. l. quicquid calore, 48. D. de R. I.*

9 *l. Nullum, 9. D. de divort.*

10 *l. Quod si non divortium, 31. D. de iure dot. l. si liberis, 27. D. de pact. dotal.*

11 *l. Cum hic status, 32. §. quod si divortium, D. de donat. int. vir. & vx.*

b De divortiis, *tit. 2. lib. 24. D.*

12 *l. 2. D. de divor.*

13 *Auth. è contra, C. de repud.*

14 *l. cum hic status. 32. § si matrimonius. D. de dona. int. vir. & vxor. d. l. sed si maritus. §. sed et si, Novell. 22. & Nov. 117. l. vn. §. fi. C. de rei vxor. act.*

15 *qui libellus divortij dicitur in d. l. si pœnituit.*

16 *d. Novell. 117. tametsi reducatur Iustini Nov. 140. quod olim ita fuisse apparet ex l. si constante. C. de repud. Iustinianus tamen ipse etiam videtur permisisse divortiū fieri ex bona gratia, si ex certa causa fieret. Cuia. in expos. Nov. 22.*

17 *l. consensu, & l. fi. C. de repud.*

Primus eas definivit Theodosius & Valentinianus constitutione illa, quæ sub rub. C. de repud. incipit Consensu, quibus Justinianus postea nonnullas addidit Novel. 22. rursus vero tam de sua quam de Theodosii & Valentiniani constitutione nonnullas detraxit & sustulit Nov. 117.

Ex his causis quædam communes sunt marito & vxori, quædam alterutri peculiares.

Communes, ex quibus vel vir vxorem, vel vxor virum repudiare potest, tres sunt, adulterium [18], inimicitiæ capitales, sub quibus com, lector insidias

18 *l. 2. D. de divor. l. consensu, C. de repud. Authen. vt liceat matr. vel aviæ, §. Quia vero. Etiam eo casu, quo cõiugatus coivit cũ fæmina soluta, vt tradunt Archidia. & alij in c. Nemo, 32. q. 4. Paris. cons. 54. nu. 43. vol. 4. Soci. cons. 148. vol. 4. Rol. à Vall. consil. 50. n. 13. vol. primo etiam cum meretrice, vt tradit Cling. de caus. matrim. fol. (mihi) 91. sub ti. de adul. eumq; secutus Molrad. in tr. de matrim. §. si vx. vers. si prima caus. Sed an ita dissolvatur matrimonium, vt vinculũ etiam tollatur, atq; adeo parti innocenti nocẽte adhuc viva aliud matrimoniũ contrahere permittatur? Negant plerių, asserentes matrimonij vinculum non dissolvi, sed separationem quo ad thorũ & mensam faciendã esse, per tex. in c. 1. & in c. Quæsivit, de divor. c. 1. & seqq. 32. q. 7. c. Quos Deus, 33. q. 2. gl. in d. l. Consensu. verb. sin autẽ aliter. Clar. in §. adulteriũ, n. 12. Rol. à Vall. d. cõs. 50. n. 6. Didac. Covarr. lib. 4. Decret. p. 2. c. 7. §. 6. n. 33. & respondit Hiero. Schurff. cons. 57. in fi. Cent. 1. quod durum esset recedere consulendo & iudicando à communi hac sententia sanctorum patrum & omniũ Constitutionum Papalium, & etiam à sententia omnium Doctorũ Scholasticorum & iurium: atq; ab hac sententia videtur non fuisse alienus Laurentius Kirchov. in cõmun. opin. sub. lit. A. verb. Alij autem contrariam, vbi hanc communiorẽ dicit, & refert Scabinos aliquando ita pronunciasse, vt pateat ex fine Speculi Saxonici sub tit. de crim. pœn. adul. & novissime Pet. Greg. syntag. sui lib. 9. c. 16. n. 2. & seq. vbi pro axiomate cõstituit, iure divino & pontificio indissolubilem esse contractũ matrimonij, neq; licere coniuge repudiato coniugium repetere: & paulo post, n. 8. addit errorem esse eorum, qui ita ob adulteriũ divortiũ cõcedunt, vt non tantũ separetur thorus & mensa, sed omnino dissolvatur coniugiũ, nominatim taxans Philip. Melanchtonem & VVes. Sed sunt qui contrarium teneant, affirmantes etiam ipsum matrimonij vinculũ dissolvi, atq; innocenti, si petat, matrimonium aliud, nocente parte etiã dum viva, concedendum esse, & ex Theologis quidẽ hanc sententiã amplexi sunt Lutherus* im Buch vom Ehestand / *Melancht. in exam. ordin. sub ti. de divort. & in addit. ad suos locos cõmunes, & in comment. super Matt. c. 5. Pomer. in tr.* Vom Ehebruch vñ weglauffen, *sub ti.* võ Ehebruch / §. wenn alle. 8. *Eras. Roterod. Calvinus, Martyr. & Bulling. in Epist. 1. ad Cor. c. 7. & in tractatib. suis de caus. matr. Brentius, Bullin. & Sacer. quib. accedunt Bucer. & Chytræus in enarratione Matt. c. 19. & ibid. Illyricus, attestans cũ hoc concordare Canones veteres, & ex pontificiis Theologis Caietanum, Catharinũ & Erasmum. Idem multis confirmavit Chemnit. in exam. concil. Trident. p. 2. in fi. can. 7. sess. 8. de matr. Hemming. in tr. de divort. causa 1. divor. vbi dicit, falsam esse Canonistarũ opinionẽ, & præter omnes illos Theodor. Beza in tr. de divor. Eandẽ sententiam docendo & con-*

dias vitæ alterius ab altero coniugum structas, & crimen læsæ maiestatis.

Peculiares ex parte mariti vt vxorem repudiet itidem tres sunt, si vxor cum extraneis, id est, his qui non sunt cognati aut propinqui conviuetur aut lavet marito nolente: si extra domum mariti maneat, nisi sit cum parentibus; si deniq; marito ignorante aut nolente ludis intersit.

Peculiares ex parte vxoris, quibus ipsa maritū repudiare potest, sunt duę vna lenocinium, id est, si maritus vxoris suæ propriæ castitati insidietur eamq; alteri tradat adulterandam: altera, si maritus vxorem falso accuset de adulterio.

Sine causa matrimonium dissolvitur deserti one alterutrius conjugis injusta, de cuius pœna plene agit Novel. CXVII. capite XIII.

In hisce repudiis comprobatæ sunt hæ formulæ, Tuas res tibi habeto: Item hæc, Tuas res tibi agito [19].

Ex iisdem causis sponsalia dissolvuntur, ex quibus fœmina ducta quidem nondum est, ductum tamen iri speratur.

An consensu mutuo sponsalia dissolvantur, cum nihil inveniam ea in re immutatum, existimo, sponsalia jure civili quocunq; modo tam ex causa quam sine causa mutuo consensu dissolvi posse.

Tametsi si sine causa fiat interesse eo nomine præstandum videatur.

Sed etsi causa justa subsit, alterutro duntaxat volente, sponsalia dissolvuntur.

Quæ causæ in sponsalibus definitæ non sunt, sed judicis arbitrio & discretioni relictæ.

Atque in his etiam discutiendis placuit renunciationem intervenire oportere, quæ in re hæc verba probata sunt, Condicione tua non vtor [20].

Sponsa

sulendo amplexi & secuti sint doctissimi Germaniæ Ecclesiarum reformatarum ICti, Ioach. Beust. in tr. de matrim. c. 24. Molra. in d. §. si vxor, vers. Quæritur & illud. Schnei. in com. Inst. de nup. p. 4. n. 35. vbi testatur Theologos & Consistoriales in Saxon. Ecclesiis cōtrarium iuri Canonico tenere ac pronunciare. quod idē scribit VVes. in parat. D. de divort. n. 11. atq; in eandem sententiā consuluit Ioh. Fich. cons. 68. n. 5. in fi. & cons. 69 n. 3. vol. 2. eaq; verior est, & non iuri tantum civili atq; æquitati ipsi, sed sacris etiā literis magis consentanea.

19 *l. 2. §. 1. D. de divort.*

20 *d. l. 2. §. 1.*

Sponsalibus solutis nuptiæ cessant, nisi ex novo consensus fiat in sponsalia vel nuptias: solutis nuptiis, omnia quæ sine nuptiis esse non possunt una tolluntur.

[d] Ita dos matrimonio soluto cum dos esse desinat, ab his quorum interest repetitur, nisi pacto de dote lucranda aliter provisum sit, vel ex justa causa matrimoniū dissolvatur, vel pacta sint specialia, quæ repetitionem dotis inhibeant.

Hæc autem repetitio quomodo fiat, liber secundus edocebit.

c Soluto matrimonio; tit. 3. lib. 14. D. & titu. 18. lib. 5. C.

a De Adoptionibus. CAP. XXII.

ADhuc primus potestatis patriæ acquirendæ modus nobis visus est, qui ita est à lege, ut naturam habeat sociam: sequitur modus alter, qui est à lege duntaxat.

Hic est Adoptio & Legitimatio.

Adoptio est legitima [1] hominis liberi in locum filii electio.

Cujus species sunt Arrogatio & Adoptio in specie[2].

Arrogatio est adoptio hominis, qui est juris sui[3].

Quæ olim lege curiata fiebat apud populum, hodie lege regia apud Imperatorem, atq; Imperatorem ipsum vel magistratum ex Imperatoris indulgentia[4].

Hæc cum causæ cognitione peragitur, in qua illa potissimum spectantur, cujus ætatis sit adoptans[5]: qualis sit ipsius vita [6]: utrum honesta & justa arrogandi causa sit an turpis [7].

Idq; indistincte, sive is qui arrogandus est major sit, sive minor.

Et majoris quidem voluntate sola: minoris vero ante Antonini Imper. constitution in pube-

a De adoptionibus, tit. 11. lib. 1. Inst. tit. 7. lib. 1. D. & tit. 46. lib. 8. C.

1 l. 1. D. de off. indic. Alexan. l. 3. D. de off. proconf. l. 4. D. de adopt. l. 3. C. eod.

2 §. 1. Inst. eod. l. 1. D. eod.

3 d. §. 1. & d. l. 1.

4 d. l. 1. l. 2. D. eo

5 l. si paterf. 15. §. in arrogat. D. eod. Cur. 6. obs. 26.

6 l. nec ei permittitur, 17. §. & primum quidem. D. eod. l. 2. C. eod.

7 d. l. nec ei permittitur.

ris tantum, non etiam impuberis, postea etiã impuberis, non aliter tamen quam si tutoris vel curatoris autoritas intervenisset [8], & prætereà arrogator duo cavisset, vnum se bona arrogati intra pubertatis annos defuncti relicturum esse illis, ad quos perventura alias fuissent, si in statu suo permansissent [9], cum alias bona arrogato vna cum ipso ad arrogatorem transirent [10]: Alterum, se nisi ex legitima causa arrogatum nec emancipaturum nec exheredaturum, aut si id faceret, se quartam suorum bonorum partem præter arrogati bona ipsi relicturum, quartam inquam, non bonorum omnium, sed portionis debitæ [11].

Adoptio in specie est adoptio ejus qui in patria est potestate, atq; adeo filii vel filiæfamilias [12].

Quæ fit magistratus imperio [13], non tamen cujusvis, sed ejus penes quem legis esset actio [14], voluntate non adoptantis duntaxat & adoptivi; sed etiam patris naturalis, in cujus potestate est adoptandus, quæ voluntas explicetur consensu expresso vel tacito non contradicendo [15], rejectis solennibus illis antiquis, quæ in tribus mancipationibus & duabus manumissionibus spectabantur [16].

Atque in adoptione quidem acta publica sufficiunt, in arrogatione desideratur rescriptum principis.

Utraque ista adoptione patria potestas acquirebatur jure veteri indistincte ei qui adoptaverat: jure novo idem est in arrogatione [17], adeo vt non is tantum qui arrogatur in potestatem arrogantis conjicitur [18], sed liberi etiam, si quos habeat, qui ex eo arroganti incipiunt nepotes esse adoptivi [19], quinimo omnia itidem arrogari bona [20], vnde acquisitio illa dominij est, quæ in libris nostris per arrogationem fieri dicitur.

Sed ex constitutione [21] Justiniani in adoptione spe-

8 l. quod ne. 8. D. eod. l. fin. C. de autorit. præst.

9 l. non aliter. 18. D. eod.

10 d. l. si paterfam. 15. D. eod. t. t. Inst. de acquis. per arrogat. l. 2. C. eod.

11 §. cum autem impubes. Inst. eod.

12 d. §. 1. & d. l. 1.

13 l. 2. D. eod.

14 l. 2. & seqq. D. eod. l. 1. C. eod.

15 l. in adoptio. 5. D. eod.

16 ex Constitu. Justiniani quæ est in l. fi. C. eod.

17 l. pen. & vlt. C. eod.

18 d. §. 1.

19 §. illud propriũ. Inst. eod. l. 2. §. fin. l. arrogato. 40. D. eo.

20 d. l. si paterfamilias.

21 l. pen. C. eo. §. sed hodie. Inst. eod.

ne speciali distinguitur Extraneus adoptans ab eo adoptante in quo cum hoc vinculo juris civilis concurrit vinculum paternum juris naturalis.

Extraneus autem est in quo jura nulla naturalia, quæ ad partem referantur, concurrunt, cui si à patre naturali filius in adoptionem datus sit, adoptatus filius quidem ejus fit, sed non filiusfamilias; hoc est, id quidẽ ex adoptionis actu adoptans consequitur, vt adoptatus filius ipsius dicatur, sed non vt in ipsius sit potestate, haud secus atque si ex rescripto principis aliquem adoptasset fœmina, sed adoptatus ille manet in patris sui naturalis familia & potestate, nec quidquam acquirit ex eo nisi jus succedendi in bonis patris adoptantis [22].

22 *d.l.pen.d.§.sed hodie.*

Si quis adoptetur ab alio quam extraneo, hic demum adoptans in eum quem adoptavit patriam potestatem acquirit.

Omnis igitur qui adoptatur in potestate est patria, sed non omnis in potestate patria adoptantis; sed vel manet in potestate patria patris naturalis, in qua jam ante fuit, vel conijcitur in aliam in qua ante non fuit.

Etsi vero adoptio sit & dicatur actus legitimus [23], tamen cum per eum filij fiant, quod alias proprie ex natura est, ita lex eam admittit, quatenus naturam imitatur.

23 *l.1.D.de offic. iurid. Alexand.*

Hinc adoptio naturam imitari dicitur [24].

24 *§.minorũ, Inst. eo.d.l.si paterfa. & l.seq. D.eod.l.filio. 23.D.de lib. & post.*

Ut ita inter eos qui per naturam parentes & liberi sibi invicem esse non possent, adoptio consistere nequeat [25].

25 *l. Adoptio.16. D.eod.*

Hinc Infans & Impubes etsi ipsi quidem adoptari possint [26], non tamen possunt adoptare, cum per naturam liberos habere nequeant.

26 *l.etiam infantẽ. 42.D.eod. Vlp.in frag.ti.8.§.per prætorem.*

Sed nec pubes adoptare potest, si ejusmodi sit à natura, vt generare nequeat, cujusmodi est Castratus [27].

27 *§.sed & illud. Inst.eod.l.2.§.illud vtriusq. D.eod.*

Is vero qui ob accedens aliquod vicium generare nequit, quo remoto possit, recte adoptat [28].

Ex quo fit vt sufficiat vt adoptans tempore adoptionis pater esse possit, & quidem patet ejus quem adoptat.

Minor enim majorem natu nunquam adoptabit [29], nec æqualis æqualem ætate, sed necesse est vt adoptans adoptando major sit minimum annis octodecim, quæ plena pubertas dicitur [30].

Et sicut qui semel à natura filius factus est, filius nunquam esse desinit, dum pater vivit, ita adoptio ad tempus fieri nequit, tametsi ex post facto evenire possit, vt adoptione ex causa justa soluta filius esse desinat.

Quam ob causam civis Romanus quivis, nunquam peregrinus, & civis Romanus masculus non fœmina, nisi ex indulgentia principis ob solatium liberorum amissorum [31], (quo casu fœmina filiũ adoptat non filiumfamilias) & rursus civis Romanus masculus qui ipse in potestate patria non sit, adoptandi jus habet.

Excepta est fœmina: nunc etiam in casu adoptionis specialis excipiendus est extraneus, qui adoptatum in potestate habere posset, atq; olim etiam habuit, hodie non habet, qui & ipse filium adoptat non filiumfamilias [32].

Furiosum, quo minus adopte fatum impedit & morbus in quo est: facta tamen ab ipso cum valetudinis esset sanæ, subsistit & manet.

Tutori & curatori quo minus fidei suæ commissos adoptent, obstat rationum intercipiendarum, quæ inde existeret, occasio [33].

Ei vero qui liberos habet naturales & legitimos ratio adoptionis introductæ, nempe liberorum deficientia [34].

In eo qui adoptatur, tam accurate non distinguitur

28 d. §. sed & illud. l. Arrogato. 40. D. eod. Vlp. d. t. 8. §. hi qui. Caius 1. Inst. 1. §. Spadones.

29 §. minorẽ Inst. eod. Cont. 1. Lect. subsec. 6.

30 d. §. Minorem.

31 §. fœmina, Inst. eod. l. nam & fœmina, 21. D. eod. l. Mulierem. C. eod. Vlp. d. t. 8. in fi. Cai. 1. Inst. 5. §. nam & fœmina.

32 §. sed hodie. Inst. eod. l. pen. C. eod.

33 l. nec ei per mort. 17. D. eod. Cuia. 2. obs. 38.

34 d. l. nec ei permittitur, §. propterea. l. cum eum. C. eo.

guitur fœminæ sint an masculi, extranei sint an conjuncti, modo cum illis legis sit actio.

Hinc servorum in quæstione quæ de adoptione est, nulla habetur ratio[35].

Invitus autem nemo adoptat vel adoptatur, sed consensum vtrinq; esse oportet, in adoptante quidem semper expressum, in adoptando etiam tacitus sufficit, nimirum si non contradicat[36].

In infantibus partim lex hunc supplet, partim homines, atque hi vel parentes vel tutores: vbi interdum Servus ipsorum, aut si non habeant servum, servus publicus.

Atque ita quidem adoptio jus affert agnationis, non sanguinis[37], nimirum in ea familia, inquam quis adoptatur[38], & rursus in ea familia ex qua quis adoptatur jus agnationis sub distinctione suprapolita perimit, jure sanguinis interim manente salvo & incolumi[39].

35 §. fin. Inst. eo.

36 l. in adoptionib. 5. l. neque absens, 24. D. eod.

37 l. qui in adoptionem, 23. D. eod.

38 l. quem filius, D. eod.

39 l. iura sanguinis, 8. D. de R. I.

a De Legitimatione. CAP. XXIII.

a De naturalib. liberis & matribus eorum, & ex quibus causis iusti efficiantur, ti. 27. lib. 5. C. Nov. 74. 89. & §. fi. Inst. de nupt.

Legitimatio est legis actio, qua liberi naturales efficiuntur legitimi.

Liberi inquam, naturales ex concubina suscepti, qui patrem quidem habent sed non justum [1].

Spurij & ceteri ex illicitis atq; prohibitis conjunctionibus nati, ne patrem quidem injustum habere intelliguntur.

1 Cui. in parat. C. eod. & in Novell.

Ita ex Concubina nati duntaxat legitimari possunt, non etiam alij, nisi ex statuto vel consuetudine.

Lex legitimationem fieri concedit patri vel filio.

Patri quidem vt vel ipse legitimationem peragat, liberis tamen consentientibus[2], vel ab alio legitimari impetret.

2 Nov. 89. c. 11.

Ipse pater legitimationem peragit duobus modis, vno per subsequens matrimonium, altero per nominationem filij.

Per subsequens matrimonium, ducta nimirum in vxorem fœmina [3], ex qua naturales liberi [4] suscepti sunt, quem modum Constantinus Imp. primum introduxit, renovavit Zeno [5], perfecit Justinianus [6], qui & illud addidit, vt super eo fierent instrumenta dotalia [7].

Nec distinguendum an pater ille legitimos habeat liberos nec ne, neq; etiam inter liberos ante vel post matrimonium initum natos: siquidem hi legitimi nascuntur, illi legitimi fiunt [8].

Per nominationem filij naturalis fit legitimus, si facta illa sit in testamento, vel instrumento aliquo publico, qui modus à Justiniano Imp. introductus est [9].

Ab alio per legitimationem imperat [10], atque illud itidem modis duobus, vno à principe, altero à Curia.

A principe impetrat, si ad petitionem legitimationis princeps rescribat, & naturalem faciat legitimum, quem modum Justinianus introduxit [11], & dicitur fieri per rescriptum principis [12].

Ita

3 etiamsi aliud matrimoniū intercesserit cum altero ex his qui nunc matrimonium ineunt, itē etiamsi alterutèr sit senex & decrepitus: itē etiamsi alteruter vel vterq; sit in articulo mortis. Ita docent Panor. in c. tanta. nu. 3. Qui fil. sint leg. & alij quos adducit Bursa. consil. 10. nu. 10. lib. 1.

4 hodie, atq; consuetudine & vsu magis quā vllo iure etiam spurij quilibet, Bursat. d. cons. 10. nu. 9. vers. Etenim quicquid sit, & n. 16. vers. insuper nec clericatus.

5 l. divi Constantini, C. eod.

6 l. cum quis, & seq. C. eod.

7 ad eum nimirum finem, vt naturales fiant legitimi, & succedant. Nam quod ad matrimonium ipsum attinet, id etiam sine instrumentis dotalibus validum esse videtur. & confirmatur iure Canonico per tex. in c. tanta, & c. Lator. Qui filij sint legit. Dd. in l. Gallus. §. & quid si tantum. D. de libe. & post. Deventum est tandē eo, vt etiam sine instrumentis dotalib. naturales ius succedendi per matrimoniū subsequens consecuti sint, idq; non iure civili, sed interpretatione potius. videatur Ang. in §. fi. Inst. de nupt. Alex. in l. ex facto. §. si quis rogatus. n. 19. D. ad SC. Trebell. & alij adducti ab Ant. Gab. de legitimat. concl. 1. n. 11. Bursat. cons. 10. n. 8. li. 1. qua de re ego latius tractavi in consilio quodam matrimoniali. *8 Nov. 12. & 47. c. 1. & Nov. 89. c. 8.* *9 Nov. 117. c. 2. vnde desumta est Authen. si quis C. eod.* *10 vel per seipsum vel per procuratorem, ita tradit Bal. quem ibi communiter ceteri sequuntur, in l. Gallus, §. forsitan. col. 2. vers. quæro vtrum, D. de liber. & post. Dec. cons. 55. n. 6. Decian. cons. 90. n. 22. vol. 2.* *11 d. Nov. 89. c. 9.* *12 An etiam princeps vel imperator legitimare possit in terris alienæ iurisdictioni subditis, & in quib. ipse ius nullum habet? Ita quidam sentiunt, quos refert Dec. cons. 55. n. 7. vers. tertio non obstat. Sed communis est in contrarium, de qua Bal. in l. 1. vers. Item quæro, C. de iur. aur. annul. Alexand. cons. 67. col. fi. vol. 1. Dec. cons. 557. num. 9. Paris. cons. 1. num. 102. & seq. vol. 1. & cons. 2. n. 21. & seq. vol. 2. eamq; magis communem dicit De-*

Ita tamen vt hæc legitimatio non petatur, nec de ea à principe rescribatur, si liberi naturales & legitimi supersint, sed si ejusmodi nulli sint: similiter si justa legitimandi causa non subsit [13].

A curiâ impetrat, si naturalis curiæ offeratur, ex quo fieri dicitur per oblationem curiæ, qui modus à Theodosio primum introductus est [14], confirmatus à Leone [15], à Justiniano explicatus [16].

Erat autem oblatio illa alia in filio & alia in filia; vtraq; tamen effectus ejusdem [17].

Filium enim pater naturalis curiæ civitatis, ex qua erat oriundus, aut certe ad quam villa vel vicus, in quo naturalis natus erat, pertinebat, offerebat, vt in decurionum ordinem legeretur, & muneribus gerendis subijceretur, idq; teste populo vel actis intervenientibus.

Filiam autem elocari sufficiebat homini curialis conditionis, vt curiæ oblata esse diceretur.

Atque poterat pater ita filium vel filiam curiæ offerre, sive legitimos haberet liberos, sive non; ita tamen vt oblato ex bonis suis non plus posset dare quam vni ex legitimis.

Et hactenus patri concessum est legitimationẽ naturalem suorum liberorum procurare: filio autem concedit lex vt legitimus fiat patri suo, si ipse sese curiæ offerat, quod facere potest, si non sint patri liberi alij, & illi quidem naturales & legitimi simul [18].

Ut vero maxime naturalis quilibet aliquo horum modorum fiat legitimus, ad eum effectum, vt in potestatem patriam veniat patris superstitis [19], in ceteris tamen multum interest hoc an illo modo quis legitimetur.

Nam per oblationem curiæ legitimatus soli

cian. cons. 90. n. 21. vol. 2. vbi addit priorem opinionẽ posse procedere duob. concurrentibus, quorũ vnum est, quod dominus loci, in quo sunt sita bona & persona, consentiat, & alterum vt legitimatio facta sit ad instantiam patris.
13 de qua cognosci debet ad hoc vt legitimatio valeat, maxime si à Comite Palatino fiat. Ant. de Butr. in c. per venerabilẽ, col. 3. qui fil. sint legit. Spec. de dispensat. §. qualiter autem, n. 3. Alex. cons. 60. nu. 18. vol. 2. Ant. Roset. de legit. lib. 2. de caus. form. n. 7. versic. sed his dubitatur. Nec sufficit causa generalis, sed requiritur specialis, quæ conveniat personis de quibus agitur. Paris. cons. 37. n. 6. & seqq. & cons. 12. nu. 163. & cons. 3. n. 37. vol. 2. Ideoq; ad videndũ legitimationẽ fieri citandi sunt, quorũ interest. Anch. cons. 227. & cons. 421. Soc. cons. 65 col. fin. vol. 3. Dec. cõs. 307. n. 6. & cons. 138. n. 7. Paris. d. cons. 6. nu. 36. & consil. 12. nu. 154. vol. 2. 14 l. si quis. C. eod. 15 l. quoniam C. eod. 16 d. Nov. 89. c. 2. 17 d. Novell. 89. c. 2. 18 Qui omnia explicantur d. Nov. 89. 19 d. §. fin. fact. de nupt.

20 l. communium, C.eod. patri sit legitimus [20], non etiam aliis, quibus quadam machinatione cognatus factus esse dicitur [21].
21 d.Nov.89.c.4.

Quod secus est in legitimatione facta per subsequens matrimonium & rescriptum principis, ex qua vtraque legitimatus non respectu patris tantum; sed aliorum etiam legitimus est, jureque legitimorum fruitur [22].
22 d.Nov.89.c.4.

An idem dicendum sit de legitimatione per nominationem facti dubitari possit, videtur tamen affirmandum esse.

Omnium vero optimo jure censetur esse legitimatio illa, quæ fit per matrimonium subsequēs [23], quippe quod omne vitium antecedens purget, & rem in eum statum deducat, atq; si inde ab initio matrimonium constitisset [24].

23 l.tanta. Qui fil. sint legit. vide Ios. Ludov. conclus. 26. Tiraq. de iure primigen. q. 34.
24 l. cum nuper. C. eo. D. in d. §. fi.

a Quibus modis ius patriæ potestatis solvitur, tit. 12. lib. 1. Inst.

a *De dissolutione patriæ potestatis.*

CAP. XXIV.

EXpositis modis quibus jus in patria potestate cōstituenda vtitur, sequitur vt videamus quibus modis idem jus eam constitutam dissolvat.

In eius autem dissolutione modo juri natura est conjuncta, modo jus solum est.

Jure & natura simul patria potestas dissolvitur *morte*, eaq; tam civili, quam naturali.

Mors naturalis dissolutio est animæ à corpore, qua regulariter extinguuntur omnia: Mors civilis est civis è numero civium Romanorum exemtio, vt ita quibuscunque modis vel civitas amittitur, vel civitas & liberta simul, iisdem consequenter amittatur potestas patria.

Solvitur autem patria potestas morte alterutrius [1], & naturali quidem simpliciter, quod ad illos attinet in quos ius erat potestatis patriæ, adeo vt mortuo eo qui in potestate habetur, potestas respectu illius desinat, mortuo autem eo, qui in potesta-

1 l. si ita esset, 15. D. quand. dies legat.

potestate habet, ita quidem qui superest à potestate ejus liberetur, vt interdum ab omni liberetur, interdum vero ex dissoluta illa incidat in aliam, quod fit avo, qui vtrunque & filium & nepotem ex filio in potestate habebat, defuncto, quoniam nepos morte avi ita in potestate esse desinit, nimirum avi, vt in potestate patris sui esse exinde incipiat [2].

Morte civili eodem modo [3], illa excepta quæ fit captivitate ab hostibus. Alterutro enim ab hostibus capto patria potestas in suspenso magis esse, quam extincta videtur, tametsi revera extincta sit, idq; propter jus postliminij & legem Corneliam [4].

Sine natura jus patriam potestatem dissolvit solum, vel in societatem sui a ciscendo voluntatem hominis.

Solum, cum quidem non exprimitur in actu aliquo potestatem patriam sublatam, sed tamen eo ipso quod aliquid agitur, consequens illi est vt ipsa tollatur.

Id autem fit dignitate, expositione infantum & præscriptione.

[b] Dignitate, nimirum in eum qui patriæ potestati subjectus erat, collata: siquidem dignitas ejus qui liberos in potestate habet, potestatem non adimit.

Dignitate iterum non promiscue quavis, sed ea duntaxat, quæ à jure expressa sit, vt ea potestas tollatur.

Expressa autem est constitutione Justiniani Imp. ante quam non invenio vlla dignitate, quantacunq; etiam illa esset, patriam potestatem sublatam, dignitas patriciatus [5], quæ est dignitas cōsiliariorum; dignitas consulatus [6], consularitatis, præfecturæ prætoriæ, præfecturæ vrbicariæ, magisterij militū, Episcopatus [7], & in summa omnis

2 *§.1. Inst. eod. l. 42. 5. & 6. D. de his qui sui vel alien. iur. sunt.*

3 *§. cum autem is. Inst. eod.*

4 *§. si ab hostib. Instit. eod. l. pen. D. de suis & legit. l. in bello 12. §. 1. & l. Bona. D. de capt. & postl. reverſ.*

b Constit. quæ dignitatibus & episcopatu liberat patria potestate, *Nov. 81.*

5 *l. fi. C. de Consul. l. fin. C. de decur. §. filiusfam. Inst. eod.*

6 *d. l. fi. C. de Consul.*

7 *Nov. 81. Auth. sed hodie, C. de Episc. & cleric.*

omnino dignitas quæ liberat à curia, liberat etiam à potestate patria [8].

Quæ autem dignitas à Curia liberet, explicat Justinianus Novel. XXXVIII. & Nov. LXX.

[c] *Expositione* infantum patria potestas dissolvitur, si pater liberos infantes exponi & abijci curaverit.

Præscriptione denique, si pater diu, id est, ad decennium [9] passus sit filium suum agere ut hominem juris sui, quod est constit. Antonini & Veri Impp. [10].

Jus in societatem adsciscendo factum hominis patriam potestatem dissolvit *emancipatione & adoptione*.

[d] *Emancipatio* est actus hominis, quo filiusfamilias sui juris efficitur [11].

Quæ duplex est, legitima & imperatoria.

Legitima κατ' ἐξοχὴν ita dicta, est actio legitima, qua filiusfamilias secundum præscriptum XII. tabul. solenniter juris sui constituitur [12].

Cujus partes duæ sunt, mancipatio & manumissio.

Mancipatio in genere est ejus quod est venditum in manus traditio; atque ita hic in specie ejus qui in potestate est patria.

Hinc in mancipatione venditor est unus & alter emtor, res autem quæ venditur is eave qui quæve in potestate est.

Is autem eave cum libera sit persona deducebatur in servilem quẽdam statum, ut ita quasi servus aut ancilla tradi manciparique posset.

Quod fiebat non vere, sed imaginarie [13], non precio, sed nummo uno, certis verbis, libripende & quinque testibus præsentibus.

Mancipans autem sive venditor erat pater naturalis filium filiamve emancipaturus: Emtor mancipatione & traditione fiebat ejus pater fiduciarius,

8 d. Nov. 81.

c De infantib. expositis liberis & servis, &c. titu. 52. lib. 8. C.

9 l. 16. §. Arist. D. qui & à quib. manumiss.

10 l. 1. C. de patria potest.

d De emancipationibus liberorum, ti. 49. li. 8. C.

11 §. preterea. Inst. quib. mod. ius patr. potest. solvit.

12 Caius 1. Institu. 6.

13 l. liberos. 3. §. fi. D. de capit. minut. l. fi. C. de adopt.

ciarius, cujus filius filiave fiebat quasi servus vel ancilla.

Fiduciarius, inquam, quia ea lege filius filiave à patre naturali vendebatur, vt remanciparetur, id est, vt iterum patri naturali venderetur.

Ita emancipatus manumittebatur, sed manumissus secundo mancipatur, & remancipatus manumittebatur secundo: ita rursus manumissus mancipabatur tertio, & remancipabatus itidem manumittebatur tertio, atq; ita trina mancipatione & trina manumissione filiusfamilias exibat potestate patria.

In filiafamilias & ceteris liberis vna mancipatio & vna manumissio sufficiebat.

Verum tam in vna hac, quam in trina illa manumissione liberi parentum potestate liberandi circum agebantur & circumvertebãtur in orbem, vt in orbem versi liberi abirent quo vellent, & impingebatur illis alapa, atque ita dimittebantur juris sui, quæ ῥαπίσματα Justiniano dicuntur, & magna sui parte sublata[14].

Imperatoria emancipatio est emancipatio secundum præscriptum Anastasii vel Justiniani Imperatorum facienda.

Unde vna Anastasiana est, alia Justinianea.

Anastasiana est emancipatio, qua tantum per impetratum principis rescriptum judex competens, in judicio docetur, de emancipatione tam absentis quam præsentis[15].

Tam vero hæc Anastasiana, quam illa legitima familia mutatur, nisi specialiter is qui emancipat jura familiæ retinuerit per rescriptum principis[16].

Quare illam secuta est Emancipatio Justinianea, qua judex competens vel magistratus cui hæc facere cum legib. tum consuetudine concessum est, docetur de emancipatione[17].

14 *l. fi. C. de emancipat. lib. Nov. 81.*

15 *l. pen. C. eod.*

16 *l. si ab eo. C. de legit. hered. l. frater. C. de legit. tut. l. fin. C. de emanc. liber.*

17 *d. l. fin. C. eod.*

Anastasius solennitates sustulerat, eorumq; loco principis rescriptum substituerat: Justinianus nec hoc nec illis opus esse existimavit.

In Anastasiana mutabatur familia, nisi id specialiter esset impetratum ut jus familiæ maneret: in Justinianea nulla retentione opus est, quoniam ipso jure hoc fit à lege

Quo respiciens Justinianus recte affirmavit jus agnationis omnibus modis capitis diminutione plerunq; tolli, nempe post ipsius constitutionem; quippe quod ante eam non plerunq; tantum sed semper etiam tolleretur [18].

18 §. fin Inst. de legit. agnat. tut.

Minima enim capitis diminutione hodie familia non semper mutatur, nimirum si illa fiat emancipatione Justinianea.

Omnis autem Emancipatio fit inter volentes, nisi si qua justa sit, causa etiam inviti emancipandi [19].

19 §. cum autem, Instit de adopt. l 3. & 4. C. de emanc. liber.

Adoptione quomodo patria potestas dissolvatur ex capite de adoptionibus manifestum est, adoptione nimirum speciali, neq; tamen illa etiam omni ex Constit. Justiniani, sed ea duntaxat qua quis parenti datur in adoptionem.

De tutelis & curatelis. Cap. XXV.

HActenus dictum est de potestate privata domestica, sequitur ut videamus de potestate privata administratoria.

Administratoria potestas est potestas privata in hominem sui juris.

Quam induxit natura [1], jus confirmavit [2], illa quidem quod suaderet hominem qui nec consulere nec rebus suis superesse posset, subesse alteri, hoc vero quod Reipub. interesse cives habere bonos & moratos, atque ne quisquam rebus suis abuteretur.

1 §. pen Inst de Atil. tutor. & eo qui dabat. l 1 C. de minorib l. neque à tutela, C. de excusat. tut.
2 §. 1. Inst. de tutel.

Est autem potestas illa in homine sui juris impubere

pubere

pubere vel pubere; in illo tutela dicitur, in hoc cura, tametsi aliquando tutelæ appellatio ad curam pertineat [3].

Hinc potestas administratoria duplex est, alia tutela, alia cura [4].

[a] *Tutela* est jus tuendi impuberis, pupilli, quod Servius ita expressit, tutela est vis ac potestas in capite libero ad tuendum eum qui per ætatem se defendere nequit [5].

[b] *Cura* est jus curandi puberis, qui neg[o]cia sua tueri non potest.

Impubes seipsum per ætatem defendere nequit: pubes se quidem, sed ob inopiam consilij vel impedimentum aliud non sua negocia.

Impubes igitur in tutela est [6], pubes in cura: impubes tamen non omnis, sed is qui sui juris, quomodocunq; etiam potestate patria exierit, suique juris factus sit, qui proprie pupillus dicitur, qui impubes est juris sui.

Pubes autem in cura est, atque is minor est vel maior annis XXV [7].

Minor proprie in cura est, quamvis non nisi volens [8]: Major non nisi exemplo minoris: eo quod ob impedimentum aliquod ab animo vel corpore proveniens rebus suis superesse nequeat [9].

Tam igitur cura quam tutela est in persona [10], vtraq; tamen etiam in reb. & quasi per consequẽtiam, vt qui personam tuetur, tueatur etiam res & bona ad personam illam pertinentia [11].

Ita tutela est cura personarum, quæ seipsas tueri nequeunt: cura est tutela personar[u]m, qu[æ] se quidem tueri possunt, sed non sua bona.

Quod vero inter vtranq; illam hæc differ[e]n[t]ia ponitur, quod tutela principaliter personam & per consequentiam res sive bona personæ concernat, cura vero principaliter res sive bona, & p[e]r consequens etiam personam [12], ea non in causa po[ni-]

4 *Vnde toties illud administrationis vocabulum officium promiscue in hac doctrina paßim in legibus vsurpatur.*

a De Tutelis, *tit.* 13.*lib.*1.*Inst.tit.* 1.*lib.*26.*D.Nov.*72.

5 *d.*§.1.*l.*1.*D.eod.*

b De curatorib. *tit.*23.*lib.*1.*Inst.*

6 §.*pen.Inst.de Attil.tuto.& eo q. dabat.cum infinitis aliis.*

7 *in pr.Inst.de cur.*

8 §. *itẽ inviti, Inst. de curat.*

9 *Furiosi quoque, Inst.de curat.l.his qui,*12.*D. de tutor. & curat. datis.*

10 *Quod arguit principium Inst. de tut.*

11 *Hinc tutela administratorum negociorum.li.* 2.*Cod. quand.mulier tutel.offic.l.*1.*C.de periculo.tut.& alibi.*

12 *Dd.in* §. *pupillorum tutela Inst.de excus. l. cum plures* 12.§.3. *D. de adm. tut.l.in copulando,* 4 *C.de nupt.*

posita est, sed in vtriusque effectibus quibusdam qui à se invicem sunt diversi.

Hinc doctrina vniuersa de tutela & cura duobus capitibus continetur, jure videlicet constituendæ, & jure administrandæ vtriusque.

Utrobique quædam communia sunt, quædam propria.

Communia in jure constituendæ sunt jus & personæ.

Jus quidem vt causa principalis, sine quo tutela vel cura nulla est.

Persona partim vt causa, partim vt subjectum.

Ut causa, in his nimirum personis, quę jure permittente tutelam vel curam constituunt: Ut subjectum in his, qui tutelam vel curam accipiunt & patiuntur.

Accipiunt illi tantum qui de jure tutores vel curatores esse possunt, sive dentur ab hominibus jure consentiente sive ipso jure existant.

Qui ipso jure existant ejusmodi sunt, vt ne ob naturam quidem impedientem tutores non sint.

[c] Dari vero possunt quivis, modo dari jure non prohibeantur.

Prohibentur autem quidam jure tantum, quidam præterquam quod jure, etiam natura.

Jure, atque eo vel ratione ipsius qui datur, vel ratione ejus cui datur.

Ratione ipsius qui datur ob statum aut conditionem in qua est, quæ vel dignior est, quam vt qui eam habet ejusmodi oneri subjiciatur, aut ob vtilitatem publicam subiici debeat, cujusmodi sunt in dignitatibus positi & privilegiati, vt Milites [13]: vel inferior, vt qui in ea est, munere isto dignus non habeatur, cujusmodi sunt servi [14], & infantes.

Ratio

c *Huc pertinet pars posterior rubricæ* De tutoribus & curatoribus, datis ab his, qui jus dandi habent & qui & in quibus causis. *&c. tit. 5 lib. 26. & tit. 35. lib. 5. C.*

13 *l. Militia, C. qui dare tut. poss. §. idē & in milite, Inst. de excusat. l sed & milites, 8. D. eod.*

14 *l. in servilis. C. qui dare tutor. §. 1. Instit. qui testam. tut. dar. poss.*

Ratione eius cui datur, eo quod neque ei commodum sit eiusmodi tutorem vel curatorem habere, neque etiam intersit Reipub. vt sunt debitores vel creditores pupilli aut minoris [15], litigans cum eo [16], bona eius possidens [17], coheres ipsius [18], alterius territorii [19], vitricus [20], suspectus [21].

Natura prohibetur quis dari, idque ob vicium aliquod corporis vel animi, per quod fiat, vt ne sibi quidem vel rebus suis prospicere possit.

Corporis quidem, vt sunt Surdi, Muti [22], Caeci [22], sontico morbo laborantes [23]: animi vero, vt sunt minores, furiosi, prodigi, qui tamen si dati sint, tutores vel curatores impedimento remoto esse incipiunt [24].

Mulieres sexus imbecillitas removet [25], atque alias jure ita est constitutum vt tutela munus esset virile [26].

d Aviae & matri liberorum suorum tutela speciali jure Imperatorum constitutionibus concessa est, modo renunciaverint istae secundis nuptiis & beneficio Senatusconsulti Velleiani [27].

Et cum tutela atq; cura munera sint, si non vere, at saltem quasi publica [28], is qui tutor vel curator datur, etiam esse cogitur [28], nisi ob causam vel ipse sese excuset, vel à magistratu removeatur.

e *Excusat* autem sese non nisi datus jure, quippe quod qui jure datus non est, ne sit quidem tutor aut curator, atque adeo excusatione non indigeat.

Excusatio est allegatio immunitatis tutelae vel curae, quam quis habet ex causa aliqua iusta.

Quae

15 *Novell. 94. et lim. tamen esse poterant, vt apparet ex l. Fistulas. 78. §. 1. D. de contrahend. emt. l. quoties, 9. §. sicut. D. de admin. tut. l. neq. à tutela, C. de excus. l. creditorem, C. qui dare tutor.*

16 *d. Nov. 94.*

17 *Auth. minoris. C. qui tutor. dare.*

18 *d. Auth. minor.*

19 *l. etiam municeps, 10. de tutel. l. 1. in fin. D. de tutor. dat.*

20 *l. 1. C. vbi pupil. educ.*

21 *t. t. de susp. tutor.*

22 *l. iuminib. C. qui tuto. dare poss. l. vn. C. qui morbo l. frater. C. de excusatio.*

22 *l. pen. §. fi. D. de leg. tutor.*

23 *argu. §. sed & mente captis. Inst. de curat.*

24 *§. furiosus Inst. qui testa. tutor. dar. poss. l. furiosus. 11. D. de tutel.*

25 *l. fi. D. de tutel. l. 1. C. quand. mul. tutel. offic.*

26 *l. tutela. 16. D. de tutel. lib. 2. D. de R. I.* d Quando mulier tutelae officio fungi potest, *tit. 35. lib. 5. C. 27. Novel. 118. c. 5. Auth. matr. C. eod.* 28 *in pr. Inst. de excusat. l. ἐὰν δύω. §. tutel. D. eo. vide Pet. Fab. & Ravar. ad l. 2. D. de R. I.* 28 *l. 1. in pr. D. de adm. tut.* e De excusationib. tutorum vel curatorum, *tit. 25. lib. 1. Inst. titul. 1. lib. 27. D. tit. 62. lib. 5. C.* 29 *§. item maior. Inst. eod. l. scire oportet, 13. in fine. D. eo. l. 1. D. de confirm. tutor.*

Quæ fit regulariter re adhuc integra, neque dum tutela aut cura suscepta, interdum vero etiam posteaquam tutela vel cura suscepta est.

Et fit in partem, vel in totum.

In partem, idq; vel causæ veluti ab administratione rerum quæ in alia provincia sunt[30], vel temporis, [f] veluti si tutorem vel curatorem abesse oporteat Reipubl. Romanæ aut cuiuscunq; alterius municipii causa, quæ ex causa excusatur ab administratione donec redeat[32], & à nova tutela vel cura anni habet vacationem pro præmio impensę in rempubl. operæ[32], item si tutorem vel curatorem res fisci aut principis negocium administrare oporteat[33]: item [g] si furore aut morbo tutor aut curator correptus sit temporali[34].

In totum excusantur, *I* [h] Veterani, id est, qui annis XX. militarunt, & honeste missi sunt, excepta vna tutela aut cura filiorum conveterani, aut vna cura militis, à qua tamen itidem anni habet vacationem[35]

II. [i] Numero liberorum, hi qui Romæ tres, in Italia quatuor, in provinciis quinque liberos habent superstites, in quibus computantur etiam liberi ex filio prædefuncto nati, nec interest fœminæ sint an masculi, sui juris an in potestate[36].

III. [k] Numero tutelarum aut curarum trium non affectarũ[37], quinimo nonnunquam etiam vna si sit, si ista nimis diffusa & negociosa[38].

IV. Quibus lis de omnibus bonis aut majore parte bonorum cum pupillo aut minore est vel futura est[39].

V. Qui ea paupertate premuntur, vt oneri huic ferundo idonei esse nequeant[40]

VI. Qui literarum sunt imperiti, vt ex imperitia illa negocia administrare non possint[41].

VII. Qui

30 *l. curator l Testamento C eod. l. illud, 19. & l. propter, 21. §. licet. D. eod.*

f Si tutor vel curator reipubl. causa absit *ti. 64 lib. 5. C.*

31 *l 1. C eod.*

32 *l. Nõ solum 10. D de excus. l 2. C. si tutor. vel curat. Reip caus.*

33 *§. Item divus. Inst eod l. Geometra, 22. § 1 l. administr 41. D eod l. Exactores C. eod.*

g Qui morbo, *tit 67. lib 5. C.*

34 *d. l. Nõ solũ, §. fi.*

h De excusationibus veteranorum, *tit 65. li. 5. C.*

35 *l. sed & milites D de excus. l. fin. C. de excusat. veter.*

i Qui numero liberorum se excusant, *tit. 66 l. 5. Cod.*

36 *in princ Inst. de excu. l. 2. §. 1. D. eo.*

k Qui numero tutelarum, *ti. 69. lib 5 Cod.*

37 *item tria. Inst. eod l tria, 3. D. eod.*

38 *l si tis q. 38 D. e*

39 *§. Item propter litẽ, Inst eod. l propter litem, 21. D. eo. Nov 72.*

40 *§ sed & propter. Inst. eod l. paupertas, 7. l. 40. in fi. D. eo* 41 *§ similiter eos. Inst. eod. l. ἐὰν ὀνῶ, §. fin. qua de re in discept. mea Schol. lib. 1. c. 3.*

VII. Qui inimicitias capitales cum patre pupillorum vel adultorum exercuerunt, nec reconciliatio intervenit [42].

VIII. Qui in patria sua artes liberales vel medicinam profitentur, & intra numerum sunt [43].

IX. Quorum domicilia nimis longe distant ab eo loco in quo bona pupilli aut minoris sita sunt [44].

Sunt vero quædam causæ, quæ non nisi à tutela vel cura suscepta excusent; quæ si ante tutelam aut curam extitissent, ipso jure qui datus est tutus fuisset, cujusmodi sunt [l] ætas LXX. annorum [45], & morbi supervenientes, & pleræq; illæ ex quibus ipso jure quis tutor aut curator esse prohibetur, quinimo si sese non excusent, à magistratu removeri solent, quo tamen existimationi ipsorum nihil detrahitur, secus atque fit in ea remotione, quæ fit ob crimen suspecti.

[m] *Suspectus* est qui tutor vel curator fraudenter & negligenter in rebus pupilli vel minoris versatur [46].

Et suspectus quis fit vel ob dolum fraudulẽter, vel ob culpam negligenter, res pupillares aut minorum administrando, faciendo quod fieri non debuit, vel omittendo quod fieri debuit [47].

Ob dolum remotus infamis redditur, ob culpam existimationem suam retinet [48].

Removetur autem plerunq; invitus, nec attenditur satisdictio si quam suspectus offerat [49], nemo autem nisi volens sese excusat, & ab eo tempore quo se tutorem aut curatorem datum esse novit, intra dies L. quibus elapsis excusationem proponens amplius non auditur [50].

De proposita autem ante diem quinquagesimum excusationis causa magistratus cognoscit intra menses quatuor [51], quæ si justa sit, excusans extra periculum est [52], si minus, atq; adeo tutor aut

42 §. *Item si propter. Inst. eod. d. l.* ἐὰν δύω, §. *dat remissionem*, *Nov.* 90. *cap.* 7.

43 §. *Item Romæ. Instit. eodem d. l.* ἐὰν δύω, §. 1.

44 *per allegata supr. n.* 30.

l Qui ætate, *tit.* 68. *lib.* 5. *C.*

45 §. *Item maior. Inst. eod. l.* 2. *D. eod. l. vnic. C. qui ætat. l. vn. Cod. qui ætat. vel profess∫.*

m De suspectis tutoribus vel curatoribus, *ti.* 26. *lib.* 1. *Inst. tit.* 10. *li.* 26. *D. tit.* 43. *l.* 5. *C.*

46 *l.* 1. *D. e.* §. *suspectus. Inst. eo. l. si creditores,* 31. §. 2. *D. de reb. autorit iud. possid. l.* 1. §. *solent, D. de offi. præfecti vrbi.*

47 §. *suspectus autem, Inst. eod. l. fin. C. eod. l.* 3. §. *nunc videamus. D. eod. l.* 2. *C. de tut. vel curat. qui satis non dedit.*

48 *d.* §. *suspect. aũt*

49 §. *Novissime autem. Inst. eod.*

50 §. *qui autẽ Inst. de excusat. l. scire oportet,* 13. *D. eod. l. quinquag. C. eod.*

51 *d. l. scire oportet,* §. 1. *& seq.*

52 *l. si tutor. Cod. de excusat.*

aut curator succumbat [n], vel falsis allegationibus excusatus sit, omne periculum tutoris aut curatoris ad ipsum pertinet, non ejus tantum quod post, sed etiam quod ante evenerit [52].

Inter prohibitos non est filiusfamilias, neque propterea quod filiusfamilias quis sit excusandi causam jus dedit, vt ita non minus filiusfamilias quam paterfamilias tutor sit & esse possit [53].

Neq; etiam inter illos est spado, adeo vt ne excusationem quidem si dati sint, ex eo quod spadones sunt, mereantur [54].

Tutelam & curam *patiuntur* homines sui juris, qui sibi suisve rebus superesse nequeunt [55].

Hactenus communia personarum; sequuntur *propria*: præcipuum autem illud est, quod tutela est hominum juris sui impuberum, id est, masculi nondum quatuordecim, & fœminæ nondum duodecim annorum.

Hanc constituit lex sola, vel vna cum homine: illa quidem vt quis tutor existat ipso jure sine vllo facto hominis, hæc vt detur jure consentiente ab homine.

Hinc tutela distribuitur in legitimam & dativam [56].

Legitima à sola est lege, vnde etiam κατ' ἐξοχὴν legitima dicitur. Dativa etiam est legitima, sed à propiori causa, quod nimirum ab homine detur, Dativa appellatur.

Homine tamen non promiscuè quovis, sed eo cui lex sive jus dare concessit.

Atq; ita tutela imperii non est, nec jurisdictionis; sed ei soli competit, cui nominatim hoc dederit lex vel Senatusconsultum vel princeps [57].

Nam & privatus dat tutorem [58], & magistratus est, qui tutorem non dat [59], eo quod jus illi hoc concessit, huic non æque, interdum tamen etiam à magistratu, & non etiam à privato quovis.

Permi-

n Si tutor vel curator falsis allegationibus vsus sit, tit. 63. *lib.* 5. *C.*

52 *l. si tibi pater C. de test. tut. l.* 1. §. 1. *l. tut,* 20. *D. de admin. tutor.*

53 *l. pen. D. de his q. sui vel alien. iur. sunt. l. si filiusf.* 7. *D. de tut. in pr. Inst. q. test. tut. dar poss.*

54 *l. spadonē,* 15. *D. de excus. l.* 1. *C. eod.*

55 *in pr. Inst. de tut.*

56 *vulgo in testamentariā, legitimā & honoraria. verū* διχοτομία hæc *fundata est, non solum in reb. ipsis, sed etiam in textu l. fi. C. de legit. tut. alias vero etiā tutor Dativus opponitur Testamentario, qua oppositio est speciei nō generis. vt in l. Dativus,* 7. *D. Rē pupill. saluam fore probat Cuiac. in parat. C. de testam. tutel.*

57 *l. muto,* 6, §. *tutoris. D. de tutel,*

58 *vt pater liberis suis impuberibus in testam.*

59 *Nimirum omnis ille, cuius sub tit. Inst. de Attilia. tut. non fit mentio, nec sub ti. D. de tutor. & curat. datis.*

Permisit autem jus privato patri, & magistratibus certis.[60]

Ex quo tutela Dativa facta est duplex, Testamentaria alia, alia Dativa honoraria.

Testamentaria si sit, praefertur legitimae & honorariae, honoraria autem legitimā sequitur, atq; omnino locum non habet, aut certe casibus ad modum paucis, nisi vtraq; illa deficiente[60].

Nam prima omnium in tutelis est quaestio, an data sit testamento; si ea non sit, sequitur legitima: sed & hac deficiente tum demum ad legitimam devenitur; de quibus eodem videamus ordine.

o *Testamentaria* tutela est, quando pater liberis suis impuberibus in potestate existentibus testamento dat tutorem[61].

Testamento, inquam, ex quo etiam nomen invenit[62].

Est autem datio haec effectus quidam potestatis patriae[63]; vt eam dare nequeant, nisi qui liberos in potestate habent[64].

Cumque tutela sit eorum qui sui juris sunt, iis tantum impuberibus, qui mortuo parente juris sui futuri sunt[65].

Et nunquam datur nisi impuberibus[66]: sed datur quandoque ab his etiam, qui in potestate non habent contra regulam, adeoq; non jure sed de facto, vt si pater det filio mancipato[67], mater liberis[68], imo vero etiam extraneus extraneo[69], quinimo ab his etiam qui in potestate habent, verum non in testamento perfecto, sed fortasse imperfecto, vel per epistolam, vel fideicommissi verbis[70].

Tutela quidem huiusmodi testamentaria non est, cum potissima tutelae constituendae causa nimirum jus deficiat[71]: datur tamen exinde occasio, vt is qui jure datus non est, à magistratu p confir-

60 in pr. Inst. de legit. tutel. & in pr. Inst. de Atil. tutore. l. si quis sub conditione, 11. D. de testam. tut.

o De testamentaria tutela, tit. 2. lib. 26. D. tit. 28. l. 5. C.

61. §. permissum est, Inst. de tutelis, l. 1. D. de testam. tut. l. 2. D. de vulg. & pupil. subst.

62 etiam codicillis testamento confirmatis, l. 3. D. eod. l. 1. D. de confir. tuto.

63. l. Impuberis, 40. D. de admin. tut. l. fin. C. quand. tutor. vel curat.

64 d. §. permissum est, & d. l. 1.

65 §. Itaq; si filius. Inst. de tutel. d. l. 1. in fin. l. 2. D. eod.

66 d. §. permissum est.

67 §. fi. Inst. de tut. l. 1. §. 1. D. de confir. tut.

68 l. 1. §. 1. l. 2. D. de confir. tut. l. mater, C. de test. tutel. l. peto, 63. §. mater. D. de legat. 2.

69 d. l. 1. §. 1.

70 d. l. 1. §. 1. l. 3. D de confir. tutor. l. 2. C. eod.

71 l. 3. in fin. D. de test. tutel. 1. C. eod.

p De cōfirmādo tutore vel curatore, tit. 3. lib. 26. D. tit. 29. lib. 5. C.

confirmetur, atque adeo à magistratu id quod juri deerat suppleatur, quod à magistratu fit indistincte in datis à patre [72]: sed in datis à matre aut Extraneo non aliter nisi heredem illum instituerint, aut alias aliquid reliquerint, cui tutorem dederint [73].

Quam distinctionem cura parentum provida fecit, quæ matre & extraneo non æque, nisi actu aliquo declarata, præsumitur [74].

¶ Unde etiam si contra matris voluntatem tutor datus sit, eum removendum esse legibus constitutum est.

Ex confirmatione autem illa is qui non jure tutor datus erat tutor esse incipit, non testamentarius sed honorarius [75], qui hoc casu præfertur legitimo.

Confirmare enim tutorem est, eum dare [76].

¶ Dari autem potest quivis [77], cum quo testamenti factio est [80], atque adeo servus etiam, cum libertate tamen atque ea expressa, vel si expressa non sit, saltem tacita [81].

Et tacita ista ex constitutione Valeriani & Galieni Impp. fideicommissaria [82], quæ Justiniano Imp. directæ nō omnino absimilis esse videtur [83].

Cum ex testamento tutores nulli sunt, proxima est, vt dictum est, legitimæ tutelæ ratio [84].

¹ *Legitima* tutela est tutela à jure solo existens [85].

Ea defuncto aliquo, qui pupillos relinquit, semper est & existit ipso jure.

Estque duplex: vere legitima, & quasi.

Vere legitima est, quam lex ipsa definivit, atq; aliam expresse, aliam tacite; illam directam voco, hanc obliquam.

Directa est, qua expresse jure cognatis proximis tutela cognatorum proximorum defertur.

72 *l.3.D.eod.*
73 *l.Naturali. 7. D.eod.l.fi.C.eod. l.4.D.de testam. tutel.*
74 *d.l.fin.C.eod.l.4.D.de confir.tut.*
¶ Si contra matris voluntatem tutor datus sit, *ti.47.lib.5.C.*
75 *Cui.in paratit. C.de confir.tutore.*
76 *l.tutor.20. in fin.D.de testa.tutel.*
¶ Qui testamento tutores dari possunt, *tit.14. libr.1.Inst.*
77 *d.l.tutor.*
80 *l.Testamento, 21.D.de test.tutel.*
81 *§.1 Inst.eo.l.si quis tutorem, 22. D.de test.tut.*
82 *l.etsi non adscripta.C.de fideicom.libert. tametsi ante ipsos idem sensisse videatur Vlp. in l.si hereditas, 10. §.fin.D. de testam. tutel.& in l. Generaliter.24.§.si quis servo.D.de fideic. libert.& Paulus 4. sent.13.§.fin.*
83 *d.§.1.Inst.eo.& ante ipsum Paulus in l.quæro, 32.§.fi. de testam.tut.qua de re latius Cui.18. obs.5. Ant. Fab.6. conjectur. 16. Dd.in d.§.1. vbi & ego aliquid ea de re attigi.*
84 *in princ. Instit. de legit.agnat.tutel.*
85 *l. legitimos. 5. D. de legitim. tutor.*
¹ De legiti-

Cuj s

Cujus ex jure Justinianeo partes sunt duæ, quarum vnam rursus recte legitimam dixeris, alteram Imperatoriam.

[s] Legitima est prior directæ tutelæ pars, qua ex verbis legis XII. tabul. agnatis proximis maribus tutela defertur [86].

Ita enim lex XII. tabul. loquebatur: Si paterfamilias intestato moriatur, agnatorum gentilium que in ipsius pupillis eorumq; pecunia jus esto [88].

Intestato nimirum, si vel testamentum omnino non fecisset, vel fecisset quidem, sed super tutela nihil disposuisset [89].

Agnatos intelligimus mares proximos, ad quos defuncto pupillo verosimiliter ipsius perventura est hereditas [90].

Ratio legis duplex est, naturalis vna, altera civilis; illa ex persona pupilli in jure sanguinis est, hæc in bonis ejus, quod verosimile sit, eos bona pupilli fidelissime administraturos, quorum proxima futura esset successio [91].

Atque naturalis quidem illa ratio locum habet semper, civilis non itidem, quippe quod fieri possit vt alius spem habeat successionis proximam, alius tutelam, quod accidit in sorore agnata, quæ agnata quidem est, atq; adeo heres proxima, sed quia fœmina est non etiam tutrix [92].

[t] Imperatoria tutela est pars tutelæ directæ posterior, qua defertur tutela ex constitutione Justiniani Nov. CXVIII. cognatis proximis etiam per fœminas.

In qua eandem rationem deferendæ tutelæ retinuit Justinianus, quæ est ex lege XII. tabul.

Lex ibi volebat, esse plerunque tutelæ onus vbi successionis spes esset & commodum: idem vult Imperator.

Cum autem Imperator æque ad hereditatem vo-

---

mis tutoribus, *tit. 4. lib. 26. D. & tit. 30. lib. 5. Cod.*

s De legitima agnatorum tutela, *tit. 15. lib. 1. Inst.*

86 *l. 1. in pr. l. intestato, 6. D. eo. 2. C. eo. atq; inde quia ex ipsis verbis XII. tab. est, dicitur legitima, Vlp. in frag. tit. 11. §. legitimi.*

88 *vide fragmenta XII. tab. hinc in l. 1. C. eo non avunculis sed patruis ex lege XII. tab. tutelam deferri dicitur.*

89 *§. quod autem. Inst. eod. d. l. intestato.*

90 *§. 1. Inst. eod. l. sunt autem, 7. & l. 9. D. eod.*

91 *l. 1. D. eod. §. 1. Inst. de patro. tutel.*

92 *l. quo tutela, 73 D. de R. I. l. 1. §. 1. D. de legit. tutor.*

t *Nov. 118. c. 5.*

vocet cognatos atque agnatos, æque tam illos quam hos ad tutelam vocasse intelligendus est.

Per fœminas, inquam, non etiam fœminis; sicut in XII. tabul. matre & avia exceptis, ut supra dictum est.

u De legitima patronorum tutela, tit. 17. lib. 1. Inst.

u *Obliqua* tutela est, quæ ex interpretatione legis XII. tabul. defertur patronis in liberos impuberes 93.

93 in prin. Inst. eod. per consequentiam. ut ait Ulpian frag. tit. 11. §. legitimi.

De hac tutela lex XII. tabul. nihil definierat expresse, sed cum definivisset libertorum libertarumque bona, si intestati decessissent, ad patronos eorumque liberos pertinere, atque ab eadem lege, agnatis propterea esset delata, quod ipsi spem haberent successionis, censuerunt prudentes, cum eadem ratio in patronis militaret, per illam hereditatis consequentiam, legem XII. tabul. idem jus ratione tutelæ esse voluisse, siquidem non minus ex lege sit, quod est ex mente eius, quam quod est ex ejus verbis 94.

94 l. 3. D. de legit. tut.

Quasi legitima tutela est ad exemplum vere legitimæ introducta, quam Ulpianus vice legitimam appellat 95.

95 d. l. 3. §. fi. sed in frag. tit. 11. fiduciariam potius nominandam existimat.

Quæ duplex est, parentum & fiduciaria.

x De legitima parentum tutela, ti. 18. lib. 1. Inst.

x *Parentum* tutela introducta est moribus ad exemplum tutelæ obliquæ, & est tutela parentum quam habent in liberos suos emancipatos.

Emancipationum pars altera erat manumissio facta à patre emancipante, qui ea filii sui emancipati quasi patronus fiebat: & cum ad hereditatem ejus ab intestato non vocaretur, deficiebant & verba & mens XII. tabular. veruntamen cum patroni libertorum suorum tutores fierent, idem moribus receptum fiebat in parentibus manumissoribus tanquam patronis 96.

96 d l. 3. §. fin.

y De Fiduciaria tutela, ti. 19. lib. 1. Inst.

y *Fiduciaria* est tutela fratrum in impuberes defuncto parente tutore 97.

97 l. quo defuncto, 4. D. de legit. tutor.

Utri-

Utriusque hujus quasi legitimæ tutelæ vsus amplius non est, illius quidem, cum emancipatione ex Justiniani constitutione jus agnationis non perimatur, ac proinde pater jure agnationis, atque adeo vere legitimæ tutelæ tutor esset: huius vero ob eandem causam, & præterea quod ex eadem Justiniani const. Nov. CXVIII. inter agnatos & cognatos, quoad tutelas, nulla sit differentia.

z Cum vero nec testamento tutor datus est, nec ipso jure quis existit, succedit tutela *honoraria* 98, quæ etiam absolute dativa dicitur 99, quæ est tutela à magistratu cui id jure concessum est data.

Dat autem magistratus ex officio vel requisitus.

Nam hæc sola tutela est quæ petatur, ceteræ non petuntur, sed testamentaria datur, legitima ipso jure existit, hæc petitur & datur, interdum datur tantum quo casu officium magistratus vice est petitionis.

a Tutores petunt alii quam impuberes, atque ex illis quidam voluntate sua, quidam necessitate 1.

Necessitate petunt Mater 2, & Liberti 3, cognati ceteri voluntate sua 4.

Curatores autem minores petunt sibi ipsis, idque vel per se si adsint, vel si absint per procuratorem 5.

Alii autem minori curatores petere non licet. 6, nisi minor admonitus petere nolit curatorem ad litem 7.

Qui vero tutores vel curatores petunt, eos petunt à magistratu in patria pupilli, ex qua per patrem originem ducit, vel vbi patrimoniũ habet 8.

A magistratu, eoque vel ex lege vel ex constitutionibus 9.

z De Attiliano tutore & eo qui ex lege Iulia & Titia dabatur. *ti. 20. lib. 1. Inst.* De tutoribus datis ab his qui ius dandi habẽt *ti. 5. lib. 26. D. & tit. 34. lib. 5. C.*

98 *ab honoribus, id est, magistratib. arg. ita à causa efficienti, arg. §. prætorum. Inst. de iure nat. gent. & civil.*

99 *l. Dativus, 7. D. Rẽ pupil. salv. fore. l. Generaliter. C. de Episc. & cler. l. fin. C. de legit. tut.*

a Qui petant tutores vel curatores, & vbi petantur, *titul. 6. lib. 26. D. t. 31. & 32. l. 5. C.*

1 *l. 2. §. 1. D. eod.*

2 *d. l. 2. §. 1. l. matris. l. cum matrib. C. eod. l. 2. §. si mater. D. ad Tertyll. l. fin. §. 2. C. de administ. tutor.*

3 *d. l. 2. §. 1. l. 2. C. eod.*

4 *d. l. 2. §. 1. l. Amita. C. eod.*

5 *d. l. 2. §. hoc quidem. D. eo. d. l. mat. in fin.*

6 *d. l. 2. in fi. l. 3. §. si pupillus. D. de tut.*

7 *l. 1. C. eod.*

8 *l. pupil. 27. D. de tut. & curat. dat. l. vnic. C. vbi petant. tut. vel curat. lib. 3. C. qui petant tut. vel curat.*

9 *cuius historia ordine recensetur sub tit. Inst. de Attilian.*

Ex lege, ab initio, & in vrbe quidem ex lege Atilia à prætore vrbano, & majore tribunorum parte, in provinciis vero ex lege Julia & Titia à præsidibus [10].

Ex constitutionibus [11]; primum Claudii [12], qua consules [13], exin Antonini [14], qua prætor peculiariter ad id constitutus & ob id tutelaris dictus [15], tutores dabant, & demum ex constitutione Justiniani defensores civitatum cum earundem civitatum Episcopo, vel magistratus alij [16].

b Clarissimorum impuberum vel puberum ratio circa tutelam dativam honorariam hęc est, vt in vrbe quidem tutores vel curatores constituantur, ex quocunque ordine Senatorio, vel equestri ab illustri præfecto vrbi, adhibitis in cōsilium X. senatoribus & prætore tutelari, hoc ordine vt pronuncietur sententia præfecti vrbi, & ille postea solenniter detur, decernatur, prodatur, inauguretur, confirmetur autore prætore tutelari: in provinciis autem dentur aut nominentur dandi à præsidibus decreto decurionum [17].

Postremo tutorem non habenti tutor non datur [18], quod lex id nollet [19], nisi in casib. certis [20], qui pleriq; sunt ex Senatusconsultis [21], ex quibus vt tutor ita & curator dari poterat, qua in re & illud fit irregulariter vt pupillus habeat curatorē [22].

c Casus autem quibus illud fiat sunt septem.

I. Si in locum absentis reipub. causa detur tutor alius, siquidem is qui abest tutor esse nō desinit [23].

II. Si tutor remotus sit, substituitur illi alius, & si alii adhuc sint, vel præsto sit legitimus [24].

III. De-

10 *in pr. Inst. eod.* 11 *§. sed ex his legib. & seq. Instit. eod.* 12 *teste Suetonio in vita Claudij.* 13 *l. 1. §. 1. D. de confirm. tutor.* 14 *Capitoli in vita Antonini.* 15 *de quo supr. cap. 13.* 16 *§. sed hoc iure. Inst. eod. putant cōstitutionem istam cum priori Codic. excidisse, Pacius eam existimat esse lib. 30. C. de Episc. & cler.* b De tutoribus & curatoribus illustrium vel clarissimarum personarum, *tit. 33. lib. 5. C.* 17 *ita Cui. in para. C. eod. hanc rem explicuit.* 18 *§. interdum Inst. de cur. l. idē fiet. 27. D. de testa. tut. l. tut. 10. D. de tut. & curat. dat. l. cū iure habenti, C. qui pet. tutor. vel curat. l. si sororis. C. qui dar. tut. vel cura. illust.* 19 *l. ventri. 20. D. de tut. vel cur. dat.* 20 *l. licet. C. in quibus casib. tutor. vel cur. habenti, l. si quis sub conditione. 11. D. de test. tutel.* 21 *Cui. in parat. C. in quib. caus. tut. habenti, l. pen. D. de tutel.* 22 *l. solet etiam, 13. D. de tutel.* c In quib. tutorem vel curatorem habenti tutor, *&c. tit. 26. l. 5. C.* 23 *l. 1. C. eo. l. quasitū. 12. D. de tutel. l. 3. §. si quis absfuturus. D. de suspect. tut. l. si tutor. Reip. 9. D. de tutel. & ration. distrah. & multo magis curator, l. in omnē, 15. D. de tutor. & curat. dat.* 24 *d. l. licet. l. tutorem habenti, C. qui dar. tut. vel curat. poss.*

III. Defuncto etiam tutori substituitur alius, etsi alij tutores adhuc sint superstites [25].

IV. Item excusato [26].

V. Item deportato [27].

VI. Item Relegato [28].

VII. Et denique in locum furiosi, surdi, muti, &c. sufficitur alius, etsi sit tutor alius [29].

Hæc de propriis tutelæ circa personas: quod ad curam attinet, ea præcipuum hoc habet, vt sit puberum sui juris, non tamen omnium, sed eorum qui in rebus suis superesse nequeunt [30].

Superesse autem nequeunt, quidam quod nõdum sint ejus ætatis, vt satis prudenter eas administrare possint, quales plerunq; sunt minores annis XXV. [31], quidam quod etsi per ętatem quidem possint, attamen ob impedimentum aliquod animi vel corporis nequeant.

Hinc cura quædam est puberum minorum, quædam puberum majorum.

Minorum nonnisi volentium [32], excepto casu, quo Curator illis ad litem datur, quod ipsis etiam invitis fieri potest [33]. Majorum etiam invitorum aut non volentium: & rursus illorum ratione ætatis, horum ratione impedimenti alicujus.

c Majores hi sunt furiosi, prodigi, mente capti, surdi, muti, & qui perpetuo morbo laborant.

Quod vero pupilli etiam interdum curatores accipiunt, id jam ante dixi anomalum esse.

d In quibus maxime nobilis ille est, qui datur pupillo, cui cum tutore suo qua de re lis est [34].

Curatorem autem habenti, quo minus alius curator detur, regula juris non est impedimẽto [35].

Ex lege XII. tab. curæ species erant duæ, legitima, & dativa honoraria.

Testamentaria nulla erat, vel quod legi ita placuisset ne daretur, vel quod invito curator non dare-

25 *l.3.C.de tut.vel curat.qui satis non dedit.l.in locum.C. qui pet.tut.vel curat.*

26 *l.2.C.in quibus caus.l.1.§.1.l. qui tutela.28.l.si quis sub condit.11.D.de test.tut.*

27 *d.l.si quis sub condit in fin.*

28 *d.l.licet.l.in locum. C. qui petant tutor. vel curat.*

29 *l.pen.D. de tutel. vide omninò Cui.hic in para.. C.*

30 *§.sed & mente Inst.de cur.l.2. D. de cur.furios. l. His qui.12.D.de tut.& curat.dat.l.Titius, 45.§.fi.D.de exc[illegible].*

31 *in pr.Inst.de cur. l.1.in fi..D. de min.*

32 *§. item inviti. Inst.de curat.*

33 *d.§.Item inviti. l.3.§.2.D.de tutel. l.1.C.qui petat.tut. vel curat.*

c De curatorib, furioso &. aliis extra minores dandis, *tit.10.l. 27.D. & tit.70. lib.5.C.*

d De in litem dãdo tutore vel curatore, *tit.44.lib.5.Cod.*

34 *§.fi.Inst.de autor.tut. vel curat.*

35 *l.ventri.20.in fi.D.de tut.& cur.dat.ab his.*

datetur, ex vero quæ in testamento scripta sunt, ab alieno arbitrio dependere non debeant [36].

Si autem testamento datus erat à magistratu jus curatoris dandi habente, confirmabatur [37].

Legitima est ex lege XII. tabul. prodigorum [38], furiosorum [39], in ipsorum agnatis & gētilibus, ex constitutione Anastasij etiam in cognatis [40].

Dativa in minoribus, ceterisque qui negociis suis superesse non poterant, vt mente captis, & surdis & mutis, & qui perpetuo morbo laborant.

Hodie legitima nulla est, quia à magistratu omnes dantur ex legis permissione [41].

36 §. *Sed curator, Inst. de curator, l. 1. D. de confir. tut. l. curatorem. Cod. de neg. gest. l. pen. C de testam. tutel. Cuia. 7. obs. 6.*
37 *d. l. 1. in fi. D. de curat. furios. l. 1. C. eod.*
39 *l. 1. C. eod.*
40 *l. Ne lucrum, C. eod.*
41 *l. 1. obser. 6. D. eod.*

e De administratione & periculo tutorum & curatorum, *&c. tit. 7. lib. 26. D. tit. 37. lib. 5. C.*

[e] *Atq;* ejusmodi est jus tutelæ & curæ constituendæ, sequitur caput alterum, quod est, in vtraque illa administranda.

Quædam autem administrationem præparant, quædam ad ipsam spectant.

Præparant inventarij confectio & cautio: vtraq; decreto judicis seu magistratus præcedente [42].

Inventarium est omnium bonorum pupilli seu puberum legitime facta descriptio [43].

Quæ fit coram Notario & testibus quam primum cum quis se tutorem vel curatorem esse resciverit, per instrumentum publicum, quod sit clarum omnibus bonis tam mobilibus quam immobilibus, tam futuris, quam præsentibus in eo per confinia & valorem descriptis [44].

42 *l. de creationib. C. de Epis. audient.*
43 *l. tutor. 7. D. eo. l. de creationib. C. de Epis. aud. l. fi. C. arbit. tute. l. fi. §. & si quidem. vers. & inventario. C. de cur. furios. idē repertoriū dicitur in d. l. 7.*
44 *l. tutores. C. eod. vide Mys. Cent. 6. obser. 39.*

f De satisdatione tutorum, *&c. lt. 24. li. 1. Inst.* De tutore vel curatore qui satis non dedit, *tit. 42. lib. 5. Cod.*

[f] *Cautio* est qua pupillus sive pubes de fideli administratione à tutore vel curatore securior redditur.

Quæ juratoria est & satisdatio.

Juratoria, quo tutor vel curator se fidelen & integrum fore in administratione jurato promittit.

Satisdatio, qua promittit satisfactum iri, si quid in administratione fiat secus.

Illa

Illa mentem & voluntatem, hæc & factum sincerum præstat.

Satisdatur autem g fidejussoribus 45 vel bonis, quæ alias etiam ipso iure pupillo vel puberi obligata esse censentur 46.

Hodie quidem à tutoribus & curatoribus promiscue omnibus cautio ista præstari debet 47, olim ab omnibus, præterquam à testamentariis 48, atque illis etiam qui ex inquisitione electi & dati erant 49.

Inventario legitime facto, & satisdatione rite præstita, sequitur *administratio* ipsa.

Quæ summatim eo pertinet vt vtilia fiant, & inutilia prætermittantur.

Tam enim peccat is qui omittit id quod facere debet, quam is qui facit id quod facere non debet.

Est vero administratio illa tum in personis pupillorum vel puberum, tum in bonis ipsorum.

In personis ipsorum vel educandis vel integrandis.

h In educandis quidem non solum i victum & amictum suppeditando, sed mores etiam bene informando 50, quod fit plerunque apud matrem viduam, vel si ea de re inter tutores, matrem & cognatos convenire nequeat, apud eum quem prætor aut præses educatorem decreverit 51.

k Integrandis vero præstando autoritatem pupillis & consensu puberibus in negociis in quibus opus est.

Tutor enim autoritatem præstat, curator consensum, quæ duo effectu quidem sunt eadem, sed ex modo accommodandi diversa.

Consensus & ante actum & in actu & post actum intervenire potest: qui in actu ipso interponitur, autoritas est, qui post, Ratihabitio: is qui ante est, nomen generis retinet.

g De fidejussoribus & nominatorib. & heredibus tutorum & curatorum, *ti.7. lib.27. D. ti.57. & 54. lib.5. C.*

45 *l.1. D. qui satisd. cogan. qui tutorum nomine promittant rem pupilli salvam fore l. cum pupillus. 9. D. rem pupilli salvam fore.*

46 *d. l. de creationib. l. fi. in provincia. C. de cur. furios.*

47 *vide* Policeyordnung *de anno &c. 48. & repetita anno 77. sub tit. 32.*

48 *§.1. Inst. de satisd. tut. d. l. fi. §. Et siquidem. l. pater. 4. l. Testamento, 17 D. de testam. tut.*

49 *d. §.1. l. Non omnium. C. de tuto. vel curat. qui satis non dedit. l. Bonorũ. 8. D. de cura. furios.*

h Vbi pupillis educari vel morari debeat, *ti.2. li.27. D. t.49. li.5. Cod.*

i De alimentis pupillo prestandis, *ti.50. lib.5. C.*

50 *l. cum plures, 11 §. cum tutor. D. de admin. tutor.*

51 *l.1. C. eo. passim. modo dd. tit.*

k De autoritate tutorum, *ti.21. li.1. Inst. ti.8. li.26. D. tit.59. lib.5. C.*

Ita fit vt tutor in ipso negocio pupilli intervenire debeat & contestari, probari sibi id quod agitur, quod nisi ita fiat, nihil actum intelligitur [52]: curator vero etiam post consentire possit.

Est autem tutoris autoritas necessaria, si ex negotio quod geritur pupilli conditio fieri possit deterior [53], secus si melior [54], idque indistincte sive de acquirenda obligatione sive acquirendo dominio, aut alterutro eorum amittendo agatur [55].

Quod non perinde in minoribus est, qui vt res quidam suas sine curatore alienare nequeant [56], personam tamen suam quo minus obligent, nihil est quod obstet [57].

In rebus pupillorum & puberum eas conservando vel distrahendo [58].

l Conservando vt quæ sunt, meliores reddantur, non deteriores, aut certe vt in statu eodem maneant.

Quod tot modis fieri potest, quot sunt negociorum genera ad vtilitatem rerum pupillarium pertinentia, puta si pecunias pupilli vel puberis in emtiones prædiorum collocet [59], m actiones pupilli vel puberis, si opus sit, suscipiat.

Distrahendo non nisi ex necessitate vel decreto magistratus.

Ex necessitate, nimirum res illas distrahendo quæ servando servari non possunt, item inutiles, item si æs alienum exsolvendum, aut nō sit aliud ex quo pupillus ali possit [60].

n Decreto magistratus res immobiles quascunque & res mobiles magni precij: quas ne ex necessitate quidem nisi magistratus decreto interveniente alienari posse, à Severo & Antonino constitutum est [60].

Alienatio vero rerum illarum sine decreto nulla est, o tametsi à maiore facto rata habere possit:

P emtori

52 §.tutor. Inst. eo. l.3. l. obligari. 9. §. tutor. D. eod. l. si id quod. 7. §.1. D. de resci. vend. l. Julianus, 13. §. si quis à pupil. Dig. de act. emt.
53 in pr. Insti. eo. l. pupillus, 189. D. de R. I.
54 in pr. Inst. eod.
55 l. pupillus, 11. D de acquir. domin.
56 l. si curatorem, C. de in integrum restit. min.
57 l. puberes, 101. D. de V. O.
58 Quā Cuia. vocat defensionē causæ pupillaris, in parat. C. ubi pupill. educ. debeat.
l Quando ex facto tutoris vel curatoris minores agere, &c. t. 9. lib. 26. D. & tit. 39. lib. 5. C.
59 l. si tutor. D. de admin. tut.
m De actore à tutore seu curatore dando, t. 61. lib. 5. C.
60 l. lex quæ. C. de admin. tut. l. fi. C. si maior factus.
n De reb. eorum qui sub tutela vel cura sunt, t. 9. lib. 27 D. & t. 71. lib. 5. C.
60 l. 1. D. eod.
o Si minor factus alienationem factam, &c. t. 74. lib. 5. C.

p emtori etiam bonæ fidei consulatur: q & casus sint quibus decreto opus non sit.

r *Porro* administratio illa si tutores vel curatores plures sint, fit ab vno vel à pluribus, & à pluribus illis omnibus vel quibusdam.

s Qui non administrant, tutores tamen sunt, vel curatores honorarii dicuntur[61], alia significatione quam supra tutelam quandam honorariam esse dicebamus.

Tenentur autem administrare omnes, nisi testator designaverit, quem aut quos gerere velit: si non designavit, satisdans ceteris aut ad satis dandum provocatus: si inter ipsos ea de re non conveniat, quem maior pars contutorum vel curatorum elegerit: aut si ne inter hos quidem convenire possit, quem prætor designaverit.

t Administratio autem illa vt sit eo expeditior, cautum est, ne tutores vel curatores fisci vectigal conducant, antequam paria cum suis minoribus fecerint, & in genere quemcunq; contractum fiscalem non ineant[63].

u Sed cum sint interdum qui pupillorum aut puberum negocia gerant, vt tutores vel curatores sive se tutores aut curatores esse putent, siue sciãt se non esse, fingant tamen, inde appellatio eius est, qui pro tutore & procuratore dicitur[64].

x Cui falsus tutor non est omnino absimilis, qui ne opinione quidem sua tutor est, vt tutor tamen

p Si quis ignorans rem minoris esse, *tit. 73. lib. 5. C.*

q Quãdo decreto opus non sit, *tit. 72. lib. 5. C.*

r Si ex pluribus tutorib. vel curatorib. omnes vel vnus, &c. *tit. 40. lib. 5. C.* De dividenda tutela, *tit. 52. lib. 5. C.*

s Si tutor non gesserit *tit. 55. lib. 5. C.*

61 *l. quod si forte, 14. §. 1. D. de sol. l. si plures, 3. §. ceteri. D. de adm. tut. vnde honoris causa dati dicuntur, in l. si quis tutor. 60. §. quid ergo D. de rit. nupt. l. iure nostro, §. 1. D. de testa. tutel. inter hos & administrantes quasi medij esse videntur qui rei notitia gratia dantur, qui sunt liberti, quod in familia versati cognitas ac perspectas pupilli facultates haberent, & ideo tutores eorum notitia instituerentur. d. l. quod si forte, §. 1. & §. ei qui notitia. l. quaro, 32. §. 1. D. de testa tut. l. 1. §. ergo et si. D. de tutel. & rat. distr. l. 1. C. de peric. tut.* 62 *§. sed si ex testamento Inst. de satisdat. tut. l. 3. §. 2. D. iudic. solvi.* t Ne tutor vel curator vectigalia conducat, *tit. 41. lib. 5. C.* 63 *l. 1. §. ex illa. D. ad leg. Cornel. de fals. l. οἱ ἐπίτροποι 49 D. locati conducti.* u De eo qui pro tutore procuratore negocia gessit, *tit. 5. lib. 37. D. & tit. 45. lib. 5. C.* 64 *l. 1. §. 1. D. eod. l. fina. D. de tutel. & ratio. distrah. l. apud Celsum, 4. §. si quis non tutor. D. de except. doli mali, l. 3. §. penult. D. de contrar. tutel.* x Quod falso tutore gestum esse dicetur, *tit. 6. lib. 27. D.*

tamen agit, sive cum quo res illi est sciat, sive ignoret eum tutorem non esse.

y De periculo tutorum & curatorum, titu. 38. lib. 5. C.

y Est vero omnium tutorum & curatorum periculum quodammodo æquale, quod inter ipsos est, sed quoad pupillos vel puberes, idem omnino.

z Si mater indemnitatem promiserit, tit. 46. lib. 5. C.

z Quod periculum interdum in se mater pupulli vel minoris in se recipit, promittendo securitatem pupillo vel tutori eius.

a Vt causæ post pubertatem adsit tutor. tit. 48. lib. 5. C.

a Nec ante periculum illud finitur, quam rationes administrationis sint redditæ, & tutela omnis curatori restituta.

b Quibus modis tutela finitur, tit. 22. lib. 1. Inst. tit. 60. li. 5. C.

b *Finitur* tutela & cura morte alterutrius, nimirum vel pupilli vel tutoris, item vel adulti vel curatoris.

Et morte tam naturali, quam civili.

Naturali quidem indistincte.

66 §. sed & capitis Inst. eod.

Civili autem, amissa libertate & civitate, vel civitate tantum, non etiam familia 66.

67 in prin. Inst. eo. l. vn. C. qui numero liber.

Tutela sola finitur pubertate 67, in masculo qui complevit annum ætatis decimumquartum, in fœmina quæ complevit duodecimum.

Post annos istos cura esse incipit, quæ terminatur in vtroque tam masculo quam fœmina anno vicesimoquinto: in ceteris impedimento sublato 68.

68 d. l. vn. C. qui num. tutel.

Eventu temporis vel conditionis sola tutela testamentaria tollitur, non alia, non etiam cura 69.

69 §. sed et si vsq. Inst. eod.

De excusationibus vero & remotione jam supra dictum est 70: de actione vero tutelæ aliisque eo pertinentibus dicendi locus est libro sequenti.

70 & in §. fi. Inst. eod.

a DE OBLIGATIONIBUS Altera juris personarum parte.

Obligationis definitio & distributio.

CAP. XXVI.

ALterum caput, in quo jus personarum spectatur, est *obligatio*, cuius substantia omnis non in eo consistit, vt aliquod corpus nostrum aut servitutem nostram faciat, sed vt alium nobis obstringat ad dandum aliquid vel faciendum, vel præstandum [1].

Hinc obligatio definitur jus personæ, quo personam sibi aliam habet obligatam ad solvendum id quod debet [2].

Id vero est in eo vt quid fiat vel præstetur [3]: & præstetur vel res vel persona: & vel res ipsa vel interesse, aut vtrunque simul.

Obligationis doctrina in duobus est posita, Unum in obligatione constituenda, alterum in eadem constituta dissolvenda.

Obligationis *constitutio* est in causis & in modo ejus constituendæ.

Causa summa, quæ omnibus aliis juris effectibus est communis, est jus [4]: inferior hominis factum [5], quod obligationi occasionem magis præbet, quam vt obligationem inducat.

Etsi enim vt obligatio constituatur, mens atq; voluntas vt plurimum sit necessaria, ex ea tamen obligatio oritur, non quod homo ita velit, sed quod jus ex facto ejusmodi obligationem oriri concedat: & è diverso sæpe fit, vt homo obligari nolit, obligetur tamen nihilominus, si ejusmodi aliquid fecerit, ex quo jus ipsum obligari voluerit [6].

Jus igitur causa obligationis est proxima: factum hominis remota: & hæc sine qua non, illa principalis.

Atq;

a De obligationibus, 3. *Inst.* 14. & 44. *D.* 7. & 4. C. 10.

1 *l. obligationum, 3. D. de O. & A. l. traditionibus. C. de pact.*

2 *in pr. Inst. eo.*

3 *l. iurisgentium, 7. D. de pact.*

4 *Hinc iuris vinculum dicitur, in prin. Inst. eod. l. si fideiussor, 59. D. de condict. indeb. item vinculū obligationis, l. procurator, 67 Dig. de procurat. l. quamvis, 46. D. de acquir. vel amit. possess.*

5 *§. 1. Inst. de oblig. quæ ex malefi. Dd. in l. 1. D. de V. O. l. Consilio, 7. §. fi. D. de curat. furios.*

6 *Quod fit in omnibus obligationibus ex maleficiis.*

Atq; inde dicitur vinculum juris 7.

Quod cum vniusmodi non sit, inde obligationum etiam omnium non est ratio eadem.

Hinc summa ipsarum est distributio, quod alia Simplex sit, alia Mista 8.

Simplex est obligatio alterutro jure, hoc est, naturali tantum vel civili tantum jure subnixa.

Quæ ita naturalis est vel Civilis 9.

Naturalis est obligatio, qua astringitur quis ad solvendum id, quod debet naturaliter 10: eademque est obligatio iurisgentium 11.

Civilis est obligatio, qua astringitur quis jure civili ad solvendum id quod debet civiliter 12.

Mixta est obligatio subnixa jure vtroque & naturali & civili.

Ex omni creditor vnus est, alius debitor.

Creditor est cui debetur ex obligatione: Debitor qui ex obligatione debet 13, ita quidem generalissime: in contractib. autem specialibus Creditor est is qui fidem alterius sequitur, Debitor cuius quis fidem sequitur 14: tametsi creditoris & debitoris appellatio aliquanto accipiatur specialius in contractu mutui, vt is qui pecuniam dedit mutuam, creditor, qui accepit, debitor dicatur 15.

Sed non omnis creditor & debitor ex æquo est ejusmodi, quippe quod obligationes ex quibus illi sunt, non sint ex æquo omnes ejusdem efficaciæ.

Quæ enim jure dűtaxat naturali subnixæ sunt, de jure Justinianeo momenti sunt exigui, neque omni-

7 vt supra.
8 Bodin. in methodo iuris vniuersi. Duar. 1. disp. Scholast. 16.
9 d. l. si fideiussor. l. quia naturalis, 10. D. de SC. Maced.
10 l. Stichum, 95. §. naturalis, D. de solut. l. cum amplius, 84. §. 1. D. de R. I. l sed et si, 25. §. consuluit. D. de hered. pet. 11. Pet. Fab. ad d. l. cum amplius, § 1. & in l. iure natura, 206. D. de R. I.
12 de qua accipitur definitio à Iustiniano proposita in princ. Inst. de oblig.
13 l. Creditores, 10. l. debitor. 108. de V. S. l. omnem, 20 D. de iudicis. l. cui, 42. §. fin. D. de O. & A. vnde IC. dicit, eum cui ex delicto debeatur, creditoris loco accipiendum levt si cui, 12. de V. S. inde est vt fraudem contrahi dixerit Papin. in l. fraudati, 8. D de publican. & crimen contrahi Marti. in l. post contractum, 15. & Papin in l. donationes, 31. §. fin. D de donat. & Vlpia. in l. 2. §. fi. D. de condict. ob turpem causam.
14 l. 1. de reb. credit. si cert petat. d. l. creditores, in fi. l. 3. §. is autem. D ad Senatusc. Maced. l procuratores, §. sed si dedi. D. de tribut. act.
15 d l 3. §. is autem, l. 4. l singularia, 15. D. de rebus cred si cert. petat. l. quod si minor. 24 § pen. l patri, 27. §. 1. D. de minor. atq. ita in creditum ire interpretamur de mutuo. in l tut. 19 § fin. D. ad Senatusc. Velleia. l. 2. §. 1. D de reb. cred. si cert. petat. l. servo, 65. in fi. ad SC. Trebell.

omnino ad agendum vtiles[16], alicuius tamen effectus[17] in jure cōpensandi[18], in jure excipiendi[19] & in jure soluti repetitionem impediendi[20].

Ex quo naturales obligationes Jurisconsulti ex duabus istis notis conjunctis æstimari volunt, quarum vna est, si obligatio sit, neque tamen actio datur, altera si ex obligatione illa debitum solutum sit, neque id repeti possit[21].

Ceteræ efficaces sunt, sive civiles tantum sint, sive mistæ; quæ ad naturales collatę simpliciter etiam civiles dicuntur[22].

Distinctio obligationum ejusmodi est ex causa & origine sua, quippe quod quæ civiles tantum sunt, in natura seu jure gentium causam omnino habens nullam, sed primitus à jure civili & instituto populi Romani profectæ sunt: naturales vero à jure naturali, in quo eodem subsistunt, vt vlterius non progrediantur: & mixtæ origine quidem & inventione sua à jure naturali sive gentium, approbatione vero & informatione à jure civili.

Habent quidem obligationes pleræque in Republic. Romana causam suam in natura positam, ex quo fit, vt pleræq; cum jurisgentium esse dicantur, sint tamen etiam juris civilis: at non omnes obligationes naturales sunt receptæ[23], & quoniam receptæ non sunt omnes, non etiam omnes quæ jure naturali sunt subnixæ in repub. Romana valent.

Quod autem omnes receptæ non sunt, facit voluntas populi Romani sive legislatoris, qui non omnes reip. Romanæ æque commodas esse animadvertit[24].

Usus enim & commodum civium Romanorum ea in re spectatum est.

Porro obligationes civiles tantum vel mistæ ejusmodi sunt vere vel quasi, secundum illam juris distin-

16 *l. si pupillus, 127. D. de V. O. & propter in d. l. cred. 10. eos quib. natura debetur, Vlp. dicit nō esse loco creditorum.*

17 *de quo Coras. in l. frater à fratre, 38. in prin. n. 36. D. de condict. indeb.*

18 *l. etiam. 6. l. si ambo, 10. D. de compensat.*

19 *l. iurisgentium. 7. §. quinimo. D. de pact.*

20 *l. 3. §. fin. D. q. cuiusq. iuris. l. fideiussor. oblig. 16. §. naturales. D. de fideiuss. l. naturales. 10. D. de O. & A. l. naturaliter. 13. D. de condict. indeb.*

21 *dict. l. fideiussor. obligati, §. naturales, d. l. natur. l. si n. 94. §. fi. D. de solu.*

22 *vt in d. l. fideiussor. obligati, l. creditorum, 18. ad SC. Maced. l. Res hypotheca, 5. D. de pignor. l. servi, 14. D. de O. & A.*

23 *exemplum est in pactis evidentissimum.*

24 *Qua de re dixi. 1. discept. Schol. 13.*

distinctionem, qua jus civile opponitur juri prætorio[25].

25 §.1. *Inst. de obl. d. l. Creditores. D. de V.S.*

Vere civiles illæ sunt, quæ ex aliqua juris scripti parte, puta lege, plebiscito, Senatusconsulto, constitutione principis vel responsis prudentum proficiscuntur.

Quasi civiles sunt prætoriæ[26], utpote ex jurisdictione prætoris vel alterius cuiusvis magistratus, cui id jus est, descendentes: quæ ut plurimum æquitate ita postulante in subsidium aliis deficientibus introductæ sunt, quandoque tamen etiam cum sunt aliæ earum confirmandarum, aut eo magis reprimendæ improbitatis hominum causa.

26 *Quæ & honorariæ dicuntur, l. 1. §. pen D. de exercit. act. l. an inutilis. 8. §. fi. D. de acceptila. & qui illic est obligatus, is iure honorario obligatus esse dicitur, l. Græce 8. §. 1. D. de fideius-sor.*

Cæterum jus obligationem ita constituit, si factum aliquod adsit hominis.

Id hominis factum modos, quibus jus ceu instrumentis ad obligationem introducendam utitur, demonstrat.

Nam & hic ex facto jus sumitur, non tamen promiscue quovis, sed eo duntaxat, ex quo jus obligationem proficisci voluit.

Non enim si factum sit, protinus obligatio fuerit, sed si factum illud sit ejusmodi ex quo jus obligationem proficisci voluerit: neque etiam ex facto cujuslibet, sed ejus duntaxat ex cujus facto jus obligationem deduxerit.

Itaque & factum ipsum hominis & homo ipse hic spectanda sunt.

Factum est conventio & delictum, qui duo sunt omnium obligationum constituendarum modi.

Homo autem conveniens vel delinquens, non ab ipso alius.

Ex alterius enim facto nemo obligatur, atque id est, quod in contr. actib. dicitur, non posse quenquã alteri pacisci aut stipulari, nisi sua intersit[27].

27 *l. quo tutela, 73 in fi. D. de R. I. §. alteri, Inst. de inutil. stipul. l. stipulatio ista, 38 v. §. alteri. D. de V.O. ex utilitate tamen, & affectione aliis etiã acquiri. ostendit Pet. Fab. ad d. l. quo tutela, § fin.*

Ipse

Ipsa vero mediate vel immediate.

Immediate, si ille ipse, qui obligatur, conveniat vel delinquat.

b Mediate, si qui natura quidem ab ipso est alius, sed non jure, quo ob vinculum aliquod vna cum ipso persona esse fingitur, contrahit vel delinquit, cujusmodi sunt, qui in nostra sunt potestate.

b Per quas personas nobis obligatio acquiritur, titu. 29. lib. 3. Inst. & 4. C. 27.

Atque in potestate nostra vere vel quasi.

Vere, atque ita in potestate patria, vt sunt liberi; vel dominica, vt sunt servi; & servi rursus proprietate nostri vel vsufructu: quibus similes sunt, qui nostri quidem non sunt, cum tamen bona fide à nobis possideantur, nostri esse putantur.

Quasi in potestate nostra sunt domestici famuli, institores, exercitores, & qui ministerium præbere dicuntur procuratores.

Extra hos non dominium, ita nec obligationem acquiri per personas extraneas, sive liberæ sint sive servæ, regula juris est.

De conventione. CAP. XXVII.

Conventio est duorum pluriumve consensus in idem dandi vel faciendi causa [i].

i l. 1. §. conventionis, D. de pact.

Consensus hic illorum est, qui & consentire possunt natura, & quibus vt consentiant jure permissum est.

Neq; enim omnes qui natura, jure etiam consentire possunt.

Possunt vero omnes cujuscunq; sexus tam fœminæ quam masculi.

Sed ætas quosdam impedit, quosdam animi vicium, quo minus consentire possint.

Ætas minores impedit, animi vicium majores vigintiquinq; annis vtrosque natura, lege tamen volente, at non æqualiter omnes.

Minores cum non sint omnes conditionis ejusdem [2], & impuberes alii sint, alii puberes: impuberes rursus infantes, aut infantiæ vel pubertati proximi, infantium quidem, qui quid agatur non intelligunt, conventio nulla est, atque adeo nec naturalis nec civilis ipsorum est obligatio [3], quæ quidem ex ipsorum personis initium capiat [4].

Jure stricto idem est in impuberibus infantiæ proximis: tametsi benignior etiam juris interpretatio in his facta est, ut tutoris autoritate interveniente convenire possint, & ex conventione sua tam obligari aliis, quam sibi alios obligare [5].

Pubertati proximi itidem tutorum autoritatem desiderant, quæ cum intervenit, ipso jure ex conventione sua obligant & obligantur.

Utrique tamen sine tutorum autoritate conditionem suam meliorem facere possunt conveniendo; deteriorem sine illa nunquam [6].

Ex quo illud, pupillum sine tutoris autoritate non obligari jure civili [7]. Sed an naturali? ne hoc quidem apud Romanos [8] nisi unico illo casu, si pupillus exinde factus sit locupletior [9].

Minores puberes convenire possunt, & ex conventione illa obligantur, sive habeant, sive non habeant curatores [10].

Animi vicium quod conventionem impediat, est furor & prodigalitas.

Atque ille quidem sine distinctione ulla [11], hæc autem non nisi conditio prodigi inde fieri possit deterior [12].

Nullum

2 vt supra cap.
3 §.pupillus, Inst. de inut. stipulat. l. in negociis, 5. D. de R.I.
4 Nam ex hereditariis obligationibus tenentur, §. non autem omnes. Inst. de perpet. & temp. act. l. ex contract. 49. D. de O. & A. item ubi ex re venit actio. l. furiosus, 46. D. de O. & A. l. heredes, 25. §. non tantum. D. fam. erc. l. si mancipiis, 17. §. si impubes, D. de instit. act. l si quis, 29. D. commun. divid. l. 3 §. etsi furiosi. D. de neg. gest.
5 l. obligari, 9. D. de autor. tut d. l. in negociis. l. pupillus, 189. D. de R. I. l. 1. §. furiosum. D. de O. & A.
6 in pr. Inst. de autor. tut. l. contra juris, 28. D. de pact.
7 l. obligari 43. D. de O. & A.
8 l. pupillus, 59. D. de O & A l. quod pupillus, 41. D de condict. indeb. quib. opponitur l 1. D. de novat. l. si pupillus 127. D. de V. O. l si pupillus, 21 D ad leg. Falc l fi. D. de iureiur. l. in numerationib. 44. l. Stichum 95. § naturalis. D de sol l cum illud, 25. §. liberes D quand. dies legat. ced. l. si eius, 64. D. ad SC Treb. quæ de re dixi plenius 1. discept. Scholast. 16. 9 l. pupillus, 39. D de O & A. l naturaliter, 13. in fi. D. de condict. indeb l. pupillus, 5. D. de autor. tut. l 3 D. commod. l. 3. § 1. & l. si pupilli, 6. D. de neg. gest 10 l. puberes. 101. D. de V. O l. si curatorem, D. de in integ. restit. cum quod comprobavi discept. meis c. 16. 11 l. 1. §. furiosum, D. de O & A l. si à reo. 70. D. de fideiussor. 12 l si sciens 26 D. de contrah. emptio l si ab eo, 12. D. de usucap. l. ii qui, 16. D. de V. O. l 3. D. de novat. l. ex castrensi, 18. §. 1. D. de castr. pecul.

Nullum autem est corporis vicium, quod omnem omnino conventionem impediat.

Tametsi enim mutus & surdus stipulari & alios quosdam contractus inire nequeat[13], convenire tamen potest, si quoquomodo sciat & intelligat quid agatur[14].

Cum autem conventio in facto sit posita, factum vero & consensus juris sit naturalis, nulla quod ad ipsum attinet distinctio adhibenda est, is qui convenit juris sui sit an alieni: quamvis in effectu, hoc est, obligatione quæ juris est, distinguatur.

Conventio ab eo qui juris sui est facta convenientem ipsum omnimodo obligat & non alium[14]: facta ab eo qui juris est alieni, non item.

Filiusfamilias tamen ex omnibus causis tanquam paterfamilias obligatur[15], [a] sed ex ejusdem conventione & pater obligatus est ei, cum quo filiusfamilias convenit peculiotenus, & vicissim sibi eum habet obligatum.

Inter patrem autem & filiumfamilias obligatio civilis nulla est, sed naturalis duntaxat[16].

Ex servi conventione obligatio ipsius civilis nulla est, sed naturalis tantum: Civilis autem ad dominum pertinet[17].

Hinc ex conventione servi, non ipse sed dominus ipsius creditor est, vel debitor de jure nostro: ex conventione filiifamilias & ipse & pater ipsius creditor est vel debitor.

Ex quo is qui cum filiofamilias contraxit duos debitores habere dicitur, filiumfamilias in solidum, & patremfamilias, in cuius ille est potestate, peculiotenus.

Porro consensus ille in conventione dupliciter considerari solet, vno modo quatenus verus est vel fictus: altero quatenus purus est vel conditionalis.

13 *l.1. D.de V.O.§. mutum. Inst.de inutil.stipul. l.1.§. fi. D.de O.& A.*

14 *l.4.§.1.D.de pact.*

14 *l. quæcunque gerimus, 11. D.de O.& A.*

15 *l.filiusf.9. D.de O.& A. l.tam ex contract.lib.7. D. de iud. l.si id quod 58. §.2. D.pro soc.*

a Quod cum eo qui in aliena potestate est negocium gestum esse dicitur, 4. *Inst.* 7.14. *D.* 5.4. *C.*26.

16 *l.actiones, 7. D. de O.& A. l.4. D. de iudic. l. naturalis, 10. D.ad SC. Maced. l. ne cum. 16. D.de furtis. l.1. C.de noxal.act. §. hi qui. Inst. de oblig. quæ ex delict. §. si servus. Inst.de noxal.act.*

17 *l.servi, 14. D.de O.& A. l.obligare, 43. D.eo. l. nec servus, 41. D. de pecul. §.1. Inst. de stipula.serv. §.1. Inst. per quas pers. acqui. l.7. C.quod cum eo.*

Verum consensum eum intelligo qui revera intervenit facto hominis in id destinato, ut per illud consentire dicatur: cuiusmodi est in conventionibus plerisq; omnibus.

Atq; expressus interdũ est, interdum tacitus [18].

Expressus, nempe declaratus verbis vel re [19].

Verbis rursus vel ore prolatis, vel nunciatis, & hoc aut per epistolam aut per nuncium [20].

Tacitus consensus est cum quis non dissentiendo consentit: cum interim actum qui geritur si dissensisset, prohibere potuisset [21].

Et expressus quidem semper est in facto: tacitus etiam in jure [22].

Nam inter quos de natura, quam conventio ex lege habet, nihil expresse convenit, illi tacite in conventionis naturam, quæ à jure est definita, consensisse intelliguntur [23].

Unde illa quæ sæpe in contractibus incidit disquisitio de eo quod in contractibus præstandum est ex natura contractus vel ex conventione [24].

Fictus consensus est nimirum à lege propter factum aliquod, cùm quidem de utriusque partis consensu non constat, eo ipso tamen quod quid factum, utraque consensisse fingitur, ob naturam & rationem negocii, quod inter utranque est.

In vero consensu eligimus, cum quo nobis conveniat; in ficto in eum incidimus: in vero conjungit nos voluntas nostra; in ficto, fortuna: in vero initium sumimus à facto hominis; in ficto à lege.

Quatenus autem consensus *purus est, vel conditionalis*, eatenus ex qualitate conventio, atque adeo obligatio pura quædam est, quædam conditionalis [25].

Obligatio pura est quamprimum existens nulla conditione suspensa.

Quæ

18 *l.2.D.de pact.*
19 *d.l.2.*
20 *d.l.2.*
21 *§.sed et si pater. Instit. quib. mod. ius pat.potest. solv. l.2.in pr.D.ad munic.l.honores,7.in fi.D.de decur. l.si ut proponis,C.de nupt. Auth. si servus,C.de episc. & cler.l.fi.C.de adopt. Auth.ad hoc C. de Latin.libert.tollen. l.3.C.de ædif privat.unde Cicer.li.1. de invent. Taciturnitas,inquit, cõsensionem imitatur.*
22 *Paul.lib.1. sent.9.*
23 *vide quæ dixi 1.disceptat.Scholast.15.*
24 *l.semper 34.D. de R.I.l.cum in lege,33.D. de contra. emt.si quis vina,4. D.de commo.& peric.rei vend.l.fi. D. qui sine manum. ad libert. perven.*
25 *§.omnis stipulatio. Inst. de V. O. l.creditores,10.D. de V.S.l.talis, 30. D.de leg.1.§.Emptio,Instit.de empt. & vendit. l.cedere, 213.D.de V.S.l.actus,77.D.de R.I. l.obligato nu.44. D.de O.& A.*

Quæ interdum est pura simpliciter, cum conventio est ejusmodi vt ex obligatione statim cum effectu agi possit[26]: interdum pura quodammodo, non omnino, idque propter diei certæ adjectionem, in quam non quidem obligatio, quæ jam est, sed solutio differtur[27].

Conditionalis obligatio est in eventum aliquem incertum dilata, cuius effectus omnis in eo est, vt si conditio extet, ad tempus conventionis retrotrahatur, & perinde atq; si conventum esset pure habeatur[28].

Alias enim conventio est mera, ex qua obligatio nulla oritur, sed in suspenso tantum hæret[29].

Conditionem autem oportet facto & jure esse possibilem, quippe quod alias ne conventio quidem vlla intelligatur[30].

[a] *De pollicitatione.* Cap. XXVIII.

Consensus in conventione interdum est solus, interdum cum causa[1].

Consensus solus est in pollicitatione & in pacto[2].

Pollicitatio est conventio ab vno spontanee oblata[3].

Quæ fit *Deo* vel homini.

Deo facta *votum* dicitur[4], quod præstitum ab eo qui juris sui est, obligat[5], à servo vel filiofamilias non aliter nisi jussu domini vel patris factum.

L 3 Homi

26 In qua dies cessit & venit. d. l. cedere diem. Quintil. declam. 280. l. hujusmodi. 13. D. quando dies legat. l. 9. D. quand. dies vsusfr. l. si quis. 13. l. quoties. 24. D. de oper. libert.

27 in qua dies cessit quidem, sed nondum venit. d. l. cedere, Seneca 3. declamat. 5. l. si dies. 21. D. quan. dies legat. l. ... diem. 10. D. de condict. indeb.

28 Hinc creditores quidam dicuntur conditionales, l. conditionales, 54. D. de V. S. l. in possessionem, 6. D. quib. ex caus. in poss. eat. l. creditorib. 4. D. de separat. l. sub conditione, 16. D. de condict. indeb.

29 §. ex conditionali. Inst. de V. O. l. is cui. 42. D. de O. & A. d. l. conditionales.

30 §. si impossibilis Inst. de inutil. stipulat. l. non solum. 31. §. l. 1. §. item sub impossibili, ff. de O. & A. l. si homo, 69. ff. de V. O. l. impossibilium. 183. D. de reg. iur. l. si. ff. qua sent. sine appel. a De pollicitationibus 50. *D. 12.* 1 *Hinc conventionem interpretamur interdum pactum. l. pen. C. de pact. inter emt. & vend. l. à via. C. de iur. dot. l. fi. C. de divid. tutel. interdum contractum. l. ea lege. C. de rer. permut. l. final. C. de prater. pign.* 2 *l. vn. C. de ratiocin. op. publ.* 3 *l. pactum, 3. D. de pollicitat. accipitur tamen interdum pro quavis promissione, l. 1. §. pen. D. de colla. dot. l. ea quæ. 43. §. 1. D. de contrah. emt. l. pollicitatione. C. de donat. ant. nupt. l. pen. C. de dote promiss. l. fin. C. ad Vellei.* 4 *De quo Vlp. in l. 2. D. de pollicit.* 5 *d. l. 2. §. 1.* 6 *d. l. 2. §. 1.*

Homini facta appellationem generis retinet, & fit vel Reip. vel homini privatim.

b Utrovis modo facta efficax non est, si causa, cur fiat, nulla sit; nisi facere ceperit 7: homini privatim facta, etiamsi causa ejus faciendæ aliqua sit, aut esse possit, obligationem non producit.

a De pactis. CAP. XXIX.

PActum, quod idem & Pactio [1], item pactum & consensus [2], item pactum & conventio [3], item pactum conventum [4], item placitum [5], item pactum nudum [6] appellatur, est conventio nudo placiti fine consistens [7].

In qua conventionis specie omne illud quod agitur conventio est, atque præter illam nihil aliud, atque adeo in nudis placiti sive pacti terminis subsistit [8].

Est autem aliud legitimum, aliud iurisgentium [9].

Legitimum est pactum, quod cum idem sit juri gentium, jure tamen civili est confirmatum [10].

Et rur-

b De ratiociniis operum publicorum, 8. C. 13.

7 l. 1. & seq. D. eodem. causa autē est honoris, l. 1. 6. 9. 11. & 14 D. eo. vel decreti impetrandi l. 1. §. 1, D. eod. vel ruinæ, incendij, atque adeo operis alicuius faciendi, d. l. 1. §. cepisse. l. 4. vel casus alicuius quē civitas passa sit. l. ob casum, 7. cum simil. D. eod.

a De pactis, 2. D. 41. 2. C. 3. Paul. 1. sent. 1.

1 l. fin. C. de pact. l. 1. C. de transact. l. donatio. C. de dona. l. spem eorum, C. quæ res pigno. oblig. poss. l. fin. C. de reb. alteri non alienan. atque ita etiam pactio non pro contractu, sed pro pacto accipitur in l. falsi. 20. D. ad leg. Corn. de fals. l. 3. D. de usufru. Hinc definitio pactionis quæ est in l. 1. D. de pact. accommodatur pacto in d. l. 3. D. de pollicit. & pactio nuda in l. 7. §. sed cum nulla, D. de pact. 2 l. fina. C. quando liceat ab emt. disced. 3 in rub. apud Paul. 1. senten. l. debitori, C. de pact. 4 l. nec ex prætorio, 27. D. de R. I. l. duo, 71. D. pro socio. l. contrahitur, 4. Dig. de pignor. l. pacta conventa. 72. D. de contrah. emt. l. fina. D. de serv. export. l. 17. 19. 21. & fina. D. de pact. dota. l. 7. §. 1. l. 27. §. 2. D. de pact. 5 l. cum proponas. C. de pact. l. transactionis. C. de transact. l. 3. C. de serv. & aqua. l. cum proponas, C. de reb. credit. 6 l. legem. l. si certis annis, C. de pact. l. frumenti, C. de usur. l. 1. C. de pact. conven. tam super dote. l. 2. C. de evict. eadem significatione dicitur conventio simplex in l. avia, C. de iure dot. & solum pactum. l. maior, C. de pign. & hyp. 7 Cui. in parat. D. & C. per l. si tibi, C. de locat. l. si divisionem, C. fam. ercisc. 8 ideoq; κατ᾽ ἐξοχὴν conventio interdum ponitur pro pacto, l. pen. C. de pact. int. empt. & vend. l. si divisionem. C. famil. ercisc. & pactum Periphrastice dicitur pacti conventio, l. 3. & seq. C. de usur. l. 1. C. quæ res pignor. obl. poss. l. debitum. C. de remiss. pig. 9 l. 6. & seq. D. de pact. 10 d. l. 6.

Et rursus jure civili proprie accepto, vel prætorio.

Jure civili proprie accepto quædam sunt ex lege, quædam ex Senatusconsulto, quædam ex constitutione principis.

Pacti ex Senatusconsulto legitimi nullum extat exemplum, extitisse autem ex vestigiis apparet [11].

Ex lege, & quidem XII. tab. duo sunt, vnum est pactum de injuria illata, alterum est pactum de lite [12].

Ex constitutionibus itidem duo sunt, vnum ex l. ad actionem, C. de dot. expromiss. alterum ex l. si quis argentum, §. fi. C. de donat.

Ex jure prætorio etiam duo sunt, vnum pignoris, quod jure prætorio pacto nudo constituitur [13], & hypotheca dicitur, alterum constituti [14].

Atque ex hisce pactis legitimis obligatio proficiscitur non naturalis tantum, sed etiam civilis; de quibus accipiendum est, quod alibi dicitur pacto actionem nasci vel tolli [15].

Cetera omnia præter hæc juris sunt gentium, & ad obligationem, quæ jure civili consistat, inducendam inefficacia [16], contractibus tamen addita non exigui sunt momenti, vt sub eo capite docebitur, quod est de contractuum adjunctis [17].

Prætor autem; qui juris civilis minister est, ex æquitate hæc etiam custodit, modo juri non sint contraria [18], dando ex illis exceptiones [19], non vero etiam actiones [20].

Porro sunt pactorum quædam in rem, quædam in personam [21].

Omnia quidem inter personas fiunt [22], sed quædam personæ ipsius, cum qua fiunt, intuitu, quædam contemplatione rei, ob quam fiunt, interponuntur.

11 *d.l.6. Cuia. ibi.*

12 *Cui. in d.l.6.*

13 *l.1. D. de pignor. act.*

14 *l.1. D. de const. pecun.*

15 *d.l.6.*

16 *l.5. §.2. D. de solu. l. solent, 17. D. de præscr. verb. l.5. C. de pact.*

17 *Quod est infra hoc eod. lib. c. 44.*

18 *d.l.17. §. ait prætor. l. pacta quæ cōtra, C. de pact. Pau. 1. senten. 1. §.4.*

19 *d.l.7. §. sed cum nulla.*

20 *l. legem quam. C. de pact.*

21 *d.l.7. §. pactorum quædam.*

22 *d.l.7. §. vtrum; l. tale pactum, 40. D. de pact.*

Hinc personalia illa, hæc realia: & respectu quidem obligationis personalia omnia dici possunt; respectu vero transmissionis, quod transeant in successorem tam singularem, quam universalem, realia [23].

23 *Nam personale pactum alteri personæ neque prodest neq; nocet, l. 25. §. 1. l. 67. §. pacta D. de pact. l. 24. & 25. C. eo. adeo ut ne ad heredes quidem pertineant, d. l. 25. §. 1.*

De Contractibus. Cap. XXX.

Conventio, quæ causam habet, contractus dicitur, unde contractum definio quod sit conventio cum causa [1].

Causa autem negocium est [2], quod cum à jure probatum sit, facit ut obligatio ex contractu sit, & ex contractu actio.

Quod cuilibet quidem contractui proprium est & peculiare, in genere vero & omnibus contractibus commune est, Datio vel Factum [3]: atque id vel alterutrum, vel utrunq; simul [4].

Ex alterutro, Do ut des, vel Do ut facias: rursus facio ut facias, vel facio ut des.

Ex utroque, Do & facio ut des, vel do & facio ut facias: rursus do ut des ac facias, vel facio ut des & facias.

In doctrina de contractibus duo capita observanda sunt, Unum pertinet ad ipsorum substantiam, alterum est in contractuum adjunctis.

Substantia contractuum omnium est in consensu: ut materia, & in causa seu negocio, quod dixi, tanquam forma.

Consensus tamen, qui contractibus omnibus est communis [5], eosdem etiam distinguit, idq; ex diversitate modi consensus in contractibus adhibendi.

Nam cum revera interdum interponatur, interdum ficte, hinc summa illa cõtractuum distributio, qua contractuum alii dicuntur Veri, alii Quasi contractus [6].

1 *l. iurisgentium, 7. D. de pact.*
2 *l. solent, 15. in fi. Dig. de præscript. verb.*
3 *l. 3. D. de O. & A.*
4 *l. naturales, 5. D. de præscr. verb.*
5 *l. 1. D. de pact. l. 3. D. de pollic. l. si mihi, 31. D. de reb. cred. si cert. pet.*
6 *§. sequens divisio, Inst. de oblig.*

Contra-

Contractus *Veri* sunt contractus habentes sensum verum in idipsum ordinatum, vt contractus sit, atque ex illo obligatio.

Qui consensus vtrinque semper interponitur, sive id fiat expresse sive tacite, adeo vt si error aliquis 7 vel dolus in consensu aut re, ob quam contractus initur, sit contractus aut omnino nullus, aut sine effectu constituatur.

7 l. in omnib. 55. D. de obligat. & act.

Veri igitur, quod vtrinq; consensus sit, & quod consensus propterea interponatur, vt contractus sit, & vel vterque vel alteruter obligetur 8; atque vtrunque illud inde ab initio.

8 l. Labeo, 18. D. de verb. sign. vbi Fornerius.

Finem siquidem & effectum contractuum si spectes, nulla inter ipsos est differentia: sed peræq; omnes tam quasi quam veri contractus obligationem habent, & obligatio actionem.

Rursus veri contractus ex causa distinguuntur, quæ ipsis in genere communis est, quod nimirum in contractibus omnibus detur aliquid vel fiat: verum in nonnullis jus negocium sive causam certis limitibus definivit & distinxit, in quibus communem illam naturam reliquit.

Ex actus, quousque de ipso non apparet, vtrum ad negocium aliquod certis limitibus definitum referri possit necne, relinquendus est in genere suo & natura illa communi 9. Exempli causa, cum do tibi pecuniam, vt mihi des rem tuam, in genere quidem hic contractus est Do vt des, verum cum jus negocium istud, quo precium certum pro re datur, à genere separaverit, & certis notis definiverit, nomenque peculiare illi dederit, vt Emtio venditio vocaretur, nō jam ad genus Do vt des, sed ad speciem hoc est, ad emtionem venditionem ejusq; naturam respiciendum est. Sin autem rem tibi do, vt mihi des rem tuam, actus ille sive negocium illud in generali contractus Do vt des appellatione

9. Quod explicatur in d. l. naturalis.

ſubſiſtit, quandoquidem jus nullum certum cõtractum fecit, quo res pro re daretur.

Neque vero omnibus ac ſingulis negociis natura certum nomen dari potuit, cùm illa ſunt infinita, verba autem ſive nomina finita, pluresq; ſint res quam vocabula, & circunſtantiæ variæ ipſa etiam negocia varient[10].

Utilitas tamen & frequentia quorundam negociorum fecit, vt certa forma certumq; nomen illis dari potuerit, atque etiam datum ſit.

Hinc contractuum verorum *nominati* alii ſunt, alii Innominati[11].

Nominati contractus ſunt, qui cauſam habent jure definitam, & nomine proprio appellatam.

Iidem etiam certi dicuntur[12], quod forma ſua certi ſint, certi numero, certi denique nomine.

Præter hos reliqui omnes ſunt incerti, vtpote in generali illa appellatione conſiſtentes, nec certo aliquo nomine à jure inſigniti.

Atque de contractibus nominatis accipiendum eſt, quod dicitur, in contractibus regulariter contractu perfecto pœnitentiæ locum non eſſe, id eſt, à contractu nominato perfecto alterutra parte in vita, nec in integrum reſtitutis omnibus recedi non poſſe[13], ſed eum omnino eſſe cõſummandum, & vel rem ipſam quæ in contractum venit, præſtandam, aut ſi præſtari illa nequeat, loco illius intereſſe.

Etſi vero contractus illi duntaxat ſint nominati, qui & nomen & formam à jure civili[14] acceperunt, atque ex eo omne illud, an contractus nominatus vel innominatus dicendus ſit, ſit æſtimandum, non tamen habent omnes illi eandem originem, vnde quidam juriſgentium ſunt, quidam juris civilis[15].

10 *l.3.& 4.D.de præſcr.verb.*

11 *l. iuriſgentium, 7.D. de pactis.*

12 *l. certi condictio, 9.D.de rebus cred.ſi cert. petat. l. 1.§.debitum, D. de conſtit.pec.l. vno, 18.D.de acceptilat.*

13 *l.ab emtione, 58 D.de pact.l.pacta conventa.72.D. de contrah.emt.*

14 *d.l.3.D.de præſcript.verb.*

15 *d. l.iuriſgentiũ.*

Juriſ-

Juriſgentium contractus illi ſunt, qui in jure gentium apud omnes recepto cauſam habent, ſed formam certam certumq; nomen à jure civili acceperunt.

Qui duplices ſunt: quidam enim re ineuntur, quidam cõnſenſu[16].

[16] §. fin. Inſtit. de oblig. l. 1. §. 1. D. de oblig. & act.

Sane ſunt contractus plerique ejuſmodi, vt ſuper re aliqua fiant, neque vllus eſt, in quo neceſſe non ſit conſenſum adeſſe, ſed conferunt illa in aliis magis, in aliis minus.

a Quod ad illos qui *re* perficiuntur attinet, ita ſe res habet, quod illorum cauſa, id eſt, datio poſita eſt in eo, vt rem omnino præſentem eſſe, & neceſſario tradi oporteat, vt contractus initus dicatur.

a Quibus modis re contrahitur obligatio, 2. *Inſt.* 15.

In certis enim contractibus, vt maxime dẽ re aliqua fiant, ad ipſorum perfectionem neceſſe non eſt, rem eſſe præſentem, ſed fieri poteſt, vt res ſit alibi, contractus vero etiam alio loco celebretur & perficiatur.

Ex quo factum eſt, vt in contractibus qui re perficiuntur, & res ipſa quæ in contractum venit, & contractus ipſe de re iſta minus, vno eodemq; vocabulo appellari ſoleant, quod in contractibus ceteris ſecus eſt.

Hinc contractus reales definio contractus quibus re tradita & accepta obligamur ad rei eiuſdẽ reſtitutionem, aut ſi id fieri nequeat, eius æſtimationem atque intereſſe.

Quorum genera duo ſunt: Unum eſt in Mutuo & commodato: alterum in depoſito & pignore.

Illud genus in re ſpectatur, hoc extra rem.

In re vel dominium re vel ejus vſus.

Dominium rei in mutuo ex traditione transfertur in eum qui mutuo accipit: Uſus rei in commodato in eum cui res commodatur.

Extra

Extra rem est custodia ejus & securitas, quarum illa depositum, hæc pignus constituit.

Ita fit vt in jure Justinianeo contractuum realium species quatuor numerentur, nimirum mutuum, commodatum, depositum, & pignus.

Quibus omnibus hoc est commune vt sint gratuiti, quippe quod mercede interveniente in aliorum contractuum naturam degenerent.

a De Mutuo. Cap. XXXI.

Mutui datio [1], quæ & Mutuatio dicitur [2], est contractus realis [3], quo rem in quantitate consistentem ita damus, vt qui accipit, eandem reddat non quidem in specie sed in genere [4].

Ea res proprie mutuum dicitur [5]. is qui dat Mutuans: qui accipit, Mutuatarius

Mutui datio duplex est, Vera vel Quasi [6].

Vera est, quæ ab initio statim traditione & acceptione rei perficitur.

Quasi est, quæ cum ab initio non esset, ex postfacto inducitur: & hoc duobus modis, nimirum ab homine vel à sola lege.

Ab homine, aut prioris contractus quasi quadam innovatione, puta si cum apud te ab initio pecuniam deposuissem, postea cōveniat vt eadem tibi esset mutua [7]: aut eventu conditionis interpositæ, tametsi conditione eveniente ipsa ad tempus initi contractus retrotrahatur, ac perinde habeatur, atque si conditio vlla nunquam fuisset interposita [8].

A lege inducitur mutui datio, quæ ob id quod res data non esset dantis propria, vt in mutuo vero requiritur, mutuum non constituit, vel quod res vsucapta esset ab accipiente, id est, tempus per vsucapionem acquirendi dominii rei præfinitum

ela-

a *Huc pertinet quā tum ad contractum ipsum attinet, tit.* De rebus creditis, si certum petetur, 12. D. 14. C. 2.

1 *l. 1. §. re contrahitur, D de O. & A. in princ. Inst. quib. mod. re contrah. obl. l. 2. §. mutui datio, D. de rebus cred. si cert. petet.*

2 *Cicero pro Flacco, atq. ita in l. 2. §. 1. D. ad SC. Velleia.* pro Mutui dationes, *legendum esse* Mutuationes *putat Hot. 1. obs. 15. sed Cuia. lectionem receptam defendit ad Afric. tr. 4.*

3 *d. §. re contrah. & in d. princ. Inst. quibus mod. re contrah. oblig.*

4 *iam dd. locis.*

5 *l. 2. de rebus cred. si cert. pet. & infinitis aliis.*

6 *l. certi, 9. § fi. l. si à furioso, 12. D. de reb. cred. si cert. pet.*

7 *Cui. 8. obs. 8. per l. certi, 9. §. fi. & l. rogasti. D de rebus cred si cert. pet.*

8 *l. proinde, 8 l. non bis, 19. D. de rebus credit si cert. petat.*

elapsum [9], vel quod esset consumta, ita vt amplius non extaret [10].

9 l. indebiti, 15. §. 1. D. de condic. indeb.
10 d. l. rogasti, in fi. & seqq. D. de reb. cred. si cert. petet. l. si quis, 56. §. si nummos, D. de fideiuss.

Tum enim mutuum quod non erat conciliat Usucapio vel Consumtio, atq; adeo quod ex parte hominis contractui deerat, id à lege suppletur.

Est autem id regulare vt qui rem dat mutuam, ejusdem sit dominus [11], atque adeo rem tradendo dominium ejus transferat, si ipsius sit, aut si ipsius non sit, vsucapiendi conditionem.

11 d. l. 2. §. in mutui datione.

Quoniam res quæ mutuo dantur, ita ad vtendum dantur, vt vti illis nequeas, nisi simul etiam abutaris.

At abuti nequeas re, nisi ipsius sis dominus, vnde mutuum nomen invenisse JC. scribit, quasi ex meo tuum fiat [12].

12 d. l. 2. §. appellata. D. de reb. cred. in prin. Instit. quib. mod. re cotrah. obl.

Ejusmodi autem res nullæ sunt aliæ, quam quę in quantitate consistunt [13].

Ut ita solæ res in quantitate consistentes mutuo dari possint, atque præter eas nullæ aliæ.

13 d. l. 2. §. mutui datio. d. l. 1. §. re contrah.

Verum res in quantitate consistentes sunt illæ, quæ numerari, ponderari & mensurari solent & possunt.

Atque illæ in genere suo functionem recipiũt, hoc est, vna vice alterius fungi potest, & vero etiam fungitur, vt etiamsi in specie à re mutuo data alia sit ea quæ redditur, eo tamen ipso quod res ejusdem bonitatis & qualitatis redditur, eadem omnino esse videatur [14].

14 d. l. 2. §. mutui datio, qua de re scripsi 1. discept. Scholast. 10.

In mutuo igitur quantitas & qualitas eadem facit, vt res specie, sive vt alii loquuntur, individuo diversa, eadem sit genere, seu vt alii loquuntur, specie [15].

15 l. 5. D. de reb. cred. si cert. pet. d. l. 1. §. re contrahitur.

Hinc rem eandem, quæ data est mutuo, reddi dicimus non specie, quoniam species ipsa quę data est, reddi non potest, quippe quod vsu absumta sit, aut si absumta non est, dominium tamen ejus in accipientem translatum sit: sed in genere[16].

Numerum autem habet pecunia, mensuram frumentum, oleum, vinum &c. pondus casei & ejusmodi alia.

Habet vero mutuum multa singularia[17], de quibus circa personas hæc duo sunt valde notabilia: unum, quod præsides provinciarum in iis provinciis cum subditis mutuum contrahere prohibeantur[18]: & alterum quod ex [b] SC. Macedoniano his qui in potestate parentum sunt pecunia recte mutua dari nequeat[19], quamvis obligatio ex ea datione oriatur, quæ exceptione Senatusconsulti Macedoniani opposita subverti possit[20].

Id Senatusconsultum his potissimum casibus locum non habet: *I*. Si filiusfamilias pro patrefamilias publice habeatur, atque in eodem errore creditor fuerit[21].

II. Si filiusfamilias, qui pecuniam accepit mutuam, se patremfamilias esse simulaverit, idque creditori nescio & ignoranti conditionem eius persuaserit[22].

III. Si filiusfamilias mandato, jussu vel voluntate patrisfamilias pecuniam mutuam acceperit[23]: idemque juris est, si posteaquam accepta est, pater ratum habeat[24].

IV. Si filiusfamilias sit miles, qui mutuam accipiendo pecuniam tenetur ad quantitatem peculii castrensis[25].

V. Si filiusfamilias pecuniam mutuam accipiat in eam rem, quæ oneribus patris incumbit, forte si filiusfamilias studiorum causa absens, ad usus suos necessarios pecuniam accipiat mutuam quantam pater ipsi subministraturus fuisset, non ampliorem[26].

VI. Si filiusfamilias factus paterfamilias debitum agnoverit, puta si expromiserit novatione facta,

16 *d.l.2.in pr.*
17 *l.singularia,15. Dig.de reb.cred.si cert.pet.*
18 *l.principalibus,33.& seq.D.de reb.cred.si cert.pet.l.eos qui,C.de contr.iud.*
b De Senatusconsulto Macedoniano, 14. *D.* 6.4.*C.*28.§*fi.Inst.quod cum eo qui in alien.potest.est.*
19 *l.si quis,3.§.penul.D.de SC. Maced.*
20 *Unde appellatio exceptionis Senat. Macedoniani in l. Item si,7.sed si,9. l.tamen,11.D.eod. & alibi sæpius.*
21 *d.l.si quis,§.pe. l.2.D.eod.*
22 *l.pen.D.eod.l.1.C.eod.*
23 *d.l.2.& l.si permittente,& l.Macedoniani,in fin.C. eod.l.penult. D. quod cum eo.*
24 *d.l.item si,§.fi. D.eod.l.fin. & seq.*
25 *l 1.in fin.& seq. D.eod.*
26 *d.l.item si.§.sed etsi filiusfam.& §. quod dicitur, D.eo. d.l.2.& d.l.Macedoniani.C.eod.l. in pupillo 47.in fine,D.de solut.*

facta, vel si partem solverit [27].

VII. Si filiusfamilias non contrahat mutuum principaliter acceptis nummis, sed contrahat emtionem sine fraude SC. Macedoniani, & de precio atque vsuris in creditum eat stipulatione interposita [28]. Quo casu eadem quidem est actio, idem actionis titulus, haud secus atque si mutuum principaliter esset contractum, nempe condictio certi ex stipulatione: verum diversa origo, diversa obligationis causa facit, vt quod in vno prohibitum est, in altero concessum esse intelligatur [29].

27 *d.l.item si §.fin. & d.l.2.C.eod.*

28 *d.l.3.§.pen. & l.si filiusfa.C.eod.*

29 *quod Impp. in d.l.si filiusfam. ita enunciant: Origo potius obligationis, quam titulus actionis considerandus est.*

a *De commodato.* CAP. XXXII.

a *De commodato, 5.D.6.4.C.23. Paul.2.sent.4.*

COmmodati datio est contractus realis, quo res aliqua gratuito vtenda alicui conceditur, vt illa ipsa etiam restituatur in specie [1].

Res ipsa commodatum dicitur, qui vtendam dat commodans, qui accipit commodatarius.

Quoniam vero in commodato mutuum est ad vsum, in mutuo commodatum ad abusum [2], inde est vt Jurisconsulti interdum mutare dicant, quod magis proprie commodare est [3].

Ex vsu commodatum duplex dici potest, Unum proprie ita dictum, alterum precarium.

Commodatum proprie ita dictum est, quo res ad certum aliquem vsum & finem vtenda datur, quo finito demum & non ante ea restituantur [4].

Precarium est, quo res ita datur vtenda vt danti restituatur, quandocunque ipsi libuerit [5].

In rebus quæ commodantur, nulla vt in mutuo adhibetur distinctio.

Res enim promiscue quævis sive corporales sint sive incorporales, & tam mobiles quam immobiles commodari possunt, modo ejusmodi sint vt earum possit esse vsus aliquis [6].

1 *§.item is cui res, Inst.quib. mod.re contrah.oblig.l.1.§ item is cui, Dig. de obl.& act.l.sed mihi 3.§.1. D.commodati.*

2 *Cui. in parat.*

3 *l.item legato.49. D.de lega.3.l.quæsitum.12.§. si quis eodem.D.de instr. vel instr.leg. atque ita ex sentētia Pratei in Lexico accepisse videntur in l. 2. C. de iis qui ex pub.rat.mun.pecu. lib.10.*

4 *Quæ definitio colligitur ex l.1.& t.t.D.commo.d. §.item is cui.*

5 *l.1. D.de precar.*

6 *ita ad l.1.D. eod. tradunt Bart.Bald. Salic.Castren.Aret.& alij.*

Quarum

Quarum vero rerum usus omnino nullus esse potest, vel esse quidem potest, sed quo res omnino absumatur, puta rerum quæ in quantitate consistunt, earum nec commodatum esse potest, nisi fortasse ad pompam & ostentationem, ut si quis ducis gratia pecuniam mutuam accipiat[7].

Rerum quæ usu quidem atteruntur & deteriores redduntur, non tamen omnino absumuntur, ratio est alia; siquidem perinde ut & aliæ commodato recte dantur.

Nam eadem ipsa rest tui intelligitur, etiamsi deterior sit facta, eo quod voluntate commodantis sit deteriorata, utpote qui sciverit eam usu deteriorem futuram.

At commodatarii culpa deterior facta non censetur cum illa quæ data erat esse eadem: ideoque etsi ex natura sua in commodatum venirent, non tamen ex commodato restituuntur, sed vel ipsa & interesse damni sive deteriorationis, vel loco rei interesse omne.

Contractus hujus natura non in forma duntaxat, hoc est, in usu à mutuo est diversa sed in fine etiam, nempe ut in mutuo quidem eadem res, quę data est, rest tuatur, non in specie, sed in genere: in commodato vero res eadem etiam in specie restituatur[8].

Ex quo & illud fit, ut cum in mutuum non veniat nisi res, quæ dantis sit propria, in commodatum veniat etiam res aliena[9].

[a] De deposito CAP. XXXIII.

Depositum est contractus realis, quo res mobilis gratis datur custodienda, ut eadem in specie restituatur, quandocunque libuerit deponenti[1].

Idem receptum, item commendatum[2] dicitur,

7 l. 3. in fi. & seq. D. eod.

8 l. 26. D. de rebus cred. si cert. petat. d. l. 1. §. u quoq. & d. §. item u cui.

9 l. commodatore, 15. D. eod.

a De deposito, D. 3. 4. C. 34. Nov. 88. Paul. 4. sent. 12

1 §. preterea. Inst. de obl qua re contrah. l. 1. §. u quoq. D. de O. & A. l. 1. & passim, D. depos.

2 l. 1. C. de natural. liber. & commendare nihil aliud est quam deponere, ut ait Ulpi. in l. commendare, 186 D. de R. I. atq. ita accipitur in l. Lucius, 24 D. depos. l. u penes quem, l. cum heraitas, C. eod.

tur, sed sunt appellationes illæ magis rei depositæ propriæ: dans vero custodiendam Deponens, accipiens Depositarius vocatur.

Natura huius contractus est in rei depositę custodia gratuita, non in vsu vt commodatum, multo minus in abusu vt mutuum.

Custodia hæc est rei litigiosæ vel non litigiosæ. Non litigiosæ illa est, quam proprie vocamus depositum, quæ plerunque est consilii deliberati, interdum etiam necessitatis vrgentis tribus illis casibus: ruinæ, naufragii & incendij [2].

Litigiosæ est ea quæ dicitur Sequestratio, quæ exinde definitur rei litigiosæ depositio [3].

Quæ duplex est, conventionalis & judicialis.

Conventionalis est facta partium inter quas est controversia voluntate [4].

Hæc possessionem controvertentibus aufert, & sequestri tribuit, vt victori illam restituat, nisi forte expresse ita convenerit, vt sequester detineat tantum, non etiam possideat [5].

[b] Judicialis est facta magistratus competentis autoritate, parte etiam vtraque vel certe altera invita [6].

Hæc possessionem non aufert, sed quoniam est dubia, in suspēso relinquit, donec vel inter partes controvertentes de lite amicabiliter convenerit, vel judicis sententia, quis possessor sit & esse debeat, declaratum fuerit [7].

Ea vero regulariter illicita esse putatur [8], & nō nisi ex justis atq; vrgentibus causis facienda [9], in primis autem si armorum periculum subsit [10], si metuatur rei litigiosæ dilapidatio, si debitor de fuga suspectus sit [11], denique si quomodocunque

M pericu-

2 *l. 1. §. merito. D. eod.*

3 *l. 5. l. si in Asia, 12. l. licet, 17. & seq. D. depos. vnde sequester dicitur is apud quem plures eandē rem de qua controversia est deposuerunt, l. sequester, 109. D. de V. S. l. si apud te, 18. D. de præscr. verb. l. pen. D. depos. l. Imperatores, 21. D. de appell. l. ab executione, C. quorum appell. non recip.*

4 *l. si soluturus, 39. D. de solut. l. interesse, 39. D. de acqr. vel amit. possess.*

5 *d. l. licet.*

b De prohibita pecuniæ sequestratione, 4. C. 4.

6 *cuius exempla extāt in l. Senatusconsulto, 10. D. de offi. præs. l. si fideiuss. 7 §. fi. D. q. satisd. cogan. d. l. Imper. §. fi. l. sed et si, 11. §. pe. D. ad exhib. l. 1. §. pen. D. de lib. exhi-*

7 *d. l. interesse.*

8 *l. vn. C. de prohib. pecun. seque. Myns. cent. 5. obs. 35. nu. 3.*

9 *l. 1. §. si frater. D. de coll. bon. l. si quis affirmavit, 9. §. Labeo, D. de dolo malo. cap. 1. de sequest. c. ex transmissa. c. literas de restit. spol. Quæ autem requirantur vt iudex ad eam venire possit, vide Myns. Cent. 2. obs. 11.* 10 *l. æquissimum, 13. D. de vsufr. Fab. in §. retinenda. Institu. de interd. Bald. in l. fin. C. de ord. cogn.* 11 *d. l. si fideiuss. d. l. Imperatores. l. si cum dotem, 22. §. sin autem, D. solut. matrimon.*

periculum sit in mora, & sequestrationem fieri necessitas postulet[12].

Veruntamen ne fiat sati'datio oblata & præstita facit[13].

Ceterum depositum rerum est mobilium: sequestratio etiam aliarum quam mobilium.

a De Pignore Cap. XXXIV.

Pignoris appellatio generalis est & specialis: vtraque interdum conventionis, interdum rei quæ in conventionem venit.

Generaliter *pignus* est conventio qua creditori jus in re alicuius constituitur, vt debitum ipsi sit tanto tutius[1].

Quod ipsum etiam jus nō raro pignus dicitur, vt ita pignus sit conventionis, sit juris in re, sit denique rei in qua jus illud constitutum est[2].

Species pignoris duæ sunt, Hypotheca & pignus specialiter ita dictum[3], quod huius loci proprium est.

Hypotheca est pignus rei non traditæ[4].

Quod conventione constituitur & perficitur[5], atque vel stipulatione jure civili, vel pacto jure prætorio.

Et expresse igitur & tacite.

Stipulatione quidem semper expresse: pacto autem interdum expresse, interdum tacite.

Ita pignus expressum aliud est, aliud tacitum[7]; quæ distributio, meo quidem judicio speciei est, nimirum hypothecæ, non generis, quippe quod illa pignoris species, quæ hoc nomen habet peculiare, semper expresse constituatur, nunquam tacite.

Expressum pignus est, de quo vt sit expresse convenit.

Et hoc semper est hominis.

b Taci-

12 vide Ferrariensem in forma sequestri seu saxamēti vers. 9. Dd. in d. l. sequester, Gail. 1. obser. pract. 148. Mynſ. d. observat. 35. num. 4.

13 l. fin. Cod. de ord. cognit. l. litibus, C. de agric. & cens. lib. 11. d. l. Senatusc.

a De pignoribus & Hypothecis, 20. Dig. 1. 8. C. 14. Paul. 2. sentent. 5. ¶

1. §. final. Inst. quibus mod. re cōtrah. obligat. l. 1. §. iubet, D. de collat. bon. l. 9. in fin. D. de supellect. leg.

2 Forner. in l. plebs 238. §. pignus, D. de V. S.

3 Doctores propriū hoc, illud impropriū vocant. Mozz. de pign. c. 1. n. 9. per l. si rem alienam. 9. §. 2. D. de pign. act.

4 d. l. si rem alien. §. 2.

5 l. 1. D. de pignor. act. l. 4. D. de pign. leg. 17. §. 2. D. de pact. l. 2. Cod. de remiss. pign.

6 l. item quia, 4. D. de pact.

7 Cui. in parat. in quibus caus. pign. vel hypoth. tac. contrah. l. pen. D. eod. l. 3. C. eod.

[b] *Tacitum* est, quod sola lege inducitur, occasione tamen aliquo hominis facto ei data, quod ad pignus constituendum principaliter, atq; ex hominis voluntate destinatum non sit: tametsi eo ipso quo quid fit, homo faciens in pignus consentire præsumatur[8].

Unde apparet huiusmodi pignus, hoc est, tacitum nullum esse, nisi à lege definitum.

Est autem definitum illud *I.* [c] in fisco, vt ille semper habeat hypothecam tacitam ex causis tributorum [9] & ex causa contractuum suorum [9], non etiam ex aliis[10].

II. In illatis invectis in prædium vrbanum sive ædes, quæ pro pensione domino prædij tacite sunt obligata.

III. In fructibus, qui in fundo locato nati ob mercedem locatori tacite sunt obligati[12], non etiam in invectis illatis, nisi id convenerit nominatim[13].

IV. In fructib. fundi sive rei pignoratæ quos debitor vel heres ejus percepit, qui ipsi, sicut & fundus, pignorati censentur, tacite quidem illi, etiamsi fundus pignoratus sit expresse[14].

V. In bonis secundi mariti, cui mater nupsit, quæ filij impuberis tutelam susceperat, non perito alio tutore nec restitura tutela, quæ bona pupillo pignoris jure tacito intellectu tenentur[15], quemadmodum & in bonis maritis[16].

VI. In bonis tutorum pupillus ob administrationem tutelæ hypothecam habet tacitam[17].

VII. In bonis mariti etiam vxor contemplatione dotis suæ, quam intulit[18].

b In quibus causis pignus vel hypotheca tacite contrahitur, 20. D. 2. 8. C. 15.

8 *Hinc dicitur esse vice pignoris, l. 1. C. eod. veluti pignoris titulo, l. 2. C. eod. & videtur in l. 3. C. eo. definiri, quod sit pignus, quod aperte expressum non est, ipsi pignori tamen creditur tacita pactione inesse.*

c De privilegio fisci, 7. C. 73.

9 *l. 1. C. in quibus caus. pign. vel hypoth. tacit. contr.*

9 *l. 2. C. eod. l. aufertur. 46. §. fiscus, D. de iure fisci.*

10 *l. fiscus, 6. D. de iure fisci, l. rescriptũ, 10. D. de pact. l. 2. D. de reb. eo. qui sub tutel.*

11 *l. 2. l. eo. iure, 4. l. licet. 6. D. in qb. caus. pign. vel hypoth. tac. contrah. l. fin. C. eod.*

12 *l. in prædiis, 7. D. eod. l. fi. in lege, 24. §. 1. D. locati, l. quamvis, C. in qb. caus. pig. vel hypot.*

13 *d. l. eo iure, l. debitor, 32. D. de pig. & hypoth. l. certi iuris, C. de locat. Connan. 4. cõment. iur. 16. Charond. 3. verosim. 15. Cora. in §. item Serviana. n. 5. & ibi. Baro. Inst. de act. Don. de pig. c. 4. Balduin. c. 6.* 14 *d. l. quamvis.* 15 *l. pen. D. eod. Nov. 22. c. 40.* 16 *d. Nov. 22. c. 40. l. hac edictali, §. pen. C. de secund. nupt.* 17 *l. fin. D. in quib. caus.* 18 *l. vni. §. 2. C. de rei uxor. act. sicut & maritus in bonis vxoris pro dote danda, d. §. 2. qua de re plene Neguz. de pig. & hypoth. part. 2. memb. 4. n. 24. & seq.*

VIII. In ædibus aut re aliqua alia, reficiens eandem habet hypothecam [19].

IX. In redemto ab hostibus, qui eo vsque pro precio pignori esse intelligitur, quo ad illud exsolutum fuerit [20].

X. In bonis patris filius ratione & intuitu peculij adventitij [21].

XI. In bonis administratoris civitatis civitas, sicut & in bonis prælati Ecclesiæ ob administrationem suam Ecclesia [22].

XII. In bonis testatoris legatarius pro legato consequendo [23].

XIII. In re emta ex pecunia militis ipse miles.

XIV. In militia emta, cum ad ejus emtionem expresse pecunia mutuata est [24].

Pignus specialiter ita dictum, est pignus rei traditæ [25]: traditæ, inquam, creditori, & à debitore plerunq;, nonnunquam vero etiam ab alio quam à debitore, nimirum à magistratu.

Hinc pignus duplex est, Necessarium vnum: alterum voluntarium: illud prætorium dicitur, hoc conventionale [26].

Prætorium à prætore, id est, magistratu nomen habet, & est pignus autoritate magistratus acceptum.

Accipitur autem in judicio vel extra judicium.

Atq; inde prætorium pignus duplex est nempe pignus prætorium specialiter ita dictum, & pignus judiciale.

d Pignus *prætorium* est pignus decreto magistratus extra judicij strepitum conciliatum ob non factam satisfactionem aut contumaciam debitoris [27].

Quod fit missione in possessionem [28] rerum omnium vel vnius rei debitoris, quæ fit ex edicto magistratu specialiter decernente creditorem

19 l. 1. D. eo. l. cum duob. 52. §. item respondit, D. pro soc. l. 5. C. de ædific. privat. l. interdum 5. D. qui pot. in pign. Neguz. par. 5. meb. 2. nu. 3. Mynf. Cent. 1. obs. 60. Gail. 2. observ. pract. 12. nu. 4.

20 l. 2. C. de captiv. & postlim. revers. l. si patre 15. l. si qs. 21. D. eo. l. qui test. 20. §. 1. D. qui test. fac. poss. l. Senatus 43. in fi. D. de leg. 1.

21 l. si quis priorib. C. de secund. nupt. l. ante pen. & l. vlt. §. non autem. C. de bonis quæ liber.

22 c. illud, 11. q. 13.

23 l. 1. C. commun. de legat.

24 l. fin. C. de pign. Nov. 53. cap. 5. & Nov. 97. cap. 4. & Nov. 136. cap. 2.

25 §. fin. Inst. quib. mod. re contrah. obl. l. 1. §. creditor quoq; D. de O. & A. d. l. si rem alienam, §. 2.

26 l. fi. C. de prætor. pign.

d De prætorio pignore, 8. C. 22.

27 Cui. in parat. C.

28 l. misso, 12. D. pro emt. l. 3. §. 2. D. de reb. eorum, Cuia. 5. obser. 26.

cui non solvitur non respondetur, non cavetur, mitti in possessionem bonorum ut pignus habeat, quo sibi servet creditum [29].

e *Judiciale* est pignus in causam judicati jussu magistratus, qui judicem, a quo judicatum est, dederat, constitutum.

Hoc est, cum executor rei judicatæ in causam judicati ex bonis condemnati capit, non jussu judicis, sed, ut dixi, magistratus, qui judicem dedit.

Causa enim formali & subjecto hæc duo pignoris necessarij genera distinguuntur, non causa efficiente.

Nā judiciale ex sola judicati causa capitur, prętorium ex quavis alia, utrunq; tamen magistratus jussu & autoritate, nullum judicis.

Conventionale pignus est pignus ex partium conveniente traditum [30].

Traditum, inquam, quia si conventio sola sit, nulla traditio, pignus quidem est, & est conventionale, sed speciem habens propriam, quæ est hypotheca: at vero quod utranque habet & conventionem & traditionem, id demum est, quod pignus est proprii ssime.

Quod enim alias dicitur inter hypothecam & pignus tantum nominis sonum differre [31], id Justinianus Imp. ad actionem restringit [32], nos etiam ad obligationem & communem usum loquendi, qui in utroque est promiscuus, extendimus: & alias in modo hujus vel illius constituendi differentia est evidens, quam Ulpianus luculenter annotavit his verbis [33]: proprie, inquit, pignus dicimus, quod ad creditorem transit, hypothecam cum non transit nec possessio ad creditorem [34].

Constituendi pignoris causa summa in jure est, quæ interdum sola est, interdum conjuncta cum volun-

29 *Cui in parat.* e.
e Si in causa judicati pignus captum sit, 8. C. 23.
30 *l. fin. C. de prat. pign.*
31 *l. res hypotheca. 5. §. 1. D. de pign. & hypoth.*
32 *§. Item Serviana, Inst. de act.*
33 *d. l. si rem alienam. §. 2.*
34 *l. cum & sortis, 35. in fi. D. de pign. act. l. qui pignoris 36. D. de acquir. vel amitt. possess. l. servi. 16. D. de usucap.*
e Quæ res pignori obligari possunt vel non, 20. D. 3. 8. C. 17.

voluntate hominis, atq; hominis magistratus vel contrahentium.

e Semper autem constituitur in re debitoris[35].

f Rei enim alienæ oppignoratio inutilis est[36], nisi fiat cum rei domini voluntate[37].

Si tamen res aliena pignori sit nexa, obligatio nihilominus contracta est, ex qua actio datur, quæ non rem pignoratam afficit, sed eum qui pignorauit, vt hinc etiam, vbi maxime res obligari videbatur, appareat in pignore personam potius quam rem obligatam esse[38].

Multo vero minus rerum illarum, quæ nec in dominio nec in possessione alicuius esse possunt, cuiusmodi sunt res sacræ, sanctæ, religiosæ, pignus constituitur[39].

Quædam vero etiam pignorari specialiter legibus sunt prohibitæ[40].

Alias vero pro regula traditum est, vt quod emtionem venditionemq; recipit, id etiam pignorationem recipere possit[40].

Ita quævis res, qualiscunq; etiam illa sit[41], modo sit in commercio, pignori obligari potest, modo sit in bonis obligantis[42].

g Adeo vt pignus etiam ipsum pignori dari possit[43], quippe quod creditoris sit, etiamsi res in qua pignus est, sit debitoris[44].

Et

e Quæ res pignori obligari possunt vel non, 20. D. 3. 8. C. 17.

35 *l. q. filios, C. quæ res pign. obl. poss. l. quæ prædium, C. si alien. res pignor. data sit.*

f Si aliena res pignori data sit, 8. C. 16.

36 *d. l. quæ prædiũ.*

37 *l. aliena res, 20. l. potenti, 27. D. de pign. act. leg. 2. & l. fina. C. si alien. res pign. data sit.*

38 *Qua de re dixi 1. discept. Schol. 17.*

39 *gloss. in l. si in emptione, §. omnium. D. de contrah. emt.*

40 *Vt res pupillares, l. 1. §. 1. D. quæ res pig. obl non poss. bona minorum, l. lex quæ tutores, C. de admin. tut. item res litigiosa, l. 1. §. fi. D. quæ res pig. obligar. non poss. item instrumenta rustica ad culturam agri pertinentia, l. executores, & seq. C. eo. Auth. agri cultores, Cod. eod. item servitutes vrbanorum prædiorum, l. si is qui 11. §. fin. D. de pign. item res fideicommisso pure subiecta, l. fi. §. sed quia nostra C. commun. de legat. item præmium futuræ victoriæ, l. spem, C. quæ res pig. obl. item bona dotalia, l. vn. §. cum lex. C. de uxo. act. idem postea in feudis constitutum est, c. 1. de prohib. feud. alien. per Frideric.* 40 *l. sed & quod 9. in fin. D. de pig. l. si convenerit, 18. in fin. ff. de pig. act.* 41 *sive corporalis sive incorporalis, l. grege, 13. §. cum priori. D. de pign. l. nomen, C. quæ res pign. obl. poss. l. 3. & l. 7. C. de act. vel hered. vend. d. l. si convenerit.* 42 *d. l. qui filios, d. l. qui prædium, notat. gloss. in l. si quis. §. vsusfructus, D. de pign.* g Si pignus pignori datum sit, 8. *Cod.* 24. 43 *d. l. grege, §. cum pignori. d. l nomen, toto titul. Cod. si pignus pig. datum sit.* 44 *De quo dixi 1. decis. 1. Scolast. 19.*

Et non ea tantum quæ in rerum natura jam est, sed illa, quæ futura speratur, vt fructus pendentes, & ea quæ nascuntur[45].

Quo pertinet & [h] partus pignoris, puta ancillæ & fœtus pecorum, qui in pari causa esse censentur cum vtero[46].

[i] Res communis pro ea parte, qua est obligantis, pignori obligari potest, quo alteri præjudicium non infertur[47].

Hinc pignus quoddam Generale est, quoddam Speciale[48].

Generale est omnium bonorum debitoris, & hoc interdum præsentium tantum, non etiam futurorum; interdum indistincte & eorum quæ præsentia sunt, & eorum quæ sunt futura[49].

In quod non veniunt res, quas quis verosimiliter in specie oppignoraturus non fuisset[50].

Speciale est partis duntaxat bonorum.

Sed hanc distributionem hypothecæ potius esse putarim, quam pignoris in genere, quoniam vix est vt quis omnia sua bona, eorumque possessionem translaturus sit in alium; tametsi quin per rerum naturam id fieri possit, non video quid impediat.

Omne autem jus pignoris positum est in securitate & cautione debiti[51].

Hæc vero iterum in duobus est, vnum vt creditori pignus quod habet tenere liceat, donec pecunia solvatur, aut vt hypothecam, quam nondum habet possessione, persequi ipsi liceat, & ex persecutione acceptam itidem tenere, donec sibi satisfiat, atq; vt, si velit, pignus datum repignorare ali possit. Alterum vt cum rem pignori datam creditor in solutum perpetuo retinere non possit, siquidem eo concesso res solutionis magis, quam pignoris causa data videretur, pignus creditori distrahere liceat, eoque distracto ex pecunia inde

M 4

45 *l. Et qua nondum, 15. D. de pign.*

h De partu pignoris & omni causa, 8. C. 25.

46 *l. 1. C. de pact. pign.*

i Si communis res pignori data sit, 8. C. 21.

47 *l. vn. C. si commun. res pign. data sit, quod limitat primo in rebus privatorum, siquidem fiscus rem communẽ in totũ obligare potest ex privilegio. arg. l. vnica, C. de vendit. re. fisc. commun. lib. 10. gl. in l. vn. C. si comm. res pign. data sit: secundo limitatur in mercibus & aliis rebus venalib. in quibus quilibet socius censetur habere tacitũ mandatum pignorandi, gl. in l. nemo ex sociis. D. pro soc. Tertio nisi cui res communis est, vbi eam oppignoratam resciverit, oppignorationem ratã habeat, arg. l. si fundus 16. §. 1. D. de pign.*

48 *l. 1. & l. 6. D. de pig. l. rei creditor. C. de distract. pign.*

49 *d. l. 1.*

50 *d. l. 6. & seq. D. de pign.*

51 *d. l. 1. §. iubet, D. de collat. §. fin. Inst. qb. mo. re contr. obl.*

inde redacta sibi satisfacere[52].

[k] Est autem pignoris distractio nihil aliud nisi alienatio rei pignoratæ legitime facta à creditore, cui pignus jure obligatum est, herede ve eius[53].

A creditore, inquam, quoniam à debitore facta alienatio non perimit causam pignoris[54], [l] nisi fiat creditore consentiente & pignus remittente[55].

A creditore autem facta si sit, pignus perimitur, quia pro solutione cedit, quatenus de precio ex venditione illa redacto creditoris satisfit in totum, vel ex parte, salva debitori actione de superfluo[56], & creditori de residuo[57], nisi aliud convenerit[58], & dominium rei optima lege ad emtorem secuta traditione transfertur, adeo vt rem ipsi debitor evincere[59], aut de superfluo precij cum ipso agere possit[60].

Quæ autem ad venditionem hanc requirantur, his paucis verbis expressit Cuiacius[61]: In venditione, inquiens, exigitur, vt fiat ab eo cui pignus jure obligatum[62], nec dum finitum sit solutione aut veluti solutione, vel alio modo[63], & cui sit jus distrahendi[64], puta à potiori creditore, & ex pacto vel citra pactum ex trina denunciatione & vt fiat autore judice publice solenniter[65] sub hasta: & denique in summa, vt [m] omnia fiant bona fide[66], quamuis fieri possit interdum, vt fraus fiat debitori, si minori precio distrahatur, vt tamen jure fiat, modo dolus contractui causam non dederit[67].

[n] Cete-

52 Don. de pig. c. 1.
k De distractione pignoris, 20. D. 5. 8. C. 28.
53 Cui. in parat. C. l. pen. C. eod.
54 l. 3. l. res pignoris, & l. fin. C. de remiss. pign. l. si debitor, C. de distract. pig. l. debitorem, C. de pign.
l De remissione pignoris, 8. C. 26.
55 l. 1. & l. 4. & passim. C. eod.
56 l. fin. C. si vend. pign. agat. l. fin. §. sed siquidem minus, C. de iure domin. impetr. l. eleganter, 24. §. si vendiderit, D. de pign. act.
57 l. 3. l. quæ specialiter, C. eo. l. quæsitum, 9. D. eod. l. creditor, 28. Dig. de reb. cred. si cert. pet. l. si pro mutua, C. si cert. pet. l. ad [illegible] C. de oblig. d. §. sed siquidem minus, l. si creditor, 26. D. de solut.
58 l. fina. C. de distract. pign.
59 l. qui à creditore, C. de distract. pign. l. etsi is, 10. D. eod. l. emtorem, 12. §. sententiam. D. de action. emti. 60 l. si cessante. C. de distr. pign. l. fina. C. si vend. pign. agat. 61 in parat. Cod. eod. 62 l. multer, Cod. eod. 63 l. si priusquam. Cod. eod. l. fina. Cod. deb. vend. pign. imped. non posse. 64 l. 1. C. si vend. pign. agat. 65 l. quæ specialiter, Cod. de distr. pign. m Si vendito pignore agatur, 8. Cod. 30. 66 dicta l. quæ specialiter. l. creditor, C. eodem l. 1. Cod. si vend. pign. agat. 67 dicta l. si cessante.

n Ceterum non potest debitor istam rei pignoratæ distractionem impedire[68], nisi pignus ipse luat.

o *Luitio* autem pignoris est omnis pecuniæ à debitore creditori debitæ in solidum facta exsolutio.

p Nam uno ex plurib. heredibus debitoris solvente pro portione hereditaria obligatio quidem personalis, quod ad eum qui solvit attinet, peremta est, sed jus pignoris creditori nihilominus manet integrum, quemadmodum & vice versa uno ex pluribus heredibus creditoris accipiente pro portione sua, quod quis defuncto debuit, pro ea parte obligatio extinguitur quidem, sed pignus nulla ex parte intercidit.

Si pecuniam rite & recte oblatam creditor accipere nolit, solutionis loco cedit pecuniæ debitæ legitima obsignatio & depositio[69].

q Solutionis etiam loco cedit, si debitor creditori pignus det in solutum, quod postea fieri potest, tametsi ab initio pignoris constituendi inter creditorem & debitorem ejusmodi convent o fieri nequeat, ut res pignori data sit creditoris propria, si debitor certo tempore non solvisset.

Hoc enim pactum, quod pactum legis commissoriæ vocant, in pignoribus improbatum est [70].

Solutionis itidem loco cedit, si debitor creditori rem pignoratam vendat precio compensato cum debito, & superfluo residuove reddito.

r Sed quid si res Emtorem non inveniat? neque etiam debitor pignus luat? Hic primum videndum est, quid ab initio inter creditorem & debitorem convenerit: si nihil convenerit, ex constitutione Justiniani creditor expectabit biennium, à denunciatione facta debitori de pignore distra-

n Debitorē venditionem pignoris impedire nō posse, 8. C. 29.

68 *l. 1. C. eod. Cuia. 5. obs. 16.*

o Quibus modis pignus vel hypotheca solvitur, 20. *D.* 6. De luitione pignoris, 8. *C.* 31.

p Si unus ex pluribus heredibus creditoris vel debitoris partē suam debiti solverit vel acceperit, 8. *C.* 32.

69 *d. l. si priusquā. l. fi. C. debit. vendit. pig. imped. non posse, l. fina. C. de luit. pignor.*

q De pactis pignorum & de lege commissoria in pignorib rescindenda, 8. C. 35.

70 *l. fin. C. eod.*

r De iure dominii impetrando, 8. *C.* 34.

distrahendo. Biennio isto elapso creditori postulanti id à principe res pignorata addicitur, hac conditione, vt intra biennium liber regressus debitori ad pignus recuperandum pateat, si pecuniam cum vsuris offerat: biennio autem etiam illo effluxo omnis recuperandi facultas amissa est 71.

71 l. fin. C. de iure domin. impetr.

Et sane in speciali hypotheca addictio illa simplex est, in generali vero limitata, nimirum ad modum debiti.

s Etiam ob chirographariam pecuniam pignus teneri.

s Sed & novata debiti obligatione voluntarie pignus dissolvitur: sed quocunq; modo dissolvatur, tamen si creditor in possessione sit pignoris, idem tandiu retinendi habet facultatem, quoad sibi de debito chirographo, si quod fortasse subsit, satisfactum sit.

t Qui potiores in pignore vel hypotheca habeantur, 20. D, 4. 8. C. 18.

t Ceterum in vtrovis illo, quod dixi, securitatis cautionisque jure, si creditores diversorum debitorum plures sint, iisdemque vel omnia bona vel res eadem in solidum separatim obligata in disquisitionem venit creditorum prioritas & posterioritas, vt sciatur quis ex illis in juris istius executione sit præferendus.

72 l. potior, 11 in pr. l. qui balneum, 9. D. eod. l. 2. & l. si fundum. l. diversis, C. eo. C qui potior, de R. I. in 6 l. 1. C si prop. publ. pensitat.

Ubi generaliter & regulariter verum est, quod is qui prior est tempore, potior etiam sit jure 72.

Quod in omni pignoris specie locum habet, sive hypotheca illud sit sive pignus proprie, & sive conventionale illud sit sive prætorium, & sive generale illud sit sive speciale, & sive tacitum sive expressum.

73 d. l. diversis. d. l. qui balneum, l. pen. D. quæ res pig obl. non poss.

Prior autem creditor intelligitur non vtique is, cui res primum data est, vel qui prior pepigit, sed is qui cum debitore prior contraxit, cui contractui ista pignoris conventio accesserit 73.

u De his qui in priorum creditorum locum succedunt, 8, C. 19.

u Quin etiam & is prior esse intelligitur, qui cũ creditor esset posterior in locum prioris succedit,

offeren-

offerendo ei & solvendo pecuniam debitam cum usuris[74].

Dico, cum creditor esset posterior, quoniam quorum pecunia cum creditores non essent, priores Creditores hypothecarii dimissi sunt, in locum eorum non succedunt, nisi vel in solvenda pecunia autoritate judicis pignus in eos translatum sit, vel in credenda ea pacti sint, ut in eorum locum & ius succederent[75].

Non igitur, nisi vel autoritate judicis vel ex pacto: illi vero ipso etiam jure[76].

x Sane si Creditor antiquior extraneo recte distrahat, id neq; debitor neq; inferior creditor oblata pecunia emtori vincere potest[77].

Tametsi si secundo creditori pignus distrahat primus, tertio supersit jus offerendi secundo[78].

At si debitor pignus vendat vel in solutum det creditori antiquiori, vel si vendat extraneo, inferioribus creditoribus integrum est jus offerendæ pecuniæ emtori[79].

Hæc ita regulariter: sed juris anomalia distinctionem facit inter creditores hypothecarios & creditores Chirographarios.

Hypothecarii sunt creditores, quibus debetur sub pignore: Chirographarij, quibus debetur sine pignore: ideoq; hi personales tantum sunt, cum illi ita sint personales, ut ob rem pignori nexam, sint etiam quodammodo reales[80].

Ex hypothecariis nulli suo jure sunt privilegiati, excepta dotis causa[81]. Ex chirographariis autem, quidam speciali quodam suo jure privilegiati sunt, quidam non.

Ita ut in illis privilegia ex tempore, in his ex causa debiti æstimanda sint[82].

Hæc vero ita in concursu alterutrorum tantũ: sed si hypothecarii concurrant simul cum chirographariis, illi etiam tempore posteriores, his quamvis prioribus præferuntur.

De

74 l.1.C.qui pot.in pig.l.fi.C.de his qui in prior. credi. loc. succed.

75 l.1.C.de his qui in prior.credit.loc. succed. Cuia.18. obs.40.

76 Cuiac. in parat.C.eod.

x Si antiquior creditor pignus vendiderit, 8..C. 26.

77 l.1.& 2.C.eo.l.8.C.si pig. pig. dat. sit.l.cum prior.3. de distract.pign.

78 l.cum secundus 5.§.fin.& l.seq.D. de distract. pign.

79 l.1.C.si antiq. cred.pig.vend.

80 Cui.in parat. C.de privil. fisci.

81 Cui.iam d.loc.

82 l.privilegia,32. D.de reb.auth.jud. possid.

a De obligationib. ex consensu 3. Inst. 23.

1 Inst. de oblig. ex consensu, l. 2. §. 1. D. de O. & A.

2 d. l. 2. in pr.

3 l. statulliber. 29. in fi. D. de statulib. l. sicut 8. §. venditionis, D. quib. mo. pign. vel hyp. solv. l. sed quod ad eas. 9. §. quod in emtione. D. de pignor. l. si usumfructum. 23. §. in summa, D. de liber. cau. l. fin. C. de reb. alien. non alienan. c. 1. de conten. inter domi. & emt. gl. in l. sequitur. §. de illo D. de usuc. & in l. 2. §. eam rem. D. quae res pig. obl. poss. gl. & Cyn. in l. 2. C. de usucap. pro emt. & in l. 2. C. de iure Emphy. Bart. in l. alio, D. de alim. & cibar. legat. Ias. in l. iurisgentium, in pr. num. 7. D. de pact. Paris. cons. 82. nu. 8. vol. 3. & quod emtionis venditionis appellatione comprehendatur omnis contractus, qui titulus est ad transferendum dominium habilis, regulare esse dicit Diaz. reg. 227. Duen. reg. 229. Fab. de Monte in tr. de emt. & vend. q. pr. 2.

De Emtione Venditione. Cap. XXXV.

Ejusmodi sunt contractus jurisgentium, qui re perficiuntur: a sequuntur illi, qui perficiuntur *consensu*.

Ex his obligationes consensu contrahi dicuntur, non quod hi soli consensum habeant, sed quod ad horum perfectionem non desideretur ulla rei praesentia, non verba, non literae, sed consensus solus sufficiat, qui tamen super re plerunq; interponitur, eaque accedente consummatur [1].

Hinc *contractus ex consensu* definiuntur contractus habentes causam consensu solo constitutam in hoc eoque animo, ut negotium certum geratur.

Hi iidem partim in re sunt, partim circa rem.

In re, nempe dominii vel usus.

Circa rem, nempe communionis vel facti.

Dominii est Emtio venditio: Usus est Locatio conductio: communionis est societas: facti est mandatum [2].

Hinc contractuum ex consensu genera sunt duo, species quatuor, de quibus primum locum obtinet Emtio venditio, & merito, cum usus ejus tam sit late patens, ut apud veteres omnibus omnino alienationibus adhiberi solita fuerit [3].

b Est autem *Emtio Venditio* contractus ex consensu de re certo precio habenda [4].

In qua qui rem tradere Venditor, qui precium dare debet Emtor dicitur [5].

Substan-

b De contrahenda emtione, 18. D. 1. 4. C. 38. 3. Instit. 24. 4 in pr. Inst. de obl. ex consens. d. l. 2. §. 1. Inst. de contrah. empt. l. venditor, 8. D. de evict. l. necessario, 8. D. de peric. & commod. rei vend. 5 Vendere tamen pro emere posuisse videtur Iulianus in l. qui fundum, 7. §. qui bona. D. pro emt. & Paul. in l. si in emtione, 34. D. de contrah. emt. & è contrario Imperatores emere pro vendere in l. un. C. quemadmodum etiam nomina actionum emti & venditi inter se confunduntur, ut in l. Iulianus. 13. §. si procurator, in fin. D. de act. emt. l. sed hoc nomine, 26. D. de evict. l. in conventione, C. de pact. & simil.

Substantia igitur hujus contractus est in re & in precio, quod vtrunque conciliat consensus.

Res autem emivendi potest quælibet etiam incorporalis [6], [c] puta actio vel hereditas, atque non illa tantum, quæ jam extat, sed & illa, quæ non extat quidem, extitura tamen speratur [7].

Quin etiam spei est emtio, quæ spes succedit loco rei, quod tamen ex effectu distinctionem recipit. Nam rerum quæ omnino non extant, si neque omnino postea extent, vt maxime speratæ fuerint, emtio inde ab initio nulla fuisse videtur, vtpote sub conditione, si res extiterit, contracta, quæ nunc deficiat: at vero quæ extat revera, eo tamen quod incertum nobis sit de ejus corpore, quantitate & qualitate nobis non extat, emtio quam primum valet, etiamsi de ea postea ex casu nihil omnino nobis obveniat [8].

[d] Veruntamen jus res nonnullas excepit, quæ emivendi non debeant: & quasdam jus naturale, quasdam jus civile [9].

Naturali jure emivendi nequeunt, primum res quæ non sunt, nec fore sperantur [10].

[e] Deinde res divinæ, id est, sacræ, sanctæ & religiosæ [11]; tametsi harum rerum emtio inter ignorantes earum qualitatem, aut saltem ignorante emtore valeat, non quod ad res ipsas, sed quod ad obligationem, vt venditor eo nomine ad intervsurii præstationem Emtori teneatur [12].

Ita nec hominem liberum emit quis sciens [13].

Atque ita regulariter res quævis, quæ in hominum commercio esse possit in emtionem venditionem venit [14], [f] atque adeo etiam homines, sed municipia.

Jure civili, quædam omnino sunt emivendi prohibitæ, quædam inter certos homines.

Omni-

6 l. si in emt. 34. §. 1. D. de contrah. emt.

c De hæreditate vel actione vendita, 18 D. 4. 4. C. 39.

7 l. nec emt. 8. §. 1. D. de contrah. emt.

8 d. l. nec emtio. §. 1.

d Quæ res venire non possunt. 4. C. 40.

9 d. l. si in emtione, §. 1.

10 l. si duo, 44. & l. domum. 57. D. de contrah. emt.

e De non alienandis ecclesiasticis rebus, Nov. 7.

11 §. fin. Instit. de emt. & vend. l. hanc legem. 22. & d. l. si in emtione, §. 1. D. de contrah. emt. ita nec quævis alia res ecclesiastica, l. iubemus, C. de sacros. eccles.

12 d. §. fin. l. sed Celsus, 6. l. qui officij, 62. §. 1. D. eod.

13 d. l. si Celsus, d. l. si in emtione, §. liberum. l. liberi. 70. D. eod. l. qui sciens, 33. D. de liber. caus. l. fin. D. quibus ad libert. procl. non lic.

14 d. l. si in emtione, §. 1.

f De servis exportandis, 18. D. tit. 7. 4. C. 56. Si mancipium ita venierit ne prostituatur. 4. C. 56. Si mancipium ita fuerit alienatum vt manumittatur vel contra, 18. D. 7. 4. C. 57.

Omnino prohibitæ sunt res publicæ & g ies Universitatis 15.

Ita & res furtivæ vel vi possessæ 16.

Emtionem venditionem etiam non recipiunt res dotales & donatæ propter nuptias 17, nec emphyteuticæ, nisi prius requisito rei domino 18 nec litigiosæ 19. nec subjectæ restitutioni 20: h cupressi ex luco Daphnensi; venena mala 21.

Inter certos homines, nimirum ex principum constitutionibus & sunt res illæ.

I. i Purpura & Sericum, cujus commercio hominibus privatis interdictum est 22.

II. Annona popularis & militaris 23.

III. Arma, ; ne vendantur barbaris, nec vinum, oleum, aliudve liquamen usus causa paratum 24.

IV. k Eunuchi sive spadones.

V. l Ut ne liberi à parentibus vendantur, quod alias ex lege XII. tabul. fieri poterat, hodie non; nisi egestate cogente victus causa 25.

m Porro non interest res quæ venditur propria sit vendentis, an aliena 26.

Qui enim vendit; necesse non habet; ut rem vendi-

g De vendendis rebus civitatis, 11. C. 31. 15 d. l. sed Celsus, nisi cum solennitatibus, secundum l. fin. Cod. de vend. reb. civit. hoc est cum expressione nominum singulorum de universitate, & quod sit factum à maiori parte, de quibus solennitatibus Bart. in l. cotem ferro, § qui maximos, D. de publ. & in l. prohibere, §. plane D. quod vi aut clam, & in l. continuus, § cum qs, D. de V. O. & in l. 1. D. de albo scrib. Bald in l. civitas, in fin. D. de reb. cred. si cert. pet. Canonistæ in c. cum omnes. de constitut.

16 §. 2. Inst. de usuc. l. si in emtione, §. item etsi emtor.

17 §. 1. Inst. quib. alien lic. vel non l. 1. §. cum lex, C. de rei uxor. actio. d. l. lex Iulia, 4. D. de fundo dot. 18 l. fi. C. de iure Emphyt & ex consuetudinibus feudalibus bona feudalia, c. 1. de prohib feud alie per Frider. 19 l. fi. Auth si heres, C. de litig. nisi alienatio esset necessaria. l. 2. C. de litig. l. peto. 69 §. 1 D. de legat. 2. puta ex causa divisionis, transactionis, dotis, donationis propter nuptias, legati, l. fi. vers. except. C. de litig. 20 l final. §. sed quia nostra maiestas, C. comm. de legat. nisi favore dotis vel donationis propter nuptias vel alimentorum. Auth. res quas; C eod Authen. contra cum rogatus: C ad Trebell & nisi favore piæ causæ. arg text l. quidam ita. 25. § fi. D. eo. & nisi casu necessitatis, d. authent contra cum rogatus, & nisi id fiat à iudice legitime, Bart. in l fin. §. etsi præfatam, C de iure delib h De cupressis ex luco Daphnensi vel pereis per Ægyptum non excidendis vel vendendis, 11. Cod. 77. 21 l. quod sæpe, 35. §. veneni mali. D. de contr. emt. l 3. Digest. ad leg. Corn de sicar i Quæ res exportari non debeant, 4. C. 41. 22 l. 1. C. quæ res vend. non debeant. k De eunuchis, 4. Cod. 24. Novel 142. l De patribus qui filios suos distraxerunt, 4. C. 43. 25 l. fin. C. h. t: m De rebus alienis non alienandis, 4. Cod. 51. 26 l. rem alienam, 28. Dig. de contr. emt.

venditam emtoris faciat propriam, sed satis ipsi est, vt faciat rem emtori habere licere [27]; quod in re non solum propria, sed aliena etiam fieri potest.

Attamen si vendens rei sit dominus, rei dominium traditione venditionem subsecuta in emtorem transfert: si ipsius non sit, vsucapiendi conditionem; si tamen interim res vendita à tertio evincatur, de evictione venditor tenebitur [28].

Rei alienæ emtio venditio ita demum valet, si alienam esse contrahentes ignoraverint, aut certe Emtor id nesciverit, aut denique etsi sciant, bona tamen fide contractum ineant [29].

n Quæ sine dubio sunt verissima, si res omnimodo sit aliena, sed eadem de parte etiam vera sunt, puta si vnius rei pars sit mea, pars aliena.

o Verumtamen is qui rem alienam à fisco emit, statim est securus haud aliter atque si præscripsisset, sed domino rei regressus est adversus fiscum intra quadriennium: idemque est si fiscus vendat rem cum alio communem [30].

p Quin autem rem alienam gerentibus veluti tutori aut curatori rem suam vendere licitum sit, non est dubium, transit tamen illa ad venditorem cum suo onere.

Rem vero suam emit quis inutiliter [31].

Rei tamen suæ emtio tunc valet si emtio sit possessionis, quam habet alius [32]: neque etiam emtioni obstat, si ementis vsusfructus sit, quandoquidem vsufructuarij respectu fundus alienus est [33], vel si quis rem suam emat sub conditione [34].

Designationem rei vendendæ, sequitur *Taxatio precii* pro re solvendi [35].

Est autem precium pecunia numerata quantitatis certæ & taxatæ [36].

27 *l. si ita distrahatur, 25. §. fin. ff. de contrah. emt. l. servus 30. §. si sciens. ff. de act. emt.*

28 *l. si fundum, C. de evict.*

29 *l. 1. & seqq. C. de reb. alien. non alienand.*

n De communium rerum alienatione, 4. C. 25.

o De venditione rerum fiscalium cum privatis communium. 10. C. 4.

30 *l. 2. C. de rer. commun. alien.*

p Rem alienam gerentibus non interdici rerum suarum alienatione, 4. C. 53.

31 *l. et si consensum, 15. §. 1. & l. seq. ff. de contrah. emt. l. neque pignus, 45. ff. de R. I. l. servum meum, 37. ff. de condict. indeb. l. cum res, C. de contrah. emt.*

32 *d. l. si in emtione, §. rei suæ.*

33 *d. l. rei suæ. §. fin. l. 1. §. 1. ff. ad SC. Sillan.*

34 *l. existinto, 61. ff. eod.*

35 *in pr. Inst. de emt. & vend.*

36 *§. precium, Inst. eod.*

Res

Res pro re data precium non est: atq; id si fiat, non est contractus emtionis venditionis, sed permutatio vel contractus alius innominatus, Do vt des [37].

Precium illud certum est, si in conventione exprimatur, quantum sit & esse debeat, vel si non quidem illud ipsum exprimatur, fiat tamen relatio ad id ex quo certum esse possit, puta si venditor dicat se tanti vendere, quantum est in arca [37].

Precio autem ejusque quantitate in arbitrium alterius collata, nihil actum intelligatur, si is precium definire nolit, aut non possit [38].

Multo vero minus Emtiovenditio valet quæ in arbitrium emtoris collata sit, puta, si volueris, rem tibi emtam habeto [39].

Atque ita rei, quæ in emtionem veniat, designatio, & precij, quo res illa æstimetur, taxatio, consensu in vtrunque & rem & precium ab emtore & venditore interposito, hunc contractum perficit [40]: traditio rei [41] & precii solutio [42] illum consummat: suntque illa contractus huius causa, hæc causæ illius effecta.

Consensus autem ista omnia conciliat [43].

Et in rem igitur & in precium contrahentes cōsentiant necesse est, quippe quod si circa alterutrum eorum dissensus sit aut error, Emtiovenditio nulla sit [44]: verum in modo etiam vtrunq; conciliandi juris ratio est manifesta.

Consensus itaque in duobus spectatur, nimirum in ipsius contractus substantia, & in modo consensus illius circa substantiam contractus interponendi.

Rursus in contractus substantia integra, vel ejus parte.

Integra, nimirum vt vterque in hunc & eundem contractum emtionis venditionis consentiat, hoc est, vt vterque in id consentiat, quod alter rem

37 l.1. D. de contrah. emt. l.1. D. de rer. permut. l. naturalis. 5. D. de prascript. verb.

37 l. hac venditio, 7. §. huiusmodi. D. de contrah. emt. l. si quis fundum, 37. D. eod.

37 l. fin. D. de contrah. emt.

39 l. in vendentis, 4. eod. l. hac venditio, in pr.

40 l. necessario, 8. D. de peric. & com. rei vend. in pr. Inst. de emt. & vend.

41 l. ex emto, 11. §. & inprimis. D. de act. emti. l. si duo, 23. §. si quis, D. de iureiur.

42 d. l. ex emto. §. & inprimis. l. 1. in pr. D. de rer. permut.

43 l. 1. in fin. l. in venditionibus, 9. D. de contrah. emt. l. 2. C. eod.

44 d. l. in venditionibus, & seqq. D. eod.

rem venditam & sibi pro ea precium solvi, alter rem emtam & precium à se præstari velit [45].

Sola autem promissio de contractu emtionis venditionis adhuc ineundo & celebrando, emtionem venditionem non facit, sed ista vel in nudi pacti terminis subsistit, neque jure civili ullius est effectus, vel si stipulationem habeat, contractum ab emtione venditione diversum facit, cujus effectus sit non ut res tradatur preciumque solvatur, sed ut contractus emtionis venditionis, qui nondum est, ineatur & fiat, aut certe is qui ex stipulatione tenetur, si contractum inire nolit, id quod interest alterius præstet [46].

In parte vero contractus, nimirum in re vel in precio [47].

Consensus vero in eandem rem ut sit utrinque necesse est.

Dissentientes enim nihil agunt: errantes autem dissentientibus non sunt omnino absimiles.

Sane dissensus sive error in solo nomine contractui nihil officit, puta si in fundum eundem uterque consentiamus, quem tu Sejanum, ego Sempronianum appellabam [48].

Nomen siquidem substantiam rei non immutat, sicuti nec illam constituit [49]: atque emtio venditio est non nominis, sed rei.

Dissensum vero vel errorem, qui contractum nullum faciat, circa rem ipsam esse necesse est.

Atque hoc vel in ipso rei corpore, vel in ejus substantia, hoc est, qualitate substantiali [50].

Ille error vel dissensus est in corporibus pluribus diversis, hic in uno eodemque.

Et in ipso quidem corpore si error sit vel dissensus, constat venditionem nullam esse, puta si cum putarem me emere fundum Cornelianum, tu vero putabas te mihi vendere Sempronianum [51].

45 *l. 3. C. eod. l. cum in venditione, 36. D. eod.*

46 *Promißio enim de contrahendo non est contractus ipse qui promittitur, ut docet Bart. in l. singularia, D. de reb. credi. si cert. petat. & in l. si pupillus, ubi & alij Dd. D. ad leg. Falcid.*

47 *qua de re ex professo agitur in d. l. in venditionib.*

48 *d. l. in vendit. §. 1.*

49 *l. si in iudiciis, 80. D. de iudic. l. idem Pomponius, 5. §. fin. D. de rei vindic. l. si in nomine, 32. D. de V. O. l. si quis, 27. D. de reb. dub.*

50 *d. l. in venditionibus.*

51 *d. l. in venditionib.*

Idem dicendum est si dissensus sive error sit in substantia seu materia rei, vtputa si æs pro auro veneat, plumbum pro argento[52].

Cum autem in materia quidem erratur, sed non omnimodo, emtiovenditio valet, puta si quid vendatur inauratum pro solide aureo[53].

Cui consequens est, vt si in materia erretur quæ toto genere diversa non sit, species tamen vna altera melior, puta si vendatur aurum Rhenense, cum Emtor existimaret se emere Hungaricum[54], aut corpus ex diversis materiis conflatum sit, in quarum vnam consentiat vterque contrahentium, Emtiovenditio valeat[55].

Circa precium distinctio ejusmodi nulla est, quippe quod in quantitate & valore magis sit quam in corpore.

Sane si precium, quod venditor putavit, minus fuerit illo quod putabat emtor, venditionem voluti minori precio conclusam subsistere Accursius existimat[56].

Si vero majus venditor, emtor minus intellexerit, cum major summa in minori non contineatur, dissensus qui inter vtrunque est, contractum impedit.

Atque consensus circa contractus substantiam istiusmodi est: sequitur modus consensum illum adhibend,

Et debet ille esse I. in negocium præsens conceptus, non in futurum[57].

II. Liber,

52 d.l. in venditionib. §. inde quaeritur. l. sterilis, 11. §. quamvis, ff. de act. emti, quem negative legendum esse omnes fere putant, Accurs. ibi. Ant. August. 4. Emtio. dat. 17. Russar. Charon. & Pacius in not.

53 l. quid tamen, 14. ff. eo. l. si sterilis, 11. §. quamvis, ff. de actio. emti.

54 l. aliter, 10. ff. eo.

55 l. cum ab eo, 41. §. fin. ff. eod. quae lex opponitur d. l. quid tamen: eamq; veram esse antinomiam putavit Fulgos. in d. l. cum ab eo, in fin. Interpretes communiter illam Accursii conciliationem sequuntur, quod in d. l. cum ab eo, actum sit specialiter & diserte, vt venderetur mensa ex argento solida, quod in d. l. quid tamen. actum non sit, eandemque probavit Duar. in l. si id quod aurum 22. ff. de V.O. & sequi videntur Russard & Pacius in notis, d §. si Sed illa Cuiacio non placet in d. l. 22. & 2. obs. 4. ideoq; separat inargentata vel argentosa ab iis quæ argento sunt cooperta, nimirum ita vt illis argentum sit immixtum & infusum, ideoq; non omnino erretur in materia si quis emat mensam inargentatam pro argentea, his argentum immixtum & infusum non sit. Ego à neutra conciliatione recedo, sed vtramq; coniungendam existimo, vt Deo dante in commentario Institutionum comprobabo pluribus.

56 in d. l. venditionib. verb. in precio, idque argumento locationis, de qua in l. si decem, 52. ff. Locati. *57 Alioquin vel pactum erit vel contractus alius, vt suprà attigi.*

II. Liber, neutra parte invita aut coacta [58].

Tamen vt quis vendat, cogi poteſt vel invitus in Teſtamento [59]: vel ratione communionis [60]: vel ſi reſpublica aut civitas aliqua prematur annonæ inopia [61], vel ob ſævitiam domini in ſervos [62]: vel favore quodam ſpeciali rei abalienatæ [63].

III. Non ſimulatus, cujuſmodi eſt ſi venditio donationis cauſa fiat [64].

IV. Mutuus, non in alterutrius arbitrium aut voluntatem, multo minus alicujus extranei collarus [65].

V. Perſpicuus & clarus. Nam obſcurus ſi ſit, Emtiovenditio quidem valet, ſed interpretatio fit contra eum in cujus poteſtate fuit legem contractui dicere apertius [66].

Et hic dominantur pacta tam communia ceteris contractibus, quam emtioni venditioni propria: de quibus ſuo loco.

q Hoc emtionis venditionis contractu ita perfecto rei venditæ periculum ſtatim ad emtorem pertinere, ſi res vendita ipſi ſit tradita, extra omnem eſt controverſiam [67].

Quod idem jus locum habet, etiamſi res tradita nondũ ſit, ita vt re peremta, emtor de rei, quam

N 2 nun-

58 *l. invitum. C. de contrah. emt. l. nec emere, C. de iure delib. vnde ſi quis vi vel dolo inducatur vt emat, vel vendat, emtiovenditio nulla eſt, l. 1. C. de reſcind. vend. l. ſi fraude, C. de praſcr. longi tempor. cui non obſtat, l. in cauſa, 16. ff. de minor. quoniam in ea licitationes ſunt conceſſa, non fraudes, vt ibi exponit Cuiac. & Iuſtinianus ipſe Nov. 97. vocem* naturaliter *exponit* ἐμπορικῶς *quod vetus interpres vertit* negociatiue, *Haloand. vero,* vt in commerciis fieri ſolet.

59 *l. etſi aquo, 66. ff. de leg. 1.*

60 *l. Iulianus. 13. §. idem Celſus, Dig. de act. emti.*

61 *l. 1. §. cura carnis, ff. de offic. præfect. vrb. Legiſta communiter in l. 1. C. de epiſc. audient. & Canon. omnes in c. 1. de emt. & vend. atq; ſecundum hunc caſum Dominos Camerales iudicaſſe teſtatur Mynſ. Cent. 5. obſ. 27.* 62 *§. fi. Inſtit. de his qui ſui vel alien. iur. ſunt, 2. ff. eod.* 63 *l. 2. C. de patrib. qui fil. diſtrax. plures caſus quibus quis vendere cogitur rem ſuam a Dd. allatos vide apud Socin. reg, 435. Tiraquel. de retract. in præfat. num. 15. Fr. Vivi. comm. opin. verb. vendere: qui tamen omnes vt & illi accipiendi ſunt ita, vt iuſto precio res diſtrahantur, l. fi. ff. de annon.* 64 *l. ſicut emtio. 20. ff. locati. l. 3. Cod. contr. emt.* 65 *l. quod ſæpe. 35. §. 1. ff. eod. l. in vendentis, C. eod.* 66 *l. veteribus, 39. ff. de pact. l. Labeo ſcripſit, 21. l. cum in lege, 33. & ſeq. ff. de contr. emtio.*

q De periculo & commodo rei venditæ, 18. ff. 6. 4. C. 48. 67 *l. Lucius. 11. ff. de evict. traditione enim emtori dominium quæſitum eſt, §. vendita, Inſt. de rer. diviſ. Res autem domino ſuo perit non alij.*

nunquam nactus est, precio solvendo conveniri possit[68].

Sane si venditio non pure sed sub conditione facta sit, periculum rei venditæ ante quidem conditionem impletam ad venditorem pertinet, post illam ad emtorem[69].

In venditione alternata, puta Stichi aut Pamphili, si vnus pereat, periculum venditoris est, si vterque, emtoris: ita prior venditori perit, posterior emptori[70].

Atque hæc omnia ita se habent, si per neutrum steterit, quo minus res interierit: alioqui vtrius venditoris vel emtoris facto id contigerit, ejus erit periculum; si vtriusque, emtoris, nisi venditor dolum adhibuerit[71].

Quin autem pacto fieri possit, vt periculum ad emtorem vel venditorem pertineat, quocunque tempore & quomodocunque interitus contingat, modo absque venditoris dolo, nullum est dubium[72].

Et vero ex conventionis qualitate hæc res sæpenumero æstimanda est, cuius rei exemplum luculentum in venditione vini Jurisconsulti proposuerunt. Id enim si simpliciter per aversionem venditum sit, periculum emtoris est: si ita, vt prius degustetur, ante degustationem periculum ad venditorem, post illam ad emtorem pertinet: si ita vt admensuretur, eodem modo ante admensurationem venditoris, post illam emtoris est periculum: si deniq; ita vt & degustetur & admensuretur, tunc periculum quidem qualitatis, puta si vinũ acescat vel mucorem contrahat ante degustationem ad venditorem, post illam ad emtorẽ, periculum aũ: substantiæ, puta si vinum effundatur atque omnino pereat, & ante & post degustationem ad venditorem pertinet, ad emtorem autem tum demum

68 §. cum autem, Inst. de emt. & vendit. l. cum emtor. 5. §. 1. D. de restind. vend. l. si per emtorem. 5. l. id quod post. 7. & seq. l. si vendita, 11. D. de peric. & commod. rei vend. l. 1. l. cum inter, & seqq. C. eo. l. si in emtione. 34. §. pen. D. de contra. emt. l. venditor, 21. ff. de hered. vel act. vend. l. fin. D. de condict. ob caus. dat. l. sicut periculum, C. de act. emt. l. si soluturus, 39. D. de solut.

69 d. l. necessario, & d. l. quod sæpe, §. si res vendita.

70 l. si in emtione. §. penult.

71 d. l. Iulianus, §. in his, l. illud, 17. D. de peric. & cõmod. rei vend.

72 l. si in venditione, 10. D. de peric. & commod. rei vend.

mum, si vinum admensuratum sit[73].

r Ceterum etsi regulariter emtio venditio semel perfecta rescindi non debeat, nec alterutri contrahentium ab illa recedere concedatur, sed eam precij solutione & rei traditione consummari oporteat, fit tamen quandoque ut ab ipsa etiam nondum consummata recedere liceat.

s Quod fit potissimũ pacto & mutuo consensu contrahentium, si res adhuc sit integra, h. e. si nondum res tradita aut precium numeratum sit [74], etiamsi forte venditori arrha data sit de precio solvendo, vel emtori datus fidejussor de re tradenda[75], vel alias eo nomine cautum [76].

Quod si res amplius integra non sit pacto vel consensu contractus non rescinditur, nisi rescindantur cetera venditionis quæ secuta sunt [77], puta traditio, numeratio, cautio [78], & reliqua quæ per consequentias emtionis sunt propria [79].

Rescinditur etiam venditio, si curialis furtim vitans munera civilia bona sua vendiderit, & patriam reliquerit[80].

Item si palatini æque furtim aliquid emerint ex rebus privatis principis, quarum sub comite sunt administratores[81].

Item si in precio venditor rei immobilis vel etiam mobilis preciosæ fraudatus sit supra dimidiam justi precij[82], quamvis optio emtori detur vel redhibendæ rei, vel supplendi justi precij[83].

t Item si propter tributa publica sub hasta venierint bona debitoris per ambitionem & gratiam minus justo precio in debitoris fraudem venditio rescinditur fisco oblata pensione debita [84].

73 d. l. si in emtione § alia; d. l. quod sæpe, § in his. l. 1. 4. 5. & 15. D. de peric. & commod. rei vend. l. 2. ubi plene doctissimus Dion. Goth. C. eod.

r De rescindenda venditione. 18. D. 5. 4. C. 44.

s Quando liceat ab emtione discedere, 4. C. 45. 18. D. 5.

74 l. ab emtione, 58. D. de pact. l. 2. & 3. D. de rescind. vend. l. 1. & 2. C. quand. liceat ab emt. reced. l. si dolo, C. de rescin. vend. l. sed Celsus, 6. in fin. D. de contrah. emt. l. pen. C. de pact. inter emt. & vend.

75 d. l. 3. D. de resc. vend. l. Stichum, 95. § fi. D. de solut. l. non idcirco, C. de contrah. emt.

76 l. Emtor, C. de act. emti.

77 l. 1. C. de rescind. vend. d. l. ab emtione.

78 l. si duo 13. § si quis intaverit, D. de iureiur. l. magis, 5. § eadem ratione. D. de reb. eor.

79 l. si heres. 5. D. de act. emt. 80 l. pen. C. de resc. vend. 81 l. fi. C. eod. l. fi. C. de fundo & iure hastæ. 82 l. 2. l. si voluntate, C. de resc. vend. 83 d. l. 2. l. 1. § si quis in fraudem Dig. si quid in fraud. cred. t Si propter publicas pensitationes venditio fuerit celebrata. 4. C. 46. 84 l. si quos, C. de rescr. vend. l. 3. C. de iure fisci.

u Item si quis fundum debentem censum vel reliqua census fisco aut reipublic. emat aut vendat ea lege, ne onus census vel reliquorum sequatur emtorem, venditione rescissa emtor precium, & venditor fundum amittit, vtroque redacto in ærarium [85].

Sed etsi pater filium distraxerit, vnicuique licet eum in libertatem asserere, & vel ipsi patri, & potest hoc idem ipse distractus oblato mancipio vicario, aut precio, non quanti emtus est, sed quanti assertionis tempore æstimabitur sine adjectione quintæ [86].

a *De Locationeconductione.*

Cap. XXXVI.

L*ocatioconductio* est contractus ex consensu [1] certa mercede [2] aliquid faciendi [3] vel vtendi [4].

Ex quo Locator vnus est, alter Conductor: Locator quidem is, qui dat aliquid vtendum vel faciendum, Conductor vero qui accipiat, vterque demum mercedem det vel accipiat, ex qua vnius ab altero distinctio non est perpetua [5].

Consistit vero hic contractus iisdem ferme regulis, quibus Emtovenditio [6].

Nam & hic consensu conciliatur Res & Merces [7].

Sed in emtionemvenditionem ea duntaxat res venit, quæ tradatur, non etiam quæ fiat: in locationemconductionem præter eam etiam factum.

Unde Locatioconductio duplex est, vna vsus rei, altera operæ hominis [8].

Quævis autem res, quæ in emtionemvenditionem venit, etiam in locationemconductionem venire

u Sine censu vel reliquis fundū comparari non posse, 4. *Cod.* 47.

85 *l.* 2. *Cod. Th. de contrah. emt. l. fin. C. de fundo rei priv.*

86 *Cui. in paratit. C. de patrib. qui fil. suos distraxer.*

a De locatione & conductione, 3. *Inst.* 25. 19. *D.* 2. 4. *Cod.* 65. *Paul.* 2. *sent.* 18.

1 *in pr. Inst. de obl. quæ ex consens. l.* 2. *D. de O. & A. l.* 1. *D. locati.*

2 *in princ. & §.* 1. *Inst. eod. l.* 2. *D. eod.*

3 *§. item quæritur. Inst. eod. l.* 2. *in fi. l. item quæritur,* 13. *§.* 1. *l. sed addes,* 19. *§. si quis mulierem, l. ea lege,* 51. *§.* 1. *D. eod. l.* 2. *in pr. & l. fin. in pr. D. de leg. Rhod.*

4 *§. præterea, Inst. eod. l. ex conducto,* 15. *§.* 1. *l. si in lege,* 24. *§. Colonus, l. si merces.* 25. *§.* 1. *l. si fundus,* 33. *D. eo.*

5 *Cui.* 2. *obs.* 28. *Ioan. Robert.* 1. *animadv.* 10.

6 *In pr. Inst. eo. l.* 2. *D. eod.*

7 *per adducta supra apud definitionem huius contractus.*

8 *d. l. si merces, & l. seq. D. eod.*

venire potest, nisi res sit, quæ vtendo absumatur.

Ad vsum enim, non ad abusum rei contractus hic comparatus est.

Et rem quæ locetur conducatur designari satis est, vt tradatur quamprimum necesse non est.

Nam & hic traditio sive patientia, quæ traditionis loco est, effectus est, non causa contractus, designatio autem rei ex causis contractus vna.

Verum emtiovenditio rem ipsam, vt ita dicam, afficit, Locatioconductio non rem ipsam, sed eius duntaxat vsum [9].

Itaque in hac minus est, in illa aliquanto amplius.

Locatioconductio operæ hominis est quasi vsus hominis in faciendo aliquid.

Non igitur in facto quolibet, sed in eo quod locari solet [10], quod ex consuetudine æstimandum quidam arbitrantur, alii ex eo, quod ex ista opera sequi possit emolumentum aliquod pecuniarium.

Factum locari solitum illud revera est, nimirum opera hominis in re alterius posita, & hominis corpore vel toto, vel aliqua ejus parte præstita.

Ut enim rem suam ad vtendum nemo conducit, ita nec rem suam, vt in ea quid faciat [11].

Et vero quod ingenii, non corporis vllo modo, atque ex quo nullus proprius atque peculiaris existat effectus, id demum est factum, quod locari solitum non est.

Hinc si conveniat mihi tecum, vt certa mercede constituta tabulam meam pingas, Locatioconductio est: Si certam mercedem tibi constituam, vt servum fugitivum indices, atque tu in id consentias, contractus innominatus est do vt facias.

9 l. non solet, 39. ff. eod. l. si quis conductionis, C. eo. l. convenit mihi, 65, l. cum manu, 80. §. fin. ff. de contr. emt. obstare videtur, l. in navem, 31. D. locati, de qua plenius Cuiac. 7. obs. 39.

10 l. naturalis, 5. D. de prescr. verb.

Designato vsu rei vel facto mercedis taxatio sequitur, quæ hujus contractus pars est substantialis altera[12], & est vsus quidem quasi quædam æstimatio, facti vero quasi quędam compensatio, vt mercede in locatione conductione vsus rei emi, factum vero compensari videatur.

Ex quo etiam Merces, quæ propriam in hoc contractu appellationem habet, interdum vocatur precium[13], eamque definio, non vt sit pecunia numerata, quod pleriq; volunt[14], sed vt sit quantitas, cuiuscunque illa generis sit, certa tamen ac definita[15].

Consensus autem etiam hic omne ratum facit, atque in eo eadem omnino, quæ circa emtionem venditionem spectabantur, hic etiam spectanda sunt.

Nisi quod conductores publicorum vectigalium post tempus conductionis finitum etiam inviti retineri possunt, non tamen, vt puto, nisi tum cum vectigalia ipsi exhauserunt, neque sunt alii qui vectigalia ob deteriorationem factam sub iisdem pensionibus accipere velint[16].

Sed & hic amplius illud est, quod vsus tempore quo duret, circumscribitur[17].

Idque tempus exprimitur interdum, interdum non exprimitur.

Si non sit expressum in rusticis prædiis, quorum vsus in fructibus est, in annum facta præsumitur, siquidem fructus singulis annis proveniunt novi atque alij.

In vrbanis, quorum vsus in habitatione potissimum consistit, cujus tempus definitum non est, Locatio conductio tandiu durat, quoad alter alteri renunciaverit[18].

Tempus vero expressum certum est aut incertum.

Incertum, puta, quoad is, qui locasset, vellet[19].

Certum

12 *l.2.D.eod.l.si vir vxori,52.D.de donat.int.vir.& vxor.*

13 *l.quod si,28.§.1.l.ea lege,51.§.1.l.insulam,58.in pr.D.eod.l.si quis ante,10.D.de acquir.vel amitt.possess.l.5.D.de lege Rhod.*

14 *gl.& Dd.in l.1.§.si quis servum, vbi ita tenent communiter, D.depos.& in d.l.naturalis, §.at cum do.*

15 *l.si olei, C.eo. Coras. 2.misc. 11. VVes.in paratit. D.eod.n.7. Gothof. in notis suis ad d.l. si olei.*

16 *l.cotem, 11.§.fi. D.de publ.& vect. l.si cum Hermes, C. de locato.*

17 *l.viam veritatis, C.de locat.*

18 *l.item quæritur, 13.§.fin.D.eod.l.in commodato,17.§.sicut.D.commod.*

19 *l.locatio,4.D.eod.*

Certum, quod inde ab initio numeris suis definitum est.

Atque hoc iterum breve est aut longum.

Breve est minus decennio, atq; ex eo Locatio conductio proprie illa est, quæ hoc nomen habet, de qua verum est vulgatum illud in Locatione-conductione de novo ineunda consensum debere esse expressum, quoquo modo exprimatur, saltem idonee, at in eo, qui semel est initus, renovando tacitum sufficere[20].

[20] d. l. item quæritur, §. fin.

b Locatioconductio vero sub tempore longo, vt ab hac de qua dictum est, est diversa re, ita peculiare nomen sortita est, vt dicta sit Emphyteusis, quam Zeno Imper. primus ab illa nomine distinxit[21].

b De iure Emphyteutico, 4. C. 66.

Hæc enim non tantum est vsus rei, sed etiam alicuius juris, vnde is qui Emphyteusin habet, & Emphyteuta vel Emphyteuticarius dicitur, quasi rei in Emphyteusin datæ dominus constituitur, quem interpretes dominum vocant vtilem, eum vero qui dedit, directum.

[21] §. adeo, Insti. de locat. & cond. l. 1. C. de iure emphyt.

Est autem Emphyteusis contractus ex consensu, quo dominus fundi alicuius vsum & fructum plenissimum & quasi rei dominium alteri concedit, ea lege vt cultura eum meliorem faciat atque fructuosiorem, & pro eo non quidem rei vsu sed in recognitionem dominij vicissim pendat mercedem certam[22], quæ peculiari nomine Canon appellatur, atque est annuus.

[22] d. §. adeo, d. l. 1. & l. 2. Cod. de iure Emphyt. l. 1. D. si ager vect. pet. Cuia. in parat. C. eod.

A re quæ in Emphyteusin venit, distribuitur in civilem seu privatam, & Ecclesiasticam.

Civilis est Emphyteusis in rebus profanis perpetua, quandiu ex eo qui primus eam accepit, liberi supersunt.

Ecclesiastica vero in rebus est Ecclesiasticis, temporalis, vltra generationem tertiam sese non extendens.

Neutra ſcripturam deſiderat, ſed quoniam pactis vtraque multum variatur, ad probationem ejus quod actum eſt, vt fiat, conſultius eſt & tutius.

a De Societate. CAP. XXXVII.

SOcietas eſt contractus ex conſenſu [1] de re [2] vtrinq; communiter habenda [3].

Poteſt quidem rei communio ex variis cauſis inter plures contingere, etiam citra conſenſum verum, quarum potiſſimum duæ ſunt, vna quæ eſt in hereditate inter coheredes, altera quæ eſt in re donata, legata, aliove ſingulari titulo pluribus acquiſita [4].

At ea ſola, quę conſenſu in id accommodato vt ſocietas rerum ſit inter contrahentes, ſocietas appellatur [5], de qua communione ſimulatque convenerit, ſocietas contracta eſſe dicitur, ita vt qui contraxerunt, vnus alterius ſit & dicatur ſocius.

Eſt autem illa in bonis rebusve ſociorum omnium vel vnius aut aliquorum, & in operis ab omnibus vel vno aut aliquibus circa bona ſive res præſtandis [6]: & rurſus in lucro damnoque poſt bona communicata operaſque præſtitas inter ipſos communicandis [7].

Ita in ſocietate ſpectantur bona ſive res [8], ſuper quibus ſocietas initur, operæ in bonis illis ſive rebus collocandæ: & quod ex vtriſque illis ſive occaſione eorum ſocietatiſve contractæ provenit damnum & lucrum [9].

Totum

a De Societate, 4. Inſt. 26. 17. D. 2. 4. C. 37. Pa. 8. ſen. 6

1 in pr. Inſt. de obl. ex conſenſ. l. 2. D. de O. & A.

2 l. 5. D. pro ſoc.

3 §. 1. & ſeq. Inſtit. de ſociet. l. ſi nõ fuerint, 29. & l. ſeq. l. ſi vnus, 97. D. eo. alij ex fine definiunt, quod ſit duorum pluriumve cõventio contracta ob cõmodiorem vſum & vberiorem quæſtũ, Azo in ſum. C. eo. Capic. deciſ. Neap. 174. num. 2.

4 l. vt ſi pro ſoc. 31. D. eo. §. 3. Inſt. de oblig. quæ ex quaſi contr. l. 2. D comm. divid. l. 4. C. cõmun. divid. Roncheg in l. eãdem, § ſed ſi quis. nu. 19. D. de duob. reis, Menoch. conſ. 46. num. 8 lib. 1.

5 largo tamen modo ſocietas dicitur in qualibet re communi Socin. ſenior conſ. 160 n. 18. vol. 2. Quo pertinet illa Dd diſtributio, qua dicunt ſocietatem aliam eſſe incidentem, aliam conventionalem, per gl. in l. 4. & in l. vt ſit, D. pro ſoc. Rimin. in l. 1. n. 1. & 2. C qui teſta fac poſſ Bart. in l. 2. C. comm divid. Bald in l 1. qu. 11. C. pro ſoc. Cephal. conſ 340. n. 6. lib. 3.

6 l. 1. §. fi. l. 2. §. 1. l. 5 in pr. D eod

7 Supra Dd. loc ad quod vide Beroſ. conſ. 96. n. 12. vol. 3. & Tib. Decia conſ. 39 n. 9. vol. 1.

8 d. l. 5. non corporales tantum ſed etiam incorporales, Bero. conſ. 161. n. 20. vol. 1.

9 Paſſim ſub dd. titulu.

Totum autem illud & omne in negociatione est positum.

Ex bonis societas duplex est, Generalis & specialis [10].

10 in prin. Inst. eod. l. 1. §. 1. d. 5. D. eod. Quidam sex ponunt species societatum rem magis confundentes quam distinguentes, vt Pet. de Vbal. in practic. de duob. fratr. in prin.

Generalis est bonorum omnium: quæ hoc habet peculiare, vt simulatque de ea convenerit, sociorum bona ipso jure sine vlla traditione ratione dominii sibi invicem communicentur [11].

11 d. l. 1. §. fin. l. cum duob. 52. §. socium. D. eod.

Specialis est bonorum quorundam: & rursus vel vnius, vt equi emendi, vel certæ alicuius negociationis, puta vini, frumenti, aromatum, &c. [12].

Rursus generalis est ita bonorum vniversorum, vt etiam sit rerum sociorum omnium: at in speciali fieri potest, vt vnus conferat bona; alter de bonis nihil, sed operam tantum & industriam, quæ tum sit loco bonorum [13].

12 d. l. 5. d. l. cum duob. §. cum duo.

13 §. 2. vers. nam & ita. Instit. eod. l. 1. C. eod.

Opera in societate collocanda est labor & industria vel sociorum omnium, vel vnius aut aliquorum, prout inter ipsos convenerit.

Nam opera sæpe est pecuniæ instar, imo vero ea etiam melior: eaq; facit, vt etiam pauperiori industrio societas esse possit cum ditiori pauperiore pecuniæ loco præstante operam & industriam [14].

14 d. l. 5. §. 1. l. si non fuerint. 29. §. 1. l. quid enim. 80. D. pro soc.

Itaque in generali societate vnus vniversa sua bona & plura confert, alius sua etiam vniversa sed pauciora, eius autem loco quod deest operam: in speciali sæpe vnus tantum bona, alius operam duntaxat, id quod omne ex arbitrio & conventione sociorum dependet.

Initur autem societas vtilitatis causa, atque inde speratur lucrum: sed per occasionem etiam damnum interdum emergit.

Lucrum est quod deducto damno & impensis præter sortem bonave in societatem collata superest [15].

15 §. de illa, Inst. eod. l. Mucius. 30. D. eod.

Damnum est quod deductis impensis sorti vel

bonis

bonis collatis deest.

Superest vero aliquid interdum ex opera, interdum ex fortuna aliundeve.

Sane si specialiter universorum bonorum societas sit inita, tum omne qua qua ratione, attamen honesta acquisitum communioni acquiritur[16] si non specialiter, sed simpliciter, etsi tum etiam universorum bonorum societas inita videatur, tamē ut in ceteris specialibus societatibus id tantum communicatur, quod ex opera societatis illius intuitu facta, & occasione ex causa societatis illius acquiritur[17].

Divisio lucri & damni inter socios debet esse æqualis[18]: æqualis autem est si fiat pro rata pecuniæ seu rei in societatem collatæ[19].

Ex conventione autem potest etiam esse inæqualis, ut unus duas vel tres partes lucri habeat, nullam damni partem sentiat, si forte unus ex sociis præter rem collatam, conferat etiam in negociationem solus operam[20].

At ut lucum unus omne auferat, alter solus damnum agnoscat, ea demum non fraterna est societas, sed leonina, atque adeo nulla[21].

Solutio societatis desumitur ex personis, ex rebus, ex actione, ex voluntate.

Ex personis nimirum ipsarum morte, atque hac vel naturali[22] vel civili, scilic. maxima, vel media[23], non etiam minima[24] capitis diminutione.

Ex rebus, si res illæ, quarum contemplatione societas inita fuit, vel omnino nullæ relinquantur, vel conditionem mutaverint.

Nullæ relinquuntur, cum vel omnino in rerum natura esse desierunt, vel in substantia quidem sua non

16 *l. nec prætermittendum. 57. D. eod. l. quod sæpe 35. §. veneni. D. de contr. emt. l. 1. §. plane, D. de tut. & rat. distrah. l. falsi, 20. D. ad leg. Cor. de fals. l. 2. D. ad leg. Iul. de annon.*

17 *l. cuiri, 7. & seq. D. eod. vide Ios. Ludov. conclus. 53. vers. natura autem societatu. ubi plures alleg.*

18 *§. 1. Inst. eod. l. si non fuerint, 29. D. eod.*

19 *l. si societatem, 6. D. eod.*

20 *d. §. de illa. d. l. si non fuerint.*

21 *d. l. si non fuerint, §. fin.*

22 *§. solvitur, Inst. eod. l. adeo, 9. in pr. l. cum duob. 52. §. 9. l. actione, 65. §. morte. D. eod. ex quo illud est, q. socii mei socius socius meus non est, l. nam socii, D. eod. & q. nulla societatis in æternam sit coitio, l. nulla, 70. D. eod. etsi possit esse in perpetuum, h. e. quamdiu vivunt, l. 1. D. eod. Veruntamen in publicu societatibus secus est, d. l. adeo. quod eleganter exposuit Cui. 10. obs. 25.*

23 *§. publicatione. Inst. eod. d. l. actione, §. publicatione, l. verum, 63. §. fin. D. eod.*

24 *l. si id quod, 58. §. si filiusfa. d. l. actione, §. societas, D. eod.*

non desierunt, socij tamen eas amplius non habent[25].

Conditionem autem mutare dicuntur, vel consecratione, quomodo commercio hominum in vniuersum eximuntur[26], vel publicatione, qua nimirum res alicui ex justa causa publica autoritate præter delictum adimitur, aut vsui publico servatur[27].

Voluntate solvitur cum omnium consensus non manet integer[28].

Quod fit vel omnium sociorum dissensu, vel renunciatione[29].

Dissensu quidem expresso vel tacito. illo cum ita convenit vt à societate discedatur, hoc cum vnusquisq, sociorum sibi negociatur, quod alioqui in commune facere solitus erat[30].

Renunciatione vero non dolosa, neque intempestiva: illa est, si cum præsenserat socius lucrum aliquod obveniens idcirco societati renunciet, vt illud lucrum percipiat solus; hæc, si tempore societatis nondum finito nulla justa causa vrgente renunciet[31]. Interim vero renunciante dolose vel intempestive nihilominus obligatio, eo cui renunciatum est libera o.

Actione societas distrahitur, si mutata sit causa societatis[32], hoc est, sive novetur actio, sive dictetur tantum.

Novatur autem stipulatione novandi animo facta; dictatur cum judicium instituitur ad hoc vt societas distrahatur[33].

Tempore deniq; finitur, ad quod nimirum societas contracta erat[34], vel si negocio, cujus societas contracta fuit, finis impositus sit[35].

[a] *De Mandato*. CAP. XXXVIII.

M*Andatum* est contractus ex consensu[1] de faciendo aliquid gratuito[2].

Hoc

25 §. *item si quis, Inst. eod.*

26 *d. l. verum. §. fi.*

27 *l. si item, 15. §. 1. D. de rei vindicat.*

28 *l. tandiu, C. eo.*

29 *d. l. verum, §. fi. d. l. actione. §. diximus.*

30 *l. itaq. 64. D. eod.*

31 §. *manet, Instit. eo. & d. §. diximus. l. si convenerit, 14. D. eod.*

32 *d. l. actione, in prin.*

33 *Quod exponit. Gabr. Mudæus ad d. l. actione.*

34 *l. 1. D. eod.*

35 §. *item si alicuius, Inst. eod. d. l. actione, §. item si alicuius.*

a De mandato. 3. In. 27. 17. D. 1. 4. C. 35. Pau. 5. sen. 15.

1 *in pr. Insti. de obl. quæ ex consent. l. 2. D. de O. & A. l. 1. D. mandati.*

2 §. *fi. Inst. eod. l. 1. §. fi. l. idemq. 10. §. si quis ea, D. eod. l. si tibi, 22. Dig. de præscript. verb. l. 2. D. de proxenet.*

Hoc qui dat Mandans[3] seu mandator[4], qui faciendum suscipit mandatarius vocatur.

Est de faciendo aliquid, cui consequens est ut in facto illud spectetur, non in re, tametsi res etiam in factum quandoque veniat[5].

Factum illud in judicio est vel extra judicium.

Mandatum igitur vel ad lites est[6], vel ad negociorum administrationem[7], & vero tam hoc quam illud generale est vel speciale[8], & generale iterum vel cum libera administratione, vel sine libera[9]. Omnis autem procurator est.

Procurator enim est, qui aliena negocia mandato domini administrat[10].

Qui in rem suam interdum constituitur, interdum in rem alienam.

In rem suam, cum ipsi negocium committitur utilitatem ipsius concernens[11]: quod fieri potest tum cum mandantis interest negocium illud geri.

Cum autem non interest, mandati res seu negocium proprium non potest, sed si quid istiusmodi fiat, id consilii magis est quam mandati[12].

Alienum autem negocium recte mandatur[13].

Alienum illud est quod mandatarium solum non contingat.

Ejusmodi vero est negocium mandantis vel extranei: & rursus alterutrius illius vel utriusque simul, vel denique & utriusq; illius & mandatarii.

Est autem mandatum gratuitum[14], eoq; solo locatione conductione, quæ mercedem exigit, distingui videtur[15], tametsi ex facto etiã distinctio adhiberi possit, eo quod facta multa in mandatum veniunt, quæ in locationem conductionem non veniant.

Quam-

3 §.1.*Inst.eod.*
4 *Vide Brisson.in verb.Mandare.*
5 *passim sub tit.Institu.Dig.& C. de mand.*
6 *l.hoc iure,86.D. de solu.qui dicitur procurator factus ad actionem, l.sed si tantum,13. D.de pact.*
7 *l.qui negocia 34. l.si mandat.45.§.1 l.si præcedente,58. D.eo.l.1.3.C.eo.*
8 *l.1.§.1. D.de procur.l.solutum,11.§ fi.& l.seq.D.de pig. act.l.7.§.1.D. qui.mod.pig.solv.l.si quis mihi bona,25. §.sed utrum, D.de acq.hered. l. sed & in ipsum. 6. D. de Instit. l.si quis.7.D de calum.l.sed si unius,17.§.procuratorem autem. D.de injur. l. si procurator, C. de transact.*
9 *l.procurator cui. 58.l.mandato,60. l.procurator totorũ. 63. D. de procurat. l.quam Tuberonis, 7. Dig.de pecul.l.1. D.de off.proc.Cæsar.l.creditor,60.in fi.D.mandati.*
10 §.1.*Inst.de his per quos ager.possum.l.1.D.de procur.*
11 *l.2.D.famil.erc.l.si procuratorem,8.§.fi.D.mand.l.1.C. de contrar.iud.12.§. tua tantum gratia, Inst.eo.l.2.§.fi.D.eo.* 13 *iam modo dd.locis,* 14 *l.1.§.fin.D.eo.*
15 §.*fina.Instit.eod.*

Quamvis vero mandatum totum sit officiosum, nihil tamen obstat, quominus intervenire possit honorarium [16].

Honorarium siquidem merces non est, neque operæ compensatio à mandatario adhibitæ, sed animi grati à mandante erga mandatarium facta declaratio.

Atque hoc contractui incidit: necessario vero non inest, ideoque ex hoc contractu honorarii promissi exactio non est [17].

Solvitur mandatum morte & voluntate contrahentium.

Morte naturali tam mandantis [18], nisi forte post mortem suam fieri mandaverit [19], quam mandatarii [20], item civili, quæ contingit maxima aut media capitis diminutione [21].

Voluntate contrahentium, revocatione quidem ex parte mandantis [22], renunciatione vero ex parte mandatarii [23].

Hæc vero omnia ita demum, si res adhuc sit integra [24].

16 *l. si remunerandi, 6. D. eod. l. 1. D. de extraord. cognit. l. 1. D. si mens. fals. mod. dixer. l. qui operas. 38. §. 1. D. locati.*

17 *l. Salarium, 7. & l. qui mutuam, 56. §. fi. D. mand. l. 1. l. Salarium, C. eo.*

18 *§. item si adhuc. Inst. eo. l. inter causas, 26. l. qui negocia, 34. in fi. D. eod. l. mandatum, C. eodem, l. fin. D. de solut. l. & quia, 6. D. de iurisdict. Cui. 2. obs. 31.*

19 *l. si vero non remunerandi, 12. §. fin. D. eod.*

20 *d. §. item si adhuc. l. si quis alicui, 27. §. morte, & l. mandatum, 57. D. eod.*

21 *l. post litem, 17. D. de procur.*

22 *§. recte. Inst. eo. d. l. si vero remunerandi, §. penult.*

23 *§. mandatum non suscipere. Insti. eo. l. si mandavero, 22. §. fin. l. si quis alicui, 27. §. qui mandatum, D. eod.*

24 *supr. dd. loc.*

De stipulatione. CAP. XXXIX.

ET tales sunt contractus nominati juris gentium: sequuntur illi qui juris sunt civilis, qui contractus Romanis sunt proprii, ab ipsis nimirum inventi & informati: præsupponunt autem conventionem aliam, quæ ipsos præcesserit, vel una cum ipsis sit, ideoq; cum juris gentium contractus per se soli sine ullo alio adminiculo confirmationeve subsistant, contractus juris civilis aliis accedunt, & ex conventionibus aliis [1] quibus earũ confirmandarum [1] vel informandarũ causa adhibentur,

1 *l. iuris gentium, 7. §. quod fere, D. de pact. l. 8. D. de præscrip. verb. l. Titia, 134. §. fin. D. de V. O. l. 3. C. de rer. permut. l. ubi pactum, C. de transact. l. si tibi, C. de loc. vat. l. 9. §. 2. ff. de reb. cred. si cert. pet. l. 4. §. fi. ff. de usur. l. 3. §. 1. ff. de act. emti.*

tur, dependent [2], vt ceterarum conventionum accessiones & confirmationes magis esse videatur, quam conventiones aut contractus ipsi, aut certe pactiones [3], quod Fr. Duarenus quodam loco [4] eleganter expressit: scribens, quoties apparet non ideo præcessisse stipulationem, vt aliqua firmaretur obligatio, pactio magis est quam stipulatio.

Hujusmodi contractus duo sunt, vnus fit verbis, alter literis.

a Verbis qui fit stipulatio dicitur, ex qua obligatio quæ proficiscitur verborum est obligatio.

Est autem *stipulatio* [5] contractus verbis initus interrogatione præcedente, eamque responsione congrua subsequente dandi vel faciendi alicuius causa [6].

In hac contrahentium vterque stipulator appellatur [7], sed frequentius interrogans, qui hic creditor est; stipulator, eo quod hic stipulationi interrogando faciat initium, qui promittit, & ex promissione fit Debitor, Promissor vocatur [8], atque ex eo hic solus, non etiam ille obligatur [9].

Stipulatio omni conventionis generi tam pacto quam contractui accedere potest, vt stipulationis appellatione significentur omnes obligationis contrahendæ modi, quibus adhiberi solet stipulatio [10].

Pacto quidem accedit conventionis istius confirmandę causa, vt cū ex pacto obligatio civilis nulla sit, atq; adeo actio nō detur, ex stipulatione pacto subdita, aut addita, obligatio fit & actio detur [11], puta, si simpliciter inter duos cōveniat de mutuo dandis centum aureis, neque illi reipsa numerentur, mutuum non est, sed pactum tantum per verbum

2 l. stipulationum, 5. §. conventionales D. de V. O. l. 1. §. & sciendum, D. de stipu prat. Cai. 2. Inst. 9. Paul. 5. sent. 7.

3 d. l. 7. §. quod fere.

4 in d. §. quod fere. idem scribit Govean. 1. Lect. 24.

a De verborum obligationibus, *3. Inst. 16. 45. D.* De contrahenda & committenda stipulatione, 8. C. 38.

5 Quæ eadem interdum dicitur Stipulatus, l. in duob. 28. §. igitur si qui. D. de iureiur. l. pecunia, 9. D. de usur. l. uxori. 33. §. fina. D. de leg. 3. l. Titio, 73. D. de condit. & demonst. l. si homo, 8. D. de re iudic. l. ait prætor, 10. §. præterea generaliter, D. quod in fraud. cred.

6 in prin. Inst. eod. l. stipulationum 5. §. stipulatio, D. eo.

7 Ita enim stipulari pro promittere accipitur in l. in bona, 7. D. de eo quod cert. loc. l. si non sortem, 26. §. si decem, ff. de condi. ind. l. in his, 5. §. Imperator, ff. de solu. l. si debitor, 39. ff. de cōtr. emt. l. magnam; C. de contra stipul. 8 *§. si scriptum, Inst. de inut. stipul. & infinitis locis aliis.*

9 Unde hunc contractum μονόπλευρον nominavit Cui. in parat. ff. 10 *d. l. stipulationū, §. conventionales, lotis Pet. Fab. ad l. 73. § fi. ff. de R. I.* 11 *l. 2. & 4. C. de perm n.*

verbum futurum *dabo* cōceptum: ex quo promittens non tenetur, nisi pacto illi accedat stipulatio, qua is qui pecuniā accepturus est, stipuletur; qui est daturus, promittat, atque inter vtrunque animus stipulandi sit, illeque interrogandi prius, deinde respondendi ordo. In pacto enim idem etiam verborum ordo esse potest, sed nisi convenientium mens sit, vt stipulentur, pactum est, non stipulatio, tametsi mens stipulandi, atq; adeo stipulatio prӕsumatur, donec contrariū probetur[11].

Contractui vero accedit, nimirum obligationis, quæ est astringendæ causa, vt cum ex contractu actio detur, possit etiam dari ex stipulatu, siquidem hac potius quam illa vti contrahentibus sæpe sit consultius.

Stipulationis substantia omnis in duobus est, nimirum in verbis, & in dando vel faciendo aliquid.

In *verbis*[12] qualitas eorum spectatur & ordo.

Qualitas verborum olim quidem erat, vt civilia essent & solennia[13]: hodie ex constitutione Leonis Imper. etiam quævis esse possunt, ejusmodi tamen quӕ sensum habeant congruum, & consonantem ab vtraque parte intellectum[14].

Non enim verba, sed verborum solennitas sublata est, siquidem verba hodie æque atque olim, vt stipulatio sit, sunt necessaria: sed olim verba certa & à jure definita, hodie incerta & cujusvis arbitrio relicta[15].

Ordo verborum est in serie & in modo ea interponendi.

In serie ita, vt interrogatio præcedat, subsequatur responsio, atque ita stipulatio vtroque & stipulatore & promissore verba adhibente, non etiam alterutro tantum perficiatur[16].

In modo ea interponendi *i.* vt proferantur ore sive lingua[17].

11 *d. §. quod fere.*

12 *in pr. Inst. eo. l. 1. in prin. & §. si quis ita, D. eod. l. 1. §. verbis. D. de O. & A. l. 2. §. fin. D. de reb. cred. si cert. pet.*

13 *§. in hac re olim. Inst. eod. l. si stipulor, 35. §. 1. D. eod. l. si fratres, C. commu. vtr. iud.*

14 *l. omnes, C. de contrahen. & commit. stipu. l. 1. D. eo.*

15 *d. §. in hac re olim.*

16 *d. l. 5. stipulatio. l. 1. D. eod. l. 3. C. de inut. stipul.*

17 *d. l. 1.*

II. Ut continuo actu omnia expediantur, id est, ne quid alieni negocij inter interrogationem & responsionem intermisceatur[18].

III. Ut contrahentium vterque non corpore duntaxat sed animo etiam sit præsens, atque in idem consentiat[19].

IV. Ut responsio conveniat interrogationi[20].

Sunt autem verba de dando aliquid vel faciendo, quippe in conventionibus singulis cui stipulatio accedit, id est, vt quid dari vel fieri debeat, aut certe vtrunque[21].

Ita in stipulationem res veniunt & facta, etsi præsentia non sint, verbis tamen repræsentata.

Res autem quælibet[22] tam incorporales quã corporales, & tam mobiles quam immobiles[23], & tam eæ quæ nondum extant, exituræ tamen sunt[24], quam quæ jam extant, modo ejusmodi sint, quæ in dominio esse possint[25], nondum tamen in dominio stipulatoris sint.

[b] Rem enim suam stipulatur quis inutiliter[26], nisi in eum casum, quo sua esse desierit[27], & rursus in eum, quo possessio rei suæ est penes alium, vt res restituatur aut tradatur[28], & iterum in eum vt æstimatio ejus præstetur[29].

Facta vero etiam quævis, per leges tamen & naturam possibilia[30].

Per leges autem possibilia sunt, quæ non sunt turpia bonisq; moribus contraria.

Ceterum facta personæ cohærent[31], res sunt extra personas: at jus ex facti vel rei stipulatione resultans sæpe etiam alij, quam stipulanti acquiritur, vt fit in stipulatione interposita ab eo, quæ in potestate alterius est, vel pro eo habetur, qui in potestate sit, cujusmodi sunt filiifamilias & servi[32].

[c] Hinc ille de servorum stipulationibus titulus in Institutionibus & in Digestis.

[d] Atque

18 *d.l.1.§.1.l. continuus, 137. D. eo. l. si ex duob. 12. D. de duob. reu.*

19 *d.l 1. d.§. quod fere, l.3. § fin. D. de O. & A.*

20 *l.1.§. si quis simpliciter, & seq. D. eo. § preterea, Inst. de inut stip.*

21 *l.2. D. eo. §. non solum, Inst eod.*

22 *§.1. Instit. de inut. stipu.*

23 *d.§.1. Inst. de inut. stipu.*

24 *d.§ 1. l. interdũ, 73. D. de V.O.*

25 *d.§ 1. vers. idem iuris est, l. inter, 83. §. sacram. D. de V. O. l.1. §. si id quod. D. de oblig.*

b De inutilibus stipulationib. 3. *Inst. 20. 8. C. 39.*

26 *l. scire debemus 29. §.1. l. nemo, 82. D. de V.O l.1.§ nec minus ff. de O. & A*

27 *l nemo, 87. D. de V.O.*

28 *l.2. D. de cõndict. tritic.*

29 *d.l. nemo, 82.*

30 *l. generaliter & seq. D. eod.*

31 *l. Qui heredi. 44. D. de condit. & demonst l.6. §. fin. D. de statuli*

32 *§ sive autem, Inst de stipu serv.*

c De stipulatione servorum, 3. *Inst. 18. 45. D. 3.*

d Atque quod in ceteris est contractibus, id specialiter etiam traditur de stipulatione, vt contrahentium vnus sit vel plures: & plures vel stipulatores vel promissores, & illi vel vtrinq; vel ex alterutra parte duntaxat: plures stipulatores rei stipulandi, plures promissores rei promittendi dicuntur[33].

Duo vel plures rei stipulandi sunt, qui ab vno vel à pluribus eandem rem ex eodem contractu [34] suo nomine singuli in solidum [35] vni vel pluribus stipulantibus stipulati sunt.

Contra duo vel plures rei promittendi sunt, qui eandem rem ex eodem contractu singuli in solidum suo nomine vni vel pluribus stipulantibus promittunt[36].

e Sequuntur stipulationum divisiones. Ex causa efficienti quædam conventionales sunt, quædam judiciales[37].

Conventionales illæ sunt, quæ simpliciter ex conventione vtriusque partis contrahentis fiunt, cujusmodi sunt omnes istę, quæ à contrahentibus aliis conventionibus firmandis seu astringendis voluntarie adhibentur[38].

Judiciales sunt, quæ magistratu autore alicujus negocij confirmandi causa fieri jubentur[39]. Quæ & ipsæ conventionem in se habent perinde vt illæ, sed illarum initium omne est voluntariũ, & ab ipsis cõtrahentibus, vt ita dicam, causatum. harum initium involuntarium etiam esse potest, saltem ex parte alterutra, & à jussu magistratus originem habens.

Atque inde judiciales dictæ sunt, non à judicio, sed à judice, hoc est, à magistratu, cujus autoritate interponuntur.

Magistratus autem autoritas, cum intervenire possit, non in judicio tantum sed etiam extra judicium, inde stipulationum judicialium aliæ

d De duob. reis stipulãdi & promittendi, 3. *Inst.* 17. 8. *C.* 40. De duobus reis cõstituendis, 45. *D.* 2.

33 *in rubr. Inst. & C. eod. & alibi passim.*

34 *l. 3. in fi. D. eod. l. 9. D. de pact.*

35 *§. 1. Inst. eod. l. 2. & 3. D. eod.*

36 *Hæc vtraq; definitio est Cuiacij in parat. C. eod.*

e De divisione stipulationum, 3. *Inst.* 19.

37 *in pr. Inst. eod. l. 5. D. de V. O.*

38 *d. l. 5. l. in conventionalib. 52. D. de V. O.*

39 *l. 1. D. de prætor. stipul.*

in judicio, aliæ extra judicium fiunt.

Eas quæ in judicio fiunt, specialiter judiciales appello, quod fiant & jussu judicis & in judicio: extra judicium quæ fiunt, prætorias.

40 *d. l. stipulationum.*

41 *ibid. & d. l. in conventionalibus.*

Judiciales specialiter sunt illæ, quæ ex mero soloque judicis officio proficiscuntur [40].

Prætoriæ sunt, quæ ex mero soloque prætoris seu magistratus officio veniunt [41].

Atque hæ rursus sunt duplices, Prætoriæ specialiter & Cautionales.

Prætoriæ specialiter illæ sunt, quas prætor fieri jubet non rogatus, sed sponte sua futuri judicij constituendi & confirmandi causa.

Cautionales illæ sunt, quas prætor non nisi imploratus fieri jubet.

Stipulationes vero quæ nec ex solo prætoris, nec ex solo judicis officio, sed modo ex hoc, modo ex illo pro ratione negocii sive in judicio sive extra judicium proficiscuntur, dicuntur communes.

42 *De his in prin. Inst. de divis. stipul. & in d. l. stipulationum, & in l. 1. D. de præt. stipul.*

f De fideiussoribus, 3. *Instit.* 21. De fideiussorib. & mandatorib. 8. *C.* 41. 46. *D.* 1. *Novell.* 4.

De his omnibus stipulationibus, eæ quæ conventionales sunt, semper sunt nudæ, hoc est, non ineuntur regulariter, vt negocium, quod geritur, alteri constituatur eo securius, excepta sola causa fideiussionis: judiciales autem interdum nudæ sunt, interdum satisdationes, quæ & ipsæ fiunt fideiussoribus, vt aduersario de eo, quod in iudicium deducitur, caveatur, isque de eo reddatur securior [42].

43 *d. l. stipulationum, §. satis acceptio. l. blanditus. l. 4. & 5. C. de fideiuss. l. bona fide, 27. D. ad SC. Velleï.*

f Quo pertinet vniversus ille qui de fideiussoribus est tractatus. Hi enim non constituuntur nisi stipulatione, vt fidejussio stipulationis videatur esse quasi quædam species,

Fideiussio nanque nihil est aliud nisi stipulatio, qua quis pro debitore stipulanti promittit suo nomine, salva manente obligatione debitoris principalis [43].

Atque

Atque is qui hoc modo promittit, fideiussor dicitur[44], qui cuivis conventioni[45], perinde vt stipulatio accedere potest; in eum solum finem, vt creditum ipsi sit tanto tutius.

Nam quod in re pignus est, id in homine est fideiussio.

Unde fit, vt fidejussor in minus quidem, quam principalis debitor obligari possit, sed non in majus, quod tamen non obstat, quo minus obligari quis possit arctius & efficacius, puta sub juramento, cum debitor principalis obligaretur simpliciter[46].

Neque interest ante vel post principalem promittat[47].

Ex causa *materiali* stipulationes quædam dandi, quædam faciendi dicuntur[48].

Quod enim stipulamur Res est vel factum, interdum vtrunque: Rem autem dari, factum fieri stipulamur: ab hoc præstatione interusurii seu æstimationis liberamur[49], ab illa non nisi rei ipsius quæ in stipulationem venit, præstatione, nisi forte interierit, quo casu ex circumstantiarum diversitate, solo interitu interdum omnino liberamur, interdum præstatione æstimationis rei, quæ interiit.

Hinc stipulationes iterum certæ aliæ dicuntur, aliæ incertæ[50].

Certæ sunt, quibus certum aliquid stipulamur, vt sunt plerunque stipulationes rerum, nunquam factorum: incertæ, cum incertum aliquid stipulamur, vt sunt stipulationes omnes, in quas facta veniunt, aliquando vero etiam stipulationes rerum[51].

Prout igitur res, quæ in stipulationem venit, certa fuerit vel incerta, ita stipulatio rei certa est vel incerta: facti autem semper incerta.

Atque exinde rursus stipulationes quædam di-

44 *l.1. §. verbis, D. de O. & A.*
45 *in pr. & §.1. Instit. eo. l.1. 2. 6. §. fi. l.7. 8. l. fideiussor, 16. D. eo. l. naturaliter. 13. D. de condict. indeb.*
46 *§. fideiussores. Inst. eod. l. Græce, 8. §. illud. l. hi qui, 34. D. eod.*
47 *§. fideiussor & præcedere Inst. eod. tempore nimirũ & actu contrahendi, l. stipulatus, 6. D. eo. l. eo tempore, 50. D. de pecul. non etiam effectu, l. fideiussor. 57. D. eod. non in futurum tantum obligatur, l. non quemadmodum, 35. D. de iud.*
48 *in pr. & §. fin. Inst. eod. l. 2. in pr. l. 5. §. stipulatio, D. eod.*
49 *l. stipulationes non dividuntur, 72. l. cum stipulatus, 113. in fi. l. si ita quis 135. §. 3. D. de V. O. l. fi. D. si quis in ius voc. l. si quis ab alio. 13. §. fi. D. de re iud.*
50 *in pr. Inst. eod. l. stipulationum, 74. & seq. l. si pœnam, 68. D. eod.*
51 *d. l. 68. & 74. cum seq.*

viduæ sunt, quædam individuæ, prout videlicet res vel facta, quæ in stipulationem veniunt, dividi possunt vel non possunt 52.

52 l.2.3.4. & 72. D.eod.

Dividuæ sunt, quæ rei vel facti, quod in stipulationem venit, præstationem pro parte recipiunt: indviduæ, quæ partis præstationem non recipiunt.

Pro parte præstari sive solvi possunt summæ, quibus pro parte solutis, pro parte obligatio remanet: item species certæ, puta Stichus, partis divisionem & pro parte liberationem admittunt.

Intelligo autem partem civilem, quæ mente & intellectu potius quam corpore percipiatur, non naturalem, quæ corporis est, quæ facta pars non est, sed quod separatum est, totum per se constituit, aut rem interire facit 53.

53 l.locus, 26. D.de acqui.poss. l.locus, 25. D.de V.S. l.6. §.si quis partem, D.commun.præd.

Pleraque autem facta individua sunt, atque in rebus res incorporales & genera, item in obligatione alternativa species 54.

54 d.l.stipulationes non dividuntur.

Cujus divisionis usus non tam spectatur in ipso stipulatore & promissore, utpote quorum intuitu parum intersit, dividuane sit stipulatio an individua, quam in heredibus alterutrius vel utriusque 55.

55 l.2.D.eod.

Individuæ enim ad heredes transire dicuntur in solidum, dividuæ pro portione hereditaria, sive stipulatoris sive promissoris heredes sint 56.

56 d.l.2.

Postremo stipulationum quædam sunt simplices, quædam compositæ 56.

Simplices sunt, cum una aliqua res in stipulationem deducitur.

Compositę, cum plures; atq; plures illæ vel cōjunctim, veluti per copulam *&*, in qua omnes præstari necesse est, ut liberatio contingat, vel disjunctim, veluti per particulā *aut Vel, Ve*, quę stipulatio posterior alternata vel alternativa dicitur, in

qua

qua vt ſtipulationi ſatisfiat & promiſſor liberetur, vnicam etiam præſtitiſſe ſufficit.

Quod vero quædam puræ ſunt, quædam mixtæ, ea affectio ſtipulationum non eſt propria, ſed contractibus pleriſque omnibus communis.

a *De contractu literarum.* Cap. XL.

a De literarum obligationibus 3. *Inſt.* 22.

Alter juris civilis contractus *literis* initur, ſicut ſuperior verbis, magis contractus initi oſtendendi & probandi cauſa, quam vt contractus ipſe ſit, attamen cum incertum eſt, an contractus initus ſit necne, ex literis ſeu chirographo, in quod contractus eſt relatus, agitur.

Eſt enim literarum obligatio contractus, quo quis chirographo ſuo ſeu literis fatetur, & ſcribit ſe ex hac vel illa cauſa ei cui chirographum dedit, ejuſve heredibus debere [1].

Quod ſi revera debeatur, obligatio eſt & ex cauſa ex qua debetur, & ex literis, quibus cauſa illa deſcripta eſt, atque adeo ex illa naturaliter, ex hac civiliter.

b Si non debeatur, nulla obligatio naturalis eſt: ex literis tamen, in quibus deberi ſcriptum eſt, obligatio civilis eſt, atq; conventus ex ea ſi literas fateatur, & præterea debitum literarium, vt maxime non debeat, ad ſolvendum condemnatur: ſin autem literas fateatur, ſed neget debitum, actioni huic civili opponet exceptionem non numeratæ pecuniæ.

Hæc exceptio olim erat perpetua, hoc eſt, quocunque tempore opponi poterat, ejuſque erat effectus, vt ſi Creditor teſtibus aliis probare non poſſet deberi, ipſe cauſa caderet, vt maxime ei deberetur, ſiquidem ipſum non jus ſed probatio deficiebat [2].

Verum cum debitores exceptione illa abu-

1 *Quæ definitio colligitur hinc inde ex tit. de liter. oblig.*

b De non numeratа pecunia, 4. *Cod.* 30. *quo referri poſſunt ſequenter tituli.* De dote cauta non numerata, 5. *Cod.* 5. *Nov.* 10. Si pignoris conventionē numeratio pecuniæ ſecuta non ſit, 8. *C.* 34.

2 *ſi ex cautione, C. eod.*

terentur definita illa est & circunscripta primum quinquennio, ut ante quidem quinquenniū posset, post quinquennium à tempore datarum literarum elapsum nō posset opponi [3]: quod tempus postea ad biennium coangustatum est [4] quod ita accipio, ut si intra biennium opponatur à debitore, vel per modum exceptionis, vel per modum actionis, Creditor necesse habeat probare, ex causa in literis expressa sibi revera deberi; si post biennium debitor necesse habeat probare, se ex causa illa non debere.

3 *l.1.C.Th.de Causa & non numer. pec.*

4 *l.in contractibus, C. eod.*

Qua ratione sæpenumero fit, ut qui non debet revera, solvere tamen cogatur, & vicissim qui revera debet, non solvat ex ratione civili, utrunque ob defectum non juris, sed probationis.

De contractibus innominatis. CAP. XLI.

ATq; contractus veri nominati sunt istiusmodi: præter quos ceteri omnes sunt innominati: qui sunt contractus veri, nullum ex jure civili nomen habentes certum [1], habentes tamen negocium civile [2], cujus forma generalis sit, nec certis limitibus definita.

Hujusmodi sunt omnes illi, de quibus dubitatur vel certum est, quod negocium civile, quod habent, ad contractum aliquem nominatum referri non possit [3].

Est autem negocium civile, si quid detur vel fiat, quod si conventioni non insit, contractus non est sed pactum duntaxat [4].

Horum contractuum genera duo sunt, unum eorum est, de quibus constat quidem, quod negocium civile, quod habet, ad contractum aliquem nominatum referri possit, sed ad quem dubitatur, ideoque sunt aliquanto specialiores: alterum eorum est, de quibus cōstat, quod ad contractum nomi-

1 *l.iurisgentium.7. D.de pact.l.1.§.itē emtio, D. de rerum permut.*

2 *l.solent.13.D.de præscr.verb.l.1.D. de æstimat.*

3 *l.1.l.3.D. de præscr.verb.*

4 *d.l.iurisgentium.*

nominatum referri negocium nequeat, quod habent, vel de quibus etiam dubitatur, an ad contractum aliquem nominatum referri possint, ideoq; sunt generaliores.

Prioris generis duas invenio species, cōtractum æstimatorium, & permutationem, posterioris itidem duas, quarum vna ex dando est, altera ex faciendo: & ex dando rursus duas, Do vt des, & Do vt facias: ex faciendo itidem duas, Facio vt facias, & facio vt des.

a Contractus *æstimatorius* est contractus innominatus[5] ex consensu, quo id agitur, vt rem vendam, & æstimationem, quam indicasti, solvam, aut si vendere non possim, vt eandem ipsam restituam[6], sed possim nec vendere nec restituere, mihi vero retinere & æstimationem solvere, quo genere ipse emisisse videbor[7].

Hic contractus referri potest ad emtionem venditionem ob æstimationem indicatam: ad locationem conductionem propter operas in vēdendo adhibendas mercede interveniente; & ad mandatum nulla interveniente mercede[8].

Cum autem dubitaretur ad quem potius ex illis omnibus hoc negocium esset referendum, ne actor periclitaretur ineptam fortasse ex vno illorum contractuum actionem intentando, ad dubitationem & periculum illud tollēdum, contractus hic in genere suo remansit, à re nihilominus quæ æstimato vendenda data est, quandam quasi appellationem sortitus[9].

b *Permutatio* est contractus innominatus re & consensu constant, quo certa species cum certa specie rei ejusdem generis commutatur[10].

In hac vtraq; species est loco rei, & vtraque eadem loco precii, ideoque Emtiovenditio esse possit[11], sed quoniam vter emtor sit, & vter venditor, non constat, Emtiovenditio non est, sed negocium

a De æstimatoria. 19. D. 3.

5 *l. 1. in pr. D. eod.*

6 *d. l. 1. in fin.*

7 *quæ definitio est Cuiacij in parat. C. eodem.*

8 *d. l. 1.*

9 *d. l. 1.*

b De rerum permutatione, 19. *D. 4. 4. C. 64.*

10 *l. 1. D. eod.*

11 *l. 2. D. eod. l. 63. D. de iure dot. l. fin. C. ex quib. cauſ. in poſſeſſ. ca.*

gocium in seipso subsistit nullo nomine certo definitum[12].

12 d.l.1.

Nam etsi sit & dicatur permutatio, quod nomen videtur esse satis appositum, tamen non si contractus nomen aliquod habere possit, nominatus propterea fuerit, neque si nomen habeat de facto, idem etiam habuerit jure. Nomen itaque illud ex usu est hominum, non etiam ex jure: at vero ex jure id æstimari solet, non ex usu hominum[13].

13 l.3. D. de præscr. verb.

Et sane est vox permutationis generis, cujus ambitu Locatio conductio etiam recte contineatur: item Emtio venditio, utpote in quibus precium vel merces cum re permutatur.

Unde valde eleganter Cujacius in paratit. C. de rerum permut. in fine, permutationis nomen, inquit, constat non esse proprium, sed commune, ut commercii. Nam & Locatio & Emtio & Societas & Dos permutatio est.

Quod si tamen permutatio cum illa contractus innominati specie, quæ vocatur, Do ut des, comparetur, illius videtur esse quasi quædam species, siquidem in permutatione etiam quod datur ut quid detur vicissim: veruntamen cum permutatio bonæ fidei sit, & in ejusdem generis speciebus spectatur, cum contractus, Do ut des, sit in speciebus etiam diversorum generum, & illa contractibus nominatis sit vicinior, quam contractus ullus alius Do ut des, inde est ut permutatio in prius illud contractuum innominatorum genus relatum sit[14].

14 l. naturalis, 5. ff. de præscr. verb.

c Ceteri qui in posteriori genere ponebantur cōtractus: nimirum Do ut des, Do ut facias. Facio ut des, & Facio ut facias, generalissimi sunt, adeo ut ambitu suo omnia & universa negociorum, quæcunque esse possunt, genera, atq; ipsos etiam contractus nominatos complectatur: sed posteaquam

c De præscriptis verbis: 19. D. 5. & maxime sub d. l. naturalis.

quam jus civile nominatos istos ab his distinxit, nominatorum contractuum nulla habetur ratio, cum innominati vel omnes vel ex illis vnus aut alter recensetur.

Contractus nominatus quilibet negocii est vnius limitibus suis definiti: innominatus etiam vnus negociorum est sępe diversissimorum, quę tamen in genere illo conveniant.

Atq; his omnibus illud cōmune est, vt tametsi contractus perfectus sit, nōdum tamen consummatus, alterutra etiam parte invita à contractu recedere, atq; id quod datum est condicere, facta vero nomine interusurium petere liceat: quod innominatis non ęque receptum est.

a *De contractibus impropriis*.

CAP. XLII.

EXpositi sunt contractus veri seu proprii, sequuntur illi quos interpretum vulgus Quasi contractus, ego Improprios appello [1].

Contractus *improprius* est contractus conciliatus consensu à lege propter factum aliquod interveniens ficto, hoc est, in quo quidem de vtriusque partis consensu non satis constat, sed tamen pro ratione & natura negocii consensus ex vtraq; parte intervenire fingitur [2].

Omnis autem veri & improprii contractus differentia ex consensu, quamvis & is vtriq; sit communis, sumitur, consensu, inquam, aliter in hoc atque in illo accommodato.

Proprie enim & vere contrahitur cum inter duos pluresve negocium initur eo animo, eaque intentione, vt vterque vel alteruter saltem obligetur [3]. Improprie vero & quasi contrahitur, cum duo

a De obligationibus quę quasi ex contractu nascuntur. 3. *Inst.* 28

1 *Quia nusquam ita appellantur, dicuntur quidem obligationes quædam nasci quasi ex contractu, sed propterea non dicuntur quasi contractus. Malui autem vsurpare vocem* impropriі *quoniam in Inst. supra d. tit. sexies dicit Inst. quod illæ obligationes ex nullo contractu proprie nascantur.*

2 *l. 5. ff. de O. & A. l. 3. & 4. D. ex qb. caus. in possess. eat. l. 1. D. de neg. gest. §. 1. Inst. de oblig. quæ quasi ex contract.*

3 *l. Labeo, 19. D. de V. S. l. si in arca. 33. ff. de condict. indeb. l. rogasti, 19. D. de præscr. verb. in qua etiam contractus nominatus dicitur proprius.*

duo pluresve in negocium etiam ignorantes aut non intelligentes, atque adeo inter sese non consentientes, neque tamen dissentientes, in hoc, vt inde fit obligatio, incidunt.

Itaq; in contractibus impropriis non contrahitur reipsa & in veritate, sed præsumtive & magis fictione juris, in propriis vere & reipsa: in illis solum jus contractum facit, in his præter jus etiam factum hominis: in illis jus factum supplet, in his ipse homo: in illis factum quidem esse potest, non tamen in id destinatum, vt ex illo contractus, & ex contractu obligatio fit, in his factum, in id ipsum ordinatum est, vt contractus fit, atq; ex eo obligatio: atque in summa in his factum ipsum contractus est, in illis non factum ipsum, sed facti adjecens 4.

Contractus impropriii capita sunt quinq;: Administratio negocii, Communio rei Aditio hereditatis, Indebiti solutio, & Exhibitio.

4 l.5.D.de O.& A.

Negotij administratio est expeditio negocii alieni sine mandato domini facta 5.

Cujus species duæ sunt, Negociorum gestio, & Tutelæ administratio.

5 d.l.5.

b Negociorum *gestio* est contractus improprius, quo quis alterius ignorantis negocium sponte gerendum suscipit.

b De negociis gestis.3.D.5.2.C. 19.Paul.1.sent.4.

Hoc qui facit Negociorũ gestor appellatur, & hic gerendo operam suã accõmodat, quæ & ipsa est in Mandato & in Locatione cõductione, sed in illo ex voluntate domini gratuito 6, in hac etiã ex voluntate domini, sed mercede 7: in negociorum vero gestione nõ quidẽ domino volẽte, verũtamẽ neq; ipso nolente sed ignorante, vero similiter tamen, eo ipso ꝙ negocia sua potius administrari, quã perire mallet, consensuro si scivisset, atq; ita ẽt consentiendo non quidẽ ipso, sed ipsius loco jure, quod consensum ob vtilitatem istam suppleat 8.

6 Vt dictum est sup.cap.
7 Sup.cap.

8 d.l.5.

Ut

Ut vero negociorum gestionis contractus esse dicatur, necesse est, vt is cujus negocium geritur, id geri ignoret. Si enim sciat, nec gestionem impediat, tacendo consentit ipse, vt ficto legis sive juris consensu opus non sit, atque adeo Mandatum potius atque ita contractus proprius, quam negociorum gestio, atque ita improprius intelligatur[9].

Ignorantia sufficit, nec opus est, vt is etiam absit cujus est negocium, quippe absurdum non est, vt quis præsens sit, qui tamen negocium suum geri ignoret, & vicissim absens quis sit, qui negocium suum geri sciat, & cum possit, non prohibeat[10].

Neque vero interest ad obligationem constituendam, gestor sciverit an ignoraverit, cujus negocium sit[11].

Nam negocium gestum spectatur, non etiam cujus sit, vt gestor alterius quidem contemplatione gerat, ex gestione tamen alium sibi non obliget, nisi cujus est negocium[12].

Qui autem negocium vt suum gesserit, directo quidem ex Edicti verbis non obligatur, vtiliter tamen ex mente eius[13].

Ceterum nulla ex hoc contractu est obligatio, nisi gestor gerere ceperit: vbi vero semel gerere ceperit, desérere, quod incoavit non potest[14].

At aliis quoque ejusdem amici sui negociis gerendis non obstringitur, siquidem propria voluntas finem ei administrationis facit: & satis abundeque sufficit, si cui vel in vno negocio amici labare consulitur[15].

Tutela administratio, perinde vt negociorum gestio gestorem, ita tutorem pupillo ad administrationis gestæ rationem reddendam, & vicissim pupillum tutori ad id quod sibi ex tutela vtiliter administrata abest, reddendum obligat[16].

Quin

9 *l. si remunerandi, 6. §. qui passus, l. qui patitur, 18. ff. mandati, l. si fidejussor, C. eod. l. 1. §. magistrum. ff. de exerc. act. l. 1. §. fi. ff. de flum.*

10 *l. qui servum meum, 41. ff. eod.*

11 *l. qua vtiliter, 45. §. 1. ff. eo.*

12 *l. item si, 5. §. fi.*

13 *l. si pupilli, 6. §. sed et si quis.*

14 *l. nam & Servius, 21. §. si vivo Titio.*

15 *l. ait prætor. 3. §. negocia. ff. eod. l. tutori, C. eo. l. tutores, 39. §. qui se negociis ff. de admi. tut. d. l. si pupilli, §. videamus.*

16 *§. tutores quoque. Inst. de oblig. quæ quasi ex contr. nasc. l. 5. §. tutelæ, ff. de O. & A. l. 2. 4 & aliis. C. de nego. gest.*

Quin & tutorum fidejussores, atque in subsidium etiam Magistratus, qui vel omnino non satisdari, vel satisdari quidem, sed non satis idonee passi sunt [17].

17 to. ti. D. & C. de fideiuss. tut. & de magist. conven.

Hic etsi pupillus ipse tutori suo non consenserit, nec tutor pupillo, eo ipso tamen quod tutor administrationem rerum pupillarium, & defensionem pupilli suscepit, atque ita facto administrationis in alium finem ordinato, lex vtitur ad inducendum consensum, & quod homini deest, lex ipsa supplet, vt videlicet consensus intervenisse intelligatur, qui tamen revera non intervenit.

Administrando quippe tutor se adstringit ad solvendum, & vicissim sibi adstringit pupillum ad solvendum [18], quia satius erat res pupilli defendi, quam negligi: neq; dubium, quin, si pupillus potuisset, consensisset etiam.

18 d. l. 5. §. tutela.

Communionis rei itidem duas pono species vna est rerum hereditariarum, altera quarumvis aliarum.

c Communio hereditatis est contractus improprius, quo res in hereditate existentes inter coheredes sunt communes, qui in se invicem incidunt magis, quam vt consensus eos conjunxerit: Eo tamen ipso, quod hi, qui simul succedendi jus habent, heredes esse volunt, lex præsumit eos in communionem istam vltro consensisse, & per hanc in id, vt si hereditatem vnus atque alter velit dividi, ea dividenda sit, & quod vni per alterum abest hereditatis occasione præstandum [19].

c Familiæ erciscundæ, 10. D. 2. 3. C. 36. Paul. 1. sent. 18.

d Eademque est ratio communionis rerum præter hereditarias communium.

19 l. heredes, 25. §. non tantum, D eod.

Nam & hic non consensu, vt in societate, res communicantur, sed res contractum inducit, aut potius contractui occasionem dat, ita vt cum res fortuna

d Communi dividundo, 10. D. 3. 3. C. 37.

fortuna pluribus sit communis, & ex pluribus illis quilibet rem sibi habere velit, eo ipso ut res sibi communis sit, consentiant, & quodcunque rei illius communis occasione alterum alteri præstare oportet, id præstetur[20].

20 §. item si inter aliquos, Inst. de obligat. quæ quasi ex contr. nasc.

Multis autem modis res aliqua communis fieri potest, inter quos potissimi sunt illi, si pluribus eadem res legata sit vel donata, in qua si plures illi concurrant, etsi quisque fortasse rem sibi communem esse nollet, sed propriam, communis tamen sit, atque ex communione unus alteri obligatur, sed improprie, nempe quod ad contractum ineundum attinet, non etiam quoad contractus effectum, quandoquidem non minus ex contractu improprio contrahentes sibi invicem obligantur, atq; ex contractu proprio.

Similiter is, qui hereditatem adit, eo ipso omnibus sese obligat, & quasi cum illis contrahit; quibus ex hereditate illa aliquid debetur: quoniam juris fictione in id consensisse intelligitur[21].

21 §. heres quoq;, Inst. de obl. quæ qu. ex contr. nasc.

Distinguẽda tamen hic fuerint est quæ ab ipsius defuncti persona initium ceperunt, ut sunt debita hereditaria, ab his quæ non inde ceperunt, ut sunt legata, fideicommissa, aliaque quæ defunctus testamento forte fieri præcepit, ut in his tantum hujus contractus improprii ratio habeatur, in illis non æque. In illis enim adversus heredem agitur, non ex contractu improprio, sed ex proprio, nempe cum defuncto celebrato.

Tametsi indistincte dici possit heredem hereditatis acquisitione, atq; adeo contractus improprio sese ad omnia ea, quæ à defuncto præstanda erant, obstrinxisse, contractus autem improprii rationem non haberi, eo quod contractus proprius sit, ex quo agi possit.

Sicut

Sicut enim quandiu contractus nominatus est, non habetur ratio contractus innominati: ita quoties contractus verus est, improprius in considerationem non venit.

e De condictione indebiti, 12. ff. 6. 4. C. 5.

22 §. 1. Inst. de obl. quæ re contrah.

23 §. item is cui per errorem, Inst. de obl. quæ quasi ex contr. nasc.

e *Indebiti* solutionem Cujacius Promutuum vocat, quia mutuo similis est. Est autem illa à Justiniano in Institutionibus duobus locis relata, vno inter contractus reales [22], altero inter contractus improprios [23], sed inter reales ratione effectus, nempe obligationis, quod indebitum non aliter solutum esse intelligatur, nisi numeratio realis aut solutio intervenerit: verum initio contractus spectato, ex quo contractus æstimandi sunt, indebiti solutio hujus loci est propria.

Indebiti solutio seu Promutuum est contractus improprius, quo is cui per errorem indebitum solutum est, obligatur ad ejus restitutionem.

Qui enim indebitum solvit, etsi distrahendi magis quam contrahendi animo id facere videatur, præsumitur tamen ex eo, quod se debere putavit, cum non deberet, mutuo potius dare voluisse, quam omnino perdere [24].

24 d. §. item is cui per errorem. d. l. 5. §. is quoque.

Ex quo etiam si quis sciens indebitum solvat, non contrahit, sed is tantum qui id facit ignorans, & in facto errans, non etiam in jure [25].

25 l. 8. ff. eod.

Cum enim jura quisque scire teneatur, is qui in jure errando indebitum solvit, pro eo habetur qui indebitum solvit sciens: qui vero sciens indebitum solvit, donare dicitur [26].

26 l. cuius 53. ff. de R. I. l. 19. §. 1. ff. de condict. indeb.

Indebitum autem intelligitur hic quod vtroque jure & naturali & civili sit indebitum, hoc est, omnino, item quod indebitum sit jure naturali. Indebitum enim jure civili tantum huc non pertinet.

f Ad exhibendum, 10. ff. 4. 3. C. 42.

f Postremo Exhibitio est contractus improprius, quo is, qui rem tenet, in qua alius interesse habet,

habet, eo ipso quod eam tenet interesse habenti consensisse intelligitur, de re illa, quandocunque ipsi libuerit, exhibenda.

a *De contractibus mediatis.*

CAP. XLIII.

Contractus facti sunt[1]: factum autem personæ coheret, & inest, à qua ipsum quidem nūquam[2], jus vero ex facto contractus resultans nempe obligatio, alii etiam, quam qui contraxit, acquiri potest: Et vero interdum fit, vt alius contrahat, alius obligationem acquirat, sive alius ille obligetur alij, sive alius ex eo contractu obligetur ipsi[3].

Hinc obligatio ex contractu acquiritur mediate vel immediate.

Immediate, ex contractu proprio, vbi contractus & obligatio ejusdem est: mediate ex contractu alieno, vbi contractus vnius est obligatio alterius, alieno quidem, si factum respicias, sed si effectum juris spectes, etiam proprio.

Contractus autem alienus & proprius ad substantiam suam quod attinet, est idem omnino, sed contrahentes ipsi hanc distinctionem faciunt: vnde contractus aliquis proprie loquendo mediatus vel immediatus non est, sed ita docendi causa recte dicitur: Immediatus quidem vt sit contractus, ex quo ipse qui contraxit sibi obligationem acquirit, & non alii: Mediatus vero sit contractus, ex quo ipse qui contraxit sibi non acquirit obligationem, sed alii: aut si sibi, ita tamen vt etiam alii. Itaque ex hoc per interpositam personam obligatio acquiritur, ex illo sine persona interposita.

Est autem regulare, vt alter alteri non acquirat, sed

P

a Per quas personas acquiritur obligatio, 3. *Inst.* 89. 4. *C.* 27.

1 *l. consilio, 7. D. de curat. fur. Dd. in l. 1. D. de verb. oblig.*
2 *l. qui heredi, 44. D. de cond. & demonstr. l. 6. §. fin. D. de statu lib.*
3 *in prin. & t. t. Inst. de stipul. servo. & t. t. Inst. per quas person. nob. obl. acq.*

sed ut quæcunque gerimus ex nostra persona initium obligationis capiant 4.

4 l. quacunq; gerimus, 11. D. de O. & A.

Inde est, quod dicitur, per extraneas personas nobis non acquiri 5.

5 §. Ex his itaque Inst. per quas pers. acqu.

Extraneæ autem personæ illæ esse censentur, in quas nullum nobis jus est, inquam, ministerii vel potestatis.

Itaque ex illorum tantum contractibus quis obligationem acquirit, quos sibi habet devinctos jure ministerij vel jure potestatis.

Jure ministerii illi, qui alias homines sui juris sunt; jure potestatis illi, qui in jure alieno sunt, nempe jure potestatis quæ patria est vel dominica, & hac ita vere vel quasi, ut in servo usufructuario, eoque qui bona fide servit.

Tam igitur ex eorum, qui juris sunt sui, quam eorum, qui juris sunt alieni, contractibus obligatio alicui acquiritur 6, quorum contractiuum ineundorum modi quidam communes sunt, quidam eorum tantum qui in potestate sunt.

6 t.t. Inst. per quas pers. oblig. acqu. & D. Quod cum eo q in aliena potestate est, gestum esse dicetur.

Modus communis unus est qui dicitur Præpositio 7.

7 l. 1. in pr. & §. igitur, ff. de exerc. act.

Præpositio est negociationis alicujus à domino facta & suscepta commissio.

In hac is qui eam suscipit, si contrahat, eum cum quo contrahit, obligat quidem sibi 8, sed præponentem contrahenti 8.

8 De exercitore id habetur in l. 1. §. magistri, & seqq.

8 d. l. 1. §. sed ex contrario.

Ita vero demum præponens obligatur, si in eam rem, eaq; lege & forma cum præposito contractum sit, in quam fuit præpositus 9.

9 Quod de exercitoria ita dicitur in l. 1. §. non autem, & §. igitur, l. Luc. 7. D. de exerc. act. §. eadem Inst. quod cum eo.

Eam autem legem & formam ut contrahentes scirent, solebant preponentes præscribere claris literis, vel protestatione ut omnibus innotesceret 10.

10 Cuia. 7. obs. 29.

Præpositio duplex est, Exercitoria & Institoria.

b Exercitoria est præpositio facta ad negocia maritima de quacunque re ad exercitorem principalem obligandum [11].

Quæ ab Exercitore nomen habet [12]. Is vero est ad quem omne navis comodum redit, &, vt ita dicã, dominus navis [13]: navi præpositus Magister dicitur, cui navis gubernatio commissa est [14], vel ab exerciore vel à magistro ab exercitore præposito [15].

c Quo pertinet lex Rhodia, qua constitutum est, vt jactura facta navi laborante omnium contributione, quorum interfuit jacturam fieri, sarciatur.

d Institoria est præpositio terrestris negociationis intuitũ facta, quæcunq; illa sit.

Quæ à præposito nimirum Institore nomen habet [16].

Ceterum in vtraque illa in solidum domino negociationis obligatio acquiritur [17], adeo vt is qui cum Institore vel magistro navis liberæ conditionis contraxit, duos sibi obligatos habeat, nimirum & ipsum contrahentem, & ipsum etiam præponentem [18].

Modi speciales ad eos duntaxat pertinent, qui juris sunt alieni.

Ex horum nonnullis Pater vel dominus in solidum obligatur, in quibusdam non in solidum.

e In solidum obligatur ex contractu qui jussu patris vel domini factus est [19].

Contractus hic initur cum filiusfamilias vel servus mandato & jussu patris vel domini negocium aliquod gerit, cui mandato Ratihabitio comparatur.

Non in solidum pater vel dominus obligatus ex contractibus alio quam supra dictorum modorum vno à filiofamilias vel servo initis, idque pater dominove sciente vel ignorante.

b De exercitoria actione, 14. D. 1. 4. C. 25. Paul. 2. sent. 6. quatenus in eo non de actione, sed de obligatione agitur, prout etiam in seqq.
11 §. eadem ratione, Inst. quod cũ eo.
12 d. §. eadem.
13 d. l. 1. §. exercitorem, D. eod.
14 d. l. 1. §. magistrum navis.
15 d. l. 1. §. magistrum autem.
c De lege Rhodia de iactu, 14. D. 2.
d De institoria actione, 14. D. 3.
16 l. 3. & 4. D. eo.
17 d. §. eadem, & §. ceterum, Inst. quod cum eo. l. 1. §. fi. l. 6. §. 1. D. de exercit. act. l. 5. §. 1. D. & 2. D. de Inst. act. l. 2. C. eod.
18 l. 1. §. est autem nobis, D. de exerc. act.
e Quod iussu. 15. D. 4. 4. C. 26.
19 §. 1. Inst. quod cum eo, l. 1. §. 1. l. 5. D. eod.

Sciente, nimirum ex tributo: ignorante, nimirum ex peculio, & ex eo quod in rem versum est.

f De tributoria actione, 14. D. 4.
20 l. 1. §. fin. & l. 2. D. eo. §. introduxit, §. ceterum, Instit. quod cum eo.
g De peculio, 15. D. 1. 4. C. 26.
21 §. actiones, Inst. act.
22 d. §. actiones, & §. praeterea. Inst. de de act.
h De in rem verso, 15. D. 3.
23 l. 1. D. quod cum eo.

f Et tributo quidem, si in merce peculiari scientibus nobis & patientibus vel volentibus filiusfamilias vel servus proprietate noster aut usu aut fructu negocietur [20].

g Ex peculio vero, quo pater vel dominus ex contractu filiifamilias vel servi [21] tenetur his cum quibus contraxerunt hi eatenus, quatenus peculii vires patiuntur [22]. deducto prius eo, quod patri aut domino debetur.

h Et eo quod in rem patris vel domini versum est ipse tenetur, si filiusfamilias vel servus sine voluntate patris vel domini, utiliter in rem ipsius aliquid convertit, eatenus quatenus versum est [23].

De contractuum adiunctis.

Cap. XLIV.

1 l. in bonae fid. 36. D. de pecul. l. mora, 32. §. in bona fid. de usur. l. cum qui, 22. D. de dona. l. si servus, 108. §. cum quid, D. de leg. 1. l. 3. C. de reb. cred. & iurei.
2 l. 2. in fi. & l. 5. ff. de O. & A.
3 l. 2. C. de commod.
4 l. cum heredita. C. de depos.
5 l. 1. §. 1. D. de act. emti. l. cum per eos, C. si quis sibi vel alteri.
6 l. si domum, 45. §. 1. D. loc. l. si cler. C. de loc.
7 l. 3. C. pro soc.

Dictum est huc usque de iis, quę ad ipsam contractuum substantiam constituendam pertinent: sequitur adjuncta.

De his quaedam contractui insunt; quaedam sunt extra contractum, quae & ipsa tamen contractui inesse dici possunt, sed comparatione ad illa facta magis extra eum sunt.

Adjuncta illa contractui inesse dico, quae contractibus semper adsunt, nunquam ab iis absunt.

Ejusmodi sunt I. Quod contractuum quidam sunt bonae fidei [1], quidam stricti juris.

Bonae fidei illi sunt, ex quibus praestatur id quod aequum & bonum videtur, etsi de eo cogitatum non sit [2].

Cujusmodi sunt commodatum [3], depositum, Pignus, Emtiovenditio [5], Locatioconductio [6], Societas [7], Mandatum, Stipulatio super dote intepoexpofita [8], Permutatio [9], Contractus æstimatorius [10], Tutelæ administratio, Negociorum gestio [11], Communio rerum hereditariarum, & Communio præter illas quarumvis aliarum.

Contractus stricti juris sunt, ex quibus id tantum de quo convenit & quod expressum est, præstatur [12].

Cujusmodi est Mutuum, Stipulatio, & si quæ sunt contractus præter supra enumeratos alij.

In his strictum jus, in illis æquitas dominatur: & hos quidem etiam vt bona fide fiant requirimus [13], sed bona fides in illis exuberat, in his vero ad rigorem juris reducitur. Utrobique autem bona fides esse debet, illa nimirum quæ malæ fidei opponitur; tamen si in his minus, in illis magis videatur esse necessaria [14].

II. Contractuum nonnulli sunt ejusmodi, vt contrahentes ex illis vtrinque obligentur, quos ob id διπλεύρους vocat Cujacius, quæ natura est contractuum plerorumque. Alii sunt ex quibus alteruter tantum contrahentium obligatur, vt est Mutuum, Promutuum, & Stipulatio.

III. Contractuum quidam ineuntur vtriusque contrahentis causa, vt est Pignus, Emtio venditio, Locatio conductio, Societas, Mandatum & contractus innominati omnes. Ceteri omnes alterutrius tantum [15].

IV. Contractuum quidam sunt gratuiti, quidam mercenarii. Gratuiti sunt Mutuum, Commodatum, Depositum, Stipulatio, Mandatum, Negociorum gestio, Tutelæ administratio, Promutuum, Communio & Exhibitio. Ceteri mercenarij sunt, & in his alii magis, alii minus. Magis, vt Locatio conductio: minus, reliqui præter enumeratos, in quibus etsi quidem proprie merces non sit, tamen id quod vtrinque præstatur, quodammodo mercedis vice esse censetur [16].

8 *l. vlt. §. 7. C. de rei vxor. act. §. fuerat. Inst. de act.*
9 *l. 1. C. de rer. permut.*
10 *l. 1. D. de æstim.*
11 *l. in bona. C. de vsur.*
12 *l. quicquid astringendæ. 99. D. de V. O.*
13 *l. bona. 31. D. depos. l. bonam fidem, C. de O. & A.*
14 *Iam dd. ll. & locis infinitis aliis.*
15 *l. si vt certo, 5. §. nunc videndum, ff. commod.*
16 *Hæc distributio confirmatur ex inductione singulorum contractuum de quibus supra.*

Contractuum adjuncta, quæ ipsis adsunt, sunt illa, quæ contractui ita insunt, vt ab eo etiam abesse possint: insunt autem tum, cum in contrahendo ita convenit, vt inessent. Nisi enim convenisset, aut omnino non insunt, aut si insunt citra conventionem, ex legis autoritate jurisque dispositione.

Ex quo vulgatum illud, Contractibus quædam inesse ex natura contractus [16], quædam ex conventione [16]: illa à lege dependent facto præsupposito, hæc ab homine, ab homine tamen eatenus, quatenus conventioni lex sive jus assistit.

Horum adjunctorum genera duo sunt: Unum est eorum, quæ contractibus omnibus adjungi possunt, suntque communia, quædam sunt propria.

Communia sunt, Pacta, Accessiones & Mora.

Pacta cum facti sint regula certa definiri non possunt, suntque illa omnia ex conventione, nulla ex natura contractus: tametsi interdum contrahentes expresse etiam paciscantur de his, quæ sunt de natura contractus, eique insunt, nisi illis conventum non sit [17].

Quo pertinent duæ illæ juris regulæ, quarum vna dicitur, Ea quæ abundant non nocere [18]: & altera, quod ea quæ dubitationis tollendæ causa contractibus inseruntur, jus commune non lædant [19].

Hinc & illud vulgatum, Semper in contractibus id nos sequi, quod actum est [20]: at si non appareat, quid actum sit, consequens esse, vt id sequamur, quod in quolibet contractu jus nos sequi voluit [21].

Ita

15 l. ex empto, 11. D. de act. emti, l. si v-nus. 27. §. pactus, ff. de pact.

16 l. iurisgentium 7. §. quinimo, D. de pact. l. 2. & fin. D. quæ res pig. obl. poss. 17. l. si cum fundum, 68. §. fero, D. de contrah. emt. l. Iulianus 13. §. offerri, ff. de act. emt. l. apud Celsum 4. § item quæritur, D. de except. doli. l. quæsitum, 9. in fi. ff. de distr. pign. l. fundi 20. D. de evict.

18 l. non solent, 49. D. de R. I. l. quæ extrinsecus, 65. D. de V. O.

19 l. quæ dubitationis, 81. D. de R. I.

20 l. semper, 34. D. de R. I. l. cum in lege, 33. D. de contrah. emt. l. si quis vina, 4. D. de com. & peric. rei vend. l. fi. D. qui sine manum. ad lib. perven. l. iure nostro, C. de fideiuss. & infinitis locis aliis. Hinc quod actum est pro cauto habetur, l. cum quid, 3. in fi. D. de reb. cred. si cert. pet.

21 d. l. semper. nimirum id quod est proprius, l. si venditor, 38. D. de act. emti, id est, quod est verosimilius vt in specie, l. Nesennius, 34. D. de neg. gest. l. quaro, 54. §. inter locatorem. D. locati, l. cum res, 37. in pr. D. de leg. 1. l. sed etsi, 52. §. sed etsi, D. de iud. l. qua conditio, 39. in fin. Digest. de condit. & demonstr. l. 1. C. quæ res pign. oblig. poss. & quod plerunque fieri solet, l. in obscuris 114. D. de R. I.

Ita vel conventio hominum[22], vel jus ipsum legem dat contractui, hoc est, contractui dat certam naturam, ex qua intelligatur, quid alterum alteri ex contractu præstare oporteat.

Præfertur autem conventio hominis dispositioni juris, quia jus illam sibi præferri voluit, non tamen simpliciter, sed quatenus juri è diametro non est contraria[22].

Conventionem jus permittit sibi conformem[23], quin & illam quæ præter jus est quo fit, vt pacta contractui apposita, nonnunquam faciant eum excedere notissimos sui ipsius terminos[24].

Etsi vero jus ea quæ in facto sunt posita, omnia definire non potuit[25]; videntur tamen mihi ea ad duo genera non incommode referri posse, vt vnum sit eorum pactorum, quibus contractus informatur, alterum eorum, quibus probatur.

Informatur[26] autem contractus tum cum pactum interponitur, vt ex contractu vel præstetur id, quod alias ex natura ejus non præstetur, vel non præstetur, quod alias ex natura ejus præstandum fuerat.

Illud cum fit pacta dicuntur Adiicientia, hoc cum fit dicuntur Detrahentia[27].

Pacta enim Adijcientia sunt, quæ extranea quædam contractui adjciunt circa contractus adminicula, salva interim contractus substantia[29], puta, si post Emtionemvenditionem pactum fiat, ne præstetur cautio duplæ evictionis nomine, vel si pactum fiat, vt satisdetur evictionis nomine, non etiam repromittatur.

Pacta detrahentia sunt, quæ fiunt circa ipsam contractus substantiam, cuiusmodi sunt pacta, quæ precium, exempli gratia, de quo ab initio convenerat, minuunt vel augent.

 Illa

22 *l. in conventionalibus, 52. D. de V. O. l. contractus, 23 D. de R. I. l. jurisgentium, §. 1. l. in emtionib. 43. D. de pact.*

22 *Hinc illud, nisi* aliud acti vel aliud actum sit, *vt ex supradictis legibus apparet.*

23 *d. l. jurisgentium, §. ait prætor.*

24 *l. Lucius Titius, 24. l. publia, 26. D. depos. l. 5. §. pen. D. de præscr. verb.*

25 *l. 2. D. de iur. & facti ignor.*

26 *d. l. jurisgentium. 7. §. quinimo, l. nec ex prætorio, 27. D. de R. I.*

27 *l. pacta conventa, 72. D. de contr. emt. l. 3. ff. de rescin. vend. vario de his disputant Cont. 1. disput. 17. Hotom. quæst. illust. 35. Cui. ad d. l. jurisgentium, & 14. obs. 28. & libr. 2. obs. 15. Revard. 2. Var. 1. & lib. 4. Var. 4.*

30 *Imp. etiam circa contractus substantiam, vt vult Hot. qui pactum adjectum definit quod contractui formæ naturali vel conventionali aliquid sive partem adiungit sicut detrahens, quod formæ contractus naturali vel conventionali partem adimit. in pr. illust. qu. 35. Hactenus secutus sum in definiendo [illegible] acium. Rem hanc, Deo volente, examinabo accuratius lib. 2. discept. Scholast.*

Illa igitur sunt circa adminicula sive adjuncta contractuum, hæc circa ipsorum substantiam: illis vere formatur contractus, his propemodum ab inde receditur.

Ut autem pacta contractum informare dicantur, multum interest, vtrum in continenti illa fiant an ex intervallo.

In continenti fieri dicuntur illa, quæ simul cum ipso contractu expressa vna conventione concluduntur, ita vt contrahentes interim ad alia negocia non diverterint [31]: atque eadem ex continenti, in ingressu [32], in exordio, in initio [33] fieri dicuntur.

Ex intervallo autem illa fieri dicuntur quæ non in contractu ipso, sed aliquanto tempore post contractum perfectum interponuntur [34].

Illa fere omnia adjicientia sunt, id est, de adminiculis & accessionibus contractus: & contractui insunt ipso jure, certumque est, quod contractum forment, informent, reforment, & tam ad actionem quam ad exceptionem proficiant: hæc promiscue vel adjicientia vel detrahentia esse possunt, eaque contractum non formant vere, neque illi insunt, Reo tamen ad exceptionem proficiunt [35].

Atq; hæc de bonæ fidei contractibus vera sunt indistincte: de contractibus stricti juris dubitatur [36], sed idem de iisdem statuendum videtur esse verius [37].

Habet autem quilibet contractus substantiam suam propriam, sua itidem adminicula, de quibus pacta fiunt varie & specialiter: sed sunt affectiones illorum quasi communes, Culpa, & Casus fortuitus, sive periculum [38].

Sane veniunt in contractus omnes ac singulos Dolus & Culpa lata: sed in quosdam non nisi dolus & culpa lata, vt in depositum & precarium:

Casus

31 *l. 3. C. de ædil. edict. l. petens, C. de pact. l. continuus de V. O.*

32 *d. l. iurisgentium, §. quinimo. l. in bonæ fidei. C. de pact.*

33 *d. l. contractus. l. initio, C. de pact. int. emt. & vend.*

34 *d. §. quinimo, d. l. pacta conventa.*

35 *modo dd. loc.*

36 *Nam Cuiac. putat non inesse ex parte actoris, & d. §. quinimo, 10. obs. 24.*

37 *Quæ sententia est Hotomanni, & luculenter probatur per l. lecta. 40. D. de reb. cred. si cert. pet. & l. petens, C. de pact. vide Hotom. examinantem sententiam Cuiacij, 1. amicab. resp. 31.*

38 *de quib. sup. c. 6.*

Casus fortuitus in nullum venit, præterquam in mutuum, quoniam domino res sua petit, non alijs: item nisi culpa casum præcesserit, item nisi mora sine justa causa facta sit 39.

Præter dolum & culpam latam venit etiam culpa levis, sed non levissima, in Emtionem venditionem, Pignus, Locationem conductionem, Societatem, Rei communionem & Dotis dationem.

Omnia autem illa & dolus & culpa lata, & culpa levis, & culpa levissima in Commodatum, Tutelam, Mandatum & Negociorum gestionem 40.

Horum omnium ratio petitur ex natura Contractuum, vt vbi vtriusque contrahentis vtilitas versatur, veniat & dolus & culpa; vbi alterutrius tantum, modo dolus, modo etiam culpa levissima 41.

Alias ex conventione fieri potest, vt in quovis contractu, qui celebratur, casus etiam fortuitus præstetur, & in quem alias culpa levissima non venit, in eum veniat, & in summa, vt quæ ex natura in contractum non veniunt, veniant ex conventione.

In culpa enim levi, levissima, & casu fortuito pacta admittuntur præter jus, quæ in dolo & culpa lata sunt improbata 42.

Accessiones contractuum in illis sunt, quibus quid præter rem in contractum deductam sive sortem principalem exigitur 43.

Idq; ipso jure vel ex conventione.

Ipso jure, quod est Interusurium: ex conventione quoddam interusurium, & præter id omne Fœnus & Pœna omnis.

Interusurium seu interesse est incōmoditas actoris vel Rei, quæ culpa adversarii contingit 44.

39 vide quæ dixi 1. discepta. Scho. 15.

40 Quod comprobavi d. c. 15.

41 l. si vt certo, 5. §. 2. D. commod.

42 d. l. contractus, in fi. l. si vnus, 27. §. illud nulla, D. de pact. l. in commodato, 17. D. commod. l. 1. §. illud non probabis. D. depos.

43 l. frumenti, C. de vsur. vide Briss. lib. 1. de V. S. verb. accessiones etiam.

44 l. si sterilis, 21. D. de act. emti, l. 3. §. fi. D. vt possid. l. si commissa, 13. D. rem ra. hab. l. si servum, 33. in fi. D. ad leg. Aquil. l. 2. in pr. & §. fin. D. de eo quod cert. loc. l. 1. §. hæc verba, D. ne vis fiat ei. l. 1. non solum, D. vnde vi. l. penult. D. si quis caut.

Quæ culpa committitur vel in re ipsa, de qua in superioribus, vel extra rem, qua rei substantia salva vel debitor in solvendo vel creditor in accipiendo morosus est; eaque culpa vocabulo speciali dicitur *Mora*.

Mora est culpa non respondentis ad conventionem oportunam debitoris vel creditoris [45].

Quæ duplex est, Una ex persona [46], quæ etiam in persona seu in personam, altera ex re [46], quæ & in re [48] seu in rem dicitur.

Mora in personam fit in personam Creditoris per oblationem pecuniæ debitæ, & in personam debitoris interpellatione, id est, denunciatione Creditoris, oportuno loco & tempore facta [49].

Olim quidem denunciatione facta testato cum interminatione judicij [50], postea actis publicis consignata [51].

Unica autem interpellatio, cum instantia sufficit [52], tametsi ex abundanti fieri possint plures [53].

In re mora committitur, cum reipsa sine interpellatione ex solo temporis cursu committitur: vt si qui intra mensem solvere debet, mense elapso non continuo solvat, is in re moram committere, eoque casu dies pro homine interpellare dicitur, atq; adeo jus hic fingit interpellationem intervenire, in illa mora interpellatio vere invenit [54].

Hinc

45 Cui. in para. D. de vsur. in fi. idem moram definit solvendi vel accipiendi creditum frustratoriam dilationem. ad l. 23. D. de V. O. Mora enim dicitur frustratio, in l. 3. in fi. D. de vsur. l. hominem, 37. in fi. D. man. l. liberto, 31. §. litem, D. de nego. gest. l. si longiu, C. de exsecut. rei iud. & dilatio in l. sciendũ, 21. D. de vsur.

46 l. ex persona 32. D. de vsur.

47 d. l. mora.

48 l. sed et si, 23. in fi. D. de vsur. l. cum vero, 26. §. apparet, D. de fideicommiss. libert. item simpliciter Mora re, in l. si tamen, 5. Dig. de minor.

49 d. l. mora, in pr. l. si soluturus. 39. D de solut. vnde Cui. tr. 8. ad Afric. in l. 27. D. de vsur. interpellatio, inquit, est admonitio qua fit testato, solvendi vel accipiendi eius quod debetur: Mora est cõtemtio huius admonitionis. *50 l. quomadmodum, 7. D. de inoff. test. l. debitores, C. de pign.* *51 l. 2. & 3. C. Th. de nunt. postea, ut quodam loco scribit Hotom. ex vsu & consuetudine forensi solennes illæ testificationes magna ex parte sublatæ fuerũt, §. appellãtur, Inst. de act. retenta tamen ad debitorem in mora constituendum videntur, d. l. mora.* *52 l. Titia, 87. §. 1. D. de legat. 2. vide Cui. ad Afr. tr. 8. fol. 203.* *53 l. qui Romæ. 122. §. coheredes, D. de verb. oblig.* *54 d. l. sed et si, l. cum filiusfa. 49. D. de V. O. l. si fina. C. de condict. ob turp. caus. l. 3. C. in quib. caus. in integr. resti. l. traiectitia, 23. D. de O. & A. l. magnã, C. de contrah. stip. similiter etiam sine diei adiectione mora cõmittitur, veluti*

Hinc alias res ipsa interpellat, alias dies, alias homo, alias nec res nec dies, ac ne persona quidem [55].

An mora facta intelligatur neq; constitutione vlla, neq; juris autorum quæstione decidi potest, cum sit magis facti quam juris, ideoque apud judicem examinabitur [56].

Cum vero facta est, triplicem fere habet effectum, vnum vt producat & perpetuet obligationem [57], alterum vt in bonæ fidei judiciis vsurarum cursum vel excitet vel sistat [58]; & tertium, vt fructus rei principalis debeantur [59].

Facta autem mora ipso jure non purgatur seu emendatur, sed ex æquitate [60].

Emendari vero & purgari dicitur, cum ex mora contracta culpa re integra sic eluitur, vt ejus omnis pœna evitetur.

Quod fit quatuor potissimum modis: *I.* Obligatione, cum debitor ante litem contestatam id præstat, vel præstare paratus est, in quo præstando moram admiserat, atque in ea voluntate perseveret [61]. *II.* Novatione [62]. *III.* Conditionali stipulatione [63]. *IV.* Ipsa dandi aut faciendi præstatione, vt si insulam fieri promisero & post moram fecero, licebit autem facere, quoad lis contestata non fuerit.

Tam vero ex culpa, quæ extra rem est, quam ex ea, quæ in re committitur, Interusurij habetur ratio.

Cujus species duæ sunt, vna Interesse specialiter ita dictum, altera est vsura.

a Inter-

cum non extat qui conveniatur, d. l. sed etsi, aut cum is mala fidei possessor est sive rei mobilis, vt in d. l. fina. C. de condict. ob turp. caus. l. 8. §. 1. D. de condict. furt. l. 1. §. demque, & l. pen. D. unde vi, sive immobilis, vt in l. sed etsi, 25. §. quod ait, D. de petit. hered. aut cum libertas fideicomissa est. l. cum vero, 26. §. 1. D. de fideicom. lib. aut cum stipulatio ita cocepta est. Neq; per te neque per heredẽ tuum fieri, *dicta l. cum filiusfam. §. penulti. aut cum minori legatum aliquod aut fideicommissum relictũ est. dicta l. Titia, & d. l. 3.*

55 *d l. mora.*

56 *d. l. mora.*

57 *l. si servum, 91. §. sequitur, D. de V. O. l. is qui, 45. D. de O. & A. l. cum servus, 39. §. primo, Dig. de verbor. obligat.* 58 *dicta l. mora, §. in bonæ.* 59 *l. equis, 8. l. respondit, 14. D. de obligat. & act.* 60 *d. l. si servum, §. sequitur.* 61 *l. si ita quis, 135. §. Seia. dicta l. qui Romæ, §. Seia. & l. interdum, 73. D. de V. O. l. 3. §. fina. D. de act. emt. l. sed etsi alea, 17. D. de constit. pecun. l. obsignatione, C. de solut.* 62 *l. si Stichum, 8. l. quoties, 14. D. de nova. l. qui decem, 72. §. 1. D. de solut.* 63 *d. l. qui decem, §. 1.*

a Interesse specialiter ita dictum est interesse causa: tum circa rem cuiuscunq; generis, excepta ea quæ in quantitate est posita, sive ea in dando sive in faciendo consistat.

a De sententiis quę pro eo quod interest proferuntur, 7. C. 47. commentariis illustrarunt Alcia. Cagnol. Rebuff. Fumeus, Ferret. Donell. Molin. Vaud. 2. q. 8. Cui. 16. obse. 34. Cor. 1. Indag. 21.

Quam ob causam in omnibus omnino Contractibus ejus haberi potest ratio, quacunque etiam culpa quid commissum sit, sive res certa sit, quæ in contractu versatur, sive incerta.

Tam enim ex culpa in re ipsa commissa, quam ex culpa moræ interesse in omnibus contractibus præstandum venit, non tamen vno eodemque modo.

Ipsum nanque Interesse facti est [64], adeoq; incertum semper, atq; difficilis ejus æstimatio & taxatio, judicisq; arbitrio relicta [65].

64 l. quatenus, 24. D. de R. I.
65 l. fi. D. de prat. stip. l. 2. §. 2. D. de V. O. vide Pet. Fab. ad d. l. quatenus.

Ut enim Interesse ex culpa vel mora præstetur, id juris est, sed quatenus cu usque intersit, quantumq, eo nomine prestari æquum sit, id vero pendet ex facto sive negocio proposito, pro cuius varietate varia etiam inducitur ratio ejus quod interest, modo maior, modo minor, quam sit res circa quam illa incidit vtilitatis ratio, modo rei omnino compar [66].

66 Cui. in parat. C. eo. Don. ibid. c. 2. Gotho. in notis, ad d. l. quatenus.

Huic difficultati Justinianus suppetias tulit sua constitutione, quæ est tit. 47. libri 7. C. De sentent. quæ pro eo quod interest profer. distinguens casus certos ab incertis.

Certi Casus illi dicuntur, quando in contractu, quo de agitur, versatur res certa, sicut in emtione venditione, cum plerunque res certa versetur, item in locatione conductione, casus certi sunt: Incerti sunt, quando in contractu, quo de agitur, versatur res incerta, puta in locatione facti.

In illis constitutio Justiniani taxat id quod interest, ita vt non excedat dupli quantitatem, hoc est, vt re principali altero tanto amplius esse nequeat

queat, vt si per venditorem mora fiat, quo minus res tradatur, & agat Emtor ex emto, quanti sua interest rem habere, precium consequetur quanti rem emit, si id prænumeraverit, & quanti pluris ea res hodie est, modo duplum non excedat. Nam si res emta sit decẽ, quę hodie digna sit viginti quinque, Emtor non consequitur vltra viginti, nempe decem precij nomine, quæ numeraverit, & alia decem nomine ejus quod interest supra precium, quo res venit.

In casibus autem incertis officium judicis taxat id quod interest, vbi judex spectat, quod actoris interest revera, non ex actione ipsius privata.

Ita fit vt interesse causetur ex culpa: cum autẽ interest, id jus præstari velit: præstatio igitur intervsurij ex jure est, quantitas præstationis ex facto, facto tamen hoc aliquo modo partim constitutione Justiniani definito, partim in causis incidentibus judicis officio definiendo: omne tamen ex jure.

Nam & id quod judicis officio peragitur, jure peragi recte dicitur, eo quod jus officium illud & arbitrium judicii commisit.

[b]Porro quæ incommoditas circa res quasvis alias præter quantitatem est & dicitur Interesse, ea circa quantitatem est & dicitur *Vsura*.

Hinc vsura definitur interesse quantitatis debitæ.

Sane percipitur vsura ex iis duntaxat rebus quæ in quantitate consistunt, præstari tamen potest etiam in re alia, quam in quantitate seu pecunia[67].

Conceditur autem Creditori ad compensationem ejus, quod ipsius interfuit vsu sibi debitæ pecuniæ caruisse, dum eam debitor retinebat[68].

Hæc perinde vt interesse præstanda venit ex culpa moræ: sed nõ æque ex culpa in re cõmissa[69].

b De Vsuris. 22 *D. 1. 4. C. 32. Paul. 2. sent. 14.*

67 *Hot. in præfat. commen. D. vsur. in pr.*

68 *l. cum quidam. 17. §. si pupillo, D. de vsur. l. pater, 17. D. de doli except. l. 3. §. fi. D. de ann. lega. l. Iulianus, 13. §. ex vendito, D. de act. emti. l. in venditione, 60. D. de evict.*

69 *l. cum quidam, 17. §. si pupillo, d. l. mora. D. de vsur.*

Ex mora tamen, vel quod jus ita disposuerit, vel quod inter contrahentes ita convenerit.

Ex juris dispositione rursus immediate vel mediate.

Immediate, cum ipso jure scripto debitori in cessationis pœnam infligitur, & creditori ad ejus quod sua interest compensationem tribuitur, cujusmodi est [c] usura rei judicatæ: [d] usura pupillaris; [e] fiscalis; [f] usuræ & fructus legatorum & fideicommissorum; item quod in bonæ fidei contractibus usuræ debentur, ex die moræ [70]; in contractibus stricti juris ex die litis contestationis [71].

Mediate, cum non jus ipsum usuras infligit, sed à judice infligi permittit, quæ usuræ continentur officio judicis, sicut illæ continentur jure [72].

Atq; ita continentur officio judicis, ut in ejus sit arbitrio, primum utrum usuræ solvendæ sint necne, deinde ad quem modum sint solvendæ, adeo ut si judex in sententia ferenda usurarum mentionem non fecerit, amplius eas petere non liceat, nisi à judicis sententia provocatio interponatur [73], quin etia sorte soluta peti nequeant; quippe quæ non sint in obligatione, sed officio judicis præstandæ sint, cujus officium solutione facta sententiave lata nullum amplius est [74].

Ex quo vulgatum illud est, usurarum alias esse in obligatione, alias in officio judicis [75], idq; in bonæ fidei contractibus [76]; non etiam in his qui stricti juris sunt, locum habet; excepta legatorum & fideicommissorum causa [77].

Quo spectat & alterum illud, Tantundem posse in contractibus bonæ fidei officium judicis, quantum in contractibus stricti juris potest stipulatio [78].

Ex conventione præstantur usuræ, cū inter contrahen-

c De usuris rei judicatæ. 7. C. 54.
d De usuris pupillarib. 5. C. 56.
e De usuris Fiscalibus, 10. C. 8.
f De usuris & fructibus legatorum seu fideicōmissorū, 6. C. 47.

70 *d. l. Julian. §. ex vendito. d. l. mora, l. præses, C. de loc.*
71 *l. Lite, 35. D. de usur. l. eum qui 22. ff. de donat. l. in minorum, C. in quib. caus. in int. restit. Coras. in §. in bona fidei, n. 4. Inst. de act. & li. 2. misc. 7. Cujac. 14. obs. 22.*
72 *l. quæro, 14. D. locati. l. qui per collusionem 49. in fin. D. de act. emt. l. centum. 8. D. de eo quod certo loco.*
73 *l. in bonæ, C. de usur. l. 1. §. 2. D. eo. l. 1. Cod. de sent. quæ sine cert. quant. profer. l. si deposita, C. depos.*
74 *d. l. qui per collusionem.*
75 *d. l. quæro, l. deducta, 38. D. ad SC. Trebell.*
76 *d. l. mora, §. in bona, d. l. quæro, l. usura, C. depos. l. adversus, C. de locat.*
77 *l. 3. in pr. ff. de usur. l. 1. §. bellissime, D. ut leg. nom. cave. l. 1. & 2. C. de usur. leg. l. si cui legat. 43. in fi. D. de cond. & demon.*
78 *d. l. quæro, l. 6. in fi. & seq. D. de neg. gest. l. Lucius. 24. D. depos.*

trahentes ita convenit, vt præstentur, id quod fit pacto vel stipulatione [79].

In cötractibus bonæ fidei debentur ex pacto [80], & vero multo magis ex stipulatione [81]: in stricti juris contractibus ex stipulatione tantum, ex pacto nunquam [82], nisi cum res in obligatione est, quæ mensura constat, vtpote frumentum [83], idque propter incertum & variabile ejus precium [84]; tametsi si pactum vsurarium contractui stricti juris sit appositum, atque ex hocis qui promisit vsuras sponte solverit, is eas cödicere nequeat, quoniam si non civiliter, at naturaliter saltem debuit [85].

In stricti autem juris contractibus stipulatio necessaria est, vt ex mora vsuræ debeantur, quæ alioqui ex mora in illis non deberentur [86]: in contractibus bonæ fidei ex mora quidem debentur etiam citra conventionem, ideoq; facilius est, vt ex apposito pacto debeantur, quod apponi plerunq; etiam tutius est.

Ita fit vt interesse specialiter ita dictum ex jure tantum fit ob culpam quamvis: vsuræ partim ex jure, partim ex conventione ob culpam, quæ mora dicitur.

Ex conventione duntaxat, non etiam ex jure ipso est Fœnus & Pœna.

Fœnus est lucrum, quod propter causam mutui certis temporibus exigitur [87].

Hoc enim in contractu tantum mutui [88] locum habet, etiam tum Creditoris nihil quidquam interest.

Quod in lucro duntaxat & questu est positum, non ex natura vel pacto mutui, sed ex stipulatione sola [89], quamprimum à die contractus mutui interposita, idq; regulariter.

Nam sunt quidam casus, quibus idem ex pacto etiam deberi potest, vt in pecunia civitatum [90],

79 *l. quamvis. D. de vsur.*
80 *l. initio, Cod. de pact. int. emt. & vëdit. l. Luc. 24. l. Publia 26. §. 1. D. depos. l. cum quidã, 17. §. 4. D. de vsur.*
81 *l. 1. l. per retentionem, C. de vsur.*
82 *l. frumenti. C. eo.*
83 *l. Titius, 24. ff. de præscr. verb.*
84 *l. si ea lege. l. oleo. C. eod.*
85 *d. l. per retentionem, l. pignorib. Cuj. iac. 8. obs. 17.*
86 *l. si ita quis. 135 D. de V. O.*
87 *Definitio est Hotomani in comment. D. de vsur.*
88 *Huic pecunia gratuita opponitur fœnebris. l. ideo, 10. §. si mandavero, D. mand. l. cũ alter, 11. & seq. ff. de cöpens. l. cum debit. 8. D. in qb. caus. pig. tacite, & pecunia dare mutuo & fœnerationẽ exercere distinguuntur in l. præsidis. 34. D. de rebus cred. si cert. pet.*
89 *d. l. Luc. D. de præsc. verb. d. l. quãvis, l. quoties, 14. ff. de novat. l. vsura, 121. D. de V. S.*
90 *l. etiam, 10. D. de vsur.*

in pecunia argentariorum [91], & in pecunia nautica [92]: prioribus duobus casibus ob vtilitatem publicam, posteriori propter causam periculi, quod in nautica pecunia, id est, quæ naviganti creditur, Creditor suscipit, cum alias pecuniæ mutuatæ periculum ad debitorem pertineat [93], nisi aliter convenisset, quo casu idem est jus fœnoris terrestris quod est maritimi [94].

g Est autem *fœnus nauticum* [95] lucrum creditoris, quod habet ex pecunia navigaturo credita [96], propter pecuniæ periculũ, quod in se recipit [97]

Et vsuræ quidem nauticæ nullus olim fuit modus, cum liceret eam stipulari in infinitum [98]: vsuræ terrestris finis fuit centesima [99], quæ ob id dicta est legitima [1], quod ad centesimam vsque, non vltra eam stipulari leges permitterent.

Centesima autem illa dicebatur, quæ in centenos aureos quotannis reddebat aureos duodenos singulis nimirum mensibus aureos singulos.

Minorem tamen hac stipulari non erat prohibitum, puta vsuram vnicam [2], quæ in centenos pendebatur annuus vnus, sextantem quæ in centenos duos: & sic deinceps vsque ad assem, quæ erat Centesima [3].

Justi-

91 *Nov. 136.*

92 *l. in qbusdam, 7. ff. de nautico fœn.*

93 *l. l. incendium. C. si cert. pet.*

94 *l. 2. C. de nautic. fœn.*

g De nautico fœnore, 22. *ff.* 2. 4. *C.* 23. Novell. 106. & Nov. 110.

95 *Quod dicitur vsura maritima in l. fœnerator. 6. D. e.*

96 *Quæ ob id dicitur pecunia nautica, l. in nautica, 3. ff. eod. l. qui Romæ, 122. §. 1. ff. de V. O. frequentius traiectitia, l. traiectitia, 32. D. de O. & A. & passim, quæ definitur in l. 1. D. de naut. fœn.*

97 *l. 4. ff. eod. l. 1. C. eod. quæ nimirum ex naufragio contigerit. l. 3. C. eo. l. Cotẽ, 21. §. dominus, ff. de publ.* 98 *Paul. 2. sent. 14. Cui. 5. obs. 38.* 99 *l. nihil interest. 4. §. fi. de naut. fœn. l. si pro mutuo, C. si cert. pet. quæ ob id dicitur vsura gravissima in l. tutor, 7. §. idem solent. ff. de adm. tut. & maxima, §. qui sine, 38. ff. de neg. gest. l. non existimo, 54. ff. de adm. tut.* 1 *Videtur enim lege aliqua vetitum esse ne liceret maiorem centesima vsuram petere, per l. 1. in pr. ff. de vsur. vnde quoties legitima vsura in legib. fit mentio, hæc centesima intelligenda est. vt in d. l. si pro mutuo, & in d. l. nihil interest, d. l. Iulian. §. ibidem Papinianus, l. 1. §. pacto. ff. de pign. l. si curator, C. arb. tut. l. 1. C. de vsur. pupil. tametsi in regionib. quibusdam gravioribus, in quibusdam leviorib. pecunias exerceri solitas, vt apparet ex l. 1. & l. & in contraria. 37. ff. de vsur. l. 1. D. de eo quod cert. loc. l. cum servus, 39. ff. de leg. 1.* 2 *l. Titium, 47. §. præfect. ff. de adm. tut.* 3 *Ita* semissium vsurarum *cum pro 100. aureis annuatim penduntur sex, mentio fit in l. alumnæ, 30. ff. de adim. leg. l. 3. ff. quod iussu, d. l. Lucius, ff. de præscr. verb. l. 1. Cod. de his quæ vt indig. d. l. cum quidam, §. si debitores: eæque sunt vsuræ final. de quib. in l. fiscus, 6. ff. de iure fisci. Dicuntur etiam semissales, in l. 1. septima, 10. ff. de pollicit.* Quicuncium, *cũ quinq; pro 100. d. l. cum quidã. d. l. tutor, §. quæ autẽ.* Trientium *cũ 4. pro 100. d. §. quæ autẽ, l. 2. in fi. ff. ad leg. Falc. quæ di-*

Justinianus constitutione sua, quæ est XX. sub tit. C. de vsuris, vsuræ maritimę modum dedit certum, terrestrem vero restrinxit aliquatenus.

Modus maritimæ vsuræ est Centesima, quam excedere non debet, minor illa esse potest.

Restricto vsurę terrestris ex personis vsuras stipulantibus, vel quibus illæ officio judicis addicuntur, repetitur.

Illustres enim viri, & qui supra illos sunt, vltra trientes vsuras non accipient, hoc est in centenos maximum quatuor [4]: argentarij & negociatores non vltra bessem, hoc est, in centenos maximum octo [5]. Ceteris præter hos concessa est semis, hoc est in centenos maximum sex, quia etiam fisco [6] & pupillo, nisi cum tutor pecunias pupillares in vsus suos converterit [7].

Sed & fructuum [8] & rei judicatæ vsuræ [9] centesimæ esse possunt, illorum ob incertitudinem, hujus ob autoritatem.

Ecclesia tamen nunquam solvit alias quam quadrantes, hoc est, in centenos maximum annuos tres [10]: & agricolæ non nisi trientes, hoc est, in centenos quatuor, quales quales sint Creditores etiam argentarii [11].

Quemadmodum vero accessionis accessio non est [12], ita nec vsurarum vsuræ exigi possunt, etiamsi vsuræ per stipulationem in sortem redactæ sint [13].

Pœnam creditor sepenumero stipulari solet, vt nisi id quod debetur certo die detur aut fiat, pœna de qua per stipulationem convenit præstetur: vnde pœnalis stipulationis appellatio est [14].

Q Et

cuntur tertia centesima, in d. l. cum quidam, in fine. Quadrantium *cum 3. pro 100. l. Liberto, 21. §. Largius, de annu. lega. & alibi sepius.*

4 Olim senatoribus semisses permittebantur ex constitutione quadam Alexandri Imp. teste Lamprid. quod confirmavit postea Arcad. Hono. & Theod. l. 4. C. Theo. de vsur. Ab agricolis vltra trientem non esse exigendum, quicunque etiam sit Creditor, constituit Iustinian. Novel. 32. & seq.

5 Quod Iustinian. Novel. 136. eo produxit, vt etiamsi nihil nominatim convenerit, tamen ipso iure deberētur besses, quod in aliis contra observari scribit Fr. Hotom. per l. in stipulatione, 31. D. de vsur.

6 l. fin. C. de fiscal. vsur. d. l. cum quidam, §. si debitores.

7 d. l. Tutor, §. si deponi, & seqq. d. l. qui fine. 8 *l. eos qui, §. 2. C. de vsur.* 9 *l. 2. C. de vsur. rei iud.* 10 *Novel.* 11 *d. Nov. 32.* 12 *l. videam. 19. D. de vsur. l. 2. §. si indemnitas, D. de administr. rer. ad civit. pert.* 13 *l. placuit, 29. ff. de vsur. l. fin. C. eo. l. 1. C. de vsur. rei iud. l. si non sortem, 26. §. 1. ff. de cond. indeb. l. improbam. C. ex quibus caus. infa irrog.* 14 *l. stipulatio ista. 38. §. alteri, D. de V. O. l. rescriptum. 10. §. 1. D. de pact. l. pœnam, 44. D de vsur.*

Et quidem pœna post moram committitur, atque vt maxime Creditoris non intersit, potest tamen peti haud aliter atque si ipsius interfuerit[15].

15 d. §. alteri.

Pœna igitur moræ est Interesse, est vsura, & præter eam pœna de qua convenit, vt interesse & vsura sit quidem pœna, sed nõ protinus pœna omnis sit interesse vel vsura, quamvis hæ appellationes non raro inter sese confundantur[16].

16 l. lecta, 40. D. de reb. cred. si cert. pet. l. fin. D. de eo quod cert. loc. l. 1. C. de sent. quæ pro eo quod interest profer.

Adjuncta contractuum *propria* sunt non omnibus sed aliquibus aut vni convenientia.

Cujusmodi in Emtione venditione duo sunt, nimirum Addictio in diem & lex commissoria: tria in emtio venditione & locatione conductione, nimirum Ædilitiũ edictum, Evictio & Arrha.

Nam quod supra omissum est, scriptura est, adjunctum contractibus omnibus commune ex conventione tantum, comparata magis contractus initi probandi[17], quam ejus, ineundi causa, nisi forte ita convenerit, vt contractus prius perfectus non esse censeatur, quam in scripturam etiam redactus sit[18].

17 t. t. D. & Cod. de fide instrum.

18 §. 1. Inst. de emt. & vend. l. contractus, D. de fide instrument.

Sed addictio in diem & lex commissoria semper sunt ex pacto seu conventione: ædilitium edictum & evictio interdum ex natura contractus, interdum ex conventione, arrha ex conventione duntaxat.

h De in diem addictione, 12. D 1.

h *Addictio* in diem est vna emtionis venditionis pactio, qua res à venditore traditur emtori hac lege, nisi intra diem certum, de quo convenit, quis supra adjecerit, seu meliorem conditionem attulerit[19].

19 l. 1. D. eod.

Intra diem si alius quis aliquid supra adjecerit, emtio venditio, quæ inde ab initio fuit pura, sub conditione resolvitur[20]: sin minus, non quidem post lapsum temporis venditio est alia, sed ea quæ jam inde ab initio contractus fuit, confirmatur,

20 l. 2. D. eod.

vt

vt emtori metuendum non sit contractum resolutum iri, ita vt alterutri vel emtori priori vel emtori posteriori addictione facta adjectio postea amplius locum non habeat[21].

i *Lex commissoria* est altera pactio emtioni venditioni propria, qua id agitur, vt si in diem statutum emtor precium non solverit, & venditor rem venisse nolit, nec vendita illa sit, nec alienata[22].

Nam quod ad pignora attinet, in quibus eadem locum aliquando habuisse videtur, vt si ad statutum diem pecunia credita non solvatur, pignus Creditoris sit jure dominii, lex commissoria improbata est[23].

k *Ædilitium edictum* est, quo rei[24] quæ in emtionem venditionem, vel locationem conductionem venit, vicio contractus vel omnino tollitur vel ad æqualitatem reducitur.

Quod edictum ob æqualitatem, quæ in vtroque hoc contractu inter contrahentes esse debet, cōservandam propositum est[25], siquidem sepenumero rei qualitas latet, neque de ea constare potest apparenter.

Qualitas autem rei est vicium rei vsum ipsius rei impediens, de quo si ementi constitisset, vel conducenti, fortasse rem non emisset, vel conduxisset, aut certe non tanti[26].

Res vero quæ in contractum venit, & in qua vicium seu defectus esse potest, animata est vel inanimata.

Et vicium rei animatæ corporis est vel animi.

Corporis vt morbus: animi vt furor, & ejusmodi alia.

Rei inanimatæ vicia, sunt omnes ipsius defectus.

Vici autem ratio habetur vel quod venditor morbū viciumve rei venditæ, quod latebat, quodque emtor nesciebat, reticuerit, vel quod venditor

21 *l. licet, D. eod.*

i De lege commissoria, 18. *D.* 3.

22 *l.* 2. *& passim sub tit. ff. eod. l.* 1. *& l. antepen. D. de pact. int. emt. & vend.*

23 *supr. c.* 34.

k De Ædilitio edicto, 21. *D.* 1. 4. *C.* 58.

24 *Cuiuscunque sive mobilis sit sive immobilis, l.* 1. *in pr. D. de ædil. edict.*

25 *l.* 1. §. *si intelligatur, D. eod.*

26 *d. l.* 1. §. *sed sciendum, D. eod.*

27 l. sciendum tamen, 19. ff. eod. tor abesse aliquid dixerit[27], quod non abest, aut
28 l. si quid venditor, 18. ff. eod. adesse, quod non adest[28], vel quod non repromittantur emtori ea quæ in rebus venalibus edictum ædilitium repromitti jubet.

Quare si vicium manifestum sit, vel si emtor de eo sciverit, ædilitium edictum cessabit, non etiam si venditor ignoraverit.

Ceterum propter vicium illud ignoratum & occultum emtori concessa est redhibitio & quanto minoris.

Redhibitio est contractus resolutio, qua omnia in pristinum statum, qui ante contractum erat, restituuntur, perinde atque si contractus nunquam fuisset initus, emtori restituto à venditore precio cum vsuris, & vicissim venditori restituta ab emtore re cum fructibus, in qua vicii corporis, non etiam vicij animi, habetur ratio[29].

29 l. redhibere, 21. D. de ædil. edict.

Quanto minoris, quæ & æstimatoria dicitur, rescindit contractum ex parte, ex precio scilicet emtori reddito eo, quo minoris res est.

1 De evictionibus, 21. D. 3. 8. C. 45.

[1] *Evictio* est in iudicio in rem efficax & plena victoria ejus qui agit adversus emtorem vel conductorem, aut cum quo agit emtor vel conductor: efficax, inquam, & plena, hoc est, quæ ad effectum deducatur re abducta, vel ablata, vel possessione retenta.

Hæc debetur à venditore vel locatore interdum ex natura contractus, interdum ex stipulatione.

Ex natura quidem contractus, si stipulatio nulla sit interposita ad recuperationem precij & vtilitatem omnem: Ex stipulatione verò, si ea intervenerit: eaque interdum est simpli, interdum duplæ, & hoc quidem vt plurimum, illud si vendantur res frivolæ.

Simpli stipulatio est precij & interusurij: duplæ est precij duplicati, hoc est, vt precium & altero to tanto plus præstetur.

Arrha & in probationem & confirmationem contractui additur: ideoq; contractu perfecto aut redditur, aut in partem precij seu mercedis retinetur.

De delictis in genere. CAP. XLV.

EXpositus est acquirendæ de jure obligationis modus vnus, qui conventionis est: sequitur alter qui delicti.

Est autem *delictum* offensio contra jus illata [1]: idemque dicitur maleficium [2].

Offensio istа status est publici vel privati: atque inde delictum aliud publicum est, aliud privatum [3].

Utriusque delicti descriptio ex modo agendi à nonnullis accipitur [4], non omnino inepte, sed rectius fortasse ex objecto quod læditur aut offenditur, nisi cui vtrumq; conjungere placeat.

Sane offenso privato, vix est vt non videatur etiam offensa esse res publica, vt vicissim offensa republica, offenduntur ejus reipublicæ etiam cives singuli: sed est quædam offensio magis rei privatæ, quædam magis rei publicæ.

Hinc delictum publicum est offensio publicæ rei: privatum offensio rei privatæ.

Hæc offensio facit, vt is qui eam fecit obligetur vel reipublicæ, vel homini privato, aut certe vtrique simul.

Ex qua obligatione actio etiam datur reipublicæ, vel homini privato, aut certe vtrique.

Quæ vt modo ordinarie, modo extraordinarie, interdum criminaliter, interdum civiliter instituatur, delictum tamen, cujus nomine instituitur, semper natura sui est & manet vel publicum vel privatum: etiamsi ex modo agendi, atque

1 *Bodin. in method. iuris vniuersi.*
2 *locis infinitis.*
3 *ex rubr. ff. de privat. delict. & alibi.*
4 *Duar. ad tit. D. de privat. delict. & 1. disp. 37. Charond. 3. verosim. vlt. Iul. Clar. 1. sent. §. 1.*

adeo ex accidenti & publicum & privatum etiam dici possit.

Nam vt judicia quædam publica sint [5], quædã privata, vix tamen est, vt in textu aliquo juris Justinianei dicatur agi publice vel privatim.

5 D. de publicis iudicis.

Quod igitur ad ordinaria & extraordinaria delicta attinet ea ita dicuntur ex modo agendi: quod criminaliter vel civiliter agi dicitur, id ad pœnam, quam judicio ob delictum commissum persequimur, pertinet.

Quod autem delicta alia publica sunt, alia privata, id vero est, quod delictorum naturam in offendendo & lædendo positam respicit, quippe quæ obligationem eo ipso inducant, quod in vtilitatem publicam vel privatam committantur, quod nisi fiat ne delictum quidem fuerit.

Verum cum delictorum doctrina proponatur, vt intelligatur obligatio ex delictis proficiscens, atque hæc iterum, vt intelligatur actio, quæ ex obligatione illa oritur: & delicta quædam sint, ob quæ vt plurimum ratione privati interesse, quædam ob quę vt plurimum ratione publici interesse agitur, inde est vt quædam publica sint delicta, quædam privata, atq; adeo fortasse & ex objecto & ex modo agendi.

Sed privata illa iterum sunt Delicta vera, vel quasi delicta [6].

6 §.1. Inst. de oblig. in pr. Inst. de oblig. quæ ex delict. nascunt.

a Et vera de jure facta sunt quatuor, Furtum, Damnum injuria datum, Vis bonorum raptorum, & Iniuria 7.

a De privatis delictis, 47. D. 1. 4. Inst. 1.

7 in pr. Inst. de obl. quæ ex delict. nascunt.

b Quasi delicta itidem quatuor, Imprudentia judicis male judicantis: si deijciatur quid ex alicujus cœnaculo, quod ipse non dejecit: si quis ea parte qua vulgo iter fieri solet, aliquid habeat positum aut suspensum, quod si cadat, alicui nocere possit: & denique si quid in navi exercitoris, aut in caupona vel stabulo hospitis, dolo non ipsius, sed alterius admissum fuerit [8].

b De obligationibus quæ quasi ex delicto nascũtur, 4. Inst. 5.

8 l. 5. §. iudex, & seq. D. de O. & A.

Sed

Sed ea quæ sunt publica, speciali vocabulo dicuntur crimina: quæ privata sunt, generis nomen retinent[9].

Quemadmodum autem delictum omne in facto est positum[10], ita an delictum commissum sit necne, facti est, nec sufficit factum esse quid, quo quis offendatur, nisi eo animo & consilio factum sit, vt offensio fieret, ejusque rei scientia in faciendo adsit.

Non enim promiscue offensio delictum est, sed ea quæ contra jus infertur, *sed ea* quæ fit scienter & ex proposito.

Ex quo vulgatum illud, Animum & propositum distinguere maleficia[11]: & rursus prout offendendi animus affectus fuerit, ita delictum censeri gravius vel levius.

Hinc cogitationis delictum nullum est[12]: Conatus, quia dolum & propsitum sibi habet adjunctum, plerunque[13].

Bruta vero animantia, quod nihil intelligant, non delinquunt[14].

Quin & Infantes[15], & furiosi[16], & dormientes, & si quæ sunt personæ aliæ hisce similes.

Ebrius hisce similis non est[17], vtpote qui delinquat, sed in actionis executione ebrius ab ebrioso distinguitur[18].

Etsi vero quis sit intelligens, tamen si ignorans quid faciat, quo offensio fiat, non censetur delinquere regulariter[19].

De magistratu officium suum rite recteq; exequente, quod non delinquat, nullum est dubium[20].

Atque ex iisdem juris principiis etiam illud est, quod non solum is qui factum ipsum exercuit, sed

 etiam

9 tametsi privata delicta non nunquã etiam dicantur crimina, §. placuit, Instit. de oblig. quæ ex delict. nascun. l. 3. D. ad SC. Turpil. l. 1. §. fi. D. de pœn. & contra l. 4. C. si servus export. veneat, l. vn. C. de emend. propinq.

10 in pr. Inst. de obliga. quæ ex delict. nasc. l. obligamur, 52. D. de O. & A.

11 l. qui iniuria, 53. D. de furt. l. quod reip. 33. D. de iniu. l. Divus, 14. D. ad leg. Corn. de sicar.

12 l. cogitationis. 8. D. de pœn. l. 1. D. quod quisq; iur.

13 §. sed etsi credat. Inst. de obl. quæ ex delict. nasc. l. si quis servo, D. de furtis & servo corr.

14 l. 1. D. si quadr. pauper. fec. dicet.

15 l. infans 12. D. ad leg. Corn. de sica. l. pen. in fi. D. de fideic. libert. l. 1. §. 3. D. de acquir. poss.

16 l. Divus, 14. D. de off. præsid. l. pen. D. ad leg. Pomp. de parrici. d. l. infans. l. 3. §. 1. D. de iniu. l. unic. C. si quis imper maled. l. omne, 6. §. 7. D. de re mil.

17 d. l. vn. l. milites, 12. D. de custod. reor. l. perspiciendum. 11. §. pen. D. de pœn. d. l. omne. §. 7. vide Iul. Clar. 5. sent. §. fi. q. 60. nu. 7.

18 Vide Andr. Gail. 2. obs. pract. 110. nu. 26.

19 l. 1. D. de legib. l. 2. in fi. D. de term. moto.

20 l. iniuriarum, 13. §. 1. l. quod reipublicæ, 33. D. de iniur.

etiam is, qui jussit, persuasit curavitque quid fieri, delinquere censetur [21].

Et rursus ut quis ex delicto etiam eodem obligetur non uni tantum, sed sepe etiam pluribus [22].

Porro Delicta quædam propria sunt, quædam impropria [23].

Propria sunt ipsius delinquentis dolo admissa.

Atque hæc rursus Nominata sunt, vel Innominata [24].

Nominata sunt delicta, quæ certum in jure nomen habent: Innominata sunt ea, quæ si committantur, nullum certum de jure nomen habent proditum, quod factum illud appelletur.

Omne autem delictum est ab homine, *& ab homine*, ut dictum est ex proposito & voluntate ejus juri contraria, idque dolose plerunque, quandoque sed id rarius culpa, & multo rarius casu, quod delictis nominatis atque innominatis commune est.

Quin & illud utrisque est commune, ut voluntas ista interdum intra seipsam subsistat, nec ad effectum ullum deducatur, quæ cogitatio magis est delinquendi quam delictum: interdum vero sese facto aliquo exerat, atque rursus illo perfecto vel imperfecto.

Perfecto quidem, si omnimodo ad effectum deducatur, ita ut & initium delinquēdi factum sit, & finis ejus subsecutus: Imperfecto, si non omnino, aliquo tamen modo, initio nimirum facto, sed non consummato.

Perfectum proprie delictum est & dicitur: imperfectum Conatus appellationem accepit, qui inter cogitationem delinquendi, & delictum ipsum est quasi intermedius.

Perficitur autem cum voluntas & propositum hominis sese facto aliquo exerit.

21 *De quo infra c. 49. l. non solum, 11. in pr. D. de iniur. l. nihil interest, 15. D. ad leg. Cornel. de sicar.*

22 *Ut de iniuria commissa in uxorē alicuius est textus, §. patitur, Inst. de iniur. l. 2. C. eod.*

23 *Exemplo Contractuum, quorum quidam veri, quidam quasi supra dicti sunt.*

24 *Cui. in paratl.*

Quod factum animi est vel corporis, aut utriusq; commissum in ea quæ pertinent ad rem publicam, vel ad rem privatam.

Hinc delictorum propria quædam sunt, quædam communia[25].

Propria sunt quæ pertinent ad causam publicam tantum, vel ad causam privatam tantum.

Causæ publicæ illa sunt, quæ non nisi circa causas publicas committi possunt.

Atque circa causas publicas, easque sacras vel profanas.

Sacras nimirum doctrinæ & rituum, vel rerum ad res divinas pertinentium.

Circa doctrinam & ritus sacros delicta quæ committuntur sunt Schisma & Hæresis: & hæc iterum hæresis simplex vel Apostasia.

Circa res sunt Sacrilegium & Sepulcri violatiô.

Circa res publicas profanas delicta quæ committuntur, quædam sunt in ipsum Reipublicæ statum, quædam in res ad status istius conservationem pertinentes.

Atque in statum, eumque totum vel aliquam ejus partem.

Totum, & tum vel eum qui statui præest, vtpote olim in ipsum populum Romanum; & postea omni potestate in Imperatorem translata, in Imperatorem, quod majestatis crimen est; vel in ipsum statum, quod est Perduellio, cui conjuncta est Rebellio.

In partem status, puta magistratus, vt est Ambitus.

Circa hæc delicta versantur & alia, quæ illa partim præcedere, partim comitari solent.

Præcedit Conjuratio: comitatur Collegia illicita & Receptatio.

In res ad statum reipublicæ conservandam spectantes delictum committitur intervertendo vel

25 *In hac distributione omnis tractatus sequens de delictis fere occupatus est.*

res ipsas,idque interdum subtrahendo,qui Peculatus est, interdum in vsus alios convertendo, quod crimen Residuorum dicitur, vel rerum precia immutando,quæ Annonæ flagellatio est.

Causæ privatæ delicta illa sunt,quæ non nisi circa privatam causam locum habent,quæ causa spectatur in privatorum vel personis vel rebus.

In personis committuntur delicta vt sint in persona tota,vel in aliqua ejus parte.

In tota, nimirum quoad ejus animum & corpus,& tum persona vel manet salva & abducitur, quod est Plagium:vel læditur, atque in vulnerando aut omnino interficiendo, & hoc est Homicidium, quod si sit inter necessarios,Parricidium dicitur,inter extraneos homicidii appellationem retinet.

In parte,atque ea vel animi vel corporis.

Animi & ejus quidem rursus vel in judicio ex quo est Prævaricatio & Tergiversatio,vel tam extra judicium quam in judicio, quæ est Calumnia & Concussio.

Corporis,est conjunctionis illicitæ,quę si contra naturam fit, Sodomia dicitur: si secundum quidem naturam, sed contra jus in conjugata est adulterium,in soluta, alias tamen honesta. Stuprum;in inhonesta autē sive meretrice Fornicatio: omnis autem illa cum necessaria, Incestus, Extra coitum Raptus est.

In rebus, atque illis iterum vniuersalibus vel particularibus.

Uniuersalibus,vt in hereditate,quæ est hereditatis expilatæ

Particularibus,vt est Termini motio & Rei ablatio.

Rei ablatio sub specie justitiæ à magistratu loci facta,crimen inducit Repetundarum:sed à quovis alio

alio facta animo clam auferendi Furtum est, quod in grege Abigeatus appellationem habet.

Communia delicta sunt, quæ & circa res publicas & circa res privatas committi possunt.

Quæ consilij partim sunt, partim facti.

Consilij est prava suasio.

Facti, & ejus simpliciter vel mixte.

Simpliciter in personas vel in res.

In personas est Injuria: in res Rapina.

Mixte, in damno injuria dato, vi, crimine falsi & in veneficio.

Præter hæc quæ sunt alia, innominata dicuntur, quo Stellionatus pertinet & Dolus.

De delictis circa causas publicas sacras.

Cap. XLVI.

Delicta quæ circa doctrinam cultumque sacrum committi solent, duo sunt, Schisma & Hæresis.

Schisma est separatio ab unitate & communione Ecclesiæ facta citra errorem in fundamento doctrinæ, ex quo Schismatici dicti sunt.

Hæresis vero est pertinax erroris in doctrinæ Christianæ articulo fundamentali defensio [1].

Quæ ita simplex est vel Apostasia.

Hæresis simplex est in uno aut altero doctrinæ Christianæ fundamento, cujus veritatem, is qui in ista hæresi est, nunquam agnovit.

Apostasia est à religione Christiana defectio [2].

Eaque est interdum totalis, quæ est universa religionis Christianæ & nomine & reipsa abnegatio: interdum particularis, cum nomen quidem Christianæ religionis retinetur, sed à veritate ejus semel agnita deficitur, & hoc vel in omnibus, vel in aliquibus fidei articulis.

1 *l.2. in fi. C. de heret. Nov. 109. in pr. vers. hæreticos, & esse hoc crimen publicum est text. in l. Manichaos. §. ac primum, C. de Her. & Manich.*

2 *l. Apostatarum, C. de apostat.*

Utra-

Utraque vero & Hæresis & Apostasia coniunctam sibi habet blasphemiam, quæ est convicium *Deo* factum; in Essentia ipsius vel in verbo de *Deo* revelato.

Quo pertinet Perjurium, quod est nominis divini in vanum assumtio.

Delicta circa res divinas committi solita itidem duo sunt, Sacrilegium & Sepulcri violatio.

a *Sacrilegium* est fraudulenta rei sacræ animo lucrandi facta contrectatio[3].

Quod ex qualitate rei æstimatur, non ex loco, in quo committitur[4].

Nam sicut rei privatæ sive non sacræ in loco sacro positæ ablatio seu contrectatio sacrilegium non est, sed furtum: ita rei sacræ contrectatio in loco non sacro facta sacrilegium est & dicitur.

Hoc duplex est, Verum sacrilegium & Quasi.

Verum est sacrilegium rei, quæ revera sacra est, vsibusque sacris destinata.

Quasi sacrilegium est rei non quidem simpliciter sacræ, ejus tamen quæ pro sacra habeatur, puta contemtus & violatio constitutionum principum[5], disputatio de potestate principis[6], disputatio an judex sit idoneus, quem princeps elegit[7].

b *Sepulcri* violatio est delictum in hominem demortuum atque tumulatum commissum[8].

Atque est ita sepulcri, vt sit vel ipsius defuncti qui in eo loco sepultus est[9], vel loci, in quo ille situs est: & loci rursus vel ipsius[10], vel rerum in loco illo vna cum defuncto depositarum[11].

De

a De crimine sacrilegii. 9. C. 29. 48. D. 13.
3 *l. Sacrilegi, 9. D. ad leg. Iul. peculat. Cui. 13. obs. 15.*
5 *l. 1. C. de crim. sacrileg. l. 6. C. Th. de appell. l. 1. C. vt dignit. ordo. l. 13. C. de eroga. milit. annon. l. fi. C. de priv. eor. qui in sacro palat.*
6 *l. 2. C. de crimin. sacrileg. Ias. in l. rescripta. nu. 6. C. de precib. Imper. offerend. Dec. cons. 588. nu. 2. Cravet. cons. 241. nu. 2. & 3.*
7 *l. disputare, C. de crim. sacrileg. l. sacrilegij, C. de diver. rescript. ita sacrilegij reatus esse dicitur, si in purpura principis negligenter quis peccet, Cassiodor. 1. variar. 2.*

b De sepulcro violato. 47. D. 12. 9. C. 19. 8. *Quod dicitur crimen sacrilegio proximum, l. pergit, C. de sepulcr. viol. & violatores rei læsarum religionum, l. 1. C. eod. quod crimen sit publicum colligitur ex l. qui sepulcra, C. eodem* 9 *l. fina. D. eodem, d. l. pergit. & l. fin. C. eod.* 10 *passim sub hoc titu. D. & C.* 11 *l. 1. & l. 3. & pergit, C. eod.*

De delictis circa causas publicas profanas.

Cap. XLVII.

Delicta quæ in *Statum* reipublicæ committuntur ea sunt, quibus illa quæ ad statum reipubl. pertinent, evertuntur, aut certe deteriora redduntur.

Quod fit delinquendo vel in illum ipsum qui statui præest, vel in formam status.

a Delictum in eum qui statui præest commissum dicitur Crimen *Læsæ maiestatis*, quod ex illo definitur Crimen commissum à subdito [1] in majestatem ejus, qui Reipub. statui præest [2].

Et statui vel vniuerso, vel alicui ejus parti.

Universo, siquidem sit Democraticus præest populus vniuersus, si Monarchicus Imperator seu princeps: si Aristocraticus, Optimates.

Quare ante concessam à populo Imperatori potestatem omnem, hoc Crimen in populum, postea vero in Imperatorem committebatur, adeo vt in nullum alium quam in principem summum committi posse videatur, non etiam principes alios summo principi subjectos, quod verum est loquendo proprie [3].

Parti, vt illi qui magistratus gerunt, qui vt sint statui vniuerso subjecti, ipsi tamen etiam statui, nimirum statui, qui in magistratu est, præsunt.

Hinc Crimen læsæ majestatis dividitur in Verum & Quasi.

Verum est quod in principem supremum committitur [4].

Quasi

à Ad legem Iuliam maiestatis 48. D. 4. 9. C. 8.
1 *Clem. Pastor. vbi gl. de re iud, Bald. in l. 2. C. de falsa mon. Vall. consil. 4. nu. 1. & seq. vol. 1. & consil. 1. n. 26. & 27. volu. 3.*
2 *l. 1. D. eod. vbi etiam dicitur hoc crimen sacrilegio esse proximum. Maiestas autem nihil est aliud, quam magnitudo, decus, imperium, amplitudo, potestas, dignitas, securitas personæ eminentioris aut sanctioris. sic maiestas* Dei *in l. non distinguemus, 32. §. sacerdotio, D. de recept. arbit. sed hoc loco de maiestate principis vel magistratus agitur. Ita maiestas populi in l. 7. §. 1. De capt. & postl. revers. Hinc maiestas imperatoria in pr. constit. Institutionibus præfixa, & alias maiestas nostra, l. bene à Zenone, C. de quadr. præsc. l.*

1. C. de silent. lib. 12. l. fin. C. vbi & apud quem, l. si quis ex grege. C. de cohortal. 3 *vide Mynsing. Resp. 44. n. 8. & l. 5. in princ. C. ad leg. Iul. maiest.* 4 *contra principem etiam commissum intelligitur quod committitur contra ipsius consiliarium, l. quisquis C. ad leg. Iul. maiest. c. felicis, de pœn. in 6. Gigas in tr. de crimi. læsæ maiest. tit. qualiter & a qui. q. 14. Dec. consil. 18. n. 3. 10. volu. 1. Ita moliens aliquid contra civitatem non recognoscentem superiorem suam patriam dicitur Reus læsæ maiestatis, communem per multa allegata dicit Decian. d. consil. 18. num. 315.*

Quasi, quod in magistratus, qui in suo statu principum jure quodammodo vtuntur, committitur.

Nam ita, & tribunitia majestas, & prætoria, & aliorum magistratuum olim etiam lædi dicebatur.

Læso autem status principe, ipse status simul læsus esse putatur, quoniam in principe status ille residet: læsus, inquam, putatur, quoniam non protinus principe sublato, status etiam ipse sublatus intelligitur, cum principi sublato substitui alius possit, in quo status sustineatur.

Quod si status etiam ipse immutetur ex vno in alium, id magis proprie Perduellio est[4].

Multis vero modis crimen læsæ majestatis committi potest, & quidem modis tot, quot majestas & dignitas ejus qui statui præest, imminui sive lædi potest[5], summatim vero[b] dicto, puta si quis Imperatori maledixerit, vel facto, cujus exempla aliquot recensentur sub titulo D. ad leg. Jul. maiestat.

In formam status commissum delictum est Perduellio & Ambitus.

Perduellio est crimen quod in statum ipsum committitur, atque adeo non illos tantum qui statui præsunt, sed illos etiam qui statui subsunt, maxime vero illa in status præsentis immutatione est posita, vt si ex statu Democratico quis conetur facere Monarchicum, ex Monarchico Aristocraticum, aut si quis ipse fastigium majestatis summæ appetat, sibique vindicare studeat[6].

Hinc apparet, cur promiscua olim fuerit criminis læsæ majestatis & Perduellionis appellatio: nimirum ante Imperatores, quæ postea distincta est.

Cum enim status esset Democraticus, fieri non potuit, vt qui in populum, vtpote qui statui vniversus

---

5 *Etiam sola scientia cum taciturnitate quem facit reum criminis læsæ maiestatis, d. l. quisquis, §. id quod Bart. in l. vtrum, D. ad leg. Pomp. de-cis. 130. nu. 65. Roman. sing. 794. Dec. consil. 88. nu. 328. & seq. vol. I.*

b Si quis imperatori maledixerit, 9. C. 7.

6 *l. fin. D. eod.*

versus præerat, delinqueret, in ipsum etiam statum committeret, quod in statu Imperatorio secus est, cum Imperator ita præsit statui, ut tamen ipso Imperatore non salvo, status salvus esse nihilominus possit. In Democratia enim status ipse atque is qui statui præest separari possunt, in Democratia alterutro læso, quamprimum & alterum læsum esse intelligitur, Et cum facilius sit reparare, ut ita dicam, eum, qui statui præsit, quam statum immutatum, inde est, ut hodie perduellionis crimen, quod in statum ipsum proprie committitur, gravius sit, quam quod in status præsidem committitur, nempe principem: atque adeo sunt in perduellione multa singularia, quæ non sunt in crimine læsæ majestatis quæ recenset Cuiacius in Paratit. Cod. ad legem Juliam majestatis.

[c] Huic conjuncta est utplurimum *Rebellio*, quæ est subditorum adversus eos qui jurisdictioni præsunt seditiosa contumacia.

[d] *Ambitus* in honorum & magistratuum petendorum modo illicito spectatur, quo magistratus sive honoris autoritas imminuitur.

Est enim Ambitus suffragiorum pecunia data corruptio.

Ambire quidem, id est, honores petere, & magistratus cuique licebat, & qui id faciebat, Candidatus dicebatur: sed pecunia suffragiis eorum, qui conferendi honores seu magistratus potestatem habebant, corruptis, is qui id fecerit, crimen Ambitus commisisse dicebatur.

Quod in Democratia olim Romana, cum populi adhuc suffragiis honores & magistratus conferrentur, erat frequens: hodie postea quam à populo omnis potestas in Imperatorem, atq; ita in unum translata est, atq; adeo jure etiã magistratus crean-

c De seditiosis, & his qui audent plebem contra quietem publicam colligere, 9. C. 30.

d De lege Iulia ambitus. 48. D. 14. 9. 26.

creandi & honorum decernendorum, non item, cum ij omnes nutu principis conferantur 7.

7 l. un. D. eod.

In municipiis tamen illis, in quibus Duum viri & Sacerdotes provinciarum creantur decreto populi vel Curiæ, item Episcopi & presbyteri, cum ambitiones ejusmodi fieri possint; Ambitus crimen eo extendendum est; quod etiam Senatusconsulto quodam factum est 8.

8 Cui. in parat. C. eod.

Sed & Ambitus hodie committitur ab administratoribus officiorum, qui antequam rationes administrationis suæ reddiderint, eadem officia repetunt & continuant, ad quos pertinet Arcadii & Honorij Imperat. quæ est vnica sub tit. Cod. de ambitu 9.

9 Cui. in parat. C. eod.

Certum hæc delicta præcedere solent *Coniurationes*, quæ sunt conspirationes illicitæ contra statum Reipublicæ.

Comitari solent Collegia illicita & Receptationes, tametsi hæc etiam sine illis esse possint, sicut & illa sine hisce.

e *Collegia* illicita sunt sodalitates hominum complurium, minime autem trium, sine autoritate publica conflatæ.

e De collegiis & corporibus, 47. D. eod.

f *Receptationes* sunt hominum facinorosorum occultæ receptiones.

f De receptatoribus, 47. D. 16.

Delictorum, quæ circa res ad vtilitatem publicam pertinentes committi possunt, supra species tres sunt assignatæ, Crimen peculatus, Crimen residuorum, & Annonæ flagellatio.

g *Peculatus* est furtum pecuniæ publicæ vel fiscalis, factum ab eo, cujus illa periculo non fuit.

g Ad legem Iuliam peculatus, 48. D. 13. 9. C. 28.

Et quoniam pecunia sacra etiam quodammodo publica dici potest, inde est, vt pecuniæ etiam sacræ furtum peculatus interdum dicatur, quod tamen proprium Sacrilegii nomen accepit 10.

10 *Quæ omnia explicantur in l. 9. D. eod.*

h Crimen *residuorum* nomen habet à pecunia residua, quæ est quidem quæcunque portio restans

h Ad legem Iuliam de peculatu & de residuis, 48. D. 13.

stans de cujuscunque pecuniæ, sive publica ea sit sive privata, summa, quæ non est insumta in usus, in quos insumendi data est, aut non exsoluta: at in crimine residuorum est pecuniæ duntaxat publicæ, quæ eadem & reliqua dicitur, ex quo crimen illud committens Reliquator appellatur.

Crimen igitur Residuorum est pecuniæ publicæ retentio, quæ apud aliquem ex administratione resedit, in publicum non relatæ.

Retinere autem putatur non tantum tum cum non redditur, neque eam administrator apud ærarium professus est [11]; sed etiam cum in alium usum, quam in quem oportuit, insumitur [12].

[i] *Annonæ* flagellatio fit ab eo, qui frumentorum aliarumve rerum emtionem venditionem reddit cariorem [13].

Ut autem occasio annonæ flagellandæ omnis præcideretur, vetita sunt [k] *Monopolia*, quæ sunt potestas unius aut plurium sociorum rerum vendendarum potestas, unius sive etiam plurium generum: quod fit cum unus aut plures socii arbitrio suo vendunt, reique precium statuunt.

11 *l. lege Julia, 4. §. lege Iulia, D. de pecul.*
12 *l. 2. D. eod.*
i De lege Iulia de annona, 48. D. 12.
13 *l. 2. in princ. D. eod.*
k De monopoliis & conventu negociatorum illicito, vel artificio ergolaborum, nec non, & c. 4. C. 59.

De delictis circa personas privatas commissis.

CAP. XLVIII.

DElicta circa personas privatas commissa sunt illa, quibus privatus aliquis immediate in persona sua læditur.

Quod si fiat in persona tota, Plagium est, & Homicidium: non in tota sed aliqua ejus parte; & quidem animi, est Prævaricatio & Tergiversatio; vel Calumnia & Concussio; corporis vero est Raptus & Coitus illicitus.

R a Plaa Plagium est Crimen, quo quis sine vi dolo malo sciens abducit ingenuos aut liberos homines, & vendit pro servis, aut supprimit: vel qui servos alienos abducit sine vi, & fugam persuadet, aut fugitivos celat [1].

Sed hic quidem læsio in abductione est, at læsio hominis ipsius est in vulnere & in morte.

b *Vulneratio* est vulneris inflictio, quę quidem fit corpori: veruntamen homo ea tota afficitur, eaque est in verberibus vel in circuncisione, quæ si est præputij, in specie dicitur Circuncisio [2], si totius virilitatis c Castratio [3].

Mors est in *Homicidio*. Homicidium autem est cædes hominis contra jus facta [4]. Per hanc fit vt anima à corpore separetur & homo destruatur. Idem veteribus Parricidium dictum est [5], sed hodie homicidium à Parricidio distinctum est, non quidem effectu, sed persona quæ occiditur, & pœna.

d Ita Homicidium ex objecto aliud est Parricidium, aliud Homicidium in specie.

Parricidium est cædes hominis necessitudine occidenti conjuncti [6].

Quod rursus duplex est, Parricidium vere & quasi.

e Parricidium vere est, quod inter parentes & liberos committitur: de quo duntaxat lex Cornelia lata est,

Lex Pompeja parricidium quasi induxit, quod est inter alios etiam, quam parentes & liberos, inter alios autem illos, necessitudine aliqua sibi conjunctos, eaque vera vel ficta [7].

Vera vel sanguinis, quæ est inter cognatos; vel ratione matrimonij obortæ, quæ est inter conjuges, & deinceps inter affines [8].

Ficta

a De lege Fabia de plagiariis, 48. D. 15. 9. C. 20.
1 *Cui. in parat. C. eod. ita definit, & confirmatur hæc definitio per l. 1. & l. pen. §. 1. D. ad leg. Fab. de plag. l. Fabia, 12. D. de manumiss. l. 2. C. vbi de crim. agi oporteat. Hinc Plagiarius, id est, mancipiorum suppressor, l. quid sit fugitivus, 17. §. idem ait si servus. D. de ædil. edict. l. consensu. §. si qua igitur, C. de repud.*
b Ad legem Corneliam de sicariis & veneficiis 48. D. 8. 9. C. 16.
2 *Quod Romanis civibus non licuisse testatur Paul. 5. sentent. 22. §. 3. Iudæis tamen ex ritibus suis concessum, l. circuncidere, 11. ff. ad leg. Cornel. de sicar.*
c De his qui eunuchos faciunt, Novell. 142.
3 *l. 3. §. item is, & l. 4. §. fin. D. ad leg. Corn. de sicar. Nov. 142. l. 1. C. de Eunuchis.*
4 *§. Item lex Corn. de sicar. Inst. de publ. iud. l. 1. in pr. D. ad leg. Corn. de sicar.* 5 *Buda. in l. fin. ff. de orig. iur.* d De lege Pompeia de parricidiis, 48. ff 9. 6 *Vt apparet ex discursu totius tit. ff. de leg. Pompei. de parricid.* e De his qui parentes vel liberos occiderant, 9. C. 17. 7 *l. 1. ff. de leg. Pomp. de parric.* 8 *d. l. 1.*

Ficta, inter patronum nimirum & libertum [9].
Ita post legem Pompejam parricidium committitur inter parentes & liberos, cognatos, affines, conjuges, Patronum item & liberum.

Homicidium in specie dictum est inter quasvis personas alias, cujuscunque etiam illæ sint ætatis [10].

Hoc itidem verum est vel Quasi.

Verum est illud cum homo re ipsa occiditur: quasi homicidium est illud, si quis cum telo hominis occidendi causa in publico ambulaverit [11].

Cum autem delicta reliqua omnia ex proposito semper fiant, homicidium est illud, quod quandoque etiam committitur casu.

Inde distinctio illa Homicidii in voluntarium & casuale [12].

Voluntarium est, quod quis animo deliberato & ad hoc ipsum ut hominem occidat, committit.

Idque interdum est sine causa, interdum ex causa.

Sine causa, malitiose homicidio ipse dans initium.

Ex causa, nimirum sui [13], & honoris, existimationisve suæ defendendæ causa [14], sive justi doloris & præsentis periculi metu, ut si maritus vel sponsus in flagranti crimine adulterium per vim adulterium uxori aut sponsæ inferentem deprehensum occidat [15]: item si quis furem noctu deprehensum cum clamoris testificatione occidat, interdiu deprehensum etiam cum clamoris testificatione sese telo defendentem occidat, l. itaque, 4. D. ad l. Aquil.

Et in alium committitur ut plurimum: interdū etiam, tametsi rarius, in seipsum, quo pertinent

R 2 illa

9 *d.l.1. Paul.5. sent.24.§.1.*

10 *l.1.§.& qui hominem ff. ad leg. Corn. de sicar. l. pen. C. eod.*

11 *l.1. ff. ad leg. Corn. de sicar. l. is qui cum, C. eod. l. 3.§.1. ff. de vi publ. §.5. Inst. de publ. iud.*

12 *l. eum qui, C. ad leg. Corn. de sicar. l. 5. Divus. D. eod.*

13 *l.2. C. eod. l. itaque, 4. & seq. D. ad leg. Aquil.*

14 *d.l.1. §. item Divus.*

15 *d.l.1.§. fin. l. marito, 24. in pr. ff. ad leg. Iul. de adult. l. patri, 20. ff. eod.*

illa, quæ in jure nostro, de his qui sibi mortem consciverunt, dicuntur.

Casuale homicidium illud est, quod quis citra animum hominis occidendi committit [16].

16 *d.l.cum qui.*

Idque est vel mere casuale, cum forte fortuna citra ullam culpam quis aliquid facit, ex quo cædes hominis sequatur, vel culpa cum casu conjuncta est, ut si quis eo loci, qua vulgo iter fieri solet, arbores putet ramumque projciat non proclamans, ex quo præteriens occidatur [17], cujusmodi etiam est homicidium ab ebrio commissum.

17 *l. in lege Cornelia, 7. Dig. ad leg. Corn. de sicar.*

d De prævaricatione, 47. D. 15.

Animum tam ejus qui committit, quam in quem committuntur, respiciunt in judiciis quidem Prævaricatio & Tergiversatio: & in judiciis & extra judicia Calumnia & Concussio.

18 *l. 1. in prin. D. eod. l. athletas, 4. §. pen. D. de his qui not. infam. l. prævaricatores, 212. ff. de V. S.*

d *Prævaricatio* est causæ quæ agitur malitiosa proditio [18].

19 *l. 1. §. 1. & §. prævaricatorem ff. ad SC. Turp.*

Proditur autem adversario vera dissimulando & falsa admittendo [19].

Estque Accusatoris vel Advocati.

20 *d. l. prævaricatores.*

Prævaricatio accusatoris est ipsius cum Reo collusio, qua ipse dum accusare se fingit, hoc revera agit, ut Reus absolvatur [20].

21 *l. 1. in fi. & l. 3. §. quod si, D. de prævaricat.*

e Ad senatus consultum Turpillianum & de abolitionibus criminum. 48. ff. 16. 9. C. 45.

Prævaricatio advocati est, cum causam cui patrocinatur, prodit adversario reticenda manifestando, & dicenda occultando [21].

e *Tergiversatio* est accusationis publicæ judicio jam ordinato ab accusatore citra abolitionem facta desertio [22].

22 *l. 1. §. 1. D. ad SC. Turpil. 1. & in fin. C. eod.*

f Abolitio autem est necessitatis accusandi remissio.

f De abolitionibus, 9. C. 42.

Hæc generalis est, quæ & publica: vel specialis, quæ & privata dicitur [23].

23 *l. abolitio, 8. & seq. Dig. ad Turpil.*

g Generalis est abolitio ipso jure facta accusatore etiam invito.

g De generali abolitione, 9. C. 43.

Quæ

Quæ contingere potest vel à natura vel ex facto hominis.

h A natura, veluti si Reus vel accusator moriatur, vel alia causa interveniat justa [24].

Ex facto, puta ob ferias solennes & ordinarias, aut pro tempore à principe indictas extra ordinem [25].

Atque abolitio hæc generalis principaliter conceditur reis non promiscue omnibus, sed leviorum criminum reis [26], atque ita consequenter accusatoribus, qui feriis finitis crimen repetere necesse non habent [27], adeoque ut abolitio illa fiat non est necesse eam vel reum accusatorem impetrare.

Sed est abolitio hæc, ut ita dicam, temporalis, quoniam plenam impunitatem Reis quamprimum non tribuit, sed tum demum, si post ferias finitas accusator, XXX. dies utiles labi passus sit, intra quos crimen non repetierit [28].

Intra dies enim tot criminis sive Rei repetendi jus habet, non etiam post.

Abolitio specialis est venia accusationis omittendæ, quam petit accusator aut Reus à judice, in cujus officio accusatio instituta est [29].

Quæ conceditur à judice, sed non nisi causa cognita, quippe quod judex eam nunquam concedere debeat, nisi ex justa causa postulata sit [30].

Exempla autem justæ causæ repetenda sunt in hunc locum ex titul. D. & C. ad Senatusconf. Turpillianum, & tit. C. de abolition.

Tergiversatori seu desertori similis est *morator*.

Moratorem autem eum voco, qui accusationem institutam non deseruit quidem abolitione non facta, sed qui intra tempus legitimum non peragit Reum, quem semel detulit.

h Si reus vel accusator mortuus fuerit, 9. C. 6.
24 *l. aut privatim, 10. D. ad Senat. Turp. l. 3. §. fi. D. de accusat.*
25 *d. l. abolitio, l. si interveniente. 17. C. ad SC. Turpil.*
26 *l. 3. C. Th. de indulgent.*
27 *d. l. si interveniente.*
28 *d. l. aut privatim, §. fin.*
29 *d. l. abolitionem, C. ad leg. Iul. de adult. l. 2. C. de abolit. l. Senatus, 15. D. de iure fisci.*
30 *d. l. 2. l. 1. §. abolitio, D. ad Senat. Turp.*

i Vt intra certum tempus criminalis quæstio terminetur, 9. C. 44.

i Legitimum vero illud tempus, intra quod judicium publicum seu criminalis quæstio terminari debet, olim quidem fuit annus, qui in biennium postea est prorogatus, quod computatur à die litis contestatæ, cum annus olim computaretur à die inscriptionis[31].

31 vide Cuia. in parat. C. eod.

k De calumniatoribus, 3. ff. 6. 9. C. 46.

k *Calumnia* est obtrectatio malitiose alicui facta ab aliquo[32]: ex qua faciens Calumniator dicitur[33].

32 l. ab accusatione, 6. in fi. ff. ad SC. Turpil.

33 l. si calvitur. 233. D. de V. S.

Id vero cum extra judicium etiam fieri possit, non inepte hoc delictum tam extra judicium quam in judicio committi supra dictum est.

Verum extra judicium cum fit, tanti non habetur, atque si fiat in judicio.

Et rursus in judicio maxime proprie Calumniator dicitur Accusator, qui sciens dolo malo falsa crimina alicui intendit, cujus conatus in irritum abit[34].

34 d. l. 1. §. 1.

Si enim accusatio irrita non fiat, puta Reo condemnato, de accusatoris calumnia quæri amplius non potest[35].

35 l. 1. C. eod.

Quemadmodum nec is qui crimen delatum probare nequit, continuo pro calumniatore habendus est, siquidem rarum non est, vt probari crimen delatum nequeat, nec tamen, qui id detulit, calumniator sit[36].

36 Cui. in parat. C. hic. per l. 3. C. eo. & l. 1. §. 1. ff. eod.

l De concussione, 47. D. 13.

l *Concussio* est terror injectus alicui pecuniæ aut alius alicujus rei extorquendæ causa[37].

37 Cui. in parat. C. eod.

Quæ plerunque committitur ab his, qui cum potestate aut magistratu sunt[38]: sed & à privatis, si pecunia detur aut accipiatur, vt ab accusatione desistatur[39].

38 l. 1. D. de concus. l. 4. C. de condict. ob turp. caus. l. vn. C. ne ex delict. def. l. fin. C. de modo mult.

39 l. 1. §. fin. D. de calumniat.

Perinde igitur vt calumnia tam extra judicium quam in judicio concussionis crimen exerceri potest.

Delicta corpori hominis illata sunt Raptus & Coitus illicitus.

m Raptus

m *Raptus* est violenta 40 fœminæ 41 abductio libidinis explendæ causa.

Et violenta est abductio, ista, magis respectu aliorum quibus invitis illa fit, quam eius qui quæve rapitur.

Raptus enim non minus in volente 42, quam in nolente committi potest.

Est autem duplex: Solus vel cum alio.

Solus est, quem coitus non sequitur, eo quod rapiens coire non potuit.

Cum alio est raptus conjunctus cum coitu.

Coitus illicitus est coitus improbatus natura vel legibus.

n A natura improbatur commixtio sexus eiusdem 43, & commixtio hominis cum bruto animante 43.

A legibus improbatur commixtio maris & fœminæ extra nuptias legitimas, inter coeuntes facta.

Solus quippe iste coitus, qui est in marem & fœminam legitimo matrimonio copulatos, licitus est.

o Est autem commixtio illa legitima simplex vel mixta.

Simplex est illa, quæ fit inter virum & mulierem qui matrimonio alias inter sese jungi possent, quam stuprum voco in genere.

Cujus species duæ sunt, Adulterium, & Stuprũ acceptum in specie, quorum illud ex fœmina semper æstimatur, nunquam ex mare, hoc plerunque ex fœmina, quandoque tamen etiam ex mare.

Etsi vero Adulterium & stuprum ex lege Julia promiscue vsurpabantur 44, eam tamen potissimum Jurisconsulti, qui ad legem Iuliam scripserunt, inter vtrunq; fecerunt differentiam, quod adulterium in nuptam, stuprum in innuptam committatur 45.

m De raptu virginum, viduarũ, nec non sanctimonialium, 9. C. 13.

40 *l. qui cœtu, 5. §. fi. D. ad leg. Iul. de vi publ.*

41 *Cuiuscunq; conditionis sit sive ancilla. l. vn. §. 1. C. sive libera, d. l. vn. §. 1. & sive vacans sit mulier sive nupta, d. l. q. cœtu, §. fi. tametsi raptus nuptæ sit gravior d. l. vn. in prin.*

42 *d. l. vnic. §. 2.*

n Edictũ de his qui luxuriantur contra naturam, *Nov. 141.*

43 *l. cum vir, C. ad leg. Iul. de adult. l. stuprũ, 34. in fin. ff. eod. l. 1. §. removet. ff. de postu. §. itẽ lex Iul. de adult. Inst. de publ. iudic.*

43 *quæ hodie Sodomia appellatur, à Sodomitis quib. illa existimatur fuisse frequens.*

o Ad legẽ Iuliã de adulteriis. 48. *D.* 5. 9. *C.* 9.

44 *l. inter liberas, 6. §. 1. D. eo. l. inter stuprum, 101. D. de V. S.*

45 *d. l. inter liberas d. l. inter stuprum, d. l. stuprum.*

Hinc Adulterium definitur coitus cum aliena vxore factus 46. Inde dictũ, quod ad alterius thorum accedatur 47, vel, vt alii volunt, quod partus ex altero quam marito ex ejusmodi coitu concipitur, aut saltem concipi possit 48.

Ex fœmina hoc omne æstimandum esse, non ex mare jam ante dictum est 49.

Nam vt mas in matrimonio sit, si cum fœmina nondum nupta ipse coeat, non adulterium committit, sed stuprum 50: & vicissim vt mas solutus sit, si cum fœmina nupta congrediatur, adulterium committit, ideoq; illi quidem stupri, huic autem adulterij pœna imponitur.

Stuprum est coitus illicitus inter personas vtrinque solutas, aut certe marem conjugatum, fœminam vero solutam.

Quod duplex est, Unum proprie ita dictum, alterum Fornicatio,

Stuprum proprie ita dictum est stuprum commissum in virginem 51, aut viduam honeste alias viventem 52, aut puerum 53.

Quod

46 supp. dd. ll. hinc adulter dicitur temerator nuptiarũ alienarũ, §. 2. Inst. de publ. iud.

47 Festus.

48 d. l. inter liberas, §. 1.

49 Quamvis enim castitas in viro, vt & in uxore desideretur, & iniquum sit maritum ab uxore pudicitiã exigere, quam ipse non exhibeat, l. si uxor, 13. ff. eo. tamen ob sobolis certitudinem & partus suppositionem in uxore potius spectatur, Agell. 10. noct. Attic. 23. Sopat. decla. vlt.

50 l. inter liberas, §. 1. D. eod l. 1. C. eo. & passim sub his ti. Cyn. & alij in d. l. 1. Salicet. in l. eum qui duas, C. eo. Guid. Pap. cons. 153. nu. 1. Alex. cons. 139. vol. 1. Soci. seni. cons. 148. vol. 1. Mand. cons. 32. n. 1. Paris. cons. 54. nu. 42. vol. 4. Rol. à Vall. cons. 74. n. 12. vol. 1. Host. in summ. sub tit. de adult. §. 1. Ang. in §. Novissime, Inst. de SC. Orfic. Iul. Clar. in §. adulterium. n. 2. Myns. in §. Item lex Iulia, n. 12. VVes. in parat. D. ad leg. Iul. de adult. n. 4. & 5. Kirchov. in commun. opin. verb. vxoratus. veruntamen hoc etiam casu proprio adulterium committi post alios voluit Menoch. de arbitr. iud. quæst. lib. 2. casu proprie adulterium committi post alios voluit Menoch. de arbitr. iud. quæst. lib. 2. casu 420. n. 107. & cons. 249. lib. 3. quod de iure divino & pontificio certum est, cap. nemo, 32. qu. 4. cap. non mœchaberis, c. illa autem, §. cum ergo, 32. qu. 5. c. 1. dist. 34. Panorm. in c. transmissæ, nu. 5. de eo qui cogn. consang. vxor. suæ. Palæot. in tr. de noth. & spur. c. 43. 51 l. item apud. 15. §. si quis virgines, D. de iniu. 52 l. item lex Iulia. Inst. de publ. iud. l. 3. D. de concubin. Nam in ea quæ vulgato pudore matrisfam. nomen amiserit, admissum stuprum non vindicabitur, d. l. si uxor, §. sed & in ea. l. si ea, l. quæ adulterium, C. eo. item si vel veste meretricia vteretur, vel in scena, taberna aut caupona meritoria parum pudicitiæ consulens versaretur, d. §. si quis virgines. 53 In hoc etiam stuprum committi est text. in d. l. stuprum. 34. & l. 2. D. de servo corrupto, l. 1. isti quidem, 8. §. pen. D. quod met. caus. l. fin. D. de offic. præsid. sed est illa magis Sodomia.

Quod ex jure novissimo Justinianeo procedit indistincte, quippe quo Concubinatus olim permissus omnino etiam sit prohibitus.

Concubinatus enim erat coitus cum fœmina honesta, cum qua matrimonium erat licitum citra matrimonij affectionem 53: qui hodie etiam stuprum est.

Verum stuprum quoddam gravius est, quoddam levius.

Gravius est inter personas non quidem sanguine sed jure aliquo inter sese conjunctas.

Ejusmodi in jure extant potissimum duo, P vnum illatum à tutore pupillæ suæ, quod turpius est, propterea quod tutori mores pupilli informandi tuendiq; commissi sunt, & maxime si stuprum illud per matrimonium contractum non sit 54.

Si enim Tutor pupillam vxorem ducat, quod legibus est prohibitum 55, stuprum illud levius est.

q Alterum est stuprum in mulieribus, quæ sese propriis servis junxerant, commissam.

Quibus addi potest tertium illud commissum in puellam nondum viripotentem aut maturam viro 56.

Fornicatio est stuprum cum fœmina, quæ sese vulgo prostituit, id est, cum meretrice 57.

Cujus stupri nulla fere in jure civili habetur ratio, neq; vlla eo nomine prodita pœna: verosimile tamen est publicæ disciplinæ & honestatis conservandæ causa, prout occasio tulisset, non omnino impune hanc rem fuisse 58.

Illegitimus coitus mixtus est coitus personarum quæ nec legibus nec moribus jungi possunt matrimonio.

Et est Polygamia vel incestus.

Polygamia est cum mas vel fœmina eodem

53 *l. 3. ff. de concub. & alibi sæpe.*

p Si quis eam cuius tutor fuerit corruperit, 9. C. 10.

54 *Cui. C. eod.*

55 *Facit text. in l. qui pupillam, 7. D. ad leg. Iul. de adul.*

q De mulierib. quæ se propriis servis iunxerunt, 9. C. 11.

56 *l. si stuprum, 25 D. de iniur. l. si qs aliquid, 38. §. qui nondum. ff. de pœn.*

57 *l. si ea quæ, C. ad leg. Iul. de adult. dicitur flagitium in l. 3. C. de incest. nup.*

58 *Quod mihi colligere videor ex l. palam 43. D. de ritu nupt.*

59 l.2.D.de his qui not.infam.l. nemo, C.de iudæis,l.2.C. de incest.nupt.l. eũ qui duas,C. ad leg. Iul.de adult.§.6. & 7.Inst. de nupt.
60 l.si adulterium 38.& l.si.D.ad leg. Iul.de adult.l.sororis,39.§.1.D.de ritu nupt.
61 l.fin.De ritu nupt.l.fin.§.1.ff. de condict. sine caus.
r De lenonibus, Nov.14.
62 d.Novel.14.§. sancimus.
63 Iustin. ibid.
64 l.1.in fi.D. de extraord.crim. l.4. §.1.D.de his q. not. infa.d.l. palam, §. lenas autem.
65 l.mariti,29.in pr.& §.q. quæstũ, ff.ad leg.Iul.de adult.l.2.C.eod.
66 l.2.§.lenocinij, l.q. domũ, 8. D.eo.
s Expilatæ hereditatis,47.D.19. 9.C.32.
67 ita vt plurimũ, vt in rubr.& l.5.§. nunc videamus, ff. de suspect.tu.l.3.ff. de extraord. crim. alias etiã cõpilatæ, l.hæres,33.ff.de negoc.gest.l. fideicõm. 23.ff. de fideic. lib. item spoliatæ.l.Sticho,40.ff.de statu. lib.

tempore in duobus pluribusve est matrimoniis, sive consummata illa sint, sive sponsalibus duntaxat perfecta [59].

Incestus est coitus illicitus inter personas sanguine aut necessitudine, ex qua matrimonium inter ipsas constare nequeat, conjunctas [60].

Qui est juris gentium vel juris civilis, quippe coitu vel hoc vel illo prohibito.

Incestus juris gentium est commissus inter parentes & liberos, inter eos itidem qui sibi invicem sunt loco parentum & liberorum [61].

Incestus juris civilis est, quoties sola juris prohibitio matrimonium impedit, vt inter Collaterales, qua de re aliquanto plenius supra cap.19. in fin.

[r] Ceterum coitus illicitus conciliatur sepenumero Lenocinio, quod inde non male dicetur esse crimen coitus illiciti adminiſtrũ. Justiniano valde eleganter castitatis furtum & latrocinium [62].

Cujus criminis Rei dicuntur Lenones, quos eosdem Justinianus castitatis vastatores appellat [63].

Cujusmodi est qui mancipia habet quæstuaria, sive suo sive alieno nomine negocium illud gerat [64]: qui in adulterio deprehensam vxorem retinet [65]: qui ex adulterio vxoris quæstum facit [66], & similes.

Delictorum quæ circa res privatorum committuntur, quædam rerum sunt Universalium, quædam singularium.

Universalium est Crimen hereditatis expilatæ: singularium, est crimen repetundarum & furtum.

[s] Crimen *Expilatæ hæreditatis* est rerum hereditariarum mobiliũ post mortem defuncti ante hereditatem aditam, vel aditam quidem, sed possessionem earum nondũ apprehensam ab aliquo facta

facta subtractio [68].

Hoc crimen si effectum spectes nihil est aliud quam furtum, à quo effectu etiam dicitur furtum improbius [69], & res hereditaria quasi subripi [70]: sed cum furtum, vt ex post dicendis intelligetur, si interversio possessionis alienæ [71], hereditate vero nondum adita, imo interdum etiam adita, non continuo rerum in hereditate illa contentarum possessio apprehensa intelligatur, inde est, vt juris ratio in ejusmodi rebus furtum admitti non patiatur, atque adeo peculiare huic crimini nomen sit inditum [72].

[t] Crimen *repetundarum* est quod committitur ab aliquo dum est cũ magistratu, potestate, curatione, legatione vel quo alio officio publico [73], eo quod subditos spoliavit ablatis, captis, coactis & aversis pecuniis extra judicium vel in judicio [74], pecunia accepta se corrumpi patiendo, vt sententiam ferat [75]. Ita dictum quod pecunias eo modo aversas finito magistratu & potestate his quibus aversæ erant, repetere liceret.

[u] *Furtum* est rei alienæ dolo malo facto contrectatio [76].

Quæ contrectatio fieri potest re tam loco non mota, quam loco mota [77].

Est autem semper in re corporali [78], non tamen immobili, sed mobili [79]: in re incorporali nunquam, nisi per consequentiam, nimirum re mobili, in qua alteri jus aliquod, quod incorporale, est, constitutum erat, furto ablata, & per consequentiam cum ea etiam jure, quod sine re illa per se non subsistit.

Ex quo explicandum est, quod aliquando dicitur quem rei suæ furtum facere posse [80], cum scilicet intervertit alteri jus, quod in re sua illi alteri censtituerat, quod omne in metonymia est, quoniam ipse non rem suam furatur, neque eam furandi

68 Cuia. in parat. C. eod.

69 l. si expilasse, C. de his qui not. infa. l. 1. §. 1. D. de effrac.

70 l. si quis extraneus, 21. D. de acqui. vel omit. hered.

71 l. 1. §. 1. D. si quis testam. lib. esse iuss.

72 l. 2. §. 1. D. eod. l. quamvis, C. de furt.

t De lege Iulia repetundarum, 48. D. 11. 9. C. 27.

73 l. 1. D. eod.

74 l. 3. D. eod.

75 Briss. lib. 16. de V. S. verb. repetundarum. Cui. in parat. C. eod.

u De obligationib., quæ ex delicto nascuntur, 4. C. 1. D furtis, 47. D. 2. 6. C. 2.

76 §. 1. Inst. eod. l. 1. in fi D. eo. Paul. 2. sent. 31.

77 §. furtum autẽ fit, Inst. eod.

78 l. si is qui. 78. D. eod.

79 §. furtivæ, Inst. de vsucap. l. quam rem. 38. D. eod.

80 §. aliquando autem. Inst. eod.

furandi animum habet, sed juris alieni interten-di.

Ita autem res contrectatur, ut non quidem ejus dominium, sed possessio tantum intervertatur.

Unde etiam furtum interdum dicitur interversio possessionis rei[81].

Rei enim furtivæ dominium apud pristinum dominum manet: possessio autem furis est[82], ex qua possessione etiam fur possessor dicitur, sed malæ fidei[83].

Ceterum committitur furtum & animo[84], & corpore[85] non alterutro solo, nisi si quod consilio alicuius factum sit[86].

Hic enim non minus fur est, etiamsi rem corpore suo non contrectarit, atque is qui contrectavit[87].

Neque etiam si quis rem contrectavit alienam protinus fur est, nisi id faciat dolo malo, h[oc] est, eo animo, ut alteri possessionem rei suæ intervertat invito.

Nam hoc si faciat existimans domino invito non fieri, cum invito eo fiat, furtum non est, & rursus si quis putet domino invito fieri, cum eo invito non fia[t], furtum etiam non est[88].

Etsi enim in dubio præsumatur dominum rei contradicturum, inspiciendum tamen semper magis est quod est in veritate quam quod in opinione, atq; in re ambigua interpretatio benignior sequenda est.

Eo vero tandem hoc redit, quod furto usus rei intervertatur vel omnino, ut fit plerunque, nempe nullo rei usu concesso ab eo cujus interest usum non interverti: vel ex parte, nempe concesso q[uid]em usu rei aliquo, sed re in usum alium, q[u]am in quem erat data, conversa.

Furti species duæ sunt: aliud enim manifestum est,

81 l. 1. § Scævola, ff. si is qui testa lib. esse iussus.
82 l. sive manifestus. 10. D. de cond. furt.
83 l in furtiva, 8. § 1 ff de condict. furt.
84 l 1. §. 1. ff. de fur.
85 l si quis uxor, 25. § neque verbo. D. de furt.
86 §. interdum quoq; Inst eod
87 l. in furti 50. §. ope D. eod.
88 §. placuit. & seq. Inst eod. l 2. C. de usuc pro don l. si quis servo, Cod. de furt l. fin. C. unde vi.

est, aliud nec manifestum [89].

Manifestum furtum est, in quo fur deprehenditur sive in ipso facto, sive in loco eo, in quo furtum factum est, sive denique cum re furtiva, antequam pervenerit eo, quo rem furtivam perferre destinaverat, deprehendatur [90].

Ex quo fur manifestus ille dicitur, qui in vel cum furto deprehenditur uno contrectationis actu [91].

Deprehenditur autem vel manus injectione [92]: vel oculis [93], modo alterutri horum conjungatur exclamatio, sive ab ipso rei furtivæ domino facta, sive ab alio [94].

E contrario id omne furtum nec manifestum est, quod in aliquem prædictorum trium casuum non incidit [95], nec manifestum pro non manifestum usitata legi XII. tab. phrasi dictum.

Utrunq; hoc ex adjunctis aliisque circunstantiis varias divisiones recipit.

Ita enim conceptum unum est, aliud oblatum [96]: item ex tempore diuturnum, aliud nocturnum: ex persona furis aliud domesticum, aliud non domesticum: ex loco aliud in tumultu, vel in balneo, aliud extra alterutrum illorum commissum: ex re, aliud furtum in specie, atque ea vel arborum furtim cæsarum, vel in grege pecorum, quod est Abigeatus, aliud præter hæc quodvis. Quæ distinctiones ex huius delicti gravitate vel levitate, atque adeo pœna graviori vel leviori, desumptæ sunt: de quibus singulis ita sese res habet.

Conceptum furtum dicitur, cum apud aliquem testibus præsentibus res furtiva quæsita & inventa est [97].

Oblatum est, cum res furtiva ab aliquo tibi oblata est, eademque apud te concepta, hoc est, quæsita & inventa sit [98].

Sed utrunq; hoc in desuetudinem abiit [99], ex quo

89 *l.2. D. eo. §. 3. Inst. eod. l. sive manifestus in prin. l. de his qua. C. de furt.*

90 *l.3.4. & 5. D. eod. Paul. 2. sentent. 31. §. 1.*

91 *d. l. 3.*

92 *d. l. 3.*

93 *§. 3. verb. visus, Inst. eod.*

94 *d. §. 3.*

95 *l. nec manifestum. 8. D. de furt.*

96 *d. §. 3.*

97 *d. §. 3. Paul. d. tit. 31.*

98 *Modo dd. locis.*

99 *§. sed hæ actiones. Inst. eod.*

quo tamen id remansit, vt is apud quem res furtiva reperitur, furto eam subtraxisse præsumatur, quod ad autorem suum, à quo rem habet, ostenderit: simul & illud, vt qui rem furtivam receptavit, ob receptationem illam pro fure habeatur, quoniam etsi non vere, at certe ficte contrectat.

x De tigno iuncto, 47. *D.* 3.

x Quo pertinet furtum *Tigni iuncti*, quod est furtum conceptum tigni, quod quis bona fide acquisitum domui suæ junxit.

1 *l.* 1. §. 1. *D. eod.*

Est autem tignum omnis materia ex qua domus ædificatur [1].

Is vero qui ejusmodi tignum furatus est, atque ita furtum fecit simpliciter, sicut cujusvis rei alterius fur est atque dicitur.

2 *Cui.* 11. *obs.* 27.

Diurnum furtum est furtum interdiu: *nocturnum* est furtum noctu commissum, quod posterius est atrocius [2].

y Si familia furtum fecisse dicetur, 47. *D.* 6.

z Si is qui testamento liber esse iussus erit, &c. 47. *D.* 4.

a Furti adversus nautas, caupones, stabularios 47. *D.* 5.

y *Domesticum* furtum est factum patrifamilias ab vno ex familia sua, puta ab vxore (quod tamē rei amotæ, appellationem habet propriam) à liberis, z à libertis, a à servis vel ministris: quod est levius: Ab aliis præter hoc furtum quod fit, est & dicitur non domesticum, cujusmodi sunt reliqua omnia.

b De incendio, ruina, naufrag. rate, nave expugnata, 47. *D.* 9.

3 *l. in eum qui C. de furt.*

b *In tumultu* furtum commissum est furtum commissum occasione incendii vel ruinæ vel naufragij vel navis aut ratis expugnatæ: quod gravius est ceteris, eo quod in tumultu ejusmodi & furandi occasio major sit, & quis res suas minus custodire possit [3].

c De furib. balneariis, 47. D. 17

c *Balnearium* furtum est quod fit in vestimentis hominum, qui in balneo sunt aut lavant, quod ipsum etiam ex eadem prędicta causa est gravius.

d Arborum furtim cæsarum, 47. *D.* 7.

d *Arborum cæsarum furtum* committitur tum cum quis arbores alienas clam ceciderit seu secuerit, sive in vsus suos eas converterit sive non.

Cædit autem non tantum si totam arborem crebris ictibus exciderit; sed etiam ex parte tantum, id est, si vulneraverit etiam [4].

Cæditur autem arbor securi, secatur serra, cingitur dum decorticatur in orbem. Atque his tribus verbis lex XII. tab. in hac furti specie designanda vsa est [5], eademque lex arborum appellatione intelligit non eas tantum, quæ vulgo arbores dicuntur, sed etiam vites, hederas, arundines, salicta & stirpes [6].

[e] Pecoris furtum *Abigeatus* dicitur, qui est furtum pecoris ex stabulis vel ex pascuis, vel ex armentis animo & studio abigendi commissum [7].

Pecorum autem appellatione cōtinentur, quadrupedes omnes, quæ gregatim pascuntur, vt oves, capræ, boves, equi, muli, asini & sues [8].

Exercetur vero abigeatus vt plurimum cum latrocinio, ideoque furtum illud gravius est [9], meritoq; à furto simplici distinguitur, non pœna tantum, sed etiam quantitate pecoris subtracti, & animo seu studio & arte abigendi [10].

In pecore igitur interdum furtum simplex cōmittitur, cum is qui furatur, artem abigendi in eo non exercet [11], interdum abigeatus.

Ex quo fit, vt qui vnam pecudem abstulit possit abigeus esse [12], qui plures, non sit abigeus sed fur: plerunque tamen abigeatus est in pecudibus pluribus, & potissimum in grege [13].

Pluribus autem pecoribus, distincte tamen, nempe decem ovib. vel capris, quatuor aut quinque suibus, equo vno, duabus equabus, & bovibus duobus [14].

Est etiam quoddam furtum genus, qui à modo furandi Saccularij dicuntur, qui ex sacculis alienis suppilant pecunias, similes sectoribus Zonariis [15].

4 *l. cædere. 5. D. eo.*

5 *Cuia. ad Paul. 5. sent. 20.*

6 *l. 3. D. eod. l. 1. §. arboris, D. de arb. cædend.*

e De abigeis, 47. D. 14. 9. C. 37.

7 *l. 1. §. 1. D. eod. Nov. 22. c. 15. l. 5 § qui desertionis, D. de re mil.*

8 *l. 2. D. ad leg. Aquil.*

9 *l. 2. D. eod.*

10 *d. l. 1. §. 1. D. eo. Cui. 10. obs. 20.*

11 *d. l. 1. §. 1.*

12 *l. fin. §. qui sepius, D. eod.*

13 *d. l. fi. D. eod.*

14 *d. l. fin.*

15 *l. 1. D. de effrac. l. saccularij 7. D. de extraor. cogn. Cuia. 10. obs. 27.*

De Communibus delictis, CAP. XLIX.

COmmunia delicta illa sunt, quæ committi possunt circa causas & privatas & publicas.

Causas autem intelligimus personas & Res. Personas autem publicas, quæ sunt cum officio seu administratione aliqua: privatas, quæ officio seu administrationi subsunt. Res publicas eas quæ ad statum reipublicæ tuendum vel conservandam spectant: Privatas quæ ad vtilitatem singulorum.

Delictum vero sive circa has sive illas sit, semper est idem nomine.

Est autem illud consilii tantum vel facti etiam.

Consilii tantum illud est, quo quidem non aliquid jure improbatum fiat, ejus autor & suasor[1].

Hinc *Prava suasio* est, quæ est consilium alteri datum fraudulentum[2].

Hoc vt is cui suadetur, sequatur, necesse non est, sed in ipsius est arbitrio vt faciat vel non faciat.

Fraudulentum autem esse oportet vt obliget:

Consilij enim non fraudulenti nullam esse obligationem juris regula edocet[3].

Suadetur autem personis vel rebus.

Personis suadetur modis infinitis, qui juris aliqua regula definiri nequeunt, nisi ex numero delictorum eos æstimare & numerare placeat, vt videlicet tot modis suaderi possit personis prave, quod modis delictum aliquod committi potest.

[a] Rebus suadetur, nimirum servis; qui in jure sub rebus continentur, quæ pravæ suasionis species proprio nomine Servi corruptio dicitur, atq; definitur prava suasio, qua animus servi corrumpitur, vt fiat deterior[4].

Delicta communia facti ea sunt, quibus causa publica vel privata promiscue lædi potest.

1 *l. aut facta, 16. D. de pœn.*
2 *l. 1. §. persuadere, D. de servo corrupt. l. si quis servo, C. de furt.*
3 *l. consilij, 47. D. de R. I.*
a De servo corrupto, 13. *D.* 3. 6. *C.* 2.
4 *d. l. 1. §. persuadere.*

Quæ

Quæ duplicis sunt generis, quippe quod quædam simplicia sint, quædam mixta.

Simplicia sunt, quæ committuntur vel tantum in personas, vel tantum in res, communia tamen manent in priori quidem personis, ut committi possint in personas publicas & privatas, in posteriori rebus, ut committi possint in res publicas & privatas.

[b] Delictum commune simplex in personas est *Injuria*.

Injuria est delictum in contumeliam alterius admissum.

Quod fit cum studiose quis id agit, ut fama & existimatio alterius lædatur, eique dolor aliquis creetur.

Committitur autem re vel verbis, ex quo injuria dividitur in Realem & Verbalem [5].

Re, in corpus nimirum alterius [6], & corpus illud suum vel alienum [7].

Suum corpus, non nisi ejus qui homo liber est [8].

Idq; duobus modis, Uno in personam seu hominem ipsum, puta si verberetur, pulsetur, commaculetur: altero in rebus aliquid faciendo, quo homini contumelia injusta dici possit, puta, si quis domum alienam ut introierit [9], item si quis servum alterius verberaverit aut pulsaverit [10].

In corpus alienum, si contumelia alicui illata redundet in alterius contumeliam, quod fit duntaxat ex contumelia illata uxori [11], quæ pertinet etiam ad maritum, item ex ea, quæ committitur in liberos potestati patriæ subjectos, quæ pertinet ad patremfamilias [12].

Etsi enim vel maritus vel paterfamilias in corpore suo proprio injuriam seu contumeliam facto ipso non patiatur, jure tamen intelligitur eam ipse

b *De Injuriis, 4. Inst. 4. 47. D. eo. 9. C. 35.*

5 *l. 1. §. 1. D. eo. §. 1. Inst. eod.*
6 *d. l. 1. §. 1. ubi dicitur: Re quotiens manus inferuntur, vel ut Iust. in d. §. 1. Inst. eo. cum quis pugno pulsatus aut fustib. casus, vel etiam verberatus erit.*
7 *§. patitur, Instit. eod. l. item apud, 15. §. sponsum, l. eum qui, 18. in fi. D. eod.*
8 *§. servis autem. Inst. eod. l. 1. C. eod.*
9 *§. sed & lex Cornelia, Instit. eod.*
10 *d. §. servis autē.*
11 *d. l. eum qui in fi. l. 1. §. item aut. D. eod. §. 2. Inst. eo. l. 2. C. eod.*
12 *d. l. eum qui, in fi. d. l. 1. §. 3. d. l. 2. l. pater, 41. D. eod. l. 10. D. de pact.*

ipse etiam pati, idque respectu uxoris ob vinculum matrimonii, respectu liberorum ob jus potestatis patriæ.

Hinc est ut Iniuria illata alicuius uxori, quæ etiamnum est in potestate patria, tribus injuria facta esse censeatur, nempe uxori ipsi, marito, & denique patri[13].

Verbis injuria quæ fit convicium dicitur[14], eaque voce fit aut scripto.

Voce quidem, cum quis ore suo verba in aliquem profert quæ natura sua sunt injuriosa, puta si quis dicat aliquem mentiri, furem, latronem aut homicidam esse, aliudve flagitium ei impingat, ex quo ejus, cui impingitur, existimatio imminui possit[15].

Scripto autem, cum verba istiusmodi non quidem ore proferuntur, sed tamen quoquo modo scribuntur.

Eaque vere scripta sunt, & tum injuria ista dicitur Libellus famosus: aut quasi scripta, ut est famosa pictura.

[c] Famosus libellus est scriptum convitiosum quoquo modo verbis intelligibilibus expressum[16].

Pictura famosa est qua nulla quidem verba exprimuntur, ejusmodi tamen aliquid in contumeliam alterius pingitur, ex quo mens & animus injuriandi facile appareat.

Utriusque libelli famosi atque picturæ famosæ & autor spectatur & scriptor, & qui illa distrahit, aut emi vendive curat[17].

Est autem Injuria ex ratione circunstantiarum maxime loci, temporis vel personæ aliquando atrocior, aliquando levior: puta atrocior est, quæ fit in publico, quam quæ fit privatim, & atrocior est ea quæ fit magistratui, quam quæ fit homini privato[18].

Et

13 *d.§. patitur.*

14 *d.l.1.§.1.l.1. in pr.D.de pœn.*

15 *l.si nõ es nunciator, l.si nõ convicit, l.qui liberos, & l. siquidem, C.eod.*

c De famosis libellis, *C.36.*

16 *§.1.Inst.eod.l.1. D.de pœn. eodemq́ pertinet carmẽ famosum, quod in alterius iniuriam cõscribitur proponitur, cantatur, quod eius pudorẽ lædat, l. ob carmen, 21.D. de testib.l. is cui lege, 18.in fin. D. qui testam.fac.poss.l. lex Cornelia, 5.§. eadem pœna, D. de iniur.*

17 *l.un. C. de fam. libell.*

18 *§.atrox, Inst. de iniur.l.prætor edixit, 7.§.fi. & seqq. l.sed si unius, 17.§. quædam, D. eod. l. unic.C. de ingrat. liber.l.fi.C.de revo. don.l.non ideo.C.de accus.l.atrocem, C. de iniur.*

Et semper præsumitur facta injuriandi animo, nisi contrarium probetur aut circunstantiæ aliud suadeant, puta si magister discipulum verberet, quod fit ratione officii [19], aut [d] cognati cognatos castigent, quod fit ratione sanguinis.

19 l. sed et si, 5. §. fin. & seq. D. ad leg. Aquil.

d De emendatione propinquorum 9. C. 15.

Nam ex eodem etiam illud est, quod iniuria vni de cognatione facta, ceteris etiam cognatis facta censeatur [19].

19 l. 1. in pr. D. de iniur.

Nihil autem interest vere an falso verba injuriosa alicui objiciantur, quo minus sit injuria [20].

20 Gail. 2. observ. pract. 99. Mynss.

In his tamen quæ ad publicam vtilitatem pertinent, & quæ sciri omnium interest, injurianti parci solet, si crimen legitime delatum probaverit [21].

21 modo allegat is locis.

[e] Delictum commune circa res tam publicas quam privatas consistit in auferendo, quod est *Rapina*, quæ à raptu, de quo supra attigimus, diversa est.

e De vi bonorum raptorum, 4. Inst. 2. 47. D. 8. 9. C. 33.

Raptus enim personarum est, rapina vero est rerum.

Rapina est delictum, quo quis invito alicui rem aliquam mobilem vi adhibita fraudandi causa aufert [22].

Et quoniam vim habet, exinde etiam dicitur vis bonorum raptorum, bonorum, inquam, id est, rerum, non tamen quarumvis, sed tantum mobilium [23]: & vis est non simplex, sed ejusmodi cui dolus malus insit, quod vel sola vox rapiendi significat.

22 in pr. Inst. eod. l. 2. D. eod.

23 §. 1. Inst. eod.

In effectu cum furto prorsus eadem est, nimirum in eo, quod ei cuius interest possessio rei, æque per rapinam, atq; per furtum intervertitur.

Sed forma hac potissimum vtrunque distinguitur, vt furtum clam fiat, sed sane ea intentione semper committatur vt homines lateat, adeoque aliquid sibi adjunctum habet verecundiæ: at rapina aperta vi cōmittatur, eaq; intentione, vt qui rapinam facit, animum habeat auferendi rem vi, si clam non possit, adeoque cum impudentia conjuncta est.

24 in pr. Inst. eod. l.2.§.ceterum, D. eod.l.item si,14.§. quoniam, D. quod met.caus.

Atque hinc Rapina furtum esse existimatur, sed improbius [24].

Delicta communia mixta quatuor sunt, Damnum injuria datum, Vis, Crimen falsi & Veneficium.

f De lege Aquilia, 4.D.3.9.D.2. 3.C.35.

25 l.3. D. de dam. infect.

f *Damnum* latius patet. Significatur enim eo omne illud, quo patrimonium alicuius imminuitur, aut ob id quod datum est, imminui potest [25].

26 vt si quis occidat latronem sibi insidiantem l.4. D. eod.

27 l.cum duob.52. D. pro soc.

Id vero datur aliquando jure [26], vel immittitur divinitus [27], quod in delictum non cadit: aliquando jure improbatum est; idque est præter jus vel contra jus.

Præter jus damnum datum est, quod datur à quadrupede, & dicitur Pauperies, quę & ipsa quoniam delictum non est, ad hunc ordinem non pertinet.

Quod contra jus datur, id demum delictum est, atque hoc illud damnum est, quod vocatur Damnum iniuria datum [28]; de quo lex Aquilia lata est, & definitur damnum, quod quis alterius culpa sentit.

28 Id est culpa facientis datum, in pr. Inst. de iniur. vel vt Vlpia. ait in l. 1. D. de iniur. damnū culpa datum, vel vt est in §. ceteris, Inst. de leg. Aquil. damnum per iniuriam datum. Concisius etiam dicitur damnum iniuria, l.1. D. eo. l. impuberem, 23. D. de furt. vel damnum iniuria, vt in pr. Instit. eo. l. sed et si, 31. D. de furt.

Quod ex ipsa quidem lege Aquilia angustius est, sed partim ex prætoris jurisdictione, partim ex JCtorum interpretatione factum est amplius.

Id enim quod ex lege Aquilia vindicatur, spectatur tantum in rebus: quod ex jurisdictione prætoris & interpretatione Jurisconsultorum, non in rebus tantum, sed in personis etiam.

Exinde generaliter damnum injuria dati dicitur, Personis vel Rebus.

Personis, in ipsarum corporibus, ex quo operis præstan-

præstandis reddantur minus idonei [29].

Rebus tam animatis quam inanimatis.

Animatis, nimirum servis & brutis animantibus.

Inanimatis, nimirum rebus præter servos & animantia bruta reliquis [30].

Hinc ista legis Aquiliæ in capita tria distinctio, quorum primum ad res duntaxat animatas pertinet, non tamen promiscue omnes, sed servos duntaxat & pecudes, quæ gregatim pascuntur, atque eo solo casu, si servus aut pecus ejusmodi occidatur [31]; Tertium ad res easdem non occisas, sed vulneratas, aut alio aliquo modo læsas; præter eas vero ad cetera animalia occisa aut vulnerata, & res omnes inanimatas, si vrantur, frangantur, rumpantur [32]. Secundum autem, quod ipsius etiam Justiniani tempore in vsu esse desierat [33], de quavis alia ratione damni dati, etiamsi res læsa non fuisset, conceptum fuisse videtur, puta si vtilitas, quam quis consequi potuisset, ab alio intercepta fuisset [34].

Verum interpretatione hæc producta sunt, vt si non directo, aut vtiliter saltem dicatur damnum esse, vt omne omnino damnum, quod quis facto alterius in re sua patitur, huc referri possit [35].

Facto tamen alterius, sive id eo sciente & volente fiat, sive incuria, sive culpa tantum, negligentia forte sua aut socordia [36].

Nam vt damnum injuria factum dicatur vel culpa levissima sufficit.

Ceterum damnum peculiariter in jure vindicatur in duabus speciebus, in Incendio nimirum & in Effractione: atque hoc circa res duntaxat inanimatas.

29 l. liber homo, 13. D. eod.

30 De quibus omnibus sparsim per hos tit.

31 in pr. Inst. eo. l. 1. & seqq. D. eo.

32 §. capite tertio. Inst. eod. l. si servus servum, 27. §. tertio autem, D. eo.

33 d. l. si servus servum, §. huius legis. §. caput secundum, Inst. eod.

34 Cui. in parat.

35 §. illud non ex verbis, Instit. eod. l. inde Neratius, 23. D. eod.

36 §. ac ne is quidē, Instit. eod. l. qua actione, 7. in fi. & seqq. D. eod.

Incendium est damnum igni culpa alterius excitato aut supposito datum 37.

37 *l.1.& 2.C.eod.*

Id dolo factum gravius est, culpa duntaxat sive simplici, levius.

g De effractoribus & expilatoribus, 47.*D.*18.

g *Effractio* est damnum datum ab his qui perfringunt fores carcerum ad aufugiendum 38, vel domorum ad furandum 39, quibus adjunguntur Expilatores, qui sunt prædones oppugnantes villas aut domos aliorum 40.

38 *l.1 in pr.D eod*
39 *l.verum est* 39 *l.qui iniuria*, 53.*D de furt.l.*3.§ 2 *D. de off. præfect vig.*
40 *l 1.§.1 D.eod Paul.5.sent.3.§ 3. l.aut facta*, 16.§.3. *D.de pœn.*

Hæc noctu facta gravior est, interdiu levior 41.

41 *l fi.D.eod.*

Vis est delictum, quo violentia aliqua adhibetur rebus vel personis.

Ea simplex est, vel mixta.

Simplex est, quæ ita committitur, vt aliud crimen ei conjunctum non sit, vt si quis per vim possessionem alienam ingressus sit 42.

42 *l.6.D.de acqu. vel omitt.possess.*

Mixta est vis commissa cum facto, quod per se solum etiam criminosum sit, vt si quis per vim possessionem alienam ingrediendo homicidium committat, si quis per vim adulterium fœminæ inferat.

Utraque vero illa publica est vel privata.

h Ad legem Iuliam de vi publica, 48.*D.*6.9.*C.* 12.

h Publica ex jure antiquo est vis illata à persona publica, hoc est, ab ea, quæ cum imperio sit aut potestate.

i Privata est vis illata à persona privata 43.

i Ad legem Iuliam de vi privata 48.*D.*7.9. *C.* 12.

43 *Vide Cuia. ad Paul.5.sen.*26.

Ita quidem ex causa efficienti, sed ex modo vis inferendæ publica vis illa dicitur, quæ armis infertur; privata, quæ sine armis 44, Hæc hominibus ad id non coactis, illa vero tam coactis quam non coactis.

44 § *item lex Iulia, Inst. de public. iudic.* §. *sed & ex Const. Instit de interdict.*

Usus etenim armorum est publicus: & vt sine armis vis fiat hominibus, tamen coactis vis videtur esse publica, eo quod homines cogere hominis

minis sit non privati, sed ejus qui cúm imperio est sive potestate.

[k] Crimen *falsi* est veri immutatio per fraudem facta.

Hoc in homine est partus suppositi, nominis & testimonii: in rebus est monetæ & scripti.

Partus suppositi est partus falsi subjectio vel in locum partus veri, qui est, vel cum fingitur partus, & illi substituitur partus, cum non sit revera cui substituatur [45].

[l] *Nominis mutatio* est crimen falsi, quo quis dolo malo sibi novum nomen imponit, vt ex eo quid alienum intercipiat.

Hoc enim animo nisi mutatio nominis fiat, crimen falsi non admittitur, quippe quod vnicuique homini libero liberum sit, citra alterius injuriam novum sibi nomen assumere [46].

Falsum testimonii est in testibus ipsis vel in ipsorum dictis.

In testibus ipsis vel subornando ipsos, vt falsum dicant, vel producendo testem falsum [47]: in dictis nimirum vel dicendo falsum testimonium, vel vtendo falso dictis.

[m] Crimen falsi in *moneta* committitur ab eo quicunque monetam adulterinam flat, ferit, vel probam vitiat, minuit, exscindit, arrodit, aut ejusmodi monetam expendit [48].

In *scripto* falsum multis modis committitur, quos non incommode videor mihi revocare ad duos potissimum, vt nimirum committatur vel in instrumento ipso, vel in scriptura.

In instrumento ipso, nimirum illud vel abolendo vel in faciendo.

Aboletur autem non tantum cum omnino tollitur, sed etiam cum celatur, subripitur, supprimitur.

k De lege Cornelia de falsis & de senatusconsulto Liboniano, 48. *D.* 10. 9. *C.* 22

45 *l. cum suppositi, l.* 1. *C. eod. l. qui falsum,* 19. §. 1. *ff. eod.*

l De mutatione nominis, 9. *C.* 25.

46 *l. vnica, C. eod. l. falsi nominis,* 13. *D. eod.*

47 *l.* 1. *in pr. l. falsi,* 20. *l. eos qui* 27. *D. ad leg. Corn. de fals.*

m De falsa moneta, 9. *C.* 24.

48 *l. lege Corn.* 9. *l. qui falsum,* 19. *D. eod.*

Fit ejusmodi, cum conficitur de re, quæ omnino non est, vel est quidem, sed non talis, qualis esse instrumento dicitur.

In scriptura vel eam imitando, vt si quis chirographum alterius imitetur, vel delendo, radendo, vel deniq; scribendo, quod scribi non debuit, aut non scribendo, quod scribi debuit.

Crimen autem falsi in quovis quidem scripto committi potest: sed jurisprudentia Justinianea duorum scripti generum maxime mentionem facit, vtpote in quibus plurimum falsum committatur, & in quibus falsum committendi major sit occasio, quam in ceteris, vt prætermittam præjudicium, quod ex falso circa illa commisso esse solet, majus.

n De his qui sibi adscribunt in testamento, 9. C.23.

Sunt autem duo ista, n Testamentum & Testimonium. Et de illo quidem lex Cornelia lata est, Senatusconsultum Libonianum, & præter hoc aliud Licinio V. & Tauro Coss. sub Tiberio Imperatore: de hoc autem duo etiam Senatusconsulta Cotta & Messalia Coss. & alterum Coss. Geminis: De vtroque vero sunt etiam constitutiones principum 49.

49 *Vide Cui. in parat. C. eod.*

Quibus postremo addo falsum circa leges committi solitum, quod committitur in earum vel allegatione, vel interpretatione, vel suppressione 50.

50 *l. fi. D. ad leg. Corn. de fals.*

Restat *veneficium*, quod est Crimen quo quis hominem alio quam telo necandi voluntatem habet, quin & res inficiendi.

Quod duplex est, Veneficium specialiter ita dictum, & Maleficium.

Veneficium speciale est, quod fit veneno, vnde Venefici.

o De maleficis & mathematicis & ceteris similibus, 9. C.18.

o Maleficium est quod non fit veneno, sed quo carminibus, ditis devotionibus alii defiguntur, quique fingunt cereas imagines hominis necandi causa.

Quo

Quo pertinent Mathematici, qui in jure intelliguntur Impostores, liberali mathematicorum nomine adumbrantes ineptias magicas: quibus similes sunt arioli, augures, aruspices, vaticinatores, falsi somniorum interpretes 51.

51 Cuj. in parat. C. eod.

De Delictis innominatis.

CAP. L.

ENumerata sunt delicta, quibus à jure nomen proprium est inditum: sed cum plura sint facta, quam vocabula, quibus illa significari possint, inde est vt omnia nominibus certis insigniri non potuerit 1.

1 l. 3. de praescr. verb.

Delicta itaque illa, quae ratione facti sui ad delictum aliquod ex hisce quae hactenus sunt proposita, referri nequeunt, sunt innominata, id est, delicta quidem sunt, ex quibus obligatio est, sed certum & speciale de jure proditum nomen non habent.

Sunt autem ex illis Stellionatus & Dolus malus, quae vtraque appellatio generalis est, & non vni factorum generi, sed pluribus communis. At ea delicta, quae nominata sunt, vni factorum generi sunt propria, atque ex eo nominata.

Neque enim quod factum aliquod hoc vel illo modo nominari potest, delictum est nominatum, sed totum illud ex eo aestimandum est, an appellatio illa isti facto sit propria, vt ad alia facta alius generis accommodari nequeat. Nam si propria sit, delictum est nominatum; si propria non sit, sed ad alia etiam alius generis accommodari possit, etsi tum etiam factum sive delictum nomen aliquod habere videatur, tamē quia illud proprium non est, generale quidem illi nomen accommodatur, quod tamen in jure pro nomine non habetur.

Atque ita quidem vox Stellionatus & vox Doli nomen certum designare videtur, quod quidem ita est, si vocem per se intuearis: at si res spectes vocibus illis designatas, quæ generum sunt diversissimorum, certa nomina non sunt, sed vaga.

Quæcunque igitur facta alia in delictum cadunt, quæ ad superiora referri non possunt, vel quod ab illis substantia sua omnino sint diversa, vel suis qualitatibus, sub generali ista & communi Stellionatus vel Doli appellatione continentur.

Ita fit ut Delicta innominata sint Stellionatus & Dolus.

a Stellionatus, 47. D. 20. 9 C 34.

2 Cui. 10. observ. 26.

3 l. 1. & fi. C. eod. l. tutor, 16 §. 1 D. de pign. act.

4 l si quis in pignore, 36. D. de pign. act.

5 l. statuliberum, 9. §. 1. D. de statulib.

[a] Stellionatus est omnis fraus & impostura, quæ certum nomen de jure non habet. Dictus à stellione lacerti genere, animali versutissimo & invidiosissimo[2], puta si quis rem alienam sciens pro sua obliget[3], si quis in pignore dando æs pro auro subjiciat[4], si quis sciens statu liberum, dissimulata ejus conditione, vendat[5].

Eadem ratione hoc loco Dolum definimus, quod ad rem ipsam attinet, ita ut unum idemque delictum sit Stellionatus & Dolus, verum ex modo delicti persequendi Stellionatus à dolo distinguatur.

6 l. 3. §. 1. D. Stellionatus.

Cum enim ob delictum illud privatim & civiliter agitur, de dolo est actio non stellionatus: si ob illud ipsum publice & criminaliter, accusatio est stellionatus, non de dolo actio[6].

Hinc Stellionatus definitur, quod sit delictum innominatum, cujus nomine agitur, publice & criminaliter: Dolus vero quod sit delictum, cujus nomine agitur privatim & civiliter.

Utrunque autem cum alia etiam actione concurrere potest, de quo suo loco amplius.

a De

a *De Delictis improprii*s. CAP. LI.

a De obligationibus quæ quasi ex delicto nascuntur. 4. *Inst*. 5.

EJusmodi est delictum proprium, sequitur *improprium*, quod est delictum sine dolo ejus qui ex eo tenetur commissum, aliqua tamen ejus culpa.

Quod duplex est unum ab illo ipso, qui tenetur, commissum: alterum commissum ab alio.

Commissum ab illo ipso qui tenetur est omne factum alicujus, ex quo contra jus quis læditur, ejus imprudentia admissum.

Quare huc pertinent omnia delicta superius exposita: quæ cum dolo fiunt, propria sunt; si sine dolo, impropria, excepto damno injuria dato.

b Quo etiam pertinet si judex per imprudentiam male judicaverit [1].

b De pœna judicis qui male judicavit, *&c*. 7. *C*. 49.

1 *in pr. Inst. de obl. qua quasi ex delict. nasc.*

Commissum ab alio, nimirum ab homine vel à quadrupede.

Ab homine, videlicet qui sui juris sit vel alieni, atq; eo, qui juris est alieni, filiofamilias vel servo, & tum interdum jussu & mandato patrisfamilias vel domini, interdum sine eo.

Et à filiofamilias vel servo delicti commissi nomine paterfamilias vel dominus tenetur ob potestatem dominicam vel patriam: ab eo qui sui juris est delicti commissi nomine, alius propter circunstantiam aliquam, quæ faciat, ut alius ille culpa sua delicto illi occasionem dedisse videatur.

Delictum autem ab homine alio admissum proprium esse potest, si is ille ipse, qui admisit, spectetur: at quoniam factum illud delicti à patrefamilias vel domino ipso non proficiscitur, illud idem delictum contemplatione ipsius patrisfamilias vel domini voco Improprium, quod vulgo Quasi delictum dicitur.

Exempla sunt, c *I*. Si dejiciatur quod ex alterius cœna-

c De his qui effuderint dejecerint, 9. *D*. 3.

cœnaculo, quod non dejecit ipse qui convenitur. Si enim ipse dejecisset ex vero & proprio delicto, tanquã ex seipso profecto teneretur: sin alius ab ipso, is delictum quidem verum cõmittit, & siquidem in iudicio personam standi habet, eo tenebitur, sed & is qui paterfamilias est vel dominus, in ædibus ex quarum cœnaculo quid deijcitur, tenebitur ex delicto improprio, vtpote quod ab ipso profectum non sit, tenebitur tamen, quod in culpa esse videtur, quod ejusmodi homines secum habet, qui deiiciant [2].

II. Si quis ea parte, qua vulgo iter fieri solet, aliquid habeat positum aut suspensum, quod si cadat, nocere alicui possit [3].

III. Si quid in navi exercitoris, vel in cauponæ hospitio aut stabulo furtum factum, aut damnum aliquod datum dicetur [4].

Tenetur enim dominus navis vel cauponæ ex delicto eorum, quos ministerii causa secum habet, eo quod occasionem damno dedisse videtur, quod ministris improbis vtitur. Nam ex aliorum quam ministrorum facto non tenetur, cum in eos incidat, non eligat, ministros autem non eligat, sed in illos incidat [5].

A bruto animante damnum datum delictum non est, si brutum intuearis, quoniam in bruta animantia injuria non cadat: ac si dominum bruti respicias, is quasi delinquere videtur, quoniam per rem ipsius damnum datum est.

f Illud autem damnum in jure dicitur *pauperies* quæ est damnum sine injuria facientis datum, nempe ab animali bruto [6].

Id vero ex lege XII. tabul. dabatur tantũ à quadrupede, neque ea omni, sed tantum à pecudibus, hoc est, ab his quæ gregatim pascerentur, atq; ab his etiam non aliter, nisi si contra naturalem consuetudinem omnium ejus generis animalium moverentur.

2 §. 1. *Inst. de oblig. quæ quasi ex delict. nasc. l. 5. §. is quoq. ff. de O. & A.*

3 *d. §. 1. l. 1. l. hoc edictum, 6. D. eod. l. si putator, 31. D ad l. Aquil.*

4 §. *fin. Inst. de obl. quæ quasi ex delict. nasc. d. l. 5. §. fi.*

5 *Cui. in parat.*

f Si quadrupes pauperiem fecisse dicetur, 4. *Inst. 9. 9. D. eo.*

6 §. 1. *Inst. eod. l. 1. §. att prætor D. eod.*

Ex interpretatione vero XII. tab etiam à besti s, & aliis animalibus domesticis, damnum datum ad pauperiem redigebatur, atque dominus animalis de pauperie tenebatur, nisi bestia aut animal in naturalem libertatem sese recepisset: & iterum non quadrupes tantum, sed etiam bipes.

a *De obligationum dissolutione, generalia.*

CAP. LII.

DIctum est quibus modis obligatio jure constituatur: ordo nunc postulat, vt videamus, quomodo obligatio jure constituta, eodem jure dissolvatur.

Obligationis dissolutio est liberatio ab obligatione.

Ita obligationi liberatio opponitur, quæ vtraque juris effectus est, quem effectum j s certis modis in vtraque assequ tur, qui in hoc conveniunt vt sint facta.

Ita modi obligationis constituendę erant contractus & delicta: liberationis vero modus est satisfactio, quippe quod & hæc & illa in facto sint posita.

Quæ autem ex hac contingit liberatio, & quæ ex illis oritur obligatio, ea omnis in jure consistit, & à jure est, vt à causa efficiente principali, ex medis autem vt causa efficiente instrumentali.

Est igitur Liberatio obligationis jure constitutæ jure facta dissolutio.

Quæ fit satisfactione.

Satisfactio autem est ejus, quod occasione obligationis constitutæ debetur, præstatio [1].

Hæc

a Quibus modis tollitur obligatio, 3. *Inst.* 30.

1 *l. 1. D. qui satisd. cogant. l. 5. §. satis acceptio. ff. de V. O. & satisfactionis voce ICti ita fere vtuntur, vt eam à solutione seiungant, eaque reliquos modos exaudiri velint, q. bus pro eo quod debetur Creditori absque naturali numeratione fit satis. l. si rem, 9. §. omnis D. de pig. act. l. sed et si quis. 30. §. 1. D. de vsufruct. l. qp vendidi, 19. D. de contrah. emt. l. grege, 13. §. etiamsi, D. de pign. l. item liberatur, 6. §. 1. D. quib mod. pig. l. si pupillus, 45. ff. de administ. tut. l. Stichum, 39. §. 1. D. de statu. lib. l. Paulus, 38. §. quæsitum. ff. de liber. caus. l. si ita fuerit, 41. §. sed si ita, D. de manum. testam. l. satisfactio, 52. Digest. de solut. Hinc satisfactum dicimus ei qui accepto tulit, l. vt res, 53. D. de contrah. emt. d. l. si rem, §. omnis. Generali tamen appellatione solutionis continetur satisfactio, l. solution. 176. ff. de V. S. l. liberationis, 47. ff. eod. l. solution. 54. D. de sol. l. rescripto, 6. §. 1. de mun. & honor. l. quamvis, 8. §. 1. D. ad SC. Vellei. l. si debitor, 4. D. qui potior. in pign. l. liberto, 21. §. Lucius, D. de ann. legat.*

Hæc præstatio vere fit vel quasi Vere, cum re ipsa & ipso facto, id quod debetur præstatur: quasi, cum non vere quidem præstatur debitum, ejusmodi tamen aliquid in ervenit, quod vice præstationis possit. Unde Satisfactio vna Vera, altera Quasi dici potest.

Satisfactio vera illa est, quæ in jure dicitur Solutio, de qua dicitur, quod qui solvere debet, satisfactionem offerens, n mirum illam quam quasi satisfactionem appello, nihil agat [2].

Satisfactio quasi illa est, quæ vicem solutionis obtinet.

Vera in reali debiti præstatione spectatur, quasi in præstatione ficta: illa naturalis semper est, quandoque etiam civilis: hæc plerunque civilis, quandoque vero etiam naturalis.

Tam hæc autem quam illa in omni obligationis genere spectatur, hoc est, tam in obligatione delicti, quam in obligatione conventionis, sed non eodem modo.

Hinc modos dissolvendarum obligationum quosdam Communes facio, quosdam Proprios.

Communes modi sunt, qui in omni obligatione, ex quacunque tandem causa sit sive modo, locum habent.

Hi duplicis sunt generis: quibusdam enim obligatio omnino tollitur ipso jure, quamprimum vbi factum quid est ex quo liberatio subsequi possit, quibusdam vero non omnino, sed ita demum si exceptio etiam objiciatur.

Ex quo vulgatum illud, obligationem quandoque ipso jure, quandoque ope Exceptionis tolli: quod si effectum liberationis spectes, idem est: si modum, quo nimirum ad liberationem deveniatur, non idem [4].

Ex obligationibus enim ipso jure sublatis nulla amplius datur actio, multo minus exactio, ipsa rimi-

2 *l. promissor. 21. §. fin. D. de constit. pecun. l. statulib. 5. in fin. D. de statulib. l. quod si non solvere, 10. D. de pign. act. d. l. item liberatur. 6. §. 1.*

3 *d. l. item liberatur, 6. § 1. d. l. rescripto, 6. §. 1.*

4 *vide Fern. ad d. l. liberationis, D. de V. O.*

nimirum potestate & autoritate legis absque prętoris auxilio obligatione sublata: ex his vero, quę ope exceptionis tolluntur, actio quidem conceditur, sed si actioni concessæ exceptio objiciatur, nulla exactio, imo exactio etiam, si exceptio non opponatur, perinde atque si nulla ex parte obligatio vnquam sublata fuisset, imputaturo sibi Reo condemnato, cur exceptionem non objecerit, atque adeo non legis sed prætoris potestate atque autoritate obligatione sublata.

Modi, quibus ipso jure omnis perimitur obligatio, sunt Solutio, Acceptilatio, Novatio, Confusio, Compensatio, Transactio, denique capitis diminutio.

a *De Solutionibus, & primum de his, quæ tollunt obligationem Contractus.*

a De solutionibus & liberationibus, 46. D. 3. 8. C. 43.

Cap. LIII.

Solutio est satisfactio naturali præstatione debiti legitime facta [1], debiti, inquam, vel ex obligatione ipsa vel ipsius occasione.

1 *in pr. Inst. quibus mod. tol. obl. l. solu. 49. D. de solut.*

Id autem in omnibus obligationibus idem non est, sed aliud in obligatione conventionis, aliud in obligatione delicti.

In obligatione conventionis res esse solet, qualiscunque demum illa sit, de qua conventum sit, vt dando vel faciendo aliquid ab eo, qui debitor ex conventione constitutus est, præstetur.

Ita autem convenit vt interdum id solum præstetur de quo convenit, interdum præter illud etiam aliud officio judicis, quod in hac tractat ono nobis perinde est.

Præstationem autem debiti ita naturalem esse dico, vt debeat etiam esse legitima.

Natura quidem factum desiderat, hoc est, vt realis numeratio seu præstatio adsit: eā jus sive lex appro-

approbat, tam etsi non omnem, sed eam duntaxat quæ ex ipsius fiat præscripto.

Ex præscripto autem juris, vt solutione liberatio ab obligatione conventionis contingat ad tria est respiciendum, ad personas, ad rem, & denique ad modum solvendi.

In personis spectandus est is qui solvit, & is cui solvitur.

De solvente hęc juris regula est, quod quivis rerum suarum administrationem habens solvere possit debitum sive ab ipso sive ab alio.

Et tamsi solvens in reatu [2] sit, modo maiestatis [3], perduellionisve [4], aut repetundarum [5] non postuletur.

Cui consequens est, vt pupilli [6], prodigi, furiosi, & id genus homines, quibus rerum suarum administrandarum jus non competit, citra eorum, quorum consilio reguntur, autoritatem solventes, accipientis nummos non faciant: tametsi vtilitatis ratione receptum sit, vt consumta pecunia quam solverint, quoniam ejus vindicandæ potestas amplius non est, pupillis liberatio nascatur [7].

Debitum autem solvere quis potest vel ipse vel obligatus est, vel pro ipso alius [8].

Atq; alius ille debitoris mandato [9], aut sine eo, atq; tum pro eo non sciente tantum, sed etiam ignorante solvi, imo vero etiam invito [10].

Soluta vtiq; pecunia, quæ debebatur, etiam invito debitore solutionis vi ipso jure obligatio tollitur.

Verum cum de repetitione soluti quæritur, alia eius qui pro invito solvit, causa est, alia eius qui pro ignorante.

Illi enim repetitio in totum denegatur [11], huic si vtiliter & è re debitoris solvit, parata est negociorum gestorum actio, qua quod sibi ex ea causa absit, consequatur [12].

Enim-

2 l. sed nec illud, 42. D. de solut.

3 l. ex iudiciorum, 20. D. de accus. l. 5. C. ad l. Iul. maiest. l. quæsitum, 15. D. qui & à quib. manum.

4 l. donationes, 31. in fi. D. de donat.

5 d. l. ex iudiciorū.

6 l. Quod si forte, 14. in fi. ff. eod. l. obligari, 9. §. pupillus D. de autor. tut.

7 d. l. quod si forte, & l. seq. Dig. eod. l. non omnis, 19. §. fi. D. de reb. cred. si cert. pet.

8 in pr. Inst. quib. mod. toll. obl. l. nulla tibi, l. manifesti iuris. C. de solut.

9 l. qui mādat, 56. l. solutam, 49. l. cū iussu, 64. l. si pupilli, 66. D. eod.

10 l. solut. 23. l. solvere, 53. D. eod.

11 l. qui fide, 53. ff. mand. l. fi. C. de neg. gest.

12 l. cum pecuniā, 43. l. fin. D. de neg. gest.

Enimvero qui pro aliis sponte sua vel coacti solvunt jure desiderant sibi adversus eos a creditore mandari actiones [13], idq; per doli exceptionem antequam solverint [14], vel in ipsa solutione facienda, consequentur [15], non etiam post, nisi mandator sit, qui suo nomine & ex sua obligatione solvit.

Sed & qui in potestate sunt dominica [16] vel patria, habent tamen peculium eiusque administrationem, recte solvunt.

Dominicis quoque creditoribus actor servus mutuis dandis exigendisq; pecuniis præpositus utiliter solvit, si adversus dominum ex ea causa petitio erat [17].

Idem juris procuratoribus, quibus vel hoc ipsum specialiter mandatum est, ut solvant, vel bonorum totorum concessa administratio est, damus.

Quin & tutor debitum pupilli recte solvit, imò qui tutelam negociave debitorum creditorumve suorum gerunt, ipsi solvere possunt.

Sed & hereditatem restituere rogatus ante eam restitutam creditoribus hereditariis recte solvit [18].

Solvitur debitum creditori, & quidem cuicunque si sanæ mentis sit & ætatis justæ, etiam criminis reo [19], nisi is sceleris conscientia perterritus profugerit [20], aut reus sit perduellionis ex Constitutione Antonini Pii [21].

Hinc est ut furioso, prodigo, minori non recte solvatur, ita ut ex solutione contingat liberatio, nisi tutorum aut curatorum autoritas, vel decretum judicis interveniat [22].

Sane pupillus, qui pecuniam sibi solutam salvam adhuc habet, vel ex ea locupletior factus est, ut maxime illam ceu adhuc sibi debitam petere possit, doli exceptione repellendus est [23].

13 l. mulier, 19. ff. qui potior. in pig. l. si fideiuss. 41. in fi. D. de fideiuss. l. his consequenter 18. §. si filius. D. fam. erc.

14 l. 1. §. non tantũ. l. alterius, 20. D. de tut. & rat. distrah.

15 l. cum is qui, 36. l. si mandatu. 13. ff. de fideiuss. l. si quis alicui, 27. in fin. & seq. D. mandati, l. Stichum, 95. §. si mandatu, ff. de sol.

16 l. egisti, 84. D. de solut.

17 l. si is cui, 94. §. 1. D. de solut.

18 l. ante restitutã, 104. D. eod. l. fi. D. de transact. l. si heres, 70. §. 1. D. ad Senat. Trebell.

19 l. reo, 41. D. eod. l. aufertur, 46. §. in reatu, ff. de iure fisc.

29 l. fin. C. de requ. reis.

21 l. fi. C. ad le. Iul. maiest.

22 l. ait prætor, D. de minor.

23 §. pen. Inst. quib. alien. licet. l. pupillo. 47. l. si pupilli 66. D. de sol. l. pen. §. fin. D. de reb. eor. l. apud, 4. §. si quis pupillo; D. de except. doli.

Absque tamen tutorum vel curatorum autoritate illis solvi potest, si solutionis gratia stipulationi adjecti sint[24].

Generaliter autem tutoribus seu curatoribus tempore administrandæ tutelæ seu curæ solventes, ipso jure à pupillis aliisque liberantur[25].

Nec interest qualescunque illi tandem sint[26]: nec si plures sint, vtrum vni fiat solutio, an pluribus vel omnibus[27]; nisi vel à testatore[28], vel à tutoribus ipsis vel à magistratu aliter cautum sit.

Sane adversus solutionem etiam cum autoritate factam captus restitutionem in integrum implorare potest, quæ vt evitetur, & plenissima debitoribus pupillaribus liberatio contingat, constitutum[29] est à Justiniano vt judicio præcedente sententia solvant, quæ sine vllo damno tutoribus curatoribusve solvi permittat.

Quam tamen observationem idem princeps in pensionibus annuis, obventionibus, vsurisq; remisit, quas tutoris autoritate pupillo sine judice recte solvi decrevit[30].

Ei autem qui pro tutore negocia gerit debitum solvens non aliter liberationem consequitur, quam si in rem pupilli pecunia versa sit[31].

Sed & tutori post pubertatem male solvitur.

Matri quoq; filij negocia secundum patris voluntatem gerenti debitores impuberis inutiliter solvunt[32], videlicet si ex hæreditaria causa, non ex ejus contractu profecta sit obligatio.

Filiisfamilias autem & servis, qui mutuis dandis exigendisq; pecuniis præpositi sunt[33], vel liberam peculii administrationem habent[34], vel quod ab eis ex peculio creditum depositumve est[35], jure solvitur.

Quin & à domino credita pecunia ex eius voluntate servo recte solvitur[36]: idemq; est si domini pecu-

24 *l. si stipulatus, 11. D. eo.*
25 *l. Lucius, 46. §. tutelæ, D. de admin. tut.*
26 *d. l. quod si forte, 14. §. 1. l. quav. 45. D. eod.*
27 *d. l. quod si forte §. sive autem.*
28 *l. Titium, 47. ff. de admin. tut.*
29 *l. sancimus, C. de admin. tut.*
30 *d. l. sancimus; l. constitut. C. de admin. tut.*
31 *l. debitores, 28. l. pupilli. 96. D. eo. l. si quid, 31. in fin. ff. de hered. petit.*
32 *l. filia, 88. ff. eo. l. qui alie. 31. § pen. D. de neg. gest.*
33 *l. si quis servo, 18. ff eod. l. si consensit, 7. §. 1. ff. quib. mod. pign.*
34 *d. l. solutam; l. servus, 20. & seq. ff. de iureiur.*
35 *l. quod servus, 35. l. fugitivus, 19. D. eo. l. si cum servus, C. eo. l. eius qui, 41. D. de rebus cred. si cert. pet. l. si non sortem, 26. §. filiof. D. de condict. indeb.*
36 *l. nihil interest, C. eod.*

pecuniam ejus permissu servus fœneratus sit[37].

Quod si duo sint in solidum rei credendi constituti, alterutri solvens debitor, tota obligatione liberabitur[38], si modo utiliter ambo stipulati sint: quod si alter inutiliter, ei male solvetur[39].

Sed etsi alter ex duobus reis stipulandi à debitore petierit, alteri postea promissor solvens non liberabitur[40], quinetiam postquam alteri se soluturum promissor constituerit, exinde alteri solvens, à priori se non liberat, quia loco eius, qui exegit, haberi debet is constituitur[41].

Porro rectè solvitur non creditori tantum, sed & alii, & alii nimirum procuratori creditoris, cui veluti solutionem accipiat specialiter mãdatum est[42], vel omnium negociorum administratio commissa[43].

Litis procuratori autem, atque ei qui ad agendum tantum datus est solvi non potest.

Tandiu procuratori solvi potest, quandiu domini voluntas durat. Si enim mandatum revocatum sit, aut dominus re integra decesserit, aut procurator statum mutaverit, solutio ipsi facta ad liberationem nõ proficit, nisi fortasse ab ignorante bona fide facta sit, quod æquitatis ratio tum postulat[44].

Falso procuratori & ei qui sine mandato alienis sese negociis offert, quantumvis bona fide solventes, non liberantur, quia tam pronos facilesq; esse eos ad solvendum non oportuit[45].

Procuratori, cui in rem suam mandatæ fuerint actiones, solvi posse juris est certi & indubitati.

Sed nihilominus & domino nulla delegatione interposita solventes liberabuntur, nisi vel denunciaverit eis procurator ne solverent, vel aliquid ex debito acceperit, vel eo nomine litem contestatus sit[46].

Si tamen dominus simul cum procuratore pe-

37 l. quod servus, 35. D. eod.

38 l. 3. D. de duob. reis.

39 l. si duo rei, 128. D. de V. O.

40 l. 2. l. ex duob. 7. ff. de duob. reis.

41 l. idem est, 10. ff. de constit. pec.

42 l. vero, 10. ff. eo.

43 l. q. hominem, 34. §. Titium, ff. eo. l. si procurator, 6. ff. de condict. indeb.

44 d. l. vero, §. 1. l. dispensatori. 51. D. eod. §. recte, Inst. de mand.

45 d. l. qui hominẽ, §. si nullo, l. si quis se offerenti, 58. ff. eo. l. invito, C. eod.

46 l. 3. C. de novat.

tat, procuratorem in pecuniam suscipiendam præferendum esse inter omnes convenit[47].

47 l.procuratorem in rem, 55.ff.de procur.l.4.C.eod.l.4.in pr.D.de re iud.l.1.§.propriam, D.quand.appell.sit.

Rursus, sed & alii; nimirum solutionis causa in contractu adjecto[48], idque indistincte cujuscunque demum adjectus ætatis sit, status vel conditionis[49].

48 l.2.Co.de O.& A.l.postquam, & seq.C.de hered.& act.vend.

49 l.si stipulatus, 11.D.eod.

Creditor enim de sese queri debet, quod eiusmodi personæ solutionem fieri permiserit

Atque solvi potest adjecto, non sciente tantum & volente creditore, sed ipso etiam ignorante, qu n & invito, modo adjectus in eodem statu permaneat[50], modo etiam debitor se soli stipulatori soluturum postea constituerit.

50 l.cum quis, 38.D.eod.l.eum qui ita, 56.§.qui sibi, ff.de V.O.

Adeo vero adjecto solvi potest, vt quamvis creditori ipsi pars debiti soluta sit, altera pars adjecto nihilominus solvi possit[51].

51 l.cum decem, 71.D.eod.

Ipsi autem adjecto duntaxat, non etiam successoribus ejus solvi potest[52], quippe quod adjecto per adjectionem jus vllum obligationis non quęratur, quod ad heredem transferatur, sed nuda quædam eaque personalis accipiendæ solutionis facultas, quæ cum eo extinguitur.

52 l.si stipulatus sim.81.ff.eo.l.cum quis sibi, 55.D.de V.O.

Rursus sed & alii; nimirum creditoris sui creditori, quæ solutio absque mandato creditoris facta per exceptionem debitorem liberat[53].

53 l.si opera, 6.ff.de doli excep.l.si liber, 36.ff.de neg.gest.

Sane alij quam creditori facta solu io absque Creditoris mandato liberationem non affert[54], nisi tum cum c editor solutionem ratam habet, quæ ratificatio fieri debet protinus vbi Creditor solutum esse certior factus fuerit[55].

54 l.si ego, 24.ff.de neg.gest.

55 l.ratum, 13. D. eod.

Heredi Creditoris quin solvatur recte, est extra omnem controversiam.

Sed si heredes plures sint, pro parte hereditaria cuique fiet solutio.

Quod si maior h redum pars ipsum interpellaverit, consultius f. cturus est debitor, vt non nisi magistratus jussu interveniente solvat[56].

56 l.si stipulatus, 11.§.1.D.eod.

Heredi

Heredi ſane, qui hereditatem reſtituere rogatus eſt, ante eum reſtitutam facta ſolutione debitorem liberari conſtat[57].

Quin etiam ſi inſtituto deliberante, ſubſtituto per errorem ſolutum ſit, ad eum poſtea devoluta hereditate debitoribus liberatio naſcetur[58].

Præter ſupradictas perſonas & aliis quibuſcunque quibus ſolvere creditor juſſerit, debitores ſolventes liberabuntur[59].

Sed & debitores pupillares liberantur, ſi iuſſu tutoris alij ſolverint[60]: quod ſi pupillo jubente ipſius creditori numerauerint, licet ipſo iure obligati maneant, doli tamen exceptione defendentur, quod locupletior pupillus factus videatur, qui ea pecunia à Creditore ſuo dimiſſus ſit[61].

Plane qui à fugitivo numos domini creditos acceperunt, alij eius juſſu ſolventes non liberantur, contra quam ſi ipſi fugitivo ſolverint[62].

Ceterum ſi omnibus integris mandatum ſolutum ſit vel creditoris, qui ſolvi juſſerat, morte vel quod eum, cui ſolvi juſſerat, poſtea accipere vetuiſſet, idq; debitores non ignorantes ſolverint, ſuum profundunt[63], ſiquidem nec ab obligatione liberantur, nec ſoluti repetitionem habent[64].

Similiter ſi contra creditoris denunciationem[65], vel ei qui ab adminiſtratione ſibi conceſſa remotus erat, ſcientes debitores ſolverint, nihilominus ſunt obligati.

In omnibus vero his caſibus ſi ignorantes ſolverint æquitatis ratione, vtilitatiſq; cauſa liberationem eis contingere receptum eſt[66]: nec enim eis imputati æquum eſt, ſi non divinarunt mandatum ſolutum eſſe, idq; eis notum fieri oportuit, ne ipſorum ignorantiam obrepens procurator circumveniret[67].

Sed nec dubitandum eſt, quin cui poſt mortem meam ſolvere debitorem juſſi, recte me mor-

57 *l. ante, 104. D. eod.*

58 *l. pupilli. 96. in fin. D. eod.*

59 *d. l. ſolutam.*

60 *d. l. pupilli.*

61 *l. ſi pupillo. 66. D. eod.*

62 *l. fugitivus, 19. D. eod.*

63 *d. l. vero, §. 1. l. ſi ſervus, D. eod.*

64 *d. l. ſi non ſortẽ, §. qui filiofam.*

65 *l. aliud, 106. ff. eod.*

66 *d. l. diſpenſatori, l. ſervo, D. eod. d. l. eius qui, ff. de reb. cred. ſi cert. pet.*

67 *arg. l. ſi fideiuſſ. §. ſi cum debitor, D. mandat.*

68 *l. ſi vero non remunerandi, 6. §. fi. & l. ſeq. D. mand. l. fin. D. de ſolut. vide Cui. I. obſ. 38.*

tuo solvatur, quia quod in mortem collatum est mandatum morte non finitur [68].

Videndum est *Quid* solvi possit, vbi diligenter attendendum est quid debeatur, & quid obligationis cuiusque natura ferat.

Nam solutione eius quod debetur obligationem tolli notissimum est juris nostri axioma [69].

Atq; solutione eius quod debetur vel illius ipsius vel alius ipsius vice atq; loco [70].

Illius ipsius ex natura obligationis, etiam creditore invito: alius non ex natura obligationis, & nunquam creditore invito [71].

Quo pertinet & illud vulgatum, Aliud pro alio Creditori invito & non consentienti solvi non posse, adeo vt ne precium quidem speciei promissæ loco nolenti creditori recte præstetur, nisi vbi aliud singulari jure favore certarum causarum receptum est [72].

Atque hoc verum est indistincte, si res præstanda propria sit debitoris, ita vt ab ipso præstari possit.

Si enim aliena sit, & eius dominus illam omnino aut certe æquis conditionibus alienare nolit, justam æstimationem debitor creditori offerens audiendus est [73].

Sed & si debitor pecuniam quam debet non habeat, nec possessiones suas facile & satis commode vendere possit, vnde pecuniam paret, æquissimum putavit Justinianus creditorem compelli in solutum debitoris possessiones accipere, initia prius à magistratu earum æstimatione, vt sine justa vtriusq; querela res procedat [74].

Res autem pro re volenti creditori in solutum dari potest, cuiuscunque sit generis, sive in corpore sive in jure consistat [75]: sed vt ex datione illa in solutum liberatio contingat, oportet rem, quæ datur, cum debito esse æstimationis ejusdem, &

res

68 *l. si vero non remunerandi. 6. §. fi. & l. seq. D. mand. l. fi. D. de solut. vide Cui. 1. obs. 38.*

69 *in pr. Inst. quib. mod. toll. oblig.*

70 *in pr. Inst. quib. mod. toll. oblig.*

71 *l. 2. §. mutui, D. de reb. cred. si cert. pet. l. eum à quo, C. de solut.*

72 *l. si domus, 71, §. qui confitetur, D. de lega. 1. l. possessionum, C. commun. vtr. iud. l. si quis argentum, §. 1. C. de don.*

73 *l. non dubium, 14. in fi. D. de leg. 3.*

74 *Nov. 4. §. fin. Nov. 120. Auth. hoc nisi, C. de solut.*

75 *l. si in solutum, C. de O. & A.*

res in solidum fiat accipientis [76]. 76 d.l.si non sortem §.si centum.

Qui autem in solutum dare rem creditori promisit, non eo minus debiti quantitatem offerre potest [77], cum in eius gratiam id cautum fuerit, nec ad necessitatem præstationis converti debeat. 77 d.l.quamvis.

Alia cauta est ejus, qui creditorem rogavit, ut pignus certo precio emtum possideat, sibique habeat, idq; velle se literis ad eum missis sit testatus. Nam postea sortem cum usuris offerendo non eo efficiet, ut sibi possessione Creditoris cedat [78], non magis quam si in solutum datam rem & jam translatam revocare studeat. 78 l.Titius,34.D. de pign.act.

Porro conventio de dando est vel faciendo, aut certe utroque.

Datur autem simpliciter quantitas, vel res alia, atq; hæc species vel genus, aut alternatim.

Quibus omnibus hoc est commune, ut qui ad dandum aliquid istorum tenetur, non liberetur, nisi rem accipientis fecerit [79]. 79 l.ubi autem, 75.§.fi.D.de V.O.

Quod autem ad quantitatem debitam attinet, ea solvitur integra, omnisq; tum perimitur obligatio, aut aliqua eius pars, atque pro ea parte, quæ soluta est, liberatio contingit, reliqua in obligatione permanente [80]. 80 l. stipulatus sum,9.§.1. D. de solut.

Quin autem pars quantitatis debitæ Creditori volenti solvi possit, nullum est dubium.

Sed an etiam Creditori invito? minime, nisi magistratus id jubeat, judicis autem pedanei ea potestas non est [81]. 81 l.quidam,21.D de reb.cred.si cert. pet.

In heredibus promissoris ratio est alia. Quisque enim heredum suæ partis præstatione liberatur [82], ipso jure ex lege XII. tabul. divisis nominibus [83]. 82 l.2.§.1.l.in executione,85.§.1. D. de V. O.l.1.C.si cer. pet. 83 l.ea qua.C.fam. erc.l.arbiter.11. D. de distract.pign.

Perinde vero est, siquidem pecunia numerata solvenda sit, quandoque moneta illud fiat, modo Creditor nullum damnum sentiat accipiendo

84 monetam aliam, quamquam ipse dedit [84], quandoquidem in pecunia numerata non tam pecuniæ corpus, quam æstimatio spectatur, quæ ipsa in alia etiam moneta esse potest, & est, quam quæ data est [85].

85 l.1.D.de contrah.oblig.

Veruntamen si certi generis quantitas nominatim promissa sit, idem illud præstandum, vt liberatio contingat, nisi aliud creditor volens acceptet, aut genus illud amplius haberi nequeat.

Numos autem oportet esse probos. Si enim pecunia reprobata, cujusmodi est plumbea, stannea, ærosa, soluta sit, nulla contingit liberatio [86].

86 l.eleganter, 24. §.qui reprobos, D. de pign.act.l.3.§.1. D.commod.l.qui sibi, 33.in fi.D.de solut.

Oportet etiam numos debitoris soluentis esse proprios, non alienos, tametsi alieni numi bona fide consumti à creditore, liberationem inducant, non ex solutione tantum, sed etiam ex ea, quæ illam insecuta est, consumtione, quippe quod hoc casu solutionis factum, quod per se erat illegitimum, per consumtionem reddatur legitimum [87].

87 l.si is cui numos 94.D.eod.

Communes quidem numi cum alio, non sunt omnino alieni, ideoque solutis illis pro parte debitor liberatur [88].

88 d.l.si is cui numos.§.1.

Ceteris rebus, quæ pondere, numero vel mensura continentur, debitis, quælibet ex eodem genere solvi potest propter naturalem hujusmodi rerum inter sese functionem, tantumque videndum est, vt ejusdem bonitatis cum ea, quam accepimus reddatur [89].

89 l.3. D. de reb. cred.si cert.pet.

Sane qui certum argenti pondus debet, pecuniam numeratam ejusdem æstimationis solvendo non liberatur [90].

90 l.1.§.fin. D.de auro arg.leg.

Species debita illa ipsa omnino præstanda est, & pro parte soluta, pro parte liberationem affert.

Generis debitor quamlibet generis speciem solvere potest, ita tamen vt speciem quam solvit, pleno jure creditoris faciat [91].

91 d.l. vbi autem, §.fin.

Neque hic speciei sub genere debito comprehensæ

hensæ solutio pro parte facta, obligatio pro parte tollitur, sed genus nihilominus adhuc peti potest [92].

Ideoque si duo rei stipulandi hominem dari stipulati fuerint, & promissor vtrique partem diversorum hominum dederit, ab vtroque non magis liberatur [93], quam si eidem diversas duorum partes solvisset [94].

In alternatiua obligatione illa aut illa re promissa, electio debitoris est vtram solvat [95].

Una autem re electa etiam ad alteram transire, & voluntatem in eo, quod præstiturus sit, debitor mutare non prohibetur [96]:

Quod si tamen promissor se alteram soluturum stipulatori constituerit, aliam deinde eligere salva fide non potest [97].

In legatis disiunctivis non est eadem quæ in stipulationibus disiunctivis ratio, siquidem postea quam semel elegerit is, cui electio attributa est, mutandæ sententiæ amplius potestatem non habet [98].

Utique alteram ex rebus disiunctive promissis à se deteriorem factam vel debilitatam promissor offerens non audietur [99].

Sed nec altera ante electionem perempta, superstitem solvere probe recusabit, electionis jure vna cum re perempta simul perempto [1].

Demortuæ tamen rei precium, quæ longe vilior superstite fuerit, præstare ei licere Ulpianus existimat [2], si modo cum per eum non stetisset quo minus daret, casu res perierit [3].

Rei autem vtraque citra culpam promissoris perempta, perempta etiam est omnis obligatio, non solutione, sed rei interitu, de quo infra.

Interdum in stipulationibus sub disiunctione conceptis electionem sibi Creditor reservat, quod totum ex conventione est, cum electio alias sit

92 d.l.stipulatus sum.§.1.d.l.in executione,§.pro parte d.l.2.§.ex his.
93 d.l.qui sibi,§.qui Stichum.
94 l.2.in fi.D.de duob.reis.
95 l.Stichum,95.D.eod.l.si in emtione,34.§.pen.D.de contrah.emt.l.plerunq.10.in fi.D.de iure dot.l.quod autem,7.§.si maritus,D.de donat.int.vir.& vxor.l.adigere,6.§.1.D.de iure patron.
96 l.eum qui certarum,138.§.fi.D.de V.O.
97 l.illud aut illud 25.D.de const.pec.
98 l.huiusmodi,84.§.Stichum,D.de leg.1.l.statu liberũ,11.in fi.D.de legat.2.l.apud Aufidiũ,20.D.de opt.leg.
99 d.l.qui sibi,§.1.
1 d.l.si in emtione,§.fin.
2 l.cum res,47.§.si Stichus,D.de leg.1.
3 d.l.Stichum,§.1.

debitoris ex natura obligationis.

Hoc vero casu interest ita stipulatio concepta sit, *illud aut illud quod voluero*, an ita, *quod volam*, siquidem priori illo casu semel duntaxat eligere stipulator, hoc vero posteriori sententiam mutare, subindeque variare potest, quoad judicium dictaverit [4].

Ceterum parte vnius ex rebus sub disiunctione debitis soluta, ne pro ea quidem parte liberatio contingit [5].

Ideoque si Stichum aut Pamphilum stipulatus duos fidejussores accepero, atque ex his alter Stichi alter Pamphili partem solverit, vterque obligatus manet [6].

Quod si mihi Stichum, aut alii Pamphilum dari stipulatus sim, Pamphilo alii soluto à me promissor liberabitur [7]: idemque est si mihi decem, aut hominem Titio dari stipulatus sim, & homo Titio datus sit [8], tametsi vtroque hoc casu promissor non ipso jure, sed per exceptionem demum lib[e]retur.

At si mihi decem, aut quinque Titio dari stipulatus sim, ita demum Titio quinq; solutis promissor liberabitur, si hoc expressim actum fuerit, vt quasi pœna in stipulantis persona adijceretur, si Titio solutum non esset: alioqui si hoc actum non sit, quinque Titio solutis, reliqua quinque in obligatione manent [10].

Plane qui hominem aut decem mihi aut Titio dare spoponderit, post partem hominis Titio traditam, si mihi decem numeraverit, partem hominis, quæ decem solutis indebita est mihi, recte condicet [11].

Quemadmodum autem illa aut illa re promissa in potestate electioneq; debitoris est, vtram præstet ita & vtraq; per errorem soluta liberũ repetendi, quam velit, arbitrium habet, quę Juliani

&Papi-

4 l. si quis stipulatus sit, 112, D. de V. O. l. si is qui, 66. D. de procur. l. 1. D. de pœn. leg.

5 d. l. 2. §. harum. d. l. si non sortem, §. pen.

6 d. l. qui hominẽ, §. si decem.

7 l. qui res, 98. §. mihi Romæ D. eo.

8 d. l. qui hominẽ, §. stipulatus.

9 l. fi. §. cum mihi, D. de V. O. l. obligationum fere, 44. §. acceptio, D. de O. & A.

10 d. l. qui res, §. qui stipulatus.

11 d. l. qui hominem, D. eod.

& Papiniani sententia fuit[12], quam Justinianus rejecta contra sentientium opinione magis probat[13]. 13 *l. pen. C. de cond. indeb.*

Ei porro qui sub alternativa debet, non multum absimilis est, qui decem in melle promisit, cum eligere possit vtrum mel an decem præstare velit, eo usque donec lis cum eo sit contestata; quo facto sola decem solvere poterit[14]. 14 *d. l. si decem in melle, D. eod.*

Atque hæc de obligationibus dandi: in obligationibus faciendi facto pro facto soluto liberatio non contingit[15]. 15 *d. l. qui res, §. mihi Roma.*

Et ideo eum qui insulam vel navim à se fabricandam promiserit, si hoc specialiter actum sit, vt suis operis eam perficiat, ab alio extructa insula non liberatur.

Atque hic etiam haud aliter quam in stipulationibus dandi, qui in tuo aut Titii loco insulam fieri spoponderit, electionem habebit, quo loco ædificet, & alterutro ædificato liberabitur[16]. 16 *d. l. qui res, §. mihi Roma.*

Illud autem generale est, vt ad facti ipsius præstationem quis præcisa non teneatur, sed interusurii præstatione ab illo promissor sese liberet.

Ceterum sicut idipsum quod debetur solvendum est, ita etiam eo quo debetur *modo* solvi necesse est.

Quo fit, vt alio quam in quem promissum est loco, invito & dissentiente stipulatore solvere promissor non possit, nisi & quod ratione loci eius intersit, simul offerat[17]. 17 *l. 1. l. is qui, D. de eo quod certo loco. l. vsuras C. de sol.*

Ac nec si alibi ei, cuius persona stipulatione cōprehensa est, sit solutum, liberatio sequetur[18], nisi vti id licere stipulatione cautum sit[19]. 18 *l. 3. §. idem Iulianus, D. de eo q certo. loc.*

Idem est in factis, vt si insula alibi, quam vbi promiserat, extructa sit, in nihilum promissor liberetur. 19 *d. l. qui res, §. mihi Roma.*

Quod si locus in obligatione dictus non sit, hic distinctionibus Bartoli, quas multis persequitur

in l.

in l.item illa, §. fina. D. de constit. pecun. locus erit.

Quod in diem promissum est, die sua solvi debet: post diem male solvitur [20].

20 l. solidum, 85. D. eod.

Ante diem utique solvi poterit, quod in diem debetur, quippe dilatione diei in gratiam debitoris adjecta [21].

21 l. quod certa die, 70. D. eod. l. stipulatio ista, 38. §. inter certam, D. de V. O. l. cùm tempus. D. de R. I.

Quod tamen non efficit, ut per errorem ante diem solutæ pecuniæ condictionem debitor, quasi plus solverit, habeat [22], cum ex promissione, quæ in diem collata est, præsens nasci obligatio, sola in diem dilata exactione, credatur [23].

22 l. in diem, 10. D de condict. indeb.

23 l. cedere, D. de V. S.

Cum vero Creditoris gratia præstationi faciendæ dies dictus est, idque ipsum vel nominatim comprehensum est, vel evidentibus argumentis apparet, tunc præmature solvere volentem repelli posse omnes consentiunt [24].

24 Briss. lib. 3. de solut. per l. qui Romæ, D. de V. O. l. eum qui, D. de ann. legat. l. si ita relictū, §. Pegasus, D. de leg. 2.

Eum plane cui libertas ita adscripta est, si annua, bima, trima die decem dedisset, tota ea simul heredi non expectata die offerre posse constat [25].

25 l. 3. §. Stichus, D. de statulib.

Conditionalis debitor pendente adhuc conditione solvere potest: & ea existente jam olim liberatus fuisse intelligitur: deficiente ea repetet: hoc ita si volens Creditor accipiat [26].

26 l. sub conditione, 16. D. eod.

Si neq; diem neq; conditionem obligatio habeat, statim solvi oportet, nisi ex re ipsa tacitam dilationem promissio capiat [27].

27 d. l. interdum.

Quod tamen cum aliquo temporis laxamento capiendum est, ex bono & æquo ea re diiudicata [28].

28 d. l. quod dicimus.

Judicatis quidem ex lege XII. tab. triginta dies justi erant [29].

29 ut constat ex fragmentis legis XII. tab.

In constitutoria actione decem dies promissori indulgentur [30].

30 l. promissor, 21. D. de const. pecun.

In ceteris causis nihil expressum est: humanum tamen est, tantum temporis dari, quo res conquiri,

quiri commodeque solvi aut fieri potuerit [31].

Verumenim vero tempore oportuno solutio facienda est.

Sed & illud videndum, ut totum illud, quod debetur, non imminutum neque deterius factum solvatur [32].

Solutione à Reo facta ita obligatio dissolvitur, ut etiam pignora & fidejussores, appromissoresque, intercessores, mandatores, & ejusdem obligationis socii liberentur [33].

Quamobrem ex duobus tutoribus aut fideiussoribus alter solidum, quod ex causa tutelæ aut fidejussionis debebatur, solvens, in ipsa solutione postulare debet sibi adversus collegam actiones mandari [34], frustra postea id desideraturus, nisi de eo quoque ante solutionem convenisset.

Aliter atque si ideo tutor aut fideiussor damnatus sit, quod à debitore pupilli non exegisset: nec enim post solutionem ipsam male petet sibi adversus debitorem, cujus obligationem dissolvit, mandari actiones [35].

Sed etsi quod ego debeo, alius non novandi animo promiserit, licet vterque teneatur, alterius tamen solutio alteri quoque afferret liberationem [36].

Versa vice fidejussorum mandatorumque solutionem Reis proficere non dubitatur.

Si tamen servus filiusvefamilias non ex re peculiari suscepta obligatione fideiusserit & solverit, non ante is, pro quo intercessit, liberabitur, quam dominus vel pater solutionem ratam habuerit [37].

Verum mandatoris solutio ipso jure reum non liberat, eo quod suæ obligationis causa, cuius potestate ad solutionem compulsus est, suoque nomine magis, quam liberandi debitoris causa solvisse videatur [38].

Ideo-

31 *§.fin.Inst.ab inut.stipu.*

32 *d.l.3.§.si reddita, Dig.commod. l.1.§.si res, D.depos. l.etiam, 27.D.de solut.*

33 *l.in omnib. 43. D.eod.l. Vranius, 71.D de fideiuss. l.3.§.fin.D.de duob. reis.*

34 *l.Modestinus, 76.D.eod.*

35 *l.Stichum, 95. §.si mandato.*

36 *l.si Stichum, 8. §.fi.D.de novat.*

37 *l.si servus, 66. D.de fideiuss.*

38 *l. Papinianus, 28. D.mandat.*

Ideoque ei, quas ad versus Reum habet actiones præstare creditor vel post solutionem necesse habet[39].

39 d.l.Stichum §. si mandato.

Qua ratione & quod alienæ hereditatis possessor Creditoribus solvit, ipso iure verum heredem non liberat[40], videlicet quia suo, non hereditatis nomine soluit.

40 l.si quid possessor,31.D. de hered. petit.

Verum ejus demum, quod in obligationem deductum erat, solutio ad liberationem proficit, Nam quod pœnæ nomine à debitore dependitur, lucro creditoris cedit, nec imputatur debito[41].

41 l.id quod,74.D eo.l.si debitor, 79. D.de furt, l.si pignore,22.D.de pig. act.

Vere autem soluta pecunia non eo minus debitor liberatur, quod inductum chirographum non sit[42], quod post solutionem etiam utiliter condicetur[43].

42 l.inductum, C. eod.

43 l.fin.C.ad exhib.l.fin.C.de condict.sine caus.

Si qui ex pluribus causis debitor est, solvit, nec solvat ex causis illis omnibus, is quidem ipse qui solvit, dicere potest, quo sese potius debito exonerare velit[44].

44 l.1.l.Paul.101. l.in his,5.§.1.D. eod.

Quod si simpliciter atque indistincte, debitor solverit, nec dixerit in quam caussam solutũ vellet, convertitur electio ad creditorem[45], cui lex arbitrium dat in repræsenti statuendi, cui debito acceptum ferat, ita tamen vt id constituat solutum, in quod ipse, si deberet, esset solutum[46].

45 l.1.C.eod.

46 l.1.D.eod.

Quæ res efficit, vt in duriorem semper causam, & cuius dissolvendæ necessitate debitor premebatur, sibi accepto ferre debeat, quoniam ipse in suo ita constitueret nomine[47].

47 l.3.D.eod.

Utriusque vero demonstratione cessante, id est, si neque debitor quod potius debitum solutum velit, expresserit, neque id Creditor constituerit, in grauiorem nihilominus durioremque causam pecunia semper imputabitur[48].

48 d.l.3. & 5.D. eod.

Ex quo fit vt solutio videatur facta in id potius quod suo, quam quod alieno nomine debetur.

Et

Et cum multis ex causis suo nomine quis teneri possit, in eo numero primum ejus, quod ex pœnali famosaq; causa, vel quæ inficiatione crescit, habenda est ratio.

Deinde eius quod sub pœna, vsuris, fideiussoribus, pignoribusue debetur.

Postremo in chirographariis pecuniis in eas priori loco solutio proficit obligationes, ex quibus ad solutionem reus sive debitor tunc compelli potuisset, id est, quæ præsentes sint & vtriusque juris vinculo sustineantur [49].

Quod si nihil eorum intercedat, si nomina omnia similia sint, vetustior contractus ante tolletur, & in antiquiorem causam potius id quod solutum est proficiet, quam in posteriorem [50].

Si par & dierum & Contractuum causa sit, ex omnibus causis pro portione videbitur solutum [51].

49 l. si quid, 7. l. cum ex plurib. 97. D. de solut.

50 d. l. 5. d. l. cum ex plurib. l. creditor 102. §. Valerius, D. eod.

51 d. l. illud, D. eod.

De Solutionibus quæ tollunt obligationem delicti.

Cap. LIV.

Solutio obligationis *delicti* non minus est debiti, quam obligationis conventionis solutio.

Quod debitum est rei circa quam delictum commissum est vel ipsius, vel damni in ea dati, & vero etiam pœnæ.

Pœnæ autem in delicto omni, rei non nisi in delicto circa rem commisso.

Et rei, vt siquidem ablata est restituatur: si læsa, damnum & Interesse præstetur [i].

Pœna autem in genere est omne id quod extra rei ipsius persecutionem est [1].

Quæ duplex est, Conventionalis & Legitima.

i §. ex maleficiis, Inst. de act. l. 2. D. de tut. & rat. dist. vnde pœnales & rei persecutoriæ actiones opponuntur, §. sequens diuisio Inst. de act. l. item si res 4. in fin. D. de aliē. iudic. mut. caus. l. pœnales, 32. D. ad leg. Falc.

Con-

Conventionalis est pœna illa, de qua in contractu convenit præstanda, si quid fieret aut non fieret [2].

a Legitima est pœna illa, quæ citra conventionem delictis irrogitur ex eo solo quod delictum admissum est, de qua hoc loco potissimum.

Pœna igitur illa est delictorum coercitio [3].

Quæ imponitur vt sublatis malis ceteri vivant tranquillius, & vt is qui punitur, emendetur [4], & vt pœna ejus ceteros reddat melior [5], atque à delinquendo absterreat [5].

Quibus consequens est vt cogitationis pœna non sit [6].

Tametsi in atrocioribus affectus puniatur, etiam non secuto effectu [7].

Cujusmodi est crimen læsæ majestatis [8].

Vis publica [9].

Hæc pœna Civilis est vel Criminalis.

Civilis pœna est pecuniaria ei qui agit applicata, atque ita privatim [10].

Criminalis est pœna inflicta publice; id est, Corporalis vel pecuniaria.

Pecunia est pœna pecunia soluta fisco.

Pecuniæ autem appellatione generaliter intelliguntur bona ejus, qui punitur b: & siquidem pecunia in numerata pecunia consistat, extra ordinem indicta Mulcta est [11]: si vniuersitatis bonorum, dicitur Bonorum ademptio, quæ interdum est partis bonorum; interdum bonorum omnium [12] atque hæc est Confiscatio.

Corporalis pœna est, quæ delinquentis corpori infligitur [13].

Quæ iterum duplex est, Capitalis, & non capitalis [14].

Capitalis est pœna capiti hominis delinquentis inflicta. Capur

2 De qua supra c.
a De pœnis, 48. D.19.9.C.47. Nov.134.
3 l.Sanctio, 41. D. de pœn.l.ne quis, C. eod.l. aliud fraus, 131.§.1.D.de V.S.
4 l.si pœna, 20.ff. eod.l.fin.ff. de furt.
5 l.1.ff.ad leg. Iul. repetund.l.si quis forte, 6.§.1.ff.de pœn.l. capitalium, 28.§.pen.ff.eod.Novel.30.c.fi.in pr.
6 l.cogitationis, 8. ff.de pœn. c. cogitationis, dist. 1. quia voluntas in mente retenta nihil operatur, l.cum quid, D. de reb.cred.si cert. pet.l. quidam eum filium, ff. de hered. insti.
7 Angel.consil.14. Deci.consil.18. nu. 327.vol.1.
8 l.quisquis, in pr. C.ad leg.Iul. maiest.l.4.in pr.D.eo. Deci. d. consil.18. n.326.vers.Respondetur autem.
9 l.3.D.de vi public.Dec.d.consil. 18.num.330.
10 §.pœnales, Inst. de act.l.omnes, 26. l.constitutionib.33. D.de O.& A.
b De modo multarum quæ à iudicibus infliguntur, 1.C.54.
11 d.l.aliud fraus, §. & multa quidem, l. si qua pœna est, 244.D.de V.S. acquiri aut eã ærario sive fisco principis, nisi specialiter eã iudex aliis vsib.deputaverit, est tex.in l.multarũ, C.de mod.mult. 12. l.sententia, Cod. de fideius.
13 auth. sed hodie, C. de of.divers.iud.
14 l.2.ff.de publ.iud. §. publicorum, Inst.eod.

Caput autem Naturale est vel civile: atque inde capitalis pœna. Naturalis est capitis vel civilis[15].

Naturalis est, qua vita naturalis homini delinquenti adimitur[16].

Civilis est, qua civis Romanus salva vita naturali è numero civium Romanorum tollitur ademptá illi civitate; quandoque etiam vna cum illa libertate[17].

Non capitalis est quævis pœna alia corpori inflicta, quæ interdum sanguinis est, interdum sine sanguine infligitur.

Pœna quibus vita naturalis amittitur, de jure Justinianeo sunt Furca, Crematio, Decollatio, & aqua facta suffocatio[18]. Nam securis jam tempore Justiniani Imp. ab scesserat, & furcam in locum Crucis jam pridem Constantinus M. substituerat[19]. lapidationem autem & confractionem Romanis vnquam vel Justiniani temporibus, vel ante illa in vsu fuisse non invenio.

c Pœna qua civitas amittitur libertate salva est Exilium[20]: civitas & libertas simul, Metallum[21] & Ludus[22], quorum tamen ex Constitutione Justiniani Nov. 22. c. 8. vsus amplius non est.

V Ceteræ

15 dixi li. 1. disiept. Schol. 12.
16 l. aut damnum. 8. D. de pœn.
17 l. licet, 103. D. de V. S. l. 2. D. de publ. iud. §. 2. Inst. eod. l. 2. D. de pœn. l. servum, 33. §. publice, D. de procur. l. edicto. 13. D. de bo. possess. l. 4. D. si quis cauti. l. eum patronum, 10. D. de iure patr. l. qui cum maior. 14. §. is demum, D. de bon. liber. cum similibus.
18 l. capitalium 28. D. de pœn.
19 Cont. 1. lect. 13. Cui. ad Paul. 5. sent. 17. §. 2. & 16. obs. 1.
c De interdictis & relegatis & deportatis, 48. D. 22.
20 l. 2. §. 1. D. de public. iudi. l. 1. C. de fide iuss. atque ita proprie exilium in iure accipitur, vt dicit Iacobus Cuiac. 15. obs. 35. Nam generalius interdum accipi apparet ex l. exilium, 5. D. de interd. & releg. vnde Vlpian. vitandæ obscuritatis causa in d. l. qui cum maior, §. is demum, meminit exilij; quod sit vice deportationis, vbi civitas adimitur, quasi sit exilium aliquod quo civitas nō amittitur, l. relegati, 4. D. de pœn. atq; alias exilium dicitur exilium deportationis, vt in l. placet, C. de sacrosan. eccles. 21 d. l. aut damnum, §. est pœna, l. 3. D de his quæ pro non script habentur. l. Arist. 46. D. de manum. testamen. Diversa autem sunt in metallum & in opus metalli damnari, d. l. aut damnum, §. est pœna, l. moris, 9. §. istæ fere, l. capitalium, 28. §. Divus, D. de pœn. l. pen. in fin. D. de var. & extraord. cogn. l. 3. §. fi. D. de re mil. l. 3. §. pen. D. Stellion. l. 5. D. de manum. Nam qui in metallum damnati sunt, gravioribus; qui in opus metalli, levioribus vinculis premuntur. Item refugæ ex opere metalli in metallum damnantur, refugæ vero metalli. gravius & durius coercentur, d. l. aut damnum, §. inter eos, l. pen. §. fi. D. de var. & extraord. cogn. 22 Paul. 5. sentent. 17. d. l. aut damnum, §. quicunque, Cuiac. 13. obs. 10. Lips. passim in Saturn.

Ceteræ sunt non capitales, vt Relegatio [23], Verbera [24] & Infamia, quæ sine sanguine sunt, & membri amputatio, quę cum sanguinis effusione conjuncta est [25].

d Tametsi vero per sententiam cui pœna sit imposita, fit tamen haud raro, vt illa vel protinus à principe remittatur, vel postea sententiam passus restituatur.

Porro omnes hæ pœnæ Ordinarię sunt vel Extraordinariæ [26].

Ordinariæ pœnæ sunt pœnæ expresse delictis in legibus indictæ, quas mox in speciebus delictorum supra enumeratis ex Justiniano recensebimus.

Extraordinariæ pœnæ sunt arbitrio judicis commissæ, quæ ex circumstantiis, inprimis vero personarum & delicti ipsius infliguntur modo graviores, modo leviores [27], cuiusmodo tempore Justiniani & exinde adhuc vsque fere pœnæ sunt omnes.

Cum

23 l. relegatus, 14. D. de interd. & releg. Relegantur quidam in insulam, d. l. aut damnum, in pr. & §. in exulibus, & §. grassatores l. si quis aliquid 80. D. de pœn. quidam simpliciter vt provincia iis interdicatur, non etiam insula assignetur, l. relegatorum, 7. D. de interd. & releg. Sed relegati etiam in perpetuum leguntur in d. l. aut damnum, in pr. l. si quis aliquid, 38. § si quis instrumentum, D. de pœn. l. 3. C. qui petant tutor. sed & relegationem quandoque factam bonis vel parte eorum ademtis apparet ex l. 1. D. si pendent. appel. l. in ratione, 1. §. cum quidam, D. ad leg. Falcid. d. l. si quis aliquid. §. qui abortionis, & §. si quis instrumentum. 24 Quæ triplicia sunt, quædam quæ fiunt fustibus; quædam quæ flagellis, quædam quæ vinculis, l. veluti, 7. D. de pœn. Hinc fustibus cædi, castigari, admoneri dicunt ICti. l. 1. §. cum patronus, D. de off. præf. vrbi, l. 3. §. 1. l. fi. D. de offic. præf. vigil. l. fin. D. de iniur. Vinculorum autem, id est, verberationis quæ fit loris, mos videtur fuisse rarior; & species quædam verberum, quæ fiunt flagellis. Ceterum fustium pœna levior est, quam pœna flagellorum, vnde etiam illa admonitio, hæc castigatio dicitur in d. l. veluti. Et fustibus quidem liberti cædebantur. l. 1 §. cum patronus, D. de off præf. vrbi, atque etiam ingenui tenuiores. l. fi. D. de iniur. l. capitalium, 28. §. non omnes, D. de pœn. non honestiores, l. 5. C. de his qui not. infa. Flagellis autem servi, vt comprobavit Barnab. Briss. 3. antiq sel. 11. per l. sed sicut, in fi. D. de vsufr. coniuncta, l. item apud Labeonem, §. si communem, D. de iniur. l. prætor edixit, §. præterea, D. eo coniuncta cum l. sed si hac lege §. pen. D. de in ius vec. & ad eam rem est textus manifestissimus in l. in servorum, 10. D. de pœn. 25 l. 3. C. de serv. fugit Nov. 134. cap. 13. d De sententiam passis & restitutis, *48. D. 23. 9. C. 51. 26 Quæ distributio colligitur ex l. prospiciendum, 11. l. quædam, 14. l. aut facta, 16. l. si diutino, 25. D. de pœn. l. 3. Cod. quib. ex caus. infam. irrog. l. quid ergo, 13. §. pœna, D. de his qui not. infam. 27 d. l. aut facta. 28 §. fin. Inst. de interd. & confirmatur consuetudine, quæ est legum interpres optima. Contrarium sentit Forner. in d. l. aliud fraus, §. & multa, per illum text. & l. antepen. ff. de V. S. & l. antepenult. C. ad leg. Iul. de vi.*

Cum enim ordo criminum probandorum antiquus in vsu primum esse desisset [29], mox etiam ordo eorundem puniendorum desiit [30].

Verum pœnæ extraordinariæ facto incidenti accommodantur arbitrio judicis, ideoque regula certa definiri nequit, q a pœna delictum admissum puniendum sit, nisi omnes omnino qualitates habeat, quas de ipso lata lex judiciorum publicorum requirit [31].

Simpliciter autem arbitrariæ hoc est, quæ imponuntur delicto cui nulla omnino pœna ordinaria à legibus infligitur, non, nisi ex urgentissima causa, ad mortem extendi debent [32], tametsi Romanæ Reipubl. statu antiquo inspecto, ne ex illa quidem extendi debere videatur.

De O d nariis pœnis res de jure expeditior est, tametsi successu temporis paulatim immutatæ etiam sint, quippe quod ex legibus essent mitiores, graviores factæ ex Imperatorum Constitutionibus [33].

Observandum autem est civem Romanum qui sanæ mentis sit & justæ ætatis, omnibus istis pœnis pro ratione delicti admissi subiici posse: servum nullo casu pœnæ pecuniariæ, sed capitali tantum, neque tamen promiscue cuivis, sed capitali naturali, atque ei etiam quæ capitalis non est, potissimum autem verberibus & amputationi membri [34].

Deinde vero & illud in quibusdam delictis est, vt eorum nomine vtriusque generis tam pecuniariæ quam corporalis pœnæ infligantur, quibusdam alterutrius [35].

V 2 Et

29 l. ordo, 8. D. de Publ. iud.

30 l. lex, 7. §. fin. D. ad leg. Iul. repetund. l. fin. Dig. ad leg. Fab. de plagia. l. 3. §. pen. D. ad leg. Cornel. de sicar. l. 1. in fin. D. de pœn. Cuiac. 8. observat. 33. Dion. Gothofr. ad d. l. Ordo, lit. O.

31 Et hactenus Forner. cum ceteris conciliabitur. quod alio loco, Deo volente, ex antiquitatibus Romanis, quibus hæc res omnis definienda est, demonstrabitur. Hinc Cuiac. ad Paul. 5. sentent. 2. §. fin scribit, hodie nihil esse pœnarum modo incertius, quoniam alias ordine, alias extra ordinem indicantur, & rursus extra ordinem varie.

32 de hac quæstione, An in pœnis arbitrariis ad mortem vsque quis arbitrari possit, vide Marant. disputa. 3. num. 15. Menoch. 1. de arbitrar. iudic. quæst. 86. concludunt vulgo verius esse vt non extendi possit. qua de re Iul. Clar. 5. sent. §. fi. q. 83. Schnc. Baro conel. 93.

33 Quod apparet ex collatione legum & Constitutionum.

34 l. his accusare. 11. §. omnibus, D. de accus.

35 d. l. aut damnum, & passim sub tit. D. & C. de pœn. & sub tit. D. de interd. & releg.

Ex quo pœna simplex alia dici potest, alia mista.

Simplex est, quæ sola non alii conjuncta infligitur.

Et sola pecuniaria, vel sola corporalis.

Pecuniaria sola semper cum quis interesse aut dolorem suum privatum persequitur ex quocunque delicto.

Cum autem interesse publicum quis persequitur, modo sola est pœna pecuniaria 37, modo sola corporalis, modo utraque conjuncta est 37, & hanc mistam voco.

e Omnes autem istæ pœnæ Infamiam habent 38, quæ est læsæ existimationis status 39.

Quam duplicem faciunt, unum juris, alteram facti 40.

Juris infamiam eam esse dicunt, cum quis jure est infamis: Facti, cum existimatio, alicuius apud viros bonos & graves imminuta est. Distinctione magis ob effectum utriusque introducta, quam ex causa.

Ceterum pœnarum Ordinariarũ, quæ ex legibus erant, mutationes factæ ab Imperatoribus, methodum justiorem interturbant, ut secundum singulorum delictorum enumerationem suprà factam, & ipsæ nunc enumerandæ esse videantur.

In Schismaticos nulla pœna reperitur constituta in jure Justinianeo ordinaria: si quæ est, illa omnis extraordinaria atque adeo arbitraria est 41.

Hæresis etiam legibus ignota est, sed ex Imperatorum Christianorum constitutionib. 42 illa vindicatur relegatione 43 aut deportatione 44: & vero tam hanc quam illam sequitur bonorum,

& quo-

36 *Quæ si sit mulcta præsupponit delictum aliquod levius, l. fin. §. nec tamen, C. de mod. mult. & specialem aliquam pœnam delicto non esse impositam, d. l. aliud fraus, §. & multa.*

37 *l. si is qui, C. si pend. appell. mors interven.*

e De his qui notantur infamia, 3. D. 2. 2. C. 12. & 10. C. 57.

38 *l. non potest. 63. D. de furt. l. Divus 40. D. de iniur. mulcta tamen damnum famæ damnato non irrogat, l. 1. C. de modo mult.*

39 *l. 5. §. 1. D. de extraord. cogni. l. fi. C. de pœn. iudic. qui male.*

40 *l. fratres vel sorores. C. de inoff. testam.*

41 *Canones Schismaticos volunt excõmunicari atq; ordine moveri, c. quoties. 1. q. 7. c. quoniã in fi. D. de off. ord. c. 1. de Schismat. cum omnium bonorum confiscatione, c. 2. de Schis. in 6.*

42 *Passim sub tit. C. de hæret. & Manich. Videtur tamen pœna eorum arbitraria fuisse Imperatoribus, l. 1. in fi. C. de sum. Trinit.* 43 *l. 2. §. fin. C. de sum. Trinit.* 44 *l. Gazaros, C. de hæret.*

& quorumcunque jurium atque privilegiorum amissio 45.

Apostatarum pœna est deportatio & bonorum confiscatio 46, quod crimen itidem ex solis constitutionibus vindicatur.

Lex quæ *periurio* certam pœnam irroget nulla extat 47: neque lex vlla extat, quæ magistratibus, quorum

45 d.l.Gazaros, l. quicunque, Cod. de hæret. & de infamia est text. in d.l. Gazaros, quo pertinet quod hæretici nec inter vivos nec mortis causa actum aliquem celebrare possunt, l. manichæos, l quoniam, Codic. de hæretic. de iure etiam Canonico bona hæreticorum post sententiam latam confiscantur, cap. vergentis, cap. excommunicamus. de hæretic. cap. cum secundum, eod. in 6. imo etiam post ipsorum mortem, vt notatur in cap. accusatus, §. pen. eodem in 6. nec debent ipsorum cadavera tradi sepulturæ Ecclesiasticæ, cap. quicunque hæreticos, eodem in 6. Clericus ab Ecclesia ejjcitur, omnique prærogativa exuitur, cap. ad Apostolicam, eodem, c. super eo. eod. in 6. quod idem statuitur in l. 3. §. 2. Cod de summ. trinitat. laicus vero anathematizatur, d. l. 3. §. 2. speciale vero est in hæretico advocante vel postulante vt ab officio removeatur, præter quod proscribendus & perpetuo exilio multandus est, l. nemo, Cod. de episcop. & cleric. l. final. Cod. de postuland. & in hæretico anabaptizante, quod multatur decem libris auri, l. final. Cod. ne sanct. baptis. iter. & habente mancipium orthodoxum, vt multetur triginta libris, leg. final. Cod. ne Christian. mancipium hæretic. vel iudæus.

46 l. 1. & 3. Cod. de Apostat. iure Canon. distinctio pœnæ fit ex distinctione Apostasiæ, quæ alia est perfidiæ, alia inobedientiæ, alia Irregularitatis, de qua Innoc. in cap. præterea, de Apostat. & Panorm. in cap. 1. eod. Hostiens. in summa. titul. de Apostat. § qualiter puniatur, Cucchus 4. Institut. iur. Canonic. 5.

47 De hac quæstione à I Ctis nostris varie disputatum est, quam varietatẽ fecit pugna quæ esse videtur in l. 2. Cod. de rebus cred. & l. si duo, 13. §. final & in l. in duobus. 28. §. final. Digest. de iureiur. l. quod si deferente, 21. & seq. Dig. de dolo malo. l. fin. Dig. Stellion. l. si quis maior, Cod. de transact. Novell. 24. Ad distinctiones tandem Interpretes decurrunt, in quibus tamen non omnium eadem sententia, vt ostendit Iac. Menoch. lib. 2. de arbitrar iud. quæst. q. 319 Centur. 4. distinctio illa est potissimum in tribus capitibus, quorum unum est, vt attendatur PER QVEM *iuratum sit;* DEVMNE, *an principem eiusve genium: Alterum,* QVOMODO *iuratum sit, consultone & deliberato animo, an vero calore iracundiæ: & tertium,* QVID *iuramento illi sit* CONSEQVENS, *hoc est, an ei contra quem iuratum est, ex eo damnum inferatur. Ioan. Fabr. in §. item si quis postulante, num. 5. Inst. de act. & ibid. Gom. num. 29. & Zas num. 19. tertium tantum caput attendunt. Ang. Aret. capita illa tria simul coniungit, & siquidem calore iracundiæ iuratum sit, putat id iuramentum* DEVM *habere vltorem tantum, per l. quicquid calore, D. de R. I. & l. 1. C. si quis Imp. maledix. sin autem deliberato, tum si per* DEVM *iuratum sit,* DEVM *itidem duntaxat esse vltorem; secundum d. l. 2. si per principem, vltorem esse principem, secundum d. l. si duo, §. final. tertium vero distinctionis, caput in iuramento duntaxat extra iudicialiter præstito locum habere, & tum id puniri per d. l. fin. Fran. Duaren. secundum & tertium caput amplectitur, in* quorum de criminibus erat cognitio, potestatem puniendi illum extra ordinem concesserit: at extitisse verosimile est ex l. final. Dig. Stellion. in qua mentio fit relegationis, & in l. si duo. §. final. Dig. de jurejur. in qua mentio fit fustium, quæ duæ pœnæ ex magistratus arbitrio inflictæ fuisse videntur, maxime tamen Relegatio, si per DEUM aut per principem calore iracundiæ juratum esset, pœna autem fustium, si juratum esset per principem data opera, & quidem in causa pecuniaria. Quamvis & alias perjurii pœnas fuisse, sed eas arbitrarias existimaverim, utriusque autem illius mentionem factam esse, quod inter ceteras ut plurimum usurparentur.

Sane Constitutionibus Imperatorum novissimis quibusdam casibus pœna perjurii est Ordinarii, atque adeo ex lege.

Unus est ex Constitutione Arcadii & Honorii Impp. in l. si quis major. Cod. de transact. ut si quis factas transactiones juramento solidaverit & fidem non servaverit, is fiat infamis, re ejusque emolumento, de qua transactum est, ca-

titul. Digest. de iureiur. cap. ult. & in titul. Cod. de rebus cred. cap. ult. & 2. disputat. 37. reiecta distinctione principis & DEI, ut si ex calore sine alterius incommodo quis iuraverit, sive per DEUM id factum sit, sive per principem, is non teneatur, de quo solo loquatur d. l. 2. sin autem fraudandi causa vel in contrahendo extra iudicium vel in iudicio peierarit, teneatur per d. l. si duo, §. final. Cuiac. autem agnoscit caput primum & secundum, ita ut si per DEUM peieratum sit, id periurium quoquo modo factum semper DEUM habeat ultorem, si vero per principem, puniatur, & in crimen læsæ maiestatis incidat, si factum sit consulto, non puniatur, si calore iracundiæ, 2. observat. 19, & 8. observ. 7. Utranque hanc & Duareni & Cuiacii sententiam vellicat Ioan. Rob. 2. senten. 20. affirmans omne periurium sine distinctione puniri, non tamen omne pœna eadem, eamque ob causam non negasse quidem Imperatorem in d. l. 2. quin puniri debeat periurium calore per venerationem principis factum, sed negasse modum pœnæ, id est, pœnam corporalem sive læsæ maiestatis, quod non ex illa tantum sed ex l. 2. C. ad l. Iu. maiest. colligatur. Atque hæc sententia quæ non solum Legibus sed honestati etiam & sacris literis est consentanea, mihi valde placet. Iure Canonico periurii pœna est excommunicatio, cap. final. 22. quæst. 1. cap. si quis convictus in princ. cap. parvuli, vers. & qui semel, & cap. si quis Laicus. 22. quæst. 5. & in clerico depositio, d. cap. si quis Laicus, cap. querelam, cap. tua nos de iureiur. Iul. Clarus, §. final. q. 73. vers. 6. Ex constitutione Carolina in casu de quo loquitur est amputatio duorum digitorum, quibus periurium commissum est, art. 107.

careat, & præterea pœnam, si aliqua convenerit, præstet.

Alter est ex Constitutione Zenonis, quæ est l. pen. Cod. de dignitat. lib. 12. vt si viri illustres cautioni juratoriæ iudicio sistend. causa non paruerint, hanc periurii pœnam ferant, vt in causa quidem civili actor mittatur in possessionem, in criminali autem spolientur illustri dignitate, atque inconsulto etiam principe damnentur.

Tertium casum ad d. l. pen. notat Cuiacius fuisse in quadam Constitutione Græca, posita sub rubr. Cod. de custod. reorum. quæ Constitutio desit. sententia autem eius hæc sit, vt quilibet alius qui non paret cautioni iuratoriæ ius suum amittat.

Quartus est in Novell. Justiniani, 117. in qua Justinianus constituit, vt Tribunus militum vel chartulatius militia exauctoretur, si mulieri de marito suo inquirenti falso iuraverit, eum periisse.

Sacrilegi deportantur [48] aut in metallum damnantur [49], ex constitutionibus puniuntur extra ordinem [50].

Sepulchrum *violans* quoquomodo infamis redditur [51], alias punitur pecuniariter [52], & si quidem criminalis illa sit 10. pondo auri [53], si civilis extraordinaria magis est [54], ita tamen vt iudex violatorem minoris non condemnet, quam in 100. aureos, nimirum sepulchro simpliciter violato: at vero sepulchro inhabitato vel inædificato in aureos CC [55].

48 l. hac lege, 10. in fine, D. ad leg. Iul. pecul.

49 l. sacrilegij. 6. D. ad leg. Iul. pecul.

50 l. lege 4. §. mandatis, D. eod. hinc sacrilegi capite puniuntur, l. sacrilegi, 9. D. eod. ad bestias damnantur, exuruntur vivi, suspenduntur furca &c. d. l. sacrilegij, cui convenit const. Carol. Crimin. art. 172. iure pontificio pœna itidem est arbitraria, interdum anathema, c. conquestus de foro competent. c. quisquis, 17. qu. 4. cap. nulli, &c. prædia 12. qu. 2. interdum carcer infamis, c. attendendum, 17. qu. 4. & c. inprimis, 2. q. 1. interdum deportatio & depositio, cap. si quis deinceps, 17. qu. 4. interdum mulcta, cap. in literis. 17. q. 4. cap. in literis de rapt. 51 *l. 1. D. de sepulcr. viol.* 52 *l. 3. l. de sepulcro, 9. D. eo.* 53 *l. si quis, C. eod.* 54 *Hinc dicitur puniri vt sacrilegus, l. pergit, C. eod. vide l. fin. D. eod.* 55 *d. l. 3.*

Sane adversus eos qui cadavera spoliant, præsides severius interveniunt, maxime si manu armata aggrediantur, ut si armati more latronum id egerint, etiam capite plectantur: si sine armis, usq; ad pœnam metalli procedunt[56].

Divus etiam Adrianus rescripto statuit pœnam XL. aureorum in eos, qui in civitate sepeliunt: & eandem in magistratus, qui id passi sunt: & præterea locum publicari jussit, & corpus transferri[57].

Criminis *læsæ* majestatis convictos manet pœna gladii[58], & bonorum omnium confiscatio[59], si honestiores sint: humiliores comburuntur aut bestiis ad ludum objiciuntur[60]: memoria insuper ipsorum post mortem damnata[61]: quinetiam alienationes ab eis post perpetratum scelus factæ etiam ante institutam accusationem nullæ sunt[62]: Inferiorum à principe majestas læsa vindicatur extra ordinem.

Rebelles autem & seditiosi deportantur aut in furcam aguntur, nimirum autores seditionis[63], multitudini vero parci solet[64].

Ambitus pœna est deportatio[65], nonnunquam pecuniaria cum infamia, nimirum aureorum centum[66]: gravior etiam, si vis præterea publica accesserit.

Coniuratio & collegia *illicita* hodie pœnam certam in jure non habent, sed extraordinariam[67].

Receptatio etiam extra ordinem coercetur[68], sed quandoque eandem habet pœnam, quam meriti sunt receptati[69].

Peculatus pœna primum fuit litis æstimatio, in quadruplum[70], tum deportatio[71], deinde ultimum supplicium[72].

Lege

56 *d.l.3.§.adversus.*
57 *d.l.3.§. Divus Hadrianus.*
58 *§.3.Inst.de pub. iud.l.quisquis, in pr.& §.fi.C.ad leg. Iul.maiest.*
59 *d.l.quisquis, in princ.l.pen. & ult. C.eod.Menoch.consil.102.num.2.li.1.*
60 *Paul.5.sent.29.*
61 *d.§.3.d.l. quisquis. vide de nonnullis aliis Cuiac.in parat.C.eod.*
62 *d.l.quisquis §. emancipationes: non tamen contractus gesti ante commissum crimen, quia tum cessat suspicio fraudis alienantis vel contrahentis, l. si quis posthac, §.si quid etiam, Cod. de bon.proscript.Men. cons.307.n.15.lib.4.*
63 *l.si quis aliquid 38.in fi. D. de pœn.*
64 *Cui. in paratit. C.de seditio.*
65 *l.un.C.ad l.Iul. de ambit.*
66 *l.un.D.eod.*
67 *l.2.D.de colleg. & corpor.Briss.1. antiq.14.*
68 *l.2.ff.de recept.*
69 *l.1.ff. eod. de receptatoribus hæreticorum est Auth. credentes.C.de hær.& Manich.l.3.§.non tantum, D.de incend. ruin.l.1.D.de crim. pecul.l.pen.D.de vi pub.*
70 *l.1.C.Th.ad leg.Iul.de peculatu, Paul.5.sent.27.*
71 *l.3.D.eod.*
72 *l.un.C.eod.*

Lege Julia de *residuis* damnatus amplius tertia parte, quam debet, punitur[73].

Annonæ flagellatores omnimodo extra ordinem puniri solent[74].

Plagiariorum pœna olim erat pecuniaria[75], postea capitalis, & plerunq; exilium[76].

Vulnerationis pœna extraordinaria est[77].

Parricida ex eo capite quo homicidium inter eos, qui parentum liberorumq; loco sibi invicem sunt, commissum est virgis sanguineis cæsus insutus culeo cũ cane & gallo gallinaceo, vipera, & simia in aquam projiciebatur, aut bestiis subiiciebatur, si mare proximum non erat[78]. sed lex Pompeja parricidam eadem pœna, qua homicidam puniri voluit[79]: verum prior illa Justiniani tempore usurpabatur, in usum nimirum revocata à Constantino M. Imper.

Qui autem cognatum, conjugem, patronum, affinem occiderit, tenetur lege Cornelia de Sicariis[80].

Pœna homicidii voluntarii simplicis ex jam dicta lege Cornelia erat aquæ & ignis interdictio, cui postea deportatio substituta est[81], qua etiam num afficiuntur qui dignitatis sunt altioris, in ceteros capite vindicari placuit gladio, humiliores autem furca vel ludo[82].

Homicidium casuale extra ordinem coercetur[83].

f Qui vero in reatu capitali conscientia criminis perculsi sibi mortem consciverũt, eorum bona publi-

73 l lege Iulia, 4. §. qua lege, D. ad leg. Iul. de pecul.

74 l. annonam, 6. D. de extraord. crimin.

75 Vt apparet ex lib. 60. Eclog. 48. cap. 1. & l. fin. D. de leg. Fab. de plag.

76 Extraordinariã enim hodie esse plagij pœnam constat ex d. l. fin. sane hominis liberi suppreßio pœnam habet mortis, secundum, l. fin. Cod. eod. servi alieni suppreßio pœna est mitior, d. l. fin. §. est & inter Inst. de publ. iud.

77 l. 1. §. Divus, D. ad leg. Cornel. de Sicar. de vulnerante commilitonem est text. in l. omne, 6. §. si quis commilitonem, D. de re milit. de vulnerante seipsum in d. l. omne, §. qui se vulneravit.

78 §. alia deinde Institit. de publ. iud. l. pen. D. de leg. Pomp. de parricid. l. unic. Cod. de his qui liber. vel paren. occid. 79 d. §. alia deinde. l. 1. 2. & l. pen. D. eod. hodie pro statutorum & co[n]suetudinum varietate pœna variatur, de quo Iul. Clar. 5. sent. §. parricidium num. 5. 80 modo dd. ll. 81 l. 3. §. legis Corneliæ, D. ad leg. Cornel. de sicar. 82 d. l. 3. §. legis Corn. §. item lex Cornelia. Inst. de publ. iud. 83 l. in lege, 7. D. eod. f De bonis eorum qui ante sententiam mortem sibi consciverunt, 48. D. 21. 9. C. 50.

publicantur, nisi heredes ipsorum innocentiam probaverint[84].

Prævaricatio tam in accusatore quam in advocato hodie extra ordinem punitur[85].

Tergiversationis pœna est pecuniaria, nempe quinque librarum auri[86].

Calumnia extra ordinem coercetur[87]: *Concussio* pecuniariter, vt plurimum etiam extraordinarie[88].

Raptus pœna est gladius[89], omniumque bonorum ademptio[90], quæ cedunt raptis, si ingenuæ fuerint, vel monasterio aut Ecclesiæ, si devotæ virgines: raptis autem ancillis vel libertinis bona non auferuntur[91].

Auxiliatores etiam gladio feriuntur, bona ipsis non adimuntur[92].

Stuprum virgini nondum viripotenti illatum, metallo vel deportatione coercetur[93]: illatum maturæ punitur, siquidem violentum non sit, relegatione & dimidiæ partis bonorum publicatione, si stuprator honestior sit: in humilioribus pœna est relegationis & corporis coercitionis alicuius, puta fustigationis aut verberum[94]. Stuprum autem violentum perfectum capite puniatur[95], imperfectum deportatione[96].

84 *l. final. D. eod.*
85 *l. 1. 2. l. sub imperatore, 6. D. de prævaric. l. de crimine, C. ad l. Iul. de adulter.*
86 *l. 1. D. de iure fisci, l. 3. D. de prævaric. l. 1. D. ad Senat. Turp. l. 1. C. eod.*
87 *Olim calumniator in fronte notabatur litera K. idque ex lege Remmia, l. 1. D. ad SC. Turpi. quin etiam ex l. 1. D. de calum. apparet pœnam fuisse pecuniariam quadrupli intra annum, simpli post annum, atque extraordinariam esse diserte affirmat Paul. 1. sentent. 5. convenitur interdum calumniator de concussione, l. 1. & 2. D. de concuss. interdum de repetundis, l. 1. § 1. D. ad leg. Iul. de repetund. item de vi privata ex SC. Volusiano, l. ex SC. 6. ff. ad leg. Iul. de vi priv. Item ex lege Cornel. de falso, l. 1. §. 1. Dig. ad leg. Cornel. de fals. vide Cuiacium in para. C. de calum.* 88 *l. 1. & 2. Dig. de concuss. Novell. 24. c. 2.* 89 *l. qui cœtu, 5. §. fi. Digest. ad leg. Iul. de vi publ. l. raptores, C. de episc. & cler. l. vnic. C. de rapt. virg. Nov. 123. c. 43. constit. Carol. art. 118.* 90 *d. l. vnic.* 91 *d. l. vn. Iure Canonico raptores cum suis adiutoribus feriuntur anathemate. cap. eos. cap. raptores, cap. si quis virginem, 36. qu. 2.* 92 *d. l. vn. §. pœnas autem.* 93 *l. si quis aliquid, 38. § qui nondum. D. de pœn.* 94 *§. item lex Iulia de adult Inst. de publ. iud. Iure Canonico mulierem seu viduam honeste viventem stuprans pœnitentiæ debet subdi, & coerceri pœna pecuniaria: Panor. in cap vt clericorum, de vit. & honesta. Cler. & in c. licet, de pœnit. virginem stuprans dotare illam & in vxorem habere debet, c. 1 de adult. alias castigatus & excommunicatus in monasterium detruditur, c. 2. cum ibi notat. de adult. Ex const. Carol. art. 123. pœna stupri est arbitraria.* 95 *Constit. Carol. art. 119.* 96 *Hodie pœna arbitraria ex constit. Carol. d. art. 119.*

Adulterii pœna hodie est gladius 97: olim ex lege Julia relegatio tantum 98.

Gladio etiam *Sodomia* vindicatur 99, item lenocinium cum liberis & vxoribus 1, tem Polygamia: m tior tamen esse solet; œna si superinducatur soluta, quam si conjugata 2.

Si quis eam cujus tutor fuerit, corrupe it, ex Constitutionibus de, ortatur; omniaque ejus bona publicantur, nempe si id fecerit citra matrimonium 3: si sub specie matrimonii, stupri pœna sufficit 4.

Mulieri

97 d.§.item lex Iulia de adult. l.quāvis. C.ad leg.Iul. de adult.d.Nov.134. c.10.quam pœnam confirmat const.Caro.articu.120.alias videtur pœna gladij. d.Nov.143. cap.10.in fœmina adultera mutata.ita ut ex ea videatur adultera virgis cædenda, deinde in monasterium detrudenda, atq; si maritus intra biennium illam ad se non revocaret, habitus monachalis ei induendus. Qua de re quid sentiam dicam alibi. Iure Pontificio pœna adulterij in laico est excommunicatio, c.si quis episcopus, 27.q.1.& not.in c.lator, 2.q.7.in Clerico est depositio, d.c.si quis episcop. Panorm.& alij in c.pervenit, de adulter.& latius in c.at si Clerici de iudic.vel in vtroq; certa pœnitentiæ impositio, vt in laico annorum septem, in clerico annorum decē, c.presbyter, dist.83.c.devotam, 27.q.1.c.hoc ipsum, 33.quæst.2. 98 Vt probant Cuia.20.observ.18.& lib.21.obser.17. & ad l.8. D.de transact. Brisson.in libr.singul.de adult.c.2.Iust.Lips. in eruditissimo suo commentario ad annal.Taciti,(mihi) fol.238.nonnulli etiam ex lege Iulia capitalem fuisse existimant. Coras.2.miscel.1.qua de quæstione vide quæ scripsit Mart.Ant. Delrio ad l.transigere, n.101.usq; ad n.114.C.de transact. de civilibus adulterij pœnis vide Mynf.resp.1.& 42.Menoch.lib.2.de arbitr.iud.quæst.casu 287.nu.12.& seqq.& casu 419.Duen.reg.635. 99 d.§.item lex Iulia de adult.l.cum vir nubit, C.ad leg. Iul.de adult.etiam attentata, Gail.1.de pace publ.14.n.26. Nov.77.& 141. Ex consuetudine Sodomia punitur crematione sive igne.de qua attestantur Ang.in d.l. cum vir. Damh.in pract.crim.c.96.nu.12.Iul.Clar.5.senten.§ Sodomia.n.4.eandemq; confirmat constit.Carol.crim.artic.116.sunt etiam Sodomitæ infames. l.1.§. removet, D.de postul.d.l.cum vir. Iure pontificio excommunicati arcentur à cœtu fidelium, c.Clerici de exces.prælat.privantur etiam omnib.bonis atque beneficiis. Panorm.in d.c.Clerici. Diaz.in prax.crimin c.80.& bonorum suorum dominio quamprimum ipso iure, glo.in Auth.de incest.nup.§.1.gl.in c.cum secundum, de hær. in 6 Bart.in l. post contractum, D.de donat.& in l.Imperator, D.de iure fisci. Bald.in Auth.Incestus.C.de incest.nupt. 1 Nov.14.§.1.l.2.§.lenocinij.l qui domum,8 in pr.l.miles,11 in pr.D.ad l.Iul.de adult.l.fi.C.de spectac.l.si lenones, C.de episc aud. & quamvis Iul.Clar.5.sent.§.fi.q.68.n.23. affirmet, pœnam mortis non esse amplius in vsu, id tamen verum non est in Imper.Romano, in quo pœna legum est confirmata, const.Caro.crim.art.122. 2 l.cum qui duas C.ad leg.Iul.de adult.l.2.C. de incest.& inuti.nup.confirmatur const.crimin.Carol.art.121. Quæ eius pœna sint de iure Pontificio, habetur in c.gaudemus, §.quia vero pagani de divort. c.is qui fidem, c.si inter virum de sponsa.c.Christiano dist.34.c an non, 22 qu.3. c.additur, §.viro igitur, 27.q.2 c.qualis.§.fi.30.q.5.c.1.cū in captivitate, & c.non satis, 34. q.1.Iul.Clar.5 sent.§.fornicatio, n.30. 3 l vnic C.si quis eam cuius tutor fuerit corruperit. 4 l.qui pupillam,7.D.ad leg.Iul.de adult l.libertum,37.D.de ritu nupt.

Mulieri autem quæ ſeſe ſervo proprio junxit, caput amputatur, ſervo cremato [5].

Inceſtus pœna eſt deportatio & bonorum publicatio, humilior vero etiam verberibus afficitur: hodie eadem cum pœna adulterii [6].

Expilatores hereditatis extra ordinem arbitrarie puniuntur [7].

De repetundis convicti pecuniam in Quadruplum plerunque reddunt his à quibus acceperunt [8], & hoc amplius extra ordinem puniuntur vel exſilio, vel relegatione, vel ordinis amotione, vel duriore pœna pro gravitate admiſſi, ſi ob hominem innocentem necandum, magiſtratus pecuniam acceperit, vel licet non acceperit [9], inordinato tamen inductus affectu, morte multaverit.

Pœna *furti* manifeſti eſt quadruplum eius quod ablatum eſt: nec manifeſti eſt duplum, & tam hoc qua n illud ei cui res eſt ablata ſolvitur [10]. Al as enim fur extra ordinem coercetur criminaliter [11].

Furem nocturnum quemvis [12], & furem etiam diurnum, ſed eum tantum, qui ſe telo defenderit [13], licet dom nocam clamore id teſtificanti occidere

5 *l. vn. C. de mulier. quæ ſe propr. ſervis iunxerunt.*

6 *l. ſi quis viduam. 5. D. de quæſt. l. miles. 11. § 1. l. ſi adulterium, 38. §. 1. D. ad leg. Iul. de adult. l. ſi quis. C. de inceſt. nup. Auth. inceſtas C. eod. Nov. 12. c. 1. eadem eſt pœna ex cõſt. Carol. art. 117.*

7 *l. 1. D. de expil. here l. fi. C. eo.*

8 *l 1. C. ad leg. Iul. repetund.*

9 *l. lex Iulia, 7. §. fin. D. eod.*

10 *§. pœna, & §. fi. Inſti de obl. quæ ex delic. naſc. § ſic itaque, §. in duplum, § quadrupli & ſeq. Inſt. de act l. 7. § 1 D. de condict. furt. l. de his, C. de furtis, conſt. Crimin. Caro. art. 157.*

11 *l fi. D. de furtis, & in conſt crim. Caro. art. 158 & aliquot ſequentib. Et quamvis Nov. 134. § pro furto, prohibeatur furtum capite puniri, hodie tamen vltimo ſupplicio aut aliqua alia pœna corporali puniri ſolet, ſi non ex Conſtitutione Friderici de pace tenen § ſi quis quinq;, ſaltem ex conſuetudine, quæ conſtitutione Carolina confirmata eſt. Iure Canonico, ſi furtum fiat ob neceſſitatem, vtputa ſi fame quis preſſus furetur cibaria, furi trium hebdomadarum iniungitur pœnitentia, c ſi quis de furt. de quo caſu vide conſt. Caro art. 166. ſi extra caſum neceſſitatis fiat, & quidem occulte, fur autem id confiteatur, tenetur ad reſtitutionem & agendam pœnitentiam ſecundum c ex literis, de furt. ſi autem manifeſto fiat, & fur vel confeſſus ſit vel convictus, deponitur & in monaſterium conjicitur ſecundum c. at ſi clerici, §. 1. & c. cum non ab homine, de iud c tiis, de pœn.* 12 *Idq; ex lege XII. tab. l. 4. D ad l. Aquil. Cui. ad l. 7 & 8. D. quod met cauſ & 19. obſ. 12 Vaud. 1. q. 12. hoc tamen vſu poſtea deſiit, vt ne hic quidem aliter impune occiai poſſit, quam ſi ſe telo defendat, l. furem, 9 D ad leg. Corn de ſicar. Cui. d obſ. 12 & li 14 obſ. 5 Iul. Clar 5 ſent. §. homicidium, n. 47. niſi fur ſit nocturnus in agris, in quo ex Conſtitutionibus XII tab. remanſit, l. 1. C. quand. lice. vn. ſine iud. ſe vind. Cui. d obſ 15. Aliàs fures nocturni extra ordinem puniuntur, l. 1. D. de furib. balnear. Cui. 11. obſ. c o Paul 5. ſen 3. § fures. Vaud. 1. q. 12* 13 *d l 4 D. ad l. Aquil. l ſi pignore, 54 § ; n, cm, D. de furt. Cu ad d. l. 7. D. quod met. cau. alias iure ordinario hos puniri eſt*

dere[14]. Si vero neq; noctu neq; se telo defendens prehendatur, virg's cæsus ei cui furtum factum est addicitur, servus verberibus affectus de saxo deijcitur, impubes arbitratu prætoris verberatur [15].

Domesticum furtum mitius punitur, atque, ut puto, extra ordinem [16].

Furtum tumultuarium quadruplo restituendum est [17].

Balnearium extra ordinem vindicatur [18].

Tignum ablatum dupli pœnam sustinet [19], eandem & arbores furtim cæsæ [20].

Abigei furti pœna puniuntur, vel ad tempus in opus publicum dantur, quandoque pœna illorum capitalis est [21].

Qui *terminos* divellunt aut exarant vel evertunt, extra ordinem puniũtur, nimirum pro personarum conditione [22]. Servi enim domino mutantur in deterius, & in metallum damnatur: liberi humiliores in opus publicum; honestiores in insulam relegantur, ademta tertia parte bonorum, vel certe aliter pro judicantis arbitrio.

Est etiam lege Julia prodita actio pecuniaria, nempe in terminos singulos quinquaginta aurei [23].

Pravæ Suasionis pœna arbitraria est, eadem tamen cum illa, quam quis patitur ob delictũ, quod ad pravam suasionem commisit, alioqui delictum non commissum [24]: dissimilis, nimirum minor, si delinquens alias etiam sine suasione facturus erat.

Servi corrupti pœna est pecuniaria, nempe duplum; aut æstimatio ejus, quod domini interest servum non esse corruptum [25].

tex. in l. 2. D. de furib. balnear. docet Cui. 11. obser. 27. & ad Paul. 5. sent. 3. §. pen.

14 *d. l. 4. d. §. furẽ, & alibi Cui. 11. obs. 18.*

15 *Quod probat eruditißimus Dion. Gothofr. in fragm. XII. tab. li. 2. ti. 24 §. decem viri.*

16 *l. servi, 17. l. si libertus, 89. Dig. de furt. l. perspiciendũ. 11. §. 1. D. de pœnis, l. fi. C. eo. cõst. Caro. art. 165.*

17 *l. 1. D. de incen. ruin. naufr. l. Pomponius, 44. D. de acqu. rer. dom.*

18 *l. 1. D. de furib. balnear.*

19 *vide Cuiac. 23. obs. 19.*

20 *l. furtim, 7. §. fin. D. de arb. furt. cas. Paul. 2. sent. 31. §. 21. atq; hac pœna est ex edicto prætoris. Ex lege verò XII. tab. erat XXV. aßium, ut constat ex Plinio, quem citat Dion. Goth. in frag. d. ti. 24. Sane actionem de arborib. furtim cæsis datam ex leg. XII. tab. probatur per text. l. 1. D. arbo. furt. cas. de pœnis vero aliis extraordinariis vide Paul. 5. sent. 20. & Cui. ibid. & 9. obs. 12.*

21 *l. 1. in pr. & §. quanquam, D. de abigeis. Receptores abigeorum relegantur ad decennium, l. fi. in fi. C. eo.*

22 *l. 1. & seqq. D. de termino moto. Paul 1. sent. 16*

23 *l. 1. C. de accus.*

24 *l. fin D. eod*

l. non solum, 11. §. si mandato, D. de iniur. l. si quis uxori, 52 §. si quis servo meo, D. de furt.

25 *l. 1 D. de servo corrupto.*

Iniuria vindicatur ordinarie atque extra ordinem [26].

Est autem pœna injuriæ plerunque pecuniaria, atque ea semper arbitraria, vt æstimetur à judice [27]: interdum capitalis est, vt de famosis libellis & picturis affirmatur in l. vn. C. de famos. libell [28].

Rapinam committens coercetur pœna tripli, nempe eius quod raptum est, idque si intra annum agatur: sed post annum actio in simplum concipitur [29].

In damno injuria dato damnum sarcitur æstimatione judicis: tametsi ex primo capite legis Aquiliæ æstimatio definita sit hoc modo, quanti videlicet ea res, in qua damnum datum est, anno proximo plurimi fuerit: vbi non æstimationem tantum ipsius rei, sed etiam quod extra rem principalem nostra interest consequitur [30]. Ex capite tertio, quanti ea res triginta diebus proximis antecedentibus fuerit [31].

Incendiarii damnum sarcire tenentur, sed præterea olim gladio puniebantur, vel ad ludum damnabantur [32], hodie pœna talionis igni cremantur [33].

Effractores vero extra ordinem puniuntur [34].

Pœna *vis publicæ* olim erat aquæ & ignis interdictio [35], postea deportatio [36], cum bonorum ademtione [37]: at si atrocior sit, etiam furca.

Pœna *vis privatæ* est publicatio tertiæ partis bonorum [38].

Crimen *falsi* olim coercebatur deportatione & bonorum publicatione in hominibus liberis [39]. in servis erat mors [40]: eadem pœna simplici-

ter est

26 §. in summa, Inst. de iniur.
27 d. §. in summa, & §. pœna, Insti. de iniur.
28 Vide plenius Cui. in para. C. de iniur.
29 in pr. Inst. de vi bono. rapt. §. cui autem, Inst. de act. l. 2. §. in hac actione. D. de vi bon. rapt. l. si res mobiles, l. pen. C. vi bon. rapt. Christianus tamen bona Iudæi rapiens tenetur quocunque tempore in duplum; l. 6. C. de pagan.
30 in pr. Inst. de lege Aquil. l. 2. in pr. & l. ait lex. 21. §. 1. D. eod.
31 §. capite tertio & seqq. Inst. eod. l. si servus. 37. §. 1. D. eod.
32 l. si quis dolo, 10 D. ad leg. Corn. de sicar. l. fi. in fi. D. de incen l. data opera, C. de his qui accus. non poss.
33 l. qui ædes, 9. D. de incend. l. capitalium, 28. §. incẽdiarij, D. de pœn. const. Carol. art. 125.
34 l. 1. & 2 ff. de effr.

35 l. qui dolo, 10, in fi. D. de vi publ. 36 §. item lex Iulia de vi publica, Instit. de publ. iudic. 37 l si quis ad se, C. ad leg. Iul. de vi public. 38 d. §. item lex Iulia de vi, l. in pr. D. ad leg. Iul. de vi privat. l. 2. C. ad leg. Iul. de vi publ & priv. 39 l. 1. in fi. D. ad leg. Corn. de fals. l. vbi falsi, C. eod. l. 1. D. de Carbo. edict. l. qui falsa. 16. D. de testib. l. si quis, 9. §. 2. D. de dolo, l. 1. D de calum. 40 §. item lex Corn de fals. Insti. de publ. iud. l. quicunque, 8. D. de lege Corn. de fals.

vel est partus suppositi[41], & in eo qui falso principis rescripto vtitur[42]: plerunque vero extraordinaria[43].

Venefici servi damnantur vltimo supplicio, liberi deportatione pœna tamen mitior est, si damnum sit exiguum[44].

Stellionatus[45] autem & *doli* coercitio est extra ordinaria.

In delictis impropriis vt plurimum interesse habetur ratio.

g Ceterum regulare erat jure veteri, vt deportationem tacite sequeretur confiscatio, id est, bonorum deportati publicatio. Ceteroqui extra hunc casum, vt bona publicarentur, id exprimi debebat[46], h quod ipsum etiam non cuivis judici permissum erat[47].

Confiscatio bonorum omnium[48], in eos cadit, qui juris sui sunt, quoniam hi soli bona habent. Servi aut filiifamilias bona, quę publicari possint, non habent, quoniam peculia si quæ habent, ipsis damnatis, obveniunt dominis aut parentibus, etiam castrensia & quasi castrensia[49].

Hodie jure novo bona damnatorum ipso jure non confiscantur, neq; vero etiam confiscari solent, sed vt olim fiscum, ita nunc cognatos suos habent successores[50].

Mors autem delinquentis illa omnia extinguit[51], n si in atrocissimis[52], & nisi is cũ defuncto contesta-

41 l.1. C.eod.

42 Ita etiam falsum testimonium Nov.90.c.3. const. Caro.art.68.& 107. & falsæ monetæ, d. l.quicunq. cuius pœna est crematio. l.2.C.de fals. mon. Nov.17 c.8. const. Caro.art.111 in quo hac res distinguitur.

43 l.falsi.13.§.1.D de leg. Corn. de fals. vide Iul. Clar.5.sen. §.falsum, per discursum. In iure Canonico potissimũ de illo falso agitur, quæ committitur circa literas & diplomata pontificia, de cuius pœna Ant. Cuc. 4. Inst. iur. Canon.

44 l.1.§.1.l.3.& § 1.D.ad leg. Corn. de sicar.

45 l.2.& l.3.§.pœna autem, D. Stellion.

g De bonis damnatorum, 48. D.20.9.C.49.

46 Cui. in parat. C.eod. h Ne sine iussu principis certis iudicibus liceat confiscare, 9.C.48. *47 in para. C.eod. 48 Et tamen quæ in bonis tempore delicti non sunt, non veniunt in confiscatione, l.si mandavero. §.is cuius. D.mand. l.eius qui §.1. D.de testa. l.ex facto, §.Iulius, D.de vulg. & pupill. l.si deportati servo D.de legat.3. Bart. in l. 1 col. fi. D.de bon.dam. Alex. in l.3.§.illud. D.quod quisq. iur. Deci.consi.18.n.336. vol.1. 49 Cui. in para. C.de bo.dam. 50 Nov.143.c.fin vnde desumta est Auth. bona damnatorum, C.de bon.proscri. 51 l.defuncto, 6. D.de pub.iud. l.1.& l fi. C.si reus vel accusat. mort. fuer. l.crimen, 26. D.de pœn. l.ex iudiciorum, 20. D.de accus. l 1.in f. D.de requir.reis 52 Vt in crimine læsæ maiestatis, l.meminisse, l quisquis, §. emancipationes, C.ad leg. Iul.maiest. l.donationes, 31. in fin D.de don. l.si quis posthac, C.de bon.proscri. l.quæsitum.15.ff.qui & à quibus manu. item in crimine hæreseos, Gail.1.de pac.pub.fin.n.11.*

contestatata sit,&nisi quid ex delicto ad heredem pervenerit [33].

[i] Adeo vero mors crimen extinguit, vt corpora eorum, qui capite damnantur, quibuslibet ad sepulturam petentibus danda sint, quin & sic cremata sint, ossa eorum & cineres; nisi in criminibus itidem atrocissimis [54].

Deportati tamen vel relegati corpus è loco in quo mortuus est, alio transferre & ibidem sepelire non licet, nisi hoc princeps specialiter concesserit [55].

Ceterum in pœnis irrogandis maxima est varietas, quæ oritur ex varietate circumstantiarum delicti, quod ex illis interdum intelligitur gravius esse, interdum levius [56].

Has circumstantias Saturninus expressit in l. aut facta, D. de pœn.

Ita enim ex tempore delictum noctu commissum gravius plectitur est, quam commissum interdiu [57].

Ita etiam ex loco gravius est, quod fit publice, quam quod fit privatim [58]: & gravius quod fit in loco sacro, quam quod fit in profano [59].

Ita etiam ex personis, & quidem ex parte ejus qui delinquit gravius est, quod committit vir, quam quod fœmina [60]: & gravius quod pubes committit, quam quod impubes [61]: & gravius quod committit annis XXV. major, quam quod minor [62]: & gravius quod dives, quam quod pauper cōmittit: ex parte vero ejus in quem delinquitur, gravius est commissum in magistratum, quam in privatum [63], gravius quod in liberum, quam quod in servum; gravius quod in eum qui existimationis est illæsæ, quam in infamem.

Quæ

33 d. l. ex iudiciorū, de quo infra lib. 2.

i De cadaverib. punitorum, 48. D. 24.

54 l. 1. & l. fin. D. eod.

55 l. 2. D. eod.

56 Idq; æstimabit iudex per ea, quæ tradit Menoch. lib. 2. de arbi. iu. quæst. casu 266.

57 Hinc atrociores dicuntur fures nocturni quam diurni, de quo plene Cui. 11. obs. 27.

58 § atrox, Inst. de iniur.

59 d. l. aut facta, §. tempus.

60 idq; propter infirmitatem & fragilitatem sexus fœminei.

61 l. fere, D. de R. I. l. auxilium, D. de minor. l. infans, 12. D. ad l. Corn. de sicar. l. 1. §. impuberes, C. de fals. mone. Clem. unica, de homicid. Duen. regu. 259. & regu. 421. Gail. 2. obs. pr. 110. n. 30. hinc cum quis pubertati est proximus & doli capax, tenetur nō quidem ordinaria, sed mitiori pœna. d. l. auxilium, §. in delictis, Men. lib. 2. de arb. iud. quæst. casu 329. n. 2. & seq.

62 Vnde minor 25. annis dicitur puniri arbitrio iudicis, Zach. in rub. C. qui admitti, n. 23. Men. d. casu 329. Senum tamen pœnæ moderandæ sunt, Men. d. casu 329. num. 20. & 21. Gail. 2. obs. pract. 110. nn. 33.

63 d. l. atrox.

Quæ omnia diligenter attendere & ex eis pœnam æstimare judicis est prudentis & circumspecti [64], vt mirum non sit paulatim, vt ab initio dictum est, ab ordine & judiciorum & pœnarum hac in re recessum esse.

Postremo pluribus ex delicto obligatis vnius solutio alios non liberat, quoniam sui quisque delicti pœnam sustinere debet.

a *De acceptilatione.* CAP. LV.

E*Jusmodi* est Solutio potissimus obligationum & conventionis & delicti dissolvendarũ modus, quæ ita est ex jure, vt præstationem naturalem, eamque in conventionibus numerationem, vt ita dicam, realem, in delictis numerationem, si pœna sit pecuniaria; aut executionem corporalem desideret: sequitur quæ inter illos dissolvendarum obligationum modos, qui ex jure magis; quam ex facto seu naturali præstatione æstimantur, ad solutionem quam proxime accedit *Acceptilatio*, quæ ob id quod juris effectu spectato cũ solutione eadem sit, solutio dicitur, sed ex causa addito Imaginaria [1], atque imaginaria eo quod in acceptilatione nulla; vt in vera solutione requiratur præstatio naturalis, imo si ea interveniat, jam non sit acceptilatio sed solutio vera: sed loco præstationis naturalis interveniant verba, ex quibus acceptilatio non incommode dici possit solutio facta verbis: vt ita eff:ctũ quidem vtraq; coincidat, sed modo dissolvendi obligationem separetur.

X Acce

64. Pœna in extraordinariis cõsuetudine potest augeri vel minui, l. quid ergo, 13. §. 7. D. de his qui not. infam. l. in servorum, 10. in fi. D. de pœn. & ad æquitatem reducẽda, l. si servum, 5. D si ex noxal. caus. agat. & commensuranda delicto, l. 1. §. sed & qui, D. de abige. Auth. omnes peregrini, C. commun. de succes. l. Pedius, D. de incend. ruin. naufr. l. sancimus, C. de pœn. l. 1. C. vbi Senat. vel clariss. l. 1. §. patronus, D. de off. præf. urbi. Alias in ordinariis pœna legis autoritati reservatur, l. 1. §. quorum alterutrũ, D. ad SC. Turpil. tametsi eo hodie deventum esse existiment, vt iudex facultatẽ habeat pœnam à lege præscriptam augendi vel minuendi, vel in aliam prorsus commutandi, vt dicit Myns. Cent. 2. obs. 30. Schenck. concl. 92. de remissione vel mutatione pœnæ tractant Dd. in d. l. quid ergo, §. 7. Tiraq. de pœnis in præfa. nu. 22. Iul. Clar. 5. sen. §. q. 85. Gail. 2. de pace pub. 6 n. 22. & seq. Men. l. 1. de arb. iud. quæst. q. 96. Roic. decis. Lithuan. 4. n. 182. Gramm. decis. Neap. 5. n. 34.

a De acceptilatione, 46. D. 4. 8. C. 44.

1 *§. 1. Inst. quib. mod. toll. oblig. unde vim solutionis habere dicitur in l. si vnus, 27. D. de pact. nec plus debet operari, quam solutio, argu. l. qui hominem, 17. D. de acceptilat. Hinc solutionis exemplo acceptilatio liberare dicitur.*

Acceptilatio est stipulatio, qua Creditor debitori debitum accepto tulit[2].

Quæ res ita geritur, interrogante, verbi gratia, debitore, *decem quæ tibi promisi accepta habes vel facis?* & Creditore respondente, *habeo*, vel *facio*[3].

Acceptilatio duplex est, Simplex & Aquiliana.

Simplex est acceptilatio, qua verborum obligatio simpliciter tollitur[4].

Cum enim acceptilatio fiat stipulatione, nihil autem tam sit naturale, quam vt quo quid modo colligatum est, eodem etiam dissolvatur; acceptilatione vtique nulla obligatio nisi verbis contracta dissolvi poterit[5], vt ita angustissimus esset hic obligationum dissolvendarum modus, nisi eum Gallus Aquilius produxisset, vt omne omnino debitum acceptum ferri posset, hac ratione, vt contractus immutetur, atque ex ipso debitum in stipulationem deducatur, & ita deductum acceptilatione tollatur. Ita quod directo fieri non potest, id fit per obliquum, nempe obligationibus ceteris in stipulationem prius transfusis[6].

Hinc Acceptilatio Aquiliana est acceptilatio qua obligatio quævis alia, quam quæ ex verbis est, tollitur, ipsa in verborum obligationem prius transfusa[7].

In hac stipulatio duplex est, vna qua contractus prior in stipulationem deducitur: & altera qua contractus ita in stipulationem deductus acceptilatione sequenti tollitur.

Ex quo non insubtiliter tentaverit aliquis acceptilatione etiamnum nullam aliam dissolui obligationem, quam quæ ex verbis sit.

2 *Nam debitor acceptum rogat, creditor acceptum fert, atque hinc ille dicitur accepto liberari, l. ob eam causam, 9 D. de præscri. verb. l. 2. §. sed etsi, D. de hered. vel act. ven. l. metum, 9. §. sed quod prætor, D. quod met. caus. Modestinus in l. 1. D. de accepti. acceptilationem dicit esse liberationem per mutuam interrogationem. quæ definitio videtur magis esse speciei, nimirum acceptilationis Aquilianæ, quam generis.*

3 *l. plurib. 6. & seq. D. eod. d. §. 1. Instit. quib. mod. toll. oblig.*

4 *d. §. 1.*

5 *d. §. 1. ibi, quo genere, vt diximus, tantũ ea solvuntur &c. l. an inutilis, 8. §. acceptum, D. eod.*

6 *d. §. 1. ibi, sed & id. l. Aquiliana, 4. l. pacto, 5. D. de transact. l. actione, l. vt responsum l. si causa. l. vbi pactũ, C. eod. l. si obligatum, D. de solut. l. 2. & 3. C. de acceptilat.*

7 *§. est autem prodita, Instit. quib. mod. toll. oblig. l. & vno, 18. D. de accepti.*

Cæterum

Ceterum Solutio oportune facta à quocunque Creditore etiam invito, qui nonnunquam etiam invito debitore nimirum si alius pro ipso solvat, debitorem liberat [8]: At vero acceptilatio nō procedit nisi creditore volente: debitore quandoque invito, sed tum non aliter, nisi ut is qui accepto rogaturus est per novationem debitum in se prius transferat, atq; si ipse ab initio debuisset, atque ita translatum accepto roget.

Nam alias acceptum ferre possunt, quibus vel ex negotio secum gesto, vel cum eo cui successerunt, debetur, atque ita si patresfamilias suique juris sint.

Hinc pupilli & his personæ similes liberare per acceptilationem debitores, nisi tutorum curatorumque autoritate interveniente non possunt [9].

Ac ne tutores quidem seu curatores soli accepto ferre, quod his debetur, quorum negotia administrant, possunt, sed ut accepto ferant, novare debent [10].

Sin autem pupilli acceptilationem fieri intersit, atq; vel ipse absit, vel alias accepto ferendi potestatem non habeat tutor, si acceptilatione liberare debitores pupillares velit, cum debita pupillaria novare ei citra fraudem liceat, novandi animo à debitoribus stipuletur, quod pupillo debēt, & sic translatam in se obligationem accepto ferat, & è contrario si pupillus à creditoribus liberādus sit, ejus obligationem in se novatione suscipiat, quæ mox ei à creditore accepto feratur [11].

Ex eadem ratione qua illud, nimirum quod acceptilatio actus sit legitimus [12], qui nomine alieno exerceri nequit, etiam hoc est, quod per procuratorem, accepto liberare nec liberari quisquam possit [13].

Cum ejusdem debiti Creditores plures in soli-

X 2 dum

8 *Qua de re dictum est supra c.53.*

9 *l.1.C.eod.*

10 *l. & per iusiurandum, 13. §. tutor, D. eod. l. pactum, 22. C. de pact.*

11 *d. l. & per iusiurandum, §. tutor.*

12 *l. actus legitimi, 77. D. de R. I.*

13 *d. §. tutor, l. per procuratorem. 3. D. eo. vide Cui. 15. obs. 16. Hoto. quæst. illust. 32.*

dum ſunt, vnius acceptilatione etiam reliquis liberatio contingit[14].

Idem ei qui obligationi adjicitur, non permittitur[15], vt qui ſolvendi non accepto ferendi cauſa adjectus ſit.

Accepto vero ferri tam debitori, quam ejus heredibus[16], & vel vni ex his poteſt[17].

Nec alii quam qui debet, vel qui debitori jure poteſtatis acquirit, recte accepto fertur[18].

Proinde quod filiusfamilias debet, fruſtra patri accepto feratur[19], ſed acceptum rogare ipſemet debet filiusfamilias.

Tutori curatoriq; quod eorum fidei commiſſæ perſonæ debent, vtiliter accepto ferri nequit[20], niſi novatione antecedente.

Pupillo ſane ipſi per acceptilationem ſine tutoris autoritate liberatio efficaciter præſtabitur[21].

Uni autem ex pluribus ejuſdem obligationis ſociis acceptilatio facta, etiam iis qui eodem vinculo tenentur proficit[22], niſi in eorum perſona juris impedimento acceptilatio liberationem parere nequeat[23].

Quamobrem ſi alteri duntaxat ex duobus debendi reis conſultum quis velit, pacto eum debet non acceptilatione liberare[24], quod ad alias perſonas, quam quæ eo comprehenſæ ſunt, pactum non porrigatur[25], acceptilatione contra ſolutionis exemplo, tota diſſolvatur obligatio[26].

Sed hæc ita vera ſunt, ſi vni ex his, qui eadem obligatione in ſolidum adſtringuntur, acceptum fiat; vt accidit in duobus reis: At cum hominis promiſſor plures heredes reliquit, quia ſinguli partes tantum debent, licet partium ſolutione nō liberarentur[27], ſi vni accepto latum ſit, ceteris liberatio non contingit, ſed ſua duntaxat parte exoneratur is, qui acceptam rogaverit[28].

Fide-

14 l. ſi rem, 31. §. 1. D. de novat. d. l. & per iuſiurandum, § ſi l. liberationem, 3. §. nunc de effectu, D. de liber. leg. l. nihil intereſt, 12. in fi. D. de inoff. teſtam. l. ſi ex pluribus, 16. D. de acceptilat.

15 l. quod ſtipulatus, 10. D. de ſolut.

16 d. l. & per iuſiurandum, §. heres.

17 l. ſed etſi, 10. D. eo. l. 2. §. 3. D. de V. O.

18 l. an inutilis, 8. accepto liberare, D. eod. l. ſed ſicuti, 23. D. de vſufr.

19 d. l. an inutilis, § filiusfam.

20 d. l. & per iuſiurandum §. tuto.

21 l. 2. D. eod.

22 l. ſi ex pluribus, 16. D. eod.

23 l ſi ſponſus, 5. §. 1. D. de don. int. vir. & vxor.

24 d. l. liberationē, § nunc de effectu.

25 d. l ſi vnus, 27. § ante omnia.

26 Supra hoc capite nu. 1.

27 l. in executione, 85 §. pro parte, D. de V. O.

28 l. 2. §. ſi tamen, D de V. O. l ſed etſi, 10. D. de acceptil.

Fidejussori si acceptum feratur, reo quoque liberatio competit[29], si nimirum iam ante Reus efficaciter erat obligatus[30].

Accepto ferri, vt solvi, id ipsum oportet, quod debetur, & debitum non ex conventione duntaxat, sed etiam ex delicto, siquidem debitum ex eo sit pecuniarium privatum[31]. Mulcta enim, vtpote quæ publica sit, & pœna corporalis accepto ferri non potest.

Enim vero post moram à promissore factam mortuus homo accepto ferri potest, quoniam adhuc debetur & peti potest perpetuata propter moram obligatione.

Non solum autem integra obligatio, sed & stipulationis pars accepto ferri potest, sive numerata pecunia sive certum corpus debeatur[32].

Quin etiam hominem aut decem stipulatus, si quinque accepto ferat, partem stipulationis consumit[33].

Simili que modo cum plures hominis promissor heredes reliquit, quanquam parte hominis soluta non liberentur, si tamen vni ex his accepto latum sit, pars duntaxat ceterorum obligationi supererit[34].

Si vero quod in stipulationem deductum est, divisionem sui natura non recipiat, inutilis erit partis acceptilatio[35].

In stipulatione disiunctiva, vna re accepto lata tota obligatio perimitur, quod idem est si qui hominem stipulatus est, Stichum accepto tulerit[36].

Verum accepto lato Sticho ab eo, in cujus potestate erat hominem eligere, quem vellet, Stichus quidem deinceps peti non potest, alius vero præter illum quilibet potest[37].

Simul autem plures etiam res accepto ferri possunt, & vno ex pluribus vel certis vel incertis con-

29 *d.l. si ex plurib. l. si fraudator. 25. ff. quæ in fraud. cred.*
30 *d. l. & per iusiurandum, §. qui ita l. pen. D. de fideiuss.*
31 *d. l. & per iusiurandum, §. cum qui.*
32 *l. pars stipulationis, 9. D. eod. & d. l. per iusiurandum.*
33 *d. l. qui hominem.*
34 *d. l. 2. §. ex his. & §. si tamen, D. de V. O.*
35 *d. l. & per iusiurandũ, §. 1. l. via, 17. D. de serv.*
36 *d. l. & per iusiurandum. §. si is qui.*
37 *d. l. si vnus. §. sed si stipulatus.*

contractibus, vel quibusdam, exceptis ceteris, vna acceptilatio fieri potest[38].

38 l. ex vno, 18. d. l. pluribus, D. eod.

Acceptilatio verbis perficitur: fit enim stipulatione[39].

39 per discursum sub hoc tit.

Nec interest qua lingua aut idiomate verba ista proferantur[40], dummodo sensus congruat, & vterque vel per se vel per justum interpretem idioma intelligat[41].

40 §. 1. Inst. quib. mod. toll. oblig.
41 d. l. an inutilis, in fi. l. 1. §. fi. D. de V. O.

In diem[42] vel sub conditione[43] acceptilatio fieri non potest, siquidem conditio exprimatur[44]: at quin sub conditione tacita fieri possit, nihil est quod obstet[45].

42 l. in diem, 5. D. eod.
43 l. 4. D. eod. l. actus legitimi, 77. D. de R. I.
44 l. si pecuniam, 5. Dig. de condict. caus. dat.
45 l. quod in diem, 12. l. si sub conditione, 21. D. eod. l. licet soleat, 45. D. de iur. dot.

Consentire autem cum obligatione acceptilatio debet[46], & id ipsum accepto fieri, quod rogatum est, tametsi Stichi promissor, si ita acceptum roget, *quod Stichum promisi, Stichum & Pamphilum habesne accepta*? Pamphili mentio acceptilationem non corrumpat, vtpote supervacua[47].

46 d. l. pluribus.
47 l. si is qui Stichum, 15. D. eod.

Alias vero etiam inutilis acceptilatio vtile pactum in se habet[48], nisi in hoc quoq; contra sensum sit, cum si sciens & prudens nihil valere acceptilationem sic accepto tulerit, procul dubio ne pactus quidem esse videatur[49].

48 d. l. si vnus, §. fin. l. cum emtor, 5. D. de rest. vend.
49 d. l. an inutilis, in pr.

Postremo vt maxime acceptilatio sine pecuniæ interventu liberet, non tamen gratuitam semper remissionem continet, cum non donationis tantum causa[50], sed & transigendi, & dotis constituendæ, & voluntatis defuncti adimplendæ gratia, & vt aliud nobis detur vel fiat, acceptilatio interponatur[51].

50 l. 2. C. eod.
51 l. ob eam causam, 9. D. de præscri. verb.

a *De novatione.* CAP. LVI.

a De novationibus & delegationibus, 46. D. 2. 8. C. 42.

SOlutione & acceptilatione ita obligatio dissolvitur, vt nulla omnino remaneat, aut nova aliqua subsequatur: Novatione & delegatione ita obligatio tollitur, vt eam sublatam excipiat & subsequatur alia[1].

1 l. 1. D. eod.

Nova-

Novatio autem est prioris debiti in aliam obligationem translatio [2].

2 d.l.1.D.eod.

Cujus species duæ sunt, vna simplex, & altera mista.

Simplex novatio est, qua prioris obligationis causa vel status mutatur, nulla creditoris vel debitoris facta mutatione, puta, si precium quod ex causa venditi mihi debet emtor ab ipso novandi animo stipuler, quo si fiat, precium mihi non amplius ex Emtione sed ex stipulatione debeatur [3].

3 l.fi.C.eod. Cui. in parat. C.eod. & 19. obs.36.

Mista est, qua obligationis causa mutata mutantur etiam contrahentes, & vel vterq; tam Creditor quam Debitor, vel ex illis alteruter.

Quæ ob id mista dici potest, quod & obligationis causa & personæ mutentur: personarum autem mutatio non fiat sine *delegatione*.

Delegatio enim mandatum est, quo creditor debitorem jubet id quod sibi debet, promittere alteri [4].

4 l.delegare,11. D.eod.

Cui mandato si debitor pareat, novatio sequitur, atque ita & delegatione & novatione subsecuta novatio hæc mista omnibus suis partibus absoluta constituitur, delegato à priori creditore liberato, atque ei cui delegatus est obligato, delegante autem perinde ac si creditori suo solvisset, omnimodo liberato [5].

5 Cui.in parat. C. eod.

Mixta novatio mutata creditoris persona tantum est, quando id quod tibi debeo, alii non creditori tuo promittam, quod fit si tu me delegaveris vt alii promitterem: mutata debitoris persona tantum illa est, si quod tibi debeo stipuleris ab alio non debitore meo, & alio illo vltro suscipiente nomen meum tibi creditori meo delegavero, qui tibi promitteret quod debeo.

Novandi & delegandi jus non habent, nisi creditores ipsi quod sibi debetur, aut etiam ex ipsorum jussu alij: Creditores, inquam, quibus rerum suarum administratio permissa est [6].

Pupillis, prodigis, & his personis similibus absque tutorum curatorumque autoritate novandi jus non est, nisi eo modo conditionem suam meliorem fecerint [7].

Tutori vtique pupillares obligationes novare licet [8], si hoc pupillo expediat [9], idemque in prodigorum furiosorumque curatoribus probandum est [10].

Non autem cui recte solvitur, is novare protinus poterit [11], tametsi hoc interdum verum sit [12].

Totorum bonorum procuratori novandi potestas non denegatur [13].

Sed, etsi quis sine mandato me absente à debitore meo novandi animo stipulatus sit, & ego ratum habuero, stipulatio novabitur [14].

Novatione etiam absens, ignorans, invitusque debitor liberatur, interposito videlicet aliquo, à quo novandi animo quod absens debeat, stipulemur [15].

Quin etiam si à duob. debeatur, à tertio quod ille aut ille debet stipulari possumus, quod cum fit, neutrum statim novatur, sed in tertii est potestate pro quo solvat [16], si modo actum proponatur vt alterutrum detur vel fiat [17]. Hic enim cum alterutrius tantum debiti novandi causa obligationem intercessisse appareat, neutrum propter incertum promittentis voluntatem novatur. Si autem hoc actum non est, merito cum vtrunque in stipulationem deductum sit [18], novatum etiam intelligitur, si hoc novandi animo factum est [19].

Novantur obligationes quæcunque, sive civiles, sive naturales, sive honorariæ, nec interest quo-

6 *l. cui bonis, 3. l. novare possumus. 20. D. eod.*
7 *d. l. cui bonis, d. l. novare. §. 1. l. si pupillus, 9. D eod. l. pupillo. 15. D. de solut.*
8 *l. tutor, 22. D. de admin. tut. l. & per iusiurandum, 13. §. tutor; ff. de acceptil.*
9 *d. l. novare.*
10 *l. fin. §. agnatũ, D. eod.*
11 *l. non ideo, 25. ff. eod.*
12 *l. cui recte, 10. ff. eod.*
13 *d. l. novare, in fine.*
14 *l. si quis absente, 22. D. eod.*
15 *d. l. & per iusiurandum, §. tutor, l. si Stichum, 8. D. de novat.*
16 *d. l. si Stichum, § si decem.*
17 *l. si is cui decem, 26. D. eod.*
18 *d. l. si Stichum.*
19 *l. te hominem, 32. D. eod.*

quomodo sint contractæ[20], imo omnia omnino debita, omnesque res in novationem transire possunt[21], & vel una stipulatione plures obligationes novari posse nihil vetat[22].

Nec vero ad novationem quidquam refert, sequens obligatio utroque jure an altero duntaxat teneat[23].

Ab alio debitum si quis à servo stipuletur, prior obligatio nihilominus manet[24], nisi forte ex causa peculii[25].

Sed & futuras obligationes in stipulationem novandi animo deduci posse sciendum est, dum tamen intelligamus novationem non ante fieri, quam obligatio constiterit.

In diem plane obligatio etiam antequam dies venerit novatur[26].

Sed si quis à Sejo novandi causa stipulatus sit, quod à Titio stipulatus fuerat, tunc fiet novatio cum à Titio fuerit stipulatus, eodemq; tempore & nascetur & novabitur obligatio[27].

Conditionales quoque obligationes ante non novantur, quam earum conditio extiterit.

Homo etiam post moram mortuus in novationem recte venit[28].

Novatio fit stipulatione[29]: receptum vero etiam est, eam fieri litis contestatione[30].

Hinc Novatio dividitur in voluntariam & necessariam, quarum illa stipulatione, hæc contestatione expediatur[31]: quam distinctionem ut legibus incognitam magni nominis Jurisconsulti repudiant[32].

Quamvis interim non negatur, nova judicati actione priorem novari[33].

Jurisjurandi etiam conditionem ex numero esse novandi Paulus scribit[34].

In pœnalem stipulationem prior obligatio quasi novata videtur, si quid fieri stipulati sumus,

20 *l.1.D.eod.*
21 *l.2.D.eod.*
22 *l.fin.D.eod.*
23 *d.l.1 in fin.l.si Titius,48.D.de fideiussor.*
24 *§.præterea,Inst.quib.mod.tollit.oblig.*
25 *l.in persona,30.§.1.D.de pact.*
26 *l.in diem.5.d.l.Stichum;D.eod.*
27 *d.l.si Stichum,§.si quis ita.*
28 *l.si servum,91.§.fin.ff de V.O.*
29 *l.aliam,29.D.eod.l.1.C.eod.*
30 *l.de legare,11.ff.eod.l.3.C.eod.*
31 *vide Cui. in parat. C.eod.*
32 *Brisso.lib.1.de solut.cap.de nov.*
33 *l.3.§.& ideo.C.de usur.rei iudic.*
34 *l. qui iurasse,26.D.de iureiu.*

pœnaq; certa pecuniæ, si id non fiat, promissa, & conditio existat[35]: sin autem & res & pœna in stipulatum pervenit, quasi novatio ex præsumta contrahentium voluntate fieri existimatur, si ea, sub qua pœnæ stipulatio concepta est, conditio extiterit, aliter atque si stipulatione sola pœna comprehensa esset.

Novatio autem ita demum fit, si hoc actum sit[36], alioqui enim adiicitur potius quam detrahitur obligationi[37].

Sed cum variæ inciderent de stipulantium mente dubitationes, & in obscuro plerunque positum esset, quem illi animum habuissent, Justinianus constituit[38], sublata voluntatis quæstione non aliter deinceps novationem fieri, quam si novare sese diserte contrahentes expressissent.

Delegare iidem possunt, qui & novare[39], & delegantur debitores tam creditoribus quam aliis eorum jussu[40].

Delegatur autem debitor volens, non invitus[41].

Neq; hi tantum, qui principaliter sunt obligati, sed & expromissores & qui pro aliis fidem suam astrinxerunt delegari possunt[42].

Vulgaris delegationis modus est, si delegatus debitor creditori posteriori spondeat, quod fit verbis.

Dicitur etiam delegatio fieri per litis contestationem[43]. Nam si cui absque delegatione mandatæ sint adversus debitorem actiones, isq; litem cum debitore contestatus sit, in eum à priori creditore debiti caussa translata perfectaq; delegatio intelligitur.

Sed ista propria est delegatio, quæ per stipulationem fit volente & consentiente debitore: hæc impropria, quæ per contestationem, vel maxime repugnante & invito eo contingit.

35 *l. obligationum fere, 44. §. fin. ff. de O. & A.*

36 *l. 2. d. l. si Stichum, §. 1. & §. si quis ita, l. fundum 28. ff. eo. l. 4. § si ex conventione, D. de re iud. l. obligationum fere, §. 6. l. fin. C. de nov. vide Anto. Fab. 3. coniect. 3.*

37 *l. duo societatem 71. D. pro socio.*

38 *d. l. fin. C. eod.*

39 *De pupillo vide l. pupillo, 15. D. de solut. l. potest. 18. ff. de autorit. tut. de furioso. l. si debitor, 16. D. de doli mali except.*

40 *d. l. delegare.*

41 *l. 1. l. nec creditoris, C. eod. l. 3. D. de solut. matrim.*

42 *l. inter caussas, 26. §. abesse. Dig. mand.*

43 *d. l. delegare.*

De Confusione. CAP. LVII.

Confundi obligatio dicitur, quoties debitor Creditori, vel creditor debitori heres existit, vel unus utrique.

In eandem enim personam utriusque jure concurrente in eum locum res redit, ut manere obligatio nequeat [1], alioqui sibi ipse debere quis videretur, quod nec civilis nec naturalis ratio patitur [2].

Hinc confusa intelligitur obligatio cum ad fiscum tam Creditoris quam debitoris bona pervenerunt [3].

Quin etiam si hereditatem restituere rogatus heres ante eam restitutam hereditario debitori heres extiterit, semel confusa obligatio ex Trebelliano postea restituta hereditate, non redintegrabitur [4].

Heres autem quis est vel pro parte tantum vel ex asse, si pro parte, obligatio pro ea duntaxat parte jure confusionis tollitur, pro qua defuncto succeditur [5]. sin ex asse, omnis obligatio tollitur, si modo etiam hereditatem retineat.

Vendita enim hereditate, suæ venditori integræ manent actiones [7].

Evicta quoq; per inofficiosi querelam hereditate, debiti petitio ei qui victus est, competit [7].

Sed & pupillo, qui adversus aditionem restitutionis auxilium imploravit, actiones confusas restitui placet [8].

Ex Justiniani etiam Constitutione creditoribus obligationes conservantur, qui inventario facto debitorum hereditatem adierint [9].

Plane ei cui ut indigno hereditas aufertur, confusæ aditione actiones non restituuntur [10].

Si tamen facti ignorantia deceptus heres ne- cis fer.

1 *l. sicut, 75. l. Stichum, 95. §. Aditio, D. de solut.*
2 *l. si debitori. C. de pact.*
3 *l. Vranius, 71. D. de fideiuss. l. 2. C. de solut.*
4 *l. deducta, 58. D. ad SC. Treb.*
5 *l. cum à matre, C. de rei vindicat. l. si adulta, C. de hered. act. l. si ab eo. C. de neg. gest. l. si debitori.*
6 *l. 2. §. pen. D. de hered. vendi.*
7 *l. eum qui, 21. §. fi. D. de inoff. test. l. si maritus, C. eod. l. Stichũ 95. §. si creditor, D. de solut.*
8 *l. cum bonis, 87. §. fin. D. de acquir. vel amitt. hered. l. ita tamẽ, 27. qui ex Trebelliano, l. si heres, 68. in fi. D. ad SC. Treb.*
9 *l. fi. §. et si præfatam, C. de iur. delib.*
10 *l. indigno, 8. l. heredem, 17. & seq. §. bonis, D. de his quæ ut indig. auf.*

cis defuncti vindictam defensionemve omisisset, non improbe confusas sibi reddi actiones integraque jus debiti postularet [11].

11 d. l. heredem, in fin. l. propter, 21. §. 1. in fi. D. ad SC. Syll.

In tantum autem confusione obligatio tollitur, vt etiam is qui coactus hereditatem adiit, quam alij restituere jussus erat, aditione actiones suas amittat [12].

12 l. debitor, 19. D. ad SC. Treb.

Ceterum obligatione principali confusione eo modo sublata, tolluntur vtique etiam ea quæ veniunt in consequentiam, vt obligationes fideiussoriæ, obligationes adpromissoriæ, atque si quæ sunt hisce similes [13].

13 l. qui hominem, 34. §. quidam, D. de sol. d. l. Vranius.

Verumenim vero ea tantum confusio obligationem tollit omnem quæ inter creditorem & debitorem principalem fit.

Inter Creditores enim & accessores facta confusione debitor principalis non liberatur [14], sed fidejussoria sola obligatio, hereditaria manente tollitur, & vicissim [15].

14 l. in omnib. 43. D. de solut.
15 l. si duo, 93. in fi. D. de solut.

Quoties enim in eandem personam & principalis & fidejussoria obligatio confluit, fidejussoria obligatio vtpote infirmior à principali vt potentiori tollitur.

Sed etsi principalis obligatio naturalem tantum causam contineat, fideiussoria durat, etiamsi fidejussori debitor principalis heres extiterit [16], quoniam tum demum, cum principali concurrens accessoria obligatio tollitur, quoties vtraq; civilis est.

16 l. heres, 21. §. 2. si hic servus, D. de fideiuss.

Plane si vtroque vinculo principalis obligatio sustinetur, licet prætorij juris auxilio per in integrum restitutionem infringi ea possit, non ideirco magis fidejussoris obligatio retinetur [17].

17 d. l. Stichum, §. quod vulgo.

Porro duobus reis promittendi acceptis si alteri eorum Creditor heres existat, non quasi pecunia tota obligatio tollitur, sed confusione obligationis persona duntaxat eximitur [18], altero debitore

18 arg. l. fin. D. de duob. reis.

bitore superstite obligato remanente, atque vel in solidum, si ei cum Correo nulla fuit societas, vel in partem si socij fuerint.

Ac per hoc nec mandatores, quiq; in eam obligationem dati erant fidejussores liberantur [19].

Postremo si duo rei debendi vel stipulandi sibi invicem succedunt, nullà confunditur obligatio; quod vtraque æqualis sit, nec dici possit vtra alteram magis tollat [20].

19 d. l. Vranius, vide hic Briss. li. 2. de solut. cod. in fine.

20 l. Generaliter. 6. D. de fidei.

a *De Compensatione.* CAP. LVIII.

a De compensationib. tit. 2. l. 16. ff. & t. 31. lib. 4. C.

Compensatio est debiti & crediti inter se vltro citroque facta contributio [1], puta si Titius Mævio debeat centum, & vicissim Mævius Titio quinquaginta, Titius Mævio revera & jure ipso plus non debebit quam quinquaginta.

1 Cui. in par. ff. eo.

Solvere enim videtur, qui compensat [2], etiamsi de implenda conditione agatur [3].

Adeo autem hoc verũ est, vt ejus pecuniæ, quæ compensationis ratione non habita soluta est, tanquam indebitæ condictio [4], pignorisq; in eam causam dati, quæ compensatione submoveri possit repetitio [5] competat.

Compensatione vtitur, qui vicissim sibi obligatum habet eum, qui petit.

Si quid à fidejussore Creditor petat, fidejussor electionem habet, vtrum quod ipsi an quod Reo debetur compensare malit, adeo vt si vtrunq; etiam compensare velit, audiendus sit [6].

Absentis defensor ejus quod invicem ab actore debetur, compensationem objicere potest, nec necesse habebit de rato cavere, quia nihil compensat, sed ab initio minus ab eo petitur [7].

Alioqui nec alius, quam cui debetur, compensatione vti, nec quod alij, quam ei qui convenitur debet, compensare Creditor cogitur [8].

2 l. 4. ff. qui potior. in pig. l. vel per mutavit, 19. ff. de libe. caus. l. 3. C. de compensat.

3 l. si peculium, 20. §. de illo, D. de statulib.

4 l. si ambo, 10. §. 1. D. eo. l. quod dicitur, 5. §. pe. ff. de impens. in rem dotal. fact. l. qui invicem, 30 ff. de condict. indeb.

5 l. invicem, C. eod.

6 l. si à fideiussore, 5. D. de compensat.

7 l. posteaquam, 20 D. eod.

8 l. in rem suam, 18 §. 1. l. cum militi, 16 ff. eod. l. 11 is, C. eod.

Pro-

Proinde si cum filiofamilias agatur, ita ille quod patri debetur compensare poterit, si caveat patrem suum ratum habiturum, id est, non exactu-
9 l. si cum filiusfa. 9. D. eod. rum, quod ipse compensaverit [9].

In rem suam procurator datus post litis contestationem, si vice mutua conveniatur, æquitate
10 d. l. in rem suam. compensationis vtetur [10].

Unus ex duobus reis, quod alteri stipulator de-
11 l. si duo rei, 10. ff. de duob. reis. bet, compensare, nisi socii sint, non potest [11].

His consequens est, vt quod pupillo debetur, si tutor petat, non possit compensatio objici ejus pecuniæ, quam ipse tutor suo nomine adversario
12 l. pen. D. eod. debet [12].

Ejus vero æris, quod ipse pupillus debet, compensatio petenti tutori vtiliter objicitur, etiamsi ex ea causa debeatur, quæ ad administrationem
13 l. inter tutores, 36. D. de adm. tut. tutoris agentis non pertinet [13].

Nihil autem interest ex quacunque demum causa fiat compensatio, etiamsi debeatur natura
14 l. Evam, 6. D. eod. tantum [14], nisi exceptione peremtoria perimi possent [15].

15 l. quæcunq., 14. D. eod. Et tam in privatorum, quam civitatum [16] &
16 l. 3. C. eod. fisci [17] causis compensatio locum habet, hoc ta-
17 l. fin. C. eod. men observato, vt qui adversus fiscum compensatione vtitur, intra duos menses sibi debitum do-
18 l. Aufertur, 46. §. qui compensationem, ff. de iure fisci. ceat [18], atque eadem fisci statio debeat, quæ etiam petit [19].
19 l. 1 C. eod.

Ceterum non si ex contractu tantum sed etiam si ex maleficio agatur, compensationem induci placuit [20], modo ex maleficio agatur pecuniarie,
20 d. l. si ambo, §. quoties. D. eo. sive civiliter.

Fideicommissi petitionem compensatio excludit [21].
21 l. 4. C. eod.

Stipulationibus quoque prætoriis recte opponitur [22].
22 d. l. si ambo, §. fi.

Et in summa ex omni obligatione, actioneque compensatio recte fit.

Neque

Neque vlla est hodie inter judicia bonæ fidei & stricti juris, quod ad compensationem attinet, distinctio, secus atque olim, cum inter ea distingueretur, ita vt in bonæ fidei quidem judiciis ipso jure, in stricti vero juris judiciis per doli exceptionem locum haberet[23].

23 §. in bonæf. Inst. de act.

Depositi causa ab hac definitione generali excepta est, cujus restitutionem opposita compensatione non differri placuit[24].

24 l. fin. C. e. l. pen. C. depos.

Porro ex omni quidem causa compensatio admittitur, si debitum vtrinque sit liquidum, siquidem liquidi ad illiquidum compensatio non conceditur[25].

25 d. l. fin. C. eod.

Itaq; qui illud aut illud, vtrum vellet, stipulatus est, ita compensationem ex hoc debito impetrabit, si palam dixerit, vtrum vellet[26].

26 l. si debeas. 22. D. eod.

Æqualia quoq; solum debita, & quæ inter ese consentiunt, compensantur, veluti si vtrinque pecunia vel aliud quod in suo genere functionem recipiens debeatur.

Corporibus enim debitis compensatio non admittitur, idq; propter inæqualem eorum inter se æstimationem[27].

27 l. si convenerit. 18 D. de pign. act. d. l. quod dicitur.

Sed nec corporis ad quantitatem fit compensatio[28].

28 l. si non sortem. 26. §. si centum, D. de condict. indeb.

Quod in diem debetur, antequam dies venerit, quod dari oporteat, ejus pecuniæ, quæ præsenti die debeatur, petitionem compensationis ratione non excludit[29].

29 l. quod in diem, 7. l. cum rati[illegible], 16. §. 1. D. eod.

Cum vero ei qui certo loco dare promisit, alibi agenti compensatio ejus debiti objicitur, vtilitas loci in æstimationem venit, eiusque ratio habetur, quod creditoris intersit suo loco pecuniam solvi[30].

30 l. pecuniam, 15. D. eod.

Qualitas etiam rerum plerunq; facit vt compensatio non admittatur, siquidem non compensantur, quæ ex causa annonarũ[31], tributorum, stipen-

31 l. ob negocium, 20. D. eod.

pendiorum, vectigalium, vel ex precio rei à fisco emtæ[32], vel ex frumenti oleive publici pecunia [33], debentur.

32 d.l.aufertur. §. ne debitoribus.
33 l.3.C.eod.

à De transactionib.2.ff.15.2.C.4.

à *De Transactione & capitis diminutione.*

CAP. LIX.

TRansactio est rei dubiæ definitio dato aliquo, & aliquo retento[1].

1 l.1.D.eod.

Eaque semper est de re aliqua, atque illa controversa.

Ut enim res certa & non dubia transactione definiatur, eo ipso quod illa certa est, fieri non potest:

Neq; vero etiam transactio esse potest, vt maxime res sit dubia; si is qui alterum sibi dicit obligatum, ab ea omnino recedat nullo dato.

Et rem igitur dubiam desideramus; & vt vtrinque de jure suo, & is qui se creditorem dixit, & is qui se debitorem esse negat, aliquid de jure suo, quod prætendit, remittat.

Atq, hoc in obligationibus conventionis expeditum est: in obligationibus delicti magis dubiũ, quod tamen hodie definitum est constitutione Diocletiani & Maximiniani, vt trãsigere vel pacisci liceat de crimine capitali, excepto adulterio, in aliis autem publicis criminibus; quę sanguinis pœnam non ingerunt, transigere non liceat citra falsi accusationem[2].

2 l.trãsigere, C.eod: ad quam multa multorum extanto repetitiones & observationes.

Capitis etiam tam media quam maxima diminutione debitor liberatur, ; veluti si deportetur, vel ademptis bonis exsulare jubeatur, vel in opus publicum damnetur, & in statum servilem deducatur, verum cum in locum ita damnatorum fiscus bonis publicatis succedat, obligationes in fiscum transferuntur.

De

De modis obligationum dissolvendarum communibus, qui fiunt ope exceptionis.

CAP. LX.

OPe exceptionis oppositę obligatio tam conventionis quam delicti tollitur modis quatuor, nimirum exceptione pacti, exceptione rei judicatæ, exceptione præscriptionis, & exceptione liberationis testamento datæ.

Exceptio *pacti* est exceptio actioni ipso jure competenti objecta, ex eo quod pacto jam ante convenisset, ne eo nomine super quo factum est, ageretur.

Quod cum factum contineat, non jus, ipso jure obligationem non perimit, sicut stipulatio acceptilationis[1].

Nisi pactum sit lege confirmatum, atque adeo legitimum, cujusmodi est, quod de furto injuriaque interponitur[2].

Pacta enim cetera præter legitima prætor solus tuetur, qui ipso jure constitutum ipso jure vt non valeat, efficere nequit[3].

Ita vero, vt exceptio pacti obijci possit, pacisci possunt illi qui juris sui sunt.

Nam qui alienæ potestati subjacent, ita paciscendo nihil agunt, vt maxime liberam peculii sui administrationem habeant[4].

Nec sufficit vt paciscens sui juris sit, sed requiritur præterea, vt rerum etiam suarum administrationem ex jure habeat.

Qua ratione fit vt pupilli similesq; personæ quæ sub tutela vel cura sunt paciscendo ne petant ipsæ, nihil agant[5].

Sed nec illis qui rerũ administrationem habẽt pacisci promiscue concessum est, nisi administrationis rebus ita exigentibus vel vtilitate ita ferẽte.

Y Ejus-

1 *l. si vnus, 27. §. pactus ne peteret, de pact.*

2 *l. legitima, 6. D. eod.*

3 *l. si tibi, 16. §. 1. ff. eod.*

4 *l. Contra, 28. §. fi. D. de pact. l. sicut, 8. ff. quib. mod. pig.*

5 *d. l. contra.*

Ejusmodi autem sunt tutores & curatores [6]; quin & Reipubl. curatores [7].

Litis procurator, & qui ad agendum tantum, vel ad vnam aliquam speciem constitutus est, pacisci non potest, ne petat [8]: is autem cui specialiter hoc mandatum est, vel qui liberam habet omnium bonorum administrationem, vel qui in rem suam procurator datus pacisci recte potest [9].

Si vnus ex sociis argentariis cum debitore pactus sit, alteri nihil nocet [10], idemq; est in duobus stipulandi reis [11].

Minus dubium est eum qui solutionis gratia adjectus est, jus habere paciscendi, ne petatur.

Quod majoris partis Creditorum pactio, qua ad adeundam hereditatem parte debiti remissa heres invitatur, minori nocet, id jure singulari receptum est [12].

Hæc pacti Exceptio, si quæratur, cui competat, disiunctio pacti in rem & in personam adhibenda est.

Pactum quidem in rem omnibus prodest, quorum obligationem dissolutam esse interest ejus qui paciscitur [13].

Itaq; fidejussori cum debitore facta pactio prodest [14], nisi vel aliud actum sit [15], vel in rem suam [16] vel donandi animo [17] fideiusserit.

Econtrario fidejussoris conventio, nisi hoc quoque in paciscendo actum sit, reo vel confidejussoribus non prodest [18].

Cum altero ex duobus reis promittendi reis vel argentariis sociis factam conventionem alteri prodesse Paulus scribit [19].

Quin etiam prodest pactum his qui in rem successerint, multo magis qui in jus vniuersum defuncti successerint [20].

Personale pactum ad alium non pertinet & ne

6 d. l. contra. l. pactum curatoris, C. eod. arg. leg. tutor quantum. ff. de admin. tutor. l. Tutor, D. de iurei.
7 l. Imperatores, 37. D. eod. l. præses, C. de transact.
8 l. sed si tantum, 13. ff. eo. l. si procur.
9 d. l. sed si tantum.
10 d. l. si vnus.
11 d. l. si vnus.
12 l. iurisgentium, 8. §. summ, & l. seq. D. eod.
13 d. l. & heredi, 21. §. fin. D. eod.
14 d. l. & heredi. §. fin.
15 l. nisi hoc actum, 22. D. eod.
16 l. sed si fideiussor, 24. D. eod.
17 l. quod dictum, 32. D. eod.
18 fideiussoris, D. eod.
19 l. idem in duob. 25. D. eod.
20 d. l. si tibi, §. pactum.

ne ad heredem quidem, nisi aliud actum sit[21].

Sane regulare illud est ut conventio cum alio facta alii non prosit, nisi paciscentis intersit[22].

Cum autem qui in potestate nostra est, idem & non alius à nobis esse censeatur, per eosdem pactis atque adeo eorum exceptionem acquiri nobis posse lex ait[23].

Cui consequens est filiosfamilias vel servos paciscentes, ne à patre dominove petatur, eis exceptionem acquirere[24].

Hereditarium tamen servum heredi post adituro nomine ejus expresso inutiliter, ut stipulari, ita & pacisci traditum est: sed si generaliter pactus sit ne petatur, vel ne ab hereditate petatur, pactio valebit[25].

Sed & per eos, quos bona fide possidemus, nobis pacti exceptio acquiritur[26].

Quod si ne à se petatur servus pactus sit, pactum inutile esse Paulus ait, doli tamen exceptio domino exinde dabitur[27].

Sin autem filiusfamilias pactus sit, ne à se petatur, post mortem quidem filii nemini proderit, alias patri, si de peculio, vel in rem verso, vel quasi defensor filii conveniatur, proderit[28].

Ex diverso his qui in potestate nostra sunt, paciscendo prodesse non possumus[29], nisi his paciscamur ut heredibus[30].

Doli certe ex æquo & bono exceptio accommodabitur[31], utpote quæ pacti exceptione deficiente plerumque competit[32].

Tutorum etiam[33], curatorumq;[34] pacta pupillis, furiosis, prodigis prosunt, eademque causa eorum est qui societatibus præsunt[33].

Quin etiam procurator pactus ne à domino petatur, ei doli exceptionem acquiret[36].

Denique & reus principalis recte paciscitur, ne à fidejussore petatur[37].

21 *d. l. idem, & l. seq D. eod.*
22 *d. l. si unus, §. ante omnia.*
23 *l. per quos, 59. ff. eod.*
24 *d. l. si tibi, §. fin. & seq.*
25 *d. l. si unus, in fine.*
26 *l. acquirent. 19. D. eod.*
27 *d. l. & hæred. § 1.*
28 *d. l. Acquirent. & seqq.*
29 *d. l. si tibi, §. si pactus. d. l. heredi, §. Nos autem.*
30 *d. l. & heredi, §. Iulianus.*
31 *d. l. & heredi.*
32 *l. Rescriptum, 10. § fin. D. eod.*
33 *l. Tutoris, 15. ff. eod.*
34 *d. l. contra.*
35 *l. item magistri, 14. D. eod.*
36 *d. l. Rescriptum, §. fin.*
37 *d. l. si unus, §. 1.*

Atq; vt cum alio facta conventio alii neq; nocet neque prodest, ita nec in alia re facta, ad aliam trahitur [38].

38 d. l. si unus, §. ante omnia.

Plane si decem debitor pactus sit cum creditore ne viginti petat, in decem exceptione se tuebitur: sed si viginti debeantur, & decem pactus sit, reliqua decem petenti exceptio non obstabit [39].

39 d. l. si unus, §. si cum mihi.

Decem vero aut Stichum stipulatus, si de Sticho pactus sit, nec decem recte petet.

Is qui hominem debet, pactus ne Stichus à se petatur, Stichum postea petens exceptione repelletur, alium vero quemlibet hominem electionis sibi competentis jure petenti exceptio non obstabit.

Exceptione pacti tutus, si per errorem solverit, indebiti condictionem habet, si modo pactum sit perpetuum [40]: non si ad tempus certum factum sit [41].

40 l. q. hominem, 34. §. fin. D. de sol. 41 l. sufficit, 56. ff. de condict. indeb.

Sed & actionibus ex delictis competentibus, si de iis pactum factum sit, exceptio illius obstabit.

a De exceptione rei judicatæ, tit. 2. lib. 44. D.

a Exceptio *rei judicatæ* est exceptio opposita actioni, à qua is qui convenitur jam ante sententia judicis, à qua appellatum non est, absolutus est.

Nec interest, jure an injuria absolutus quis sit, quod rei judicatæ autoritas introduxit.

Tum demum autem exceptio ista vtilis est, si ex eadem causa de re eadem ab eodem qui ante egit, aut alio ab eo causam habente agatur.

Exceptio *præscriptionis* est exceptio opposita actori, qui tempora actioni illi præscripta labi passus est.

Cui consequens est, vt tempore tollatur obligatio, non tamen ipso jure, sed prætoris auxilio exceptione data.

Eademque fidejussori dato vtilis est, & soluta

post

post tempus pecunia condicitur[42].

[b] Liberari *Testamento* debitor potest, ex quacunque causa debeat, si liberatio ipsi legetur.

Nec nostro tantum vel heredis nostri, sed & cujuslibet, alterius etiam omnino extranei debitori per fideicommissum liberatio relinqui potest[43].

42 l. si quis posteaquam, 37. ff. de fide juss. l. fin. §. fina. D. rem rat. haber.

b De liberatione legata, tit. 3. lib. 34. D.

43 l. Non solum, 8. D. eod.

De modis dissolvendarum obligationum specialibus.

CAT. LXI.

MOdi tollendarum obligationum *speciales* sunt, quibus alterutra obligatio, conventionis nimirum vel delicti dissolvitur, non vtraque.

Speciales *conventionis* partim ipso jure partim ope exceptionis obligationem dissolvunt.

Ipso jure qui dissolvunt sunt quatuor, Oblatio & Obsignatio. Interitus speciei debitæ, Exemtio rei d bitæ & Cessio.

Oblatio & obsignatio est pecuniæ debitæ oblatæ, sed à creditore non acceptæ.

Quæ vt effectum habeat, non sufficit vt verbis duntaxat fiat, sed præterea requiritur vt obsignata deponatur[1].

Tametsi oblatio sola sufficiat, vt debitor liberetur à periculo, si postea contingat rem oblatam perire[2].

Sola etiam oblatio solvi antichresin[3]: liberat à collatione publicorum tributorum & pensionũ publicarum[4], & sola vsurarum minorum oblatio liberat à majoribus, vt si promissæ sint minores, atque si ad diem non solverentur, majores, si ad diem offerantur minores, etiamsi non deponantur[5].

Obsignationem autem, vt effectum habeat, legitimo modo & solenniter fieri necesse est,

1 l. tutor p pupillo, 28. in fi. D. de adm. tut. l. si à re. Cod. de pact. int. emt. & vend. l. invicem, C. de compensat.

2 l. Stipulat. sum. 105. D. de V. O. l. quidem, 72. ff. de sol.

3 l. ex prædiis, C. de vsur.

4 l. 1. C. de suscept. vsur.

4 l. 1. C. de suscept. lib. 10.

5 l. si per te, Cod. de vsur.

Solennitas vero illa in his posita est,

I. Ut testato pecuniam creditori opportuno loco & tempore debitor offerat, & creditore eam accipere recusante obsignatam apud æditum, vel tabularium, vel alium quemlibet judicis jussu deponat [6].

II. Ut pecunia debita tota & omnis offeratur, atque obsignetur [7].

III. Ut obsignatio duret, & in eadem causa maneat.

Ceterum iis duntaxat pecunia recte offertur, quibus & utiliter solveretur [8].

Interitus etiam speciei debitæ debitorem liberat: speciei, inquam, quoniam quantitas nunquam perit [9].

Tum vero liberat, si res debita absq; mora, culpa aut facto debitoris pereat [10].

In obligatione disiuncta, re promissa altera extincta, debitor non liberatur, sed res quæ superest in obligatione manet [11]: si modo non eam ipsam, quæ periit offerente eo, Creditor accipere ante recusasset [12].

Frustratori autem & moroso, & cuius culpa aut facto debita res interiit, omnes in re debita casus adscribuntur [13].

Quod tamen ita accipiendum est, ut si eo casu interierit res, qui omnino incidisset, etiamsi res creditori præstita fuisset, nihilominus debitor liberetur, quamuis interpellatus non dederit [14].

Cum vero post moram res interiit, quoniam per rerum naturam præstatio ipsius est impossibilis, in locum rei succedit præstatio æstimationis [15].

Interitui speciei debitæ similis est *Exemtio* à commercio hominum, quæ debitorem liberat, si res debita citra moram, culpam, factumve debitoris commercio hominum subducatur [16].

Aliter atque si res promissa ab hostibus capta sit,

6 *l. si creditrici, C. de usur. l. obsignatione, C. eo. l. si soluturus, 39. D. de sol.*
7 *l. Tutor, 41. §. Lucius, D. de usur.*
8 *l. 1. C. qui potior. in pig. l. si priusquã, C. de distract. pign.*
9 *l. Incendium, C. si cert. petat. l. in ratione, 11. §. diligenter, ff. ad leg. Falc.*
10 *l. si mihi, 92. D. de solut. l. verborũ, 107. D. eod. l. si Stichus, 33. D. de V. O. l. necessario, 8. ff. de pericul. & com. rei vend.*
11 *l. 3. ff. q certo loco, l. si in emtione, 34. §. fi. ff. de cõtrah. emt.*
12 *l. Stipulatus sum Damam. 105. D. de V. O.*
13 *l. si ex legati, 23. l. nemo rem suam, 82. l. si servum, 91. D. de V. O. l. q te, 5. ff. de re cred. si cert. petat.*
14 *per l. si plures, 14. §. fi. D. depos. l. si cum exceptione, 14. §. quatenus. §. quod met. caus. l. item si verberatũ, 15. §. fin. D. de rei vindic.*
15 *l. cũ servus, 39. §. 1. vers. ipsius quoque rei, ff. de leg. 1.*
16 *l. si mihi alienũ, 92. ff de solut. l. inter, 46, D. de furt.*

sit, quo casu obligatio in suspenso est, non protinus extinguitur [17].

Cessio est juris sui, quod debitor habet, abdicatio.

Quæ actionis est vel omnium bonorum.

Modus specialis dissolvendę obligationis conventionis ope exceptionis vnicus est, nimirum *Iusiurandum*, quod est asseveratio religiosa.

Quod de re cōtroversa interpositum, siquidem debitor creditore deferente juraverit se non debere facit non facit vt ipso jure obligatio, si quæ est, tollatur, sed juranti ex jurisdictione prætoris exceptio accommodatur, qua creditorem agentem repellat, vt de eo debitum fuerit nec ne, amplius non quæratur [18].

Modus specialis dissolvendæ obligationis *delicti* est *mors*, eaque naturalis, qua anima à corpore separatur, qua delictum demortui omnimodo extinguitur, vt ex eo adversus heredes ipsius agi non possit, nisi quid ex causa delicti ad heredem pervenerit, aut lis cum defuncto cepta sit, tametsi tum obligatio hæc magis conventionis esse videatur, quam delicti.

In crimine tamen læsæ majestatis non mortem etiam inquiritur, mortuique fama damnatur.

17 *l. qui res, 98. §. Aream, D. de solu.*

18 §. *Æque si creditor, Inst. de act. l. Stichum, 95. §. Naturalis, D. de solut.*

DE REBVS.

a *De rerum divisione.* CAP. LXII.

EXpositum est hucusq; jus personarum, quod est in potestate, & obligatione: sequitur, vt videamus de jure rerum.

Rerum autem appellatione cetera omnia intelligimus, de quibus dici non potest, quod sint personæ.

a De rerum divisione & qualitate, 1. *ff.* 8. 2. *Inst.*

Hanc enim rerum appellationem esse latissimam apud JCtos extra controversiam est, adeo vt certa definitione comprehendi non posse videantur, & magis quid sint, animo intelligatur, quam vt verbis illud exprimatur.

Res à Jurisconsultis considerantur per se, vel earum accessiones.

Per se res summa sui divisione b corporales aliæ sunt, aliæ incorporales [2].

Res corporalis est, quæ tangi potest. Posse enim tangi sufficit, vt corporalis dicatur, etiamsi actu ipso non tangatur; cujusmodi sunt domus, prædium, fundus, equus, liber, argentum & similia [3].

Incorporalis est, quæ tangi non potest, vt est dominium, possessio, servitus, hereditas, atque ejus generis alia [4].

Res corporalis rursus mobilis est, aut immobilis [5].

Mobilis est res, quæ de loco in locũ moveri potest, sive moveatur à seipsa sive ab alio; sed illa movens, hæc mobilis dici putatur, quarum tamen appellationum vsus est promiscuus [6]. Cujusmodi sunt servus; equus, lapis, argentum, &c.

Immo-

1 l. res, 5. l. res, 23. D. de V. S. adeo vt homines etiam quandoq; rei appellatione contineantur, l. omnia, 32. D. de legat. 2. l. 1. §. quadam praterea, D. de rer. divis.

b De rebus corporalibus & incorporalibus. 2. Inst. 2.

2 in pr. Inst. eo. d. l. 2. §. quadam praterea. Philosophi res corporales substantias seu subiecta vocãt, incorporales accidentia seu adiuncta: atq; videtur adeo hac divisio ICtis & philosophis communis esse; q. sane ita se habet, si res ipsas corporeas species, at si res incorporales intuearis, & maxime rerũ qualitates, qua longe alia sunt Iurisconsultis, alia philosophis, distributio hac ICtis est propria. 3 §. corporales, Inst. eo. d. §. quadam praterea. 4 §. incorporales, Inst. eo. d. §. quadam praterea. 5 l. à divo Pio, 15. §. in venditione, D. de re iud. & ibi Ias. Bart. in l. quam Tuberonis, de pecul. vide multa de rebus mobilibus & immobilibus apud Anton. Gabr. lib. 6. V. S. concl. 6. & 7. Ios. Ludov. concl. 48. 6 Sane distinguuntur res mobiles & moventes vt diversa, l. moventium, 93. D. de V. S. l. 1. D. de adil. edict. l. si quis donaverit, C. de sacros. eccl. si quis ad declinandam, §. & siquidem, C. de epis. & cler. l. sicut. C. de servit. & aqua, l. si filiusfamilias C. fam. ercis. l. pen. C. de iure dot. l. vn. §. cum autem, C. de iure dot. . item multa, C. de bon. qua liber. l. 2. in prin. & l. 3. vers. qua omnia, C. de quadrien. prescr. l. vn. §. 1. C. de rapt. virg. Moventium tamen appellatione etiam mobiles contineri apparet ex d. l. moventium, l. fi. §. 1. D. de requiren. reis, & confunditur moventium & mobilium appellatio in l. à Divo Pio, 15. §. in venditione, D. de re iud. Quin rerum mobilium appellatio generalis sit, dubium non est, & probari potest per l. 1. §. 1. D. de rei vind vbi res mobiles dividuntur in animales & anima carentes, cui concordat l. qui vniversas. 30. §. item quod mobile, D. de acq. vel amit. possess. Non animales vero non minus moventes dici quam mobiles, apparet ex l. 2. D. de suppell. leg. & animales non minus mobiles quam moventes patet ex

Immobilis est res corporalis fixa, quæ iterum est vel res soli 7, vt sunt prędia, fundus, area, &c. vel res solo cohærentes aut contentæ, vt sunt fructus pendentes 8. granaria 9, arundineta & salicta, antequam cæsa sint 10, & similia.

Hæc mobilium & immobilium rerum distributio ipsam rei substantiam concernit, adeoque de his, quæ non sunt de substantia rei, inepte quæsiveris, mobiliane sint, an immobilia; quod faciunt illi, qui disputant, an actio 11, an nomina 12, an jura alia res sint mobiles vel immobiles.

Sunt enim hæ res incorporales, in quibus non consideratur, mobiles ne sint, an immobiles, sed Jurisconsultis satis est nosse quod sint incorporales.

Incorporales res duplicis generis sunt, Quantitatis nimirum aut Qualitatis.

Sunt autem ejusmodi, vt semper corpori alicui inhæreant 13, à quo tamen cum diversam habeant considerationem, habent etiam distinctionem & doctrinam diversam.

Res incorporales Quantitatis sunt Numus, Pondus & Mensura.

Numus autem est valor materiæ; non materia ipsa. In numo siquidem non aurum aut argentum, sed valor & potestas attenditur 14.

l.3.§.Nerva filius, D. de acqu. vel amit. possess. sed existimo hoc omne ita esse conciliandum, vt dicamus res mobiles dividi in animales & non animales ex vsu suru, in mobiles vero & moventes ex vsu hominis per d.l. moventium: quod cuiusmodi sit, alio loco, Deo volēte, examinabitur plenius.
7 Synecdochice tamen à potiori res soli in multis legibus accipiuntur pro immobilibus in genere vt in l. vsufructu 7. D. de vsufr. l.1. §.1. D. vsufru. quemadm. cav. l.1. D. de condict. tritic. l. quā Tuberonis, 7. §. in peculio, D. de pecu. d.l.1. D. de adi. edict. l. vxor. 55. D. de don. int. vir. & vxor. l. rerum. 30. § Labeo, D. de vsuc. l.1. § si fundus, l. quod est, 3. §. pertinet. D. de vi & vi arma. l.1 §.1. D. vtrubi. quemadmodum etiam in l.1. D. de rei vind. res solo contenta opponuntur mobilibus.
8 l. fructus pendentes, 44. D. de rei vindic. l. fin. §. non solum, & §. fructus, D. quo in fraud. cred. *9 l. granaria, 18. D. de act. emti, l. Titius, 60. D de acquir. rer. domin.* *10 l. quæsitum est, 12. §. conservandi, D. de instruct. vel instr. leg.* *11 Gail. 2. obs. pr. 11. nu. 9. Turz. comm. opin. lit. A. §. illud doctores.* *12 Gail. d. obs. 11 vbi etiam de alijs. Sunt tamen qui existiment tertium quoddam genus rerum ponendum esse, quæ nec mobiles sint nec immobiles. Spec. in tit. de fructib. §.1. n. 7. & ibid. Io. And. in addit. Alex. in d. §. in venditione, nu. 1 Ang. in §.1. Inst. de inut. stipu. Gail. d. obs. 11.* *13 d.l.1. §. quædam præterea, & d. §. incorporales, Inst. de rer. divis.* *14 l. qui heredis, 46. D. de condict. indeb. l. quisquis mihi, 95. D. de legat. 3. l. plane, 34. §. sed si D. de leg. 2. l. quæ dicitur, 5. D. de impens. in rem dot fact. l. si is cui numos, 94. D. de solut.*

Huc pertinet rei cujuslibet æstimatio, quæ definitur quantitate.

Ceteræ res incorporales sunt. Qualitatis, quæ proprie jura dicuntur.

Sed neque illæ omnes generis sunt ejusdem, cum quædam in facto magis sunt, quam in jure, vt est possessio [15], quædam in jure magis, quam in facto, vt dominium.

Utrunque vero illud & possessio & dominium spectatur in re tam corporali, quam in incorporali; in corporali, vt in fundo; in incorporali, vt in servitute fundo debita.

Ex quo possessionem & dominium dico esse rerum jura, extra res tamen posita in homine: cetera autem jura rebus ipsis insunt, in quibus possessio & dominium, vt ita dicam, occupata sunt.

Quoniam itaque servitutes in rebus ipsis sunt, quas quis possideat aut in dominio suo habeat, antequam de possessione aut dominio dicamus, dicendum est de servitutibus.

a *De servitutibus.* Cap. LXIII.

Servitus est jus serviendi in re alterius [1] ad vsum alterius alicujus rei vel personæ constitutum [2].

Quod fit pactionibus [3] & præscriptionibus [4] inter vivos, & testamento, vel quavis alia vltima voluntate [5].

Servitus duplex est, Personalis & Realis [6].

Servitus personalis est jus personæ, quo personæ res aliena servit.

Realis est jus prædij, quo ei prædium alienum servit.

Illa personam sequitur, atque cum illa extinguitur [7], hæc rem: illa cōsistit in rebus tam mobilibus,

15 *l.1.§.1.D.de acqui.vel amit.poss.*

a De servitutib. 8.D.13.C.34.

1 *l.5.in pr.D.si vsusfru.petet.l.in re commuuni,26.D.de servit.vrban.præd.*

2 *l.quoties,15.D.de servit.*

3 *§.fin.Inst.de servitut.vrb.& rust.præd.§.1.Inst.de vsufr.*

4 *l.si quis diuturno.10.D.si servit.vind.l.2.C.de servit.l.fin.in fi.C.de præscr.long.temp.l.pen.§.1.in fi.C.de præscri.30.vel 40.annor.*

5 *d.§.fin.Inst.de serv.vrb.& rust.præd.d.§.1.Inst.de vsufr.*

6 *l.1.D.de serv.*

7 *§.finitur,Inst.de vsufr.l.pen.C.eod.l.3.§.fi.D.quib.mo.vsufr.amit.*

bus, quam immobilibus [8], hæc in immobilibus tantum [9].

Servitutis personalis species ponuntur vulgo tres: vsusfructus, vsus & habitatio [10], fortasse quod hæ nunquam possunt fieri aut dici servitutes reales, sed semper sunt personæ. Alias enim cum ex servitutibus realibus fieri possint personales, tot servitutum personalium species possent constitui, quot in vniuersum sunt servitutum species, siquidem quod vsui est rebus, idem etiam possit esse vsui personis [11].

At vero servitutes cujusmodi sint, realesne an personales, id omne ex eo, cui servitus debetur, æstimandum est, vt si debeatur personæ, dicatur personalis: si rei, realis [12].

Servitutum personalium nominatæ aliæ sunt, aliæ innominatæ [13].

Nominatæ, quibus nomen certum jure est inditum, quod est vsus.

b Usus autem est servitus, qua quis re aliena vtitur.

Hic plenus est, aut non prorsus plenus.

Non prosus plenius est vsus rei defin tus [14].

Hujus species duæ sunt, vsus specialiter ita dictus & habitatio.

Usus in specie est vsus rei ad necessitatem remanente salva & integra.

Habitatio est vsus ædium alienarum, qui est in habitando [15].

c Usus

8 §.2. *Inst. de vsufr. l.28. l.41. D. eo.*
9 §. *ideo autem Instit. de servit. urba. & rust. præd.*
10 *in Inst. sed in l.1. D. de serv. mentio fit duntaxat vsus & vsusfructus.*
11 *Ita aqua ductus potest esse servitus personalis. l. Lucius, 37. D. de servit. rust. præd. ita & iter. & l. pen. D de iter, & l. pen. D. de servi. leg. ita aquæ haustus, ita pecoris ad aquã appulsus, ita ius premendi vvas in tuo, ita ius vtendi area tua ad exprimenda frumẽta, l. Mela, 14. § fi. D. de aliment. & cibar. legat.*
12 *Quod apparet ex universo illo quæ est in iure tractatu de servitutibus.*
13 *Quæ distributio ex eo est quod modo dixi, ex servitutibus realibus etiã personales fieri posse.*

b De vsu & habitatione, 2. *Instit.* 5. 7. *Dig.* 8. 14 *id est, sine fructu. l.1. D.* 15 §. *item quis ædium. Inst. eo. Habitatio ædium eadem est, vt puto, cum vsu ædium. atq; inde vsus tantum mentio fit in l.1. D de servit. non etiam habitationis: & habitatione excepta vsus exceptus videtur, l. si quis uvas, 32. D. de vsuf. atq; legatũ vsus & habitationis in effectu idẽ pene esse dicit Vlp. l. si habitatio, 10. D. de vsu & habit. Habitatione tamen constituta, neq; vsum videri constitutum, neq; vsumfructum: sed quasi proprium aliquod ius dicit Iustin. in §. sed si cui Instit. eodem, quod nimirum quasi proprium ius est habitatio cum vsu, vt dixi, eadem, & tamen ab eodem diuersa nimirũ q ad hoc q habitatio non amittitur non vtendo neq; capitis diminutione.*

c Usus plenus est *usussructus*, qui est usus rei ad voluptatem, re manente salva & integra. Id enim est quod in legibus ususfructus definitur jus sive servitus personalis re aliena utendi fruendi, salva rei substantia [16].

Hinc omnis ususfructus usum habet [17]; non vicissim; ususfructus enim plus complectitur, quã usus, siquidem hic necessitate definitus est, ille nõ item, utpote in quem omnes omnino rei commoditates, quæcunque etiam illæ sint, veniant: ex usu usuarius habet, ut nec egeat, neç abundet; ex usufructu, ut abundet etiam [18].

Hinc usufructuarius jus suum transferre potest in alium; non item usuarius [19].

Et rursus usus rei ejusdem duorum pluriumve esse potest, si usus istius rei sufficiat omnibus; ususfructus integer & solidus duorum pluriumve esse nequit, dividi potest [20].

Ex eodem & illud est, quod usufructuarius defunctus fructus collectos, tametsi nondũ absumtos, ad heredes transmittat [21]; usuarius non transmittat:

sicut usus, d.l. si habitatio, idq; de iure Digestorum est certissimum, quod iure Codicis in l. sicut. C. de servit. & aqua, correctum esse videtur, aut certe particula universalis omnis *in lege ista est ad ceteras servitutes restringẽda, sed prius illud mihi videtur affirmari verius. Quidquid autem sit, non video quanã usus & habitationis ea in re diversitatis ratio sit alia, quã quod Romanis id ita placuerat. Nam Connani ratio, quod habitatio sit facti, usus iuris, displicet, cum habitatio non minus inter servitutes atque adeo iura referatur, atque usus: neque etiam placet ratio Cuiacij, quod habitatio tam rem quam personam respiciat, quoniam ita habitatio male annumeraretur servitutibus personalibus, cum ex ea ratione esset mixta: nec video quod ad ceterarum rerum usum attinet, cur non eodem modo usus illarum tam ad rem quam ad personam pertineat.* c De usufructu, 2. *Instit.* 4.7. *Dig.* 1.3. *C.* 33. 16 *in prin. Instit. eodem, l.* 1. *Dig. eod.* 17 *l. per servum,* 14. §. 1. *D. de usu & habit. Quod autem in d. l. per servũ, §. fina. & in l. huic stipulationi,* 5. §. *ergo. D. usufruct. quemadmodum caveat. fructus sine usu esse dicitur, id sic accipiendum est, quodis qui usumfructum habet, nõ habeat & usumfructum & usum; quia sic duas haberet servitutes, cum tamen habeat unam, atque adeo quod utatur fruatur re non iure usus, sed iure ususfructus. Eodem sensu actus dicitur esse sine itinere in l. loci,* 4. §. 1. *D. si servit. vind. Qui habet quinque, idem etiam tria habet, non tamen quinque & tria, alioqui haberet octo: ita qui actum habet, idem etiam habet iter, non tamen & actum & iter: qui usumfructum habet, habet etiam usum, non tamen & usumfructum & usum.* 18 §. 1. *Instit. de usu & habit.* 19 *d.* §. 1. *l. inque 10 fundo,* 21. *& l. seq. D. de usu & habitat.* 20 *vide Connanum,* 4. *comment. iur. civil.* 5. *l.* 5. *D. de usufr. l. excepta,* 14. *l. placet,* 28. *D. quib. mod. ususfr. amittat.* 22 *l. qui scit,* 25. §. 1. *D. de usu.*

mittat: sed quicquid superest fructuum sive perceptorum sive percipiendorum, id omne ad dominum proprietatis redeat.

Porro vsusfructus duplex est, Verus & Quasi vsusfructus [22].

Ususfructus verus est rerum, quibus ita vtimur vt salva atque integra ipsarum maneat substantia.

d Ususfructus quasi [23] est rerum, quibus ita vtimur, vt vtendo eædem absumantur [24].

Ille ex lege est, hic ex SC.

Jus autem vtendi fruendi nihil est aliud, nisi facultas seu potestas percipiendi omnem vtilitatem, omne commodum, omnes denique fructus, quicunque etiam illi sint, & ea re vsum fructum debente percipi possint [25], quibus fructibus non vtitur tantum, sed abutitur etiam vsufructuarius, quippe quod fructuum ex re vsufructuaria perceptorum non sit vsufructuarius, sed pleno jure dominus: vt res quidem in vsufructu esse dicatur, non in abusu, fructus in abusu, non in vsufructu.

Hinc est vsufructuarius re vsufructuaria vti debeat boni viri arbitrio [26], hoc est, quemadmodum bonus paterfamilias ea vsurus fuisset, nimirum ne quid rei incommodet, ea vel male vel in alium vsum, quam in quem comparata est, vtendo [27].

Duobus autem modis vsufructuarius re male vtitur: vno, si rem deteriorem faciat aut fieri patiatur: altero, si substantiam & formam rei immutet, quod fieri potest, rem etiam meliorem faciendo, nimirũ in subiecto aut in forma rei: qualitate autem seu adjuncto rei mutato, non ex eo formam etiam rei protinus immutatam esse existimandum est [28].

22 *§. constituitur, Inst. de vsufr. l. 2. in fin. D. de vsufruct. ear. rer. quæ vtend. absumun.*

d De vsufructu earum rerũ quæ vsu consumuntur vel minuuntur, 7. D. 5.

23 *ita appellatur in d. l. 2. in fin.*

24 *d. §. constituitur, l. 1. D. eod.*

25 *l. vsufructu, 7. & ll. seqq. D. de vsufr.*

26 *l. item si fundi. 9. D. de vsuf. l. 1. D vsufruct. quemadmodum cav.*

27 *l. sed si quid, 15. l. Proculus, 19. de vsufr.*

28 *l. vsufructu, 7 & seq. & l. vsufructuarius. 44. D. de vsufructu.*

c Usufructuarius quemadmodum caveat, 7. D.9.

29 l.4.C.de usufr. l.fin. Dig. usufru. quemadmod. cave. Paul.1.sent.10. & lib.3.sent.5.

30 l.1.D.eod.l.2.§ quod ait prætor. D. quor.legat.l.1.§. nō exigit prætor, D. ut in possess.legat.l. si quis filium.§.stipulatio.D. de collatio. l.fin. D. si cui plus quā per leg.Falcid.

31 l.1.2.& 7.D.de usufr.ear.rer.

32 vide Andr. Gail.2.obs.pr.46. nu.2.

d Quibus modis usus fructus vel usus amittitur, 7.D.4.

33 §.finitur, Inst. de usuf.l.pen.in pr. C.eod.l.3.§.fin. D. quib.mo.usuf.am. imo morte etiam civili,l.an usufructus,56.D.de usuf. l.ut inter,C.de sacros.eccles.

e De servituti bus urbanorum & rusticorū prædiorum,2.Inst.3.

f Cōmunia prædiorum tam urbanorum quam rusticorum,8.D.4.

c Ad hoc vero, ut usufructuarius re ita, ut dictum est, utatur, cautio de jure est prodita, quæ dicitur usufructuaria.

Quæ cautio duplex est; Prior ex edicto prætoris pertinēs ad usumfructum verum, cujus partes duæ sunt, una, quod usufructuarius boni viri arbitrio re in usumfructum concessa, usurus sit [29], altera, quod usufructu finito rem eandem, quam in usumfructum accepit, restituturus sit [30].

Posterior est ex Senatusconsulto, ad quasi usumfructum pertinens, qua cavetur duntaxat de re eadem reddenda in genere, aut certe de æstimatione rei restituenda, quanti nimirum res usufructuaria fuerit [31]. Atque hæc cautio in hoc ususfructus genere nunquam debet omitti, utpote quæ succedat loco substantiæ rei, quæ alias per se utendo consumitur & perimitur [32].

Innominatæ servitutes personales sunt illæ quę de jure nomen certum & speciale non acceperūt, sed cum natura sua essent reales, personales factæ sunt, siquidem ita cōstituuntur, ut non rebus sed personis debeantur.

d Est vero servitutibus personalibus illud commune, ut extinguantur ipsæ morte personæ [33], cui debentur, neque ad heredes transmittantur. Usui & usufructui peculiare est, ut capitis diminutione ejus cui debentur, desinant; quod in habitatione secus est.

e Servitus *Realis* est jus prædii, quo ei prædium alienum servit.

f De hac Romanis placuit [34], ut neque ex tempore, neq; ad tempus, neq; sub conditione, neque ad certam conditionem constitui possit [35], ejusque causam voluerunt esse perpetuam [36].

Modum

34 *Nam per rerum naturam quo minus illud fieret, nihil impediebat, unde in l.servitutes,4.D.de servit. dicitur* ipso iure *hoc ita esse.* 35 *d. l.servitutes.* 36 *l.foramen,28.D.de servit.urb.præd.l.servitutes,14. C.de servit.*

Modum tamen servituti adiici permiserunt, veluti quomodo & quatenus & quando servitute rei suæ debitæ quis vtatur[37].

Neque vlla partium in hac habetur ratio, cum fieri nequeat, vt servitus per partes vel imponatur, vel acquiratur, neque etiam pro parte remittatur, tametsi acquisita pro parte retineatur[38].

Atque est hoc jus rei in re, & per consequens personæ etiam constitutum, quoniam illa rem habet, cui servitus debetur.

Semper autem est in re immobili, & semper etiam rei immobilis; ex quo etiam servitus hæc appellatur prædialis[39].

Debetur enim prædio, quod ab eo dicitur Dominans, à prędio, quod ob id dicitur serviens: semper vero alieno[40].

Catholicum enim est, quod res sua nemini serviat, neque principaliter neq; per consequens[41] adeo vt si is cujus prædio servitus debetur, acquirat etiam fundum, qui servitutem debet, servitus confundi, atque adeo tolli dicatur[42].

Eidem consequens est, vt qui prædium non habet, nec servitutem prædialem habere possit[43], promitti tamen possit, si prædium futurum speretur[44].

Porro ex distinctione prædiorum distinguuntur etiam servitutes prædiis debitæ.

Distinguuntur autē prædia ex vsu & materia[45], sententia Neratii ex loco illa distinguentis[46] jam dudum explosa.

Usus autem prædiorum quorundam vrbanus est, hoc est, vt habitādi causa comparata sint, quorundam rusticus, hoc est, vt non habitandi, sed fructuum conservandorum aut aliarum rerum causa extra habitandi vsum comparata sint.

Hinc

37 d. l. servitutes, §. 1. l. via, 5. §. 1. D. de servit.

38 l. ad certam, 6. l. vt pomum, 8. l. pro parte, 11. D. de servi, l. fundus, 32. l. vnus. 34. ff. de servit. præd. rust. l. si quod, 29. ff. de serv. vrb. præd.

39 §. ideo autem Instit. eod. l. 1. D. commun. præd.

40 l. duorum, 3. ff. commun. præd.

41 l. uti frui, 5. in pr. ff. si vsusfruct. petetur, l. in re cōmuni, 26. D. de servit. vrb. præd. l. cum essent, 33. in fin. D. de servitut. rust. præd.

42 l. 1. D. quemadmodum servit. amittatur, l. quid ꝗ, 10. ff. comm. præd. l. Papinianus. 18. ff. de servit.

43 §. ideo autē, Inst. de servit. vrban. & rust. præd. l. 1. in fin. ff. comm. præd.

44 l. Labeo, 10. ff. de serv. rust. præd. l. fi. ff. si servit. vind. quæ duæ leges etsi videantur sibi invicem contrariæ esse, recte tamē conciliātur ab Ant. Gov. [illegible] lect. 17. Aquæ ductus enim est servitus, iter ductus servitus non est, sed locus, per quem aqua ducitur.

45 l. si prædium [illegible] C. de præd. & al. reb. minor.

46 l. 2. D. de servit. rustic. præd.

Hinc prædia quædam vrbana sunt, quædam rustica; illa dicuntur Ædes, hæc Fundi: & sunt illæ sæpenumero extra vrbem, vt sunt villæ; hi vero è contrario in vrbe, vt sunt horti, vineæ, &c. in vrbe 47.

Hinc servitutum realium sive prædialium, quædam sunt prædiorum vrbanorum, quædam prædiorum rusticorum 48.

g Servitus prædiorum vrbanorum est servitus, quæ vrbano prædio debetur.

h Servitus prædiorum rusticorum est servitus, quæ debetur prædio rustico vicino 49.

In hac enim vtriusque prædii vicinitatem exigimus, in ista nõn æque 50.

Ex rusticis vero servitutibus fieri possunt vrbanæ, non vicissim.

Quando autem prædii vrbani, quando rustici servitus sit, id ex prædio cui servitus debetur, æstimandum est 51.

Differunt enim inter sese subjecto, hoc est, prædii genere, & deinde etiam vsu seu forma servitutis.

Nam servitutes rusticæ omnes consistunt in patiendo tantum, nimirum vt vicinus patiatur aliquid: at vrbanæ non in patiendo tantum, sed etiam in non faciendo; puta, ne vicinus ædes suas altius tollat & luminibus officiat 52.

Quin & in eo differunt, quod omnis servitus rustici prædii natura sui intermissionem habet: servitus prædii vrbani vsum possessionemq; continuam 53.

Species autem tam harum quam illarum in jure multæ sunt, atque variæ.

Servitutum vrbanarum species, quarum in jure nostro mentio fit expressa, sunt hæ: Altius tollendi; Altius non tollendi, ne luminibus officiatur,

47 *l. vrbana, 198. D. de V. S. l. 1. C. commun. præd.*
48 *in rub. Inst. l. 1. D. de servitu.*
g De servitutib. prædiorum vrbanorum, 8. D. 2.
h De servitutib. prædiorum rusticorum, 8. D. 3.
49 *l. si ædes, 38. D. de servit. vrb. præd. l. qui Sella, 7. D. servit. rust. præd. nõ obstat publicũ prædium intervenire, quo minus vicinũ dicatur, l. 1. D. de servi. rust. præd. qa agimus de iure privato, publica autẽ omnium vsui patẽt: l. si mihi 20. §. pen. D. eo.*
50 *l. si quis duas 6. D. commun. præd. non igitur debuis. VVes. servitutem in genere definire prædij vicinitate, quæ definitio est speciei.*
51 *l. vrbanorum, 2. D. de servit. vrban. præd.*
52 *l. quoties, 51. §. servitutum, D. de servit. l. etsi forte. 6. §. etiam, D. de servit. vind. l. 1. in fin. D. de acq. pluvia.*
53 *l. servitutes, 14. D. de servit. d. l. foramen.*

tur; Tigni immittendi; Tigni non immittendi; projiciendi; Oneris ferendi; Luminum; Prospectus; Stillicidii; Cloacæ; Foraminis, Pontium habendi [54].

Altius tollendi est servitus prædii urbani ædificandi in altitudinem, quousque libuerit [55]. Hæc servitus ad ædificandi magis modum pertinet, qui ea constringitur vel ampliatur.

Non tollendi altius est servitus, qua naturalis libertas [56] ædificandi altius inhibetur [57].

Tigni immittendi est servitus urbani prædii, qua licet domino ædium, cui ea debetur, ex ædib. illis tignum seu trabes immittere in parietem alienum, ut in eo requiescant [58]. Nam si servitutem habeam protendendi aliquid, nimirum arceras super aream tuam, ut nusquam quiescat, projiciendi servitus ista est; quemadmodum si liceat alicui tectum ædium suarum extendere supra alterius aream ad protegendas ab injuria pluviæ ædes, servitus protegendi est, atque ejuscemodi protecta, id est, partes tecti prominentes dicuntur suggrundæ, item suggrundia [59].

Huic vicina est servitus oneris ferendi, ut paries seu columna aliena onus necessarium ædium ferat [60].

Luminum servitus est servitus prædii urbani immittendi luminis, hoc est, ut vicinus lumina nostra, id est, fenestras, quibus cœli lumen hauritur, excipiat [61].

Prospectus servitus duplex est, prospiciendi, & ne prospectui officiatur. Prospiciendi servitus est servitus prospiciendi & spectandi in prædium vicini. Ne prospectui officiatur est servitus, ne quid ad prospectum gratiorem minuendum & quaquaversus liberum fiat [62].

54 *l.2.D.de servi. præd.urb.§.1.Inst. eod.*

55 *De hac dixi plene 1.discept.Scholast.5.*

56 *l.1.D. de servi. urb.præd.l.altius, C.de servit.& aqua.*

57 *l.si ædes meæ 32 D.de servitu. urb. præd.*

58 *l.servitutes, 20. D.de servi.urban. præd.*

59 *in rubr. de damno infect. & suggrundiis, l.in rutis, 242.§.inter.D. de V.S.*

60 *l.1.§.fin.l.eum debere, 33.D.de servi.urb.præd.d.l.etsi forte,§.etiam, quo pertinet servitus oneris porticus servandæ, cujus mentio fit in l.pen.D.de damno infecto.*

61 *l.luminum, 4. D.de servi. urba. præd. ex qua apparet etiam cujusmodi sit servitus, ne luminibus officiatur.*

62 *l.inter servitutes, 15.& seq.D.eo. ex quib. etiam colligitur differentia inter lumen & prospectum.*

63 l. servitutes, 20. l. Stillicidium, D. eod. Varro lib. 4. de lingua Lat.

Stillicidii, id est, aquæ guttatim cadentis [63] servitus est avertendi illius causa vel non avertendi. Stillicidii avertendi servitus est, qua vicinus potest aquam supra tectum suum cadentem in locũ vicini avertere & derivare: quod extollere quidem, sed non deprimere licet, quippe quod qui servitutem illam habet, nihil potest agere, quo gravior & durior fiat servitus, licet quo levior sit, possit. Stillicidii non avertendi servitus est, qua vicino prohibet vicinus, ne in suum avertat stillicidium.

64 l. ius cloacæ, 7. D. de servitutib.

Cloacæ servitus est, qua cui licet sordes & immundicias in aut per alterius ædes derivare [64].

65 §. 2. Inst. eo. l. 1. D. eod.

Species servitutum rusticorum prædiorum sunt Iter; Actus; Via; Aquæductus; Haustus aquæ; Pecoris ad aquam appulsus; Jus pascendi; Jus calcis coquendæ; Jus arenæ fodiendæ [65].

66 l. si cui. 9. D. eo.

His illud commune est, vt prædium totum, quod servitutem debet, afficiant, vt ei, qui prædium habet dominans, liceat ire, agere, vehere, &c. per quamcunque prædii servientis partem velit [66].

67 d. l. si cui. l. si via. 26. D. de serv. rust. præd. l. certo. 53. §. 1. D. eod.

Spacium tamen loci, quo servitute quis vtatur, determinari solet, quod si factum non sit, is cujus prædio servitus debetur, vti ea debet civiliter [67].

68 d. l. si cui.

Ea enim prædii parte vtetur servitute, qua ipsi sit commodum, & prædio servienti non incommodum, aut certe non tantum, quantum fortasse in alia [68].

69 d. l. si cui.

Qua autem parte prædii servitute semel vti cepit, eadem etiam vtetur postea, nec amplius ejus mutandæ habebit potestatem [69].

Etsi enim prædium totum serviat, exercitium tamen servitutis non nisi in vna prædii parte fit.

Iter

Iter est jus eundi[70].

Actus est jus agendi.

Via est jus vehendi[71].

Viæ latitudo jure definita est, vt in porrecto sit pedum octo, in anfracto pedum sedecim: ceterarum vero servitutum spacium boni viri arbitrio terminandum est[72].

Aquæ ductus est jus aquæ ducendæ per fundum alienum[73], quod fieri solet vel canalibus vel fossa ducta. Eatenus autem ducitur, quatenus fundo dominandi opus est, atque ducitur ex aqua publica vel privata. Ex aqua publica cuivis licet ducere, nisi ab eo, qui id prohibendi jus habet, sit prohibitum, aut aqua illa in vsu publico non sit[74]: ex privata non licet, nisi is cujus interest, consentiat.

Aquæ haustus est jus hauriendi aquam ex flumine, fundo vel puteo privato, quatenus fundo dominanti opus est[75].

Pecoris ad aquam appulsus est jus pecus suum ad aquam, hoc est, flumen aut fontem privatum alienum agendi, vt ex ea bibat.

Ceteræ servitutes cujusmodi sint, per semet-ipsas patet.

Servitutum tam personalium quam prædiali immittendarum modi sunt tres. *I.* Negligentia non vtentis[76]. Nam si is qui prædium habet dominans, servitute prædio constituta non vtatur, facit vt contra fundum dominantem præscribatur libertas à fundo serviente. *II.* Rei servitutem debentis interitus[77]. Nam quod ædificio reædificato pristina servitus redit, id non ex jure est, sed vtilitatis causa constitutum[78]. *III.* Acquisitio dominii rei, quæ servitutem debet. Quod si enim fiam dominus prædii prædio meo servitutem debentis, aut cum prædium meum serviret alii, dominus fiam prędii dominantis,

70 in prin. Inst. eo. l.1. D. eod.

71 dd. modo locis. De his definitionib. vide controvertentes Duar. 1. disp. 31. Rober. 4. sen. 5. Hot. 2. obs. 21. Cuiac. 22. obs. 35. Ant. Fab. 1. conject. 20.

72 l. via, 8. D. de servit. rust. præd. l. certo, 13. §. 2. D. eo. l. nam satis, 6. in fi. D. quemadmod. servit. amitt.

73 In pr. Inst. eod. l.1. D. eod.

74 l.2. D. de flumin. & l. Imperatores, 17. D. de servit. rust. præd. l. si autem, 10. §. fin. D. de aqu. & aqua pluv. arcend.

75 §. inter, Inst. eo. l 1. §.1. l.3. §. fi. l. si mihi 20. in fi. D. eo. l.4. §. sed & de haustu, Dig. si servit. vind.

76 §. finitur, Insti. de vsufr. l. pen. C. de serv l.7. D. quemadmod. servitu. amitt.

77 d. §. finitur, l. si locus, 14. D. de servit. vrb. præd.

78 d. l. servitutes, 20. §. si sublata,

servitus confundi dicitur[79]: Item si fiam dominus rei usumfructum mihi debentis, usufructus cum proprietate consolidari dicitur[80], quippe quod res sua sibi ipsi non serviat; sed re sua quis utatur jure dominii sive possessionis, non jure servitutis.

De accessionibus rerum[1].

Cap. LXIV.

Accessiones rerum & ipsæ sunt res, sed tamen quæ respectum habeant ad alias. Res, inquam, & ipsę sunt, si per se considerentur, accessiones, si vel origo earum unde profectæ sunt, vel usus, in quem impensæ sunt.

Accessiones sunt hominis, vel præter hominem rerum aliarum.

Hominis nimirum servi aut ancillæ, atq; utriusque illius peculium[2], hujus tantum partus, qui accessio[3] revera quidem est, sed non ejusmodi, cujusmodi est fructus[4].

Obtinuit enim sententia existimantium partum in fructu non esse, cum absurdũ videretur, hominem, cujus causa omnia creata sunt, & ipsum in fructu esse[5].

Tametsi haud aliter homo ex ancilla nostra natus, noster sit, atque fœtus natus ex animali bruto[6].

Rerum præter hominem aliarum accessiones sunt Impensæ & fructus.

Impensæ sunt accessiones rerum in ipsas collatæ.

Quæ

79 ut supra n.42.
80 d. §. finitur.
1 Vox hæc generalis est, ut apparet ex rubr. D. de usur. & fruct. & causis & omnib. accession, & l. Imperator. 50. D. ad SC. Treb; & usuram esse accessionis quandam speciem constat ex l. frumenti, C. de usur. nec rarum est, ut speciebus propositis quibusdã mox subjiciatur accessio ut genus, quod fit in l. quod si nolit, 31. §. pen. D. de ædil. edict. l. 2. D. de in diem addict. tametsi in l. item sciendũ, 29. §. 2. ff. de ædil. edi. & in l. si servus, 61. §. idẽ dicendũ. ff. de furt. vox accessionis præponatur, & post subjungatur eius quadam species.
2 d. l. quod si nolit, §. si peculium.
3 l. si ancillas. 63. ff. de legat. 1. hinc portio matris & viscerũ eius dicitur, l. 1. §. 1. ff. de ventre insp.
4 arg. l. si prægnans 42. D. de evict.
5 §. Partus, Inst. de rer. divis. l. vetus. 68 D. de usufr. l. in pecudum, 28. §. 1. ff. de usur. l. ancillarum, 27. D. de hered. petit.
6 §. Item ea quæ, Inst. de rer. divis. ex qua causa interdum coniunguntur fructus, & partus ancillarum, & fœtus pecorum, l. sequitur, 4. §. fructus. D de usucap. & fructus pecorum atq; partus ancillarum inter se conferuntur, l. si marito, 31. in fin. D. solut. matrimon.

Quæ duplices sunt, Utiles & Voluptuariæ 7.

Utiles sunt, quibus res in quam conferuntur, continetur.

Quæ iterum sunt Necessariæ, vel utiles simpliciter.

Necessariæ sunt ita in rem collatæ, ut conferri eas ad rei conservationem omnino necesse fuerit: vel ut Paulus IC. eas describit, quæ si factæ non essent, res aut peritura aut deterior futura fuisset, cujusmodi sunt cibaria mancipiis data 8.

Utiles in specie sunt impensæ, quibus res in quas conferuntur, meliores redduntur, ut si ager stercoretur 9.

Voluptuariæ sunt impensæ, quibus omissis res nec deteriores fiunt, nec factis ipsis fructuosiores, ut sunt picturę, balnea. Ornant enim speciem, fructum rerum non augent 10.

Solent autem impensę præcedere fructus rerū.

Hinc *fructus* rerum dicuntur, qui deducto ære alieno, hoc est, impensis in res factis, supersunt 11. Alias enim fructus definiri potest accessio rei utilis, quæ est omnis rei commoditas atque utilitas 12.

Hæc 13 provenit vel ex re ipsa ejusque corpore, vel rei occasione: atque illo modo natura, hoc conventione: & fructus illi inde naturales appellantur, hi civiles: & rursus illi fructus propriè, hi vero vicem fructuum obtinere putantur.

Natura proveniunt fructus, vel sola, qui fructus naturales dicuntur in specie, vel adjuta hominis industria, qui ob id dicuntur Industriales.

Naturales fructus sunt, qui sponte nascuntur sine ulla hominis opera, ut in fructu fundi est

7 Scio ab Vlpiano in fragm. titu. 6. §. 14. & in l. 1. in prin. ff. de impens. in rem dotal. fact. & à Paulo in l. impensa, 79. Dig. de V. S. impensarum alias dici necessarias, alias utiles, sed rem eandem retinendo puto non incommode secundum artem has ita ad διχοτομίαν revocari posse.

8 d. l. 1. §. 1. d. l. impensa. Exempla plura reperiuntur in l. 1. 2. 3. 4. & 14. Dig. de impens. in rem dotal. fact. l. utiles, 39. Dig. de hæredit. petit. leg. si necessarias, 8. Dig. de pign. act. l. fructus, 7. §. fin. Dig. solut. matrim.

9 d. l. utiles, d. l. 14. l. final. Dig. de pact. dotal. d. l. impensa.

10 leg. Voluptuariæ, 7. Dig. de impens. in res dotal. fact. d. leg. impensa.

11 d. l. fructus, l. si à domino, 36. §. fi. D. de hered. petit. l. fructus, 4. & l. fin. D. de oper. servor. l. quod in fructus, 46. ff. de usur. l. 1. C. de fruct. & lit expens. 12. l. item si, 9. l. arbores, 59 D. de usufruct. l. in frumenti, 42. D. de usufruct. legat. 13 Quæ de re cum dixerim satis multa, 1. Disscept. Schol. 20. addere hoc loco nihil ulterius volui, sed eo lectorem remitto.

est arundo cædua[14], oliva[15], in pecudum fructu est fœtus, & lac, & pilus, & lana[16].

Industriales fructus sunt, quos natura quidem etiam producit, non tamen citra hominis operam & industriam, vt sunt fruges & segetes[17].

Tam vero hi quam illi rerum duplices sunt, Pendentes & percepti.

Pendentes sunt fructus, qui terra adhuc continentur, eique cohærent; qui iidem etiam Stantes dicuntur[18].

Percepti fructus sunt fructus à solo separati: qui simul ac separati sunt, pars fundi esse desinunt, & censentur iure proprio.

Adhoc autem vt percepti dicantur, necesse non est vt etiam sit absportati, sed sufficit, vt terra sese continere desierint; veluti si olivę vel uvæ collectę sint, nondum autem vinum vel oleum ex illis expressum.

Fructus civiles sunt, qui non ex ipso rei corpore proveniunt, sed occasione rei percipiuntur, adeoque sunt ex conventione, cujusmodi sunt vsuræ, pensiones, mercedes, vecturæ jumentorum, interesse, & si quæ sunt ejus generis alia.

Est vero alias horum fructuum cum naturalibus ratio eadem & causa, sed discrimen est in perceptione & acquisitione, siquidem in naturalibus tempus collectionis spectatur, in civilibus tempus cessionis, quo deberi incipiunt.

Ad omnes vero fructus pertinet id quod dicitur de fructibus *percipiendis*, qui sunt fructus non quidem percepti, sed quos tamen diligens paterfamilias percipere potuisset.

Ad omnes etiam pertinet, quod quidam *extantes* dicuntur, quidam *consumti*. Illi in rerum natura adhuc sunt, sive percepti sint, sive pendentes, aut vt non extent, extare tamen adhuc intelligan-

14 l. qui fundum, 40. §. pen. ff. de contrah. emt.

15 l. si absente, 48. in fin. D. de vsufru.

16 §. in pecudum, Inst. de rer. divis. l. plenum, 12 §. sed si pecorum, ff de vsu & habit. l. bonæ fidei, 48. §. si. ff. de acqu. rer. domin.

17 l fructus, 45. ff. de vsur.

18 Vide 1. discept. Schol. 20.

ligantur ex eo, quod iis quis factus est locupletior Hi sunt fructus percepti tantum, sed vsu deperditi.

De rebus, quæ nullius sunt. CAP. LXV.

DIstributio rerum in corporales & in incorporales, adhuc fuit quodammodo JCtis & philosophis communis; sed & illa corporalium in res mobiles & immobiles: ea autem distributio, quę rerum est incorporalium, quatenus nimirum quantitatis sunt aut qualitatis. Jurisconsultorum propria, tametsi philosophis etiam suæ sint res incorporales. Sed & substantiæ rerum & accessionum rerum doctrina aliquo modo JCtis cum philosophis communis est.

Sequitur omnium illarum rerum distributio JCtorum omnino propria, ob quam superiori illa in doctrinam juris relata est; atq; est hujusmodi, quod Res sint nullius vel alicujus [1],

Alicujus res aliqua esse dicitur ratione possessionis vel ratione dominii.

Nullius igitur est res illa, quæ nec possidetur, nec in domino habetur.

Quæ duplicis sunt generis. Sunt enim quędam ita nullius, vt ex hominis voto ne fieri quidem alicujus possint aut debeant: quædam vero ita sunt nullius, vt tamen sola apprehensione protinus alicujus fieri possiint.

Prioris generis sunt res divinæ, quæ etsi *Dei* sint, nullius tamen sunt hominis [2], de cujus hominis possessione vel dominio omnis hic quæstio est.

Res divina est res ob sui vsum autoritate divina suffulta.

Ea divina est vere vel quasi.

a *Vere divina* est res cōsecrata *Deo*, vsibusve divinis

1 l.1.D.de rer. divi. Iustin.in pr.Inst.eo. dicit ꝙ res sint in nostro patrimonio vel extra nostrum patrimonium, sed postea confundit genera & species, quæ ita sunt distinguenda, vt mox sequitur Res vtrobiq; eodem recidit, quæ non mutatur.

2 d.l.1.in pr.l.in tantum, 6.§.sacræ, D. de rer.divis.§. nullius, Inst.eo.l. inter, 83.§ sacram, D. de V.O. Alias enim secundum Theologos omnia sunt Dei, Psalm.50.& passim in sacris literis: homines autem eorum non nisi administratores & œconomi. Sed est Theologica hæc consideratio à iuridica non quidem separanda, distinguenda tamē, atq; intra terminos suos coercenda.

a De sacrosanctis ecclesiis, & de rebus & de privilegiis earum.

vinis immediate mancipata.

Quæ iterum est Sacra vel Religiosa.

Sacra res est, quæ publice, hoc est, autoritate publica solenniter per sacerdotem *Deo* consecrata est; per sacerdotem, inquam, olim apud Ethnicos pontificem, postea apud Christianos, antistitem [3]. Eiusmodi sunt templa, ædes sacræ, donaria, vestes sacræ, aliæq; res divino cultui, diviniſque usibus dicatæ [4].

[b] *Religiosa* est res autoritate alicujus privata religioni dicata [5], ut cœmeteria, sepulcra.

Quasi divina sunt res non quidem cultui divino dicatæ, ejusmodi tamen, ut si quis in eas impingat, non minus in *Deum*, quam ille, qui in res vere divinas impegit, peccare videatur.

Quasi divinæ sunt res Ecclesiasticæ [6] & res sanctæ.

Ecclesiastica res sunt res cultui divino melius conservando & rectius vacando, atq; adeo usibus divinis mediate mancipatæ: quæ eadem & bona Ecclesiastica plerunq; nonnunquam etiam Ecclesiæ patrimonium dicuntur, ut sunt villæ, prædia, pascua & similia.

Res sancta sunt ab hominum injuria sanctione munitæ [7]: cujusmodi sunt leges [8], muri, portæ [9], legati [10] & similes.

Posterioris generis res sunt itidem duplices: quædam enim ita sunt nullius, ut nec ullius] nunquam fuerint, quædam vero ita sunt nullius, ut tamen ante alicuius fuerit, & postea esse desierint.

Nul-

3 *d.l. in tantum §. sacra autem. §. sacra res sunt, Inst. de rer. div. l. fi. D. ut in possess. legat. interdum tamen accipitur etiam plenius, ut in l. 2. ff. ne quid in loco sacro.*

4 *Quo pertinet templorum ædificatio, eorumq; dedicatio. Nov. 5. c. 1. & Nove. 131. c. 7. altaria, Novell. 7. c. 1. vasa sacra, Nov. 7. c. 8. & Nov. 120. c. 10.*

b De religiosis & sumptibus funerum, 11. *D.* 7. 3. *C.* 44.

5 *d.l. in tantum, §. religiosum, D. religiosum, Inst. de rer. divis. si quis putãs.*

6 *§. si quis in communem, D. communi divid. l. quod ergo, 53. §. sed si mortuum, D. de leg. 1. l. si monumento, C. quæ res pign. oblig. poss. Vide Briss. 2. antiq. select. 15.*

6 *quod res Ecclesiastica sint quasi divina, probatur ex l. iubemus nulli, C. de sacros. Eccl. ibi. Ea enim quæ ad beatissimæ Ecclesiæ iura pertinent, tanquam ipsam sacrosanctam Ecclesiam, &c.* 7 *l. sanctum est, 8. l. sacra, 9. §. proprie, ff. de rer. divis, §. sancta quoq;, Inst. eod.* 8 *d. §. proprie. tametsi constitutiones principum. quæ & ipsa effectu nihil sunt aliud nisi leges, dicantur etiã sacra, l. Titius, 43. D. de act. emt. l. ita autem. §. si tutor, Dig. de administ. tutor. l. si quis dicat, 5. D. de manumis. l. præses. 27. Dig. de re iud. l. deferre, 18. Dig. de iure fisci, 9. l. 1. l. sanctum, 8. §. fin. l. final. D. de rer. divis. l. 2. D. ne quid in loco sacro, d. §. sancta quoq;.* 10 *l. final. D. de legat. vide Cuiac. 11. observat. 5.*

Nullius unquam fuerunt volucres aeris, pisces maris, & feræ terræ[11]: simulatque vero illa capta fuerint, alicuius esse incipiunt.

Quæ alicuius fuerunt, sed esse desierunt, aliæ sunt Vacantes, aliæ Relictæ.

Res *vacantes* sunt, quæ ipso jure sine ulla hominis voluntate dominum vel possessorem habere desierunt, vacantes nimirum à domino & vacantes à possessore[12].

Quæ iterum ejusmodi sunt *reipsa*, id est, de quibus constat, quod vere dominum possessoremq; non habent; vel *præsumptione iuris*, quod ex lapsu temporis vacantes illas esse præsumit, cum alias vere dominum aut possessorem habeant, sed quis ille sit constare non potest.

Quo pertinet *thesaurus*, qui est res recondita, cujus ob vetustatem, quando recondita sit, memoria non extat[13].

Res relictæ sunt, quarum habendarum animum dominus aut possessor, qui fuit, abjecit.

Quæ etiam duplices sunt, non sponte nimirum relictæ; & relictæ sponte.

Illæ sunt feræ vel animalia capta, quæ in libertatem naturalem sese vindicarunt, quod tum fecisse videntur, si revertendi consuetudinem intermiserint[14]. Hæ JCtis dicuntur res pro derelictis habitæ.

Res pro derelictis habitæ intelliguntur illæ, quas dominus ea mente abjecit, ut eas in rerum suarum numero esse nolit[15].

Cui consequens est, ut merces navis sublevandæ causa in mare projectæ pro derelictis habendæ non sint, quoniam eo animo non projiciuntur, ut qui id faciunt, eas suas esse nolint[16].

11 §. *feræ igitur bestiæ Inst. de rer. divis. l. 1. §. fi. & seqq. D. de acq. rer. dom.*

12 *l. furtum, 37. §. 1. D. de usuc. l. pen. §. licet, D. de usu & habi. l. quidã, 30 ff. de vulg. & pup. subst. l. fi. D. de bon poss. secund. tabu. l. qdam, 96. §. 1. ff. de legat. 1. cum eiusmodi aliis, quæ passim inter legendum iuris nostri libros occurrunt.*

13 §. *thesauros, Inst. de rer. divi. l. nunquam, 31. §. thesaurus, l. si is qui. 63. ff. de acqui. rer. dom. l. à tutore, 67. D. de rei vind. l. 3. §. Neratius, l. pegre, 44. D. de acquir. vel amitt. possess. l. si uxori, 39. §. 1. ff. de auro argen. leg.*

14 §. *apium quoq̃, & seq. Instit. de rer. divis.*

15 *l. 1. & 2. D. pro derelicto, l quod servus, 36. D. de stipulat. servor. §. qua ratione, Instit. de rer. divis. l. falsus, 43. § pen. D. de furt.* 16 § *fin. Instit. de rer. divis. l. qua ratione, 9. §. fi. D. de acqui. rer. dom. l. 21. §. 1. ff. de acqu. vel amitt. poss. d. l. fals. §. pen.*

De rebus quæ alicuius sunt. CAP. LXVI.

RES quę alicujus sunt, nimirum hominis, publicæ sunt vel privatæ [1].

Publicæ sunt res promiscue omnibus communes.

Quæ rursus ejusmodi sunt jure gentium, id est, indifferenter communes omnibus hominibus, ut est usus aeris, maris litoris, luminis [2] &c. vel jure civili, hoc est, quibusdam hominibus, omnibus tamen universitatis illius, cujus sunt, civibus inter se communes: tametsi respectu aliorum qui ad civium illorum societatem non pertinent [3], sint privatę cujusmodi sunt bona civitatum, collegiorum, &c [3].

Res privatæ sunt res singulorum, non communes omnibus vel universitati alicui [4].

Est vero, cum res aliqua ratione possessionis alicujus sit, quæ tamen ratione dominii nullius sit. Exempli causa; Mare nullius est respectu dominii, sed respectu possessionis est commune omnibus [5].

Eademque ratione res eadem dici potest publica & non publica, puta, flumen Ulpiano [6] publicum dicitur, nempe respectu usus, quia flumen usui publico est destinatum, idemque non publicum ratione dominii sive proprietatis. Sic bona civitatum privata esse dixit Gajus [7], eademq; alibi dicuntur esse publica; privata quidem, si comparentur cum bonis civitatis Romanæ, publica vero, nempe civium ejus civitatis, cuius ea bona esse dicuntur. Et in genere bona, quæ universitatis alicujus sunt, recte dicuntur publica, nimirum cōtemplatione universitatis stius eorumque qui in corpore ad universitatem illam pertinent, atque eadem illa publica non sunt, sed privata, si extra universitatem illam bona ista considerentur [8].

1 *in pr. Inst. de rer. divis. l. 1. in prin. ff. eod.*
2 *§. 1. Instit. de rer. divis.*
3 *§. universitatis, Inst. eod.*
4 *§. singulorum, Inst. eod.*
5 *§ & quidem, Inst. eod.*
6 *l. 1. D. de interdict.*
7 *l. inter publica 17. D. de V. S.*
8 *Quod declarari potest hoc exemplo: Quod totius est imperii Romani, id hodie est trium statuũ eius imperij, atque adeo est publicum, id est, commune septe viris, principibus imperij & civitatibus imperialib. Sed quod est septemvirorum proprium, id respectu principum imperii & civitatum imperialium est privatum, ipsis autem septemviris inter se commune atq; adeo publicum.*

a De

a De possessione. Cap. LXVII.

Res alicujus esse dicuntur, quod possidentur & in dominio habentur: ex quo fit ut in rebus earundemque jure, duo summa capita spectentur, *possessio & dominium*, quæ duo inter homines atque res mutuam quandam videntur facere relationem.

Quod si duo illa in persona eadem conjungantur, res ab illa plene; si alterutrũ, res minus plene habere dicitur.

Omnis igitur, quæ de rebus est dispectio, eo pertinet, ut intelligamus res quatenus possideantur vel in dominio habeantur, & in utroque illo quatenus eæ acquirantur vel amittantur [1].

Est autem possessio dominio natura prior, cum rerum dominia à naturali possessione cepisse JCti non dubitent [2].

Possessio definitur vulgo corporalis rei detentio cum affectione seu animo possidendi [3]: plenius JCtus possessionem dixit esse usum rei [4].

Usum vero intelligimus non rei commoditatem, quam ex eo, quod re utimur, percipimus [5], sed rei detentionem [6].

Quæ vera est vel Quasi.

Vera est rerum corporalium, quæ solæ possideri possunt vere [7].

Quasi est possessio rerum incorporalium [8].

Utraque hæc rursus est duplex, Naturalis vel Civilis [9].

Naturalis est, quæ in corpore consistit, citra jus & affectionem domini.

Quæ

a De acquirenda vel amittenda possessione. 41. D. 2. 7. C. 32.

1 *l. fin. D. de legib.*

2 *l. 1. §. 1. D. eod. l. traditio, 20. D. de acquir. rer. domin.*

3 *in rub. ff. eod.*

4 *l. quæstio est, 115. ff. de V. S. ubi Alciat. n. 9. Charon. 1. verosimil. 6. contra. quod hæc non sit possessionis definitio scribit Brisso. 4. select. anti. 1. & Forn. ad d. l. quæstio est.*

5 Quæ χρῆσις *dicitur in l. si habitatio, 10. §. 1. ff. de usu & habitat.*

6 Quæ κατοχὴ *dicitur in l. 1. in pr. ff. eod.*

7 *l. possideri, 3. in pr. ff. eod.*

8 *l. quod est, 3. §. pen. ff. de vi & vi armat. quia iura cæteræq; res incorporales proprie non possidentur, l. sequitur, 4. §. si viam, ff. de usuca. eorumq; nomine dantur interdicta veluti possessoria, l. fin. ff. de servit. Interdum tamen etiam simpliciter sine ulla adiectione iura dicuntur possideri, ut in l. regulariter, 9. l. quod in diem, 18. §. Iulianus. ff. de petit. hered. l. fi. in fi. ff. si pars hered. peta. l. 2. in fi. ff. com. præd. l. fi. ff. uti poss. l. l. fi. ff. de itiner actuq; priv. l. 2. §. fi. ff. de precar.*

9 *l. 2. ff. pro here. Cui. 9. obs. 33. alibi eodem sensu dicitur possessio consistere animo vel corpore, l. . §. sive autem, ff. de vi & vi armat. alibi iure vel corpore, l. nemo, C. de acq. & retin. poss.*

10 *Unde & corporalis possessio dicitur, l. si id quod, 25. in fi. ff. eod. l. debitor, 40. §. fin. ff. de pig. act. eodemq; facit l. cum heredes, 23. §. 1. ff. de acqu. vel amitt. possess.*

Quæ iterum est duplex, Naturalis in specie ita dicta & Detentatio.

Naturalis in specie ita dicta est possessio naturalis cum affectione rem habendi[11].

Detentatio est possessio naturalis citra vllam habendi affectionem[12], ex quo detentator rem non possidere, sed in possessione magis esse dicitur.

Possidere enim & in possessione Jurisconsultis idē non significāt, cum illud ita sit facti, vt habeat etiā aliquid juris[13], hoc merum atq; nudum factum significet omnis juris expers: & rursus illud in eo sit, vt quis rem sibi habeat, hoc vt non sibi habeat, sed alii, vtputa, colonus sive conductor rem detinet, sed non possidet, atque est adeo in ejus possessione[14], fur rem non detinet tantum, sed possidet etiam, quia animum habet rem habendi sibi non alij.

Civilis possessio est, quæ in jure consistit cum affectione domini[15].

Ita possessio naturalis facto, civilis jure definitur, tametsi vtraq; facti sit, & vtraque etiam juris, sed illa facti magis, hæc magis juris, siquidem illa detentionem magis respicit, hęc dominium: vtraque vero æstimatur ex animo affectioneque rem habentis[16].

Ita possessio civilis naturali firmior quidem est, propter jus dominij, quod cum civili conjunctum esse solet; sed naturalis civili vtilior est & commodior ob fructus rei, qui possessionem naturalem vt plurimum consequuntur.

In tantum autem possessionis causa separata est à causa dominii[17], vt is qui dominus est, sæpe non

11 *De qua interpretamur vt plurimum possessionem naturalem, quoties eius ita absolute fit mentio, ut forte in l.1.§.si vir vxori, D.eod.*

12 *Tametsi detentare etiam is dicatur aliquando, qui rem sibi etiam possidet, l.pen.§.1.C.de præscr.30. vel 40. annor.*

13 *Interdum tamen etiam confunduntur, l.3.§.si servus, D. de acquir. vel amitt. possess. l.7.§.6. D. comm. divid.*

14 *l.2.§.1.D.pro hered.l.6.§. is qui, D.de preca.*

15 *d.l.nemo, l.si servus, 22.§.1.D.de noxal.act.l.inficiādo, 67.Digest.de furt.*

16 *Cuiac. in paratit.Cod eod. nec ad summam possessionis interest iuste quis possideat an iniuste, l.3.§. ex contrario, Dig. eod. Nam & is qui precario possidet iuste possidere dicitur in d.l.si servus, §.1. qui tamen ne naturaliter quidem nedum civiliter possidet sed detinet tantum rem corporaliter. Per eminentiam autem fit vt possessio civilis dicatur iusta, & opponatur corporali, l. quod servus, 24.D.eod.* 17 *l.naturaliter 12.§.nihil commune, ff. de acqu. vel amit. possess. l.1.§.2.D vti possidet.*

non possideat, & vicissim is qui possidet, non sit dominus rei. Cum autem is qui possidet simul etiam rei est dominus, tum sub firmiori occultatur infirmius, & dominii major quam possessionis solet haberi ratio.

Ita rei dominus rem semper possidet civiliter, non semper naturaliter: alius etiam qui dominus non est, possidet interdum civiliter, sæpe etiam naturaliter.

Hinc est illa apud Jurisconsultos vocum istarum habere, tenere & possidere distinctio, quæ etsi interdum confundantur, tamen verbum *habere* generale est, & tam de dominio quam de possessione aut detentatione accipitur [18]: *possidere* ad dominum non pertinet, pertinet tamen ad eum, qui habet animum rem habendi sive cum affectione domini, sive sine illa: *tenere* autem merum atque nudum factum significat, atque refertur ad possessionem corporalem; siquidem tenet etiam is, qui corpore insistit, etiamsi non possideat [19]. Et tenere propterea possunt quivis, sive servi sint sive liberi; possidere & habere nō nisi liberi [20].

Quæstio igitur utrum civiliter an naturaliter quis possideat exinde æstimanda est. Si quis enim rem habeat animo domini, is possidet civiliter; si animo non domini, tum, siquidem animum is habeat possidendi, sibi possidet naturaliter; si non sibi, sed alii, rem detentat, quæ possessio dici potest naturalissima.

Animo autem domini possidet, qui vel revera dominus est, vel ex ejusmodi causa possidet, quæ ad dominium transferendum sit habilis, & ex qua dominium sese acquisivisse existimet.

Neq; obstat hujusmodi possessori, etiamsi postea rescisscat dominiū sibi acquisitum non esse, quo minus civiliter, atque adeo animo domini possidere pergat. Non enim obtinendæ possessionis, sed

18 l. stipulatio ista, 38. §. habere, D. de V. O.

19 l. officium, 9. D. de rei vind. l. & uno, 18. D. de acceptilat.

20 d. l. stipulatio ista, §. hæc quoq;, l. possessio 49. §. 1. D de acqu. vel amitt. possess. l. 4. §. item si eam rem, D. de usuca.

sed origo nanciscendæ exquirenda est, ut JCtus ait[21].

Ut autem duo pluresve unam eandemque rem tempore eodem in solidum possideant, id jure censetur fieri non posse, haud magis, atque ut eo loco, quo ego sto, tu stare, aut quo ego sedeo, tu sedere videaris[22].

Quod de eadem possessionis specie verissime dicit is. At quin diversa possessionis specie, nempe ut naturaliter unus, alter civiliter possideat, nihil est quod impediat, atque fit illud ut plurimum. Ita enim rei dominus rem possidet civiliter, naturali possessione apud alium etiam, quam ipsum, constituta[23].

Nihil etiam impedit, quo minus unus rei ipsius, alius juris in re sibi constituti possessor vel quasi dicatur. Si enim is, qui rem suam hypothecæ obligavit, ipsam possidere potest & civiliter & naturaliter, jus autem hypothecæ, quod in illa est, possidere potest & naturaliter & civiliter creditor, cui jus illud constitutum est[24].

Atque hinc duos pluresve rem eandem in solidum possidere posse, non minus recte atque illud affirmatur, sed respectu, quem jam proposui, diverso.

21 *l. clam, 6. D. de acquiren. vel amit. possess.*

22 *l. 3. §. ex contrario, D. eod. l. si ut certo. 5. §. pen. D. commo. l. duo, 19. D. de precar.*

23 *l. 3. in pr. D. uti possid. nam Cuiacij sententiam quæ est 9. obs. 31 non probo quia ut probatum assumit, quod ullo textu probari nequit, quod unus civiliter & alius naturaliter rem possidere non possit. Distinctio etiã diversarum scholarũ non fuit in diverso possessionũ genere, de quo utrinque constitisse existimo, sed in genere eodem, de quo Proculiani aliud, aliud Sabiniani senserint, tametsi Proculianorũ sententia obtinuerit.*

24 *De creditore rem oppignoratam possidente est tex. in l. cum & sortis, 35. in fi. D. de pig. act. l. servi nomine, 16. D. de usuc. l. per servum, 37. in pr. D. de acq. rer. domi. l. 1. §. per servum, D. de acq. vel amit. poss. l. si servus, 22. §. 1. D. de noxal. act. l. quacunque. 13. §. 1. D. de publ. in rem act. Quod autem alibi dicitur, creditorem qui pignus accepit non esse possessorem, l. sciendum, 15. §. Creditor, ff. qui satisd. cogan. id ex utriusq. possessionis distinctione conciliandum est, ut dicamus creditorem possidere naturaliter, eo quod rem pignori datam, etsi non animo domini, sibi tamen propter ius, quod in re habet. possidet; & non possidere, scilicet civiliter, id est, ut interpretatur Paul. in d. l si servus, opinione domini. vel ut Imp. in l. pen. C. de furt. cogitatione domini, vel ut Græci interpretes, animo domini; tametsi peculiaris quædam mihi in d. §. creditor, videatur esse ratio, cur dicatur quod creditor possessor non sit, nempe illa quod in d. §. Iurisconsultus loquatur non de possessore quovis, seu, ut certius dicam, non de possessione ipsa, sed de effectu tantum quodam possessionis rerum immobilium, qui est ratione satisdationis, quæ in iudicii exigitur. Regula est, possessorem rerum immobilium non esse compellendum satisdare. At videamus, utrum Credi-*

a Cetea *Ceterum* possessio acquiritur nobis per nos vel per alios[25].

Per alios non extraneos[26], sed qui sunt in potestate nostra revera, vel quasi, puta, liberos nostros, servos nostros[27], servos item alienos, sed hos vel bona fide nobis servientes vel fructuarios[28], homines etiam liberos bona fide nobis servientes[29], quin per procuratorem etiam, per hunc autem non aliter, nisi si possessionem nostro nomine accipiat, hoc est, si eo animo accipiat, vt possessionem non suam sed nostram esse velit. Quod si enim suam esse velit, possessionem non nobis sed sibi acquiret[30].

Id vero in procuratore vtilitatis causa ita à Severo & Antonino Caracalla Impp. constitutũ est cum ante illos per procuratorem possessio non acquireretur[31].

Quod vero non aliter, nisi si procurator nomine non suo sed nostro acceperit, id Imperatoribus ita placuit.

Possessio autem etsi facti sit, omnis tamen ipsius acquirendæ, sicut & amittendæ ratio à jure proficiscitur, excepta possessione ea, quæ Detentatio supra dicebatur, vtpote quæ tota atq; omnis in facto sit posita.

Cum primis autem ejus, quæ civilis est, acquirendæ ratio à jure est, quippe quod naturalis sine jure quandoque acquiratur, pro qua tamen præsumatur vt justa, & quæ interdictis defendatur eo vsque, donec eam jure acquisitam non esse, ac proinde injustam esse constiterit[32].

Modus

tor, qui pignus accepit, quo ad hoc revera dici poßit poßessor rei immobilis; quod non puto. Quovis enim casu si pignus luatur, & pecunia solvatur, poßeßio pignoris creditori etiam invito auferetur, & debitori restituetur, vt ita reperiatur poßeßor non amplius rei immobilis, sed pecuniæ tantum, quæ mobilis est. Ne igitur ex post facto propter non legitime factam satisdationem iudicium reddatur elusorium, & parti adversæ eo melius cautum sit; merito satisdationis intuitu creditor poßeßor non esse dicitur.

a Per quas personas cuique acquiritur, 2. *Inst.* 9

25 *l.* 1. §. *apiscimur, & §. item acquirimus, D. eod.*
26 §. *ex his itaq; Inst. per quas pers. cuiq; acq. l. solutum, 11. §. penul. ff. de pig act. l.* 1. *C. per quas pers. nob. acq.*
27 *d. §. item acquirimus, §. igitur, & seq. Inst. per quas pers. cuiq; acquiritur.*
28 §. *de iis. Inst. per quas pers. acq. d. l.* 1. §. *sed & per eum, l. possessio, 49. in pr. Inst. de acq. vel amitt. possess.*
29 *d. §. is autem, d. l.* 1. *C. per quas pers. acq.*
30 *l.* 1. §. *per procuratorem; l. generaliter, 9. l. communis; 42. l. possessio, 49. §. fin. D. de acq. vel amitt. poss. l. per procuratorem, C. eod.*
31 *l.* 1. *C. per quas pers. cuiq; acqu.*
32 *Cui. in para. C. de acq. vel retin. possess.*

Modus acquirendæ possessionis à jure definitus est *Apprehensio*, quam in detentatione corpore fieri sufficit, in ceteris autem possessionibus eam & corpore & animo sive voluntate rem habendi fieri necesse est[33].

Nam solo animo vel solo corpore possessionem non acquiri, juris est indubitati[34].

Quod adeo verum est, vt quamvis dominium ipso jure in suum heredem continuari dicatur[35], possessio tamen non continuetur, sed necesse sit, vt si suus etiam heres rem possidere velit, eam apprehendat.

Acquiritur autem animo semper nostro aut quasi nostro, nunquam alieno, nisi ex merce peculiari: corpore vero nostro vel alieno, aut veluti corpore[36].

Ceterum possessio animo & corpore simul acquisita, solo animo *retinetur*, ne per singula, rerum momenta rebus nostris inhærere necesse sit, quod fieri non poterat[37].

Retinetur autem ita, vt possideatur res vel per nosmetipsos, vel per alios, puta, colonos, servos, procuratores, & generaliter omnes, qui nostro nomine in possessione sunt[38].

Amittitur denique protinus, vbi quis sese possidere nolle constituerit, hoc est, animo solo, etiamsi corpore adhuc rei incumbat, quoniam hoc casu ex possessione fit detentatio[39].

Quod ita accipiendum est, si quis sponte sua voluntate & animo deferendi, non coacto possidendi animum abjiciat, quandoquidem si quis possessione cedere cogatur, is possessionem haud aliter amittit, quam si corpore etiam illam deseruerit. Quandiu enim corpore tenuerit, nondum possessionem amisisse intelligitur ad eum effectum, vt super possessione interdicto experiri possit[40].

33 *l quemadmodũ 8 l.1.§. si iusserim. l.3.§.1. D.eo. l fere, 153. in fi. D. de R.I.*

34 *§. possidere, Instit. de interdi.*

35 *l. in suis, 11. D. de liber. & posthum. l.1.§ qui sunt, D. si quis omiss. caus. testam. l. in suis 14. D. de suis & legit.*

36 *l quarundam, in fi. D. eod.*

37 *d.§ possidere, l. 3.§. quod si servus, D. eod. l. 4. l. fin. C. eod.*

38 *d.§. possidere, l. generaliter, 9. l. quod meo, 18. in pr. l. si id quod. 25. §.1. D. eo.*

39 *l.3.§. in amittenda, l. si quis, 17. §.1. D. eod.*

40 *Quomodo intelligendæ sunt d.l. quemadmodum, & d.l. fere. in cuius rei explicatione erravit Cuiac. Duar. & VVes. Dion. Gotho. propius ad verum accessit, qua de re suo tempore dicam plenius ad Iustinianum in Inst. de interdict.*

Porro

Porro ex possessione est quod quis *possessor* dicitur, atque ex eo idem ille est, qui rem detinet, & detinet aut detentando tantum, aut eam etiam habendo sibi, vterque vero fide vel bona vel mala.

Hinc frequens illud in jure est, bona vel mala fide possidere, atq; ex eo bonæ vel malæ fidei possessor.

Bona fide possidere, atque adeo *bonæ fidei possessor* is dicitur, qui se rem ex justo titulo habere probabiliter existimat, sive eam proprietate etiam suam esse putet, sive non ita quidem suam, attamen possessionem ipsius rei sibi competere; puta si quis rem emerit & acceperit, ab eo quem probabiliter existimabat rei istius distrahendæ habere potestatem [41].

Mala fide possidere, atque adeo *malæ fidei possessor* è contrario is dicitur, qui sese rem ex titulo justo non habere novit, vt si quis rem emat ab eo, quem sciebat nec dominum esse, nec distrahendæ ejus facultatem habere [42].

Cujus distinctionis vsus in multis juris articulis est maximus, cum primis autem in doctrina præscriptionum, impensarum & fructuum.

Et de præscriptionibus quidem paulo post: quod autem ad impensas attinet, quas bonæ fidei possessor in rem alienam fecit, eas ipse omnes per exceptionem doli mali deducit, si rem, quam dominus repetit, ipse adhuc possideat, aut certe quod factum est tollit [43]. Quod si rem amplius non possideat, nullam ipso jure impensarum nomine actionem habet, atque adeo eas perdit, nisi forte eo casu officium judicis implorandum esse quis existimaverit [44].

Malæ fidei possessor autem vtiles duntaxat & necessarias deducit ex æquitate [45], stricto jure omnino nullas; quoniam alienum esse scivit,

41 *l. iuste, 11. D. eo. l. qui autore, 137 D. de R. I. l. leges, 31. ff. ad l. Fab. de plag. l. bonæ fidei, 109. D. de R. I. cum infinitis aliis.*

42 *l. qui à quolibet, 27. D. de contrah. emt. & locis aliis, quos ex parte allegavit Briss. de V. S. lib. 2. §. generaliter autem.*

43 *§. ex diverso, Inst. de rer. divis. l. si in area, 39. D. de condict. indeb. l. sumtus, 48. D. de rei vind. l. Paulus, 14. D. de except. doli.*

44 *l. qui per collusionem, 49. §. 1. D. de act. em. l. Quinctus, 7. ff. de ann. legat. l. plane, 38. D. de heredit. petit.*

45 *d. l. plane & seq.*

adeoque donasse præsumitur.

Sunt autem, si casus ita tulerit, judici prudenti circumstantiæ omnes accurate examinandæ, ne persona egens, eo quod ob egestatem sumtus restituere nequit, re sua carere cogatur [46].

In fructibus rei alienę ita distinguitur [47], quod malæ fidei possessor omnes omnino fructus, cujuscunque illi sint generis, perceptos & percipiendos, extantes & consumtos, industriales & naturales, siue factus sit siue non sit factus locupletior, domino restituere cogitur, atque illos quidem ipsos, qui restitui possunt in specie, eorum autem, qui restitui non possunt æstimationem, nec quidquam ipsum relevat an titulum habeat necne.

Bonæ fidei autem possessor omnes omnino fructus tam naturales quam industriales, quos percepit & consumsit, ita facit suos, vt ab ipso repeti non debeant, extantes autem vna cum re restituit, siue corporib. suis etiamnum sint in rerum natura siue ex consumtione illorum factus sit locupletior, siquidem quatenus factus est locupletior, eatenus extare adhuc intelliguntur. Protinus autem ab eo tempore, quo ex bonæ fidei possessore factus est malæ fidei possessor, fructus idẽ etiam restituit omnes, haud secus atque is qui bonam fidem nunquam habuit.

Intelligitur autem malæ fidei possessor factus esse [48] protinus vbi rem alienam esse vere resciverit: si non vere, per litis quidem contestationẽ ita tamen vt interim dum res evicta non fuerit, ipse jus habeat fructus percipiendi non vero etiam consumendi, ad hoc vt illos lucretur.

Sed fit interdum, vt quamvis mala fide quis rem possideat, bona fide nihilominus possidere adhuc intelligatur, non quidem quod ad illum impensarum & fructuum effectum, sed quod ad ef-

fectum

46 l. in summa. 55. D. de condi. indebiti.

47 Sedes huius materiæ est in §. etsi hereditas, Insti. de off. iud. l. fructus, 33. l. navis, 62. D. de rei vind. l. illud, 40. §. prædo. l. sed etsi, 25. §. quod autem. l. si possessor, 52 D. de hered. petit. l. ait prætor, 10. §. per hanc, Dig. quæ in fraud. credit. l. 1. in fi. C. de petit. hered. l. 2. C. de fruct. & lit. expens. l. bonæ fidei, 48. D. de acq. rer. domi. l. qui scit, 25. §. 1. l. in pecudũ, 28 l. fructus, 41. D de usur. l. 4. §. lana. D. de vsuc. §. si quis à non domino, Insti. de rer. divis. Atq; de hac quæstione dicta sunt à me nonnulla 1. discep. Scholast. 20.

48 Sedes huius materiæ est in l. quæsitum, 91. §. fi. D. de lega. 1. d. l. bonæ fidei, §. in cõtrarium, l. qui bona fide, 23. §. tamdiu, l. quæsitũ, 40. D. de acqui. rer. domin. d. l. qui scit, §. 1. l. certum, C. de rei vind. Attigi ego eam rẽ 1. discept. Scholast. 20. circa finem.

fectum præscriptionum, vt si defunctus rem, quę in præscriptione est, bona fide possedisset, heres autem qui defuncto successit eam rem alienam esse sciret, atque adeo quantum ad ipsum quidem attinet mala fide possideret. Hoc enim casu non ex sua sed ex defuncti persona hoc omne æstimatur, atque tempora possessionis defuncti continuari dicuntur heredi, quod tamen in successore singulari secus est [49].

a *De dominio, eiusq; distributione.*

CAP. LXVIII.

ALterum, quo res coniunguntur personis, est *dominium*, quod vulgo definitur jus de re corporali pro libitu disponendi, nisi quis vi aut iure prohibeatur [1]: rectius & plenius ita, quod sit jus, quo res proprietate nostra est [2].

Ex quo, qui proprietatem illam habet dicitur Dominus [3].

Nec interest quicquam, vtrum is rem cuius est dominus possideat, nec ne; siquidem causa proprietatis cum causa possessionis nihil habet commune, vt Ulpianus ait [4].

Dominium cum proprietate definiatur, ex eadem distribuitur, quæ est vel sola & nuda, nempe sine vsu, vel cum vsu coniuncta: illa dominium constituit, quod directum vulgo vocãt, hæc quod doctoribus appellatur plenum [5].

Utraque hæc dominii species iterum dominium facit verum vel quasi, quod vtrunque semper spectatur in re vna atque eadem, nunquam in diversa, veruntamen in hominibus diversis, & duobus minimum, nunquam in vno [6].

Verum dominium est dominium rei ipsius, vel juris in re constituti. Ita rei dotalis ipsius domina vera est vxor, dotis sive juris illius, ex quo

49 *l. sed etsi, 7. §. 7. D. de Publicia. in rem act. l. heres eius, 43. D. de vsuc. l. 2. §. si defunctus. D. pro emtore. l. cum heres, 11. D. de divers. temp. præscri. l. vitia. 10. D. de acqui. vel amit. poss. l. Pomponius, 13. §. 1. D. eod.*

a De acquirendo rerum dominio, 41. *D.* 1.

2 *Duar. 1. disp. anniverss. 17. §. nunc admonendi. Instit. quib. alien. licet. c. Caius 2. Inst. §. 1. ibi.* Quæ in proprietate nostra esse noscuntur, *l. si tibi fundi. D. ad l. Aquil. l. si ita, 16. §. 1. D. de vsu & habit.*

3 *l. 1. §. 1. D. de Senat. Sillan.*

4 *l. naturaliter, 12. §. 1. D. de acq. vel amit. poss.*

5 *Dd. ad l. doce ancillam, C. de rei vin. l. in rebus, C. de iure dot. l. 1. D. si ager vect. petat.*

6 *Dion. Gotho. in rub. D. eod. lit. P.*

res ista dotalis dicitur, dominus verus est maritus. Sic debitor dominus est verus ipsius rei pignori obligatæ, sed pignoris ipsius, hoc est, juris in re constituti dominus verus est Creditor 7.

Quasi dominium est dominium rei sive juris non in se sed in alio. Ita vxor est quasi domina dotis, maritus est quasi dominus rei dotalis. Sic creditor est quasi dominus rei pignori obligatæ, debitor est quasi dominus pignoris 8.

Atq; hoc modo verum & quasi dominium inter sese conferuntur, cum alias extra collationem hanc nulla sit dominij veri & quasi consideratio.

Hinc est, vt cum jure proditum sit, duos pluresve rei ejusdem dominos in solidum esse non posse, id de eodem dominij genere accipiendum sit; atquin duo pluresve ejusdem rei diverso respectu domini esse possint, nihil est quod impediat 9.

7 *dixi 1. discept. Schol.19.*

8 *Dixi ego d.c.29. cum enim ius semper constituatur in re aliqua, atq; illud constituatur alij, re ipsa interim manente constituentis, inde est vt propter illam & rei & iuris, quod in re est, connexionem, is qui dominus rei est, videatur etiam esse dominus iuris, & vicissim, quod per Metonymiam explicãdum est.*

9 *l. si vt certo, 5. §. pen. D. commod. Dd. in d. l. in reb. & in l. quamvis, 75. D. de iure dot.*

Cap. LXIX.

De acquirendi dominij causis.

Quarum rerum dominium acquiratur, ex superioribus intelligere difficile non est, illarum nimirum, quæ alicujus esse possunt, sive jam sint alicujus, sive nullius. Earum autem rerum, quæ nullius sunt, nec vllius esse possunt, cujusmodi sunt res divinæ, vt possessio ita dominium acquiri non potest.

Sed harum rerum acquisitio ipso jure natura nulla est; illarum vero, quæ alicujus esse possunt, acquisitio inhibetur interdum jure, cum alias natura sint ejusmodi, vt acquiri possint, sed quod acquiri nequeunt, obstet legis prohibitio.

Quo pertinent prohibitiones alienationum ab homine factæ atq; à jure comprobatæ.

Omne enim hoc ad *legem sive ius* revocandum est,

est quod solum regula est & *causa* acquirendi dominij summa & principalis [1].

Idem tamen jus adsciscit plerunque in societatem sui etiam *hominem*, cujus ministerio quodammodo vtitur, vt acquiratur dominium vel illi ipsi homini, vel alij per ipsum [2].

Nam quod de possessione supra dictum est, acquiri eam nobis vel per nos ipsos, vel per alios, idem de dominio etiam jura affirmant [3].

Per nos ipsos indistincte, voluntate nostra concurrente cum voluntate legis: per alios non indistincte, sed eos duntaxat, qui in nostra sunt potestate, eaq; vera vel quasi [4].

In potestate vera sunt Liberi nostri & Servi nostri [5].

Liberi nostri [6] nobis acquirunt ex peculio & labore suo, re vero nostra.

Ex peculio olim indistincte omni [7]: hodie ex profectitio tantum & ex adventitio; ex adventitio autem non nisi quoad vsumfructum [8].

Servi ex omni causa [9].

Et tam liberi quam servi etiam ignorantibus nobis [10]: tametsi in hereditate acquirenda non nisi nobis volentibus & jubentibus [11].

In quasi potestate nostra sunt servi alieni vsufructuarii nostri vel bona fide nobis servientes; homines itidem liberi bona fide errore facti nobis servientes: sed hi nobis non acquirunt, nisi è re nostra, atque suis operis. Ex ceteris enim causis quæ acquirunt, servi acquirunt domino sive proprietario, homines autem liberi sibimetipsis [12].

Per alios autem, quam per hos, de quibus dictũ est, dominum acquiri jura noluerunt, adeo vt ne per procuratorem quidem acquiratur, quamvis in acquisitione possessionis constitutum sit aliud [13].

Per possessionem tamen à procuratore nobis

1 §. *singulorũ Inst. de rer. divi. l. 1. in pr. D. de acqu. rer. domi.*

2 §. *per traditionẽ Inst. de rer. divis. & passim.*

3 *l. acquiruntur, 10 §. 1. D. eod. §. item vobis acquiritur. Inst. de rer. divis.*

4 *l. acquiruntur, 10. l. ea quæ, 53. D. eo. l. 1. D. de his qui sui vel al. iur. sunt. §. 1. Inst. eod.*

5 *d. §. 1.*

6 *d. l. acquiruntur.*

7 §. 1. *Inst. per quas pers. cuiq; acquir.*

8 *d. §. 1. l. 1. l. 6. C. de bon. matern.*

9 §. *item vobis, Instit. per quas pers. cuique acq. d. l. acquiruntur. §. 1.*

10 *d. l. acquiruntur, §. 1.*

11 *d. l. acquirũtur, §. 1. l. 6. D. de acq. hered.*

12 §. *de iis autem, Inst. per quas perso. acqui. d. l. acquirũtur, §. de his autem, & seq. l. possessio, 49. D. de acqui. vel amit. poss. l. si servi, 21. D. de vsufr.*

13 §. *ex his itaque Inst. per quas pers. cuiq; acq.*

acquisitam acquiritur nobis dominium, si dominus rei eo animo procuratori nostro tradiderit, vt nostram esse velit. Sicut enim in acquirenda possessione per procuratorem, voluntatem inspicimus procuratoris, ita in acquirendo dominio, voluntatem domini, cujus nulla reddi potest ratio alia, quam quod jus hoc ita constituit[14].

Quare si procuratori nostro res sit tradita à domino ea mente, vt nobis acquireretur, vt maxime procurator suo nomine & non nostro rei possessionem accipiat, ipsique adeo possessio acquiratur, nobis tamen & non ipsi acquiritur dominium[15].

Porro vt jus naturale siue gentium aliud est, aliud civile[16], ita tam hoc quam illud certis vtitur instrumentis quibus ab homine acquiratur dominium vel sibi vel alii[17]; quæ interdum causæ dicuntur[18], magis vero proprie modi acquirendi dominij, quibus jus vtitur, quos Imperatores synecdochice omnes duobus hisce terminis traditionum & vsucapionum[19], quarum illæ jus naturale sive gentium, hæ jus civile concernunt, concluserunt.

14 d. §. ex his itaque, l. generaliter, 9 D. de acq. vel amit. poss. l. eum qui, 14. §. fin. D. de furt. l. si procurator, 13. D. de acqui. rer. domin. l. 1. C. per quas pers. cuiq. acquir.

15 l. per servum, 37. §. fi. D. de acqu. rer. dom. l. qui mihi. 13. in fi. D. de donat.

16 in pr. Inst. de iure nat. gent. & civ.

17 §. singulorum, Instit. de rer. divi. l. 1. in pr. D. de acqu. rer. dom.

18 modo dd. lo.

19 l. traditionibus, C. de pact. Briss. lib. 18. de V. S. verb. traditionis autem, observavit quemadmodū verbo stipulationis in legib. sæpe intelliguntur omnes obligationes. ita verbo traditionis intelligi omnes acquisitionum species. ad quod allegavit l. 12. §. de illo. D. de vsufru. l. 27. §. 1. D. ad SC. Trebell. l. 12. §. 1. Dig. de capt. & postlim. reversl. l. 14. & 15. §. si servus D. de castr. pecul. 14. D. de vsu & habit. l. 25. §. licet, D. de liberali caus. 33. & 39. in fi. D. de acqu. rer. domin. l. 86. §. cum servus. D. de lega. 1. l. 12. D. de autorit. tut. 1 De his tractavit Iustin. sub tit. Inst. de rer. divis. & acqu. ipsarum dominio.

De modis acquirendi dominii iure naturali sive gentium. CAP. LXX.

Modi acquirendi dominii jure *naturali sive gentium* priores sunt illis, qui introducti sunt jure civili & tempore & dispositione, eosdemque invexit naturalis æquitas, confirmavit jus civile[1].

Horum modorum genera sunt duo, vnum est ex

est ex rei apprehensione, alterum ex rei accessione [2].

Prius illud genus in duobus est, in occupatione & traditione; posterius hoc in accessione & specificatione.

Occupatio est apprehensio rei justa sola apprehendentis voluntate constans.

Quæ duplex est, Captivitas & Occupatio ita dicta in specie.

Captivitas est occupatio facta jure belli [3].

Quæ fit armis in bello juste suscepto adversus hostes, non in bello iniusto aut latrocinio [4].

Eaque est rerum vel hominum.

Rerum indistincte quarumvis sive alicuius sint, sive nullius [5].

Hominum etiam indistincte quorumvis tam liberorum quam servorum: liberorum quidem, vt captivitate servi fiant capientium, atque adeo libertate amissa, qui ante captivitatem erant personæ, post eam dicantur servi, atque in dominio fiant non minus atque res quælibet aliæ [6]: servorum autem, vt qui ante captivitatem erant servi alterius, post eam servi sint capientis, atque ita ex potestate vnius conjiciantur in potestatem alterius [7].

Occupatio in specie dicta est occupatio rei, quæ nullius est. Et de hac verum est, quod dicitur: Ea quæ nullius sunt, alicuius tamen esse possunt, naturali jure concedi occupanti [8].

Quæ itidem est duplex, Venatio & Inventio.

a *Venatio* est occupatio animalium, quorum natura fera est [9].

Nam animalia mansueta natura vel arte, quocunque locorum perveniant primi domini manent [10], nisi pro derelictis habeantur, aut alias à domino in alium transferantur.

Species venationis tres sunt. Venatio in specie, quæ

2 *Quos modos vnà cum Iustiniano satis confuse tradunt interpretes, Inst. eo. vbi alij plures, alij pauciores modos annotarunt.*

3 *§. item ea quæ ex hostib. Inst. de re. divis. l. naturalem, 5. in fin. ff. de acqui. rer. domin. l. si quid bello, 28. ff. de capt. & postl. revers.*

4 *l. postliminium 19. §. à piratis l. hostes, 24. ff. de capt. & postlim. revers.*

5 *l. transfugam, 51. §. 1. ff. de acq. rer. domin.*

6 *l. 7. in prin. ff. de acqu. rer. domin. §. servi. Inst. de iure pers. l. & servorum, 5. §. 1. ff. de statu homin.*

7 *l. latrones, 27. ff. de captiv. & postl. revers.*

8 *§. feræ, Inst. de rer. divis. l. 3. ff. de acq. rer. dom.*

a De venatione ferarum, 11. C. 44

9 *l. 1. in fi. ff. de acq. rer. dom. d. §. feræ.*

10 *§. gallinarum Inst. de rer. divi. l. 4. & 5. ff. de acq. rer. domin.*

quæ est, ferarum sive bestiarum; Piscatio, quæ piscium; & Aucupium, quæ avium.

11 ferâ. d. l. 3. §. nec. ... Cuilibet autem venari vel aucupari liberum est, non in suo tantũ, sed in fundo etiam alieno [11].

Fundi tamen dominus fundum suum venandi vel aucupandi causa ingredi volentem prohibere potest, ut non venetur nec aucupetur [12].

Contra prohibitionem ejusmodi ingressus, id quod ex venatione consecutus est, suum quidem facit, tenetur tamen fundi domino injuriarum actione [13].

Piscari vero cuique etiam licitum est in aqua sua, item publica; in aliena non licet.

Neque vero ferarum omnium ratio est eadem, siquidem sunt quædam prorsus feræ, de quibus indistincte verum est, quod occupantis fiant; quædam natura quidem sua feræ sunt, cicurari tamen possunt, quæ tum demum fiunt occupantis, si in libertatem naturalem sese receperint, redeundiq; consuetudinem abjecerint [14].

Inventio est occupatio rerum aliarum quam animatarum.

Quæ est rerum, quæ vel aliquando alicuius fuerunt, esse tamen desierunt, ita ut nunc nullius sint, vel nullius fuerunt unquam.

Res quæ nullius sunt, aut certe de quibus non constet aut constare possit, cujus sint, cedunt inventori [15].

[a] In thesauro jura distinguunt ex loco, in quo invenitur [16]. Nam si quis thesaurum inveniat in loco suo, sive fortuito id faciat sive data opera, thesaurus omnis inventoris est: sin inveniat in loco non suo, distinguitur iterum locus, qui nullius est ab eo qui est alicuius. Si enim inveniatur in loco qui nullius est, utputa sacro vel religioso, thesaurus inventus cedit inventori [17]. Si in loco qui alicujus est, atque ita in publico vel privato, dimi-

12 d. §. feræ. d. §. nec in tertiis, l. Divus, 15. D. de servit. rust. præd.
13 l. injuriarum. 13. in fin. D. de inj.
14 §. pavonum, Inst. de rer. divis. l. 3. §. pavonum, D. de acquir. rer. domin. l. Pomponius, 8. §. 1. D. famil. ercisc.
15 §. item lapilli, Inst. de rer. divis.
a De thesauris, 10. C. 15.
16 §. thesauros Inst. de rer. divis. l. nunquã, 31. §. 1. & l. si is qui, 63. D. de acquir. rer. domin. l. un. C. de thesaur. l. à tutore, 67. D. de rei vind.
17 d. §. thesauros; ubi Iustin. amplectitur sententiam D. Adriani, repudiata illa divorum fratrum, cuius mentio fit in l. 3. §. si in locum, D. de iure fisci.

dimidia ejus pars cedit fisco aut domino loci, dimidia altera inventori relinquitur.

Hæc in loco non suo vera sunt, si fortuito in eo thesaurus inveniatur, secus si data opera sive artibus magicis illud fiat, sive sine illis, quo casu thesaurus inventus fisci vel loci domini est integer, nulla omnino eius parte relicta inventori.

Porro res pro derelictis habitæ, eo ipso quod nullius sunt, quin occupanti cedant, dubium non est[18].

Res autem casu aliquo deperditæ, cum domini maneant, inventæ inventoris non sunt, sed domino suo sunt restituendæ, si sciatur quis ille sit: qui vt sciri possit, inventor libello proponet vel proclamari faciet se rem invenisse, eique qui desideraret, redditurum esse: quod si tum nemo reperiatur, qui eam suam esse aliquo modo demonstrare possit, res inventa inventoris manet, eo quod à domino pro derelicta haberi censetur[19].

Sic res in mari vel in maris litore, cujusmodi sunt lapilli, gemmæ, vniones & similes, quæ in mari aut ejus litoribus nascuntur, inventoris fiunt[20].

Traditio[21] est apprehensio rei justa voluntate ejus, qui rei transferendæ jus habet, facta[22].

In hac vnus est tradens, alter accipiens[23].

Tradens est rei de cuius dominio alteri acquirendo agitur dominus, & vel ipse, vel alius ipsius nomine[24].

[b] Ipse quidem, si rerum suarum administrationem habeat omnimodam, & res sit eiusmodi, quam per legem aut conventionem transferre liceat[25].

Alius vero, cui hoc à jure concessum est, vt est tutor, vel à domino ipso, vt est procurator[26].

Semper autem cum voluntate domini sive trãsferat ipse, siue procurator ipsius nomine, ita vt

18 *§.qua ratione, Inst.de rer. divis. l. 5.ff.pro derelict.*
19 *l.falsus.43.§.9. alienum.ff.de furt.*
20 *d.§.item lapilli.*
21 *l.incivile, C. de rei vindi. l. etsi de tua. C.de donat.int. vir.& vxor.*
22 *§.per traditionẽ. Inst.de rer. divis. l. qua ratione, 9. §.hæ quoq; res. Cuiac. 11. obs. 19. definit dationem possessionis per l. 3. ff. de actio. emt. & l. 28. ff. de V. O.*
23 *quod natura docet & relata.*
24 *§.nihil autem interest, Inst. de rer. divis. d. l. qua ratione, §. nihil autem.*
b Quib. alienare licet vel non, 2. *Inst. 8.*
25 *d.§.per traditionem, l. quod nullius 182. ff. de R. I.*
26 *§.qua ratione, Inst.de rer. divis. l. 58. & 59. ff. de procura. §. nunc admonendi. Inst. quib. alien. licet vel non.*

voluntatem & animum habeat dominii in alium transferendi: si is, cui hoc à jure concessum est, transferat, etiam sine domini voluntate, imo domino ipso quandoque invito, vt si creditor distrahat pignus debitoris sui[27].

Tradens vero dominium non tranfert, si nec dominus sit, nec transferendi rem potestatem habeat, quoniam in alium nemo plus juris transferre potest, quam ipse habet: sed per traditionem ejusmodi acquiritur accipienti bona fide vsucapiendi duntaxat conditio[28].

Accipiens est omnis ille, cui acquiri potest: tam etsi non omnis accipiens, cui acquiri potest, ex acceptione fiat dominus, siquidem vt maxime procurator, quem ad accipiendum constitui, animum habeat dominium sibi acquirendi, mihi tamen acquiritur, modo dominus tradens dominium mihi acquiri velit[29].

Ita in traditione necesse est vnum esse qui det, & alterum qui accipiat: quorum alteruter si desit, nihil traditum intelligitur.

Interdum tamen nuda voluntas domini etiam sine traditione sufficit ad rem transferendam, veluti si rem, quam tibi aliquis commodaverit, postea eam tibi vendiderit aut donauerit[30].

Verum est interdum actus ille traditionis & acceptionis in facto, interdum in jure, vt hoc casu fingatur magis traditio facta est, quam vt revera interuenerit.

Unde traditio quædam *Vera* dicitur, quædam *quasi*: atq; illa rerum est corporalium, hæc incorporalium.

Res enim incorporales, cum tangi nequeant[31], non etiam possunt tradi per se, sed ita, vt cum inhæreant rebus corporalibus illis traditis ipsæ etiam traditæ existimentur[32].

Hinc patientia, qua in re nostra quid fieri permitti-

27 §. contra autem Inst. quib. alien. licet vel non.

28 l. nemo plus. 54 ff. de R. I. l. traditio, 20. ff. de acqu. rer. dom. l. alienatio. 67 ff. de contrah. emt. l. 1. in fi. D. de pig. l. clavibus, 74. D. de contrah. emt.

29 supr. c. proximo nu. 14.

30 l. interdum etiam, Inst. de rer. divi. d. l. qua ratione, §. interdum etiam, & §. item si quis merces, l. clavib. 74 ff. de contrah. emt.

31 §. 2. Inst. de reb. corpor. & incorpor.

32 l. servus, 43. §. 1. ff. de acq. rer. dom.

mittimus, pro traditione est, puta, si patiamur eum cui iter constituimus ire per fundum nostrũ, servitus itineris eo ipso tradita esse censebitur [33].

Præsupponit vero traditio omnis causam aliquam, ex qua ipsa fiat, eamque justam, quæ causa etiam *titulus* dicitur [34].

Hic titulus, hæc causa est conventio traditionem natura, vt plurimum etiam tempore antecedens, per quam quidem causam dominium non acquiritur, sed dominio quærendo occasio præbetur. Puta, venditio rei est titulus & causa justa, cur tradi res debeat, ex qua obligatio tantum oritur, qua venditor ad rem venditam tradendam tenetur, quæ traditio si postea accedat, per eam demum dominium in eum, cui res traditur, transfertur, si modo is qui vendidit vendendi & tradendi jus habuit [35].

Sequitur genus acquirendi dominium jure naturali sive gentium alterum, quod species habet duas, Accessionem & Specificationem.

Accessio est modus acquirendi dominium, quo res aliqua propterea fit alicuius, quod illa rei, quæ sua est, accedat.

In hac duæ semper res spectantur, vna, quæ acquisita jam est, estque in dominio alicujus, & habet vicem subjecti, altera, quę rei illi jam ante acquisitæ accedit, quæ vt maxime & ipsa res sit, illius tamen rei contemplatione, loco est adjuncti.

Hinc iste acquirendi modus in vulgato illo Logicorum axiomate fundatus est, quo dicitur. Adjunctum cedere subjecto, vt cujus est subjectum, eiusdem adiunctum etiam esse dicendum sit.

Accedit autem aliquid rei nostræ natura vel opera hominis, ex quo Accessio duplex est, naturalis & industrialis.

Naturalis accessionis species duę sunt, I. *Fœtus vel procreatio animalium* nostrorũ [36], sive illa sint ratio-

33 *l. omnium, 3. ff. de vsufr. l. fin. D. de serv. l. etsi, 6. §. 1. in fin. ff. si serv. vind. l. 1. in fi. D. de serv. rust. præd. l. si ego emi, 11. §. 1. ff. de publ. in rem act.*

34 *l. nunquam, 31. D. de acqu. rer. domin. d. §. per traditionem.*

35 *d. §. per traditionem.*

36 *§. itẽ ea qua ex animal. Inst. de rer. divers. l. 2. l. itẽ quæ 6. ff. de acq. rer. domin. l. idem Pomponius, 5. §. idẽ scribit si equam, D. de rei vind.*

tionalia; quo pertinent partus ancillarum: sive irrationalia, ut ceterorum animalium omnium, quæ nostra sunt. Atque de hac accessionis specie ita ait JCtus; Ea quæ ex animalibus dominio nostro subjectis nata sunt, jure gentium nostra fiunt.

II. c *Alluvio* 37, quæ est appulsus fluminis ad ripam, quo paulatim fundo alicuius quid accedit latenter, id est, ut accessisse aliquid animadverti non possit. Id vero dicitur incrementum latens 38; de qua ita JCtus ait, Quod per alluvionem agro tuo flumen adjecit, jure gentium tibi acquiritur.

Quod si vis fluminis partem aliquam ex tuo prædio detraxerit, meoque fundo adjecerit, palam esse Gajus dicit, eam permanere tuam 39.

Industrialis accessionis species sunt, I. *Inædificatio* 40. Cum enim in suo solo aliquis ex aliena materia ædificaverit, ipse intelligitur dominus ædificii & materiæ, quæ ante inædificationem erat aliena; sicut è contrario si quis ex materia sua in solo alieno ædificet, quod inædificatum est domino soli cedit.

II. *Intextura* 41. Si enim vestimento suo quis alienam materiam intexuerit, etiamsi materia intexta sit preciosior, accessionis tamen vice cedit vestimento.

Nam his, in quibus propria qualitas spectatur, ait Paulus, id est, quæ nomen habent proprium, & proprium constituunt corpus, si quid erit additum, id cedit toti 42.

III. *Implantatio* 43 Planta enim aliena in solo meo plantata, mea est, itemq; si quis plantam suā in solo alieno plantasset, planta ejus est cujus est solum, utique si radices egerit.

IV. Satia

c De alluvionibus & paludibus & pascuis ad alium statum translatis, 7. C. 41.

37 §. præterea, Inst. de rer. divi. l. adeo. 7. §. 1. ff. de acquir. rer. domin. l. 1. C. de alluvion.

38 d. §. præterea, l. hos iure, 3. §. si aquam. ff. de aqua quotid. & æst.

39 d. §. præterea, d. l. adeo, §. quod si vis l. ratu, 8. ff. de incend. ruin. naufr.

40 §. cum in suo solo, Inst. de rer. divis. d. l. adeo quidē, §. cum in suo loco, l. Julianus, 37. ff. de rei vind. l. 2. C. de serv. & aqua.

Quod si tamen quod solo imponitur mobile sit ab alio, non est eius cuius solū est, l. Titius, 60. ff. de acquir. rer. dom.

41 §. si tamen alienam, Inst. de rer. divis. l. cum aurum, 19. § perveniamus, ff. de auro argē. leg.

42 l. sed si meis, 26 §. 1. ff. de acqui. rer. domin. eodem facit l. in rem actio, 23. § si quis rei, & §. item quæcunq;, ff. de rei vindic.

43 §. si Titius alienam, & §. seq. Inst. d. rer. divi. d. l. adeo quidem, §. si alienam plantam, d. l. idem Pomponius. §. de arbore, ff. de rei vind. d. l. sed si meis, §. pen.

IV. Satio[44]. Sata enim solo meo, in quo sata sunt, cedunt, etiamsi semen alienum fuerit. Ex quo est ut omnes omnino fructus ex re mea nati, mei sint, nisi jus percipiendorum fructuum alii in re mea constitutum sit, aut bona fide quis rem alienam possideat.

V. Scriptio[45]. Literæ enim, etsi aureæ sint, atque adeo multo sint ipsa charta preciosiores, chartæ membranæve cedunt.

VI. Pictura[46], quæ & ipsa regulariter cedit ligno sive tabulæ[47]; aliis contra existimantibus[48], ut lignum sive tabula cederet picturæ, propter picturæ precium[49], idque Justiniano videtur esse melius[50].

Restat *Specificatio*[51], quæ est, quando ex materia sive diversa sive eadem, atque illa vel mea & aliena, vel aliena tantum nova quædam species sive corpus constituitur, ut si ex auro, vel ex auro & argento fiat poculum, si ex uvis exprimatur vinum.

Circa hunc acquirendi dominii modum, cum inter Proculianos & Sabinianos ad extrema euntes esset controversia[52], utrum materiæ dominus an specificans speciei factæ dominus fieret, placuit tandem media sententia existimantiũ[53], ut si res facta reduci posset ad materiam pristinam, is speciei factæ diceretur esse dominus, qui Dominus erat materiæ, ut si quis ex argento alieno fecisset vas, cum vas illud ad pristinam omnino materiam reduci possit, vas illud erit eius non qui fecit, sed qui argenti erat dominus: atque hacte-

44 §. *qua ratione autem, Inst. de rer. divi. d. l. qua ratione, in pr.*

45 §. *literæ quoq;, Inst. de rer. divis. d. l. qua ratione, § literæ quoq;. l. in rem actio, 23. §. sed & id, D. de rei vind. l. 3. §. pe. ff. ad exhib.*

46 §. *si quis in aliena, Inst. de rer. div. d. l. qua ratione, §. sed non uti literæ.*

47 *Atq; ita sensit Paul. d. l. in rem, §. sed & id q. & Gaius iunior, 2. Inst. 11.*

48 *Gaio in d. l. qua ratione, §. sed non uti literæ.*

49 *Quam rationẽ assignat expresse in d. l. in rem, §. sed & id quod: & vere ex historiis cõstat quanto in precio picturæ olim fuerit.*

50 *d. §. si quis in aliena.*

51 *De qua in §. cũ ex aliena, §. si duorum, §. q si frumẽtũ, Inst. de rer. divi. d. l. adeo q̃dem. §. cum quis ex aliena & seqq. l. 3. & l. 5. ff. de rei vin d. l. 24. & seqq. D. de acqu. rer. dom.*

52 *Cuius extant vestigia in l. de eo, 12. §. si quis, D. ad exhib. l. solum, 49. §. 1. D. de rei vind.*

53 *In qua videtur fuisse Paul. in l. in om ib. 24. ff. de acqu. rer. dom. certe à Iustiniano approbata est, si non ante ipsum hoc factũ sit, ut videtur affirmare Gaius in d. §. cum quis ex aliena, vers. est tamen etiam. nisi iste versiculus à Triboniano additus & Gaius interpolatus est, quod non est improbabile ex stylo. Certum est Digesta non esse hic sincera, sed Tribonianum ICtis manus admovisse ex collatione d. l. de eo, §. si quis, & d. l. in omnibus.*

hactenus probavit Sabinianos. Sin autem non posset ad pristinam materiam reduci, statuit, vt is esset dominus, qui materiæ novam formam induxisset, vt si quis ex alienis uvis vinum exprimat, aut ex aliena messe frumentum extrituret; atque hactenus secutus est Proculianos.

Ceterum specificationis species sunt tot, quot modis ex materia aliena vel sola vel una cum nostra species nova constitui potest: inter quas potissimæ sunt Confusio & Commixtio.

Confundi dicuntur res istæ, quę mistæ mutant formam pristinam, vt si ex vino & melle fiat mulsum; aut formam quidem suam retinent, sed separatio earum est difficilis, vt si meum & tuum ar-
54 d.l.3.§.fin. & d.l.in rem,§.item ea, ff.de rei vind. gentum in vnam massam conflatum sit; si meum & tuum vinum confusum sit[54].

Commisceri dicuntur, quæ inter se mixta maneant quidem eadem, sed tamen coniuncta novum quasi corpus constituere videntur, vt si fru-
35 modo dd.lo. mentum meum commisceam frumento tuo[35].

Quod si dominorum voluntate res confusæ sint, id quod ex confusione factum est, commune est rerum illarum dominis: si sine dominorum voluntate, veruntamen fortuito, species facta vtrique etiam domino communis est: si ignorante eo qui confundit, ipse dominus est solus. Res autem commixtæ communes non sunt, sed quisque dominorum portionem suam vindicabit, vt vel
56 supr.dd.loc. per discursum. cuique sua præstetur portio, vel si prestari nequeat, judicis arbitrio æstimatio[56].

a De præscriptionibus.

a De vsucapionibus & longi temporis præscriptionibus, 2.Inst.6. De vsurpationibus & vsucapionibus, 41.ff.3.

CAP. LXXI.

HActenus de modis acquirendi dominij jure gentium: sequuntur modi acquirendi jure civili, qui duo sunt, *Præscriptio* & *Successio*.

Præ-

PRÆSCRIPTIO [1] est acquisitio dominij [2] per continuationem possessionis tempore legitimo [3].

Quæ

1 Malo hoc quam usucapionis vocabulum, quia est ex cõstitutione Iustiniani generalius. Iustinianus enim fecit ut præscriptio non minus esset modus acquirendi dominij, atq; usucapio. cũ ante ipsum præscriptio nihil esset aliud nisi exceptio, l. qui cum tutorib. 9. ff. de transa. ubi transactionis præscriptio est exceptio transactionis, l. fideicõmissum, 50. §. 1. & 2. ff. de iud. l. nihil interest, 12. §. pen. ff. de inof. testa. unde etiam rubr. ff. de exceptionibus & præscriptionibus concepta est, potissimum tamẽ ad temporis exceptionem hoc vocabulum præscriptionis accommodabatur, quo pertinet rubr. De diversis temporalib. præscriptionibus, & de accessionibus possessionũ, *44. ff. 3. Hinc quæ in l. 1. ff. si libert. ingen. esse dicet. dicitur exceptio tẽporis, alibi appellatur præscriptio tẽporis l. pe. ff. si libert. ingen. esse dicet. & utraq; illa appellatio est in l. pen. C. de prascri. long. temp. & passim tã in Codice quam in ff. & quoniã omnis illa præscriptio ita in tẽpore fundata erat, ut tamen etiam possessionẽ rei desideraret, ex eo tẽporis ista præscriptio vocatur etiam longæ possessionis exceptio in l. an vitiũ, 5. §. 1. ff. de divers. temp. præsc. Nihil enim aliud ante Iustinianum ea possessione qui possederat acquirebat, nisi exceptionem, si contra ipsum possidẽtem ageretur: quod si possessionẽ amisisset iure civili actionem non habebat, prætor tamen ex naturali quadam æquitate actionẽ ipsi accõmodabat utilem in rem, non tamen contra verum rei dominum, si forte quo casu res ad ipsum rediisset, sed contra quemlibet alium extraneum rei detentatorẽ, l. pe. C. de præscr. 30. vel 40. annor. Ita res præscripta non erat in domino præscribentis, sed in ipsius bonis, ex quo etiam præscribens dicitur bonitarius. Iustinianus postea effectum eundẽ dedit præscriptioni, quẽ ex iure veteri habebat usucapio, ex quo tit. C.* De nudo iure Quiritium tollendo, *7. C. 25. & usucapionẽ angustiori tempore definitã ad tempus amplius extendit, ut hodie recte dicere possimus, omnem usucapionẽ esse præscriptionem, non etiã omnem præscriptionem esse usucapionem, siquidem res incorporales præscribuntur quidem non tamen usucapiuntur, Hinc ille C. tit.* De usucapione transformanda, *7. C. 31. ex quib. utcunq; colligi potest rub. Instit. de usuc. & long. temp. præscr. male emendari à Cui. in notis ad eam priorib. existimante legẽdum esse* Possessionibus, *quoniam inscriptio hac esset angustior & tautologica, ut alias* Deo *volente ostendam plenius.* 2 *Genus commune ceteris etiam dominij acquirendi modis, quod nemo negaverit. Cui. in not. ad Ulp. frag. tit. 19. & in l. 3. ff. de usurp. & usuc. in definitione usucapionis mavult eam cum Ulpiano dici adeptionẽ, quam cum Modestino in d. l. 3. adiectionem dominij, atq; ita ex Ulpiano emendandũ esse Modestinum, qua lectio etiam non displicet Hotomanno in commen. Inst. de usucap. enunc. 1. Rectius vero definiri usucapionem adiectionẽ dominij à Modestino, quã ab Ulpiano adeptionem videtur Ant. Contio 1. disp. 10. atq; si locus ullus emendandus sit, Ulpianum potius ex Modestino quam Modestinum ex Ulpiano emendandum esse, quod non displicet Fornerio 2. Select. 17. Credo utranq; lectionem sustineri posse. iure veteri usucapio est adeptio dominij, nimirum si simpliciter & per se sine ullo respectu ad acquisitionem qua fit iure civili conferatur; atq; etiam est adiectio, nimirum si comparetur ad ius gentium. Cum enim traditione iure gentiũ acquisitum iam esset, ei dominio acquisito adijcitur postea lapsu temporis dominium civile. Alias ex eodẽ fundamento dici posset iure veteri rectius dici adiectionẽ, iure novo rectius adeptionẽ, qa iure novo nõ adijcitur amplius dominio iure gentiũ quæsito qppe qp adiectione amplius nõ habeat, ut usucapione atq; adeo adiectione opus nõ sit: opus autẽ sit adeptione, si iure gentium dominium acquisitum non sit.* 3 *d. l. 3. l. 2. C. de præscr. long. tem.*

Quæ à jure civili est inventa [4], vt quod juri naturali sive gentium deerat, per jus civile suppleretur, hac ratione: Res sæpenumero ab eo qui dominus non est, nec ejus transferendæ habet potestatem, accipiente bona fide ex justo titulo traditur, qua traditione vtpote non domino facta, dominium rei tranferri jure gentium non potest, quoniam plus juris in alium quis transferre non possit, quam ipse habeat, atque ita jus gentium comparatum esset, vt per traditionem ita demum dominium cui acquireretur, si tradens rei tradendæ jus haberet [5]. At quoniam erat iniquum eum qui acceperat sub bona fide decipi, eaque ratione dominia rerum sub incerto semper relinqui, & negligentiæ dominorum res suas non curantium quidquam concedi [6], id quod jure gentium fieri non poterat, constitutum est, vt fieret jure civili, atque is, qui rem ab eo qui illius transferendæ jus non habebat, bona fide accepisset, illius fieret dominus, non protinus atque accepisset, sed post lapsum temporis iure definiti, id est, statuti, sive id terminis suis circumscriptum sit, sive non sit circumscriptum. Intra quod tempus verus rei dominus rem suam à possessore sine vlla compensatione aut restitutione precij recuperare poterat: sin autem interim non recuperaverat, præsumebat jus civile videri dominũ rem suam alienasse, qui istam præscribi passus esset, neq; eam tempestive repetiisset 7. Æquitas enim civilis naturali hic prędominatur, [8], aut certe illa hanc supplet, vt qui vniuersi juris finis est, nempe, Salus populi, etiam cum damno privati haberi possit, si modo damnum illud dicendum est, quod quis sua ipsius culpa aut negligentia rem suam non repetens aut de ea inquirens sentit.

Species præscriptionis duæ sunt, Usucapio, & ea quæ generis nomen retinuit, Præscriptio [9].

Vsuca-

---

4 in prin. Inst. de usucap.

5 Ita iure novo. Iure autem veteri ante Iustinianum etiam ad hoc, vt eum dominium quod iure civili subsisteret, eiusque haberet effectus traditione non acquireretur, vt maxime traditione acquisitum aliquod esset, vsucapione tamen acquireretur etiam dominium quod iure civili subsisteret, omnesq; dominij iuris Quiritum haberet effectus.

6 l.1.D.eod.l.fi.ff. pro suo.

7 l. alienationis, 28. D. de V.S. l.3. §.1. D. quæ in fraud. credit.

8 In Nov. 9. usucapiones videntur dici impium præsidium, sed additur iniquis hominibus.

Vsucapio est præscriptio rerum corporalium [10].
Præscriptio in specie est præscriptio rerum incorporalium.

Res tamen corporales ita vsucapiuntur, vt etiam præscribi secundum jus Justinianeum novissimum recte dicantur: at res incorporales non dicuntur vsucapi, sed præscribi duntaxat [11].

b Verum cum vtranque istam præscriptionem, atque adeo omnem ex tempore æstimemus, *tempus eiusq; decursus* spectandus est [12].

Id vero tempus à jure definitum est [13], ita vt interdum certum sit, nempe suis limitibus, in quibus desinat, descriptum; interdum incertum [14].

Atque ex eo omnis præscriptio iterum distribuitur, quod quædam sit temporis certi, quædam incerti.

c Præscriptio temporis *certi* est brevioris vel longioris temporis.

Brevioris nempe triennii in rebus mobilibus duntaxat [15]: longioris, in rebus etiam immobilibus & incorporalibus [16].

Et temporis longioris iterum Longi vel Longissimi.

d Longi rursus vel decennii, nimirum inter præsentes, vel vicennii, nimirum inter absentes [17].

Quæ absentia & præsentia inter eos esse intelligitur, qui in eodem sunt territorio atque provincia, vel non sunt [18].

Et res quidem immobiles indistincte ita, sicut dixi, præscribuntur [19], ceteris ad præscribendum requisitis concurrentibus [20], non etiam incorporales.

Actionibus enim realibus non nisi annis 20.

B b præscri-

10 *l. servus, 43. ff. de acqui. rer. dom. l. 4. §. si viam, l. sine. 25. ff. de vsurpa. & vsucap.*
11 *l. 1. C. de annal. except.*
b Communia de vsucapionibus, 7. C. 30.
12 *VVes. in parat. ff. eod. n. 10.*
13 *d. l. 1. & 3.*
14 *l. hoc iure, 4. §. ductus aquæ, ff. de aq. quotid. & æst.*
c De annali exceptione Italici contractus tollenda, & de diversis temporibus, & exceptionibus, &c. 7. C. 40.
15 *§. 1. Inst. eod. l. un. C. de usuc. transform.*
16 *l. fin. §. eadem observand. C. de præscript. longi temp. l. præscriptionem, C. quibus non obijc. longi temp. præscript.*
d De præscriptionibus longi temporis decem vel viginti annorum, 7. C. 33.
17 *d. §. 1. Inst. de vsucap. d. l. præscriptionem.*
18 *l. fin. §. sancimus, C. de præscrip. long. temp.*

19 *l. 1. Cod. de præscrip. tioni. ut longi temporis.* 20 *§. novissima, & t. t. Instit. eod.*

præſcribitur [21]: perſonalibus [22]: aūt ſive mixtis [23] annis 30. quod idem tempus in nonnullis aliis obſervatur [24].

[e] Longiſſimi temporis præſcriptio eſt annorum 30. vel 40. [25].

Et hæc à præſcriptione longi temporis non tantum annorum numero diſtinguitur, ſed etiam bona & mala fide, quippe quod illa in præſcriptione longi temporis ſit neceſſar a, hæc præſcriptionem longiſſimi temporis non impediat [26].

Præſcriptio temporis *incerti* eſt temporis immemorialis, id eſt, ejus cujus in contrarium memoria non exiſtat [27].

Unde in præſcriptionibus hic ordo obſervatur, vt rerum mobilium ſit triennii, rerum immobilium & incorporalium longi temporis: quod ſi hęc locum non habeat ex natura rei, vel ob poſſidentis malam fidem, ſuccedat præſcriptio temporis longiſſimi: ſi denique iſtarum nulla habeat locum, recurratur ad tempus cujus initij memoria non exiſtat [28].

Hæc ita quo ad tempus regulariter: ſed fit per anomaliam, vt tempus modo coanguſtetur, modo amplietur [29].

[f] Coanguſtatur in fiſco ad quadriennium, ſive quæratur de præſcriptione, quæ datur fiſco, ſive de ea, quæ competit adverſus fiſcum circa bona vacantia aut caduca.

Nam ad bonorum vacantium vindicationem, quæ fiſco competit, excludendam, quadriennî pręſcriptio ſufficiat [30], quod quadriennium computatur à die, quo bona vacare cep e unt, id eſt, quo omnes, quibus deferebatur, repudiarunt hereditatem defuncti, vel nullus, qui eam amplecteretur, extitit [31].

De

21 *l. hereditatis, C. de here. petit.*

22 *l. ſicut, C. de præſcr. 30. vel 40. annor. l. neq; mutui, C. quib. non obijci. long. temp. præſcript.*

23 *l. 1. §. adhac, C. de annali except. l. vnus, C. in quibus cauſ. ceſſ. long. tem. præſcript.*

24 *l. cum notiſſimi §. fin. C. de præſcrip. 30. vel 40. annor.*

e De præſcriptione, 30. *vel* 40. *annor.* 7. *C.* 39.

25 *l. fin. & t. t. C. eod.*

26 *d. l. 1. §. adhac, l. ſicut, l. omnes, C. de præſcr. 30. vel 40. annor. Auth. malæ fidei, C. de præſcr. long. temp.*

27 *Dd. in d. l. hoc iure, §. ductus aquæ.*

28 *§. 1. §. furtiva, §. noviſſime, Inſt. eod. l. omnes, C. de præſcr. 30. vel 40. an. l. 1. C. de annali except. Cui. 11. obſ. 12.*

29 *l. 1. §. memoratas, C. de annal. exc.*

f De quadriennii præſcriptione, 7. *C.* 37.

30 *l. 1. C. eod.*

31 *l. 1. §. Divus, ff. de iure fiſci, l. intra, 7. D. de diverſ. temp. præſcript. l. quamvis, 18. D. de vſurp. & vſucap. l. 6. §. certe ſi vacantia, D. ſi quis omiſſ. cauſ. teſt.*

De ea autem quæ fisco datur ita statutum est, vt post quadriennium, quam fiscus rem forte alienam vel communem, vel alii pignoratam, quasi caducam alienavit, exceptione quadriennii repellat dominum vel creditorem agentem in rem vel hypothecaria actione, illo interim, qui rem accepit à fisco securo quamprimum [32].

g Coangustatur ad quinquennium, si de statu defuncti quæratur. Nam à morte post quinquennium de statu ejus, qui in diem vsque mortis sine interpellatione vixit palam, vt liber, quæri non debet: & ex SC. Ninniano intra quinquennium à tempore latæ sententiæ computandum collusio detegi potest, quæ inter eum, cui status controversia fiebat, & alium fuit, vt is pronunciaretur ingenuus [33].

Coangustatur vero & ampliatur in casibus pluribus, de quibus erudite scripsit Iacob. Cujacius in tract. de præscript. & terminis, quem huic loco in supplementum addi volo.

Ita vero ex tempore præscriptionem æstimamus, vt necesse sit eum, qui ex ejusmodi temporis lapsu dominium vult acquirere, rem possidere [34].

Alterum igitur præscriptionis requisitum est *possessio*, sive vera illa sit, sive quasi, sine qua præscriptio non procedit, adeo vt possessionis nomine quandoque in legibus interpretanda veniat vsucapio seu præscriptio [35], & vsucapio videatur dicta esse, quasi capio per vsum [36], qui est possessio [37].

Possessionem autem eam desideramus, quæ habeatur animo domini, cuiusmodi est possessio civilis & naturalis simul, vel civilis duntaxat [38].

Naturalis enim possessio sola ad præscribendum sufficiens non est, vtpote quæ citra affectionem habendi animo domini constet.

32 *l.2. & 3. C. eod. vbi Cui. in parat. plenius, §. fi. Inst. de vsuca.*

g Ne de statu defunctorum post quinquennium quæratur. 7. C. 21.

33 *Cui. in parat. & eod.*

34 *l. sine possessione, 25. ff. de vsurpa. & vsuca.*

35 *l. denique, 19. l. cum miles. 30. ff. ex quibus caus. maior.*

36 *l. non solum 33. ff. eod. Hot. in pr. Inst. eod. enunc. 1.*

37 *l. quast. 115. ff. de V. S.*

38 *l. 2. ff. pro here. l. 1. C. com. de vsuc. l. si puerum, C. in quib. cau. cess. long. temp. præscr.*

In possessione vero ad effectum præscribendi duo desiderantur: vnum, vt sit continua: alterum vt sit justa.

Continua possessio est possessio actu continuo apud eum, qui illam nactus est, permanens 39.

Quo pertinet accessio temporis, quæ tum accidit, si quis rem nondum plane præscriptam ab eo, qui illam præscribere cepit, accipiat, atque autoris sui tempore ad vsucapionem complendam vti velit 40: id quod in præscriptione omni fieri potest, & non tantum in successore vniuersali, vt in herede, sed etiam in successore singulari, vt legatario, emtore, donatario 41. &c.

Atque sic possessio autoris continuatur cum possessione successoris, & habetur pro vna.

Iusta possessio rursus in duobus spectatur, quorum vnum est, vt acquiratur ex justo titulo, alterum vt acquiratur bona fide 42.

Titulus est justa & legitima causa, ex qua possessio in aliquem transfertur, vt est emtio, donatio, legatum, dos, transactio &c. 43.

Qui titulus est Generalis vel Specialis.

[h] Generalis est, qui dicitur *pro suo*, atque ad omnes possessionis acquirendæ species accommodari potest. Cui titulo tum demum proprie locus est, quando titulus possessionis acquisitæ certum & speciale nomen non habet, puta si hæres rem aliquam cum legata non esset, haud aliter tamen atque si legata esset ignorans accipienti bona fide tradat 44.

Specialis est, qui nomen habet certum vt [i] emtio [k] hereditas [l], donatio [m], derelictum [n], legatum [o], dos [p], transactio &c.

Titulo autem sive generali sive speciali ex jure novissimo in omni præscriptionis genere opus est

39 *l. 3. ff. eod. l. 2. C. de longi temp. præscr. §. diutina, Inst. eod.*

40 *l. possessio, 20. l. nunquam, 31. ff. eo. l. 2. §. si eam rem, ff. pro emtore.*

41 *d. §. diutina, l. id tempus, 14. ff. eo. l. super longi, C. de præscr. long. temp.*

42 *§. 1. §. novissime, Inst. eo. l. diutina. C. de præscri. long. temp. l. vsucapio, C. de præscript. longi temp. l. improba, C. de acq. vel ret in. possess. l. nulla C. de re vind.*

43 *l. 2. ff. pro emt. l. 1. C. pro donat. l. ex causa, C. de vsucap. pro emtor.*

h Pro suo, 41. ff. 10.

44 *l. 3. §. fin. ff. de acq. vel amit. poss. l. naturaliter, 5. l. Celsus. 27. ff. de usurpa. & vsuc.*

i Pro emtore. 41. ff. 3. 7. C. 26.

k Pro herede vel possessore, 41. ff. 5. 7. C. 29.

l Pro donato, 41. ff. 6. 7. 27.

m Pro derelicto 41. ff. 7.

n Pro Legato, 41. ff. 8.

o Pro Dote, 41. D. 9. 7. C. 28. p De vsucapione pro emtore vel transactione, 7. *Cod.* 26.

est[45] : excepta temporis immemorialis præscriptione, in qua sola est vetustas, quæ in titulum, vt maxime is non adsit, suppleat, aut certe esse præsumi faciat [46].

Bona fides in vsucapione quidem & præscriptione longi temporis necessario requiritur, ita tamen vt rem ab initio bona fide accepisse sufficiat, etiamsi mala fides postea superueniat [47].

At in præscriptione temporis longissimi, multo magis immemorialis; tempus nudum cum nuda & simplici possessione conjunctum etiam absque bona fide sufficit [48].

Sed heres ejus, qui rem præscribere cepit, etsi ipse malæ fidei possessor sit, præscribet nihilominus ex antecessoris sui bona fide, sua mala fide præscriptioni non officiente [49].

Quemadmodum è contrario, si antecessor mala fide rem possedit, vt maxime heres ipsius rem bona fide habeat, heret tamen iste nec ex defuncti nec ex sua persona præscribet, nisi ab eo tempore, quo ipse rem accepit præscriptionem incoare velit [50].

In successore autem singulari ita constitutum est, vt mala fides autoris ipsi non noceat, si accessione temporis, quo is possedit, vti nolit: bona fides autoris non prosit, si ipse mala fide acceperit [51].

45 l. nullo, C. de rei vind. l. fin. C. de præscr. longi temp. l. un. §. cum autem, C. de vsuc. transform.

46 d. l. hoc iure §. pen.

47 l. 2. in pr. ff. pro emtore, d. l. unica, §. cum autem. vide Cui. ad d. l. Celsus.

48 l. sicut, l. omnes. l. si quis emtionis. §. 1. C. de præscrip. 30. vel 40. annor.

49 l. de accessionibus 14. §. plane, ff. de divers. temp. præscr. l. 2. §. si eam, ff. pro emtore.

50 l. vitia possessionum. C. de acq. vel retin. poss. 4. §. heres, l. si aliena, 10. ff. de vsurp. & usucap. l. si ego, 11. §. partus ff. de public. in rem act. l. tutor rerum, 56. ff. de admin. tutor. l. cum heres 11. D. de divers. temp. præscript.

51 l. an vitium, 5. ff. de divers. temp. præscri. l. si mala fide, C. commun. de vsuca. l. si ædes, 32. §. 1. ff. de servit. urban. præd. quia plenius est ius successionis, quam emtionis, vt ait Vlp. in l. Pomponius, 13. §. quæsitum ff. de acq. vel amitt. poss. Atque quæ de bona & mala fide hactenus dicta sunt, verissima & certissima sunt de iure civili. Ius autem Canonicum ex iis nonnulla, præsertim quod ad malam fidem attinet, immutavit; quippe quo bona fides nulla temporis parte abesse possit. c. possessor, de R. I. in 6. c. vigilanti, c. si diligenti, c. veniens, vers. si. de præsc. quam recte ex fine præscriptionis introductæ haud difficulter colligitur. Ius tamen Canonicum hac in parte hodie in Imperio Romano receptum, atque secundum illud in Camera Imperiali iudicatum est, vt attestatur Myns. cent. 4. obs. 6. Gail. 2. obs. pract. 18. n. 7. ideoque illi in iudiciis standum esse respondit Myns. resp. 11. nu. 24.

Nec distinguitur in vniuersum, an is, cuius res, de cuius præscriptione agitur, sciat vel ignoret, rem suam ab alio præscribi[52].

Sed hoc jus regulariter interdum à regula est aliud, idque ob personarum priuilegia, vel ob rerum qualitatem.

Ob *priuilegia personarum*, quod earum res vel omnino non præscribuntur, vel tempore, quam in aliis, ampliore.

q Illius generis sunt res pupillares & minorum, adeo vt si in istis præscriptio incoata sit, antequam pupillorum & minorum fierent, præscriptio cesset & quasi dormiat, protinus atque pupillares factæ sunt & manent[53].

Item res dotales, nisi præscriptio antequam dotales fierent, incoata sit[54]: res item illius, qui legitime impeditur, quo minus agere possit, quo impedimento remoto præscriptio succedit[55].

r Et in summa non obiicitur præscriptio cum effectu his, qui rescissa vsucapione, in integrum possunt restitui, veluti militibus, absentibus Reipublic. causa, vel qua alia justa & necessaria causa, captis ab hostibus, qui tamen ipso jure ex constitutione Justiniani hodie adversus præscriptionem muniti sunt[56].

Huius

52 *d. l. sicut, §. fi. l. fi. §. pen. C. de præsc. long. temp. Nov. 119. c. 7.*

q In quib. caussis cessat longi temporis præscriptio. 7. C. 34.

53 *l. sicut, vers non sexus, C. de præscr. 30. vel 40. ann. l. non est incognitum, C quib non obyc. long. temp. præscr. l. fi. C. in quib. caus. in int. restit. necess non est, l. bonæ fidei, 48. ff. de acq rer. dom. Distinguitur vero à Dd. inter pupillum & minorem, vt præscriptio longissimi temporis etsi dormiat in rebus pupillaribus, currat tamen contra minorem, si cum defuncto incoata sit, gl. in l. un. C. si advers vsuca Cyn. & Bald in d. l. fi. C. in quib caus. in int. rest necess. non est. Fr. Balb. in tr. de præscrip. part. vlt. vers. vigesimus tertius. Paris. consil 66 num. 115. vol. 3. Rol. à Vall consil. 6. nu 9. vol. 3. & hanc communem esse scribentium sententiam in d. l fi. & in l. si intra, C. de non num. pecun refert & sequitur Fr. de Caldas in l. si curatorem, verb. sua facilitate, num. 48. Cod. de in integr. restit. minor. atq; ita in plerisque caussis definitum esse testatur Guido q. 31. & sequitur Mynf. d. resp. 11. n. 28. & resp. 42. n. 30 idemq; tenet Cephal consil. 700. n. 34. lib. 5* 54 *d. l. bonæ fidei, l 2 § si à domino, D pro emt. l fundum, 16 ff de fund. dot.* 55 *l 1. Cod. de annal. except. l. 1. §. dies autem. Cod quando appell. sit.* r Quibus non obiicitur longi temporis præscriptio, 7. *Cod.* 35. Si adversus creditorem præscriptio opponatur, 7. *Cod.* 35. Ne rei dominicæ vel temporum vindicatio temporis præscriptione submoveatur, 7. *Cod.* 38. 56 *l. fin. Cod. in quibus caussis restit. in integrum necessar. non est.*

Huius generis ſunt res principum, quæ non niſi annis 40. præſcribuntur[57], res civitatis Romanæ annis 100. res aliarum civitatum annis 40[58] [s] res Eccleſiæ Romanæ annis 100[59] res aliarum Eccleſiarum annis 40. nimirum ſi res ejuſmodi, quæ temporales vocantur, non etiam ſacræ vel religioſæ.

Ob *qualitatem rerum* non præſcribuntur res ſacræ & religioſæ, eo quod nullius eſſe poſſunt[60]. non res furtivæ mobiles, [t] nec res vi poſſeſſæ immobiles, ob vicium furti[61], donec id ſit purgatum[62], quod tum demum fit, ſi res illæ in dominorum ſuorum poteſtatem revertantur[63], non etiam quæ meræ dicuntur eſſe facultatis.

Eodem numero ſunt ea quæ ex rebus furtivis aut vi poſſeſſis naſcuntur, vt eſt partus ancillę furtivæ, in quo tamen diſtinguitur, vt ſi ancilla prægnans ſubrepta fuerit, vel ſi apud furem, furiſve heredem conceperit, etiamſi apud bonæ fidei poſſeſſorem pariat, partus vſucapi non poſſit; ſin vero ancilla furtiva apud bonæ fidei poſſeſſorem conceperit, vt bonæ fidei poſſeſſor partum vſucapiat pro ſuo, dummodo eo tempore edatur, quo matrem furtivam eſſe poſſeſſor ignorat[64].

Res etiam teſtamento vendi prohibitæ vſucapi non poſſunt[65].

Verum præſcriptio, quæ in curſu eſt, interrumpi dicitur, ſi ante completum præſcriptionis tempus legitimum contra poſſeſſionem quid fiat, vt non continuetur, quæ pręſcriptionis interruptio in jure appellatur *vſurpatio*[66].

57 *l. omnes, Cod. de præſcr. 30. vel 40. ann.*

58 *gl. in l. ſi finita, 15. §. ſi de vectig. ff. de damno infect.*

s Vt etiam eccleſia Romana centum annorum gaudeat præſcriptione. *Nov. 9.*

59 *Quos annos vulgo putant mutatos in 40. per Nov. 141. ꝙ annotavit Cui. 5. obſ. 5. tametſi Canones repugnẽt c. cum nobis, de præſcr. c. nemo, 16. q. 3.*

60 *§. 1. Inſt. eo. l. vſucapionib. 9. ff. eo.*

t De ſucceſſoribus eorum qui in Africa degũt, *Nov. 36.*

61 *§. furtivæ, Inſt. eod. l. ſequitur, 4. §. quod autem, & §. ceterum, ff. eod. l. q. fundum, 7. §. ſi tutor. ff. pro emtore, l. 1. C. eod.*

62 *§. aliquando, Inſt. eod. d. l. ſequitur, §. tunc.*

63 *d. §. aliquando, d. l. ſequitur, §. tũc.*

64 *d. l. ſequitur, §. heres, l. ſi non ſolum 33. in princ. D. eod. l. qui vas, 48. §. ſi ancilla, D. de furt. l. ſi ego, 11. §. partus, D. de publ e in rem. act. l. ſi matrem, C. pro emtore, vide Cuiac. ad d. §. heres.* 65 *l. 2. C. pro emtore.* 66 *l. 2. D. eo. l. 2. §. & quidem ex omnibus. D. de origin. iur. dicitur etiam interpellatio, l. 1. C. de præſcr. long. temp.* 67 *l. naturaliter, 5. ſi is qui, 15. Dig eod. l. nemo, Cod. de acqu. vel retin. poſſ. l. mota, Cod. de ei vind.*

Quæ duplex est; Naturalis vel Civilis.

Naturalis vsurpatio est, cum quis vel ipse sua sponte possessionem rei à se dimittit, vel ab alio de ea dejicitur [67]. Quæ interruptio facti est, vt in veritate consistit, diciturque proprie vsurpatio.

At illa quæ *Civilis* est, magis est juris, & fictione potius, quam veritate sustinetur, ita ut jus ratione effectus possessionem fingat interruptam [68].

Hæc in vsucapione triennii non fit, nisi per sententiam judicis; ideoque possidenti non nocet, si in jus vocatus aut litem contestatus sit [69].

In præscriptione longi temporis hæc interruptio inducitur litis contestatione, non sola citatione, & litis contestatione facta tam coram arbitro, quam coram judice ordinario [70].

Præscriptio autem longissimi temporis interpellatur etiam per solam in jus vocationem, & multo magis adeo per litis contestationem & sententiam judicis [71].

Et naturalis quidem interruptio prodest omnibus, civilis non nisi ei, qui vel in jus vocavit vel litem contestatus est, cum adversus alios præscribere interim nihilominus possit [72].

67 *l. Naturaliter, 5. l. si is qui, 15. D. eo. l. nemo, C. de acqu. vel retin. poss. l. motæ, C. de rei vind.*

68 *dd. ll.*

69 *l. 2. §. fin. D. pro empt. Cui. ad l. pen. D. eod. Oldend. in tr. de vsuc. & præs. c. 3. n. 25. l. 2. D. pro donato. l. si post acceptum, 18. ff. de rei vindic.*

70 *d. l. si post acceptum, d. l. motæ, l. cum antea, §. licet ignoramus, C. de recept. arbit.*

71 *l. sicut, §. quæ ergo, l. cum notissimi, C. de præscr. 30. vel 40. annorum.*

72 *d. l. naturaliter.*

De successionibus in genere.

Cap. LXXII.

Alter modus acquirendi dominium iure civili est *successio*; quæ etsi à jure etiam naturali sive gentium non sit omnino aliena: tamen cum per eam dominium acquiratur, quod non jure solo naturali, sed etiam jure Quiritium consistat, ex jure civili esse dicitur.

Est autem successio in locum alterius concessio.

Quæ ita fit in locum alterius adhuc viventis

vel defuncti, & vtriusque hujus locum nempe officii seu dignitatis vel rei.

Sed illa, quæ fit in locum officij seu dignitatis nullum tribuit dominium, siquidem personarum illa est, non rerum, quæ hic nullæ subsunt, vt ne de dominio quidem dici quid possit.

Successio autem quæ fit in locum alterius rei ita vt res, quæ fuerunt alterius, in huius successorem transferantur, hæc demum est, quæ confert dominium.

Hæc successio vniuersalis est, vel singularis [1].

Vniuersalis, successio ea dicitur, quæ fit in jus aliquod vniuersale [2].

Jus autem vniuersale dicitur, quo non tam res ipsa spectatur, quam origo & occasio, acquisitionis rei, id quod æque potest esse in re vnica, atq; in pluribus, quæ nniuersitatem magis proprie constituunt.

Hæc si in locum viventis fiat, dicitur Acquisitio per arrogationem; si in locum defuncti, successio specialiter.

a *Acquisitio per arrogationem* [3] est adeptio dominii in bonis arrogati per arrogationem arroganti facta.

Quæ moribus & consuetudine [4] introducta arroganti omne jus & plenum dominium in bonis arrogati tribuebat indistincte omnibus, exceptis iis, quæ per capitis diminutionem pereunt, quales sunt operarum obligationes & jus agnationis. Sed Justinianus eam ita coarctavit, vt dominium arrogato quidem maneret integrum, vsusfructus autem duntaxat arrogãti acquireretur, neque in ipsum rerum dominium ante transferretur, quã arrogatus in familia adoptiva mortuus esset, & tum etiam non aliter, nisi cum nulli superessent liberi vel fratres arrogato, qui arrogantem in successione antecederent [5].

1 *l. fin. in fin. D. de except. rei iudic. l. sciendum, 19. §. deinde, D. de ædil. edict. l. 7. & 8. D. de iureiur. l. 2. §. illud tenendum, D. q legat. l. fluminũ, 24. §. adijcitur, ff. de damno infecto.*

2 *In vniuersitatem vel per vniuersitatem, vt dicitur in ll. sup. allegatis, & in §. videamus, Instit. per quas perso. cuiq. acq. & in pr. Instit. de acquis. per arrogat. & in pr. Inst. de success. sublatis.*

a De adquisitione per arrogationẽ, 3. *Inst. 11.*

3 *Quæ success. o per vniuersitatem dicitur, in pr. Inst. eo. vbi describitur consuetudo eleganter, q sit ius q consensu receptum est.*

5 *§. 1. & 2. Inst. eod.*

Atque hac ratione hæc successionis species, quæ ab altera illa, quam successionem specialiter nominavi, olim erat diversa, hodie in eādē incidit.

[b] *Successio in specie* est in locum defuncti juris universalis facta concessio.

Quæ civilis est, vel prætoria [6].

Civilis est, quam jus civile introduxit: *Prætoria*, quam prætor.

Ex illa successor dicitur Heres, ex hac, bonorum possessor. Illa siquidem hereditatem tribuit, hæc bonorum possessionem: quæ duo sunt quidem effectu pene eadem, sed origine sua, suaque forma à se invicem distincta.

Hereditas est jus in bonis defuncti protinus ab ipsius morte jure civili constitutum [7].

Qui jus illud acquirit, sive id fiat hereditatem adeundo, sive se illi immiscendo, Heres dicitur [8], quasi heres [9], id est, dominus, quod acquisitione illa fiat dominus, non quidem hereditatis, sed bonorū in hereditate existentiū quæ cum acquisita sunt, hereditas non sunt aut dicuntur amplius, sed patrimoniū aut bona eius, qui defuncto successit.

Unde hereditas dicitur jacens, nempe quæ non dum est acquisita, quæ tandiu defuncti personam, in his, quæ juris sunt, repræsentat, quandiu jacet, neque dum acquisita aut agnita est [10].

[c] *Heres* autem alius Necessarius est, alius Voluntarius [11].

Necessarius heres est, qui in potestate defuncti constitutus protinus à morte ejus volens nolens heres existit [12].

Qui rursus est vel necessarius tantum, qui est servus proprius à domino suo in testamēto heres insti-

b Cōmunia de successio, 6.C.58.
6 *l.1.in fin. Dig. de mun. & honor.*
7 *l. hereditas, 62. ff. de R.I. l. nihil est aliud, 24. ff. de V.S.*
2. *l. in pars 128. §.1 D. de R.I. l. quotiēs, 9. § heredes, Dig. de hered. instit. l si is qui. 34. D. de iudic. l. heres, 37. ff. de acq. vel omit. here.*
9 *§. fin Inst. de hered. qualit. & differ. l 1. ff. de success. edicto.*
10 *l. denique, 13. §. quæsitum, ff. q vi aut clam. l. liber homo, 13. §. 2. D. ad leg. Aquil. l. nō minus, 31. in fin ff. de hered. inst. l si ante, 25. ff. de interr. in iure faciend. l. legatū, 116. §. servo, D. de leg. 1. l. hered. 34. ff. de acq rer. dom. l si is qui, 15. l. heres, 22. Dig. de usurp. l. mortuo. 22. ff. de fideiuss. imo heredū personam sustinerē dicitur in l. novatio 24 in fi. D. de nov.*
c De heredum qualitate & differentia 2. *Instit 19. 11 in pr Inst. eo. ubi heredes dicuntur aut necessarij aut sui, & necessarij aut extranei, sensu eodem, sed ita διχοτόμως distributio fieri potest, ut probatur per l. si servus, 18 l. fin § fi ff. de vulg & pupill. subst l. is qui putat, 15 & seq. D. de acq vel omit. hered l ait prætor, 10. § si quid in fraudem, ff quæ in fraud credit. l servus, 3 § pe D. de here. inst. l. si optio, 13 ff. de opt. lega. 12. §. 1. Inst. eod. Vlp. in frag. tit 22.*

institutus [13]; vel suus & necessarius, qui est is, qui in familia & potestate defuncti proximum ab eo tempore mortis locum obtinet, cujusmodi sunt liberi nostri, quos in potestate habemus, quosque alius in gradu non præcedit, qui nos propius contingat.

Hic suus dictus est, quod domesticus sit in propriis quodammodo, existens. Ex quo Suitas est, quæ est horum heredum qualitas dominij continuationem, necessitatemque successionis ipso jure inducens [15].

Præter hos ceteri heredes omnes *voluntarii* dicuntur [16], quod heredes non existant, neque etiam fiant, nisi velint: item extranei, quod nō fuerint in potestate defuncti dominica vt servi, vel patria in gradu proximo vt liberi [17].

Hinc heredes necessarij existere dicuntur, nimirum ipso jure [18], voluntarij fieri nimirum facto suo, quod est hereditatis aditio [19].

Semel autem heres, heres esse non desinit [20]: quo fit, vt heredes necessarii, cum existant ipso jure, nec in ipsorum sit arbitrio, an heredes esse velint necne, heredes semper maneant, nomine certe, si non etiam reipsa. Si enim bona hereditaria acquirere nolint, ipsi quidem nominetenus sunt heredes, alii vero res habent hereditarias, sed sine heredis nomine.

[d] Hinc hereditatis agnitio est, qua heres hereditatem agnoscit, quod tum facere existimatur, cum declarat verbis vel factis voluntatem suam circa acquisitionem hereditatis [21].

Hoc cum fit ab heredibus necessariis, agnitio illa dicitur Immistio; cum à voluntariis, Aditio [22]

e Sed

13 *d.§.1.Instit. eo. l.lege Cornelia, 12. D.qui testam. fac. poss.l.ait prætor, 7. §.sed quod Papinianus, D. de minor.& hinc inde.*

14 *§.sui autē, Inst. eod.l.1.§.suos, D.de suis & legit. §.sui, Inst. de hered.quæ ab intest. deferunt.*

15 *d.§.sed sui, l.in suis, 11.D. de liber. & postum.l.1.§.7. Dig. si quis omiss. caus.test.l.in suis, 14.D.de suis & legit.Mynsing.cent. 4.obs.25.*

16 *in ll.supr. n. 11. allegatis.*

17 *§.ceteri, Instit. de hered. qual. & differ.*

18 *d.l.in suis, D. de suis & legit.l. pen. §. si patronus, D.de bo.liber.quod Græcis dicitur* ἀναφαίνεσθαι.

19 *l.3.in fine. D. quibus ex caus.in possess.eat.*

20 *l.ex facto, 43. §.fin. D.de vulg.& pupill.substit.l. ait prætor, 7. §.sed quod.D.de minor.l.ei qui, 88.D.de hered.instit.*

d De acquirenda vel omittenda hereditate. 29.*Dig.2.6.C.30.*

21 *§.fin.Inst.de hered.qualit.& differ.l. pro herede, 20.D.eod.*

22 *d.l.3.in fine, & l.seq.D.quib.ex caus.in possess.eat.l.7.§. restitutus, D.de minor. l.fin.§.2.C.de iure delib.*

e De repudianda vel abstinenda hereditate, 6.C.31.

23 l.3.§ scio.D. de minor l si duo sint. 38.D.de acqu. vel amitt.hered l. iam dubitari,86.in fin. D.de hered instit.

24 l.1.§.decretalis, ff.de success. edict. sit tamen non raro vt hac abstentionis & repudiationis differentia confundatur.vt in l.2.§.si bonorum,D.ad SC. Tertyl. l. Lucius, 14.D.de fideic.libert.l.7.§ sed etsi hereditatem,D. de minor. l. defunctis, C.de legit.hered.

25 l.17.Cod de iure delib.vestigiū Cretionis extat in l.si q. heres,13.§ substitutus.D.de acqu. vel omitt.hered.

f De iure deliberandi,28. D. 8 6.C.30.

26 l fin C.eo.§. sed nostra,Instit.de hered.qual. & differ.

e Sed possunt tam illi,quam hi hereditatem omittere,illi quidem ex jure prætorio,idq; cum faciunt,abstinere[23] dicuntur, hi vero etiam ex jure civili,qui dicuntur repudiare[24].

Est enim Repudiatio hereditatis delatæ in totum vel pro parte omissio: Abstentio autem est hereditatis ipso jure competentis omissio.

Quæ vtraque & agnitio & omissio hereditatis jure veteri fiebat plerunque solenniter,de quibus solennitatibus est Cretio, hodie quo modocunque verbis vel factis animum heredis declarantibus[25].

f Verum enimvero cum hereditates non semper sint lucrosæ, atque inde fiat sepenumero, vt quis eam acquirere aut agnoscere nolit, ne de facto defuncti teneatur,atque adeo per id multum extrahatur temporis, idque cum creditorum hereditariorum incommodo vt plurimum conjunctum sit, factum est, vt creditores tanto citius debita sua consequantur,atque heredes etiam extra omne sint periculum, vt hoc casu duo de jure nostro prodita sint remedia; vnum,atque illud quidem antiquius,quod jus deliberandi dicitur:alterum,illudq; recentius,ex constitutione nimirum Justiniani,quod appellatur Beneficiū inventarii: quorum alterutro circa hereditatis acquisitionem vti heredi liberum sit[26].

Sed illud heredibus suis & necessariis jure prætorio conceditur,voluntariis jure civili hoc vtriusque jure civili, quippe quod ex constitutione Justiniani,quæ pars est juris civilis,prodierit.

Neutrum autem pertinet ad heredem necessarium tantum,qui tamen eorum loco peculiare habet beneficium,g nimirum jus separationis, quo is facultatem habet separandi res peculiares à reb.defuncti testatoris,vt his distractis à creditoribus, illas nimirum peculiares, integras & salvas

g De separationibus.42 D.7.

sibi

sibi retineat: quod idem ex jure est prætorio [27].

27 l.1.§.fi. D.eod. l.ait prætor.7.§.sed etsi hereditatem.ff. de minor.

Jus vero *deliberandi* est potestas consultandi heredi concessa, vtrum hereditatem acquirere nec ne expediat [28].

28 d.l.fin.

Hæc potestas ne in infinitum excurreret, spacium intra quod esset deliberandum definiri solebat à testatore vel à judice.

A testatore definitum, dicebatur *Cretio*. & interim heres cernere: à judice datum proprie appellabatur deliberatio, quod definire olim erat in arbitrio iudicis, hodie est annum [29].

29 l.cum antiquiorib.C.eod.

Quod si spacium illud nec à testatore nec à judice definiretur, erat perpetuum, hoc est, ad annos XXX. durans.

Beneficium *inventarii* est jus hereditatis sine vlla præcedente deliberatione quamprimum acquirendæ, ita vt acquirens de bonis hereditariis conficiat inventarium.

Inventarium vero est legitima bonorum in hereditate repertorum annotatio, & in scripturam redactio.

Legitimum autem est tum, cum incoatur intra dies XXX. à tempore hereditatis acquisitæ computandos citatis ad hoc, quorum interest, vt ejus confectioni intersint, adhibito tabellione, quem Notarium vocant, & testibus: atque intra dies LX. aut, si bona hereditaria diversis in locis sita sint, intra annum absolvatur, & subscriptione confirmetur [29].

29 d.l.fin. Nov.1. cap.2.

Hinc apparet hereditatem triplici via acquiri, vna quæ recta est, si acquiratur, incunctanter sine vlla deliberatione aut inventario; altera tardiore si id fiat deliberatione habita: vtraque illa lubrica, si quidem heres, qui hac vel illa hereditatem acquisivit, ad omnia & singula onera hereditaria adstrictus est, etiamsi hereditas solvendo non sit, id est, in hereditate tantum non reperiatur, ex quo cre-

creditoribus hereditariis satis fieri possit: tutiore vero via tertia, si acquiratur facto inventario bonorum à defuncto relictorum, tutiore, inquam, quoniam inventario facto heres, qui hereditatem acquisivit, ultra vires hereditarias non tenetur[30].

30 d l fina. d. §. sed nostra.

Utrique vero remedio huic conjunctum est *ius transmissionis*, quod est, hereditatis nondum acquisitæ in proximum ab eo, qui jus acquirendi habebat, facta transmissio.

Quod jus duplex est, unum, quod in libris nostris appellatur successorium edictum, alterum quod in specie vocatur ius transmissionis.

h De successorio edicto, 38. D. 9. 6. C. 6.

[h] *Successorium edictum*[31] ad causam intestati, eosque tantum, qui inter sese sunt cognati, pertinet, ita ut si is, qui in successione gradu prior est, succedere nolit, ad successionem admittatur gradus sequens: si ne hic quidem velit, subsequens, atque ita ulterius donec vel succedat unus, vel de cognatione, qui succedat, non supersit amplius[32].

31 *Idem etiam caput dicitur in l. 1. § 3. D. de iur. & fact. ign.*

32 *l. 1 D eod l. fin. C. eod. d. l. 1 § 3. Ulpia in frag. tit. 28.*

i De iis qui ante apertas tabulas hereditatem transmittunt, 6. C. 52.

[i] *Jus transmissionis in specie* ita dictum pertinet tam ad causam testati, quam ad causam intestati, & est jus quo quis moriens hereditatis à se nondum acquisitæ, acquirendæ tamen jus in successorem suum transmittit. Quod jus habet tantum suus heres, heres nimirum ejus, qui intra hereditatis acquirendæ tempora defunctus est jure suitatis vel sanguinis, sublata à Justiniano emancipationis differentia. In extraneum autem heredem transmissio hereditatis nondum acquisitæ à defuncto cessat[33].

33 *l quoniam, C. de iure delib & passim.*

De successione universali ex voluntate ultima. CAP. LXXIII.

1 *l. lege, 130. D. de V. S.*

OMnis succedendi facultas ex jure est principaliter[1], consequenter etiam ex hominis volun-

voluntate, nimirum ipsum successionis factum.

Jus autem facultatem illam tribuit semper, interdum tamen solum, atque ita immediate; interdum in societatem sui adsciscendo voluntatem hominis, atque ita mediate, nempe per hominis voluntatem, quæ ob id, quod à morte demum volentis, & non ante vires suas integras accipit voluntas vltima dicitur. Illa legitima dicitur, eo quod à sola est lege, hęc testamentaria synecdochice, quod præcipua & potissima vltimæ voluntatis species sit Testamentum.

Hinc alia est heredum distributio, quod *legitimi* alii sint, nimirum ab intestato, alii *testamentarii*, nimirum ex voluntate vltima legibus probata [2].

Quoniam vero quamdiu successor ex vltima defuncti voluntate speratur, ad legitimam successionem non devenitur [3], doctrina quæ est de successione testamentaria, præcedit eam quæ est de successione legitima.

Est autem *voluntas vltima* dispositio de bonis suis post mortem disponentis demum effectum sortiens.

Quæ vniuersalis est vel singularis.

Vniuersalis est voluntas vltima sub vniuersali institutionis titulo facta; hinc successio vniuersalis, quæ propriè est hereditaria.

Hæc iterum duplex est, Testamentaria vel Codicillaris, nimirum quæ fiat vel ex testamento vel ex codicillis [4].

Testamentum dictum est, quod sit mentis testatio [5], Modestino definitum, volũtatis nostræ justa senten-

2 Hinc testamentaria & legitima hereditas, sicut heres testamentarius & legitimus perpetuo opponuntur, l.3.§.de illo, D. pro soc. l. controversia, 14. D. de transact. l. penult. D. de except. rei iud. l. si qui ita heres, 82. D. de hered. inst. l. 1. D. si quis omiss. caus. testamen. l. proponebantur, 9. Dig. de castr. pecul. l. cum pater, 77. §. filius D. de legat. 2. l. statuliberi, 29. D. de statulib. l. si quis, 12 §. funus, D. de relig. & sumt. funer. Testamẽtarius igitur heres minus proprie legitimus, l. nam si is, & l. seq. D. de inoff. testam. imo non legitimus diserte dicitur in l. generaliter, 24. D. de fideicom. liber. tametsi propter cõfirmationem legis, non vsque adeo improprie obvenire lege videatur, & ea qua testamento defertur hereditas.

3 *l. quamdiu, 39. l. in pluriũ, 70. D. de acq. vel omit. here. l. quamdiu, 89. D. de r. I. l. 1. C. de bon. poss. secund. tab. l. 2. C. vnde liberi, l. ante, C. commun. de success.* 4 *De vltimis voluntatibus agitur in Institutionibus lib. 2. à titulo 10. vsque ad finem: in Digestis à libro 28. vsque ad libr. 37. in Codice lib. 6. à titulo 21. vsque ad tit. 54.*
5 *in prin. Inst. de testam. ordinand.*

sententia de eo quod quis post mortem suam fieri velit 6. Ulpiano magis Logice, heredis institutio 7: mihi ultima voluntas directam heredis institutionem ex natura sua continens.

6 l.1.D. qui testa. fac. poss.
7 l. quaerebatur, 19. §.1. D. de test. milit.

De quo doctrina duabus continetur summum partibus, factione & infirmatione ejus: quae utraque pars ad regulas juris metienda est, secundum quas omnis voluntas testamentum facientis cumprimis conformari debet, ut testamentum valeat & subsistat 8.

8 l. si quaeramus. 5. D. qui test. fac. poss.

Factio testamenti est jus testamenti communionem tribuens.

Et haec in personis potissimum spectatur, atque in forma ipsius testamenti.

In personis principalibus vel minus principalibus.

Principalibus, nimirum in testatore & in herede: minus principalibus, nimirum in testibus.

Hinc testamenti factio activa una est, altera passiva.

Activa testamenti factio illa est, quae ad testatorem pertinet, ut habeat testamenti condendi jus, id est, potestatem: *passiva* ea est, quae ad heredem, aliasque personas minus principales pertinet; ut in testamento heredes institui, aut ex eo quid capere possint 9.

9 l. filiusf. 16. Dig. qui testam. fac. poss. l. non minus, 31. l. si alienum, 49. §.1. D de hered. inst. §. servus autem. Inst. eo. l. fi. D. pro hered. l. nemo 7. D. pro legato, l. testamento, 21. D. de test. tutel. l. debitor, 82. §. fin. D. de legat. 2.

a Quare prima omnium in factione testamenti dispectio est, an is qui testatus est, testandi jus habuerit & testari potuerit 10.

a Qui testamenta facere possunt 28. D. 1. 5. C. 22.
10 d. l. si quaeramus l. 1. §. exigit, D. de bon. possess. secund. tabul.

Omnibus autem tam foeminis quam masculis 11 testamentum condere permissum est, nisi quos jus testamentum condere noluit.

11 l. à qua aetate, 5. D. qui testam. face. poss. l. ex facto. 43. D. de vulg. & pupill. substit.

A quo actu is qui testamentum fecit, testator dicitur, & est is qui rerum suarum liberam habet administrationem testari non prohibitus.

b Testari autem quis prohibetur natura vel lege.

b Quibus non est permissum facere testamentum, 2. Inst. 12.

Natu-

Natura testari quis nequit ob defectum aliquem animi vel corporis, cum alias defectu isto remoto testari possit.

Defectus iste *animi* est, cum quis vel illa est ætate, ut animi judicium nondum habeat, vel est quidem ætate ea, ut habere possit, non tamen habet ex casu aliquo sive fortuito sive naturali.

Prioris ordinis sunt Infantes; qui quid agatur omnino non intelligunt: atq; qui hos insequuntur Impuberes; masculi, in quam, usq; ad annum decimumquartum, fœminæ, usq; ad duodecimũ; & utrinque impletum [12].

Qui hanc ætatem exegerunt, & sunt cives Romani, juris sui, testari possunt, nisi aliud obstet animi vicium, quod in ordine posteriori reperiatur.

Ejusmodi autem animi vicia duo sunt, furor [13] & prodigalitas notata [14], & alterutrum illorum eo tempore, quo testamentum condere vult.

Nam si vel ante vel post furorem aut prodigalitatem testamentum quis condat, nisi aliud sit quod impediat, testamentum illud valet [15].

Defectum *corporis* intelligimus non quemlibet morbum [16], sed eum tantum, quo impediuntur sensus ad testamentum condendum necessarij.

Cujusmodi sensus duo sunt, Auditus & Visus, quibus linguæ usum adjungo, loquelam [17].

Cœcus testamentum quidem facere potest, sed debet accuratius, quam alij. Surdus mutus ita natus testari nequit; ita factus, potest, si sciat literas. Surdus tantum aut mutus tantum sive natus ita sit, sive factus, iidem potest, si modo calleat literas [18].

Lege testari quis prohibetur, vel quod potestati alienæ subjectus est, vel quod statum non habet.

12 *d.l. a qua ætate, §. præterea, Inst. eo l. si frater, C. qui testa. fac. poss. d.l. 1. §. exigit.*

13 *§. furiosi autem Inst. eod. l. in adversa, 17. D. qui testa. fac. poss.*

14 *§. item prodigus, Inst. eod. l. is cui lege, 18. D. qui test. fac. poss.*

15 *Supra dictis locis.*

16 *l. 2. D. qui test. fac. poss. l. Senium, C. eod.*

17 *§. item Surdus, Inst. eod. qui in potestate, 6. §. fin. & l. si mutus, 7. D. qui test. fac. poss.*

18 *§. Cœcus, Instit. eod. l. hac consultissima. C. qui testam. fac. poss. vide Iosep. Ludov. concl. 57.*

Alieno quippe juri subjecti testamenti faciendi jus non habet, quales sunt filij & filiæfamilias subjecti juri patrio, & servi atque ancillæ subjecti juri dominico [19].

Ac ne eorum quidem quorum juri subjecti sunt, accedente consensu testari possunt [20], cum testamenti factio dicatur esse juris publici, non privati [21].

De servo autem & ancilla hæc vera sunt indistincte: de filiofamilias etiam quoad peculium adventitium & profectitium [22], non etiam quoad castrense & quasi castrense, de quo utroque vt paterfamilias liberam habet disponendi facultatem [23].

Statum non habent peregrini [24]: atq; adeo nec obsides ab hostibus accepti [25].

Statum habuerunt sed mutarunt, qui capitis diminutionem passi sunt, vt ita qui libertatem amiserunt, qui civitatem, qui familiam arrogandos sese dando, testari nequeant, testamentis etiam horum, si quæ fecerunt, capitis diminutione irritis factis [26].

Capti ab hostibus testamentum ante captivitatem factum, si ipse redeat, sustinetur jure postliminij: si apud hostes moriatur, lege Cornelia [27]: apud hostes factum nullo modo [28].

Qui de statu suo dubitant, veluti si dubitent servine sint an liberi, suine juris sint an alieni, aut qui circa statum suum errant, capite fortasse sese minutos esse existimantes, cum minuti nō essent, quo ad effectum testamenti cōdendi perinde habentur, atq; si statum omnino haberent nullum, atq; adeo testari nequeunt [29].

Testamentum autem ab eo factum, qui facere prohibitus est, adeo non valet, vt etiamsi prohibitione postea cessante testari possit, illamque suam anteriorem sententiam nova voluntate confirmare

19 *in pr. Inst. eod. l. qui in potestate, 6. l. filiusfa. 16. D. qui test. fac. poss. d. l. Senium, §. 1. vide Ios. Ludov. conclu. 61.*

20 *d. l. qui in potestate, l. tam is, 25. ff. de mort. caus. dona.*

21 *l. 3. D. qui test. fac. poss.*

22 *§. præter hos, Insti. quib. est permis. face. testam. nisi adventitia sint, quorū vsusfructus patri nō acquiritur, vt q. dā putant per Nov. 117. c. 1. & l. fi. §. filiis autem. quā exceptionem veram nō esse alibi ostendi.*

23 *§. fi. Inst. de milit. test. l. fi. C. de inoff. test. Nov. 123.*

24 *l. eius qui 8. §. si cui, D. qui testa. fac poss.*

25 *l. obsides, 11. D. qui test. fac. poss.*

26 *d. l. eius qui §. alio autem modo, Inst. quib. mod. testam. infirment.*

27 *l. lege Cornelia, 12. D. qui test. fac. poss.*

28 *d. l. eius qui, §. fi. Inst. eo. l. facere, 10. D. de test. milit.*

29 *l. qui in testamento, in fi. 14. l. de statu, 15. D. qui test fac. poss. l. 1. in pr. D de lega. 3. nisi miles sit, l. ex militari, 11. D. de testam. milit.*

firmare velit, id tamē nō possit nisi omnia denuo solenniter, eoq; modo quo oportet peragantur.

Solemus enim in eo, qui testatur, duo tempora considerare, ut testamentum subsistat, unū quando testamentum facit, & alterum quando moritur: sed illud strictius & semper attendimus, hoc non æque.

Ex quo fit, ut qui tempore mortis testamenti factionem non habuit, decedere tamen possit testatus, nimirum si eo tempore, quo testamentum fecit faciendi jus habuerit, neque sit illud aliquo modo infirmatum.

Passiva testamenti est jus ex testamento capiendi.

c Quod jus regulariter omnes omnino habent homines tam servi quam liberi, modo degant in imperio Romano [30].

Atque in liberis hominibus requiritur ut etiam sint cives Romani, cum peregrini ne hanc quidem testamenti factionem habeant [31], nisi cum milite [32].

Sed & hi qui à lege improbi & intestabiles esse jussi sunt [33], ut sunt hæretici [34], item ob crimen condemnati, factionem hanc testamenti non habent [35].

Servus etiam ex sua persona illam non habet, sed habet ex persona domini sui, ut si cum domino servi testamenti factio sit, cum servo etiam illa esse censeatur. Cum enim servo quid in testamento relictum est, id si dominus velit servum capere, domino acquiritur, non servo, ut ita servus nomine quidem sit heres, re vero ipsa dominus [36].

Hæc si instituatur servus alienus vera sunt: Servus autem proprius testatoris heres a testatore institutus eo ipso etiam fit liber, ut hereditatis possit esse capax, & hereditatem accipit non servus

Cc 2 sed

c De heredibus instituendis, 2. *Inst.* 14. 28. *D.* 5. 6. *C.* 24.

30 *l. non minus.* 31. *D. de hered. instit. in pr. Inst. eod.*

31 *l. sed etsi, 6. §. solemus, D. eod. l.* 1. *C. eod.*

32 *l. idem est*, 13. *D. de testibus. mili.*

33 *l. cum lege*, 26. *D. qui testa. fac. poss.*

34 *l.* 3. *C. de Apost. Nov.* 144.

35 *l. is cui*, 18. *D. qui testa. fac. poss. l. lex Cornelia.* 5. *§. si quis librum, D. de iniur.*

36 *§. servus autē, Inst. eod. l. non minus*, 31. *in fin. l. si alienum.* 49. *§.* 1. *& seq. D. eod. l. Antistius*, 62. *in fi. D. de acqu. vel omitt. hered.*

ſed liber, idq; à morte demum teſtatoris, ex quâ teſtamentum effectum ſortitur [37].

37 *in pr. Inſt. eod. l. pen. C. de neceſſar. hered.*

Minus principales perſonæ ſunt *teſtes*, id eſt, ad teſtamenti confectionem à teſtatore adhibiti ob rei geſtæ fidem.

Adhibendi autem ſunt *idonei*, id eſt, qui ex iuris permiſſu adhiberi poſſunt [38].

38 *l. 1. & l. ex eo, 18. D. de teſtib.*

At jura adhiberi permittunt duntaxat eos, cum quibus eſt teſtamenti facto, id eſt, qui ex teſtamento ipſi capere poſſunt, multo vero magis, qui ipſi teſtamenti condendi jus habent atque poteſtatem [39].

39 *§. teſte., Inſt. de teſtam. ord.*

Neque tamen promiſcue omnes, qui teſtamenti factionem habent, teſtes in teſtamento ſunt idonei.

Sunt enim qui natura, ſunt etiam qui lege teſtes in teſtamento eſſe non poſſint.

Natura quidem, ob defectum aliquem animi vel corporis.

Ob defectum animi, quod vel omnino nihil intelligant, vel non id, quod agitur

Omnino nihil intelligit furioſus [40], & qui illi ſimilis eſt prodigus [41]: non intelligit quid agatur, impubes, & vel omnino non intelligitur infans, vel ſi aliquid, non tamen ita ut oportet [42].

Ob defectum corporis, is qui mutus eſt aut ſurdus, multo magis mutus & ſurdus ſimul [43], quibus additur cœcus.

Lege vero teſtamento quis prohibetur adhiberi teſtis, quod vel omnino teſtis eſſe nequeat, cujuſmodi eſt omnis ille, quem leges jubent improbum & inteſtabilem eſſe, ut ſunt condemnati, hæretici [44]. & deinde ſervi [45], vel eſſe quidem poteſt in cauſis aliis, non tamen in teſtamento, atq; hoc ex cauſa aliqua peculiari.

40 *d. §. teſtes, l. qui teſtamento, 20. §. ne furioſus, D. qui teſt. fac. poſſ.*

41 *d. §. teſtes, l. is cui, 18. D. qui teſt. fac. poſſ.*

42 *d. §. teſtes. d. l. hac conſultiſſima.*

43 *d. §. teſtes, d. l. is cui, l. 1. D. ſi quis omiſſ. cauſ. teſtam.*

44. *d. §. teſtes.*

45 *d. §. teſtes, d. l. qui teſta. §. ſervus.*

Quæ cauſa poſita eſt vel in ſolennitate teſtamenti, vel in ſuſpicione affectionis.

Ob

Ob solennitatem in testamento requisitam mulier in eo testis esse non potest [46]. Testamentum enim domi quidem in comitiis vel per æs & libram, foris autem in bello, vel ut ICti loquuntur, in procinctu fiebat, quorum omnium communionem fœmina non habet: & quamvis solennitas illa hodie in usu amplius non sit, remansit tamen in muliere ista legis prohibitio.

Ob suspicionem affectionis testis esse prohibetur in testamento ipse heres institutus [47]; item pater heredis, in cujus heres institutus est potestate, similiter & fratres, qui in ejusdem patris sunt potestate [48].

Eo autem tempore quo testamentum fit, conditio testium spectatur [49].

Servi an liberi sint eo tempore nihil interest, si modo qui servus fuerat omnium consensu pro libero habitus fuerit [50].

d Dictum est de personis, sequitur videre de forma, seu modo qui est testamenti faciendi, vel facti testamenti publicandi. Est autem *forma* testamenti faciendi ipsa testamenti dispositio recte facta.

Forma testamenti spectatur in ipsa testamenti substantia, & in actione testamenti faciendi.

Substantia testamenti est in duobus, nimirum in heredis institutione, & in rebus, de quibus disponitur.

Quod ad *heredis institutionem* attinet, caput illa est & fundamentum testamenti [51], adeo ut ne miles quidem testamentum facere possit, herede non instituto.

Heredis autem institutio nihil est aliud, nisi successoris à testatore facta designatio: & heredem instituere est designare, quem quis sibi successorem esse velit.

Cui opponitur *Exheredatio*, quæ est hereditatis

46 *d. §. testes, d. l. qui testamento, §. mulier. Josep. Ludov. concl. 69.*

47 *§. sed neque heres scriptus, Inst. de testam. ord. d. l. qui testamento, in prin.*

48 *d. §. sed neque heres scriptus, d. l. qui testamento, §. 1.*

49 *l. ad testium. 22. §. 1. D. qui test. fac. poss.*

50 *§. sed cum aliquis, Inst. de testa. ord. l. 1. C. eod.*

d De testamentis ordinandis, 2. *Inst.* 10. De testamentis & quemadmodum testamenta ordinentur, 6. *C.* 23. *Eodem pertinet posterior pars rubricæ, 28. D. 1.*

51 *§. ante heredis, Inst. de lega. l. 1. in fine. D. de vulg. & pupill. substit. l. fin. D. de iure codicill. l. 1. D. de here. inst.*

52 *§. 1. Inst. de test. milit.*

tis debitæ ademtio: debitæ, inquam, vel ex testamento vel jure suitatis.

Sicut autem institutio, ita exheredatio etiam à testatoris voluntate dependet.

Institutio consideratur in personis instituendis & in modo.

Personæ autem quædam necessario instituendæ sunt aut exhæredandæ, quædam non item, in quibus præteritio pro exheredatione est.

e Personæ necessario instituendæ aut exheredandæ sunt testatoris liberi nati, atq; etiam nondum nati, qui Posthumi sunt, jure quidem veteri filij duntaxat, qui in potestate erant testatoris, nõ filiæ, non etiam gradu ulteriores [53], non etiam emancipati [54], hodie ex constitutione Justiniani indistincte tam fœminæ quam mares, & tam emancipati, quam hi, qui in potestate testatoris sunt: adeo ut mater etiam & parentes materni liberos suos instituere, aut exheredare necesse habeant, nisi testamentum suum nullum esse velint [55].

Militis hoc est privilegium, quod ipse necesse non habet liberos suos nominatim instituere aut exheredare, sed in eo sufficit liberorum præteritio, si sese liberos habere sciverit, quippe quod si se liberos habere ignoraverit, voluntas ipsius omnino deficiat, atque testamentum ex eo nullum sit [56].

f Atque circa quidem liberos natos difficultas minor est. De postumis ita jure traditum est, ut postumi alii ita dicerentur proprie, alii improprie [57].

Proprie postumi sunt, qui post mortem patris nascuntur, ita dicti, quasi posthumatum patrem nati [58], quomodo accipiuntur tam extra quam in doctrina successionum.

Sed postumorum significatio impropria [59] in

doctri-

e De liberis & postumis heredib. instituẽdis vel exheredandis. 28. D. 5. De liberis præteritis vel exheredatis, 6. C. 28. De exheredatione liberorum, 2. *Inst.* 13.

53 *in pr. Inst de exhered. liber.*

54 *§. emancipatos, Inst de exhered. liber.*

55 *l. fin. C de liber. preterit. §. sed hæc q. dẽ vetustas, Inst. de exhere liber.*

56 *§ sed si in expeditione, Inst. eo. l. 9. C. de test. milit. l. 7. D. eod.*

f De postumis heredib instituendis vel exheredãdis vel præteritis, 6. C. 29

57 *Ut apparet ex l. 3. §. 1. D. de iniusto rupto irrito, l. nomẽ filiarũ, 164. D. de V. S.*

58 *d l. 3. § 1.*

59 *De qua in l. Gallus, 29. D. de libe. & posthu. Iustinianus eos postumorum loco esse dicit in § postumorũ autem, Inst. de exhere. liber. & ante eum Gaius, 2 Inst, 4. & in l. postumorũ loco 13. Dig. de iniusto rupto irrito facto testam.*

doctrina tantum testamentorum locum habet, eaque est ex lege Velleja in his qui ante etiam mortem patris nascuntur, sed respectu testamenti dicuntur postumi, neque tamen illi etiam omnes eodem modo.

Nam ex primo legis Vellejæ capite postumus dicitur is, qui post testamentum factum vivo testatore nascitur suus [60].

Ex ejusdem legis Vellejæ capite secundo postumus est Nepos vel alius sequens, qui natus quidem est ante testamentum, sed post testamentum factum mortuo priori instituto in locum ejus succedendo fit suus [61].

Postremo postumus dicitur natus post testamentum, non tamen suus, sed qui priori instituto defuncto in hujus locum succedit, & fit suus, qui dicitur postumus Julianus [62].

Hi postumi omnes sunt sui vel alieni [63].

Sui sunt, qui sic erant nati, vt sui esse possent [64].

Atque hi iterum sunt sui vere vel quasi.

Vere sui sunt, quos in jure suitatis nemo antecedit, qualis est filius, qui in potestate patris constitutus foret, si ante mortem patris natus fuisset.

Quasi sui sunt nepotes, qui nondum quidem revera sui sunt, siquidem à testatore gradum proximum non obtinent, sui tamen fieri possunt, nimirum illo, qui ipsos antecedebat proxime, remoto.

Atque ita illi sui sunt re ipsa ipsoque actu, hi sui sunt in spe & potentia tantum.

Alieni postumi sunt, qui nati inter suos heredes testatori futuri non sunt, puta nepos ex filio emancipato [65].

Sui postumi ad suos heredes pertinent, alieni ad extraneos.

Sui institui debent aut exheredari indistincte,

60 *d.l. Gallus, §. & videtur primum caput.*

61 *d.l. Gallus, §. & videtur. & §. sequenti parte.*

62 *d.l. Gaius, §. ille casus in difficili.*

63 *§. postumo quoque, Inst. de legat. §. 2. in fin. Inst. de hered. qua ab intestat. deferunt.*

64 *d. §. 2.*

65 *d. §. postumo quoque.*

vere quidem sui ex lege XII. tabul. quasi sui ex lege Velleja, item ex lege Julia. Alieni jure civili institui non poterant, ex constitutionibus Imperatorum hodie possunt; sed ut necessario instituantur aut exheredentur necesse non est 66.

66 de quo latissime interpretes ad d. §. postumi quoq. & seq. Inst. de exhere. liber. & ad d. l. Gallus, cum primis vero Govean. Cui. & Hotomanus.

Quemadmodum & ceteri omnes, qui nati quidem sunt, sed sui non sunt, neque jure suorum liberorum utuntur necessario instituendi aut exheredandi non sunt, sed præteriri possunt.

Verum exheredatio ita demum permittitur, si ex justa causa fiat; eaque nominatim exprimatur, idque non tantum si parentes liberos, sed etiamsi liberi parentes exheredare velint 67.

67 Nov. 115. §. ad hæc. unde desumta est Auth. non licet. C. de liber. præterit.

Exheredandi autem causa est ingratitudo, cujus in liberorum exheredatione definitæ sunt à Justiniano quatuordecim.

I. Si quis parentibus suis manus intulerit.

II. Si aliamve injuriam gravem ipsis intulerit.

III. Si parentem in causis criminalibus accusaverit, exceptis his quæ contra principem sunt aut rempublicam.

IV. Si cum hominibus maleficis ut maleficus versetur.

V. Si vitæ parentum suorum per venenum aut alio modo insidiari tentaverit.

VI. Si delator contra parentes extiterit, atque per delationem illam fecerit, ut in rebus suis parentes dispendia senserint.

VII. Si filius nouercæ suæ aut concubinæ patris sui sese commiscuerit.

VIII. Si filius pro patre ob debita carceri incluso fidejubere noluerit.

IX. Si filius parentes testamentum facere prohibuerit.

X. Si

X. Si filius sit histrio, & cum histrionibus maneat, nisi & testator ejusdem sit conditionis.

XI. Si filia libidinose vixerit ante annum ætatis XXV. conditionibus honestis à parente quæsitis consentire noluerit.

XII. Si liberi parentem furiosum neglexerint, atque is sanæ mentis postea factus testetur.

XIII. Si liberi parentem captivum redimere neglexerint.

XIV. Si liberi sint hæretici.

Ingratitudinis species, quibus parentes à liberis suis possunt exheredari, ab eodem Justiniano definitæ sunt septem.

I. Si vitæ liberorum parentes insidiati fuerint.

II. Si pater nurui suæ aut concubinæ filij sui sese commiscuerit.

III. Si parentes liberos suos testari prohibuerint.

IV. Si pater matrem interfecerit, aut mater patrem.

V. Si parentes filium furiosum neglexerint.

VI. Si parentes filium captivum non redemerint.

VII. Si parentes sint hæretici.

Heredum autem instituendorum numerus certus jure definitus, non est, sed in testatoris est arbitrio, vt vel vnum vel plures pro arbitrio suo instituat, adeoque numerus qui lege definitus non est, definitur testatoris arbitrio atque voluntate [68].

Et institui possunt non noti tantum, sed ignoti etiam, nimirum de facie, quin & omnino ignoti, nimirum in consequentiam certi alicujus corporis instituti, sub quo illi contineantur, cujusmodi-

68 §. *& vnum, Inst. de hered. inst.* §. *in certis, Inst. de leg. l.* 1. §. *si autem, ff. ad Trebell. l. interdum,* 13. §. 1. *ff. de hered. inst.*

modi corpus est collegium, municipium, res publica, populus, &c.[69], g non tamen personæ incertæ[70].

h *Modus* instituendi heredem positus est in qualitate & in quantitate.

Qualitas est in occasione testamenti faciendi, vel in heredis, vt ita loquar, existentia.

Ex occasione testamenti faciendi est regula ista, quod heredis instituendi facultas debeat i esse libera[71], non coacta, neque vero etiam captatoria.

Captatoria autem institutio est, quæ mutuæ institutionis captandæ causa facta est: puta, Qua ex parte me Titius heredem scriptum recitaverit, ex ea parte ipse mihi heres esto[72].

Quæ autem de institutione facta loquitur, captatoria non est, quoniam in præteritum non in futurum institutio collata est[73]: quemadmodum nec illa, quæ mutuis affectibus provocatur[74].

Heredis existentiam illam qualitatem intelligo, quæ ostendit quando, qui heres scriptus est, heres sit.

Exinde enim heredis institutio pura est vel mixta; mixta nimirum adjectione diei vel conditionis[75].

Pura est, cum quis simpliciter heres instituitur.

k Ad hanc pertinet regula Catoniana, qua dicitur institutionem, quæ inutilis futura fuisset, si testator testamenti facti tempore mortuus fuisset, non valere, quandocunque testator decesserit: puta si tempore facti testamenti heres institutus hereditatis capax non fuisset, testamentũ non cõvalescit ex eo, quod tempore mortis testatoris capax

69 §. *in quos nunquam. Inst de here. instit l. omnibus, 26. ff. ad Trebell.*

g De incertis personis, 6 C. 48

70 *d. § incertis, l. quoties, 9. §. 2 l. in tempus. 62 §. 2 ff. de hered. Inst.*

h De conditionibus & demonstrationibus & causis & modis eorum, quæ in testamento scribuntur, 35. ff. 1.

i Si quis aliquem testari prohibuerit vel coegerit, 29 ff. 6. C. 34.

71 *l. 1. C. de sacros. eccles.*

72 *l. 1 ff si quis aliquem testari. prohib. vel coeg. l. captatorias, 70. & seq. l Clemens, 81. ff de hered. inst. l. captatoria, 64. ff. de legat 1. l. captatorias, C. de testam. milit. l. si maiores, C. de transact. Cui. 16 obs 39.*

73 *l. illa autem, 71. ff de hered. inst.*

74 *d l. captatorias.*

75 *§ heres & pure, Inst. de hered. Inst.*

k De regula Catoniana, 34. ff. 7.

capax esse non potest 76. Nam circa heredis extranei institutionem tria tempora sunt observanda, vnum est tempus testamenti conditi, vt eo nimirum tempore hereditatis sit capax, alterum est mortis testatoris, & quod inter vtrunque illud est medium.

l *Mixta* institutio est institutio facta sub die vel sub conditione.

Dies autem adjectus certus est vel incertus: & rursus dies certus adjicitur vel ita, vt institutio conferatur ad diem, puta, Titius ad quinquennium heres esto: vel vt conferatur in diem, puta, Titius post quinquennium heres esto.

Priori casu institutus heres ex testatoris voluntate post quinquennium elapsum heres esse desinit. Posteriori post quinquenniũ demum à morte testatoris elapsum institutus heres esse incipit: sed vtraque illa adjectio est vitiosa, & periude habetur, atq; si adjecta non fuisset, heresque pure institutus 77.

Dies incertus, puta Titius, cum capere poterit, heres esto, pro conditione habetur 78, & consequenter, cum heres sub cõditione recte institua-tur, recte etiã institui potest sub die incerto, quo existente heres institutus hereditatem acquirat, ac perinde sit atq; si eo ipso momento, quo testator moriebatur, heres extitisset: nõ existente ad intestati causam res redeat 79.

Idem est in conditionibus, adjectis per quas actus, quibus adjiciuntur, suspenduntur, donec iis existentibus purificentur 80.

Conditio impossibilis institutioni adjecta habetur pro non scripta; atq; adeo ipsa, institutione interim manente salva & integra, viciatur 81.

Conditio autem possibilis adjicitur recte, eaq; omnino ab herede est implenda, vt hereditatem habeat 82.

Extra-

76 *l.1.D.eod.*

l De conditionibus institutionum, 28. *D.*7. De institutionibus & substitutionib. & restitutionib. sub conditione factis, 6.*C.*26. De his quæ pœnę causa relinquuntur, 34. *D.* 6.6.*C.*41.

77 *d.§.heres & pure, l.hered.34.ff.de hered.inst. ex die tamẽ institui qs potest tacite, l.quoties, 9. §.fi.ff.eo. Cui.ad Africa. in l.si mater. ff.de vulg.& pupill subst.& 3.obs.34. militis etiã, quoad hoc, est privilegiũ, vt pbatur, p'.milis 41.ff.de test.mil.l. certi iuris est, C.eo.*

78 *l.1.l.dies,75.ff. de condi.& demõst.*

79 *l.q.filio,38.l.in tẽpus,62.l.quoties. §.pen.ff.de her.inst. l.extraneus, C.eod.*

80 *l.heres quãdoq; 54.ff.de acqui.vel omitt.hered.*

81 *§.impossibilis. Inst.de hered.inst.l. cõdi.9.l.mulier,20 D.de condit.instit. l.ab omnib.104.§. 1.ff.de legat.1.l.servum meũ.50.§.1. D.de hered.instit.*

82 *d.§.heres & pure.*

Extraneus sub quavis conditione possibili instituti potest, ita ut existente ea, sit heres, non existente heres non sit [83]. Liberi autem necessario instituendi vel exheredandi sub nulla alia, quam sub potestativa [84].

Adiicitur autem institutioni una vel plures, & hæ coniunctim vel disiunctim: Copulatas omnes impleri necesse est, disiunctam vel unam impleri sufficit [85].

Quantitas institutionis [86] est in hereditatis partib quarum tum demum ratio habetur, cum duo minimum aut plures eodem testamento heredes instituti sunt.

Unus enim institutus hereditatem totam atq; integram occupat, isque tum heres esse dicitur ex asse.

Sin autem plures quam unus instituti sint, omnes quidem illi sunt & dicuntur successores sive heredes, ut in minima etiam parte institutus æque & non minus heres sit, atque institutus ex parte maxima [87].

Ita bona magis hereditaria, quam hereditas ipsa dividi dicuntur, Metonymice tamen ipsa etiam hereditas, quæ hic totum est, & partes ex numero personarum quæ heredes sunt institutæ, plures fiunt aut pauciores, ut tot intelligantur esse hereditatis partes, quot sunt personæ, partibus tamen non semper æqualibus.

Divisio legis est vel hominis.

Lege [88] hereditas dividitur in partes duodecim, quarum singulæ per se consideratæ, hoc est, quælibet pars assis duodecima dicitur Uncia: duæ unciæ, sextans: tres, quadrans, quatuor, triens: quinque, quincunx: sex, semis: septem, septunx: octo, bes, novem, dodrans: decem, decunx: undecim, deunx, duodecim vero constituunt ipsum totum & integrum, quod As dicitur [89].

Hæc

83 *l. quæ sub conditione, 8. fin. D. de condit. inst. l. iure civili, 24. D. de condit. & demonst.*

84 *l suus, 4. D. de hered instit. l. fin ff. de cond. instit l. Lucius Titius, 83 ff de cond. & demonst. l. libertus, §. si libertinus, Dig. de bon. libert. l 4. C de inst. & subst. vide Cuia. ad l 3 & 4. D. de liber. & postum.*

85 *l si heredi, 5. D. de cond. instit. §. si plures, Inst. de hered. inst. l. cum pupillus, 78. in fin D. de cond & demonst.*

26 *De qua in §. hereditas plerunq;, & seq Instit. de hered. inst l. interdum, 13. l servum, 50. §. fin. D. eod.*

87 *Neq; enim successiones ex bonis æstimantur, sed ex iure & titulo quo in illa succeditur in illa succeditur.*

88 *Quæ divisio solennis dicitur in l. interdum, 13 §. 1. ff. de hered. instit.*

89 *d. § hereditas, d. §. servum meum, § fin.*

Hæc legis divisio certa semper est, divisio hominis incerta, arbitrii nimirum ipsius, ex quo definitur, certumque redditur.

Tum vero ad legis divisionem decurritur, si heredes plures sint instituti indefinite, nulla partium mentione facta, atque hereditas sic dividitur inter eos portionibus æqualibus, vt nullus alio plus accipiat.

Sed testator nonnunquam hereditatem distribuit, non solum vni heredum plus, alteri vero minus assignando, sed aliter etiam, quam lex facit, hereditatis partes faciendo.

Cum autem testator heredes instituit definite, ita instituit simul omnes, vel ex illis quosdam.

Si omnes, jam as vel justus est, & res est expedita: vel iniustus, atque tum assi legitimo aliquid deest, vel redundat[90]. 90 §. *si plures, Inst. de hered. instituen.*

Deest, cum testator partes facit pauciores, quam duodecim; quo casu quod deest, non pertinet, ad eos, qui testamento non facto ab intestato erant venturi, siquidem jura non patiuntur, vt paganus pro parte testatus, pro parte intestatus decedat, sed cuilibet de scriptis pro rata accrescet[91]. 91 §. *videam. si pars, Inst. de hered. inst. d. l. interdum. §. deniq. si minus.*

Redundat, cum testator partes fecit plures, quam duodecim, quo casu cuilibet heredum institutorum decrescit pro rata, vt si Mævio datæ sint vnciæ duodecim, Titio sex; ad legitimum assem hoc revocabitur, vt cum assignatum sit Mævio tanto plusquam Titio, Mævius de asse legitimo habeat bessem, Titius trientem[92]. 92 §. *etsi plures, Inst. de hered. instit. d. l. interdum, §. sed si excesserit.*

Si quidam definite, quidam indefinite scripti sint, tum si as justus est, indefinite instituti assis medietatem sive semissem auferunt, altero semisse inter definite institutos dividendo: si non est justus, sed aliquid ei deest, tũ id quod deest, auferunt indefinite instituti, atq; inter se dividũt æqualiter, vel

vel si redundat, id quod dupondio, id est, XXIV. vnciis deest, indefinite instituti auferunt, puta si Mævio assignatus esset bes, Titio semis, & Gaio triens, vnciæ illæ collectę fiunt octodecim, ex ceteris partibus indefinite Sempronius & Lucius indefinite instituti essent, cum dupondio his desint vnciæ sex, Sempronius & Lucius has inter se dividunt æqualiter, ita vt si ad assem legitimum hoc revocetur, Sempronius & Lucius totius hereditatis accipiant quadrantem, atque ita ex illis duobus quisque vnciam cum dimidia, Mævius vero trientem, Titius quadrantem, Gajus sextantem 93.

93 d.l.interdum, §.sed si duos ex asse.

n De vulgari & pupillari substitutione, 28.D.6.

n Porro ne testamentum fieret irritum ex heredis instituti defectu, quod institutus vel hereditatem omitteret, vel moreretur; *ordo* etiam in institutionibus introductus est, vt instituerentur alij loco priori, alij posteriori, & hi non deficientibus illis admitterentur.

Hinc heredis institutio duplex facta est, prima quæ institutio specialis est, & vlterior quæ est substitutio.

Institutio specialis est prima heredis institutio.

94 l.ex facto, 43. §. Lucius Titius, D.eo. Gaius, 2. Inst.4.

95 l.post aditam, C. de impuber. subst. l. generaliter, Cod. de instit. & substit.

96 Vt apparet ex rubr. ff. eod. Gaius, d.tit.4.in pr.

o De vulgari substitutione, 2. Inst.15.

97 in pr. Inst. eod.

Substitutio est heredis institutio vlteriori loco facta 94.

Hæc directa est vel obliqua 95.

Directa est substitutio facta heredi in casum deficientiæ.

Quæ duplex est, vulgaris & pupillaris 96.

o *Vulgaris* substitutio est, quæ fit ætati cuivis tam puberi quam impuberi, & heredi tam suo quam extraneo, in hunc casum, *si institutus heres non erit*, puta Titius heres esto, si Titius heres esse nolit aut non possit, Mævius heres esto 97.

Hac testator sibi facit heredem, ipsaq; evanescit hereditate ab instituto adita, vnde vulgatum

illud

illud est, quod dicitur, Hereditatis aditio excludit substitutionem vulgarem; adeo vt si post aditionem heres deficiat, substitutus non admittatur, sed heres deficientis[98].

p *Pupillaris* substitutio est, quæ fit tantū liberis.

Hæc itidem est duplex Vera pupillaris & Quasi pupillaris, quam vulgo exemplarem vocant.

Vera pupillaris est substitutio, quæ fit liberis impuberib. in potestate existentibus, tam postumis, quam natis, & tam exheredatis quam institutis, in hunc casum *si heres erit & intra pubertatis tempora decesserit*, puta, si filius meus heres erit [99], & intra pubertatis tempora decesserit, Titius heres esto. Hic si filius heres sit, & moriatur, antequam pubes fiat, Titius substitutus ad hereditatem admittitur, si autem post annos pubertatis moriatur, Titius ab hereditate excluditur.

De hac enim substitutione dicitur, quod heredis pubertate evanescat, atq; ad eandem pertinet illud alterum, quod dicitur, in vnum casum substitutum intelligi substitutum in vtrunque [1].

Exemplaris illa est, quæ fit liberis puberibus mente captis.

Hæc expirat protinus atque liberi ad sanam mentem redierint [2].

Ut autem substitutio vulgaris testatori, ita pupillaris heredi instituto facit heredem [3].

Utraque autem fit vel ab vna tantum parte vel rec proce [4].

Ab vna parte, vt si heredi, is qui coheres non est, substituatur, puta Titius heres esto, si Titius heres non erit, Gaius heres esto.

Reciproce, si coheres substituatur coheredi.

Et hæc substitutio reciproca fit expresse vel tacite: vel partim expresse, partim tacite.

Expresse, puta, Titius & Seius heredes sunto, si Sejus heres non erit, Titius heres esto, si Titius heres non erit, Sejus heres esto. Taci-

98 *l. post aditam. C. de impub. subst. l. si quis filius f. 7. D. de acq. vel omit. hered. l. Lucius, Titius, 85. D. de here. instit. Nov.* I.

p De pupillari substitutione, 2. *Inst.* 16. De impuberum & aliis substitutionibus. 6. *C.* 26

99 *in pr. Inst. eod. l. 2. ff. eod.*

1 *l. 14. ff. eod. l. 4. C eod. §. pen. Inst. eod.*

2 *§. qua ratione. Inst. eod. l humanitatis, C. de impub. & aliis subst. l. fin. C. de curat. fur.*

3 *§. nam moribus Instit. eod. l. 2. in prin. D. eod.*

4 *§. plures, Inst. eo. l. potest, 38. §. 1. D. eod.*

Tacite, puta Titius & Seius heredes sunto, eosque invicem substituo.

Partim tacite, partim expresse, puta Titius & Seius heredes sunto, vter eorum supervixerit.

q De fideicommissariis hereditatibus, 2. *Inst.* 23 5. § *fin Inst. ad leg. Falcid Vlp. in frag. tit.* 24. *in pr. &* 25. *in princ.*

¶ *Obliqua* substitutio est substitutio facta verbis precariis [5] in locum heredis existentis, cuius heredis fidei committitur, vt hereditatem acquisitam restituat alteri.

Hinc vnus est hereditatem restituens, alius, cui restituitur: ille heres est directus, hic obliquus, qui fideicommissarius appellatur, ex quo etiam fideicommissi appellatio.

Est autem *fideicommissum* vltima quædam voluntas, qua hereditas datur instituto sub fide restituendi substituto.

Atque est hereditatis totius, vel partis, id est, vt heres institutus fideicommisso gravatus, restituat vel omnia bona, vel eorum aliquam partem.

r Ad Senatusconsultum Trebellianum, 36. *D.* 1. 6. *C.* 48.
6 §. *restituta Inst. de fideic. hered.*

r Qui restituit vt heres ab initio fuit, ita heres manet [6], omnesque actiones atque jura ei & in eum etiam hereditate restituta nihilominus ipso jure competunt.

Sed ex *SCto Trebelliano* transferuntur hæc omnia ab herede in fideicommissarium, vt ei & adversus eum competant non directo, sed vtiliter, hoc est, per quandam interpretationem 7.

Ita omni hereditate restituta actiones fideicommissario & in eum competunt omnes: parte vero restituta, pro rata inter ipsos actionum fit communicatio.

Sin autem heres institutus hereditatem adire nolit, eo quod vel omnem restituere teneatur, vel sit damnosa, Pegasiano Senatusconsulto ipsi provisum est, vt restituere rogatus adeat, quartamque sibi de bonis retineat: quo tamen casu fideicommissarius nulla omnino, sed heres omnia heredi-

tatis

tatis onera sustinebat, nisi ante restitutionem à fideicommissario heres stipulatus esset de oneribus ferendis. Quod si vero heres hoc nolit, nec quidquã retinere velit, adeat nihilominus, omnemq; hereditatem sine quartæ detractione restituat, & nulla onera sentiat [8].

Atque heredis institutio ejusmodi est: res, de quibus testator disponit necesse est, vt sint ipsius propriæ [9]: de alienis idem jus non habet, nisi sint heredis, qui vt cum ipso eadem persona esse censetur, ita ejusdem factum præstare cogitur [10].

Res vero testatoris vt per se corporales sint, per se etiam bona potius sint hereditaria, quam hereditas, collectæ tamen incorporales censentur, & hereditatis appellationem accipiunt [11].

Sequitur vt de ipsa testamenti *faciendi actione* videamus, quæ potissimum spectatur in adhibitione testium, & tum in ipso testandi facto.

Ex hac nova testamenti distributio prodit, vt civile vnum dicatur, aliud prætorium, nimirum quod actus ille vel secundum juris civilis, vel secundum juris prætorij præscriptum expeditur [12]: atque deinde etiam testamentum Paganum & Militare.

Paganum est testamentum justum solenne [13]: § Militare est testamentum justum minus solenne [14].

Hoc à solis fit militibus, qui non nomine duntaxat miles sunt, sed re ipsa in castris degunt [15]: illud tam à militibus [16], quam à Paganis.

Atq; vtrunq; hoc vel calamo scribitur, vel voce nuncupatur: vnde scriptum illud, hoc Nuncupativum seu nuncupatum dicitur [17].

Solet tamen vt plurimum etiam id quod testatoris voce nuncupatum est, in scripturam redigi, idq; probationis causa, quod si fiat, testamentum

8 §.*sed quia heredes, Inst. de fideic. hered.*

9 *l.1.D. q. testam. fac. poss. l. quoniam indignum, C. de testam. testari tamen nihilominus quis potest, etsi bona nulla habeat; vide Vandum 1. quæst. 31.*

10 §.*non solum autem, & seq. Inst. de legat.*

11 §.3.*Inst. de reb. corporal. & incorporal.*

12 §.1.*& seqq. Inst. de test. ord.*

13 *l. 1. De iniusto rumpto irrito.*

§ De militari testamento, *Inst. 11 29. D. 1. 6. C. 21.*

14 *l. 1. D. eod. in pr. & §. 1. Inst. eod. l. 1 C. eod. quod sola perficitur voluntate, vt ait Paulus in l. miles, 35. ff. de test. milit. sive nuda; vt Vlp. in d. l. 15. ff. eod.*

15 §.*sed hactenus, Instit. eod. l. ne quidam, C. eod.*

16 *l. 3. ff. eod.*

17 §.*fin. Instit. de testa. eod. l. heredes palam. 21. in princ. D. qui testam. fac. poss.*

18 *l.4.Dig. de pignor.l.4. D. de fide instrum.*

vt ab initio nuncupatum fuit, ita nuncupatum manet[18].

Utrique illi communia sunt, de quibus hactenus dictum est: atque circa testes etiam adhibendos id vtrique commune est, quod testes adhibitos oportet esse præsentes, non corpore tantum, sed animo etiam, intelligantque quid agatur, ipsique testatorem viderint[19].

19 *l.si non speciali, l.si vnus, C. de testament. vt tamen sermonem testatoris intelligant necesse non est, d.l. qui testamento, §.pen. vide hac de re Diaz regu.729. Menoch. libr.2. de arbitr. iudic. qu. casu 486. & casu 475. num. 28.*

Pagano hoc est proprium, quod testes in eo ad hunc ipsum testandi actum rogatos esse oportet[22] deinde, vt testes minimum sint septem, plures etiam, sed non pauciores[23].

22 *l. heredes palam.21.§.pen. Dig. qui test. fac. poss. d. l. hac consultissima, Soci. regul.505. Ioseph. Ludov. conclus. 63.*

23 *§. sed cum paulatim, Instit. de testam. ordin. d.l. hac consultissima, Ioseph. Ludov. concl. 68.*

In militari duo sufficiunt[24], etiam non rogati, sed qui intervenerint fortuito, quin & mulier ei adhiberi potest testis.

24 *arg. l.12. D. de testib.*

Et vero habent milites multa propria & singularia jura, quibus in testamentis faciendis vtantur[25]; si volent, quæ sparsim sub titulis Instit. D. & C. de testam. milit. relata sunt, atq; inde in hunc locum transferenda.

25 *l.2. D. eod.*

Quasi militare est testamentum tempore pestis factum, in quo testes quinque sufficiunt[26], si testator peste correptus non sit; imo etiam duo, si peste sit correptus: & tam illo quam hoc casu etiã non rogati, atque vt opinor, etiam mulieres[27].

His similia sunt testamenta facta ad pias causas[28], facta à rusticis[29], facta tempore belli; quin & ea quæ inter liberos fieri dicuntur, id est, in quo instituuntur liberi[30].

Solen-

26 *Bald. Salyc. & Iaf. in l. fin. Cod. de testament. Ripa plures allegans in tr. de peste, pri. quæst. 2. nu. 1. communem dicit Dec. consil. 285. Dilect. caut. 2. num. 2. libr. 2.* 27 *Vide Mynſ. Centur. 1. obser. 96. Andr. Gail. 2. obser. pract. 118. num. 18.* 28 *De quibus videndus est Iul. Clarus, 3. sent. §. testamentum, quæst. 6. & seq. Bartold. Bald. & alios in l. 1. Cod. de sacrosf. eccles.* 29 *l. fin. C. de testament.* 30 *l. hac consultissima, §. ex imperfecto, C. de testam. vide Gail. 2. obs. pr. 112. Hart. Pistoris, 3. q. 1. Ioseph. Ludov. concl. 66. in testamentis condendis servandam esse solennitatem loci testamenti conſecti docet Ioseph. Ludov. conclus. 52.*

Solennitas actus testandi in eo est, vt fiat vnico contextu atque continuo [31].

Is contextus vnicus partes habet tres, vna, ne actus alienus, qui ad testandi actum omnino nihil facit, intermisceatur [32]: altera, vt omnes, qui ad testandi actum adhibentur, & testator & testes simul maneant, quoad suprema contestatio peragatur [33]: & tertia, vt actus fiat vno eodemq; tempore [34].

In scripto testamento circa testes id singulare est, vnum, vt testes testamento subscribant, quod adeo est necessarium, vt si testis nomen suum non adscripserit, perinde habeatur, atque si adhibitus non fuisset [35].

Quod si testis ipse scribere nequeat, rogabit alium, qui nomine suo subscribat [36].

Alterum est, vt testes adhibiti testamentum etiam subsignent annulo sive suo sive alieno, quin & annulo ipsius testatoris, ita tamen vt si alienus sit vel testatoris de eo in subscriptione fiat mentio [37].

Quemadmodum autem nomen heredis in testamento scripto scribi necesse est, ita in testamento nuncupato voce testatoris nuncupari.

Scribi vero potest testamentum in quacunque etiam materia [38], atque codicibus etiam pluribus [39], ipsius testatoris vel alterius manu literis plenis atque integris, idque, si volet testator, in testium convocatorum præsentia.

Sin testator nolit, vt testes voluntatem suam sciant, potest ipse, vel alius ab ipso jussus privatim voluntatem suam mandare literis, & deinde eo facto septem testes idoneos convocare, his simul congregatis scripturam vel ligatam vel clausam tantum, involutamq; proferre, & hanc suam voluntatem esse dicere, eique ipse coram testibus subscribere, aut si ipse subscribere non possit,

31 *d.l. heredes palā, d.l. hac consultißima, l. cum antiquitas, C. de testam.*

32 *d.l. heredes palam, in fin. d.l. cum antiquitas.*

33 *d.l. qui testa. §. & veteres, l. casus maioris, C. de test.*

34 *d.l. hac consultißima.*

35 *d.l. ad testium, §. si quis; d.l. hac consultißima.*

36 *l. pen. D. qui test. fac. poss.*

37 *d. §. sed cū paulatim, §. possunt. Inst. de test. ordinan. l. si vnus. C. de test. d.l. ad testium.*

38 *§. nihil autē interest, Inst. de test. ordin. l. quoniam indignum, C. de test. l. 1. ff. de bon. possess. secund. tabul.*

39 *§. sed & vnum, Inst. de testam. ord. l. vnum, 24. ff. qui test. fac. poss. non tamē vt quis decedat cum duobus testament. Ioseph. Ludov. conclus. 65.*

40 d. l. hac consultissima, d. l. cum antiquitas.
41 l. hac consultissima. C. qui testam. fac. poss.
42 l. discretis, C. qui testam. fac. poss.
t Testamenta quemadmodũ aperiantur, inspiciantur & describantur, 29. D. 3. 6. C. 32.
43 l. publicati, l. testamenta, l. consulta, C. de testam.
44 Cui. in paratit. C. eod.
45 l. cum antiquioribus, l. fin. & §. in computatione, C. de iure delib.
46 l. 1. §. fin D. de iur. & fact. igno. l. multum, 21. in fin. D. de cond. & demonstr.
47 l. vn. §. cũ igitur & §. in novissimo, C. de caduc. tollend.
48 l. 3. C. de iure deliber.
49 l. 2. C. eod.
50 l. 4. 6. & 7. D. eod. l. 2. vbi Castrẽs. n. 3. C. eod. vide Roland. à Vall. cõs. 37. n. 9. & seq. vol. 1.
51 l. 3. C. eod. l. pupillares, 8. D. eod. §. fin aũt, Inst. de pupill. subst. l. hac consultissima, C. de testament.

octavum testem, qui nomine suo subscribat, adhibere, & postea rogare alios, vt ita hanc scripturam subscribant atq; subsignent 40.

Cœco, item 41 surdo & muto 42 forma testamenti faciendi præscripta est aliquanto accuratior, quod testamenta ipsorum magis fraudibus sint exposita, quam ceterorum, de quibus extant Imperatorum constitutiones in hunc locum transferendæ.

t Testamenti *publicandi* forma est actio illa qua testamentum factum in publicum producitur.

Quod fit interdum testatore vivo, vt major illi fides accedat 43, plerunq; vero post mortem testatoris, vt innotescat quatenus cujusq; intersit 44.

Qui finis testamento vtriq; & scripto & nuncupato communis est: testamento scripto ille est proprius, vt inspiciatur & describatur.

Eaq; publicatio herede extraneo instituto ex lege Julia & Papia omnino erat necessaria, quippe quod extraneo heredi jus adeundæ hereditatis ante apertas tabulas jut non esset 46, nisi forte illi qui ex asse heres scriptus erat 46: hodie vero cum ex constitutione Justiniani heres etiam extraneus sive exasse sive ex parte heres sit, statim à morte testatoris hereditatem adire possit, etiam clausis testamenti tabulis 47, & vero omni jure heredes necessarii protinus à morte testatoris heredes existant 48, publicatione quo ad hoc opus non est, vt tamen fiat plerunque est consultius.

Publicatio autem illa secundum leges & mores civitatis, in qua fit apertura testamenti, expediri debet 49, solenni quodam ordine, qui plerunque explicatur præsente magistratu in foro aut basilica, differto foro, aliisque servatis ex lege servandis 50.

Semper excipitur ea pars testamenti, quam testator aperiri vetuit vel vetuisse intelligitur, vt substitutio pupillaris 51.

Quin

Quin & illa pars excipitur, quæ ad alterius pertinet ignominiam [52]: descriptio diei itidem & consulis [53].

Ceterum testamentum aperiri & sibi illud inspiciendi copiam fieri petens, eo nomine jurabit prius se hoc non calumniandi animo petere [54].

u Post aperturam & recitationem testamenti rite perfectam solet heres scriptus mitti in possessionem rerum hereditariarum, quas mortis tempore testator possedit, quæ missio olim ex edicto D. Hadriani fiebat, hodie ex Constitutione Justiniani, ex qua perpetua est, non vt ex illo annua [55].

x *Hactenus* de testamenti factione: sequitur de testamenti facti infirmatione: facti, inquam, jure [56]: quoniam contra jus factum ipso jure nullum est, quod eo ipso, quod nullum est, infirmari non potest.

Causa testamenti vt faciendi, ita infirmandi jus est, & sicut illius modi sui sunt, ita & huius.

Modi testamenti infirmandi communes partim sunt omni testamentorum generi, partim proprii.

Communes rursus alii sunt juris ordinarii, alii extraordinarij.

Jure ordinario testamentum rūpitur, vel fit irritum: ex jure extraordinario querela est testamenti inofficiosi.

Rumpi testamentum dicitur ex ipsius testamenti jure, testatore in eodem statu manente, id est, si vitium superveniens in testamentum ipsum incurrat [57].

Rumpitur autem alterutro horum duorū modorum, nimirum vel agnatione heredis sui non instituti, aut vt oportet, non exheredati: vel mutatione, id est, testamento alio post prius jure perfecto.

52 *d. l. 3.*
53 *d. l. 3.*
54 *d. l. 3. l. 1. C. de iureiur. propt. calumniam.*
u De edicto D. Hadriani tollendo, & quemadmodū scriptus heres in possessionē mittatur, 6. C. 33.
55 *l. fin. C. eod.*
x Quibus modis testamenta infirmentur, 2. *Inst.* 17.
De iniusto rumpto irrito facto testamento, 28. *ff.* 3.
56 *in pr. Inst. eod. l. nam et si, 5. D. eod.*
57 §. 1. *Inst. eod.*

Agnaſcitur autem heres ſuus ad effectum teſtamenti rumpendi, jure quidem veteri aut agnatione poſtumi, aut adoptando, aut in manum cõveniendo, aut in locum heredis ſui ſuccedendo, aut manumiſſione, hoc eſt, ſi filius ex prima ſecundave mancipatione manumiſſus reverſus ſit in poteſtatem patriam, hodie ex jure novo adoptando duntaxat [58].

Rumpitur vero teſtamentum mutatione, ita vt poſterius æque jure ſit factum atque prius [59]. Perfectum ſiquidem teſtamentũ imperfecto non tollitur, atque adeo prius non rumpitur, niſi imperfectum alias jure ſuſtineatur [60].

Irritum teſtamentum fieri dicitur extra ipſius teſtamenti jus, cum perſonæ teſtamentariæ aliquid accidit, ex quo teſtamentum etiam infirmari neceſſe ſit, id eſt, ſi vicium ſuperueniens in perſonam teſtamentariam incurrat [61].

Infirmari, inquam, idque vel vere vel quaſi.

Vere, cum ita in perſonam teſtamentariam vicium incurrit, vt teſtamentum reipſa irritum conſtituatur.

Et in perſonam illam, nimirum teſtatorem vel heredem.

Teſtatorem vero rurſus nolentem vel volentem.

Nolentem, ſi ipſe minuatur capite, quod in maxima & media capitis diminutione indiſtincte verum eſt, niſi quod teſtatoris maximam capitis diminutionem paſſi captivitate, teſtamentum ipſo jure irritum factum ſuſtinetur jure poſtliminij, ſi redeat, aut lege Cornelia ſi apud hoſtes moriatur: minima autem non aliter, niſi arrogatione, quæ volenti accidit [62].

x Volentem autem, ſi teſtatoris ipſius facto cõſulto aliquid deleatur, inducatur, inſcribatur, ſuperſcribatur, &c. quomodo non teſtamentum totum,

58 d. §. 1. *Inſt. eod. Vlp. in frag. tit. 23. §. agnaſcitur.*

59 §. *poſteriore quoque, Inſtit. eod. vide Ioſ. Ludo. concl. 53.*

60 §. *pen. Inſt. eod. l. ſi iure, 18. D. de legat. 3. l. 7. D. de liber. & poſtum.*

61 §. *alio autem modo, Inſt. eod.*

62 d. §. *alio autẽ, & ſeq. Inſt. eod.*

x De his quæ in teſtamento delentur, inducuntur vel inſcribuntur. 28. D. 4.

totum, sed pars ea, in qua ejusmodi aliquid factum est, irrita redditur.

Heredem vero, si ex testamento hereditas non capiatur, quod fit interdum y causam ejus omittendo, interdum quod heres scriptus deficiat, quod hereditatem acquirere nolit.

Quasi irritum testamentum redditur, si institutus heres quidem esse velit, sed ab hereditate arcetur, quod sit vel indignus illa, vel illius incapax.

z *Indignus* est is, qui cum eam acquirere posset & vellet, non tamen admittitur, aut vt acquisiverit, eadem tamen illi aufertur.

Quod fieri potest ex causis variis, de quib. maxime nobiles sunt hæ: crimen prohibiti aut extorti testamenti [63]: crimen inultæ mortis defuncti [64]: crimen heredis, quo per calumniam dixit testamentum, in quo ex parte heres scriptus est, falsum esse [65]: inobedientia heredis non implentis voluntatem defuncti [66].

a Senatusconsulto etiam Silaniano cautum est, vt cum paterfamilias à familia per vim necatus esse dicitur, heres hereditatem adire vel aperire tabulas non possit, antequam de servis, qui sub eodem tecto locove erant, quæstio habita, & de noxiis vltimum supplicium sumtum sit, aut si id facere neglexerit, hereditas illi auferatur vt indigno [67].

Incapax est is, qui cum heres institueretur capax esset, sed ex post facto incapax redditur.

Atq; hoc fit post vel ante mortem testatoris.

b Post mortem testatoris si hoc fiat, id quod relictum est caducum efficitur: ante mortem, dicitur esse in causa caduci, id est, eodem jure haberi ex lege Papia qua caduca, nimirum vt obveniant fisco, qua de re ejusque immutatione accurate Cujac. in parat. C. de caduc. tollend. quæ in hunc

y Si quis omissa causa testamenti ab intestato vel alio modo possideat hereditatem. 29. *D.* 4. 6. *C.* 39.

z De his quibus vt indignis hereditas aufertur. 6. *C.* 35. 34. *D.* 9.

63 *de quo paulo ante.*

74 *l.* 1. *l. si ideo. l. sororem, C. eod.*

65 *l.* 2. *l. alia causa est, C. eod.*

66 *l. non oportet, C. eod.*

a De senatusc̄õsulto Silaniano & Claudiano, 29. *D.* 5. 6. *C.* 35.

67 *l.* 3. *l. minoribus l. cum fratrem, C. eod.*

b De caducis tollendis, 6. *C.* 51.

hunc locum transferri volo.

c De his quę pro non scriptis habentur, 34. D. 8.

c Alias relicta tempore testamenti incapaci pro non scriptis habentur.

d De inofficioso testamento. 2. Inst. 18. 5. D. 2. 3. C. 28.

Ita testamentum infirmatur jure ordinario: jus extraordinarium est d in *querela inofficiosi testamenti*, ad quam non devenitur, nisi cum neutro supradictorum modorum testamentum infirmatur.

Est autem testamentum inofficiosum quod certis personis immerito exheredatis non ex officio pietatis factum videtur [68].

Ejus impugnandi remedium dicitur querela inofficiosi testamenti [69], vel de testamento inofficioso, quæ datur contra heredes testamento institutos, si hereditatem adierint, & non nisi exheredatis [70].

Peculiaris modus infirmando testamento militari definitus est, videlicet vt vltra annum missionis honestæ vel causariæ, aut militiæ suis vi es non extendat [71].

Quod si ignominiose, qui jure militari testatus erat, militia missus sit, testamentum ab ipso factum protinus valere definit [72].

e De codicillis. 2. Inst. 25. 29. D. 7. 6. C. 36.

e Successionis vniuersalis species altera est *codicillaris* ex codicillo.

Codicillus est vltima defuncti testati vel intestati voluntas imperfectior, minusq; solennis [73].

Qui & ipse scriptus esse potest vel nuncupatus voce.

Et rursus vterq; duplex est, Codicillus verus & codicillus quasi.

Codicillus verus est codicillus habens heredis institutionem obliquam.

Hic testamentum imitatur [74], atque est vice testamenti factus ab intestato [75], coram quinque testibus [76] tum maribus tum fœminis, & tam rogatis quam non rogatis, in quo de hereditate etiam

68 *l. 2. D. eo. Pau. 4. sent. 5.*
69 *l. Papinianus, 8. D. eod.*
70 *l. in arenam, C. eod. d. l. Papinianus, §. si conditioni, l. filium, 20. D. de bonor. possess. contra tabu.*
71 *§. sed hactenus, Inst. de testam. mil. l. militis, 36. §. si. D. eod. l. ex testamento. C. eo. atq; hic annus ab Vlpiano vocatur annus militiæ, l. 15. §. 4. D. eo.*
72 *l. testamenta, 26. D. de testamen. milit.*
73 *Cui. in para. D. eo. & in para. C. eo.*
74 *l. vn. §. sancimus, C. de Lati. libert. tollend.*
75 *l. ab intestato, 16. D. eod.*
76 *l. fin. C. eod.*

jam agitur, sed fideicommissario potius quam directo [77].

Codicillus quasi est codicillus testamento accedens.

Estque duplex, Testamentarius & Subsidiarius.

Testamentarius est pars testamenti, ejusque appendix, pars & sequela, qua testamento quid additur vel detrahitur, vtroque vero modo declaratur [78].

Subsidiarius est testamento insertus, vt si id jure testamenti valere non possit, valeat jure codicillorum.

Atq; hic clausula potius codicillaris quam codicillus dicitur, quæ omnibus omnino testamentis scriptis ex Notariorum consuetudine hodie apponi solet: & est ejusmodi, si testamentum non valet jure testamenti, vt valeat jure codicillorum, aut omni, quocunque potest, modo meliore [79].

[a] *De successione vniuersali legitima.*

CAP. LXXIV.

Cum defunctus intestatus est, vel quod omnino testamentum non fecerit, vel fecerit quidem, sed aut nullum aut infirmatum, tum demum locus est successioni legitimæ [1].

Successio *legitima* est hereditatis extra casum vltimæ voluntatis defuncti acquisitio.

Estq; primum personalis vel repræsentalis.

Personalis est successio quæ fit in capita, id est, in personas viriliter singulas, vbi quot personæ sunt, tot sunt partes.

Repræsentalis est, quæ jure repræsentationis dicitur fieri in stirpes, vbi quot stirpes, tot sunt partes, atq, vtrobiq; partes semper æquales.

77 *§. directo, Inst. eod.*

78 *l. 1. §. ad causam, D. testa. quemadm. aper. l. 1. §. hoc interdictum, D. de tab. exhib. l. 3. §. si quis codicillos. D. de SC. Silan. l. quidã. 14. D. de iure codic.*

79 *l. fi. C. eod. l. coheredi, 13. §. filia, D de vulg. & pupilla. subst. l. ex ea scriptura. 29. §. 1. ff. qui test. fac. poss. l. ex testamento, C. de fideic. l. si iure, C. de testam. manumiss.*

a De hereditatib quæ ab intestato deferuntur 3. Inst. 1. Nov. 118.

1 *in pr. Inst. eo. inde legitima hereditas ea demum maxime proprie dicitur, quæ à lege XII. tabu. edictis, SCto vel qua alia iuris parte ab intestato defertur, §. fi. Inst. de leg. agna. success. l. 3. §. de illo, D. pro soc. l. pen. D. de statu homi. l. is autem, 11. D de iure patron. l. capitis, 11. D. de suis & legit. her. l. 1. & 2. D. ad SC. Tertyl. l. quia, 6. & seq. D. si quis omiss. caus. testa. l. legitimam, 8. D. de petit. here. d. l. si cum, 26. D. de nego. gest. l. si pater,*

47 D.de fideic. libert.l.pater.10. D. de capt. & postlim. reverf.l.3.D. de interd.& relegat.
b De suis & legitimis heredibus, 38.D.16. De suis & legitimis liberis & ex filia nepotibus ab intestato venientib.6.C.55.
2 §.1.Instit. eod. Nov.118.c.1.

Stirps autem vnius est vel plurium.

Hinc jus repræsentationis est, quo liberi defunctam parentis in eodem gradu successionis personam repræsentant: vtiq; plures in vnius & locum & portionem succedentes, descendentes quidem in infinitum, collaterales vero in primo duntaxat succedentium gradu.

b Utraq; hæc successio ita ex lege est, vt vna rationem habeat naturalem, alia ciuilem.

Hinc successio legitima ita Naturalis est vel civilis.

Naturalis est successio jure sanguinis & proximitatis competens.

c De collatione, 37.D.6.6.C.20.
3 Cui.in parat.
4 omni iure naturali, divino, civili, prætorio, & Canonico, c.ius naturale.dist.1.c.Rainutius. de testam.l.1. §.ius naturale, D. de instit.& iure, l. scripto, D. vnde liber.l.cum ratio. D. de bonis damn. Genes.13. Levit.25. Paul. ad Galat.4. l.1.§.filius, D. de suis & legitim.l.in suis, D.de liber. & postu.l.penult. & Auth.in successione, C. de suis & legit.Nov.118.
5 d.Nov.118.c.1.§. item vetustas, Inst. eo.l. maximum vitium, C.de lib. præterit.

Quæ iterum primaria est, vel secundaria.

Primaria est, quæ primario, eoq; naturali mortalitatis ordine competit heredibus domesticis, nimirum liber s in infinitum [2].

c Quo pertinet pars illa juris, quæ est de *collationibus*, quæ nihil sunt aliud, nisi à parentibus acceptorum ipsis defunctis contributiones [3].

Hæc successio primaria liberis competit [4] nulla in illis hodie suitatis aut sexus ratione habita [5], & tam postumis, quam natis: sed legitimine sint an illegitimi multum interest.

Legitimi quidem & naturales simul, itidem & legitimati indistincte succedunt [6]: illegitimi naturales ex concubinatu nati matri succedunt & parentibus maternis [7]: patri vero & parentib. maternis tum demum, si liberi legitimi alij non sint, ne vxor justa, atque tum non in hereditatem vniversam, sed in partem ejus sextam [8].

Spuriorum quod ad matrem & parentes maternos attinet, eadem est quæ naturalium, in succedendo ratio [9]: sed cum hi patrem omnino nullum habere intelligantur, successio hic nulla est.

d Atq;

6 l.5.C.de suis & legit.l.5.& 10.C.de natur.lib.Novel.12.c.3.Nov.117.c.2. 7 l.pen.C.ad SC.Orfician. 8 Nov.89.c.12. 9 l.1.§.sed & vulgo, D.ad SC.Tertyl.l.2.l.Modestinus, 8.D.vnde cog.§.pen.Inst.de SC.Orficiano.

[d] Atque de vtrisque illis SCto Orphiciano cautum est.

Incestuosi vero & adulterini ab omni omnino successione arcentur [10].

[e] Successione hac primaria deficiente succedit, secundaria, quæ secundario eoque turbato mortalitatis ordine [11] competit extraneis tam parentibus, quam fratribus & sororibus, aliisque exinde collateralibus ad decimum vsque gradum, graduum prærogativa servata [12].

Hic si defuncto sint parentes soli, hi soli, aut si vna cum iis defuncto fratres vel sorores germani supersint, simul succedunt, & quidem in capita, fratrum & sororum liberi vna cum ipsis in stirpes [13].

[f] Parens autem proximior excludit vlteriorem: si parentes plures sint, pares quidem gradu, sed numero dispares, æqualiter ad bona defuncti admittuntur divisione in stirpes facta, non in capita [14].

[g] Castrensia tamen vel quasi castrensia pater in cuius potestate defunctus erat, tanquam rem suam, non tanquam rem hereditatemve filii suo jure occupat: quod vero ad bona adventitia attinet, ex Novella cõstitutione Justiniani CXVIII. pater & mater & fratres jure hereditario pro virilibus portionibus in illa admittuntur pleno jure, nullo patri reservato vsufructu.

Si fratres & sorores germani soli sint, succedũt soli, exclusis vterinis & consanguineis, qui tum demum admittuntur, si germani defuncto nulli supersint, aut ex germanis nati [15].

Quin & fratres adoptivi succedunt perinde vt

d Ad senatusconsultum Tertyllianum: & Orphicianum, 38. *ff.* 17.

De senatusconsulto orphiciano, 3. *Inst.* 4. 6. *C.* 57.

10 *d. Nov.* 89. *c. vlt. ex æquitate tamen Canonica illis præstanda sunt alimenta, c. cùm haberet, de eo qui duxit in matrimon. quam polluit per adulter.*

e De legitima agnatorum successione, 3. *Instit.* 2.

De legitimis heredibus, 6. *Cod.* 57.

11 *l. nam etsi,* 15. *D. de inoff. test. l. fin: Cod. de instit. & subsstit.*

12 §. *fin. Inst. de success. cognat.*

13 *d. Nov.* 118. *c.* 2. *&* 3. *& Novell.* 127. *c.* 1.

f De senatusconsulto Tertylliano, 3. *Inst.* 3. 6. *C.* 55.

14 *d. Novell.* 118. *c.* 2.

g De bonis maternis & materni generis, 6. *C.* 60. De bonis quę liberis in potestate cõstitutis ex matrimonio vel aliter adquiruntur, *&c.* 6. *C.* 61. 15 *d. Nov.* 118. *c.* 3. §. *ceterum, Instit. de legit. agnat. success. l. consanguinitatis, Cod. de legit. hered. l. Amitæ, C. commun. de success.*

vt legitimi & naturales, si in potestatem patris adoptivi venerint.

Naturales autem & spurij iis, qui ex linea materna sunt, non paterna 16.

h Deficientibus etiam his ad ceteros collaterales semper graduum prærogativa observata, nullaque vllius juris repræsentationis ratione hab ta in capita devenitur, si intra gradum decimum sint, vltra qui sunt non admittuntur, quod omnino alieni esse censeantur 17.

Naturali igitur deficiente successione locum habet civilis, quæ est successio è juris civilis titulo aliquo.

Eiusmodi sunt quatuor; Patroni, conjugis, consortis & fisci.

i Patroni successio constitutio è Justinianea Lege XII. tab. in vsum revocata est, qua patronus succedit liberto suo liberos aut parentes non habenti, & centum aureos in bonis relinquenti 18.

Hinc conjunx ad coniugis superstitis bona vocatur.

k Post eam Consortes. Ita moriente decurione intestato sine liberis, parentibus, agnatis, cognatis, vxore, curia, in qua ipse fuerat, ipsi succedit 19: ita moriēte naviculario, corpus naviculariorū 20; l ità si quis eorum qui in legatione aut vexillatione comitatensi vel cuneo militabat, decesserit sine heredibus, ei succedit legio aut cuneus aut vexillatio, in qua militabat 21: ita mortuo cohortali, id est, officiali præsidis provinciæ sine heredibus cohortales ejusdem provinciæ ipsi succedunt 22: ita fabricensi mortuo corpus fabricensium succedit 32: ita si is, qui se Ecclesiæ aut monasterio alicui deuovit moriatur sine heredibus, Ecclesiam aut Mo-

16 §. eos, §. vulgo, Inst, de succes. cogn. l. 2. & 4. ff. unde cognat. Nov. 89. c. fi.

h De successione cognatorum 3. Inst. 5.

17 §. fin. Inst. eod. d. Nov. 118. c. 3. de filiis fratrum duntaxat superstitibus disceptatur. Verius est iure Iustinianeo inspecto vt succedāt in capita per l. 2. §. hac hereditas, ff. de suis & legitim. §. hoc etiam. Instit. de legitim. agn. success. Vlp. in frag. tit. 26. §. agnatorū, quam etiam sententiam confirmavit Carol. V. Imp. constitutione promulgata in comitiis Spirensibus anno M. D. XXIX.

i De successione liberorum. 3. Inst. 8.

18 per discursum, Inst. eod.

k De hereditatibus decurionum, naviculariorum, cohortalium militum & fabricensium, 6. C. 62.

19 l. intestatorum, C. eod. l. unic. C. de bon. decur.

20 l. 1. C. eod.

l De veteranorum & militum successione 38. Dig. 12. 21 l. 2. Cod. eod. l. 6. §. eius qui, ff. de iniusto rumto. 22 l. 3. C. eod. 23 l. fin. C. eod.

monasterium habet heredem [24]: [m] ita consortes liberalitatis principalis sibi invicē succedunt [25].

[n] Post hos omnes fiscus quasi in subsidium, ne quis sine herede sit, succedit, atque bona hereditaria occupat vt vacantia, sibique delata [26].

In bonis etiam damnatorum olim præ cognatis fiscus jus habebat; hodie cognatis relinquuntur vsque ad gradum tertium, si damnato intra hunc cognati non sint, fiscus bona ipsius occupat, quod in crimine læsæ majestatis est strictius [27].

24 *l. si quis presbyter. C. de episc. & cler.*

m Si liberalitatis imperialis socius sine herede decesserit. 10. C. 14.

25 *l. un. C. si liberal. impe. soc.*

n De bonis vacantibus. 29. C. 10. 26. *l* 1. *& pen. C. eod.*

27 *qua de re sup. cap.*

a *De successione vniuersali pratoria.*

Cap. LXXV.

a De bonorum possessionibus. 3. *Inst.* 10. 17. *ff.* 1.

Dictum est hunc vsq; de successione civili: sequitur successionis vniuersalis species altera: illa nimirum, quæ dici potest successio *pratoria*.

Successio prætoria est successio autoritate judicis inducta.

Quæ jure civili dominium non tribuit, sicuti successio civilis, sed dominium tribuit jure civili generali, sub quo etiam jus prætorium comprehenditur. Solum enim jus civile speciale dominium facit, prætor nunquam, nisi dominium prætorium, sive, vt Theophilus loquitur, Bonitarium.

Ex quo etiam illud est, vt hac successione prætoria non dicatur acquiri hereditas, id est, dominium bonorum à defuncto relictorum, sed *bonorum possessio*, nec acquirens aut succedens dicatur heres [1], id est, dominus, sed bonorum possessor, aut heres quidem, cum ejusmodi tamen aliqua adjectione, ex qua intelligatur ipsum heredem non esse, puta heres prætorius, item qui loco heredis habeatur [2].

1 *§. quos autem. Inst. eod.*

2 *l.* 1. *ff. de poss. her. petit. l.* 2. *ff. de bon. poss. l. prætor.* 117. *ff. de R. I.*

Hereditatis enim appellatione bonorum quoque

3 l. hereditatis, 138. D. de V. S. quę possessio continetur[3], & bonorum appellatio, sicut hereditatis vniuersitatem quandam demonstrat ac jus successionis, non etiam res singulares, & vtraque nomen juris est[4].

4 l. hereditatis, 119. ff. de V. S. l. hereditatis, 50. ff. de hered. petit.

Unde recte dictum est, jure prętorio bonorum possessionem idem nobis acquirere, quod jus adeundi hereditatem tribuit jure civili.

Est enim bonorum possessio nihil aliud nisi jus persequendi retinendique patrimonij sive rei, quæ cujusque cum moreretur fuit[5].

5 l 3. §. bonorum. ff. eod.

Ex quo apparet bonorum possessionem tribuere duo: vnum vt bonorum possessor persequatur id quod defuncti fuit, alterum, vt retineat: vtrunque vero illud autoritate prætoris.

Et persequatur quidem id quod non ipse sed alius possidet, cujusque possessionem consecutus sit, non bonorum possessor ipse, sed ab ipso alius: & persequatur actionibus prætoriis vtilibus sive extraordinariis, quæ in effectu cum hereditatis petitione eædem sunt[6].

6 l. 2. ff de poss. hered. petit.

Retineat vero id, cujus ex bonis defuncti possessionem propter jus vel testamento datum, vel ab intestato delatum nactus sit, vt non possideat tantum, sed possideat etiam autore prætore, ac proinde ab ipso possidente invito auferri nequeat.

Quod enim habemus, retinemus: persequimur quod non habemus.

Ex quo constat fieri posse, vt bonorum possessionem quis nactus sit, qui tamen non possideat bona, neque etiam sit in possessione, cum bonorum possessio ad jus & animum maxime referatur, possessio ad factum & corpus.

Hinc bonorum possessio interdum cum re dari dicitur, interdum sine re.

Cum

Cum re datur, possessione etiam ipsa bonorum possessori data vel confirmata.

Sine re non tantum tum, cum bona quorum possessio data est, rursus adimuntur, seu possessio irrita constituitur, propterea quod in bonis illis nihil sibi juris vindicare potest, sed etiam tum, cum bonorum quidem possessio data est, sed non ipsarum rerum corporalis possessio, quippe quæ sit generalium, sed jus possessionem illam ab alio vindicandi.

Ceterum cum bonorum possessio à prætore petita non semper eodem modo detur, sed aliquando sine, aliquando cognitione prævia, inde bonorum possessio facta est duplex, Edictalis & Decretalis.

Edictalis est bonorum possessio ex edicto prætoris de jure succedendi facto alicui competens 7.

Hæc datur protinus, vbi petita est, ad ejusmodi nimirum narrationem, quæ ejusmodi factum contineat, vt ex eo jus successionis sequatur.

Estque duplex: Ordinaria & Extraordinaria 8.

Ordinaria est, quæ defertur certa parte edicta prætoris facti secundum æquitatem.

Idque vel testamento vel ab intestato.

b Quæ ex *testamento* defertur rursus est duplex: Est enim vel secundum tabulas, vel contra tabulas.

c Illa defertur secundum testatoris voluntatem omnibus jure scriptis vel nuncupatis heredibus, sive sui sint sive extranei.

Atque hæc bonorum possessio sicut omnium optimo jure nititur, vtpote quæ in jure civ li & in defuncti voluntate vltima fundata sit, ita necessaria non est, siquidem vt maxime is qui heres institutus est bonorum possessionem non petat, hereditatem tamen acquirit, quæ omne & vniversum

7 *l. cum quidam. 30. §. 1. ff. de acqu. vel omit. hered. l. 1. §. 1. ff. si tab. testa. null. extabunt.*

8 *l. 3. § fin. ff. de Carbon. edicto.*

b Si tabulæ testamenti extabunt, 37. *ff.* 2.

c De bonorum possessionibus secundum tabulas. 37. *ff.* 11. 6. *C.* 11. De bonorum possessione ex testamento militis, 37. *ff.* 13.

versum ipsi jus tribuit, quod ex bonorum possessione habere possit: in eo tamen vsum suum habet, quod jus civile confirmet, cum justius possidere videatur is qui etiam prætore autore possidet.

d De bonorum possessione contra tabulas, 37. ff. 4. 6. C. 12.

d Hæc datur contra testamentum defuncti, de cujus bonis agitur, præteritis liberis naturalibus suis & emancipatis, nec in adoptionem datis, & postumis natis, qui sui futuri erant; & adoptivis non emancipatis rescindendarum earum tabularum causa.

e De Legatis Præstandis contra tabulas bonorum possessione petita, 37. ff. 5.

e Et rescindit legata itidem & fideicommissa, nisi illa parentibus aut liberis relicta sint, vel vxori aut nurui dotis nomine, quibus conservantur ex hoc edicto, & præstantur vel à præteritis ipsis, si sui non sint actionibus vtilibus, vel ab institutis etiam suis, quibus commissum est edictum, salva Falcidia.

Posteaquam vero liberis emancipatis prætor bonorum possessionem contra tabulas dedit, jubet illos vt bona conferant tam f propria quam g ea quæ in dotem data sunt: quæ collatio est confusio bonorum propriorum vel quasi cum paternis.

f De Collatione bonorum, 37 ff. 6. 6 C. 20.

g De Collatione dotis, 37. ff. 7.

h De bonorum possessione contra tabulas liberti quę patronis vel liberis eorum datur, 6. C. 13.

h Est autem bonorum possessio, quæ datur contra tabulas liberti patrono vel ejus liberis ab ea quæ datur patri contra tabulas liberorum alia, quippe quod detur contra heredem scriptum, & in partem duntaxat legibus datam verecundiæ patronali partiendæ hereditatis liberti cum extraneo herede testamentario, aut eo omittente in assem.

Atque est interdum necessaria, interdum non necessaria.

Necessaria est his, qui jure legitimo seu civili non muniti ad hereditatem aspirare non possunt, quales

quales ante Justinianum erant emancipati: non necessaria liberis suis, qui si præteriti sint, est quidem testamentum ipso jure nullum, veruntamen bonorum possessio ipsis inutilis non fuerit, quia si signatum sit testamentum, in quo filius suus præteritus est, non minus quam septem testium Romanorum signis, prętor petenti heredi scripto dare potest bonorum possessionem secundum tabulas, ideoque vt ei occurrat filius suus præteritus, non erit inutile, vt ipse bonorum possessionem petat contra tabulas.

i *Ab intestato* bonorum possessio datur tum, cum omnino testamentum factum non est, vel factum quidem, sed quod ne jure quidem prætorio sustineatur.

i Si tabulæ testamenti nullæ extabunt, 38. *ff.* 6.

Defertur autem primum [k] liberis: his non existentibus [l] legitimis: post [m] cognatis: demum [n] conjugibus.

k Vnde liberi, 38. *ff.* 6. 6. *C.* 14.

l Vnde legitimi, 38. *ff.* 7.

m Vnde cognati, 38. *ff.* 8. 6. *C.* 15.

n Vnde vir & vxor, 38. *ff.* 11.

Nam quatuor istas; quarum vna *decem personis*, videlicet patri, matri, avo, aviæ vtrique tam paterno quam materno, filio, filiæ, nepoti, nepti tam ex filio quam ex filia, fratri, sorori, sive consanguinei sint sive vterini, multo magis germanis deferebatur: altera, *tanquam ex familia*: tertia, *patrono patronaq; liberisq; eorum & parentibus*: & quarta, *cognatis manumissoris* Justinianus vt supervacuas de jure recedere jussit 9.

9 §. *sed eas quidem, Inst. de bon. poss.*

o *Extraordinaria* bonorum possessio est, quæ extra successoriæ dispositionis ordinem defertur in subsidium specialis alicuius legis, Senatusconsulti vel constitutionis principis ex novo jure, vel ex testamento vel ab intestato, vaga & nulla certa edicti parte stabilita.

o Vt ex legibus senatusconsultis bonorum possessio detur, 38. *ff.* 14.

Decretalis bonorum possessio est, quæ competit ex prætoris decreto prævia causæ cognitione, non tam vt qui eam accipit defuncto succedat, quam vt interim, donec quid factum sit tantum possideat, ideoque non æque jus tribuit atq; edictalis illa[o].

[o] *l.1.§.decretalis, ff.de success.edict.l.2.§.dies,ff. quis ordo in bon.poss l.2. §.si quis ex liberis. ff ad Senatusc.Tertyl.*

Hujusmodi bonorum possessiones sunt tres, nempe Carboniana, ventris nomine, & litis agnoscendæ causa.

[p] *Carboniana* bonorum possessio est, qua impubes, cui status controversia movetur, bonorum corporalium possessionem adipiscitur, non secus atque si controversia illi facta non fuisset, & tam diu illorum possessionem retinet, donec controversia finita sit, ut si secundum statum ipsius pronuncietur, bona omnino retineat, si contra judicetur, ea restituat.

[p] De Carboniano edicto, 37 *ff.* 10.6.*C.*17.

Puberi autem non datur, tametsi data impuberi pubertate non evanescat, sed definitione controversiæ.

[q] *Ventris nomine* bonorum possessio datur mulieri prægnanti in bonis mariti, in quibus secundum dignitatem suam sibi & familiæ suæ alimenta constituuntur.

[q] De Ventre in possessionem mittēdo, 37.*ff.*9.

[r] Qui admitti ad bonorum possessionem possunt, & intra quod tempus, 6. *C.*9.

De bonorum possessione furioso, infanti, muto, surdo, cæco competente, 37.*ff.*3.

Quibus non cōpetit bonorum possessio, 38 *ff.*13

Quis ordo in possessionibus servetur. 38 *ff.*15.

Litis agnoscendæ causa bonorum possessio dicitur, quæ in hoc accipitur, ut instituti & ordinari possit judicium.

[r] Postremo bonorum possessionem liberi & parentes intra annum à die, quo eam sibi competere posse sciverunt, petere debent, ceteri intra dies centum. Anno isto vel diebus istis elapsis nec illi nec hi admittuntur amplius: quin & si is cui competebat eam [s] repudiarit, protinus ad proximum ordinem jus illud devolvitur, aut pars repudiata [t] accrescit alteri, qui cum ipso in gradu erat eodem.

[s] De repudianda bonorum possessione, 6.*C.*19.

[t] Quando non petentium partes petentibus accrescant. 6. *C.*10.

Quo etiam pertinet edictum successorium, cujus paulo ante mentio facta est.

De

De successione singulari.

Cap. LXXVI.

Atque de successione universali hactenus: sequitur *singularis*, quæ est dominij rerum singulari titulo facta acquisitio.

Quæ onerosa est, vel lucrativa.

Onerosa est redemtione rei in quam succeditur facta successio, cujusmodi est successio emtoris, mariti qui dotem accipit, & similium.

Lucrativa est successio ex dantis liberalitate proveniens.

Quæ iterum duplex est, facta nimirum inter vivos & mortis causa.

a Inter vivos facta Donatio dicitur [1].

Quæ pura est vel Conditionalis.

Pura est donatio facta sine ulla causa ex sola liberalitate, ea mente, ut nullo casu donator rem donatam ad se reverti velit [2].

b Quæ tamen ob donatarij ingratitudinem in donatorem commissam ab ipso donatore revocari potest [3], item ob liberorum supervenientiam [4].

Soli autem donatoris pœnitentia ad eam revocandam non sufficit [5].

Ultra quingentos solidos si fiat, insinuanda est [6]: alias quod excedit pro non donato habetur [7], nisi facta sit à principe, quæ omnino valet [8].

a De donationibus, 39. D. 5. & C. 54. 2. Inst. 7.

1 per donationem autem etiam fieri successionē est textus in l. si tibi, 17. §. pactum, D. de pact. quæ in dubio facta esse censetur, Clar. in §. Donatio. q. 4. num. 2. tametsi dissentiat Alci. in l. 76. §. 1. D. de V. S. 2. in pr. Inst. eo. quæ dicitur donatio vera in l. 35. § sed mortis, D. de donat. item directa, l. 25. C. eod. item communis, l. sancimus, C. eod.

b De revocandis donationib. 8. C. 56.

3 §. alia, vers. sciendum, Inst. eod. l. 1. 7. & 9. C. eo. Mynſ. cent. 6. obſ. 77. Soare. in theſ. comm. opin. verb. donatio, num. 261. Clar. de donat. q. 21. num. 2. Gome. de donat. num. 14.

4 l. si nunquam, C. de revoc. donat. Cuiac. 20. obſ. 5. Mynſ. cent. 5. obſ. 6. & seq. & Cent. 6. obſ. 95.

5 Sich. ad l. 9. Cod. de donat. ante nupt. & ad l. 5. num. 2. Cod. de O. & A. & ad l. 12. C. de rei vind.

6 d. §. alia, l. 35. & seq. C. eod. Gail. 2. obſ. pract. 39. Duar. de donat. c. 4. Gabr. lib. 3. de donat. concl. 1. num. 20. & seq. Ios. Ludov. concl. 17. solidos interpretantur aureos Vngaricos, Schneidvv. in d. §. alia, nu. 24. VVesem. consil. 26. nu. 21.

7 d. §. alia, l. sancimus, C. de donat. int. vir. & uxor. Dyn. in c. utile, de R. I. in 6. Gail. 2. obſ. pr. 5. nu. 8.

8 l. sancimus, §. exceptis, C. de donat. Ludov. d. concl. 17. in fin.

c De donationibus quæ sub modo vel conditione vel certo tempore conficiuntur, 8. C. 55.

c Conditionalis est, quę fit ob causam aliquam cum liberalitate concurrentem, cujusmodi est donatio propter nuptias, & donatio quævis alia sub conditione facta.

Successio lucrativa mortis causa duplex est, nominata vel innominata.

d De mortis causa donationibus, 39. ff. 6. 8. C. 7.

Nominata est donatio mortis causa & Legatum; innominata est pactum successorium.

9 in pr. Inst. de donat.

e De legatis & fideicommissis, ff. lib. 30. 31. & 32. 6. C. 37. 2. Inst. 20. est etiam de fideicommissis peculiaris titulus, 6. C. 42.

d Donatio mortis causa est, quæ fit intuitu sive cogitatione mortis alicui præsenti & consentienti: intuitu, inquam, sive cogitatione mortis, non tantum, cum quis donat jam jam moriturus, sed etiam si quis in valetudine corporis adhuc firma constitutus donet mortis cogitatione facta, quæ quandocunque à donatore pro arbitrio revocari potest, nec nisi morte donantis effectum sortitur irrevocabilem [9].

f Communia de legatis & fideicommissis, 6. D. 43.

10 §. 1. Inst. de leg.

g De annuis legatis & fideicommissis, 33. ff. 1.

e Legatum, sub quo comprehendo etiam fideicommissum singulare [f], vtpote quod per omnia & in omnibus legato exæquatum sit, jure quidem veteri erat donatio quædam à defuncto relicta etiam ignoranti & absenti ab herede præstanda: hodie vero est liberalitas in aliquem collata qualicunque vltima voluntate [10].

De vsu & vsufructu & reditu & habitatione & operis per legatum vel fideicommissum datis, ff. 2.

De servitute legata, 33. D. 3.

Id quod fieri potest, tam ab intestato quam testamento, & à quovis, cui de bonis suis disponendi facultas est libera, & legatum relinqui potest omnibus, qui ex testamento vel qua alicuius vltima voluntate capere possunt.

g Eædem autem res, de quibus disponi potest, possunt

De dote prælegata, 33. D. 4. De optione vel electione legata, 33. D. 5. De tritico, vino vel oleo legato, 33. D. 6. De instructo vel instrumento legato, 33. D. 7. De peculio legato, 33. D. 8. De penu legata, 33. D. 9. De supellectile legata, 33. D. 10. De alimentis vel cibariis legatis. 34. D. 1. De auro, argento mundo, ornamentis, vnguentis & statuis legatis, 34. D. 2. De liberatione legata, 34 D. 3.

possunt etiam legati, nimirum, quæ sint in commercio, quarumq; quis possit esse dominus, & nō propriæ tantum legantis, sed etiam alienæ, ita vt propriæ præstandæ sint omnimodo, alienæ itidem si sint heredis: alius autem quam heredis vel ipsæ, vel si redimi nequeant, earum æstimatio, modo testator rem ejusmodi alienam esse sciverit, & rursus nisi vel suam vel alienam is qui legavit posteriori voluntate ademerit.

h Incidunt vero circa legata vt plurimum dubia, quæ ex voluntate præsumta i ex verbis rerumque circumstantiis inducta interpretationem accipiunt.

h De rebus dubiis, 34 D. 5.
i De Verborum & rerum significatione, 6. C. 38.

Ceterum legatis sive fideicommissis quæ relinquuntur aut causa inseritur, aut modus, aut conditio.

k *Causa* autem interdum est ratio legandi collata in præteritum, interdum demonstratio, id est, nota & designatio certæ quantitatis legatæ, certive corporis: neutra vt maxima falsa sit, legatum aut fideicommissum perimit.

k De falsa causa adiecta legato vel fideicommisso, 6. C. 44.

l *Modus* est finis propter quem legatur, vel causa legandi collata in futurum, quæ si sit impossibilis, legato nihil nocet: si possibilis sit, agentem de legato protinus admittit, sed oblata cautione ll.

l De his quæ sub modo legata vel fideicōmissa relinquuntur, 6. C. 45.
ll *Vide de his omnib. Cuiac. in paratit. C.*

m *Conditio* est causa apposita legato, qua existente debetur legatum, deficiente perimitur, suspensa suspenditur. Hæc si impossibilis sit, legatū non perimit, si possibilis, etiamsi aliquando non existat, non perimit legatum, si sit ex his quæ remittuntur.

m De conditionib. incertis tā legatis quam fideicommissis & libertatib. 6. C. 46.

n De quibus nobilissima est illa *Viduitatis* conditio ex constitutione Justiniani, quæ conditionem viduitatis, sive mari sive fœminæ sit imposita lege Julia Miscella sublata penitus remittit, vt legato statim præstito nec sit necesse præstare

n De indicta viduitate & de lege Iulia Miscella tollenda, 6. C. 40.

cautionem Mutianam, etiamsi tardius nubat vel uxorem ducat, nec jurare, se maritum aut uxorem habiturum liberûm quærendorum causa 12.

12 Cui. in parat. C. eod.

Idem tamen Iustinianus postmodum Novel. XXII. ad coercendas nuptias secundas constituit, ut conditio viduitatis non esset ex his quæ remitterentur, sed legatum sub ea conditione relictum præstaretur, spe nuptiarum sublata, nec post annum quoque aliter, quam præstita cautione Mutiana, quod legati nomine ceperit conditione viduitatis non impleta heredi cum sua causa restitui 13.

13 Cui. in parat. C. eod.

Legati aut fideicommissi petitio in heredem ita demum transmittitur, si dies eius cesserit 14.

14 Cui in parat. C. quand. dies leg. vel fideic. eod.

o Quando dies legati vel fideicommissi cedat. 36. D. 26. C. 53.

o Cedit autem dies ejus à morte testatoris, si purum aut in diem certum relictum sit: à die impletæ conditionis, si conditionale fuerit, vel in diem incertum relictum sit; quam ad rem nec scientia exigitur, nec agnitio legatarii, nec traditio rei legatæ, nec aditio hæreditatis 15.

15 Cui. in parat. C. eod. Iustinianus enim ius antiquum reduxit sublata lege Iulia & Papia, qua puta cedebant, non nisi ex apertis tabulis.

Excipiuntur tamen nonnulla, quæ ab hæreditatis aditione cedunt, puta si legetur usus, ususfructus, habitatio, si detur libertas, si libertati jungatur legatum, vel si servo legato legetur: deferuntur autem omnia ex die hereditatis aditæ 16.

16 Cui. in parat ff. eod.

p Ut legatorum seu fideicõmissorum servandorum causa caveatur, 36. D. 3.

p Herede à morte testatoris ejusve qui legatum aut fideicommissum reliquit legatum aut fideicommissum protinus non præstante, legatarii aut fideicommissarii postulant à prætore vel præside sedente pro tribunali, ut heredem jubeat cavere de legato aut fideicommisso datis fideiussoribus: quo casu stipulatur legatarius aut fideicommissarius, promittit heres à quo legatum aut fideicommissum est, adpromittit fidejussor, quem dat heres.

q Ut in possessionem legatorum vel fideicõmissorum servãdorum causa esse liceat, 36. D. 6. C. 54.

q Herede non obtemperante, legatarius aut fideicomdeicommissarius mittitur in possessionem omnium rerum, quæ in causa hereditaria sunt, dolove malo heredis esse desierunt, aut in possessionem certæ rei hereditariæ, custodiæ & quasi pignoris causa.

Debet autem legatario aut fideicommissario postulanti post mortem testatoris & aditam hereditatem satisdari, etiamsi dies legati aut fideicommissi nondum cesserit, modo legatum relictum esse constet, & satisdatio à testatore remissa non sit[17].

17 *Cui.in parat. C. eod.*

r Legata vt dari, ita *adimi* possunt, & adimi vel ab ipso legante, vel à lege.

r De adimendis vel transferendis legatis vel fideicommissis 34.*ff*.4.2.*Inst*.21. *vide tradita à Ioseph. Ludov. consil*. 24.

A legante ita quidem, si eodem modo quo dedit, ea etiam ademerit, adeo vt licet jure veteri legata testamento vel codicillis adimi necesse erat, quoniam isto jure non nisi testamento aut codicillis dabantur, tamen cum nuda & quacunq; voluntate hodie dari possint, nuda etiam & quacunque voluntate hodie possint adimi.

Lege adimuntur etiam testatore invito, cum lex legata vel omnino non vult præstari, vel minuit.

Omnino præstari non vult lex legata illa, quæ facta sunt caduca [18], aut si legato se quis publice vel privatim indignum fecerit[19].

18 *Quo pertinet itidem, quod ad legata & fideicommissa attinet titulus C.de caduc.toll.*

19 *Quo pertinet itidem titul. D. & C. de his quib. vt indignis, &c.*

s Minuit legata lex Falcidia. Nam cum lege XII. tabul. pro arbitrio suo quis legata relinquere cuicunque & quantumcunque, atque adeo hereditatem vniuersam legatis exhaurire posset, nudo nomine heredi relicto, & neque lex Fusia, neque lex Voconia arbitrio isti modum ita imposuisset, quo minus id fieret, C. Falcidius legem tandem tulit, qua hereditas delibari quidem, sed non exhauriri posset, ita vt hereditas vltra dodrantem, hoc est, novem vncias legatis non oneraretur, atque vt apud heredem quadrans hereditatis

s Ad legem Falcidiam, 35 *ff*.2.6. C.49.2.*Inst*.22.

minimum, dodrante pro rata inter legatarios distributio, remaneret. Si autem testator plus dodrante in legata erogaret, legis Falcidiæ autoritate heres partem sibi inde decerpit tantum, vt quartam hereditatis sibi retineat salvam & integram [20].

20 l.1.D.eod.

Hinc quadrans iste, qui heredi remanere debet, illibatus, dicitur Falcidia.

Erat autem Falcidia olim legatorum adjunctũ proprium, sed postea SCto Pegasiano translata est etiam ad fideicommissa testamento relicta, atque constitutione D. Pii ad fideicommissa relicta ab intestato, demum etiam ex constitutione D. Severi ad donationes mortis causa [21].

21 l.2.l.si mortis causa, Cod. de don. mort. caus.

Etsi vero Falcidia ita regulariter locum habeat, fit tamen quandoque vt legata præstanda sint integra, etiamsi sint vltra dodrantem, puta, si heres hereditatem sine inventario acquisiverit [22], si testator eam detrahi vetuerit [23], si heres post judicis decretum intra anni spacium defuncti voluntatem non impleverit [24], si quibusdam legatariis legata integra solvere ceperit [25], si miles legaverit [26], si ad pias causas legatum sit [27]; quæ in herede extraneo semper vera sunt, in suo non item.

22 l.fin. C. de iure delib. Nov. 1. §. sinum vero.
23 d. Nov. 1.
24 d. Nov. 1.
25 l. si in imponenda, C. de legat.
26 l. in testamento, C. eod.
27 Auth. similiter C. eod. Nov. 131. §. si quis autem.

Quantitas autem patrimonii, quo ad Falcidiam, spectari debet mortis tempore ære alieno prius detracto [28].

28 §. quantitas autem, Inst. eod.

Pactum successorium est vltima quædam volũtas, qua duo pluresve in suorum alterutrius præmorientis bonorum successionem consentiunt.

Ejusmodi pactum etsi de alterius viventis hereditate regulariter fieri nequeat, tamen si cõsensus viventis illius accedat, nihil obstat, quo minus pactum illud valeat, præsertim etiam illis, qui ab intestato heredes futuri erant, paciscentibus [29]. Quod si enim sint alii, non quidem illi habebunt here-

29 l.fin. C. de pact.

hereditatem, bona tamen illis nihilominus deferuntur, vt legatum sive fideicommissum, ita saltem jure codicilli seu donationis ab intestato validum.

De iure accrescendi[1]. CAP. LXXVII.

IN successionibus locum habet jus accrescendi, quod est jus, quo pars vacans cedit & accrescit parti occupatæ.

Quod jus versatur in toto & in partibus.

Totum est res ipsa in qua partes fiunt, partes aūt in ea re fiunt ex personarum in eandem illam rem concursu, vt quot sunt partes, totidem etiam fiant rei partes,

Personæ enim plures, quarum alias inter se cō-junctio nulla est, coniunguntur in toto.

Coniunctio hæc duplex est: simplex & mixta.

Simplex est conjunctio, facta verbis tantum vel re tantum.

Mixta est, quæ fit verbis & re simul.

Verbis tantum conjuncti sunt, cum cuiq; in toto sua certa assignatur portio, puta, Titio & Sejo ex æquis partib. fundum Cornelianum do, lego: si vterq; hic partem suam accipiat, vtraq; pars est occupata, nec locus est juri accrescendi: si Titius partem suam nolit, atque ita illa fiat vacans, Seius autem partem suam occupet, Sejo vel potius Seij parti occupatæ accrescit pars vacans, alias Titio debita.

Re conjuncti sunt, cum duob. separatim res eadem datur, puta Titio fundum Cornelianum do, lego: Sejo fundum Cornelianum do, lego. Hic si Titius & Sejus concurrunt, concursu isto fiunt partes, cum alias cuique in solidum fundus in solidum datus esse videretur, adeoque si alteruter non concurrat, fundus alteri, si volet, relinquetur totus, non quidem jure accrescendi sed potius jure non decrescendi.

[1] *De quo in l. re cō-iunctι. 89. ff. de legat. 3. l. item qᵽ, 17. D. de hered. instit. l. triplici, 142. D. de V. S. l. vni. §. his itaq́, C. de cadu. tollend. De hoc iure duos integros libros scripsit Fr. Duaren.*

Mista conjunctio est, quando personæ re & verbis simul conjunguntur, puta Titio & Sejo fundum Cornelianum do, lego.

a De vsufructu accrescendo, 7. D. 2. In conjunctione simplici verbali locum habet jus accrescendi,[a] excepto vsufructu: in conjunctione mista semper & sine vlla exceptione locum habet in omnibus, sed in coniunctione reali locum habet nunquam.

De Dominii amissione.

CAP. LXXVIII.

REstat videre quibus modis dominium quod quis habet amittat.

Id vero fit voluntate domini, vel sine illa.

Voluntate domini omnibus illis modis, quibus ab alio in alium transfertur dominium.

Eaque vera vel præsumta.

Vera vt traditione & successione, quæ fit ex vltima voluntate.

Præsumta in præscriptionibus, atque cum dominus rei illam habet pro derelicta.

Sine voluntate Domini, atque tum vel contra ipsius voluntatem, quod fit bonorum publicatione: vel præter illam, quod fit morte, & consequenter successione ab intestato.

Finis libri primi.

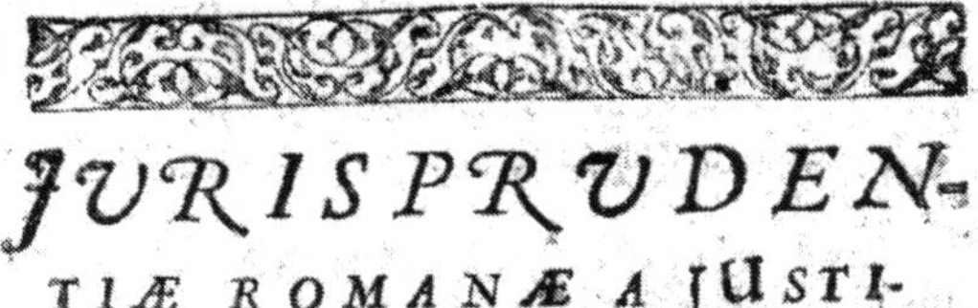

JURISPRUDENTIÆ ROMANÆ A JUSTINIANO *composita*.

LIBER II.

Qui est

DE JURE RELATO.

a *De judicio, eiusq; personis.* CAP. I.

IUS absolutum hactenus est expositum in personis & in rebus; atq; illud quidem in potestate & obligatione, hoc vero in possessione & dominio: sequitur doctrina quæ est de jure relato.

Jus *relatum* est, quod jus præsupponit aliud, nimirum superius illud, quod dicebatur absolutum; cuius praxin quodammodo ostendit atque vsum.

Ex quo hoc jus relatum spectatur in iudicio, in quo vix quidquam est, quod cognitionem istam personarum & rerum superiori libro propositam non præsupponat.

Est autem *iudicium* legitima rei controuersæ inter litigantes apud judiciem tractatio[1]. Caius & Justinianus alibi actionem vocat[2]. eidem Justiniano alibi certamen cognitionale dicitur[3].

Cuius distributio duplex est, vna ex partibus, altera ex speciebus.

Partes judicii duæ sunt, nimirum Personæ & Quæstio.

a De judiciis & vbi quisque agere vel conueniri debeat, 5. *D*. 1. 3. *C*. 1. *Cas*. 8. *obs*. 32. *iudicia in rubrica Digestorum interpretatur vindicias, Don. vero in rubr. D. de reb. cred. nu*. 3. *act*. 25.

1 *Ita fere Cuiac. in parat. D & C. eod. VVes. in par. D. eo. nu. 5. arg. c. forus, de V. S.*

2 *l. 1. D. 1. de statu homin. §. fi. Inst. de iur. nat. gent. & civil.*

3 *§. 3. C. de Iustinian. C. confirman.*

Persona

Personæ sunt homines, qui ut res controversa tractetur faciunt.

Et tractetur necessario vel commode.

Necessario, quod faciunt personæ judicii principales.

Commode, quod faciunt personæ judicii minus principales sive accessoriæ.

Personæ principales sunt, quæ si non sint, judicium esse non possit.

Eæque sunt judex & litigantes 4.

b *Iudex* est persona, quæ judicio præest, inter litigantes medium agens, ab eo quod jus dicat, hoc est, rem controversam jure definiat, judex appellatus.

Hic est Ordinarius vel Extraordinarius 5.

Ordinarius est judex jure magistratus, quem gerit, secundum modum jurisdictionis suæ [6] judicans.

Judicans, inquam, vel de jure, id est, statuendo quid juris, quod cum facit, jus dicit 7, quod ordinarii est proprium: vel de facto, id est, cognoscendo de facto in judicium deducto, & de eo pronũciando [8], quod proprie est judicare, & judici ordinario cum extraordinario commune.

Atq; olim quidem judicabat rarius, nec nisi cũ vellet, aut in causis gravioribus, jus dicebat semper: hodie forma Romani imperij immutata, jus quod est judicando declarat ut plurimum, imo dixerim fere semper 9.

Jus autem dicebat olim hic judex, magistratus: ab ipso alius, nempe quem ipse causa cognoscendæ judicem dedisset, cognoscebat de facto.

Atque hic est judex ille ordinarius, de quo dicitur, quod ut suspectus removeri non debeat, etsi ut suspectus arguatur: sed quod alius illi sit adjungendus [10].

Extraordinarius judex est ex hominis voluntate,

4 d. l. forus.
b De judicibus, Nov. 82.
5 l pen. D. de iud. l. 2 C. de dilat. l. in contractib. §. in omni. C. de non num. pec. l. 1. C si quacũque prædit. potest. l. quoniam, C. de appell.
6 l. 2 D. si quis in ius vocat. non ier. l. in causa. 16. in fi. D de minor. l. cui eorum, 3. D. de postu. l si quis apud 3. §. procuratorem. Dig. iud. solvi. §. sed hoc iure, Instit. de Atil. tu. & ei qui dab: ex leg. Iul l. vn. D. si quis ius dic. non obtemp.
7 Hinc dicitur iuri præesse, l. 1. C, ut in possess. legat. item iurisdictioni præesse. l pen. D de iud.
8 l pen D. de iud.
9 Qua de re dixi 1. discept. Schol. 1.
10 Iure nimirum civili per text. in l. apertissimi, C. de iud. & Auth si vero contigerit, C. eod. Myns Cent. 2. obs. 52. Gail. 1. obs pra. 33. nu. 1. Cacheran. decis Pedem. 15 nu. 1. & seq. sed iure Canonico etiam ordinarius recusari potest, c. si quis con-

tate, qui potest, judicandi potestatem habens 11.

Ex voluntate autem hominis, ejusque personæ publicæ vel privatæ.

c Publicæ, atque ita voluntate magistratus
12 jure Justinianeo antiquo, non etiam alterius,
d qui judex dicitur Pedaneus 13, item specialis 14;

tra clericū, vbi DD. de foro compet. cap. suspicionis. de of. deleg. Schenck Baro concl. 45. parte 1.

11 *d.l.pen.D.de iud.*

e Qui pro sua iurisdictione iudices dare dative possunt, 3.C.4. 12 *l. privatorum, C.de iurisd. Hic autē illa est, de quo Paulus IC. dicit, iudicē dare posse, quib. hoc lege vel SCto vel constitutione conceditur, l. cum prætor. 12. §. 1. D. de iud. idemq́ ibidem Paulus mox explicat in specie. Hinc Vlp. in l. eū qui, 13. D. de iurisd. Eū, inquit, qui iudicare iubet magistratū esse oportet, eodemq́ pertinet, l. à D. Pio 15. in pr. D. de re iud. l. fi. D. quis à quo appellet, atq́ in specie à proconsule iudicē dari affirmatur in d. l. cū prætor, & de eo cui mandata est iurisdictio, d. l. cum prætor. l. legatus, 12. D. de off. procons. & de præside provinciæ, l. præses provinciæ, 5. D. de off. præsid. & de præfectis vrbi, d. l. cū prætor, atque de ijsdem & præfectis prætorio, l. 1. D. quis à quo appell. imo à Consulib. etiam iudices datos probat, l. 1. §. si quis, D. de appellat. Ceterū cuius iudicis dandi potestas, eiusdē etiam est mutandi & inhibendi. d. l. cū prætor. in pr. & in l. si longius, 18. D. de iud.* d De pedaneis iudicibus, 3.C.3. 13 *Ita appellatur in Dig. l. 3. D. ne quis eum qui in ius vocat. l. 1. §. item SCto, D. de postul. l. prætor, 4. D. de tutor. & curat. dat. l. si qs aliquid, 38 §. iudices, D. de pœn. atq́ etiā in Codice, in rub. C. d. pedan. iud. l. pen. C. de pact. l. 2. C. de libert. & eor. lib. l. constitutio, C. de fruct. & lit. expens. l. si lis, C. ad leg. Corn. de fals. l. fi. C. vbi & apud quos. Cuiacio in parat. C. de pedan. iud. ita dicti videntur, quasi agi pedes aut plani pedes, quod non pro tribunali iudicent sed de plano stantes aut sedētes, imo, collatitio aut fortuito scamno, fortuito cespite, vt Nov. 71. & 81. Barn. Briss. in Lexic. pedaneum dictum putat quasi imi subsellij iudicem, atq́ ad id confirmandum allegat Anianum interpretem Pauli IC. in sententiis lib. 5. tit. 28. & Theophilum in princ. Instit. de interd. qui iudicem pedaneum appellat χαμαιδικαστὴν. Verumtamen videtur maior iudicium pedaneorum fuisse autoritas sub populo Romano, quam sub Imperatoribus; quemadmodum maior etiam sub illo, quam sub his fuit magistratuum, à quibus dabantur, potestas atq́ autoritas. Nam cum ab initio graviores etiam causas tractaverint Imperatores, non nisi de humiliorib. negociis, levibusq́ ac minutis causis eos cognoscere voluisse videntur, vt constat ex l. 2. C. de pedan. iud. & cumprimis ex l. fina. C. eod. in qua diserte Iustinianus iudices pedaneos definiisse videtur his verbis,* Qui negotia humiliora disceptant, *quasi alij pedanei iudices fuerint, qui non humiliora tantum, sed augustiora etiam negocia disceptaverint. Quo pertinet quod à Iosepho lib. 2. de bello Iudaico dicuntur δικασταὶ τῶν εὐτελεστέρων διαφορῶν. hoc est, iudices controversiarum tenuiorum, sive, vt ex Iustiniano illud interpreter, iudices, seu disceptatores negociorum humiliorum. Nam in ea significatione apud Græcos vocem εὐτελὴς tam de rebus quam de personis accipi probat Henr. Stephanus in thesauro Græcæ linguæ. Ex his non inverosimiliter mihi coniecturam facere videor, (tametsi Cuiacij & Brissonij & plerorumque omnium sententiam non improbem) Pedaneum iudicem ab initio dictū esse non à loco, sed à modo cognoscendi de controversiis, nimirum quod cū à magistratu à quo datus erat, ipsi formula, secundum quā iudicaret, præscripta esset* lis[14], atque inde definitur, quod si judex à magistratu secundum jurisdictionem suam causæ alicuius specialis vnius vel plurium notioni additus[15].

Hunc iudicem nemo dat, nisi magistratus: populum in antiqua ista Rom. repub. eum dedisse ego quidem nusquam repeiio.

Posteaquam vero etiam à principe dari ceptus est[16], tam à magistratu quam à principe datus iudex dictus est delegatus[17], ille quidem simpliciter, hic vero delegatus Cæsaris vel principis[18], cui hoc etiam erat tributum, vt subdelegandi potestatem haberet[19], imo potestas etiam eius esset quam iudicis ordinarii maior[20].

Quod enim is qui à principe potestate aliqua præditus esse dicitur, iudex est & dicitur[21], id ad iudicem pertinet ordinarium sive magistratum, non extraordinarium; vt iudex sit non ex speciali datione, sed ex vi magistratus, quem à principe accepit.

e Ex voluntate privatæ personæ, (privatæ, inquam, contemplatione controversiæ in iudicium deductæ)

ab ea ne latum quidem vnguem discedere ipsi concessum esset, sed in eandem manibus pedibusq́; ire, atq; ex ea de cōtroversia pronūciare. Non enim dicebat iudex Pedaneus ius, sed quod à magistratu dictum ipsiq́; in formula præscriptum erat, pronunciabat, eratque magistratus minister. Ex quo cum iudex vt ius dicens dicatur, hic iudex datus non dicatur, ἁπλῶς, sed cum illa additione, Pedaneus, hoc est, qui ita ius diceret, vt potius pedibus suis, in eius qui revera ius dixerat, sententiam concederet, eique vicariam operā præstaret. Nec puto sub populo Romano eos χαμαιδικαστὰς vel δικαστὰς ἐυτελεστέρων διαφορῶν dictos, sed appellationes illas sub Imperatoribus, demum cepisse, atque tum Pedaneos dictos fuisse, non est formula ipsis præscripta, præsertim illa formularum solennitate sublata, sed à materia, hoc est, à causis sive negociis, quæ apud ipsos disceptabantur, quæ erant humiliora atq; abiecta, & vt dicam, ad alia comparata pedibus subiecta, & quasi humi repentia, videturq́; Iustinianus cum ait humiliora *ad Græcum illud χαμαιδικαστὰς respexisse. χαμαὶ enim Graeotum apud Latinos redditur Humi vel in terra.* 14 *l. fin D de off prætor. l præses provinciæ, 5. D. de off præsid l. fi. C. de iud.* 15 *Vide Briss. lib. 1. de V. S. in verb. Addici dicebatur. Hinc etiam datus dicitur, l. iudex datus, 46. D. de iud. l. pen. D. iud. solvi. De eligendis iudicibus vide Cui. 21 obs. 31. Guil. Constan. 1 quæst. 9* 16 *d. l. pen D de iud. l. à iudic. C. de iud. l. fin C. vbi Senatores vel clarissimi, Nov. 82.* 17 *d. l. à iudice, quem extraordinarium esse constat ex l. 2. C. de dilat. vbi Dion. Goth. in notis.* 18 *d l fin. C. vbi Senat. vel clariss* 19 *d l à iudice, Hartm tit. 1 obs pr 8. Alias enim regulariter delegatus non potest subdelegare, c fi de off deleg. & in d. l. à iudioe, nisi per delegantem data sit potestas subdelegandi. de quo gloss in c is cui, de offic. de leg in 6.* 20 *vt apparet ex discursu d. l fina.* 21 *d. l pen. C de iud.* e De receptis, qui arbitrium receperunt vt sententiam dicant, *4. D. 7. 2. C. 56. 1. Decret. 53*

deductæ) non vnius, ſed plurium, & minimum duorum, nempe inter quos eſt controverſia, iudex extraordinarius eſt, qui ex conventione litigatorum eligitur. Cuius arbitrio cum controverſia committatur, idem dicitur Arbiter [22], atque cum ex promiſſione partium mutua adeatur, quod in legibus dicitur ſumi ex compromiſſo [23], compromiſſarius [24], ideoque definitur iudex ex partium compromiſſo cognoſcens [25].

Tametſi is etiam iudex, qui à magiſtratu datus eſt, & proprie dicitur Pedaneus, non raro etiam dicatur arbiter [26], cum alias iudex ab arbitro diſtinguatur [27], vt ex eo omnem quidem iudicem extraordinarium recte liceat appellare arbitrum, & à privatis quidem aditum ſemper, à publica perſona datum non niſi in iudiciis, quæ bonæ fidei ſunt; vt rurſus iudicis appellatio propriam ſibi ſedem in iudiciis, quæ ſtricti juris ſunt, fixiſſe videatur [28].

Eſt tamen arbitri ſeu iudicis compromiſſarii poteſtas, quam eius, qui à magiſtratu datus eſt amplior, cum hic non niſi ex formula à prætore, atq; adeo iure ſibi præſcripto iudicaret, ille pro arbitrio ſine vlla juris formula.

Et rurſus ab arbitro alius eſt arbitrator, qui jus merum & nudum factum ſine vllo iuris à prætore vel quopiam alio præſcripto, vt ad tranſactorem

22 Infinitis iuris locis.

23 d.l.pen. Dig. de iud.l.arbitrorum. C.de recept. arbitr. l.ſocietatem, 76.D. pro ſoc.Paul.5.ſent. 5. vnde non appellatio arbitri arbitrũ facit, ſed forma cõpmiſſi, vt ait And. Gail.1.obſ.pract. 130.num. 6. atque omnis arbitrorum poteſtas dependet à compromiſſo, Cacher.deciſ.Pedem. 39.nu.5.

24 l.cum lege, 41. Dig.de recept.qui arbit.l.prætor, 4. D.de tutor. & curator. dat.l.penult. C.de pact.l.fina. C. de teſtib.l.fi. C. vbi & apud quem.

25 Quæ definitio ex modo allegatis legibus colligitur.

26 l.Lucius, 24. D.depoſiti coniuncta l.quia tantundem. 7. D.de negot.geſt. & l.quæro, 54. D.locati, in qua vtraque quod de officio iudicis dicitur, in priori iſta dicitur de officio arbitri, & confirmat.l.1.D.de pact.dotal.l.cum proponas, 6.de reb.cred.l.2.C. de ſenten. & interlocut.omn.iud. *27 l.lex Iulia, 7. in prin. D.ad l.Iul.repetund.l.furioſo, 9. l.à Divo Pio, 15.in prin.D.de re iud.§.1.Inſtit. de act.* *28 Cuia.& VVeſ. in d.§.1. Inſt.de act.monetque doctiſſimus Briſſ.lib.1.de V.S.in verb. Arbiter, ex hoc fundamento in legib.obſervari poſſe, huiuſmodi arbitrorum mentionem fieri duntaxat in actionibus, quæ ex bona fide deſcendunt, quod ibidem infinitis exemplis atque legibus demonſtrat & comprobat.*

ctorem potius, quam ad judicem accedere videatur[29].

Et sunt quid in judices extra ordinarii omnes speciales, hoc est, ad certarum causarum cognitionem in specie assumpti, ordinarii vero sunt, vt ita dicam, generales, quod in genere jus dicendi & judicandi potestatē eo ipso, quod magistratus creati sunt, acceperunt in specie, vt ita quod habent in genere, si casus aliquis incidat, accommodent ad speciem.

f Ut autem quis in causa sua judicet vel jus dicat prohibitum est[30].

Tametsi receptum sit, vt & in sua quis causa judicet, cum de sportulis judiciariis agitur[31], itemque si de jurisdictione eius agatur[32].

g Et vero vlcisci seipsum licet non adito judice, sibique jus dicere adversus obsessorem viarum, & adversus furem nocturnum in agris, sive paganum, sive militem, & eum occidere quoquo modo, quod ex XII. tabul. obtinuit etiam in vrbe, hodie ex constitutione[33] in agris duntaxat locum habet.

Licet etiam cuilibet adversus desertorem militiæ vindici esse læsæ maiestatis devotionisq; publicæ deserto e obsesso & perhéso, & si se telo defendat etiam ocioso.

Sed personæ *litigantiu* speciales sunt semper, nisi in publicis & popularibus actionibus aliud statuendum quis existimaverit, siquidem in his cuilibet de populo agendi facultas concessa est[34].

Sunt autem personæ litigantes in judicio minimum

29 *Differentias inter arbitrum & arbitratorem vide apud Bart in l. societatem, §. Arbitrorum, D pro soc Panorm. in c. Quintavallis, nu. 8. & seq. de iureiur. potissima tamen hac est, quod arbiter partiū consensu loco iudicis eligatur, vt coram eo procedatur iuris ordine observato: arbitrator vero sine forma iudicij, vt dicit And. Gail. 1. obser pract. 150 nu. 4.*

f Ne quis in sua causa iudicet vel ius dicat, 3. C. 5.

30 *l. qui iurisdictioni, 10. D. de iurisd. cui adversari videtur l. in privatis. 77. D. de iudic. de qua Antinomia varie inter se discepant interpretes, quam* Deo *dante, lib. 2. discept. Schol. expediam.*

31 *Cuia in parat. C. ne quis in sua causa iudicet.* 32 *l si quis ex aliena, 5. Dig. de iudic putant etiam consuetudine fieri posse, vt quis in propria causa sit iudex, per text. in cap. 1. in fine de pœn. in 6. & ib. glo in verb punire Bossius sub titu. de foro compet num. 38. & seq. Alexand. consi. 13. num. 10. vol. 6. And. Gail. 1. obs. pract. 1. nu* 18. g Quando liceat vnicuique sine iudice vindicare se vel publicam devotionem, 3. *C.* 27. 33 *l. 1. C. eod.* 34 *§ publica, Inst. de publ. iud.*

nimum duæ, nimirum Actor & Reus. h Interdum vero etiam plures sunt, & vel ex vna tantum parte, vel ex vtraque, atque cum hi tum illi Consortes litis dicuntur.

Actor[35] est, qui ad judicium contra reum provocat, idque simpliciter vel sorte[36].

i Hic ab initio semper est volens, invitus nunquam, siquidem regula est, vt agere vel accusare invitus nemo compellatur, à lite autem cepta impune ipsi desistere non liceat, nisi reo consentiente.

Reus est qui ab actore provocatur, vt cum eo agatur[37], ita dictus à re, hoc est, à causa sive controversia, quæ ab actore ipsi movetur[38].

Atq; in hunc etiam invitum judicium exponitur[39], estq; quod ad merita quidem causæ eorumque probationem & deductionem attinet favorabilior[40]: sed quoad processum judiciarium ordinandum deterior, ne in ipsius sit potestate judicium magistratusq; autoritatem eludere.

Et in omni quidem judicio Reum aliquem esse oportet, sive præsens is sit, sive absens. Actoris vero vices supplet interdum magistratus, quod fit in criminalibus causis, inquirendo, etiamsi vere dici possit, dum inquiritur non esse judicium, si autem judicium dicetur Actorem, qui Accusator dicitur constitui.

k Actor autem Rei forum sequi tenetur

F f 41 id

h De consortib. eiusdem litis. 3. C. 40.

35 *de variis vocabuli actor significationib. vide Brissonium lib. 1. de V. S. in verb. hinc actores servi.*

36 *l. in tribus, 13. l. qui appell. 29. D. de iud.*

i Vt nemo invitus agere vel accusare cogatur. 3. C. 7.

37 *§ fina. Inst. de perpet. & temp. act. §. 1. Inst. de except. l. iudicium, 10. in fi. D. fin. regund. dicitur etiam fugiens, Græcis φεύγων, l. properandum, §. 1 C. de iud. interdum tamen vox Reus accipitur generalius pro vtroq; litigante, & actore & Reo, vt in §. quadrupli, Instit. de act.*

38 *Cic. lib. 2. de oratore.*

39 *l. inter stipulantem, 83. §. 1. D. de V. O.* 40 *l. favorabiliores, 125. D. de R. I. l. non debet, 41. D. eod.* k Quando Imperator inter pupillos vel viduas vel miserabiles personas cognoscat, & ne exhibeantur, 3. C. 14. Vbi de criminibus agi oportet, 3. C. 15. Vbi de possessione agi oportet, 3. C. 6. Vbi fideicommissum peti oportet, 3. C. 17. Vbi conveniatur qui certo loco dari promisit, 3. C. 18. Vbi in rem actio exerceri debeat, 3. C. 19. Vbi de hereditate agitur, & vbi heredes scripti in possessionem mitti postulare debeant, 3. C. 20. Vbi de ratiociniis tam publicis quam privatis agi oportet, 3. C. 21. Vbi causa status agi debeat, 3. C. 22. Vbi quis curiali vel cohortali aliave conditione conveniatur, 3. C. 23. Vbi senatores vel clarissimi civiliter vel criminaliter conveniantur, 3. C. 24. In quibus causis militantes fori

præscriptione v-ti non possunt, 3.C.25. Vbi causæ fiscales vel divinæ domus hominum que eius agantur, 3.C.26.

[41] id est, convenire eum apud iudicem ipsius Rei: forum autem quis sortitur, hoc est, Rei judex quis est ratione vel contractus [42], vel delicti [43], vel

41 *l.heres absens, 19.D.de iud.l.fin.C.vbi in rem actio, l.iurisdictionem, C.de iurisd.& foro compet.c si diligenti, c. si contra clericum, de foro compet.Soc.reg.15. Duen.reg.21.Damas.reg.75.* 42 *d.l. heres absens, §.si l.contraxisse, 21.D.de O.& A.Soc.reg.204.Gail.2.obs.pract.1.n.4.& de pig. obs.14.n.4.si nimirum ibi inveniatur, Gail.2.obs.pract.36.n.14. An remissio fiat in contractib.vide Felin.in c.si de foro compet.Gail.1.de pace pub.16.n.fi.* 43 *Textus est in l.1.& in auth.Qua in provincia, C.vbi de crim.agi oport.l.si cui 7.§.fi.D. de accus.l.præses provinciæ,3.D.de off.præsi gl.in l.à D.Pio, §.sententiam, D. de re iud.c.fi.& ibi gl.de foro compet.atq; ita omnes Doctores sentire in l.solent, D. de custod.reor.affirmat.Dida.Couvar pract.q.c.11.n.3. eiusq; iuris rationes recenset Iac. de Belvis.in c.Romana, §.contrahentes, n.110.de foro compet.in 6.& Couvar.d.c.11 n.3. Nam delictum dat iurisdictionem contra delinquentem illi iudici, qui alioquin non erat ipsius iudex, c.licet ratione de foro compet.& ibid.gl.atque Dd.& est gl.not. in c.1.de raptor.textus est in d §.contrahentes, Iac.de Belv.cons.9.n.47. inter consilia crim.vol.1.Cacher.decis.Ped.103.n.2.Gail.de pig.obs.3.n.11.idque adeo verum est, vt si ambo Actor & Reus in provincia sint, illic omni privilegio cessante res sic expedienda, vt est text.in d.authent.qua in provincia, & in Auth.vt omnes obediant, iud.provinc.§.hoc considerantes, collat.5.quod ita de militibus non attento ipsorum privilegio nominatim traditum est in l.desertorem auditum,3 D.de re milit.l. fin.C.vbi quis curial.vel cohort.& de clarissimis in l.1.C.vbi Senat.vel.clariss.& de hominib divinæ domus atque Cæsarianis in l.vniversis, l.nullum, & l fi.C.vbi caussa fisc.Non enim distinguitur, vnde sint, qui deliquerunt, dicit Schenc.Baro in virid. concl.iurid.concl.116.tom.1.per l.3.D.de off.præsid.& notat Ioan.Andr.in c.cui licet, de R.I.in 6.in mercurial.& ad idem facit gl.in c.1.in verb.iudicare, de off.ord.& ibid.Alciat n.48. vnde existimarunt nonnulli iudicem loci seu domicilij non posse inquirere de delictis ab eo, qui alias ipsius iurisdictioni subiectus est, alibi commissis & patratis, sed spectare id ad iudicem loci, in quo delictum patratum est per text.in cap.si peccaverit, 2.q.1.cap.postulastis, de foro compet.l.3.C.de curs.pub.lib.12.Dd. in l.fi.C.de iurisdict.& in c.fin.de foro compet.Odofr.& Iac.de Belvis.in d.l.1.C.vbi de crim.agi.oport.Ioan.Andr.in addit.ad Spec.tit.de compet.iud.ad §.1.Bald.in l. 1.C.de ædil.edict.Salic.in l servos, C.ad l.Iul.de vi, communem esse testatur Bolog. consil.57.colum.2.atq; ita tenuisse omnes Dd.antiquos maxime Oldra.in l.cunctos populos, C de sum.trinit Odofr.& Iac.de Belvis.in d.l.fin.C.de iurisdict.& ibidem Guliel.de Cuneo, refert Thom.Gramm.decis.Neapo.26.num.6. & hanc esse magis communem Dd.opinionem testantur Hippol.de Marsil.in pract.sua crim.§.constante, num.90.& seq.Socin.in d.l.à Divo Pio, §.sententiam, n.16.Lud.Carer.in pract. sua crim.§.circa itaque secundum, nu.61.Fr.Vivius in commun.opin.thes.opin.incip.Iudex domicilij, & in eodem Laur.Kirchov incip.iudex originis: & veriorem atque crebriorem dicit Marsil.in l.fina.n.140.D.de iurisd.omn.iud.& Menoch.consil.2.n.130.lib.1.putantq; id procedere non modo de iure civili, sed etiam de iure Canon.Bald.in l 1.§.2.D.de off præf.vrbi, Hipp.de Marsil in d.l fin.num 140 C.de iurisdict. & in contingentia facti in sacro consilio Neapolitano secundum eam opi*

rionem iudicatum & pronunciatum fuisse scribit Grammat.d.decis.26. Cui consequens est, ut iudex originis sive domicilij remittere teneatur delinquentem ad iudicem loci in quo deliquit d.c.fin.de foro compet.c.1. de raptor.c.si illic,23.q.4.Clem. Pastoralis de re iud. Auth. vt nulli iudic.§.si quis vero comprehens.colla.9. Cur.iun. in d.l.heres absens,§.1.n.5.& ibid.Sebast.Sapia nu.10.Didac.Couvar.d.c.11.n.4. vers.secundo illud, Iul.Clar.lib.5.§.fi.q.38.& 85.in pr. VVurmſ. de iudicib.lib.1. obs.pr.9.eamq; remissionem ex necessitate potius faciendam esse, quam ex vrbanitate, quoties à iudice illius loci, vbi delictum commissum esse dicitur, fieri petitur, asserit Schenc.Baro in virid.conciu.117.tom.1.Boer.q.29.n.2. atq; ita sentire omnes scribentes in d. Auth.qua in provincia affirmat Grammat.d.decis.26.n.7.& communem esse respondit Capell.cons.crim.59.Carol.Ruin.cons.84.n.5.vol.4.atq; sunt, qui hanc opinionem tam veram esse scribant, vt delinquens remittendus sit, non obstante consuetudine contraria, idque docendo tradunt Bart.& Dd.in d.l.1.C vbi de crim.agi oport.Iac.de Belvis.& Ang.in d. Auth. vt nulli iud.§.si vero quis comprehens.Ioan.de Anan.in d.c.1.de raptor.Ioan.de Imol.& Zabarel.in d.clem.Pastoralis.Io.Fab.in d.auth.qua in provincia,Cynus,Bart,Bald.Salic.& Ias.in l.1.C. de sum.trinit. Felin.in c.licet ratione delicti,colum.4.vers.Ex dictis Doctorum,de foro compet.quibus consulendo adstipulantur Bald.cons.58.& cons.205. volum.4. Capol.d.cons.59.Castrens.cons.307.atq; secundum hanc opinionem in Senatu Burdegalensi iudicatum esse testis est Boer.d.q.29.quem allegant Petr.Foller.consil.96.n.1.inter consil.crim.vol.2.& post eum Fr.Vivius d.opin.iudex domicilium,num.10. Atque iure quidem Digestorum remissiones omnino faciendas existimaverim, sed iure constitutionum non in loco tantum delicti, sed etiam domicilij sive originis delinquens convenitur, d.l.1.C.vbi de crim.agi oport. & ibid.glo.in verb. reperiuntur, l.1.C.vbi quis curial.vel cohort.Panorm.& Dd.communiter in d.c.fin.de foro compet.& quod de iure civili iudex originis per inquisitionem contra subditum de delicto extra territorium commisso procedere possit tradit Couvar.d.c.11.n.5.& communem esse dicit Bologn.cons.57.quem refert & sequitur August. de Arimino in addit.ad Ang.de malefic.§.hac est, quadam,& communem esse affirmat Mich.Grass. lib.2.commun.opi.q.1.& Egi.Bos.in sua pract.crim.de foro compe.in fi.n.182. & Matth.de Affl.in c.1.§.iniuria,not.3.nu.14. de pace iuram. firm. secundum quam iudicatum esse in Rota Lucens.testatur Hier.Mag.decis.70.& ita servari in ducatu Mediolanensi refert Clar.d.q.39.n.4. Et vero generali quadam consuetudine à iure remissionum recessum esse, dicit Clar.in l.sepulcri,D.de sepulcr.viol.Alex. in d.l.si cui,circa finem.Bero.in c.de his,n.29.de accus.Couvar.d.c.11.nu.10. atq; hanc esse communem Doctorū utriusq; iuris opinionem, & ita etiam servari omni die communiter dicit Iac.de Belvis.in d. c. Romana,§.contrahentes, & complures in hanc sententiam allegat Iul.Clar.in d.q.39.vers.sed quicquid sit de iure,& vers.sed quid,in fi. Hipp.Bonacoss.in thes.commun.opin.in verb. Remissio rei ad iudicem; & dicit Socin.reg.435.incip.Remissio in delictis,fall.vlt. quod hodie de consuetudine non habeat locum remissio, quia quaelibet civitas habet suos terminos ad hoc allegans Angelum in d.l.heres absens,& Baldum in l.requirendum,col.3. Co. de serv.fugit.quam consuetudinem de iure subsistere dicit Iod.Damh.in pract.crim. c.33. in fin.modo si iudex in cuius territorio remittendus degit, delinquentē ipse puniat, quia hoc casu nō laeditur vtilitas publica, quod malefici crimina non maneant impunita, & ante eum Capol.cons.cri.29.col.3.vbi plus dicit, quod valeret huiusmodi consuetudo, etiamsi delicta remanerent impunita: & post hos omnes And. Gail.1.de pac.pub.16.n.30.

vel domicilii [44] vel rei petitæ [45].

Atque principales judiciorum personæ sunt ejusmodi: *minus* principales sive *accessoria* sunt, quæ ad principales illas accedunt, idque commodius explicandi judicii & tractandæ controversiæ causa. Ut enim hæ non sint, judicium tamen esse possit, quamvis non satis commodè explicari. Superiores enim ex necessitate requiruntur, hæ ex commoditate: & illæ ut judicium sit, hæ, ut explicetur.

Accedunt autem minus illæ principales ad judicem vel ad litigantes.

Ad judicem accedunt quidam consultandi, quidam judicii instruendi causa.

Consultandi causa accedunt [l] *assessores*, qui sunt Jurisconsulti judici in judicio causæ cognoscendæ & rectè judicandæ causa assidentes [46]: quos juris legumque peritos esse oportet [47], quippe qui non ob dolum tantum, sed ob imperitiam etiam suam teneantur, si male judicatum sit [48].

Instruendi causa accedunt Tabelliones & Viatores.

Tabelliones [49] sunt scribæ, his quæ in judicio proponuntur scribendis & dirigendis præpositi, quos

44 *d.l. heres absens, §. fi. l. origine, C. de incol. lib. 10. Clem. Pastoralis, de re iudic. Clem. cum contingat de foro compet. c. 1. de off. ordin. c. cum Episcopus, eo. in 6. Gail. de pig. c. 14. n. 4. Quatuor autem modis quis domicilium sortitur, de quibus late VVes. consil. 1. n. 57. par. 1. vide etiam Andr. Gail. 2. obs. pract. 35. & 36. Roiei. decis. Lith. 3. nu. 122.*

45 *l. fina. C. ubi in rem act. cap. sane. de foro compet. glo in c. ceterum, verb. quandiu de iud. Mynf. Resp. 24. nu. 22. Est tamen in actoris arbitrio his omnibus ita concurrentibus, ut ipse eligat, ubi Reum convenire velit, secundum Panor. in d. c. fi. super gl. tertia, de foro compet. & in c. dilecti, eod. notatur in d. l. fi. Schenc. Baro conclu. 115. tom. 1.* l De officio assessorum, 1. D. 22. 1. C. 51. 46 *l. 1. l. fin. D. de off. assess. l. 2. D. quod quisq. iur. l. si cui. 38. D. ex quib. caus. maior. l. fi. C. de crim. sacril. iidem etiam Consiliarii dicuntur, l. pe. D. de off. assess. l. in consiliariis, l. οὐ μόνον, § ὁ περιμὶπλὸς, D. de excus. tut. l. 5. D. ad leg. Iul. repetund. ab ipso magistratu electi, teste Cicerone in ea pro Quintio. Eiusmodi assessor prætoris in urbe Roma erat Domitius Vlpianus IC. l. metum, 9. sed quod prætor, D. quod met. caus.* 47 *l. 1. D. eod. l. 1. C. eod.* 48 *d. l. 2. D. quod quisq. iur.* 49 *Ita appellantur in l. moris, 9. §. nonnunquam, D. de pœn. l. universos, C. de decur. dicuntur & Tabularii, vide Briss. lib. 18 de V. S. verb. Tabularii, tametsi inter hos & illos differentiam esse Cuiac. scribit in expos. Nov. 44. Accipio autem hic tabelliones specialius, cum alias in genere tabelliones sint publicorum contractuum scriptores, l. 2. C. de Eunuch. cum similibus allegatis à Briss. d. verb. Tabelliones, vide Cuiac. in pr. expositionis d. Nov. 44.*

quos hodie judiciorum Secretarios & Notarios 50 vocant.

Viatores 51 sunt judiciorum nuncii, ea quæ in judicio fieri debent ex commissione judicis litigantibus aliisve denunciantes, vulgo Cursores.

Ad litigantes accedunt quidam interveniendo, quidam Patrocinando.

Interveniendo nimirum illi, quos ipsos causa seu controversia in judicium deducta contingit, qui ex eo quod interveniat Actori & Reo, Intervenientes dicuntur 52.

Ex quo *intervenientes*, qui ipsi quidem ab initio controversiam in judicium non deduxerunt, sed cum deducta jam est, eo quod sua intersit controversiam illam tractari vel non tractari sese interponunt 53.

Atque hoc vel sponte sua vel inviti.

Sponte sua qui faciunt proprie Intervenientes dicuntur, qui vel alterutri partium litigantium principalium assistunt, vel neutri.

Tam vero hi quam illi causam in eodem statu, quo inveniunt, tractant.

Inviti interveniunt ad alterutrius litigantis petitionem à judice ad id vocati, quibus cum lis ita denuncietur, denunciati dicuntur, pars quæ petiit denuncians.

Patrocinando accedunt litigantibus advocati & procuratores.

m *Advocati* 54 sunt patroni causarum 55 litigantes consiliis suis juvando & merita controversiæ pandendo 56: quorum officium publi-

 cum

50 Nam olim Notarii erant qui loquentium sermones vel dictata notis excipiebant & scribebant, l. Lucius Titius, 40. ff. de testa. milit. l. Thais, 41. § Seio. ff. de fideicommiss. libert. l. 1. § ludi, ff. de var. & extraor. cogn. l. fi. C. de commun. servo manum. l. pen. C. qui pot. in pig.

51 Ita dicuntur in l. magis puto, 5. § ne tamen, ff. de reb. eor. l. fi. ff. de iud. l. is qui, 5. missus, ff. ut in poss. legat. dicuntur etiam Apparitores. l. fi. § fin. ff. quod met caus. & sepius in C. Menoch. lib. 2. de arbi. iud. quæst casu 111. ad quod officium eliguntur homines etiam viles & abiecta, Tiraq. de retract. consang. § 8. gl 9. n. 2. Roic. dec. Lithuan. 2. n. 5.

52 l. non solum 11. § agere. ff. de iniur. l. iam tamen, 5. § nunc videamus, ff. iud solvi. l. sed si hac lege, 10. in fin. [...]*C. de in ius voc.* 53 *Quomodo hæc fiant proponitur infra c.* m De advocatis diversorum iudiciorum, 1. C. 7. De advocatis fisci, 2. C. 8. 54 *Dicti ab eo quod in consilium advocantur Asconius.* 55 *l. properandum, § illud proculdubio, rem non movam, § patroni autem. C. de iud. l. 1. C. de repud. bon. poss. l. advocati qui, C. de advocat. divers. iud.* 56 *d. l. advocati qui, hinc quasi milites sunt, l. fori* [...]*ui, C. eod. quæ militia in quibus consistat exponitur in d. l. advocati, qui.*

cum [57] est honorabile [58], quod nisi causa subsit, petentibus communicare cogi possunt, vt consulant [59], quod verum est atque justum, necessarium atque vtile, nec litem protelent, sed sine calumnia ad exitum deducant [60].

Vnde graves esse debent, fideles, cauti & periti, de quibus constabit examine ipsorum prævio [61].

n *Procuratores* sunt patroni alienam litem ex mandatio domini prosequentes [62]. Hi o ab vniversitate constituti Syndici dicuntur [63]; ab alio, quam ab vniuersitate Procuratores in specie, & hi rursus P Actores appellantur, nimirum a tutoribus dati [64], vel Procuratores specialissime dati ab aliis: quorum officium vtile est [65], fidele tamen esse debet.

Utrique

57 Gail.1.obs. pract.43.n.3. 58 d.l.advocati, qui, l.1.l.laudabile, C.de advoc.diversi. iudicum. 59 l.1.§. ait prator, ff. de postuland. l.providendum, §. si quis, C.eo.c.1.de of. iud. vbi gl. in verb. implorando, l.nec quicquam, 9.§.advocatos, ff.de off. procons. & leg. vide Capel.Tholos.decis. 482. Vivi.comm. opin. A. verb. advocatus, n.2. & 3. Gail.d.obs.43.in princ. Myns.Cent. 4.obs.32. VVes.in para.ff.de postul.n.3. & cogi possunt etiam gratis servire pauperibus, sub pœna pecuniaria, quin etiam remotionis ab officio, d. l. providendum, §. si quis vero, l 1.§.& vrbe.ff.de off.praf.vrbi. Gail.d.obs.43.num.11. Myns.d.obs.32. Men.li.2.de arbit.iud.qu.casu 369. idemq; disponit ordinat. Cameræ p. 1. tit. 18.§. auff das auch. 60 *l.quisquis, de postul.* 61 *Ord.Cam.part.1.tit.18.* n De Procuratoribus & defensoribus, 3.*ff.*3.2.*C.*12. 62 *l.1.ff.de procur.intelliguntur hoc loco, vt definitio indicat, qui admovendas instituendasq; actiones vel lites exequendas dantur. vnde procurator litis dicitur, l.hoc iure, 86.ff.de solut.item procurator ad actionem l.sed si tantum, 13.ff.de pact. His opponuntur negociorum procuratores, qui extra iudicium negocia aliorum administrant ipsorum mandato, vt multis comprobat Briss.lib.14. de V. S. in verb. procuratorum autem Iustiniani etiam tempore dicebatur & interdum cognitor, sed non nisi tum cum præsente ipso litigatore principali causam agebat, qui idem erat procurator, si absente, vt annotavit Cui. ad Paul.li.1.sent.2.* o Quod cuiuscunque vniuersitatis nomine vel contra eam agatur, 3.*ff.*4. 63 *l.1.§.quibus autem, & l.1.rem eorum, 6.§.1.ff.quod cuiusc.vniuers.nom. & procuratoris partib. fungi dicitur, d.l.item eorum, §.actor, sed vt procuratores sunt extra litem, ita & Syndici sunt extra litem sive iudicium, h. e. defensores civitatum aliarumve vniuersitatum, qui ad earum negocia agenda eliguntur, de quib. in l.1.& in l.fi.ff.de mun.& hon. Syndici etiam interdum actores dicuntur, vt in l.de pollic.8.ff.de pollicit. vbi Syndici videntur definiri actores constituti, qui legitime pro civitate agere possunt. Ita etiam vocatur in l.sed si hac lege, 10.§.qui manumittitur, ff.de in ius voc.l.nec civitatis, 74.ff de procur.l.ita tamen, 27 ff.ad SC.Treb. l. municipiis, 12.ff.vt in poss.legat.l.3.§.à municip. ff. de bon.poss. l.si mater, 12.§.hoc iure.ff.de excep.rei iud.vide VVur.tit.4.de advoc.obs.2.* p De actore à tutore seu curatore dando, 5 *C.*51. 64 *§.fi.Inst.de curatorib.d.l.sed si hac lege, §.fi.l. act.8.ff.rem rat.haber.l.decreto, 24.ff.de admin.tut.l. vnic. C. de actore à tutor.seu curat.dand. Hartm.ab Epping.ti.5.obs.6.* 65 *l.si quis procuratio-*

Utrique vero & advocati & procuratores Actorum sunt & reorum [66] : verum qui patrocinium Reo accommodavit, actori accommodare illud non conceditur, & vicissim [67].

Sunt vero advocatorum & procuratorum officia de iure Justinianeo ita distincta, vt qui advocatus esset, idem procurator esse non posset, & vicissim, quod tamen hodie aliter observatur [68].

De quæstione facti, vbi de probationibus.

CAP. II.

Pars altera judiciorum est *quæstio*. Est autem quæstio res controversa in judicium deducta.

Controversa vero illa est in facto, vel in jure.

Hinc quæstio judicii duplex est, Ea quæ dicitur quæstio facti, & ea quæ dicitur quæstio juris [1].

Quæstio facti est, qua de facto quod in judicium deductum est, quæritur [2]. Ut enim judex judicare & litigantes sententia sua dirimere possit, de facto ante omnia constare oportet [3], quoniam ex facto, vt JC. ait, jus oritur [4], id est, facto de quo constat, jus in genere scriptum accommodatur in specie.

nem, C. de decur. lib. 10. & ibi. gloss. VVurm. tit. 5. de procur. obl. 12. adeo vt infamis etiam de iure civili procurator esse possit, §. fin. Inst. de except. gl. in l. 1. §. ait prætor, verb. certis, ff. de postul. & nobiles exercentes officium procurationis non gaudeant privilegiis nobilium Guid. Pap. decis. 89. sed vtrunque hoc fallit in Camera, nostrisq; moribus, Gail. 1. obs. pract. n. 7. & 8.

66 *vide annon & defensores sint nihil aliud nisi procuratores & actorum & reorum, tametsi videantur Reorum magis esse. Briss. de V. S. lib. 4. verb. defendere.*

67 *Vivi. comm. opin. lit. A. verb. advocatus, n. 9. neq; vero iudices esse possunt in caussis iisdem in quibus patrocinantur, l. fi. D. de testibus, l. fi. C. de assessor. Paris. consil. 70. vol. 4.*

68 *Gail. obs. 43. n. 8. 1. l. Servius ait 122. ff. de V. S. l. idem erit, 16. ff. de statu homin. l. sicut. 8. Dig. quibus mod. pign. vel hypoth. l. insulam, 13. ff. qui potior. in pign. l. vxori, 3. ff. de auro argent. leg. l. eum qui. 41. l. triticum, 49. ff. de V. O. l. fin. ff. de iureiur. l. vtrum, 47. ff. de donat. int. vir. & vxor. l. 2. §. fin. ff. de donat.*

2 *l. 1. §. si vsusfructus, ff. ad leg. Falcid. l. pen. ff. de capit. dimin.*

3 *arg. l. Divus Traianus, 24. ff. de testibus.*

4 *l. si ex plagis, 52. §. in clivo, D. ad leg. Aquil. & in facto ius positum est, l. obligamur, 52. §. ex facto, D. de O. & A. & ex re constituendum est, l. 1. §. Divus, D. ad leg. Cornel. de sicar. & facto certificato respondet Iurisconsultus, argu. l. cum qui, §. 1. D. de iudic. atq; ex factorum diversitate diversæ oriuntur actiones, Gail. de Arrest. c. 5. n. 5.*

Constat autem de facto si sciatur, an illud sit, & quale sit[5].

An sit ad substantiam ipsius pertinet; quale sit ad adjuncta, quæ sumuntur ex circunstantiis, potissimum vero personarum, temporum & locorum[6].

Utrunque vero illud constat ex rei ipsius notorietate vel ex probationibus[7].

Notorietas[8] *facti*[9] est, quoties factum aliquid sit necne, & quomodo factum sit omnibus constat, quibus constare potuit[10].

Hinc illud est quod dicitur Notorium.

Multa autem sæpe dicuntur esse notoria, quæ noto-

5 Aristo. 2. poster. Analyt. 1. in pr. 6 l. iusiurandum. 34. §. non semper. ff. de iureiur. l. nonnunquam. 72. in fin. ff. de iu. l. Pomponius. 35. ff. de neg. gest. l. aut facta, 16. ff. de pœn. 7 hanc ut Notorij appellationem non esse Latinam tradit Bud. in annotat. ad Pandect. in l. accusatione, ff ad SC. Turp. Alcia. lib. 1. de V. S. Coras. 1. Misc. 16.

8 Dd. Notorium faciunt aliud facti, aliud iuris: & notorium facti iterum aut permanentis, aut interpolati, aut momentanei, iuris item aut probationis & fidei, aut dispositionis, aut præsumptionis seu fictionis. Ant. Butr in c. vestra, col. 19. de cohab. cler. & mulier. Milis in repert. suo vers. Notorium nihil aliud. Bened. Capra in tr. de Notorio. in 1. memb. pr. in pr. 9 Bald. in l. ea quidem, n. 18. C. de accus. notorium dicit esse indubitatam rei certitudinem, quæ ita se vulgo exhibet ut negari non possit, c. dilectus, de purgat. Canon. c. fi. de cohabit. cler. & mulier. c. manifesta, 2. q. 1. Archidiac. in c. Romana, §. sin autem, vers. notorio, de appel. in 6. Bart. in l. scriptus, n. 2. ff. de relig. & sumpt. fun. Socin iun. consil. 130. n. 30. vol. 2. VVes. consil. 13. nu. 62. p. 2. Dec. cons. 51. n. 49. vol. 2. tria autem esse quæ notorium inducant, nimirum instrumentum, rem iudicatam, & evidentiam facti. dicit Gail. 1. obs. pract. 16. n. 7. allegans Bartol. in l. 1. ff de oper. nov. nunc. n. 8. & Ias. n. 10. Quod ita de instrumento publico docet Iason in c. cum dilecti, notab. 1. de donat. & in c. cum olim, notab. ult. de censib. cum concordant. Dec. cons. 423. n. 9. & seq. & cons. 488. n. 1. & consil. 536. n. 3. Decian. consil. 2. n. 96. vol 1. Quo pertinent acta iudiciaria, quæ notorium facere dicuntur, de quibus vide allegata à VVes. cons. 1. num. 1. & And. Gail. 1. obs. pract. 31. n. 10. & lib. 2. de pace pub. 6. n. 15. de sententia sive re iudicata notorium inducente tradunt Dd. in l. emtorem, in pr. ff. de act. emti, & in d. c. vestra. Imol. in c. 1. ut lite non contestat. Tiber. Dec. cons. 10. n. 77. vol. 1. Bursat. cons. 9. n. 27. Cacher. decis. Pedam. 34. n. 4. de evidentia facti hoc ostendit Bald. in l. 1. n. 3. C. de revocand. his quæ in fraud. cred. Hinc Notorium dicitur probatio probata, Bald. in l. 1. C. quomod. & quand. iud. & in l. cives. C de appellat. Hippolyt. in rubr. C. de probat n. 217. & in praxi crim. §. 2. n. 216. Vivi. commun opin. vers. notorium. Ceterum an notorium probandum sit, vide Myns Cent. 6. obs. 3. Tiber. Dec. cons. 42. n. 8. & cons. 44. n. 23. vol. 2. & cons. 19. n. 86. vol. 3. & ex professo Mascard. de probat. vol. 2. concl. 1107. & an allegandum sit. tradit late idem Mascard. d. lib. 2. conclus. 1108. 10 c. consuluit, l. 1. de appel. Panorm. in c. porro, n. 4. de divort. Bart. & Dd. in l. si vero, §. qui pro rei, ff. qui satisd. cogant. Dec. cons. 51. n. 44. vol. 2. VVes. cons. 10. num. 14. pr.

notoria non sunt[11]: an autem notoria sint, judicis discretioni & arbitrio permittitur: siquidem notorium etiam controversum efficitur, quoties cunque ab eo, contra quē est, in dubium vocatur.

a *Probatio* est rei dubiæ per argumenta judici facta demonstratio[12].

Quæ præsumtiva[13] est aut vera.

Præsumtiva est probatio factum ejusve qualitatem ex alio demonstrans.

Hinc *præsumtio*, quæ est argumentum rei dubiæ fidem faciens ex alio.

Atque hoc ex causa vel ex adjuncto.

Ex *causa* præsumtio est, ex causa effectum, & vicissim effectum ex causa arguens; quæ præsumtio vulgo dicitur juris esse & de Jure[14], contra quam alia non admittatur probatio[15]; atque causa ista ad effectum illum proprie destinata est, puta si actio est, præsumitur obligationem esse, aut causam aliquam similem, ex qua actio illa nata sit.

Huius præsumtionis illa natura est, ut posito & concesso uno: necessario ponendum & concedendum sit etiam alterum, atque ita factum ex ipso vere & proprie resultet.

Interdum vero causa ad effectum quidē ipsum factum probandi proprie & principaliter directa non est, sed in consequentiam, nimirum illam, quod cum ex ea Reus vel absolvatur vel condemnetur, factum etiam, quod in judicium deductum est, præsumatur esse non esse ejusmodi; quæ præsumtionis veræ, si juris effectum spectes, species dicitur jusiurandum litis decisorium[16].

b Jusiurandum litis decisorium est probatio cum obtestatione divina litem definiens[17].

 Quod

11 *In eam sententiam Menoch. li. 2. de arbit. jud. quæst. casu 166. n. 7. retulit Bart. in d. l. scriptus. & post eos, Bursat. cons. 43. n. 26. lib. 1. alias Dd. opiniones de notorio inducendo vide apud Menoch. d. casu 166. per discursum.*

a De probationibus & præsumptionibus, 22. ff. 3 4. C. 19. 2. Decret. 19.

12 *Cuiac. in parat. ff. eod. Mascard. de proba. vol. 1. quæst. 2. num. 8.*

13 *De qua Alciat. peculiarem tractatum composuit, & post eum plenissimum atque absolutissimum Iac. Menoch.*

14 *De qua Men. de præsump. lib. 1. q. 3. Masc. vol. 1. q. 10. n. 48*

15 *l. antiqua, C. ad SC. Vellei. l. fi. ff. ad SC. Maced. l. fi. C. arbit. tute. Hipp. in l. 1. §. ad quæstionē, ff. de quæst. Fel. in c. quanto de præsum. Alex. in l. un. C. ut quæ desunt adv. Rom. cons. 350. atq; uno consensu ita traditum esse testatur Masc. d. q. 10. n. 49. admittit tamen probationem in contrarium ex confessione partis Men. de arb. iud. q. lib. 2. casu 484. n. 5. Masc. d. q. 10. n. 51. item per indirectum, Cachera. dec. Ped. 101. n. 34.* 16 *Qua de re dixi 1. disce. Schola. 7.* b De Iureiurando, sive voluntario, sive necessario, sive judiciali. 22. ff. 2. 4. C. 1. 17 *Cl. Al.*

Quod Digestorum Compilatores [18] fecerunt triplex, voluntarium, necessarium & judiciale: ego duplex, Conventionale nimirum & judiciale [19].

Conventionale est jusjurandum à parte parti in judicio delatum.

Quod iterum est voluntarium aut necessarium.

Voluntarium est à parte parti primitus delatum: Quod is cui defertur, præcise præstare non cogitur, sed deferenti referri potest. De eo enim verum est vulgatum illud jusjurandum delatum præstandum esse, aut referendum: si neutrum is, cui delatum est, faciat secundum eum qui detulit pronunciandum esse [20], nisi ejus recusandi justam causam habeat [21].

Necessarium est jusjurandum delato relatum.

Judiciale est jusjurandum alterutri parti litigantium à judice, prout ipsi videbitur, delatum.

Et conventionale quidem jusjurandum omnem omnino litem simpliciter decidit, facitque vt id, de quo juratum est, juris autoritate factum aut non factum esse censeatur, etsi fortassis vere juratum non sit [22]; ideoque directo etiam perjurio, & instrumentis aliis, aliisve probationibus repertis, controversia tamen eo sopita non resuscitatur, sed quod juris autoritate factum est, prævalet veritati naturæ [23].

Judiciale autem litem decidit, causæ tamen veritate in suspenso manente, vt si quis se nova instrumenta reperisse dicat, quibus solis vsurus, & con-

18 *In rubr. ff. de iureiur.*

19 *Ita etiam distribuit Ludov. Main. lib. 2. act. c. 35. imo Iustin. in l. penul. C. de iurei.*

20 *l. manifestæ 38. ff. de iureiur. l. delata, C. eo.*

21 *Quæ posita est, interdum in deferente, l. iusiurandum, 17. §. 1. & fin. l. qui iurasse, 26. ff. eo. interdum in eo cui defertur, l. iusiurandum, 34. §. pupillo, & seq. ff. eo. interdum in loco vbi defertur, l. tutor, 35 in fin. ff. eo. interdum in actione, super qua defertur, l. si Patronus, 16. ff. eo. interdum in exceptione proposita, l. in contractib. C. de non num. pecu. interdum in ignorantia & errore, d. l. iusiurandum, §. 1. interdum in metu periurij, l. alias autem, 18. ff. eo. interdum in damno actoru. l. eum qui, 30. ff. eo. interdum deniq; in qualitate ac modo delati iuramenti, d. l. iusiurandum §. si de qualitate, & §. pen. hæc ita collegit Goth. in d. l. manifest.*

22 *§. item si quis postulante, Inst. de act.*

23 *l. 1. C. eo. hinc iusiurandum maiorem autoritatem habere dicitur, quam res iudicata, l. 2. D. eo. vide Cuia. ad l. 1. Digest. de transact. Caccher. decis. Pedem. 8. num. 5.*

contrarium eius, quod jurejurando decisum erat probatus sit, audiatur, & causa jurejurando non obstante de novo agatur[24].

In supplementum enim probationis semiplenæ delatum erat, vnde & suppletorium dicitur[25]; neq; locum habet in causis criminalibus[26], aliisve causis arduis[27], nec deferri facile debet à iudice, nisi ab ea parte, cui defertur, semiplene quid probatum appareat[28], eaq; sit ejusmodi, vt verosimile non sit, eam peieraturam esse[29].

Conventionale autem jusiurandum in omnibus omnino causis sine distinctione concessum est, quippe quo parti litiganti, contra quam juratum est, præiudicetur, non etiam aliis, multo minus Reipublicæ[30].

Ex adiuncto præsumtio posita est in præsumtione juris & in præsumtione hominis.

Præsumtio juris est, cum aliquibus positis verosimiliter atque probabiliter sequitur id, quod intendimus, jure confirmatum[31], puta, si probo chirographum, quo me tibi decem debere professus sum, esse cancellatum, verosimilis inde probatio oritur, me tibi satisfecisse[32].

Præ-

24 *l. admonendi, 31. D. eo.* 25 *Myns. Cent. 1. obs. 68. Schenc. conclus. 47.* 26 *Myns. Cent. 2. obs. 87. Gail. 1. obs. pract. 08. n. 12. & lib. 2. obs. pract. 94. n. 3. & lib. 1. de pac. publ. 8. n. 13. & lib. 2. de pace publ. 7. n. 12. idque verum est, in accusatore, secus in Reo, vbi de pœna pecuniaria agitur. Myns. d. obser. 87. Gail. d. obs. 7. n. 12. Menoch. lib. 2. de arbit. iud. quæst. casu 464. aut si de crimine quis conveniatur civiliter. VVurms. tit. 14. obser. 12.* 27 *Ias. in rep. d. l. admonendi, n. 260. Myns. d. obser. 68. Gail. d. obs. 180. n. 11. & d. obs. 94. n. 8. Menoc. d. casu 464. n. 4. verum quoties in magnis etiam causis plus quam semiplene probatum est, existimant iuramento suppletorio locum esse, Benin. decis. Bonon. 66. nu. 2. Cacher. decis. Pedem. 99. nu. 30. An agenti iniuriarum vel qua alia famosa actione deferri possit vnde Capel. Tholos. decis. 244. VVurm. ti. 14. obs. 12. vbi in specie recenset causas, in quibus hoc iuramentum locum non habet.* 28 *l. in bonæ fidei, C. de reb. cred. Bart. in d. l. admonendi, n. 57. & ibi Ias. lect. 1. nu. 75. & 118. & in repet. n. 259. Soc. sen. consil. 136. col. pen. vol. 1. Cacher. decis. 97. n. 9. idq; per vnum testem omni exceptione maiorem, Myns. d. obs. 68. neq; possit probatio illa præsumtione aliqua dilui, Myns. d. obs. 68. & Cent. 5. obs. 68. Schenc. conclus. 47.* 29 *Marsil. in l. maritus, n. 51. D. de quæst. & sing. 74. Plot. in l. si quando, nu. 794. C. vnde vi. Menoc. d. casu 464. n. 19. & cas. 192. n. 3. Afflict. decis. Neap. 36. non igitur vili aut infami, Myns. Cen. 1. obs. 68. Bar. in d. l. admonendi, n. 58. & Ias. in repet. n. 260. Menoch. d. lib. 2. casu 160. & 164. n. 12. & d. casu 464. nu. 13. & seq. Ceterum de requisitis vt hoc iuramentum deferatur vide Menoc. d. casu 190. Myns. d. obs. 68. Bal. in d. l. in bonæ fidei, n. 10. Panor. in c. fi. §. fam. n. 9. de iureiu.* 30 *l. iusiurandum, 17. D. de iureiu. vide 1. discep. Schol. 7.* 31 *Menoc. lib. 1. de præsumt. q. 4. n. 1.* 32 *l. si chirographum, 24. D. de probat. Ita fuga arguit reatum, Dd. in l. 1. D. de quæst. & in l. lege Cornelia, D. ad Sena. Sylla. Hipp. in pract. crim. §. diligenter, n. 41. Decia cons. 18. n. 331. vol. 1.*

Præsumtio hominis est præsumtio ex circumstantia aliqua probabiliter desumta nullo jure confirmata [33], vt si quis reperiatur cum gladio sanguine conspersо cæde facta, is cędem illam fecisse præsumitur. Quo pertinent indicia, conjecturæ & rumores vulgi sive fama [34].

Harum præsumtionum ex adjuncto vsus per se tantus non est; concurrentes autem cum probationibus aliis, eas reddunt fortiores, faciuntque vt quæ singula non prosunt, multa juvent: in criminalibus causis, quoad pœnam infligendam, omnino nullus, sicut nec aliæ præsumptiones, tametsi fortiores in criminalibus ad eum effectum ponderantur [35], siquidem in criminalibus probationes facti, de quo quis accusatur, requiruntur luce meridiana clariores. Sed præsumtionibus ex causa sumtis, civilia, probantur omnimodo, vt judex secundum eas, vt maxime probationes aliæ, de quibus mox dicetur, deficiant, judicare necesse habeat.

Probatio *vera* est probatio ad factum ipsum demonstrandum directa.

Quæ vel ab alterutra est parte litigante, vel ab alio.

[c] A parte ipsa quæ est, dicitur *confessio*, quæ ex eo definitur, quod sit probatio, qua is contra quẽ in judicio quid est, id ipsum asseverat: quę ipsi quidem confitenti ita præjudicat, non etiam alii [36].

Hæc

33 Menoch.d.lib.1. qu.5.n.2. & 6. 33. de quibus vide Menoch,d.lib.1.q.7.

34 Gail.1.de pace publ.15.n.18.& 19. quam in antiquis plene probare hisce concurrētibus; I. vt testes etiam non interrogati reddant rationem dicti sui, Innoc.in c.cum oporteat, de accusat. Angel.in l.quid ergo,§.quantum, D. de his qui not.infam.& in l.solam, C.de testib. Alexā. consil.25.vol.4. Dec.cons.524.n.8. II. vt deponant se audivisse à maiori parte populi sepius, Bartol.in l.de minore,§.si plurium, versic.sed quid si dixi, Dig. de quæst. & in l.3.§.eiusdem quoque, Dig. de testibus, communem dicit Imol.in l.heredes palam. in princip.Dig.de testam. III. vt attestentur de facto suo, quia non sufficit vt deponant per verbum impersonale, ita publice dici Bart.in d.§.si plurium,col.5.vers.sed quid si testis dicit,& in l.Labeo, Dig. de supellect.leg. IV. vt nominent eos à quib.dici audierint, Bart.in d.l.si plurium, vers.quaero si testis interrogetur, Alex.consil.3.vol.4. 5. vt testes de fama deponentes sint optimæ conditionis & famæ, Ang.in l.2.§.diem autem, D.quemadm.testam.aper. & ib.Bart.§.si quis neget. 35 *l.fin.Cod.de probat.l.qui sententiam,Cod.de pœn. l.singulis,C.de accus.cap.sciant cuncti,2.q.6.Bart.in l.Aurelius.§.idem quæsiit. D. de liberat.leg Panor.in c.auditis,nu.22.de præscr.Gail.1.de pace publ.17. num.6.*

c De confessis, 42.*D.*2.7.*C.*59. 36 *c.veniens,de testib.c.1.vbi gl.& Dd.de confess.l.fin.in fin.de accus.l.exemplo, C. de probat. tametsi non verosimilis ne confitenti quidem noceat, Gramm.decis.Neap.2.nu.41.*

Hæc spontanea est vel extorta.

Spontanea confessio est facta sponte nullo cogente.

[d] Extorta est confessio in quæstionibus facta: quæ & ipsa voluntatem quidem habet, sed origo eius coacta est.

Utraq; illa tam spontanea quam extorta æque locum habet in criminalibus: in civilibus autem ea extorquetur iure Justinianeo rarius [37], ex vsu hodiernæ nunquam [38].

Et rursus vtraque illa judicialis est, vel extraiudicialis.

Judicialis est facta in iudicio: atque tum si sit spontanea, verissimum est, quod vulgo dici solet, Confessionem esse probationem probatam, nec vllam esse probationem illa maiorem [39].

Extorta autem fragilis est, & sepenumero [40] fallax: qua in re magna à judice adhibenda est cautio, vt antequam ad quæstiones & tormenta deveniat, circumstantias omnes, & cumprimis personarum accurate consideret [41].

Extra

d De quæstionibus. 48. D. 18. 9. C. 41.

37 l. super statu, l. interrogari, C. de q.

38 VVes. in par. ff. eod. n. 5. Diaz. reg. 764.

39 l. fin. C. de fideic. l. generaliter, §. etsi quidem, C. de reb. cred. l. generaliter, C. de non num. pec. Bald. in c. 1. §. sacramentum, nu. 15. de consuet. recti feudi & in rubr. C. de pb. nu. 5. & ibi Cast. n. 4. Ias. in l. cum re. nu. 8. & seq. D. de transact. & in l. Titia. n. 39. ff. de V. O. Canonistæ in rubr. Decret. de prob. ubi inprimis Panorm. nu. 3. & Felin. n. 5. Corn. cons. 261. n. 6. vol. 4. Socin. iun. cons. 39. n. 18. vol 2. Rol. à Vall. cons. 6. n. 26. vol. 1. & cons. 54. nu. 18. vol. 3. Tiber. Dec. cons. 44. n. 74. vol. 3. Bursat. cons 324. n. 11. lib. 3. & maior atque excellentior est omni probatione, l. perinde, D. ad le. Aquil. l. si confessus, ff de custod. reor. l. qui sententia, C. de pœn. l. 1. quor. appell. non recip. Bursat cons. 449. nu. 2. lib. 4. Crave. cons. 175. n. 1. vol. 1. & super omnes probationes, Par. cons. 112. n. 46. & cons. 115. n. 12. & cons. 121. n. 30. vol. 1. Corn. cons. 224. nu. 8. vol. 4. Cephal. consil. 393. n. 72. lib. 3. & inter probationes obtinet locum primum tanquam regina, & fulgentior est inter alia probationum genera, quemadmodum Luna inter stellas, vt scribit Bursat. cons. 340. n. 12. lib. 3. Ios. Ludov. decis. Luc. 5. n. 56. & seq. atq; inde quovis etiam instrumento maior esse dicitur, Cravet. cons. 61. n. 3. & cons. 171. nu. 4. vol. 1. Rol. à Valle, cons. 71. n. 41. vol. 2. Dec. cons. 33. nu. 58. vol. 1. vide omnino Burs. cons. 419. n. 1. & seq. lib. 4. & Cephal. d. cons. 393. num. 75. & cons. 678. n. 41. lib. 5.

40 l. 1. §. qu. D. de quæst.

41 d. l. 1. An confessio in tormentis facta probet, in iudicis est arbitrio, quam quæstionem tractat Menoch. lib. 2. de arbitr. iud. qu. casu 269. Confessio autem tormentorum metu facta nullis præcedentibus indiciis confitenti non præiudicat, neq; ex ea reus condemnari potest, Myns. Cent. 5. obs. 23. de modo etiam quæstionis adhibendæ in tortura vide Menoch. d. lib. 2. casu 271. Quæ item indicia ad torturam sint sufficientia, & qualia ea esse oporteat, vide Menoch. casu 270. & Mynss. Cent. 6 obs. 97. de constitutis in dignitate non torquendis, vide Duen. reg. 190. de Senibus non torquendis, Cacher. decis. 123. n. 2. sed hæc pleraq; ex arbitrio iudicantis dependent, & ex consuetudine hodie in Germania servantur aliter.

Extra iudiciales confessio est facta extra ius sive judicium. Quæ facile potest revocari 42, nec tantam habet vim, quantum illa, quæ est iudicialis 43.

Probatio quæ ex alio est quam litigante, est testimonium & instrumentum.

c *Testimonium* est probatio facti per alios quos causa qua de agitur non concernit. Alii hi ex eo dicuntur testes, qui sunt personæ de facto in judicium deducto examinatæ.

Eiusmodi personæ minimum esse debent duæ, 44, de facto illo 45 deponentes in effectu eadem- non

42 De revocatione confessionis vide Cacher. decis. 39. n. 38. & seq. Soc reg. 90. & 91.

43 Facta tamen facit semiplenã pbatione, parte nimirũ absente, Duen. reg. 120. Ioseph. Ludov decis Perus. 9. n. 1. præsente autem parte factam plene probare tradit Duen. reg. 119. Lud. d. decis. 9. n. 16. Iurata tamen confessio quomodocunq; facta plenam probationem inducit, Bart. in l. eum quis decedens. § codicillis, D. de leg. 3. Ias. in repet. l. admonendi, n. 158. D. de iureiur. Gom. in §. item si quis postulante, n. 13. Inst. de act. Marsil. in repet. rubr. C. de proba. Ceterum confessio geminata extra iudicem facta vim habere dicitur confessionis iudicialis, Panor. & Felin. in c. si cautio, de fide instrum. Castr. in l. Publia, D. depos. Roman. in l. nuda, D. de don. Lud. decis. 9. n. 3. An sit standum confessioni extra ius facta, & quomodo ex ea agendum sit, vide Hartm. 11. obs. 1. e De testibus, 22. D. 54. C. 20. Nov. 90. 2. Decret. 20. *44 l. ubi numerus, 12. D. de probat. l. iurisiurandi, C. eod. c. admonere, 3. q. 2. c. veniens, & c. licet ex quadam, de testib. Innoc. in c. sicut, de Simo. Myns. resp. 1. n. 11 & Cent. 3 obs 76. Duen. reg. 603. Campeg. in tr. de testibus, reg. 197. & in eod. Crot. p. 6. §. sexta se offert. Hinc testi uni etiam in magna dignitate posito non creditur, d. l. iurisiurandi, in fi. gl. in c. ego solus, distinct. 9. Panor. in c. constitutũ, & ibid. Ant. de Butr. & alij, de appell. Felin. in c. quod super, col 4. de fide instrum. Socin. reg. 507. Damas. reg. 43. Rimin. iun. consil. 39. num. 35. vol. 1. Crot. cons. 85. n. 9. & 23. Cephal. consil. 538. lib. 3. Nat. cons. 177. n. 7. & cons. 630. n. 80. adeo ut principis etiam assertioni tametsi iuramento confirmata non esse credendum probari videatur per l. omnium, C. de testam. Clem. 1. de probat. c. quinq;, 11. q. 1. c. cum à nobis, de testib. l. fi. C. de don. int. vir. & uxo Vasqu. de success. creat. lib. 3. §. 2. n. 32. Cacher. decis. 88. nu. 26. Creditur tamen testi uni de proprio facto deponenti, Ias. in l. 1. n. 65 & 66. C. de sum. trin. Cast. in l. 2. §. 1 si ex nox. caus. agat. & in l. quicunq; ad fin. C. de serv. fugit. Hipp. de Marsil. in l. 1. § si servi, notab. 1. ff. de qu. Io. Crot. de test. p. 6. pr. n. 1. Dec. in d. c. veniens, Soc. reg. 423. fall. 2 nu. 2. Tiraq. de retr. prox. §. 1. gl. 14. n. 46. Myns. resp. 25. n. 17. Menoch. lib 2. de arb. iud. q. casu 99. vide Ios. Lud. concl. 70. §. fallit primo. Quod si etiam utraq; pars litigans in unum consentiat, iudex unius illius dictum sequetur, Gom. in d. §. item si quis postulante, nu. 33. Diaz. reg. 747. Myns. Cent. 5. obs. 26. non tamen in causa criminali, vitã aut honorem concernente, Bart. in l. Theopompus, ff. de dote præleg. Bal. in l. iudices, C. de sen. & interloc. Rom. & Alex. in l. 1. §. fi. de V. O. Fel. in c. veniens, de test. Quod si tamen cũ teste uno cõcurrant alia adminicula & p̃sumptiones plena inde resultabit pbatio, Bar in l. 1. §. idẽ Corn. ff. de q. ad q̃ est gl in d. c. cũ causam, & in c. fi. de success. ab int. & in c. quoniã frequẽter §. porro, ut lite nõ cõtest. & in l. 2. §. 1. ff. de exec. tut. Dec. cõs. 24. n. 56. vol. 1. Ceterũ de singularitate testiũ vide Io. Lu. d. dec. 9. n. 7. & seq. 45. Bar*

non diversa [46], ex certis scientiæ suæ causis [47], non aditu alieno [48], idque affirmato, non negato [48], nisi negativa probanda sit [50].

In quibusdam autem casibus [51] desiderantur etiam plures testes ad facti veritatem probandam, qui cum iure definiti sint, extra illos regula ista

in l.qui testamento, §.fin.ff.qui testam. fac.poss.Dec. in c. Quo vult Deo, n.6. & de iud. Ioseph. Lud. decis.Perus.28.n.5. 46 *Lud.d.decis.9. Mynf.Cent.4.obs. 38.& resp.42.n 5.*

47 *l.neq; natales, C.de probat.c.in præsentia,eod.Bald.in l.presbyteri, la.1.col.fi.C. de episc.& cler. Dd.in l.conventiculam,C.eod.in l.data opera. C. qui accus.non poss. Felin.in c.cum Ioannes,nu.42 de fide instru. Diaz.reg.601.Socin.reg.496.& seq. Boer.decis.323.n. 24. comm. cons.30.col.2..Alex.cons.136.n.5.vol,1.Socin.iun. cons.69.n.13.vol.1.Cacher decis.79.nu.53. Hinc testis de credulitate deponens non probat.l testium, C.de testib.c.quoties eod.vbi Felin.col.2.in prin.Socin.reg.518.& 521.Ioseph.Ludo.decis.Perus.28.nu 5.& concl.70.§.vel licet deponat.Villalob. in thes.comm.opin.lit. C.n.97.etiamsi dicat se pro certo credere,Bald.in l.sive possidetis,C.de probat.Ias.in l.certum,n.7.& 9.D.de reb.cred.si cert.pet.& in l.cum hi,§. vult igitur,n.3.D.de transact.Canon in c.preterea,de testib.Panorm in proœm. decret.n.13.Ludo.d. decis.28.n.17.& 18.nec valet depositio si quis deponat verba videre suo,item suo iudicio,Ias.in rubr.D.de iureiur.n.4. & 5.gl.& communiter Dd. in l.testium,C.de testib.Bald.in l.2.§ pen.n.3.D.de aq.pluv arcend.Ang.in auth. de testib.n.7.Curt.in tr.de testib.p.7.n.121.& seq Cacher.decis.122.n.1.Affl.decis. 38.n 7.& de sua meminisse, Alex.cons.33.vol.3,& cons.88.vol.4.Rimin.cons.65. nu.11.vol.1. Regulariter tamen dictum testis valet causa etiam non expressa si de ea non fuit interrogatus, gl.in c.sicut nobis.de re iud.quæ regula quib.casibus locum nõ habeat vide Stiat.obs.pract.16.n. 66. & seqq.* 48 *c.licet ex quadam,de testibus Mynf.Cent.6.obs.58.Menoch.de arbitr.iud.quæst.casu 475.n.4.Bertn.decis 67. casus quibus testimonium de auditu admittatur,vide apud Ripam in l.1.n.86 D. de reb.cred.si cert,pet.& ibid.Dec.nu.88. D.in l.testium,D.de testib.& in cap.tam literis,eod.Panorm.in d.c.licet ex quadam.Crot.de testib.quæst.1.num.366.Ioseph Ludov.conclus.70.§.ampliatur quod dictum.* 49 *Unde dicitur testes affirmantes præferri negantibus,gl.in l.diem proferre,§.si plures,D.de recept.qui arbitr.Bartol. in d.l.cum hi,§.si integra.Innoc in c.super hoc,de renunciat.Imol.& Dd. in c. quid pro novale,de V.S.Socin.reg.508.Duen.reg.606.Mynsing. d. obs.38. nisi in casu quo negativa probari potest,quia tum ceteris paribus ita creditur testib.de negativa deponentibus,atq; reponentibus de affirmativa,Bart.& Bald.in d. l. diem proferre, §.si plures Salic.in l.2.vers.sed tunc quæro,C.de rescind.vend.Bald. in l.cum hi §. nihil.ff.de transact.& in c.1.de controv.int.vas.& domin.Cyn.in l.1.C.de error. calcul.& in l.2.C de error.advoc.& in l.1.C.de bon.poss.secund.tabu.item in causa criminali, Bald.in l.data opera,col.pen.C.qui accus.non poss.Dd.in l.1.§.fin.D. de V. O Angust. de Arim.in addit.ad Ang.de malefic.verb.Cicatrix,in addit incip tu autem in materia.Dec.cons.59.nu.8.vol.3.* 50 *Quia quomodo probanda sit,vide gl.in l.Pantomimus,§.rei perduellionis,in verb.potest quærere.ff.de acq.vel omit.hered.gl.in l.1.in verb.annon.D.de itin.actuq; priv.Alex.cons.110.n.5,vol.1.& cons. 24.n.3.vol.2.& alios quos allegavit And.Gail.1.de pace pub.18.n.16.Egregiũ de probatione negativa tractatũ scripsit Herculianus.* 51 *Vt in vltimis voluntatib.septẽ*

ista de duob. testibus, quod in omni causa sufficiant, verissima est.

Debent[52] autem testes omnes iurare[53], se veritatem[54] dicturos esse, de eo, de quo interrogabuntur, sibique constiterit[55].

Quod iuramentum alterutra partium litigantium invita omitti nō potest[56], ac ne iudiciis quidem autoritate[57], nisi consuetudo aut statutum in eo foro, vbi examinantur, sit in contrarium[58].

Ceterum testis esse potest quilibet, nisi quem vel natura, quo minus id facere possit, impediat: vel lex, quo minus id facere debeat, prohibeat[59].

Natura impedit furiosum, impuberes[60] & similes, qui intellectum non habent, aut vicio aliquo corporis laborant, vt factum, quo de agitur, percipere non potuerint.

Lex prohibet infames[61], omnesque ad alios qui de iure intestabiles esse iussi sunt[62].

Sed

[..]testamentum sit, vt dictum est supra lib.1.c.73.n.23. in codicillis quinq;, l. fi.C. de codic. quinque item ad convincendum vasallum de felonia, per text. in c.1 quot test. sint necess. ad prob. ingratitud. Zas. in e-pit. feu p.10.n.123. Guid. Pap. decis. 280. Dec. cons.23. n.22. vol.1.

52 Est enim de ordine, Mynſ. Cent.6. obs.32. Gail.1. obs. pract.101.n.3 etiam in causis arbitrariis. Bald. in l. presbyters, num.13. vers. quaro aliud, C. de episc. & cler. & in tr. statutorum, verb. arbitrium, vers.1 & vers. statutum quod dat arbitrium, Ang. in Milites, col.2. Cod. de testam. Bart. in extravag. ad reprimendum, verb. & figura, nu.13. 53 d. l. iurisiurandi, c. licet de testib. Mynſ. Cent.3. obs.80. Gail. d. obs.101. in prin. Socin. reg.516. Menoch. casu 474. num.60. atq; adeo non valet testis non iurati depositio, vt etsi post testificationem iuret, tamen non valeat, Gail. d. obs.101. num.9. Mynſ. Cent.4. obs.77 54 c. hortamur.3. qu.9. Panor. in c.1.n.6. de iuram. calumn. Mynſ. d. obs.32. Gail. d. obs.101.n.2. 55 atque adeo non de articulis duntaxat, sed de tota etiam causa, & tam pro vna quam pro altera parte, gl & Dd. in auth. sed iudex, C. de episcop. & cler. vbi etiam Bald. dicit, quod ita servet consuetudo. Strat. pract. obs.5.n.30. 56 Potest igitur à partibus remitti, c. in tuis, & ibi gl. de testib. gl. in l.1. & ibi Bald. D. de fer. Gail. d. obs.101.n.2. Mynſ. d. obs.32.n.2. & Cent.3. obser.80. & d. obs.77. 57 Potest nihilominus iudex iuramentum etsi à parte remissum sit imponere, Alex. in d. l.1. de fer. Specu. de teste, §. sequitur. Gail. d. obs.101 n.5. 58 Gail. d. obs.101. nu.11. & seq. 59 l.1. de testibus, Dd. in rubr. decret. de testib. Rebuff. in prin. tr. de reprob. & salvat. test. Felin. in c. testimonium, n.12. de testib. Menoch. de arbitr. iud. quaest. lib.1. quaest.27 num.5. 60 l.2. §. pen. Dig. eodem. 61 l. quaesitum, 13. & seq. Dig. eodem l.2. D. de Senator. Menoch. d. quaest.27. nu.3. & seq. Mynsing. resp.2.n.29. vide VVesemb. in parat. D. eod. num.3. 62 VVes. d. nu.3.

Sed nec fœminis in causis promiscue omnibus & quibusvis testibus esse licet[63].

f *Instrumentum*[64] est charta vel membrana, in qua factum, quod in iudicium deductum est, vel aliquid ad f. ctum illud pertinẽs descriptũ est.

Id publicum est vel privatum[65].

Publicum est autoritate publicu confectum[66], eaq; nimirum magistratus, vel tabellionis aut notarii.

Magistratus, nimirum jussu ipsius, aut si non jussu, confirmatione tamen, quod fieri assolet sigillo publico[67].

Notarii aut tabellionis, nimirum ad hoc requisiti tribus testibus ad hoc rogatis præsentibus[68].

Privatum instrumentum est inter homines privatos nulla accedente autoritate publica confectum[69], cujusmodi sunt rationes[70], inventaria privata[71], apochæ, antapochæ,[72] & similia.

Utrunq; vero tam publicum, quam privatum est authenticum vel authentici exemplum[73].

Authenticum est illud ipsum, quod Originale vulgo dicitur[74]: Exemplum, quod ex authentico illo transsumtum est, & vu'go dicitur Copia[75].

63 *VVes. d. n. 3. ita non licet in testamentis, non in causis feudalibus. An etiam in criminalibus? gl. in cap. fortis, de V. S. negat, sed hanc conclusionem non esse satis tutam qa nulla lege probetur dicit Dec. in l. 2. num. 33. ff. de R. I. Dec. cons. 63. num. 37. & 83. ubi addit ex consuetudine & de facto hoc non servari, allegans Mox. consil. 24. nu. 11. vol. 2. & Ioan. And. in addit. ad Specul. de teste, §. 1. vers. fertur.*

f De fide instrumentorum & amissione eorum 22. D. 4. 4. Cod. 21. Nov. 44. & 73. 2. Decret. 22.

64 *De instrumenti appellatione, qua omne id quo causa instrui potest accipitur, vide l. 1. ff. eo.* 65 *l. rationes, l. Instrumenta, C. de prob. Lanfr. in c. quoniam, verb. instrumentorum, nu. 1. eod. pract. Ferrar. in form. product. instr. in verb. exhibens, n. 5.* 66 *§. sed et si, Auth. de instr. caut. & fide. Spec. de fid. instr. §. 1. de cuius requisitis vide Bart. in repet. l. si quis ex argen. §. si initium, n. 6. & seq. ff. de edend. Panor. & Feli. in c. 1. de fide instr. gl. notab. in l. generali. C. de Tabel. li. 10. Rom. & Imol. in rub. D. de op. nov. nunc. Ad cognoscendum quando dicatur scriptura publica, & quæ requirantur, vide Bald. in l. 1. §. editionis, D. de edendo, Sziat. obs. pr. 15 n. 11. & seq De solennitatibus instrumenti publici vide Panorm. in c. 1. de fide instr.* 67 *Etiamsi à privato scriptum sit, c. scripta, eod. l. publicati, C. de testib. d. c. quoniam.* 68 *c. quanquam de usur. c. illud de præsumpt. l. scripturas, C. qui potior. in pign.* 69 *Spec. in tit. de instru. edit. §. nunc dicendum restat.* 70 *l. pen. D. de rebus cred. l. fin. D. de pecul.* 71 *l. exemplo, l. comparationes, C. eod.* 72 *l. plures, C. eod.* 73 *l. contractus, C. eod. l. 2. D. eod. c. 1. eod. l. 2. C. de conven. fisc. debit.* 74 *d. l. 2. l. fi. D. testam. quemadm. aper. unde authentica tabulæ in l. 4. D. famil. erc. & authentica probatoria, C. de divers. off. lib. 12. de cuius requisitis vide Cacher decis. 71. n. 9.* 75 *gl. in d. l. 2. Purpur. in auth. si quis in aliquo C. de edendo. Ripa in d. l. Admonendi, nu. 147.*

Exempli in probando per se vis nulla est[76], nisi in archivo repertum sit & antiquum[77]: in authentico vero omnis est & consistit vis probandi, sub ea tamen distinctione, ut instrumentum publicũ contra producentem & contra eum, contra quem profertur, probet: privatum contra producentem tantum, non etiam contra eum, contra quem profertur, nisi alia ipsi adsistant adminicula sive probationes, quæ ipsum valere faciant[78].

Omnis enim generis probationes concurrere possunt & veræ & præsumtivæ: & rursus utræque simul plenæ vel alterutræ, vel denique neutræ, ita ut ex illa hanc, & ex hac illam quandoq; supplere necesse sit, atq; probationes imperfectas conjungi, ut ex illis simul junctis perfecta constituatur[79], quod in civilibus quidem facilius admittitur, in criminalibus difficilius[80], qua de re nulla certa potest tradi regula, sed an probatum quid sit, nec ne, arbitrio iudicis committitur, arbitrio, inquam, ex his quæ in iudicium deducta sunt atque ex legibus informato[81].

Tametsi

76 ita omnes notare in l. procurator, & in auth. si quis in aliquo, C. de edend. respondit Dec. cons. 24. n. 23. vol. 1. Spec. de instrum. edit. §. ostenso, Feli. in c. fi. not. 5. de fide instr. Alex. cons. 55. nu. 20. vol. 4. Roman. cons. 33. dub. 2 Corn. cons. 143. col. pen. vol. 4. Rota Rom. decis. 20. in notis. De exemplo vide Anchar. cons. 41. nu. 2. & consil. 242. num. 5. Socin. reg. 179. Duen. reg. 280. & latissime Mascard. de probat. vol. 1. concl. 711. per discurs.

77 Mascard d. concl. 711. nu. 61. qui & alias limitationes affert, quæ apud ipsum videnda sunt. Dec. d. cons. 24. n. 47. ubi dicit ad hoc ut in archivo repertum plenam fidem faciat tria requiri quod sit servatum in loco publico, quod inter Authenticas scripturas, quod sub custodia cancellarij publici. Atque hoc procedit in foro eius archivi, in quo repertum est, non extra illud. Ioan. And. in addi. ad Specul. de instru. edit. §. nunc dicendum, Bald. in l. exemplo, C. de probat. & in rubr. C. de fide instru. Butr. & Canonistæ communiter in cap. cum causam, de probat. Dec. d. consil. 24. n. 49. & seqq. ubi & alia huc pertinentia. *78 De quibus omnibus vide Mascard. de probat. vol. 2. conclus. 905. usq; ad conclus. 928. per discursum.* *79 Dd. in d. l. admonendi, & in cap. cum causam, de probant. gl. in l. excusantur, §. ætas, D. de excus. tut. Mynss. resp. 1. n. 31. & resp. 12. n. 13. & Cent. 2. observ. 100. & Cent. 5. observ. 33.* *80 Nam si in causis criminalibus ad pœnam corporalem sive ad effectum puniendi agatur non coniunguntur: coniungũtur, si tantum ad effectum torquendi, vel inquirendi aut suspendendi, quam ut communiorem Cameram Imper. secutam testatur Mynsing. d. observ. 33. num. 4. ad idem vide Gail. 1. observ. pract. 108. num. 13. & Gabriel libr. 1. commun. conclus. 1.* *81 Cacher. decis. 128. num. 11 Menoch. libr. 2. de arbitr. iud. quæstion. casu 90. text. est in l. eum quem, 79. Digest. de iudic. l. 3. §. 2. Digest. de testib.*

Tametsi in ea probationis specie, quæ fit ex confessione ipsius litigantis contra seipsum, vix est, vt arbitrio ipsius quidquam committatur, sed in ea recepta est illa juris regula, qua dicitur, in confessum nullas esse alias judicantis partes, nisi in condemnando[82].

Atque inde illa probationis distributio altera, quod Plena vna est, alia Semiplena.

Quomodo autem testes recipiantur, cogantur, examinentur, eorum dicta describẽtur, publicentur, instrumenta proferantur, & quæ hisce sunt similia, magis ad species iudiciorum pertinet quam ad eorum partes.

De quæstione iuris. CAP. III.

ET quæstio facti est ejusmodi, sequitur quæstio juris, quæ est quæstio de facti merito.

Meritum autem facti est jus, quod applicatur facto, siquidem illud facti in judicium deducti justitiam vel iniustitiam demonstrat.

Et est illud generale vel speciale[1].

Generale meritum est, quod juris historia definitum est, sive legibus aut statuto sancitum sit, sive vsu approbatum, hoc est, consuetudine.

Atque hoc est facto ipso, cui accommodatur, prius & antiquius, quippe quod factum futurum respiciat, factum tamen illud non certum, sed quodcunque certi tamen generis.

Quam ob causam si generale hoc meritum cum ipso facto, atque ita quæstio tam ex hoc quam ex illo profluens consideretur, facti quæstio incerta est atq; vaga, quæstio juris certa & definita: illa hypothesin cõtinet, hæc thesin: illa syllogismi assumtionem constituit, hæc propositionem: illa tempore posterior est, hæc prior; in accõmodando tamẽ thesin ad hypothesin illa tempo-

82 *Confessus enim pro iudicato habetur. l. 1. l. 3. in fi. D. de conf. l. 1. C. eod. l. proinde 25. in fin. ff. ad leg. Aquil. vide Petr. Fab. ad l. 1 ff. de R. I. Hinc iudicatis & confessis eadem ad solvendum tempora dantur, l. certum, 6. §. fin. D. de conf. l. si debitori, 21. ff. de iudic. Cui. ad Paul. 5. sent. 5. §. 2. in criminalib. tamen non est standũ nuda confessioni asserentis sese commisisse delictum ad effectum, vt ex eo damnari possit, nisi aliter de delicto ipso constiterit. l. 1. §. Divus, & §. si quis vltro, ff. de qu. l. si confessus, 5. ff. de custo. reor. Felin. in c. [illegible] ditis, col. 16. de pr[illegible] scrip. Hippol. si[illegible] 200. n. 2. Di[illegible] reg. 124. Crave[illegible] consil. 211. & [illegible] consil. 260. Cephal[illegible] cons. 230. n. 11. [illegible] 2. Grammat. dec[illegible] 2. n. 38. Boer. q. 164. n 8.*

1 *vide de his quæ dixi in tractatu de causis iuris constituentibus.*

re prior est, quippe de qua prius vt capite superiori dictum est, constare oporteat, hæc posterior.

Et est quidem quæstio vtraque in judicio, non tamen vtraque in disceptatione. Non enim protinus si de quopiam quid quæratur, de eodem etiam disceptatur.

De facto disceptatur semper, aut certe de ipsius qualitate, nisi id notorium sit, vel in confesso: de jure sive de facti merito generali disceptatur nunquam, nimirum si effectum spectes. Nam fieri alias potest, vt litigantes jus quidem in dubium vocent vel ipsum, vel ipsius ad factum deducendum applicationem, quod judici, si de facto constet, certum est.

Sed non vt facti quæstio judicis religioni relinquitur, hoc est, vt judex prout ipsi conscientia suggesserit arbitretur, an id quod factum esse dicitur, probatum sit legitime necne, ita etiam quæstio juris [2].

Facti enim quæstio est quidem in potestate judicantium, at juris autoritas non est [3].

Quod autem præsides de jure dubitantibus respondere solent, id accipiendum est, non quod jus ipsum sit dubium, sed quod judex dubitet, quodnam jus, de quo alias constat, facto sit applicandum [4].

Meritum *speciale* est meritum nullo jure definitum, sed pro judicis vt viri boni arbitrio [5] specialiter facto accommodatum, quod ita est Æquitas.

Neq; enim potuerunt omnia factorum genera definiri, vt quæ sint infinita, jus autem non nisi finitum esse possit [6], & infiniti regula non possit esse nisi infinita, cujusmodi est Æquitas.

Quo pertinet quod dicitur, quotiescumq; qu legibus aut jure definitum non est, toties ad bo viri arbitrium recurrendum esse [7]: id vero ar b trium

2 l. eum quem 79. D. de iud.
3 l. ordine, 15. §. 1. ff. ad municipal. l. 1. §. 1. ff. ad SC. Turpil.
4 d. l. eum, quē, §. 1.
5 l. continuus, 137. §. cū ita, ff. de V. O. l. vir bonus, 18. D. iud. selvo. Alexan. cons. 3. nu. 8. vol. 1. Ruin. cons. 63. nu. 1. vol. 4. Paris. cons. 168. n. 8. vol. 4. Socin. cons. 7. nu 23. vol. 2. Gail. 1. obser. pract. 149. nu. 3.
6 l. 2. D. de iur. & fact. ignor.
7 l. hac venditio, 7. D. de contrah. emt. Coras. in §. in bonæ fidei, Instit. de act. Duar. in l. actionibus, D. de iureiur. Menoch. in proœm. de arbi. iud. quæst. num. 4.

tium omne est positum in æquitate, cujus in omnibus quidem, maxime vero in jure rationem esse habendam, infinitis propemodum juris locis comprobatur [8].

a *De actionibus communia.* CAP. IV.

VTranq; hanc quæstionem, de qua hactenus dictum est, conjungit *actio*.

Actio autem est jus tractandi id de quo est controversia.

Quæ in persecutione est posita, & in ejusdem persecutionis depulsione.

Illa actio magis est, hæc exceptio: vtrique vero consequens replicatio, duplicatio, & de re controversa disputatio vtrinque, hoc est, ex parte litigantium facta vl erior.

Actio est jus persequendi debiti in judicio, publice vel privatim, ex illo accusatio est, ex hoc actio, magis specialiter [1].

Actio hæc est jus persequendi in judicio privatim, quod sibi debetur [2]: accusatio persequendi debitum publice.

Hæc non nisi in personam est, illa in personam vel in rem.

Et ex eo omnis ille qui de personis & rebus in jure tractatus est, vt nimirum actionum inter se distinctio, & singularum in sese natura intelligatur.

8 *l. in omnibus, 90. D. de R. I. l. pen. §. fin. D. de condit. & demonstrat. l. bona fides, 31. D. depos. l. 4. §. 1. D. de incend. naufr. l. in fundo. 39 D. de rei vind. c. fin. de transact. c. fin. §. fin. de iurei.*

a De actionibus 4. *Inst. 6. 44. D. 7. 4. C. 16. de quibus extant doctissimæ classes Ioannis Oldendorpii.*

1 *Nam actionis appellatione contineri quandoq; accusationem ostendit. l. pen. D. si ex noxal. caus. agat. l. in Senatusconsult. 15. §. si propter, ff. ad SC. Turpil. Exempla vide apud Briss. lib. 1. de V. S. verb. actio etiam accusationem.*

2 *in princ. Inst. eo. l. nihil aliud, 51. D. de O. & A. quam definitionem ad actionem in personam proprie pertinere scribit Cuia. in para. Dig. de O. & A. & 15. obser. 12. in fine. Hot. 3. observ. 17. & in princ. Institut. de act. num. 17. & Myns. nu. 19. atque ibidem gl. in verb. debetur, ideoq; Cuiac. in para. actionem definiendam putat ius rem suam vel sibi debitam iudicio persequendi: vel executionem iuris sui; vel formulam iuris sui apud iudicem persequendi. Sed verior est sententia existimantium, quod etiam proprie accipiatur de actione in rem. Dyn. in rubr. de act. nu. 22. Benincas. in pr. Inst. eod. n. 460. & ibid. Vsillus nu. 37 & seq. Gomez. nu. 71. Coras. nu. fi. & 6. Misc. 5. nu. 8. Cors. 2. Indag. iur. 1.*

Ita summa [3], dixerim fere etiam vnica est actionum distributio, qua aliæ dicuntur esse in personam, seu in persona, aliæ in rem seu in re, atque exinde personales illæ, hæ reales [4].

Ceteræ affectiones potius sunt actionum quã distributiones, per distributiones tamen partim à legibus, partim ab interpretibus explicatæ.

Affectionum harum quædam actionibus personalibus & realibus communes sunt, quædam vel his vel illis propriæ: & vtræq; ex actionum causis vel adiunctis.

Communes sunt [5] ex causa efficiente, quod actionum aliæ civiles sunt aliæ prætoriæ [5].

Civiles sunt actiones legitimæ [6] ex lege sive quacunque alia iuris parte, prӕterquam magistratuum edicto competentes, legitima causa subnixæ [7].

Prætoriæ, quæ & honorariæ [8], sub quibus ædilitiæ continentur [9], sunt actiones ex prætoris vel alius magistratus jurisdictione introductæ.

Atque has magistratus, illas vero ius propterea introduxit, vt cuiq; tribueretur id quod suum est: sed civiles quidem ob id principaliter, prætoriæ non nisi vel juri civili quid desit, ita vt ex eo actio non competat, vel vt actionem ex jure civili competentem confirment, quod necesse quidem non sit ex iure prætorio actionem aliquam dari, sed vt appareat magistratum non minus curam gerere Reipublicæ actionibus secundum jurisdictionem suam propositis, atque facit lex ipsa [10]: & interdum etiam non sit incommodum quem plures habere actiones, aut quem pluribus teneri actionibus [11].

Utraque vero illa actio civilis nimirum & prætoria rursus Directa est vel vtilis [12].

Directa illa actio dicitur, quæ datur ex ipsis legis

3 §.1. Inst. eod.
4 d. §.1. l. actionum 25. ff. de O. & A. l. fin. C. de hered. vel act. vendit. & passim.
5 §. sed ista. Inst. de act. l fi. D. de constit. pecun. l. solent, 25. in fi. D. de præsc. verb. d. l. actionum, in fine.
6 d. §. sed ista.
7 §. præiudiciales, Inst. de act.
8 d. l. actionum in fin. l. & ita, 3. §. fi. ff. naut. caup. stab.
9 l. stipulationum, 5 §. prætoria. D. de V. O.
10 d. l. & ita, §. 1.
11 §. sic itaq́;. Inst. de act.
12 l. liber, 13. D. ad leg. Aqu. l. pe. D. de sent. pass. ex legat. C. de leg. l. actio 47. ff. de neg. gest. interdũ tamen directam actionẽ opponi prætoriæ, & directam cum civili eandem esse ostendit Briss. li. 4. de V. S. verb. Directa etiam per §. namq́;. Inst. de act. l. electio, 26. §. itẽ si ex pluribus & §. si is quẽ, ff. de noxal. act. ita recta vindicatio accipitur in l. qua ratione, 9. §. sed non vti litera, ff. de acq. rer. dom. & directo vindicare in l. vxor. 55 D. de donat. int. vir. & vxor. plura vide apud Briss. d. loc.

gis sive edicti verbis expressis, formula qua intentatur ex ipsis desumta.

Utilis est actio data ex mente sive sententia legis vel edicti, non ex verbis ipsis [13].

Illa ex hoc nomen invenit, quod directo sine vlla circuitione ex ipsis verbis in aliquem feratur [14]; hæc ex illo, quod eius causa non sint ipsa legis vel edicti verba sed æquitatis vtilitatisque ratio, quæ ita per ratiocinationem ex lege sive edicto colligitur [15].

Et datur vtilis ad exemplum directæ, atq; tum demum si directa deficiat [16], accommodariq; potius quam dari dicitur [17], quoniam in hac factum ad jus potius inflectitur, quam vt ius inflectatur ad factum [18], quod fit in directa.

Effectus tamen tam huius quam illius vtrobique idem est, non diversus [19].

II. Ex materia communis affectio est actionum, quod quædam rei persequendæ causa comparatæ sunt, quædam pœnæ, quædam vtriusq; [20].

Rei persequendæ causa comparatæ sunt potissimum actiones reales omnes, & præter eas actiones ex obligatione contractus proficiscentes [21]; *pœnæ causa*, actiones pleræque ex obligatione delicti proficiscẽtes, vt sunt actiones furti & iniuriarũ; *pœna & rei causa simul*, itidẽ actiones ex obliga-

13 §. fi. Inst. de leg. Aquil. d. l. actio. l. actionis, 37. D. de O. & A. Bart & alij in l. si curatorem, C. de neg. gest. videtur tamen hanc rẽ aliter declarare Benincas. in præfa. Instit. de act. n. 125. & seq. Duar ad tit. D. de O. & A. c. 7.

14 Don. addit. D. de præscr. verb. cap. quid sit actio in factum.

15 l. eum qui, 15. §. pen. D. de constitu. pecun. l. alterius, 20 D. de tutel. & rat. Cui. in tr. 2. ad Afric. in l. 46. D. de hered. inst. & in notis prior. ad Inst. de mand.

16 l. 4. §. si communem, D. fin. regund. l. 7. §. si duo, D. commun. divid. l. quamvis, 8. §. si convenerit, D. ad SC. Vellei. ac proinde ip extraordinariis iudiciis duntaxat, d. l. actio. l. qui mutuam, 56. §. fi. D. mand. ex quo actiones vtiles opponuntur ordinariis, l. si quis, 12 D. de relig. & sumt. fun.

17 l. 1. C. de inoff. donat. d. l. uxor, in fine. l. eleganter. 24. D. de pign. act. l. pater. C. de pact. convent. Cui. ad l. fin. D. de transact.

18 ideoq; non dabantur ex edicto sed causa à prætore cognita & decreto interposito, l. si finita, 10. §. eleganter, l. damni, 18. §. fi. D. de dam. infect. l. vt tantum, 14. §. 1. D. de servo corrupt. l. 5. D. de prætor. stipul. l. ait prætor, 12. D. quæ in fraud. cred. ex quo etiam decernendi verbum in iis vsurpari solet, l. si post constitutam, 22. D. de consti. pecun. l. 2. ius reip. D. de admi. rer ad civit. pertin. l pen. D. de acq. vel omit. here. l. Lucius, 46. D. de admi. tut. l. 2. §. interdum, ff. de vulg. & pup. subst. cum illæ actiones, quæ edicto prætoris continebantur, sine causæ cognitione darentur, l. item apud, 15. §. prætor ait, si quid. D. de iniur. l. quod si minor. 24. §. fi. ff. de minor.

19 d. l. actio. Cui. 19. obs. 11.

20 §. sequens, Inst. de act.

21 Illæ actiones inquit Paul. in l. in honorariis, 35. D. de O. & A. rei persecutionem continent, quibus persequimur, quod ex patrimonio nobis abest. Explicatius hoc proponit Inst. in §. rei persequendæ causa, Inst. de act.

tione delicti, cujusmodi sunt actio vi bonorum raptorum, & actio damni iniuria dati [22].

III. Ex forma accidentali communis affectio actionum est, quod quædam dicuntur esse bonæ fidei, quædam stricti juris [23].

Bonæ fidei actiones sunt in quibus libera potestas à lege permittitur judici ex bono & æquo æstimandi, quantum actori restitui oporteat [24].

Quæ certo numero definitæ sunt [25], nempe actio commodati [26], depositi [27], pignoratitia [28], emti venditi [29], locati conducti [30], pro socio [31], mandati [32], negociorum gestorum [33], tutelæ [34], communi dividundo [35], familiæ erciscundæ [36], hereditatis petitio [37], actio pro dote [38], actio præscriptis verbis ex æstimato [39], & actio præscriptis verbis ex permutatione [40].

Ceteræ omnes præter jam enumeratas *stricti iuris* sunt [41]: in quibus judex præcise est astrictus de actione in judicium deducta pronunciare secundum

22 §. ex maleficiis, & §. vi autem bonorum, Inst. de act. Exempla suppeditabunt Digesta. 23 §. actionum, & seq. Inst. de act. 24 §. in bonæ fidei, Inst. eod. §. fin. Inst. de oblig. quæ ex consen. dicuntur etiam iudicia bonæ fidei, l. in actionib. 5. D. de in litem iur. l. videamus, 38. §. pen. D. de usur. l. sed etsi, 21. in fi. D. solut. matr. l. in bona, 7. D. de eo quod certo loco. Briss. lib. 2. de V. S. in verb. bona fides alias, ex quo etiam intelligitur, cur bonæ fidei dicta sint. Hot. in d. §. actionum. cum dicimus actiones bonæ fidei esse hanc loquendi formam præcisam more ICtorum, & plenius dici Actiones quarum in formulis addi solet. Quicquid ex bona fide dari fieri oportet; quod & Baro & plerique alij ibidem sentiunt. Sed Fab. Plat. Ias. & quidam alij in d. §. actionum, inde dictas putant, quod bona fides in iis magis exuberet quam in his quæ stricti iuris sunt. Curt. iun. in d. l. in actionibus, inde quod in contractibus ex quibus profluunt, bona fides omnino sit necessaria, & ad contractus substantiam pertinens. Verum Neotericorum expositio rectior est. 25 gloss. & communiter Dd. in d. §. actionum. Sed Coras. ibid. nu. 6. scribit esse præter illas etiam alias quasdam, puta actionem de precario, per l. 2. D. de precar. & eam quæ ex fiduciis competit, de qua Cic. lib. 3. de offic. item actionem iniuriarum funerariam, sepulcri violati, & condictionem indebiti. Recte VVes. in d. §. actionum, nu. 1. scribit eos valde errare qui putant differentiam bonæ fidei & stricti iuris iudiciorum iure Canonico hodie sublatam. 26 l. 3. §. in hac, D. commod. 27 l. 1. §. hanc actionem, D. depos. d. l. in bonæ fidei. 28 d. § actionum. 29 d. l. in bonæ fidei, l. 1. §. 1. l. ex emto, §. 1. D. de act. emt. l. huiusmodi, 84. §. qui servũ, D. de legat. 1. 30 l. quæro, 54. D. locati, l. præses, C. eo. 31 l. res communis, 45. in fine, l. cum duob. 52. §. 1. l. unde, 79. D. pro soc. 32 l. 2. in fi. D. de O. & A. l. si fideiussor, 29. §. quædam, D. mand. 33 l. 6. in fine, iuncta l. 7. D. de neg. gest. 34 l. 1. §. 1. D. de tutel. & rat. distrah. 35 l. per hoc, 4. §. hoc iudicium, l. in hoc iudicium 14. §. 1. D. commun. divid. 36 l. non est ambiguum, C. famil. ercisc. 37 l. fin. in fi. C. de petit. hered. 38 §. fuerat. Inst. de act. 39 l. 1. D. de æsti. 40 l. 1. D. de rer. permut. l. 2. Cod. eod. 41 Quæ & stricti iuris iudicia dicuntur in d. l. in actionibus. l. un. §. sed etsi. C. de rei uxor. act.

eundem naturam actioni isti à lege vel à jure datam [41].

Quamvis & hæ quæ stricti juris sunt fieri possint bonæ fidei per exceptionem doli seu replicationem oppositam [43].

Distinctionis huius ratio ex jure est triplex, vna ex parte judicis, idque dupliciter, primum ratione formulæ à prætore judici præscriptæ, ex qua ipse sententiam ferat, quæ in bonæ fidei actionibus erat, *ex bona fide* [44], vel, *ex bono & æquo* [45], vel *quod æquius melius* [46], in actionibus autem stricti juris sine istiusmodi adjectione præcisa erat; deinde quoniam in illis judici à lege libera data est potestas, vt quod lege definiri non potuit, id æquitate judicis seu viri boni definiatur, in his nihil est ejusmodi, sed quod jus vel prætor judici præscripserit, id præcise atque strictim sequendum est [47].

Ex parte litigantium ratio est altera, quandoquidem in bonæ fidei actionibus litigatores sibi invicem sunt obligati ad præstandum id, quod alterum alteri ex bono & æquo præstare convenit, hoc est, quod vir bonus præstandum esse arbitraturus esset: in actionibus vero stricti juris ad id, quod lex vel partium conventio postulaverit [48].

Ratio tertia accipitur ex natura ipsarum actionum, quam in his quæ bonæ fidei sunt, jus voluit esse latissimum, neq; certis limitibus definitam: in strictis autem voluit esse angustissimam, extra quam judici evagari haud liceat [49].

Porro stricti juris actiones iterum sunt duplices: quædam ejusmodi sunt vere, quædam improprie.

Vere strictæ sunt illæ omnes, quæ & natura sua strictæ sunt, & in effectu suo strictæ manent.

42 Baro in d. §. actionum. & ibid. Hotom. scribit more Iurisconsultorū præcise dici Actiones stricti iuris. & plenius dici Actiones, quibus iudex datus ad certam formulam adstringitur.

43 l. Seia, 52 D. de mortis causa donat. l. adversus fratrem, C. de except. Cui. 3. obs. 17.

44 ut constat ex Cic. lib. 3. de off. & in Topic. Valer Max. lib. 8. c. 2. & ICtis nostris, dicta l quaero, l. non debet. 11. in fine, D. de dolo, l. cum mancipium, 51. D. de ædil. edict. l. bona fides, 31. D. depos.

45 l. 2. & l. 5. D. de O. & A. l. 8. D. de capit. minut.

46 Cicer. in ea pro Rosc. Com. tametsi hæc verba potissimum in arbitrio rei uxoriæ adjici moris erat. teste Cicer. lib. 3. de off. & in Topic. & vestigia sunt in l. pen. §. fi. D. solut. matr. & in l. si cum Cornelius, D. de solut.

47 Cic. Verin. 4. Senec. lib. 1. benefic. c. 7. & lib. 2. de Clem.

48 l. 2. l. si quis absentis. D. de O & A. l. quicquid astringendæ, 99. D. de V. O. Inst. de oblig. quæ ex consensu.

48 §. in bona, Inst. de act.

Improprie & minus strictæ sunt illæ quæ natura quidem sua, suaque causa iuris stricti sunt, sed effectu quodam modo fiunt bonæ fidei.

Nam æque in his judex æstimat, atque in illis quæ bonæ fidei sunt, sed hoc interest, quod in his judex æstimat *quomodo* actori satis fieri, in illis *quantum* actori restitui oporteat[50].

Atq; hæ actiones, quæ nec proprie bonæ fidei sunt, neq; etiam proprie stricti iuris[51], peculiari voce appellantur actione *arbitraria*[52].

Cuiusmodi sunt, actio quod metus causa[53], actio de dolo[54], actio ad exhibendum[55], actio de eo quod certo loco[56], actio Publiciana[57], actio rerum amotarum[58], Rei vindicatio[59], actio noxalis[60], actio confessoria & negatoria[61], actio Fabiana & Calvisiana[62], actio Pauliana[63], actio finium regundorum, actio redhibitoria[64], actio triticaria[65], actio hypothecaria[66].

Causa autem vt ex actione, quæ natura sua stricti iuris est, fiat arbitraria, est duplex[67]: vna quidem dolus & contumacia non restituentis, cum nimirum actiones lege vel edicto ita sunt conceptæ,

50 d. §. in bonæ fidei, & §. in personã, Instit. de act. in his verbis Quomodo & quantum omnem inter actiones arbitrarias & actiones bonæ fidei differentiam positam existimo, quod Interpretes non animadverterunt, vt alio loco demonstrabo plenius. Errãt Græci qui scribunt actiones arbitrarias esse bonæ fidei, quod præterquam ex eo quod certus est actionum bonæ fidei numerus, ostẽdi potest ex l. Papinianus 14. D. de publ. in rem act. vbi Vlpia. docet in actione in rem, (quæ extra controversiã est arbitraria) exceptionem omissam non suppleri officio iudicis. Non igitur inest, quæ tamen bonæ fidei actionibus inesse solet, facit eodem, l. 3. §. 1. D. de vsur. 51 Eguin. Baro in d. §. actionum, putat actiones arbitrarias esse bonæ fidei, aut certe propius ad eas accedere, quam ad actiones stricti iuris, quoniam interdum ab actibus stricti iuris separentur, d. l. in actionibus, & in legibus quibusdam bonæ fidei actionibus comparentur. l. 3. D. commod. l. pen. C. de condict. tritic. d. l. in actionibus. 52 Cur ita dicantur multis differit Iac. Menoch. lib. 1. de arb. iud. quæst. 3. & 4. 53 l. si cum exceptione, 14. §. 1. & in §. in hac. & in §. quatenus, D. quod met. caus. Baro in §. præterea, Instit. de act. Duar. in d. l. in actionibus, & ibid. Coras. n. 13. Cui. ad l. 9. verb. ex hoc edicto, D. quod met. causa. 54 l. arbitrio, 18. D. de dolo. Baro, Duar. Coras. iam dd. loc. 55 d. §. præterea, l. 3. §. ibidem, D. ad exhibend. 56 d. §. præterea, l. 2. in pr. l. 3. §. fi. l. si heres, 5. D. de eo quod certo loco. l. vnic. C. vbi conven. qui certo loco dare promisit. 57 d. §. præterea. 58 l. si cum dos, §. mulier, D. rer. amot. Loriot. in tr. act. axiom. 69. 59 VVes. in Isago. Inst. lib. 4 nu 67. contra sentit Lori d. loc. n. 65. 66. & 67. 60 d. §. præterea. Contra sentit Coras. in d. l. in actionibus, n. 13. quod examinat Meno. li. 2. de arb. iud. q. 5. n. 14. 61 l. harum, 7. D. si serv. vind. 62 l. tenetur, 5. in fin. D. si quid in fraud. patro. 63 l. ait prætor, 10. §. & fructus, D. quæ in frau. cre. 64 Zas. in d. § præterea, n. 11. Lor. d. lo. n. 69. 65 Cui. in para. D. de cond. trit. & in tit. D. de eo quod cert. loco, & in tr. 3. ad Afr. in l. centum Capuæ, D. de eo quod cert. loco. 66 d. l. p̃terea l. si fũdus, 16. §. in vindicatione ff. de pig. 67 VVes. in Isa. Inst. li. 4. n. 67.

ceptæ, vt Reo indulgeatur spacium ad restitutionem, vt condemnationem effugiat, permittiturque judici jubere Reum, vt ante condemnationem rem restituat; qui jussus nihil aliud est quam arbitrium, cui nisi reus obtemperet, actor contra eum veluti contra contumacem in litem jurat, & secundum id sententia condemnatoria fertur in Reum [68]: Altera vero est Locus vel Tempus, cum videlicet certo aliquid loco vel tempore dari debuit, idque alio loco petitur, facta ejus loci vel temporis commemoratione, quo dari debuit [69].

Ceterum sunt triplici illi distinctionis hujus rationi nonnulla consectanea, quorum vsus est maximus; atq; ex officio quidem judicis hæc.

1. Quod in actionibus bonæ fidei officium judicis est liberrimum [70]: in actionibus stricti juris servum [71].

2. In illis judex æquitatem magis spectat, quam ex variis causæ circunstantiis sumit: in his jus magis rigidum & strictum, quod est vel ex lege vel ex conventione hominis [72].

3. In illis vsuræ debentur si mora commissa sit, idque ex iudicis officio [73], non jure obligationis [74]: in his nullæ ex mora debentur [75], sed ex tempore litis contestatæ [77], tametsi in actionibus bonæ

68 *Atque hæ sunt arbitrariæ istæ actiones, in quib. annotavit Hoto. duplicem quodammodo ferri sententiam, & ante secūdam in litem iurari, quales sint actiones quadā personales, vt actio q. met. causa, actio de dolo, actio ad exhibendum: quædam item reales, vt rei vindicatio, actio Serviana vera & quasi.*

69 *Cui. in d. tr. 1. ad Afric.*

70 *d. §. in bonæ fidei, l. quia tantundem, 7. D. de nego. gest. l. Lucius, 24. D. depos. late Briss. lib. 5. de formulis, fol. mihi 507.*

71 *d. l. quicquid astringendæ.*

72 *d. §. in bonæ fidei, §. fi. Inst. de obl. quæ ex consens.*

73 *d. l. Lucius, l. Lucius, 47. D. de act. emti, l. mora. 32. D. de vsur. l. in bonæ fidei, C. eod. l. vsuræ, C. depos. l. præses, C. de locat.* 74 *l. qui per collusionem, 49. §. fi. D. de act. emt. d. l. quæro, l. adversus C. de locat. l. deducta, 68. D ad Senat. Treb. eamq; ob causam dixit Cui. tr. 3. ad Afr. in l. 10. D. rem pupill. salv. fore. vsuras improprie dici debere ex mora.* 75 *gl. in d. §. actionum. verb. bonæ fidei. Cui. 14. obs. 22.* 76 *Vulgo & communiter receptum vsuras ne ex tempore quidem litis contestatæ, quod moram iudicialem inducit, deberi, vt tradit Myns. in d. §. actionum, idq; probare conantur Interpretes per l. 1. vbi gl. C. de condict. indeb. & l. 3. C. de vsur. idemque sentit Cuia. d. observ. 22. & tr. 7. ad Afric. l. 37. D. de vsufruct. multosque alios idem sentientes refert Ludov. Gomez. in d. § actionum. num. 18. sed contra hanc communem multis disputat Ioan. Coras. in §. in bonæ fidei in 4. Instit. de act. & 2. misc. 7. affirmans vsuras in stricti iuris iudiciis deberi ex tempore litis contestationis, eidemque consentit Eguin. Baro in dicto §. actionum, & VVesem. in para. D. de vsur. num. 3 quos sequitur doctissimus Iulius Pacius in notis suis, ad l. lite, 35. Dig. de vsur. dicens:*

bonæ fidei quandoque etiam fiat, vt vsuræ etiam sine mora ex officio judicis prestandæ veniant[77], & in actionibus quibusdam stricti juris judex vsuras ex mora deberi pronunciet, vt fit in actione legatorum seu fideicommissorum nomine instituta[78].

4. In illis fructus veniunt indistincte[79]: in his nec ex tempore moræ, nec ex tempore litis contestatæ ipso iure[80], ex tempore tamen litis contestatæ ex æquitate, quæ sententia est Sabini[81].

Ex parte vero litigantium hoc est quod in bonæ fidei iudiciis vsuræ debentur ex pacto incontinenti apposito: in strictis non aliter, nisi stipulatione interueniente[82], exceptis tamen quibusdam casib. circa mutuum, puta in pecunia civitatum[83], in pecunia nautica[84], in pecunia argentariorum, in quibus vsuræ debentur etiam ex pacto, sicut & in rebus aliis, quæ mensura constant, atque in his propter earum precium incertum, eo quod crediti tempore magno plerunque, solutionis parvo constant[85].

Ex natura deniq; actionum hæc sunt: 1. Exceptiones actionibus bonæ fidei insunt ipso iure[86], non insunt actionibus stricti iuris[87]. Inesse autem dicuntur ipso iure, quod iudex rationem earum habeat, etsi à prætore in formula ab ipso iudici præscripta earum mentio facta nulla sit, habenda tamen earum nihilominus sit ratio à iudice, si à Reo oppositæ fuerint.

Lite contestata in iudiciis strictis vsura currere incipiũt, in bonæ fidei iudiciis deberi non desinunt. Atque ab horum posteriorũ sententia non recedo, idque vel solum ob d. l. lite, vbi expresse ait Paulus, Lite contestata vsuras currere; quam legẽ etsi vulgo interpretentur pertinere ad iudicia bonæ fidei, cum nulla mora litis contestationem præcessit, id tamen divinatorium est, & casus ponitur eiusmodi qui vix unquam sit exiturus. arg. l. 3. D. de vsur.

77 *l. si vero non, 12 §. si mihi, D. mand. l. cum quidam, 17. §. ex locato, D. de vsur.*

78 *l. 3. C in quib. caus. in integ. restit. necess. non est.*

79 *l. videamus, 38. in fi. D. de vsur l. hanc autem, D. de pos.*

2. Dolus

80 *d. l. videamus, §. si actionem, Myns. Cent. 6. obs. 50. n. 8.* 81 *d. l. videamus, §. si actionem, l. 3 §. in his, l. vulgo, 2. ff. de vsur. l. cum fundus, 31. ff. de reb. cre. si cer. pet. l. si homo, 8. D. de re iud. l. vtiq; 16. D de rei vin. l. si servus, 11. D de iud. solv. Ex mora tamen fructus etiam præstandos esse, si quis rem suam petat, Myns. d. obs. 50. nu. 9.* 82 *l. Titius. 24. D. de præsc. verb. l. quamvis, C. de vsur. l. 1. de condict. indeb.* 83 *l. etiam ex nudo, D. de vsur.* 84 *t. tit. D. de naut. fœn.* 85 *l. frumenti, C. de vsur.* 86 *l. sed etsi ideo 21. D. solut. mat. l. huiusmodi, 84. §. qui servum, D. de lega. 1. l. emtio, 3. D. de resci. vend. Etsi vero hæ leges mentionem faciant tantum exceptionis pacti & doli, de aliis tamen exceptionibus idem dicendum esse ostendit Eg. Baro in d. §. actionum, & VVes. in d. §. in bonæ fidei, Inst. de act.* 87 *Pet. Fab. ad l. 38. D. de R. I.*

2. Dolus dans causam contractui bonæ fidei facit contractum ipso iure nullum, ideoque re integra nulla exinde est actio, non amplius integra actio quidem datur, non tamen ex contractu, vtpote qui nullus est, sed de dolo subsidiaria: Dolus autem dans causam contractui stricti iuris, ipsum quidem contractum iure ipso nullum non facit, sed facit vt contractus qui est initus actione, vel exceptione doli rescindi possit[88].

Dolus autem contractui causam dare dicitur, cum is qui dolo decipitur contractum alias initurus non fuisset, nisi ad illum ineundum dolo inductus fuisset.

Quod si vero dolus in contractum incidat, tum sive bonæ fidei sive stricti iuris contractus sit, validus est atque subsistit: quamvis in illo dolus sarciatur per actionem ex contractu isto descendentem, in hoc per actionem vel exceptionem doli.

Dolus autem incidit contractui, cum quis dolo non inducitur ad contrahendum, sed in eo quod contrahit atque sponte sua sive sciens ab initio ad contrahendum venit, decipitur[89].

3. In omnibus bonæ fidei iudiciis, cum pecuniæ solvendæ dies nondum venit, Creditor, male quidem agit ad pecuniam solvendam, veruntamen agens ante diem ad cautionem interponendam de pecunia solvenda, cum dies venerit aut conditio extiterit, auditur ex iusta causa[90]: Contra in iudiciis stricti iuris est, in quibus ne ad cautionem quidem interponendam agi potest[91].

4. Si res debita non præstetur, atque æstimatio rei præstandæ interim creverit vel diminuta fuerit, in stricti quidem iuris actionibus præstanda est res, quanti fuit cum esset petita[92]; in actionibus

88 *l. & eleganter, 7. ff. de dolo. l. 36. ff. de verbor. oblig. vbi late Cui. eaque opinio communis est. Contrarium se defendisse dicit Coras. 2. misc. 8. & 9. propugnat acriter, Ioann. Rob. lib. 3. animad. iuris, c. 1. 2. & 4. & in notat. ad not. Iac. Cui. Mercatoris li. 3. c. 1. 2. & 4. cui tamen respondit Anton. Merc. lib. 3. notarum ad animadvers. Rob. ca. 1. 2. & 4. eandemque amplectitur Eg. Baro in d. §. actionum, Gail. 2. obs. pract. 2 num. 6.*

89 *Myns. & alii in d. §. actionum.*

90 *l. in omnib. 41. ff. de iud. l. pro soc. 38. ff. pro soc.*

91 *Cui. 17. obs. 37. videntur tres casus excipiendi esse in l. grege, 13. §. pen. ff. de pign. l. 4. ff. de separa. & tertius, si agatur de legato vel fideicommisso, t. t. ff. vt leg. nom. caveat. Sed istos casus excipiendos non esse alio loco demonstrabitur.*

92 *l. vinum, 22. ff. de reb. credit. si cert. petet. Bellon. 1. supput. 17.*

bus vero bonæ fidei tempus rei judicandæ observatur[93].

5. In bonæ fidei iudiciis in litem iurati solet, quod non fit æque in actionibus stricti juris, nisi ex causa forte doli aut contumaciæ[94].

b IV. Actionum communis affectio sumitur ex adjuncto temporis, quo aliæ sunt perpetuæ, aliæ temporales: quæ affectio cum ex jure veteri originem suam habeat, jure novo multum est restricta.

Jure veteri actiones erant perpetuæ, quæ ex lege descendebant, quæ ita erant perpetuæ vt nullo vnquam temporis spacio finirentur, nisi à lege ipsa certis essent definitæ terminis: temporariæ erant prætoriæ ex edicto secundum magistratus jurisdictionem conceptæ[95].

Ita actiones civiles regulariter erant perpetuæ, prætoriæ temporales, & quidem pleræque: pleræque inquam, siquidem de hisce etiam nonnullæ sunt perpetuæ, nimirum prætoriæ rei persecutoriæ[96]: Pœnales autem, item rei quidem persecutoriæ, sed ad rescindendum id, quod iure civili validum erat comparatę, finiebantur anno, quemadmodum & istæ quæ factum puniunt, & in dolum concipiuntur[97].

Furti tamen manifesti actio erat perpetua: & vero omnes etiam prætoriæ temporales natura sua ex accidenti perpetuantur, nimirum per litis contestationem[98].

Jure novo[99] omnes actiones sunt temporales, quippe qua certis temporum spaciis sint circunscriptæ,

93 *l.3.§.in hac, ff. commod.*

94 *d.l. in actionibus, d.l.3.§.in hac. Et in summa observandum esse monet Cu.17.obs.37. quod plerunque vbi quid obtinere dicitur in iudiciis bonæ fidei, id existimandum sit non obtinere in stricti iuris iudiciis, cuius rei multa eo loco affert exempla, & multo plura sunt, quæ omnia persequi ait Eguin. Baro plus habere ostentationis quam iudicii.*

b De perpetuis & temporalibus actionibus, & quæ ad heredes & in heredes transeunt, 4. *Inst.* 12.

95 *in prin. Inst. eo. de his autem consulendus est Cuia. in tract. de præscript. & terminis.*

96 *l. in honorariis. 36. ff. de O. & A. l. 3. §. 1. ff. de vi & vi armat. l. quæsitum est, 8. §. interdum, ff. de precar. l. prætor ait, 29. §. hoc interdictum, D. de op. nov. nunc.* 97 *l. huius, 9. §. 1. d. l. in honorariis, D. de O. & A.* 98 *l. nam posteaquam, 9. §. si is qui, D. de iure i. l. fin. D. de fideiuss. tut, l. aliam. 29. D. de novat. l. 1. §. fin. Dig. de iure fisci, l. 5. §. fin. D. ad leg. Iul. de vi publ. l. omnes, 139. D. de R. I. l. ordinata. 24. D de liber. causa.* 99 *Et cum primis ex constitutione Theodos. Imp. in l. sicut, C. de præscript. 30. vel 40. anno.*

ſcriptæ, quibus elapſis ipſa cum effectu amplius non competat: veruntamen quod ſpacia, illa in aliis ſunt ampliora, in aliis anguſtiora, affectionis iſtius conſideratio non omnimodo ab vſu receſſit.

Et perpetuæ quidem ſunt illæ, quæ olim æternæ erant, ſed ex Imperatorum conſtitutionibus hodie durant annis 20. cujuſmodi ſunt actiones in rem adverſus bonæ fidei poſſeſſorem, vel 30. cujuſmodi ſunt actiones perſonales & mixtæ, item actiones reales adverſus malæ fidei poſſeſſorem: Temporales vero ſunt illæ, quas excludit præſcriptio anni, quales ſunt prætoriæ ferme omnes: vel biennii, vt eſt actio de dolo: vel quinquennii, cuiuſmodi eſt illa de inofficioſo teſtamento [1].

Tam vero hæ quam illæ prorogantur litis conteſtatione, illæ quidem in annos 30. ſi reales ſint, vel in annos 40. ſi perſonales ſint vel mixtæ: hæ vero eodem modo [2].

V. Communis actionum omnium affectio eſt, vt videtur, ex ſubiecto, quo videlicet actio in judicium jam deducta heredibus & in heredes continuari vel non continuari dicitur: ſed hæc actio perſonalium actionum videtur magis eſſe propria, adeoque de iſta mox amplius.

1 *vide de his Cuia. in tr. de præſcr. & terminis, & in par. C. de præſcr. 30. vel 40. ann. & libero. obſ. c. 1.*

2 *l. fin. C. de præſcr. 30. vel 40. annor. Cuia. in tr. de præſc. & term. c. 31. & vlt.*

De actionibus præiudicialibus.

CAP. V.

HÆc ita de actionibus in genere: propius nunc ad ſpecies ipſas accedendum eſt.

Actionum ſpecies duæ ſunt: vna eſt in perſonam, altera in rem [1].

1 *§. 1. Inſt. de act. l. actionum, 25. ff. de O. & A.*

Actio-

Actionē in personam Ulpianus definit [2], quod sit actio, qua cū eo agimus, qui obligatus est nobis ad faciendum aliquid, vel dandum; ita quidem ex sola obligatione [3]; sed Justinianus ita [3], quod sit actio qua quis agit cum eo, qui ei obligatus est ex cōtractu vel ex maleficio, per quam intendit adversarium ei dare aut facere oportere, & aliis quibusdam modis; plenius sed obscurius: ego ita definiendam puto [4] quod sit actio quæ personæ cohæret, eamque vbi vbi est consectatur [5].

Causæ actionis personalis ex iure personæ deducuntur: id vero est potestas & obligatio, quod liber primus docuit.

Omnis igitur actio in personam vel ex potestate [6] est vel ex obligatione.

Quæ ex potestate est actio, præiudicialis dicitur [7]: quæ ex obligatione, condictio [8]: Vnde actio personalis duplex est, Præiudicialis & Condictio.

Præiudicialis actio est actio de statu hominis [9]: eōque vel publico vel privato: ille ex publica, hic ex privata potestate deducitur.

Ex potestate publica; eaque Ecclesiastica vel Politica: atque in illa de iure personarum Ecclesiasticarum quæritur; in hac de iure magistratuum, de iure subditorum, de iure civitatis & pere-

g i-

2 in d.l. actionum.
3 d.§.1.
4 lib.1.discept.iur. Scholast.c.4.
5 l. .§. si heres, D. ad SC.Treb.l.fin.§. fin.D.de contrah. emt.Gomez.in d.§. 1.n.3.& Dyn.nu.3: glos.in l.quis ergo. D.de pecul.Ias.in l.inter eos,n.9. D. de re iud.& in l.fi. nu.22.C.de sacros. Eccle.
6 Quam intelligo apud Iustinianum, sub illis aliis modis lib.1.tab.
7 Quod probat §. præiudiciales, Inst. de act.
8 §.appellamus, Inst.de act.ex quo etiam liquido apparet esse actiones quasdam personales quibus non intendimus dare aut facere oportere. Si enim nullæ essent aliæ, simpliciter dixisset Iustin. in personam actiones dicuntur condictiones, sicut de actionibus in rem simpliciter sine vlla adiectione aut distinctione dicebat quod essent vindicationes. Nomen autem hoc accepit a solennitate denunciationis, qua ab actore fiebat adversario, vt iudicio certa & stata die adesset, qua sublata per constitutionem Arcadij, Honorij, & Theodosii, quæ ponitur in l.si quis debiti, C.Theod.de denunc.vel edit.rescrip.nomen nihilominus remansit, d.§.appellamus, d.l.actionum. In constitutionibus dicitur actio condictionis, l.1. C.de cond.ind.l.2.C. de condict. ob caus.& promiscue actio condictitia, §.is quoque. Inst.quib.mod.re contrah. oblig. l. qui se debere, 7.in fin.pr.D.de condict.caus.dat.l.si quis certum 24. D.de reb.cred. si cert.pet.l.3.C.de donat.quæ sub modo, & simpliciter condictitia, l.si duo, 13. §. idem Iulianus, ff.de iureiur.§.Tripli, Instit.de act.l.vxor, 55. ff. de don. int. vir. & vxor.

gtinitatis, de gentis nobilitate & obscuritate[10].

Ex potestate privata est actio liberalis, actio ingenuitatis, actio de liberis legitimis vel illegitimis, & actio de jure tutoris & curatoris: ex quibus sola liberalis actio civilis est, reliquæ prætoriæ sunt[11].

a *Actio liberalis* agitatur in controversia libertatis & servitutis, atque ita inter eum qui se dominum esse dicit, adversarium vero servum suum, & vicissim qui se liberum asserit, adversarium vero dominum suum esse negat[12].

Quæ ita duplex fit: Aut enim è servitute quis asseritur in libertatē, aut ex libertate in servitutē.

Atque vtrunque illud directo: vtiliter autem actio accommodatur hodie iis, inter quos mutua quædam est quasi servitutis alicuius relatio, cujusmodi inter dominos prædiorum & colonos, adscriptitios, tributarios, atque omnia hominum propriorum genera[13].

b *Actio ingenuitatis* datur patrono asserenti adversarium liberum suum esse, vel contra ei, qui se ingenuum esse asserit, adversarium patronum suum esse negat[14].

Quæ & ipsa ita est directa: vtilis vero inter eos est, inter quos quasi dominii & servitutis, atque adeo manumissionis alicuius respectus est[15].

Actio de liberis legitimis vel illegitimis est illa, qua status controversia liberis movetur, legitimine sint, an illegitimi.

Quæ duplex est, nimirum vel inter parentes & liberos, vel inter alios.

c Inter parentes & liberos quæ est, dicitur de partu cognoscendo, quæ datur vel patri contra filium, se filium esse negantem, vel filio adversus patrem, qui se patrem esse negat[16].

Quæ inter alios est, simpliciter dicitur esse de

9 *Briss. lib. 14. de V.S. verb. præiud. vide discept. c. 3. quin autem præiudicium actionis appellatione contineatur, apparet satis ex l. actionis. 37. ff. de O. & A. l. generaliter, 12. ff. de excep. & similib. tametsi ab actione distingui videatur in l. sed & hæ 35. §. non solum, ff. de procur.*

10 *Bodin. in meth. iuris vniuersi.*

11 *d. §. præiud.*

a De liberali causa, 40. ff. 12. 7. C. 16.

12 *l. ordinata. 24. ff. de liber. caus. l. lite ordinata, C. eo.*

13 *Zas. Myns. & alij in d. §. præiud.*

b Si libertus ingenuus esse dicetur, 40. ff. 14.

14 *l. fin. ff. eo. l. circa, 14. l. quoties, 18. ff. de proba. l. adoptiuum, 8. §. patronū. ff. de in ius voc. l. si quis à liberis, 5. §. solent. ff. de lib. agn.*

15 *Myns. d. §. præiud. nu. 22.*

c De agnoscendis & alendis liberis vel parentibus vel patronis vel libertis, 25. ff. 3. 5. C. 25.

De inspiciendo ventre custodiendoque partu, ff. 25. 4.

16 *l. 1. & l. 5. ff. de agnosc. lib. l. 9. & l. pen. ff. de obseq. liber.*

liberis legitimis vel illegitimis, qua quæritur legitimine sint liberi, quibus controversia illa ab aliquo movetur, an vero illegitimi 17.

Actio de iure tutoris & curatoris est, cum quæritur Tutor & Curator quis sit, necne.

Ceterum actiones hæ præjudiciales in jure Justinianeo attinguntur potius, quam explicantur, ex quo sunt qui existiment actiones præjudiciales esse duntaxat tres, videlicet actionem liberalem, actionem ingenuitatis, & actionem de partu agnoscendo 18: sed existimaverim tot esse posse actiones præiudiciales, quot modis de statu conditioneve alicuius quæri potest.

De condictionibus in genere. CAP. VI.

Altera actionis personalis species est condictio, *quæ est actio in personam ex obligatione profecta* 1 *Quæ ex obligatione duplici, nimirũ conventionis & delicti, & ipsa duplex est, condictio in specie accepta ex obligatione conventionis, & deinde ea quæ ex obligatione delicti proficiscitur, & peculiari nomine caret. Cui utriq; affectiones quædam cõmunes sunt, quædam alterutri propria. Communes condictionum affectiones sunt.* I *Quod quædam ordinaria sunt, quædam extraordinaria. Ordinaria sunt cõdictiones certo modo, forma & solennitate descripta, ut obligatione posita ipsa per se pateant Extraordinariæ sunt condictionis, quæ posita obligatione non ipsa protinus ponuntur, sed in subsidium dantur a magistratu, non tamen nisi vel ordinariis actionibus omnino deficientibus, vel cum sunt quidem, puta criminales, civiliter tamen agi tutius sit & consultius.* II *Quod quædam civiles sunt, quædam criminales* 2. *Civiles sunt illæ quib privatum suũ commodum propriamq; utilitatẽ quis persequitur, cuiusmodi sunt actiones ex obligatione conventionis omnes, nonnullæ etiã ex obligatione delicti. Criminales sunt illæ, quib. aliquis agit*

17 Quæ multoties incidit, præsertim cum est quæstio de hereditatibus.

18 Cui in not. sed Hot. n. 12. videtur contrarium.

1 Ad quam solam pertinet definitio actionis personalis ab Vlp. tradita in l. actionum. 25. ff. de O. & A.

2 Ex modo & forma procedendi non recte argui vel colligi an iudicium criminale sit vel civile, sed ex fine ipso ad quem agitur, respondit Mynſ. conſ. 20. n. 6. Et quin actiones ex obligatione conventionis ortæ omnes civiles sint dubium non est. At quæ ex obligatione delicti sunt, nõ sunt generis eiusdem, siquidẽ civiles interd. interdum crimin. § in summa, Inst. de iniur. l. fi. C. eod. Quando autem dicatur agi civiliter, quando criminaliter, explicat Mynſ. conſ. 7. n 9. Variæ sunt ea de re Doctorum opiniones. sed eo tandem res redit, ut criminaliter agi dicatur, quoties vel fisco & non parti agenti pœna applicatur, vel Reo pœna corporalis infligi petitur: Civiliter, quando pœna parti læsæ sive agenti petitur concedi, l licitatio, 9. § quod illicite. ff de publ vect gl. in l. 3 ff de sepulcr viol. Canon ad rubr Decret de iud Blanc. in prax crim. part. 5. n 158 Men. de arb iud. q lib 2. casu 265 n. 4. Seb Sap in rep l Imp. n. 17 ff. de iurisd Cur iun. ad rub ff. de iud. n. 18. Iaſ. ad rub. C. eo. n. 2. Dec. in l. 2. 41. C. de edend. Gaill. 1 obſ.

ad pœnã vel corpori Rei cõuenti infligendã, vel à reo fisco inferendã, cuiusmodi sunt actiones ex obligatione delicti non priuati proficiscente: plerunq;, nonnunquam etiam ex obligatione delicti priuati sed in hac non nisi extra ordinem 3; ex obligatione autem conuentionis nunquam.

Plerumque dixi, quoniam fieri potest, vt ex obligatione delicti non priuati agi possit etiam ciuiliter si nimirum alicuius intersit priuatim delictum non admissum esse. III. Quod condictionum quædam in ipsum illum qui quid fecit, conueniendo nimirum vel delinquendo datur, quod fit vt plurimum: quædam non in illum ipsum, sed in alium, non tamen promiscue, sed ex causa, atque ex eadem causa peculiarib. appellationib. notantur, ex quib. appareat ab alio factum esse ad alium vero ius ex facto proficiscens applicari 4. IV. Quod condictionum quædam dantur heredib. & in heredes, quædam here[d]ib. sed non in heredes, quædam nec heredib. nec in heredes 5. De continuatione actionis in iudicium iam deductæ dictum est ad finẽ c. 4. quæ act. omnib. communis est: sed initium actionis introducendæ variat plurimum, si de heredib. quæratur, in actionib. personalib. seu condictionib. non etiam in realib. quippe quod actione reali quis experitur non tam quod sit heres, quam quod sit dominus, & non tam aduersus heredem, quam aduersus possessorem 6. In actionibus ex obligatione cõtractus proficiscentib. receptum est, vt competant heredib. & aduersus heredes, idque extra controuersiã est, si nullum defuncti delictum arguatur. Si delictũ defuncti arguatur, idem statuunt vulgo omnes, vt heredes conueniantur non tantum in id quod ad ipsos ex contractu illo peruenit, sed in solidum etiam 7.

prac. 65. Myns. cons. 20. n. 2. Dua. 1. disp 35. Rob. 4. sent. 9. Mar. de ord. iud. dis. 1. nu. 2. & seq. p. 4. atq; hanc sententiã communiter à Dd. receptam esse testa. Gom. in pr. Inst. de act. n. 18. Gail. addit, quod quãdo inter partẽ & fiscum pœna cõmunicatio fit actio, sit mixta partim civilis, partim criminalis, ideq; ante ipsum scripsit Boss. in tr. de ap. n. 8 Fel. in rubr. Decret. de iud. nu. 3. Alex. cons. 66. n. 1. vol. 1. Quoniã autẽ in civili iudicio semper versatur pecunia non semper in criminali ex eo est vt iudiciũ civile interdũ dicatur causa sive lis pecuniaria, vt in l. fi. ff. de fer. l. 1. ff. de test. Auth. seq. novo iure, C. de pen. iud. qui male iud.

3 l. fi. ff. de priv. delic. l. fi. ff. de furt.

4 Passim sub tit. Inst. D. & C. quod cum eo qui in alien. potest.

5 §. non autẽ omnes Inst. de perpe. & tep. act. 6 De quo infra c. 22. 7 l. ad ea. 157. §. fi l. hoc iure, 152. § fin. ff de R. I. casus exceptos vide apud Pet. Fab. ad l. 38. ff. de R I. Quod si agatur duntaxat de dolo, heres nõ tenetur nisi quatenus ad eũ pervenit, l. in heredẽ, 5. fi. de cal. l. q diximus, 16. §. fi. ff. quod met. caus. tentavit in heredem non debere dari actionem venientem ex contractu si delictum quoq; in eo versetur, duob. casib. exceptis, quos desumit ex l 1. C. de here. tut. atq; hos putat innui à Iust. in §. aliquando, Inst. de perpe. & temp. act. Sed contra Cuiaciũ cõmunẽ defendit Ant. Fab. 1 coniect 12 Ceterũ Ioa. de Platea in d. §. nõ autẽ n. 20 septẽ casus recẽset, quib. heres nõ obligatur nisi in id q ad eũ pvenit

In actionibus ex obligatione delicti descendentibus civilibus regula juris est, ex maleficiis pœnales actiones contra heredem Rei non competere [8], sive mere pœnales sint, sive rei persecutoriæ [9], nisi lis cum defuncto contestata sit [10]; vel nisi ex delicto defuncti quid ad heredem pervenerit, vel nisi heres dolo malo fecerit quo minus ad eum perveniret [11]. Heredibus autem eius, adversus quem delictum commissum est, competũt actiones qualescunque sint [12], excepta actione injuriarum [13], & quæ ei similes sunt actiones aliæ [14], cujus-

8 *l. pupillum, 111. §. fin. ff. de R. I. l. Neratius, 23. §. hanc actionem, ff. ad leg. Aquil. l. hac actio, ff. de servo corrupt. l. 2. ff. vi bonor. rap. l. furti, 7. §. fin. ff. arbor. furt. cæsar. Duen. reg. 13.*

9 *Quod apparet ex actione de eo quod iudicij mutandi causa factum fuerit. quam Vlpianus expresse in l. item si res, §. fi. ff. quod iudic. mut. caus. ait pœnalem non esse, sed res persecutionem continere, atq; in eodem §. fi. qui coniungendus est cum l. 6. ff. eo. ait eam in heredem non dari, & additur in l. 7. ff. eo. ratio, quia videtur ex delicto dari. Sic etiam condictio rerum amotarum etsi ad rei persecutionem pertineat, in heredem tamen non datur, l. si mulier, 21. §. pen. ff. de act. rer. amot. l. fi. C. eo. Cui. 13. obs. 37.* 10 *d. §. non autem, l. pœnalia, 164. ff. de R. I. l. omnis, 26. l. in const. 33. l. sciendum, 58. ff. de O. & A. Multo magis dicendum est, si adversus defunctum iudicatum fuisset, & is, antequam pœnam præstitisset, obiisset executionem rei iudicatæ in huiusmodi actionibus dari etiam adversus heredes, l. 2. in fin. D. de prætor. stipul. l. Gaius, 22. D. ad Sen. Syllan. l. commissa, 14 D. de publican.* 11 *l. sicuti, 38. D. de R. I. l. in heredem. 5. D. de calumn. l. si plures 17. §. fin. l. in heredem, 26. D. de dolo, l. 1. D. de vi arm. l. vn. c. ex delict. defuncti. Sola Condictio furtiva in heredem datur in solidum, etiamsi ad heredem furis nihil pervenerit, l. in condictione, 9. D. de condict. furt. tametsi Cui. d. obs. 37. tentet eam non dari in solidum. Actiones etiam quæ & pœnam & rem simul persequuntur in heredem non dantur, nisi in id quod pervenit ex re, cuius persecutio actioni inest, vt est actio quod metus causa, l. 16. §. fin. D. de eo quod met. caus. actio ex edicto de incendio, ruina, naufragio, l. 4. §. fin. D. de incend. ruin. naufr. actio de calumniatoribus, d. l in heredem. Verum actio bonorum raptorum non datur in heredem, ne in id quidem quod ad eum pervenit, l. 2. §. fin. D. vi bon. rapt. & ratio est, quoniam de eo quod pervenit propria actio est proposita, condictio nimirum furtiva. At idem de actione in factum de calumniatoribus dici posset, quippe prodita præter eam etiam condictione ob turpem causam, d. l. in heredem, §. 1. sed diversitatis ratio à Græcis assignata est lib. 60. βασιλικῶν tit. 17. Quod autem hactenus dictum est de actionibus ex maleficio proficiscentibus. idem accipiendum est de actionibus & quasi maleficiis, l. Iulianus, 26. D. de iud. l. fin. §. fi. D. naut. caup. stabu. l. 5. §. hæc autem, D. de his qui deiecer.* 12 *d. §. non autem.* 13 *d. §. non autem, l. iniuriarum, 13. D. de iniur. l. 2. §. emancipatus, D. de collat. l. si eum, 10. §. qui iniuriarum, D. si quis caution.* 14 *d. §. non autem.*

cuiusmodi olim fuit actio de moribus [15], actio in factum quæ datur adversus liberum & filium propter patronum vel parentem in jus temere vocatum [16], & actio quæ competit donatori de ingratitudine donatarii [17]: excepta item actione in factum de calumniatoribus [18]: exceptis etiam actionibus popularibus [19]: excepta denique actione, quæ datur prohibito mortuum inferre [20], nisi in his omnibus lite contestata [21].

a *De condictionibus ex obligatione conventionis proficiscentibus.*

CAP. VII.

Condictio specialiter accepta est condictio ex obligatione conventionis orta.

Tametsi non omn: sed ea quæ causam habet [1], atq; adeo ex obligatione conuentionis illius, quæ contractus dicitur.

Ex pacto enim jure civili actio non datur [2], nisi pactum sit legitimum [3].

Hh 3 Con-

15 *Quam Cuia. in notis prioribus Ad d.§.non autem. annotavit ex l.fin. C. Theos.de incest.nup. qua tamen actio hodie antiquata est constitutione Iustiniani in l.vnica.C. de rei vxor.act.*
16 *Balduin. in d.§. non autem, per l. 2. ff.de in ius vocãdo.*
17 *l.his solis,C.de revocand.donat. Cui.4.obs.19.*
18 *l.hac actio,4.ff. de calumn.*
19 *l.5.§. hac autem, Dig. de his qui deiec.*
20 *l.liberum.9.in fine, D.de relig.& sumt.fun.*
21 *d.§. non autem, vers.pœnales.vbi gl.atq; hac ita de actionibus civilibus ex delictis. Nam si agatur criminaliter, actio nec heredi nec in heredem datur, l.fi.C. si reus vel accus.mort.fuer.l.ex iudiciorum,20.D. de publ. iudic. Addendum est iure Canonico indistincte tam in contractibus, quam in delictis, sive aliquid ad heredem perveniat sive non, & sive lis contestata fuerit sive non, heredem semper teneri in solidum, c.si Episcopum,16 quæst.6.can.Episcopo,12.quæst.2.c. quanquam de vsur.in 6. c.fi.vbi Panorm.nu.5. De sepult.glo.& Innoc.in c.literis; de rapt.* a *Huc pertinet prima pars rubricæ,* De rebus creditis, *12.D.1.4.C.1.* 1 *l.iurisgentium, 7.Dig.de pact.l solent,16.D.de præscript.verb.* 2 *d.l.iurisgentium,§.quinimo,l.legem,C.eod l si tibi,C.de locat.l.1.C.de pact.convent,l.nuda,Cod. de contrahend.& committ.stipul.Socin.reg.24.Duen.regul.11.* 3 *l.legitima, 6. Dig. de pact. Ceterum sex casus, quib. ex pacto nascatur actio, recenset gl.in §.in personam, verb. nullo, Inst.de act. quos examinat Ludov. Main.lib.2.act c 25. Ex pacto actionem nasci eum inesse bonæ fidei iudicio scribit VVes.in para.D.de pact.nu 9. Item pacto munito chirographo seu scriptura, VVes.ibid.n.10. item pacto facto in iudicio. VVes.ibid. n.19. item pacto in ligis & treugis Duen.reg.16. item pacto nudo donationis, Duen. reg.19. Et summatim communiter receptum est, de iure Canonico pactum actionem producere, Villal comm.opin.tit.A.n.14. VVes.in para.ff.de pact.n.11. Ios.Lud.decis.Perus.9.n.26.& 29. etiam in foro civili, si serio & deliberato sit initum. Villal. ibid.n.17. VVes.ibid.nu.10. vbi addit actionem hanc esse condictionem ex lege sive Canone.*

Condictionis huius affectiones sunt hæ:

I. Quod condictio quædam certi est, quædam incerti, vtraq; ex re quæ in contractum & per consequens in actionem venit ita appellata.

Condictio certi est condictio qua res certa petitur [4].

Certa autem res est, de qua constat quæ, qualis & quanta sit [5].

Hæc certi condictio iterum duplex est, Condictio certi generalis, & Condictio certi specialis [6].

[b] Illa ex quocunque contractu est, ex quo certum quid petitur; [c] hæc ex mutui contractu proficiscitur, quæ specialissime ita certi condictio dicitur, quoniam in mutuum semper certum venit, nunquam incertum, in ceteros vero contractus & certum & incertum venire potest promiscue [7].

Condictio incerti [8] est condictio, qua res incerta petitur, ex quacunq; conventione illa fiat, puta si jus aliquod dari petatur, aut possessio restitui [9].

II. Condictio quædam directa est quædam contraria [10].

Dire-

4 l. certi, 9. D. de reb. cred. si cert. pet. in pr. Inst. de V. O. l. in duobus, 28. §. exceptio. D. de iureiur.

5 l. certum est, 6. ff. de reb. cred. si cert. pet. l. stipulationem 74. §. 1. D. de V. O.

6 Quæ distributio probatur ex ipsa rubr. Digest. de cred. si cert. pet & de cond. Tametsi vero magni nominis ICti & antiquiores & recentiores vnam condictionem agnoscant, res tamē ipsa ostendit eam esse duplicem, qua de re dicendi occasio fortasse erit alia.

b Quo pertinet altera pars rubr. 1. li. 12. D. Si certum petetur.

c Quo pertinet postrema pars rub. De Condictione, *& 4. C. 2.* Si certum petatur, *vbi hoc restringitur ad speciem.* *7 Bodin. in methodo iuris vniuersi.* *8 Ita dicitur in l. si tibi, 8. ff. de act. emt. l. & ideo, 12. in fi. ff de cond. furt. l. duo in solidum, 19. in fi. ff. de precar. dicitur etiam actio incerti, l. diem proferre, 27. in fi. ff. de recept. qui arb. l. si convenerit, 23. in fi. ff. commu. divid. l. ob eam, 9. l. permisisti, 19. D. de præsc. verb. Hoc actionis genere condici solebat actionum liberatio, l. 3. D. de condict. sine caus. l. quemadmodum, 46. §. 1. ff. de iure dot. l. si heres, 5. in fin. D. de act. emt. l. 2. §. aliud, D. de donat. l. si quis delegaverit, 12. D. de novat. l. Iulianus, 7. D. de doli except. l. vn. in fin. D. de errore calc. Eiusmodi etiam condictionibus, vt servitutes imponerentur, agebatur l. si binarum, 35. D. de servit. vrban. præd. l. 1. D. de vsufr. leg. l. sed etsi 22. in fin. D. de condict. indeb. omissa quoq; cautio incerti condicebatur, l. hoc Senatusconsf. 5. §. 1. ff. de vsufr. ear. rer. l. in causa, 16. §. Pomponius, ff. de minor. l. qui exceptionem. 40. §. pen. ff. de condict. indeb. l. si mulier, 59. §. 1. ff. de iure dot. Alios casus vide in l. 3. C. de postul. l. fi. ff. si quis in ius voca. l. pen. D. depos. l. tribus, 8. D. de vsufruct. ear. rer. l. non solum, 8. §. si heres, ff. de liberat. leg.* *10 gl. & Dd. in l. consensu, D. de O. & A. & in §. fin. Inst. pro soc. Cuia. in prior. not. ad Inst. de oblig. quia quasi ex contr. in verb. vltro citroq;, & 9. obs. 2. Coras. 6. Miscell. 6. ad quod est text. in l. in rebus, 18. §. fin. D. Commod.*

Directa est condictio vtrique parti contrahentium çque communis: Contraria est condictio ex contractu data ei, cuius contractum initi principaliter non intererat[11].

Non solum autem vtraque illa simul intentari potest, sed fit quandoque vt directa sine contraria, & vicissim contraria sine directa intentetur[12].

Sunt autem actiones siue condictiones hæ omnes vltro citroque directæ, exceptis sex, quæ ex parte vna directæ sunt, ex altera contrariæ, vt actio Commodati, Depositi, Pignoratitia Mandati, Negociorum gestorum & Tutelæ[13].

III. Quod condictionum quædam simpliciter in personam conceptæ sunt, quæ est ipsarum natura regulariter, quædam vero vi sua in personam sunt, in rem tamen nihilominus scriptæ, absolute nimirum sine vllius personę notatione conceptæ, qualis est actio quod metus causa[14].

IV. Quod condictionum quibusdam solidum consequimur, & quidem regulariter, quibusdam non solidum, sed tantum, quantum is qui conuenitur facere potest[15].

Solidum quidem, hoc est, id quod nobis debetur omni actione persequimur, sed non ex omni semper consequimur solidum[16], quod fit[17] ex causa peculii[18], aut ex beneficio Reo tributo, eoque vel ob liberalitatem Rei conventi[19], vel ob conjunctionem, quæ est inter litigatores, puta sanguinis[20], affinitatis[21], societatis[22], vel

11 *Inde directa dicitur etiam principalis, l. in commodato, 17. §. 1. ff. commod.*

12 *d. l. in commodato, §. 1. vnde contraria dicitur dari vltro, id est, sine directa, l. sed an vltro, 10. D. de neg. gest. vide etiã l. 1. in fine, ff. de contr. tut.*

13 *Contrarias actiones nullas esse alias præterquam à lege expressas tradit Accursius in l. omnino, ff. de impensis in rem dot. fact. & in §. præiudiciales Instit. de act. esse vero illas sex hoc loco enumeratas, Coras. d. c. 6. n. 5.*

14 *Cui. late in Comment. ad ti. D. quod metus causa.*

15 *§. sunt præterea, Inst. de act.*

16 *Quod probatur secundum lectionẽ veterem à Cuiac. in d. §. sunt præterea, annotatam.*

17 *Don. in d. §. sunt præterea.* 18 *d. §. sunt præterea, §. actiones autem, Inst. de act. l. quoties, 47. §. si semel, D. de pec. l. si quis reum, 5. §. idem Iulianus, D. de libe. leg.* 19 *l. & exheredatum, 49. D. de re iud.* 20 *Inter parentes & liberos, §. sed et si quis, Instit. de act. l. sunt qui, 16. ff. de re iud. l. licet famosæ, 7. §. 1. ff. de obseq. item inter fratres, vt in d. §. sunt præterea, prob. Balduin. num. 37. & 38. Mynsing. num. 3. Don. num. 3. idque argumento, l. verum, 63. in pr. ff. pro soc.* 21 *Quæ est inter maritum & vxor. idque non tantum si agatur actione ex stipulatu de dote, eaque vel exigenda vel repetenda, §. item si de dote, Instit. de act. verum etiam ex reliquis contractibus omnibus, secundum D. Pij constitutionem, leg. patronus, 17.*

[22], vel ob reverentiam Reo debitam, puta manumissori ipsi, & vxoris, & liberis eius & parentibus [23], vel ob meritum, puta militis in Rempubl. qui sub armata militia stipendia meruit [24], vel deniq; ob commiserationem, puta eius qui bonis cessit [25]; item filii qui exheredatus est, item eius, qui paterna hereditate sese abstinuit [26], aut deniq; illud fit ex mutua Creditoris obligatione, quæ facit, vt si actor Reo vicissim aliquid debeat, id si liquidum sit, compensetur [27].

De compensatione autem jam libro 1. capit. 57. dicere anteveitimus, cui similis est Retentio rei petitæ, cum nimirum à Reo fundus aut alia species petitur, & actor vicissim debeat pecuniam, quo casu placuit ad eam vsque quantitatem fundum à Reo retineri posse, vt si actor rem suam consequi velit, eatenus minuatur condemnatio.

Huiusmodi retentio in causa dotium olim erat valde frequens, idque variis de causis [28], hodie ex causa tantum necessariarum impensarum in rem dotalem factarum [29].

Eius-

l. non tantum, 20. D. de re iud. quod etiam receptum est inter maritum & vxoris patrem, item inter vxorem & mariti patrem, l. sicut autem, 21. D. de re iud. l. rei iudicate. 15. §. fin. l. si filiofam. 53. D. solut. matrim. An mulieris patri ex promissione dotis à marito convento, matrimonio soluto idem honos habendus sit? d. l. sicut autem hoc negare, sed l. ex diverso, 17. D. solut matrim. affirmare videtur. Et sane de ea quæstione apud veteres etiam ICtos repugnãtes fuisse sententias ex d. l. ex diverso, satis liquido apparet, qua de re disput. Ant. Fab. 2. coniect. 14. quam vere suo loco dicetur. 22 *d. l. verum, in princ. Balduin. in d. §. sunt præterea, num. 40. scribit hoc beneficium inter socios ita demum locum habere, si agatur actione pro socio, secus, si actione alia. Sed magis placet aliorum sententia, quam ibid. retulerunt Coras. & Myns. qui distinguunt, vt si socij sint omnium bonorum, hoc beneficium locum habeat ex quacunq; causa, modo actio ista ex societatis causa intentetur, qui vero vnius rei in ea societate, non etiam in causis ceteris casus tres quibus hoc beneficium cessat, vide in d. l. verum, §. 1. si vnus, 66. & l. nemo, 68. D. pro soc.* 23 *§. sed et si, Inst. de act. d. l. patronus.* 24 *l. miles. 6. l. item miles, 18. §. 1. D. de re iud.* 25 *§. fin. Inst. de act. l. qui bonis, 6. D. de cess. bonor.* 26 *l. exheredatum 49. D. de re iud. l. 2. & 4. §. 1. D. quod cum eo. Ceterum beneficium hoc nulli dictarum personarum conceditur, primum si persona ista conveniantur ex delicto, d. l. 4. §. 1. deinde si contrahendo adversarium in fraudem induxerint, & tertio qua dolo fecerunt, vt solidum solvere nequeant, l. 18. §. 1. D. sol. matr. l summa, 21. D. de pecul.* 27 *§. in bonæ fidei, §. compensationis, Inst. de act.* 28 *Vlp. in frag. tit. 6.* 29 *Ex constitutione Iustiniani in l. vnic. §. faciat. Cod. de rei vxor. act. facit l. 5. D. de impens. in rem dotal. fact. & huius solius retentionis meminit Iustin. in §. item si de dote, Instit. de action.*

Ejusmodi etiam est retentio ex causa sumtuum in rem alienam, quæ petitur, factorum 30, & ex causa pignoris, idque duobus modis; primo si Reus rem quæ petitur obligatam alteri pecunia sua redemerit, secundo si pignus in aliquam summam nominatim acceptum in aliam summam, quam eidem sine pignore dedit, retineatur 31.

30 *l.17.§.fin.l.in fundo,38.l.sumtus, 48.D.de rei vind. §.ex diverso, Instit. de rer.divis.*

31 *l.unic.C.etiam ob chirograph. pecun.pig.retin.poss.*

De condictionibus quæ sunt ex contractu re inito.

CAP. VIII.

EX obligatione contractus condictionem jus induxit vel æquitas actione eadem lege definita, vel non.

Definita autem est ex contractuum distinctione supra libro primo proposita; inter quos primo loco se obtulerunt contractus re initi quatuor, nimirum mutuum, commodatum, depositum & pignus, qui quatuor itidem pepererunt actiones.

Ex *mutuo* actio quæ datur in specie dicitur condictio certi, quæ est condictio ei qui mutuam rem dedit, competens adversus eum, qui rem mutuam accepit.

Requisita habet quatuor, 1. ut res revera data sit 1.

2. Ut qui dedit rei datæ fuerit dominus. Si quis enim pecuniam alienam nomine suo dedit mutuam, is ex numeratione quidem cōdictionem non habet, sed ex consumtione vel usucapione; ut quod numeratio conciliare non potuit, id conciliet consumtio vel usucapio 2.

3. Ut is qui agit vel ipse mutuam dederit, vel ante-

1 *Quæ est natura contractuum omnium, qui re fiunt, t. t.Instit.de obl. quæ re contrah.*

2 *l.non omnis,19.in fine,ff.de reb. cred. l.si quis pro eo.56.si numos,D. de fidej. 3.l.2.C.si cert. pet. l.si & me & Titiū, 22.ff.de reb. cred.*

recessor ejus, vel cui actio cessa est, vel qui agendi habet mandatum [3].

4. Ut res data sit mutuo gratis.

Condictioni certi ex mutuo vicinæ sunt condictiones, quæ dantur ex Promutuo, nimirum condictio ob causam & condictio sine causa: atq; illa iterum ob causam honestam vel inhonestam.

Cum enim actiones hæ ex negocio ratione æquitatis magis, quam obligationis alicujus veniant, vbi animus contrahendi non est, aut si est, non tamen animus contrahendi mutuum, atque in iis versentur res etiam aliæ, quam quæ in mutuum veniunt, & non certæ tantum, sed incertæ etiam, eventus tamen facit, vt quod actum est mutui vice esse videatur, ad imitationem potius actionis ex mutuo, atque ita quodammodo, si cum condictione certi conferantur, vtiliter dantur [4].

a Condictio *ob causam dati* [5], vel sub causa dati [6], vel ob rem dati [7], actio est in personam, per quam is qui ob certam causam aliquid dedit, id repetit, si causa ob quam datum est secuta non sit.

Ob causam autem dari dicitur, quod datur ob finem aliquem, qui propter dationem illam sequatur, puta si dem tibi decem, vt eas Romam, & generaliter si quid do, vt aliquid fiat [8].

Causa vero non sequitur, si quis fine isto non potiatur, puta si is cui datum erat, Romam non iverit.

Idem est si quid factum sit, vt vicissim quid fiat, quo casu etsi factum ipsum condici nequeat, condicitur tamen eius æstimatio.

Datur autem hæc actio re nondum secuta, non tantum ex cessatione, id est, post moram, si interpellatus facere cessaverit, sed ante moram etiam ex pœnitentia, si is qui dedit datum revocare velit [9].

4 *Cuia. in tr. 2. ad Afr. in pr. & ad l. 2. D. de transact.*

a De condictione causa data causa non secuta, 12. D. 4. 4. C. 6.

5 *in rub. C eod*

6 *l. pen. D. de condict. ob caus.*

7 *l 5. D. de præscr. verb.*

8 *Cui in par ff. eod.*

9 *l. dedi, 3. l. si pecuniam, 5 ff. eod. ex qua interpretanda act. l. pen C. eod.*

Et

Et vero si sub causa aliquid detur impossibili, conditio habetur pro non scripta, atque adeo datum condici non potest [10].

Requisita condictionis huius inde patent duo, vnum, esse aliquid datum seu factum ob causam sive sub cōditione, vt quid fiat vel detur; alterum, causam ob quam id datum est vel factum, nondum esse secutam.

Condictio *ob causam inhonestam* est ob causam turpem vel iniustam. In illa causa pro fine accipitur, puta si quid dem, vt aliquid fiat quod bonis morib. est contrarium: in hac accipitur pro principio, si nimirum causa ipsa ex qua aliquid fit, sit injusta, puta si quid datum sit ex stipulatione vi extorta [11]: atque ideo hæc ex causa potius est, vtraque illa ob causam potius, in ceteris autem conveniunt.

b Condictio ob turpem causam est condictio dati ob id, vt quid fiat, quod bonis moribus est contrarium, quæ datur etsi res secuta sit.

Sed tum demum actio hæc locum habet, si solius accipientis turpitudo versetur; quippe quod si vel dantis duntaxat, vel vtriusq; & dantis & accipientis simul turpitudo subsit, condictio hęc locum non habeat [12].

Requisita ejus tria sunt: 1. datum esse aliquid vel factum: datum illud esse vel factum ob causam turpem: 3. solius accipientis turpitudinem subesse.

Eadem fere sunt in condictione ob causam injustam, nisi quod in hac attenditur potissimum, an id quod datum est vel factum, ex ejusmodi aliqua præcedenti causa, quæ jure sit improbata, datum vel factum fuerit [13].

c Condictio *sine causa* est condictio adversus eum apud quem res aliqua sine causa est competens.

10 *l. dictum. l. si militem, C. eod.*

11 *Cui. in parat. D. eod.*

b De condictione ob turpē vel iniustam causam. 12. D. 5. 4. C. 7.

12 *l. 1. & l. pen. D. eo. l. 2. 4. & 5. C. eo. l. fi. D. de condi. sine caus.*

13 *l. ex ea. 7. D. de condict. ob turp. caus.*

c De condictione sine causa, 13. D. 7. 4. C. 9.

Hæc

Hæc cum cæteris condictionibus omnib. concurrit, atque in omnibus casibus, quibus ceteræ dantur, & ipsa locum habere potest[14], obid tamen maxime comparata, vt si casus aliquis ejusmodi incidat, vt superiorum condictionum nulla locum habere possit, & tamen æquitas actionem dari suadeat, hac generali condictione agatur[15].

Hactenus de condictione ex mutuo & promutuo: sequitur *actio commodati*[16], quæ ex parte vna est directa, ex altera contraria[17].

Directa commodati actio[18] datur commodati ejusve heredi adversus commodatarium ejusve heredem rei commodatæ recipiendæ causa.

Hac repetitur res ipsa, quę in contractum principaliter venit, nimirum quæ commodata est, vel loco eius interesse, non tamen nisi vsus, ob quem res commodato datus est, finitus sit.

Contraria commodati actio est, quæ datur commodatario eiusve heredi adversus commodantem eiusve heredem; id quod fieri potest ex vari s causis, puta si in conservationem rei commodatæ commodatarius aliquid impenderit[19], si dolo commodantis commodatarius damnum potius quam vtilitatem ex re commodata acceperit[20], si res commodata intempestive repetita & à commodatario ablata fuerit[21], & in summa quoties commodatarius rei commodatæ occasione damnum absque culpa sua sentit, & commodanti eo nomine aliquid imputari potest, toties commodatario adversus commodantem actio datur contraria.

Directæ commodati actionis requisita tria sunt, 1. Rem quæ petitur, aut cuius nomine ad inter-

14 *Cui. in parat. C. de condict. ex lege VVes. in parat. D. de condict. sine causa.*

15 *Eiusmodi casus vnus est in l. 2. & 4. C. de condict. ex lege, sine causa chirographum meum apud te est, si mihi nihil credideris, vel si quid credidisti, id omne tibi persolvi. Alter est in l. 3. C. eo. si rei alienæ fructus ad malæ fidei possessorem veniunt sine causa. Tertius in l. 2. D. de condict. sine caus. si rem cuius precium mihi dedisti abs te amissam ego recuperem. Quartus est in l. servus, 30. §. 2. D. de act. emti, si servus, quem tibi vendideram numos mihi subripuerit, & tu eos ablatos consumseris.*

16. *Huc pertinet tit.* commodati, *quatenus de actione agit: atque idem intellige de ceteris sequentibus.*

17 *Quæ duæ actiones invicem dicuntur esse proposita, l. in commodato, 17 § sicut, D. Commod.*

18 *Caius iudicium rectum appellat, in l. in rebus, 18. §. quod autem, D. eod. & Paulus actionem principalem in eadem lege, §. 1.* 19 *d. l. in rebus, §. possunt,* 20 *d. l. in rebus, §. qui sciens, & §. pe. D eod.* 21 *d. l. in commodato, §. sicut.*

interesse agitur commodatam esse ab agente, eove in cuius locum agens successit.

2. Usum, ad quem res erat commodata finitum esse [22], aut certe commodatarium aliter ea vti, quam ad quem vsum ab initio concessa erat [23].

3. Rem nondum esse redditam, aut si reddita sit, deteriorem tamen [24], idque culpa commodatarii [25].

Contrariæ commodati actionis requisita duo sunt, 1. Rem esse commodatam.

2. Actori aliquid abesse, idque vel ipsius rei commodatæ occasione, vel culpa aliqua commodantis.

Ex contractu depositi actio datur itidem ab ipso cõtractu denominata *actio depositi*, quæ & ipsa ex earum actionum numero est, quæ ex parte vna sunt directæ, ex altera contrariæ [26].

Directa depositi actio est condictio data ei qui rem aliquam deposuit sive suam sive alienam ejusve heredibus contra depositarium ejusve heredes, ad id, vt quod depositum est, restituatur.

Datur autem actio hæc quandocunque deponenti libuerit, adeo vt licet convenerit de certo tempore quo res deposita reddatur, ante tamen tempus istud repeti possit [27].

Quod si res culpa depositarii deterior facta fuerit, interesse etiam præstabitur, quod rem ad æqualitatem illam, quæ ab initio erat, reducat.

Requisita habet duo: 1. Rem quæ petitur esse depositam, aut si agatur actione depositi prætoria, adiicienda est vna ex circumstantiis illis, nimirum quod res deposita sit vel tumultus, vel naufragii vel ruinæ, vel incendii causa. Illa enim quę simplex est, est civilis & mere rei persecutoria, hæc vero prætoria est, & habet pœnæ persecutionem

22 *d. l. in commodato, §. sicut.*
23 *l. 5. §. sed interdum, D. eo.*
24 *l. sed mihi videtur, 3. §. si reddita, D. commo.*
25 *l. eum qui, 10. D. eo.*
26 *Hinc rubr. D.* depositi vel contra.
27 *l. 1. §. si sic deposuero, D. deposit.*

nem vt in duplum detur, nimirum si is apud quem aliquo prædictorum casuum deposita fuerit, depositam esse inficietur & postea convincatur[28].

28 §. *sed furti, Inst. de act. l. de eo quod, 18. D. depos.*

2. Agenti negari restitutionem ab adversario, aut depositarii dolo rem factam esse deteriorem.

Contraria depositi actio est, quæ depositario ejusve heredi datur adversus deponentem ejusve heredem, quod itidem ex variis causis fieri potest, maxime vero si depositarius ad conservationem rei depositæ aliquid impenderit[29].

29 *l. si in Asia, 12. l. actione, 23. D. eo.*

Requisita hujus actionis duo sunt, 1. Rem apud actorem ab adversario esse depositam.

2. Ob rem depositam agenti aliquid abesse, quod bona fide in rem depositam impenderit.

Actioni depositi cognatæ sunt actio ex recepto, & actio sequestraria.

Et actio quidem *ex recepto* est actio depositi prætoria competens vectori vel peregrinanti adversus nautam, cauponem vel stabularium, in cujus navim, cauponam vel stabulum cum divertisset, aliquid intulit, si sit ibi deperditum & non reddatur.

Ut autem actio hæc detur, non est omnino necesse, res curæ ipsorum commissas esse, sed inferri eas sufficit, quod cum nauta, caupo vel stabularius patitur, eo ipso profiteri existimatur, navim, cauponam, stabulum suum satis esse tutum, in quod res ejusmodi inferantur[30].

30 *l. & ita, 3. § 1. ff. naut. caup. stabu.*

Actio vero *sequestraria*[31] est actio depositi adversus sequestrem data[32], in hoc vt res quæ ad ipsum est sequestrata, ad voluntatem litigantium vel

31 *l. si quis affirmavit, 9. §. Labeo, D. de dol. mal.*

32 *l. ei apud quem, 5. D. eod.*

vel ipsis invitis, restituatur ei, qui inter ipsos fuerit superior.

[d] Restat actio, quæ ex contractu pignoris datur, atque ex eo *pignoratitia* dicitur quæ in rem interdum est, interdum in personam, tametsi illa occasione contractus magis detur, quam ex contractu, hæc vero sit ex contractu ipso.

d De pignoratitia actione vel contra, 13. D. 7. 4. C. 24.

Atque illa quæ in rem est, si de possessione sit interdictum, Salvianum dicitur, si de jure, actio hypothecaria: hæc vero quæ in personam est, Pignoratitia proprie dicitur, de qua sola hoc loco dicendum est, priori illa in suum locum rejecta.

Actio pignoratitia est actio personalis data his qui pignus constituerunt ad id vel recuperandum, vel quid aliud eius nomine præstandum.

Quæ actio & ipsa duplex est; Directa & contraria. Illa datur debitori pignoris recipiendi causa, vel eius precii, aut eius quod interest [33]: Hæc vero datur creditori ad id quod pignoris occasione ipsi abest probabiliter, puta ad nessarios sumtus & impensas in rem pignoratam factas, veluti refectiones ædium & curationes, & omnino in id quod interest, vt si debitor sciens æs pro auro pignoraverit [34], vel si sciens rem alienam aut jam alii pignoratam pignori posuerit [35], & generaliter si debitor in pignore malitiose versatus fuerit [36].

Non datur nisi debito exsoluto aut qua alia ratione satisfacto [37], quod vel maxime in directa verissimum est: in contraria enim ex re nata quandoque secus est.

33 *l. 32. D. de neg. gest. l. pen. D. de pigno. act. l. Lucius, 78. §. rogatus, D. ad SC. Trebell.*

34 *l. 1. §. fin. l. 9. in pr l. tutor, 16. §. fin. l. si quis in pignore, 36. D. eod.*

35 *d. l. 1. in fi. l. inter, 16. §. contraria, D. eod.*

36 *l. 3. l. 9. D. eod.*

37 *l. 9. §. omnis, ff. eod.*

In actio-

In actione directa actor dicet, 1. rem fuisse pignoratam.

2. Debitum, pro quo pignorata erat exsolutum esse, aut certe debiti causam sublatam.

3. Pignoris restitutionem à creditore negari.

Quod si vero creditor causam habeat, cur nondum restituat, cum vel directa intentata reconvenire potest debitorem contraria, vel etiam ea non intentata per seipsum & ultro pro suo interesse causam in judicium deducere[38].

De condictionibus quæ sunt ex contractu consensu inito. CAP. IX.

CONdictiones ex contractu consensus sunt quatuor, ex quatuor illis contractibus, qui supra libro primo consensu perfici dicebantur, nimirum emtione venditione, locatione conductione, societate & mandato profectæ.

a Ex contractu emtionis venditionis duæ nascuntur actiones inter emtorem & venditorem, directa utraque, nimirum actio emti, & actio venditi, quæ utraque nomen ita ab eo cui competit sortitur, hoc est, ab actore, ex cujus jure & persona actiones hasce divinavimus[1], tametsi ab utroque & emtore & venditore utraque denominetur plenius[2].

Quod ad actionem *venditi emti* attinet, ea est ejusmodi, ut detur venditori ejusve heredi adversus emtorem ejusve heredem ad ea consequenda, quæ ipsi ab emtore præstari oportet[3], cumprimis vero ad precium[4], atq; id quidem vel integrum, si nihil omnino adhuc sit de eo solutum, vel ad ejus partem residuam [5], vel precio soluto quidem sed ex pe-

38 *l. si pignori, 29. D. fam. ercisc. l. servus meus, 19. D. mand. l. is qui rem 59. D. de furt.*

a De actionibus emti & venditi, 19. D. 1. 4. C. 49.

1 *l. 1. §. 1. D. si pars hered. pet.*

2 *Nimirum actio emti venditi vel actio ex emto vendito, §. actionum, Institu. de act. vel ex emto & vendito, l. etsi uno, 33. Dig. de actio. emti. verum quoniam contractus emtionis venditionis unus est, non solum Ellipsis in denominanda actione frequens est, sed fit interdũ ut actio quæ datur venditori non à venditore, sed ab emtore denominetur actio emti, l. Iulianus, 13. §. si procurator, D. de act. emt. l. un. §. si itaq. C. si servus extran. eui mand. quod ita supplendum est, ut dicatur, actio venditi & emti, & vicissim ea quæ datur emtori, non dicatur ab emtore, sed à venditore actio venditi. l. sed hoc nomine, 36. l. si cum venditor. 66. §. si secund. D. de evict. l. ex conventione, C. de pact. quod his verbis supplendum est, actio ex emto & vendito,* 3 *d. l. Iulianus, §. ex vendito.* 4 *d. l. Iulianus, §. ex vendito, ex quo etiam hac actio appellatur actio precij in l. si non donationũ, l. emti fides, C. de contrah. emt. l. si servos, C. de act. emt.* 5 *l. venditor, C. de rescin. vend.*

ex pecunia ipsius venditoris, puta servo vendito sine peculio, si emtor solverit nummos peculiares [6].

Precio consequentia esse solent usuræ & pœnæ conventæ, & vero tam hæ quam illæ hac actione peti possunt vel ob moram, vel sine mora conventione partium speciali [7].

Et mora reipsa committitur protinus atq; res tradita est, neq; precium solvatur, & siquidem de precio nihil omnino solutum sit, totius, si pars partis nondum solutæ usuræ petentur [8].

Ante traditionem autem rei absque mora non currunt usuræ; quoniam fructus ex re vendita percepti compensantur cum usuris precii [9]: sin vero venditor rem tradere paratus sit, emtoriq; ut solvat denunciaverit, is tamen solvere nolit, ex die interpellationis usuræ currunt.

Pœna conventa duplex esse potest, una, quæ solutioni precii adjicitur, altera quæ obligationi, quando convenit, ut ultra precium, quod solvi debet, aliquid fiat.

Rem venditam sequuntur fructus ex ipsa percepti, atq; sumtus in eam facti.

Fructus in hanc actionem ita veniunt, si ante venditionem percepti sint, eosq; emtor una cum re, quasi sibi venditos acceperit [10].

Sumtus hac actione petuntur, quos venditor fecit in rem venditam post venditionem perfectam [11].

Sumptum autem appellatione intelligitur omne id, quod venditori præstandum est ab emtore, quod interfuit venditoris rem à venditore ablatam esse, quodq; rei venditæ occasione venditori citra suum dolum & culpam abest.

Ceterum etsi actiones ex contractibus regulariter comparatæ sint, ut contractus impleantur,

6 d.l. servos, d.l. un.

7 l. initio, C. de pact. int. emt. & vend.

8 vide de hoc Cui. ad Paul. 2. sent. 17. §. ex die emtionis.

9 Communior tamen est sententia, quod in arbitrio sit emtoris an à tempore venditionis fructus accipiat, & tunc quoq; statim ex eo tempore debeat præstare usuras precii, an vero relinquat fructus venditori, & tunc quoq; non præstet usuras precii, nisi à tempora traditionis rei. Acc. in d.l. Iulianus, §. si inter emtorem. quem secutus est Bar. Salicet. & Castr. sed Fulgos. in d.l. Iulianus, §. ex emto, non placuit, eo quod sententia isti repugnet l. fructus, C. de act. emti, quem sequitur Gabr. Mudaus in d. §. si inter emtorem, n. 10.

10 l. 2. in fine, C. de act. emt. nisi convenerit ut rei emta accederent, l. si mercedem, 53. D. eod.

11 d.l. Iulianus, §. præterea, l. post perfectam, C. eod.

sit tamen per anomaliam, ut actio ex vendito interdum ad contractum emtionis venditionis constitutum rescindendum detur, quod tamen nunquam fit, nisi ex causa justissima[12].

Requisita hujus actionis tria sunt, 1. Rem esse venditam.

2 Rem illam traditam esse, aut certe opportune oblatam, & quidem liberam[13], non viciosam[14], sed in eo statu, quo erat, cum venderetur[15]

3. Precium totum vel partem eius nondum esse solutam, aut contractus initi occasione, venditori aliquid abesse.

Quod si ad rescissionem agatur, causa ista, ex qua rescissio petitur, exprimenda fuerit.

Actio *emti venditi* datur emtori ejusve heredi cōtra venditorem ejusve heredem[16], ad hoc cumprimis ut rei venditæ possessio vacua emtori tradatur[17], qua emtori rem habere liceat[18], aut, si emtor ita malit, ejus loco interusurium[19].

Deinde vero hac etiam actione agitur ad partus, fructus & accessiones rei venditæ[20], & generaliter ad omne commodum, quod rei venditæ post perfectam venditionem accessit, siquidem emtor perfecta venditione omne periculum sustinet, item ad interesse, si res vendita debito tempore tradita non sit; item ut de evictione caveatur[21], item ut arrhæ restituantur[22]; item si res vendita judicijs autoritate evicta[23], & in summa ad omne id, quod venditorem emtori ex bona fide præstare æquum est.

Requisita habet hæc actio tria, 1. Rem esse emtam.

2. Precium esse solutum, vel certe oblatum & consignato depositum.

3. Rem non esse traditam, aut ut tradita sit, abesse

12 *l. 2. C. de rescin. vendit.*
13 *l. 1. §. vendita, l. si tibi. 8. D. de act. emt.*
14 *l. 4. in prin. l. tenetur, 6 §. si vas. l. ex emto, 11. §. redhibitionem, & § etiã ignorans, D. eod.*
15 *d. l. 4. § si modus agri, d. l. Iulianus, § si Titius, l. 2. D. eo.*
16 *d l ex emto.*
17 *d. l. 2. l. si paternus, C eo l. cum res C. de pro. Cõmunior est sententia venditorem si rei tradẽda facultatem habeat, ad eius traditionem pcise cõpeti: de qua attestatur VVurms. de feud. obs. 8.*
18 *d l. ex emto, §. & ex emto, l habere licere, 37. D. de evic. l. stipulatio ista, 38. D. de V. O.*
19 *l. si traditio, l. cũ vẽditore, l. si ancillam, C. eo. in arbitrio igitur emtoris hoc positũ est, ut recte sensit Martinus contra Bulgarum, utrum ad rem, an ad interesse agere velit, atq; inde esse puto, ut leges, quæ de interesse loquuntur, ut est l 1. l si sterilis, 21. §. 3 D. eod. accipiẽdæ sint de actore, qui in solutione interusurij acquiescere velit, non quod in eo acquiescere cogatur.*
20 *d l. Iulianus, l. pen C. eod.*
21 *d. l. ex emto, l. emtor, C eod.*
22 *l. ex arrhali C. eod.*
23 *l. fi. C. eo. l.*

esse tamen aliquid actori dolo vel culpa venditoris, aut certe ex conventione.

Sequitur condictio ex contractu locationis-conductionis, quæ & ipsa duplex est, utrinque directa, ab eo cui datur appellata Locati una, altera Conducti, vel plenius locaticonducti una, altera conducti locati.

Actio *locaticonducti* datur locatori ejusve heredi adversus conductorem ejusve heredem, qua cum primis agitur de mercede, de qua solvenda convenit; deinde ad usuras mercedis post moram [24]; tertio, ad damna conductoris culpa contracta [25]; quarto, si quid factum sit contra legem contractus [26]; quinto, ad id quod interest, si forte conductor ante tempus locationis finitum rem conductam deserat [27]; sexto, ut res reddatur, idq; non solum tempore locationis finito [28], sed aliquando etiam ante tempus illud, forte si dominus probet, se re ad usus suos necessario opus habere, vel si dominus velit domum corrigere [29], vel si conductor rem locatam faciat deteriorem, vel ea non utatur, ut oportet [30], vel si conductor pensionibus non pareat [31], & biennium à non solutis pensionibus labi patiatur [32].

Requisita hujus actionis tria sunt, 1. rem fuisse locatam.

2. Ejus usum revera concessum fuisse.

3. Mercedem non esse solutam debito tempore, aut certe esse aliam aliquam causam legitimam, ex qua leges rei locatæ repetendæ facultatem locatori concesserint.

Actio *conductilocati* datur conductori ejusve heredi adversus locatorem ejusve heredem [33], imprimis ad id, ut re locata sibi uti liceat; aut, si conductor ita malit, ad interesse [34]; secundo, ut locator rem, quæ ob defectum aliquem, usui, ad quem data est, esse nequeat, reficiat, aut pro eo

24 *l. quaro, 54. D. locati, l. præses, C. eo.*

25 *l. si vulneraveris 43. D. eo. Paul. 2. sent. 18. §. fin.*

26 *l. videamus 11. §. fi. D. eod.*

27 *l. si in lege, 24. §. si domus; l. dominus, 55. §. fi. D. eod.*

28 *d. l. videamus, §. pen. l. si quis cognitionis, C. eod.*

29 *l. 3. C. eo. l. si duo 3. §. cum inquilinus, D. uti possid.*

30 *d. l. quaro. §. inter, D. eod.*

31 *d. l. 3. l. vectigalia, 10. §. fin D. de publican.*

32 *d. l. quaro, §. inter, l. cum domunus 56. D. eod.*

33 *l. ex conducto, 15. D. eod.*

34 *l. si tibi, 7. & seq. D. eod.*

tempore, quo vsui esse non potuit, pensionem remittat[35]; tertio, vt præstet damna vicio rei contracta; quarto ad remissionem pensionis vel integralem, si res omnino perierit, aut ejus anni saltem, quod ullus rei conductæ vsus esse potuit, vel particularem, si rei vsus tantus non fuerit, vt inde pensio, quæ datur, solvi potuerit[36].

Requisita hujus actionis duo sunt, 1. rem conductam fuisse.

2 Usum rei conductæ actori revera nondum esse concessum, aut si concessus sit, non tamen ejusmodi de quo convenerat.

Ex contractu societatis nascitur actio, quę dicitur *Pro socio*, quæ vltro citroq; directa est[37], ita dicta vel à formula, qua concipi solebat initio, vel à materia quod de eo plerunq; detur, quod socius pro socio gessit[38].

Quæ actio generalis est[39], vt quæ totius societatis, quamdiu ea cōsistit, rationes exigat: tametsi competat interdum etiam certæ alicujus rei contemplatione, puta, vt communicetur aliquid ex societate quod vnus sociorum retinuit, vt in commune illud referatur.

Instituitur autem hæc actio interdum ad societatem implendam & perficiendam, nimirum ad hoc, vt fiat cessio nominium, & collatio rerum in commune secundum conventionem societatis[40]. aliquando datur ad præstationes personales, puta ad impensas[41], fructus[42] & cetera damna, quæ societatis occasione alteruter sociorum passus est[43]; aliquando vero etiam datur pro societate dirimenda, & habenda ratione lucri atque damni, eaque inter socios dividenda[44].

Non datur hæc actio nisi societate finita, idque regulariter: anomalia enim quandoque aliud suadet.

Requi-

35 d.l. ex conducto, l. habitatores, 27. ff. eod.

36 d.l. ex conducto, §. si vis, & §. vbicūque, l. si merces, 25. §. si vis maior, D. eod.

37 §. ex quibusdā, Inst. de pœn. temer. litig. quia, vt scribit Cuia. in para. D. eo. res communis est omnium æquo iure & pari, nec potior vnius socij ratio est quam alterius.

38 l. actione, 65. §. si post, D. pro soc.

39 l. pro socio, 38. D. eod.

40 l. 3. in pr. D. eo.

41 l. pro socio, 38. §. fi. D. eo. l. 2. C. eod.

42 d.l. pro soc. §. 1. l. si fundus, 39. D. eo. l. 10. D. de act. noxal.

43 l. cum duob. 52. §. quidam, D. eo.

44 l. verum, 63. §. si cum, l. actione, 65. §. item qui societatem, D. eod. l. tandiu, C. eod.

Requisita hujus actionis tria sunt, 1. societatem fuisse contractam.

2. Eam finitam esse, aut si rei alicuius certæ contemplatione agatur, aliquid in commune societatis negocium conferendum, collatum non esse, quod tamen ad societatem pertineat.

3. Quæ ex societate sunt communia aut debentur, non esse omnia, aut non eo modo, quo oportebat, communicata & divisa.

Restat de his actio *Mandati*, quæ ex parte vna est directa, ex altera contraria 45.

Directa mandati actio datur mandatori ejusve heredibus contra mandatarium ejusve heredes, ad id quod ejus interest, mandatum impletum non esse, vel non eo modo, quo mandatum erat 46, & ad id, quod ad mandatarium mandati occasione venit neque dum est restitutum.

Requisita habet tria; 1. mandatum fuisse.

2. Mandatum à Reo fuisse susceptum.

3. Mandatarium id vel omnino non esse executum, vel ita vt oportebat, vel mandati occasione ad reum aliquid pervenisse, quod restituendum sit.

Contraria autem datur mandatario ejusve heredi, contra mandatorem ejusve heredem ad repetendum quicquid sumtuum ipse in exequendo mandato de suo fecit; & in summa ad omne id, quod ex mandato mandatario abest, nisi forte absit casu fortuito 47.

Requisita etiam hæc habet tria, 1. mandatum fuisse actori.

2. Actorem mandatum istud ad exequendum in se suscepisse.

3. Actorem in mandato illo exequendo de suo aliquid impendisse, aut alias occasione mandati sibi quid abesse.

45 *l. servus, 19. ff. mandati.*

46 *l. si procuratorem, 8. §. mandati actio ff. eo. l. ad comparandas, C. eo.*

47 *l. si vero, 12. §. contrario, l. idemq. 10. §. idem Labeo, l. inter causas, 26. §. non omnia, l. si quis alicui, 27. §. pe. l. si mandat. 45. §. si fideiussor. l. qui mutuam, 56. §. fi. ff. eo.*

De condictionibus quæ sunt ex stipulatione.

CAP. X.

EX verborum obligatione, quæ per stipulationem contrahitur, actio nascitur, quæ in genere appellatur *actio stipulationis* [1], vel *actio ex stipulatu*, eademque ex eo definitur condictio ex verborum obligatione profecta; data stipulatori ejusve heredi adversus promissorem ejusve heredem.

Hæc actio ex re quæ petitur duplex est, condictio certi, & actio ex stipulatu specialiter ita dicta.

Condictio certi est actio stipulationis, quæ petitur res certa, quæ in stipulationem deducta & promissa est [2].

Actio ex stipulatu specialiter ita dicta est actio stipulationis, qua petitur res incerta, quæ in stipulationem deducta & promissa est [3].

Promittitur autem res vel factum, atque hoc semper est incertum, illa quandoque certa, quandoque incerta.

Ita factum semper petitur præstari actione ea quæ in specie actio ex stipulatu dicitur, quod in obligatione quidem est præcise, sed in præstatione vel ipsum est, vel ejus loco interesse, prout hoc vel illud præstare promissori visum fuerit.

Res autem præstari petitur vel condictione certi, vel actione ex stipulatu, prout in obligatione versabitur res certa vel incerta, & tam hæc quam illa promissa, præstanda est, præcise si extet, nisi actor in præstatione interusurii acquiescere velit; si non extet, idque culpa aliqua promissoris, ipsius loco æstimatio.

Extra hanc distinctionem requisita actionis ex stipulatu sunt omnino eadem, & quidem hæc duo,

1 *l. cum pater, 77. §. pater, ff. de leg. 2.*

2 *Quæ interdum appellatur actio ex stipul. l. inter, 83. §. si rem quam, ff. de V. O.*

3 *Quæ ex eo etiam dicitur, actio incerti, l. si quis certum, 24. ff. de reb. cred. si cert. pet. l. diem proferre. 23. §. fi. ff. de recept. arb. l. si sic legatur, 75. § fi. ff. de lega. 1. l. si stipul. 4. ff. de usuris, item actio incerta, l. ut inter, C. de inuti. stip.*

duo, 1. interrogationem & promissionem inter litigantes eorumve antecessores legitime factam esse.

2. Promissioni huic à promissore non esse satisfactum, sive omnino id quod præstandum est, præstitum non sit, sive non eo modo, quo oportuit.

Actionis hujus species valde nobilis est illa quæ est ex fidejussione, quæ per stipulationem concipitur, sed revera illa actioni ex stipulatione qualitatem potius aliquam adjicit, quam ut novam ejus speciem constituat.

Requisita enim habet omnino eadem, nisi quod requisito primo qualitas illa nimirum fidejussoria stipulationi adjicitur.

Est autem actio ista inter stipulatorem ejusve heredem, atque illum qui fide sua jussit, ejusve heredem.

Alias vero inter fidejussorem & eum pro quo fidejussit, eorumve heredes actio est mandati, quę fidejussori quidem competit si pro principali debitore mandatore suo solverit, aut occasione fidejussionis de suo quid impenderit, interdum vero etiam ad liberationem sui à nexu fidejussionis, ei vero pro quo fidejussit, si mandatarius præter mandati contractum aliquid fecerit, quod mandanti damnosum sit aut esse possit.

De condictione, quæ est ex literarum obligatione.

CAP. XI.

SUpra libro 1 cap. 40. dictum est, contractum eum, qui initur literis, magis pertinere eo, ut ostendatur & probetur contractum esse initum, qui scriptura comprehensus sit, quam ut sit contractus ipse: veruntamen cum incertum est, utrum contractus initus sit necne, ex literis seu chirographo agi, atque si certum sit contractum initum esse, qui in scripturam postea redactus sit, agi posse, vel ex causa ex qua debetur, vel ex literis sive chirographo, quo causa illa descripta est, atque adeo illa naturaliter etiam, ex hoc civiliter tantum.

Hinc actio est chirographaria, quæ est condictio ex literis orta, competens chirographum habenti adversus eum qui chirographum dedit, ejusve heredem.

Requisita habet duo, 1. Literas sive scripturam esse emissam.

2. Non satisfieri, aut non impleri, quod literis illis sive scriptura comprehensum est.

De exceptione quæ actioni illi opponi solet, jam anteverti dicere d. cap. 40. 1.

1 de qua vide etiam Hartman. Hartm. tit. 9. obs. 1.

a De præscriptis verbis, 19. ff. 5. 4. C. 64.

1 l. 1. in fin. ff. de prætor. stip. l. fi. ff. si quis in ius voc. non ier. l. & ideo, 12. §. fin. ff. de cond. furt.

2 l. 6. C. de rer. permu. l. 3. C. de inutil. stip.

3 l. 7. ff. de pact. l. insulam, 6. l. si dominus. 8. in fin. ob viam, 9. ff de præsc. verb. l. duo, 19. §. fi. ff. de precar.

a *De condictione ex contractu innominato.*

CAP. XII.

Atque actiones ex contractu nominato jure proditæ sunt ejusmodi, certum habentes nomen, prout ipsi etiam contractus, ex quibus promanant, certum habent nomen: sequuntur illæ quæ ex contractu sunt innominato, & ipsæ nomine carentes, ac proinde incertæ omnes, nimirum quod dentur ex contractibus certo nomine carentibus, & quod per eas petatur id, quod actoris interest, quod semper est incertum 1.

Hinc omnis actio ex contractu innominato descendens incerta dicitur 2, item actio incerti 3, sed frequentius actio præscriptis verbis.

Actio *præscriptis verbis* est condictio incerti ex con-

contractu incerto[4], hoc est, ex contractu, de quo vel constat, quod proprium de jure nomen non habeat, vel dubitatur an & ad quem contractum nomen certum habentem negocium, quo de quæritur, revocari possit.

Ita dicta quod detur ex præscripto conventionum, vel si conventio scripta non sit, prout convenerit[5], atque ita pro modo facti à litigatore expositi à prætore olim conciperetur[6]. Unde etiam actio præscriptis verbis appellationē actionis in factum accepit[7], nempe quod is qui judicium postulat, factum, id est, rem gestam sive quomodo convenerit, totidem verbis recenseat[8], atq; ex facto isto narrato prætor formulam concipiat; quæ tamen formula nulla edicti parte sit proposita, sed ad factum narratum accommodata atque ex eo informata.

Ita actionum nominatarum formulæ erant quasi generales, generaliter nimirum sive ὡς ἐν θέσει in albo descriptæ, atque postea ad casum propositum, tanquam ad hypothesin translatæ: formulæ vero actionum innominatarum speciales erant, non in albo descriptæ, sed ex negocio sive facto apud prætorem narrato conceptæ, non ex edicto sed ex ingenio prætoris.

Porro omnis actio præscriptis verbis oritur ex conventione[9], nulla ex maleficio[10]; ex conventione, inquam, quæ nomine quidem careat, habeat tamen in se causam, sive negocium conventioni alicui nominatæ vicinum.

Ex quo vulgarum illud, quando contractus similis est contractui alicui nominato, neque tamen cum ipso idem, sed in aliquo diversus, quod tum actio præscriptis verbis in factum eo nomine competat, si modo res secuta sit[11].

4 *Cui. in parat. ff. eo. Don. in comm. ad tit. ff. de præscri. verb. ita definit, quod sit nuda & simplex nullo proposito actionis nomine eius quod in conventionem deductum est petitio, recepta in iis contractibus, quorum appellationes nulla iure civili sunt prodita.*

5 *Cu. in notis prior. ad titulum Inst. de loc. & conduct. in verb. præscriptis verbis, per l. 1. §. si quis servum, ff. depos. & d. l. si dominus, quam sententiam Hot. in coniect. de præscript. verb. §. sequitur altera examinat.*

6 *Eguin. Baro in d. tit. Inst. de loc. & conduct. Duaren. in l. 7. §. 1. ff. de pact. Don. in d. commen. qua eadem sententia Hotomanno improbatur in d. coniectura, §. atque hæc quidem, & displicet Cuiac. in d. l. 7.*

7 *l. 1. l. si vir. 12. l. si tibi rem, 13. in pr. & in §. fi. l. divi, 23. l. Titius, 24. ff. de præscr. verb.* 8 *l. cum mora, Cod. de transact. §. 1. Inst. de exception. l. quod bonu, 15. ff. ad leg. Falcid.* 9 *Cui. dd. loc.* 10 *Donel. in d. comment. sub ea. quid sit actio præscr. verb.* 11 *Baro d. loco.*

Cui consequens est, ut, cum in contractibus innominatis non minus versetur negocium civile[12], atque in contractibus nominatis, actio præscriptis verbis sit civilis[13], utpote ad exemplum actionum nominatarum civilium comparata[14], adeoque illa cum his collata dicta sit actio utilis[15].

Et non datur nisi illis deficientibus, rarius concurrit utraque, & non nisi in casibus lege definitis[16].

Introducta enim est actio præscriptis verbis, partim necessitatis causa, cum deficientibus nominibus contractuum, deficerent etiam actionum nomina: partim consilii causa, idque propter negocia, de quibus dubitatur utrum actiones ex illis competentes ad nominatas referri possent, necne, quo casu tutius sit agere actione præscriptis verbis, quam alia[17].

Ceterum contractuum innominatorum quidam sunt quasi nominati, quidam revera innominati: illi sunt contractus æstimatorius & permutatio.

Ex contractu æstimatorio est *actio æstimatoria*, quæ est actio præscriptis verbis[18], per quam qui rem aliquam vendendam receperit, vel ipsam rem incorruptam reddere, vel æstimationem ejus præstare cogitur[19].

Datur autem ad similitudinem actionis ex vendito emto, cum æstimatio fiat ex pecunia numerata, & venditionem denotet[20].

Requisita habet tria, 1. Rem reo esse traditam.

2. Idque ea conditione, ut Reus actori aut rem restituat, aut ejus æstimationem præstet.

3. Quorum tamen neutrum à Reo hactenus factum sit.

Ex contractu *permutationis* est actio præscriptis

12 *l. 1. ff. de æstim.*
13 *d. l. 7. §. 1. l. 1. d. l. insulam, l. rebus, C. de rer. permut.*
14 *d. l. 7. §. 1.*
15 *d. l. cum mota.*
16 *l. 2. C. de pact. inter emt. & vend. l. 5. §. nunc videndum, ff. commod. l. Labeo, 50. ff. de contrah. emt. l. convenerit, 25. ff. com. divid. Baro citato loco, Bart. in d. l. 7. § quinimo, Ussil. in §. item si quis postulante, n. 40. Inst. de act.*
17 *Ut plenius exponit Cui. tr. 8. ad Afr. in l. 24. ff. de præscr. verb.*
18 *§. actionum, Inst. de act.*
19 *l. 1. in fin. ff. de æstim. act. l. si gratuitam. 17. in pr. ff. de præscr. verb.*
20 *d. l. 1.*

ptis verbis ei competens, qui rem suam permutandi animo alicui dedit, vt rem aliam permutatione isthac ab altero accipiat.

Hæc vt locum habeat, necesse est contractum ex parte altera impletum esse, ex altera vero nondum impletum esse illud de quo convenit [21]. 21 l.1.in fi.D.de rer.permut.

Ex ceteris contractibus innominatis quatuor actiones quæ dantur, communi nomine appellātur actiones præscriptis verbis, neq; vlla sunt harum requisita certa, sed vt factum narretur sufficit, atque vt petatur, eo quod ex parte rea contractui satisfactum non sit, vt vel contractus ipse rescindatur restituto eo, quod datum est, vel id quod actoris interest contractui satisfactum non esse ipsi præstetur.

Actio enim præscriptis verbis æque ad contractus initi rescissionem, atque ad complementum ejus dari solet, nimirum prout actori videbitur esse commodius.

De condictionibus ex contractibus impropriis.

CAP. XIII.

HActenus de condictionibus, quæ oriuntur ex contractibus propriis: sequuntur illæ quæ sunt ex contractibus impropriis, qui vulgo dicuntur quasi.

Inter has prima est; *Negociorum gestorum* actio, quæ est condictio data ex eo, quod quis alterius ignorantis negocia expedienda sponte in se suscepit.

Et est duplex, ex parte domini negocii directa, ex parte gestoris contraria.

Directa est, quæ competit domino rei gestæ adversus eum, cujus negocia gesta sunt, atque in eorundem heredes locum habet [1], ad hoc potissimū, vt administrationis susceptæ reddatur ra- 1 l.3.§. hac autem, D.de neg.gest.

tio, qua facta gestor tenetur ad omne damnum, quod ex ipsius gestione actor senserit ob malam & indiligentem administrationem [2].

Requisita hujus tria sunt, 1, ut dicat actor negocia per Reum gesta ad se pertinere, etiamsi fortasse à Reo non ipsius sed alterius contemplatione gesta sint [3].

2. Ut negocium gestum sit absq; mandato ejus ad quem pertinet.

3. Ut gestum sit negocium absentis, aut certe si præsens erat ignorantis. Domino enim negocii præsente, suumque negocium geri sciente nec contradicente, mandati potius actione experiundum fuerit, cum dominus ob patientiam præstitam mandasse intelligatur.

Contraria actione agit gestor adversus dominum negocii ad re[p]etendum, quod de suo in negociorum gestionem impendit, & quicquid ipsi eo no[mi]ne abest, aut absuturum est [4].

Agitur autem ad id quod impensum est utiliter: utiliter vero impensum est [5], si impensum sit id, quod impendi debuit [5], cujusmodi sunt impensæ necessariæ, & quos dominus ipse, si administrasset, pro[b]abiliter facturus fuerat [6].

Requisita etiam hæc habet tria, 1. Negocia absentis esse gesta per actorem sine mandato domini.

2. Gestum esse utiliter, & quidem contemplatione domini, licet effectum fortasse non habuerit [7].

3. In gestionem istam gestorem aliquid de suo impendisse, atque adeo de suo aliquid ipsi abesse aut absuturum esse.

a Secunda condictio ex contractu improprio est actio *Tutelæ*, quæ est condictio finita tutela inter eos competens, qui tutores fuerunt & pupilli.

Quæ

2 l.1.ff.& C. de negot.gest. vide omnino Mynf. in comm. Inst.de act.§.actionum.45. & 46.

3 l.item si cum 5.l. si pupilli,6.§.si quis pecuniam, & §.si quis ita, D.de neg.gest.

4 l.2.in fin.D. de neg.gest.

5 l.si quis negocia, 23.D.eod.

6 l.liberto,31.§.si. l.qui utiliter,45.l. sed an ultro,10.§.3, ff.eod.gl.in l.si servum, C.eod.quib. autem casibus hac actio non detur etsi utiliter gestum sit, vide Ang.in d.§.actionum.nu.28.& in §.1.Inst.de oblig. quæ quasi ex contract.

7 d.l.sed an ultro, §.1.

a De tutela & rationibus distrahendis & utili curationis causa actione,27.D. 3.Arbitrium tutelæ,5,C.51.

Quæ ex parte ejus qui fuit pupillus directa est. ex parte ej s qu fuit tu or, contraria.

Directa datur pupillo adversus tutorem [8], ad reddendum rationẽ administrationis suę, & quicquid reliq orum nomine tutor debet [9].

Requisita habet tria, 1. Tutelam constitisse, eumque adversus quem agitur tutorem fuisse [10].

2. Tutelam finitam esse [11].

3. Tutelæ gestæ rationes nondum redditas esse.

b Contraria tutelæ actio datur tutori adversus pupillum [12] ejus rei nomine, quod ipsi tutori occasione tutelæ gestæ de bonis suis abest [13].

Requisita habet hæc, 1. tut lam constitisse & se tutorem fuisse.

2. Tutelam à se esse deposi am.

3. Impendisse se aliquid de suo in administrationem tutelæ utiliter, aut eius occasione sibi quid abesse, quod nondum sit restitutum.

Tertia condictio ex contractu improprio est actio *familiæ erciscundæ*, quæ est cond ctio inter coheredes de rebus hereditariis dividendis competens.

Inter coheredes, inquam, quoscunque, sive ex testamento sive ab intestato coheredes sint [14], non inter alios [15]: & de rebus hereditariis tantum [16], vel quæ loco sint hereditatis [17], non etiam de aliis.

Petit autem hac actione coheres à coherede ut rerum hereditariarum divisionem admittat [18].

Quod in duobus est positum, partim in rebus ipsis, partim in præstationibus personalibus rerum illarum occasione faciendis [19].

In illis quidem ut dividantur: in his vero, ut quæ alterum alteri ex bona fide præstare oportet, ea præstet, ut si quid admissum sit dolo [20] vel culpa-

8 §. *tutores, Inst. de obl. quæ quasi ex c tract. l. 5. §. tutela D. de O. & A.*

9 *Huic opponitur utilis quæ est inter curatorem & adolescentem vel alium q. in curatione est, l. 3. C. arbitr. tut.*

10 *Nam inter pupillum & protutorem actio est utilis: ff. de eo qui pro tutore.*

11 *l. 1. § fin. l. 4. in pr. l. 9. §. fi. ff. eo. l. 1. §. finito. ff. de contr. tut. & ut act.*

b De contraria tutelæ & utili actione, 27. *D.* 4. 5. *C.* 58.

12 *d. §. tutor. d. l. in pr. D. eod.*

13 *d. l. 1. §. fin. l. 3. in pr. & §. 1. & §. usuras, & §. sufficit l. fin. D. eod. idem est in curatore & protutore, d. l. 1. §. 1. & 2.*

14 *l. 36. D. famil. ercisc.*

15 *Utiliter hac actio datur etiã quoad alios successores, qui loco heredum sunt, l. sed & eius 24. §. 1. ff. eo.*

16 *l. 4. D. eod.*

17 *l. veniunt, 9. l. item prædia, 10. l. si pignori, 29. D. eod. & eiusmodi est peculium castrense l. 2. §. 2. D. eod.*

18 *Unde nomen est. Erciscere enim antiqua voce dividere significat.*

19 *l. item Labeo, 22. § familiæ, D. eod.*

20 *l. heredes,*

pa[21] coheredis, vel si coheres bona fide sumtus in res hereditarias fecerit[22], vel si damnum à coherede datum sit[23].

Cui consequens est, vt si hereditas vel à testatore[24] vel ab ipsis coheredibus divisa fuerit, aut nomina duntaxat in hereditate sint, actioni huic locus non sit.

Requisita habet hæc actio sequentia; 1. Eum qui agit, & eum, contra quem agitur coheredes esse[25], atq; si Reus negaverit actorem coheredem esse actor simul deducet se esse in possessione aliquarum rerum hereditariarum.

2. Ut hereditas sit adita[26].

3. Ut res quæ dividi petuntur sint hereditariæ, & quidem ejusmodi vt dividi possint. Quæ enim dividi nequeunt natura vel lege in hanc actionem non veniunt; natura, vt res incorporales; lege, vt res illæ quę dividi sunt prohibitæ, vt sunt libri magici, mala medicamenta[27]: vnde res incorporales in judicium hoc non veniunt, nisi forte utiliter[28].

4. Ut res hereditariæ iam ante divisæ non fuerint vel jure, vt nomina[29], vel ab homine, nimirum à testatore, aut coheredibus, nisi forte ex cōsensu res quædam indivisæ manserint, neque de iis dividendis sententia lata vel transactio interposita sit[30]. Alias divisione semel facta de nondū divisis non hac, sed actione communi dividundo experiundum est, nisi magna aliqua causa subsit, quæ judicium familiæ erciscundæ repeti suadeat[31].

5. Eum adversus quem agitur divisionem detrectare, aut si aliquam admittat, eam tamen iniquam.

Judicii hujus effectus est divisio, quæ fit coheredi, & huic & illi res hereditarias adjudicando, qua adjudicatione eæ, quę communes ante erant, propriæ

25 §. nō tantū, ff. eo.
21 §. non tantum, D. eod.
21 d. §. non tantum, l. damno, 17. ff. eod. l. incerti iuris, C. eo.
22 l. his consequenter, 18. §. sumtuum, l. ex parte, 39. ff. eo.
23 l. & puto 16. §. denique att. D. eod.
24 l. si filia, 20. §. si pater, D. eod.
25 d. l. 36. & seq. ff. eod.
26 l. qui erat, 49. in fin. D. eod.
27 d. l. 64. §. 1.
28 Ioann. Fab. in §. quædam, n. 4. Inst. de act.
29 l. 2. §. fin. d. l. heredes, ff. eo. l. 11. l. fi. ff de distract. pign. l. ea quæ, C. fam. ercisc.
30 l. 1. C. eod.
31 d. l. si filia, §. familiæ.

propriæ fiunt illius cui adjudicatæ sunt [32].

Quarta condictio ex contractu improprio est actio *communi dividundo*, quæ est condicto competens his quibus quoquo modo, honesto tamen res inter sese communis est, ad hoc ut vel res communis dividatur, vel quod alterum alteri ex bono & æquo præstare oportet vel utrunque præstetur.

Nec interest quidquam ut actione hac agatur, societatem an vero sine societate res communes sint [33]: atque est de rebus omnibus [34], corporalibus quidem directo [35], incorporalibus autem utiliter [36].

Requisita habet duo, 1. Rem esse communem. 2. Adversarium divisionem aut præstationem eius quod oportet detrectare.

c His duabus actionibus adjungitur quinta, actio *finium regundorum* [37], quæ est condictio inter confines [38] prædiorum rusticorum data in hoc, ut eorum limites distinguantur.

Quæ requisita habet duo, 1. agros esse confines. 2. De finibus esse contentionem.

Effectus ejus est, ut termini veteres restituantur, aut si illi non appareant, novi dirigantur [39].

Sexta est actio *ex testamento*, quæ est condictio competens his, quibus testamento aliquid relictũ est [40] adversus heredes aliosve qui ex testamento præstare quid jussi sunt, si voluntatem defuncti agnoverint [41].

Datur autem ad hoc, ut id quod relictum est præstetur [42], semper quidem, si testamentum sit validum, interdum vero etiam ab intestato, etiam si testamentum concidat.

Requisita habet hæc, 1. Testamentum factum esse.

2. Eo

32 §.fin.Inst.de off. iudic.

33 l.2.ff.cõm.divi.

34 l. in iudicium, 13.D.eod.

35 l.per hoc,4.ff.eo.

36 l.cõmuni divid. 7.§.si in rem, & §. si duo, l item,10. §. 1.ff.eo. l.si cuius,13, §.si inter.ff. de usufr. ita etiam datur utiliter Emphyteuta, d.l.communi. in pr. & §.1.& bonæ fidei possessori, d. l. communi, §.4. item l.6.D eod.

c Finium regundorum, 10.ff.13. C.39.

37 ita passim dicitur, alias etiã quæstio final. l.4.C.eo. l. in finalib.11.D.eo.

38 Sive domini sint vere sive quasi, l.4.§.finiũ ff. eo.

39 d.l.4.§. in iud.

40 ideoq; etiam actio legati appellatur in l. etsi contra, 35.ff.de vulg.& pupill.subsit.

41 §.heres, Inst. de obl.quæ quasi ex contr. l 3.§.fi.l.4.ff. ex quib.caus.in poss. eat.l 5.§.heres,ff.de O.& A.

42 In simplum illud, & duob. casib. in duplum, nimirũ cũ heres loco venerabili legatum esse negat, de quo tamẽ postea appareat legatum esse §. furti, Inst. de act. vel eo usq; solutionem distulerit, ut in ius vocandus fuerit, d. §.furti, §.item mista est. Inst.de act.

2. Eo testamento actori aliquid relictum esse, quod hactenus præstitum non sit, atque ab eo, qui præstare debet, præstari negetur.

Septima actio ex contractu improprio est *condictio debiti*, quæ est condictio competens illi, qui errore facti solvit indebitum, adversus eum qui accepit.

Requisita ejus sunt hæc, 1. Rem esse solutam, ejusque dominium sive possessionem in accipientem translatam esse.

2. Fuisse eam indebitam vel omni jure, vel deberi quidem sed jure civili tantum, cui perpetua obstet exceptio, aut sub conditione, aut in diem simpliciter incertam, vel jure etiam naturali, sed non ab eo qui solvit suo nomine, quasi ipse debeat, aut non ei cui solvitur, vel nō id quod solvitur.

3. Ut solvens id fecerit errans facti q; ignorans.

4. Ut ei cum quo agitur soluta sit, vel ut solutionem factam ratam habuerit.

Quod si negetur solutum fuisse indebitum, actori incumbit probare solutum non fuisse debitum.

Restat actio *ad exhibendum*, quæ est condictio per quam acturus rei istius, quam alia quapiam actione petiturus est, sibi in publico potestatem fieri postuletur ut experiatur.

Hæc aliam actionem præcedere & quasi præparare solet, nec datur cum effectu, nisi is qui ista agit, rem illam exhiberi sua interesse probaverit.

De condictionibus, quæ oriuntur, ex contractibus mediatis.

CAP. XIV.

DIctum est hucusque de condictionibus, quæ oriuntur ex obligatione contractus proprii, non

non alieni: postulat ordo, ut expediamus istas, quæ oriuntur ex obligatione contractus alieni, quem lib. 1. cap. 43 contractum mediatum appellavi.

Sunt autem condictiones ex contractu alieno, quod ad earum substantiam attinet, cum condictionibus superioribus prorsus eædem, unica saltem hac qualitate ab illis distinctæ, quod ex proprio illæ, hę ex alieno contractu dentur, quodammodo tamen proprio, nimirum si effectum, hoc est, obligationem spectes [1].

Ex contractu, inquam, alieno, non tamen cujusvis, sed ejus duntaxat, qui illi, qui convenitur jure aliquo vel ministerii vel potestatis devinctus est.

Hinc ei qui contraxit actio duplex, una adversus contrahentem ipsum, si modo contrahens hic is sit, cum quo jure agi possit, altera adversus eum cui contrahens devinctus, atque hęc actio illi dicitur adjici [2].

Hinc actiones hæ ex contractibus alienis adjectitiæ sunt, partim quod adijciantur condictionibus, quę simpliciter contra contrahentes ipsos dantur, partim quod adijciatur illis causa, ex qua appareat, cur in illum, contra quem instituitur actio locum habeat [3].

Causam hanc libro 1. dixi communem esse vel specialem, illam quidem ex contractibus tam eorum, qui sui, quam qui alieni juris sunt, hanc vero ex contractibus eorum, qui juris sunt alieni duntaxat.

Illa est præpositio: hæc est jussus, Tributum, Peculium, & in rem versio, unde condictionis ex contractu alieno species sunt quinque.

1. Ex præpositione. 2. ex jussu: 3. ex tributo: 4. de peculio: 5. de in rem verso, prætoriæ omnes,

1 l. si dubitet, 10. §. filiusf. D. de fidei. §. fin. Instit. quod cũ eo qui in alien. potest. l. fin. ff. pro suo.

2 Unde Paulus IC. valde eleganter in l. si cum, 5. §. item si D. de exercit. act. scribit his edictis prætorum non transferri actionem sed adjici, hoc est, ita teneri patrem vel dominum, ut tamen propterea actio, quæ competitura est in ipsum contrahentem, non prius transferatur ab ipso contrahente in patrem vel dominum, sed præter eã actori adjici actionem in patrem vel dominum, ut ita nõ unam sed duplicem habeat actionem. Ad idem facit, l. si qs, 44. ff. de pecul.

3 §. 1. Instit. qd cum eo qui in alien. potest. l. 1. §. 1 ff. quod jussu, l. 1. Dig. de in rem verso.

4, quæ eo nituntur fundamento, quod is qui contraxit non tam ejus, cum quo contraxit, quam ejus, cujus negocium potissimum geritur, fidem secutus videatur 5.

Prima itaque actio adjectitia est *ex præpositione*, id est, ex commissione negociationis alicuius à domino facta, atque ab eo cui commissa est suscepta.

Cum autem negociatio ista terrestris sit aut maritima, inde ex præpositione illa actio d plex est in præponentem ex contractu ejus, quem præposuit, Institoria vna, altera Exercitoria.

Institoria est condictio data in dominum negocii ex contractu institoris ab ipso præpositi negocio 6: Exercitoria est condictio data in exercitorem ex contractu magistri 7 ob id, quod navi est præpositus, inito 8.

Utraque hæc regulis iisdem 9, iisdemq; requisitis continetur, nimirum, vt dicatur actorem cum eo, qui à Reo negociationi præpe situs sit, negociationis istius contemplatione contraxisse, atque actori contractus ejus occasione quid abesse, quibus positis actionis illius, cui hæc adjicitur, requisita proponenda fuerint.

Differt autem vtraque hæc actio in his, quod primũ in institoria mentio fit negocii terrestris, in exercitoria negocii maritimi 10: secundo quod exercitor navis tenetur non tantum ex contractu magistri, sed ex contractu etiam submagistri, id est, ejus quem magister præposuit, etiamsi dominus præponi ignoraverit, imo etiamsi magister submagistrum præponere à domino prohibitus fuerit, quod in institore non admittitur 11: tertio, si filiusfamilias voluntate patris navim exerceat, pater in solidum tenetur, sive cũ ipso

4 *Quod ita affirmatur in specie de Institoria in §.eadẽ, Inst. qꝑ cum eo qui aliena, l.8 ff. de inst.act. de exercitoria in d.§.eadem, l.1.in pr.& §.pen.l.5 §.1.ff.de exerc.act. de actione qꝑ iussu in §.1.Inst.qꝑ cum eo qui in aliena. de tributoria, in §.introduxit, Inst.eod.l.1.in pr.ff. de tribut.act. de actione de peculio in §.in personam, & in §. actiones, Inst.de act.l. 2. ff.de pecul. & denique de actione de in rem verso in l.1.§.1.ff.de pecul.*

5 *l.1.D. de exercit. act §.fin Inst.quod cum eo qui in alie. potest.*

6 *d.§.eadem, l. 1.l.5.§.non tamen. l. pen.§ fin.D.de inst.act.*

7 *l.1.in pr.& §.pe. ff.de exerc.act.*

8 *d.l.1.§.non autẽ.*

9 *Nam ambæ sunt ex contractu: ambæ dantur in solidũ, d. §.eadem, §. ceterũ, Inst qꝑ cum eo q. in alien potest.l.5.§.non tamen, Inst.de [in]st.act.l.2.C.eo l.1.§ fi.l 6.§.1.D.de [e]xerc.act. ambæ referuntur ad omnes contractus, d. l. 5. §.non tamen.*

10 *l.1.D.& C.de exerc. & de inst act.*

11 *l.1.§.magistrum, D.de exercit act.*

ipso filiofamilias, sive cum eo, quem filiusfamilias præposuit, contractum sit, quod aliud est in filio qui negociationes exercet terrestres, ex cuius contractu pater in solidum non tenetur, sed cum ceteris creditoribus venit in tributum[12].

Secunda actio adjectitia dicitur, *quod iussu*[13] ab initialibus edicti, quo concepta est, verbis, vt suppleatur, *patris vel domini factum esse dicetur*, & definitur, quod sit condictio competens, adversus patrem vel dominum ex contractu filiifamil. vel servi, patris vel domini jussu celebrato, eatenus nimirum, quatenus jussum est[14].

Si enim quid supra id, quod jussum est, contractum sit, eius nomine non actione quod jussu, sed actione de peculio vel alia experiundum fuerit[15].

Tertia actio adjectitia est *Tributoria*, quæ definitur condictio, data ex contractu servi vel filiifamilias adversus dominum vel patrem de merce peculiari, in qua servus vel filiifamilias sciente & patiente domino vel patre negociatus est[16]. Ita dicta quasi distributoria, siquidem divisionem mercis peculiaris inique factam ad æqualitatem reducit, vt ex merce peculiari, nimirum, quæ ex solutioni debitorum non sufficit, cuiq; creditorum aliquid pro rata debiti solvatur[17].

Hac autem actione dominus vel pater conventus habetur loco extranei[18], nec vllum habet deductionis vel aliud privilegium[19], quod alias competere illi solet, si de peculio agatur.

Requisita hæc sunt, 1. Mercedem esse in qua servus vel filiusfam. negociatus sit.

2. Mercem istam peculiarem esse, hoc est, separatim à rationibus dominicis vel paternis servo vt filiofamilias cõcessam. Quod si enim merx esset domini vel patris, ex præpositione magis actio

12 *l.1.§.si qui navim, & §. quamquam ff. de exerc. act. l.3. §. filiusfa. D. naut. caup. stabul.*

13 *ita dicitur in l. fin. C. quod cum eo, sed eadem etiam appellatur actio de iussu, l. fi. ff. quod iussu.*

14 *l.3. ff. eod. Ita enim accipiendũ est id quod Iustin. in §. 1. Inst. quod cum eo, dicit prætorem hanc actionem polliceri in solidum, solidũ nimirum, quod domini iussum est.*

15 *De ceteris quæ ad hanc actionem pertinent, vide elegantissimam Exegesin VVes. in cõm. Inst. quod cum eo.*

16 *§. introduxit, Inst. quod cum eo.*

17 *l.3. §. pen. & vlt. l. quia non, 8. D. de tribut. act. l.3. D. quand. ex fact. tut. vide Cui. in parat. D. eo.*

18 *l.1. ff. de tribut. act.*

19 *ita appellatur in d. l. 1.*

vel de peculio daretur, quemadmodum etiam actio de peculio locum habet, non tributoria, si servus vel filiusfam. in merce peculiari versatus sit, sed domino vel patre ignorante, aut sciente quidem, sed nolente[20].

Quarta actio adjectitia est actio *de Peculio*[21], quæ recte conjungitur actioni tributoriæ, quoniam cum tributoria detur ex eorum, qui in potestate nostra sunt, contractu in merce peculiari scientibus nobis & patientibus celebrato, actio de peculio datur, si ignorantibus nobis vel invitis in ea versati sint.

Est autem actio de peculio condictio, qua pater familias vel dominus tenetur ex contractu seu negocio gesto à filiofamilias vel servo in merce peculiari ipsis tam ignorantibus, quam scientibus atq; itidem extra illam, sed scientibus ipsis, in quantum peculii vires ferunt[22].

Requisita habet duo, 1. Ut negocium cum filiofamilias vel servo gestum sit.

2. Ut agens actionem suam dirigat in peculium, etiam si fortasse in peculio nihil sit[23].

Cum vero peculium multiplex sit, actio de peculio hodie tantum est profectitio, & dominico olim de omni indistincte.

Hac actione pater vel dominus conventus deducit prius id quod sibi ex peculio debetur, ex residuo postea actori satis fit, si sit solvendo, si non sufficiat, tantum, quantum ex peculio præstari potest[24].

Quinta actio adjectitia est actio *de in rem verso*, quæ recte sequitur actionem de peculio, siquidem videtur esse actionis de peculio quædam adjectio[25].

Est autem de in rem verso actio condictio quæ datur ex cōtractu filiifamilias vel servi in patrem vel dominum, de eo, quod ex contractu illo in patrimo-

20 *Vide VVesemb. Exegesin in Inst. q cum eo.*

21 *ita ut plurimū: interdum tamen etiam dicitur actio in peculium, in pr. Inst. quod cum eo, l. in persona, 30. §. 1. D. de pact. l. pen. ff. de condict. furt. l. nec servus, 41. ff. de pecul. l. si servus, 57 D. de ædil. edict. & quibusdam locis actio in peculio: l. si quis, 9. §. pen. D. de dolo malo, l. & ancillarum, 37. D. de pecul. l. si serv. 42. ff. de furt.*

22 *§. actiones, & §. sunt præterea. Inst. de act.*

23 *l. quæsitum, 30. D. de pecul.*

24 *§. præterea, Inst. q cum eo, l. 5. §. fin. l. 9. §. peculium, ff. de pecul. an autem & quantum in peculio sit, rei iudicatæ tempus spectatur d. l. quæsitum, l. 7. §. si quis actione, D. ex quib. caus. in possess. eat. l. cum fideiubeat, 35. D. de fideiuss.*

25 *Cui. in para. D. de in rem verso, idque apparet ex d. §. præterea, & ex l. si filiusfam. 19. D. de in rem vers.*

trimonium ejus versum est[26]. 26 l.1.ff. quod cum eo.

Versum autem intelligitur ita si duret versum, id est, ut revera versum sit, ne vel credulitas domino obsit, vel calliditas servi ipsi noceat, atq; ut perpetuæ alicujus utilitatis ratio sit inita etiamsi forte casu aliquo interturbata sit[27]. 27 l.3.§.sed si sic accepit, l. si res domino 5. l. si pro patre, 10. ff. de in rem verso.

Ceterum & hæc de in rem verso, & illa de peculio actio patet latissime, ita ut locum etiam habeat in casibus illis, quibus alias agi potest Institoria, exercitoria, tributoria, & quod jussu nimirum si agatur ex contractu filiifamilias vel servi: eamq; ob causam prudentiæ actoris relinquitur, qua ipse experiri malit[28]. 28 §. certum. Inst. quod cum eo.

Actionis autem de peculio, & de in rem verso ea inter sese est conjunctio, ut acturo consultum sit, primum omnium attendere, an & quatenus versum sit, ut ita si omne versum est, actione de in rem verso agat, eaque solidum consequatur, aut si de eo non appareat, agat de peculio, & secundum æstimationem ejus sibi satisfieri petat[29]. 29 d.§. præterea.

De condictionibus prætoriis ex obligatione prætoria, hoc est, æquitate magis, quam obligatione datis.

CAP. XV.

Condictiones hactenus expositæ civiles partim sunt, partim prætoriæ, ejusmodi tamen ut ex obligatione dentur immediate jure ipso: cum vero nonnullæ sint, quæ ex obligatione quidem sunt aliqua, sed ad actionem producendam non satis valida, æquitas tamen suadeat ut actiones ex illis dentur, quod jure ipso fieri nequid id fit ex æquitate prætore adjuvante, aut certe si iure ipso, ipso non civili sed prætorio: quas condictiones ob id simpliciter voco prætorias, easque omnes

 puto

puto in factum esse, hoc est, earum formulas nullo jure esse definitas, sed prout casus incidit ad factum accommodari, & in illud concipi, vt videri possint esse actiones præscriptis verbis, sed prætoriæ.

Ejusmodi autem actiones à ceteris actionibus in factum distinctas invenio tres, condictionem triticariam, actionem constitutoriam & actionem juratoriam, ceteris isti in generali actionum in factum appellatione relictis.

a De condictione triticaria, 13. D.3.

a *Condictio triticaria* est condictio, qua petuntur promiscue res quævis tam incorporales quam corporales, & tam incertæ quam certæ, excepta pecunia numerata [1].

1 l.1.ff.de condict. tritic.

Etsi enim supra dictum sit condictionem aliam certi esse, aliam incerti, & ad illam certæ, ad hanc incertæ res referantur, tamen si dubitetur certane res sit, quæ in cōtractum venit, an incerta, atque adeo an condictione certi an incerti agendum sit, consultius est condictionem hanc triticariam, quæ vtranq; illam complectitur, intentari [2]. Cum autem pecunia numerata certa semper sit, nunquam incerta, mirum non est, de ea triticariam non dari [3].

2 l.1.D.eod.

3 d.l.1.

Requisita actionis hujus generalia sunt, vt & ipsa generalis est, nimirum datum esse vel factum, hoc est, conventum esse: specialia autem sumuntur ex facto sive contractu, qui initus est, cujusq; occasione triticaria agitur.

26 l.nec enim, 20. D.eod.

27 l.si post, 22.D. eo.l.1.& 2.C.eod.l. quid id q 33. in pr. D.de donat.

Constitutoria actio [26], quæ etiam dicitur actio constitutæ pecuniæ [27], item de constituta pecunia [28], est condictio, qua convenitur is, qui debitum vel à se vel ab alio se soluturum promisit [29] citra stipulationem [30].

28 l.5.§. Iulian.l. promissor.23.l.quidam, 26.l.fin.ff.eo. §.in personam, Inst. de act.

29 §.de constituta, Inst.de act.

30 l.1.in pr.D.eod.

Quæ promissio dicitur fieri per constitutum, quod pactum est, inde actionis nomen, quæ jure veteri angustioribus terminis circumscripta erat,

quippe

quippe quod illo jure in constitutũ venirent duntaxat pecuniæ, id est, res, quæ numero, pondere & mensura cõstant: Sed jure novo facta est amplior, vt videlicet omne quod deberetur, & ex quocunque contractu deberetur, constitui possit, natura actionis receptitię omni transfusa in actionem de constituta pecunia vt hæc cum illa prorsus sit eadem, nomine saltẽ receptitiæ actionis abolito[31].

In receptum enim veniebant indistincte res omnes, id est, & pecuniæ & corpora, veruntamen locum hoc habebat in argentariis tantum: in constitutum res tantum fungibiles, sed locum id habebat in hominibus omnibus, atque ita plenius illud erat si res spectentur, strictius si personæ: hoc plenius si personæ, strictius si res, quo tamen vtroque plenior & vberior erat stipulatio, vtpote ex qua personæ omnes ad contrahendum habiles obligarentur, & in quã res venirent quævis: quod Justiniani Imp. constitutione[32] ita mmutatum est, vt constitutæ pecuniæ actio omnes illos casus complecteretur, qui explicari possunt per stipulationem, excepto hoc, quod stipulatio solennius concipitur, & in constitutum non venit nisi debitum, cum in stipulationem etiam veniat nondum debitum[33], & quod ex constituto debetur, vt maxime pure factum sit, non exigatur nisi post dies demum decem[34], cum ex stipulatione pure facta statim agi possit nullo intermisso temporis spacio[35].

Requisita actionis hujus sunt hęc, 1. Ut res constituta sit debita, & debita sit[36] vel naturaliter tantum[37], vel naturaliter & civiliter simul[38].

2. Ut constitutum factum sit citra stipulationem[39].

31 l.2. C. eod.
32 d.l.2.
33 l. fideicommissum, 62. D. de condict. in d.
34 l. promissor. 21. §. 1. Dig. de pecun. constit.
35 l. liber homo 118 §. decem, ff. de V. O.
36 l. hactenus, 11. l. eum qui, 5. §. quod exigimus, D. eod.
37 l. 1. §. pen. D. eo.
38 l. 3. §. fin. D. eod. ad ea autem debita quæ solo iure civili sustinentur, vt constitutum ipsum, ita nec actio de cõstituto pertinet, d. l. 1. §. fin. quoniam constitutum sola naturali æquitate nititur, d. l. 1. in prin. Æquitas autem naturalis in eo, quod civiliter tãtum debetur nulla est, alioqui nõ civile tãtum sed naturale etiam esset debitũ.
39 l. qui autem, 14 in fi. D. eo. Hinc intelligitur constituto priore obligationem non novari, sed etiamsi constitutoria actum sit, nihilominus ex priori obligatione agi posse, si solutio nondũ secuta sit, l. item illa, 18. D eo. l. filiusf. 15. D. de in rem vers. l. 3 §. in eum, D. de adm. rer. ad civit. pert. Cum enim constitutum pacto fiat, tantum abest, vt obligationem naturalem tollat, vt eam validam potius reddat, aut vt obligationem natutalem & civilem simul perimat, vt si alterutra obligatio vel prior vel ea quæ ex constituto est, tollenda esset, tolleretur potius obligatio

3. Id quod constitutum est, nondum esse exsolutum.

Actio *juratoria* est condictio competens ei, qui juravit sibi deberi vel rem suam esse adversus eum contra quem juratum est [40].

Quacunq; enim actione sive personali [41] sive reali [42] actum fuerit, si juratum sit, nec juranti satisfiat, ut res ipsi detur aut restituatur, actione hac juratoria, quæ mere personalis est, agitur, qua hoc tantum quæritur, an juratum sit, jurene an non jure juratum sit non inquiritur [43].

Requisita habet tria, 1. Ut juramentum præstitum ab adversario in jure sive judicio delatum vel relatum fuerit [44]. Si enim pars alterutra juret, nemine ipsi jusiurandum deferente, prętor jusiurandum istud non tuebitur [45], neq; vero etiam illud quod à judice delatum est, atque ab eo cui delatum est, præstitum, eo pertinet, ut ex eo postea competat actio.

2. Ut juramentum ita delatum vel relatum revera sit præstitum [46]: perinde autem est, si juramentum jurare parato remittatur, atque si juratum esset [47].

2. Ut res debita sive ex jure obligationis sive ex jure dominii, aut quocunq; alio jure nondum sit soluta [48].

Ex ceteris factis, si quæ ex æquitate à prætore dantur

ex constituto, utpote infirmior iure prætorio duntaxat consistens, cum prior illa nō naturali tantum sed civili etiam sustineatur. Non est autem novum, ut duæ obligationes in eiusdem persona de eadem re concurrāt, l. heres, 21. §. non est novum, D. de fideiussor.

40 *l. 3. in pr. & §. fin. & ll. seqq. D. de iureiur.*

41 *In qua sicut actor iurabat dari sibi oportere, l. eum qui, 30. §. 1. & §. fi. D. de iureiur. l. non solum, 39. §. 1. D. de procur. ita Reus deferente actore iurabat se dare nō oportere, l. si duo. 13. §. fi. l. quoties, 14. l. si servus, 16. l. qui iurasse, 26. §. 1. D. de iureiur. l. fin. D. de except. l. fi. ff. quar. rer. act. non det. l. si deferente, 13. D. quib. mo. pig. vel hypoth. solv.*

42 *In qua actor iurabat rem suam esse, vel Reus rem actoris non esse, d. l. si duo, §. 1. l. nam postea quam, 9. §. fin. D. de iureiu. l. sed etsi res, 7. §. si petenti, D. de publ. in rem act. l, non tantum, 19. §. veniunt, D. de hered. petit.*

43 *§. item si quis, Instit. de action. An vero cum iuratum est, ex eadem causa de qua iuratum est nihilominus agi poßit, vide quæ dixi 1. discept. Scholast. 7.*

44 *d. §. item si quis postulante. Eo enim ipso quod iusiurandum ab* adversario postulari *ait Iustinianus, duo mihi innuere videtur, unum, ut quod ex iureiurando actio dari dicitur, id intelligatur de iureiurando à parte parti delato vel relato; Alterum, ut iuramentum illud sit præstitum in iudicio, ut ita actio ex iureiurando sit ex iureiurando voluntario in iudicio præstito.*

45 *l. 3. D. eod.*

46 *l. non erit, 5. §. dato, d. l. nam posteaquam, D. eod.*

47 *l. 6. & d. l. nam posteaquam, D. eod.*

48 *d. §. item si quis postulante, in verb. neq; ei pecunia solvatur.*

dantur actiones, illæ omnes, si non sunt utiles, sunt & dicuntur in genere actiones in factum, quæ cum ex factis sumantur, facta autem infinita sint, ipsæ etiam jure definiri non potuerunt, sed in generalibus actionis in factum terminis subsistunt.

De condictionibus, quæ sunt ex contractuum adiunctis. CAP. XVI.

Contractuum adjuncta communia sunt pacta, ex quibus per sese jure civili actio non datur: contractibus addita, non quidem ipsa actionem producunt, sed actionem, quæ ex contractu est, informant & reformant, modo pacta sint ejusmodi, quæ contractui insint, hoc est, in continenti ipsi apposita: quæ enim ex intervallo fiunt, ad actionem nihil proficiunt[1].

Adjuncta etiam alia libro primo sunt exposita, quibus nisi satisfiat, ex illis ipsis contractibus, quorum adjuncta sunt, agi solet.

Veruntamen ex ædilitio edicto & de evictione actiones etiam peculiares jure sunt proditæ.

Ex *ædilitio edicto* emtor actiones habet duas, redhibitoriam & æstimatoriam[2].

Redhibitoria est, qua agit emtor ad resolvendam venditionem in integrum restitutis omnibus, hoc est, ut venditor rem, & emtor precium recipiat.

Æstimatoria est, qua agit emtor in hoc, ut quanto pluris emit ignorans rei qualitatem aut quantitatem, id venditor damnetur reddere.

De evictione duæ actiones in jure emtori concessæ sunt, una ex ipso contractu, nimirum emti venditi, altera ex stipulatu[3].

Ex emto de evictione agitur stipulatione ob evictionem in contractu non interposita, nisi nomina-

1 *Dd. ad l. iurisgentium, 7. §. quinimo, D. de pact.*

2 *VVes. in para. D. de ædil. edict. & ibi Cuiac.*

3 *De qua utraque valde accurate Cui. in para. C. de evict. Liberum vero est actori utram veli. proponere, l. sed etsi 28. D. de evict.*

minatim actum sit, ne venditor evictionem præstet, quo ipso tamen casu venditor rem alienam esse sciens, ex emto nihilominus tenetur in id quod interest, ignorans vero in hoc tantum, vt precium reddat[4].

Ex stipulatu actio de evictione est ex promissione simplæ vel duplæ, vt re jure judicioque evicta emtori emtor adversus venditorem regressum habeat[5].

Res autem evicta intelligitur, non solum cum restituta est, verum etiam si emtor æstimationem eius præstare coactus, aut possessor ab emtore conventus absolutus sit[6].

Ceterum vt venditor de evictione teneatur, necesse est, vt venditori ab emtore mature denuncietur, sibi rei venditæ nomine in jure controversiam fieri 7, cum autem venditoris causa notorie injusta est, denunciatione illa opus non est[8].

a De condictionibus ex lege.

Cap. XVII.

Condictio ex lege est actio, quæ datur ex obligatione lege aliqua introducta, quæ lex quo actionis genere agendum sit, non expressit[1].

Si lex obligationem introduxit, ante illam igitur nulla erat obligatio naturalis vel civilis: ideoque obligatio illa civilis tantum est, non naturalis, ex qua condictio ex lege datur, quemadmodum & lex, qua introducta est, juris civilis pars est.

Obligatione vero posita, actionem poni necesse est: sed est interdum actio hęc vna cum obligatione lege prodita, atque eo casu illo actionis genere, quod lege proditum est, agi debet, interdum vero obligatione prodita, nō etiam prodita est

4 vide Cui. in parat. C. eod.
5 Duen. reg. 242. Myns. Cent. 1. obs. 54. & 56. & cent. 2. obs. 19. quib. casib. venditor non teneatur vide Socin. reg. 533.
6 l. evicta, 16. §. 1. l. si servus, 21. l. si mancipium, 34. §. 1. D. de evict.
7 Duen. reg. 241. & 243. Socin. reg. 154 qua autem sit denunciationis forma vide Capel. Tholos. q. 408. n. fi.
8 De hoc & aliis casibus, quibus etiamsi denunciatio facta non est, venditor de evictione nihilominus teneatur, vide Alex. in l. non solum, §. morte. Dig. de op. nov. nunc. & in l. 2. §. voluntate, D. solut. matr. Myns. d. obs. 56. Capell. Tholos. 407. in apostilla.
a De condictione ex lege, 13. D. 2. 4. C. 9.
1 l. vn. D. eod.

est actio, & tum actio quæ inde datur, dicitur condictio ex lege.

Quæ actio generalis est, totq; ejus species poni possunt, quot sunt leges, ex quibus obligatione constituta simul cautum non est, quo actionis genere experiundum sit[2].

Ejusmodi ex jure veteri paucæ sunt, ex jure constitutionum aliquanto plures.

Ex jure veteri vna est condictio ex lege Julia, cuius mentio fit *in l. actio, 65. D. solut. matr.* altera itidem ex lege Julia, de qua in *l. si postulaverit 27. & seq. D. ad leg. Iul. de adulter.* tertia est ex Senatusconsulto Sabiniano, cujus meminit Theophilus in *§. sed ea omnia, Inst. de heredit. quæ ab intest. deferuntur.*

Ex jure constitutionum nobilissima est illa ex lege Zenonis, qua emphyteusis facta est contractus proprius, atque ex eo obligatio propria, sed actio nulla prodita diserte[3].

Est autem *condictio illa emphyteuticaria* ex lege Zenonis, quæ datur ex contractu emphyteutico & domino rei & emphyteutæ, & vtriusque heredibus[4].

Domino quidem, adhoc vt res in emphyteusin data restituatur, quod fieri potest ex variis causis, puta si emphyteuta rem emphyteuticam deteriorem faciat, non meliorem[5], si canonem debitum legitimo tempore non solvat[6], si contra pactiones veniat: aut certe ad interesse, quod domini interfuit, rem non esse deterioratam, vel dolo aut culpa emphyteutæ nihil sibi abesse.

Emphy-

2 *d. l. vn.*

3 *Malunt tamen nonnulli actionem inde dari præscriptis verbis, qui refellitur ex eo, quod contractus hic certus sit & nominatus: actiones autem præscriptis verbis regulariter dentur ex contractibus innominatis, & non nisi cum dubitatur qua actione experiundum sit.*

4 *l. 1. C. de iure Emphyt.*

5 *Vide Ios. Ludov. decis. Perus. 22. per totam Mynsing. Cent. 6. obs. 86. n. 1. si modo deterioratio magna sit, Myns. d. obs. 86. nu. 4. & resp. 28. nu. 29. per l. sed et si, D. de in integ. restit. Cas. ol. Thol. q. 354. nu. 3. & 4. fiatq; dolo seu lata culpa Emphyteuticarij. Ios. Ludov. decis. Perus. 94. nu. 11. Olden. in fi. classis 5. Myns. d. resp. 28. num. 29.*

6 *Myns. Cen. 3. obs. 65. Afflict. decis. Neap. 80. Soc. reg. 152. Ios. Ludov. decis. Perus. 35. n. 11. An Emphyteuta cessans in solutione partis canonis privetur, vide Benin. dec. Bonom. 6. An si Emphyteuta cessarit dominus autoritate propria fundum occupare possit, vide Myns. d. obs. 65. Gail. 2. obs. pract. 51. n. 7 An patre non solvente Canonem præiudicetur filiis, vide Myns. 3. obs. 66. & resp. 4. n. 24. An si ex pluribus heredibus vnus cesset solvere Canonem; omnes priventur, vide Myns. d. obs. 66.*

Emphyteutæ vero adversus dominum ejusve heredem pactionibus conventis non stantem.

Requiritur utrinque: 1. Rem emphyteusin concessam esse.

2. Adversarium pactionibus non stare.

Sunt vero conditiones etiam aliæ, ut, condictio *ex l.1.C. de condict.ex lege*, condictio *ex l.fin. C. de petit.heredit.* condictio *ex l.fin. C. de iure deliberandi*: condictio *ex l.4. C. de recept. arbitris*: condictio *ex l.diffamari, C. de ingen. manumiss.* condictio *ex §. tripli, & ex §. quadrupli, Inst. de action.* & similes, quæ inter legendum codicem Justinianeum occurrent aliæ.

De condictionibus extraordinariis.

Cap. XVIII.

Condictiones sive actiones in personam hucusque propositæ ordinariæ sunt, hoc est, quæ dantur jure civili vel prætorio, verbis expressis aut tacite per interpretationem & ex æquitate, judiciorum ordine usitato servato: eoque quod jure constitutum est servato: sequitur ut videamus de extraordinariis.

a Sunt autem condictiones extraordinariæ actiones in personam[1], quibus petitur in integrum restitutio contra id quod jure alioqui civili subsistit & validum est.

Restitutio vero est redintegrandæ rei vel causæ actio[2].

Quæ

a *De in integrum restitutionibus, 4.D.1.*

1 *§. in personam, Instit. de act. l. quia personale, D. solut. matr. quidem hoc beneficium reale putant, Mynſ. Cent. 4. obs. 18.*

2 *Paul. 1. sent. 7. §. 1. sed an proprie est actio? quod non videtur, eo quod magistratus proprie loquendo restituit, litigator autem restitutionem eam fieri a magistratu postulat. Neque enim sunt idem postulare restituere. Est igitur vel Synecdoche, qua ex parte intelligamus totum, vel Metonymia, qua ex consequente, intelligamus actionem. l.2.C. in quib. caus. in integ. restitut. necess. non est, ubi videtur definiri amissæ causæ redintegratio. Unde apparet restitutionem in integrum duabus rebus contineri, nimirum causa amissa, & causæ huius redintegratione. Paulus supradicto loco restitutionem integri appellat, quod non probo, quia nec integra nec amissa res restituit, sed magistratus, neque restituitur res integra sed amissa, nisi quis hoc ita interpretari velit, quod restituatur res, quæ integra fuit. Quod autem idem Paulus dicit in l. nemo, 5. D. eo. neminem videri exclusum, quem prætor in integrum se restituturum se pollicetur, id ita est accipiendum, quod restitutio sit rei amissæ quidem ipso iure, sed eius quæ beneficio prætoris in integrum restituatur, qua restituta idem effectu consequamur, ut eventu non videamur se exclusi qua integra esse cepit per restitutionem.*

Quæ omnis ex jurisdictione prætoris est[3], non nisi ordinariis actionibus deficientibus competens [4], nec nisi magna aliqua & vrgente causa [5], de qua prætor cognoscit[6], suadente, atque adeo tum demum, si id, quod actum est & rescindi petitur, ipso jure valeat & subsistat.

b Quotiescunque enim id, quod actum est, non valet, restitutione in integrum opus non est, imo id quod nullum est, eo ipso quod nullum est, rescindi & restitui nequit[7].

Causa efficiens restitutionis in integrum est æquitas mera[8], edicto prætoris comprehensa, quæ causam habet læsionem, læsionem tamen non quamvis, sed eam, ex qua jus restitutionem in integrum concedi voluit.

Eiusmodi autem causa est metus, dolus, ætas, status mutatio, absentia, & denique rei alienatio judicii mutandi causa facta[9].

Hinc totidem sunt actionum extraordinariarum sive restitutionum in integrum species.

c Prima est actio *quod metus causa*, quæ est actio in personam in rem scripta, data damnum passo per metum illatum[10], qui in virum constantem cadat[11].

Metus autem est timor maioris malitatis[12], id est, consternatio & mentis trepidatio propter periculum ex quo animum abiiceret etiam is, qui pro viro constanti habetur, cujusmodi est metus mortis, aut corporis cruciatus, aut servitutis, aut similis alicujus mali futuri[13].

Per ejusmodi metum dari vel fieri promissum jure civili ex stipulatu peti potest, & nisi exceptio metus à Reo obiiciatur, etiam exigi: factum autem vel datum etiam, quod ita promissum est, jure quidem civili repeti nequit, prætor tamen se ei, qui per metum ita dederit vel fecerit, actionem se ex edicto suo daturum esse pollicetur[14].

Quæ

3 *l.1.l.nemo, 5. ff. eo.*

4 *l.in causa, 16. in pr. ff. de min.*

5 *l.3 ff eo. l. si quis affirmavit, 9. in fin. & seq. ff. de dolo. l. res bona, 54. ff. de contrah. emt.*

6 *d.l 3. l. Divus, 7. §. fin ff. de in integ. rest. l. vn. C. si adv. dot. l. 2. C. si adv. rem iudicat.*

b In quibus causis in integrum restitutio necessaria non est, 2. C. 42.

7 *l. in causa, ff. de minorib. idq; verbum ipsum Restitutionis in integrum satis arguit.*

8 *d. l. Divus.*

9 *l. 1. & 2. ff. eo.*

c Quod metus causa gestum erit, 4. ff. 2. 2. C. 20.

10 *l. metum, 9. ff. eod.*

11 *l. 6. ff. eo.*

12 *l. metus, 5. ff. quod met. caus.*

13 *l. 7. & 8. ff. eo.*

14 *l. 1. ff. eod.*

Quæ actio in personam semper est, tametsi nonnunquam simpliciter in personam scribatur, puta[15], quod Titius per vim aut metum abstulisset, quo casu hæc actio & vi sua & scriptura est in personam, quandoque mentione personæ, quæ vim aut metum intulit, omissa in rem scribitur, quo casu vi quidem sua est in personam, sed scriptura est in rem[16].

Et priori quidem forma agi solet adversus eum, qui metum ipse intulit, posteriori vero adversus eum, qui metum ipse non intulit, veruntamen ex malitia aliena lucrum sensit.

Sufficit enim vt actor damnum, & reus lucrum senserit ex metu illato, quicunque tandem metum illum intulerit.

Nam plerunque vix potest is, qui metum passus est, certam personam exprimere, quæ metum intulerit[17], vt actionem quidem in rem concipi & scribi necesse sit, revera tamen sit personalis.

Requisita hæc actio habet duo, 1. actori metum esse illatum, qui in virum constantem cadat, siquidem vani hominis metus aut suspicio hinc excluditur.

2. Actorem exinde sensisse damnum, atque si agatur adversus alium, quam qui metum intulit, eum lucrum exinde sensisse[18].

Petitur autem vt res, quæ per metum data est restituatur, & præterea triplum eius, vel si quid factum sit, id æstimetur, & æstimatio fiat in quadruplum[19].

Condemnatio tamen non semper fit secundum actoris petitionem.

Sane in condemnatione ea res omnino continetur, id est, condemnatio semper fit in id, quod abest, vel æstimationem eius: in pœnam vero, id est, in triplum ita demum fit condemnatio, si res non restituatur intra annum arbitrio judicis[20].

15 *Cic. in Verrem. 3.*

16 *l. sed & ex dolo. 15. §. fin. ff. de dolo.*

17 *l. item si cum 14. §. in hac, ff. quod met. caus.*

18 *l. item si cum exceptione, 14. §. aliquando, ff. eo.*

19 *§. quadrupli, Inst. de act. l. sed & partus, 12. d. l. item si cum exceptione. § 1. & §. quadruplatur, & §. pen. ff. eo. l. 4. C. eo. idq; intra annum, post annum vtilem, aut certe ex constit. Iustiniani post quadriennum continuum, l. fi. C. de in integr. rest. in simplum, §. præterea, Inst. de act. l. arbitrio, 18. in pr. ff. de dolo, d. l. item si cum exceptione, §. 1. & d. l. 4.*

20 *d. l. item si cum exceptione, §. 1. & §. hæc autem.*

Itaque

Itaque si ante sententiam reus actori, prout judex æstimaverit, satisfacere paratus non sit, tum patietur sententiam quadrupli, idque semper fit cum eo, qui ipse metum intulit: sin vero agatur cum eo, qui metum non intulit, is interdum absolvitur, non quidem quod res bona fortasse fide ad eum pervenerit, sed quod eius restituendæ facultatem non habeat, puta, quia sine dolo ipsius interiit [21].

[d] Secunda condictio extraordinaria est actio *de dolo*, quæ est actio personalis [22] prætoria subsidiaria data in id, quanti ea res est de dolo malo causa cognita.

Quæ actio famosa est [23], infamiam nimirum irrogans illi, qui ex ea condemnatur, adeoque in eos, quibus jure aliquo civili vel naturali reverentia debetur, utpote parentibus, patronis & similibus, locum non habens.

In actionis huius cognitione versantur tria; tempus, res & persona.

Tempus olim quidem anni utilis, hodie vero ex eo tempore quo dolus admissus est, datur hæc actio, ex constitutione Constantini Imp. intra annum continuum; & ex die, quo imperrata est vel lis contestata, finiri debet intra biennium continuum [24].

In rei cognitione versatur, quantum sit illud, in quo aliquis per dolum damnum passus est; si enim damnum istud ultra duos aureos non sit, dari non debet [25].

In personis autem ratio habenda est pietatis & reverentiæ debitæ de jure naturali vel civili, ideoque contra parentes vel patronos non datur, sed loco ejus datur actio in factum subsidiaria, cujus eadem est vis idemque effectus, qui est actionis de dolo detracta solummodo infamia [26].

21 *d. l. item si cum exceptione, §. hæc autem.*

d De dolo malo, 4. *ff.* 3. 2. *C.* 21.

22 *d. §. in personam.*

23 *d. l. Divus, §. fi. l. non debet, 21. §. 1. ff. de dolo.*

24 *l. fin. C de dolo malo.*

25 *l. si quis affirmaverit, 9. §. fi. l. id est, 20 & seq ff. de dolo malo*

26 *l. non debet, 21 ff. eo.*

Alias

Alias regulariter datur adversus eum qui dolo malo decepit, atque itidem adversus heredem ejus, si quid exinde ad heredem pervenerit[27].

Condemnatio autem fit in id, quanti ea res est[28].

Quanti vero ea res est, nihil est aliud, quam quod actoris interest, se dolo deceptum non esse, quod decipiens præstare tenetur, posteaquam re restituta deceptus in litem de eo juraverit[29].

Requisita eius hæc sunt: 1. Dolo malo factum admissum esse.

2. Actorem ex eo dolo damnum sensisse.

3. Nullam esse actionem aliam, qua damnum sarciri possit[30].

4. Rem esse vltra duos aureos.

5. Biennium nondum elapsum esse.

6. Reum non esse de personis exceptis, sed ejusmodi, qui hac actione ab hoc actore recte conveniri possit.

e De minorib. viginti quinque annis, 4. ff. 4. 2. C. 22.

e Tertia species condictionis extraordinariæ est quæ datur, *minoribus viginti quinque annis* ætatis infirmitate lapsis ex quacunque causa[31].

Hæc in cognitione magis prætoria spectatur, quam in actione, atq; in jure magis examinatur, quam in judicio[32].

Illa vero cognitio itidem in tribus versatur; in tempore, in re sive causa, & in personis.

Tempus est anni vtilis jure veteri, quadriennii continui jure novo, vtrunque computandum ex tempore quo minor factus est maior, hoc est, annos 25. complevit, vt hodie post annum vicesimum nonum ætatis eius qui se ætatis infirmitate circunscriptum & lapsum esse affirmat, locum amplius non habeat[33].

Res sive causa multiplex est, & fere infinita. Quocunque enim modo minor læsus sit, prætor regulariter ei auxilium suum impertit; revocari tamen

27 *l. heredib. 13. l. si plures, 27. §. fin. l. in heredem, 16. ff. eo.*

28 *Est enim arbitraria. d. §. in personam.*

29 *Cui. in l. arbit. ff. eod.*

30 *l. 1. §. 1. ff. eo. l. 2. C. eod.*

31 *Cui. ad l. 1. in pr. ff. eo. Sane ex quib. causis maiores restituuntur, multo magis restituuntur minores, cum hi propter ætatis infirmitatem maiori auxilio digni sint.*

32 *l. quod si, 24. §. fin. ff. eod. qua de causa prætor in edicto non dicit iudicium dabo, sed animadvertam, l. 1. ff. eo.*

33 *l. fin. ff. de temp. in integr. restit. Quandiu enim minor est, est perpetua.*

tamen possunt causæ illæ ad duo capita, vt videlicet minor lædatur vel ratione personæ suæ, vel ratione bonorum suorum.

Ratione personæ, nimirum quoad obligationem [f] conventionis vel [g] delicti: ratione rei sive bonorum, quoad eorum translationem seu alienationem: atque tam illius quam huius exempla sunt in Codice à titulo 26. libri 2. vsque ad titulum 40. quæ omnia eo pertinent, vt minor læsus restituatur regulariter, distinctione tamen facta in delictis; vt in his quæ per ignorantiam commiserunt ipsis subveniatur, quæ data opera & consulto non æque[34], & exceptis casibus, qui enumerantur sub titulo 35.

Quod ad personas attinet, regulariter datur minori adversus quemlibet non privatum duntaxat, sed [h] fiscum etiam.

Regulariter dixi. [i] Nam minores, quos attentos & bonos patresfamilias esse constat, quousque verosimile non est ætatis infirmitate lapsos[35]; [k] minores item qui veniam ætatis impetrarunt, [l] minores item, qui maiores facti in minori ætate gestum ratum habuerint, [m] minores item qui se maiores dixerint, vel maiores esse probati fuerint, minores item læsi ac decepti adversus parentes vel patronos suos[36], nisi adversus matres, quæ secundas nuptias contraxerunt[37], restitui non possunt[38].

[n] An etiam filiofamilias minori detur restitutio in integrum, si patrem habeat maiorem: [o] an fideiussoribus minorum: [p] an prosit restitutio minoris fratri consorti majori: an minor restituatur, [q] si tutor vel curator intervenerit, ista omnia ex Codice in hunc locum transferri volo.

f Si adversus venditionem, 2. C.28. Si adversus venditionem pignorum, 2. C.29. Si adversus donationē, 2. C.30. Si adversus libertatem, 2. C.31. Si adversus trāsactionem vel divisionem, 2. C.32. Si adversus solutionem à tutore vel à se factam, 2. C.33. Si adversus dotem, 2. C.34. Si adversus vsucapionē, 2. C.36. Si adversus creditorem, 2. C.38. Si minor ab hereditate se abstineat, 2. C.39. Si vt omissam hereditatem, 2. C.40.

g Si adversus delictum, 2. C.35.

34 *l. auxilium, 37. ff. de minor. vigint.*

h Si adversus fiscum, 2. C.37.

i Qui & adversus quos in integrum restitui non possunt, 2. C.42.

35 *l. 1. ff. qui & adversus quem, l. verū, 11. ff. de minor.*

k De his qui veniam ætatis impetraverunt, 2. C.45. l Si maior factus ratum habuerit, 2. C.46. m Si minor se maiorem dixerit vel maior probatus fuerit, 2. C.43. *l. fi. C. qui & advers. quem.* 37 *Nov. 115.* 38 *l. patri. 27. in fin. ff. de min.* n De filiofamilias minore, 2. C.23. o De fideiussoribus Minorum, 2. C.24. p Si in communi eademque causa in integrum restitutio postuletur, 2. C.26. q Si tutor vel curator intervenerit, 2. C.27.

Requisita habet hæc: 1. Minorem esse ejusmodi cui beneficium restitutionis in integrum competat.

2. Minorem ætatis infirmitate lapsum esse.

r De reputationibus quæ fiunt in iudicio in integrum restitutionis, 2.C.48.

r Solet vero in hac actione ratio haberi reputationum, id est, eorum, quæ adolescenti petenti restitutionem in integrum imputantur, vt ea vel reddat vel compenset.

s De capite minutis, 4.ff.5.

39 *Cui.in para. ff. eo. & notabilis est huius à superiorib. differentia, quod superiores id quod erat gestum rescindunt, hac non rescindit, sed perinde quasi non fuisset actionem restituit, l. 2.§.ait prætor.ff.eo.*

s Quarta species condictionis extraordinariæ est, quæ datur his qui *propter minimam capitis diminutionem* debitoris actiones suas amiserunt, rescissa capitis diminutione[39].

Cum enim per emancipationem aut arrogationem quis statum mutat, obligationes ipsius jure stricto pereunt, siquidem emancipatio & adoptio fit per venditionem quandam imaginariam, atque adeo servitutem, arrogatio vero eum qui juris sui est, vna cum omnibus bonis & juribus in potestatem arrogatoris conijciat.

40 *d.l.2.& 7.ff. eod.*

Media autem vel maxima capitis diminutione contingente, omnis obligatio ita extinguitur, vt resuscitari nequeat[40], nisi in captivis id fiat jure postliminii.

Requisita per se ipsa satis patent, 1. obligationem fuisse.

t Ex quibus caussis maiores viginti quinque annis in integrum restituuntur, 4.ff.6.2.C. 54.

2. Obligationem istam minima capitis diminutione sublatam, quæ nunc restitui petatur, vt ex eadem agi possit haud secus atque si ejusmodi capitis diminutio nunquam intervenisset.

41 *Ex quo Rescissoria dicitur, l.nullo iusto, C. de rei vind. & Restitutoria, l.fi. ff.de eo per quem factum erit.*

t Quinta species condictionis extraordinariæ est *maioris 25. annis*, per quam rei istius rescissio petitur, qua quis vel propter suam justam, hoc est, necessariam, aut probabilem, vel adversarii sui absentiam quamlibet læsus est[41].

Nam ex hac causa non absentibus tantum, sed etiam in absentes restitutio in integrum datur,

qui

qui non defendebantur: eis etiam si non defendebantur, vel adversus eos, qui in vinculis, servitute, hostiumve potestate fuerunt, vel secum agendi potestatem non fecerunt, vel qui inviti in jus vocari non potuerunt, vel quos magistratus audire noluerunt 42.

42 *Exempla passim suppeditabunt D. & C.*

Hinc specialis iste in Codice u *de restitutionibus militum & eorum qui Reip. causa absunt*, titulus, atque iterum aliter ille x *de vxorib. militum & eorũ qui Reip. causa absunt*, quos sequitur generalis, *quibus ex causis maiores in integrũ restituantur.*

u De restitutionibus militum & eorum qui reipublicæ causa absunt, 2. C. 52.

x De vxoribus militum & eorum qui reipublicæ causa absunt, 2. C. 53.

y Restat *alienatio iudicii mutandi causa facta*, ex qua causa restitutio in integrum data, si quis re alienata aut possessione, dolo malo molestum adversarium pro se subjecerit, in id quantum interest ejus adversarium alium non habuisse, cum quo par certatio non sit, si petere rem possit ab eo, cui alienata est, aut si petere nequeat, quanti interest rem non amisisse 43.

y De alienatione iudicii mutandi causa facta, 4. D. 7. 2. C. 55.

43 *Cui. in parat. ff. & C. eod.*

Alienatio autem judicii mutandi causa fit, cum is adversus quem actio de re quapiam futura est, eius vel dominium, vel possessionem vel jus dolo malo, vt adversarii causa fiat deterior, in alium transfert.

Ita tria concurrere necesse est, vt edicto actionive ex edicto hoc proficiscenti locus sit, nimirum Dolum, Translationem litis & damnum.

Dolus est, cum eo consilio res alienata est, vt adversarii conditio fiat deterior.

Transfertur lis, cum non tam res ipsa alienatur, quam lis, quæ de re est, in alium traducitur 44.

44 *l. pen. ff. eod.*

Si vero damnum is qui restitutionem petit, non sentiat, ipsa denegabitur 45.

45 *l. nec villam, 11. §. pen. ff. de here. pe.*

Ceterum dubium non est, z quin restitutiones in integrum per procuratorem expediri possint,

z Etiam per procuratorem causam in integrũ restitutionis agi posse, 2. C. 49.

sint a; & placet eas agitari in foro illius, adversus quem petitur, nisi si petatur adversus libertatem, 46 vel adversus rem judicatam à procuratore Cęsaris, vel ab eo qui vice sacra judicat, veluti vicario, aut præfecto urbi; vel à judice dato à principe, quibus casibus in consistorio principis causa hæc agitatur 47.

a Ubi & apud quem cognitio in integrum restitutionis agitanda sit. 2. C. 48.

46 l. si ex caus. 9. in fin. & l. seq. ff. de minor.

47 l. 1. C. ubi & apud quem, l. adv. C. si advers. rem iud. l. minor autem, 18. ff. de minor.

Cognitione autem super restitutione in integrum magistratui municipali nunquam competit 48.

De condictionibus ex delictis.

Cap. XIX.

Condictiones ex obligatione conventionis hactenus nobis sunt expositæ: sequuntur ex ordine condictiones quæ sunt ex obligatione delicti.

Sunt autem hæ actiones in personam delinquentis, quibus pœnam ipsius persequimur.

Quam pœnam, cum ita persequimur, ut agenti illa applicetur, agi dicitur civiliter, cum ita applicetur fisco, vel delinquentis corpori infligatur, criminaliter.

Est vero pœna illa lege jureve definita, aut judicis arbitrio definienda relicta, unde pœnæ quædam ordinariæ sunt, quædam extraordinariæ: atque exinde actionum quæ ex delictis dantur ordinariæ aliæ sunt, aliæ Extraordinariæ, ex delictis tam publicis, quam privatis 1.

1 Vide supr. lib. 1. c. 54.

Tametsi eandem distinctionem sive appellationem actiones hæ sortiantur etiam ex ordine judiciario in alterutris servato vel non servato, rite atque solenniter.

Ex quo utroque ordinarias actiones eas esse puto,

puto, quæ expediuntur ordine à legibus præscripto, & pœnam iisdem definitam persequuntur: Extraordinarias, in quibus ordo iste non servatur & pœna non jure sed arbitrio judicis infligenda permittitur.

Ita vero utræque illæ comparatæ sunt, ut unius ejusdemque delicti nomine agi possit vel ordinarie vel extraordinarie, & regulariter quidem delicti publici nomine ordinarie criminaliter, extraordinarie civiliter; delicti vero privati nomine ordinarie civiliter, extraordinarie criminaliter 2. 2 d.c.54.

Sive autem ordinarie sive extraordinarie agatur, persecutio illa in genere actio dicitur 3; sed 3 vide sup.c.4. persecutio delicti publici criminalis in specie accusatio appellatur, delicti privati civilis, actionis nomen retinet.

a Hinc *accusatio* proprie est delicti publici, actio privati. a De accusationibus, 48.ff.2.9.C.2.

Commune autem omnium istarum requisitum est facti narratio, quod in delictum incidat, quod ex proposito dolose aut certe culpa conventi perpetratum sit.

Specialia vero in singulis sumuntur ex delictis ipsis eorumque circunstantiis.

Et delicta quidem circa doctrinam & ritus seu cultum sacrum commissa, ut schisma, hæresis & Apostasia, vindicantur ex Imperatorum constitutionibus, de quibus primus Constantinus Imperator legem tulisse videtur 4: sacrilegium verum 4 l.1.C. de hæret. l. ex lege Julia, sacrilegium quasi itidem ex consti- 1. C. de Apostat. tutionibus 5. 5 Vide sup. lib. 1.

De sepulcro violato actio privatim datur his, c.46.& 54. quorum interest in id quod judici videbitur, dum tamen non minoris condemnet judex, quam in aureos centum: Cessantibus his quorum interest actio eadem popularis concepta est in aureos centum vel ducentos: quin etiam omnino pœna ex-

6 d.c.54. §.sepulc. traordinaria religionis judicis commissa [6].

Accusatio de crimine læsæ majestatis origine sua est publica ex lege Julia descendens: atque ex eadem lege accusatio est de ambitu 7, partim etiam ex constitutionibus.

7 Quod indicant rubricæ ff. & C. quæ sunt de his delictis.

Collegia illicita & receptatores extra ordinem coercentur.

Peculatus, Residuorum & annonæ flagellatæ crimen legem Juliam habet vindicem: Plagiatus legem Fabiam: Homicidium legem Corneliam: Patricidium legem Pompeiam [8].

8 Idem indicant inscriptiones.

Prævaricationis actio extraordinaria hodie est: olim ordinaria & publica in accusatorem, qui judicio publico non ex animo egerat, extraordinaria in advocatum qui causam adversario prodiderat.

Calumnia ex lege Remmia vindicatur [9].

9 Quod exponit Cui. lib. 9. C. 46.

De concussione privata est actio ex edicto de calumniatoribus: & ex Codicis jure crimen extraordinarium, & quibusdam casibus publicum [10].

10 Cui. in para. ff. lib. 47. tit. 18.

Raptus jure veteri vindicatur lege Julia de vi publica, jure novo constitutionibus [11]: Sodomiam honestæ leges ne cogitarunt quidem, ut existimandum sit ejus nomine actionem esse extraordinariam, nisi per consequentiam ac leges Julias sive constitutiones eam trahere cui libeat.

11 l. un. C. de rapt. virg.

12 tit. 10. & 11. lib. 9. C.

Stuprum & adulterium lege Julia vindicatur, sed ex constitutionib. Imperatorum quædam facta sunt graviora [12]. Adulterii accusatio competit contra conjugem adulteram, & contra marem adulterum: & contra marem cuivis, contra conjugem vero adulteram patri fœminæ, in cujus ipsa potestate est, & marito inprimis intra dies 60 vt jure mariti patrisve accuset [13], post eos etiam aliis cognatis, imo extraneis [14], quin etiam marito, sed tum

13 l. si cujus ope, 14. §. fi. ff. ad leg. Iul. de adult. l. iure mariti, l. ob commissa, l. quamvis, C. eo. in concursu tamen maritus præfertur patri, l. 2. §. si simul ff. eo.

14 l. si maritus, 4. §. 1. ff. eod.

tum vt extraneo. Fœmina vero maritum adulterum accusare nequit[15].

Fornicatio jure civili non accusatur: Incestus coercetur lege Julia.

Ob expilatam hereditatem ex Senatusconsulto & Oratione D. Marci, extra ordinem tamen[16].

Repetundæ ex lege Julia suam habent coercitionem[17].

Furtum autem delictum privatum est, atq; ex eo actio duplex, civilis ordinaria, & criminalis extraordinaria.

Civilis illa est, quæ proprie furti actio dicitur[18], cuius species duæ sunt, vna pœnæ duntaxat persequendæ causa comparata est, quæ generis nomen retinet, altera rei persequendæ causa, quæ dicitur condictio furtiva[19].

Actio furti, quæ generis nomen habet[20], est actio in personam adversus eum, qui rem alterius fraudulenter lucrandi animo contrectavit, vt puniatur[21].

Quæ vt locum habeat, necesse est, 1. furtum factum esse, 2. eum qui cõvenitur furtũ illud fecisse.

Utroque illo probato pœna sequitur furti quidem manifesti ex jure prætorio[22], quadrupli eius quod ablatum est, furti vero nec manifesti ex jure civili, dupli[23].

15 De fœmina enim lex non loquitur, ideoq; creditur hoc ei denegatum, arg. l. si constante, §. de viro, ff. solut. matr. & l. cum prætor, ff. de iudic. atq; hoc ita diserte constituerunt Impp. in l. 1. C. ad leg. Iul. de adult. potest tamen mulier iniuriarum propter violatum matrimonium, aut ad separationem thori recte agere, l. consensu, C. de repud. c. tua, de procur. Dd. in c. 1. de adult. ius Canonicum etiam fœminam ad accusandum maritum de adulterio admittit, gl. in d. c. 1. notatur in cap. publico, 32. qu. 1. VVes. in parat. D. ad leg. Iul. de adult. n. 11. idq; probatur in const. crim. art. 120.

16 l. 1. D. expil. hered. l. 3. ff. de extraord. crim. hodie ex const. crim. art. 165.

17 *Quod ostendit inscriptio.* 18 *l. cum qui, 14. §. qualis, Dig. de furt.* 19 *Quam esse speciem actionis furti apparet ex l. cum furti, 9. Dig. de in litem iurand. l. si is cui 71. D. de furt.* 20 *De qua in §. ex maleficiis, Instit. de act. & in §. fin. Inst. de obl. quæ ex delict.* 21 *d. §. ex maleficiis.* 22 *Ant. August. 4. emendat. 4. VVesemb. in §. pœna. Inst. de obl. quæ ex delict.* 23 *Quod probatur ex verbis legis XII. tab.* Ast qui nec manifesti damnatus erit duplum solvito, *Accurs. in l. 55. Dig. de administrat. tutor. Cui. in parat. D. de furt. Ang. Aret. in §. fin. Inst. de obl. quæ ex delict. nasc. Cont. 1. Lect. 2. VVes. in d. §. pœna, & in par. ff. de furt. n. 12. idemq; confirmatur per l. 1. §. pen. D. de tutel. & rat. distrah. & l. 3. §. furti, ff. naut. caup. stabul. l. 1. §. 1. ff. si quis testam. lib. esse iuss. §. furti, Inst. de perpet. & temp. act. & ad eandem rem Accurs. in d. l. 55. vtitur argumento sumto ex §. sunt autem, Inst. de noxal. act.*

b Condictio furtiva est actio in personam [24], quæ datur de re furto ablata.

Quæ duplex est, certi & incerti.

Certi condictio furtiva est cum res furtiva est certa [25], incerti, cum illa incerta est.

Illa datur soli domino rei [26]; hæc etiam non domino veluti creditori, bonæ fidei possessori [27].

Utraque adversus furem, quinimo adversus quemlibet possessorem rei ex non justa causa [28], atque adversus ipsorum etiam heredes [29], non tamen in solidum; sed quatenus ad eos pervenit [30]: veruntamen duob. casibus etiam in solidum, uno si lis cum defuncto fuerit contestata, aut adversus eum, qui defunctus est, res judicata sit [31], altero si heres ipse rem furtivam etiam contrectet [32].

b De condictione furtiva, 13. D. 1.4. C. 8.

24 §. plane odio, Inst. de act.
25 l. in re furtiva, 8. in pr. d. l. cum furti, l. inter 46. in pr. D. de furt.
26 l. 1. l. sed nec. 11. D. de condict. furt. l. si mulier, 21. §. pe. ff. de act. rer. amot.
27 l. & ideo, 12. §. fin D. de condict. furt. l. 2. D. de cond. furt. l. 2. D. de cond. tritic. l. verum est, 25. §. 1. D. de furt.
28 l. contra, 6. §. fi, l. verum, 25, D. de act. rer. amot. l. 4. §. res, l. si & me & Titium, 32. Dig. de rebus cred. si cert. petat. 29 §. fin. Instit. de obl. quæ ex delict. l. ex furtiva, 5. l. in condictione. 9. D. de condict. furt. veruntamen non videtur hoc rationi iuris esse satis consentaneum. Primum enim actio hæc datur ex maleficio, l. si ambo, 10. §. quoties, D. de compensat. l. si mulier, 21. §. actio. D. de act. rer. amot. At iuris est, ut actiones quæ ex delictis competũt, non adversus heredes sed adversus ipsos delictorum autores dentur. Non minus hac actione pœnam nos persequi, quam rem, apparet ex d. §. plane, ubi dicit Iustin. odio furum eam introductam, si odio, pœna igitur causa, quod probat Cuiac. per l. qui except. 40. D. de condict. indeb. coniuncta l. sed si paterfamilias, 9. §. non solum, D. de Senatusconsul. Maced. Et vero datur hæc actio etiam re furtiua peremta sine dolo aut culpa furis, l. si pro fure. 7. §. fin. D. de condict. furt. ad æstimationem sive interesse quæ pœna est. l. fin. D. de eo quod certo loc. Deinde actionem hanc adversus hæredes non dari diserte affirmare videntur Iurisconsulti in l. si tutor. 9. §. final. & l. seq. D. de tutel. & rat. distrah. Sed sciendum est, quod condictio furtiva dicitur dari ex maleficio, id dici improprie pro eo, quod dicendum fuerat eam competere occasione maleficii, cum hæc condictio proprie sit rei persecutoria, ut alibi ostendam plenius. 30 Quod tentavit Cui. 7. observ. 37. affirmavit 13. observ. 37. sed communis est, in contrarium ut detur in solidum, non in quantum ad eum ex furto pervenit. sed quatenus heres est, idq; per l. in condictione, 9. D. de condict. furt. 31 Cui. modo dictis locis, & in parat. C. de condict. furt. atq; de hoc casu accipienda est, d. l. in condictione, addita l. 2. in fine, D. de prætor. stipul. l. si hominem, 7. §. 1. D. depos. Heres enim ex quasi potius contractu quam ex delicto teneri videbitur. 32 l. 7. §. fin. D. de condict. furt. quoniam non ex alieno tam delicto, sed suo tenebitur, atq; de hoc ipso etiam suo loco plenius.

Ut hæc actio locum habeat, necesse est, 1. ut actor dicat se rei furto ablatæ esse dominum, aut interesse sua rem ablatam non esse. 2. Ut dicat rem quam repetit sibi ab adversario, vel eo cui adversarius successit, furto ablatam esse.

Petitur autem ea, sicut & aliis condictionibus ex obligatione conventionis proficiscentibus, ut res furto ablata restituatur cum omni causa aut si restitui nequeat, eius æstimatio atq; interesse præstetur.

Criminalis furti actio extraordinaria est, quæ postea ex constitutione Friderici Imp. certo casu facta est ordinaria, & casibus omnibus ex consuetudine[33].

Sunt vero nonnullæ furti actiones speciales numero novem.

I. Est de tigno juncto actio civilis [34] in personam persequens duplum tigni furtivi ædibus aut vineæ juncti, & est in personam furis ipsius, vel si non ipsius furis, ejus tamen qui ejusmodi tignum bona fide injunxit.

In personam quidem furis ipsius actio hæc in duplum est, haud secus atq; si rem quamvis aliam furto surripuisset, mere pœnalis, siquidem ea non rem ipsam, neque etiam rei precium, sed pœnam duntaxat persequimur. Nam ultra pœnam hanc dupli in rem tenetur fur, & ad exhibendum, quasi dolo possidere desierit, & condictione furtiva; vel etiam soluto tigno quasi possessor.

In personam autem non furis, ejus tamen qui eiusmodi tignum bona fide injunxit, datur hæc actio in duplum, ea ratione, quod tignum furtivum apud ipsum conceptum sit, in tigni precium duplum, neque tenetur in rem, neque ad exhibendum etiam tigno postea ab ædibus vel vinea remo [illegible][35].

II. Est actio quædam furti prætoria [36] in eum cui

33 Quæ post modū confirmata est consti. crim. art. 157. & seq.

34 §. cum in suo solo, Inst. de rer. divis.

35 Cui. in parat. ff. de tigno iuncto.

36 l. 1. §. 1. ff. si is qui testamento liber esse iussus erit.

cui libertas testamento relicta est, si hereditate jacente dolo malo aliquid subripuerit.

III. Est actio quædam furti itidem prætoria [37] in eum qui ipse furtum non fecit, nautam videlicet & cauponem, vel stabularium, si modo eorum aliquis fecit, quorum opera navim aut cauponam aut stabulum exercet.

IV. Est actio quædam furti etiam prætoria [38] de familię, id est, cœtus servorum uni domino subjectorum furto, quæ datur adversus dominum familiæ in id ut dominus præstet, quod, si unus servorum furtum fecisset, præstandum foret.

V. Est actio arborum furtim cæsarum [39] in duplum adversus eum competens, qui furtim, id est, clam arbores cecidit, licet earum furtum non fecerit.

VI. Est actio in quadruplum prætoria [40] adversus eum locum habens, qui ex causa incendii, ruinæ, naufragii vel tumultus rem aliquem abstulit.

VII. Actio est de furibus balneariis.

VIII. Actio est de abigeis, quod ut crimen alias sit extraordinarium, est tamen in abigeos, quasi in fures etiam furti actio ordinaria, si quis ea uti malit [41].

IX. De termino moto, qui finium causa positus, avulsus est, quod crimen extraordinarium est furto proximum: ordinarium vero etiam ex lege Julia, si dolo malo terminus extra gradum suum motus sit [42].

Sequitur actio *servi corrupti*, quæ est actio in personam ejus, qui servum seu ancillam alienam corruperit vel dolo malo [43] ei persuaserit [44], ut cum esset bonus, fieret malus, aut cum esset malus, fieret deterior.

Ita quidem directo: sed utiliter datur etiam de filiofamilias vel filiafamilias corruptis, patrifamilias [45]; item de subditis corruptis domino seu

magi-

37 *l. un. §. cum enim, ff. furt. adver. naut. caup.*

38 *l. 1. in prin. D. si fam. furt. fec. dic.*

39 *Quæ civilis est, l. 1. ff. arborib. furt. cæs. const. crim. art.* 168.

40 *l. 1. in pr. D. de incend. ruin. naufr.*

41 *l. 1. C. de abigeis.*

42 *Cui. in par. D. de term. moto. vide item de furto facto ob famem, constit. crim. art. 166. de furto fructuũ sive glandium eandem constit. art. 167. de furto piscium, eandem art. 169. & ut fur punitur, qui in re deposita versatur infideliter. ibid. art. 170.*

43 *l. dolo, 3. & seq. ff. de servo corrupt.*

44 *Imo ex constit. Iustiniani in l. fi. C. de furt. etiam si suaserit tantum, licet non persuaserit.*

45 *l. ut tantum, 14 §. 1. ff. de servo corrupt.*

magistratui [46], & de vxore corrupta marito [47].

Olim ordinaria, hodie extraordinaria: sed tam in hac quam in illa probandum est, corruptum esse aliquem, eumq; qui convenitur corruptū corrupisse dolo malo, atq; vt is, qui agit in eum qui corruptus esse dicitur, jus aliquod habeat, ex quo corruptum non esse ipsius intersit.

Ex *injuria* illata duplex oritur actio, civilis vna, altera criminalis.

Civilis competit ex lege XII. tabu. vel ex edicto prætoris, vel deniq; ex lege Cornelia [48].

Ex lege XII. tab. de membris ruptis est actio talionis; de ossibus fractis numaria, de famosis criminibus fustium [49], aut capitis, quæ hactenus etiam criminalis est.

Ex edicto prætoris actio proposita est de conviciis, & generaliter de omnibus, quæ ad infamiā alicuius fiunt, eamq; prætor ita sese daturum pollicetur, vt æstimatio fiat arbitrio judicis ratione circumstantiarum pœnam augendo vel minuendo [50].

Ex lege Cornelia actio injuriarum competens mixta est, quæ ob eam rem datur, quod se pulsatum aut verberatum aut domum suam vi introitam quis dicit, quæ accusatio publica olim erat [51], hodie civilis.

Criminalis sive extraordinaria accusatio est, quando injuria affectus injuriantem puniri petit in corpore, vel agit ad pœnam pecuniariam fisco inferendam [52].

Ex vsu seu consuetudine accessit juri Justinianeo actio, qua agitur ad Palinodiam sive reclamationem verborum injuriosorum, qua vel sola agi potest, vel vna cum ea ad injuriæ æstimationem, civilis & ipsa non criminalis [53].

Actio *vi bonorum raptorum* est actio personalis competens domino rei, vel ei cujus interest

adver-

46 *Dd. in §. in duplum agimus, Inst. de act.*

47 *Zas. in d. §. in duplum, n. 5.*

48 *l. 7. l. constitutionibus, 37. D. de iniu. Paul. 5. sent. 5.*

49 *Atq; hæc probatur in l. 1. C. de famos. libell. ceteris desuetudine abolitis, præsertim numaria qua multi abutebantur, Gell 10. Noct. Attic. 1.*

50 *§. 1. pœna, Inst. de iniur. hanc Paulus dicit morib. receptam legitima abolita.*

51 *l. hos accusare, 10. in fi. D. de accusat.*

52 *Quo casu ait Myns. in §. in summa, n. 3. Inst. de iniur. iudicem posse pœni imponere ex arbitrio, vt ad mortem etiam extēdere possit, per gl. d. §. in summa, in verb. extraordinarie.*

53 *vide Myns. in d. §. in summa, Blarer. in repet. l. diffamari, C. de ingen. manumiss. VVurmser tit. 9. obs. 8.*

adversus eum, qui rem non suam eripuit.

Rem non suam, dico, quia qui rem suam alteri vi eripit, non hac sed alia actione convenitur, atq; alia etiam pœna, quam ea, quæ in hanc actionem veniat[54].

Datur vero hæc actio in quadruplum eius quod ereptum est, in quo cum contineatur res ipsa erepta, & triplum sit pœna, actio hæc mixta dicitur, sed cum in triplum dari dicitur, tum simpliciter est pœnæ persecutoria[55].

Hic autem actori probandum est rem esse ereptam, atque eam quidem suam, aut certe cum sua non sit, sua tamen interesse ereptam non esse[56], eumque qui convenitur rem eripuisse, idque dolo ipsius factum esse[57].

Inde petitur vt res restituatur, atque si intra annum etiam instituatur actio præter rem etiam triplum[58].

Actio *de damno iniuria dato* ex lege Aquilia descendit, constituta in eos, qui alienum hominẽ, servum aut quadrupedem alienam, quæ pecudum numero est occidisset, vt omnino dare teneatur tantum, quanti plurimi ea res il o anno fuerit[59]; ceterarum vero rerum nomine præter hominem & pecudem occisos quanti ea res proximis 30. diebus erit[60].

Quæ actio & ipsa, sicuti superior, mixta dicitur, hoc est, rem & pœnam simul persequi, sed tum demum si vel Reus inficietur se damnum injuria dedisse, & convincatur[61], vel res ante damnum datũ anno aut 30 diebus pluris fuerit, quam eo tempore, quo damnum datum est.

Ita quidem directo ex lege Aquilia, sed vtiliter & in subsidium casibus aliis compluribus.

Hic ostendet actor damnum datum esse, & datum esse ab eo qui convenitur & da ũ esse injuria, sive dolo id factum sit, sive culpa etiam levissima.

Incen-

54 l. si quis in tantam, C. vnde vi.

55 §. quadruplum autẽ, Inst. de vi bonor rapt. l. locatio, § qui illicite, ff. de pub. & vectig. l. pen. C. Th. de pag. sacr.

56 §. fin. Inst. de vi bo. rap. l. 2. §. in hac actione & seq. ff. eo.

57 §. 1, Instit. de vi bon. rapt. l. 2. §. si qs D. eod.

58 in pr. Inst. de vi bo. rap. l. 2. §. in hac actione, ff. eo. §. cui autem, Inst. de act.

59 §. 1. Inst. ad leg. Aquil. l. 2. D. eod.

60 l. si servus servum, 33. §. tertio autem, D eod. §. illud palam. Inst eod.

61 l. inde Neratius 33. §. pen. ff. eo. l. cõtra negantem, C. eo. §. sed furti, Inst. de act. quo casu in duplum, id est & in rẽ & in damni dati æstimatione condẽnatur, l. ait lex 31. D. eod. tametsi inficiationem istam vsq; ad litis contestationem impune revocari posse constat ex l. electio, 26. §. neq, D. de noxal. act. licet etiam lite contestata minori succurrendum Octavenus censuerit. l. si ex causa, 9. §. nunc videndum, ff. de minor.

Incendium eodem pertinet, sed de eodem extra ordinem agitur etiam criminaliter.

Effractores vel expilatores ordinarie conveniuntur ut fures in duplum vel in quadruplum: extra ordinem criminaliter, aut si quis malit ordinarie etiam de vi publica vel privata.

Vis publica & eis privata ordinarie coercetur lege Julia.

Crimen falsi commissum circa testamentum vindicatur lege Cornelia, vel Senatusconsulto Liboniano, quod legem istam supplevit: circa attestationes & testimonia SCto facto sub Tiberio Imp. Coss. Licinio V. & Tauro, alio item SCto facto Cotta & Messala Coss. atque itidem tertio sub Coss. Geminis: circa falsam monetam & circa mutationem nominis ex eadem lege Cornelia [62].

Veneficium vindicatur lege Cornelia: Mathematici impostores Senatusconsulto facto sub Tiberio Imp. Coss. Pomponio & Ruffo poenis legis Corneliae subiiciuntur [63].

Habet vero prætor & alias è sua jurisdictione actiones ex delictis comparatas, puta, actionem de cibo corrupto, actionem adversus eum, qui sine prætoris permissu in jus vocari vetitum vocavit, & actionem per vim exempti.

Actio *albi corrupti* est actio prætoria in personam quæ album à magistratu perpetuæ jurisdictionis causa propositum, vel per se vel per alium dolo malo corrupit [64].

Corrumpi autem album dicitur, si sit rasum, sublatum, mutatum, aut quovis alio modo turbatum [65].

In hac actione actor deducet & probabit factū ipsum, hoc est album perpetuę jurisdictionis causa propositum, id est, in quo magistratus proposuerit aliquid quod omni magistratus ejus tempore

62 *Cui. in para. C. ad leg. Corn. de fals.*

63 *Cui. in para. C. de malef. & mathemat.*

64 §. *pœnales, Inst. de act. l. si quis, 7. ff. de iurisdict.*

65 *gl. in d. §. pœnales, verb. corrupisse. Paul. 1 sent. 13. §. is qui album.*

pore valiturum sit, nisi ipse revocet, revera corruptum esse; & corruptum esse ab eo qui convenitur, aut certe ejus mandato vt corruptum sit dolo malo [66].

Hæc actio directa est, si tabula jam erat suspensa vtilis, si vel tum cum suspenditur vel ante suspensionem corruptum fuerit: atque hodie vtilis est simpliciter de edictis à magistratibus hodiernis propositis [67].

Actio adversus eum qui *sine prætoris venia in ius vocari prohibitum vocavit*, datur parenti vel patrono sine venia in jus vocatis [68].

De dolo hic non quæritur ne iusticitati parcitur, sed parentem vel patronum in jus vocatum esse sufficit, & vocantem veniam non petiisse, aut vt petierit, non tamen impetrasse [69].

Sunt & aliæ personæ sine venia in jus non vocandæ, quæ si vocatę sint, non hæc sed injuriarum actio competit [70].

Actio *per vim exemti* qui in judicium vocatus erat, est, quæ datur ei, qui exemtum vocaverat in jus seu judicium [71].

Quæ actio à prætore dabatur ad compescendam eorum protervian, qui non judicia solum ludibrio habent, sed aliorum etiam commoda intervertunt.

In hac actione attendēda sunt hæc, 1. in jus vocatum exemtum esse: 2. exemtum illum esse vi, idque vel à Reo ipso, vel ab alio ipsius dolo [72].

Hinc edicto vicinum est quoddam aliud de eo, per quem factum erit, quo minus quis in judicio sistat, sed tamen ab hoc differt, quod illo priori coercetur, qui fecit quo minus is qui caverat judicio sisti sua sponte ad diem veniret, hoc posteriore is, qui fecit quo minus is qui vocatus erat sequeretur, vel in judicio pro luceretur: in hoc dolus, in illo vis spectatur: ex hoc agit Reus cujus

66 *d.l si quis.*

67 *Dd. in d.§. pœnales.*

68 *d.§. pœnales, §. fin. Instit. de pœn. temp. litig.*

69 *d.§. fin.*

70 *l. iniuriarum, 13. §. 2. D. de iniur. l. 5. §. 2. vbi glo. D. qui satisd. cog.*

71 *d.§. pœnales.*

72 *De dolo enim ipsius eximentis non quæritur, l. 3. §. fin. D. ne quis eum qui in ius vocat.*

cujus interest pœnam non esse commissam, atque etiam actor si eo facto actionem suam amiserit, ex illo agitis, qui in jus vocaverit: hoc persequitur actor quod interest, illo meram pœnam: in hoc solutio vnius liberat etiam alium, in illo si plures deliquerint, singuli tenentur in solidum: huic locus est non tantum Reo, sed actore etiam impedito: illi locus est Reo duntaxat exemto 73.

73 Cui.in para. D. ne quis eum qui in ius voca.

Quod si delictum aliquod commissum sit, ejusmodi tamen nō sit, vt ad vnum ex his, quæ certum habens nomen referri possit, atque adeo ejus nomine nulla ex suprapositis actionibus agi possit, delictum innominatum est, atque adeo actio etiam inde competens, veruntamen ob delictum illud generali actione experiundum erit, quæ si civilis sit, de dolo; si criminalis, Stellionatus habet appellationem 74.

74 l.3.§.1.Dig. Stellionat.

Inter quam vtranq; actionem differentia nulla est alia, nisi quod illa privatim, hæc publice pœnam persequitur 75.

75 d.l.3.§.1.

Potest autem vtraq; illa vel sola intentari, vel non quidem intentari ipsa, concurrere tamen cū actione alia in effectu, puta si quis rē vni à se obligatā obligaverit alteri, eo nomine actione pignoratitia, vtpote quæ bonæ fidei est, dolus iste vindicatur: sed extra actionem istam si quis civiliter agere malit, ad pœnam tamen, de dolo, si criminaliter, de stellionatu est actio 76.

76 d.l.3.§.1.

Ex quo sequitur illud, vt quod actio de dolo locum habere non dicitur, quoties consultum est per dolum decepto actione alia, id accipiendum sit de actione de dolo, qua petitur reparari id quod actum est, quæ actio magis est rei persecutoria; non de actione doli, quæ pœnæ est persecutoria, quæ datur, vt maxime actio sit alia, qua res ipsa reparari possit, atq; datur ita, vt interdum

actio

actio de dolo, interdum actio seu persecutio Stellionatus dicatur.

Omne enim delictum certis terminis non definitum, in generali appellatione doli remanet, qui ex modo agendi, vt dixi, est dolus vel Stellionatus.

Ita fit vt actio de dolo duplex sit, vna rei persecutoria, altera persecutoria pœnæ: Rei persecutoria illa, qua restituitur contractus vel aliud quid in locum pristinum; pœnæ persecutoria illa quæ vindicat dolum pœna illi, qui dolum commisit, inflicta 77.

77 *Quod alibi à me, Deo bene iuvante, ostendetur plenius.*

De condictionibus ex delictis impropriis.

CAP. XX.

DElictum improprium supra nobis dicebatur delictum sine dolo eius, qui eo tenetur commissum.

Quod vel ipsius est qui convenitur, vel ab ipso alius.

Si ipsius sit, persecutio omnis est extraordinaria, sive civiliter agatur, sive criminaliter; etiam eo casu, a si per imprudentiam judex male judicaverit, quamvis is qui data pecunia judicem corrupit, vt male judicaret, vel adversarium vt colluderet & prævaricaretur, causa cadat ex constitutione Antonini Imperatoris 1. Hodie ex Syndicatu actio vsurpatur.

a De pœna iudicis qui male iudicavit, vel eius qui iudicem vel adversarium corrumpere tentavit, 7. C. 49.

1 *l. 1. C eod. vide Nov 124. c 2. vnde desumta est Auth. novo iure.*

Si ab ipso alius, hominis est vel quadrupedis.

Et hominis juris sui, vel alieni.

Juris sui, ob aliquam circunstantiam quæ faciat vt ab eo commissum, videatur commissum esse ab illo, qui convenitur, quod sine culpa esse non putetur, qui ejusmodi hominem secum habuit, qui delictum commisit.

Hinc

Hinc actio est dejecti vel effusi ex cœnaculo alterius [2]: hinc actio de eo, quod positum aut suspensum est ea parte, qua vulgo iter fieri solet; quod si cadat nocere alicui possit [3]; hinc denique actio de furto aut alio damno dato in navi, caupona vel stabulo alicuius adversus ipsum exercitorem vel cauponam ab eo, quem ministerii causa eo in loco habuit [4].

Hominis juris alieni ob jus illud potestatis, dominicæ nimirum vel patriæ: & quadrupedis ob jus dominii.

Ex vtroque vero illo actio quæ datur, dicitur actio noxalis, quæ qualitas magis est actionibus, quam actio ipsa, quippe quæ actioni addatur, vt distinguatur actio, quæ in Reum conventum ex ipsius delicto competit, ab actione quæ compe- tit adversus Reum conventum ex delicto alieno.

[b] In genere autem *actio noxalis* definitur actio adversus aliquem ex damno dato ab eo, in quem conventus jus habet.

Quæ olim in hominibus juris alieni promiscua erat, tam in liberis, quam in servis: sed in liberis postea frequentari desiit, vt parentes ex liberorum suorum delictis amplius non convenirentur [5], sed liberi ipsi tenerentur, ita tamen vt si liberi ex delictis suis conventi & condemnati essent, parentes actione judicati conveniri possent de peculio [6].

Hinc placuisse ait Justinianus, vt in servos tantummodo, id est, ex delictis servorum actiones noxales proponerentur in ipsorum dominos [7].

Sane cum delictorum publica alia sint, alia privata, ex publicis delictis à se commissis servi ipsi tenentur, non domini [8]; ex privatis domini [9]; atque iterum ex privatis non promiscue omnibus,

M m sed

2 §. item is ex cuius, Instit. de oblig. quæ quasi ex delict.
3 §. cui similis, Instit. eod.
4 §. item exercitor, Inst. eod.
b De noxalibus actionibus, 9. D. 4. 3. C. 41. 4. Inst. 8.
5 §. fi. Inst. eod.
6 l. si condemnatus, 36. D. eo. l. 3. §. idē scribit, D. de pecul. l. filiusfa. 15. D. de iudic.
7 §. fi. in fi. Inst. eo.
8 l. hos accusare, 8. §. omnibus, D. de accus. l. 2. C. eo. ideo que ab Impp. rescriptum est in l. pen. §. pen. C. de noxa. act. criminis publici accusationem nō contra dominū, sed contra eum servū qui facinus commiserit instituendā. Et noxales causas à capitalibus aperte distinguit Iustin. in l. pe. D. si ex caus. noxa. agat.
9 l. quid sit fugitivus, 17. §. quod aiunt, D. de ædilit. edict.

sed his duntaxat, quæ vere sunt privata, nõ im proprie [10], puta ex furto [11], rapina, damno injuria dato [12], & injuria [13]: atque ex his etiam tum demum, si ex delicto agatur principaliter, non si ex contractu, in quo delictum quoq; versetur, quo casu actio de peculio sufficit [14]: atq; iterum, vt existimo, si ex illis agatur civiliter, non etiam si criminaliter, siquidem hoc casu ipsi etiam servi tenebuntur, non domini.

Hinc actio noxalis ex delicto hominis est actio in personam domini ex privato, eoque vero delicto servi, quod commisit servus, inscio, aut si sciente, vetante tamen domino, vel vetare nequeunte, civilis, qua hoc agitur vt dominus damnetur damnum, quod servus dedit, sarcire, pœnamque præstare [15].

Ita dicta à noxia, hoc est, maleficio commisso [16], cum noxa sit corpus nocens, id est, servus: vel à noxa, id est, pœna, quæ noxiam, id est, maleficium sequitur, vnde vulgatum illud est, *Noxa caput sequitur* [17].

Agit autem hac actione is qui læsus est, vel heres ipsius ad emendationem damni, in quam constito de læsione & autore Reus omnino condemnandus est, sed cum facultatem habeat à lege noxæ deditione defungi, id est, servum qui maleficium commisit ei, qui læsus est, dando se liberare, disiunctio hæc sententiæ adijcitur [18].

Verum

10 Nam ex quasi delictis adversus dominum datur actio non noxalis, sed de peculio; l. si servus, 42. D. de furt.

11 l. si servus, 8. l. quemadmodum 38 §. si servus, D. de noxal. act.

12 l. si in re communi, 19. D. eod. l. si servus, 37. §. 1. D. ad leg. Aquil.

13 l. sed si vnius, 17. §. si servus, D. de iniur.

14 l. ex contractibus, 49. in fi. D. de O. & A.

15 Ita definivit Cui. in parat. C. eo. per l. 2. D. eod. & l. pen. C. eod.

16 l. 1. D. eo. l. plebs, 238. §. fin. D. de V. S. l. 1. §. 1. D. si quadrup. pauper. feciss. dic.

17 l. fi. D. eo. l. 1. C. eod. l. 1. D. de priva. delict. l. licet, C. an servus ex suo facto.

18 In pr. Inst. de off. iud. l. miles, 6. §. 1. D. de re iud. disiunctionis exemplum esse potest, Decem dare aut noxa dedere. Quod si neutrum horum dominus præstaret, conveniebatur actione iudicati ad decem, atq; ad ea omnino tenebatur, vt quæ essent in obligatione: at noxæ deditio in solutione erat, l. 1. d. l. si servus, D. eo. d. l. si si servus servum, §. item si. Quam facultatem tandiu dominus habebat, quandiu in actione iudicati lis non esset contestata. Ea enim contestata decem non tantum erant in obligatione, sed etiam in solutione, vt noxæ dedendo sese invito domino amplius liberare non posset, l. 20. §. idem recte, D. de peti. hered. Sed ex noxali causa qui conveniebatur, si nollet suscipere iudicium, in ea causa erat, vt deberet servum noxæ debere, quod lib. 5. formul. & solen. probat Barn. Briss. per l. quoties, 21. §. quod si Reus, §. si servus, §. dominus, l. electio, 26. §. neque heredi. l. si. l. noxali, 33. l. & generaliter, 28. D. de noxal. act. l. item si, 6. D. de publ. in rem act. l. 2. D. si ex nox. caus. agat.

Verum si sciente & patiente domino, nec prohibente cum posset, servus deliquit damnumque dedit, actione non noxali, sed nomine suo in solidum detracta noxæ deditione dominus convenitur [19].

[c] Actio noxalis data ex damno sine injuria dato à bruto animali dicitur actio *de pauperie*, in qua non minus atq; in superiori liberum est animalis domino vel æstimationem damni præstare, vel animal nocens vivum noxæ dedendo à litis contestatione sese liberare.

Hæc directa est, si quadrupes damnum dederit, utilis, si animal bipes [20].

Non tamen semper, si animal damnum dedit, actio hæc locum habet, sed si pecus id fecerit, de qua sola lex 12. tab. loquitur [21]; & rursus de hac non aliter, nisi si contra naturalem consuetudinem omnium ejus generis animalium movetur: cujus tamen novi motus quæ sit causa, multum interest.

Si enim motus istius autor sit homo, in autorem ipsum actio datur legis Aquiliæ, vel injuriarum: duobus vero animalibus commissis attenditur, utrum alterum provocaverit, quandoquidem provocante læso, actio hæc cessat [22].

Quod si bestia aliqua vel aliquod quodvis animal domesticum damnum dederit, eadem actio de pauperie locum habebit, sed utiliter tantum, modo animal adhuc in ejus, qui convenitur, sit potestate, secus si libertatem suam naturalem receperit [23].

19 *l. si vero, 5. §. posito, D. de his qui effud. l. 2. l. si plures, 5. D. de noxal. act.*

c Si quadrupes pauperiem fecisse dicatur, 9. D. 1. 4. *Inst.* 9.

20 *l. pen. D. eod.*

21 *l. 1. §. in bestiis, D. eo. Cui. ad Paulum, 1. sent. 15.*

22 *d. l. 1.*

23 *d. l. 1. § sed et si cuius, & §. generaliter, l. 2. §. 1. D. eod. §. fin. Inst. eod.*

De interdictis. CAP. XXI.

ATque hujusmodi sunt cōditiones: ordo postulat, ut videamus de actionibus, in rē sive reali-

realibus, quas Ulpianus definit, per quas rem nostram, quæ ab alio possidetur, petimus, & semper adversus eum, qui rem possidet, locum habet[1]: ita quidem ex specie actionum in rem vna: Justinianus ita definit, quod sint quibus quis agit cum eo, qui nullo jure civili obligatus est, movet tamen alicui aliqua de re controversiam[2], multo quam ille plenius.

Hinc actionem realem definio, quod sit actio rei causa illata; vel, quod sit actio de re controversa[3].

Hujus actionis causæ petendæ sunt ex jure illo, quod de rebus est, quod libro primo dictum est spectari in possessione & in dominio[4].

Unde actionum realium possessoriæ aliæ sunt, aliæ petitoriæ: illæ interdicta appellantur, hæ vindicationes.

[a] *Interdicta* ex eo dicta, quod interim inter duas partes litigantes a prætore dicantur[5], sunt actiones in rem de possessione vel quasi rei controversæ litigantibus à prætore datæ Justinianus formulas esse dicit seu conceptiones verborum, quibus prætor jubebat aut vetabat aliquid fieri, cum de possessione vel quasi inter aliquos contendebatur[6].

Interdicit autem prætor tribus modis: vno, in edicto suo interdictorum formulas in genere præscribendo, sicuti & actionum: altero, sententiam de controversa possessione in specie ex edicto generali ferendo: & tertio, non ipse decernendo, sed actionem dando[7], quomodo & ipse actor interdicere dicitur, quatenus actione de possessione experitur[8].

Utrunq; illud prius ante Justinianum frequentabatur, posterius tempore Justiniani, aut certe paulo ante ipsius tempora cœpit, quibus interdicta mutata erant in actiones extraordinarias, quæ pro

1 l. actionum, 25. ff. de O. & A.
2 § 1, Inst de act.
3 Quod ostendi, 1. disp. Scholast. 4.
4 cap. 6 2.
a De interdictis, 4. Inst. 15. 43. D. 1. 8. C. 1.
5 § exhibitoria Instit eod. quidam tamen quod apud Iustinianum vulgo legitur inter duos, maluit legere interim, Alcia. in l pecuniæ, 178 § actiones, D. de V. S. & lib. 3. Parerg 15. & alij secuti Isidorum & Anian ad Paul. 5 sent. 6 per l. 3. §. fi D de lib. exhib.
6 in pr. Inst. eod.
7 l vn Dig. vt in flum. publ. l 1. § deinde ait prætor, D. de aqua quotid. l. vn D de fonte, l. 1. D. de loc publ. l. 1. § æstas, D. ne quid in flum. publ.
8 l. 1. § pen. D. de via pub l. 3. § si q. d dolo, D de tabu exhib l. per. D. ne q. d in loco publ. l 1 §. cũ autem, D de vi & vi arm. l. 3. § Labeo quoq; Dig. uti possid l 1. § prætereà, D. de aqua quotid l. 1. § si tibi fundum, D de itin actuq; privato, l 3. §. est autem, D. de exhibend.

pro his, id est, loco interdictorum competant [9], vt hodie revera nullo in interdicto agatur, sed potius actione ad exemplum interdicti concepta, vel, vt Justinianus loquitur, ex causa interdicti reddita [10].

Itaq; cum interdictum hodie sit actio, jure veteri ab actione in multis erat distinctum.

Actio enim apud judicem pedaneum vt plurimum exercebatur, apud prætorem rarius [11], interdictum apud prætorem ipsum semper [12]: in illa prætor formulam judici præscribebat, secundum quam judicaret, in hoc nulla ejusmodi [13]: illa in judicio versabatur, hoc in jure: formula actionis in judicem concipitur, formula interdicti in litigantes.

Verum posteaquam judicia omnia ceperunt esse extraordinaria [14], neq; in actionibus antiquę illæ solennitates frequentarentur, actionis & interdicti natura confusa est, ita tamẽ vt in vocabulis distinctio maneret, & quæ interdicta olim erãt, dicerentur actiones extraordinariæ sive actiones in factum vtiles ad exemplum interdictorum antiquorum comparatæ [15].

Quatenus autem interdicta dicuntur esse actiones in rem de possessione vel quasi rei controversa, eatenus dicuntur ea quæ juri veteri & novo sunt consentanea.

Actionis enim verbo etiam interdicta contineri Ulpianus respondit [16], nimirum si interdicto-

 rum

9 In rubr. D. eod.

10 §. fi. in fi. Instit. eod.

11 dixi 1. discept. Scholast. 1.

12 quod probat vniversa interdictorum doctrina in D. potissimum. Male igitur Duar. 1. disp. 19 interdictum scribit esse formulam judici pedaneo à prætore datam, quasi in interdicto judex addicatur, qui de possessione judicet, eoque nomine reprehensus est recte à Roberto, 3. sent. 19. & Cuj. in parat. C. de interd. monet notandum esse prætorem reddito interdicto non dare judicem, qui de possessione cognoscat, de qua ipse iam interdicendo cognoverit, sed dare judicem, qui cognoscat de proprietate.

13 modo dd. lo.

14 §. fi. Inst. eod.

15 in rub. D. eod. §. fina. Instit. eod. l. 2. & 4. C. vnde vi, l. fin. C. de exhib. liber. l. fin. C. de act.

16 l. actione. 37. D. de O. & A. & ICti interdum actionem vocant, quod tamen revera est interdictum, l. antepe. D. de mort infer. l. ob id, 43. D. ad l. Aquil. sed an personalis vel realis sit, actio interdictum? Dd. personalem esse dicunt, in rem conceptam, quod videtur probari ex l. 1. §. fin. D. eod. vbi Vlpianus dicit, interdicta omnia, licet in rem videantur concepta, vi tamen ipsa sunt personalia. Neq; omnino sine ratione illud dicitur. Cum enim possessio sit facti; factum autem personæ cohæreat: & rursus cum nulla sit possessio nisi rei alicuius, consequẽs est hinc, vt nunquam sit possessio rei alicuius, nisi apud personam aliquam, ideoq; in interdicto personam quæ possessionem habeat aut turbet, spectamus, atq; rem etiã, in

rum effectum intueamur, qui cum actionum effectu idem est in hoc, vt res apud actorem potius sit, quam apud adversarium, quod æque interdictis atq; actione intenditur.

Et sunt interdicta natura sua tantum de possessione vel quasi[17], nulla de proprietate rei, id est, quæ duntaxat proprietate causam contineant, & possessionem nullatenus attingant[18].

Pauca sunt, quę ita sunt de possessione vel quasi, vt in consequentiam proprietatis causam contineant, eaq; de rebus tantum publicis, nulla etiam de privatis, atque inter hæc.

I. Est interdictum, quod datur ei, cui princeps permisit in prædium suum ducere certum modulum aquæ publicæ ex castello vel rivo, aut fistula publica. Eo enim ipso, quod ducenti prætor vim fieri vetat, simul etiam illa deciditur quæstio, an jus aquæ ducendæ ita ei sit assignatum[19].

II. Est interdictum de itinere actuq; privato reficiendo, in quo cum disputetur non solum an vsus sit servitute, qui interdicto eo vtitur, quæ est quæstio possessionis, verum etiam an servitutem illam habeat, quæ quæstio juris est seu proprietatis, respectu hujus proprietatem, respectu illius possessionem continere dicitur[20].

III. Est de mortuo inferendo in sepulcrũ, quod est in meo fundo. Ut enim hoc interdicto agens obtineat, necesse habet, vt non tantum sit in possessione inferendi mortuum in sepulcrum, verum etiam vt jus in sepulcrum inferendi habeat[21].

IV. Interdictum est, de liberis vel libertis exhibendis.

qua persona ista possessionem habeat & turbet. Verum vt Dichotomiã in speciebus actionum constituendis retineamus, malum quidẽ ego interdicta vocare actiones reales sive in rem. Primũ enim actiones personales deducta sunt ex duob. fundamentis, nimirum potestatis & obligationis, ad quarum neutrum possessio referri possit. Deinde sicut dominium ita & possessio consideratur non in persona, sed in re, vt quẽadmodum de dominio actio realis est, qua tamen & ipsa non potest nisi adversus personam aliquam intentari, ita etiam actio de possessione. Tertio, actionum nomina metimur ex actionum formulis: At interdicta in rem concipiuntur, non in personam, quod ex d. l. 1. §. fin. evidens est, vbi notandum est, Vlpianum non dicere interdicta formula sua esse personalia, sed tantum vi, hoc est, effectu: quibus ipsis verbis arguitur causa sua personalia non esse, sed realia.

17 *l. 2. §. quadam, D. eod.* 18 *Cui. in parat. C. eod.* 19 *Cui. in parat. C. eod. per l. 1. §. fi. D. de aqua quotid. & æst. vbi ipse in fine textum ita legit. cuius generis interdicto finitur totum, 5. obs. 19.* 20 *l. 3. §. hoc autem, D. de itinere actuq. priv.* 21 *d. l. 1. §. quadam, D. eod.*

hibendis, quoniam in eo quæritur non tantum an exhibendi sint, quæ possessionis est quæstio, sed etiam an liberi vel liberti sint mei vel quasi mei [22].

Interdicta redduntur de rebus publicis aut privatis [23].

De rebus publicis interdicta sunt, quæ juris vel usus publici tuendi causa dantur: atque sunt de rebus divinis vel humanis: de rebus divinis iterum vere divinis, puta sacris, vel quasi divinis, puta sanctis aut religiosis: de rebus humanis, iisque locis vel operibus publicis, vel jure aliquo quodammodo publico [24].

De privatis rebus interdicta illa sunt, quæ rei familiaris tuendæ causa dantur [25].

Quæ omnia ex causa sua formali, hoc est, formula ita sunt concepta, ut prohibitoria alia sint, alia jussoria [26].

Prohibitoria sunt illa, quibus prætor in re vim fieri vetat: Jussoria sunt illa, quibus prætor fieri aliquid jubet.

Atque hæc iterum sunt Restitutoria vel exhibitoria: Illa quidem sunt interdicta, quibus prætor jubebat vel possessionem rei restitui, vel opus, nempe in pristinum suum statum, usurpata voce, *Restituas*: hæc vero sunt, quibus prætor jubet aliquid exhiberi. Sub utrisque autem illis continentur mixta, quæ sunt & prohibitoria & exhibitoria simul [27].

Rursus hæc omnia sunt propria, vel communia.

Propria, quæ sunt tantum de rebus publicis, vel de rebus privatis [28].

De rebus igitur divinis interdictum quod datur est [b], *Ne quid in loco sacro fiat*, id est, in loco divino, sive sacer ille sit, sive sanctus, sive religiosus: quod prohibitorium est, nimirum, ne quid fiat, quo locus divinus deterior sit aut fiat, aliudve ex eo

22 *Cui.in para.C.eod.*

23 *l.1.ff.eod.*

24 *d.l.1.*

25 *d.l.2.*

26 *§.summa, Inst.eo.ubi dicitur summam esse hanc interdictorum divisionẽ, quod aut prohibitoria sunt, aut restitutoria, aut exhibitoria, & ante ipsum Ulp.in l.1.§.interdictorum, ff.eod.*

27 *d.§.summa, & seq.d.l.1.§.interdictorum, l.2.in pr.ff.eod.*

28 *d.l.2.*

b Ne quid in loco sacro fiat. 43. D.6.

damnum ad privatum redundet: restitutorium vero, si quid ejusmodi jam factum sit.

c De locis & itineribus publicis, 43. D. 7.

c De operibus aut locis publicis interdicitur primum in genere, dein specie.

In genere quidem, si quid in loco publico fiat, quod actori nocere possit, ne id fiat, & vt caveatur non fieri, quod prohibitorium est: de eo tamē quod factum est nemine prohibente, licet ea res ad damnum privati redundet, privato non datur interdictum restitutorium.

d Ne quid in loco publico vel itinere fiat 43. D. 8.

e De via publica & si quid in ea factum esse dicatur, 43. ff. 10.

f De via publica & itinere publico reficiendo 43. D. 11.

g De via publica & itinere publico reficiendo 43. D. 11.

In specie vero de itinere vel via publica: de fluminibus publicis; de ripis; de aqua; de cloacis; de prætoriis; de domibus publicis; de vicis vrbis, de eo quod in foro aut palatio factum fuerit.

1. De via vel itinere publico interdictum duplex est, nēpe de ejus vsu & de ejus refectione. De vsu interdictum duplex, vnum & prohibitorium & restitorium est, d *Ne quid fiat in via publica, itinereve publico, quo ea via idve iter deterius sit, aut fiat,* e *& quod factum erit, vt viri boni arbitratu restituatur*: alterum prohibitorium tantum, f *Ne vis fiat ei qui vtitur via publica, itinereve publico.* De refectione interdictum est prohibitorium, g *Ne vis fiat ei qui viam publicam iterve publicum reficere velit.*

h De fluminibus, ne quid in flumine publico ripave eius fiat quo peius navigetur, 43. D. 12.

i Ne quid in flumine publico fiat, quo aliter aqua fluat, atque vti priore æstate fluxit, 43. D. 13.

k Vt in flumine publico navigare liceat, 43. ff. 14

2. De fluminibus interdictum triplex redditur, vnum, prohibitorium & restitutorium, h *Ne quid in flumine publico, ripave eius fiat, quo deterior statio vel navigatio sit, fiat; & quod factum vel immissum erit, vt restituatur*: Ita quidem directo, vtiliter autem etiam si quid fiat in mari, vel in littore, quo portus, statio vel navigatio deterior sit fiat & in flumine non navigabili, si quid fiat, quo exarescat, vel aquæ cursus impediatur. Alterum itidem prohibitorium & restitutorium est, i *Ne quid fiat in flumine publico, quo aliter aqua fluat, quam priori æstate fluxit, & quod factum erit, vt restituatur*

sumti-

sumtibus eius qui fecit Tertium est prohibitorium tantum, *Ne vis fiat ei, qui navigat in flumine, lacu, fossa, stagno publico, vel qui in flumine publico piscatur, vel qui alias eo, uti oportet, utitur, ripave fluminis.* k De ripis interdictum prohibitorium est, *Ne vis fiat tuenti reficienti, munienti ripam fluminis, agrumve, qui circa ripam est.*

k De ripa munienda, 43. D. 15.

l 4. De loco etiam publico fruendo interdictum est prohibitorium ad publicanos pertinens, datum in hoc, ne publicanis, puta qui conduxerunt areas, insulas aut balneas publicas, aut porticus, lacus aut stagna, vel his, quos in ea conductione socios sibi adjunxerunt, vis fiat, quo minus ex lege locationis publicis locis fruantur 29.

l De loco publico fruendo, 43. D. 9.

29. *Cui. in para. ff. de loco publ. fruend.*

5. De aqua publica interdictum est prohibitorium, permissu principis nimirum ex castello ducenda, ne ducenti vis fiat.

6. De cloaca interdictum prohibitorium est & restitutorium, *Ne quid fiat in cloaca publica, & si quid in ea factum erit, quo usus eius deterior sit, ut restituatur.*

7. De prætoriis in quibus judices habitant vel jus dicunt, & de domibus publicis, porticibus item & angiportibus, id est, vicis urbis, aut publicis à privatis possessoribus juri & usui publico vindicandis, est quidem l. prætoria, & l. qui fine, C. de oper. public. sed monet ibidem Cujac. id fieri per generale interdictum restitutorium, aut certe extra ordinem.

8. Ex l. præscriptio temporis, & l. quicunque, C. eod. interdictum datur de opere restituendo, quod illicite ædificatum est in foro vel palatio.

De iure quodammodo publico interdicta tria sunt, I. m de homine libero exhibẽdo, quod exhibitorium est competens cuilibet studioso tuendę libertatis, atq; adeo officij duntaxat causa, adversus eum qui supprimit hominem liberum, id est, eum, qui pro certo liber est: atq; ita datur illud patri de

m De homine libero exhibendo, 43. ff. 29.

 tri de

tri de exhibendo filio emancipato, matri de exhibendo filio vel filia [30], item marito de exhibenda vxore atque ducenda [31].

30 *l.2.C.de liber. exhib.*

31 *l.3.C.eod.*

n De liberis exhibendis, item ducendis, 43.*ff.* 30.8.*C.*8.

n II. Est de liberis exhibendis atque ducendis, quod exhibitorium simul est & prohibitorium, quod competit parentibus liberos in potestate habentibus adversus eum apud quem sunt, non sua sponte, vt exhibeant, neque vim faciant, quo minus exhibitos ducere possint.

III. Est de liberto exhibendo & ducendo, exhibitorium simul & prohibitorium, competens patrono adversus eum, apud quem libertus est non sua sponte etiam bona fide, vt exhibeat libertum, & ne vim faciat, quo minus exhibitum ducere possit [32].

32 §. *exhibitoria, Inst.de interdict. l. 7.§.1.vers.iuris, ff. eod.*

De rebus privatis interdicta quæ dantur, sunt partim nominata, partim innominata.

Nominata sunt interdicta illa, de quibus prætor nominatim & in spec e se interdicturum esse pollicitus est, cujusmodi interdicta sunt frequentia.

o De superficiebus, 43.*D.*8.

o 1. *De superficiis*, quod est de retinenda quasi possessione superficii competens superficiario, id est, ei, qui in solo alieno ædificavit, quod quidem à domino conduxit ea lege, vt in eo ædificaret, & sibi haberet ædificium in perpetuum, vel in plures annos sub annuo solario. Atque hujus exemplo datur etiam fructuario, atque fortasse etiam Emphyteuticario [33].

33 *Cui. in para. ff. eod.*

p De itinere actuque privato, 43.*ff.*19.

P 2. *De itinere actuque privato* duo sunt interdicta prohibitoria, quorum prius pertinet ad retinendam quasi possessionem itineris, actus, viæ privatæ, agente eo, qui eo anno vsus est, aut successore ejus agente ad adipiscendum. Posterius refertur ad reficiendum iter, actumque, quo hoc anno vsus est, ne ei vis fiat, quo minus reficiat.

q De aqua cottidiana & æstiva, 43.*ff.*20.

q 3. *De aqua quotidiana & æstiva* competens ad retinen-

retinendam vel adipiscendam quasi possessionem ducēdæ aquæ quotidianę vel æstivæ, vel hybernæ.

r 4. *De reficiendo rivo*, per quem aqua ducitur prohibitorium, ne reficienti vis fiat.

r De rivis. 43. *D.* 21.

s 5. *De fonte*, lacu, puteo, piscina *reficiendis*, quorum aqua hoc anno recte vsi sumus; prohibitorium itidem ne reficienti vis fiat.

s De fonte, 43. *D.* 22.

t 6. *De cloacis privatis* prohibitorium, de reficiendis & purgandis cloacis, ne ei in reficiendo vel purgando vis fiat.

t De Cloacis, 43. *D.* 23.

u 7. *De precario*, interdictum restitutorium, revocatur id quod precario datum est, si non restituatur.

u De precario. 43. 26.

x 8. *De arboribus cædendis*, prohibitorium, id est, de arboribus vicini, per quas fit ne prædium meum, qualiter velim, possideam, adimendis si ex ædibus tuis in ædes meas impendeant: vel coercendis si ex agro tuo in agrum meum impendeant.

x De arboribus cædendis, 43. *D.* 27.

y 9. *De glande legenda* interdictum prohibitorium, ne vis fiat legenti glandem caducam, id est fructum, qui de arbore cecidit.

y De glande legenda, 43. *D.* 28.

z 10. Interdictum *Salvianum* restitutorium, quod est de pignoribus ad eorum possessionem adipiscendam 34, paratam in vsum creditoris: estque duplex, Verum & Quasi.

z De Salviano interdicto, 43. *ff.* 33. 8. *C.* 9.

34 *§. itaque si quis, Inst. de interd. l. 2. §. fin. D. eod.*

Verum Salvianum est, quod datur locatori ad persequendam possessionem rerum conductoris pro mercede pignori obligatarum tacite vel specialiter.

Quasi Salvianum est, quod datur creditori ad persequendam rem cujuscunq; debitoris pignori obligatam.

Illud directo datur in ipsum conductorem, hoc directo datur in debitorem: at vtiliter datur vtrunque adversus quemlibet rerum oppignoratarum possessorem 35.

35 *l. 1. in prin. D. de Salv. interd. l. 1. D. de precar. Cuia. in paratit. D. & C. de Salv. interd.*

a De migrando, 43. ff. 32.

a 11. Interdictum *de migrando* exhibitorium & prohibitorium in usum debitoris comparatum retinendæ possessionis causa competens inquilino oblata locatori pensione, si quæ debetur pro retinenda possessione rerum, quas intulit pignoris nomine in ædes conductas. Quod colono concessum non est, tametsi extra ordinem illis subveniatur[36].

36 *Cui. in paratit. D. eod.*

b De tabulis exhibendis, 43. D. 5. 8. C. 7.

b 12. *De tabulis exhibendis* interdictum exhibitorium, quo tenetur is, qui tabulas testamenti supprimit, & negat eas exhibere se posse vel debere: is autem qui non negat hoc, tabulas extra ordinem exhibere compellitur. Datur autem his, quorum interest tabulas exhiberi, nimirum quibus testamento aliquid adscriptum est, puta heredibus, legatariis & fideicommissariis[37].

37 *l. 2. in pr ff. test quemadm aper l. 3. § solet, ff. de tab. exhib. Cui. in par. C. eod.*

Interdicta innominata sunt, quæ dantur de possessione vel quasi rei cujusvis alterius certo nomine in jure non distincta, & dantur de possessione acquirenda, vel de possessione acquisita.

De possessione acquirenda, nimirum rei illius, quam agens nunquam habuit, quæ interdicta dicuntur possessionis adipiscendæ, aut ut veteres loquebantur, apiscendæ: de acquisita, nimirum rei illius possessione, quam agens vel etiamnum habet, vel aliquando quidem habuit, sed quo casu amisit, illa interdicta sunt possessionis Retinendæ, hæc Recuperandæ, vel, ut veteres loquebantur, reciperandæ.

39 *§ sequens divisio, Inst. de interd. l. 2. § fi. D. eo. de q^b. omnibus elegantissimum & absolutissimum commentarium scripsit Iacobus Menochius.*

Unde tres istæ interdictorum species vulgatissimæ, una, possessionis adipiscendæ, altera, possessionis retinendæ, & tertia, possessionis recuperandæ[39].

40 *d. § sequens, d. § fin.*

Interdicta possessionis adipiscendæ sunt interdicta comparata possessionis, quam nunquam habuimus, acquirendæ causa[40].

Quæ ad duo genera revoco, quorum unum

est

est ex edicto prætoris, alterum ex constitutionibus Imperatorum.

Ex edicto prætoris duæ sunt interdictorum adipiscédæ species, vna quorum bonorum dicitur, altera, quod legatorum, vtraque ita ab initialibus edicti verbis appellata.

c Interdictum *quorum bonorum* datur heredi, vt in ipsum rerum hereditariarum possessio confestim transferatu: heredi, inquam, sive testamentarius sit, sive ab intestato, & rursus heredi tam prætorio, quam civili [41], illi tamen directo, huic vtiliter.

c Quorum bonorum, 43. ff. 2. 8. C. 2.

41 *l. 1. C. eod.*

Hoc autem interdicto agens probabit se defuncti, cujus bona sunt, heredem esse, atq; etiam bonorum illorum quorum possessionem adipisci cupit, possessionem agnovisse, quæ tamen bona adversarius nunc possideat.

d *Quod legatorum* interdictum datur heredi sive bonorum possessori ob legatum, quod ab ipso præstandum sine voluntate sua legatarius possidet, vel dolo malo possidere desiit.

d Quod legatorum, 43. ff. 3. 8. C. 3.

Jure quidem veteri heredi vel bonorum possessori Falcidia de legatis detracturo, necessarium, quippe quo Falcidiæ retentionem habebat, non etiam vindicationem: ex jure Justinianeo supervacuum, quippe quo Falcidia non retineri tantum, sed vindicari etiam possit [42].

42 *Cui. in parat. C. eod.*

Interdicturo autem necesse est, vt satisdationem legatorum nomine præstet, aut certe per ipsum non stet, quo minus satisdare possit [43].

43 *l. 1. quæsitum, & seq. D. eod.*

Utrunque vero hoc interdictum ita ex parte actoris est possessionis adipiscendæ: ex parte Rei autem, si is condemnetur, restitutorium est [44].

44 §. *Restitutoria, Inst. de interdict. l. 1. & 2. ff. quor. bon. l. 1. §. continet, ff. q. legat.*

Ex Imperatorum constitutionibus itidem duæ sunt interdictorum adipiscendæ species.

Una est ex constitutione D. Severi & Antonini Impp. *in l. 3. Cod. de pign.* ex qua creditor, qui pactus

pactus erat pecunia sibi non soluta possessionem spon e sua ingredi a toritate jud cis possessionem rerum pignoratarum adipiscitur.

Altera est ex constitutione Justiniani Imp. *in l. fi. C. de edict. D. Adriani tollend.* quod datur hered. in testamento instituto, vt probatis testamenti tabulis in forma non viciosis, & legitimo testium numero munitis scriptus immittatur in possessionem bonorum, quæ defuncti mortis tempore fuerunt, nec legitimo modo ab adversario possidentur 45.

45 *Quo iure petatur haec missio, & quis iudex sit competens, vide Hartm. tit. 1. obs. pr. 7.*

Retinendæ possessionis interd cta sunt interdicta comparata possessionis quam habemus, tuendæ causa adversus eum, qui in possessione ista molestiam nobis facessit 46.

46 *§. Retinendæ, Inst. de interd.*

Quorum species duæ sunt: vna, Uti possidetis, & altera, Utrubi 47, vtraque ita itidem ab initialibus edicti ve bis dicta, & vtraque prohibitoria 48, ejus effectus, vt illi qui possidet in sua possessione vis non inferatur, aut in ista vllo modo turbetur.

47 *Cui. ad Paul. 5. sent. 6. in pr.*

48 *§. prohibitoria, Inst. de interd. l. 1. in pr. & §. 1. ff. vti possid.*

e Vti possidetis. 43. *ff.* 17. 8. *C.* 6.

e Uti *possidetis* interdictum est, quo quis tuetur possessionem in rerum immobilium vel quasi possessionem rerum incorporalium, adversus eum, qui eandem sibi possessionem arrogat, aut quo alio modo possid ncem turbat 49.

49 *l. 3. si vicinus, ff. eod. l. sic vti 8. §. Arist. in fin. D. si serv. vind.*

Quod vt locum habeat, necesse est actorem demonstrare se possidere, vel quasi; & quod à convento in ista sua possessione vel quasi turbetur, & vero etiam se ab adversatio convento nec vi nec clam nec precario possidere, quod cum præsumatur conventus si id obiiciat probare necesse habet 50.

50 *l. 1. §. hoc interd. & §. fi. vbi Bart. D. eod. Mynsi. resp. 25. n. 4. Gail. de pign. 22. nu. 3. & de Arrest. cap. 1 n. 8.*

f Utrubi 43. *ff.* 31.

f *Utrubi* est interd ctum super retinenda possessione rerum mobilium competens adversus eum, qui possidenti circa possessionem molestus est 51, in quo eadem quæ in priori observanda sunt.

51 *l. 1. ff. eod. §. retinendæ, Instit. de interd.*

Recu-

Recuperandæ possessionis interdicta sunt interdicta comparata possessionis, quem aliquando habuimus, sed nunc amisimus, recipiendæ causa [52].

52 §. recuperandæ, Inst. de interd.

Quæ partim ex edicto prætoris sunt, partim ex constitutionibus Imperatorum.

Ex edicto prætoris unum est, quod à primis edicti prætorii verbis dicitur g *unde vi*, & est restitutorium [53], daturque ei qui per vim [54] de possessione rei immobilis [55] dejectus est, adversus eum, qui vim fecit, etiamsi sine dolo malo aut culpa sua possidere desierit [56].

g De vi & vi armata, 43. ff. 16. unde vi, 8. C. 4.

53 §. restitutoria, Inst. de interd.

54 l. 1. §. 1 ff. eo.

55 d. l. 1. §. hoc interdictum, & seq. §. recuperandæ, Cui. ad Paul. 5. sent. 6. §. tantum.

56 l. 1. §. non autem Instit. de vi & vi arm.

Neque interest vi quotidiana, an vi hominibus coactis armatisve facta sit, nisi quod interdictum de vi quotidiana datur sub exceptione, si is qui interdicit, eo tempore dejectus est, quo rem soli possidebat, vel quo usum aut usumfructum quasi possidebat; interdictum de vi armata etiam sine exceptione illa: illud ei qui ab illo, qui dejecit, nec vi, nec clam, nec precario possidebat; hoc etiam ei, qui ab eo his rationibus possidebat: illud intra annum, hoc vero perpetuo.

Ceterum cum interdictum de vi ex prætoris edicto proficiscẽs pertineret duntaxat ad dejectionem vi factam, & eam quæ facta esset de rebus immobilibus, factum est Imperatorum constitutionibus aliquanto amplius, atque exinde possessionis recuperandæ remedia complura [57].

57 Vide de his omnibus Cui. in parat. & Menoch. in possessoriis.

1. Est *ex l. invasor, C. Unde de Vi*, ex qua possessio rei alienæ etiam alio modo, quam vi usurpata, veluti errore aut incuria domini repetitur.

2. Est ex l. meminerint, C. eo. ex qua possessio rei sibi debitæ occupatæ sub specie rescripti principis vel præcepti judicis, quo forte quis jussus est protinus rem sibi debitam exigere vel arripere.

3. Est *ex l. si quis in tantum, C. eod.* qua interdictum recuperandæ possessionis datur non tantum

de

de rebus immobilib. & alienis vi occupatis, verum etiam de reb. mobilibus, atq; etiam propriis, quarum possessio erat apud alium.

4. Est *ex l penult. C. eod.* ex qua ij, qui res alienas detinent, nec domino suo & recte oportuno tempore repetenti restituunt, sed causam ejus sibi mutare tentant, ad restituendam rei possessionem conveniuntur.

5. Est *ex l. fin. C. eod.* ex qua possessio vacans absente domino sine judicis autoritate occupata ab eo, qui sciebat rem non esse suam, neque sibi debitam restituitur.

6. Est *ex l. 1. & 2 C si per vim vel alio modo*, quæ pertinet ad eum casum, quo absentis possessio quæ vacans non erat, sed quam absens per alium retinebat, ab alio occupata est per vim expulsis hominibus possessoris, vel alio modo, veluti sub specie rescripti vel judicati.

His annumeratur *l si coloni. C. de agric. & censit.* ex qua si coloni bona fide possessi fugerint, prius restituenda est bonorum possessio possessori interversa possessio: Item *l. fin. C. de prætor. pign.* ex qua creditor, qui quocunque modo possessionem rei pignoratæ amissam recuperat: & l. fi. C. de acquir. vel retin possess. domino amittenti possessionem facto & culpa servi, coloni vel alterius cujuscunque provisum, ut ex ea possessionem amissam recuperet.

Quæ ex jure Canonico sunt, recensere instituti nostri ratio non patitur[58].

In omni autem recuperandæ possessionis remedio duo sunt ab actore deducenda: Unum, ut is qui agit dicat se possessionem vel quasi rei de qua est controversia habuisse, & alterum, se de possessione ab adversario ejusve mandato dejectum esse: quo utroque probato in possessionem pristinam actor restituitur[59].

Ceterum

58 *De quibus vide c. Reintegranda, 3. q. 1. & c. sæpe de restit. spoliat. & ibid. Dd. Menoch. in possessoriis.*

59 *Iuxta gl. & Dd. in c olim causam, verb. restitutione. De restit spol. Angel. in §. quadrupli, vers item dixi in libello, Inst de action. Imol. in d c. Reintegranda. Innoc. in d. c. sæpe, Myns resp. 28 n 6 Gail. 2 obs. pract 129. n. 10. & obs 151. nu 2. & de Arrest. obs. 5. nu. 9.*

Ceterum hisce omnibus succenturiatur officium judicis [60].

Atque ita hæc interdicta sunt propria: Communia interdicta rebus tam publicis, quam privatis sunt hæc:

h I. *Quod vi aut clam*, quod restitutorium est [61], pertinens non tam ad possessionem rei, quam ad opus vi aut clam factum, vt in pristinum statum id reponatur [62].

l Cui vicinum est interdictum de operis novi nunciatione, id est, ne fiat opus novum, quod nondum factum est, quod est duplex: Unum est ipsum interdictum restitutorium, quod nunciatori datur, si is cui ita nunciatũ est, *Denuncio tibi ne quid in illo loco novi operis me invito facias*, nunciationi non paruerit, id est, confestim non discesserit ab opere, quod moliri aut demoliri ceperat, vt quicquid fecerit post nunciationem ante remissionem nunciationis vel satisdationem restituere compellatur. Alterum est prohibitorium, quod datur nunciato, quod itidem duplex est, prius quod datur post satisdationem, & posterius quod datur post remissionem, id est, abolitionem nunciationis novi operis à prætore factam; vtrunque eo pertinens, vt si satisdatum aut remissio facta sit, ædificanti vis non fiat [63].

k II. Est *de damno infecto*, quod pertinet eo, vt si quod ex eo, quod ædificatur aut fit, damnum nondum quidem factum, veruntamen quod fieri possit, aliquando contingat, eo nomine satisdatio præstetur de damno isto sarciendo [64].

Postremo in actionib. realib. illud JCti consiliũ probe observãdũ est, vt is qui rẽ petere destinavit, animadvertere debeat an aliquo interdicto possessionem nancisci possit, eo quod lõge sit cõmodius ipsum possidere, & adversarium ad onera petitoris compellere, quam alio possidente petere [65].

60 *de quo accurate Menoch. in possessoriis circa singula genera.*

h Quod vi aut clam, 43. *D.* 24.

61 *l.* 1. *in pr.* & §. 1. *D. eod.*

62 *d. l.* 1. *in prin. l. si alius*, 7. §. *notavimus*, *l. is qui* 11. §. 1. *l. vi facit*, 20. §. *pe. D. eod.*

l De operis novi nunciatione, 39. *D.* 1.

63 *Cui. in parat. ff. eod.*

k De damno infecto, 38. *D.* 2.

64 *Cui. in parat. ff. eod.*

65 *l. is qui destinavit*, 24. *D. de rei vind.* §. *retinendæ*, *Inst. de interdict.*

De civili rei vindicatione. CAP. XXII.

ATq; de interdictis hactenus: hoc caput, & sequens edocebit, cujusmodi sint actiones ex dominio competentes.

Hæ autem illæ sunt, quæ in genere dicuntur *vindicationes.*

Rei vindicatio est actio de dominio vel quasi rei alicuius controversæ.

Quæ rei, est vniuersalis vel singularis, & vtraq; partim ex jure civili, partim ex jure prætorio.

Rei vniversalis vindicatio est vindicatio, qua rerum vniuersitas petitur, non res ipsæ; in consequentiam tamen res etiam ipsæ, quæ sub vniuersitate illa continentur.

[a] Hæc autem *hereditatis petitio* dicitur, quæ ex eo definitur vindicatio hereditatis [1].

Hereditas vero civilis est vel prætoria, vnde hereditatis petitio civilis quædam est, quædam prætoris, quædam ex vtraque illa mixta.

Civilis hereditatis petitio est, qua is, qui se heredem dicit adversus eum vtitur, qui jus pro herede vel pro possessore habet.

Atque est hereditatis totius, vel [b] partis.

Utraq; datur heredi cuicunque, sive ex testamento, sive ab intestato heres sit [2], ita tamen vt hereditatem sibi delatam animo adserit, cuius res vel omnes vel aliquæ ab alio detineantur adhuc corpore.

Neq; enim minus heres est, qui ex minima hereditatis portione heres est [3], quam is qui heres est ex maxima, vel etiam ex asse, siquidem non ex rebus hereditariis heredem æstimamus, sed ex jure quo succedit.

Quocunque itaque jure & ex quacunq; causa, ex quacunque item portione quis heres sit siquidem hereditatem ipse agnoverit, ab alio autẽ res here-

a De hereditatis petitione, 5. D. 3. 2. C. 31.

1 *Hanc actionem plerique Dd mixtam esse dicunt, id est, & in rem, & in personam, per l. hereditatis, C. eo quod Schn. in §. actionum, Inst. de act. interpretatur. fatentur nihilo minus eam præcipue esse realem, quod docuit Zas. in §. quædam, n. 4. Inst. de actio. & probatur per l. sed etsi, l. 25 §. pen. D. eod. & in l. si in autem, § sed & is, D. de rei vindicat.*

b Si pars hereditatis petatur, 5. D. 4.

2 *l. 1. 2 & 3. D. de hered. petit.*

3 *l. licet minimam, 10. D. eod.*

hereditariæ possideantur sive detineantur, heredi illi actione hac petitionis hereditatis agere conceditur.

Sed hæc est differentia, quod actio hæc aliis directo datur, aliis utiliter: directo quidem ipsis heredibus institutis [4], utiliter vero heredibus [c] fideicommissariis, quibus ex testamento hereditas restituta est [5].

Oportet autem eum contra quem instituitur res illas hereditarias possidere, non titulo aliquo singulari, sed pro possessore vel pro herede [6].

Pro herede autem possidere dicitur is, qui ita possidet, ut vel bona fide credat se heredem esse, cum tamen non sit, vel mala fide sciens se heredem non esse, cum tamen se heredem esse contendat [7].

Pro possessore vero prædo possidet vel malæ fidei possessor, qui tamen se heredem esse non contendit, nec aliquem possessionis suæ titulum allegat, nec ullum allegare potest [8].

Ceterum quæcunque res hereditariæ [9], quæ in dominio defuncti fuerunt, tam corporales quã incorporales, exceptis servitutibus, imo res à defuncto possessæ vel detentæ duntaxat, cujusmodi sunt res depositæ, commodatæ, pignoratæ [10], item precia rerum venditarum, pecuniæ exactæ à debitoribus hac actione peti possunt, quin & fructus, accessionesque rerum [11], & quidem omnes tam percipiendæ, quam perceptæ, tam consumtæ, quam extantes, siquidem malæ fidei possessor sit, qui stricto jure ne expensas quidem deducit [12].

Requisita actionis hujus consideranda sunt partim ex persona actoris, partim ex persona Rei.

Ex persona actoris, 1. Ut defuncti, de cujus hereditate agitur, sit heres, sive ex testamento sive ab intestato [13], non tantum si ex asse heres sit, sed etiam si pro parte. Quod si enim titulo alio, quam

 qui

4 *l.2. D. de fideic. hered. petit.*

c De fideicommissaria hereditatis petitione, 5. D. 6.

5 *§. & Neronis, §. sed quia, Inst. de fideic. here. l. 1. ff. de fideic. hered. petit.*

6 *l. regularit. 9. & seqq. ff. de her. petit.*

7 *l. pro herede, 11. D. eod.*

8 *d. l. pro herede, in fine, l. q interrogatus, 11. ff. eod.*

9 *l. item vidend. 18. §. fin. D. eod.*

10 *l. & non tantum, ff. eod.*

11 *l. item veniunt, 20. §. item non solũ, & §. fruct. D. eod.*

12 *vide quæ dixi, 1. discept. Schol. 20.*

13 *& in casu quidẽ intestati oportet ut actor persona, de cujus successione agitur, cogitationis vinculo ita sit conjunctus, ut eo tempore, quo defunctus decessit, proximior in gradu fuerit, nec alius eum antecesserit, l. 2. §. legitima, ff. de suis & legit. l. 1. ff. qs ord. in bono. possess. serv. Angel. in §. actionum, nu. 105. in fin. Instit. de act. & ibidem Schneidvv. de petit. hered. n. 63. Oldend. class. 5. vers. actor est defunctu.*

qui ex hereditate est, sive singulari, sive vniuersali quis rem petere velit, non actione, sed res vindicatione specialiter ita dicta experiundum fuerit.

4. Ut antequam actionem instituat non habuerit rerum petitarum possessionem. Si enim aliquis rei hereditariæ possessionem semel nactus sit, hereditaria amplius non est, sed facta est de ipsius patrimonio [14].

Ex persona Rei, 3. vt Reus possideat hereditatem vel totam vel partem ejus, aut certe vt dolo possidere desierit, aut liti se obtulerit.

4. Ut possideat pro herede vel possessore [15] sine alio titulo valido [16].

Addi potest quintum, vt res quæ petuntur fuerint tempore mortis ejus, de cujus hereditate quæritur, nimirum vel jure dominii vel possessionis sive detentionis.

Hisce ab actore deductis & probatis ipse obtinebit: sin vero in aliquo illorum defecerit, Reus absolvetur.

Obtinet autem actor id quod petiit ex natura hujus actionis: Peti vero solent tria, 1. vt actor declaretur heres defuncti. 2. vt Reus inventarium legitime factum exhibeat, aut in defectum ejus mediante juramento suo res, imprimis vero mobiles, indicet, quod si Reus præstare noli, ipse actor admittatur ad jusiurandum in litem. 3. vt condemnetur ad restitutionem rerum hereditariarum vna cum interesse & fructibus [17].

[d] Prætoria hereditatis petitio est, qua bona hereditaria, in quorum possessionem quis missus est, ab eo qui illa pro herede vel pro possessore possidet, restitui petuntur.

Sicut vero illa heredi, ita hæc bonorũ possessori qui vice heredis est, datur, vt si hæc ad illam comparetur, videatur hæc esse vtilis, illa directa, tametsi hęc etiam, si jus prætorium spectes, directa sit.

Est

Achill. person. de petit. hered. n. 720. VVes. cons. 13. n. 41. & 42. Mascar. de probat. concl. 73. in pr. vol. 1.

14 *gl. in l. fi. D. de fideic. hered. petit. Maran. de ord. iud. p. 4. dist. 2. n. 6. Ias. in §. actionum, nu. 215. & ibid. Ang. nu. 32. Insti. de act. Gail. 2. obs. practic. 148. in fin.*

15 *d. l. regulariter, hereditatem, C. in quib. caus. cess. longi temp. præscript. Schn. in d. §. action. de petit. her. nu. 59. Ach. pers. de petit. her. n. 711. & 712. Mynsi. resp. 10. n. 3. & resp. 12. n. 4.*

16 *Quam communẽ esse dicit Zuchar. in l. fi. n. 464. C. de edict. D. Adrian. tol. Menochi. adipis. possess. 1. nu. 61. Caeher. decis. Pedam. 56. n. 1. Socin. reg. 364. Benin. decis. Bonon. 35.*

17 *Bart. in l. licet, D. de petit. hered. & in l. 1 C. quor. bonor. Dd. in l. 1. C. de edendo, & in l. hereditas, C. de peti. hereditat. VVesem. cons. 13. num. 10. & cons. 41. n. 14. p. 1.*

d *De possessoria hereditatis petitione 5. D. 5.*

Est autem hæc duplex, Ordinaria vna, altera Extraordinaria.

Ordinaria, quæ ex ipso prętoris edicto datur, secundum ordinem illo definitum: atque ex testamento est vel ab intestato: & ex testamento, nimirum secundum vel contra tabulas, ab intestato vero eo ordine, quo supra libro primo expositum est.

Extraordinaria prætoria hereditatis petitio nulla certa edicti parte continetur, sed ex novis legibus competit, quin & ex Carboniano edicto, & ex ea quæ ventris nomine tribuitur & ordinandæ litis gratia.

Eadem vero hic sunt observanda, quæ in civili hereditatis petitione, distinctione saltem hereditatis & bonorum possessionis retenta.

Ex quo sequitur, vt hac actione non ipsa bonorum possessio petatur, sed bonorum possessione petita atque impetrata, atque adeo jure quodam petendi & agendi acquisito, ita quidem bonorum possessio, vt res quarum bonorum possessio decreta nobis sit, acquiratur, quemadmodum hereditatis petitione civili prius non agitur, quam hereditas animo sit adita.

Mixta nimirum jure civili & prætorio [18], hereditatis petitio est, *Querela inofficiosi testamenti*, quę est hereditatis petitio data ex causa testamenti inofficiosi: vnde eadem petitio hereditatis de inofficioso dicitur, & accusatio de inofficioso testamento, quia quasi vindictæ persecutionem continet [19].

Quæ certis personis datur conquerentibus se inique exheredatos vel præteritos, & petentibus testamentum rescindi, sibiq; hereditatem adjudicari: ex quo etiam actio hæc existimatur esse Rescissoria.

Jure vero an injuria exheredati vel præteriti sint,

18 *Quod ostendi in expositione tituli, Inst. de inof. testam. ex l. non putavit, 8. D. de bon. poss. secund. tabul.*

19 *Cui. in parat. ff. de inoff. testam.*

sint, eventus & sententia judicis edocet. injuria tamen factum tandiu præsumitur, donec ab herede instituto doceatur contrarium, quod ex jure novo est, siquidem ex jure veteri exheredatus vel præteritus demonstrare cogebatur immerenti sibi hoc contigisse.

Institutus vero hanc querelam non habet eo ipso, quod institutus est. Quod si enim legitimam suam habet integram, querelæ causa cessat, si non integram, sed pro parte tantum, remedio ordinario ex constitutione Justiniani in *l. omnimodo, C. eod.* ei provisum est, vt agat ad supplementum legitimæ.

Datur autem contra eum, qui justo titulo, videlicet institutionis, possidet, neq; antequam ab instituto hereditas sit adita, locum habet.

Requisita ex his manifesta sunt. Dicet enim actor, 1. se contra officium pietatis esse exheredatum vel præteritum, 2. institutum ex testamento hereditatem adiisse [20].

Petitur vt tabulæ rescindantur, illisq; rescissis hereditas restituatur: illis autem rescissis omnia simul eo contenta rescinduntur, non institutio tantum, sed etiam legata, fideicommissa, & alia, jure quidem veteri; sed jure novo sola institutione rescissa legata & cetera conservantur integra.

[e] *Rei singularis vindicatio* est civilis vel prætoria, vtraque vero rei corporalis vel incorporalis.

Rei corporalis vindicatio civilis [21] illa, quæ maxime proprie rei vindicatio dicitur, est vindicatio rei corporalis domino contra detinentem data [22].

In qua actione duo potissimum deducenda & probanda sunt, quorum vnum est dominium ex parte actoris, alterum est possessio ex parte rei conventi [23].

Ea petitur, vt actor judicis sententia declaretur

20 *Hæc omnia cõprobavi in d. expositione tituli de inoffic. testam.*

e De rei vindicatione, 6. ff. 1. 3. C. 32.

21 *§. sed ista. Inst. de act.*

22 *§. 1. Inst. de act. & ibid. Ias. n. 109. sive mobilis sit, sive immobilis. VVes. in para. ff. de rei vind. n. 5. Hinc dicitur incorporalia non posse vindicari, Fab. in d. §. 1. n. 26. cuius quæ sit ratio, exponit VVes. in para. ff. de rei vind. n. 5.*

23 *l. in rem, 6. l. officium, 9. D. de rei vind. Gomez. in d. §. 1. n. 11. Ias. in §. item Serviana, n. 94. Inst. de act. Mynsi. resp. 100. n. 14.*

tur dominus, possessioq; quæ est apud Reum conventum actori restituatur.

Sane actor se quidem dominum esse affirmat, de quo si notorie constet eum dominum non esse, actio non dabitur: si certum sit, aut dubitetur, actio quidem dabitur: sed de eo interim, dum lis pendet, cognoscetur.

Quod si inde appareat, quod actor dominus sit, neque actio justa aliqua exceptione elidi possit, dominium non quidem actori adjudicabitur, sed quod ante fuit, id esse declarabitur [24].

Quibus consequens est, vt res aliæ vindicari nequeant, nisi eæ quæ in dominio nostro esse possint [25].

Sed nisi simul is qui convenitur rem possideat, actio adversus eum inanis erit [26].

Unde Ulpianus officium judicis in hac actione esse dicit, vt inspiciat an Reus possideat [27]. Actore enim ipso possidente, & actione hac experiri volente, ipse prius non auditur, quam possessionem rei adversario restituerit [28], aut si alius conveniatur ab eo, qui rem possidet, actor ista experietur frustra [29].

Itaq; si ambiguum sit, vter possidet, de possessione prius judicandum est, atq; tum demum ad hanc actionem deveniendum [30].

Ceterum possessorem in actione hac accipimus late non eum duntaxat, qui proprie possidere dicitur, sed omnes etiam eos, qui rem tantum detinent, eiusque restituendæ facultatem habent [31], quamvis si is, qui nomine alterius rem possidet conveniatur, nominans eum cuius nomine possidet, ante litis contestationem liberetur [32].

Possessorem etiam accipimus sive vere possideat, sive pro possessore habeatur.

24 l. fi. C. eod.

25 l. 1. §. 1. D. de rei vindic.

26 d. l. officium, d. l. is qui destinavit, l. vn. C. de alie. iud. mut. caus. fact.

27 d. l. officium.

28 l. si quis conductionis. C. de locato.

29 l. qui petitorio. 36. D. de rei vind.

30 l. ordinarij iuris est, C. eod. Hinc vtile est vt ante litē contestatam Reus interrogetur an possideat nec ne, Capel. Thol. 167. num. 2. Quod si Reus tum se possidere negaverit, iudex actorem potest in possessionē mittere tanquam vacantem, d. dec. 167. n. 3. Benin. dec. Bonon. 84. n. 2.

31 d. l. officium.

32 l. 2. C. vbi in rem actio. quod non accidit suo nomine possidentibus, l fin. C. eod.

Atq; de his qui vere possident, id extra omnem est controversiam.

Pro possessore autem habetur, qui cum non possideret, liti sese obtulit [33], item is qui dolo malo possidere desiit [34].

Rei *incorporalis Vindicatio civilis* est vindicatio juris in re aliena actori vel rei ipsius à jure civili constituti [35].

Quæ duplex est, Directa & Utilis.

Directa est vindicatio servitutum: Utilis quorumcunq; jurium aliorum.

Utraq; vero Confessoria est vel Negatoria [36]: illa quidem in re aliena jus asserendo; hæc jus in re sua negando: vtraq; etiam domino competens, sub illa domino juris, quod quis se in aliena vel propter personam vel propter rem suam habere contendit, hæc domino rei ipsius, qui rem suam à jure prætenso immunem esse ait.

Contenditur vero de jure, quod in re esse dicitur vel negatur; & sive hac sive illa agatur, jus aliquod vindicatur, sed illa jus servitutis vel quasi, hac autem eo ipso quod jus servitutis vel quasi negatur, jus libertatis vel quasi.

Confessoria igitur actio est vindicatio, qua nobis in re alterius jus aliquod competere prætendimus: Negatoria est vindicatio, qua adversario in re nostra jus aliquod deberi negamus.

[f] Confessoria directa est vindicatio servitutis à re alterius nobis vel fundo nostro debitæ: nobis, vt in servitutib. personalibus: prædio nostro, vt in servitutibus realibus.

Competit autem soli domino servitutis, non etiam alii: datur tamen adversus etiam illum, quam eum, cujus res servitutem debet, nimirum in quemlibet servitutis debitæ vsum interpellantem [37].

Requisita hujus actionis super servitute personali

33 *l. is qui se obtulit, 25. & seq. D. de rei vindic.*

34 *l. sin autem, 27. §. 2. D. eod. idq; sive ante sive post litem cōtestatam possidere aut detinere desierit, Bart. & Dd. in l. 2. & l. quia, §. fin. D. de alien. iud. mut. causa facta, eamq; opinionē veriorem esse testatur VVes. in paratit. D. eod. n. 4.*

35 *§. aque, Inst. de act.*

36 *l. 2. D. si servit. vind quam vtrāq; esse de servitute scribit Vlpian. in l. loci corpus, 4. §. compet. D. eod.*

f Si vsusfructus petetur vel ad aliū pertinere negetur, 7. *D.* 6.
Si servus vindicetur vel ad aliū pertingere negetur, 8. *D.* 5.

37 *l. 3. §. idem Iulianus, D. de itin. actuq; privato, l. si quis diuturno, 10. § fi. D. si serv. vind. Formulæ in servitutibus personalib. sunt in l. vtifrui, 5. D. si vsusfr. pete. l. si rem, 62. §. fi. D. de evict. in servitutib. personalibus sunt in l. sicut, 8. §. Aristo. l. si ei loco, 9. D. si*

nali intentæ duo sunt, Unum, quod actor sit dominus juris petiti, ipsique justo modo constituti: Alterum, quod adversarius actorem jure illo vti impediat.

Super servitute reali itidem duo sunt, vnum, quod actor prædio suo à prædio alterius servitutem deberi asserit: alterum, quod adversarius prohibet, quo minus ea vel omnino, vel eo modo, quo oportet, vtatur.

Negatoria directa est vindicatio, qua rem nostram adversario, vel prælio ipsius servitutem deberi negamus: eademq; negativa dicitur, & vno loco contraria [38].

Vindicatur autem illa nō servitus sed jus servituti oppositum, hoc est, libertas, idq; vel simpliciter & omnimodo, vel respectu adversarii cum quo agitur, ipsiusve prædii [39].

Accidit tamen interdum, vt negatoria detur etiam adversus eum, cui tamen vel cujus prædio servitus debetur, scilicet si servitute aliter quis vtatur, quam illi jus sit [40].

Requisita actio hæc habet duo. Unum est, vt actor probet se rei illius, cujus libertatem asserit esse dominum, aut certe in illa jus aliquod habere: Alterum, vt Reus se in re ista actoris servitutem habere prætendat [41].

Quare & hæc actio soli datur domino adversus quemlibet servitutis vsurpatorem.

Neq; vero in hac vel in illa, cum adversus aliquem agitur, necesse est, istum esse in juris illius quasi possessione, quoniam hæ actiones etiam possidenti dantur, si nimirum ipsi possessione illa sua quiete vti non liceat [42].

Ceterum actiones confessoriæ & negatoriæ ita sunt proprie, quæ & figura verborum & re ipsa Confessoriæ sunt, aut negatoriæ, veluti jus sibi esse vtendi alicujus ædibus, vel adversario

servi.vind. l. si precario, 17. C. commu. præd. l. 1. §. in operis. D. de ope. nov. nunc. l. si prius, 17. §. sic etsi, D. de aqua & aq. pluv. arc.

38 *vide 1. discept. Schol. 5. vbi allegavi d. §. aque & d. l. vtifrui, & d. l. sicut.*

39 *l. 4. §. competit. D. si serv. vindicet.*

40 *l. si eo loco, 9. l. si cum eius, 14. D. si servit. vind. l. 4. D. de servit. legat.*

41 *Personalis servitutis negatoria exemplum est in d. l. vtifrui, l. si is qui, 11. §. 1. D. de pign. Realis formula est in l. si quando, 17. l. sicut autem. 8. & passim, D. si servit. vind. l. si ædificatū, 54. D. de damn. infect. l. binas, 36. D. de servit. vrb. præd. l. quemadmodum, 29. §. 1. ff. ad leg. Aquil. l. si plures, 6. § fi. D. arb. furt. cæs.*

42 *Vide quæ scripsi 1. discep. Schol.*

ſuo jus non eſſe ædibus actoris vtendi fruendi.

Minus proprie Confeſſoriæ & negatoriæ ſunt illæ, quæ formula quidem ſeu figura verborum ſunt confeſſoriæ aut negatoriæ, & viciſſim ſunt negatoriæ aut confeſſoriæ; puta, ſi quis agat jus ſibi eſſe altius tollēdi jure naturali, & agat in vicinum, qui ædificare prohibet, Ajo mihi eſſe jus altius tollendi, hæc quidem actio verbis confeſſoria eſt, at reipſa eſt negatoria.

Ex quo fit, vt actio confeſſoria interdum videatur eſſe negatoria, & viciſſim negatoria videatur eſſe confeſſoria: de quo cum dubitatur, non verborum figura ſpectanda eſt, ſed effectus, hoc eſt, ad ipſum, quod petitur 43.

43 *Dixi d.c.5.*

Utiles actiones confeſſoriæ & negatoriæ ſunt ad ſimilitudinem iſtarum de jure ſervitutum, de quibuſcunque juribus aliis eadem ratione, vt dictum eſt, competentes 44.

44 *Communem dicit Villalob. in theſ. commun. opin. lit. A. §. 38.*

De prætoria rei cuiuſcunq; vindicatione.

CAP. XXIII.

PRætoria rei vindicatio eſt actio in rem ex prætoris juriſdictione comparata juris civilis partim confirmandi, partim ſupplendi cauſa. Quotieſcunque enim civilis deficit, prætoria experiundum eſt neceſſario.

Et poteſt eſſe de re corporali vel incorporali promiſcue.

De triplici autem rerum genere, quarum nomine prætor ſeſe ex juriſdictione ſua actionem in rem daturum pollicitus eſt, edixiſſe mihi videtur, de rebus vſucaptis vel non vſucaptis; de rebus in fraudem quorum intereſt alienatis; & de rebus oppignoratis.

De primo genere prodita eſt actio Publiciana & quaſi

& quasi Publiciana: de altero, actio Pauliana, Calvisiana & Fabiana: de tertio denique actio Serviana & hypothecaria; omnes ita à prætoribus autoribus suis denominatæ; de quibus hoc ordine sigillatim dicendum est.

a *Publiciana actio* est prætoria rei vindicatio, quæ amissa possessione datur ei, qui à non domino rem traditam ex justa causa acquirendi dominii bona fide accepit, nec dum usucepit [1].

In hac omnia erunt eadem, quæ in rei vindicatione diximus [2].

Datur enim ei, qui etsi jure quidem civili dominus non sit, à prætore tamen pro domino habetur, nimirum respectu omnium aliorum hominum, excepto vero domino [3], ut ita actio hæc dicatur dari illi, qui respectu ejus, adversum quem agit dominus est, id est, datur bonæ fidei possessori, qui tametsi vere rei dominus non sit, propterea quod alius adhuc sit dominus, dominus tamen esse fingitur, & pro domino habetur, si conferatur cum eo, qui dominus non est.

Datur adversus quemcunque possessorem sive detentatorem rei titulum non habentem, non etiam adversus habentem titulum, quod illo casu, si possessio ad ipsum verum dominum reversa sit, expeditum est.

Agenti autem actione hac adversus verum rei dominũ, justi dominii exceptio cum effectu opponi potest. Neque enim actio Publiciana ideo comparata est, ut domino res sua auferatur, sed ut is qui bona fide rem à non domino accepit, possessionemque ex causa nactus est, ipse potius rem habeat quam alius Extraneus [4].

Requisita ejus hæc sunt: 1. Rei possessionem actori aliquando esse traditam, idque ex justa causa, hoc est, ad dominium transferendam habili [5].

a De publiciana in rem actione. 2. D. 2.

1 *Cui. in parat. D. eod.*

2 *l. sed etsi, 7. §. in Publiciana, D. eo.*

3 *l. pen. & ult. D. eod.*

4 *d. l. ult. Sunt tamen casus quidam, quib. hac actio etiam contra dominũ locum habet, quos notavit Accurs. in gl. in d. l. ult. verb. potius, & Cuia. 10. obs. 6.*

5 *l. quæcunq. 13. D. eod.*

a Ut

2. Ut tradita sit à non domino, vel eo, qui jus tradendi non habuit[6].

6 l.1.in pr. D.eod.

3. Ut actor bona fide rem acceperit 7.

7 d.l.sed etsi,§. ait prætor.

4. Ut res vsucapi saltem cepta sit, etiamsi momento sit possessa [8].

8 l.cum sponsus,12. in fi.D.eod.

Actio quasi Publiciana [9] superior è diametro est contraria, quæ definitur actio in rem prætoria, quæ rescissa vsucapione inter absentes ex causa justa pristino rei domino datur ad rem suam recipiendam [10].

9 l.in honorarii,35. D.de O. & A.

10 §.rursus,Instit. de act.

Actio superior erat de possessione amissa, hæc est de amisso dominio: illa agit bonæ fidei possessor, qui dominus nunquam fuit, hac non alius, nisi qui rei amissæ dominus fuit: ille agit pro vsucapionis suæ confirmatione, hic pro adversarii sui vsucapionis rescissione: in illa actor rem vsucaptam affirmat, in hac negat; tam vero hoc, quam illud fingitur, adeoque sicut in illa quod juri civili deerat à prætore suppletur, ita in hac quod jure civili videbatur esse durius, ex prætoris æquitate mitigatur.

Id vero fit vsucapionis completæ rescissione, quæ peragitur judicis officio implorato, à quo effectu act o hæc Rescissoria dicitur: rescissione facta tum demum actio hæc intentatur, atq; ita recte vsucapione rescissa ad rei nostræ restitutionem agimus, & eatenus Restitutoria est.

Rescissio ita præcedit, restitutio sequitur: illa fit officio judicis, hæc fit jure actionis.

Requisita ejus hæc sunt, 1. rem a'b adversario revera vsucaptam fuisse, sed vsucapionem illam magistratus officio rescissam esse.

2 Actorem rei esse dominum.

3. Reum possidere.

b Pauliana actio est actio in rem prætoria, qua creditores res in fraudem suam alienatas à debitore, seu cum deberentur, remissas, rescissa traditione

b Quæ in fraudem creditorum facta sunt vt restituantur,42. D.8 7.C.75.

ctione repetunt[11]: eademque actio quibusdam in locis actio in factum dicitur[12], item rescissoria, non quod illa actione rescindatur traditio à debitore facta, sed quod post eam demum rescissam detur: item Restitutoria sicuti & Revocatoria ab effectu, quoniam rem restitui ea petimus, ac proinde ab eo in quem res alienata est, revocamus. Nam & hic rescissio præcedit, actio quæ restitutionem facit, sequitur[13].

Rescissio judicis officio expeditur, in cuius cognitione versantur quatuor.

1. Quod is qui alienavit actori, creditori obligatus sit[14].

2. Creditorem impetrasse bonorum possessionem debitoris, quæ non alienaverat, neque posse ipsi ex illis satisfieri[15].

3. Rem alienatam vel remissam fuisse in bonis debitoris[16].

4. Idque factum esse in fraudem Creditoris[17].

In ipsa autem rei alienatione duo spectanda sunt, 1. Ut actus aliquis sit celebratus, idque vel tacite, vt in vsucapione; vel expresse, modo actus iste sit ejusmodi, qui justum præbeat titulum ad transferendum dominium, vel constituendum aut tollendum jus aliquod in re.

2. Ut actum illum sequatur traditio. Neque enim alienatum illud proprie dicitur, quod adhuc in dominio venditoris manet, etsi venditum recte dicatur.

At in qualitatibus seu circunstantiis alienationis sequentia sunt attendenda: 1. Ut alienatio facta sit vere, non imaginarie aut simulate[18].

2. Ut sit facta fraudationis causa. Fraudatorem autem hic accipimus non eum tantum, qui fraude alienat, sed eum etiam qui fraude accipit[19]: & alienationem intelligimus non eam, quæ in fraudem legis facta est, sed eam quæ facta est in fraudem

12 *l. ait prætor, 10. §. quod ait prætor. & §. annus, l. hac in factum, 14. ff. eo. l. penult. 4. de revo. his quæ in fraud. credit.*

13 *Dd. in d. §. item si quis.*

14 *Idq; ex quacunq; causa, vt ait Paulus in l. si cum fideic. 16. §. 2. ff. qui & à quib. manum. vel vt loquitur Hermog. in l. qui in fraudem, 27 ff. quæ in fraud. credit. ex omni causa sive ex contractu sive ex delicto debeat. Gome. hic n. 12.*

15 *d. §. item si quis. l. 2. C. de revocan. iis quæ in fraud. Gome. hic n. 28. Faber n. 22. Ang. n. 9. Ias. n. 68. Zas. n. 35.*

16 *d. §. item si quis. l. 1. in fine, l. omnes, 17. ff. eo.*

17 *d. §. item si quis.*

18 *Ias. in d. §. item si quis, n. 7.*

19 *l. qui autem, §. hoc edicto, d. l. ait prætor, in pr. & §. quod ait prætor, l. ignoti, C. de revoc. his quæ in frau. etc.*

dem hominum. Illa enim ipso jure nulla est, ne rescissione opus non habeat: Hæc vero subsistit, nisi rescindatur [20].

Oportet autem vt & alienans fraudandi animum habuerit, & creditores reipsa etiam fraudati fuerint [21].

Hisce omnibus probatis judex traditionem, & per consequens dominii translationem rescindit, omniaque in statum pristinum, qualis erat ante alienationem, reponit.

Ita autem reponit, vt juxta actoris petitionem pronunciet eam rem traditam non esse, atque ob id in bonis debitoris mansisse [22].

c Vicina est actioni Paulianæ, *actio Calvisiana & Fabiana*, per quam vtranque rescinditur alienatio à liberto in fraudem patroni facta, haud secus atque in superiori [23].

Restat actio in rem prætoria de rebus pignori obligatis, quæ *Serviana* dicitur.

Quæ duplex est. Serviana vere & Serviana quasi, quæ eadem Hypothecaria [25] appellatur.

Serviana vere est actio in rem prętoria, quæ expetitur dominus de rebus coloni, quæ pignoris jure pro mercedibus aut deteriorationc fundi ei debentur.

Quasi Serviana est actio in rem, qua Creditores pignora hypothecasque persequuntur, vt ipsi potius eas ad servandum sibi debitum habeant, quam vel debitor, vel quisquam alius.

Illa

20 d. §. item si quis l. si libertus, 16. ff. de iure patron.

21 d. l. qui autem, §. præterea.

22 Hanc rem multis exposuit Ludov. Mainus lib. 2. de act.

c Si quid in fraudem patroni factum sit, 38. ff. 5. 6 C. 5.

23 l. 1. in pr. & §. hæc actio, & §. vtrum, & passim sub titulo, ff. eo. Vero simile est duos prætores eadem de re edixisse, vt putat Baro & Coras. in d. §. item si quis per l. 1. ff. si quid in fraud. patron. idemque sentire videtur ibidem Cui in verb. petere, & ad Paulum 3. sentent. 3. tametsi in para. ff. eo. distinguat Fabianam à Calvisiana, ita ut illa detur patrono, si libertus testatus defunctus sit, hac vero si intestatus, quod probatur per d. l. 1. §. pen. l. 3. §. patronum, & §. si intestatus. ff. eo. 24 §. item Serviana, Inst. de act. & alibi sæpius, nimirum à prætore, qui eam induxit. Sed Zas. ibid. n. 4. à servando dictam autumat. 25 d. §. item Serviana. Licet vero actio pignoratitia ab hypothecaria sit alia: in quibusdam tamen legibus pignoratitiam interpretamur hypothecariam, vt in l. rem alienam, 41. ff. de pign. act. l. 3. §. est autem, ff. ad exhib. l. communi, 7. §. inter. ff commun. divid. l. duobus, 19. l. pen. ff. de except. rei iud. Esse autem actionem hanc in rem, textus est in l. si fundus, 8. §. in vindicatione, l. si legaverit, 28. ff. de pig. l. Paulus. 10. §. fin. ff. quib. mod. pign. vel hypoth. solv. & cum primis in l. pignoris. 17. ff. de pign. l. pignoris, C. eo.

Illa adversus colonum datur de rebus in prædiorum illatis & expresso pacto pignoratis: hæc vero contra quemcunque debitorem alium de quacunque re sive expresse sive tacite oppignorata.

Jn Serviana hæc sunt, 1. vt detur Domino qui rem colono locavit. 2. vt res sint in bonis coloni. 3. vt sint expresse obligatæ, & ejusmodi quæ obligari potuerint.

In quasi Serviana hæc sunt, 1. vt detur creditori vel jus pignoris habenti, 2. vt eo tempore quo jus pignoris constituebatur fuerint res in bonis debitoris 3. vt jus pignoris constitutum fuerit.

De exceptionibus.

Cap. XXIV.

HActenus a de actione: sequitur de *exceptione*, vt videamus, quæ est Rei conventi defensio [1].

Et est nominata, vel innominata.

Nominata est exceptio, certo nomine in jure designata, cuiusmodi est b exceptio rei judicatæ, jurisiurandi [2], c doli mali, metus, d rei venditæ & traditæ [3], si quid contra leges vel SCta factum sit [4], exceptio in quantum facere potest [5], exceptio quod libertatis onerandæ causa [6], exceptio non numeratæ pecuniæ [7], exceptio pacti [8], SCti Vellejani, SCti Macedoniani, exceptio compensationis, exceptio confusionis.

Innominata est exceptio quælibet jure non definita, sed ex facto incidenti concepta, vnde etiam

a De exceptionibus, præscriptionibus & præjudiciis, 44. ff. 1. 8. C. 36. Inst. 3.

1 *l. siquidem, l. defensiones. C. eod. l. sed et si, 52. ff. de in. l. emtori. C. de evic. qua actioni obijcitur, l. si is cui, 71. ff. de furt. l. si. C. ex quib. caus. maior.*

b De exceptione rei iudicatæ, 14. ff. 2.

2 *§. æque Instit. eod.*

c De doli mali & metus exceptione. 44. Dig. 4.

d De exceptione rei venditæ & traditæ, 31. ff. 3.

3 *Eiusdem exceptionis mentio fit in l. bona fidei, 50. D. de act. emti, eademque appellatur exceptio de re vendita & tradita, l. fin. §. si mulier, D. ad SC. Vellei.*

4 *l. 3. D. except.*

5 *l. exceptiones quæ. 7. D. eo:*

6 *d. l. exceptiones quæ, l. 1. §. except. D. Quar. rer. actio non detur.* 7 *l. apud Celsum, 4. §. adversus, ff. de doli excep. l. quasi, C. de non num. pec.* 8 *§. præterea, Instit. de except. l. in exceptionibus, 19. ff. de probat.*

etiam generali voce Exceptio in factum dicitur[9].

Sunt autem Exceptionum quædam prætoriæ, quædam civiles.

Civiles ex legibus vel his quę vicem legum obtinent, proficiscuntur[10]: prætoriæ ex jurisdictione prætoris substantiam capiunt, vt est exceptio doli, & pleræque exceptiones aliæ, vtpote quæ in naturali magis æquitate, quam in jure fundatæ sint.

Cum autem non sit Exceptionum omnium effectus idem, inde quædam perpetuæ sunt, quædam temporales[11].

Perpetuæ sunt, quæ agentibus semper obstant, vbi & quandocunque agatur, qualis est exceptio doli[12]: eædemque dicuntur peremtoriæ, vtpote quæ totius negocii cognitionem tollant, & vires negocii principalis exhauriant[13]: quæ exceptiones omnes ad actionem ipsam, ipsaque causę merita pertinent, suntque de judicio constituto finiendo.

Temporales sunt, quæ ad certum tempus obstare possunt, quo elapso locum amplius non habent; eædemque Dilatoriæ dictæ sunt, eo quod actionem ad tempus suspendant & differant, non etiam, sicut illæ in totum tollant atque periment.

Harum nonnullæ ad ipsum actionem pertinent, quædam ad processum.

Ad actionem pertinent exceptio pacti, præscriptionis, transactionis & similes.

Ad processum pertinent illæ quæ sumuntur à personis judicij, quo pertinet exceptio fori declinatoria, item procuratoria, & in summa omnes illæ, quæ modum procedendi contingunt.

b Ex-

9 *l.2.§.& generaliter, ff. de doli exce. l. filiusfam.14.ff. de except. l. item si, 14.§. eum qui, D. quod met. caus. l.1.§. si servus, ff. de except. rei vendit. l. si ob turpem, 8. ff. de condict. ob turpem caus. l. cum vltra, C. de non num. pec. Dicuntur etiam in factum comparatæ. d. l. apud Celsum, §. si à Titio, item in factum datæ, l. Paulus, 23. ff. de except. l. qui servum, 20. ff. de interrog. in iure fac. l.1.§. plane, ff. de superfic. vel in factum compositæ. in pr. Inst. de except. & hoc modo dicebátur excipi in factum, l. si fructuarius, 4. ff. vsufr. quemadm. cav. l. fi. ff. ad SC. Maced.*

10 *Cuiusmodi est exceptio Senatusc. Maced. item Vellejani, item exceptio si non in ea re hereditati præiudicium fiat, cuius mẽtio fit in l. si post litem, 13. ff. de except. l. sed etsi lege, 19.§. item si distraxit, ff. de petit. hered. l. 1. ff. fam. ercíscund. item exceptio non numeratæ pecuniæ, l. contra, C. de non numerat.*

11 *§. appellantur, Inst. de except. l. 3. ff. eo.*

12 *l. pure, 5. ff. de except. doli. l. si pactum, C. de except.*

13 *l. 2. C. de precib. Imperat. offerend.*

b Exceptioni ab actore rursus opponitur Replicatio: huic duplicatio iterum à Reo; duplicationi triplicatio; triplicationi quadruplicatio, atque ita vlterius donec conclusione disputationi partium finis imponatur.

Sed fert quandoque casus, quo actor rei, & Reus actor spartes sustinet, atque adeo hæc inter se commisceantur.

b De Replicationibus, 4. *Inst.* 14.

De judiciorum distributione secundum species.

Cap. XXV.

Iudiciorum partes in personis & quæstione sunt expositæ ex jure Justinianeo: superest vt exponamus judiciorum species, non ex Justinianeo duntaxat, sed Pontificio etiam, quin & ex vsu quotidiano repetendæ aliquanto altius.

Est autem judiciorum secundum species distributio duplex, vna ex objecto, qua judiciorum quædam publica sunt, quædam privata [1].

Publica iudicia sunt, quæ vtilitatis publicæ tuendæ & conservandæ causa potissimum instituuntur.

Quæ popularia sunt vel criminalia [2].

a Popularia sunt judicia [3] publica, quibus jus populi, quo ad commodum sui vtitur, custoditur [4].

Quæ iterum duplicia sunt [5]: quædam enim ita jus publicum tuentur, vt populi videantur esse

Oo pro-

1 *l.1.& 3.ff. de prævaricat.l.7.ff. de publ.iud.*

2 *Cui.in parat.ff. popularia civilia vocat, vel forensia.*

a De popularib. actionibus, 47. *ff.*23.

3 *Ita vocantur in l.7.de iurisd.l. eum qui,30.§.in popularibus,ff.de iurei.l licet,42.ff. de procur. quod Ant. Govea.negare videtur,1.Lect.27. Frequentius est nomen actionum popularium, in rubr. ff.de popular.act.d. l.licet,& l.seq.ff.de procur.l.si vero,5.§ hæc autem actio, ff. de his qui deiec. effud.l.lege,25.§.fi. ff.de SC.Silan.l. pœnales,32.ff. ad leg.Falc.& l. eleganter,7.§.post autem,ff.de dolo,l.non distinguemus,32.§ de liberali,ff.de recept.arbit. l. si quis pro eo.56.ff.de fideiuss.*

4 *l.1.ff.de popul.act. quæ cuivis de populo patent, l. mutus,43.§.in popularibus,ff. de procur.l.vn.§.hoc interdicto,ff.ne quid in flum. publ. masculis tamen, non fœminis, & masculis non nisi puberibus, nisi forte ad fœminas & impuberes res pertineat, l antepen.ff.eo.& si sint personæ integræ,l.4.ff.eo.plurib. concurrentib. præfertur is cuius privatim etiam simul interest,l.3.in fi.ff.eo.atq; si æquales sint, maxime idoneo,l.2.ff.eo. Hinc phrasis illa, in publicum petitionem permitti,l. vn.ff. de locis & itin. publ. item in publicum dari,l.fi.ff. de term.moto.* 5 *Duar.hanc distributionem proponit subtit.ff.de popular.act. & 1.disp.anniverf.36.*

propria non etiam alicujus privati, cuiusmodi est judicium de albo corrupto [6], & interdicta nonnulla, puta: Ne quid in loco sacro fiat, de locis & itineribus publicis [7]: Quædam vero jus publicum tuentur, cuius utilitas non nisi privati alicujus esse videatur, cujusmodi est judicium populare de sepulcro violato [8], & nonnulla etiam interdicta, puta, Ne quid in loco publico vel itinere fiat, Ne quid in flumine publico fiat, ut in flumine publico navigare liceat, & eiusmodi alia.

Criminalia sunt judicia publica, quibus delicta vindicantur publice.

Publice autem vindicari intelliguntur, quoties pœna corpori delinquentis infligitur, vel si pœna sit pecuniaria, illa fisco applicatur.

Hæc publica sunt simpliciter, vel quodammodo.

Simpliciter publica sunt illa, quorum & accusatio publica est, & origo est ex lege publicorum judiciorum [9].

Quodammodo publica sunt, quorum quidem persecutio publica est, sed non lege aliqua judiciorum publicorum constituta, cuiusmodi sunt judicia omnia, in quibus de crimine agitur criminaliter, præter superiora [10].

Privata iudicia sunt, in quibus agitur de jure hominis privato [11]: atque eo vel rei familiaris, vel vindictæ causa.

Rei quidem familiaris causa, quod fit instituta actione reali omni, & personali ex potestate & conventione: vindictæ vero causa, quod fit instituta actione ex obligatione delicti.

Hinc judicia privata quædam sunt privata in specie, quædam civilia.

Privata in specie sunt quæ rei familiaris tuendæ causa constituuntur: Civilia, quæ vindictæ causa, ad hoc nimirum, ut pœna applicetur parti læsæ, quæ agit.

Ita

6 De quo in d. l. 7. ff. de iurisd. & in §. pœnales quoque, Inst. de act.

7 l. un. ff. de locis & itin. publ.

8 l. 3. in fi. ff. de sepulcro violato.

9 l. 1. ff. de publ. iud. Rob. 4. sen. 10.

10 Quæ ex eo specialiter ac proprie criminalia dici, eo quod non lege aliqua publicorum iudiciorum, sed extra ordinem magistratus imperio ac potestate exerceantur, nonnulli existimant. Hot. in Lexico, verb. iudiciorum alia.

11 l. licitatio, §. quod illicite, ff. de publican. & vect. l. 4. ff. de publ. iud. ubi publico iudicio opponitur iudicium, quo de re familiari agitur, quod privatum est: neque tamen omni privato iudicio de re familiari agitur, nisi forte quadam interpretatione, sed Iurisconsultis non est infrequens, ut ex specie describant genus.

Ita enim pro maleficiis dicuntur esse iudicia quædam criminalia, quædam civilia [12]: illa quidem ad hoc, vt, sicuti dictum est, pœna infligatur corpori delinquentis, aut si pœna sit pecuniaria, fisco; hæc vero vt applicetur agenti [13]. Atque cum hæc semper sit pecuniaria, inde est vt iudicium civile interdum dicatur causa pecuniaria [14]; & agi criminaliter opponatur ei quod dicitur agi pecuniariter [15].

His addunt nonnulli speciem iudiciorum tertiam quæ mixta dicantur, hoc est, quæ sint & criminalia & civilia simul, in quibus pœnæ communicatio fiat inter fiscum & privatum [16].

Altera iudiciorum secundum species *distributio* fit per formam iudicia instituendi, quæ dicitur processus iudiciarius hodie, olim Ritus & ordo [17], qui est modus rem controversam tractandi legitime: quod cum semper atque in omnibus causis non fiat modo eodem, inde iudiciorum quædam dicuntur Ordinaria, quædam Extraordinaria.

Ordinaria sunt iudicia, in quibus ordo sive modus rem controversam tractandi solennis atq; vsitatus observatur: Extraordinaria sunt iudicia, in quibus forma illa solennis non observatur, sed proceditur quomodocunque sine vllo strepitu & figura iudicii de plano.

Quod enim Justinianus [18] omnia iudicia extraordinaria esse dicit, id eo non pertinet, ac si omnis omnino ordo ab vsu recessisset, sed quod antiquus ille mos & ritus, qui erat in formulis solenni-

 bus

12 §. in summa, Inst. de iniur. l. fi. G. eo. Duar. 1. disput. annivers. 35. Hot. in d. verb. iudiciorum alia.

13 d. l. Licitatio, §. quod illicite, gl. & Bart. in d. l. 3. in pr. ff. de sepulc. viol. Canonistæ in rub. de iud. Marant. distinct. 1. n. 2. & seq. p. 4. Sapia in l. Imperium, n. 17. ff. de iurisd. Curt. iun. ad rub. ff. de iud. n. 18. Ias. ad rub. C. eo. n. 2. Dec in l. 2. nu. 41. C. de edendo & ad rub. de iud. Dec. 1. n. 95. & lect. 2. n. 51. Blanc. in prax. crim. p. 5. n. 158. Boer. dec. 349. n. 2. Duar. d. obs. 35. Ioan. Rob. 4. sent. 9. Men. lib. 2. de arb. iud. quæst. casu 265 nu. 4. Myns. resp. 7. num. 9. & resp. 20. Gail. 1. obs. prac. 65. atq; hanc sententiam communiter à Dd. receptam esse testatur Hom. in pr. Inst. de act. n. 18. Iu. Clar. in prax. crim. §. fin. q. 1. n. 2. Gail. 1. de pac. publ. 15. n. 24. Ex quo infert Mynsing. d. resp. 20. nu. 6. ex modo & forma procedendi non recte argui an iudicium criminale sit vel civile, sed ex fine ipso, ad quem agitur. 14 *l. fin. ff. de fer. Auth. sed hodie, C. de Epis. & cler. l. tunc convenit, C. de accus. l. fi. C. de requiren. reis, l. interrog. C. de quæst. auth. sed novo iure, C. de pœna iud. qui male iud.* 15 *l. 1. ff. de testib. l. fi. ff. de priv. delict.* 16 *Boss. in tit. de appel. num. 8. Felin. ad rub. de iud. num. 3. Alex. cons. 66. n. 1. vol. 1. Myns. d. resp. 20. n. 1. & 8.* 17 *§. fi. Inst. de interd. l. 4. C. de sent. & interloc.* 18 *in d. §. fin.*

bus & vulgaribus, earumque impetratione, & ejusmodi aliis sublatus esset.

Sane ordinarie sive extra ordinem etiam agi quandoque dicitur, sed sensu alio, quod fit ut plurimum in causis, in quibus ex maleficiis agitur[19].

19 l. fin. ff. de priv. delict. l. fi. ff. de furt.

Quin & extra ordinem interdum agi tum dicitur, cum apud magistratum causa disceptatur, neque illi judex peculiaris à magistratu addicitur[20].

20 l. 1. §. 8. ff. de exercitor. act.

Vestigia ordinis iudiciarii antiqui[1].

1 Vide quæ dixi 1. discept. iuris Schol. 1. & 2.

CAP. XXVI.

CUm igitur in tractandis causis controversis & olim suus fuerit ordo, & hodie etiam suus sit atque servetur, ex quo judicium dicatur ordinarium: videndum quis ille fuerit apud veteres, & quis ille sit apud nos hodie.

Tam vero hic quam ille in duobus spectatur, nimirum in rei controversæ disceptatione, & ejusdem disceptationis definitione sive decisione.

Quod utrunque veteres distinxerunt his vocabulis, *in iure agere & in iudicio agere*, ut in jure quidem disceptaretur quæstio juris & definiretur, in judicio vero quæstio facti.

In iure agere est coram magistratu, ad quem ea de re jurisdictio pertinet, de jure suo experiri.

De jure inquam, non de facto: quoniam etsi de facto quidem nondum constet, verum tamen esse præsupponitur, & eius qui acturus est, sive, ut nunc loquuntur, supplicantis narratis creditur, futurumque judicium, quo de facti veritate quæratur, constituitur, atque si factum ita in judicio probetur, quid juris sit definitur.

Hoc enim jus magistratus dicit, non judex ab

ipso

ipso datus, judex datus de facto pronunciat, cui facto postea jus de quo magistratus jam ante statuit, dum in jure agebatur, accommodatur, ut ita judex jus à magistratu jam ante in casu ipsi proposito statutum non statuat ipse, sed pronunciando de facto jus quod statutum esse declaret.

Ad hoc vero primum omnium *actionis editio* necessaria erat, hoc est, declaratio, qua actione aut ex qua edicti parte quis acturus esset, ut proinde sciret Reus, utrū cedere an contendere deberet; atque si contendendum putaret, veniret instructus ad agendum causa cognita, qua cōveniatur.

Ex quo actionis nomen, qua quis usurus erat, exprimere necesse habebat: quod fiebat cum acturus vel copiam actionis, quam allegabat, adversario describendi faciebat; vel actionem in libello complectebatur & dabat, vel ex libello dictabat, vel denique adversarium suum ad album, id est, ad tabulam illam dealbatam, quam eo anno prætor in publico proposuerat Edictis suis in ea descriptis, ut constaret, de quibus causis & quomodo eo anno prætor jus dicturus esset, producebat & demonstrabat, quod dictum est.

Non tamen actione edita protinus eadem experiri licebat. Ita enim judicia erant constituta, ut facultas agendi à magistratu, cujus ea de re jurisdicto erat, impetranda esset, ab eodem formula agendi concipienda, & tam actori, ex qua ageret, quam judici, ex qua judicaret, præscribenda, & judex, qui de facto cognosceret, dandus.

Hoc autem magistratus non faciebat, nisi officio ipsius implorato, vel utraque parte audita: quod ipsum etiam ut fieret, is qui acturus erat, adversarium suum *in ius vocaret* necesse habebat.

Quo pertinet id quod Justinianus ait [2], omnium actionum instituendarum principium ab ea Edicti parte proficisci, qua prætor dicit de in jus vocando.

2 §. *omnium, Inst. de pœna temer. lit.*

In jus autem vocare nihil est aliud, nisi ad prætorem, eumve qui jurisdictioni præest, juris sui experiundi causa vocare.

Omnis hæc vocatio ab eo qui actionem intentaturus erat, originem habet, ita vt vel ipse solus vocaret, vel vna cum ipso Viator, qui est minister magistratus 9.

In jus vocandi facultatem ipse habebat solus, exercitium facultatis illius interdum etiam alius, alius tamen ille non etiam nisi illo volente.

Hinc duplex in jus vocandi mos, quo ad vocantem vsurpabatur: Unus erat, quo acturus ipse nullo magistratus jussu præeunte vocabat; alter, quo magistratus viator seu apparitor, quem in jus vocabat, viator, inquam, cui id vel à magistratu ad petitionem acturi commissum erat, vel quem acturus per se ad id vt vocaret, adhibebat.

Vocatus vocantem protinus sequi, aut eo nomine satisdare necesse habebat: quod si neutrum horum faceret, poterat invitus & reluctans etiam in jus trahi & duci, idque manu injecta vi quodammodo adhibita, atque, vt loquuntur, collo obtorto: nec cuiquam licebat eum, qui ita esset vocatus, vi eximere, quin & is qui neutrum fecerat, pro jurisdictione magistratus mulctabatur.

Sed vocatum à sequendo vel satisdando immunem faciebant feriæ, dilatio, aut partis vocantis voluntaria remissio.

Cum in jus ventum erat, tractabantur quædam principaliter, quædam incidenter.

Principaliter tractabantur nonnulla ex parte in jus vocantis & vocati, nonnulla ex parte magistratus.

Qui in jus vocaverat desiderium suum proponebat, sibique agendi potestatem & formulam quin etiam judicem dari postulabat: Reus itidem, exceptiones suas quibus jus adversarii depulsurus erat, in medium offerebat atque forma quodammodo judicii futuri constituebatur.

Non

Non tamen protinus si petebantur hæc, impetrabantur etiam.

Antequam enim magistratus agendi facultatem concederet, & judicem daret, de jure agendi constare oportebat: de jure, inquam, agendi, nimirum an factum propositum esset eiusmodi, vt de eo actio competere posset, atque si posset, quomodo.

Ut autem de eo cõstare posset magistratui, causa apud ipsum agebatur summatim, atq; adeo illa in jure coniici solita erat; & de jure, non de facto, quippe quod vt dictum est, præsupponeretur interim narratis supplicantis sive petentis creditis, donec de facti illius veritate aut falsitate in judicio disceptatum esset: atq; cum hoc fiebat, partes de jure sui experiri dicebantur; postulata nimirum actione, postulata exceptione, & quodammodo etiam vtraq; intenta, quo genere omnis futuri judicij conceptio constituatur.

Interim interrogationibus in jure etiam factis pro contro vertentium arbitrio, ab ipsis vel à magistratu, siquidem æquitas id postulasset.

His ita propositis, tum demum magistratus actionem denegabat, aut dabat.

Denegabat, si ex turpi & inhonesta causa postularetur, vel desiderio postulantis juris ratio refragaretur: id negabat interdum, quod non esset necessaria, puta si vocatus simpliciter cõfessus esset, in quem nullæ aliæ eius partes sunt, nisi in condemnando, nisi forte rei æstimandæ, non iudicandæ causa: denegabat etiam si forte iureiurando res apud ipsum esset decisa.

Dabat, si iusta dandi causa videbatur, idq; facere dicebatur, cum & agendi facultatem concedebat, & agendi simul formulam acturo postulanti præscribebat.

Quo pertinet mos ille antiquior actionum impetrandarum, & simul impetrandarum formularum,

larum, quæ ita concipiebantur solenniter, vt si eo modo, quo erant conceptæ, in judicio non propositæ essent, atque actor vel in vnica syllaba errasset, causa caderet, a quas actionum impetrationes & formulas solennes Imperatorum constitutiones jam ante Justinianum sustulerant.

a De formulis & impetrationib. actionum sublatis, 2. C. 58.

Ceterum actionis formula concipiebatur pure vel cum exceptione, replicatione, &c. Nam & hę, vt dixi, postulabantur, quæ tamen & ipsæ interdũ denegabantur, interdum cum actione dabantur: quin & non datæ expressim, bonæ tamen fidei judiciis inerant.

Cum magistratus actionem dandam esse statuisset, proxima erat dispectio de actionis dandæ qualitate, ex bonane fide, an ex jure scripto formula esset concipienda: eamque ad rem formulam concipiebat, secundum quam actor ageret & judex futurus judicaret. Quo facto judicem dabat pretor, litigatoresque dicebantur judicem accipere, hoc est, litem contestari, quod in jure ad sellam prætoris ac tribunal fiebat, quippe quod ante litis contestationem res ad officium judicis non pertineret, neque actio instituta esse intelligatur, antequam lis sit contestata, atq; ita in litis contestatione jus desinebat, atque ab eodem judicium incipiebat.

Incidenter in jure agebatur de jure magistratus, ad quem quis vocatus erat.

In jus vocatus eo ipso venire debet, vt hoc ipsum sciatur, an jurisdictio de ea re, quæ controversa est, ad magistratum illum pertineat 3. Nisi enim ad ipsum pertineat, recte dicitur, Extra territorium jus dicenti impune non pareri 4, quod nõ de loco duntaxat, in quo quis jus dicit, sed de causa maxime, super qua, & de personis inter quas jus dicit, accipiendum est.

3 *l. 2. in pr. ff. si quis in ius voc. non ierit.*
4 *l. fin. ff. de iurisd. omn. iud.*

Poterant tamen partes controvertẽtes causam con-

controversam magistratus cognitioni, cuius alias ea de re jurisdictio non erat, subiicere, quod cum faciebant, magistratus illius iurisdictionem prorogare dicebantur.

Agebatur etiam de personis controvertentibus, an essent idoneæ & haberent personam standi in iudicio, sive principales illæ sint, sive accessoriæ: de iuramento calumniæ: de satisdatione: de iudice item an dari posset, & vt posset, an in ea causa.

Cognitionem magistratus de iure sequebatur proxime *Citatio* ad diem, quo per litis contestationem iam reus factus compariturus esset apud iudicem datum.

Proxima erat cognitio iudicis à magistratu dati de facto, quod si negaretur, ab affirmante probandum erat: de probato aut non probato disceptationibus vtrinq; inter partes factis, iudex super facto illo pronunciabat, & ius sibi à magistratu in forma præscriptum declarabat, atq; facto accommodabat.

Hęc pronunciatio dicebatur sententia iudicis, quæ, nisi ab ea supplicaretur aut appellaretur, in rem iudicatam transibat: atque tum secundum cuiusq; actionis qualitatem à magistratu, qui iudicem dederat, executioni mandabatur.

Ita duo quodammodo erant apud veteres, de quaque re controversa, vnum de iure, alterum de facto [5]. 5 *Cui.* 10. *obser.* 10.

Illud expediebatur apud magistratum, qui ius dicebat dando actionem, præscribendo formulam, dando iudicem, atque si opus erat etiam advocatum; hoc apud iudicem à magistratu eodem datum: in illo actio quidem erat, sed qua facultas magis agēdi peteretur, in hoc erat actio, qua quis facultate ista data vtebatur: in illo de iudicio constituendo āgebatur; in hoc de negocio

 ipso

ipso controverso: in illo specimen duntaxat litis futuræ edebatur, in hoc lis omnis plene expediebatur: in illo quæstio super facto nulla est, sed factum præsupponitur, atq; de eo quid iuris sit, quæritur; in hoc omnis & sola est de facto quæstio.

Sed quoniam apud iudicem ex compromisso partium aditum apud veteres etiam interdum agebatur, omnis illa, quæ in iure alias vertebatur quæstio, apud eundem aditum agitabatur, atque illa etiam quæ in facto erat posita, sed prius illa, hæc posterius: illa non nisi vt appareret, an actio competeret, & quæ ad personarum legitimationem spectabant. Nulla enim erat hic actionis solennis impetratio, nulla formularum præscriptio, nulla iudicis datio, idemque omnino erat, qui & de jure & de facto cognosceret non ex autoritate magistratus, sed ex partium, qui in eum consenserant, voluntate: & dicebantur hæc arbitria magis, quam iudicia, eo quod ex arbitrio magis litigantium penderent, quam ex autoritate magistratus, & omnis iudicis potestas ex arbitrio ipsorum esset. De his tamen arbitriis, etsi iudicia non sunt, affirmatur, quod ad instar iudiciorum redacta sint, hoc est, quod in illis eadem obtineant & præstanda sint quæ obtinent & præstanda sunt in iudicio à magistratu constituto, & quod ipsorum eadem sit, quæ iudiciorum autoritas.

De processu iudiciario novo, & primum de actionis editione.

CAP. XXVII.

SEd hæc juris & judiciorum distinctio & observantia magna sui parte ab vsu recessit, quippe quod magistratuum & jurisdictionum diversa ratio sit ab ea, quæ fuit temporibus antiquis.

Cum enim illa quæ in jure fiebant, & quæ fie-

bant

bant in iudicio; apud eundem olim non expedirentur, nisi admodum raro, hodie fiunt apud eundem, ita vt idem & magistratus sit & judex plerunque, & quę olim in iure fieri dicebantur, hodie dicuntur judiciorum præparatoria, atque adeo ea quæ in jure fiunt ratione magis, quam re ipsa ab iis, quæ fiunt in judicio, distinguuntur.

Ex quo est, vt ea quæ coram judice aguntur, plerunque dicantur fieri in judicio; de quib. nunc exponendum.

Horum autem capita duo sunt, vnum disceptationis est, alterum decisionis.

Disceptationis ea sunt, quæ controversiæ deducendæ causa fiunt, & locum habent vsque ad sententiam judicis: *Decisionis* ea sunt, quę controversiæ terminandæ & exequendæ, causa fiunt.

Disceptationis causa quæ fiunt, sunt vel judicii præparatoria, vel iudicii ipsius.

Judiciorum *præparatoria* sunt, quæ fiunt vsque ad litis contestationem.

Quorum quædam rursus sunt substantialia, quædam incidentia.

Substantialia sunt quæ ad iudicii constitutionem necessario requiruntur, & nisi fiant judicium nullum reddatur.

Cuiusmodi duo sunt, Actionis editio & Citatio.

a *Actionis editio* est futuræ litis designatio. a De edendo. 4. D.13.2.C.1.

Hæc jure veteri fiebat adversario, nihilquę erat aliud, nisi actionis, qua quis vsurus erat, facta nominatio.

Hodie fit iudici, & nihil est aliud, nisi querela iudici pro tribunali sedenti exposita, cum narratione controversiæ, de qua adversus adversarium acturus sit; ad eum finem, vt sibi adversus illum citatio & processus necessarii decernantur.

Quæ fieri solet alterutro horum modorum, nimi-

nimirum per libellum supplicem, qui ex eo etiam appellatur Supplicatio pro decernenda citatione & aliis processibus, vel supplice libello omisso per libellum, quo ipsa actio protinus introducitur.

Illum libellum citationis aliorumque processuum appello, hunc libellum actionis & meritorum, cuius tamen vtriusque effectus, quo ad hunc actum idem est.

Supplex ille libellus est summaria recensitio controversiæ iuncta petitione pro decernendis processibus.

Huius libelli narrata debent esse eiusmodi, vt ex illius visceribus libellus actionis, (qui si hoc modo processus petantur, post citationem offertur) formetur.

Supplicationis enim narratis, quo ad iurisdictionem fundandam & decernendos processus creditur [1], à quibus si postea quid diversum proponatur, processus cassantur.

Atque hic edendi modus, si quis eo vti malit ante citationem, ita expeditur, vt postea citatione decreta nulla amplius eius habeatur ratio, neque vllus effectus supersit vlterior.

Ad alterum vero modum edendi, qui fit per libellum actionis, quod attinet, idem quidem ille citationem etiam quo ad effectum processuum extrahendorum antecedit, sed tamen eiusmodi est, vt citatione facta, quo ad effectum meritorum nihilominus remaneat.

Nam vt maxime quis priori illo actionis edendæ modo vsus sit, tamen citatione facta in termino comparitionis actor libellum suum offerre tenetur; quod necesse non est, si posteriori actionis edendæ modo vsus sit.

Libellum enim iam ante oblatum esse sufficit: sed tamen vt effectum libelli meritorum habeat; cum

1 l. cum quadam puella, ff. de iurisd. omn. iud. Non statur nudis narratis in decernendis processib. casib. sequentibus, 1. si quis queratur de negata vel dilata iustitia, Gail. 1. obser. pract. 28. n. 4. & obs. 31. n. 7. Myns. Cent. 2. obs. 74. 2. in causis relaxationis iuramenti ad effectum agendi, Gail. 1. obs. pract. 22. n. 4. & d. obs. 31. nu. 7. 3. si notorium sit supplicationis narrata falsa esse, Gail. d. obs. 31. n. 4. Myns. Cent. 2. obs. 9. 4. In causis pauperum, qui iuramentum paupertatis iurarūt, & ad Cameram appellāt. Gail. d. obs. 3. n. 8. 5. si sententia in rē iudicatam transierit, & supplicetur pro processu nullitatis & inhibitionib. & allegetur notoria nullitas, Gail. 1. obs. pract. 127. n. 10. 6. nudis narratis non statur quo ad decernendam inhibitionem, Gail. 1. obser. tract. 44. n. 7.

ctum in termino comparitionis reproducere necesse est: atque ita cum diversos habeat effectus libellus, citatione interdum prior est, interdum posterior.

Utrocunque autem modo actio edita sit, judex cui edita est, de eo cognoscet, an Citatio & processus petiti decernendi sint, necne.

Cum enim in jus vocatio olim propria autoritate fieret, hodie non fit nisi autoritate judicis. prout sequenti capite dicetur.

Quod si ex actionis editione appareat, aut alias notorium sit, jurisdictionem judicis, cui actio est edita deficere, aut edenti actionem non competere, Citatio & processus denegantur: si manifestum sit jurisdictionem fundatam esse, nec quid aliud sit, quod obstet, decernuntur, quin & si de eo dubitetur, at vero eo casu plerunque cum clausula, *periculo supplicantis*.

Etsi vero apud veteres actionis nomen, qua quis acturus erat, exprimi debebat, ex jure tamen pontificio vsu confirmato, id hodie necesse non est [2], sed satis est factum ita narrari, vt ex eo actio aliqua commode elici possit [3].

Atque hæc ejusmodi erant circa actionis editionem in civilibus, in criminalibus modus ferme idem, nisi quod per inquisitionem accusatio nonnunquam instituitur.

Est autem inquisitio magistratus ex officio facta indagatio de eo, qui crimen commisisse dicitur, aut de quo est suspicio: Quam comitatur vt plurimum Carcer sive custodia, quæ est inquisiti detentio ad hoc, vt, si nocens est delicti conscientia non aufugiat, atque ita crimen impunitum maneat.

a *De Citatione*. CAP. XXVIII.

Actionis editionem sequitur *Citatio*, quæ jure veteri ab in jus vocatione distincta erat, eaq;

2 *Villal. in thes. cōmun. opin. lit. A. §. 35. Andr. Gail. 1. obs. 61. in prin.*

3 *Gail. d. obs. 61. n. 2. & seq.*

a De in ius vocādo, 2. D. 4. *Germanis* Citation / ladūg / vorhaischū; *in extra iudicalib. frequentius* ein Vorgebott / ein Vorbeschaidt.

eoq; iure erat in ius vocationis appellatio angustior, citationis amplior.

In ius enim vocatio non fiebat nisi ab eo, qui acturus erat, ipsiusq; autoritate privata, & non nisi cum in ius nondum ventum esset: Citatio autem tam in iure fiebat vel iudicio, quam extra illud, magistratus autoritate, atq; adeo publica.

At hodie vox citationis absorpsit vocem in ius vocationis, vt vtraque illa, siquidem de contentiosis loquamur, vtamur promiscue.

Citatio enim etiamnum id in extraiudicialibus locum habet, non etiam in ius vocatio, quæ ad solas causas contentiosas pertinet[1].

Quare cum Citatio sit generalior, atque communis iudicio & disceptationis & decisionis, dicendum de ea est aliquanto amplius.

Citatio est autoritate magistratus ad ipsum qui ius vocandi habet, facta vocatio.

Hæc duplex est, Judicialis & Extraiudicialis.

Judicialis citatio est citatio facta à iudice in causa controversa iudicialiter.

Quæ regulariter decernitur ad petitionem alterutrius partis in causis civilibus privatis[2]: interdum vero ex officio iudicis, quod vt plurimũ fit in causis publicis & criminalibus[3], sicubi vel litigantes vel alios præter illos comparere necessaria aliqua causa suaseit.

Nunquam autem fit nisi autoritate iudicis[4], necessario facienda, si eius, qui citatur, intersit[5], & res causæ cognitionem desideret[6], ad quemcunque actum, ex quo præiudicium creari alicui possit.

Hodie autem ex ordinatione Cameræ Imperialis simul & semel fit ab initio ad totam causam 7, nisi in causis purgationis & in processu l. diffamari[8].

Utraq;

1 Vide quæ dixi 1. discept. Schol. 2.
2 cap. significasti, verb. petitiorem de foro compe. l. ad peremtor. D. de iud. l. fi. C. de bon. autorit. iudic. poßidend. l. 4 § hoc autem. D. de damn. infect. l. anc. de offic. præt. in civilib. sub tit. de citat. n. 4. Duen. reg. 96. Gail. 1. observ. pract. 50. n. 4.
3 c. qualiter. el 2. de accus. Soe. de citat. art. 6. n. 2. Gail. d. obs. 50. n. 4. & fin.
4 l etiam, 29. §. fi. verb. ad agendum à præside evo. D. de minor. l. fi. C. de exhiben. reu, vbi Bar. & Dd. l. 2. l. consentaneum, C. quomo. & quan. iud. Duen. reg. 97. Mynſ. Cent. 6. obs. 10. n. 3. Gail. 1. obs. 48 n. 12.
5 l. de vno quoque, 47. D. de re iudi. l. nam ita, 39. D. de adop. l si quando, C. de testib. Auth. si omnes, C. si min. ab hered. 2. de testib. c. fi. de maio. & obe. Ias. in l 1. in fine. C. quand. lib. princip. dat. Marant. de citat num. 2. 3. & 4. Mynſ. Cen. 2 obs. 91 & Cent. 3. obs. 86. & Cent. 6. obs. 6. Duen. reg. 92.
6 Quod regulare & valde tritum dogma esse tradit Mynſ. d. obser. 6 in pr. 7 Mynſ. Cent. 4. obs. 33. Gail. 1. obs. pract. 51. n 10. 8 Mynſ. & Gail. modo dd. loc.

Utraque enim illa citandi ratio vel ad quemlibet atticulum, vel ad totam causam iuri est consentanea[9].

Cum autem citatio species sit defensionis[10], atque adeo iuris divini & naturalis[11], in omni lite facienda est[12], etiam notoria[13], adeo vt ne princeps quidem eam omittere possit[14]: nisi forte de plenitudine potestatis[15].

Ceterum vbicunq; causę cognitione opus non est[16], aut quando præsens actum impedire non potest[17], aut si compareret, nihil allegare potest[18], aut quis alias in iudicio pręsens est[19], aut qui citatus se venturum negavit, aut certo negabit[20], & similibus causis aliis citatione opus non est[21], aut certe non ad omnem actum.

Distribuitur autem citatio iudicialis secundum partes & secundum species.

Secundum partes Citatio in duobus est posita, in eius conceptione, & conceptæ expeditione.

In conceptione citationis sex potissimum exprimenda sunt[22].

Primum

9 Vt probat Mynſ. d.obſ.33.gl.in auth Qui ſemel, verb. tribus, C.quom. & quand.iudex. 10 Clem. paſtoralis, de re iud. Panor. in c.cum olim, eod. Marant.part.6. de cita.n.3. 11 Menoch. de arb. iud. quæſt.lib.1.q.17.n.5.Mynſ.Cent.6.obſ.6.n.3. 12 VVeſ.in parat. D.de in ius voc. n. fin.Mynſ.Cent.5.obſ.51.in fi.& Cen.6.obl.6.Gail.1.obſ.prac.48.in pr.Lancil.de off. prætor. in cauſ.civil.ſub tit. de citatione,n.5. 13 Iaſ.in l.fi.n.13. D.de iuriſd.Bald.& Sali.in l.ea quidem, C.de accuſ.Soc.de citat.art.7.num.53.& reg.74 Diaz.reg.77.Duen.reg.92. Mynſing.Cent.2.obſ.91.Gail.1.obſ.pract.48.n.2.& obſ.77.n.fi.Decian. conſ. 23.n.24.vol.1. 14 Claud.Seiſel.in l.vt vim,col.1.D.de iuſt.& iure.Mynſ.Cent.6.obſ.6.Cacher.deciſ.Pedam.22.n.16. 15 Duen.reg.532.aut iuſta cauſa ſubſit per gl.in l.antepen.D.ex quib.cauſ.maior.& in l.nec cauſas, C.de appell. Sed quod in contrarium ſit veritas teſtatur VVurmſ.tit.6.obſe.10. 16 l.fi. C.ſi per vim. l.nec quidquam, §.vbi decretum, D.de off.proconſ. 17 Auth.ſemel, C.quom.& quand. iud. Bald.& Iaſ.in d.l.nec quidquam, §.vbi decretum. Alex. in l.recuſare, D.ad SC. Trebel.Ioan.And.in c.2.de op.novi nunc. Socin.de citat.art.7.n.35.Gail.1.obſerv.pract.22.n.3.& lib.1.de pace publ.5.n.12.& de pign.obſ.13.n.4. de Arreſt.obſ.3.n.16. 18 vide Ioſ.Ludov.deciſ.Peruſ.17.n.11. 19 Socin.reg.378.Mynſ.d.obſ.6.n.8.& 9.& Cent.6.obſ.16.n.2.Gail.1.obſ.pract.51.n.7.& obſ.58.nu.2.& obſ.109.nu.3. VVurmſ.tit.6.obſ.14. 20 gl.in fi.vbi Bart.n.11. verſ. redeo ad primum, D. de in integ.reſtit.& in l.tres denunciationes, C.quomo.& quand.iud. Iaſ.in l. properandum.§.1.n.9.C.de iud.Menoch.conſ.2.n.182.lib.1. 21 vide Mynſ.d.obſ.6.n.5.& Cent.2.obſ.91.& Conra.Lancell.de off.prat.in cauſ.civil. de cita.n.5.vbi plures caſus recenſent. 22 De quibus ſex citationis requiſitis vide Dd.in l.1. D de fer.Socin de citat.art.20.Specu.de citat.§.iam de citatione, in princip.Maran.par.6.nu.63.Mynſ.Cent.5.obſ.85.Gail.1.obſ.pract.48.& nonnullis ſeqq.

Primum est *nomen & cognomen iudicis citantis*, vt qui citatur sciat, an à judice citatus sit, atque si à iudice citatus sit, an is citandi ius habuerit. Oportet enim omnem citationem à iudice committi, atque à iudice non quovis, sed competenti: incompetens autem est, cuius ea de re jurisdictio vel notio non sit, aut si sit, non tamen nisi iudice inferiore ante requisito.

In dubio autem ab incompetenti citatus comparere, & de incompetentia eius docere debet[23], super qua is qui citavit cognoscet[24]. Sin vero notorium sit eum, qui citavit competentem non esse, citatus citanti extra territorium suum impune non parebit[25]: quod si volet, prorogare iurisdictionem incompetentis licebit, vt qui alias iure erat incompetens, ex voluntate fiat competens, si solius citati favor respectu judicis in eo versetur.

23 *Mynſ. Cent. 6. obſ. 7. Gail. 1. obſer. pract. 16. n. 3. & obſ. 48. nu. 8.*

24 *Gail. d. obſ. 48. num. 10.*

25 *Gail. d. obſerv. 48. nu. 9.*

Secundum est, *nomen & cognomen citati*[26], si sit vnus, aut si plures sint illorum omnium. Sub generali enim Consortum nomine citatus comparere non tenebitur, & vero in iudiciis bene ordinatis, si in actionis editione vnus, cum quo est controversia, nomine exprimatur, ceterorum autem nomina non exprimantur, sed sub generali consortum nomine relinquantur, Citatio decerni non solet, nisi consortibus omnibus nominatis, aut omnino extra litem relictis.

26 *Gail. d. obſerv. pract. 49.*

Tertium est, *nomen & cognomen illius, ad cuius instantiam & petitionem Citatio decreta est*[27], ne iudex proprio suo motu sine requisitione eam decrevisse videatur. Quod si ex officio illa decernatur, tum hoc requisito opus non est, sed loco eius succedit mentio officii iudicis.

27 *Gail. 1. obſerv. pract. 50.*

Quartum est, *causa ob quam & ad quam citatur*[28], cuius expressio qualis qualis sufficit: Ad vnam autem causam citatus si compareat, ad aliam etiam, quam ad quam citatus non est, respondere cogitur.

28 *Gail. 1. obſerv. pract. 51. Mynſing. Cent. 5. obſ. 85. tam etſi in civilibus non ſit neceſſe inſerere cauſam, Gail. 2. de pace publ. 7. nu. 4. Mynſ. d. obſ. 85. ord. Camer. Imp. p. 3. ti. 12. §. 3. VVurm. tit. 9. obſ. 4.*

Quintum

Quintum est, *Locus*[29], in quo citatus compareat, qui debet esse is, in quo ex more majorum jus dici judicative solet, nisi causa aliqua subsit, ex qua illum in locum alium transferri necesse sit. Oportet verò locum illum esse tutum, in quo litigantes, & ipsorum advocati, procuratores, similesq; tutò consistere, & ad quem tutò etiam commeare possint[30].

Sextum est, *Tempus*[31], quo vocatus compareat; quod debet esse justum, habita ratione distantiæ locorum & loci judicii, & loci, vbi citatus versatur, ideoque in arbitrio est judicis: & legitimum, hoc est, quo judicialiter agi potest.

Vulgare tempus citationis simplicis est dierum decem, peremtoriæ dierum triginta[32], hodie in nonnullis judiciis septimanarum sex & dierum trium computandum à tempore citationis insinuatæ, quod si terminus incurrat in diem feriatum, proxima de non feriata, quę juridica dicitur, vocatus comparere tenetur[33].

Quod si judex citans delegatus sit, accedit hisce septimum, vt *tenorem commissionis suæ* citationi inserat, ex quo appareat, ipsi de causa controversa cognoscendi potestatem factam esse: quod in termino comparitionis in originali videndum exhibeat[34].

Altera citationis pars quæ in expeditione ejus est posita, capita habet tria[35].

Primum est *commissio judicis*, quæ est jussus sive mandatum judicis datum nuncio de citatione jam decreta & concepta exequenda atque insinuanda. Ut enim judex citationem nisi petita sit, non decernit; ita nuncius citationem decretam non exequitur, nisi exequenda ipsi commissa sit[36]; quæ commissio non præsumitur facta, sibi eam factam esse asserenti, nisi probetur[37], aut cōsuetudine aliud receptum esset[38]. Commissio

Pp autem

29 *Gail.1.observ. pract.52.*

30 *VVurms.tit.6. obs.5. Quando citatus ad locum nō tutum comparere teneatur vel appellare, vide allegata à Mynſ. Cent.2.obſ. 73. Gail.1.obſ.prac 52.n.3. & lib.2.de pac.publ.11.n.7.*

31 *Gail. 1.observ. pract.53. Lancil. de off. prætor. in cauſ. civil. sub tit. de citat. nu.7.*

32 *l. ad peremtorium, 68. & seq. D. de iud.*

33 *Gail. d. obſ.53. nu.1. & 2. An citatio facta in die feriato valeat, vide VVurm. ti.6. obſ.4.*

34 *Auth. qui semel, C. quom. & quand. iud. c. cum in iure, de offic. deleg. Gail. d. obſ.48. nu.17. & seq.*

35 *De quib. Mynſ. Cent.1. obſ.77. & Cent.6. obſ.10.*

36 *Gail.1.observ. pract.54. in pr.*

37 *Mynſ. d. obſ.10. n.4. & Gail. d. obſ. 54. nu.4.*

38 *Mynſ. d. obſer. 10. n.5.*

autem illa fit nuncio sive cursori judicii, aut pro occasione Notario, atq; in Camera Imperiali Notario non cuivis, sed immatriculato duntaxat[39].

Secundum est *Executio citationis*, quæ etiam insinuatio dicitur, & fieri debet ipsi qui vocatur, nō alii, modo conveniendi ipsum sit facultas: si conveniri nequeat, sufficit citationem ad domum ipsius fieri, aut eo loci citationem publice affigi, in quo ut plurimum morari, & unde notitiam citationis facillime habere possit[40].

Tertium est, de citatione decreta & insinuata *relatio*, qua executor describat, quod citationem sibi demandatam hoc vel isto die insinuaverit, & quid vocatus responderit, aut circa executionem citationis alias actum sit[41], cui nuncii sive executoris relationi creditur[42]. Atq; hæc relatio ita facta ad acta registranda est[43].

Supradictis partibus nisi Citatio constet, invalida est atque illegitima, nec ullum producit effectum contumaciæ[44]: per comparitionem tamen citati convalidatur[45], ut de citationis invaliditate aut illegitimate excipi amplius non possit[46].

Secundum species[47] Citatio distinguitur bifariam, uno modo ex forma, altero ex effectu.

Ex forma Citatio privata est vel publica; & privata rursus verbalis vel realis[48].

Verbalis voce fit vel scripto.

Voce, denunciatione nimirum facta in faciem vocati, quod plerunque in judicii loco fieri solet, ipsi vocato, vel procuratori ipsius.

Scripto, denunciatione nimirum literis consignata, sigillata, & scripti Copia vocato relicta, originali cum retroscripta executione plurimum ad acta registrato.

Realis est, quæ fit manus injectione, ad verba accedente etiam corporis illius, qui vocatur, cōprehen-

39 *Ord. Came. Imp. p. 1. tit. 39.*

40 *Gail. 1. observ. pract. 54. Mynſ. Cent. 2. obser. 69. & Cent. 3. obſ. 37.*

41 *Gail. d. obſ. 54. Mynſ. Cent. 1. obſ. 77. 78. & 79. & Cent. 5. obſ. 51.*

42 *Mynſ. Cent. 6. obſ. 10. n. 7.*

43 *Mynſ. d. obſ. 10. in fin.*

44 *Mynſ. Cent. 2. obſ. 18. Gail. d. obſ. 48. n. 3.*

45 *Gail. 1. observ. pract. 58. n. 2.*

46 *Gail. d. obſ. 58. Mynſ. d. obſ. 18. & Cent. 3. obser. 90. & Cent. 4. obſ. 54.*

47 *Quidam sex species citationū ponunt Marant. p. 6. de cita. n. 56. quidā plures. Soc. de cita. art. 3.*

48 *Gail. 1. observ. pract. 48 num. 12. VVeſ. in para. D. de in ius voc. n. in fin. Hinc Menoch. de arb. iud. quæst. casu 463. n. 1. dicit Reū tribus modis solere in ius vocari, verbis, literis, & edictis.*

prehensione. Eaque in criminalibus causis corporis pœnam continentibus fit regulariter, cum verbalis regulariter fiat in civilibus, tametsi verbalis in criminalibus etiam sicut realis in civilibus usurpetur, quamvis in civilibus rarius & non nisi ex causa urgente, puta si debitor de fuga sit suspectus.

Et cum realis Citatio aliquanto sit severior, ea in muliere [49], infante [50], impubere, Doctore & milite [51] locum non habet.

Publica Citatio fit per edictum, vel proclama [52], quæ tamen Citatio non semper nec omni casu est permissa, sed tunc quando quis alio modo citari non potest [53].

Edicto fit [54], si Citatio edicto comprehendatur, & eo loci, ubi vocatus domicilium habet, aut ubi quam plurimum versari solet; aut unde commodissime citationis notitia ad ipsum pervenire possit, affigatur. Hoc si in territorio alieno faciendum sit, magistratus istius territorii prius de eo requirendus est.

Proclamate fit, per præconem publice citationem denunciante.

Alias per tubam aut campanam citatio quæ fit, extrajudicialis magis est, quam judicialis, & universitatis potius, quam hominum singulorum.

Altera distributio ab effectu est, quod citatio alia simplex est, alia peremtoria [55].

Simplex est, quæ de jure in se habet dies 10. ad quam si vocatus non compareat, citatio secundo item tertio decernatur.

Peremtoria est, post quam citatio amplius nulla emanat, sed vocato emanente contra ipsum in contumaciam proceditur; cujusmodi citatio hodie fere in usu est, ut nimirum citatio peremtoria

49 Gail. d. obs. 48. n. 14.

50 Gail. ibid. n. 19.

51 Gail. ibid. n. 16.

52 qui uterq. modus paribus passib. ambulat secundum tradita à Marant. in Spec. p. 6 §. porro, n. 95.

53 casus quib. per edictum citari quis potest vide apud Ios. Ludov. conclu. 5. §. casus quibus. VVurms. ti. 6. obs. 8

54 de qua citationis specie agunt Canonistæ in Clem. 1. de re iud. Felin. in c. quoniam frequenter, §. porro, ut lite non contest. Bart. ad reprimend. in vers. per edictum, V. nt. de nullit. ex defect. citat. nu. 12. & 13. Marant. d. p. 6. §. porro, n. 82. & 83.

55 d. l. ad peremtorium, d. l. consentaneum.

quamprimum decernatur, quæ in sese tot dies habeat, quot alias simplices tres habituræ fuissent.

Et quamvis de jure citatione peremtoria facta nulla amplius, vt dictum est, supersit, hodie tamen ex consuetudine citatio etiam arctior interdum pro ratione circunstantiarum decerni solet, quæ plerunque fieri solet sub comminatione aliqua pœnæ [56].

Citatio *extraiudicialis* est, de re quavis alia quã quæ judicialiter controversa sit, ad magistratum vel judicem vocatio: cuius solennitas tanta quanta judicialis citationis non est, tametsi in effectu eadem ferme habeat requisita.

Citationes ad duos potissimum fines fiunt; vnum comparitionis, & alterum præparandæ defensionis [57].

Quod enim dicitur per citationem lis pendens fieri [58], item jurisdictionem præveniri, tam quo ad partem [59], quam quo ad judicem [60]: item jurisdictionem perpetuari [61]; item actionem perpetuari [62]: item induci vicium litigiosi [63]: item interrumpi præscriptionem longissimi temporis [64], & si quæ sunt ejusmodi alia, in consequentiam fiunt magis citationis, quam vt ob illa citatio vel petatur vel decernatur.

De

56 Citatio peremtoria quib. casibus requiratur vide VVurm. tit. 6. obs. 1. Hart. ab Epping. ti. 3. obs. 1. & quomodo fiat, vide eundem VVurm. tit. 6. obs. 2 vbi in fine quinq; casus notantur, quib. vna citatio non potest emitti pro omnibus, sed tres citationes requiruntur, ad hoc vt aliquis dicatur citatus peremtorie. In mediis autẽ causa citatio vnica, quæ peremtoria est semper sufficit, nisi in his, in quibus tractatur de magno præiudicio, VVur. tit. 6. obs. 6. Ad Citationem peremtoriam quomodo perveniatur, vide VVurms. titu. 6. observ. 7.

57 Clem. Pastoralis de re iudic. Socin. de citat. nu. 5. q. 16. n. 5. Marant. p. 6. de citat. nu. 13. Mynsing. Cent. 4. obs. 33. & 54. & Cent. 5. obs. 86. Gail. d. obs. 58. nu. 3. & lib. 1. de pace publ. obs. 5. nu. 13. 58 Clem. 2. vt lite pend. Myns. Cent. 4. obser. 26. Gail. 1. obs. pract. 74. nu. 17. Menoch. de arb. iud. quæst. lib. 2. casu 202 n. 5. Quando dicatur lis pendere, vide VVurms. tit. 13. obs. 6. 59 c. proposuisti, de foro compet. c. Gratu, de off. deleg. Clem. 1. de iud. vbi gl. Ias. in l. si domus, §. in pecunia, n. 10. D. de legat. 1. Soc. de citat. art. 31. n. 2. & 4. Gail. 1. obs. pract. 11. in pr. & obs. 74. n 18. 60 l. vbi ceptum, 30. & ibi. Dd. D. de iud. Canonista in c. Capitulum S. Crucis, de rescrip. & in c. si duo, de procurat. in 6. Bar. in l. si pluribus. n. 1. D. de legat. 1. Myns. resp. 24. n. 21. & resp. 94. n. 2. 61 d. c. gratum, c. relatũ, de off. deleg. Clem. 2. vt lite pendent. glo. in Clem. 1. de iud. Gail. 1. obs. pract. 74. n. 19. VVurms. tit. 6. obs. 13. 62 l. fi. C. de præscr. 30. vel 40. annor. Myns. Cent. 4. obs. 26. VVurms. d. obs. 13. 63 Auth. Litigiosa, C. de litigios. & ibid. Dd. Gail d. obs. 74. n. 16. Quando dicatur fieri litigiosa, vide VVurms. ti. 13. obs. 7. 64 l. sicut, l. omnes. l. cum notissimi, C. de præscr. 30. vel

De Libello. Cap. XXIX.

PRocessibus ita impetratis & executa citatione actor libellum suum in termino citationis, siquidem processus isti per libellum supplicem petiti sint, offert: sin autẽ libellus actionis jam ante ad effectum impetrandorum processuum oblatus sit, is in termino isto reproducitur, ejusdemq; copia sive exemplum citato, siquidem ipse compareat, aut procuratori datur, nisi vna cum citatione à judice transmissus sit [1].

Libellus autem est scriptura [2] actoris intentionem continens [3].

Qui articulatus est, vel non articulatus.

Articulatus est libellus conceptus & designatus certis articulis.

Non articulatus est libellus serie continua sine vlla articulorum designatione actoris intentionem continens.

Utrumq; consideratur secundum suam substantiam & suam qualitatem.

Substantia libelli, siquidem actio civilis est, est

 posita

40. Annot. Dd. in l. mora, C. de rei vindic. Bart. in l. fin. n. 4. D. de eo per quem factum erit. Socin. de citat. art. 30. n. 31. Gail. d. obs. 74. n. 20 Myns. d. obs. 26.

1 *glo. in auth. offeratur, C. de litis contestat. vbi Bart. & Salic. Alex. in rub. C. de edendo, Conra. Lancil. de offi. prat. in causis civil. sub tit. de libello, nu. 1. vbi in fine dicit, qualiscunq; via electa sit, illa placere posse: ipsi tamẽ magis placet vt libellus vocato ad iudicium offeratur, vel potius vt Reo ad domum mittatur vna cum Citatorio. An corã omni iudice offerendus sit, vide Conra. Lancil. de offi. prat. in caus. civil. sub tit. de libell. n. 4.* 2 *nam in scriptis dandus est nisi in causis brevioribus, d. Auth. offeratur, Bart. in Auth. nisi breviores, C. de sent. ex peric. recitand. qua scriptura dicitur esse de substantia iudicij per c. 1. de libell. oblig. & c. quoniam contra. de probat. pract. Pap in form. lib. in act. reali, verb ad evidentiam. Fallit tamen in casibus de quibus Lanfr. in d. c. quoniam contra. Exceptionem autem in scriptis opponere necesse non est, per doctrinam Bart. in l. 1. D. de except. Hartm. Hart. tit. 8. obs. 1. An valeat consuetudo, vt litigantes in iudicio non in scriptis procedant, sed omnia ore seu verbis ore prolatis proponere debeant? Ita videtur Hartm. Hart. d. obs. 1. vers. Quasitum fuit.* 3 Die Klag / *vsurpatur etiam vox* Libell. *De definitione libelli vide Spec. de libell. concept. §. 1. Host. in rubr. eod. n. 1. Dd. in c. fin. de libell. oblat. Odofred. in summa. quid sit libell. & dicitur libellus iudicij fundamentum, l. edita, C. de edend. Authent. offeratur, C. de litis contest. qui in omni causa tam de iure civili quam de iure Canonico offerri debet, Socin. reg. 233. per cap. 1. de libell. oblat. & omissus processum viciat, Specul. de libell. oblat. §. nunc dicendum, num. 14. per not. in c. 1. de libell oblat. & in l. prolatam, C. de sentent. & interlocut. casus quibus necessarius non sit, vide apud Specul. dicto §. nunc videndum. & Conrad. Lancilot. de offic. prator. in caus. civil. sub titu. de libell. numer. 2.*

posita in duobus, in narratione & in conclusione [4]: si vero criminalis est, in narratione dũtaxat necessario, plerunq; vero etiam in conclusione, attamen non necessario, siquidem in agentis est potestate, an conclusionem libello accusationis criminalis subiicere velit, necne [5].

Narratio est de facto controverso, & quidem id necessario: haud raro etiam de jure, sed de jure non nisi propter factum.

Ex facto enim jus sumitur, & jus quidem libelli propositionem continet, factum vero assumtionem, sive, vt Rhetores vocant, κρινόμενον, hoc est, factum de quo controvertitur [6].

Etsi vero jus non allegetur, ex facti tamen narratione ipsum etiam intelligitur, & ad factum controversum à judice accommodatur.

Conclusio est petitio narrationi subiecta.

Secundum qualitatem libellus consideratur in partibus vel in toto: & in vtroque partim in his, quæ necessario ad libellum perficiendum requiruntur, partim in accessoriis.

In narratione requiritur vt actionis instituendæ [7] requisita accurate proponãtur: in criminalibus vero præter illa etiam locus & tempus criminis perpetrati [8].

In conclusione requiritur, vt illa apte formetur pro institutæ actionis ratione: siquidem illa in cau-

4 *Alij tres partes libelli constituunt, Narrationem, caussam & conclusionẽ, Iason, Zas. & alij in princip. Instit. de action. Bart, in l. si priusquam, D. de oper. nov. nunc. sed eodem res recidit, vide Gail. 1. obser. pract. 61. n. 14.*

5 *Bart. in l. quid ergo, §. pœna, D. de his qui notant. infa. Ias. in §. omnium, n. 137. Inst. de act. Myns. Cent. 4. obs. 81. Gail. d. obse. 61. nu 18.*

6 *Hinc libellus dicitur esse Syllogismus quidam practicus & iudicialis VVes. in parat. D. de edendo, n. 3.*

7 *Interdum etiam in civilibus locus & tempus exprimenda sunt Gail, 1. obs. pract. 65. in fin. vtputa si civiliter agatur actione aliqua quæ de iure vel facto infamat, VVurms. tit. 9. obs. 2. in prin. vbi in fine sequitur sententiam Bartoli & Iasonis, qui docent etiam in libello de crimine, civiliter concepto exprimendum esse diem & locum, quod nisi fiat, libellus ipso iure nullus sit.*

8 *Quod nisi fiat, libellus ineptus est ipso iure, etiamsi nihil de eo opponatur, per text. in l. libellorum, D. de accusat. Myns. Cent. 2. obs. 32. Gail. 1. obs. pract. 64. n. 9. VVurm. tit. 9. obs. 2. vers. sed tamen est dubium, tametsi non sit præcise necesse, vt dies exprimatur, Myns. Cent. 2 obs. 40. Vivi. in thes. commu. opin. lit. A. verb. Accusator. Quod tamen accusatus diem exprimi petat, omnino exprimendus est, Myns. & Viv. modo dd. loc. Gail. 1. obs pract. 65. n. 11. Bart. in l. libellorum, D. de accus. tametsi in Camera Imperiali contrarium decisum sit, attestante Myns. d. obs. 40.*

in causis civilibus potissima libelli pars est [9], vtpote in qua forma libelli consistere dicatur [10].

Etsi enim ex medio concludendi libelli intentatæ actionis qualitas & genus colligatur atque demonstretur [11], ex conclusione tamen libellus potissimum dijudicandus est, actionisque genus colligendum [12], etiamsi actionis nomen aut genus expressum non sit [13], adeo vt quamvis narratio vaga sit & incerta, conclusio tamen narrata ampliet & restringat ad ea, quæ dicuntur in conclusione, atque libellum declaret [14].

In toto requiritur, 1. Ut sit aptus [15]. An autem sit ejusmodi, itidem ex libello conclusione potissimum animadvertitur [16], tametsi quo ad eius fieri potest, sit sustinendus [17], modo intentio apta sit [18]; & jus actoris ex narratis libelli colligi possit, [19] ita vt sufficiat jus negantis ex narratis resultare

 impli-

9 *Bart. in l. Aurelio, §. Sticho. ff. de liber. lega. Ias. in d. §. omnium, n. 129. 131. & 132.*

10 *Bald. in l. 2. nu. 2. vers. præterea, C. de probat. & dicitur esse libelli terminus à Baldo in d. l. Edita, n. 133. & in conclusione stat modus agendi, Dd. in d. l. edita, & in ca. hæc quippe, 3 q. 6. Innoc. in c. super literis, de iud.*

11 *c. literæ tuæ, de dilat. & ibid. gl. in verb. trib. annis, Bart. in d. l. Aurelio, §. Sticho, & in l. certi condictio, in pr. D. de reb. cred. si cert. petat. Ripa in l. naturaliter, §. nihil commune, nu. 197. ff. de acq. vel amit. poss. Cacher. dec. Pedam. 74. n. 11.* 12 *Bart. in d. l. certi condict. in pr. & in l. si prius, oppos. 5. p. 2. ff. de oper. nov. nunc. Ang. in d. §. omnium, & ibid. Ias. nu. 128. & Zas. n. 21. & seq. In. in c. super literis, de rescript. Ant. de Butrio in d. c. Literæ. Tib. Dec. cons. 130. n. 2. vol. 2. Burs. cons. 234. n. 3. lib. 3. Ceph. cons. 393. n. 163. li. 3. Myns. resp. 25. n. 2. Gail. 1. obs. pract. 61. n. 15. VVurms. tit. 9. obs. 6.* 13 *Dd. in c. dilecti, de iud. Panor. in ca. examinata, n. 1. & seq. eod. Cacheran. d. dec. 74. n. 11.* 14 *c. ex parte, de foro compet. c. literæ, de dilat. c. ex parte, el. 2. de rescript. Bart. in l. Aurelius, §. idem quæsiit, ff. de libert. le. Ias. in l. 1. ff. de eden. & in l. naturaliter, §. nihil commune, n. 191. de acq. vel amit. poss. Barbat. cons. 8. n. 1. Pistor. 1. qu. 45. num. 22. Schneid. in §. actionum, de petit. hered. n. 71. l. 2. C. de petit. hered. Gail. 1. obs. pract. 61. n. 15.* 15 *Libellus enim ineptus non valet. Innoc. in d. c. examinata, n. 2. gl. in l. 1. verb. libellus, ff. de off. assess. Vant. de nullit. ex defec. process. n. 22. & seq. ideoq; iudex eum etiam ex officio reijcit, VVes. in parat. ff. de edend. n. 8. Gail. 1. obs. pract. 66. nu. 9. & opponi potest quandocunq; etiam post sententtam. Dd. in d. c. examinata, Panor. & Felin. in c. ex parte, el. 2. de off. deleg. Bald. & Ang. in l. Tale pactum, §. qui procuravit. ff. de pact. Quomodo autem iudex si libellus ineptus sit pronunciare debeat, docet Gail. 1. obs. pract. 67. Veruntamen si libellus partim sit aptus, partim ineptus, propter partis ineptitudinem non viciabitur in totum, Gail. 1. obs. pract. 66. nu. 10. Myns. Cent. 4. obs. 5.* 16 *Bald. in l. nec quidquam, §. vbi decretum, & in c. 1. de except. Imol. in c. super literis, de rescri. Gail. d. obs. 61. n. 15.* 17 *VVes. de edend. n. 8. Myns. Cent. 4. obs.* 18 *Panor. in d. c. examinata, n. 18. Gail. d. obs. 61. n. 16.* 19 *Argu. l. 2. C. de form. & impetrat. sublat. & ibid. gl. in verb. si aptam, gl. in l. 2. §. circa primam, verb. sine causa, ff. de doli excep. Capel. Tholos. q. 233. in additio. Matthes. l. singul. 5. n. 1. Gail. d. obs. 61. v. 13. & 14. & d. obs. 66. n. 13. & seq.*

implicite, atque id probationibus declarari explicite[20], etiamsi verba libelli essent improprianda ad hoc ut salvetur[21].

II. Ut sit *clarus & certus*[22], non obscurus[23]. si tamen contra illum de obscuritate nihil opponatur, procedit, siquidem ex actis declarari potest[24].

III. Ut *sibi ipsi sit conveniens*: contraria enim allegans audiendus non est[25].

IV. *Ne sit conditionalis, aut alternativus*[26].

Accessoria libelli sunt præfatio: narrationis coloratio: actionum plurium cumulatio: expensarum judicialium restituendarum petitio: & clausularum conclusioni libelli adjectio.

Præfatio libelli habet nomen judicis, nomen agentis, nomen rei conventi, implorationem officii judicis ad compellendum Reum litem contestari & ad libellum oblatum respondere, & denique clausulas duas in omni libelli præfatione usurpari solitas, quarum una est, quod libellus offeratur non in forma solennis libelli, sed forma simplici qualis qualis narrationis facti, & altera, quod actor sese ad superfluam probationem adstringere nolit.

Narrationis *coloratio* consistit in rerum principaliter in controversiam deductarum confirmatione, quæ si absit, narratio, atque ad eam accommodata actio nihilominus valeat.

Actionum *cumulatio* est actionum plurium in eodem libello facta conjunctio; quam faciunt

fscta

20 *VVes. d. n. 8. Innoc. in c. cum dilectus, de ordin. cogn. & in c. ceterum, de iud. Ripa in d. §. nihil commune, num. 137. Rimin. iun. consil. 98. n. 29. vol. 1. Magon. decis. Lucens. 48. n. 12. & 13.*

21 *Per text. in l. si quis intentione, & ibid. Curt. iun. nu. 15. ff. de iud. c. auditis, c. veniens, de in integ. restit. Bart. in l. sed etsi possessori, §. item si iuravero, ff. de iureiur. & in l. scire debemus, n. 6. ff de V. O. & in l. 1. C. de usufr. & in l. si olei, C. de locat. Alex. cons. 121. n. 3. vol. 1. Corn. cons. 288. col. 3. vol. 3. Ias. consil. 112. in fin. vol. 4. Myns. d. obs 5. Gail d. obs. 61. n. 16.*

22 *Gail. 1. obs. pra. 62 n. 2.*

23 *Auth. offeratur, C. de litis contest. l. fin. C. de annal. except. Dd. in l. 1. D. de edendo. Diaz. reg. 437. Gail. d. observ. 66. nu. 6. & lib. 1. de pace publ. 11. n. 31. Quinque autem modis libellus potest esse obscurus, de quibus Gail, 1. obs. pract. 62. num. 3.* 24 *Bart. in d. l. edita. Mantua singul. 273. nu. 1. & sing. 531 Gail. d. observ. 11. num 31.* 25 *Gail. 1 obser. pract 79. nu. 1.* 26 *Diaz. reg. 438. & 439. VVurms. tit. 9. obs. Gail. d. obs 62. vbi casus recenset, quibus libellus alternativus sustineatur, & annotavit etiam unum Mynsing. Cent. 3. obser. 33.*

facta diversa eorumque narratio, & ad ea etiam subjecta petitio, siquidem tot censentur esse actiones quot facta [27].

Hujusmodi cumulatio regulariter jure permissa est, & nisi jure inveniatur prohibita, admittitur [28]. Regulæ autem cumulationum impeditivæ alibi à Dd. recensentur [29], quæ tum locum habent, si de cumulatione excipiatur [30].

Quod ad *expensas* attinet, solent istæ in libelli conclusione peti, ut restituantur factæ, adjecta protestatione de expensis futuris atque adhuc faciendis [31].

Ut autem expresse & nominatim illæ petantur necesse non est [32].

Clausulæ libello in fine adiici solitæ, dicuntur clausulæ salutares, eo quod per illas multa salvantur, quæ alias videntur esse viciosa, quin & expresse non petita sæpe veniunt officio judicis, & virtute clausulæ salutaris omnis actio, omneque remedium competens & ex narratis resultans in judicium deductum esse videtur [33].

Hujusmodi clausulæ sunt, omni meliore mo-

 do,

27 *Gail. de pig. obs. 19. n. 2.*

28 *Argu. l. nec non, §. quod eis, ff. ex quib. caus. maior. Hinc est quod dicitur actionum cumulationem regulariter esse permissam, si ex diversis causis ad diversa agatur, nec obstet ulla ex regulis cumulationis impeditivis, l. si idem cum eodem, ff. de iurisd. & ibi Alex. n. 1. gl. in c. querelam, verb. petens, de elect. c. 2. de caus. poss. & propriet. Mynș. Cent. 1. obs. 25. Gail. 1. obs. prac 63. in pr. & de Arrest. c. 5. n. 16.*

29 *in l. naturaliter, §. nihil commune, ff. de acquir. vel amitt. possess. & in d. l. edita. & in §. si minus, Inst. de act. Dyn. in c. nullus pluribus. de R. I. in 6.* 30 *Bar. in d. §. nihil commun. n. 30. & ibid. Ias. n. 156. Ripa n. 169. Rub, n. 125. Bart. in l. 2. in fin. ff. de petit. hered. & in l fundum, ff. de except. Curt. iun. in d. l. edita, nu. 217. & ibid. Iacob. à S. Georg. n 105. Soc. sen. cons. 981. col. 1. vol. 4. Ruin. cons. 115. num. 9. vol. 4. vol. 4.* 31 *Per ea quæ tradit Gail. 1. obs. pract. 151. n. 21.* 32 *d. c. cum dilectus, & in c. 2. de off. ordin. Ias. post Ang. in d. §. omnium. n. 147. & in l. pretes. C. de pact. Gail. d. obs. 61. n. 12. & obs. 180. n. 7. non tantum principalia, sed etiam accessoria Gail. 1. obs. pract. 151. n 21.* 33 *Gail. d. obs. 61. num. 11. Mynș. cent. 4. obs. 55. Iudex enim ex clausula salutari debet in iudicando rei gestæ duntaxat veritatem, quæ ex actis constat, & non solam petitionem actoris respicere, Inno. in d. c. examinata. Veruntamen quando clausula salutaris certo remedio intento adiicitur, coarctatur ea clausula ad hoc ipsum remedium sive iudicium, & receditur à regula de vi istius clausulæ, ut tradunt Aretin in c. licet causam, vers. pro his etiam facit. de probat. Socin. in c. significantibus, art. 13. q. 2. de libel. oblat. Specul. de libell. concep §. iam nunc videndum, vers. item talis. Ant. Gabr. lib. 6. de clausul. concl. 5. n. 4. Alex. cons. 121, n. 11. vol. 1. & cons. 95. vers. nec prædictis obstat, vol. 3. Paris. cons. 131. n. 12. vol. 1. Ruin. cons. 19. vers. nec clausula, vol. 4.*

do, omni salubriori remedio; petendo jus & justitiam administrari; implorando officium judicis, quæ clausulæ vel ita simul conjuncta, vel vna ex illis libello adiici potest.

Ad finem libelli clausula illa *salvo iure addendi, detrahendi, minuendi, corrigendi, mutandi, atq; in totum tollendi*, subiici solet: quæ ejus est effectus, vt ante litis contestationem ea quæ in libello sunt proposita, vel in totum tolli, vel qua sui parte mutari possint: quod post litem contestatam non conceditur, & ante litem contestatam non aliter nisi expensis refusis [34].

34 *vide infr. cap. fequen. sub signo IX.*

De incidentibus præparatoriorum iudicii.

CAP. XXX.

INcidentia præparatoriorum judicii sunt, quæ vt adsint, abesse tamen possint à judicio: incidit tamen quandoq; vt eorum vel omnium vel quorundam habenda sit ratio.

Ejusmodi sunt, contumacia, procuratoris constitutio, exceptionis oppositio, satisdatio, feriæ, sequestratio, interventio, interrogatio, libelli oblati mutatio, reconventio, interlocutio judicis, & ad perpetuam rei memoriam commissio.

I. *Contumacia* [1] est citationi legitime executæ non facta paritio, aut eius quod fieri debuit omissio.

Quę committitur ex parte actoris vel ex parte Rei, vt vtriusque vel omnino in non comparendo, vel comparendo quidem, sed nihil eorum quę agenda sunt, agendo.

Et pœnas suas habet pro occasione & negocii qualitate varias [2]: veruntamen in termino citationis,

1 *Germanis* Der Ohngehorsamb/ *de qua vide plene Spec. sub tit. de contumacia.*
2 *Marant. in Spe, part. 6 memb. 2 ponit viginti quatuor pœnas contumacia. Lancilot. de off. prat. in civil. sub tit. de contum. n. 7. & 8.*

nis, si actor [3] in causa civili non compareat, Reus autem sese sistat, Reus petit, vt vel terminus pro circunducto habeatur, ipseq; ab instantia sive observatione judicii absolvatur [4], vel in causa quidem procedatur, Reusque probandi onus in sese recipiat [5], atq; secundum eum, qui justam causam foverit, sive is Reus sit sive actor, in ipsa causa principali pronuncietur.

Reo ab instantia absoluto, actori ad agendum etiamnum via patet, non tamen ad agendum admittitur, nisi expensis prius refusis.

Sententia autem in causa principali lata reoq; ab actione intentata absoluto, actor amplius non auditur, eidemque vt contumaci ad appellandum via præclusa est [6].

In causis autem criminalibus accusatore emanente succedit officium judicis, quod accusatoris vices supplet, ita vt in causa principali omnino, si magistratus ipse velit, procedendum sit, nec Reus habeat facultatem petendi se ab observatione judicis absolvi.

Quod si Reus non compareat [7] actori tribus modis provisum est: vno quidem, vt in causa principali procedat, litem pro contestata, & articulos pro cõfessis acceptari petat [8], atq; in causa ad probationes procedat judicemq; controversiam sententia sua terminari faciat: quod cum fit, contumax in expensas condemnatur, etiamsi in causa sit superior [9].

Altero vero vt agat ad pœnam banni vel proscriptionis.

Et deniq; tertio, vt pro actionis intentatę qualitate sese in rei conventi bonorum possessionem immitti postulet, id quod fit decreto judicis.

Decretum [10] illud est jussio magistratus sive judicis, qua actor mittitur in possessionem bonorum rei contumacis.

3 *De modo contra actorem contumacem procedendi vide Gail. 1. obs. pract. 59. Mynf. Cent. 4. observ. 65. & 67. VVurm. ti. 7. obs. 2.*

4 *Qua tamen circunductio in causis appellationum locũ non habet, sed tantũ in causis simplicis querela, & in prima instantia, Gail. d. obs. 59. n. 3. Myn. Cent. 2. obser. 63. & Cent. 5. obs. 86.*

5 *vide Gail. d. obs. 59. n. 5.*

6 *Soci. reg. 104. & 105. Gail. 1. observ. prac. 132. n. 7. VVes. in par. D. de postuland. in fi. Roit. dec. Lithua. 2. in 46.*

7 *Quomodo contra Reum in contumaciã pceditur. vide And. Gail. 1. obs. pract. 60. VVurm. tit. 7. obs. 3.*

8 *Mynf. Cent. 4. obs. 66.*

9 *Duen. regu. 152. Cacher. decis. Ped. 9. num. 2. Gail. 1. obser. pract. 60. in fin. Mynf. Cent. 4. obs. 67.*

10 *De hoc vide And. Gail. de Arrest. obs. 2. VVurm. tit. 7. obs. 6. 7. & 8.*

Hoc

Hoc duplex est, primum vel secundum.

Decretum primum est, quod interponitur judice bonorum custodiæ causa, vt Reus tædio affectus veniat & respondeat, quod decreto actori pignus constituitur, quod appellatur prætorium: & possunt in bonorum possessionem ea ratione mitti complures, ita vt qui missi sunt, præ ceteris creditoribus, si qui sint alii, ex missione illa prærogativam non habeant.

Decretum primum in actione quidem personali concipitur secundum modum debiti declarati, in reali autem in rem ipsam, quæ judicio petitur.

Decretum secundum est, quo is qui ex primo decreto missus erat custodiæ causa, post lapsum anni mittitur vt revera etiam rem possideat.

At primum decretum interpositum, si ante lapsum anni Reus compareat, missio ex illo facta tollitur, modo Reus expensas ab actore factas prius refundat, cautionemq; judicio sisti præstet.

Secundum autem decretum in actione duntaxat personali locum habet, non etiam reali.

Ceterum contumax non intelligitur quis, nisi ipsius accusata contumacia [11].

In Camera Imperiali ad accusatam contumaciam proclama decernitur, proclamate facto & tribus juridicis effluxis, tum demum Reus pro contumaci habetur [12].

II. Est *procuratoris constitutio* Litigaturo liberum est, vt vel ipse in persona propria compareat in judicio, suamq; causam agat, vel si id nolit, per procuratorem [13]: & alterutro modo, si ipse in judicio standi personam habeat, hoc est, si sit ejusmodi, vt in judicio ipse versari possit.

Quod si tamen causa aliqua sit, quæ judicem moveat, fit, vt qui vocatur, in persona propria necessario comparere debeat, nec sufficiat procuratorem

11 *Lancil. d. tit. de contumacia, nu. 9. Cacb. decis. Pedem. 3. nu. 2. & decis. 71. nu. 47. Gail. 1. obs. pract. 55. n. 6.*

12 *Myns. d. obs. 65. Gail. d. obs. 59. in princ.*

13 *in pr. Insti. de iis per quos agere possumus, non tamen in criminalibus, l. pen. ff. de publ. iud.*

torem mittere[14].

Regulariter autem in judicio standi quisque personam habet legitimam, sed quidam impediuntur natura, quidam prohibentur lege.

Natura impeditur quis ob defectum judicii, vel vicium corporis.

Ob judicii defectum, Infans & impubes, deinde furiosus.

Ob vicium corporis, morbo sontico laborans, & quicunque à corpore ita affectus est, vt rebus suis ipse superesse nequeat.

Lege prohibetur quis, vel quod ita moribus receptum sit, vt servus[15], vel quod causa aliqua subsit, quæ petitur ex persona ipsius principalis litigantis; vt sunt minores 25. annis[16], & Prodigi.

Sunt tamen personæ, quæ vt judicio ipsæ interesse non possint, possunt tamen per alium, idque vel ob dignitatem, vt sunt personæ illustres[17], vel ob sexum: vt sunt fœminæ[18], nisi lis ad ipsas pertineat, aut injuriam suorum persequantur[19], aut nemo sit, qui ipsarum patrocinium suscipiat.

Sed & causa quæ disceptatur interdum eiusmodi est, vt per procuratorem expediri nō possit, qualis est causa status[20], & causa publica popularis[21], & causa criminalis, in qua gravior pœna relegatione imponitur, nisi forte ad allegandas absentiæ causæ[22].

Hodie judicia civilia pleraque ita ordinata sunt, vt causæ in illa deductæ non nisi per procuratores expediantur, idq; propter litigantium imperitiam, vel vt judiciorū ordo eo rectius custodiatur.

Qui autem ita negocium alienum mandato alterius gerit, eiusdem est, & dicitur Procurator, sive is qui mandavit dominus negocii sit vere, sive quasi domini loco.

Et

14 VVurmſ.tit. 5. obſ.4. Regulariter enim nemo citari poteſt praciſè, vt ipſe compareat in perſona, Due.reg. 95. nec poteſt id iudex inferior niſi in caſib. permiſsis. Schenc. Baro. in viridar. cōcl. 44. tom. 1. Pontifex Romanus & princeps dicitur hāc poteſtatem habere vt citare quē poſsit in perſona ꝓpria cōparere. c. cum dilecti, de dolo & contum. c. fi. de maiorit. & obed.

15 l. ſervum, 33 ff. de procur. l. ſervus. C. de iudic.

16 l. minor, 51. ff. de procur. l. exigendis, C. eod.

17 l. pen. ff. de publ. iud.

18 l. 2. ff. de R. I. vide Spec. de proc. §. 1. n. 1. Duen reg. 375. Ioſep. Ludov. deciſ. Peru. 49 n. 3.

19 l. fœminas, 41. ff. de procur.

20 d. l. ſervum, §. 1.

21 l. licet, 42 ff. de procur. l. 5. ff. de popul. act.

22 d. l. pen. §. ad crimen, d. l. ſervum, § publice, l. 1. Dig. an per ali. cauſ. appel. red. poſſ. c. veniens, de accuſ. vbi gl. in verb. crim. c. ſi quando, 2. q. 6. c in crimin. 3. q. 5. gl. in c. 1. verb. criminalis, de iud. in 6. Affl. dec. Neap. 64. n. 2. Pet. Gera. ſing. 63. n. 1. vide quæ ſcripſit Men. de arb. iud. q. li. 1. q. 80. & Gail. 1. de pace publ. 10. & q̄ ego dixi. li. 1. diſc. iur. Scho. 21.

Et potest is esse in judicio vel extra illud, hic ad negocia, ille ad litem [23], de quo hic sermo est.

Procurator ad litem est litem alienam in judicio tractans.

Quicunq; autem nomine alieno in judicio litigat, necesse est, vt is litigãdi mandatũ habeat [24].

Hoc mandatum est litigandi facultas accepta ab eo, qui dandi illam potestatem habet.

Et à procuratore specialiter ita dicto exhibitũ dicitur mandatum in specie, à Syndico syndicatus, ab actore denique actorium.

Mandatum autem generale est vel speciale.

Generale datum est ad omnes & quasvis causas, tam præsentes quam futuras; Speciale ad causam vnam vel plures, easq; præsentes.

Qui enim litigat, potestate litigandi non accepta, vel accepta quidem, sed non ab eo, à quo oportebat, is falsus procurator est [25].

Porro non satis est mandatum quem accepisse, nisi de mandato accepto etiam constet in judicio [26], id quod fit modis duobus, nimirum constitutione procuratoris apud acta, vel scriptura.

Constitutio procuratoris apud acta [27], est declaratio voluntatis litigantis apud judicem vel judicii secretarium pro more cuiusque judicii facta, quod hunc vel illum procuratorem suum esse velit [28] Atque exinde procurator, qui hoc modo mandatum accepit apud acta constitutus dicitur.

Constituitur scriptura; non quavis, sed legitima.

Legitima autem scriptura est, qua litigans fatetur se in scriptura super ea re confecta nominatim procuratorem suum esse velle, suoq; nomine litiganti facultatem illi concedit.

Rite autem concessa intelligitur, si scriptura illa habeat clausulas ex lege vel consuetudine requisitas, quarum vel vna omissa mandatum nullũ

esse

23 Paul 1. sent. 3.

24 Germanis ein Gewalt oder Vollmacht. De quo vide Ios. Lud. dec. Peru. 37. & dec. 117 n. 14 & seq & ampliationes quadraginta novem concl. 46.

25 gl. in l. si procuratori falso, in verb. falso, ff. de condict. caus. dat. gl. in l. falsus. verb falsus, C. de furt, Gail 1 obs. pract. 47. in pr.

26 Ias. in l de pupillo, §. q. procuratorio, nu. 4. ff. de op. nov. nunc. Grav. ad Vestr. c. 5 n. 24. lib. 4. Neq; enim præsumitur mandatum ac ne ex longinquo qdem tẽpore, Diaz. reg. 451. Alex cõs. 191. n. 4. vol 6. Ias. cons. 146. n. 40. vol 4. interdũ tamẽ præsumitur p procuratore etiamsi de mãdato sive cõstitutione ipsius non cõstet. Myns Cen. 5. obs. 80

27 vide VVurms. tit. 5. obs 18.

28 Mandatum apud acta datum tã perfectum esse dicitur, vt aliquid contra illud opponi nequeat, gl. Cyn. Bar. & alij in l. 1 Cod. de satis. Ang. in §. sed hodie, Instit. de satisd. VVurms. tit. 10.

esse censeatur, quæ clausulæ hodie aliquanto solenniores sunt, quam olim, & poterat olim mandatum ad singulos actus vel partem judicii dari, hodie in plerisque judiciis non nisi ad causam totam[29].

obs.2. ver. Mandatum autem.

Continet vero scriptura illa nomen mandantis, nomen mandatarii sive procuratoris vnius aut plurium, nomen etiam judicis vel judicii, coram quo ex mandato quis nomine alterius litiget, designationem causæ, si speciale sit, quæ verbis fiat vel relatione, aut si generale sit, generaliter, sub appellatione omnium causarum, quas mandans in judicio nunc habet, & porro habiturus est.

Ceteræ clausulæ sunt litis contestationis, juramenti calumniæ, substitutionis alius procuratoris, revocationis ejus, satisdationis & cautionis hypothecariæ[30]: quod si vniversitas mandatum dederit, necesse est præterea in syndicatu isto mentionem fieri, syndicatum illum sive mandatum datum esse ab vniuersitate simul congregata, aut certe majori istius parte[31].

Debet autem mandatum protinus in ipso judicii ingressu exhiberi: quod si exhibeatur, posteaquam ab eo qui exhibet, aliquid procuratorio nomine actum est, tum nisi mandatum illud clausulam habeat ratificationis retro actorum, vt insufficiens reiicitur.

Quod si vero de constitutione apud acta aut scriptura, atque adeo de mandato non constet, mandatum per testes etiam probari potest[32], & vero mandatum etiam habere præsumitur, qui instrumenta habet ad causam, quæ agitur pertinentia[33].

Possunt autem ejusdem & in eadem causa procuratores esse plures vel vnus, & constitui tam ab actore quam à Reo.

29 *Myns. Cent. 1. obs. 49. & Cent. 5. observ. 84. Gail. 1. obs. pract. 51. n. 11.*

30 *Myns. Cent. 4. obs. 99.*

31 *Myns. Cent. 1. obs. 76. & Cent. 3. obs. 18. Gail. 1. obs. pract. 46. nu. 6.*

32 *Diaz. reg. 609. Ios. Lud. d. c. Peru. 110 n. 4. idem conc. 31.*

33 *Vide Iosep. Lud. d. dec. 110. Vurm. tit. 10. obs. 2. in fin.*

Sane

Sane quamvis is, qui vt procurator in judicio litigat, mandatum non habens, non admittatur, tamen si de rato caveat; & simul de mandato exhibendo, admittitur; quæ cautio vsque ad litem contestatam locum habet[34].

Sub eadem cautione de rato sunt, qui nomine alieno etiam sine mandato litigare possunt, nisi forsasse in causis mandatum speciale desiderantibus[35], qui si pro Reo interveniat def.nsor dicitur.

Eiusmodi sunt personæ conjunctæ[36], vt parentes & liberi[37], maritus & vxor[38], magistratus & subditus; socius & socius[39].

Sunt vero etiam causæ nonnullæ[40], in quibus procurator mandatum habens nihilominus ad earum expeditionem mandatum speciale habere tenetur, cujusmodi est causa restitutionis in integrum[41]; in omni juramento, in animam alterius præstando[42], in compromisso faciendo[43], in impetranda quarta dilatione[44], & multo magis in eius prorogatione[45].

Verum in hisce omnib. sicuti & in aliis judicii partib. cuiusque fori vsus diligenter attendendus est:

34 Benintend.d. decis.18.
35 Schenc.in Virid. concl.109.
36 VVurms.tit.10. obs.3.
37 Diaz.reg. 129. Duen.reg.123.Ioseph. Ludov. decis. Perus.49.num. 1. & d. decis.110. nu. 12. Schenc.d. concl. 109. Gail. 2. de pace publ.10.nu. 28.
38 De quo vide Schenc.d.concl.100 Mynsing. Cent.3. obser.53. Gail.1. obser.pract.133. Ios. Ludovic.concl. 32.
39 Ludov.d. decis. 110.num.14.ita consors pro consorte, Duen.regu. 132. An etiam amicus pro amico? quod existimat Ludov.d. decis 110.nu.13. & alij nonnulli quos adducit Gail.2.de pace pub.10.n.28. sed verius est, non admitti, Viv.in commun.opin.verb.amicus non potest, quod in Camera etiam Imper.observatum testatur Gail.d.obs.10.n.28. Et vero in plerisq; hisce aliud ex vsu communi receptum est. *40 De quibus tractatur in c.qui ad agendum, de procur.in 6. Specul.de procur.§.1.n.14. & ibid. Ioan. And.in addit.* *41 l.illud, 25. §.si talis, D.de minor c.per tuas, c.coram, de in integ.rest.d.c.qui ad agendum, Bald. in l.1.C.etiam per procur. Cap.Thol.qu.55. Dec.cons.18.n.233.vol.1. & hanc communem esse Dd.sententiam testis est Mynsing.resp.53.n.1.& Cent. 2. obs.26.* *42 Gail.1.obs.pract.91.n.19. quod in specie de præstando iuramento calumnia tradit Bart.in l.2.§.fi.C.de iuram.calum. Gail.1.obs.83.n.2. & de iuramento instrumentorum primum repertorium, Myns.Cent.2.obs.53.* *43 Duen.reg.482.* *44 Myns. Cent.1.obs.70. Gail.d.obs.91.num.19.* *45 Gail.d.obser.91.num 19. Idem in transactione affirmat Bero.cons.76.nu.17.vol.1. Gail.2.obser.pract.72.nu.12. & de acceptanda possessione nomine alterius, Ios.Ludov.decis.Perus.29.n.4. atq; alios casus recenset idem Ios.Ludov.concl.30.per totam.*

est: sed ille nunquam eo sese extendere potest, vt qui alieno nomine litigat, id sine potestate litigãtis sibi data faciat, aut certe sine cautione rati.

Quam ob causam iudex si quid circa rem illam à litigantibus omissum esse videat, ex officio, etiamsi in causis conclusum esset, conclusione rescissa, injungit illi, ex cuius parte defectus est, vt de potestate litigandi sibi concessa doceat [46], hodie cumprimis siquidem in judiciis bene ordinatis lites per procuratorem plerunque expediuntur, vt ex vsu procuratoris constitutio & mandatum omnino sit necessarium, & de substantialibus potius, quam de incidentibus [47].

Verum fit nonnunquam, vt procurator mandato suo renunciet, quod non admittitur simpliciter [48].

Nam antequam lis contestata sit, renunciatio illa haud difficulter conceditur [49]: posteaquam vero lis contestata est, non itidem [50], nisi ex causis jure expressis; atque hoc de iure scripto.

In Camera Imperiali, quemadmodum & in aliis bene ordinatis iudiciis, vbi semel quis se procuratorem in judicio fieri passus est, renunciare mandato non potest, sive lis contestata sit, sive nõ sit contestata, quia propter satisdationem domini, quę ex stylo judicii mandato procuratorio, sive constitutioni apud acta inseritur, etiam ante litis contestationem res amplius integra non est.

Quo si tamen causæ legitimæ, de quibus est in l. filiusfamilias, & sequentibus, D de procurator. post acceptum mandatum supervenient, renunciatio fieri potest, veruntamen non secundum arbitrium procuratoris extra iudicium, neque in iudicio etiam oretenus vel inscriptis, nisi forte negocii dominus, à quo mandatum recepit, consentiat [51].

46 *Alex. in l. licet, nu. 6. C. de procur. Barbat. consil. 18. vol. 2.*

47 *Etiam in causis summariis & executivis, gl. in l. 2. vbi Bart. n. 3. C. de edict. D. Adr. toll. Bart. in l. fin. & ibid. Bald. n. 42. C. eo. Bart. in extrav. ad reprimend. verb. sine figura iudicij, n. 3. & in l. 3. §. ibid. nu. 2. D. ad exhib. Alex. in l. licet, nu. 6. Cod. de procur. & consil. 60. nu. 17. & consil. 59. nu. 2. vol. 2. Menoch. remed. adipisc. 4. nu 441. & remed. recup. 25. num. 272. & lib 2. præsumpt. 32. num. 1. Asin. in prax. §. 11. c. 25. & §. 28. c. 1 n 3. Vant. de nullit. ex inhab. & defect. mand. n. 3. Coler. de process. execut. p. 4. c. 1. num. 61. Stiat. pract. obs. 3. n. 3.*

48 *de revocatione procuratoris vide VVurms. tit. 5. obs. 3. & 6.*

49 *Mynsi. Cent. 5. obs. 44. Gail 1. obs. pract. 46 nu 8. & obs. 74. n. 10.*

50 *Capel. Thol. 277 Myns. d. obs. 44. Gail. d. obs. 46. n. 8. & d. obs. 74. n. 10.*

51 *Procurator quomodo mandato suscepto renunciare possit, vide Gail. d. obs. 46.*

Domino enim non consentiente, super hac renunciationis causa summarie à judice cognoscendum est [52], quod ut fiat, negocii dominus sive is ad quem ea res pertinet citandus est.

52 Benin.dec.Bonon.80.n.3. Myns. d.obs.44.

Cum autem citatio hæc non decernatur, nisi procuratore petente, procurator citationem ad videndum se exonerari à judice petat.

Citatione huiusmodi petita, decreta & insinuata, si citatus contumaciter emaneat, procurator, qui citationem impetravit, petit contra ipsum proclama decerni, eoq; facto repetit viva voce citationis narrata loco summariæ petitionis, petendo se exonerari, & generaliter desuper concludendo, atq; ita secundum petita exoneratur.

Sin autem dominus compareat, tum summarie de causa exonerationis cognoscitur, atq; si legitimam esse appareat, procurator exoneratur; sin minus, etiam invitus manere procurator cogitur.

Domino etiam controversiæ mandatum revocare concessum est; ante litis contestationem etiam sine aut ex injusta causa: post litis vero contestationem non nisi ex justa causa, quo casu citatione ad videndum fieri revocationem opus est, idemq; in hac revocatione processus est, quem modo dixi esse in exoneratione.

Quæ omnia nituntur hisce duobus fundamentis: Uno quod à contractu mandati nisi re integra recedere non liceat: & altero, quod procurator lite contestata ipse litis dominus factus sit [53], & cum adversario quasi contraxisse dicatur.

53 Vulg.l. neq. C. de procur. Capell. Thol.q.370.n.3.

III. Est *exceptionis oppositio*, quæ est exceptionis dilatoriæ vel peremtoriæ: illius, quæ litem non terminat, sed tantum differt: hujus, quæ terminat etiam, quæ tamen nonnunquam in vim & effectum exceptionis dilatoriæ ante litis contestationem opponitur [54].

54 Gail.1. observ. pract.16.n.6.

Et peremtoria quidem, si notoria sit, aut in cōtinentinenti probari possit[55], etiam ante litem contestatam proponi potest; & nisi ab actore elidatur, Reus secundum illam etiam lite non contestata ab instantia, vt vocant, sive observatione judicii absolvitur[56].

Sin autem exceptio peremtorii ante litem contestatam proposita altiori indagine indigeat, ejus deductio atq; probatio post litem vsq; contestatam reiicitur[57].

Ita exceptio dilatoria ante litis contestationem proponenda & probanda est[58], nisi forte post litem contestatam de novo superveniat[59], vel per judicem impeditus sit, quo minus ante litem contestatam proponere potuerit[60].

55 *Quid sit in continenti probare, vide Hartm. Hart. tit. 9. observ. 1. vers. ideo putat dici.*

56 *Bart. in l. nam & postea, in princ. num. 2. Dig. de iureiur. & in l. ille à quo, §. si de testamento, num. 5. Dig. ad SC. Treb. & in l. is à quo, Dig. vt in possess. legat. Ias. in l. ait prætor, in fin. Dig. de iureiur. Affl. decis. Neapol. 52. num. 1. Mars. sing. 365. Quæ sint exceptiones litis contestationem impedientes, vide Bald. in l. postquam liti, Cod. de pact. & in repetit. l. 2. Dig. de iureiur. Castr. in d. l. nam & postea, Alex. in l. vir bonus, in apostill. D. de iudicat. sol. Ang. in §. æque, Instit. de except. Felin. in cap. exceptionem, de exception. VVurms. tit. 8. obs. 3. & 4.*

57 Natta *cons. 152. num. 2. vol. 1. Gail. 1. obser. pract. 74. num. 13. & hactenus verum est quod exceptiones peremtoriæ non impediant litis ingressum, Gail. 1. obs. pract. 119. in fi. & 1. de pace publ. 11. nu. 10. & quod ante litis contestationem nec proponi nec probari possint, Socin. regul. 168. Gail. 2. obs. pract. 17. nu. 1. Illæ autem exceptiones altiorem indaginem requirere dicuntur, quando non sunt liquidæ, nec de facili possunt liquidari, Alex. & Ias. in d. l. nam postea, in princ. idem Alex. in l. 4. §. condemnatum, Dig. de re iud. Ex quo est vt si opponens exceptionem offerat se paratum probare eam in continenti, processus ad vlteriora impediatur, & statim super exceptione illa interloquendum sit, secundum Bart. in d. l. ille à quo, §. si de testamento, num. 4. Panorm. in cap. cum contingat, num. 13. in fin. de offic. deleg. & ibidem Feli. nu. 18. Benin. decis. Bonon 7.*

58 *l. peremtorias, Cod. senten. rescin. non poss. l. fin. Cod. de except. l. ita demum, Cod. de procur. c. inter monasterium, de R. I. Dec. consil 63. num 13. vol. 3. Dd. in l. exceptionem. Dig. de probat. Specul. de except. §. 5. Socin. regul. 167. Diaz. regul. 256. Duen. regul. 263.*

59 *Bartol. in l. 2. § numerum, Dig. de excus. tutor. Salic. in l. error, Cod. de iur. & fact. ignorant. gl. &* Dd. *in l. qui procuratorem, §. si quis amiserit, Dig. de procurat. Socin. regul. 160. Diaz. regul. 248. VVurms. tit. 8. observ. 2. Exceptio tamen dilatoria habens tractum successivum opponi potest etiam post litem contestatam & quandocunque. Mynsing. Cent. 2. observ. 73. Gail. 1. observ. pract. 52. num. 3.*

60 *gloss. in cap. ex conquestione, de restitut. spolia. VVurms. titu. 8. observ. 2. in fin.*

Peremtoriæ autem exceptiones regulariter post litem contestatam proponendæ & probandæ sunt[61], possunt tamen etiam ante litis contestationem proponi, sed nisi notoriæ sint, aut in continenti probari possint, probatio earum post litis contestationem reiicitur[62].

Sunt vero exceptiones dilatoriæ multæ atque variæ, quarum si quis plures habeat, licebit quidem illas Reo proponere successive[63], ex ordinatione vero Cameræ imperialis eiusmodi exceptiones omnes simul & semel proponendæ sunt, tametsi istæ, quæ natura sua posteriores sunt, non nisi in eventum[64].

Ex illis nonnullæ concernunt personas ipsas, quædam ipsius causæ merita.

Quæ personas concernunt, illæ opponuntur judici vel litiganti.

Quæ judici opponuntur, illæ omnium debent esse primæ[65], quippe quod his omissis, aut certe aliis ante istas præmissis in jurisdictionem judicis atque ipsum etiam judicem consensum esse videbitur, atque adeo ad istas regressus non dabitur[66].

Hinc Reus exceptiones suas ante litis contestationem proponens præmittere solet, se coram judice à quo citatus est comparere, & non nisi quatenus & in quantum de jure teneatur in ipsum consentire[67].

Exceptio-

61 exceptio peremtoria proponi potest usq; ad sententiam & conclusionem in causa, postea non, l. peremtorias, C. sent. rescind. Hartm. Hart. tit. 9. obs. 1. in quibusdam tamen casibus proponi potest, etiam post sententiam, de quibus per text. & gl. in l. 1. C. de iur. & fact. ign. VVurms. tit. 8. obs. 2.

62 Per iura allegata sup. n. 48. 49. & 50. vide omnino Hartm. Hart. tit. 9. obs. 1.

63 l. præscript. l. siquidem, C. de except. nisi successive proponantur studiose & de industria differendi iudicij causa, Stiat. pract. obs. 2. n. 11.

64 Ord. Camer. Imp.

65 l. fin. Cod. de except. p. 3. tit. 13. §. fin. & t. 24. Myns. Cent. 5. observ. 89. l. peremtorias, cum ibi notatis. Cod. sent. rescind. non posse. Hartm. tit. 1. observ. pract. 11. VVurms. tit. 8. obser. 1. *66 l. sed etsi susceperit, 52. in princ. Dig. de iud. l. fin. C. except. notatur in d. cap. inter monasterium; pract. Ferrar. de declinat. iurisdict. alien. iud. in verb. nec fuisse, num. 1. Marant. distinct. 1. num. 6. Conrad. Lancil. de off. prætor. in caus. civil. sub titu. de except. num. 4. & alij quos alleg. Mynsing. Cent. 4. obs. 27. vbi etiam limitationem quandam ex sententia Dominorum Cameralium annotavit. & aliam annotavit Lancil. d. n. 4.* *67 Gail. 1. obs. pract. 48. n. fin.*

Exceptiones judici oppositæ sunt fori declinatoriæ, quæ potissimum duæ sunt, vna est incompetentiæ judicis [68], altera est recusationis judicis.

Incompetentiæ quidem, de qua ipse judex, cui opponitur cognoscat [69], quod aut judex esse non possit, aut si esse possit, causæ tamen cognitio ad ipsum nondum pertineat, forte quod sit judex alicuis inferior, coram quo ipse Reus prius conveniendus sit: aut quod inter personas quidem illas judex esse possit, sed non in illa causa; forte quod causa ad ipsius jurisdictionem non pertineat, vel quod judex fuerit advocatus, vel quod causa illa judicis sit propria.

Hic sæpe disputatio incidit de causæ continentia, de qua est regula, quod dividi non debeat [70]: eademq; facit, vt ad quem judicem alias controversæ causæ cognitio nondum pertineret, ad eum pertineat quam primum.

Hæc continentia causatur interdum ex personis, interdum ex rebus: illis quidem si plures futuri sunt, Rei eiusdem litis consortes, qui diversis jurisdictionibus subjecti sint; his vero si in actionem intentandam veniant bona sive res in diversorum jurisdictionumque territoriis sitæ.

Recusationis vero iudicis, quæ exceptio inter dilatorias prima esse dicitur [71], nimirum si alias certum sit, judicem competentem fore, nisi de novo superveniat, quo casu non tantum post litem contestatam, sed post conclusionem etiam in causa opponi potest [72].

Est autem judicis recusatio judicis suspecti allegatio [73].

Nam à judice suspecto causa definienda non est [74], nec quidquam putatur esse gravius quam sub

68 *quam valde privilegiatam præ ceteris omnibus esse dicit gl. in Clem. 1. de sequestr. possess. & fruct. Dec. cons. 63. nu. 16. vol. 3.*

69 *Bart. in l. quidam consulebat, D. de re iud. Lancilot. d. tit. de except. 11. 5. sed quid si iudex eam non admittat, & propterea appellatū, vide Hartm. Hart. ti. 9. obs. 3.*

70 *l. nulli, Cod. de iud. cap. 2. de caus. possess. & propriet. Mynsing. Centur. 1. obs. 4. Gail. 1. de pace publ. 6. num. 2. & lib. 1. obser. pract. 32. Menoch. de arbitr. iudic. quæst. lib. 2. casu 371.*

71 *Mynſ. Cent. 4. obs. 59. Gail. 1. obs. practic. 33. nu. 11. Lancil. d. tit. de except. nu. 7.*

72 *Mynſ. d. obs. 59.*

73 *& quidem iudicis cuiuslibet etiam ordinarij, quam communem esse testatur Lancil. d. tit. de except. num. 9.*

74 *c. quod suspecti, 3. q. 5. Menoch. de arbitr. iud. q. lib. 2. cas. 152. n. 1. Gail. 1. obs. pract. num. 6. & seq.*

sub judice suspecto litigare [75].

Ex multis autem causis [76] judex vt suspectus arguitur, puta, si is consimilem causam habeat cum ea, de qua judicare debet [77], si sit inimicus [78], si sit juris imperitus, & ejusmodi aliis, quas late tractant Dd. alibi [79].

Quæcunque autem proponatur necesse est vt sit legitima, non frivola [80], id est, vt sit probabilis [81].

Ut vero vnus ex judicibus plurib. suspectus sit, ob id tamen totum collegium judicum recusari non potest [82].

Et quamvis hodie ex jure Canonico recusatio suspecti judicis fiat ad eum effectum, vt judex removeatur à cognitione causæ [83], jure tamen civili inter judicem ordinarium & delegatum distinguitur, vt ille quidem regulariter recusari atque removeri non possit [84], sed alius judex ei adjungatur [85], delegatus autem possit [86].

Sane cum princeps notorie suspecto causam committit, commissio quidem valet, sed exceptio recusationis obiici potest, etiamsi princeps dicat, se causam committere recusatione remota [87].

Est vero & alia juris civilis distinctio, vt si delegatus recusatur, necesse non sit recusationis causam exprimi [88], modo recusans juret, se non animo calumniandi recusare [89], si ordinarius recusatur,

75 *Gail. d. observ. 34. nu fin. Cacher. decis. Pedam. 15. num. 5.*

76 *De quibus plene Specul. de iudic. deleg. § superest. Maran. p. 6. de appell. à num. 26. vsq. ad num 77. Legista in l. apertissimi, Cod de iud. Canonista in c. suspicionis, de offic. deleg. & in c. cum specialis, de appell. Menoch. de arbitr. iud. quæst. libr. 2. casu 458. num 13. Schenc in virid conclus 42 Ioseph. Ludovic. decis. Perus. 108. nu. 1. Gail. 1. obs. practic. 33. num 9. Hartm. tit. 1. obs. pr 9.*

77 *Duen. regul. 438.*

78 *Cacher. d. decis. 15. num. 7.*

79 *Lancil d tit. de except num 11 recenset casus quinquinginta.*

80 *cap. inter monasterium, de sent. & re iud c. si contra vnum, de offic. deleg in 6.* 81 *Abb. in cap. cum speciali, de appellat Hartm tit 1. obs princ. 12.* 82 *Gail obs 33. nu 2.* 83 *Gail d obs. 33 nu. 1. Schenc. in Virid concl. 45. tom 1.* 84 *Gail. obser 33. n. 1. Mynsing. Cent. 2. obser. 52.* 85 *Myns. d. obs 52 Cacher d decis 15 d. 1.* 86 *Gail. d. obs. 33. n. 3. Myns. d obs. 52 Schenc in vird d conclus 45* 87 *Myns. Cent. 3. obs. 63. Gail. d. observ. 33. nu. 4 & seq. Lancil d. tit de except n 9 An autem princeps committere alias possit causam recusatione remota, vide Spec de recusat §. 1. vers. quid si sit causa, Bald. in l. fi. C. de sent Ang. & Imol in l 1. §. interdum ff à quib appell non lic. Inn in c. ex transmissa, de foro compet. Schenc. concl. 42.* 88 *Myns. d. obs. 52. & d. obs. 63.* 89 *Myns. d. obs. 63*

vt causa recusationis coram ipso ordinario exprimenda sit, & probanda coram arbitris ad cognoscendum de causis suspicionis electis[90].

Quod si judex ab arbitris vt suspectus pronuncietur, omni jurisdictione, quo ad illam causam, privatur[91], & cognitio de meritis causæ principalis ad arbitros illos pertinebit, adiunctos judici ordinario secundum jus civile, tametsi si jus Canonicum illud deneget, quod vult ad judicem proxime à judice recusato superiorem eundum esse[92].

Sane si judex exceptione hac spreta in causa nihilominus procedat, processus nullus reputatur[93].

Sed hac in re cuiusque fori consuetudo spectanda est, frequentius autem vsurpatur jus Canonicum: quod si de consuetudine aut stylo non appareat, in foro quidem Ecclesiast. co jus Canonicum, in foro autem seculari civile observandum fuerit[94].

Atq; hæ duæ potissimæ sunt, vt dixi, fori declinatoriæ: sed sunt prẹter illas etiam aliẹ, puta, quod ordinario judici obiicitur, quod sit infamis[95], quod annis vigintiquinque minor[96], quod sit servus, quod sit furiosus, aut ejusmodi, qui ipse in judicio standi personam non habeat.

Delegato vero judici præter illa etiam obiicitur de commissione in originali pro fundanda jurisdictione non ostensa, deinde de vicio commissionis, quod est in scriptura, vel in sigillo addito visibiliter, invisibiliter vero si ad falsam suggestionem facta sit, vbi locum habet exceptio sub & obreptionis[97].

Arguitur etiam quandoque persona delegantis, puta, quod ad ipsum iurisdictio non pertineat; quod in casu, quo de agitur, delegare non potuerit.

90 *vide omnino Hart, ti. 1. obs. pr. 13.*
91 *Schenc. conclus. 42.*
93 *Gail. 1. obs. pr. 33. n. 15. vide processum recusationis apud VVurms. de iudicib. obs. prac. 6. & 16. Hart. d. obs. 9.*
93 *Bart. in l. quia poterat, D. ad SC. Treb. Host. & Ant. de Butr. in c. cum speciali, de appella. Lanc. d. n. 7. VVur. de iudicib. obs. pr. 6. Hartm tit. 1. obs. pract. 10.*
94 *Gail. d. obs. pr. 33. n. 16.*
95 *l. iudices, C. de dignit. gl. in l. de infam. C. de decur. lt. 10. VVur. lib. 1. pr. obs. tit. 1. obs. 14.*
96 *l. quidam consulebant, 57. D. de re iud. c. cum decem annis, de off. deleg. VVurms. d. tit. 1. obs. 15.*
97 *vide. Stiat. pr. obs. c. 1.*

Adversus delegatum etiam excipitur, si terminos commissionis sibi factæ egrediatur.

Exceptiones dilatoriæ, quæ inter litigantes sunt, opponuntur vel ipsis, quos causa principaliter concernit, vel aliis ipsorum nomine litigantibus. Quæ omnes eo pertinent, ut qui in iudicio est & versatur, eiusmodi sit, qui in judicio etiam esse & versari possit [98].

Sunt enim qui nullam omnino in judicio standi personam habeant, sive suo sive procuratorio nomine in judicio esse velint: sunt vero etiam qui in genere quidem in judicio standi personam habent, sed ut in causa, quæ agitatur, versari possint, personam suam ad causam illam legitimam necesse habent.

Ceterum omnes illæ exceptiones, quæ ex persona Rei conventi opponi possunt, eædem actoris personæ recte possunt opponi; non vicissim exceptiones, quæ opponuntur ex parte actoris, semper adversus Reum locum habent.

Hinc servus agere vel accusare in quocunq; judicio illud fiat non potest; Reus in causa criminali, tametsi illud etiam cum distinctione, esse in causa civili non esse potest [99].

Pupillus nec actor nec Reus esse potest, sine autoritate tutoris [1], nisi in casibus quibusdam, qui in iudicii forma non intentantur [2].

Neque minor annis 25. etiamsi curatorem non habeat [3].

Aliis eorum nomine quos causa principaliter concernit, judicio interesse licet, puta tutoribus & curatoribus, vel procuratoribus, & utrisq; illis, ut sese ad litigandum legitiment [4].

Legitimare autem est ostendere in judicio, se litigandi nomine alieno potestatem habere.

Et tutoribus vel curatoribus quidem incum-

pit

98 *vide Hartm. ab Epping. tit. 4. obs. 1. & tit. 6. obs. 2.*

99 *l. non idcirco, D. de iud. l. servus, C. eod. l. hos accusare, 8. D. de accus. casus exceptos vide in d. l. servus, l. vix certis, 53. D. de iud. l. 1. C. de precib. Imp. offerend.*

1 *l. 1. & 2. C. qui legit. pers. stan. in iud. non hab. l. clarum, C. de autor. præst.*

2 *De quibus consulendus est Huber. de Bonacurs. sub ti. quib. mod. suo nomine agentes, & c. in pr. ibid. Ant. de Tremelis in addit.*

3 *l. antepen. C. qui dare tut. vel. curat. poss. De curatore dando minori ad litem vide Hart. tit. 5. obs. 5.*

4 *Vide Hubert. de Bonacurs. in pract. sub cap. de except. opponend. tutor. & curator. Stiat. prac. obser. 3. ubi num. 3. dicit hoc esse unum de substantialibus, & quod iudex ex officio possit mandatum exigere tradit Alex. in l. licet, nu. 6. C. de procur. Barbat. consil. 18. vol. 1.*

bit, vt tutorium, vel curatorium ad acta exhibeant [5].

Est autem tutorium scriptura, quę tutori & curatorium, quæ curatori datur, ex qua appareat, cum qui tutorio vel curatorio nomine agit, tutorem vel curatorem esse: nimirum si ab alio, quam à iudice, coram quo causa ventilatur, constitutus sit [6].

Utrovis autem illo continetur, tutori vel curatori personæ curam, inventarii confectionem, & administrationem bonorum legitimam commissam esse, cui se satisfacturum tutor vel curator iuramento corporali promiserit [7].

Procuratoribus vero incumbit, vt mandatum exhibeant, sive ad mandatum in specie sit, sive actorium, sive syndicatus: nisi apud acta se constitui passi fuerint.

Nam procuratoribus opponi solet [8], quod mā-

5 Vide And. Gail. 2. obs. pract. 67. nu. 1. & seq.

6 nam si ab eodem iudice, coram quo agitur, tutor vel curator datus sit & confirmatus, non opus est tutorium vel curatorium exhiberi, sed sufficit constitutionis vtpote notoriæ allegatio: Gail d. obs. 107. n. 5.

7 vide Deß heiligē Reichs Policey-ordnung/ factam Augustæ anno 1548. sub tit. Von der Pupillen vnd minderiährigē Kinder Tutorn vnnd Vormünden/ quæ repetita est Francofurti anno 1577. tit. 32. Ex hac vero ordinatione apparet nō sufficere tutoribus testamentariis vt loco tutorij exhibeant collationatam copiam testamenti vel aliud legitimum documentum, ex quo constare possit constituentes actorem esse testamentarios, vt vult Gail. d. obs. 107. n. 5. addens id Cameræ praeiudicio confirmatum, quod si verum est, non putaverim id sequendum, sed Ordinatione potius ipsam, maxime quod hæc anno 1577. repetia sit, id vero præiudicium attestante Gailio factum sit 29. Januar. anno 1568. Atque non attento eo præiudicio secundum ordinationem in causa quadam gravissima, quæ in summo iudicio Hessiaco ventilabatur. pronunciavimus. Formulam Tutorij & Curatorij legitimam ab Imperio Romano anno 1570. approbatam, vide post recessum eius anni, & apud Cisnerum in libro inscripto Formular allerley Gewälden / in fine. 8 Hubert. de Bonacurs. in praxi, sub titu. de except. procur. adeo vt etiamsi procurator in iudicio admissus fuerit, mandati tamen defectus ad invalidandum acta quandocunque opponi possit, Bald. in l. licet, in princ. C. de procurat. Vant. de nullit. ex inhabil & defect. mand. nu. 64. Quod si de mandato non constet, processui nullus redditur, l. licet, 56. D. de iudic. l. licet, C. de procur. c. nostra, in fi. eod. l. licet, de appell in 6. Debet autem de eo doceri ante litem contestatam, Beninten. dec. Bono. 18. atq; adeo hoc non facto ad vlteriora procedi nequit, gl. Bart Alex. & alij in l. 2. C. de edict. D. Adr. toll. Maran. in Specul. p. 4. §. vigesima, n. 16. & §. nona, nu. 38. Vant. de nullit. ex defect. mand. n. 3. & communem dicit Ias. in l. cautio n. 11. vers. in ea, C. de procur. quæ nullitas tam ex parte Rei, quam ex parte actoris insanabilis est, Bal. in l. falsi, l de furt. per text. in l. ex causa, §. 1. D. de procur. & c. 1. de sponsal. in 6 Vant. de nullit. ex inhab. & defect. mand. nu. 60. Coler. de process. execut. p. 4. c. 1. n. 61. nec vlla maior est nullitas, quam quæ provenit ex defectu legitimationis personarū, gl. in l. 1. §. 1. verb.

datum non habeant, aut habeant quidem sed non sufficiens, aut sufficiens quidem, sed ad causam illam, qua de agitur, non pertinens [9].

Aliæ vero etiam exceptiones obiici possunt, quæ omnes sumuntur ex persona vel procuratoris ipsius, vel constituentis ipsum, item ratione vel causæ vel officii [10].

Sunt etiam peculiares [11], quæ obiiciuntur procuratori in rem suam constituto, puta, quod sine titulo in rem suam procurator factus sit, quod actio ipsi cessa per ipsum actionis sive negocii dominum in iudicium deducta sit; quod actio in potentiorem, atque adeo terribilem translata sit.

Item quæ obiiciuntur syndicis [12], puta, quod non ab vniversitate aut maiore parte illius constitutus sit; quod non sit constitutus ab vniversitate legitime congregata; quod ab vniversitate vel collegio illicito constitutus sit; quod postquam constitutus esset, decreto vniversitatis experiri prohibitus sit, quod vniversitas dissoluta sit.

Item quæ obiiciuntur actoribus à tutore vel curatore constitutis [13], puta quod non sint constituti periculo tutoris vel curatoris; quod non fuerit iusta & legitima constituendi causa.

Exceptiones ad causam ipsam pertinentes dilatoriæ sunt, veluti libelli inepti [14] vel obscuri, actionis nondum competentis, item litis pendentiæ, & eiusmodi aliæ.

Opposita autem exceptione dilatoria si iudex ad vlteriora ea non obstante procedat, censetur eam reiecisse [15].

Exceptiones peremtoriæ ad ipsa causæ merita spectant, quæ, prout supra dictum est, ante litem contestatam in vim dilatoriarum, nisi in facto notoriæ sint, aut in continenti probari possint, propo-

9 c. in nostram, c. ex insinuatione, c. mãdato, de procur. Oldend. in Enchir. except. de except. procur. Gail. 1. obs. pract. 47. n. 1.

10 An illi qui iudex fuit in causa principali recte obiici possit in causa appellationis si in ea velit esse procurator, vide VVurms. de indi. lib. 1. obs. 7.

11 de quib. Hubert. de Bonacurs. in praxi, sub tit. de exceptionibus quæ procuratori in rem suã

12 De quib. idem Hubert. in praxi, sub tit. de excep. opponend. syndicis.

13 Idem Huber. in praxi, sub tit. de except. contra actorem à tutore constitũ.

14 VVurms. tit. 9. obs. 1.

15 c. ex parte, el. 3. de appella. Clem. si. eo. Ias. in l. ex quacunq. nu. 45. D. si quis in ius voc. non ier. Panor. in c. cum super, in fin. de off. deleg. Roman. cons. 220. col. penu. Dec. cons. 275. col. 3. Dec cons. 63. n. 14. vol. 3.

proponuntur: post illam ita opponuntur, vt iudicium & controversiam in iudicium deductam omnino tollant: tametsi etiam ante litis contistationem propositæ, si notoriæ sint vel in continenti probentur, naturam exceptionum peremtoriarum retinent, cuiusmodi exceptio est, tibi non competit actio, quæ exceptio mihi videtur esse generalis, locum habens non tantum, si actio omnino non competat, verum etiam si competat, exceptione tamen aliqua elidi possit.

Huiusmodi sunt exceptiones solutionis, iurisiurandi, transactionis, rei iudicatæ quę tres posteriores dicuntur esse litis finitæ, & declinatoriæ, sicuti & exceptio præscriptionis, & aliæ [16].

Sunt vero etiam quædam, quæ post sententiam opponi possunt [17].

IV. Est [a] *cautionis præstatio.* Cum enim iudicii personæ legitimæ sunt, atque ita quoad ipsas iudicium constitutum est, cautio facit, vt iudicium quod est reddatur firmius.

Est enim cautio, cum adversarium de lite securum reddimus, ne quod in iudicio fit, fiat irritum [18].

Hæc personas litigantes respicit, vel litem ipsam.

Quæ personas respicit, duplex est, vna iudicio sisti, altera rem ratam haberi: quæ litem, illa dicitur iudicatum solvi [19].

Sed tam hæc quam illa præstatur vel pignoribus, quæ nuda repromissione concilietur, si nimirum agens immobilia bona habeat in territorio magistratus, qui iudicat [20]: si ea non habeat, præstatur fideiussoribus, qui facultatibus & conveniendi facilitate sint idonei [21], quæ cautio proprio nomine appellatur satisdatio. Quod si fideiussores haberi nequeant, in locum eius cautionis succedit cautio iuratoria, cui illustres plerunque personæ

16 *Lancil. de offic. præt. in caus. civil. sub tit. de except. n. 13. Crav. cons. 204. n. 6. Neviz. cons. 15 nu. 23.*

17 *de quibus vide Spec. de except. Aretin. in tit. Inst. eo. pract. Ferrar. in for. respons. rei conv. vers. salvis aliis.*

a Qui satisdare cogantur vel iurato promittant vel suæ promissioni cõmittantur, 2. *D. 8. vide Conra. Lanc. de off. præt. in civilib. sub tit. de satisdatione.*

18 *l. 1. D. eod.*

19 *§. sunt autem. Inst. de satisd.*

20 *l. sciendum, 15. D. eod. VVurm. tit. 10 obs. 1.*

21 *l. 2. D. eod.*

personæ ob dignitatem, in qua sunt, relinquuntur[22].

Sane nomine suo qui agit, cavere necesse non habet, nisi de expensis refundendis in casum succumbentiæ, si agens alienæ jurisdictioni subiectus sit, neque in eo bona, in quæ ipso in expensas condemnato executio fieri possit, sita habeat, aut ut jurisdictioni quidem illi subjectus sit, si tamen tam pauper, ut si succumbat, expensas refundere nequeat.

At de procuratore juris est regula, quod nemo litis alienæ idoneus defensor esse censeatur sine satisdatione[23].

Et siquidem procurator mandatum non habeat, aut ut maxime habeat, de eo tamen non appareat, procurator primum omnium cautionem de rato præstabit[24].

Cautio autem de rato est, quam de procuratore actoris stipulatur Reus ante litem contestatam, item actor vel procurator ejus de defensore Rei ad eum effectum, ut is cuius nomine actionem suscipit, ratum habiturus sit id, quod per ipsum agitur[25].

Quæ cautio ad litem usque contestatam durat[26]: siquidem postea de mandato omnino constare debet, nisi persona sit eiusmodi, quæ sine mandato pro alio in judicio versari possit.

Quod si actor ipse in judicio præsens sit, vel de mandato eius constet, satisdatione ipse non onerabitur[27].

Rei conventi causa aliquanto est gravior. Olim Reus conventus actione reali satisdabat judicatum solvi[28], conventus actione reali personali nõ satisda-

22 Vide VVes in parat. D. eod. Nov. 52. & 112 Cachera. decis. Pedem. 70. n. 3 gl in l pen. C. de dignitat. li. 12. Harmenop. lib. 1. tit. 2. de cautione iuratoria vide Auth. generaliter, C. de Episc. & cler Gail. 2. obs pract 47. n 8. Ios Ludov. decis. Perus. 63. n 6. Cap. Tholos q. 138. n. 2. Diaz. reg. 660. casus quib. cautio fieri non potest, nisi fideiussoria vide apud And. Gail. de arrest c 3.

23 l. qui rem alienã 166. l. in eo, 110. §. 1. D. de R. I. l qui proprio, 46. §. qui alium, l nõ videtur 53. D. de procur. l. filius, 14 D. qui satisd. cogant. l. un. C. de satisd. quã Inst. in §. hac ita erãt, & in § pen. Inst de satisd. reper. & exposuit Cui 8 obs. 26.

24 l si procuratorẽ, D. de procur l 1 C. de satisd. VVurms. tit. 10 obs 2 ubi dicit, quod si constet quẽ mandatũ non habere, ne cum satisdatione quidẽ admittatur per § si in autẽ Inst de satisd quod usus quotidianus respuit. 25 l 1. C de proc. l Pomponius, 40 §. ratihabitionis, D eo Maran. p 6 memb. 8 n. 15. Cui. in para. D. Rem ratam habere. 26 d l Pomponius, § ratihabitionis, Mascar de proba concl. 1006. vol. 2. 27 Hartm. ti. 5 obs 3 28 l si petitor, 8 l si servus, 11 D iudic solvi, l. pen D. de dolo mal. l. si eum, 33. D de fideiuss l. in causæ, 27. § si ex parte, D. de procur, l. 2. D. de præt stip l. 1. C. uti possidet.

ſatiſdabat[29]. Jure novo Reus nec in reali, nec in perſonali ſatiſdat judicatum ſolvi, ſed ſatiſdat tantum judicio ſiſti[30].

Eſt autem cautio judicio ſiſti illa, qua quis promittit ſe in judicio vſque ad finem litis ſive vſque ad ſententiam definitivam, permanſurum eſſe.

Quod ad procuratorem Rei conventi attinet, is olim in actionibus perſonalibus ſatiſdabat judicatum ſolvi[31], & judicio ſiſti, non etiam de rato[32], in actionibus vero realibus ſatiſdabat judicatum ſolvi, vt maxime apud acta conſtitutus, aut alias ipſius perſona legitimata eſſet[33]: Jure novo ſi ipſe Reus in judicio præſens ſit, tum vel in loco judicii vel extra judicium pro procuratore ſatiſdat judicatum ſolvi, ſi Reus abſens ſit, ipſe procurator cautionem hanc præſtabit[34]: Hodie, atque ita jure noviſſimo ſive præſens ſive abſens ſit Reus, procurator ipſe non ſatiſdat, ſed is, cuius nomine litigat, ſatiſdat pro ipſo, idque ſi de mandato appareat, quod ſi de mandato non appareat, procurator etiamnum rem ratam haberi ſatiſdabit, [35] quod ad actoris etiam procuratorem pertinet.

Ceterum cautio judicatum ſolvi datur pro litis æſtimatione[36], in caſu, quo ea res judicatur vel non defenditur: eaque clauſulas habet tres, vnam de judicato ſolvendo, alteram, de re defendenda, & tertiam de dolo malo[37].

Sunt vero cautiones nonnullæ, quæ in judicio ipſo non interponantur, tamen vel occaſione judicii vel omnino ſine judicio præſtari ſolent, quæ etſi verbis differant, effectu tamen cum iudicialibus illis conveniunt.

Hu-

29 l. ſi plurium, 19. §. 1. ff. de noxal. act. l. qui ex parte ff. de interrog. in iure fac.

30 VVurmſ. tit. 30. obſ. 1.

31 l. ne ſatiſdatio, 21. ff. rem rat. hab. l. ſi ad defendend. 10. ff. iud ſolu.

32 l. de pupillo. 6. § penul. & vlt. ff. de oper. nov. nunc.

33 l. vn. C. de ſatiſdando.

34 §. pen. Inſt. de ſatiſdationibus. VVurmſ. ti. 10. obſ. 3.

35 VVurmſ. tit. 10. obſ. 3.

36 Dicitur etiam eſſe pro lite, l. in litem, §. in poſſeſſione ff. vt in poſſ. eat. l. ſi ſervus, 11. ff. iudica. ſolvi; item de lite, l. ſi eum, 35. ff. de fideiuſſ.

37 Quas ſolennes eſſe ſtipulationes dicit Iuſtin. in § ſi vero aliquis, Inſt. de ſatiſd. l. iudicatum. ff. iudic. ſolvi. Inter has clauſula, iudicatum ſolvi, eſt potiſſima, quippe quod ea ſublata evaneſcant etiam cetera, Cui. 10. obſ. 29. per l. ſi accepta. 29. ff de acceptilat. l. cum quærebatur. 13. §. pen. ff. iu. ſolv.

38 De qua Cyn. Bart. & Dd. in l. denunciamus, C. de his qui ad Eccles. confug. Guilelm. de Cuneo in tr. de securitate: Ioa. And. in c.1. de R. I. in 6. Capel. Tholos. q. 490. Guido Pap. decis. 418. Zas. cons. 15. vol. 1. Cach. dec. 88. n. 14. Mynf. Cent. 1. obs. 82.

Huiusmodi est cautio salvi conductus [38], quæ datur à magistratu illi, qui ob delictum, aut ob causam aliquam aliam in loco iudicii ipse comparere veretur: Item cautio illa, quæ fit datis fideiussoribus de veniendo & præsentando se in judicio, quæ præstatur à Reo fugitivo vel ab eo qui in carcere captivus detinetur, sub fideiussoribus autem sese relaxari petit.

Et fugitivo quidem semper conceditur, si eam petat & præstare possit, vt crimina non maneant impunita, atq; de innocentia Rei eo rectius constare possit.

Carcerato autem non nisi ob crimen, cuius executio non sit capitalis; nisi consuetudo loci sit in contrarium, vt vel omnino non relaxetur, vel semper relaxetur, si dentur fidejussores idonei [39].

39 De hac quæstione vide disputantem egregie Menoch. de arb. iud. q. lib. 2. casu 303.

b De feriis & dilationibus, 2. ff. 12. 3. C. 12.

40 Cui. in para. ff. eod. dicebantur etiam olim dies feriati instititum. Gell. 20. Noct. Att. 1. item nefasti, VVes. in para. ff. eo. nu. 2.

41 l. sed et si. §. si feriæ, ff. ex quibus caus. maior. l. 3. C. de dilat.

42 l. 2. C. eod.

43 l. fin. C. eod.

44 l. 2. 6. 7. & 8. C. eod.

45 l. 2. C. de fer. VVur. tit. 10. obs. 1.

V. Sunt [b] *Feriæ*, id est, eius quod agendum est facta suspensio; sive tempus quo in judicio agere non licet, sive dies ab actibus judicialibus vacui [40].

Quæ sunt solennes, vel minus solennes [41].

Feriæ solennes sunt legibus definitæ, vt quotannis recurrant, & peræqua semper serventur: ex quo etiam appellantur ordinariæ.

Quæ rursus ita factæ sunt ob causam divinam vel profanam.

Ob causam divinam, sunt feriæ cultui divino dedicatæ [42], puta, dies dominicus [43], sanctus dies Paschæ, natalis Domini, & Epiphaniarum, septem diebus qui præcedunt, & septem qui sequuntur [44]: in causis criminalibus tempus quadragesimæ.

Ob causam profanam sunt dies messium & dies vindemiarum, illorum quidem à die octavo Kalendarum Julii, vsque ad Kalendas Augusti, horum vero à decimo die Kalendarum Septembris, vsque ad Idus Octobres [45].

Ex

Ex ordinatione Cameræ Imperialis [46] sacræ sunt à die 24. Decembris vsque ad 6. Ianuarii inclusive: à Dominica Esto mihi, vsque ad Dominicam Invocavit: à die Palmarum vsque ad Dominicam Quasimodogeniti: à Dominica vocem Jucunditatis vsque ad Dominicam Exaudi: à die Pentecosten præcedenti vsque ad Dominicam Trinitatis: item omnes dies Dominicæ, & dies sanctis feriati. Ob causam profanam sunt feriæ messium à die 8. Julii vsque ad diem 14. Augusti inclusive.

Hæ tamen feriæ exceptis diebus Dominicis & summotum festorum ita declarantur, vt nihilominus liceat supplicare, citationes & processus decernere, eosdemque committere & exequi, referre, item in causis & sententias concipere [47].

Non solennes feriæ, quæ & Extraordinariæ dicuntur, sunt illæ, quæ casu ita ferente indicuntur nulla certa lege aut tempore ordinario conclusæ: quæ ob id etiam dicuntur repetinæ, veluti ob res prospere gestas, quæ à solo Imperatore indicuntur, eamque ob causam vocantur Imperiales [48].

Et feriis quidem sacris atque repentinis renunciari nequit, secus atque profanis [49].

VI. Est *sequestratio*, quæ est possessionis rei controversæ in personam tertiam translatio, facta consensu partium, vel autoritate judicis, ea conditione, vt qui in lite superior futurus est, ei possessio restituatur [50].

Quæ semper est de re controversa, siquidem vt quis rem, cuius possessio controversa non est, sequestrari patiatur, verosimile non est.

Fieri autem potest sequestratio non in judicio tantum, sed etiam extra iudicium, & vtroq; modo controvertentibus invitis vel volentibus.

Hinc sequestratio voluntaria vna est sive conventio.

46 *Part. 3. tit. 33.*

47 *Gail. 1. obs. pract. 53. n. 4. & 3: item quæ voluntariæ iurisdictionis sunt inferius recte expediri possunt, l. actus, C. de fer. Spec. de feriis, §. sequitur, n. 1. item ea quæ expediri, nec differri Reipub: interest. VVes. in par. ff. eod. n. 5. vide ad hoc Lanci l. de off. prat. in caus. civil. sub tit de except. n. 12. ita etiam testes examinari die feriato: tametsi die iuridico iurare debeant tradit VVurms tit. 18. obs. 7.*

48 *l. 3. C. eod. olim à pontificibus duntaxat indicta videntur, VVes. in parat. ff. eod. n. 4 & à magistratibus maiorib. VVes. d. nu. 4.*

49 *l. fin. C. eod. c. fin. eod. Felin. in ca. significaverunt, col. 4. de iud. Gail. d. obs. 53. n. 16. & seq.*

50 *Cui. in para. C. de prohib. sequest.*

ventionalis, altera necessaria sive judicialis [51]: vtraque vero illa personarum esse potest vel rerum.

Voluntaria est quæ fit ex consensu controvertentium: de qua dubium non est, quin jure sit concessa.

Necessaria est, quæ fit autoritate magistratus vtraque parte controvertente invita vel certe alterutra: per quam rei controversæ possessio non tantum apud alium constituitur, sed vtrique etiam parti inhibetur, ne quid circa possessionem istam attentet [52].

Ita judex rem sequestrat, & partibus inhibet, vt ne quid circa possessionem eius attentent.

Hanc sequestrationem regulariter esse prohibitam D. l. affirmant, quod verissimum est [53]; siquidem nulla sequestrandi causa subsit [54].

Sin autem aliqua eaque justa & legitima subsit, non solum regulariter permissa est; verum à judice etiam omnino facienda est: ita tamen, vt si alteruter controvertentium fieri petat, quatuor concurrant [55].

1. Est, vt judici saltem summarie constet de iure illius, qui sequestrum fieri postulat.

2. Ut is, in cuius præiudicium sequestratio postulatur, ad eam fieri videndum citetur.

3. Ut sequestrationem postulans id ad iuris sui vel debiti conversationem faciat, non calumniæ causa vel emulationis; idque iurato affirmet.

4. Ut ex persona illius, adversus quem sequestratio postulatur, suspicio aliqua sit aut appareat.

Quod si neuter controvertentium, sequestrationem fieri petat, iudex nihilominus ex officio ad sequestrationem procedere potest, prælertim si litigetur de re aliqua mobili, atque is qui rem possidet, de fuga sit suspectus [56]: si depopulatio fructuum

51 *Mynſ. Cent. 5. obſ. 35. Gail. 1. obſ. pract. 5. n. vlt. De persona ſequeſtratione vide text. in l. 3. §. is vero, §. hoc interdicto, ff. de lib. exhib. l. pen. ff. vbi pupil. educ. debeat.*

52 *Gail. d. obſ. 5. & obſ. 148. n. 9. & de Arreſt. c. 12.*

53 *Mynſ. d. obſ. 35. n. 3. Gail. d. obſ. 148 in pr. & n. 8.*

54 *Quibus caſibus ſequeſtratio ſit licita & permiſſa, vide Ferrar. in form. ſequeſt. gl. 1. Hoſt. in ſumma de ſeq. poſſ. & fruct. Bart. in l. mulier, ff. de lege commiſſ. Guido Papa deciſ. 246. Mynſ. cent. 2 obſ. 11. & d. obſ. 35. n. 4. Gail 1. obſ. pract. 146. n. 3. Benin. dec. Bonon. 73.*

55 *De quibus Mynſ. d. obſ. 11.*

56 *Mynſ. d. obſ. 35. n. 4. Menoch. de arbitr. iudic. qu. lib. 2. caſu 457. n. 1.*

fructuum metuatur, sive mobilis sive immobilis res sit [57]: si contumax nolit cavere de conferendis bonis [58]: si is cui est relictum per fideicommissum recuset cavere de solvendo fideicommisso: si fideicommissarius nolit cavere heredi de solvendis legatis [59]: si in executione alicuius sententiæ est scrupulus, vel aliqua mora [60]: si res ad arma spectare videatur, eaque metuenda sint [61].

Evitari potest sequestratio satisdatione seu fidejussione [62].

Satisdatur autem seu fidejussor datur de judicio sisti vel de conservanda re integra [63]: non tamen aliter admittitur ad cautionem judicio sisti, nisi possideat immobilia [64]: sed in defectum cautionis per bona aut fidejussores præstandæ, ad juratoriam etiam cautionem eum, adversus quem sequestratio petita est, admitti receptum est [66], modo persona cautionem juratoriam offerens bonæ sit existimationis & vitæ integritate conspicua [67].

VII. Est *Interventio* [68], quæ est tertii pro suo interesse inter litigantes facta interpositio.

Quæ fit à tertio illo vel assidendo alterutri ex litigantibus, vel neutri, sed pro se agendo.

Illud fit à tertio vel sponte vel non sponte.

Sponte, si ipse compareat, seque liti misceat ad partis alterutrius instantiam à judice non citatus.

Non sponte, si compareat à judice citatus Reo id petente.

Atque hoc fit dupliciter, vel laudando vel nominando autorem suum.

Laudat autorem suum is, qui convenitur actione reali ob rem, quam accipit à tertio illo, qui autor ipsius esse dicitur, utpote à quo causam habeat: & siquidem habeat ex titulo lucrativo, laudatio ista ante litis contestationem facienda est; sin

57 *Capel. Tholos. q. 478 n. 4. Myns. d. obs. 35. n. 4. Gail. 1. obs. pract. 147. n. 4. & obs. 148. n. 2.*

58 *l. 1. §. si frater, ff. de collat. bon.*

59 *l. postquam, §. Imp. ff. ut leg. nom. caveat.*

60 *l. ab executore, ff. de appell. l. ab executione, C. quor. appel. non recipiant.*

61 *Myns. Cent. 2. obs. 69. Gail. 1. obs. pract. 5.*

62 *Myns. d. obs. 35. n. fin. Gail. d. obs. 148. n. 5.*

63 *Myns. d. obs. 35. n. 7.*

64 *Myns. d. obs. 35. n. fin.*

66 *Myns. d. obs. 11. Gail. d. obs. 148. n. 6. & lib. 2. obs. pract. 47. n. 8. & ult.*

67 *Gail. d. obs. 148 n. 6.*

68. *De qua vide, Gail. 1. obs. pract. 69. 70. 71. & 72. Benin. dec. Bonon. 75. Hart. ab Eppin. tit. 5. obs. 10.*

ex titulo oneroso, tam post, quam ante litis contestationem illa fieri potest.

Hoc modo tertio illi lis denunciatur à Reo convento, qui ex eo dicitur denuncians, ad hunc effectum, vt si ipse in causa succumbat, de evictione adversus autorem suum recursum habeat, qui ex eo dicitur denunciatus.

Nominat autorem Reus conventus actione reali ob rem, quam possidet nomine non suo sed alieno, puta si conveniatur is, qui rem tenet conductam vel depositam, vel commodatam, vel precario datam 69.

Hoc casu judicium dirigitur contra dominum, vt ipse causam suam defendat, & Reus conventus ab initio hoc ipso ab instantia judicii absolvitur, cum in autoris laudatione secus sit, nimirum vtroque & reo & Denunciato in lite manente.

Quod si de probatione ejus quæratur, Reus illa non oneratur: actor tamen si volet & possit, probare potest, Reum possidere nomine suo, non alieno, & cum id probaverit, possessio ista actori adjudicabitur 70.

Si interveniat neutri litigantium assistendo, nunquam hoc facit invitus, sed sponte semper.

Non autem admittitur, nisi prius summarie ostendat interesse sua, vt liti inveniat 71, quod si non probaverit, repelletur, si probaverit, admittetur, causamque in statu isto, in quo tum erit, acceptabit 72.

VIII. Est c *Interrogatio* 73 ad instanciam partis alterutrius, vbicunque æquitas postulaverit, à judice facta.

Hæc ejusmodi est, vt fieri possit etiam ante libelli oblationem, æque atque post illam, in quacunque judicii parte, puta, si quis contra aliquem vt heredem velit agere, potest ipsum interrogare an sit heres, item ex quota parte: item conventus actione

69 *Mynſ. Cent. 3. obſ. 58 & Cent. 3. obſ. 24. & Cent. 6. obſ. 33.*

70 *l. fin. ff. de rei vindic.*

71 *Mynſ. Cent. 2. obſ. 1. Gail. d. obſ. 69. n. 3. Ioſ. Ludov. dec. Peruſ. 26. nn. 1. Benintend. dec. Bonon. 67. n. 12. quod niſi fiat intervenienti opponi poteſt exceptio, quod ipſius non interſit, Gail. d. ob. 69. n. 3.*

72 *Gail. d. obſ. 71. in pr. & n. 10. 19. & 20. Lud. d. dec. 26. n. 3. 6. & 7.*

c De interrogationibus in iure faciendis, 11. *ff.* 1.

73 *Vide Meno. de arb. iud. q. lib. 2. casu 51. Quando iudex partem interrogare poſsit vide Hart. tit. 1. obſ. 5.*

actione reali interrogari potest, an possideat.

Is autem qui interrogatur omnino respondere cogitur, nisi in casibus, in quib. judicium accipere compelli nequit: nisi interrogetur de juribus non suis, sed actoris, nisi interrogetur super negocio principali, de quo lis est: nisi interrogetur de crimine vel turpitudine sua: nisi interrogetur de eo quod jam decisum est: nisi interrogetur in facto proprio de facto alieno: nisi rei vindicatione agens interroget Reum, an ipse actor sit dominus: nisi interrogetur de eo, quod est Impertinens: nisi interrogetur de eo, quod est juris.

Videntur tamen interrogationes illæ, de quibus sub tit. D. *de interrog. in iure faciend.* ab hisce interrogationibus, quas postea usus introduxit, diversæ esse, non quidem in causa sed in effectu.

Ex antiquorum enim interrogationibus actiones dabantur, quæ ob id dicebantur Interrogatoriæ: ex recentiorum autem interrogationibus, actio quæ intentanda aut certe intentata esset, non datur, sed potius informatur.

Præterea illæ interrogationes apud prætorem in jure fieri solitæ erant, interrogationes autem hæ non in jure tantum sed in judicio etiam.

IX. Est *libelli mutatio* 74, quæ totalis est vel particularis.

Totalis est, qua libellus oblatus ab actore omnino tollitur & aboletur, ut actor vel omnino ab actione desistat, vel alium novumq; libellum loco priori offerat.

Particularis est mutatio, quæ fit addendo vel detrahendo aliquid libello: & utrunque illud vel errorem, qui in eo est, emendando, vel quod deest supplendo, vel quod redundat resecando.

Hæc ad litis usque contestationem permittitur, post illam non item, nisi id quod obscurum est declarando.

74 *Ante litem contestatam emendari & mutari posse libellum, tradunt Dd. in d. l. edita, Felin. in d. c. significantibus. Men. de arb. iud q. lib. 2. casu 176. & pro regula allegant Soc. reg. 291. & 292. & Diaz. reg. 440. vide Mynſ. resp. 57. n. 5. & resp. 100. n. 11. VVur. ti. 9. obs. 2 quod tam in criminalibus, quam in civilibus procedit, Gail. 1. obs. pract. 74. n. 4. post litem autem contestatam id amplius fieri nequit, ut modo allegati Dd. tradunt, adeo ut etiamsi addita sit hac clausula, salvo iure, fieri tamen nequeat, ut est gl. singlaris in capitul. inter dilectos, de fide instru. quam ibid. sequitur Panor. col. 7. Ias. in l. non solum, §. morte, ff. de op. nov. nunci. & sequuntur eam plures allegati à Felin. in d. c. inter dilectos & Thom. Fel. ratio Cautel. 34.*

Est ante quidem litis contestationem, si in totum libellus aboleatur, antequam actor ad agendum iterum admittatur, Reo petenti expensas eo vsque à se factas refundere cogitur: quod in mutatione libelli particulari non æque procedit, nisi causæ subsint vrgentes, quæ judicem movere possint, vt expensarum refusio facienda sit.

X. Est *reconuentio*, quæ est Rei conventi coram suo judice [75] adversus actorem instituta, & quasi conventioni actoris opposita actio.

75 *etiamsi alias hic iudex actoris. VVurms. tit. 12. obs. 4. & 5.*

Quæ duplex est, vna compensationis, altera reconventionis ita dictæ in specie.

Et compensationis quidem tum demum, si reo debitum ab actore sit liquidum, vt condemnatio, quæ ex actione vel conventione futura est, minuatur [76].

76 *l. fin. C. de compensat.*

Reconventio vero in specie est, qua actioni actio opponitur.

Quæ iterum vel cognata est actioni sive conventioni institutæ, vel ab ea diversa.

Qualiscunque autem sit, ante litis contestationem in puncto conventionis proponenda est, quoniam tum demum vera reconventio esse dicitur, parique processu cum conventione ambulat, idque de jure communi.

Ex vsu vna cum litis contestatione proponenda est quod ipsum etiam juri est consentaneum [77].

77 *VVurms. tit. 12. obs. 4.*

Ita autem vtraque & conventio & reconventio simultaneo processu expeditur, vt actus super conventione fiat prius, & postea super reconventione [78]: atque adeo sententia eadem vtraque terminari debet, si de vtraque pariter liqueat: secus si de vna prius constaret, quam de altera, cum hoc casu judex de ea solum, de qua liquet, pronunciare possit [79].

78 *Mynf. Cent. 1. obs. 10. VVur. tit. 12. obs. 4.*

79 *Capel. Tholos. q. 367.*

Ceterum Reconventio regulariter quidem in omni-

omnibus causis locum habet[80]; quandoque tamen non admittitur, idque vel propter judicem vel propter naturam conventionis.

Propter judicem, quod nimirum coram ipso institui nequeat, puta coram arbitro[81], coram judice appellationis[82] siquidem in prima instantia proposita non sit[83], coram judice alio[84].

Propter causam, puta in causa feudali[85]; in causa, in qua judex etiam cum consensu partium non potest cognoscere[86], in accusatione super fracta pace[87] in criminali accusatione[88], si nomen Rei inter Reos receptum sit, vel si criminaliter conventus accusatorem reconvenire velit civiliter[89].

XI. Est *Commissio & examen testium ad perpetuam rei memoriam.*

Etsi enim testes regulariter non examinentur, nisi postquam iam lis est contestata[90], quandoque tamen evenit, ut causa aliqua sit, quae faciat ut testes examinentur etiam lite nondum contestata, imo ne libello quidem adhuc actionis oblato, aut processibus aliis judice decretis[91].

Est autem commissio illa communis actori & Reo[92]: actor autem ubi eam impetravit, intra anni spacium processus juridicos sibi decerni petet: quod nisi fiat, post anni lapsum dicta testium non valebunt, cum in potestate ipsius sit agere quandocunque velit: At vero commisso ad petitio-

80 etiam cum imploratur officium iudicis, modo id fiat principaliter, non incidenter, VVur. tit. 12. obs. 6.

81 Myns. Cent. 4. obs. 90. VVur. tit. 12. obs. 3.

82 VVurms. tit. 12. obs. 7.

83 Myns. d. obs. 90. contrarium sentit. Gail. 1. obs. 1. n. 57.

85 nisi sit de causa feudali alia, aut certe Reconventio causam conventionis contingat, Inno. in c. ceterum, in fin. de iud. Bald. in ca. 1. §. praeterea fi. n. 12 de prohib. feud. alie. per Frider. & in c. 1. in fin. de controv. feud. apud par. termin. Sonsbe. part. 14. nu. 38. Myns. Cent. 4. obs. 90. quam distinctionem communem dicit VVesemb. de feud. c. 17. nu 19. & veriorem credit Rosenth. in synops. feud. c. 12. n. 42. tametsi sint qui reconventionem de re etiam alia, quam feudali admittant, Mozz. de feud. sub tit. de natural. nu. 114. vers. An vero coram. quorum sententiam à Dominis Cameralibus fuisse improbatam, & quidem suo iudicio recte testatur Myns. d. obs. 90. *86 ut si Reus coram iudice laico velit reconvenire actorem super causa aliqua spirituali coram Ecclesiastica persona ventilanda, ut docent Canon. in c. de mut. pet. Bart in Auth. & consequenter. C de sentent. & interloc. omn. iud. VVur. tit. 12. obs. 5. & 9.* *87 Gail. 1. de pace publ. c. 12. & lib. 2. de pace publ. 12. n. 30.* *88 VVurms. tit. 12. obs. 8.* *89 Gail. d. obs. 12. VVurms. tit. 12. obs. 9.* *90 Gail. 1. obs. pract. 92. in pr. Socin. reg. 299.* *91 Idq; vel ex c. significavit, de testib. vel ex ea quoniam frequenter, §. sunt & alij, ut lite non contest. de cuius utriusq; capituli differentia vide Myns. Cent. 4. obs. 71. & Gail. d. obs. 92.* *92 Myns. Cen. 4. obs. 72.*

titionem rei impetrata, perpetua est, cum is arbitrio ipsius non sit, quando conveniatur.

Sive autem actor sit, qui commissionem vult impetrare sive Reus, necesse est, vt supplicationem eo nomine exhibeat, in qua petat commissionem sibi ad perpetuam rei memoriam decerni, addita causa, puta, ætate testium, qua sit annorum quinquaginta aut plurium, non pauciorum, vel morbo aliquo Epidemico, vtpote peste, vel peregrinatione testium longinqua. Simul vero cum ejusmodi supplicatione exhibeat articulos probatorios, cum annexa nominatione testium, atq; etiam, si opus sit directorio.

Hæc commissio, præsertim à Reo qui jam est, vel futurus metuitur, petita, facile à judice conceditur: atque tum eadem, quæ alias in examinatione testium, post litem contestatam ordinaria requiruntur, vt expediantur, necesse est.

Examine hoc peracto, dicta testium eo vsque conclusa retinentur, dum terminus probandi in processu sit ordinarius, in quo testium dicta publicentur, & partibus litigantibus communicentur.

93 Beyurtheil. Postremum est *Interlocutio iudicis* 93, quæ eadem etiam sententia dicitur interlocutoria, & in quacunque judicii parte fieri potest, super puncto aliquo incidenti, ipsam causam principalem non concernente, ejusmodi tamen, qui ad formandum rectius processum pertineat, aut aliud quid antequam ad sententiam definitivam perveniatur, definiat.

De his quæ fiunt in iudicio ipso.

Cap. XXXI.

Quæ antequam ad judiciū ipsum deveniatur expediri soleant, in superioribus est expositum,

tum, de quibus nonnulla sunt eiusmodi, vt in ipsum etiam judicium incidant: quinimo etiam post judicium, hoc est, sententia à judice definitive lata; quædam vero ante litis tantum contestationem locum habeant.

Atque illa quidem ante litis contestationem si fiant, antiquis in jure fieri dicebantur, hodie idem in jure quidem, sed ita vt in judicio etiam fieri dicantur: ex quo confusa illa juris & judiciorum ex vsu distinctio, siquidem apud judicem agatur ordinarium. Nam apud delegatum si agatur, est ista distinctio aliquanto manifestior.

Ut vt autem ista sese habeant, in jure, hoc est, vt nunc loquimur in judiciorum præparatoriis, de eo potissimum quæritur, vtrum actio danda sit nec ne, siquidem de meritis sit quæstio: sin autem quæratur de processu, vt constituantur prius illa quæ ad justum judiciorum ordinem pertinent.

Ex quo etiamnum illud est in ore pragmaticorum, judicium à litis contestatione incipere [1], quasi ea, quæ ante litis contestationem fiunt, non fiant in iudicio, sed extra illud, extra, inquam, illud in iure, vt loquebatur veteres, vel vt recentiores, in iudicii præparatoriis: quemadmodũ & illa quę iudicio sunt consequentia, atque ita executione sententiæ latæ posita apud veteres non erant iudicis, qui sententiam dixerat, sed magistratus, à quo judex is datus erat, nisi forte magistratus iudicasset ipse.

1 *Gail.1. observ. pract.74.n.1.8. & tum proprie lis est, quando facta est contestatio, Socin. reg.295.*

Judicium igitur illud est proprie, quod est inter litis contestationem, vt iudicii principium, & sententiam definitivam, vt eius finem.

Hinc iterum vulgatum illud, iudicium à litis contestatione incipere, atque in sententia definitiva desinere.

Ita vero illa est iudicii principium, & hæc iudicij finis, vt vtraq; etiam judicii sive totius istius actus controversi pars sit, illa nimirum prima, hæc postrema, cetera vero sunt intermedia.

Intermedia hæc ita rursus distinguuntur, vt quædam judicium constituant, quædam finiant.

Quæ judicium constituunt, iterum sunt substantialia vel incidentia.

Substantialia ea voco, quę si non adsint, judicium omnino esse nequeat, aut si illud sit, legitimum tamen non sit, atque adeo nullum.

Hujusmodi sunt litis contestatio: libelli oblati repetitio: ad libellum repetitum responsio: probatio, disputatio, eique adjuncta conclusio.

I. Est [a] *litis contestatio* [2], quæ est judicii constitutio facta affirmatione vnius, & contradictione alterius litigantis [3].

Quæ expressa est vel tacita.

Expressa est facta verbis disertis & expressis, hac formula, *nego narrata, prout narrantur, & dico secundũ petita fieri non debere, petens ab instantia absolutionẽ & adversarii in expensas condẽnationẽ* [4].

Tacita est, quæ non fit verbis ejusmodi, sed simplici negatione eius, quod ab adversario petitum est [5].

Cum autem haud raro fiat, vt id, quod ab actore affirmatur, reus neget, neq; tamen Reus id faciat animo litem contestandi, necesse est eo casu vt Reus diserte protestetur se negare, non tamen, animo litem negative cõtestandi [6], siquidẽ protestatione ista omissa Reus præsumitur negationem illam animo litem negative contestandi protulisse [7].

a De litis contestatione, 3. C. 9.

2 *Germanis* Die Kriegsbefestigung, *similia belli acie desumto, quã dum instruitur præparari dicitur, instructis vero ad id necessariis prælium est, quod in militia forensi Lis vocatur. Vnde formula illa antiquorum ad simile illud facta. Vide ego te manu consertum in iure conspicio: atq; vis illa personæ vel rei adhibita, Contestatio autem à forma dicitur, quod litis initium esse non putaretur, nisi id factum esset testato, id est, testibus ad eam rem adhibitis.*

3 *c. quoniam vt lite non contest. c. dudum el. 2. de elect. c. prout de dolo & contum. l. 2. C. de iurei. propt. calu.*

4 *Quæ ita expressa est in ord. Cam. Imp. p. 3. ti. 13. §.* vnd nach dem.

5 *Nam ex simplici negatione & diffidatione induci litis contestationem, communiter gl. & Dd. in c. vn. de litis contest. Panor. in c. in causis, de re iud. Bart. in l. vn. num. 3. & 5. C. de lit. contest. Maran. p. 6. Gail. 1. obs. pract. 73. nu. 1. & 4. Myns. Cent. 4. obs. 62. An per exceptionem peremptoriam inducatur litis contestatio, vide VVurms. tit. 13. obs. 4.*

6 *Myns. Cent. 3. VVurms. tit. 13. obs. 5. ad litis enim contestationem requiritur animus, Myns. Cent. 3. obs. 49.*

se [7], atque adeo perinde habebitur, atq; si lis contestata esset expresse.

Utraq; illa fit in scriptis vel ore: & rursus pure, hoc est, simpliciter, nō reservato alio, de quo prius disceptari oportet, vel eventualiter, hoc est, nō nisi quæ ad impediendam illam sunt proposita, locum non habeant, cujusmodi eventualis litis contestatio in judiciis frequentissima est, vt dilatoriis semper, vt plurimum vero etiam peremtoriis exceptionibus litis contestatio in eventum subiiciatur [8].

Litem autē contestatur vterq; & actor & Reus, ille quidem plerunq; affirmando, hic negando [9].

Est enim inter vtrunq; quo ad hoc relatio mutua: veruntamen vt actor litem tam solenniter contestetur, atq; facit reus, opus non est.

Nam à Reo adeo necessario ista desideratur, vt si is tergiversetur, & litis contestatio ab actore vrgeatur, judex sepenumero litem pro contestata acceptet: quod perinde est, atq; si Reus ipse litem contestatus esset.

Hinc litis contestatio dicitur esse basis & fundamentum judicii [10], quæ si omittatur, processus ipse corruat [11]: nisi in causis summariis, quæ litis contestationem non desiderant [12], & extra ordinem magis, quam secundum ordinarium juris processum expediuntur.

Sunt autem litis contestationis effectus complures, de quibus hi sunt potissimi, quod per illam

 judici

7 Soci. reg. 292.

8 VVurms. titu. 13. obs. 3.

9 Gail. 1. obs. pract. 73. num. 2. Quid si sub conditione alterutrum fiat? Et litem censeri contestatam docet Specul. sub tit. de except. §. viso, vers. sed nunquid. Quod negat Bal. in l. siquidē, in fi. C. de except.

10 l. 1. & Auth. offeratur, Cod. de litis contestat. l. probatam, C. de sent. & interlocut. c. de causis, vbi Dec. de off. deleg. An etiam in iudicio appellationis? Duplex affertur distinctio, una, vt si à sententia definitiva appellatū est, non requiratur litis contestatio, si in priori instātia lis sit contestata, q̄ secuta est Rota Rom. decis. 1. de litis contest. in novis, n. 1. & dec. 5. eod. in antiquis, & olim Camera Imperialis teste Myns. Cent. 1. obs. 1. Altera est, vt si procedatur contra absentem litis contestatione opus sit, si contra præsentem non sit opus, gl. & Dd. in c. per tuas, de appell. Sed hodie ex ordinatione Cam. Imp. p. 3. t. 32. §. 4. atq; ex stylo eiusdem, in omnib. causis ad Cameram de volutis litis contestatio requiritur, sive à definitiva sive ab interlocutoria appellatum sit, vt testat. Myns. d. obs. 1. in fi. & Gail. 1. obs. pract. 76. n. 2. quod idem in suprema Hessia Curia observatur. Formam litis contestationis in causis appellationum retulit VVurm. tit. 13. obs. 1.

11 gl. in c. dudum, el. 2. de elect. Bart. & Dd. in d. l. prolatam, & in c. 1. de lit. contest. Card. in Clem. sæpe, oppos. 4. de V. S. Ias. in l. si is qui temporali, n. 7. ff. de iurei.

Maran. in Spec. p. 1. memb. 10. n. 1.

12 Myns. Cen. 1. obs. 1. Marant. d. memb. 10. Alex. cons. 70. n. 1. vol. 7. Quando requiratur litis contestatio vel non, vide Soci. reg. 239. vsq; ad 243.

judicium fundetur[13]: quod præcludat viam opponendi exceptiones dilatorias[14], nisi forte de novo superveniant, quod actionem natura sua temporalem perpetuet[15]: quod adversarium in mala fide constituat, quantum ad fructus attinet[16]: quod constituat in mora, in illis potissimũ, quæ debentur officio judicis[16]: quod per eam interrumpatur præscriptio: quod post eam libellus oblatus ab actore amplius invito Reo mutari nequeat[18]: quod per eam conditio actoris non reddatur deterior, sed melior[19]: quod quæ post litem contestatam emergunt ad officium judicis pertineant.[20]

Litis contestatione facta actor *libellum* oblatũ *repetit*, eiusdemq; articulos, siquidem sit articulatus exhibitus, loco positionum, atque adeundem vel ad articulos, vt Reus respondeat, petit[21].

Vocabulum positionis generale est, & nihil aliud, nisi brevis narratio ejus, quod ad factum controversum pertinet, facta ad veritatem eliciendam.

Ejus species duæ sunt, Positio ita dicta in specie, & articulus.

Positio in specie dicta, est pars quædam intentionis, continens id, super quo ab adversario responderi quis petit.

Articulus vero est pars intentionis, continens, id, quod quis probare intendit[22].

Ita fit vt positio eadem & positio & articulus esse possit, sed ratione diversi effectus distinguantur, quod nimirum articulus formetur in eum finem vt quod eo continetur, probetur[23], positio vero

13 *Mynsing. d. obs. 1. & Cent. 3. observ. 74.*

14 *d. l. Pomponius, §. ratihabitionis, c. inter monasterium, de re iudic.*

15 *Alex. & Dd. in l. si eum. §. qui iniuriarum, Dig. si quis caut. l. ordinata, Dig. de liber. caus. vt scilicet duret per annos quadraginta gloss. in l. cum notissimi, §. in fine verb. interrupta, & ibi Salic. col. fin. vers. sed quid dicendum. Cod. de præscript. 30. vel. 40. ann. Idem Salic. in l. fin. quæst. 2. Cod. eod. Socin. in l. fin. col. 11. vers. circa secundum, de eo per quem fact. erit. Felin. qui dicit hoc esse notabile & singulare in c. illud, col. 2. de præscript. Ias. in §. pœnales, num. 112. & seq. Instit. de act. Ripa, in l. nemo potest, num. 118. Dig. de legat. 1. Corn. consil. 180. col. 11. vers. itaq. clarius, vol. 3. Dec. cons. 24. n. 130 vol. 1.* 16 *l. certum, l. mora, C. de rei vindicat. vide quæ dixi 1. discept. Scholast. 20.* 17 *l. cum postulassem, Dig. de damn. infect.* 18 *Dd. in l. 3. Cod. de edendo.* 19 *l. non solet, 86. D. de R. I. l. in compensatione.* 20 *l. ædiles, §. item sciendum, Dd. de ædilit. edict. Iason. l. properandum, §. sin autem alterutra, n. 31. C. de iudic.* 21 *Myns. Cent. 5. obs. 88. Gail 1. obs. pract. 79 n. 3.* 22 *An articuli de necessitate dandi sint parte instante vide Stat. pract. obs. 5. n. 16. & seqq.* 23 *Gail. d. obs. 79. n. 2.*

vero in eum finem, vt ad eam ab adversario respondetur [24].

Unde est vt in vsu positio & articulus ratione magis distinguatur, quam re ipsa, atque adeo differentia illa tam accurate non observetur [25].

Ceterum si libellus loco positionum non repetatur, forte quod non fuerit articulatus, positiones sunt formandæ, ad quas adversarius respondeat, quæ ex corpore & substantia libelli desumi debent [26], ita vt sint ad rem pertinentes, non vagæ, non obscuræ, non incertæ, & quæ probatæ relevent.

Ad rem autem pertinent directo, vel per interpretationem [27], Positiones enim, quæ notorie impertinentes sunt, à judice admittendæ non sunt, sed reiiciendæ, quemadmodum adversarius etiam ad eas respondere cogendus non est [28].

Verumenim vero cum nonnunquam dubitetur an pertinentes sint, necne, inde est vt articuli in dubio admittantur, sub clausula tamen, *salvo iure impertinentium, & non admittendorum* [29].

Hujus clausulæ ex parte quidem iudicis effectus hic est, vt si postea appareat, positiones admittendas non fuisse, habeantur pro non admissis, sed jam inde ab initio rejectis, atque reiiciantur etiam depositiones testiũ, & super his factæ probationes: Ex parte vero respondeatis effectus ille

24 Stiat. practic. obser. 5. num. 9. & 10.

25 Gail. d. obs. 79. nu. 3. & obs. 73. in fine.

26 Myns. d. obs. 28. num. 3. Gail. 1. obs. pract. 81. nu 5. Conrad. Lancil. de off. præt. in civilib. tit. deposit. num. 15. Alex. consil. 166. num. 6. vol. 6. Boer. q. 42. n. 13.

27 Lancil. d. tit. de posit. nu. 11. & seq. quod vno ore à nostris affirmari testatur Menoch. multis allegatis cons. 2. n. 363. lib. 1.

28 Gail. de pignor. obser. 21. nu. 3. Lancil. d. tit. nu. 19. quæ autem impertinentes sint, vide Ias. in l. si duo, §. idem Iulianus. nu. 12. Dig. de iureiur. vide Stiat. practic. observ. 1. num. 23. & seq articuli impertinentes admittendi nõ sunt, etiam salva protestatione impertinentium & non admittendarum, si a parte id petatur per text. in l. si duo patroni. §. idem Iulianus, ff. de iureiurand. vbi Bar. & in l. ad probationem, la. 2. vbi Bald. not. 2. C. de probat. & in l. si defensor. §. qui interrogatus, ff. de interrogat. act. gloss. in cap. cum contingat. verb. nihilominus, de offic. deleg. idque in tantum procedit, vt etiamsi sit statutum, quod iudex debeat admittere omnes probationes & exceptiones salvo iure impertinentium & non admittendorum, quod non possit admittere articulos evidenter impertinentes, Imol. in l. 4. §. prætor ait. Dig. de damn. infect. Ias. in d. l. si duo patroni, §. idem Iulianus. *29 Mynsing. Cent. 2. obser. 90. Gail. d. obs. 81. num 9. Lancil. d. tit n. 20. atq; ita in practica servari consuevisse testatur Stiat. pract. observ. 5. num. 15.*

ille, vt si positio, cui semel responsum est, impertinens reperiatur, respondens pro non confesso habeatur, neque ex responsione ista cuiquā ullum generetur præiudicium[30].

Hinc est, vt si disputatum sit de pertinentia vel impertinentia positionum, judex eas, quę evidenter impertinentes sunt, reijciat[31], evidenter pertinentes admittat, eas, de quibus dubitetur, admittat quidem etiam[32], sed sub clausula; salvo jure impertinentium[33], is vero qui respondet, respondeat præmissa protestatione istius clausulæ; quæ etsi expresse non ponatur, quod tamen fieri tutius est posita tamen esse intelligitur.

Positiones itaq; fiunt, vt ad illas *respondeatur*: respondetur autem, vt is qui positiones fecit ab onere probandi relevetur[34].

Positiones enim de quibus vtrinque constat, vt alio modo aut ratione probentur necesse non est.

Responsio autem est positionis ab eo, contra quem facta est, asseveratio, constans affirmatione vel negatione, atque alterutra illa simplici vel distinctiva.

Simplex est, quæ fit per verbum *Credo*, vel, *non credo*[35]. Distinctiva, quæ fit vtroq; illo verbo, sed ad diversa ejusdem tamen articuli; cujus plura sunt capitula relata.

Debet

30 Mynſ. Cent. 2. obſ. 56. Gail. à obſ. 31. n. 12.

31 Imol. in l. 4. §. totiens, D. de damn. infect. Gramma. decis. 45. num. 8. Menoch. conſ. 2. n. 362. lib. 1.

32 Iaſ. in auth. Ad hæc. nu. 3. C. de iud. Neviz. li. 6. Sylv. nupt. nu. 47. verſ. Item in dubio omnia.

33 Caſtr. in l. ad probationem, C. de proba. ubi dicit, in fine litis diſputationem illam eſſe reſervandam, an pertinentes ſint & ad rem faciant, cuius ſententiæ etiam fuit Curt. Sen. conſ. 71. col. pen. verſ. venio ad ſecundum. Alexan. conſ. 166. num. 6. vol. 6. & commune hoc eſſe interpretum veterum teſtatur Menoch. conſ. 2. n. 360. lib. 1 & quāvis multi verius ac tutius eſſe affirmaverint, eſſe ante omnia diſcutiendum an capitula pertinentia ſint necne, quam ea admittere cum clauſula, Dec. in c. dilecti, not. 4. de except. & conſ. 162. n. 1. Purpur. in l. 1. n. 60. D. ſi cert. pet. attamen diſputationem ſuper eo ad finem reſervari, crebrius receptum dicit Moli. in addit. ad Dec. in d. c. dilect. not. 4.

34 c. per ſedem, de reſcript. Bart. in l. 1. §. 1. Dig. de ventr. inſpic. gloſſ. in c. 1. & ibid. Phil. Franc. n. 7. de confeſſ. in 6. Lanfranc. in c. quoniam contra, verb. reſponſiones, n. 1. de probat. Spec. de poſit. §. 2. circa princ. Lancil. de offic. prætor. in cauſ. civil. lib. ſub tit. de poſit. n. 1. & ſeq. Mynſing. d. obſ. 88. n. 2. Gail. 1 obſ. pract. 82. n. 2. 35 Mynſ. Cent. 1. obſ. 86. Gail. 1 obſ. pract. 82. nu. 2. cuius quis ſit effectus vide Lancil. de offic. præt. in cauſ. civil. ſub tit. de poſit. reſponſ. n. 1.

Debet autem responsio omnis regulariter esse simplex, aut certe simplici æquipollens.

Ita vero etiam debet esse simplex, vt sit ad rem pertinens atq; clara[36].

Hinc obscura responsio, item impertinens & insufficiens reiicitur, nec admittitur illa, *Non credo sicut ponitur*[37], vt nec illa, *positionem esse facti alieni, ideoque non responsalem*[38], tametsi de jure communi hæc sit sufficiens[39]. Sed illa responsio admittitur, qua dicitur, *Non credo articulum vel positionem nisi probetur*[40]: item, *Credo prout in tali instrumento continetur*[41].

Positio autem jus continens ab omni responsione immunis est, & sufficit responderi eam esse juris[42], nisi forte positio ista in cōsuetudine fundetur, quæ etsi jus sit, in facto tamen posita est, an videlicet sit, atque si sit qualis sit, quod cum incertum sit responsionem desiderat[43].

Sicut autem positiones exhiberi debent medio juramento, quod pragmatici juramentum dandorum vocant, quod nimirū positiones dans non calumniose, sed juris sui tuendi causa illas exhibeat: ita & is contra quem positiones exhibentur, medio juramento, quod juramentum respondendorum appellant, respondere tenetur, quod in Camera quidem Imperiali ita omnino fieri necesse est, tametsi de jure, si à parte alterutra non petatur, ejusmodi jurmentorum præstatio necessaria non sit[44].

Sed quid si is qui respondere debet, non respondeat? Et siquidem causam cur non respondeat, justam non habeat, sed eam contumaciter detrectet, in ipsius pœnam articuli acceptantur à judice pro confessis[45].

Verum is qui positiones dedit, nihilominus eas probare necesse habet[46]. Inducit enim illa acceptatio probationem aliquam, sed eam fictam, non

36 *Gail.d.obs.* 88. *num.*4.

37 *Gail.d.obs.* 82. *nu.*7.

38 *Myns.Cent.*5. *obs.*54. *Gail.d.obs.* 82.*n.*8.

39 *Myns.d.obs.*54.

40 *Myns.Cent.*4. *obs.*50. *Gail.d.obs.* 82.*n.* 20.

41 *Myns.Cent.*6. *obs.*81. *Gail.d.obs.* 82.*n.*24. *Fran.in c.* 1.*nu.* 13. *de confess. in* 6.

42 *Myns.d.obs.*88 *Gail.d.obs.*82.*n.*13

43 *Myns.d.obs.*88. *n.* 6. *An sit respondendum positioni negativa vide VVurm.ti.*15.*ob.*1. *&* 4. *An sit respōdendū positioni criminosa vide eundem d.tit.obs.*2.

44 *Gail.*1. *obseru. pract.*79.*nu.*10. *& obs.*82.*in pr. & n.* 1. *c præsentiam, de testib. VVurm.tit.*14. *obs.*8.

45 *c.*2.*de confess. in* 6.*ord.Cam.Imp. p.tit* 15. *&* 43 §. Wo aber der Kläger. *Gail.*1. *obs.pract* 80 *Lan. d.ti.de respon nu.*8. *Diaz.regu.* 565. *VVurms.tit.*16. *obs.*1

46 *Phil.Franc. in c.*2 *nu* 1 *de confess.*

non veram, nec omnino plenam, cum tamen effectum habet, ut probationes etiam leviores tum sufficiant 47.

47 Dd. in l. absentem, C. de accus.

In causis autem criminalibus, ut maxime lis pro contestata acceptari possit, articuli tamen pro confessis non acceptantur, sed in contumaciam non respondentis ad probandum admittuntur 48.

48 Gail. 1. de pace publ.

Responsionem proxime subsequitur *Probatio* 49, quae est rei dubiae assertio.

49 Der Beweißthumb.

Probationis genera quaenam sint, eodem hoc libro supra cap. 1. expositum est; hoc loco, quatenus in processu diriguntur, explicanda sunt, atque ita de forma probandi, sive modo, quo probationes in judicium deducendae sunt.

Probationes autem fiunt in continenti vel ex intervallo.

In continenti probationes illae fiunt, quae simul ac lis contestata & responsum est, fiunt, sive in illo ipso termino, sed intra dies aliquot post.

Intra quot autem dies probatio illa, ut in continenti facta esse dicatur, fieri debeat, jure definitum non est, sed arbitrio judicis committitur, qui illud aestimabit ex circumstantiis personarum, temporum, & locorum, quin & ipsius causae, de qua disceptatur 50.

50 Menoc. de arb. iud. quaest. lib. 2. casu 9. nu. 5. Hartm. Hart. tit. 9. obs. 5.

Sed probationes in continenti per instrumenta fiunt expeditius, per testes difficilius, sunt enim testes plerunque ultra montes, ut Dd. loquuntur, evocandi.

Sane probationes ex notorietate facti in judicium deductae omnino in continenti fieri & debent & possunt: Ex vero quae ex confessione sunt, in continenti ut plurimum, forte si adversarius cõtestatus esset litem affirmative, aut certe illud, in quo omnis actionis vis posita est, affirmasset; ex intervallo autem, si postea adversarius confiteatur

tur. Ex instrumentis autem tum demum, si ab initio ante litem contestatam exhibita, post illam quamprimum in vim probationis repetantur, quod fieri potest, si instrumenta exhibita fuerint in originali, aut siquidem ab initio exhibita sint in exemplis, tum quamprimum exhibeantur in originali.

Ex intervallo probatio fit intra dilationes [51].

Dilatio autem est terminus probatorius, intra quem probationes introduci debent, qui terminus ab eo dicitur terminus probatorius, dilatio vero dicitur dilatio probandi [52].

Dilatio probandi natura sua & regulariter est peremtoria, hoc est, ut tempore illo præfixo, intra quod probatio facienda est, lapso, probationibus nondum factis, probationes amplius non admittantur [53].

Hinc dilatio in causis civilibus unica est [54]; ex accidenti fit, ut sint plures, nimirum prima, secunda & tertia, quinimo & quarta, quæ tamen postrema non nisi ex justissima causa conceditur, puta ex causa impedimenti, quod amoveri non potuit; de quo antequam dilatio concedatur, à judice prius debet cognosc. [55].

Sed præter illam justam causam ad obtinendam dilationem quartam solennitate quadam legali opus est, quæ est, ut eam petens juret, se non malitiose & dolose talem productionem exposcere [56].

Secunda autem & tertia etiam sine hujusmodi solennitate conceditur, modo impedimentum, ob quod decerni petitur, probetur, quæ probatio etiam petentis juramento fieri potest [57].

Solennitas tamen legalis circa dilationem quartam partium litigantium consensu omitti potest, si pars adversa juramentum ejusmodi remittat [58].

51 de quibus vide Spec. sub tit. de dilat. Dd. in d. l. 1. C. eo. & in l. fin. D. de fer.

52 VVes. in par. D. de feriis. n. 9. Benin. decis. Bonon. 45. de variis dilationum specieb. vide VVes. d. loc. n. 10. Spec. de dilat. §. 1. Bart. in l. 2. D. de re iud. Fan. in c. cum sit, de appella.

53 Myns. Cent. 1. obs. 71.

54 Myns. d. obs. 71. Gail. 1. obs. prac. 91. in prin. VVes. d. loc. n. 12. Conr. Lanc. de off. prat. in caus. civil. sub tit. de dilat. n. 4.

55 Gail. d. obs. 91. n. 21. Hartm. Hart. tit. 12. obs. 3. & 4.

56 Gail. d. obs. 91. nu. 5. & 6. auth. at qui semel, C. de proba. c. ultra tertiam, de testib.

58 Gail. d. obs. 91. nu. 6.

Hæc

Hæc quarta dilatio sola prorogari potest, quæ prorogatio cũ solennitate eadem fieri debet, & ex causa legitima 59: ceteræ non prorogantur, sed labente prima conceditur secunda, labente secunda conceditur tertia, & labente tertia conceditur quarta; vltra quartam dilationem nulla amplius est.

59 Gail. d. obs. 91. n. 16. Myns. Cent. 5. obs. 72.

Quod si tamen per commissarium examinis steterit, quo minus testes intra dilationem examinentur, vel adversa valetudo producentis obstet, eo casu dilatio prima redintegrari potest 60.

60 Gail. d. obs. 91. nu. 8.

Tempora dilationum de jure communi pro distantia locorum, & personarum qualitate à judice moderanda sunt: regulariter tamen indulgendi sunt menses tres, quandoque sex, ad summum vero novem 61. In Camera Imperiali tempora ista omnimodo sunt arbitraria, judicisque discretioni commissa, quod idem etiam à jure communi alienum non est 62.

61 l. 1. C. de dilat. Bart. & Dd. in l. fi. D. de fer. & ibi. Ias. n. 8. & 35. Hartm. Hart. tit. 12. obs. 2.
62 Gail. d. obs. 91. n. 13. vide Lancil. d. tit. de dilat n. 9.

Æqualitas autem inter actorem & reum servanda est, vt quantum temporis concessum est actori tantundem etiam Reo, si petat, concedatur, aut certe tempus amplius 63, idq; in causis civilib. In causis criminalibus duæ regulariter dantur dilationes accusatori, & tres Reo 64, ita vt videatur dilatio prima non esse peremtoria, sicuti nec Reo dilatio secunda.

63 gl. in l. ficuti, §. si quæritur, D. de serv. vind. Maran. p. 6. de dilat. nu. 2. Gail. d. obs. 91. n. 13. Hartm. Hart. tit. 12 obs. 5.
64 l. fi. C. de dilat.

De eo autem quod quæritur, an si præfixus sit à judice terminus certus ad probandum, sufficiat testes jurasse ante lapsum termini, vt post lapsum termini examinentur, ea quæ Mynsingerus scripsit Cent. 6. observ. 57. in hunc locum transferri volo.

Est autem probaturo omnino cavendum, vt si metuat dilationem labi, ante illius lapsum petat dilationem sibi dari aliam, aut certe prioris, si modo ita ex causa fieri possit, prorogationem 65.

65 Gail. d. obs. 91. nu. 12.

Porro

Porro vt probationes expediantur sunt quędam omni probationum generi communia, quædam propria.

Communia sunt, petitio receptionis probationum ab eo qui probaturus est facta; quæ simplex interdum est, interdum cum nominatione vnius vel plurium, quibus receptio committatur: sed casu vtroq; in arbitrio est judicis, vt vel ipse recipiat vel receptionem committat alii.

Et alii illi ex officio suo vel ex nominatione: judex autem committit; probaturus nominat.

Rectius tamen fecerit judex si potest, vt probationes ipse recipiat[66].

Quod si id ipse facere nequeat, committitur alii, qui ex eo dicitur commissarius.

Non tamen protinus, si quis commissarius nominatus sit, nominato illi a judice hoc committitur, sed tum demum si pars adversa non dissentiat, aut justas dissentiendi causas non habeat[67].

Quin & judex ex officio probationum receptionem committit interdum etiam alii, quam qui nominat is est[68].

Commissarius autem datur, vel ex iudicibus ipsis vnus, pluresve, vel à judicibus alius: atque huic invito etiam plerunque adjungitur Notarius, vel ab vtraque parte, vel ab alterutra, illi non nisi volenti.

Adjungitur vero Notarius, qui ex eo adjunctus dicitur examinis vel commissarii, vt omnia expediantur tanto sincerius, & ne quid falsi committatur.

Ceterum commissarius non est, nisi cui ab eo qui committendi jus habet, cōmissum sit, id quod fit commissione, quæ est mandatum sive jussus judicis competentis testes recipiendi vel instrumenta transsumendi[69].

66 *l.3.§.ideoq. D. Adrianus, D. de testib. vide Alex. in l. si quis autem, n.2. & seq. C. de testamen. & Felin. in c. cum causam, de probat.*

67 *cui facienda sit commißio receptionis testium & quomodo vide gloss. & Dd. in Clem.1. de off. & potest. iud. deleg.*

68 *De commißione examinis testiū vide Beninten. decis. Bon. 74.*

69 *An alij iudici examē testium committi poßit; vide Gail. 1. obs. pr. 96. & lib. 1. de pace pub. 9. nu. 8. Mynsi. cent. 3. obs. 40.*

Commissionis forma non est semper eadem sed emittitur interdum in forma optima, tametsi rarius, interdum in forma consueta, atque hæc est frequentior, quippe quæ ad testes duntaxat examinandos pertineat, atque etiam, si opus sit, ad ocularem inspectionem, cum illa non ad hanc tantum pertineat, sed etiam vt instrumenta transsumantur, quod vix fieri solet, nisi in locis à loco judicii nimium remotis, atque si itinera, per quæ instrumenta ad locum judicii perferenda essent, non sint satis tuta. Alias enim regulare est, vt instrumenta in authenticis judicio exhibeantur.

Ut autem de commissione commissario facta constet, necesse est vt in termino prolationis recipiendæ commissarius commissionem illam suam repetat, eamq; partibus demonstret.

Verum enim vero cum sæpenumero fiat, vt articuli probatorii sint complures, ad quos tamen omnes ac singuli testes examinandi non sint, aut super quibus omnibus instrumenta non sint recipienda, inde fit, vt qui articulos dedit probatorios, illis addere soleat Directorium, quod est specialis articulorum designatio, super quibus testes audiri, aut instrumenta recipi debeat; dictum ab eo, quòd dirigat quasi actum commissarii in recipiendis probationibus.

Articulis probatoriis quandoque opponuntur reprobatorii, quibus is, contra quem articuli probatorii sunt exhibiti, contrarium ab illis probare conatur.

Propria in actu recipiendorum testium sunt primum eorum nominatio, quorum superflua multitudo ad sufficientẽ numerum judicis moderatione coarctatur, quantum necessarium esse putaverit 70.

Deinde est Citatio testium, & denunciatio, quæ

70. *L. 1. §. quanquam, D. de testib. c. significaverunt, & seq. eod. Innoc. in c. causam, eod.*

quæ fit parti utrique litiganti.

Quæ utraque fit vel à commissario vel à judice ipso.

Testium citatio eo pertinet, ut veniant certo die certoq; loco, veritati super articulis, de quibus interrogabuntur, testimonium perhibituri.

Denunciatio eo pertinet, ut partes litigantes veniant eodem die atque loco, aut certe ipsarum procuratores ad videndum produci testes & jurare 71.

Die statuto contra testes sine causa non comparentes processus arctiores, interdum etiam sub pœna pecuniaria, aut alia decernuntur, quippe quod testes ad testimonium veritati perhibendum inviti, de jure cogi possint 72.

Possunt tamen testes etiam absentes non aliter atq; si præsentes essent, produci.

Is, contra quem testes producuntur, dare solet Interrogatoria sua 73, quæ tamen, si ita videatur, à patre omitti possunt: super datis autem Commissarius æque atque super articulis testes examinare tenetur; commissario interim siqub. opus esse videatur, pro industria sua & legalitate ex officio interrogatoria supplente; quemadmodum ea quæ superflua & ad causam non pertinentia sunt resecante 74.

Interrogatoria autem sunt quæstiones ante vel post articulos probatorios testibus proponendæ.

Quæ generalia sunt vel specialia.

Generalia interrogatoria in examine solent præmitti, & pertinent pleraq; ad inquirendum de testium personis, ut ex responsionibus ad illa intelligatur, an testis sit ejusmodi, qui testimonium de jure perhibere possit, sive qualitas illa sit intrinseca, sive extrinseca.

Specialia interrogatoria pertinent potissimum

71 *Affli. decis. 47. Socin. regu. 499. & 523. Duen. reg. 602. Gail. 1. obs. pr. 102. in pr. Cacher. decis. Pedem. 22. n. 15. & deci. 79. n. 18. & 19. VVurm. tit. 18. obs. 19. tit. 19. obs. 1. Hart. Hart. tit. 15. obs. 6. Sunt tamen casus, quibus etiam sine citatione partis testes examinari possunt, de quibus vide Fel. in c. 2. de testib. Marsil. in l. de vnoquoq;, D. de re iudicat.*

72 *Vnde titulus decretalium de testib. cogendis, vide Gail. 1. obs. pract. 100. Cachet. decis. Pedem. 46. n. 4. Duar. rationes assignat. Stia pr. obs. 18 n. 2. & 6. Sunt tamen quidã qui cogi nequeant, de quib. vide Spec. de teste, §. de testium compulsione.*

73 Fragstücke, *vide Gail. 1. obs. pr. 115. Spec. sub tit. de teste, §. iam de interrogatoriis.*

74 *l. ancil. de off. prat. in civil. sub tit. de interrog. n. 1.*

mum ad articulorum merita, seu dicta testium, quæ interdum præcedunt examinationem ad articulos, & tunc quibusdam Pragmaticis appellantur Præliminaria, interdum articulos sequuntur, ita vt singulis vel quibusdam articulis, sua sint adjuncta Interrogatoria, de quibus testis protinus vbi ad articulum, cui adjuncta sunt, examinatus est, audiatur.

Productione testium facta testes jurant corporaliter de veritate, quantum sibi quidem de ea constat 75, dicenda 76.

75 ideoq; iurabunt super tota causa. VVurms. tit. 18 obs. 9.

76 Vide quæ dicta sunt supra c. 2. §. debent, n. 51. 52. & seq quæ in hunc locum transferenda sunt.

Cum autem testes interdum producantur, qui vel omnes vel aliqui juramento subjectionis aut fidelitatis alterutri partium vel vtrique sunt obstricti, id juramentum subjectionis aut fidelitatis testibus illis, quô ad hunc actum, vt nimirum eo non obstante tanto rectius & constantius testimonium veritati perhibere possint, remitti debet.

Posteà singuli testes seorsum examinantur 77, eorumq; dicta vel ab ipso Commissario, vel ab ejus amanuensi, qui juramentum taciturnitatis ad hoc præstabit conscribuntur, idq; sumtibus ejus qui testes producit 78.

77 Spec de test. §. 1. vers. sed pone, glo. in c. cum causam, & ibi Pan. n. 5. de test. Felin. in c. venerabili, eod. VVur. tit. 18. obs. An testis possit deponere etiã per scripturam, vide And. Gail. 1 obs. pract. 100. n. pen & vlt. Cacher. decis. Pedem. 128. n. 7. & 9. VVurms. titu. 18. obs. 15. Stat. obs. pr. 16. n. 76 & seq.

78 Gail 1. obser. pract. 99.

Sed etsi adjuncti aliqui sint examini, hi eadem testium dicta conscribent, quam ad rem à commissario non juramento tantum taciturnitatis obstringuntur, verum etiam quod omnia ac singula fideliter sint annotaturi, nec eorum copiam alterutri vel vtrique parti, nisi jure id liceat, daturi.

Examine peracto testi silentium injungitur ejus de quo est interrogatus, atq; ipse respondit, vsque dum dicta testium sunt publicata, eorumque copiæ litigantibus communicatæ 79.

79 vide VVurms. tit. 18 obs. 4.

Hinc dicta testium in mundum rediguntur, quod vocabulo forensi Rotulus examinis dicitur,

tur, atque ad judicem, qui commisit, transmittuntur.

Spectantur etiã circa testes literæ mutui compassus [80], quæ sunt literæ emissæ à judice vel commissario ad magistratum illum, cujus jurisdictioni subest vnus vel plures testes, ad hunc finem, vt testibus illis magistratus mãdet coram ipso Commissario comparere, vel ad hunc vt magistratus ipse testem illũ vnum vel plures examinari faciat.

Quod enim judex sive Commissarius ipse non potest, vtpote jurisdictione sua deficiente, id facit per magistratum alium, vt ita in subsidium jurisdictio vna adjuvetur per alteram.

Tum vero quandoque productioni testium vlteriori renunciatur [81].

Testium examinatorum dicta postea rite [82] publicantur, aut si publicatio ab vna vel altera parte studiose protrahatur, iudex per suam interlocutoriam illa publica facit [83].

Publicari autem dicuntur tum, cum litigantibus eorum copiæ decernuntur, quod decretum demum suum effectum revera sortitur, si copiæ istæ re ipsa etiam sint communicatæ.

Publicatis testimoniis, iisdemque didicitis regulariter testes amplius non audiuntur [84], nisi vel partes ipsæ controvertentes in id consentiant [85], vel vt id fiat magna suadeat æquitas [86]. Sane vt id fiat interdum causæ qualitas postulat, quod fit in causis criminalibus favore innocentiæ accusati [87], item in matrimonialibus [88]; interdum personæ illi locum faciunt, cuiusmodi sunt rustici &

80 qua dicuntur etiam literæ remissoria, de quib. Stia. pract. obs. 6.

81 de qua Spec. sub tit. de teste, §. fin.

82 quid sit rite publicare vide Stiat. obs. pract. 18. n. 17.

83 De publicatione testiũ vid. And. Gail. 1. obs pr. 105. Myns. Cent. 4. obs. 52. Stiat. obs. pr. 18. n 16. & seq. testes enim nisi dicta ipsorum publicentur fidem non faciunt, Diaz. reg. 758. Gai 1. obs prac. 103. n. 2.

84 c. fraternitatis, de test. c. per tuas, vbi Felin. n. 1. & 2. eod. c. pastoralis, de caus. poss. & propriet. c. cum dilectus. de fide instr. l. per hãc. C. de temp. appell. auth. at qui semel, C. de proba. Novel. 90. §. qa vero, Dd. in l. admonendi, D. de iureiur. Hipp. ad l. 1. §. fi. n. 4. & seq. D. de quæst. Affli. decis. 33. Mynsing. resp. 2. n. 7. Gail. 1. obs. pr. 105. n. 2. Menoch. 1. de arb. iud. q. 34.

85 Myns. d. resp. 2. n. 15. Gail. d. obs. 105 n. 14. 86 Hippo. in rub. C. de proba. n. 38. Menoch. 1. de arb. iud. q. 35. n. 22. Soc. reg. 403. fall. 35 Gail. d. obs. 105. n. 11. 87 l. vnius. §. cognituram, D. de quæst. gl. in l. pactum inter heredem; verb. cum liceat, D. de pact. Bart in l. 1. §. fi. n. 4. D. de quæst. & in l. Divi fratres, n. 2. D de pœn. Bal. in l. si accusatoribus, nu. 19. C. de accus. & in auth. iubemus, nu. 7. C. de iud. & in l. 1. n. 27. C. de confess. Ias. in repe. l. admonendi, n. 61. D. de iureiu. Fali. in c. cum consanguinis, m. 6. de sent. & re iud. & in c. diligenti. n. 3. de foro compet. Clar. in §. fi. q. 61. n. 6. Hippo. singul. 90. n. 3. Myns. Cen. 5. obs. 13 Gail. 1. de pace pub. 18. idq; vsus observat. 88 Gail. d. obs. 105 n. 5.

ci & mulieres [89]. Inter circunstantias quæ judicem moveant, vt vel eosdem testes repetat, vel alios admittat, sunt hæ, si testes negligenter aut non super omnibus articulis sint auditi [90]; si litigantes testimoniorum exemplum nondum acceperunt, aut acceperunt quidem, sed non didicerint etiam, sed non plene [91]; si attestationes sint deperditæ [92], & ejusmodi aliæ [93]. Sane quin reprobatio testium auditorum etiam post publicationem factam fieri possit testibus, nullum est dubium [94].

Quam regulam ad causam etiam appellationis jus Canonicum extendit [95]; sed jure civili publicatis in priori instantia testimoniis, in causa appellationis testes super iisdem articulis denuo examinari posse receptius est [96].

Instrumentorum productionis illud proprium est, vt à litigante, qui istis vtitur, in judicio exhibeantur, atque ea in forma authentica [97], vna cum exemplis, quæ cum authenticis sunt collationanda à judicii notario, authenticis litiganti restitutis [98].

Tunc autem cum authentica exhibentur, producens petet, vt adversarius illa agnoscat vel diffiteatur, aut si neutrum horum facere velit, vt judex illa pro agnitis habeat ex officio.

Agnoscere autem est approbare scripturam, subscriptionem & sigillum, siquidem illa vel hoc instrumento sit additum: diffiteri est contrarium.

Sed agnitio illa si fiat, solet fieri cum protestatione de non approbando contraria contenta nisi fortasse instrumentum prolatum sit ejusmodi, quo vtraque pars litigans nitatur, quo casu protestatio illa omittitur.

Et

89 *Cacher. decis. Pedem. 87. n. 2.*

90 *Dd. in d. c. per tuas, Myns. d. resp. 2. n. 13. Gail. d. obs. 105. n. 12. VVurm. tit. 18. obs. 8.*

91 *Gail. d. obs. 105. nu. 2.*

92 *Hippol. in rub. C. de probat. n. 339. & in l. 1. § fi. nu. 4. D. de quæst. Gail. d. obs. 105. n. 13.*

93 *vide Panorm. in d. c. fraternitatis, & Gail. d. obs. 105.*

94 *Gail. d. obs. 105 nu. 8. Anchor. cons. 223. nu. 1. Bertran. cons. 151. n. 1. vol. 1. & cons. 160. vol. 2. VVurms. tit. 18. obser. 6.*

95 *d. c. fraternitatis, c. intimavit, de testib. Clem. 1. eod. Soc. reg. 498. & 503. quam decisionem quidam putat etiam in foro civili servandam, Panor. & alij in d. c. fraternitatis.*

96 *per text. in l. per hanc, & ibi gl. C. de temp. appell. & d. Novel. 90. §. quin vero, vide Myns. resp. 85. & Cent. 1. obser. 41. VVurms. ti. 18. obs. 27. Cach. decis. Pedem. 14. num. 2. & seq. vbi etiam examinat quæstionem hanc, An in causa appellationis admitti debeant articuli in priori instantia admissi quidem, sed tempore lapso.*

97 *c. 1. de fide instrum.*

98 *Gail. 1. obs. pract. 134. nu. 23. & 24.*

Etiam instrumentum producens omnia in eo contenta censetur fateri esse vera[99]; exceptis enunciative in eo prolatis[1], & nisi producatur cum protestatione producendi in parte vel partibus pro se facientibus[2].

Verum cum is qui instrumento aliquo est vsurus, illud non habet, sed penes alium aliquem est, tum siquidem penes adversarium sit, atque actor sit is, qui instrumento isto vsurus est, Reus instrumentum regulariter edere non tenetur[3]; sed è cõtrario Reo defensionem suam alleganti ad eam probandam instrumentum edendum est ab actore[4].

Quod si tamen instrumentum, quod actor exhiberi petit, vtrique litiganti sit commune, eo casu Reus etiam illud edere tenebitur.

Sin vero instrumentum sit penes alium[5], quam adversarium, eo casu, si is, qui instrumento est vsurus, illud a habente obtinere nequeat, tũ imploratur judex, vt is instrumentũ exhiberi faciat.

Hoc autem fit alterutro horum duorum modorum, vno per Compulsoriales, & altero per Requisitoriales.

Compulsoriales sunt literæ mandatoriæ, à judice emissæ ad eum, qui instrumentum habere dicitur, ipsiusque jurisdictioni subest, ad eum finem, vt instrumentum in judicio exhibeat.

Requisitoriales sunt literæ petitoriæ emissæ à judice ad eum qui instrumentum habere dicitur, ipsiusque jurisdictioni non subest, ad eum finem, vt instrumentum in judicio exhibeat.

Illud vero in instrumentorum productione singulare est, vt post lapsum etiam terminum probatorium ipsa nihilominus edi possint, imo vsque ad conclusionem[6], ita vt, quod dilatio probatoria dicitur esse peremtoria, ad eam potissimum probationem pertinere videatur, quæ fit per testes.

99 Felin. & alij in c. cum venerabilis, de except. Ias. & alij in l. 1. §. editiones ff. de edend. Bald. in l. si quis testib. C. de testib.

1 Ias. in l. contra iuris, §. 1. ff. de pact. Riminald. cons. 89. n. 21. vol. 1.

2 vide Stiatic. obs. pract. 15. n. 34. vsq. ad finem.

3 Men. de arb. iud. q. lib. 2. casu 499.

4 Dd. ad l. 1. & fin. C. de edend. & fin. C. de edend. & in c. 1. de probat. quam communem esse testatur Ripa in l. 1. n. 11. & in l. is apud quem, n. 22. C. de edend. Sub lit. E. verb. edere, n. 25.

5 De quo Dd. in c. contingit, de fid. instru. Panor. in c. pastoralis, eod. Bar. Alex. Ias. & alij in rub. ff. de oper. nou. nunciat.

6 Mynſ. Cent. 2. obſ. 53. & cent. 6. obſ. 56.

Posteaquam vero in causa vtrinque conclusum & vlteriori allegationi renunciatum est, regulariter instrumenta etiam amplius produci nequeunt 7. Regulariter, inquam, quoniam si causa justa subsit, etiam post conclusionem in causa factam instrumentum exhiberi potest, ita tamen, vt qui illud exhibet, jurato affirmet de eo sibi antea non constitisse, sed de novo repertum esse 8.

Publicatis attestationibus atque communicatis tam ipsarum, quam instrumentorum, aliorumque jurium probatoriorum copiis, litigantes progrediuntur ad *disputationem*, nisi forte is qui probare debuit in causa protinus concludat, forte quod existimet probationem suam tam esse claram ac perspicuam, vt vlteriori deductione opus non habeat.

Disputatio autem illa est meritorum causæ ex probationibus facta deductio.

Hæc vt plurimum ex parte eius qui probare debuit, affirmata est, ex parte eius contra quem probari debuit negata.

Alter enim affirmat, alter negat, in quo vtroq; omnis disputationis est contentio, quam judex postea dirimat, cui soli ex eo probationes fieri dicuntur, non parti 9.

Affirmatio autem est in probationum salvatione, negatio in earundem infirmatione.

Utraque fit probationum deductione, exceptionibus, replicis, duplicis, vsque dum disputationi vlteriori renuncietur, atque in causa concludatur.

In his etsi infinita pro circunstantiarum varietate occurrere possint, vt plurimum tamen agitur de probatione facta vel non facta, atque si facta sit, quomodo & quousque.

Quo pertinet disceptatio de probationum repugnantia, quæ est in eodem probationis genere vel

7 *Sic. reg. 210. Duœs. reg. 424. Can. Tholos. q. 146.*

8 *Mynf. d. obf. 53. post sententiam latã an & quando instrumenta produci possint, vide Mynf. Cent. 4. obs. 60.*

9 *l. quingenta, 12. in fi. ff. de probat. & iudicis probationes sunt arbitrariæ, de quo vide Men. lib. 2. de arb. iud. quæst. casu 90. Cachera. de iud. Pedam. 128. n 11.*

vel alio, atq; adeo de veritate vel falsitate instrumentorum, quæ sibi invicem repugnent, vel ipsis testes[10], de repugnantia item testium[11] vt quantum eius fieri potest ad consonantiam & concordiam redigantur[12].

Repelluntur autem testes auditi in duob. maxime, in ipsorum personis, & dictis ipsorum[13].

Atque si eorum vtrinque par sit numerus, magis creditur dignioribus, vtputa clerico magis quam laico[14]; item magis creditur tabellioni etiam extra tabellionatus actum quam alteri[15]; item magis creditur nobilibus quam plebeis[16]; itemque magis creditur testibus, pro quibus est aliqua præsumtio[17].

Quemadmodum etiam verosimiliora deponentes maiorem fidem merentur, & aliis præferuntur[18].

Similiter etiam pro Reo cuiusque innocentia deponentibus, etiamsi contra deponentes essent digniores[19].

In personis quidem quod ejusmodi non sint qui testimonio perhibendo sint idonei, & vel omnino vel quadantenus.

Omnino, vt sunt impuberes[20], furiosi criminosi.

Quadantenus, vt illi qui testes quidem esse possint, sed non in illa causa, qua de agitur, puta judex in causa quæ coram ipso vertitur, nisi de eo quod factum est, coram ipso vt judice[21], venditor

 in

10 *Vide Menoch. de arb. iud. quæst. lib. 2. casu 105. Myns. Cent. 4. obs. 39 Schenc. Baro in virid. concl. 122.*

11 *Vide Myns. Cent. 1. obs. 93. & Cent. 4. obs 38. de teste qui in diversis iudiciis contraria dixit, vide Myns. cent. 2. obs. 86. de teste qui extra iudicium aliquid dixit sine iuramento, & postea in iudicio iuratus contrarium dixerit, vide Myns. Cent. 6. obs. 14. Gail. 1. obs. prac 104. n. 8. & 9. Cap. Tholos. q. 377. n. 2. & q. 281. n. 2.*

13 *Canon. in c. in nostra præsentia, de testibus VVes. cons. 27. n. 17.*

13 *Marant. p. 2. act. 13.*

14 *notatur in c. clerici, d. 81. & in c. deniq. d. 4. & in c. duo sunt genera, 12. q. 1. & in c. cum ex iniuncto, de hered. & in c. sacerdotib. 11. q. 1.*

15 *gl. in Nov. 1. §. si vero, in fi. pr. Bald. in auth. sed cum testator, C. ad leg. Falcid.* 16 *gl. Imol. Abb. & Felin in d. c. in nostra. Salicet. in d. l. ob car[illegible] e [illegible] §. si testes, Tiraq. de nobil. c. 20. n 33. 35. & 38. Gabriel de testib. concl. 2. n. 71. Men. 6. præsumpt. 59. n. 9. Roit. dec. Lithuan 3. n. 43. Cravet. cons. 6. n. 28. Ruin. cons. 55. col. fi. vol. 4.* 17 *gl. in l. si duo patroni, in pr. ff. de iureiur. quam notam esse iuris regulam dicit Decian. consi. 59. n. 5. vol. 3.* 18 *Felin. in d. c. in nostra, n. 3. Lancel. Conrad. de off. praton. in civil. de perso. test. n. 5. Gabr. de testib. concl. 4. n. 28. Cravet. consi 195. n. 10. VVur. tit. 18. obs. 22.* 19 *gl. in c. clerici, d. 11. Rom. consi. 241. col. 1. Panorm. in c. ex literis, col. 1. de probat. Gab. de testib. concl. 4. n. 44.* 20 *Schenc. Baro in virid. concl. 5. tom. 1.* 21 *vide VVur. de iudicib. lib. 1. obs. pract. 8.*

in causa emtoris respectu rei venditæ [22], donator in causa donatarii [23]; cedens in causa cessionarii: [24] conjux pro conjuge [25]: parentes pro liberis, liberi pro parentibus [26]: fratres & sorores inter se: [27] litigans in causa propria [28]: aut in causa quidem illa testes esse possunt, sed non sunt omni exceptione maiores, puta consanguineus in causa consanguinei [29]: affinis in causa affinis; domestici in causa domestici [30]: amici in causa amici [31], inimici in causa inimici [32], advocati vel procuratoris in causa, cui patrocinium præstitit [33], solicitatoris causæ [34]; proxenetæ [35]; testis de auditu deponentis [36] & similium.

Numerus tamen testium supplet ipsorum defectum, si in ipsorum personis aliquis sit [37].

In dictis vero, si nimirum ipsorum dicta arguantur falsa [38], obscura [39], contraria [40], singularia, non habentia concludentem rationem scientiæ [41], & eiusmodi alia.

Ita autem testes eorumque dicta impugnare conceditur ei contra quem producti sunt, non etiam

22 Capel.Thol.q. 94.n.1.
23 Capel.Thol. d. q.94.n.1.
24 Thol.d.q.94.n. 1. Men.de arb. iud. quæst.lib. 2. casu 473.
25 Capel.Thol.q.3. n 1.
26 l.parentes, C.de testib. Cap.Tol.q. 123. in parte spirituali idem tenet Bald.in l. generaliter, ff.de in ius vocand. sed contrarium probat VVurm. tit.18 obs.11.
27 Duen.reg.384.
28 Socin.reg.515.
29 Ias. in l. admonendi, col.74. de iurei. Fel.in c. super his, col.fin. de accus. Zas.cons.2. n. 23. vol.2.
30 Cap.Thol.q. 4. cum addit. Ios. Ludo. dec. Perus. 55. n. 2. Benin. decis. Bonon. 43. nu. 4. & 9. 31 Gail. 2. de pace publ 10. nu. 27. Vellal. comm. opin. A. nu. 100. 32 arg. c. 2. q 5. Bursat. cons. 69. n. 31. lib. 1. VVur. tit. 18. obs. 12. etiamsi esset reconciliatus, Panor. in c. cum oporteat, n. 6. de accus. Alciat. de præsumpt. reg. 2. præsumt 11. vide Ios. Ludov. decis. Perus. 73. num. 9 & 10. & dec. 86. n. 12. 33 Ios. Ludov. dec. Perus. 82. nu. 60. Capel. Thol. q. 18. nu. VVurm. tit. 4. de testibus observ. 1. Hartm. Hart. tit. 15. observ. 2. 34 Menoch. de arb. iudic. quæst. lib. 1. quæst. 73. n. 6. 35 Ios. Ludov. dec. Perus. 95. Capel. Thol. 94. tit. 4. Gail. 1. observ. pract. 100. n. 17. & seq. Benint. dec. Bona. 61. Schenc. conclus. 46. tom. 1. 36 Hart. Hartm. tit. 15. obs. 2. 37 gl. & Dd. in l. 3. D. de testib. Ioan. Andr. in addit. ad Spec. de notor. crim. §. fama. Alexan. cons. 149. col. 3. vol. 5. Felin. in c. testimonium. de testibus. 38 adeo ut si testis in una sui dicti parte falsus sit, reddatur totum eius dictum falsum Bart. Bald. & alii in l. si ex falsis, Cod. de transact. & in l. certi condictio, §. quoniam, D. si cert. pet. Bald. in cap. 1. col. 2. de constit. & in eum adeo, de rescript. Panor. in c. 3. de fide instrum. 39 VVurms. tit. 18. obs. 25. 40 Iuxta not. per Ioan. And. & alios in d. c. nostra, Frider. de Sen. cons. 142. Alex. cons. 34. col. fi. vol. 3. Spec. de teste, § 1. vers. item quod sunt varij. 41 VVur. tit. 18. obs. 1. & 2.

etiam producenti, siquidem productione ab ipso censentur approbati esse [42], quod in ipsorum personis maxime obtinet non etiam in dictis, cum producenti liceat ostendere testes à se productos falsa dixisse [43].

Disputationem excipit *Conclusio*, quæ est probationum & disputationum ulteriorum renunciatio [44].

Hanc de jure quidem communi existimant non esse partem processus substantialem [45]; verum ex usu & consuetudine tam est necessaria, & nisi in causa legitime conclusum sit, nulla feratur sententia [46].

Quod si neutra vel alterutra partium concludere nolit, à judice etiam litigantibus invitis ex officio causa pro conclusa acceptari potest [47].

Quis effectus sit conclusionis, ex definitione constat, nimirum ut post ipsam probationes facti amplius produci in ea instantia non possint, neq; si producantur, admittendæ sint [48].

Hinc judici in causa nunquam concluditur [49], ideoque si ulteriori declaratione aut informatione opus esse videatur, judex conclusionem à partibus factam rescindit ex officio, & quid agendum sit ulterius litigantes admonet [50].

Hinc etiam in causis criminalibus ex parte Rei nunquam concluditur, idq; ne innocentiæ probatio [51] nimis coangustetur, & quis innocens condemnetur.

Hinc itidem est, ut in jure allegationes post conclusionem in causa fieri possint [52].

In facto vero etiam post conclusionem hæc admitti possunt, petitio restitutionis in integrum per minores, mulieres & Ecclesias [53], delatio juramenti suppletorii, modo petitum sit ante conclusio-

42 Stiat. pract. obs. 17. num. 38. & seq.
43 vide Iosc. Lud. conclus. 70. §. illud autem quod dicitur.
44 text. in c. pastoralis, de caus. poss. & propr. gloss. in c. cum dilectus, verb. conclusum, de fide instr. Ias. in l. admonendi, num. 52. D. de iurei. Alex. consil. 182. num. 6. vol. 6. Hartm. Hart. tit. 17. obser. 1. Gail. 1. obs. pract. 107. 113. & obs. 108. in prin. Myns. Cent. 3. obs. 17.
45 Cardin. in Clem. sæpe, §. quia, q. 10. de V. S. Ioan. And. in addit. ad Specul. de renunc. & conclus. in princ.
46 Mynsing. Cent. 5. obser. 17. Gail. d. obser. 17. Gail. d. obs. 107. n. 1. & 2.
47 Myns. d. obs. 17. Gail. d. obser. 197. num. 7.
48 Myns. Cent. 6. obs. 56. Gail. d. obs. 107. n. 4. Cacher. decis. Pedam. 142. n. 6. Hartm. Hart. tit. 17. obs. 2. & 3.
49 Gail. d. obs. 107 num. 5. & 1. de pace public. 18. n. 8.
50 Cap. Thol. q. 175 n. 3. Gail. 1 de pace publ. 18. n. 2.
52 Myns. d. obs. 17. & d. obs. 56. n. 14. & seq. Gail. d obs. 107. nu. 23.
53 Dd. in c. auditis, de in integr. restit. Myns. d. obs. 17.

clusionem [54], probatio per confessionem partis [55], probatio per evidentiam & aspectum [56], interrogatio ad instantiam partis [57], & nonnulla alia, de quibus Dd. suis locis.

Hæc de substantialibus, sequuntur incidentia, quæ etsi absint, judicium tamen esse possit, cuiusmodi sunt: Juramentum calumniæ; exceptionis peremptoriæ oppositio, prorogatio termini, nullitatis exceptio, processus redintegratio, juramenti delatio; relatio, ad judicem superiorem facta ab inferiori; si de jure dubitetur, & consilia.

a *Juramentum calumniæ* [58] est juramentum ab vtraq; parte præstandum, de causa bona fide prosequenda.

Cuius capita sunt hæc, 1. quod non calumniandi animo in lite versetur: 2. quod bonam causam sive defensionem sese habere putet: 3. quod in tota lite nullam exigat probationem, nisi quam pro veritate necessariam esse putaverit, 4. quod nullā allegationem differendi causa proponet, 5. quod nihil patrocinii causa iudici vel aliis, quam quib. permissum est, dederit vel promiserit, quocunque modo illud fiat [59].

Potest quidem illud exigi & præstari in omnibus causis [60], in quacunque judicii parte [61], sed quoniam lite contestata vt plurimum præstari solet [62], & non præstandum est necessario [63], nisi vel à judi-

54 *Ias. in d. l. admonendi, col. 154. & ibid. Dd. Gail. 1. obs. pract. 108. n. 1. & 2. & seq.*

55 *Myns. d. obs. 17.*

56 *Myns. d. obs. 17.*

57 *Myns. d. obs. 17.*

a De iureiurando propter calumniam dando, 2. *Cod. 59.*

58 Der Eidt vor Gefährde. *l. cum & iudices, cū auth. Cod. de iurei. propt. calumn. Vide And. Gail. 1. obser. pract. 83. vsq; ad obs. 91.*

59 *gloss. in cap. 1. de iuram. calumn. Dd. in l. 2. Cod. eod. Ordin. Camer. Imper. p. 1. titu. 65. VVurms. tit. 14. observ. 5. Hæc requisita olim Iustus Vulteius Hebræarum literarum in Academia Marpurgensi professor, ibidemque Pædagogei ab ipso restaurati Rector, pater meus carissimus, qui ex hac vita excessit vltima Martij Anno 1575. hoc carmine expressit. Iure meam litem mihi fultam iure videri, Nec celaturum, si qua rogatus ero, Nec permissurum, neque causæ falsa levandæ Dicere, nec litem ducere velle meam.* 60 *Bart. & post eum Fr. Curt. in l. 2. in princ. nu. 23. Cod. eod. An etiam in criminalibus? Affirmant gloss. Bart. & alij in l. 1. C. de iuretur. calumn. & in c. 1. eod. VVurms. tit. 14. observ. 4.* 61 *si non sit præstitum in exordio litis. Conr. Lanc. de offic. prætor. in caus. civil. de litis contestat. nu. 8. si enim in exordio præstitum sit speciale, non exigitur per auth. hoc sacramentum, C. eod. vbi Bart. & Dd. ita communiter tenere dicit Lancil. d. loc. n. 7. vide VVurms. tit. 14 obser. 2. An iuramentum calumniæ exigi possit etiam ante litis contestationem, Harim. Hart titu. 1. obs. 1.* 62 *Gail. 1 obs. pract. 74. n. 12. & obs. 85.* 63 *Sixt. pract. obs. 5. n. 3. 4. & 5.*

à judice vel ab alterutra parte exigatur [64], in hunc locum intercidentia judicii illud referre visum fuit.

Exactum omnino præstandum est, adeo ut is etiam, qui exigit, illud postea remittere nequeat [65], atq; si remittatur aut per incuriam omittatur, acta nulla sint [66].

Qui autem expresse illud præstare recusat pro confesso habetur, & causa cadit, siquidem ipsum causa concernat; procurator vero ad litem persequendam non admittitur [67].

Exigi enim potest juramentum hoc non tantum à principalibus [68], sed etiam ab ipsorum procuratoribus [69].

Exceptio peremtoria proprie post litem contestatam locum habet, & opposita ante litis contestationem, si altiorem indaginem requirat post illam deducenda reiicitur [70].

Termini prorogatio est termini præfixi ex causa vel indulgente parte altera extensio, ita ut terminus inde ab initio eo usque concessus esse videatur: Omne enim tempus in terminum unum computatur.

Nulli

64 Potest enim remitti tacite, Vant. in tr. de nullit. ex defectu process. num. 29. cap. 1. de iuram. calum. in 6. Maran. p. 6. de iuram. num. 2. Gail. 1. observ. pract. 74. num. 2. & observ. 84. num. 2. quod eo ipso fieri intelligitur, quando à parte non exigitur, ut scribit idem Gail. d. observ. 85. num. 2. nam exactum semel ne tum quidem remitti potest tacite, & consuetudo de non præstando non valet, VVurms. d. observ. 2. Quod si mentio tantum fiat iuramenti calumniæ, aut alterutra pars sub iuramento calumniæ positiones vel aliquid aliud producat, an vel ipsa vel pars adversa iuramentum præstare cogetur? Non puto, quia exigi debet, qui actus ab illo est alius, & secundum hanc sententiam decisum est à suprema Curia Hessiæ, 5. Iulij anno 1594. me assidente. 65 Gail. d. observ. 85. num. 2. 66 l. 2. § sed quia veremur. Cod. de iureiur. propt. calumn. Canon. in cap. 1. eod. Soc. in c. fin. eod. Gail. 1. observ. pract. 74. & 84. casus quibus iuramentum calumniæ exactum revocari potest, vide apud Felin. in cap. fi. num. 49. eod. Iafred. decis. 38. In causis fiscalibus non iuratur de calumnia, Mynsing. Cent. 1. observ. 74. Gail. d. observ. 90. num. 4. neq; in causis spiritualibus. Gail. 1. observ. pract. 38. n. 4. quod nonnulli eo usq; extendunt, ut etiam in possessorio super re spirituali idem obtinere putent, Cap. Thol. 471. num. 8. An procurator datus ex officio teneatur iuramentum calumniæ si adversarius id exigat, præstare. vide Gail. 1. observ. pract. 88. 67 l. 2. § quod si actori, & ibi Bart. & omnes Dd. C. eo. & in c. fi. eo Socin. reg. 259. Gail. 1. obs. pract. 86. & 89. 68 Socin. reg. 257. 69 Cap. Thol. q. 225. n. 3. Gail. 1. obs. pract. 83. & præstari etiam potest per procuratorem, Hart. Hartm. tit. 10. obs. 2. 70 De quo cap. proxime præcedenti dictum est.

Nullitatis exceptio opponitur in judicio; cum ordo procedendi solennis atq; forma vsitata non observatur.

Hęc si vera sit, facit vt quod omissum est sarciatur, atq; si id non fiat, & appareat nullitatem omissam esse, ante acta cassentur, atque perinde habeantur, atque si nunquam essent acta.

Hoc in judiciis inferioribus fieri debet indistincte: in Camera Imperiali non tam attenditur, si modo de meritis ex actis constare possit[71].

71 Mynſ. Cent. 1. obſ. 27. & Cent. 4. obſ 62. & Cent. 5. obſ. 93. Gail. 1. obſ. pract. 42. nu. 1. & obſ. 75. n. 8.

Processus redintegratio est cum processu anteacto ob causam quasi renovato anteacta repetuntur, & quasi nunquam acta essent, de novo aguntur; puta, si cum in causa conclusum est, alterutra partium litigantium moriatur, heredes ejus ad litem reassumendam citantur, quo casu omnia anteacta repetuntur, & super illis iterum concluditur, vt perinde sit, ac si ab initio is qui litem reassumsisset, in judicio egisset.

Iuramenti delatio fit, ejus nimirum quod in iudicio dicitur suppletorium, quod à judice defertur parti vel à parte parti ad supplendam probationem, & definiendum quod in lite est positū [72].

72 VVurmſ. tit. 14. obſ. 9. & 10.

b De relationib. 7. C. 61. vbi Cuiac. in parat.

b *Relatio ad iudicem* superiorem fit, cum judex inferior, coram quo causa ventilatur, de jure dubitat, atq; de eo superiorem consulit.

Hinc *Consilia* sunt Doctorum, seu informationes juris, quæ à partibus litigantibus pro suorum meritorum deductione offeruntur.

Item consilia prudentum, quę judex petit à Jurisconsulto vno vel pluribus, quæ duntaxat in definitione seu decisione causæ posita sunt, & nihil sunt aliud nisi sententiæ à prudentibus quidem conceptæ, sed à judice pronunciandæ.

Si enim judex ipse sententiam concipere nolit, aut non possit, vel si partes litigantes id petant; acta ad prudentes transmittuntur, à quibus sen-

tentia

rentia concepta, & à judice pronunciata, dicitur sententia ex consilio prudentum lata.

Relationem sequitur remissio à superiore ad judicem inferiorem facta.

Atque hæc sunt, quæ judicem constituant: vnicum est, quod judicium finiat, nimirum [c] *sententia*.

Sententia autem est rei controversæ pronunciatione judicis facta decisio, habens Rei conventi condemnationem vel absolutionem, aut si plura & diversa capitula in actionem deducta sint, distinctim vtranque[73].

Nam conclusione in causa facta, judex sibi acta præsentari facit, si modo ipse pronunciare velit: acta præsentata legit, lecta considerat, atq; de illis consultat, post consultationem sententiam, quæ libello oblato & petitioni libello annexæ conformis sit[74], concipit, aut concipiendam curat, quod ita fieri debet, vt sententia secundum acta & probata, non autem extra illa ferri possit[75].

Absolu-

c De sententiis & interlocutionibus omnium iudicum. 7. C. 45.

73 *Cui. in par. C. eo.*

74 *l. vt fundus, D. commun. divid. l. fin. Cod. de fideic. libert. Ias. in l. vinū, D. de rebus cred. si cert. petat. c. licet, Heli de Simon. Soci. reg. 442. Myns. Cent. 4. obseru. 81. Gail. 1. obs. pract. n. 1. Ant. Guiberi. qu. 9.*

75 *Quæ sententia est Iohannis glossatoris, cui astipulantur gl. in c. 1 de off. ordinar & in c. iudicet, 3 qu. 7. & in cap. pastora. § quia vero, de offi. deleg. gloss. in l. 2. in fin. ff. defer. gl. Alberic. Bart. Bald. Vacca, Costal. Oros. Iac. Boniour, Carpor. & alij in l. illicitas, §. veritas, D. de offi. præsid Cyn. Bart. & alij in l. vnica, C. vt quæ desunt advocat. Ioan Andr. ad Specul. de disp. & alleg. § satis. n. 13. Ias. in §. si minus, nu 15. Instit. de act. Rebu. in repet. l. quod iussit, nu. 6. D. de re iud. Cravet. de antiquit. temp. p. 1. §. octava datur, n. 11. Clar. in prax crimin. q. 8. n. fi. & q. 66. n. 2. Cacher. decis. Pedam. 146. n. 14. Covar. 1. var. resolut. 1. Menoch. de arb. iud quæst. lib. 1. qu. 24. n. 2. Neviz. in sylva nupt. lib. 5 in fi. Ferrar. Mont. de iudic. procerum. li. 1. cap. 2. Ferand. 1. explic. iur. c. 10. Charond. 1. verosim. 3. Cuiac. 12. obs. 19. quam sententiam magis communem esse refert Barbat. in d. §. quia vero, n. 36. & ibid. Imol. col. pen. idem asserit Praposit. in d. c. iudicet col. pen. & Felin. in d. §. quia vero, & Alciat. in d. c. 1. n. 83. & non Legistarum tantum sed etiam Theologorum & Canonistarum, vt respondit Alex. cons. 225. n. 19, vol. 6. Luc. de Penn. in l. quicunq, n. 16. C. de tabul. lib. 10 deq; iure veriorem esse dicit Laur. Kirchov in thes. comm. opin. verb. iudex, secundum allegata, & pro regula tradiderunt Diaz. reg 377. Duen. reg. 4. 43. & 446. Catell. Cotta in memorial. verb. iudex debet. Contrariam sententiam quod imo iudex conscientiam suam potius privatam in iudicio sequi debeat, docuit Mart gloss. quem secuti sunt Calderin. & Panor. in d. §. quia vero, Imol. in d. c. 1. Iohan. Coras. in d. §. veritas & 4. Miscellan. 20. Eguin. Baro & Oldendorp. in d. §. veritas: idem Oldend. in tract. de form. investig. act. c. vlt. & in l. de iure & æquitate, c. 13. Fr. Bald. Inst. de off. iud. in pr. num 15. & seq. Rivius l 2. de cons. & Fr. Hoto. q. illust. 25.*

76 l. Arianus, 47. ff. de O. & A. l. qui accusare, C. de eden. c. ex literis, de probat. c. inter dilectos, de fide instr. c. cum sunt partium iura, de R. I. in 6. unde est ut duob. iudicib. diversas sententias proferentib. illa praeferatur, quae est pro Reo, l. inter pares, ff. de re iud. c. si eo.
77 gl. in c. clerici, d. 81. Panor. & alij in d. c. ex literis. & in c. in nostra, de testib. Dec. consi. 448 n. 17. & consi. 471. in fin. & consi. 558. nu. 8. consi. 564. n. 2.
78 gl. in c. nulli dubium, 12. q. 5. Bart. in l. 1. §. non autem, ff. de bon. poss. contr. tab. & in l. si inter, in fin. ff. de reb. dub. Socin in l. qui duos, §. eum in bello, n. 4. ff. eod. Decia. in c. pastoralis, n. 8. de rescri. & in l. fi. n. 52. C. de edict. D. Adri. toll.
79 Mynſ. Cent. 3. obſ. 71. Gail. 1. obſ. pract. 109.
d De ſententiis ex periculo recitandis. 7. C. 44.

Abſolutoria debet eſſe ſententia, cum actor intentionem ſuam non probaverit, ex quo vulgatum illud actore non probante reum, etiamſi nihil præſtiterit abſolvendum eſſe.

Si tamen dubitetur ex vtra parte ſit juſtitia, in dubio illo pro Reo potius iudicabit eum abſolvendo 76.

Adeo vt etiamſi jura & rationes Actoris in aliquo excederent jura & rationes Rei, adhuc tamen Reus ſit abſolvendus 77.

Eſt vero in ceteris poſſeſſionis commodis etiam hoc vnum, quod in dubio pro poſſeſſore judicari ſolet 78.

Ad eam conceptam audiendam judex partes litigantes citat, (tametſi ab hac citatione Camera Imperialis receſſerit, vtpote in qua citationes ab initio fiant ſimul & ſemel ad cauſam totam & omnes ejus actus 79;) quibus vel in perſonis propriis vel per procuratores comparentibus ſententia fertur d, idque ex ſcripto.

Sententia lata officium judicis ceſſat, quod axioma juris eſt veteris, ſiquidem ita accipiatur, vt judicis poſt ſententiam latam nullæ amplius ſint partes ſive officium.

Olim enim judex ſententiam à ſe latam exequebatur non ipſe, ſed is, à quo datus erat, quod idem hodie jure noſtro procedit in judicibus delegatis, niſi expreſſe ipſis etiam executio delegata ſit. Quod ſi autem loquamur de judice ordinario non protinus ſententia lata officium ejus ceſſat, ſed ſententiam ipſe executioni mandat.

De his quæ fiunt poſt iudicium.

CAP. XXXII.

Sententia lata litigantes illi acquieſcunt vtrinque, vel non acquieſcunt: ſi acquieſcunt ſentententia transit in rem judicatam.

a *Res judicata*, est lis finita impugnatione sententiæ latæ non suspensa.

b Hæc ut prosit vel noceat illis inter quos est lata, aliis tamen non præjudicat.

Acquiescunt autem illi qui litigarunt, vel expresse vel tacite.

Expresse, si verbis expressis acceptetur & approbetur.

Tacite, si tempus appellationis aut impugnationis sententiæ legitimum is, contra quem est sententia, labi patiatur, aut si res minor sit, quam ut ad judicium superius devolvi possit.

c Rem judicatam sequitur ejus *Executio*, quæ est rei judicatæ consummatio [1].

Frustra enim judicia instituta essent, frustra item sententiæ ferrentur, nisi id quod judicatum est etiam mandetur executioni [2].

Atque est causæ principalis vel Accessoriorum.

Causæ quidem principalis in actione reali si res restitui possit, quamprimum [3], in actione vero personali, post quadrimestre ex novissima Justiniani constitutione, quod tamen tempus à judice minui vel prorogari potest, cum jure veteri concederentur menses duntaxat duo [4].

Jure veteri non qui sententiam tulerat exequebatur ipse, sed magistratus ipse à quo datus erat: hodie judex esse, qui sententiam tulit, si sit ordinarius non alius; nisi vel à judice, qui sententiam tulit requisitus [5], vel cui judex ille executionem fieri mandaverit, non etiam delegatus; sed delegans [6] nisi delegatus sit Imperatoris [7], vel pontificis [8], non etiam arbiter, sed ordinarius [9].

Et fit contra quosvis citatos, quos causa contingit [10].

Fit tamen sepenumero ut exceptiones executionis differendæ aut non differendæ obiiciantur, quæ si ipsam executionem concernant; ab execu-

Tt tore

a De re iudicata, 42.D.1.& 7.C.52.
b Res inter alios acta vel iudicata aliis non nocere, 7.C.60.
c De executione rei iudicatæ 7. C. 53.
1 Vide Zas. in l. à D. Pio, ff. de re iud. & Hart. tit. 1. obs. pr. 6.
2 l 2. & pen. C. eod. l post rem iudicatã, l. à D. Pio, D. de re iud Myns. Cent. 3. obs 68. Gail. 1. obs. pract. 113 & li. 2. de pace pub. obs. 17. n. 1. & de arrest c. 11. n 5. Cach. dec. Pedã. 129. n. 1. Zas. in l. 2 D. de orig. iur.
3 Schenc. Baro in virid. concl. 120.
4 Vide Schenc. Baronem d. concl. 120. Gai 2. de pace pub. 16. n. 23.
5 Vide Hart. tit. 1. obs. pr. 6.
6 Myns. Cent. 3 obs. 68 Bartol. in d l. à D. Pio, l properand. § sin autem, C. de iud. Pano. in c si qs contra de foro cõpet.
7 l si in si C. de iud.
8 c. pastoralis, §. qa vero & c. significasti, & c. quærenti, de off. deleg. VVurms. tit. 2 obs. 2.
9 notatur in l. à D. Pio, D. de re iud. VVurms. titu. 3. observ. 8 10 Duen. reg. 875.

tore admitti debent, de quibus dubium non est cognoscere executorem ipsum, si ipse judex qui sententiam tulit exequatur: sin autem non ipse; sed alius, cui mandauit, distinctio Cameræ imperialis sequenda est, quam observauit Mynſ. observ. 68. Cent. 3.

Quæ autem sint exceptiones exceptionem sententiæ impedientes, brevitatis caussa referri huc volo, quæ tradit And. Gail. 1. obſ. pract. 113. nu. 5. & seq.

In Camera Imperiali executiones ita fiunt, vt executoriales decernantur, & victo assignetur terminus docendi paritionem, id est, quod paruerit executorialibus illis, & sententiæ latæ satisfecerit [11].

In causis appellationum vero circa executionem faciendam distingui solet, an executio sententię spectet ad Cameram, necne, vt illo casu executoriales decernantur, hoc mandata executiva [12].

His nisi pareatur pœnis illa res coercetur, quæ ad bannum sive proscriptionem vsque nonnunquam extenditur: manu etiam militari, pignoribus captis contumacia illa coercetur.

Quomodo autem & quando tertius executionem impedire possit, alio reiicio [13].

Executio accessorii est interusurii, fructuum & expensarum parti victrici aut ob contumaciam adjudicatarum.

[d] Interusurium est omne id quod interest victoris ipsi satis factum fuisse, ad quod post sententiam accedunt vsuræ rei judicatæ.

Fructus eodem pertinent, qui sunt interesse interceptum, quod ex re percipi potuisset.

Expensæ sunt sumtus judiciales facti in litem vel occasione judicii [14].

In his vt executio fiat exhiberi solet schedula quæ

11 Mynſ. Cent. 6. obſ. 22. Gail. 1. obſ. pract. 113. n. 213. & seq.

12 Mynſ. Cent. 4. obſ. 94. & Cent. 5. obſ. 92.

13 Bart. in d. l. à D. Pio. §. si super his, n. 7. & in l. creditores, C. de pig. Ang. & Dd. in §. item si quis in fraud. Inſt. de act. Gail. 2. de pace pub. lic. 17. Mynſ. Cent. 3. obſ. 73. Benin decis. Bono. 67. in fi. Cacher. dec. Pedam. 38. Ioſ. Ludo. decis. Peruſ. 26 num. 8. Diaz. regul. 266. Duen. reg. 274.

d De fructib. & litis expensis, 7. C. 51.

14 Vide Andr. Gail. 1. obſ. pract. 151. & 152.

quæ est designatio interusurii, fructuum vel expensarum specifica.

Quæ etsi in facto omnia sint, interesse tamen & fructus designati, si negentur, probandi sunt; quod fit etiam juramento.

Expensarum executio facilior est. Etsi enim accessoria illa omnia à judicis taxatione sive arbitrio dependeant, taxatio tamen ista in expensis est liberior.

Est autem regulare ut pars victa parti victrici condemnetur in expensas[15].

Sed solent expensæ facile, ob causam etiam levissimam compensari, quod in discretione est judicis circumspecti[16].

Ceterum expensas delicatas vulgo faciunt & necessarias[17].

Illæ ut maxime designentur, non taxantur, hæ quas in quadruplici differentia esse dicunt, taxantur, & taxatione facta, super quantitate taxata juramentum defertur, quod si præstiterit is, cui adjudicatæ sunt, is qui in expensas condemnatus est, quantitatem illam refundere cogitur, quantacunque etiam summa sit.

Veruntamen in Camera Imperiali juramentum expensarum in parva summa non exigitur, puta summa taxata, sit infra 20. florenos Rheneses, quo casu judex simpliciter taxat expensas, & partem adversam ad earum refusionem, nullo etiam juramento interveniente damnat[18].

De juramento pauperis quandoque quæstio est, quod cujusmodi sit, alibi examinatur.

De impugnatione sententia lata.

CAP. XXXIII.

Qui sententiæ latæ non acquiescit, eam impugnare debet.

15 d. l. properandum, §. sin autem, c. calumniâ, de pœn. Soc. reg. 181. Duen. reg. 626. Damas. reg. 140. Coras. lib. 3. de commun. opin. c. 10. nu 3.

16 Gail. d. obs. 151.

17 Gail. ibid.

18 Gail ibid. n. 12

Est autem impugnatio ista non tantum sententiæ quæ in rem judicatam non transiit, sed eius etiam quæ transiit.

Et vtraque illa impugnatio est ex meritis vel ex processu.

Ex meritis impugnatur ob iniquitatem, ex processu ob nullitatem.

Utrinq; gravamina sunt [1], quæ tamen vtplurimum deducuntur ex meritis, & sunt gravamina causæ, ex quibus quis sententiam iniquam vel nullam esse affirmat.

Ex meritis sententia, quę in rem judicatam non transivit, impugnari potest, sive à judice lata sit, sive ab arbitro.

A judice lata impugnatur appellatione [2] vel supplicatione.

Ab arbitro lata impugnatur reductione ad arbitrium boni viri.

Si in rem judicatam transierit sententia à quocunq; lata impugnatur restitutione in integrum.

Sive autem in rem judicatam transierit sententia, sive non, impugnari potest per viam nullitatis.

Ita sententia quinque potissimum modis impugnatur, videlicet, appellatione, supplicatione, reductione ad arbitrium boni viri, restitutione in integrum, & via nullitatis.

a *Appellatio & supplicatio* [3] à sententia quæ in rem judicatam nondum transiit in effectu est eadem: sed differt vtraque in eo, quod appellatio remedium est ordinarium, supplicatio extraordinarium [4] & illa patet latius [5], siquidem vbicunq; locum habere potest appellatio, nunquam supplicare licet [6], à quo judice appellare licet, ab eodem etiam supplicare licet, non vicissim à quo suppli-care

1 quæ sunt immediata causa appellationis, c. vt debitus, de appell. Panorm. in c. cum cessante, n. 2. eod.

2 cuius quam frequens vsus sit, nemo est qui nesciat, l. 1. in princ. D. de appell. eamque esse vetustissimam origine vtpote à iure naturale profectam dicit Damh. in praxi civili c. 220 num. 3. Gail. 1. obs. pract. 128. n. 1. Est enim defensionis species, cap. cum speciali, §. porro. de appell. c. ad Romanam, 2. qu. 6. Marant. de appell. n. 247. & 340.

a De appellationibus, 49. *D.* 1. 7. *C.* 62.

3 Quomodo differant à se invicem vide Ias. in l. si quis adversus, C. de precib. Imp. offerend. Boër. q. 284. num. 5. Cacher. decis. Pedem. 30 n. 20. Binder. de revis. concl. 20.

4 Marant. de appell. num. 18. Panorm. in c. ex literis nu. 3. & 12 de integr. restitut. Rebuff. de supplicat. q. 6. in fin.

5 Binder de revis. conclus. 25 n. 12. 6 Marant. de appell. nu. 13. Panor. in d. c. 1. ex literis, n. 3. & 12. Rebuff. de supplic. q. 2. Ferrar, Mont. de supplic. c. 1. & c. 4. in pr.

çare, appellare etiam, sed illud est verissimum, vt à quo judice appellatio non permittitur, ab eo permittatur supplicatio [7], & deinde quod ab eodem ad eundem appellari nequeat [8], supplicari ab eodem ad eundem possit, nimirum à male informato, ad informatum melius [9].

Et sane de jure communi appellatio fit ab inferiori ad superiorem, qui & ipse tamen principem superiorem recognoscat: supplicatio autem ab eo qui superiorem quidem recognoscit, sed tamen superiorem eiusmodi qui alium se superiorem non recognoscat.

Ita dicitur à præfecti prætorii sententia non appellari, supplicari tamen, cum supra præfectum prætorium magistratus alius non sit, nec recognoscat ipse alium, præterquam principem.

Usus tamen supplicationes fieri admittit etiam ad eos, qui superiores recognoscunt.

Hinc appellatio est à judice inferiori ad superiorem à sententia lata provocatio, sententiæ latæ iniquitatem arguens: Supplicatio est ab eo, à quo appellari nequit, superiorem tamen non recognoscit ad superiorem illum, quo alius superior non est, à sententia lata facta provocatio; quæ ita est legitima. sed est alia, vt dixi, ex vsu consuetudinaria, quæ fit à judice male informato ad informatum melius, atque ita ad eodem ad eundem.

Habent appellatio & supplicatio quædam communia, quædam propria.

Communia sunt, 1. quod cuique qui se sententia judicis gravatum existimat, appellare vel supplicare licitum est.

2. b Quod vtraque & appellatio [10] & supplicatio [11] intra dies decem interponi debet à die latæ sententiæ [12], aut certe à die scientiæ, quo sententia in notitiam eius, contra quem lata est, per-

7 l. 1. C. de off. præf. prat. Ias. in auth. quæ supplicatio, n. 6. C. de prec. Imp. off. Zabar. in Cl. etsi principalis. nu. 8. de rescript. Ripa in l. nemo potest, nu. 92. ff. de leg. 1. Mynf. Cent. 4. obs. 68.

8 nisi consuetudo sit in contrarium, c. 2. de consuetud. in 6. Butr in c. dilecti, & ibid. Dec. n. 21. de appell.

9 Mynf Cent. 6. obs. 15. Schenc. Baro in virid. conclus. 15. tom. 1.

b Quando appellandum sit, & intra quæ tempora, 49 D. 4. 7. C. 63. Novel. 23.

10 Gail. 1. obs. practic. 139. Mynsing. Cent. 3. obs. 11. & Cent. 6. obs. 12.

11 Mynf d. obs. 15. Gail. d obs. 139. nu. 4. supplicationem etiã intra biennium interponi est auth. quæ supplicatio, C. de precib. Imp. offeren. Nov. 119. §. est & aliud. l. vn. C. de sent. præf. prat.

12 Gail. d. obs. 119. n. 5. Mynf. Cent. 2. obs. 2. & Cent. 3. obs. 11. & Cĕt. 5. obs. 95.

pervenit[13]; quod tempus neque ex judicis permissione[14], neque ex partium consensu[15] prorogari potest. Hoc tempus dicitur appellationis seu supplicationis interponendæ.

3. Quod per utranque sententia lata ante confirmatur vel reformatur.

Propria appellationis sunt: 1. [c] quod appellari potest à quocunque judice, sive ordinarius ille sit, sive delegatus[16]: ab inferiore tamen ad proxime superiorem ejus, qui judicavit[17], aut si judex fuerit delegatus, ab ipso ad delegantem[18]. Quo fit ut appellationes fieri debeant gradatum[19]; quod si non fiat, appellatio nullius est momenti[20].

2. [d] Quod appellari potest regulariter in quacunq;

13 cap.concertationi,& gloss. in cap. non solum, verb. decendinm, de appellat. in 6. gloss. in cap. anteriorum, verb. à recitatione, 2. quæst. 6. l ab eo iudicato, Cod. quomodo & quand. iudex, l. 1. §. dies, Digest. quand. appell. sit, Specul. de appell. §. restat, num. 1. Marant. p. 6. de appell. num. 204. Socin. regul. 490. Gail. d. obs. 1. 39. n. 7. Myns. d. obs. 2.

14 *Gail. d. observ. 139. num. 6.* 15 *Mynsing. Centur. 2. observ. 68. Gail. d. obs. 139. n. 6. An tempus appellandi intra decem dies impediatur currere aut saltem suspendatur per notam compromissi, vide Myns. d. obs. 68. & d. observ. 11. Duen. reg. 597. Cach. decis. Pedam. 28. in fine.* c A quibus appellare non licet, 49. *Digest.* 2. Quis à quo appelletur, 49. *Digest.* 3. 16 *cap. omnis, cap. ad Rom. 2. quæst. 6. cap. cum sit Roman. de appellat. Marant. de appellat. num. 235. Specul. de appellat. §. videndum, num. 1. Duen. reg. 45. Excepimus iam supra præfectum prætorio à quo supplicare quidem, sed non appellare licet, l. unic. Cod. de sentent. præfect. l. unic. §. his cunabulis. D. de off. præf. prat. l. si quis, Cod. de precibus Imp. offer. l. 1. Dig. à quibus appellar. non licet.* 17 *gloss. in cap. 1. de consuetud. in 6. Socin. regul. 39. Damas. regul. 74. Mynsing. Centur. 2. obser. 4. Cuiac. 21. obser. 23. Benintend. decis. Bonon. 96. Si plures sint ad quos appellar. possit, tutius est alternative appellari, Cacher. decis. Pedam. 131. num. 8. & seq.* 18 *Gail. 1. observ. pract. 121. num. 2. imo contrarium videtur esse verius, ut non possit, Bartol. in l. 1. §. 1. Digest. quis à quo appell. Decian. in rubr. de appell. nu. 3. 4. & 5. Marant. p. 6. de appellat. n. 3. ubi dicit hanc esse communem. Cacher. d. decis. 131. nu. 16.* 19 *l. Imperatores, 21. Dig de appell. excipitur iudex ad quem, qui palam & evidenter denegavit iustitiam, Mynsing. Centur. 1. observ. 67. Gail. 1. obs. pract. 119. nu. 2. qui ex aliqua causa iusta, puta suspicionis, excommunicationis & similibus est inhabilis Mynsing. d. obser. 67. Gail. d. num. 2. qui remittit causam sponte ad se superiorem, Mynsing d. observ. 67. Gail. d. nu. 2. de quo non opponitur Mynsing. d. observ. 67. Si etiam consuetudo esset omisso medio superior adire posset, Mynsing. d. obser. 67. Benintend. decis. Bonon. 96. De iure etiam Canonico Papa omisso medio appellari potest. Mynsing. Centur. 2. abser. 4.* 20 *Mynsing. d. obs. 67.* d Quæ sententiæ sine appellatione rescindantur, 49. *D.* 8 Quando provocare non est necesse, 7. *C.* 64.

cunq; causa[21], & à quacunq; sententia, sive interlocutoria illa sit, sive definitiva. Quod ita est ex jure Canonico, quo à quocunque gravamine appellare concessum est[22], jure civili à sententia definitiva tantum, & ab interlocutoria non aliter quam si contineat gravamen irreparabile[23]: atq; hoc non in causa civili tantum, sed criminali etiam[24], tametsi appellationes in causis criminalibus ex consuetudine postea desierint[25], quemadmodum etiam in matrimonialibus.

3. In forma appellationis multa sunt propria partim in ea facienda, partim in ea prosequenda.

In facienda appellatione id primùm omniũ attenditur, vt fiat ita, quo appareat appellatũ esse[26], & qui-

Tt 4

21 *Socin. reg. 40. Diaz. reg. 35. Cacher. decis. Pedam. 61. nu. 6. etiam extraiudiciali Gail. 1. obs. pract. 120. VVes. cons. 1. n. 19.* 22 *Gail. d. obs. 120. n. 2. & obs. 129. n. 1. Benin. decis. Bonon. 79. n. 1. VVes. d. cõs. 1. n. 11. vbi dicit, id nũc vsu servari. Ita multo magis iure Pontificio ab omni interlocutoria appellare concessum est, cap. 1. de dilat. c. ex parte, appell. Ios. Lud. decis. Perus. 20. n. 11. Benin. d. dec. 79. n. 1. Mynsing. Cent. 4. obs. 43. & communem dicit Fr. Viv. in thes. comm. opin. lit. A. verb. appellari nequit.* 23 *Gail. d. obs. 129: qui autem casus sint alij quibus de iure civili permittatur appellatio ab interlocutoria, vide Specul. de compar. in term. §. 3. in fi. & de appel. §. in quibus, num. 28. & 29. vbi Ioan. And. addit. Bart. & Aret. in l. 2. D. de appell. recip. Bald. in l. 2. de Episc. aud. Azo in summ. C. de appell. §. appellare quis potest, Felin. in rubric. de re iud. Phil. Franc. in c. cum cessante, de appellat. Roman. cons. 501. in princ. Alioquin de iure civili appellatio ab interlocutoria non permittitur. Gail. d. obs. 129. Ios. Ludov. decis. 37. nu. 1. Duen. reg. 52. VVes. d. cons. 1. nu. 21. quam communem dicit Vivius in d. verb. appellari nequit.* 24 *Vide adducta per Franc. Vivium d. lit. A. verb. Appellatio admittitur. l. non tantum, ff. de appellat. l. addictos, l. si quis, C. eod. Capoll. caut. 2. VVesemb. cons. 43. nu. 132. VVurms. de appellat. observ. 18.* 25 *Gail. 1. de pace publ. 20. nu. 36. quæ consuetudo constitutionibus Imperij confirmata est ordin. Camer. Imper. p. 2. tit. 28. §.* Item nach dem auch/ *& recessu Aug. anno 1530. §.* Item als jetzo etliche Zeit hero. *Myns. resp. 59. nu. 61. & Cent. 4. obs. 41. Beust in rub. D. de iureiur. n. 97. Gail. 1. obs. prac. 1. n. 28. etiam in actione iniuriarum criminaliter intentata, Myns. Cent. 2. obs. 98 & resp. 7. nu. 15. Gail. 1. obs. pract. 65. nu. 5. Non tamen simpliciter & absolute consuetudinem illam confirmatam existimo; sed in eo duntaxat, ne appellationes recipiantur in Camera Imperiali, quod textus allegati, si attendantur, arguunt, nec videntur ab eo dissensisse, qui textus illos interpretati sunt. Sane si ab eodem appelletur ad eundem, cuiusmodi mos est in multis Germaniæ provinciis, præsertim cum ipse princeps vel status Imperij iudex est, non dubitaverim affirmare, nisi aliud peculiariter receptum doceatur, appellationem eiusmodi admittendam esse, quod hæc proprie appellatio non sit, & in eo principi vel statui Imperij nihil omnino præiudicetur.* 26 *Gail. d. obs. 119. Myns. Cent. 3. obs. 15.*

& quidem juste[27]; sufficit tamen ut fiat ad judicem competentem, etiamsi ille diserte non nominetur.

Deinde petendi sunt [c] Apostoli, quæ sunt literæ dimissoriæ de appellatione facta testificantes, ut acta causæ à priori judice mittantur ad eum ad quem appellatum est, de causa is instrui possit, qui exinde dicuntur Testimoniales: qui, si à judice appellationi deferatur, Reverentiales appellantur, si non deferatur, Refutatorii.

Sunt autem jure communi illa intra 30. dies[28] à die appellationis interpositæ[29], vel nonnulli malunt[30] à die sententiæ latæ concedendi: qui si omittantur appellatio pro non facta habeatur[31], quamvis apostoli in Camera Imperiali impune omittantur[32].

Ceterum liberum est appellare à sententia definitiva viva voce quamprimum cum lata est[33]; ex intervallo non nisi in scriptis[34]: à sententia autem interlocutoria nunquam nisi in scriptis[35], nisi fortasse interlocutoria sit ejusmodi, quæ vim habet sententiæ definitivæ, à qua itidem protinus viva voce appellari potest[36]: atque utrobique si in scriptis fiat, ut fiat coram judice, à quo appellatum est, aut si is haberi nequeat, coram Notario & testibus, cui schedula appellationis exhibeatur, quæ postea à Notario instrumento super appellatione conficiendo inferatur[37].

Sed à definitiva appellari potest simpliciter, sine

27 l. hi qui ad civilia, in fi. C. de appella. & alij quos allegat Mascard. de probat. concl. 114. n. 1. vol. 1. ubi n. 2. dicit iuste appellasse intelligi eum, qui rite, & idoneo aptoque tempore interposuit appellationē, ad quod probādum iuramentū non sufficere, putat Felin. in c. quod consultationem, num. 17. vers. 6. de appellat. sufficere tamen testes docet Innoc. in c. sicut nobis, de re iud. Bald. in l. fi. n. 18. C. eod. etiam unicum secūdum decisionem Rotæ 409. in nov. tametsi contra sentiat Bellam. decis. 67. & decis. 339.

c De libellis dimissoriis qui apostoli dicuntur 49. D. 6.

28 l. iudicibus, C. de appellat. VVes. d. cons. 1. n. 10.

29 Host. in c. cordi, de appell. in 6.

30 Mynś. Cent. 4. obs. 36. *31 Iuxta Clem. quamvis de appellat. Bart. in l. eos, §. apostolus, C. eod. facit text. in c. ab eo, eo. in 6. & l. 2. §. fi. C. de temp. appell.* *32 Mynsing. d. obs. 36. Gail. 1. obs. pract. 139. in fi.* *33 Myns. Cent. 3. obs. 15. Villalob. in thes. commun. opin. lit. A. n. 120. & seq.* *34 Myns. d. obs. 15.* *35 Myns. d. obs. 15. & 35. Villalob. d. nu. 120. Gail. 1. obs. pract. 130. Schenc. conclus. 55. tom. 1.* *36 Myns. d. obs. 15. Gail. d. obs. 130. n. 5. consuetudine tamen etiam vel statuto induci potest, ut à definitiva ex intervallo, ab interlocutoria vero viva voce in continenti appelletur. Gail. d. obs. 130. n. 4. obs. 36. n. 7 Myns. Cent. 1. obs. 66. & Cent. 3. obs. 32.* *37 Myns. Cent. 4. obs. 45. VVes. d. cons. 1. n. 5 & 6. Villal. d. lit. A. n. 123.*

sine vlla gravaminum allegatione[38]: ab interlocutoria non nisi gravamine in schedula appellationis expresso[39].

Hinc disputationes illæ de justificandis appellationum formalibus, quæ consistunt in tempore appellationis interpositæ, in apostolis & in forma appellationis.

Postea vero iterum duplex tempus in considerationem venit, vnum appellationis introducendæ, & alterum ejusdem appellationis prosequendæ, quod vtrunque tempus etiam fatale dicitur.

Introducendæ appellationis est illud tempus, intra quod causa, à cuius sententia appellatum est, coram judice appellationis introducendum est judicialiter.

Idque tempus legis est vel hominis.

Legis est, cum lex certum aliquod tempus appellationis introducendæ definivit: quod tempus jure communi est 40, quod ita etiamnum in plerisque Consistoriis vsu servatur, in Camera vero Imperiali est mensium sex 41.

Hominis, cum judex à quo appellatur, appellanti certum tempus præfinit, intra quod appellationem suam introducat.

Sive autem hominis sive legis sit terminus iste, non à tempore sententiæ latæ, sed à tempore appellationis interpositæ computatur[42].

Sane potest fatale legis à judice, à quo appellatur, minui, vt ex eo fiat fatale hominis, sed prorogari non æque[43]: à judice vero ad quem non minui tantum sed prorogari etiam potest[44]: fatale autem hominis prorogari potest, ita tamen vt non prorogetur vltra fatale legis[45].

Tt 5 Tem-

39 *Mynſ.d.obſ.15. Socin.reg.25. quia appellatio à definitiva iustificari potest, ex novis actis & novis probationibus. Duen.reg.48 quod tamen fallit in quatuor casib. quas annotavit Philip. Franc. in c. vt debitus, col.10.q.14. de appellat.*

39 *Clem. appellanti, de appell. c. cordi, eod. Socin.reg.30. Cap. Thol. q.317. Mynſ.d.obſ.130.n.2. Schenc.d.concluſ. 55. quia ex novis actis iustificari neqt. Duen.reg.47. idq; non solum de iure Canonico glo. in l. Scip. verb. reddere, D. de appellat. sed etiam de iure civili, secundum Bart. in d.l. Scio, §. quid ergo, n.1. & in l. eius qui, nu.2. D. de appel. recip. Mata. de appel. n.141.*

40 *Vide Mynſ.d. obſ.15.n.4 Menoc. de arb. iud. quæſt. lib.2. casu 446.*

41 *Mynſ.d.obſ.15. n.4. & Cent.3. obſ. 54. & Cent.3 obſ. 12. nec sufficit insinuari tantum per scripturam, sed opus quoq; est, iudicialiter intra semestre appellationem introduci. Mynſ.d.obſ.54.* 42 *Mynſ.Cent.63.obſ.54. Gail.1.obſ.pract.140.n.1.* 43 *Gail.d. obſ.140.n.7.* 44 *Gail.d.obſ.140.n.7.* 45 *Gail.d.obſ.140.n.3.*

Tempus appellationis prosequendæ est tempus illud intra quod causa appellationis finiri debet, quod idem à tempore interpositæ appellationis computant vulgo: existimaverim ego à tempore potius appellationis introductæ computandum esse[46].

Atque est illud de jure communi anni, ex causa etiam biennii: Intra hoc tempus nisi causa appellationis finiatur, appellatio pro deserta habetur [47].

Sed in Camera Imperiali hoc tempus tam exacte non attenditur, idq; ob causarum multitudinem [48], quemadmodum & ceteris curiis paulatim recessit.

Quare vt maxime tempus appellationis prosequendæ lapsum sit, ipsa tamen pro deserta non habebitur, prout habetur lapsis fatalibus appellationis interponendæ, vel introducendæ [49].

Verumenim vero cum haud raro fiat, vt quis in observatione fatalium istorum impediatur [50], ex ista causa, solent fatalia ista prorogari, aut fatale aliud concedi: quod alterutrum ante lapsum fatalis à judice, ad quem appellatum est, peti debet.

Posteaquam enim fatale lapsum est, sententia in rem judicatam transit, sed ex justa causa is qui fatale labi passus est, in integrum restitui potest [51]: pauperi autem ob paupertatem fatalia non currunt [52].

An vero ex qua causa restitutio ad prosequendam appellationem contra lapsum fatalium, satis perspicue docuit Myns. Centur. 3. obser. 54. & Cent. 4. ob. 98.

4. In forma procedendi in causa appellationis eadem fere servantur, quæ in processibus instantiæ primæ, eumque habet effectum, vt nondum deducta deducantur, & nondum probata, probentur

46 Vide Andr. Gail 1. obs. pr. 141.

47 Aut ei qui appellat. C. de temp. appellat. c. personas, 6. cum sit Romana, de appell. Maran. de appell. q. 3. n. 217.

48 Gail d. obs. 141. nu. 7. Myns. Cent. 2. obs. 43.

49 Myns. d. obs. 54

50 de cuius probatione vide Mascar. de probat. concl. 116 vol. 1. Sex impedimenti species vide apud Panorm. & Imol. in c. ex ratione n 3. & seq de appell. Cacher. decis. 12. n. 11 de impedito per iudicem, vide Gail 1. obs. pr. 91 n. 10. & d. obs. 141. in fi. Villal. d. lit. A. n. 127. & seq.

51 Myns. d. obs. 54. & Cent. 5. obs. 98. Gail. d. obs. 91. n. 10 & 1. obs. pract. 143. in prin.

52 Gail. 1. obs. pra. 142. Myns. Cent 4. obs. 97. Rota decis. Lathuan. 4. nu. 53.

bentur 53: ita tamen ne aliud, quam quod in instantia prima propositum est, in causam appellationis immisceatur 54.

Hinc est, vt super articulis novis & contrariis, imo etiam didicitis testium dictis, quod in priori instantia fieri non potuit, id fiat in hac posteriori & probationes de novo recipiantur 55.

Effectum autem habet appellatio suspensum & devolutivum.

Quod ad effectum suspensivum attinet, appellatione facta, siquidem judex ei detulerit, hoc est si eam admiserit, executio sententiæ latæ suspenditur 56.

f Appellationibus vero frivolis judex deferre non debet 57: appellationibus justis aut de quibus dubitetur sint ne frivolę, annon omnino debet 58.

Quod si judex appellationi nō detulerit, quod regulariter fieri solet in sententiis interlocutoriis in definitivis non nisi ex causa, appellatio per se effectum suspensivum non operatur: sed inhibitio, quam judex ad quem appellatum est, decernit, & judici à quo mandat, vt ab vlterioribus processibus in ea causa sibi temperet 59.

Effe-

53 l. per hanc, C. de temp appell. notatur in c. fraternitatis, de testib. Fel. in c cum Ioannes, n. 7. de fide instru. Soc. reg. 396. Cape. Tholo. 263. Mascard. de probat. conclu. 116. vol. 1.

54 Appellatio à sententia interlocutoria non nisi ex antiquis & prioribus actis iustificari & nihil plane novi in ea produci potest, Clem. Appellanti de appell. Bart in l. ait prætor, §. permittitur, n. 4. D. de minor. Bart. in l. eius qui. n. 8. D. de appell. recip. in appellatione vero à definitiva nova etiam assertiones fiunt, non probata probari, non deducta deduci possunt, d. l. per hanc. vide Binder. de revis. conclu. 16. n. 1. & seqq.

55 Per text. in l. per hanc, & ibi gl. C. de temp. appellat. Nov. de testib. §. quia vero. Myns. resp. 83. & Cent. 1. obs. 41. Cacher. decis. Pedam. 14. n. 2. & seq. atq; hoc ita verum est de iure civili, quod in foro servatur: sed ius Canonicum hoc vetat, per text. in Clem. 2. de testib. c. fraternitatis, c. intimavit, eod. Socin. reg. 498. & reg. 503. quod ius quidam putant etiam in foro seculari servandum, Panor. & alij in d. c. fraternitatis.

56 c. venientes de iureiu. l. si causa cognita, C. de transact. l. 1. §. fin. D. ad Turpil. Diaz. reg. 37. Cacher. decis. Pedam. 5. nu. 1. Gail. 1. obs. pract. 144. n. 1. & obs. 148. n. 10. & reducitur causa in eum statum in quo erat post litem contestatam. Villal. d. lit. A. n. 108. vide Hartm. Hart. tit. 1. obs. 3. Stiat. pract. obs. 9. n. 10. & seq.

f De appellationibus recipiendis vel non, 49. D. 5. 7. C. 65.

57 Anchar. in c. cum appellationibus, de appel. in 6. vide Menoch. de arb. iud. quæst. lib. 2. cas. 197. num. 1.

58 Benin. decis. Bonon. 1. n. fin. Gail. 1. observ. pract. 81. num. 11. VVesembec. d. consil. 1. num. 11. & 20. Franc. Vivi. d. lit. A. verb. Appellatio admittitur, Turzan. eadem lit. A. verb. Appellationi. Stiat. pract. observa. 9. num. 7. & 8.

59 etiamsi appellatum esset ab interlocutoria, c. non solum de appell. in 6.

Effectum autem devolutivum operatur appellatio, si doceatur legitime facta esse, atque etiam causa sit ejusmodi, vt ab ea & ad istum judicem, ad quem appellatum est, appellari potuerit[60].

Hæc omnia non ita fiunt in supplicatione. De jure enim communi non supplicatur nisi ab eo, à quo alias appellari non potest[61]: neque illa tempora introducendæ & prosequendæ appellationis in ea ita definita sunt: neque etiam solenni in ea processu opus est, sed ex actis prioribus omnimodo judicatur, concesso tantum parti supplicanti, quæ se gravatam dicit, vt in scripto vno gravamina sua exhibeat, quæ itidem scripto vno supplicatus, si potest, confutet, ita tamen vt scriptum vtrunque ex actis prioribus deducatur.

Et regulariter supplicatio effectum suspensivum non habet, sed ea non attenta sententia lata executioni mandatur: atque hæc illa est quæ in Imperio Romano hodie appellatur Revisio[62].

Verum supplicationes illæ quæ fiunt ab eodem ad eundem, & in inferioribus etiam vsurpãtur, ratione processus sunt cum appellationibus ferme eædem.

Reductio ad arbitrium boni viri est à laudo arbitratoris ad judicem competentem provocatio[63].

Quæ in effectu etiam cum appellatione eadem est[64].

Judex autem competentis is est, qui causæ illius, si actor in judicio litigasset, judex futurus fuisset[65].

Cum autem laudum sive sententia arbitri intra 30. annos in rem judicatam non transeat, intra annos 30. à die laudi reductio peti debet, post

60 *Cacher. decis. Pedem.* 131. n. 10.
61 *Affl. decis. Neap.* 356. *Grammat. decis. Neap.* 35. n. 4. *Menoch. de arb. iu. quæst. lib.* 1. q. 70. n. 24. & *seq. Cacher. Pedem.* 30. nu. 20. *Schenc. concl.* 15.
62 *De his brevitatis causa refero me ad elegantem Commentarium D. Ioa. Ludovici Benderi, superiori anno Frãcofurti editum. vide Auth. qua supplicatio. C. de precib. Imp. offe. Nov.* 119. §. *aliud ad hac. Recess. Imperij de Anno* 1532. §. vnd damit unser / & *in Ordin. Camer. part.* 3. *tit.* 53.
63 *Gail.* 1. *obs. pr.* 149. *num.* 2. *Non enim appellatur à sententia arbitri. Bart. in l. societatem arbitrorum, q. pen. D. pro soc. Panorm. in c. Quintavallis, de iureiu. Bellam. in rub. D. de off. ære, n.* 115. & 117.
64 *l. non distinguemus, §. cũ quidam, D. de recept. arbit. Bart. in l. si societatem, §. arbitrorum, D. pro soc. Bald. in c.* 1. *§. fin. Quo temp. mil. Roman. cons.* 925. n. 3. *Socin. cons.* 220. *vol.* 2.
65 *Mynf. Cent.* 2. *obs.* 61. *Gail. d. obs.* 149.

post eos amplius non admittitur [66].

Restitutio in integrum adversus quamvis sententiam & laudum etiam homologaum peti potest: sed cum remedium illud sit extraordinarium [67], non nisi ex urgenti causa conceditur: ideoque in ea multa sunt singularia, ipsaque judicis potissimum officio expeditur.

Intra quadriennium eam petendam puto; si maior sit contra quem lata est, à tempore sententiæ latæ; si minor à tempore quo maior factus fuerit, computandum [68].

Nullitatis via [69] est processus, ex quo sententia quævis sive in rem judicatam transierit, sive non transierit, lata est, ut contra juris ordinem facti impugnatio.

Processu autem impugnato, impugnatur ex consequenti etiam sententiæ; & sicut ille nullus esse arguitur, ita & sententia ex illo lata.

De nullitate autem intra annos 30. à die latæ sententiæ agi potest, non ulterius [70].

Sed deducitur nullitas non semper, modo eodem: aliquando enim id fit principaliter, aliquando incidenter [71].

Principaliter id fit si in petitione dicatur sententiam vel processum esse nullum, eiusque rescissio petatur absque ulla appellationis mentione.

Tum si evidens doceatur nullitas etiam ante litis contestationem, imo etiam partibus non petentibus, ex officio judex processum & sententiam priorem nullam esse pronunciabit.

Incidenter id fit, si appelletur disiunctim, hoc modo: Dico sententiam nullam esse, & si qua est, appello.

Incidenter autem proposita nullitas simultaneo processu una cum appellatione sive iniquitate tractari & expediri debet [72], nisi manifesta nullitas ex actis prioris instantiæ appareat, quæ rati-

ficari

66 Gail. d. obs. pract. 150.

67 Decian. consil. 18. n. 238. vol. 1.

68 arg. l. fin. C. de temp. rest. in integ. Decian d. consi. 18. n. 252.

69 Vide Canonistas in c. dilecto, ubi latißime Phil. Franc de appel. & in c. 1. de re iud. & legistas in l. si expressum. ff. de appel. & in l. sicut proponis, là 2. C. quom. & quand. iud. Marant. p. 4. dist. 16. Vant. in tr. suo de nullit. per discursum

70 Bart. in l. quidam in suo, ff. de condit. Inst. VVes. d. cons. 1. n. 28. Gail 1. obs. pract. 127.

71 Vide Vant. in tr. de nullit. sent. ex quot & quib. mod. n. 10. & seq. Dida. Covar. pract. q. c. 24. n. 7. Dec. in c. dilecto n. 7. & 24. de appell. Mynf. Centur. 5. obs. 91.

72 Mynf. Cent. 4. obs. 63.

ficari nequeat, quo casu nullitas protinus expedienda est.

Imo vero etsi appellatum tantum sit non etiam de nullitate actum judex ex officio de nullitate, si illa sit notoria, pronunciare debet [73], siquidem causa appellationis, una secum causam nullitatis devolvisse videtur [74].

Alias si simpliciter appellatum sit, ut maxime appellatio deserta pronunciata sit, vel sententia prior reformata, de nullitate nihilominus agi potest [75].

Sed cum evidens est nullitas sententiæ executio suspenditur [76]: si non sit evidens ipsa mandatur executioni, quæ postea, si pro nullitate pronuncietur, retractetur [77].

Et vero non hic tantum, sed in ceteris etiam sententiæ impugnandæ remediis plerunque de executione suspendenda aut facienda incidit quæstio.

Nunquam autem judex qui sententiam tulit exequi eam poterit, si manus sibi ipsi præcluserit, nisi jurisdictio ipsius, quo ad illam causam, à superiore resuscitetur.

Quod si vero manus sibi non præcluserit, sententiam à se latam pro arbitrio exequitur, nisi à superiori ipsi sic inhibitum, ut in causa ulterius non procedat.

Hinc inhibitiones, quæ sunt judicis superioris mandata facta inferiori de se non intromittendo ulterius.

Quibus si inferior non pareat, ea quæ fiunt ab ipso revocantur ut attentata.

Inhibitio autem si appelletur ab interlocutoria regulariter non decernitur, nisi sit quæ habeat vim

73 Innoc. Butr. Panor. & alij in d. c. delecti Myns. resp. 8. nu. 19. & Cent. 1. obs. 20.

74 Gail. 1. obs. pr. 127. n. 2.

75 Myns. Cent. 2. obs. 77.

76 Bart. in l. 4. § condemnatū. ff. de re iud. p. l. à D. Pio, § si super reb. ff. de re iud. Idem in l. fi. C. si ex fals. instru. Bald. in l. ab executore, n. 7. C. quor. appell. non recip. Franc. in c. dilecto, de appel. Asin. in praxi, § 31. c. 2. limit. 1. num. 3. Oldend. in Enchiri. except. sub tit. de except. advers. sent. n. 8. Vant. de nullit. sub tit. quot & quib. mod. nullit. process. n. 32. Meno. lib. 2. præsumt. 47. n. 3. Grass. comm. opin. lib. 2. ca. 23. q. 35. Alex. consil. 33. n. 9. & ibi Molin. in verb. execut. vol. 3. & cons. 83. n. 8. & 9 vol. 5. Marsil. cons. 16. n. 18. Cravet. cons. 208. nu. 8. Schurff cons. 76. n. 8. Cent. 3.

77 An exceptio nullitatis impediat executionem sententiæ, vide Soc. reg. 163. Diaz. reg. 255. Cap. Thol. q. 431. VVesd. cons. 1. n. 27. Myns. Cent. 4. obs. 64. & resp. 23. n. 24. Gail. 1. obs. pract. 127. n. 10.

vim definitivæ, aut continens gravamen irreparabile: à definitiva si appelletur, regulariter decernitur, si petatur [78].

De extraordinariis judiciis.

CAP. XXXIV.

HÆc ita de ordinariis judiciis generalibus annotasse nunc sufficiat, restant *extraordinaria*, quæ sunt judicia, in quibus ordo procedendi à jure const tutus non tam accurate custoditur [1].

A jure, inquam, quandoquidem ea, quæ à natura desiderantur, non minus in his atque in illis observanda sunt, vt sunt implorationes judicis, Citationes, probationes & sententia.

Extraordinarium ita judicium est ratione processus, in quo causæ, quæ ita tractantur, dicuntur, summariæ [2], quas recenset gl. in l. 3. §. sciendum, D. ad exhibend. & sunt potissimum hæ:

Causa diffamationis [3].
Causa exonerationis mandati [4].
Cognitio super interesse eius qui judicio intervenit [5].
Causa dotis [6].
Causa miserabilium personarum [7].
Causa carceratorum [8]
Causa mandati de relaxandis captivis [9].
Causa executionis [10]
Punctus liquidationis [11].
Causa restitutionis ob lapsum fatalium [12].
Causa Pignorationis [13].

Causa

78 *Quando iudicis ad quem appellatum est inhibere possit, tractatur in cap non solum, & in c. Romana, §. si vero, de appel. in 6. vide Gail. 1. obs. pract. 144. Mynsi. Cent. 3. obs. 87.*

1 *Quo pertinent clausulæ.* summarie, simpliciter, de plano, sine strepitu, & figura iudicis ordine iuris nõ servato, velo levato, *& similes, de quibus Clem. sæpe, vbi gl. & Dd. de V. S. Cardin. in Clem. dispendiosam, de iud. Felin. in c. dilecti, eod. & in c. 1. n. 25. fall. 8. de constit. Bart. in extrav ad reprimendam, vers. summario. Bald. in l. nec quicquam, §. de plano, ff. de offic. procons. Spec. de off. iud. §. postremo. Marant. in Spec. dist. 9. n. 8 12. & 39 pract. Pap. in form. libel in act. real. in vers. summarie. Lancil. de off. prat. in civilib. sub tit. de clausulis summarie, & c. vbi num. 5. ex Bart. refert, quando plenarie, & quando summarie agendum sit.* 2 *Marant. dist. 9. n. 2. & seqq. ponit triginta casus in quibus causa dici potest summaria, sed Lancil. d. loc. num. 6. ponit casus duos, primum in voluntate principis, alterum in voluntate sive dispositione legis.* 3 *Gail. 2. obs. pract 12. n. 2.* 4 *Gail. 1. obs. pract. 46. n. 5.* 5 *Gail. 1. obs. pract 69. n. 4. & obs. 78. n. 5. Mynsi. Cent. 2. obs. 1.* 6 *Mynsi. Cent. 3. obs. 2. n. 7.* 7 *Gail. 1. obs. pra. 78. n. 3.* 8 *Gail. d. obs. 78. n. 3.* 9 *Gail. d. obs. 78.* 10 *Gail. 1. obs. pr. 113 n. 10.* 11 *Gail. 1. obs. pract. 68. n. 7.* 12 *Gail. 1. obs. pract. 143. n. 6.* 13 *Gail. de pig 21. n. 2.*

14 Gail.1. obs. pract.7. *Causa possessorii momentanei processus* [14].

15 d.l.3.§. sciendum, D.ad exhib. *Actio ad exhibendum* [15].

16 l.si quis à liberis,§ si vel parens, D.de lib.agnosc. Marant.dist.9.p.4.n.168. *Causa alimentorum* [16].

17 l.3.§.causa,ff. de Carbon. edicto. *Petitio possessionis ex edicto Carboniano* [17].

18 l.3.§.si ea,ff. de ventre in poss.mittend. *Petitio missionis in possessionē ventris nomine* [18].

19 l.2.C. ubi in rem act. *Petitio missionis in possessionem absente Reo ex primo decreto* [19].

20 Gail.1.obs. pract.94. *Commissiones testium ad perpetuam rei memoriam* [20].

21 l.1.ff.de extra ord.cognit. *Causa honorariorum & mercedis* [21].

Et in summa omnes omnino causæ natura sua ordinario processu expediendæ, ex incidenti fieri possunt summariæ, si in mora sit periculum: si partes consentiant: si princeps mandet: si causa sit notoria; quemadmodum è contrario si partibus vtrinq; placeat, causæ, quæ alias tractari solent summarie, processu ordinanario agitari atq; expediri possunt.

FINIS.

93-B14325

Lightning Source UK Ltd.
Milton Keynes UK
UKHW022035141118
332354UK00006B/305/P

9 781363 166879